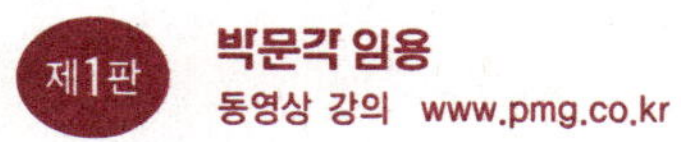

중등 교원 임용 시험 대비

최병식

포스 전공체육

체육내용학 2

스포츠심리학

스포츠사회학

최병식 편저

2

차례

FORCE

Chapter 01 스포츠 심리학

Chapter 02 운동 행동 심리학

Chapter 03 운동학습 및 제어

Chapter 04 스포츠 사회학

최 병 식

포스 전공체육

체육내용학 2

스포츠심리학

스포츠사회학

Chapter

01

스포츠 심리학

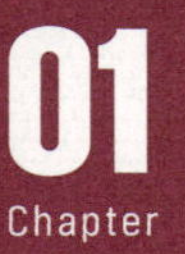

01 Chapter 스포츠 심리학

1 성격

1. 성격의 특성

(1) 독특성

다른 사람들과 구분되는 개인 고유의 특별한 성질과 특성을 말한다.

(2) 안정성과 일관성

시간이나 상황의 변화에 따라 달라지지 않는 행동 특성을 말한다.

(3) 내용

내용에 따라 어떤 상황에서 개인들 간에 반응 방식이 서로 다르다.

학자	성격의 정의
Allport	개인이 환경에 독특하게 적응하도록 결정지어 주는 심리·물리적 체계의 역동적 조직
Eysenck	환경에 독특하게 적응하도록 하는 한 개인의 성품, 기질, 지성 등의 안정성 있는 조직
Hollander	한 개인을 유일하고 독특하게 하는 특징의 총합
Weinberg & Gould	다른 사람과 구별되어 독특한 존재로 변별하여 주는 여러 특성들의 총합
Cratty	선수의 경기력 향상에 중점을 두는 심리학의 하위 영역

성격의 속성

성격이란 환경에 대한 개인의 적응방식을 나타내는 독특하고 일관성이 있는 사고와 감정 및 행동의 경향성이라고 할 수 있으며, 학자들이 내린 다양한 성격의 정의를 살펴보면 몇 가지 공통적인 속성이 있음을 알 수 있다.

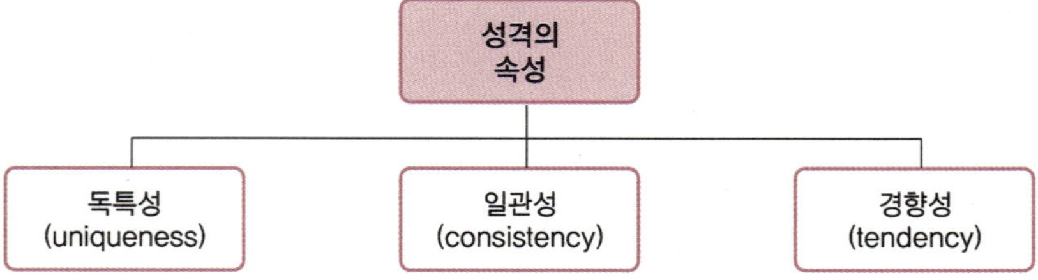

- 독특성: 인간은 같은 상황이라도 개인에 따라 사고하고, 느끼고 행동하는 양식이 다르다. 즉, 인간은 개개인이 서로 다른 반응 양식을 독특하게 가지고 있다는 것이다.

- 일관성: 성격은 시간이나 상황이 바뀌어도 비교적 안정되고 일관성을 지닌다. 즉, 성격은 쉽게 변하지 않는다는 것이다.
- 경향성: 성격은 사고나 느낌, 그리고 행동 그 자체가 아니라 이들 속에 나타나는 어떤 경향성을 나타낸다. 즉, 행위 그 자체가 아니라 그 행위를 통해 추론된 성향이 성격이라는 것이다.

2. 성격 이론

(1) 심리역동 이론

① 인간 행동의 독특한 성격을 설명하기 위한 이론으로 역사상 가장 먼저 제창된 것 중의 하나는 심리역동 이론(psychodynamics theory)이다.

② 심리역동 이론은 행동을 지배하는 무의식적인 동기를 밝히려고 하였으며 Sigmund Freud, Carl Jung, Alfred Alder, Erich Fromm, Eric Erickson 등의 학자가 있으며, 초기 연구를 선도한 학자는 Freud이다.

③ Freud는 인간이 어떠한 특정 상황에서 타인과는 구별되나 일관성 있고 독특하게 행동하는 것은 인간 내부의 심리적 요인간의 역동적인 관계에 달려있다고 하였다.

④ Freud는 인간의 성격은 배고픔, 성, 공격성, 배설 등과 같은 1차적인 생리적 욕구인 원초아(id), 의식적, 논리적, 현실적 차원의 심리적 요소인 자아(ego), 도덕적, 윤리적, 이성적 차원의 초자아(super ego)로 구성되어 있다고 보았으며, 인간의 내부에서 끊임없는 갈등과 상호작용을 통해 인간의 행동을 지배한다고 보았다.

⑤ 심리역동 이론은 행동의 원인을 과거 경험에 지나치게 편중되어 해석되며, 경험적인 증거를 확인하기 어렵다는 측면에서 비판을 받고 있다. 또한, 선수의 독특하고 지속적인 성격을 설명하는 데에는 무리가 있다.

Freud의 정신구조

구조	의식성	내용	기능
원초아	무의식	본능적 욕구, 만족 추구	즉각적, 비합리적, 충동적
자아	의식	원초아와 초자아 중재	현실적, 합리적, 논리적
초자아	의식 및 무의식	이상과 도덕 추구	지시, 비평, 금지

원초아	배고픔, 목마름, 배설, 성적 욕구, 공격성 등과 같은 생물적 충동, 외부의 여건이 어떻든 즐거움을 얻으려는 맹목적인 쾌락의 원리
자아	자신의 욕구를 항상 즉각적으로 만족 시킬 수 없는 현실에 부딪히면서 원초아로부터 분화된 것이다. 자아는 현실 여건을 고려하여 사고하고 계획하면서 논리적인 방법으로 원초아의 욕구를 만족시키는 현실의 원리
초자아	자아로부터 분화되어 나온 것으로 행동의 선악을 평가하는 재판관 같은 역할을 함

의식	우리가 실제로 경험하는 감각, 지각, 기억, 언어, 감정 등 인식하고 있는 부분
전의식	우리가 지각하려고 노력하면 인식할 수 있는 부분
무의식	우리가 의식하지 못하는 모든 관념, 감정, 사고, 억압된 기억, 충동 본능이 저장된 곳

(2) 욕구위계 이론

① Maslow는 인간은 자신의 삶을 의미 있고 가치 있게 만들기 위해 스스로 개인적인 목표를 추구하는 존재라고 주장했다.

② Maslow에 의하면 인간은 스스로 부족을 느끼는 동물이어서 하나의 욕구가 충족되면 또 다른 욕구가 충족되기를 원한다고 했다.

③ 인간은 기본적으로 무엇인가를 원하는 욕구적인 존재라고 주장했다. 이를 토대로 인간의 욕구는 그 강도와 중요성에 따라 일련의 위계적인 단계로 배열되어 있어 낮은 단계의 욕구가 만족되어야 더 높은 단계의 욕구를 의식하게 된다고 주장했다.

④ 계층의 제일 하단에 있는 것은 생리적인 욕구이고, 그 위로 안전 욕구, 소속과 사랑의 욕구, 존중 욕구, 심미적 및 인지적 욕구가 차례로 위치하며 제일 상위에 위치한 것은 자아실현 욕구이다(생리적 욕구 → 안전의 욕구 → 소속과 사랑의 욕구 → 존중의 욕구 → 심미적 및 인지적 욕구 → 자아실현의 욕구).

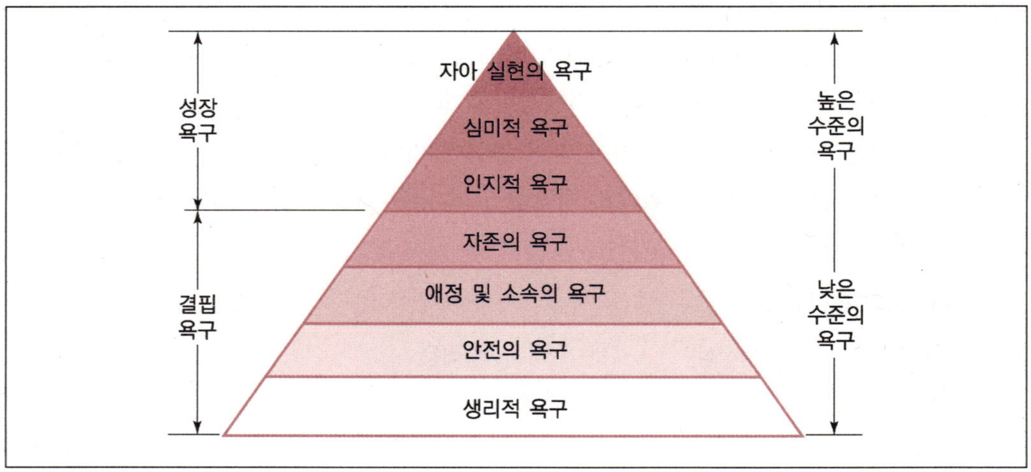

Maslow의 욕구 체계

㉠ 생리적 욕구: 음식, 물, 성, 수면, 배설의 욕구

㉡ 안전 욕구: 구조, 질서, 고통회피, 보호, 직업, 보험, 저축, 종교

㉢ 소속과 사랑의 욕구: 이성교제, 클럽활동, 동아리활동

㉣ 존중의 욕구: 승진, 지위, 성취

㉤ 심미적 및 인지적 욕구: 체육, 문화, 예술, 감상

(3) 체형 이론

① 성격 이론 중에서 초기 특성 이론 중의 하나가 바로 체형 이론이다.

② 체격 이론(constitutional theory) 또는 체형 이론(body type theory)이라 불리는 이 이론은 Stanley Kretschmer와 William Sheldon에 의해 주창되었다.

③ 체형 이론은 개인이 가지고 있는 체형 또는 체격은 주로 유전적으로 결정되며, 이는 성격과 밀접한 관련이 있다고 주장한다.

④ Sheldon은 인간의 체형을 내배엽형, 중배엽형, 외배엽형으로 나누고 그 유형에 부합되는 성격 특성을 제안하였다.

체형		기질	
명칭	특징	명칭	특징
내배엽형	부드럽고 둥글며, 소화기관이 매우 발달됨	내장 긴장형	이완되어 있고, 먹기를 좋아하며, 사교성이 풍부함
중배엽형	근육이 잘 발달됨. 체격은 단단하고 각져 있으며, 신체가 강함	신체 긴장형	에너지가 왕성하고, 주장적이며, 용기 있음
외배엽형	키가 크고, 허약함. 큰 대뇌 및 예민한 신경계	대뇌 긴장형	조심스럽고, 두려워하며, 내향적이고, 예술적임

⑤ 내배엽형은 배가 나오고 뚱뚱한 비만형으로, 사교적이고 안락하며 먹을 것을 즐기는 성격이다.

⑥ 중배엽형은 튼튼한 뼈대와 근육을 지닌 건장하고 반듯한 골격형으로, 지배력이 강하고 정력적이며 신체적 모험을 좋아하는 성격이다.

⑦ 외배엽형은 홀쭉하고 뼈대가 가늘고 길며 허약한 세장형으로, 자제력이 강하고 민감하며 사교적이지 못한 성격이다.

⑧ 체형 이론은 성격 연구 분야에서 사실 크게 주목 받지 못하고 연구결과에 대해 많은 비판을 받고 있지만, 사실 일상생활에서 우리는 여전히 타인의 체구나 체형 등을 통해 그 사람의 성격을 가장 손쉽게 추론하곤 한다.

Sheldon의 체형과 성격 분류

체형		성격형	
명칭	특징	명칭	특징
세장형	키가 크고 마른 체격	외배엽형	긴장 사회적 제재 사회적 고립
근육형	발달된 근육 체격	중배엽형	강한 모험심 격렬한 신체활동 추구
비만형	뚱뚱하고 둥근 체격	내배엽형	사교적 위안감 애정

(4) 특성 이론

① 특성 이론(trait theory)의 기본 전제는 개인의 행동은 외부 환경의 영향보다 개인 내에 존재하고 있는 일관적이고 안정된 특성에 의해 결정된다는 것이다.

② 1960년대와 1970년대에 특성 이론을 주장한 Cattell은 성격과 관련된 수많은 단어들을 정리하여 16개 특성 요인들이 성격의 복잡성을 설명한다는 결론을 내리고 16PF라는 성격 검사지를 개발하고, 이들 16가지 성격 요인으로 한 개인의 성격을 설명할 수 있다고 주장하였다.

③ Eysenck는 수많은 개인적 특성 요인들을 상대적 개념으로 보았고, 내향성/외향성과 안정성/불안정성의 2가지 주요 차원으로 분류하였다.

④ 이들은 장기간의 지속적이고 안정적인 성격 특성들을 고려함으로써 성격을 쉽게 이해할 수 있다고 주장하였다.

⑤ 성격 연구에 있어서 이러한 특성 이론은 스포츠 상황에서 훌륭한 선수의 성격 특성을 규명하는 데 집중되었으나, 연구 결과 성격과 운동 수행과의 상관관계는 낮은 것으로 밝혀졌다. 즉, 단지 개인의 성격 특성을 파악한다는 것이 특정한 상황 하에서 그 선수가 어떻게 행동할 것인지를 예측하는 데 도움이 되지 않는다는 것이다. 이러한 단점으로 인하여 특정 행동을 유발하는 상황이나 환경에 초점을 맞추어야 한다는 주장이 제기되었다.

예 스포츠 상황에서 쉽게 흥분하는 경향이 있는 선수가 다른 상황에서는 그렇지 않을 수가 있는 반면, 어떤 선수는 시합 상황에서 냉정할 정도로 침착한 행동을 하다가도 다른 상황에서는 쉽게 흥분하는 경향이 있을 수도 있다.

Carl Jung의 내향적, 외향적인 사람	• 내향적인 사람: 소심하고 수줍어하며 스트레스가 있는 상황에서 타인을 피해 홀로 지내려 함 • 외향적인 사람: 습관적이고 사교적이며 활동에 열중함으로써 스트레스에 반응
Allport의 성격 특성	• 공통 특성: 공통적인 경험과 문화적인 영향 때문에 사람들에게 공통적으로 나타나는 현상 • 개인적 성향: 개인에게만 독특한 방식으로 작용하는 특성 – 주성향: 지배적 동기, 정열, 한 개인의 모든 사고와 행동에 영향을 미침 – 중심성향: 주성향에 비해 덜 광범위하지만 상당한 범위에 걸쳐 나타남 – 이차성향: 영향력의 범위가 아주 좁고 상황이나 대상에 따라 달라지는 특성
Cattell의 성격 특성	• 표면 특성: 인사하고 미소 짓는 것과 같이 밖으로 드러나면서 함께 공존하는 것으로 보이는 특성 • 기본 특성: 표면 특성을 일으키고 표면 특성으로 하여금 일관성을 갖도록 하는 성격 → 16개의 성격 요인 질문지를 통해 기본 특성을 측정(16PF)
Eysenck의 성격 특성	• 외향적-내향성 차원: 각성수준과 관계되어 있어서 행동과 조건화(자극과 반응이 연결되는 과정)에 영향 미침 • 안정성-불안정성 차원(신경증적 경향성): 정서적인 안정을 나타내는 차원 • 정신병적 경향성 차원: 정신병자가 된 정도

(5) 사회학습 이론

① 사회학습 이론(social learning theory)은 특성 이론과는 상반된 이론이다. 이 이론은 인간의 행동이 개인 내에 내재하고 있는 일관적이고 안정된 특성들에 의해 결정되는 것이 아니라 각 개인이 처한 상황과 학습에 의해서 좌우된다는 것이다.

예 평소에 강인하고 안정된 특성을 갖고 있는 선수가 중요한 시합에서 불안하고 흥분된 행동을 보일 수 있다.

② Bandura는 인간의 행동을 관찰학습(모델링)과 사회적 강화(피드백)로 사회학습 이론을 설명하고 있다. 즉, 각 개인의 외부 환경과 강화가 그 사람의 행동 양식을 결정한다는 것이다. 많은 사람들은 타인의 행동을 관찰하고, 모방하고 학습하며, 행동 결과에 대한 적절한 보상은 그 행동을 다시 반복할 가능성이 많다는 것이다.

예 유소년 선수가 자신이 좋아하는 선수의 공격적 행위를 보고, 실제 자신의 시합에서 그 행동을 모방할 가능성이 아주 높다. 그리고 지도자가 자신의 공격적 행위에 대한 피드백을 준다면 다음 시합에서도 이러한 공격적 행동이 지속될 것이다.

③ 사회학습 이론은 특성 이론에 비해 스포츠 심리학자들에게 수용된 예가 적지만, 실제 스포츠 현장에서 관찰학습, 언어적 피드백, 자신감 등의 이론들이 많이 유용되고 있다.

④ 사회학습 이론도 특성 이론과 마찬가지로 인간의 행동을 완전하게 예측하지는 못한다. 특정한 상황은 분명히 행동에 영향을 미칠 수 있지만, 특정한 개인은 그 상황에서도 동요되지 않을 수 있다는 의외성이 있다.

(6) 상호작용적 접근

① 상호작용적 접근 방법은 상황과 각 개인의 성격을 행동의 상호결정체로 보고 있다. 즉, 개인의 심리적 특성과 특정한 상황 모두를 이해하는 것이 인간 행동을 예측하는데 도움이 된다는 것이다.

② Boweres는 인간 행동의 12%가 개인적 성격 특성에 의하여, 10%는 상황적 요인에 의하여, 개인 특성과 상황의 상호작용은 인간의 행동을 21%가량 설명할 수 있다고 주장하였다. 즉, 상호작용적 접근이 특성적 접근과 상황적 접근의 두 배 정도나 설명력이 높다고 할 수 있다.

③ 오늘날 대부분의 스포츠 심리학자들은 상호작용적 접근에 의하여 스포츠 상황에서 발생하는 행동들을 연구하고 있다.

④ 환경이 선수에게 미치는 영향은 어떤 특정한 성격 특성보다 훨씬 더 강한 잠재력을 갖는다. 즉, 각각의 선수는 불안하게 되는 성격 특성을 갖고 있을 수 있지만 어떤 선수가 높은 불안을 야기시키는 스포츠 상황에서 불안해하지 않을 수 있겠는가? 야구 9회에서 동점에다 만루인 경우에 핀치히터로 나가는 경우와, 동점이고 경기 시간이 불과 몇 분 남지 않은 월드컵 축구 경기에서 페널티킥을 차게 되는 경우가 이러한 상황에 해당될 것이다. 이처럼 특정한 스포츠 상황에서 어떠한 반응을 보이는가에 대한 상호작용적 접근 방법은 개인의 행동을 보다 정확하게 예측하고 설명할 수 있을 것이다.

성격 5요인(Big 5) 모형

성격을 구성하는 요인이 몇 개인가에 대한 성격 심리학자들의 논란은 최근에 성격 5요인(Big 5) 모델로 합의가 이루어졌다. 성격의 구조에 대해 학자들은 다음 5개 요인이라는데 어느 정도 일치된 견해를 보이고 있다.

- 정서적 불안정성(신경성, neuroticism): 예민한 신경, 우울, 분노, 반대는 정서적 안정성
- 외향성(extraversion): 열정, 사교성, 단호함, 활동적, 반대는 내향성
- 개방성(openness to experience): 독창성, 다양성 추구, 호기심, 예술적 민감성
- 호감성(agreeableness): 상냥함, 이타성, 겸손, 반대는 자기중심주의, 자기도취증, 비관주의
- 성실성(conscientiousness): 절제, 성취지향성, 자제력

앞서 아이젱크의 2차원 모형에 포함된 외향성과 정서적 불안정성이 빅파이브에도 포함된다. 대부분의 성격 질문지는 5요인의 일부를 포함하고 있다. 성격 5요인을 측정하기 위해 NEO PI(Costa & McCrae)가 개발되어 널리 사용된다. 여기서 NEO는 신경성(neuroticism), 외향성(extraversion), 개방성(openness)의 첫 글자를 의미하며, PI는 성격검사(personality inventory)를 말한다. 원본 NEO는 지나치게 문항이 많아 최근에 간편형인 BFI(Big Five Inventory, John, Donahue, & Kentle), 1분에 측정 가능한 BFI-10(Rammstedt & John)도 개발되었다.

최근에 성격 5요인 모형에 토대를 둔 매우 간편한 측정 도구가 개발되고 있다. 1분 이내에 측정이 가능한 10 문항으로 성격 특성을 파악할 수 있는 BFI-10도 개발되었다(Rammstedt & John). 각 문항은 5점 척도에 응답을 하며, 2개 문항으로 각 요인을 측정한다.

문항	전혀 아니다	약간 아니다	보통	약간 그렇다	아주 그렇다
1. 나는 내성적이다(R).	1	2	3	4	5
2. 나는 대체로 남들이 신뢰한다.	1	2	3	4	5
3. 나는 게으른 편이다(R).	1	2	3	4	5
4. 나는 편안하고 스트레스를 잘 다룬다(R).	1	2	3	4	5
5. 나는 예술적 흥미가 별로 없다(R).	1	2	3	4	5
6. 나는 외향적, 사교적이다.	1	2	3	4	5
7. 나는 남의 흠을 지적하는 편이다(R).	1	2	3	4	5
8. 나는 일을 철저하게 처리한다.	1	2	3	4	5
9. 나는 쉽게 신경이 예민해진다.	1	2	3	4	5
10. 나는 적극적으로 상상한다.	1	2	3	4	5

채점 방법: 표시한 점수를 기록하고 합계와 평균을 산출한다. R 표시 문항은 역으로 채점한다.

	외향성	호감성	성실성	신경성	개방성
	1R)	2)	3R)	4R)	5R)
	6)	7R)	8)	9)	10)
합계					
평균					

성격 5요인 측정(BFI-10)

성격 5요인과 운동 및 건강

- 최근에 성격 5요인 모델을 적용한 연구에서 '외향성'과 '성실성'은 운동실천에 긍정적인 영향을 주지만, '신경성'은 부정적인 영향을 주는 것으로 밝혀졌다(Rhodes). '외향성'은 사교적이며 적극적인 성격으로 신체활동에 도움이 되는 성격 특성임을 알 수 있다. 불안이나 우울과 관계가 있는 '신경성'은 운동실천에 부정적이라는 점도 논리에 맞다. 책임과 자제력으로 대표되는 '성실성'도 운동을 꾸준히 하는데 도움이 된다. 운동실천에 도움이 되는 성격 특성이 밝혀지긴 했지만 성격 5요인은 여전히 포괄적이어서 '외향성'과 '성실성'의 어떤 특징이 운동 동기에 영향을 미치는지는 더 밝혀질 필요가 있다.
- 성격과 건강 사이의 관계를 다룬 다수의 연구에서 5요인에 포함된 '성실성'은 건강과 웰빙에 중요한 역할을 하며 건강을 위한 노력과 인내력과도 밀접하게 관련되어 있다(Friedman & Kern). 성격 5요인에서 '성실성' 요인이 운동의 지속뿐만 아니라 건강관련 여러 변인과도 연관성이 높다.

(7) 통합 모형

① 성격 5요인 모형이나 상호작용 접근을 뛰어 넘어 성격을 이해하기 위해서 생물심리사회적 접근을 시도하는 모형이다.

② McAdams와 Pals는 생물학적 관점과 사회적 관점을 합쳐서 통합 모형을 제시했다. McAdams와 Pals는 새로운 5요인으로 성격을 규정했다.

③ 5요인은 다음과 같이 정의되며, 서로 복잡하면서 역동적인 관계를 맺으면서 한 사람의 성격이 결정된다고 본다.

㉠ 인간의 일반적인 진화 측면에서 독특한 차이

㉡ 기질적 특성(예 성격 5요인)

㉢ 적응 특성(목표, 가치, 대처 전략 등)

㉣ 스스로 규정한 삶의 내러티브(삶에 의미, 통합, 목적을 부여하는 스토리)

㉤ 문화적, 사회적 맥락

3. 성격의 구조

Hollander에 의하면 성격은 구조화 되어 있는데, 그 구성은 심리적 핵, 전형적 반응, 역할 행동 등 세 가지로 구분하여 설명할 수 있다.

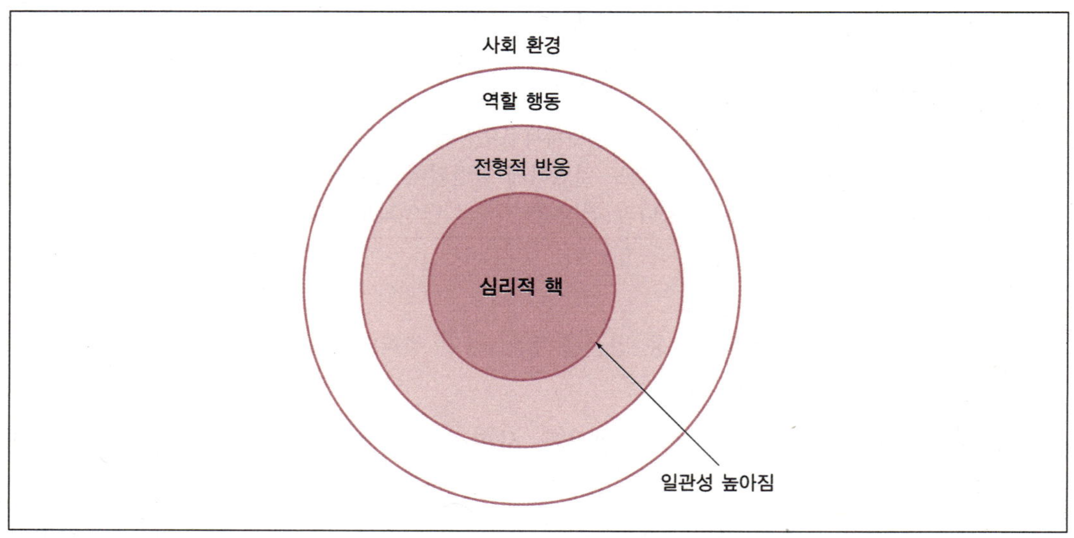

성격의 구조

(1) 심리적 핵(psychological core)

① 성격의 핵심 부분으로 자신의 태도, 가치, 흥미, 동기, 믿음 등이 포함된다.

② 심리적 핵은 성격의 가장 기본적인 수준으로 외부 상황의 변화에 별로 영향을 받지 않는다.

③ 이 부분을 알아내기란 어려우며 성격의 가장 안정된 부분이며 장기간에 걸쳐 상당히 일정하게 유지되는 특성을 가지고 있다. 이것이 진정한 자신의 모습이라 할 수 있다.

예 가족이나 친구의 중요성에 대한 가치

(2) 전형적 반응(typical responses)

① 환경에 적응하거나 우리를 둘러싼 외부 세계에 반응하는 양식을 말하며 환경과의 상호작용에서 학습된다.

② 전형적 반응은 심리적 핵을 나타내는 지표가 되기도 한다. 가식적인 행위를 하지 않는다면 어떤 사람의 전형적 반응은 그 사람의 심리적인 핵을 그대로 반영한다.

예 어떤 사람이 회의 장소에서 말을 많이 하지 않고 부끄러워하는 경우 가식적인 행위가 아니면 내향적인 사람으로 볼 수 있다.

(3) 역할 행동(role-related behavior)

① 성격의 가장 표면적이고 변화 가능한 부분을 나타내며 개인이 사회적 역할에 따라 취하는 일정한 행동을 의미한다.

② 역할 행동은 상황에 따라 달라지기 때문에 전형적인 반응이 아니며 심리적 핵을 확실하게 반영하지도 않는다. 따라서 어떤 역할과 관련된 행동에 근거를 두고 한 사람의 성격 특성을 말하는 것은 옳지 않다.

③ 성격의 구조에서 가장 변화하기 쉬운 부분이다.

4. 성격의 측정

(1) 성격 검사 도구

① 구성적 성격 검사

구성적 성격 검사 도구는 보통 자기보고식 검사라고 하는데 성격연구에서 가장 일반적으로 사용되고 있는 객관적 방법이다. 구조화된 질문지를 피험자에게 주고 자신에게 맞는 응답을 하도록 구성되어 있으며, 자료를 관리하거나 수량화하는 데 용이하다.

㉠ **다면적 인성 검사(MMPI)**: 정상인과 비정상인을 구별하기 위하여 임상 장면에서 많이 사용하고 있는 검사 도구로, 원래 9개의 요인을 측정하도록 개발되었으나 현재는 12개의 요인을 측정하도록 수정, 보완되었다.

㉡ **Cattell의 성격 요인 검사(16PF)**: 인간 성격의 근원적인 특성 16가지를 측정하도록 구성되어 있다.

㉢ **Eysenck의 성격 검사(EPI)**: 성격 차원 검사로 내향성/외향성과 안정성/불안정성의 두 차원으로 측정하도록 구성되어 있다.

② 비구성적 성격 검사

피험자에게 비교적 애매한 자극을 제시하고 그에 대한 반응을 분석함으로써 피험자의 성격을 진단하는 방법으로, 이 방법의 기본 전제는 피험자가 애매한 자극을 구조화할 때 성격구조의 깊은 곳(심리적 핵)을 드러낸다는 것이다.

㉠ **로샤 검사**: 일련의 잉크얼룩이 있는 10장의 카드로 구성되어 있으며, 카드 한 장씩을 피험자에게 보여주고 잉크얼룩과 비슷하게 보이는 모든 것을 말하도록 묻는 검사이다.

㉡ **주제통각검사(TAT)**: 주제가 들어 있는 30장의 그림들과 한 장의 공백 카드로 구성되어 있으며, 그림을 보고 과거, 현재, 미래의 이야기를 구성하도록 하여 검사한다.

(2) 스포츠 행동과 성격

① 스포츠 종목과 성격 특성

㉠ 팀 스포츠 선수들은 개인 스포츠 선수들에 비해 불안, 의존성, 외향성, 기민성, 객관성에 점수가 높고, 민감성, 상상력에 낮다.

㉡ 접촉스포츠 선수들은 비 접촉스포츠 선수들에 비해 독립성 점수가 높고, 자기중심적 경향점수는 낮다.

② 팀에서의 선수의 포지션과 성격

㉠ 우수한 스포츠 선수는 성별에 관계없이 비슷한 성격 특성을 가지고 있다.

㉡ 미식축구에서 공격수는 더 외향적이고, 수비수는 더 내향적이다.

5. Morgan의 정신 건강 모형

(1) 10개의 심리적 요인에 대한 정신 건강 모델

① 긍정적 정신 건강 프로파일

② 부정적 정신 건강 프로파일

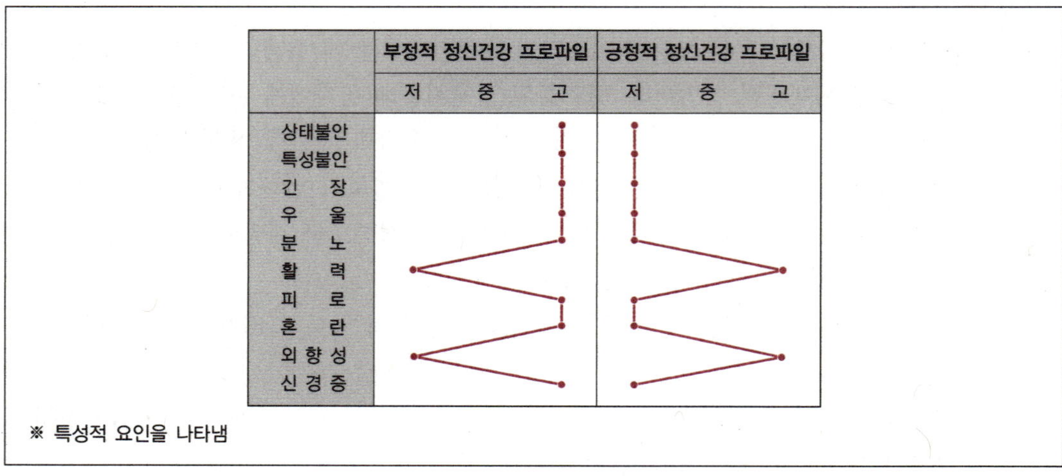

우수선수와 비우수선수의 성격 윤곽

(2) 우수 선수의 빙산형 프로파일(iceberg profile)

① 우수 선수들의 불안, 긴장, 우울, 피로, 혼란은 낮은 수준으로 나타나고 활력감은 높게 나타나 마치 빙산과 같은 모양을 나타낸다.

② 비우수 선수들의 프로파일은 약간 평평한 모양을 나타낸다.

③ 우수 선수들의 심리적 프로파일은 긍정적인 정신 건강 프로파일과 일치한다.

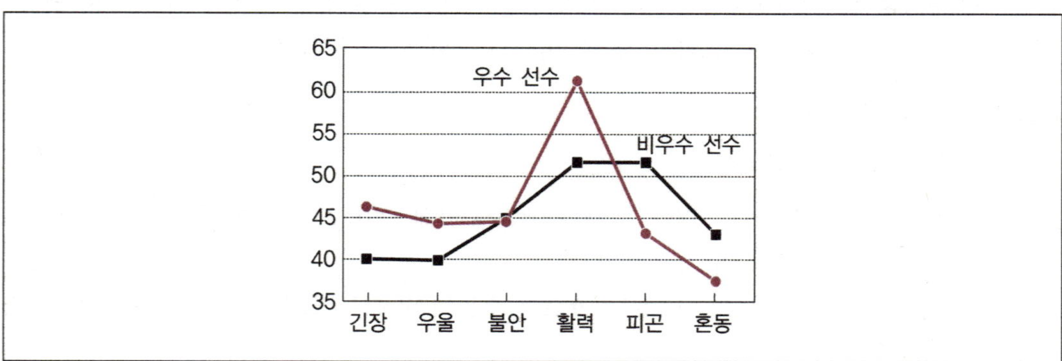

빙산형 프로파일

(3) 우수 선수의 심리 전략

우수 선수와 비우수 선수간의 심리적 특성 중 불안 대처 능력, 주의 조절 능력, 심리 기술 능력 등의 인지 전략에서 큰 차이가 있다.

Weinberg & Gould의 우수 선수의 심리 전략

- 경기 중 역경에 대처하는 구체적인 계획을 수립하고 연습한다.
- 경기 중과 경기 전에 예기치 못한 상황에 대처하는 일련의 전략을 연습한다.
- 당면한 수행에 완전히 집중하고 경기와 관련 없는 사건이나 생각은 배제한다.
- 경기 전에 정신 연습을 한다.
- 경기 전에 상대 선수에 대하여 걱정하지 않고 자신이 할 수 있는 일에 초점을 맞춘다.
- 자세한 경기 계획을 갖고 있다.
- 각성과 불안을 조절하는 방법을 익힌다.

(4) 선수의 기술수준과 성격

① Silva는 운동선수들이 기능이 향상됨에 따라 그 성격이 서로 유사해진다고 주장하였다.

② 초보수준에서 선수들의 성격은 서로 이질적이지만 상층으로 올라갈수록 자연스런 선택의 과정을 거치면서 알맞은 성격 특성들이 강화되거나 그러한 성격 특성을 가진 사람만이 남게 된다.

③ 피라미드에서 중간 단계의 선수들 간에 차이점을 찾아내기란 쉽지 않다. 그러나 피라미드의 높은 수준의 최고 엘리트 선수들은 낮은 수준의 선수들과는 서로 다른 성격 프로파일을 나타낸다.

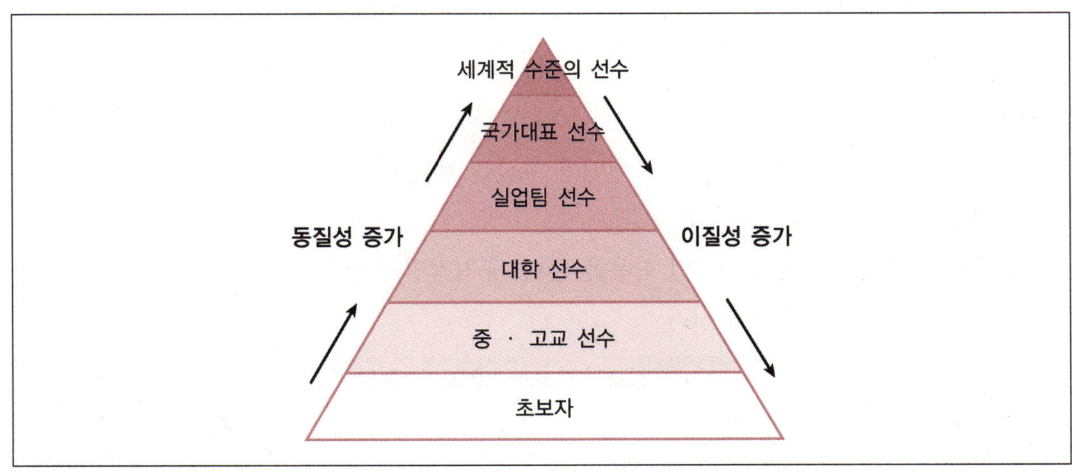

수행 수준에 따른 운동선수 성격 피라미드

6. 규칙적인 운동과 성격 형성

(1) A형 행동과 B형 행동

① A형 행동

일처리를 빠르고 완벽하게 하려는 사람, 주어진 시간에 경쟁적으로 많은 것을 성취하려는 사람, 항상 공격적으로 생활하는 사람은 A형 행동의 소유자이다.

② B형 행동

모든 일처리에서 여유를 보이는 사람은 B형 행동의 소유자이다.

③ A형 행동의 특성인 분노, 적대감이 질병을 일으키는 주요 요인이다(관상 동맥성 심장 질환과 높은 상관관계).

④ 12주 동안의 유산소 운동 프로그램은 A형 행동을 감소시켜줄 뿐만 아니라 정신적 스트레스에 대한 심폐계 반응을 낮추는 것으로 나타났다.

A형 행동

- 강한 시간 강박감, 과도한 경쟁심, 분노(적대감)를 가지고 있는 성격을 A형 행동(type A behavior)이라 부른다. 이들 세 행동 특징이 없으면 B형 행동으로 정의한다. A형 행동은 관상동맥질환을 포함한 심폐질환의 발생 가능성과 연관성이 매우 높은 것으로 알려져 있다. 특히 A형 행동에 포함된 분노와 적대감이 관상동맥질환 발생을 일으키는 가장 중요한 요소로 본다.
- A형 행동을 가진 사람이 꾸준하게 운동을 하면 A형 행동의 빈도를 낮추는 것이 가능하다는 연구가 나왔다. 에어로빅을 12주간 한 후에 정신적 스트레스에 대한 심폐계 반응성이 현저하게 낮아진 것으로 밝혀졌다(Blumenthal 등). 운동으로 A형 행동 패턴을 상당한 수준으로 낮추는 것 즉, 성격을 변화시키는 것이 가능하다는 매우 긍정적인 결과이다. 운동으로 A형 행동을 낮출 수 있으며, 이는 심폐계 질환의 위험도 낮아지는 건강 증진 효과로 이어진다.

(2) 자아개념

① 사람의 성격에는 내적 존재, 즉 개인이 자신을 보는 방식이 내포되어 있으며, 이것은 자아개념 또는 자아상이라고 한다.

② 운동은 자아개념에 긍정적인 작용을 한다. 규칙적인 운동을 하면 자기 자신에 대해 좀 더 긍정적으로 인식하게 된다.

신체적 자기개념과 자아존중감

- 자기존중감은 자신을 가치 있고 소중한 사람이라고 느끼는 것으로 정신건강과 사회 심리적 적응에 중요한 역할을 한다(Pressman & Cohen). 꾸준한 운동은 신체적 자기개념(physical self-concept)을 우선적으로 높이고, 높아진 신체적 자기개념은 자기존중감(self-esteem)을 높인다(Fox, Sonstroem & Morgan).
- 운동 시작 시점에 자기존중감 수준이 낮은 사람일수록 자기존중감 향상 효과가 크다. 이들에게 운동을 통해 신체적 상태와 능력을 개선시키는 것이 총체적 자기개념을 높이는 데 중요함을 알 수 있다.

7. 인지전략과 심리기술

스포츠 성격 연구는 보다 구체적인 인지전략과 심리기술로 옮겨갔다. 스포츠운동심리학 전문가는 심리기술훈련을 위해서 선수의 인지전략과 심리기술을 측정하게 되는데, 특히 심리기술을 측정하기 위한 여러 스포츠 전문 검사가 개발되어 활용되고 있다.

(1) 우수선수의 인지전략

① 심층면접법을 적용해서 우수선수와 비우수선수 사이에 인지전략에서 차이가 있는지를 알아보는 연구가 다수 수행되었다. 일례로 Gould, Eklund와 Jackson은 미국 올림픽대표 레슬링 선수 20명을 대상으로 시합 대처전략에 대한 심층면접을 했다. 연구 결과 메달리스트는 비메달리스트보다 긍정적 자기암시(self-talk)를 더 자주하고, 당면과제에 주의집중을 하며, 예상하지 못한 상황에 대비해서 정신적 준비를 더 하며, 심상(imagery)을 더 자주 사용했다. 또 메달리스트는 자신의 대처전략이 자동화되어 있어 어떤 상황에서도 비교적 안정적이며 긍정적인 정서상태를 유지하는 것으로 나타났다.

② 운동선수가 자신의 최고 수행을 발휘하는 순간을 '최고수행'(peak performance)이라고 하는데, 심층면접법으로 최고수행의 심리적 특징도 밝혀졌다. 크레인과 윌리엄스(Krane & Williams)는 최고수행의 심리적 특징을 다음과 같이 요약했다.

㉠ 두려움이 없음(실패에 대한 우려가 없음)
㉡ 수행에 완벽하게 몰입
㉢ 현재에 좁게 주의집중함
㉣ 완벽한 통제감
㉤ 시간과 공간 감각의 왜곡(시간이 느리게 가는 느낌)
㉥ 수행이 자동적으로 저절로 되는 느낌
㉦ 정서, 생각, 각성에 대한 통제감
㉧ 자신감이 높음
㉨ 신체적·정신적으로 이완됨
㉩ 에너지가 높음

③ 우수선수는 비우수선수에 비해 방해요인의 영향을 덜 받고 실수로부터 리커버리를 잘하는 능력을 갖고 있다. 우수선수의 심리적 특성을 종합한 두 연구의 결과를 살펴보면 유사점이 높다. Krane & Williams는 12가지 특성을 제시했으며, Weinberg & Gould는 7가지 특성을 제시했다.

㉠ Krane & Williams

ⓐ 고도의 자신감
ⓑ 완벽한 전념
ⓒ 수행에 대한 고도의 집중
ⓓ 스트레스와 방해요인에 대한 우수한 대처 능력
ⓔ 우수한 집중(focusing)과 재집중(refocusing) 기술

ⓕ 낙관적, 긍정적 태도
ⓖ 높은 개인 목표
ⓗ 잘 준비된 시합 전 및 시합 플랜(competition plan)
ⓘ 감정 조절 능력과 적절한 에너지 수준 유지 능력
ⓙ 불안을 도움이 되는 것으로 보는 관점
ⓚ 수행 목표(performance goal) 사용
ⓛ 심상(imagery) 사용

㉡ Weinberg & Gould

ⓐ 자신감을 높이기 위해 경기 중 역경에 대처하는 구체적 플랜을 숙달한다.
ⓑ 예기치 못한 상황과 방해 요인에 대처하는 루틴(routine)을 연습한다.
ⓒ 경기와 관련 없는 사건이나 생각을 차단하고 당면한 수행에 완벽하게 집중한다.
ⓓ 경기 전에 심리적 리허설(mental rehearsal)을 몇 차례 한다.
ⓔ 경기 전에 상대에 대해 걱정하지 않고 자신이 통제 가능한 것에 집중한다.
ⓕ 구체적인 시합 플랜을 갖고 있다.
ⓖ 각성과 불안을 조절하는 방법을 배운다.

- 재집중 기술은 목표를 달성하기 위한 원래의 계획(집중계획)이 방해를 받았을 때 다시 집중하기 위해 미리 세우고 숙달한 계획을 말한다. 우수선수일수록 집중 기술뿐만 아니라 재집중 기술도 뛰어나다.
- 시합 플랜이란 시합에서 어떻게 할 것인지를 미리 구체적으로 정해둔 계획이다. 스키, 사격, 피겨스케이트, 골프와 같은 폐쇄 기술의 수행에 특히 도움이 된다.
- 수행 목표는 '우승하겠다'와 같은 결과 목표(outcome goal)와 대조되는 개념으로 자신의 과거 수행과 비교해서 달성하고자 하는 기준으로 세운 목표를 의미한다.

(2) 시합불안 측정도구

① 스포츠경쟁불안검사(SCAT)

㉠ 시합불안 연구는 Martens가 스포츠경쟁불안검사(SCAT)를 개발한 시점부터 본격화되었다.

㉡ SCAT은 스포츠에서 체험하는 성격적 불안인 '특성'불안을 측정하는 도구이며, 스포츠 전문 검사의 최초 모델로 받아들여지고 있다.

㉢ SCAT은 스포츠 시합 상황에서 일반적으로 얼마나 불안한가를 묻는 10개의 문항으로 되어 있다.

㉣ 시합에 대한 특성불안을 '단일차원'으로 측정하는 것이 한계로 여겨지며, 상황에 따라서 달라지는 '상태'를 측정하는 타 도구의 개발을 촉진시켰다.

② 스포츠불안척도(SAS)

㉠ SCAT의 개발은 이후에 다차원적 시합불안 측정 도구인 스포츠불안척도(SAS)의 개발로 발전했다.

㉡ Smith, Smoll, & Shcutz의 SAS는 시합에 대한 '특성'불안을 측정하지만 인지불안의 2요인(걱정, 집중방해)과 신체불안(somatic anxiety)을 측정하도록 되어 있다.

㉢ 개발 과정에서 심리측정적 증거를 충분히 제시했으며, 집중방해 요인은 대학 풋볼 선수의 경기력과 부정적 관계가 있다는 점도 타당도 증거로 제시되었다.

㉣ SAS는 시합불안을 다차원적으로 측정하는 것이 가능하며, 이 도구로 인하여 불안과 수행에 관한 다양한 연구와 실천이 가능하게 되었다.

③ 경쟁상태불안검사(CSAI-2)

㉠ SCAT은 시합불안의 '특성'을 일차원으로 측정했다. SCAT의 한계를 극복하기 위해 Martens 등은 경쟁상태불안검사(CSAI-2)를 개발했다.

㉡ CSAI-2는 신체불안, 인지불안, 상태자신감의 3차원을 측정하는 다차원 검사이며, '현재 자신의 느낌'이 어떤지를 묻고 있어 '상태'를 측정하도록 되어 있다.

㉢ CSAI-2는 모두 각 하위 차원마다 9문항씩 모두 27문항으로 구성되어 있으며 4점 리커트식 척도에 응답을 하도록 제작되어 있다.

불안 측정도구의 변천사

1. 상태-특성 불안 척도(STAI) : Spielberger(스필버거)는 불안을 일시적인 상태를 나타내는 '상태불안'과 상대적으로 안정적인 성격적 특성인 '특성불안'으로 구분하여, 이를 동시에 측정할 수 있는 상태-특성 불안 척도(STAI)를 1970년에 개발하였다.
2. 스포츠경쟁불안검사(SCAT) : STAI의 개발 이후 경쟁적인 스포츠 상황에서 불안을 더 정확하게 예측하기 위해 스포츠 전문 불안 검사의 필요성이 제기되었고, Martens(마튼즈) 등은 경쟁적인 스포츠 상황을 위협적으로 인식하고 우려와 긴장감으로 상황에 대응하는 경향을 경쟁특성불안으로 정의하며, 경쟁특성불안을 단일차원으로 측정하는 스포츠경쟁불안검사(SCAT)를 1977년에 개발하였다.
3. 경쟁상태불안검사(CSAI-2) : Martens 등은 1982년 경쟁불안의 다양한 측면을 고려하여 평가하기 위해 다차원적 도구를 개발하였다. SCAT이 단일차원으로 경쟁특성불안을 측정한 검사 도구인 반면, CSAI-2는 경쟁상태불안을 '인지적 상태불안', '신체적 상태불안', '자신감'의 세 차원으로 측정하는 다차원 검사이다.
4. 스포츠 불안척도(SAS) : Smith 등이 1990년에 개발한 경쟁특성불안의 다차원 측정도구로, 경쟁특성불안을 '걱정'과 '집중방해'라는 두 가지 측면의 인지불안과 신체불안에 대하여 다차원적으로 측정할 수 있는 검사 도구이다. SAS는 개발 이후 다양한 스포츠 환경에서 유용하게 사용되어 왔으며, 스포츠 수행의 인지적, 신체적인 불안을 측정하는 신뢰성과 타당성이 입증된 도구로 평가되었다.

주요 시합불안 검사지 비교

도구	개발자	요인	특징
SCAT	Martens(1977)	• 시합불안	단일차원 특성 측정
SAS	Smith 등(1990)	• 걱정(인지불안) • 집중방해(인지불안) • 신체불안	다차원 특성 측정
CSAI-2	Martens 등(1982)	• 신체불안 • 인지불안 • 자신감	다차원 상태 측정

(3) 스포츠심리기술 측정도구

① 스포츠심리기술검사(PSIS)

㉠ 질적연구에서 발견된 결과를 바탕으로 Mahoney, Gabriel, & Perkins가 개발했다.

㉡ 하위 요인으로 집중력, 불안 컨트롤, 자신감, 심리적 준비, 동기, 팀 강조의 6개를 측정한다.

㉢ 엘리트 선수가 비엘리트 선수에 비해 이들 요인에서 점수가 더 높은 것으로 나타났지만, 타당도를 비롯한 심리측정적 증거가 미흡하다고 평가받고 있다.

② 운동대처기술검사지(ACSI-28)

㉠ ACSI(Athletic Coping Skills Inventory-28)는 스트레스 상황을 극복하는 전략인 '대처'(coping)에 초점을 맞추고 있지만 다양한 심리기술을 측정하도록 고안되었다(Smith, Schutz, Smoll, & Ptacek).

㉡ 총 28문항이며, PSIS에 비해 타당도를 포함한 심리측정적 증거가 훨씬 우수해 현재 널리 활용되는 도구 중 하나이다.

㉢ 운동선수의 심리기술 총점과 '7요인'의 점수를 구할 수 있다.

주요 스포츠심리기술 검사지 비교

도구	개발자	요인	특징
PSIS	Mahoney 등(1987)	집중력, 불안 컨트롤, 자신감, 심리적 준비, 동기, 팀 강조	• 다차원 측정 • 타당도 미흡
ACSI-28	Smith 등(1995)	7요인: 역경, 대처, 압박 상황에서도 최고 수행, 목표 설정과 심리적 준비, 집중력, 걱정 안함, 자신감과 성취동기, 코칭수용	타당도 우수 (프로야구 2, 3년차 수행 예측)
TOPS, TOPS-2	Thomas 등(1999) Hardy 등(2010)	• TOPS(시합): 자기암시, 감정조절, 자동적 수행, 목표설정, 심상, 활성화, 부정적 생각, 긴장풀기, 주의조절(연습) • TOPS-2(시합): 자기암시, 감정조절, 자동적 수행, 목표설정, 심상, 활성화, 긴장풀기, 부정적 생각, 주의산만	• 연습상황, 시합상황 별도 개발 • 향상된 TOPS-2 개발
수행 프로파일	Butler & Hardy(1992)	ACSI-28, TOPS와 달리 필요한 요인을 선수가 결정. 종목 및 개인, 팀에 따라 요인이 달라짐	• 그래프 형태 • 기술, 체력 요인 등 포함 가능

③ 수행전략검사(TOPS)

㉠ 연습상황과 시합상황의 2가지 버전이 있다. TOPS는 자기보고식으로 심리기술을 측정하는 도구이며, 특히 최적의 심리상태에 도달하기 위한 심리기법을 측정하기에도 적합하다.

㉡ 하위요인이 매우 유망하다는 평가를 받고 있으며, 선수의 심리기술과 심리전략을 측정하는 목적으로 세계적으로 널리 사용되고 있다,

④ 수행 프로파일

㉠ 수행 프로파일(performance profile)은 표준화된 심리 검사와 달리 심리적 특성이나 심리기술 요인을 스포츠 참가자가 스스로 선정을 하고 응답하도록 개발된 도구이다(Butler & Hardy). 즉, 주어진 검사지에 응답하는 것이 아니라 자신에게 필요한 심리기술이나 특성을 스스로 찾고 자신의 수준을 평정해서 시각적으로 제시하는 방법이다.

㉡ 선수 자신에게 요구되는 여러 요인에 대해서 강점과 향상이 요구되는 부분이 전체적으로 시각적으로 나타낼 수 있어 프로파일이라 부른다. 심리기술뿐만 아니라 체력이나 기술 요인도 수행 프로파일에 포함시킬 수 있다.

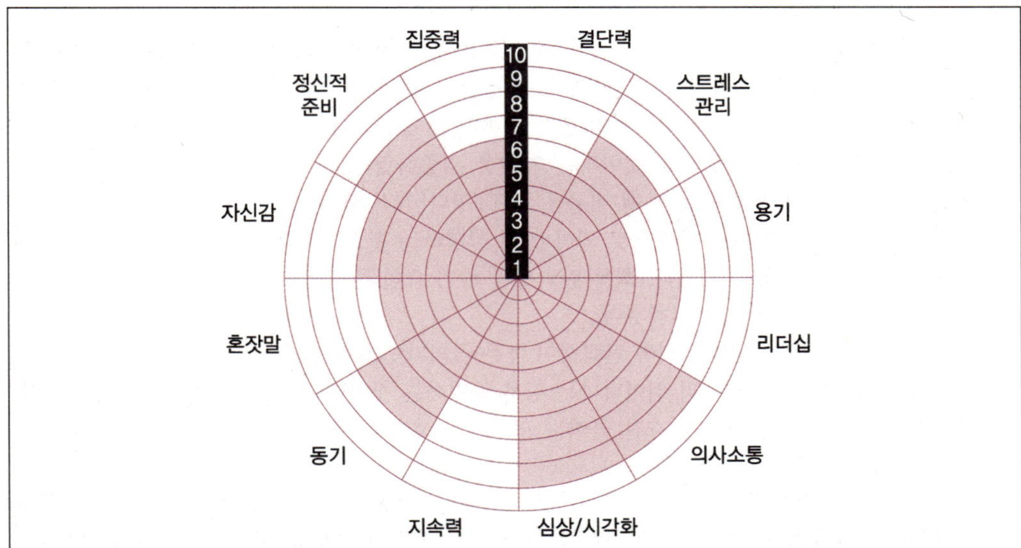

수행 프로파일에 포함시킬 요인은 미리 정해져 있지 않다. 종목 전문가와 함께 수행에 영향을 주는 주요 요인을 먼저 찾고 원을 분할하는 그래프에 요인을 평점하는 방식을 사용하기도 한다. 원형 그래프 이외에도 여러 시각적 방법으로 구현한다. 심리기술뿐만 아니라 체력요인도 포함시킬 수 있어 융통성과 확장성이 크다.

수행 프로파일(performance profile)

㉢ 수행 프로파일을 사용하면 선수가 심리기술을 향상시키는 과정에 적극적으로 참여할 가능성이 높다. 물론 ACSI-28, TOPS와 같은 표준화된 검사 도구와 병행 사용도 가능하다.

㉣ 수행 프로파일링 기법은 달성해야 할 목표에 대한 자각수준을 높일 뿐만 아니라 목표 설정, 의사소통, 지도자와 상호작용, 컨설팅을 촉진시키는 역할을 한다(Gucciardi & Gordon).

㉤ 골프 수행 프로파일을 개발하여 적용한 결과 심리기술훈련에 따른 심리기술 변화를 민감하게 측정할 수 있었고 수행 프로파일에서 최적 존(zone)에 도달한 선수는 평균 17주 후에 개인 최고기록을 달성하는 것으로 나타났다. 골프 전문 수행 프로파일 기법으로 선수의 미래 수행을 예측하는 것도 가능하다.

회복 탄력성과 골프

- 이정오와 홍준희는 긍정심리학 관점에서 회복 탄력성이라는 성격 특성이 골프 경기 상황에서 바운스 백(bounce back, 전 홀에서 보기나 더블 보기의 실수를 다음 홀에서 버디나 이글로 만회함)과 밀접한 관련성이 있음을 밝혀냈다. 성격적으로 회복 탄력성이 높은 골퍼는 경기 중에 실수가 나오더라도 즉시 다음 홀에서 리커버리를 한다는 것이다.
- 회복 탄력성이란 자신이 처한 어려운 상황을 오히려 도약의 발판으로 삼아 긍정적 적응 결과를 만들어 내는 심리적, 사회적 능력을 말한다. 역경에 처하면 '멘붕'에 빠지는 것과는 대조가 되는 심리적 강점이다. 회복 탄력성은 감정 조절력, 충동 통제력, 원인 분석력, 소통 능력, 공감 능력, 자아 확장력, 자아 낙관성, 생활 만족도, 감사하기의 9개 하위요인으로 구성되고 이는 다시 자기조절 능력, 대인관계 능력, 긍정성이라는 상위 요인으로 개념화하였다.
- 이 연구에서 바운스 백은 보기(+1) 이상의 스코어를 기록한 홀의 바로 다음 홀에서 버디(-1) 이하의 스코어를 기록하는 비율(%)을 계산했다. 한국 프로골프투어 9개 대회 이상을 참가한 76명의 선수를 대상으로 스코어 카드를 분석하여 바운스 백 비율을 산출했다. 그리고, 골퍼의 회복 탄력성이 뛰어날수록 바운스 백 능력도 좋을 것이라는 가설을 검증하였다.
- 분석결과 76명의 평균 바운스 백 비율은 14.9%였다(최저 8.6%, 최고 21.3%). 회귀분석의 결과 회복 탄력성은 바운스 백을 통계적으로 의미 있게 설명하는 것으로 나타났다. 바운스 백의 38.6%은 회복 탄력성으로 설명할 수 있었다. 회복 탄력성의 하위 요인 중에서 자아 낙관성과 소통 능력이 바운스 백을 예측하는 변인으로 밝혀졌다.
- 이러한 결과는 성격적으로 회복 탄력성이 높은 골퍼가 그렇지 않은 골퍼에 비해 경기 중에 발생하는 위기를 극복하는 실력도 더 뛰어나다는 점을 증명하는 것이다. 상황이 나쁘더라도 '할 수 있다'는 긍정적이며 도전적인 생각을 가진 골퍼는 경기에서 흐름도 유리하게 이끈다.

그릿(GRIT)은 궁긍적인 목표를 성취하기 위한 인내력과 열정을 의미하는데, 향상을 중시하는 태도(growth mindset), 회복 탄력성(resilience), 내적동기(intrinsic motivation), 끈기(tenacity)로 개념화되었다.

2 동기

1. 동기의 개념

동기는 '노력의 방향과 강도'라고 할 수 있다(Sage).

(1) 개념

① 욕구(desire)

신체적으로 요구 조건 및 학습된 요구 조건으로 나타나는 결핍 상태를 나타낸다.

② 동기(motive)

요구의 결과로 나타나는 내적 상태, 혹은 활성화된 요구를 만족시키기 위해 각성된 행동이 지향된 것을 말한다. 따라서 어떤 목표를 향해서 행동을 시작하도록 하는 내적 과정이다.

③ 추동(drive)

기본적인 생리적 요구를 만족시키기 위해 각성된 동기를 말한다.

(2) 노력의 방향과 강도

① 노력의 방향

노력의 방향이란 어떤 사람이 특정 상황이나 행동을 추구하고 거기로 다가가는지의 여부를 말한다.

② 노력의 강도

노력의 강도는 어떤 사람이 어떤 상황에서 얼마만큼의 노력을 투입하는지를 의미한다.

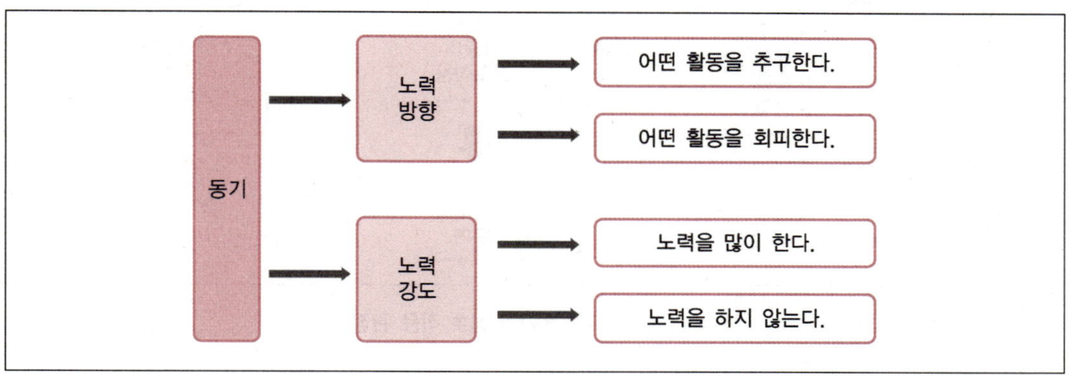

동기의 방향과 강도

(3) 동기의 관점

① 특성 지향 관점(참가자 중심 관점)

㉠ 동기 행동은 개인의 특성에 의해서 결정된다고 보는 관점이다. 즉 어떤 사람의 성격, 태도, 목표 등이 동기 행동을 결정한다는 의미이다.

㉡ 어떤 선수는 정규 훈련이 끝난 후 개인 훈련을 매일 갖지만, 다른 선수는 정규 훈련조차도 열심히 하지 않는다.

㉢ 이 관점에 따르면 동기 수준이 낮은 사람들은 그 사람들 특성에 문제가 있으며, 특성이 바뀌지 않는다면 동기 수준은 변하지 않을 것을 시사한다.

② 상황 지향 관점

㉠ 동기는 주로 상황의 영향으로 결정된다고 보는 관점이다.

㉡ 교양 체육시간은 좋아하지 않을 수 있지만, 축구 동아리 활동에는 적극적으로 참여할 수 있다.

㉢ 이 관점에 따르면 동기는 개인의 특성에 의해 결정되는 것이 아니라, 상황이 변하면 동기 수준도 변할 수 있음을 시사한다.

③ 상호 작용 관점

㉠ 동기는 성격, 관심, 목표와 같은 개인적 요인에 의해서 전적으로 결정되는 것도 아니고, 지도자의 스타일이나 경기 기록 같은 환경적 요인에 의해서만 결정되는 것도 아니다. 즉, 한 개인의 동기가 특성적 관점과 상황적 관점과의 상호 작용 속에서 형성된다고 보는 것이다.

㉡ 동기는 개인의 특성과 상황과의 상호작용 속에서 형성되어, 동기를 이해하기 위해서는 개인의 특성 요인과 상황적 요인의 관계를 이해하는 것이 필요함을 시사한다.

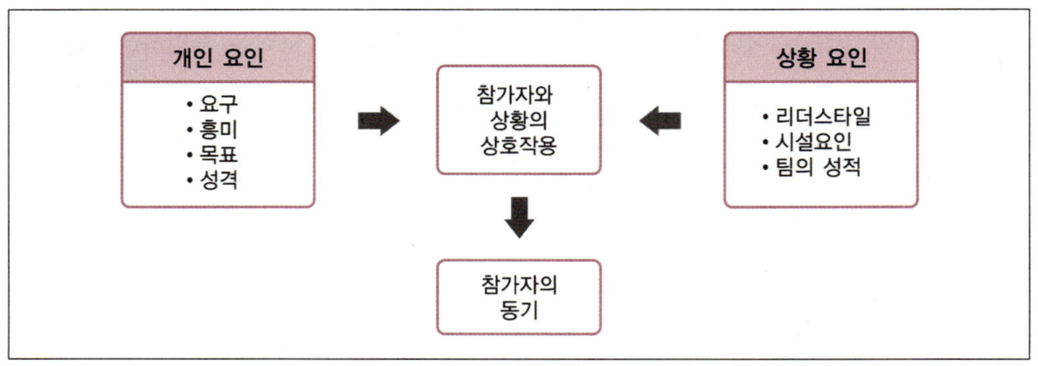

동기의 상호 작용 관점

2. 내적 동기 이론

어떤 사람이 외적인 보상을 바라지 않고 스포츠 그 자체가 좋아서 운동을 하면 내적 동기가 높다고 말한다.

(1) 과잉 정당화 가설

외적 보상이나 외적인 목표를 받기 위하여 스포츠 활동에 참가하도록 유도되면 사람들의 내적 동기는 감소될 수 있다. 이 결과로 동기가 감소되는 것을 할인 원리 또는 감소 원리(discounting principle)라고 하며, 이 원리에 의하여 외적인 보상 때문에 운동을 하는 사람은 보상이 없게 되면 활동을 멈춘다는 것이다.

(2) 인지 평가 이론

행동을 일으키거나 조절하는 외적 사건이 동기와 동기적으로 관련된 과정에 미치는 효과를 기술하는 이론으로 Deci(1975)에 의해 처음 제안되었다. 내적 동기에 관한 가장 잘 알려진 이론은 Deci와 Ryan(1985)의 인지평가이론이다. 인지평가이론은 인간이 유능성과 자결성을 느끼려는 본능적인 욕구를 갖고 있다고 전제한다. 그리고 개인의 유능성과 자결성을 높여주는 활동이나 사건이 바로 개인의 내적 동기를 증가시킨다고 본다.

① 제1전제

㉠ 개인은 자결성에 대한 내적인 욕구를 가진다.

㉡ '자결성'은 노력의 주체, 즉 행동을 시작하고 그것을 조절하는 것이 자신이라는 감각이다.

㉢ 내적 인과 소재를 불러일으키는 사건은 내적 동기를 향상시키고, 외적 인과 소재를 조장하는 사건은 내적 동기를 감소시킨다.

예 직장인이 스스로 결정을 내려서 헬스클럽에 다니기로 했다면 내적 동기가 높아질 것이다. 반면 헬스클럽 출석이 승진 평가에 반영되기 때문에 억지로 운동을 한다면 내적 동기가 감소한다.

② 제2전제

㉠ 개인은 유능성의 욕구가 있다.

㉡ '유능성'은 자신의 노력으로 환경이나 자신에게 바람직한 변화를 만들 수 있다는 일종의 자신감이다.

㉢ 유능성의 느낌을 높여주는 사건은 내적 동기를 향상시키며, 유능성의 느낌을 감소시키는 사건은 내적 동기를 낮춘다.

예 개인이 어떤 일을 잘했다는 긍정적인 피드백을 받았을 경우 유능성을 느끼고, 부정적인 피드백을 받거나 개인의 행동과 결과 사이에 아무런 관계가 없다고 생각하면 자신이 무능하다는 느낌이 점차 강해진다.

㉣ **외적 보상**: 외적 보상은 내적인 동기를 유발시키는 데 도움이 될 수도 있고 반대로 해가 될 수도 있다는 것이다. 인지평가이론에 따르면 외적 보상(트로피, 상금, 메달 등)은 통제적 측면과 정보적 측면을 모두 갖고 있다. 외적 보상이 내적 동기에 미치는 영향은 보상을 받는 사람이 보상을 어떻게 해석하느냐에 따라 달라진다. 즉, 보상을 받는 사람은 보상을 통제적으로 해석할 수도 있고 정보적으로 볼 수도 있다.

③ 제3전제

㉠ 행동에 영향을 미치는 사건은 정보적 측면, 통제적 측면, 무동기 측면 등 세 가지 측면을 갖는다.

㉡ **정보적 측면**: 인과 소재의 지각과 유능성의 느낌을 촉진시켜 결국 내적 동기를 향상시킨다.

예 한 선수가 탁월한 기량을 발휘한 공로가 인정돼 MVP로 선정되었다면 그 선수의 능력에 대한 긍정적인 정보를 제시해 준다.

㉢ **통제적 측면**: 외적인 인과 소재의 지각을 촉진시켜 내적 동기를 낮추게 되고 반항을 유발시킨다.

예 외적 보상의 제공, 마감 시간의 설정, 감시, 평가, 목표 부여 등

㉣ **무동기 측면**: 지각된 무능력감을 조장하여 내적 동기를 감소시키고 무동기를 촉진한다.

예 부정적인 피드백을 제공하는 것

④ 제4전제

내적으로 정보를 제공해주는 사건은 내적 동기를 향상시킨다.

예 개인이 내적으로 규제하는 정보는 자결성과 내적 동기를 향상시킨다.

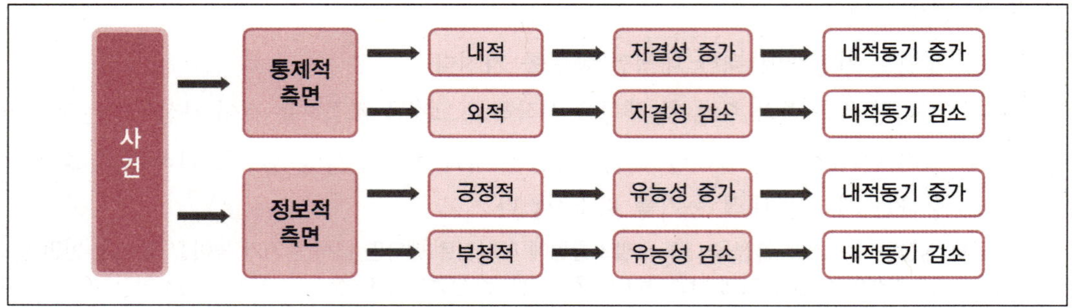

인지 평가 이론

내적 동기와 경쟁
• 시합의 승리에만 집착하게 되면 통제적 측면이 강하게 된다. • 결과에 관계없이 시합의 과정을 중요시하면 정보적 측면이 강하다.

내적 동기 유발을 통한 능동적 참여
• 몰입은 수행자가 과제에 완전히 몰두하게 하여 내적 동기를 최고 수준에 달하게 한다. • 몰입 체험은 수행자의 기술 수준과 과제의 난이도가 일치할 때 발생하며, 자신감, 긍정적인 생각 등이 몰입을 쉽게 이르게 도와준다.

(3) 내적 동기를 높일 수 있는 방법

① 성공 경험을 갖게 한다.

성공 경험은 자신의 능력에 대한 유능성의 느낌을 갖게 해 자신감이 높아진다.

② 언어적, 비언어적 칭찬을 자주 한다.

칭찬은 긍정적인 피드백을 제공해 주며 지속적인 노력을 하는 데 촉매 역할을 한다. 따라서 칭찬은 유능성을 높여 내적 동기를 높여준다.

③ 연습 내용과 순서를 바꾼다.

연습의 단조로움이나 지루함을 극복하고 참가자의 자결성을 증가시켜 내적 동기를 증가시킨다.

④ 목표 설정과 의사 결정에 참여시킨다.

의사 결정 과정에 참여할 기회를 줌으로써 선수들은 내적인 통제감과 성취감을 느껴 자결성이 증가해 내적 동기가 증가한다.

⑤ 실현 가능한 목표를 설정한다.

자신의 능력에 맞는 실현 가능한 목표를 설정하면 유능성의 느낌이 증대되어 내적 동기가 증가한다.

(4) 다차원적 스포츠 동기

스포츠심리학에서 동기연구는 내적동기, 외적동기, 무동기의 관점에서 이해하고 적용하려는 노력을 하였다(Vallerand). 내적동기는 지식획득, 성취도전, 자극체험으로 나누어 설명하였으며, 외적동기는 외적규제, 내사규제, 확인규제로 나누어 구체적인 예를 제시하였다. 무동기는 학습된 무기력(Learned Helplessness)과 같은 개념으로 사용되고 있다.

① 내적동기(Intrinsic Motivation)

내적동기를 다차원적으로 이해하고자 맥컬리(McAuley)와 테먼(Tammen)은 라이언(Ryan)이 만든 내적동기 질문지를 분석하는 과정에서 흥미, 노력, 지각된 유능감, 압박과 긴장 등 4가지 요인으로 나누어 설명하였다(McAuley & Tammen, Ryan). 이후 밸러랜드(Vallerand) 등은 지식획득 내적동기, 성취도전 내적동기, 자극체험 내적동기 등 3가지의 새로운 개념에서 내적동기를 설명하였다.

㉠ 지식획득 내적동기(IM to Know)

지식획득 내적동기는 새로운 무엇인가를 배우고 이해하며, 탐색하는 노력을 하면서 느끼는 즐거움과 흥미를 의미한다. 예를 들어, 축구를 처음 시작하는 용세가 리프팅을 배우고 원리를 이해하면서 느끼게 되는 즐거움과 흥미를 가지는 내적동기를 지식획득 내적동기라고 할 수 있다. 보다 높은 관심으로 축구 리프팅 기술을 배우고 익히며 즐거움과 흥미를 느낀다면 이것은 지식획득 내적동기가 높은 상태라고 할 수 있다.

㉡ 성취도전 내적동기(IM to Accomplish)

성취도전 내적동기는 무엇인가 이루려는 동기로 자신의 최고기록에 도전하거나 목적을 달성하면서 느끼는 만족감이나 희열 등을 위한 활동을 말한다. 일반적으로 성취도전 내적동기는 결과보다는 성취하는 과정에서 얻게 되는 경우가 많으며 숙달동기, 내적도전, 성취목표성향이론에서 말하는 과제지향과 밀접한 관계가 있다. 예를 들어, 도진이가 자신의 100m 최고기록인 12초를 경신하기 위해 힘든 인터벌트레이닝을 이겨내며 기록에 근접하는 과정에서 느끼는 만족감은 성취도전 내적동기의 한 형태라고 할 수 있다.

㉢ 자극체험 내적동기(IM to Experience Stimulation)

자극체험 내적동기는 긍정적이며 기분 좋은 감각을 느끼기 위하여 어떠한 활동을 하게 되는 동기이다. 긍정적인 체험이라고 할 수 있는 러너스 하이(Runner's High), 몰입(Flow), 운동선수들의 최적 경험(Optimal Experience) 등은 이러한 자극체험 내적동기를 높여줄 수 있는 심리적 요인이 된다. 예를 들어, 지훈이가 숲에 마련된 조깅트랙에서 조깅을 하면서 러너스 하이를 체험하는 것이 너무 좋아서 같은 장소에서 계속 조깅을 하고자 한다면 이는 자극체험 내적동기가 높다고 할 수 있다.

② 외적동기(External Motivation)

외적동기는 외적인 통제 요인에 의해 나타나는 행동에만 해당하는 것으로 여겨져 왔으나, Deci와 Ryan은 내적동기의 구분과 마찬가지로 외적규제, 내사규제, 확인규제 등으로 나누어 설명하고 있다(Deci & Ryan).

㉠ 외적규제(External Regulation)

우리가 생각하고 있는 외적동기와 가장 비슷한 개념이다. 행동이 발생하는 상황이 외적보상이나 다른 사람의 강요에 의해 규제되는 것을 말한다. 고등학교 야구 선수인 창량이가 대학에 진학하거나 프로팀에 입단하기 위해서 운동을 한다면 이는 외적규제에 해당하는 것이다.

㉡ 내사규제(Introjected Regulation)

내사규제는 자신의 행동이 외적인 요인에 의해 시작되었으나, 내적인 요인으로 내면화시키는 과정에서 같은 행동을 할 때는 외적인 요인이 필요가 없어지는 것을 말한다. 이때 나타나는 행동은 죄책감이나 불안 같은 내재적인 압력이 나타나게 된다. 리듬체조 선수인 보람이가 체중이 증가하면 경기에서 창피를 당할 수 있다는 생각에 운동을 열심히 한다면 이는 내사규제에 해당될 수 있다. 이때 동기는 선수의 내적인 부분에서 발생되나 스스로의 결정에 의한 것이라 기보다는 규제에 의해 일어난다고 할 수 있다.

㉢ 확인규제(Identified Regulation)

확인규제는 외적동기에 속하기는 하지만, 자신의 결정에 따라 행동이 일어난다는 특징을 가진다. 일반적으로 확인규제는 특정 행동을 하는 것이 중요하다고 판단하고, 자신의 선택에 따라 행동하는 것을 의미한다. 확인규제는 외적인 이유 때문에 일어나지만, 내적으로 규제되고 자신에 의해 결정된다는 점에서 다른 외적동기와는 다르다. 예를 들어, 축구특기생으로 진학해야 하는 승주가 심폐지구력을 길러야 된다고 생각하고 인터벌트레이닝을 한다면 확인규제가 강하게 작용한다고 볼 수 있다.

③ 무동기(Amotivation)

무동기는 어떤 일이나 행동을 일으키게 하는 계기가 없는 것을 말한다(Deci & Ryan). 무동기는 '학습된 무기력'의 개념과 유사하며 활동에 가치를 두거나 유능감을 느끼지 못하는 다음과 같은 특성을 가지고 있다(Vallerand).

㉠ **능력 부족**: 특정 수행을 할 능력이 부족할 경우

㉡ **전략 미흡**: 어떤 전략이 바람직한 결과를 달성하는 데 도움이 안된다고 믿는 경우

㉢ **노력 회피**: 특정 행동이 너무 힘들기 때문에 어떤 노력도 하지 않겠다는 생각이 드는 경우

㉣ **무기력 신념**: 성취해야 할 과제가 너무도 벅차기 때문에 자신의 노력이 쓸모없다고 생각하는 경우

(5) 동기 유발 방법

인간 행동의 결정 요인으로서, 이론적 개념인 동기에 관한 주요 이론을 기초로 하여 성공적인 운동 수행을 위한 효율적인 동기 유발의 구체적인 방법은 다음과 같다.

① 목표 계획을 구체적으로 세워야 한다.

② 스포츠 활동이나 연습 프로그램의 목적을 선수에게 제시한다.

③ 목표 계획에 따라 단기, 중기, 장기 훈련이나 연습 프로그램을 계획하되, 흥미 있고 의미 있는 것이어야 한다.

④ 연습이나 훈련 프로그램이 결정되면 선수 개개인의 기능 향상 정도를 기록해 두어야 하며, 이러한 진보 속도를 목표 계획과 훈련 프로그램에 근거하여 재평가해야 한다.

⑤ 선수에게 목표를 적합하게 설정해 준다. 즉, 선수 개개인에게 높지만 달성 가능한 목표를 설정해야 한다.

⑥ 연습 시 선수에게 동작이나 행동의 오류에 대한 지식을 가능한 한 빨리, 그리고 구체적으로 제공해야 한다.

⑦ 연습 시에는 연습 결과에 대하여 적당한 강화를 주는 것이 좋다.

⑧ 현실적 목표를 구체적으로 제시해야 한다.

⑨ 칭찬을 하거나, 꾸짖거나 보상 또는 벌을 주는 것은 동기 부여를 향상시킬 수 있다.

⑩ 사회적 동기, 즉 경쟁이나 협동을 이용해야 한다.

동기 유발 방법
• 목표 설정의 명확화 • 연습 목적 제시 • 결과에 대한 지식 제공 • 물질적 보상 제공 • 성공과 실패에 대한 경험 부여 • 동료와의 경쟁 및 협동 • 칭찬, 꾸지람, 벌 제공 • 운동 자체에 대한 내적인 흥미 부여 • 자긍심 및 도전의식 고취

(6) 동기 유발 전략

① 운동 참가 이유를 이해한다.

㉠ 대부분의 스포츠 참가자들은 최소한 한두 개 이상의 참가 동기를 갖고 있다.

㉡ 스포츠 지도자는 학생, 선수, 클럽 회원들의 참가 동기가 매우 독특할 수 있다는 점도 고려해야 한다.

㉢ 지도자는 관찰, 개인적 면담, 개방형 질문지 이용 등의 방법을 써서 참가자의 동기를 주기적으로 점검할 필요가 있다.

② 다양한 기회를 제공한다.

㉠ 학생의 개인차는 다양하다. 교사가 학생들의 특성에 맞는 연습을 선택하면 학생의 참여도와 재미 수준은 높아진다.

㉡ 지도자가 체계적인 훈련과 더불어 적절한 시기에 기분 전환을 위한 활동을 계획해야 참가자들의 동기를 높일 수 있다.

③ 지도자가 동기 유발에 영향을 미친다.

㉠ 지도자가 참가자의 동기에 미치는 영향은 매우 크다.

㉡ 지도자는 자신의 행동이 학생이나 선수들의 동기에 어떤 영향을 미치는지를 의식할 필요가 있다.

④ 귀인 유형을 파악하고 필요하면 바꾼다.

㉠ 선수가 시합의 패배 원인으로 "난 원래 실력이 없어서", "운동 실력이 모자라" 등 능력 부족 귀인은 노력 부족 귀인으로 바꾸는 것이 미래의 수행 향상을 위해 바람직하다.

㉡ 승리의 원인을 "운이 좋아서", "심판 덕분에" 등 외적 귀인은 승리의 원인이 노력했기 때문이라고 해야 추후의 성취 동기가 높아지고 노력도 더 많이 하게 된다.

⑤ 귀인에 관한 바람직한 조언을 해준다.

㉠ 지도자가 참가자에게 피드백을 어떻게 주느냐에 따라 참가자의 성공과 실패에 대한 해석이 다를 수 있고, 궁극적으로 미래의 동기에 큰 영향을 미친다.

㉡ 선수의 능력보다는 기술적인 정보를 주는 것이 효과적이다.

⑥ 과제 목표 성향을 강조한다.

㉠ 행동을 바람직한 방향으로 이끄는 데 가장 효과적인 방법 중의 하나는 과제 목표 성향을 갖는 것이다.

㉡ 과제 성향적인 사람들은 성공을 판단하는 기준이 자기 자신이다.

(7) **지도자와 선수 간의 의사소통 체계**: 팀의 조화를 위한 전략

① 개방적 의사소통

지도자는 선수가 개방적인 의사소통을 할 수 있도록 건설적이고 민주적인 분위기를 조성해주어 과제 관련 사항에 대하여 보다 깊이 있고 합리적인 의사소통이 이루어질 수 있도록 해야 할 것이다.

② 집단 내 자부심 고양

지도자는 현실성 있는 목표를 수립해 선수들이 만족감과 효능감을 느낄 수 있게 해야 하며, 자부심 고양을 위해 유인할 수 있는 창의적인 방법을 고안해야 한다. 이렇게 되었을 때 팀의 자부심, 결속 및 인내를 이끌어 낼 수 있으며, 각 선수들은 팀의 목표에 기여할 수 있는 자신의 독특한 역할에 대해 알고 대비할 것이다.

③ 팀의 규준과 규칙

공동의 목표를 가지고 있는 집단은 각 선수들이 팀의 철학, 목표, 운용 절차에 따른 적절한 역할을 하도록 한다. 철학은 무엇이 중요하고 그렇지 않은가에 대해 명시해 줌으로써 선수들의 수행에 가치를 부여하기 때문에 선수들 간에 협동과 효율성을 갖게 한다. 따라서 선수들에게 목표를 분명하게 이해시킴으로써 그 팀의 생산성 및 수행의 질을 높일 수 있을 뿐 아니라 팀의 결속을 기할 수 있다.

④ 팀 내 역할에 대한 가치 부여

팀 내 각 선수들의 역할을 분명하게 정의하여야 하며, 각자의 역할은 팀에 중요한 기여를 하게 된다는 점을 항시 강조하여야 한다. 선수에게 그들 각자의 역할이 중요하다는 것을 인식하게 함으로써 개개인에게 효능감 및 가치를 갖게 할 수 있다.

⑤ 우수성 인정

개인에게 책임감을 부여하고 집단의 목표 설정과 의사 결정에 적극 참여시킬 때 사기와 자신감은 증가한다. 집단 성원의 특성을 이해하고 각 개인에게 과제 및 대안 문제를 해결하도록 함으로써 지도자는 선수의 판단을 인정하고 존중해 주는 것이 되는 것이다. 이렇게 되었을 때 팀에 대한 신뢰와 소속감 및 매력을 증진시킬 수 있는 것이다.

⑥ 합의와 몰입

팀의 장기 목표는 유인, 방향 및 진보 과정의 평가를 제공하고, 단기 목표 달성은 자부심, 자신감 및 개인적 성취감 등 내적 동기를 증가시킨다. 이러한 목표 설정 과정에 집단 성원 전체를 관여시키는 것은 성원들로 하여금 팀의 목표에 몰입시키고, 그 목표 달성을 위해 요구되는 노력 및 훈련의 강도에 더 큰 자극을 준다.

⑦ 주기적 팀 미팅

개방적이며 정직하며 건설적인 방식으로 정적, 부적 감정 모두를 표현할 수 있는 주기적인 팀 미팅을 갖는 것이 바람직하다.

⑧ 비공식적 의사소통 망의 처리

팀 내에는 비공식적으로 선수들 간의 목소리가 나오는 곳이 있다. 지도자는 이들의 주장에 대해 살펴볼 필요가 있으며 주가 되는 선수에 대해서 무시해서는 안 된다. 이들의 생각과 비판을 수용하는 자세가 그들로부터 존경을 받을 수 있고 팀을 하나로 만들 수 있을 것이다.

3. 자기결정성이론의 미니이론

데시(Deci)와 라이언(Ryan)의 자기결정성이론은 인간 행동의 통제 원천이 내면인가 외부인가에 의해 나눠지며, 행동이나 선택의 동기가 자율적이고 기본적 심리욕구가 충족될수록 내재적인 동기가 유발된다고 가정한다. 자기결정성이론은 인간의 동기와 관련하여 유기적이고 통합적인 접근을 기반으로 구성된 매크로이론(Macro-Theory)으로 '인지평가이론', '유기적통합이론', '인과지향성이론', '기본심리욕구이론', 최근에 추가된 '목표내용이론'과 '관계동기이론'까지 6가지 미니이론으로 구성되어 있다. 일반적으로 자기결정성이론은 인간이 동기가 개인 스스로 완전히 내적통제(예 흥미, 호기심)가 되었을 때 가장 높으며, 내적인 이유 없이 외적인 통제(예 강제, 강요)에 의해서만 행동하게 될 때 제일 낮다고 가정한다.

(1) 인지평가이론

① 인지평가이론(Deci, 1975)은 자기결성성이론의 첫 번째 미니이론으로 자신이 하고 있는 일이 가지는 의미와 가치에 대한 인지적인 과정을 통해 동기부여와 양이 결정된다고 보는 이론이다.

② 인지평가이론에서는 유능감과 개인적 통제가 내적동기의 중요한 요인이라고 가정하고 사람들이 내재적으로 동기화되었을 때 해당 행위에 자유롭게 참여하며, 이러한 활동이 지속되기 때문에 내적동기는 자율적 행위의 근본이라고 본다.

③ 이 이론이 등장할 당시에 이미 조작적조건형성이론(Skinner, 1971)이 심리학 연구에 크게 자리매김하고 있었기 때문에 인지평가이론의 등장은 꽤 논란의 대상이 되었다.

④ 조작적조건형성이론이 강화를 통해 인간의 행동을 통제할 수 있다고 보는 것인데 반해, 데시(Deci)는 인간은 내적동기를 통해서 호기심을 가지고 행동하며, 새로운 관점을 발견하고, 최선의 도전을 하고, 결국에는 내적 만족을 경험할 수 있다고 하였다.

⑤ 인지평가이론에서는 내적동기가 자율성욕구와 유능성욕구의 만족에 의해 지지되기 때문에 과제 흥미와 즐거움을 충족시키기는 욕구만족에 도움이 되는 외부적인 사건들을 다룬다. 실제로 파탈(Patall) 등은 내적동기를 촉진하고 선택을 부여하는 것이 자율성 경험에 긍정적이라고 보고하는가 하면, 발렌더(Vallerand)와 레이드(Reid)는 내적동기를 촉진하는 피드백을 주는 경우 유능성이 지지된다고 보고하고 있다.

⑥ 이후 인지평가이론은 유기적통합이론을 통해 자기결정성이론의 기틀을 마련하게 되며, 다른 미니이론들의 발달에 이론적 발판이 되었다고 설명되고 있다.

(2) 유기적통합이론

① 유기적통합이론은 자기결정성이론의 두 번째 미니이론으로 인지평가이론이 내적동기를 중점으로 설명하는 데 반해 유기적통합이론은 외적동기까지 범위를 넓혀 외적동기에서 내적동기까지를 다루고 있다(Deci & Ryan, 1985).

② 인간이 살아가면서 늘 즐거움과 흥미로운 상황만 경험하는 것은 아니다. 흥미나 즐거움의 상황이 아닐 경우 행동은 외적동기를 필요로 한다.

③ 초기이론들은 내적동기와 외적동기를 따로 떼어놓고 생각하는 경우가 많았으나, 유기적통합이론에서는 그것들을 연속선상에서 설명하고 있다.

④ 또한, 유기적통합이론에서는 내적동기의 중요성과 함께 내면화의 중요성을 강조하며, 이러한 내면화가 외적동기를 내적동기로 바꾸어주는 역할을 한다고 보았다. 따라서 외적동기를 높이기 위해서는 내면화를 촉진시키는 환경적 도움이 필요하다고 할 수 있다.

⑤ 유기적통합이론에서는 행동 원인의 소재지에 따라 동기를 일 자체가 좋아서 하는 내적동기, 그 밖의 다른 이유 때문에 하는 외적동기, 어떠한 동기도 없는 무동기로 분류하고 동기의 종류를 '여섯 가지 유형'으로 구성하였다. 외적규제와 내사규제는 '통제동기'에 속하며, 확인규제 · 통합규제 · 내적동기는 '자율성동기'에 포함된다.

㉠ '무동기'는 행동을 하고자 하는 동기가 부족한 상태로 수동적인 행동이 여기에 속하며, '외적규제'는 보상이나 처벌에 따른 행동을 의미한다. 즉 행동의 가치가 내면화되기보다는 외부적 요구에 의해 행동하는 것을 가리킨다.

㉡ '내사규제'는 외적인 조절이 내면화되었지만 그것을 진정한 자신의 것으로 받아들이지 않은 상태로, 죄책감과 부끄러움을 피하거나 가치감을 얻기 위해 행동하는 상태를 일컫는다.

㉢ '확인규제'는 행동의 가치를 인식 · 수용하여 자기 정체성의 일부가 된 상태로 높은 수준의 자율성을 수반하게 된다.

㉣ '통합규제'는 외적동기가 가장 완전한 형태로 내면화된 상태이다.

㉤ '내적동기'는 흥미와 자신의 만족을 위해 활동하는 상태를 의미하며, 다른 보상이나 결과물을 얻는 것과 무관하게 궁극적으로 내적동기에 의한 행동이 되는 결과를 말한다.

⑥ 유기적통합이론은 동기를 내적동기와 외적동기로 분리시켜 이해했던 것과 달리, 동기를 연속선상에 여러 가지 차원으로 나누어 정의하고 설명하였다는 데 의미가 있으며, 자기결정성이론은 인지평가이론과 유기적통합이론의 통합된 바탕 아래서 이론적 기틀을 마련하고 꾸준한 발전을 이어가게 되었다.

(3) 인과지향성이론

① 특별한 삶의 영역이나 상황에 따른 동기의 역동을 다룬 이론이 인지평가이론과 유기적통합이론이었다면 인과지향성이론은 자기결정성이론의 세 번째 미니이론으로 전반적인 동기지향의 개인적 차이에 관심을 가진다.

② 인과지향성이론은 유기적통합이론에 사람들의 개인적 차원의 기능을 이해하기 위한 행동적 조절에 대한 역동을 적용함으로써 새로운 "자기결정성이론의 퍼즐"을 만들었다.

③ "인과지향"은 라틴어의 "Causa(원인, 이유)"에서 유래된 용어로 숨은 원인이나 이유, 행동적 개시를 말한다. 인과지향성이론에 의하면 사람들에게 전형적으로 보이는 개인적 차이는 사람들이 행동을 하게 되는 원인을 이해할 수 있게 한다.

④ 이 이론에서는 높은 자율성 인과 소재를 보이는 사람들은 자신 내부에서 일어나는 자기-지지적 가치에 따라 자율적 행동으로 조절하는 특성을 보인다고 보고 있다.

⑤ 인과지향성이론의 연구들은 개방성과 수동성을 향한 자율성과 통제된 인과성의 관계를 경험하기 때문에 좀 더 개방성과 관련 있다고 보았다. 반대로 통제지향의 개인적 경험은 자기 가치에 대한 외부적 요구라는 요인 때문에 개인 내, 개인 간의 압력을 경험할 수 있다고 보았다.

⑥ 이처럼 자율성과 통제지향성은 사람들의 태도와 성격특성 그리고 행동에 대한 지각 간의 관계에 있어 다른 결론을 보인다. 또한, 자율성과 통제지향성은 사람들이 자신의 능력, 흥미 그리고 정체성에 관한 정보를 처리하는 결과에도 영향을 미치며, 서로 다른 대인관계 양식에도 영향을 미친다.

(4) 기본심리욕구이론

① 기본심리욕구이론은 자기결정성이론의 네 번째 이론으로 사회적 맥락과 개인의 웰빙(Well-Being), 일빙(Ill-Being) 사이의 관계에 대한 이해를 제공한다. 즉 심리적 욕구 만족 경험은 웰빙과 직접적인 관련이 있으며, 기본심리욕구가 충족될 때 심리적 안녕이 지속될 수 있고, 인간의 성격발달과 특수 상황에서 최적의 결과와 그렇지 못한 결과를 예측하는 기초를 제공한다.

② 기본심리욕구이론에서는 이러한 욕구들이 보편적인 것이며 획득되는 것이 아닌 타고나는 필수 요소이기 때문에 문화적 상황과 발달적 상황을 뛰어넘어 공통적으로 적용될 수 있다고 가정한다. 자기결정성이론에의 기본심리는 세 가지의 욕구로 구성되는데 '자율성욕구', '유능성욕구', '관계성욕구'가 그것이다.

(5) 목표내용이론

① 2010년 5월 벨기에 간트에서 개최되었던 제4차 자기결정성이론 국제학술대회에서 목표내용이론이라는 다섯 번째 미니이론이 추가되었다. 지금까지 자기결정성이론이 발전을 거듭하면서 행동조절의 이유와 기본심리욕구의 개념에 더하여 사람들이 추구하는 삶의 목표에 대해 관심을 가지게 되었다.

② 카서(Kasser)와 라이언(Ryan)은 내적 열망이 자율성·유능성·관계성욕구 만족과 관련 있지만, 외적 열망은 기본심리욕구 만족과 별다른 관련이 없는 것과 관련해 외적 목표(예 돈, 명성, 이미지)와 내적 목표(예 개인적 성장, 친밀한 관계성, 공동체 기여, 육체적 건강)를 비교하였다.

③ 목표내용이론에서 관심을 두는 연구주제는 삶의 목표내용은 어떻게 생겨나며, 개인은 어떻게 인생의 목표를 선택하고, 내재화하며, 인생주기를 통해 목표내용의 발달과 변화를 설명할 수 있는 심리적 과정은 무엇인가 등에 대한 탐색이다. 그리고 이러한 목표의 근원에 대한 답은 심리적 욕구나 기본심리욕구 충족과 직접 관련되어 있다고 본다. 즉 내적 목표의 추구가 개인의 기본심리욕구를 충족시켜서 심리적 안녕을 경험하게 한다는 것이다.

4. 귀인 이론

귀인이론은 성공이나 실패의 원인을 무엇으로 생각하느냐에 따라 정서적, 행동적 반응이 달라진다고 보는 이론이다.

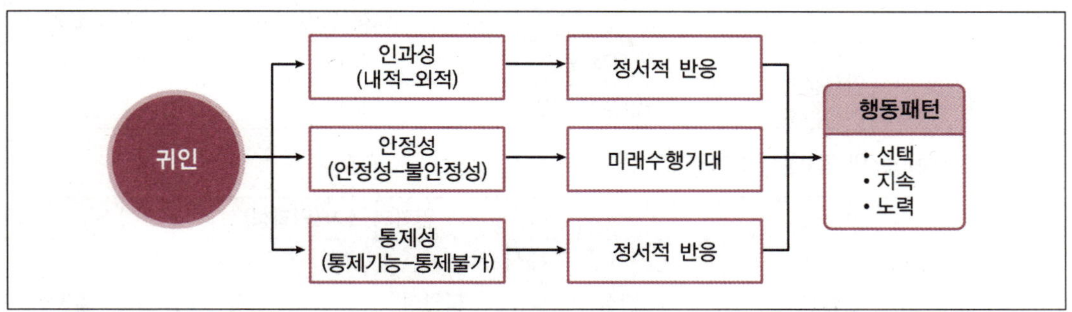

귀인과정(Weiner)

(1) 스포츠에서의 귀인의 필요성

① 인간은 원인과 결과, 능력과 욕구 및 정서와 성격 특성을 귀인한다.

② 귀인을 하게 하는 근원, 귀인자체 및 귀인의 결과를 이해함으로써 상호 기대감과 관련한 코치와 선수 사이의 이해를 증진시킬 수 있다.

(2) 귀인의 차원

① Weiner의 3차원 분류

㉠ 스포츠 장면에서의 귀인 이론의 기본적인 세 가지 차원은 안정성, 인과성, 통제성이다.

㉡ 안정성(stability)이란 사건의 원인이 비교적 안정적이며 영구적인지 아니면 불안정한 것인지를 말한다.

㉢ 인과성(causality)은 내적 요인과 외적 요인으로 구분된다.

㉣ 통제성(control)은 사건의 원인이 개인이 통제할 수 있는 것인지 아니면 개인의 통제 밖에 있는지를 의미한다.

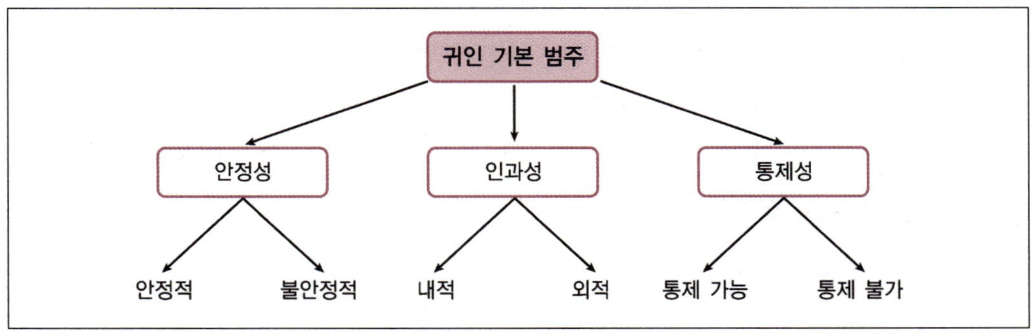

Weiner의 귀인 차원

② Weiner의 동기와 정서 귀인모형

㉠ Weiner의 2차원 귀인모형

		통제의 소재	
		내적 요인	외적 요인
안정성	안정적 요인	능력	과제 난이도
	불안정적 요인	노력	운

㉡ Weiner의 3차원 귀인모형

		인과의 소재(인과성)			
		내적		외적	
안정성		안정	불안정	안정	불안정
통제성	통제가능	지속적 노력	일시적 노력	타인의 지속적 노력	타인의 일시적 노력
	통제불가능	능력	기분(무드)	과제 난이도	운

③ 주요 귀인의 개념

㉠ 개인 능력은 내적이며, 안정적이고, 통제가 불가능하다.

㉡ 개인 노력은 내적이며, 불안정적이고, 통제가 가능하다.

㉢ 과제 난이도는 외적이며, 안정적이고, 통제가 불가능하다.

㉣ 운은 외적이며, 불안정적이고, 통제가 불가능하다.

(3) 성공과 실패의 귀인

① 마라톤 선수의 시합 우승에서 승리의 원인

㉠ 안정적 요인(예 자신의 능력) 또는 불안정적 요인(예 운이 좋았다)

㉡ 내적 요인(예 경기 종반에 분발하였다) 또는 외적 요인(예 상대 선수의 기량이 떨어졌다)

㉢ 통제 가능한 요인(예 레이스 전략) 또는 통제 불가능한 요인(예 상대 선수의 기량)

② 중년 여성의 운동 프로그램 중도 포기의 원인

㉠ 안정적 요인(예 자신의 능력 부족) 또는 불안정적 요인(예 강사의 능력 부족)

㉡ 내적 요인(예 허리 부상) 또는 외적 요인(예 수영장이 집에서 멀다)

㉢ 통제 가능한 요인(예 자신의 노력 부족) 또는 통제 불가능한 요인(예 수강료가 너무 비싸다)

(4) 귀인 결과와 행동 및 정서

① 성공의 원인을 안정적 요인에 찾으면 다음에도 같은 상황에서 성공하리라고 예상하게 되므로 자신감이 높아진다. 일례로 운동부의 최재혁 학생이 자신의 활약으로 시합에서 우승한 경우, 그 선수가 승리의 원인이 자신의 능력(안정적 요인) 때문이라고 해석하면 미래에도 또 승리할 수 있다는 자신감이 생긴다.

② 성공의 원인을 불안정한 요인에서 찾으면 다음에도 성공할 수 있다는 자신감이 줄게 된다. 만약 체조 선수가 운이 좋아(불안정적 요인) 마루 운동을 성공적으로 수행했다고 생각하면 미래에도 성공할 수 있다고 기대를 하지 못한다.

③ 실패의 원인을 운이 나쁜 것과 같이 불안정적 요인으로 해석하면 성공할 수 있다는 자신감이나 동기가 크게 줄어들지는 않으며, 다음 시합에서 좋은 결과가 있을 것이라는 생각을 가지는 데 도움이 된다.

④ 내적 요인(예 능력)이나 통제 가능한 요인에 귀인을 했을 경우 긍지나 창피함과 같은 정서 반응이 커진다.

귀인과 성취동기(Weinberg & Gould)

귀인	심리적 결과
안정적 요인	**미래 성공에 대한 기대**
안정적	성공에 대한 기대를 증가시킴
불안정적	성공에 대한 기대를 감소시킴
인과성 요소	**정서적 영향**
내부 요인	증가된 자부심이나 부끄러움
외부 요인	감소된 자부심이나 부끄러움
통제 요소	**정서적 영향**
개인의 통제하에 있음	동기수준 증가
개인의 통제하에 없음	동기수준 감소

⑤ 외적 요인이나 통제 불가능한 요인(예 운, 과제 난이도)에 귀인을 했을 경우 긍지나 창피함은 줄어들게 된다. 예를 들어, 선수가 시합에서 승리한 원인을 내적 요인 때문이라고 해석하면 긍지나 자부심을 많이 느끼게 된다. 하지만 실패한 이유를 내적 요인에서 찾으면 창피함과 같은 정서 반응이 커진다. 반면 운이 나쁘거나 상대가 너무 강해서 패배했다고 생각하면 창피함을 그다지 느끼지 않는다.

⑥ Gill, Williams, & Reifsteck은 귀인이 생각, 감정, 행동에 미치는 영향을 다음과 같이 주장하였다.

㉠ 안정성은 미래 기대와 관계가 있다. 안정적 원인에 귀인하면 유사한 결과가 기대되고, 불안정적 원인에 귀인하면 다른 결과가 기대된다.

㉡ 인과성의 소재는 자부심, 수치심과 관련된다. 승리의 원인을 내적으로 귀인하면 자부심, 패배의 원인을 내적, 통제가능한 것으로 귀인하면 수치심을 느낀다.

㉢ 인과성의 소재와 통제가능성은 수치심, 죄책감, 창피함과 관련된다. 실패를 내적이며 통제가능한 원인에 귀인하면 강한 부정적 감정을 경험한다.

㉣ 통제가능성은 타인에 대한 부정적 감정과 관련이 있다. 피할 수 있는 실수로 패하면 그 사람에 대해 화를 내지만 실수가 통제 밖이라고 생각되면 공감을 느낀다.

⑦ 성공의 원인은 내적이며, 통제가능하고, 안정적인 요인으로 해석하는 것이 좋으며, 실패의 원인은 내적이며, 통제가능하고, 불안정적인 요인에서 찾는 것이 좋다.

(5) 스포츠 상황의 귀인

① 스포츠 상황과 관련된 귀인 형태는 능력과 노력이다.

② 승자는 패자와 비교했을 때 내적, 안정적인 요인에 귀인하는 경향이 있다.

③ 스포츠에서는 귀인 유형에 성차가 거의 없다.

④ 귀인과 관련된 정보의 처리 과정, 특히 능력, 노력, 결과를 구분하는 데서 연령차가 존재한다.

⑤ 과제성향적인 사람은 노력에, 자기성향적인 사람은 능력에 귀인한다.

⑥ 귀인 차원은 정서 반응과 관련이 있다.

(6) 귀인적 편향

귀인 과정에는 귀인을 왜곡시키는 여러 가지 요인이 작용한다. 이러한 왜곡 현상을 귀인적 편향이라 한다.

① 현저성 편향

㉠ 귀인할 때 자신에게 두드러지게 지각되는 자극이나 동원 가능한 자극의 속성을 결과의 한 원인으로 귀인하는 경향을 현저성 편향이라 한다.

㉡ 축구시합에서 전반전에서 골키퍼의 실수로 한 골을 허용한 후 만회하지 못하고 경기가 패배로 끝났다면 우리는 패배의 원인을 골키퍼의 실수로 귀인한다. 골키퍼의 실수는 가장 두드러진 자극이자 동원 가능한 자극인 것이다. 그러나 그 원인은 팀의 실력 부족, 작전 실패, 팀워크와 같은 것이 될 수도 있다.

② 기본 오류 귀인

㉠ 귀인할 때 행위자가 처한 상황을 무시하고 행위의 원인을 행위자의 내적 속성으로 귀인하는 경향을 기본 오류 귀인이라 한다.

㉡ 시합 중 상대방의 강한 태클을 받아 넘어져 부상을 당했다면 부상당한 원인을 상대방의 공격적인 성격에 귀인하는 경향이 있다. 이때 물론 상대방의 공격적인 성격이 부상을 일으킨 원인일 수도 있다. 그러나 그가 태클을 할 수밖에 없는 절박한 상황이었고 고의성이 없었다면 부상을 상대의 공격성 탓으로 귀인하는 것은 잘못이다. 이렇게 상황의 힘을 간과하는 데서 오는 귀인을 기본 오류 귀인이라 한다.

③ 행위자-관찰자 편향

㉠ 귀인할 때 행위의 원인을 관찰자는 행위자의 내적 속성으로 귀인하고, 행위자 자신은 외적 속성으로 귀인하는 경향을 행위자-관찰자 편향이라 한다.

㉡ 코치가 시합 장면에서 특정 선수를 교체하였다면 이를 행위자, 즉 코치는 상황 탓으로 귀인하고 관찰하는 사람들은 이를 코치의 성향 탓으로 귀인하는 것과 같은 경우이다.

④ 자기 본위적 편향

㉠ 자신이 한 일이 잘된 경우에는 자신의 내부 요인에 귀인하고 잘못된 경우에는 외부 요인에 귀인하는 경향을 자기 본위적 편향이라 한다. 이러한 편향은 자신의 행위에 대해서 뿐 아니라 자신이 속한 집단이나 자신에 가까운 집단의 성패에 대하여도 나타난다. 집단의 성패에서 나타나는 이러한 편향은 내집단 본위적 편향이라 한다.

㉡ 축구와 같은 단체 경기에서 이겼을 때는 자기 팀의 능력이나 노력과 같은 집단의 내적 요인에 귀인하고, 졌을 때는 운이 나빴다거나 상대팀이 너무 강했다는 것과 같은 집단의 외적요인에 귀인하는 경향을 말한다. 이렇게 함으로써 사람들은 자존심을 높이거나 방어할 수 있다.

(7) 귀인의 선행 변인 연구

① 환경적 변인

㉠ 성공과 실패 귀인

ⓐ 동기들이 귀인 과정에 영향을 미쳐 귀인이 왜곡되는 현상을 자기 본위적 편향이라고 한다.

ⓑ 자기 본위적 편향은 성공은 자신의 자존심이나 자기의 효율성에 대한 자부심을 높이고 확고하게 하기 위해 내적 요인에, 그리고 실패는 자존심을 방어하기 위해 외적 요인에 귀인한다고 가정한다.

㉡ 집단 경기와 개인 경기

ⓐ 팀 경기에서도 개인 경기에서와 마찬가지로 승리는 내적 요인에, 실패는 외적 요인에 귀인하는 내집단 본위적 편향을 보인다.

ⓑ 팀 성원간의 우정과 협동이 강화되면 성공은 다른 성원에게 실패는 자신에게 돌리는 경향이 나타난다.

② 개인차 변인

㉠ 연령과 귀인

ⓐ 저학년 학생은 노력이나 운에 귀인하고 남녀차가 없다.

ⓑ 고학년 남자는 노력에, 여자는 운에 귀인하는 경향을 보인다.

㉡ 기대감 및 자기 존중감과 귀인

ⓐ 자기 효능감이 높은 사람은 성공을 내적이고 안정되며 통제 가능한 요인에 귀인한다.

ⓑ 자기 효능감이 낮은 사람은 성공을 환경적인 요인에 귀인함으로써 성공에 대한 자신의 책임을 감소시킬 것이 기대된다.

(8) 귀인의 귀결 변인 연구

① 귀인과 기대감

㉠ Weiner

ⓐ 성공의 안정된 요인에의 귀인은 기대감을 높이거나 미래에 대한 확신을 갖게 한다.

ⓑ 불안정한 요인에의 귀인은 미래는 현재와 다를 것이라는 기대를 하게 한다.

ⓒ 실패의 안정된 요인에의 귀인은 미래에도 실패가 되풀이 될 것이라는 확신을 강화한다.

㉡ Bandura

ⓐ 성공은 안정되고 통제 가능한 요인에 귀인함으로써 기대감을 높이고 자기 효능감을 강화할 수 있다.

ⓑ 실패는 불안정하나 통제 가능한 요인에 귀인함으로써 미래에의 성공 기대를 유지하고 자기 효능감의 훼손을 방지할 수 있다.

② 귀인과 정서

자부심은 자아에 대한 정서로서 인과의 소재 차원과 관련되어 있다.	성공을 자신의 노력이나 능력의 탓이라 돌리면 자부심을 느낀다.
분노는 타인에 대한 정서로서 통제 가능성 차원과 관련되어 있다.	실패를 타인의 실수, 편견 또는 조작의 탓으로 돌리면 분노를 느낀다.
연민은 타인에 대한 정서로서 통제 가능성 차원과 관련되어 있다.	타인의 실패를 작은 키나, 빈약한 외모의 탓으로 돌리면 연민의 정을 느낀다.
죄의식이나 부끄러움은 내적 통제성과 관련되어 있다.	실패를 부족한 노력의 탓으로 돌리면 죄의식이나 부끄러움을 느낀다.
감사하는 마음은 통제 가능성과 관련되어 있다.	성공을 타인의 의도적인 도움의 탓으로 돌리면 감사함을 느낀다.
희망이나 절망감은 안정성과 관련되어 있다.	실패를 부족한 노력과 같은 요인에 돌리면 희망을 느끼나, 낮은 적성이나 작은 키로 돌리면 절망감을 느낀다.

③ 귀인과 운동 수행

㉠ 귀인 과정을 통하여 변화된 기대감과, 경험하는 정서가 개인이 그 과제에 지속적으로 매달릴 것인가, 행동을 유보할 것인가, 혹은 포기할 것인가를 결정한다.

㉡ 성취 결과를 노력과 같은 불안정한 요인에 귀인하는 것은 미래의 수행에 긍정적인 변화를 가져온다.

(9) 기타 귀인 관련 연구

① 학습된 무력감

㉠ 학습된 무력감은 부정적인 결과가 일어나는 것을 자신의 힘으로는 막을 수 없다는 믿음이다.

㉡ 부정적인 일이 일어나는 것을 자신의 힘으로 막을 수 없고(통제 불가능), 내적이고 안정된 것이며 총체적인 것으로 판단할 때 개인은 무력감에 빠진다.

② 귀인 재훈련 모형

바람직하지 못한 귀인	실패	통제 불가능한 요인(능력 부족과 같은 내적, 안정적, 총체적인 요인에의 귀인)	낮은 성공 기대, 포기, 무력감, 저조한 수행, 부정적 정서
바람직한 귀인	성공	통제 불가능한 요인(높은 능력과 같은 내적, 안정적, 총체적 요인에의 귀인)	높은 성공 기대, 적극적인 과제 행동, 높은 수행, 자신감, 긍정적 정서
	실패	통제 가능한 요인(노력 부족이나 잘못된 작전과 같은 내적 요인에의 귀인, 불안정)	무력감 없음, 과제에 접근, 성공기대, 노력과 수행 개선, 분발

③ 학습된 무기력과 귀인 재훈련

㉠ 실패를 겪을 때 대처하는 방식을 귀인과 연관시켜 2가지로 구분한다.

ⓐ Dweck 등에 따르면 그중 하나는 실패는 노력을 해도 통제할 수 없다고 믿는 경향이다. 이를 학습된 무기력(learned helplessness)이라고 부른다. 학습된 무기력을 지닌 사람은 부정적 결과는 안정적이며 통제불가능한 요인인 능력부족, 지능부족 때문이라고 귀인한다.

ⓑ 숙련 지향적인 사람은 실패의 원인을 불안정, 통제가능한 요소에서 찾는다. 학습된 무기력을 체험하는 사람이 실패 상황에서 부정적 정서를 체험하는 것에 반해 숙련 지향적인 사람은 긍정적 정서를 유지한다.

㉡ Dweck은 귀인 개념을 사람들의 기본적인 신념 또는 마인드셋으로 확장시킨다. 사람들이 가진 마인드셋은 성장 마인드셋(growth mindset), 고정 마인드셋(fixed mindset)의 2가지로 구분된다.

ⓐ 성장 마인드셋을 가진 사람은 '능력'은 노력으로 변화, 향상시킬 수 있다고 믿지만, 고정 마인드셋을 가지면 능력은 고정되어 있어 변화시킬 수 없다고 믿는다.

ⓑ 학습된 무기력은 고정 마인드셋을 반영한 것으로 능력은 고정된 것, 변화시킬 수 없는 것이라고 믿는다. 예컨대 '금수저, 은수저, 흙수저'는 타고난 것이라 미래의 삶을 바꾸는 것이 어렵다고 믿으면 고정 마인드셋의 함정에 빠진다.

㉢ 신체활동 상황에서 학습된 무기력을 가진 사람은 쉽게 포기하고, 부정적인 자기 진술을 하며, 능력 부족으로 귀인을 하는데, 이런 부적응적 귀인 성향은 훈련으로 바꾸는 것이 가능하다(Hanrahan & Biddle).

ⓐ 실패에 대해 학습된 무기력을 보인다면 귀인 재훈련(attribution retraining)을 통해 실패의 원인을 내적이며, 통제가능하고, 불안정한 요인에서 찾도록 훈련을 받으면 미래의 성공 기대감을 높이고, 긍정적인 정서를 체험하며, 수행도 향상시킬 수 있다.

ⓑ 스포츠 상황에서 패배를 경험하는 학생(선수)이 있다면 교사(지도자)는 이들의 귀인 패턴을 체크하여, 실패는 노력이나 게임전략 같은 통제가능하며 불안정한 요인이 원인이었다고 믿게 하는 것이 바람직하다. 귀인 재훈련은 부정적 귀인 패턴을 적응적으로 바꾸는 데 효과적이다.

5. 성취 동기 이론

(1) 성취 동기 모델(McClelland – Atkinson)

① 어떤 종류의 경기에서든 이기고 지는 것을 결정해 주는 심리적인 상태로서의 동기의 본질은 개인이 지니는 성취 동기의 수준이라고 보는 것을 말한다. 이들은 성취 동기를 개인적 요인과 환경적 요인의 함수 관계로 본다. 개인적 요인은 다시 성취 욕구와 실패 회피 욕구로 구분되며, 환경적 요인은 유인 가치와 성공 확률로 구분된다.

성취 동기 = (성취 욕구 – 실패 회피 욕구) × (유인 가치 × 성공 확률) + 외적 동기

㉠ 성취 욕구가 크면 클수록, 실패 회피 욕구는 적으면 적을수록 성취 동기는 커진다.

㉡ 유인 가치와 성공 확률은 각각 반반일 때 성취 동기가 가장 커진다.

㉢ 상금, 트로피, 칭찬 등과 같은 외적 동기도 성취 동기에 영향을 미친다.

② 성취욕구이론(Atkinson, McClelland)은 개인적 요소와 상황적 요소를 모두 고려하는 상호작용적 관점에서 행동을 예측하는 동기이론이다. 이 이론은 성격 요인, 상황 요인, 결과적 경향, 감정 반응, 성취 행동 등 5가지 요인으로 구성되어 있다.

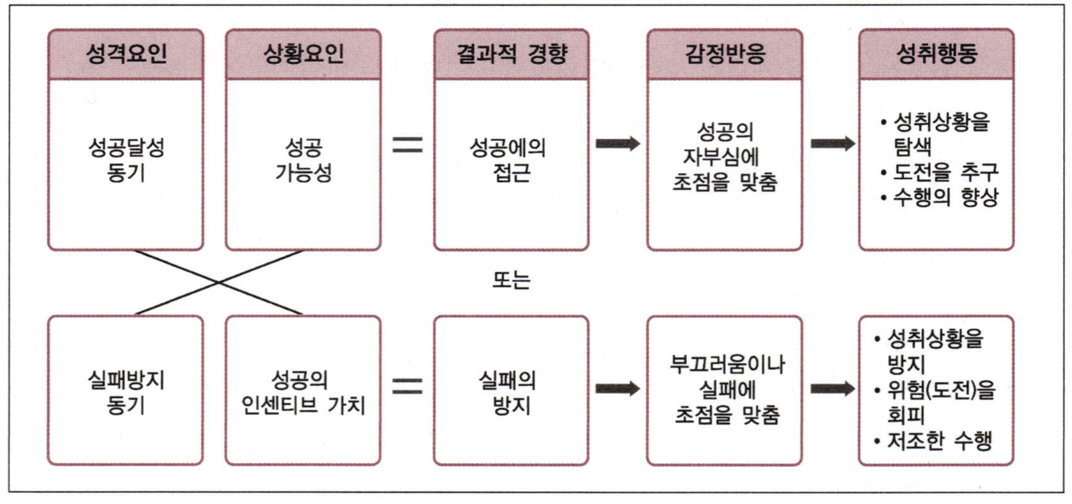

성취욕구이론(Weinberg & Gould, 2023)

㉠ 성격 요인

ⓐ 성취욕구이론의 관점에 따르면, 개인은 성공을 달성하고 실패를 방지하는 두 가지 성취동기를 가지고 있다. 성공을 달성하려는 동기는 "성공에서 자부심을 경험할 수 있는 능력"으로 정의되는 반면, 실패를 피하는 동기는 "실패에서 수치심을 경험할 수 있는 가능성"이다.

ⓑ 이 이론에서는 동기의 균형이 무너지면서 행동이 발생한다고 본다. 특히 성취도가 높은 사람은 성공을 위한 높은 동기와 실패를 피하기 위한 낮은 동기가 부여되며, 자신의 능력을 평가하는 것을 즐기고 실패에 대한 생각에 몰두하지 않는다. 이와는 반대로, 성취도가 낮은 사람은 성공을 위한 낮은 동기와 실패를 피하기 위한 높은 동기가 부여되며, 대체적으로 실패에 대한 생각에 몰두한다.

ⓒ 상황적 요인

ⓐ 성격에 관한 정보만으로 행동을 정확하게 예측하기는 어려우며 상황 요인도 고려해야 한다.

ⓑ 기본적으로 성공의 확률은 누구와 경쟁하느냐와 과제의 난이도와 관련성이 있다. 즉, 어떤 종목이든 숙련자보다 초보자를 상대할 때 이길 가능성이 높지만, 우리가 성공에 부여하는 가치는 초보자보다 숙련된 상대를 이기는 것에 더 큰 만족감을 느낀다는 것이다.

ⓒ 상황에 따라 성공 가능성이 낮지만 달성할 수 있는 도전은 행동에 있어 가장 큰 동기를 부여할 수 있으며, 성취도가 낮은 사람들은 보통의 상대에게 지는 것이 부끄러움의 경험이 될 수도 있을 것이다.

ⓓ 결과 경향

ⓐ 성취욕구이론의 세 번째 요소는 상황적 요인(예 성공의 확률 또는 성공의 동기 가치)과 관련된 개인의 성취동기 수준을 고려하여 도출된 결과적 경향 또는 행동적 경향이다.

ⓑ 이 요인은 성공 가능성이 50대 50인 상황을 가장 잘 예측할 수 있게 한다. 일례로, 성취도가 높은 사람들은 같은 능력을 가진 다른 사람들과 경쟁하거나 이 상황에서 도전을 추구하지만, 성취도가 낮은 사람들은 이러한 도전을 회피하게 된다.

ⓒ 성취도가 낮은 사람들은 성공이 보장되는 쉬운 일을 택하거나 실패가 확실한 비현실적으로 어려운 일을 택한다. 농구에서 프로선수에게 일대일로 지는 것은 확실히 수치심이나 당혹감을 유발하지 않을 것이므로 성취도가 낮은 사람들은 실패를 두려워하지 않는다. 대체로 성취도가 낮은 사람들은 실패와 관련된 부정적인 평가를 두려워한다.

ⓔ 감정적 반응

ⓐ 성취욕구이론의 네 번째 요소는 개인의 감정적 반응, 특히 얼마나 자부심과 수치심을 경험하느냐이다.

ⓑ 성취도가 높거나 낮은 사람들 모두 자부심을 높게 경험하고 수치심은 최소화하기를 원하지만, 그들의 성격 특성은 자부심이나 수치심 어느 하나에 더 집중하도록 상호작용한다.

ⓒ 성취도가 높은 사람들은 자부심에 더 중점을 두는 반면, 성취도가 낮은 사람들은 수치심과 걱정에 더 초점을 맞추게 된다.

㉤ 성취 행동

ⓐ 성취욕구이론의 다섯 번째 요소는 위에서 언급한 네 가지 요소들이 행동에 어떻게 영향을 미치는가를 다양하게 나타낸다.

ⓑ 성취도가 높은 사람들은 더 많은 도전과제를 선택하고, 중간 위험을 선호하며, 평가 상황에서 더 나은 성과를 낸다.

ⓒ 성취도가 낮은 사람들은 중간 위험을 피하고, 평가 상황에서 더 나쁜 성과를 내고, 그들이 실패할 것이 확실하고 너무 쉬운 일을 선택함으로써 도전적인 업무들을 피한다.

Atkinson의 성취 동기 이론

- Atkinson은 성취동기는 그 사람의 성격적 특성과 상황적 조건이 상호작용해서 결정된다고 본다. 먼저 성격 측면에서 성취동기는 성공접근 동기(motive to approach success)와 실패회피 동기(motive to avoid failure)라는 2개의 성격구조의 조합으로 결정된다.
- 성공접근 동기는 성취를 통해 자부심을 느끼는 것이며, 실패회피 동기는 실패로 인해 수치심을 느끼는 것과 관련되어 있다. 어떤 상황에서는 성공을 위해 노력을 하지만 실패할 것 같아 회피하기도 한다.
- Atkinson에 따르면 고성취자는 성공접근 동기가 높고, 실패회피 동기는 낮다. 저성취자는 반대로 성공접근 동기가 낮고, 실패에 대한 걱정을 많이 하고 성취상황을 회피한다.
- 어떤 중요한 일을 앞두고 실패를 염려하지 않고 성취 상황을 도전적으로 찾아다니면 성공접근 동기가 강한 사람이다. 반면 떨어지면 안 된다는 생각에 사로잡혀 상황을 가능하면 회피하려는 사람은 실패회피 동기가 높다.
- Atkinson은 상황적 요인 측면에서 과제 난이도(task difficulty)와 성공 유인가(incentive value of success)가 성취동기와 관련된다고 주장한다. 성공할 가능성이 낮으면 과제 난이도가 높아지는데, 이럴수록 성공 유인가는 커진다. 올림픽 메달리스트급의 선수를 전국대회에서 만나면 이길 가능성은 낮지만 이겼을 때의 짜릿함은 매우 커지므로 성공 유인가는 높아진다.
- 과제의 선택에서 고성취자는 저성취자와 구별된다.
  - 고성취자는 성공확률이 50%인 과제를 선택해서 달성노력을 한다. 과제를 성공시켰을 때 보상이 가장 높기 때문이다.
  - 실패회피 동기가 높은 사람 즉, 저성취자는 성공확률이 50%인 과제는 회피하는 경향을 보인다. 이들은 성공확률이 높은 아주 쉬운 과제나 성공확률이 낮은 아주 어려운 과제를 선택한다.

(2) 성취 목표 성향 이론

성취목표성향이론은 사람들이 자신의 성공을 평가하는 방식에는 차이가 있다고 본다. 개인이 가지고 있는 성취 목표에 따라 그 사람의 노력 투입이나 동기 수준이 크게 영향을 받게 된다.

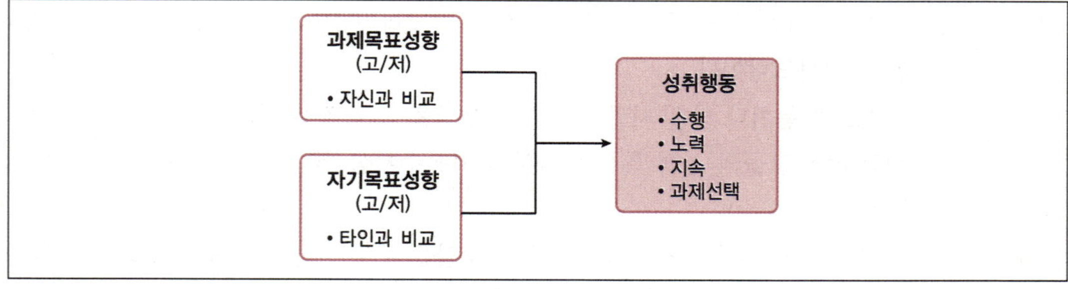

성취목표성향과 성취행동

① 과제 목표 성향과 자기 목표 성향

Nicholls에 따르면 사람들은 두 가지 방식으로 자신의 능력을 정의한다.

㉠ **과제 목표 성향**: 비교의 준거가 자신이 되는 것이다. 즉, 기술이 향상되었다거나 노력을 많이 했으면 유능성 느낌이 들고 성공했다고 생각하는 것이다. 이와 같은 개인의 특성을 과제 성향이라고 부른다.

예 테니스를 좋아하는 학생이 이기는 것도 좋아하지만 테니스를 하는 더 중요한 이유는 서브와 발리 기술을 향상시키고 건강을 증진시키는 것이라면 이 학생은 과제 성향을 갖고 있다.

㉡ **자기 목표 성향**: 비교의 준거가 타인이 되는 것이다. 즉, 능력감이나 성공감을 느끼기 위해서는 남보다 더 잘해야 하며, 동일하게 잘했을 경우 남보다 노력을 덜 해야 한다는 의미이다. 이와 같은 특성은 자기 성향이라 부른다.

예 테니스를 좋아하는 학생이 상대를 이기는 데만 지나치게 집착하면 그 학생은 자기 성향을 갖고 있는 것이다.

㉢ **과제 성향과 자기 성향이 동시에 나타나는 경우**: 두 가지 목표 성향은 개인이 가지는 성격 특성이지만 환경의 영향을 받기도 한다. 즉, 어떤 상황에서 과제 성향과 자기 성향이 모두 강하게 나타날 수도 있다.

예 건강 달리기 대회에 참가한 노인이 우승을 원하면서 동시에 자신의 기록을 갱신하기를 바라는 경우

② 과제 성향의 장점

㉠ 자기 성향보다는 과제 성향을 가진 사람들이 좀 더 열심히 노력하고 실패할 경우에도 끈기 있게 시도하는 등 긍정적인 태도를 갖는다.

㉡ 과제 성향을 가진 사람들은 대개 내적 동기가 높으며, 실현 가능하면서도 약간 어려운 과제를 선택하는 경향이 있다.

㉢ 과제 성향인 사람은 성공을 하는 데 노력이나 협동이 매우 중요하다고 믿는다.

③ 자기 성향의 단점

㉠ 스포츠 상황에서 상당히 부정적인 행동 유형을 보인다.

㉡ 연습이나 시합 때 별로 노력을 하지 않으며, 중도에 포기할 수도 있고, 잘못했을 경우 변명을 할 가능성이 높다.

㉢ 아주 쉬운 과제를 선택하거나 아무도 달성하기 힘든 매우 어려운 과제를 선택하는 경향이 있다.

④ 과제 성향과 자기 성향의 심리 행동적 차이

구분	과제 성향	자기 성향
과제 선택	• 실현 가능한 과제 • 약간 어려운 과제	• 매우 쉬운 과제 • 달성 불가능한 과제
노력 투입	• 자유 시간 연습 증가 • 운동 시 노력 증가	• 자유 시간 연습 감소 • 운동 시 노력 부족
내적 동기	• 내적 동기 증가 • 몰입 체험 증가	• 내적 동기 감소 • 몰입 체험 감소
지각된 유능성	• 지각된 유능성 증가 • 실패의 영향 작음	• 지각된 유능성 감소 • 실패의 영향 큼
성공 이유	노력, 협동	기술, 재능, 상대 압도
정서 반응	긴장 및 불안 감소	긴장 및 불안 증대

⑤ 성취목표이론의 구성 요소

㉠ 스포츠심리학자는 성취의 차이를 이해하는 방법으로 성취목표에 중점을 두었다(Duda & Hall, Dweck, Maehr & Nicholls, Nicholls, Roberts). 성취목표이론에 따르면, 사람의 동기를 결정하기 위해 상호작용하는 세 가지는 '성취목표', '지각능력', '성취행동'이다.

㉡ 누군가의 동기를 이해하려면 성공과 실패가 그 사람에게 어떤 의미인지 이해해야 한다. 가장 좋은 방법은 개인의 성취목표와 능력, 그리고 자기 가치에 대한 개인의 인식 등이 어떻게 상호작용하는지를 알아보는 것이다.

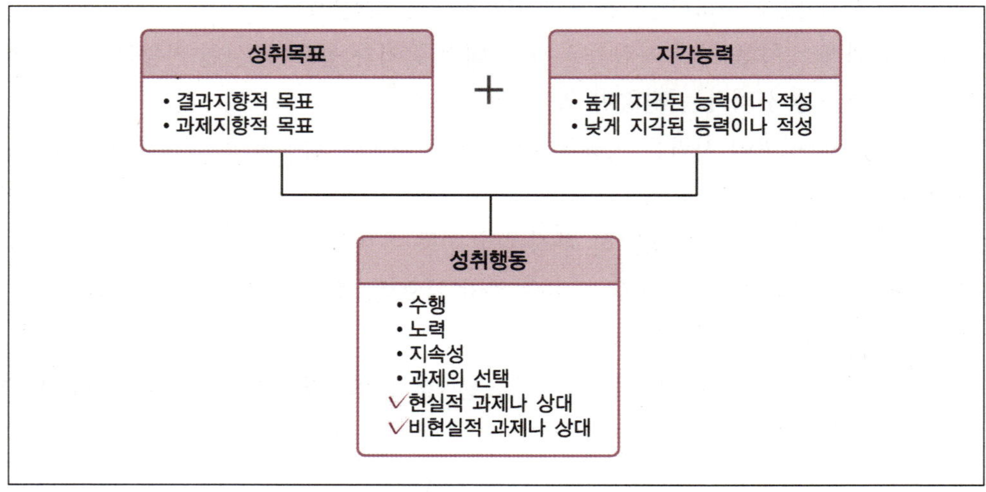

성취목표 접근의 세 가지 주요 요인(Weinberg & Gould, 2023)

ⓐ 결과지향성보다 과제지향성이 자신이 통제할 수 없는 상황에서 상대방의 성과가 우수할 때 실망, 좌절 및 동기의 부족으로부터 자신을 보호할 수 있다고 한다. 또한, 개인의 수행에 초점을 맞추면 통제력이 높아지므로 실패에 직면한 사람들은 더 동기화되고 이러한 동기가 더 오래 지속될 수 있다.

ⓑ 과제지향적인 사람들은 적당히 어렵거나 현실적인 과제와 상대를 선택한다. 따라서 실패를 두려워하지 않으며, 능력에 대한 인식이 자신들의 기준에 기초하기 때문에 결과지향적인 사람보다 스스로에 대해 좋은 느낌을 가지고 높은 인지능력을 나타낼 수 있다.

ⓒ 결과지향적인 사람들은 높은 인지능력을 유지하는 데 더 많은 어려움을 겪게 된다. 그들은 성공을 다른 사람들가 비교하여 판단하지만, 다른 사람들의 수행까지 통제할 수는 없다.

ⓓ 결국, 경기에서 절반의 선수는 패배하는 상황을 고려하면 결과지향성이 인지능력을 더 낮출 수 있다는 결과가 도출되며, 결과지향적이고 인지능력이 낮은 사람들은 부적합한 성취 행동패턴을 보여주게 된다. 이러한 사람들의 경우 노력을 줄이거나 중단하기도 하고, 결과에 대해 변명할 가능성이 높아진다. 이들은 자신의 가치를 증명하기 위해 성공을 보장할 수 있는 과제를 선택하거나 자신의 성과를 기대하지 않을 가능성이 높다. 결국, 평가 상황에서는 성과가 좋지 않은 경향이 있는 것이다.

ⓒ 초기 대부분의 목표지향연구는 과제나 결과목표지향에 초점을 맞추었다. 그러나 이후 연구자들은 '사회적 목표지향점'을 행동의 결정요인으로 확인하였다(Stuntz & Weiss).

ⓐ 사회적 목표지향성이 높은 사람은 자신이 속한 집단이나 타인들로부터 호감을 얻는 것으로 자신의 능력을 판단한다. 따라서 이런 부류의 사람들은 사회적 연계에 대한 욕구와 집단에 속할 필요성에 의해 동기가 부여될 가능성이 높다.

ⓑ 사회적 목표지향성은 참가자의 즐거움, 내적동기 부여 및 역량과 관련된 것으로 보여지며, 사회적 관계 차원에서 성공을 정의하는 것은 긍정적인 동기효과를 가지게 한다.

ⓔ 성취목표이론의 또 다른 구성요소에는 목표의 접근 및 회피 차원이 있다(Elliot).

ⓐ 결과 및 숙련된 목표지향성과 함께 사람들의 능력에 대한 관점은 운동선수가 목표달성에 초점을 맞추는 '접근 목표'(예 운동선수가 좋은 성적을 내거나 좋은 성적을 내려는 욕구 때문에 운동하는 것) 또는 운동선수가 회피에 초점을 맞추는 '회피 목표'(예 나쁘게 보이고 싶지 않거나 무언가에 실패하기 싫어서 운동하는 것) 중 하나로 특징지어질 수 있다.

ⓑ 연구결과를 살펴보면, 접근 목표가 대학생의 신체활동 수준과 긍정적으로 연관되어 있음을 보여주는 연구나 접근 및 회피 목표가 신체활동 동기와 관련이 있다는 것을 통해서 스포츠와 운동을 실천하는 사람들은 회피 목표보다는 접근 목표를 주된 목표로 삼아야 한다는 제안을 하고 있다.

ⓜ 스포츠심리학자들은 사회 분위기가 목표지향과 동기수준에 어떻게 영향을 미치는지 뿐만 아니라 목표지향과 인지된 능력이 신체활동 참가자들의 동기수준에 어떻게 영향을 미치는지 연구하였다(Duda, Ntoumanis & Biddle).

ⓐ 이들은 성취목표의 사회적 분위기가 여러 차원에서 상당히 다를 수 있다고 주장하며, 숙달 또는 과제 목표지향의 동기분위기에 긍정적인 태도, 노력의 증가, 효과적인 학습 전략과 같은 적응적인 동기부여 패턴이 있다는 것을 밝혀냈다.

ⓑ 반대로, 결과지향의 동기분위기는 낮은 지속성, 노력의 저하, 그리고 낮은 능력에 대한 회귀와 같은 덜 적응된 동기 패턴과 연관되어 있다.

ⓒ 가장 중요한 것은, 연구자들은 동기분위기가 참가자들의 성취목표의 유형에 영향을 미친다는 것이다. '과제지향 분위기'는 '과제목표'와 관련이 있으며, '결과지향 분위기'는 '결과목표'와 관련이 있으므로 운동 지도자들은 운동참가자들이 만들어내는 심리적 환경을 통해 동기를 촉진하는 방법을 모색해야 한다.

⑥ 성공접근과 실패회피 동기

㉠ 사람들은 자신의 유능감을 보여주기 위해 노력을 하는데, 이를 접근동기(approach motivation)라 한다. 또한, 무능감을 보여주지 않는 것도 중요한데, 무능감을 회피하기 위해 노력하면 회피동기(avoidance motivation)가 된다.

㉡ 자신과의 비교로 유능감을 정의하면 과제성향(숙달성향), 남과의 비교를 기준으로 유능감을 정의하면 자아성향(수행성향)으로 성취목표를 구분할 수 있는데, 여기에 접근과 회피 목표를 추가해서 2원으로 성취목표를 설명할 수 있다.

㉢ Elliot은 자신과 비교 또는 타인과 비교로 유능감을 정의하는 것과 함께 성공접근과 실패회피를 고려하는 방식으로 성취목표를 설명한다.

㉣ 이러한 2원 접근에는 유능감의 정의 차원과 유능감의 유인가 차원이 포함된다. 유능감의 정의에는 숙달(과제) 성향과 수행(자아) 성향이 포함되며, 유능감의 유인가 차원에는 접근과 회피가 포함되어 모두 4개의 성취목표로 구분된다.

		유능감의 정의	
		숙달(자기와 비교)	수행(타인과 비교)
유능감의 유인가	유능감 접근	숙달접근 목표	수행접근 목표
	무능감 회피	숙달회피 목표	수행회피 목표

성취목표 2원 분류법(Elliot & McGregor)

㉤ 접근목표는 자신의 과거수행과 비교해서 유능감을 보여주는 숙달접근, 타인과의 비교를 통해 유능감을 보여주는 수행접근으로 구분된다. 즉, 유능감을 보여주는 방식은 자신의 과거 수행이 기준이 될 수도 있고 타인이 기준이 될 수도 있다.

예 단거리 선수가 자신의 이전 기록을 깨기 위해 훈련을 열심히 하고 있으면 숙달접근 목표가 작동한다. 대회에서 상대를 이겨서 메달을 더 따기 위해 훈련을 한다면 수행접근 목표에 해당한다.

㉥ 무능감을 회피하려는 목적이 강한 사람은 회피에 초점을 둔다. 회피목표는 자기 자신의 과거 수행과 비교해서 느끼는 무능감이나 남과의 비교를 통해 느끼는 무능감을 회피하는 행동이다.

예 이번 대회에서 자신의 실력을 제대로 발휘하지 못할 것 같아 대회 출전을 포기하면 숙달회피에 해당한다. 시합 중에 메달 획득이 어려워지자 통증을 핑계로 시합을 포기할 수도 있는데, 이는 수행회피에 해당한다.

ⓢ 지도자가 선수에게 '이전 기록을 깨는 것을 목표로 해 봐'라고 말한다면 숙달접근을 강조하는 것이다. 시합에서 꼴찌가 되는 것이 두려운 나머지 의도적으로 실격을 당한 선수가 있다면 수행회피로 분류된다.

ⓞ 이와 같은 2원 접근 방식은 성공에 접근하려는 노력과 실패를 회피하려는 노력을 모두 고려한다는 특징을 갖고 있어 여러 상황에서 성취와 관련된 행동을 설명하기에 유리하다.

ⓙ 개인이 4가지 목표 중에서 어떤 목표를 가지고 있는가에 따라 성취 과정 및 결과 변인에서 차이가 난다(Gill, Williams, & Reifsteck).

ⓒ 개인이 갖고 있는 지각된 유능감은 숙달접근, 수행접근 목표 모두와 긍정적인 관계가 있다. 지각된 유능감은 자신이 어떤 일을 성공할 수 있겠다는 믿음이므로 자신과 비교하거나 남과 비교하거나에 관계없이 도전하는데 긍정적인 영향을 줄 수 있다.

ⓚ 숙달접근 목표를 가지면 우선 내적동기가 높다. 숙달접근 목표를 가지면 실패에 대한 두려움이 생기는 것도 막는 효과가 있다. 숙달접근 목표는 긍정적 자기개념, 불안 감소, 수행 향상과도 연관되는 것으로 밝혀졌다. 따라서 숙달접근 목표는 동기적으로 가장 적응적이다.

ⓣ 수행회피 목표는 스포츠와 신체활동 상황에서 부적응적인 특징을 보인다. 수행회피는 불안 증가, 낮은 지각된 유능감, 낮은 자기결정 동기, 수행 저하와 관계가 있다. 하지만 수행접근 목표는 운동을 지속적이고 장기적으로 실천하는데 도움을 준다는 연구가 보고되기도 했다.

ⓟ 실패에 대한 두려움은 2가지 회피목표(숙달회피, 수행회피)와 긍정적인 관계를 보인다. 실패에 대한 두려움과 수행접근 사이에도 긍정적인 관계가 있다. 숙달접근이 강하면 내적동기도 높은 경향을 보인다. 수행회피는 외적동기와 연관성이 높으며, 2가지 회피목표는 동기 부족과 긍정적으로 연관되어 있다.

ⓗ 종합해 보면, 숙달접근 목표가 높으면 자기개념, 정서, 수행 측면에서 유리한 결과를 보이며, 수행회피 목표가 강하거나 실패에 대한 두려움이 크면 동기, 불안, 수행 측면에서 부정적인 과정과 결과가 나타난다.

(3) 성취 동기가 높은 사람과 낮은 사람의 비교

구분	성취 동기 높은 사람	성취 동기 낮은 사람
달성 목표	과제 성향 목표를 세운다.	자기 성향 목표를 세운다.
내적 동기	내적 동기가 높다.	내적 동기가 낮다.
동기 성향	• 성공 성취의 동기가 높다. • 실패의 동기가 낮다. • 성공의 긍지에 관심이 있다.	• 성공 성취의 동기가 낮다. • 실패의 동기가 높다. • 실패의 창피함을 걱정한다.
귀인 유형	• 성공 이유를 안정적이며 내적으로 돌린다. • 실패 이유를 불안정적이며 외적으로 돌린다.	• 성공 이유를 불안정적이며 외적으로 돌린다. • 실패 이유를 안정적이며 내적으로 돌린다.
과제 선택	도전을 좋아하고, 도전적인 상대나 과제를 선택한다.	도전을 회피하며, 매우 어렵거나 쉬운 과제를 선택한다.
수행	평가 상황에서 수행이 우수하다.	평가 상황에서 수행이 저조하다.

6. 동기 유발 전략

(1) 동기를 결정하는 중요한 변수로 개인이 속해 있는 동기 분위기가 있다.

(2) 동기 분위기란 개인이 속해 있는 환경의 분위기를 말하는 것으로, 집단에서 나타나는 성공 기준의 분위기 등이 될 수 있다. 그리고 개인이 환경 구조를 어떻게 지각하는 것도 중요 요소가 된다(Ames). 이러한 동기 분위기는 코치나 지도자에 의해 대체로 형성되어진다.

(3) **수행중시 분위기**(performance climate)

수행중시 분위기는 개인이 속한 환경의 분위기가 수행을 중시하는 것으로, 사회적 비교를 강조하고, 팀원들의 관계는 경쟁관계이며, 실수를 처벌하고, 능력이나 재능이 있는 선수에게만 관심이 집중된다. 또한 남들보다 잘한 경우에만 보상이 주어진다.

(4) **숙달중시 분위기**(mastery climate)

숙달중시 분위기는 개인의 숙달 정도를 중시하는 것으로, 개인의 수행에 대한 발전 정도를 중시한다. 이 분위기에서는 팀원 사이의 협동, 향상도, 노력 정도에 따라 보상이 제공된다.

(5) **숙달중시 분위기를 만드는 전략**

TARGET 전략	
과제(Task)	도전감을 불러일으키면서 다양하게 제시
권위(Authority)	의사결정에 참여하고 리더십을 발휘하는 기회를 제공
인정(Recognition)	개인의 향상도를 개인적으로 인정
집단편성(Grouping)	모둠을 형성하고 협동 학습의 기회를 제공
평가(Evaluation)	과제의 숙달 정도와 학생의 향상도를 평가
시간(Timing)	학습에 필요한 충분한 시간을 부여

(6) 이러한 동기 분위기는 목표 성향의 이론의 독립된 두 성향에 영향을 미치는 것으로 밝혀졌다. 구체적으로, 이 이론은 개인 성향과 상황의 상호작용 효과라고 불려진다. 개인이 가지고 있는 목표 성향이 강력하다면 목표 성향이 전환되는 것은 쉽지 않을 것이다. 그러나 목표 성향이 낮다면 쉽게 전환될 것이다.

(7) 자기 목표 성향이 강한 선수가 숙달중시 분위기가 강한 집단에 속해 있다면 이 선수에게는 과제 목표의 성향이 점차적으로 강해질 것이다. 만약, 이 선수가 자기 목표 성향이 약하다면 과제 목표 성향을 높이는데 좀 더 수월해지고, 낮은 숙달중시 분위기에도 과제 목표 성향이 증가할 것이다.

(8) 어린이나 청소년들 경우 자신의 성취동기에 동료나 부모의 영향을 받기 때문에, 이러한 동기 분위기의 영향으로 인해 자신의 목표 성향이 전환되지 않을 가능성이 있다. 특히 나이가 어릴수록 부모가 제시한 동기 분위기는 아이들의 목표 성향에 큰 영향을 미칠 수 있다.

(9) 결론적으로 집단의 환경적 구조를 숙달중시 분위기로 조장한다면 집단에 속해 있는 구성원들을 바람직한 결과로 이끌 가능성이 높으며, 이것은 지도자나 감독뿐만 아니라 부모도 함께 노력해야 더 효과적으로 긍정적인 결과를 초래할 수 있을 것이다.

Mac(Mastery Approach to Coaching)

- 스몰과 스미스(Smoll & Smith)는 타겟 원칙의 주요 전략을 반영한 지도자 연수 프로그램 MAC(Mastery Approach to Coaching)를 개발했다. MAC는 연구진이 이전에 개발했던 CET(Coaching Effectiveness Training)의 원칙과 함께 목표성향 및 동기 분위기의 개념을 녹여서 새롭게 개념화시킨 것으로 지도자가 숙달 분위기를 조성하는 것을 목표로 한다. MAC에는 지도자가 강화와 격려의 긍정적 코칭 행동을 할 것, 승리가 아니라 최대의 노력을 발휘하는 것이 성공이라는 믿음을 강조할 것의 2가지 가이드라인이 들어 있다.
- MAC가 도입되기 이전의 CET는 다음과 같은 5가지 핵심원칙을 포함한 스포츠 지도자 교육 프로그램이었다.
  - 발달모델: 승리를 중시하는 프로스포츠 모델과 긍정적인 발달 환경을 제공하는 발달모델을 구분한다. 발달모델에서는 노력과 향상을 기준으로 승리를 정의한다.
  - 긍정적 접근: 긍정적 강화, 기술 지도를 잘 해준다. 3단계 샌드위치기법으로 긍정적 강화를 하면 좋다(격려 → 교정적 지시 → 격려).
  - 상호지원: 팀원들이 서로 도와주고 지지하도록 지도한다. '우리는 원팀'이라는 메시지를 주면서 팀 단합을 강조한다.
  - 선수참여: 의사결정에 선수를 참여시키면 준수율이 높아진다.
  - 자기관찰: 지도자가 CET 가이드라인을 얼마나 잘 지키는지를 인식하도록 자기 모니터링을 한다.
- CET 훈련을 받은 지도자는 강화와 격려를 더 많이 사용한 것으로 나타났다. 지도자 교육으로 긍정적 코칭행동을 이끌어내는 것이 가능했다. 또 CET 훈련을 받은 지도자로부터 지도를 받은 아이들은 긍정적 태도, 지도자 선호도, 지도자 실력 인식, 팀 동료 우애, 즐거움, 자기존중감 측면에서 보다 긍정적으로 변화되었다.
- MAC의 효과는 지도자 연수의 결과로 입증되었다. 시즌 초에 75분 MAC 연수에 참가한 지도자는 시즌 후반에 숙달 분위기가 더 높아졌다. 또 MAC 연수를 받은 지도자로부터 지도받은 선수들은 출석률이 높았다. 과제성향은 향상되고 자아성향은 낮아졌으며, 시합 불안도 낮아지는 효과가 나타났다. 이러한 효과는 남녀 팀 모두에게서 발견되었다. MAC은 MACS(Mastery Approach to Coaching Sport), MAPS(Mastery Approach to Parenting in Sports) 등으로 접목되고 있다.

7. 경쟁의 과정과 단계

(1) 경쟁을 과정(process)으로 보는 관점(Martens)에 따르면 경쟁은 객관적 경쟁 상황, 주관적 경쟁 상황, 반응, 결과의 4단계를 거쳐서 발생한다.

① 객관적 경쟁 상황이란 비교를 위한 기준을 말한다. 개인의 과거 기록, 뛰어 넘어야 할 상대의 기록 등이 객관적 경쟁 상황이다.

② 객관적 경쟁 상황을 어떻게 평가하는가에 따라 주관적 경쟁 상황이 결정된다. 객관적 경쟁 상황은 개인의 평가에 따라 도전할만한 상황이 될 수도 있고 회피하고 싶은 상황이 될 수도 있다.

③ 경쟁 상황에 대한 주관적 평가가 이루어지면 접근 또는 회피의 반응을 보인다. 경쟁을 하겠다고 도전하면 접근이고, 경쟁에 나가는 것을 포기하면 회피가 된다.

④ 경쟁의 마지막 단계에서는 비교의 기준과 비교한 결과로 성공 또는 실패가 나타난다.

(2) 경쟁을 '자율적 능력, 사회적 비교, 통합적 성취동기'의 3단계로 구분하는 관점도 존재한다. '자율적 능력 단계'에 머물러 있으면 자신의 기술 향상을 위해 노력은 하지만 시합 출전은 회피하고, '사회적 비교 단계'에 있다면 매우 경쟁적이고 이기는데 중점을 두며, '통합적 성취동기 단계'에 있으면 자신의 숙달을 위해서 노력을 하고, 동시에 시합에서 이기는데도 관심을 둔다. '나와의 싸움이다'라는 생각으로 경기를 하다가도 시합 후반에 '우승을 노려볼만하다'라고 경쟁심을 발휘한다면 통합적 성취동기 단계를 사용하는 것이다.

① 자율적 능력 단계

주로 어린 아이가 사용하는 단계로 타인과는 비교하지 않고 오로지 자신이 비교의 기준이 된다. 목표를 세울 때, 달성을 위해 노력할 때, 달성 여부를 평가할 때 타인과 경쟁하지 않고 자신이 비교의 기준이 된다. 자율적 능력을 경험한 아동은 사회적 비교 단계로 간다.

② 사회적 비교 단계

초등학교 저학년 시기에 주로 사회적 비교가 진행되는데 타인과의 비교로 자신의 성공을 평가한다. 사회적 비교 단계를 거치면 마지막 단계인 통합적 성취동기 단계로 간다.

③ 통합적 성취동기 단계

이 단계에서는 자율적 능력과 사회적 비교를 상황에 맞게 사용한다. 자신의 과거 기록을 뛰어 넘기 위해 연습을 하고, 시합에 임할 때 남보다 잘 하는 것을 목표로 한다면 통합적 성취동기 단계가 된다.

3 운동 수행과 불안

1. 불안과 스트레스

(1) 불안

① 불안은 크게 특성 불안과 상태 불안으로 나누어진다. 상태 불안과 특성 불안이라는 용어는 Cattell 등이 처음 도입하였으며 Spielberger에 의해서 정립되었다.

② 특성 불안이란 어떤 사람의 성격의 한 측면이라고 볼 수 있다. 특성 불안은 "객관적으로 비위협적인 상황을 위협적으로 지각하며, 객관적 위협의 강도와 관계없이 상태 불안 반응을 나타내는 개인의 동기나 후천적으로 습득된 행동 경향"이라고 할 수 있다.

③ 상태 불안이란 상황에 따라 변하는 정서 상태로 "자율신경계의 활성화나 각성과 관련되어 주관적, 의식적으로 느끼는 우려나 긴장감"이라고 정의된다. 상태 불안은 순간순간마다 변화하며 임박한 상황에서 지각된 위협에 비례하여 변동한다.

(2) 경쟁 불안

① 경쟁적인 상황을 위협적인 것으로 지각하고 이와 같은 상황에 대하여 긴장의 감정으로 반응하려는 경향으로, 선천적 기질로서 경쟁 또는 시합이라고 하는 일종의 자극을 위협적인 것으로 느끼는 성격적 특성을 의미한다.

② 경쟁 불안은 경쟁 특성 불안과 경쟁 상태 불안으로 나누어진다.

③ 경쟁 상태 불안은 신체적 불안과 인지적 불안으로 나누어진다.

(3) 특성 불안과 상태 불안의 관계

① 경쟁 특성 불안은 경쟁 상태 불안 반응에 의미 있는 지표가 된다.

② 경쟁 특성 불안이 높은 선수는 상황을 위협적인 것으로 인식하고 낮은 선수는 즐거운 것으로 인식한다.

③ 경쟁 특성 불안이 높은 선수는 낮은 선수보다 경쟁 상태 불안이 높게 나타난다는 것이다.

④ 여자가 남자보다 경쟁 특성 불안이 높게 나타난다.

불안의 세 차원
• 인지적 불안 : 판단력 상실, 실패에 대한 기대감(우려) • 생리적 불안 : 심장의 박동 증가, 근육의 긴장, 혈압의 상승, 호흡수 증가, 식은 땀, 소변이 마려움 • 행동적 불안 : 안절부절, 의사소통 불능, 주의 산만, 건망증, 떨림

개념	정의
각성	깊은 수면에서 극도의 흥분에 이르는 연속선상에서 변화하는 일반적인 생리적·심리적 활성화
불안	신체의 각성 상태를 수반하는 초조함, 걱정, 우려 등의 부정적인 정서 상태
상태 불안	각성을 수반하는 상황에 따라 변하는 초조함, 걱정, 우려 등의 부정적 정서
특성 불안	상황의 객관적 위협 수준에 관계없이 비위협적인 상황을 위협적으로 지각하는 개인의 행동 경향
인지적 상태 불안	상황에 따라 변하는 걱정이나 부정적 생각
신체적 상태 불안	상황에 따라 변하는 지각된 생리적 반응

2. 각성과 불안의 측정

(1) 생리적 척도

① 각성과 불안은 심박수, 호흡, 피부전도, 또는 카테콜라민과 같은 생화학 물질과 같은 생리적 지표가 어떻게 변화하는지를 측정해서 추정할 수 있다.

② 각성이나 불안을 일으키는 스트레스에 대한 우리 몸의 생리적 변화를 투쟁 또는 도피 반응(fight or flight response)이라 한다.

③ 각성과 불안 상태를 나타내는 생리적 징후를 측정하는 검사에는 뇌전도(EEG), 심전도(EKG), 근전도(EMG), 피부저항(GSR), 발한율(palma sweat index), 심박수, 혈압, 안면근육 패턴, 신체 내의 생화학적 변화, 뇌반구의 비대칭성(hemispheric asymmetry)의 측정 등의 방법이 있다.

(2) 행동적 척도

① 행동적 척도는 행동적으로 나타나는 증상을 측정하여 불안상태를 파악하는 방법이다.

② 코치나 지도자가 현장에서 가장 쉽게 사용할 수 있으며, 선수 본인도 자신의 행동을 스스로 인식하는 방식으로 불안수준을 알 수 있다.

(3) 심리적 척도

① 각성과 불안을 측정하기 위해 자기보고식(self-report) 방법이 자주 사용된다. 각성이나 불안의 증상을 묻는 여러 문항에 어느 정도인지 스스로 표시하는 방법으로, 사회적 바람직성 왜곡에 민감하다는 비판이 제기되기도 하지만 사용의 편리성 때문에 널리 활용되고 있다.

② 불안을 측정하는 심리적 척도는 단일차원 도구와 다차원 도구로 구분할 수 있다. 단일차원 도구에서는 인지불안과 신체불안을 나누지 않고 불안을 전체적으로 하나로 측정하며, 다차원 도구에서는 대체로 인지불안과 신체불안을 구분한다.

㉠ 단일차원 도구인 SCAT은 스포츠전문 불안검사의 필요성이 제기되면서 경쟁특성불안을 측정하기 위해 개발되었다. 경쟁특성불안이란 경쟁적인 스포츠상황을 위협적으로 지각하여 우려나 긴장감으로 상황에 반응하는 경향으로 정의된다(Martens).

㉡ 경쟁상태불안을 측정하는 대표적인 도구가 CSAI-2이다. 다차원 도구로 인지불안, 신체불안, 그리고 자신감의 3요인을 측정한다. 가장 널리 쓰이는 경쟁불안 측정 도구 중 하나이다.

(4) 불안의 강도와 불안의 방향의 측정

① 스포츠 현장에서는 시합 불안은 수행에 부정적 영향을 줌으로 낮춰야 한다고 오랫동안 믿어왔으나, 최근의 연구 성과는 불안을 부정적으로만 보는 시각을 바꿔야 한다고 제시하고 있다. 즉, 시합 불안을 긍정적으로 해석하는 것이 더 중요하다는 주장도 많아졌다.

② 불안의 높고 낮음의 정도를 불안의 '강도(intensity)'라고 하며, 불안을 긍정적으로 해석해서 수행에 촉진(facilitative) 효과가 있는 것으로 보는지 부정적으로 해석해서 방해(debilitative) 효과가 있는지는 불안의 '방향(direction)'이라 한다.

③ Jones와 Swain이 제안한 시합불안의 방향 측정 도구는 CSAI-2에 불안을 촉진 또는 방해로 해석하는 정도를 묻도록 되어 있다.

㉠ 인지불안과 신체불안 문항에 대해 해당 불안 증상을 수행에 촉진이 되는지 방해가 되는지를 묻는 -3점(매우 방해)부터 +3점(매우 촉진)의 척도를 포함시켰다.

㉡ 점수의 합이 마이너스가 될수록 시합 불안 증상을 방해적으로 플러스 값이 클수록 수행에 도움이 되는 촉진적으로 해석한다.

	방해적			보통			촉진적
인지불안 문항 :	-3	-2	-1	0	+1	+2	+3
신체불안 문항 :	-3	-2	-1	0	+1	+2	+3

④ 불안을 촉진적으로 해석하면 수행에 도움이 되고, 방해적으로 해석하면 수행에 도움이 안 된다는 사실이 입증되고 있다.

⑤ 시합 불안의 강도보다는 방향이 스포츠에서 수행을 예측하는 데 더 중요하다는 연구도 있다.

㉠ Swain과 Jones는 농구 선수를 대상으로 인지불안 및 신체불안의 강도와 방향이 수행에 미치는 상대적 공헌도를 조사했다. 그 결과 수행에 대한 설명력은 불안의 방향이 23.4%를 설명했다. 특히 신체불안의 강도가 경기력의 2%만 설명하는 데 반해 신체불안의 방향은 17%를 설명했다.

㉡ 골프 종목에서도 유사한 결과가 나왔다(Chamberlain & Hale). 시합 불안의 방향은 골프 수행의 42%를 설명했지만 시합 불안의 강도는 22%를 설명한 것으로 밝혀졌다. 골프 수행에서 시합불안의 강도보다는 방향이 더 중요한 역할을 한 것이다.

⑥ 시합 불안의 방향에 관한 연구를 종합하면 우수한 선수일수록 시합 불안과 관련된 증상이 수행에 도움이 된다는 '촉진적' 해석을 더 많이 하는 경향을 보인다. 우수선수와 그렇지 않은 선수 사이에 시합 전 불안의 강도에서는 차이가 나지 않지만 우수선수는 불안을 보다 긍정적인 것으로 해석을 한다. 불안 그 자체보다는 불안을 어떻게 해석하는가가 수행에 주는 영향이 더 크다.

(5) 각성과 유쾌-불쾌의 측정

① 심리적, 신체적 활성화의 수준으로 정의되는 각성 또는 활성화(activation)는 운동과 스포츠에서 자주 체험할 수 있다. 운동심리학 분야에서는 운동 전, 중, 후에 감정이 어떻게 변하는지를 알아보기 위해 2차원 원형모형이 제안되었다(Ekkekais & Petruzzello).

② 이 모형은 각성과 유쾌 또는 불쾌를 동시에 측정해서 2차원 그래프로 표시할 수 있다. 운동이나 스포츠 활동을 하면서 반복측정을 하면 각성과 유쾌-불쾌가 어떻게 변화되는지를 추적할 수 있다. 이후에 설명하는 전환이론(reversal theory)을 이해하는데도 적용된다.

③ 2차원 원형 모형

㉠ 가로축은 유쾌-불쾌를 의미하는 유인가(valence) 차원으로 왼쪽으로 갈수록 불쾌함을, 오른쪽으로 갈수록 유쾌함을 나타낸다.

㉡ 세로축은 활성화 차원으로 심신의 에너지가 얼마나 활성화되었는가를 표시한다. 세로축에서 위로 오를수록 활성화가 높은 것으로 심신의 에너지가 많이 투입됨을 의미한다.

㉢ 활성화와 유인가가 만나서 다음과 같은 사분면이 만들어진다.

• 유쾌-고활성 (에너지, 흥분)	• 유쾌-저활성 (이완, 침착)
• 불쾌-저활성 (지루함, 피로)	• 불쾌-고활성 (불안, 긴장)

④ 좌측은 마라톤 중독자, 우측은 비중독 마라토너의 운동 전, 중, 후의 활성화와 유쾌-불쾌를 반복 측정해서 표시한 2차원 원형모형 그래프이다.

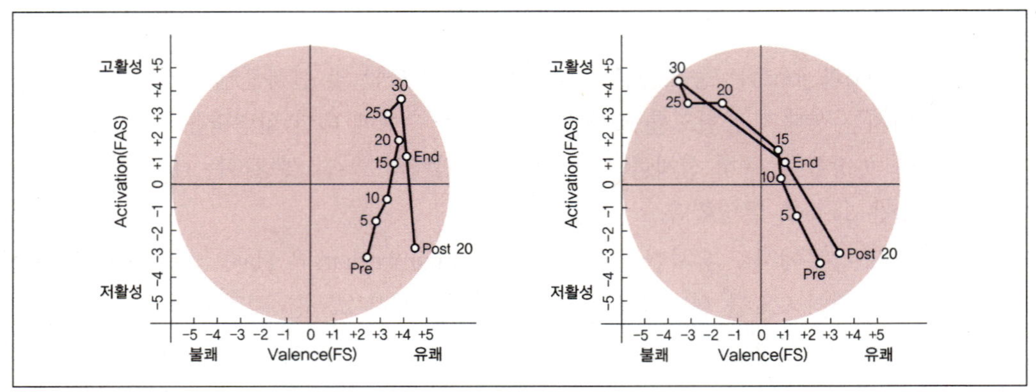

2차원 원형모형을 활용한 각성과 유쾌-불쾌의 측정

㉠ 좌측 마라톤 중독자의 경우 달리기가 시작되면서 활성이 수직으로 상승하지만 오른쪽 방향인 유쾌함으로 이동됨을 알 수 있다. 달리기를 시작하면 힘이 들기는 하지만 기분이 계속해서 좋아지는 패턴이다.

㉡ 반면 비중독 마라토너는 달리기가 시작되면 그래프가 왼쪽 위로 상승해서 힘이 들면서 동시에 불쾌함을 느낀다.

㉢ 두 집단 모두 달리기 종료 후 20분이 되면 달리기 전보다 유쾌함이 증가했다.

⑤ 2차원 원형모형으로 각성과 유쾌-불쾌를 동시에 측정하는 것이 가능하다. 이 데이터를 이용하면 운동에 대한 동기를 높이는데 효과적인 운동방법을 설계할 수 있으며, 또 각성과 유쾌-불쾌의 조합에 따라 동기에 미치는 영향을 분석하는 것도 가능해진다.

3. 스트레스

(1) 스트레스 과정(McGrath)

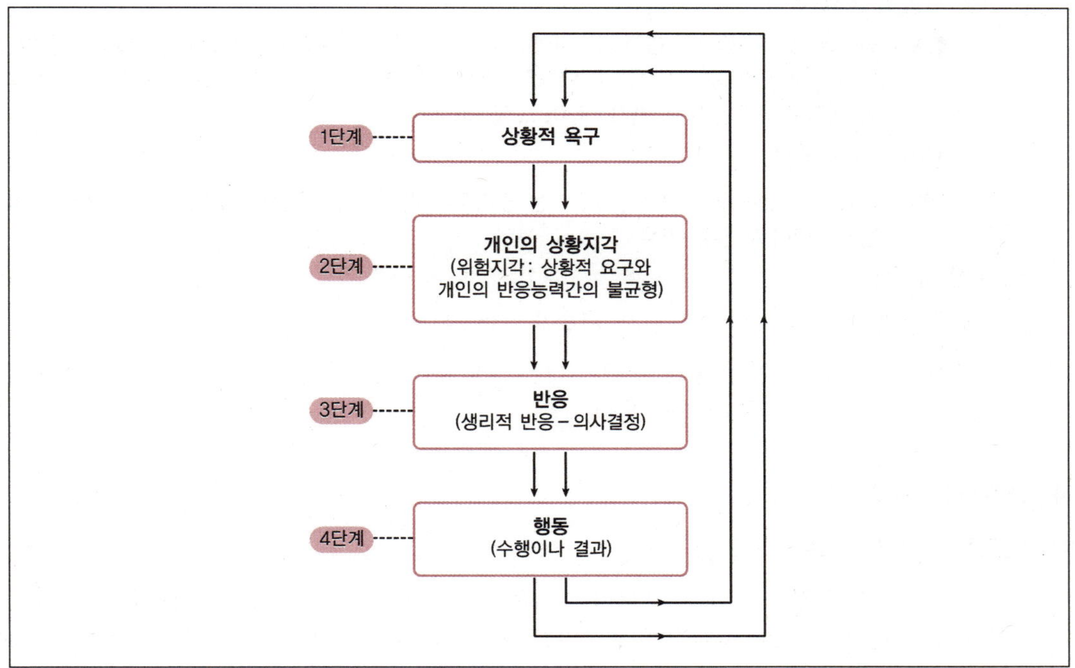

McGrath의 스트레스 과정

① 제1단계 – 환경적 요구

㉠ 환경의 요구가 개인에게 작용한다.

㉡ 환경적 요구는 신체적일 수도 있고 심리적일 수도 있다.

② 제2단계 – 환경 요구의 지각

㉠ 신체적 또는 심리적인 환경적 요구를 어떻게 받아들이는지를 의미한다.

㉡ 동일한 환경이라도 사람에 따라 지각하는 양상이 달라진다.

㉢ 개인의 특성 불안 수준은 환경의 요구를 지각하는 데 큰 영향을 미친다.

③ 제3단계 – 스트레스 반응

㉠ 상황 지각에 대한 개인의 신체적, 심리적 반응을 나타낸다.

㉡ 상황의 요구와 개인의 능력 사이의 불균형이 심각한 수준이라고 지각하면 인지적 상태 불안, 신체적 상태 불안 모두가 높아진다.

㉢ 상태 불안이 높아지면 집중력의 변화가 생기거나 근긴장이 높아지며, 주의가 좁아진다.

④ 제4단계 – 행동 결과

㉠ 스트레스를 받을 때 실제 행동을 나타낸다.

㉡ 수행 결과의 변화로 4단계는 1단계로 다시 피드백된다.

(2) 스트레스 요인

① 상황적 요인

㉠ 시합의 중요성

예 서울시에 소재한 팀만이 출전하는 시합보다는 TV로 전국에 중계되는 시합에서 스트레스를 받으며, 시합의 결과가 의미가 없는 경우 스트레스를 받지 않으며 선수 선발과 프로 진출과 같이 인생의 진로와 연결된다면 선수는 부담을 많이 느낄 것이다.

㉡ 시합의 불확실성

예 경기가 임박해도 주전 선수가 누군지는 알려주지 않는 경우, 위험한 동작을 할 때 부상을 줄이는 방법을 알려주지 않은 경우

② 개인적 요인

㉠ 특성 불안: 특성 불안이 높은 사람은 시합을 좀 더 위협적으로 받아들인다.

㉡ 자아 존중감: 자아 존중감 수준이 낮은 사람은 높은 사람에 비해 자신감과 경험 수준이 낮으며, 상태 불안 수준도 높다.

4. 스트레스 관리 모형

(1) 인지적-감정적 스트레스 모형

① 가장 널리 알려진 스트레스 모형이자 스트레스관리 모형으로 정신적 평가와 변화하는 과정 및 스트레스 관리 기술에 관한 이론을 제공한다(Smith). Smith의 모형은 여러 스트레스 관리 기법의 이론적 토대가 되고 있다.

② 모형의 맨 윗부분을 보면 외부 상황에서 스트레스가 처음 시작되는데 상황에 대한 인지적 평가가 중요하다. 상황과 자신의 대처능력에 대한 정신적 평가는 생리적 반응에 서로 영향을 주고 그 결과로 행동이 결정된다.

③ 모형의 아래쪽에는 인지기술과 이완기술을 스트레스 관리에 적용하는 방법을 보여준다. 인지기술은 정신적 평가에, 이완기술은 생리적 반응에 적용한다.

④ 인지기술과 이완기술을 합쳐서 통합적으로 대처반응을 하는 기술을 숙달하는 것이 이 모형에서 추구하는 핵심 목표이다.

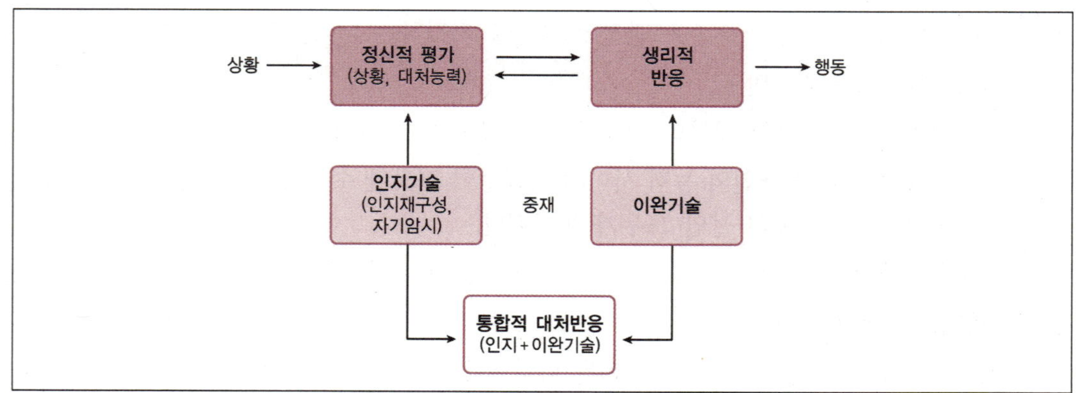

인지적-감정적 스트레스 모형

(2) 스트레스와 운동손상 모형

① Williams와 Anderson은 스포츠에서 손상이 일어날 때 심리적 요인이 어떤 영향을 주는지를 설명하는 모형을 제안했다.

㉠ 모형의 중앙에 있는 스트레스가 손상에 영향을 주는 핵심 역할을 한다.

㉡ 다가오는 시합과 같은 잠재적 스트레스 상황을 어떻게 평가하는가에 따라 생리적 반응이 달라지고 주의집중에도 변화가 온다.

㉢ 시합을 위협으로 받아들이면 근긴장과 불안이 높아지고 주의집중에도 영향을 주며, 이러한 생리적 변화와 주의집중의 변화는 손상이 발생할 가능성을 높인다.

㉣ 개인의 성격, 스트레스 경력, 대처자원이 스트레스 반응에 영향을 준다.

② 이 모형에서 손상에 영향을 주는 핵심 요인은 스트레스이므로, 스트레스를 관리하는 것이 손상을 예방하는 좋은 방법이다. 모형의 아래쪽에서 알 수 있듯이 중재기법(인지기술, 이완기술)을 적용하면 스트레스 반응을 관리할 수 있다.

③ 이 스트레스와 손상 모형은 손상에 영향을 주는 다양한 요인을 포함하고 있어 손상의 예방과 회복을 위한 전략을 마련하는 이론을 제공한다. 실제로 미식축구 선수의 생활스트레스가 손상을 유발한다는 연구도 보고되었고, 또 손상에서 빠른 회복을 위해서는 사회적 지지와 문제중심 대처가 중요함을 밝힌 연구도 있다.

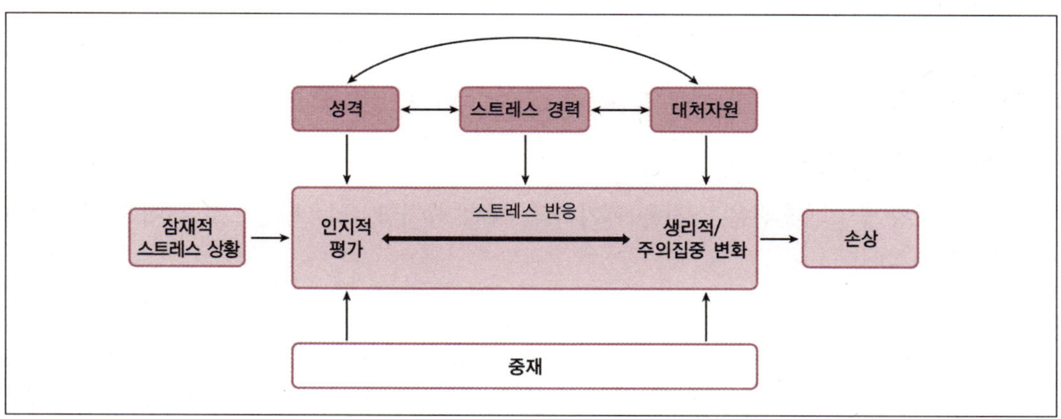

스트레스와 운동손상 모형

(3) Lazarus의 스트레스 대처

① Lazarus와 Falkman은 스트레스는 달성해야 할 상황적 요구와 자신이 갖고 있는 자원 사이의 불균형을 어떻게 인식하는가에 의해 결정된다고 본다. 즉, 스트레스를 유발하는 객관적인 상황을 어떻게 인식하는가에 따라 스트레스 수준이 결정되므로 외부 상황 그 자체보다는 상황에 대한 해석이 더 중요하다.

② 스트레스를 인식하면 사람들이 대처(coping)를 한다. 대처란 자신의 자원을 초과한 것으로 평가되는 특정한 외적 또는 내적 요구나 갈등을 관리하기 위한 계속적이며 변화하는 인지적, 행동적 노력을 의미한다.

③ 스트레스에 대한 사람들의 대처반응은 다양하며 효과도 차이가 나는데, Lazarus와 Falkman의 '정서중심 대처'와 '문제중심 대처'의 분류법이 가장 널리 알려져 있다.

㉠ 정서중심 대처는 스트레스로 생긴 정서적 고통을 줄이려는 노력을 말한다. 시합 때 실수한 생각을 지우려고 영화를 보거나 친구를 만나 위로를 받는 것을 예로 들 수 있다. 문제가 되는 상황에서 할 수 있는 대책이 없을 때 도움이 된다. 상황을 바꿀 수 없다면 자신의 반응을 바꾸는 방법이다.

㉡ 문재중심 대처는 스트레스를 유발하는 문제점을 실제로 해결하려는 노력을 의미한다. 훈련 부족 때문에 스트레스를 받는 일이 생겼다면 시간관리, 목표 설정과 실천, 스케줄 관리를 더 철저하게 하는 것을 예로 들 수 있다. 문제를 해결하기 위해 무엇인가 할 수 있을 때 적용하면 좋다.

④ 스포츠 손상과 회복 과정에 있는 선수들은 문제중심 대처를 가장 자주 사용하는 것으로 밝혀졌다(Udry). 선수들은 자신의 스트레스를 낮추기 위해 의료진으로부터 조언을 구하는 전략을 자주 사용했다. 또 문제중심 대처를 한 선수들이 재활 프로그램을 더 지속적으로 실천한 것으로 나타났다.

5. 과훈련과 탈진

(1) 과훈련 증후군(Overtraining Syndrome)

스포츠 상황에서 과훈련은 소진을 야기하고, 계속 방치할 때는 탈진으로 이어진다는 것이 일반적인 생각이다.

① 과훈련(overtraining)

㉠ Harre는 과도한 훈련에 의한 부정적 심리적 결과라 강조하였으며, Murphy, Fleck, Dudley와 Callister는 너무 강하고 길어서 선수들이 적응할 수 없어 그 결과 경기력의 저하를 초래하는 훈련 부하로 정의하였다.

㉡ 다른 연구자들 역시 일반적으로 '긍정적인 높은 운동 강도의 장시간 훈련으로 묘사하면서 때로는 운동수행력 감소를 보이는 훈련'이라 했다.

㉢ Kuipers와 Keizer, Morgan 등은 '매우 많은 운동량을 비정상적으로 수행하는 훈련 과정'으로 정의하였다.

㉣ 과훈련이란 대부분 시합시즌이 아닌 훈련시즌의 목적을 위한 한 국면으로, 특히 가장 강도 높은 단계의 가장 높은 훈련 부하이다.

㉤ 이러한 훈련 목적은 선수들이 최대한의 훈련 적응을 위하여 최고의 훈련 스트레스를 부여하는 것이라 정의할 수 있다.

② 소진(staleness)

㉠ 우리는 종종 과훈련에 의한 부정적 결과로서 소진이라는 용어를 사용한다.

㉡ 소진 상태란 선수들이 제시된 훈련에 적응할 수 없는 능력에서 비롯되기 때문에 과훈련은 하나의 자극이며 소진은 하나의 반응이다(Morgan).

㉢ 소진은 '선수들이 일상적인 훈련을 소화하기 어렵고 이전의 경기력에 도달할 수 없는 상태'(Weinberg & Gould)로 즉, '강도 높은 훈련에 따른 생리적인 부정적 반응과 감정이 합쳐진 이상 상태(disorder)'로 정의될 수 있다.

과훈련(overtraining)과 스테일네스(staleness)

1. 과훈련(overtraining)과 스테일네스(staleness, 수행정체)는 공통적으로 트레이닝으로 인한 신체적 과부하로 인해 발생된다.
   - 과훈련은 충분한 휴식이 없는 상태에서 주로 신체적으로 과부하가 선수에게 가해진 결과로 나타나는 증후군이다. 과훈련은 스테일네스나 번아웃의 원인이 된다. 자동화를 목적으로 요구되는 것보다 훨씬 높은 수준으로 반복하는 훈련방법인 과학습(overlearning)과는 구분된다. 과학습은 권장되지만 과훈련은 피해야 한다. 번아웃은 과훈련 등 여러 개념과 연관되어 있다.
   - 스테일네스는 과훈련에 따른 부정적 결과로 질병이나 부상이 원인이 아닌 2주 이상 지속되는 수행의 저하 상태를 말한다. 스테일네스는 식욕감소, 기분 변화, 우울, 노력에 대한 지각 증가 등의 증상을 초래한다.
2. 과훈련과 스테일네스는 동기적 측면에서 유사점이 높으며, 번아웃과 확실하게 구별된다. 과훈련이나 과훈련으로 인한 스테일네스를 겪고 있으면 훈련을 회피하지 않고 꾸준하게 이어간다. 하지만 번아웃에 이른 선수는 자기 종목을 계속하는 것에 흥미를 잃고 훈련과 시합참가에 대한 동기도 사라진다.
   - 과훈련과 스테일네스는 모두 과도한 훈련으로 신체적 부담을 겪는 상태이지만 정해진 훈련에 참가하고 종목에 대한 동기가 유지된다.
   - 번아웃에 이르면 운동에 흥미를 잃고 훈련과 시합에 대한 동기도 잃는다. 번아웃은 과훈련이나 스테일네스보다 훨씬 심각하다.
   - 번아웃을 제대로 관리하지 못하면 중도포기(withdrawal, dropout)로 연결된다.

③ 탈진(Burnout)

㉠ 탈진은 부정적 스트레스의 일부분이다. 일반적으로 탈진은 과도한 신체 에너지 사용으로 인한 생리적 피로의 결과로 이해되고 있지만, 최근의 연구에서는 탈진에 대한 결정적인 원인으로 다양한 심리적 문제에 초점을 맞추고 있다.

㉡ 많은 관점이 탈진이나 소진 상태를 같은 의미로 사용하고 있으나, Raglin은 구별된 의학적 개입이 요구되는 다른 조건임을 제시하였다. 여기에서는 탈진이란 '스포츠 참가를 위한 부정적 감정 반응'으로, Maslach와 Jackson은 '감성, 태도, 동기와 기대 등을 포함한 개인적 증상'으로 정의하였다.

㉢ 스포츠 탈진은 1980년대 지도자에게 부정적인 영향을 미친다는 인식이 확산되면서 코치 탈진 연구를 통해 시작되었다. 1990년대 중반 운동선수로 연구대상이 확대되면서 정서적·신체적 탈진, 성취감 저하, 자신의 스포츠 참여에 대한 평가절하, 스포츠 활동으로부터 신체적, 정서적 그리고 사회적 퇴보 같은 심리적 증상을 탈진과 동일한 개념으로 보기 시작했다.

㉣ Maslach와 Jackson은 선수들의 탈진은 정서 고갈, 비인격화 및 타인과의 괴리감 그리고 성취감 저하로 요약된다고 보고했다. 현재까지 많은 연구들이 탈진의 원인을 분석하기 위하여 진행되고 있는데 여기에는 과훈련, 목표 성향과 동기, 코칭 행동과 동기 분위기, 완벽주의와 열정 등이 거론되며 탈진을 예측하거나 중재하는 요인들에는 스트레스, 사회적지지, 강인성, 성, 대처자원 등이 거론되고 있다(Kelly & Gill).

㉤ 탈진은 정서적 고갈, 비인격화, 성취감 저하를 유발시킬 수 있는 지속적인 스트레스의 결과이다. 몇몇 연구에서 스트레스 평가가 모든 탈진 요인을 예측하였다. Raedeke와 Smith는 대처자원과 사회적지지가 연령별 수영 선수의 스트레스-탈진 관계를 중재하였다는 것을 발견했다.

탈진

1. 탈진은 어떤 활동에 지쳐버린 상태를 말하는 것으로, 운동탈진은 과도한 훈련과 경기에 불필요한 것을 해결하지 못해서 생기는 극단적인 결과를 보이는 심리·생리적으로 지친 반응이다.
2. 탈진에 대한 공통된 특징
   - 신체적·심리적인 형태로 나타난다.
   - 탈진상태에서는 타인을 바라보는 반응이 무덤덤하고 부정적으로 변하게 된다.
   - 자신이 성취한 일에 대해 만족을 느끼지 못할 때 탈진현상을 보인다.
   - 탈진은 일시적인 스트레스에 대한 반응이 날마다 반복이 되어 장기간에 걸친 스트레스의 반응이라고 할 수 있다.
3. 탈진의 원인
   - 인간 소외: 본인이 정서적으로 다른 사람들과 멀어져 소외당하는 듯한 느낌
   - 개인의 성취감 감소: 본인이 하는 스포츠에 대한 성과가 없어 만족을 하지 못할 때 나타난다.
   - 고립: 본인 스스로 다른 사람들과 멀어지면서 경기나 운동을 하지 않으려는 구실을 찾는다.
   - 정서적, 신체적 운동 탈진: 정서적, 신체적으로 쇠약해져 경기나 운동을 하고 싶은 마음이 없고 힘이 빠져 천천히 탈진에 이르게 된다.

번아웃(burnout)

Raedeke는 번아웃(burnout, 탈진) 체험에서 발견되는 구성요소에 기초해서 번아웃을 지속적 스트레스로 인한 성취감 저하, 스포츠 평가절하, 신체적 정서적 고갈을 특징으로 하는 탈퇴 현상으로 정의하였다. 번아웃은 다음 3개 영역을 포함한다.

번아웃 3개 영역별 특징(Raedeke)

성취감 저하	스포츠 평가절하	신체적 정서적 고갈
• 수행의 변동 심함 • 수행이 계속해서 하강함 • 수행에 대한 통제 상실 • 실력 발휘를 못함 • 뒤처짐	• 진로에 대한 회의와 불신 • 시합 출전 의욕이 사라짐 • 운동이 이제 즐겁지 않음 • 훈련 시합에 대한 무관심 • 연습이 싫증남	• 피곤함 • 무기력 • 너무 피곤해서 운동 외에 다른 일 못함 • 운동을 쉬고 싶음 • 감정적으로 다운됨

- 성취감 저하(reduced sense of accomplishment) : 기술과 능력 측면에서 개인목표 달성의 불가 또는 기대에 미치진 못하는 수행
- 스포츠 평가절하(sport devaluation) : 흥미 상실, '상관하지 않는다'는 태도(무관심), 억울함이 특징임. 비인격화(depersonalization, 타인으로부터 멀어짐) 요인이 스포츠에서 두드러지지 않은 것으로 나타나 스포츠 평가절하로 교체됨
- 신체적 정서적 고갈(physical, emotional exhaustion) : 과도한 훈련과 시합에 따른 신체적 정서적 에너지 소진

번아웃의 예방과 관리를 위한 지침은 다음과 같다(Goodger 등).

- 초기 경고 사인을 찾는다.
- 의사결정에 선수를 참여시킨다.
- 휴식을 계획한다.
- 충분한 회복과 훈련 관리
- 선수의 의견을 듣는다.
- 지도자와 부모의 지지
- 재미가 핵심이다.
- 시간 관리와 라이프스타일 관리

6. 불안 이론

(1) 추동 이론(동인 이론)

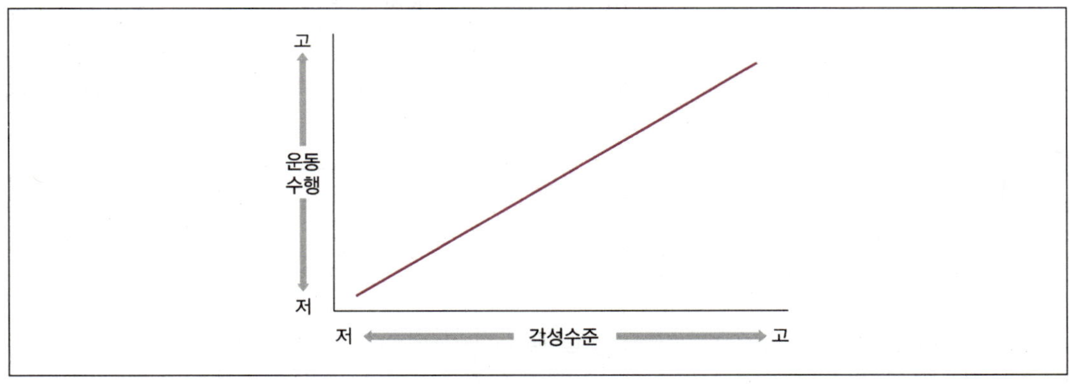

추동이론

① Hull이 최초로 제안했고, Spence가 개정한 추동이론은 각성과 수행의 관계를 직선적인 것으로 보고 각성 수준이 높아짐에 따라 수행도 이에 비례하여 증가한다는 이론이다.

② 각성의 수준이 높아질수록 수행도 이에 비례하여 높아진다.

③ 추동이론은 단순한 과제나 학습이 잘된 과제에서는 어느 정도 적합하나, 복잡한 기술이 요구되는 운동 과제를 설명하지 못하는 단점이 있다.

④ 각성수준이 높아지면 수행이 자동적으로 좋아지는 것이 아니라 수행자의 주반응(dominant response, 수행자가 기술을 수행하는 선호된 방식)이 향상된다.

⑤ 동인이론의 핵심을 정리하면 다음과 같다(Gill, Williams & Reifsteck).

㉠ 각성 또는 동인(drive)이 증가하면 주반응이 발생할 가능성이 높아진다.

㉡ 단순기술이거나 자동화된 기술이라면 각성이 증가하면 성공반응이 증가한다.

㉢ 복잡기술이나 숙달이 덜된 기술이면 주반응이 오류반응이므로 각성이 증가하면 수행에 역효과가 발생한다.

(2) 적정 수준 이론

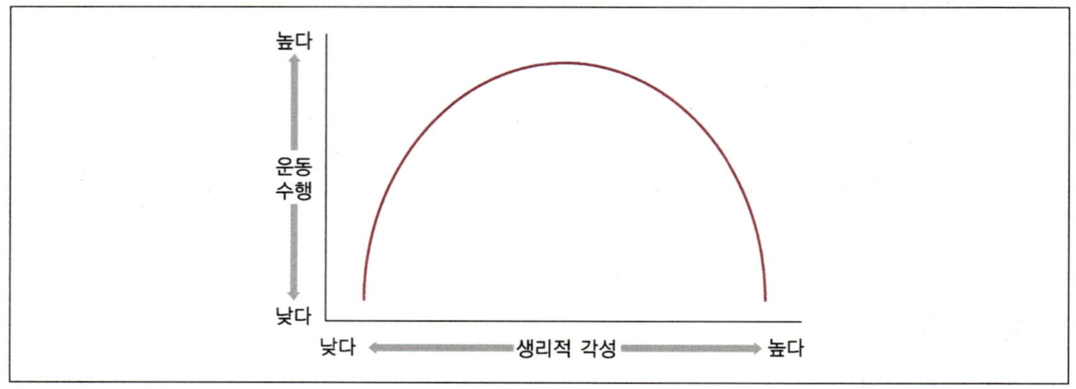

각성과 수행 사이의 역U자 관계

① 적정 수준 이론은 주창자의 이름을 따라 Yerkes-Dodson 법칙이라고도 하며, 각성 수준과 수행과의 관계에서 나타나는 특징이 U자를 거꾸로 놓은 모양과 같다고 하여 역U가설이라고도 한다.

② 적정 수준 이론에서는 운동 수행에 가장 효율적인 각성 수준은 중간 정도의 각성 수준이다.

③ 적정 각성 수준에 영향을 미치는 요인은 개인의 특성 불안 수준, 수행할 과제의 난이도, 과제 학습 단계 등이다.

④ 수행할 과제의 난이도(운동 종목에 따른 역U가설 적용)

각성 수준	스포츠 기술
5(극도의 흥분)	미식축구 태클, 200m 달리기, 400m 달리기, 윗몸 일으키기, 역도, 팔굽혀펴기, 투포환, 턱걸이
4	단거리 달리기, 멀리뛰기
3(중간정도 각성)	농구, 복싱, 유도, 체조
2	야구 투구, 펜싱, 테니스, 다이빙
1(약간의 각성)	양궁, 골프 퍼팅, 농구 자유투, 축구의 페널티킥

⑤ 기술의 복잡성에 따른 최적의 각성 수준

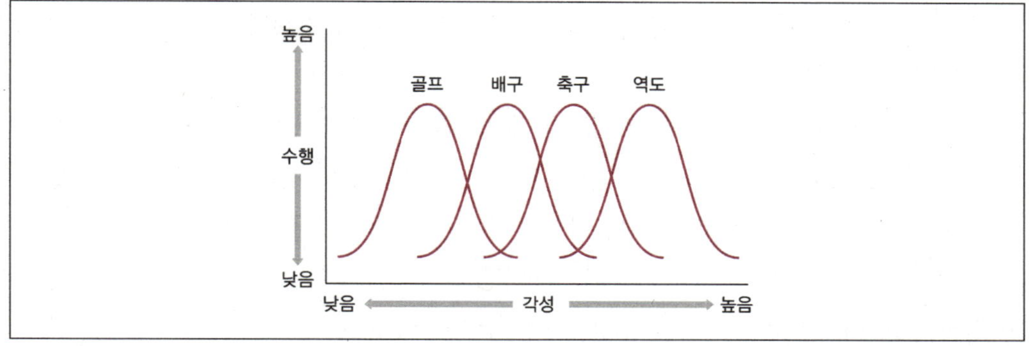

⑥ 기술 수준에 따른 최적의 각성 수준

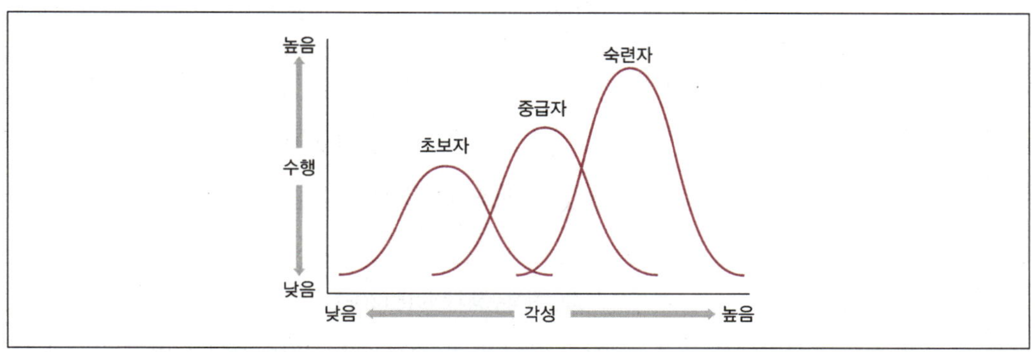

⑦ 스포츠 상황에서 역U가설은 추동이론보다 훨씬 더 타당성이 있는 것으로 받아들여져 왔지만, 이 가설의 문제점은 과연 적정 각성 수준이 어디에 있으며, 어떻게 이를 찾는가 하는 것이다. 그리고 개인이 각성을 어떻게 해석하는가 하는 인지적 측면은 전혀 고려하지 못했다는 단점도 있다.

(3) 단서 활용 이론

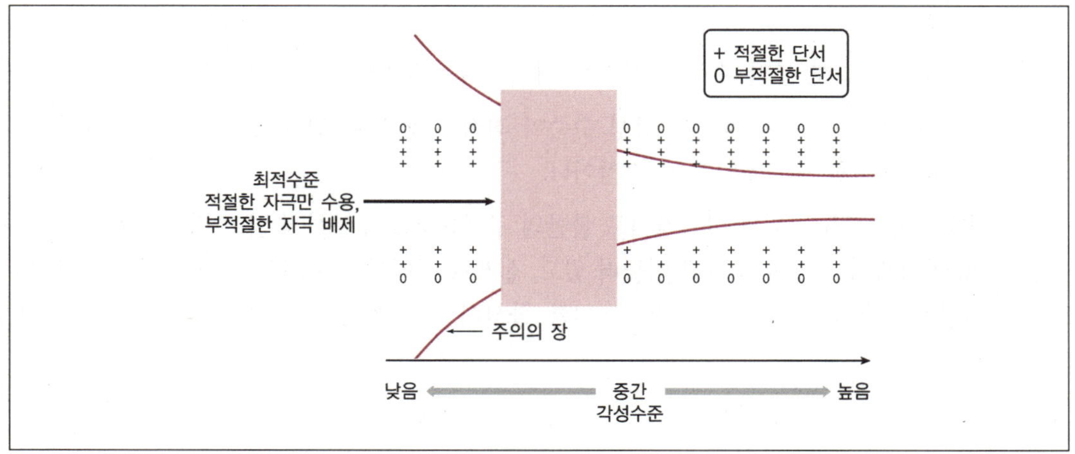

Easterbrook의 단서활용 이론

① 각성과 수행과의 역 U관계를 인지적으로 설명한다.

② 각성이 증가하기 시작하면 주의의 범위가 좁아지면서 수행에 불필요한 단서는 거부되기 때문에 수행이 향상된다.

③ 각성이 증가함에 따라 주의의 범위가 불필요한 정보는 완전히 무시하고 꼭 필요한 정보만을 받아들일 정도로 좁아지면 수행은 최적 수준에 이른다.

④ 그러나 각성이 이 수준을 넘어 더욱 증가하면 주의의 범위가 계속 좁아져 수행에 필요한 단서마저도 거부하게 되어 수행이 훼손된다.

(4) **최적 수행 지역 이론**(Zones of Optimal Functioning theory)

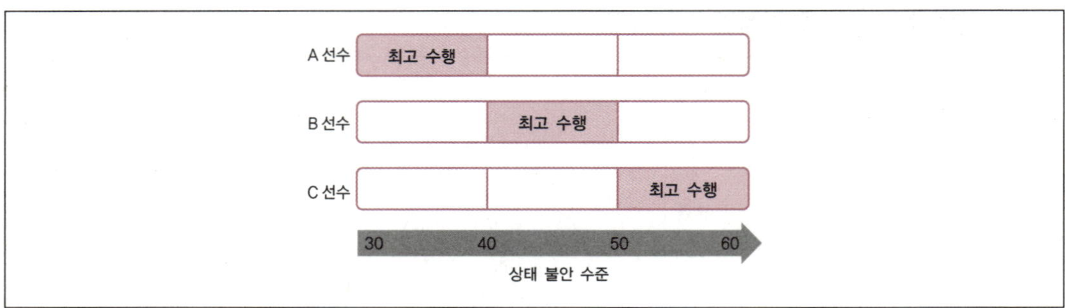

최적수행지역이론(ZOF)

① 최적 수행을 나타내는 것은 한 점이 아니라 지역으로 표현되며 개인에 따라 다르게 나타난다.

② Yuri Hannin의 ZOF이론은 선수들의 상태 불안 수준에는 개인차가 매우 크며 최고의 수행을 발휘하는 데는 반드시 특정 수준의 불안이 필요한 것이 아니라고 주장한다. 즉, 개개 선수는 최고의 수행을 발휘할 때 자신만의 고유한 불안 수준이 있다는 것이다.

③ 최적 수행 지역 이론과 역U가설의 차이

㉠ 적정 불안 수준은 불안의 연속선상에서 항상 한 중앙이 아닐 수도 있으며 개인에 따라 큰 차이가 날 수 있다.

㉡ 최적의 상태 불안 수준은 한 점이라기보다는 범위로 표시된다.

④ 이 이론은 경쟁 전에 자신의 각성 수준이 최적 수행 범위 안에 있는지의 여부를 확인하여 수행을 예상할 수 있는 것이 장점이다.

⑤ ZOF이론은 역U가설과 마찬가지로 불안의 구성요소를 구분하지 않고 단일 차원으로 간주하며, 아직까지 가설의 상태에 머물러 있고, 실제로 상태불안이 최적 수행 지역의 안과 밖에서 어떻게 운동수행에 영향을 미치는지를 확실히 설명해 주지는 못한다는 한계점이 있다.

(5) **불안의 다차원 이론**(Martens 등)

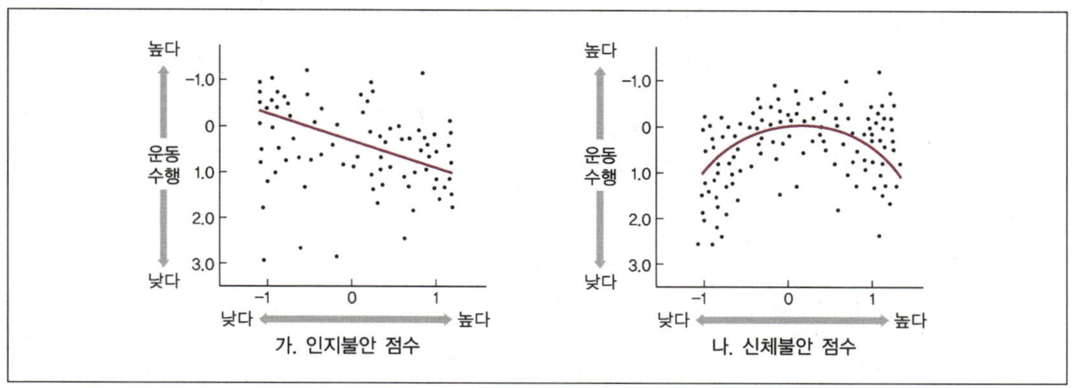

인지불안(가)과 신체불안(나)이 수행에 미치는 영향

① 다차원 불안 이론(multidimensional anxiety theory)은 인지 불안과 신체 불안으로 구분해 각성 수준에 따른 운동 수행을 설명한다.

② 인지 불안은 근심이나 걱정과 같이 불쾌한 감정의 의식적인 지각을 나타낸다.

③ 신체 불안은 지각된 생리적 각성으로 정의된다.

㉠ 인지 불안 수준이 높아질수록 운동 수행이 점차 감소한다.

㉡ 신체 불안 수준이 높아질수록 운동 수행은 역U자 형태를 보인다.

④ 인지 불안과 신체 불안이 서로 독립적임을 시사한다.

⑤ 인지 불안과 신체 불안의 수준에 따라 서로 다른 불안감소기법을 적용해야 한다. 신체 불안 수준이 높을 경우에는 점진적 이완 기법을, 인지 불안이 높은 경우에는 인지재구성 훈련과 같은 인지적 방법으로 불안을 감소시켜야 한다.

(6) **카타스트로피 이론**(대격변 이론)

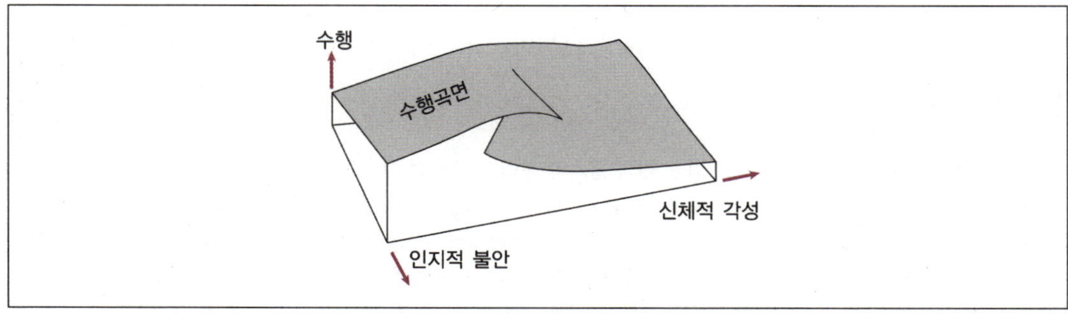

불안과 운동 수행 관계의 카타스트로피 모형

① 카타스트로피 이론은 인지 불안과 신체 불안의 상호작용을 고려해서 수행을 예측하는 이론이다. 즉, 인지 불안과 신체 불안을 동시에 고려하여 삼차원적, 비직선적으로 수행을 예측하는 이론이다. Hardy는 스포츠상황에서 카타스트로피 이론을 체계적으로 적용하였다.

② 카타스트로피 이론은 인지 불안 수준이 낮을 때는 생리적 각성과 운동 수행 간에 역U자 관계가 형성되나, 인지 불안 수준이 높을 때는 생리적 각성이 적정 수준을 초과하면 수행의 급격한 추락 현상이 발생한다고 보는 이론이다.

③ 카타스트로피 이론은 생리적 각성과 운동 수행 사이에 역U자 관계가 있다고 보기 때문에 역U자 가설과 유사한 측면이 있다.

④ 하지만 이러한 역U자 형태의 관계는 인지 불안의 수준이 낮을 때(근심이나 걱정을 안 할 때)에만 성립된다. 만약 인지 불안의 수준이 높아지면(시합에 대한 걱정을 많이 할 때), 생리적 각성이 증가함에 따라 운동 수행도 점차 증가하지만 최고점을 막 지났을 경우 수행의 급격한 추락 현상이 발생한다. 이런 급격한 수행 추락 현상을 카타스트로피(catastrophe)라고 부른다.

㉠ 인지 불안 수준이 낮을 때 생리적 각성이 증가하면 운동 수행이 역U자 형태를 보인다.

㉡ 인지 불안 수준이 높을 때 생리적 각성이 증가하면 운동 수행은 점차 증가하다가 특정 지점에서 수행이 급격히 추락하는 현상이 발생한다.

⑤ 수행의 급격한 추락 현상이 발생했을 경우 이전의 상태로 회복하는 데 많은 시간이 필요하다. 즉, 카타스트로피 상태에 이른 선수는 완전한 신체적 이완을 한 다음에 점차적으로 적정 각성 수준에 도달해야 한다.

⑥ 카타스트로피 이론의 2가지 장점

㉠ 생리적 각성과 인지 불안의 상호 작용에 따라 운동 수행 수준이 결정된다. 따라서 불안의 두 차원을 따로 분리한 다차원 이론보다는 실제 불안 현상을 좀 더 타당하게 설명할 수 있다. 특히 인지 불안의 수준에 따라 생리적 각성이 운동 수행에 미치는 효과가 다르다는 점은 현장의 지도자와 선수에게 시사하는 바가 크다.

㉡ 불안의 두 요소와 운동 수행 사이에 질서정연한 관계가 있다고 보고 있지 않기 때문에 실제 운동 상황을 설명하는 데 더 적합할 수 있다.

⑦ 이론의 복잡성 때문에 선수를 대상으로 이 이론을 검증하기가 쉽지 않다는 한계점이 있다.

히스테리시스 효과

히스테리시스 효과(hysteresis effect)는 원래 물리학 용어로 신체적 각성이 증가할 때와 감소할 때의 수행 패턴이 서로 다른 것을 의미한다. 카타스트로피모형에 따르면 인지불안이 매우 높을 때 신체적 각성이 증가함에 따라 수행도 점차적으로 증가해서 최고에 달하고, 적정 수준을 넘으면 수행이 급격하게 추락한다(그림에서 점선 부분). 추락한 수행을 회복하기 위해서 신체적 각성을 낮추더라도 수행은 직전의 최고점에 도달하지 못하고 낮은 상태에 머무르게 된다(그림에서 왼쪽으로 가는 화살표). 신체적 각성을 아주 낮춰서 수행을 점진적으로 다시 끌어 올려야 이전의 최고점에 도달할 수 있다. 이처럼 카타스트로피가 발생하기까지의 곡선과 발생한 후에 신체적 각성을 낮췄을 때의 수행 곡선이 같지 않음을 나타내기 위해 히스테리시스 효과라는 개념을 사용한다.

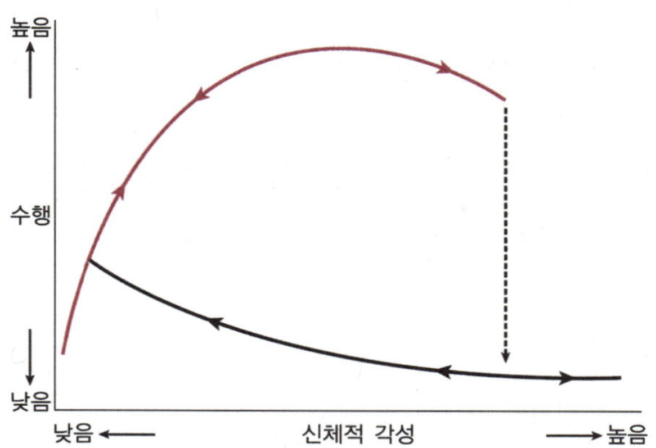

히스테리시스 효과 | 카타스트로피모형에서 신체적 각성이 증가할 때와 감소할 때 수행 곡선의 패턴이 다르게 나타나는 현상을 말한다. 수행의 추락은 한 순간에 급격하게 일어나며, 수행을 회복하기 위해서는 각성을 완전히 낮추어야 한다.

(7) 전환 이론

① 전환 이론(reversal theory)은 각성과 정서의 관계를 예측하는 이론이다. 따라서 각성 또는 불안과 수행의 관계를 예측하는 다른 이론과는 구분되는 측면이 있다. 이 이론에 따르면 각성과 정서의 관계는 각성을 어떻게 해석하느냐에 따라 달려있다고 본다.

② 어떤 선수는 각성이 높은 상태를 기분 좋은 흥분 상태로 해석할 수도 있지만 불쾌한 감정인 불안 상태라고 느낄 수도 있다. 마찬가지로 각성이 낮은 상태를 이완(기분 좋은 상태)으로 해석할 수도 있고, 반대로 지루함(기분이 별로 좋지 않은 상태)으로 해석할 수도 있다. 즉, 선수들은 각성 수준을 해석할 때 순간적으로 반대되는 상태로 전환할 수 있다.

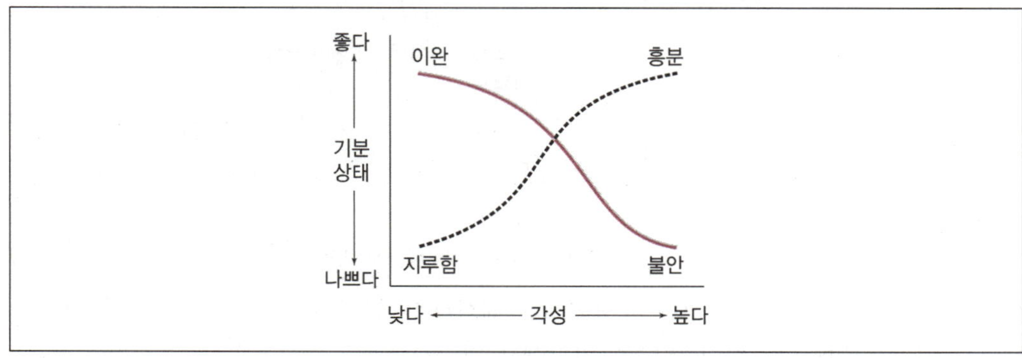

전환이론의 각성과 정서 관계

③ 전환 이론의 특징

㉠ 각성을 어떻게 받아들이느냐에 따라 부정적일 수도 있고, 긍정적일 수도 있다는 점이다.

㉡ 각성 수준에 따른 기분 상태도 긍정적에서 부정적으로, 또는 그 반대의 방향으로 전환이 가능하다는 것이다.

④ 장점

개인의 각성 상태에 대한 해석을 중요시하기 때문에 개인차를 이해하는 데에도 많은 기여를 하였다.

반전이론

Apter에 의해 제안된 반전이론(reversal theory)은 Kerr에 의해 유럽 스포츠심리학 문헌에서 매우 관심 있는 연구 주제로 부각되었다.

1. Apter의 반전이론 – 개인의 동기
   - 목표지향양식
     - 목표를 성취하려는 진지함 때문에, 높은 각성: 불안
     - 목표를 성취하려는 진지함 때문에, 낮은 각성: 편안함
   - 쾌락지향양식
     - 활동을 즐기려는 경향 때문에, 높은 각성: 흥분
     - 활동을 즐기려는 경향 때문에, 낮은 각성: 지루함
2. Kerr의 반전이론 – 각성과 스트레스가 통합적으로 고려
   - 각성과 스트레스가 높을 때: 불안
   - 스트레스는 높으나 각성이 낮을 때: 지루함
   - 각성과 스트레스가 낮을 때: 졸려움
   - 각성은 높으나 스트레스가 낮을 때: 흥분

(8) Martens의 심리 에너지 이론

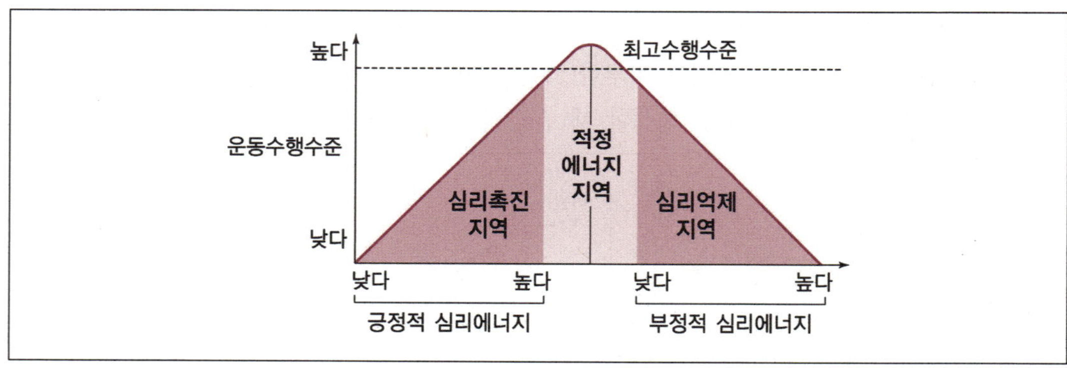

Martens의 심리에너지 이론

① Martens에 따르면 각성을 긍정적으로 해석하면, 긍정적 심리 에너지가 발생되기 때문에 운동 수행에 긍정적인 영향을 미친다고 한다.

② 반면, 각성을 부정적으로 해석한다면 부정적 심리 에너지 때문에 각성과 운동 수행 사이에는 부정적인 관계가 성립된다.

③ 선수는 긍정적인 심리 에너지가 높고 부정적인 심리 에너지가 낮을 때 최고의 경기력을 발휘한다.

(9) 각성이 운동 수행에 영향을 미치는 이유

① 주의 영역의 변화

㉠ 각성 수준이 낮으면 주의 영역이 넓기 때문에 불필요한 정보까지 받아들여 수행에 방해가 된다.

㉡ 적절한 각성 수준에서는 불필요한 정보는 배제시키고 필요한 정보에만 주의를 기울이게 되므로 수행이 향상된다.

㉢ 각성 수준이 높으면 주의 영역이 좁아지게 되며 필요한 정보와 불필요한 정보가 모두 주의 영역에서 사라지게 되어 운동 수행에 방해를 받게 된다.

㉣ 각성과 불안은 주의 형태에도 영향을 미치게 된다. 각성 불안 수준이 높아지면 상황에 관계없이 자신이 선호하는 주의 영역으로 돌아가는 경향이 있다.

② 근긴장의 변화

㉠ 각성과 상태 불안 수준이 높아지면 근육이 긴장되고 협응 동작도 지장을 받게 된다.

㉡ 근육의 긴장 때문에 여러 부수적인 현상도 나타나는데 근육이 쉽게 피로하게 되고, 혈중 젖산 축적도 빠르게 진행된다.

㉢ 테니스 초보자들은 스윙을 할 때 팔과 다리 등 온 몸에 힘이 들어가게 된다.

(10) 각성 및 불안의 최적화 전략

① 최적 수준의 각성(Martens)

㉠ 최적 활력대 왼쪽은 각성수준이 너무 낮아 수행이 저조한 상태이기 때문에 각성수준을 높이기 위해 선수를 분기시켜야 할 영역이다.

㉡ 최적의 활력대 오른쪽은 각성 수준이 지나치게 높아서 수행이 저조한 상태이기 때문에 각성을 감소시키기 위해서 선수를 이완시켜야 할 영역이다.

② 각성의 완화전략

㉠ 심호흡

ⓐ 생리적 설명으로, 체내의 산소와 이산화탄소의 양을 조절해 주어 균형을 취하게 함으로서 이완을 느끼도록 한다.

ⓑ 인지적 설명으로, 심호흡은 주의의 방향을 근심과 걱정 등의 부정적 사고에서 호흡으로 전환시킴으로써 불안과 긴장을 감소시킨다.

ⓒ 정서적 설명으로, 심호흡은 불안할 때 호흡이 불규칙하고 얕음으로 인하여 야기되는 신체의 긴장을 완화시켜 준다는 것이다.

㉡ 점진적 이완 기법

자기관리를 통해 자율신경계의 기능을 조절함으로써 스트레스를 완화시키는 것으로 제콥슨(Jacobson)에 의하면 근육이 완전히 이완된 상태에서 불안해지거나 기관이 긴장될 수 없기 때문에, 불안과 긴장을 그와 관련된 골격근을 이완시킴으로써 해소시킬 수 있다.

ⓐ 적극적인 점진적 이완 기법: 근육을 긴장시킨 다음 이완하는 기법

ⓑ 소극적인 점진적 이완 기법: 근육을 긴장시키지 않고 한 단계씩 근육의 이완을 유도하는 방법

㉢ 자율학습

따뜻한 느낌과 무거운 느낌의 두 가지 신체적인 감각을 유도하기 위하여 고안된 몇 가지 활동으로 구성된다. 자신이 느끼고자 하는 감각에 주의를 기울이고, 이러한 느낌이 명상에서와 같이 수동적 상태에서 일어나도록 하는 것이다.

ⓐ 1단계: 무거움을 느끼는 단계

ⓑ 2단계: 따뜻함 단계

ⓒ 3단계: 심장박동의 조절단계

ⓓ 4단계: 호흡에 주의를 집중하는 단계

ⓔ 5단계: 명치를 집중하는 단계

ⓕ 6단계: 이마에 집중하는 단계

㉣ 명상

ⓐ 자신을 혼란스럽게 하는 생각에서 의식적으로 벗어나 마음을 비움으로써 긴장을 풀고 마음을 편안하게 한다.

ⓑ 명상은 O_2의 소비와 CO_2의 생성, 그리고 혈액내의 유산염 농도를 줄인다.

ⓒ 뇌에서 알파파와 세타파 리듬의 균형을 이루도록 하여 긴장을 완화시킨다.

㉤ 바이오 피드백

마음속에 특정한 상황을 떠올리거나 생각을 조작함으로써 자율신경계의 반응을 일으키는 조건을 알아내어 그 조건으로 자율신경계의 기능을 의식적으로 통제하는 기법이다.

③ 각성의 촉진 전략

㉠ 심호흡

㉡ 심상 이용

㉢ 활력 돋우는 언어적 단서(= 키워드 사용)

㉣ 에너지 전이(= 감정판단)

㉤ 스트레칭과 운동

㉥ 경기 전 모의연습

㉦ 목표의 설정

각성 촉진기법

컨디션이 저하됐을 때나 지나치게 목표의식이 낮아 각성을 높여야 하는 상황도 있다. 나른한 날씨, 쉬운 상대와의 시합, 의욕 저하로 인해 각성이 지나치게 낮다면 다음과 같은 방법 중에서 효과적인 것을 찾아 적용한다.

- 호흡수 증가: 짧고 깊은 호흡을 통해 신경계를 활성화시킨다.
- 활력적 심상활용: 긍정적인 느낌과 에너지를 주는 이미지 단서를 만든다.
- 활력적 단어: 폭발, 공격적, 빠르게 같은 단서어로 에너지를 공급한다.
- 에너지전환: 분노, 좌절 등 수행 방해 감정을 긍정적으로 전환한다.
- 준비운동: 스트레칭, 준비운동을 충분히 해서 활력을 높인다.
- 환경 활용법: 관중이 만드는 에너지를 수행에 도움이 되도록 사용한다.
- 페이스 개선: 에너지 낭비를 줄이도록 신체활동의 속도, 강도를 조절한다.
- 음악 듣기: 각성을 높이는 음악을 선택해서 듣는다.

불안의 조절

- 자신이 조절할 수 있는 것에 주의를 집중한다.
- 마음속으로 연습한다.
- 최악의 시나리오를 생각해본다.
- 활동성을 유지한다.
- 인지적 전략을 활용한다.

Smith의 인지적-감정적 스트레스 관리 훈련(SMT : Stress Management Training)

Smith의 인지적-감정적 스트레스 관리 훈련은 인지적 기법과 신체적 이완을 사용하는 통합적 대처 반응을 훈련시키는 매우 포괄적인 스트레스 관리 기법으로, 일반적으로 다음 단계로 진행된다.

처치전 평가	개인에 맞는 프로그램이 설계될 수 있도록 스트레스 유발 상황, 개인 반응, 스트레스의 영향을 파악한다.
처치근거 설명	훈련 프로그램은 심리치료가 아니라 교육적 목적이며, 자기주도적으로 노력하는 것이 중요함을 강조한다.
기술습득	이완과 인지적 기법을 모두 습득하여 통합적 대처반응을 개발하는 것이다. 근육이완훈련, 비합리적 생각에 대한 인지재구성을 습득한다.
기술리허설	의도적으로 스트레스를 유발시켜 습득한 대처기술을 활용하여 각성을 낮추는 연습을 한다. 이 과정은 체계적 둔감화와 유사하다.
훈련 후 평가	여러 측정 도구를 사용해서 훈련 프로그램의 효과를 평가한다.

참고 스포츠 전념과 스포츠 재미

1. 스포츠 전념

(1) 유소년 스포츠에 대한 관심이 컸던 미국에서 스포츠심리학자 Scanlan과 연구진은 참가동기를 연구하면서 스포츠 전념(sport commitment)이라는 개념을 제안한다.

(2) 스포츠 전념은 스포츠에 지속적으로 참가하려는 욕구와 결심을 반영하는 개인의 동기적 힘으로 정의된다.

(3) 스포츠 전념은 특정 스포츠를 선택하고, 노력하고, 지속하는 행동에 영향을 주는 역동적인 심리적 상태를 의미한다.

(4) 스포츠 전념의 최근 모델은 다음 6요인이 전념 수준을 결정하는 것으로 본다. '다른 중요한 활동'은 스포츠 전념과 부정적 관계를 보이며, 나머지 5개 요인은 대체로 긍정적 관계를 보인다.

① 스포츠 재미: 기분 좋음, 즐거움, 활동 자체를 즐기는 것과 같이 스포츠를 하면서 느끼는 긍정적 느낌으로 정의한다.

② 가치 있는 기회: 스포츠를 지속해서 참여해야만 얻을 수 있고 스포츠를 안했더라면 얻지 못했을 중요한 기회를 의미한다.

③ 다른 중요한 활동: 생활에서 책임을 져야 하는 다른 일의 매력이나 중요도를 의미하는 것으로 스포츠 참가를 어렵게 만드는 요인이다. 십대라면 아르바이트로 돈을 버는 것이 스포츠보다 더 중요할 수 있다. 성인의 경우 가정과 직장업무가 다른 중요 활동이 되어 스포츠를 지속하는 것을 방해할 수 있다.

④ 개인적 투자: 스포츠에 투자한 개인적 자원을 의미하며 참가가 종료되면 돌려받을 수 없는 것을 말한다. 스포츠에 투자한 시간, 노력, 돈 등은 참가하지 않으면 돌려받을 수 없게 된다.

⑤ 사회적 제약: 스포츠에 지속적으로 참여해야 한다는 기대를 부모, 동료, 지도자, 팬, 스폰서 등으로부터 느껴 의무감을 갖는 것을 말한다.

⑥ 사회적 지지: 지도자, 부모, 동료 등으로부터 받는 지지와 격려이다.

(5) 스포츠 이외에 다른 활동을 더 중요하게 생각하거나 매력을 느끼고 있다면 스포츠에 전념할 가능성이 낮아진다.

(6) 해당 스포츠가 자신의 삶이라고 생각하고 다른 활동에는 관심이 없어야 전념 수준이 강해진다.

(7) 스포츠에 대한 재미, 개인적 투자, 가치 있는 기회, 사회적 제약, 사회적 지지에 대해서 높게 생각할수록 전념 수준이 높다. 전념 수준이 높은 선수일수록 강한 훈련을 당연하게 받아들이고 지속적으로 노력하게 된다.

스포츠 전념의 구성 요인

요인	설명	스포츠 전념과의 관계
스포츠 재미	재미, 즐거움, 좋아하는 것 등과 같이 스포츠 체험에 대한 긍정적인 느낌 예 훈련 재미, 시합 재미	긍정적
가치 있는 기회	스포츠 참여를 통해서만 얻을 수 있는 가치 있는 기회에 대한 인식 예 운동 친구, 훈련으로 기술 향상	긍정적
다른 중요한 활동	스포츠 참가를 어렵게 만드는 것으로 삶에서 책임져야 하는 중요한 다른 일들 예 게임, 공부, 드라마 시청	부정적 관계없음(어린 선수)
개인적 투자	스포츠에 투자한 자원으로 스포츠를 중단하면 돌려받을 수 없는 것 예 시간, 노력, 비용	긍정적
사회적 제약	스포츠를 지속해야 한다는 주변 사람의 기대로 인해 생겨나는 의무감 예 팬과 스폰서의 기대	긍정적(엘리트 등) 관계없음 / 부정적(유소년)
사회적 지지	주변으로부터 참가자가 받는 격려와 칭찬 예 부모의 격려, 지도자의 응원	긍정적

(8) 스포츠 전념 모델은 여러 연구에서 지지를 얻게 되는데 특히 스포츠 재미, 개인적 투자, 가치 있는 기회가 전념을 가장 잘 예측하는 것으로 밝혀졌다(Weiss & Amorose), 즉, 스포츠에 전념하는 선수는 해당 종목에서 재미를 느끼며, 상당한 수준으로 투자를 했고, 스포츠 참가에서 가치 있는 기회를 체험하는 것으로 볼 수 있다.

(9) 스포츠 전념 모델에 포함된 요인 중에서 '다른 중요한 활동'과 스포츠 전념 사이의 연관성은 연령에 따라 다르게 나타나 주목할 필요가 있다. 다른 중요한 활동은 고교 선수나 성인 선수의 경우 스포츠 전념과 부정적인 관계를 보인다. 하지만 어린 선수는 다른 중요한 활동이 전념에 부정적 영향을 미치지 않는다고 보고한다. 고교 선수나 성인 선수는 자신이 책임져야 하는 일이 많아 스포츠 참가가 방해를 받지만, 어린 선수는 그렇지 않기 때문에 그런 차이가 난다고 해석되고 있다(Scanlan 등).

(10) 사회적 제약 요인과 스포츠 전념의 관계에서도 일부 불일치한 결과가 나왔다. 사회적 제약과 스포츠 전념 사이에는 기본적으로 긍정적 관계가 있다고 예측된다. 하지만 둘 사이에 관계가 없거나 낮은 부정적 관계가 있다는 연구도 있다.

(11) 스포츠 전념 모델의 틀에서 스포츠를 '자발적'으로 하는지, 아니면 '의무적'으로 하는지를 연구한 결과도 흥미롭다. 자발적 참여는 자발적 전념으로, 의무적 참여는 의무적 전념으로 표현되기도 한다.

① 의무적 전념을 '함정'(entrapment)이라는 용어로 표현한 학자도 있다. 의무적으로 수영을 한다고 느끼는 선수일수록 가치 있는 기회를 더 중시하고, 다른 중요한 활동에 대한 유혹을 더 많이 느끼며, 사회적 제약을 더 많이 인식했다(Young & Medic). 사회적 제약의 원천이 누구인가(배우자, 지도자, 부모 등)도 의무적 전념과 관련이 있었다.

② 자발적 전념 수준이 높은 선수는 낮은 선수에 비해 스포츠 재미와 개인적 투자 정도가 더 높았다. 또 자발적 전념이 높은 선수는 스포츠 참가를 방해할 수 있는 다른 중요한 활동을 거의 인식하지 않았다. 이러한 결과는 스포츠 전념 모델에서 예상하는 것과 일치한다.

2. 스포츠 재미

(1) 스포츠 재미는 스포츠 전념을 구성하는 6요인 중의 하나이다. 스포츠 전념 모델이 발표 되기 전 Scanlan과 동료 연구진은 스포츠 재미의 요인을 연구했다.

(2) 스포츠 참가자는 여러 요인에서 재미를 느끼는 것으로 밝혀졌다. 주요 요인으로는 유능성 관련 요인(예 숙달, 승리), 사회적 요인(예 친구, 부모, 코치, 성취에 대한 인정)이 드러났다.

(3) 스포츠 재미는 내적 및 외적 요인 모두에서 가져온다는 특징이 있다. 내적인 원천은 스포츠 참여 그 자체가 주는 재미 요인(예 성취, 향상, 감각적 즐거움)을 말하며, 외적인 원천은 스포츠 밖에서 얻는 재미 요인(예 진학, 소속감)을 들 수 있다.

(4) 스포츠 재미는 성취 관련 결과(예 목표 달성)뿐만 아니라 성취 비관련 결과(예 소속감)에 의해 영향을 받는 특징도 갖고 있다.

(5) 스포츠 재미는 스포츠를 지속하게 하는 요인이라는 점에서 중요하다. 스포츠 재미가 높을수록 스포츠 전념 수준도 높아지고, 그 결과로 스포츠에 대한 동기도 좋아진다. 스포츠 재미는 동기적 영향력이 매우 강하다. 재미가 있어야 지속적으로 참여하는 힘이 생긴다.

(6) Weiss & Amorose의 스포츠 재미의 원천과 스포츠 재미에 따른 결과는 우선 숙달과 성취, 사회적 소속, 동작 자체의 감각 체험이 스포츠 재미에 영향을 주며, 이어서 스포츠 재미는 스포츠 전념에 영향을 주고 전념은 스포츠 행동에 영향을 미친다는 모델이다.

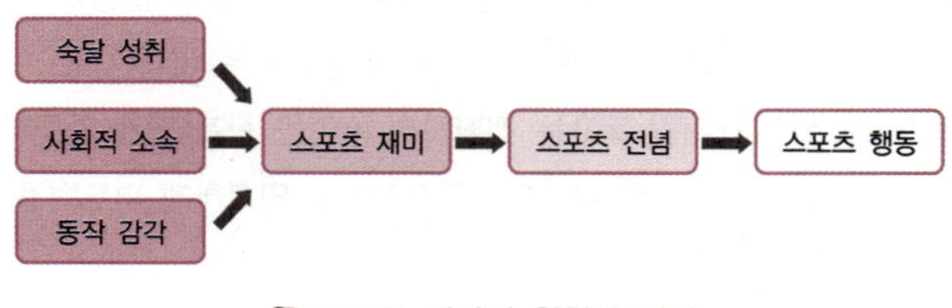

스포츠 재미의 원천과 결과

참고 몰입

(1) 몰입(Flow)은 칙센트미하이(Csikszentmihalyi)가 1975년 논문을 통해 처음으로 제안한 개념으로, 원래 '자기목적적 경험'(Autotelic Experience)이라고 했던 것을 Csikszentmihalyi 등이 몰입이라는 용어로 정립한 것이다.

(2) 신체활동에 참여하는 대부분의 참여자들은 활동의 종류와 수준에 관계없이 몰입을 경험할 수 있다. 운동선수들은 대부분 자신이 가졌던 과거 최고 경험을 회상할 수 있으며, 그러한 몰입이 부드럽게 진행되었다고 진술했다.

(3) 현재 몰입은 긍정심리학, 혹은 행복심리학의 중요한 한 축을 담당하고 있다. 몰입에 대한 대표적인 연구자는 칙센트미하이(Csikszentmihalyi)이다.

(4) Csikszentmihalyi는 최상의 수행을 할 때 경험하는 심리적 상태에 대하여 광범위한 연구를 하였다. 기존의 스포츠심리학 분야에서는 최상의 수행 상태에서 개인이 주관적으로 경험하는 심리 상태를 몰입(flow experience), 절정의 체험(peak experience), 무아경(rapture), 황홀경(ecstasy) 등으로 표현하고 이러한 체험을 구성하는 공통적인 요소를 확인하려고 노력하였다.

(5) Csikszentmihalyi에 의하면 몰입은 지각된 도전과 기술의 수준이 평균 이상일 때 경험하고, 평균 이하일 때는 무관심을 경험한다. 경험의 강도는 아래 그림에서 보는 바와 같이 도전과 기술의 수준이 평균에서 멀어질수록 증가한다.

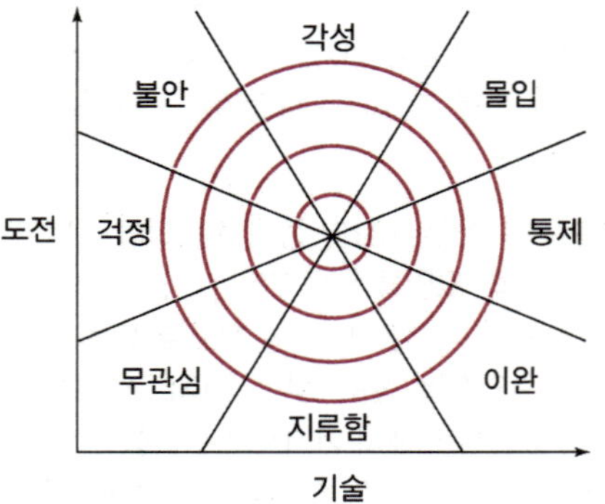

몰입모형(Csikszentmihalyi)

(6) Csikszentmihalyi의 모형을 기반으로 Jackson은 운동선수의 몰입에 관한 특성과 영향 요인을 규명하기 위하여 일반적인 설문지 조사와 함께 심층면담법을 사용하였다.

(7) Jackson과 Marsh는 몰입 상태 척도(FSS)를 개발하기 위해 양적, 질적 연구를 진행했다. 36문항의 FSS는 Csikszentmihalyi에 의해 규명된 9개 차원으로 구성되어 있고, Jackson과 Marsh는 타당하고 신뢰성 있는 심리 측정 도구로써의 증거를 제시했다.

(8) 다음은 Csikszentmihalyi의 연구와 Jackson의 연구에서 제시된 몰입의 9개 차원이다.

① 도전-기술균형: 인간은 어려운 도전 과제와 높은 기술 수준 사이의 균형을 지각한다.

② 행동-인식 일치: 너무 몰두해 있어서 행동이 동시에 자동적으로 일어난다.

③ 명확한 목표: 명확하게 정의 내려진 목표는 정확하게 무엇을 할지 알게 해준다.

④ 구체적 피드백: 인간은 수행 중의 활동에 대한 즉각적이고 명확하게 피드백을 받는다.

⑤ 과제집중: 과제에 대한 완전한 집중이 생긴다.

⑥ 통제감: 외부의 압력이나 강제에 의한 상황이 아닌 자발적인 상황이므로 인간은 통제하려는 노력 없이도 운동 통제감을 경험한다.

⑦ 자의식 상실: 자기 자신의 존재를 인식하지 못할 만큼 활동과 자신이 하나가 되는 것을 말한다.

⑧ 변형된 시간 감각: 시간이 평소보다 빠르게 혹은 느리게 지각된다.

⑨ 자기목적적 경험: 자기 목적적 경험은 행동 그 자체가 보상이 되는 경험을 의미하는 것으로, 내적 동기의 특징을 갖는다.

(9) 몰입 경험의 단계

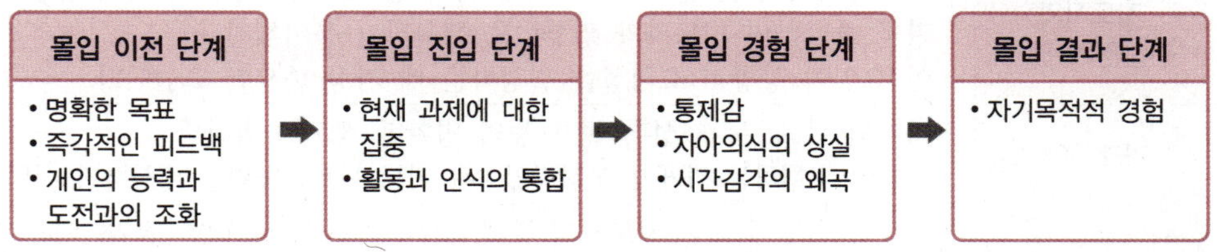

4 리더십

1. 리더십 이론

(1) 특성적 접근(위인이론)

특성적 접근 이론은 개인의 속성을 강조한다. 위대한 리더는 이상적인 리더가 되는 데 필요한 타고난 인성 특성을 가진다. 리더는 성공적인 리더에게 필요한 타고난 인성이나 특성을 갖고 있어서 어떠한 상황에도 훌륭한 리더가 될 수 있다.

(2) 행동적 접근

행동적 접근은 '훌륭한 리더는 타고나는 것이 아니라 만들어지는 것이다'라는 전제에 입각하여 리더의 성격 특성보다는 실제 행동에 관심을 두는 접근법이다. 성공적인 리더는 집단을 효율적으로 이끄는 어떤 보편적인 행동 특성을 가지고 있어서, 이러한 행동 특성을 찾아내어 가르치면 누구나 훌륭한 리더가 될 수 있다고 믿는다. 리더십을 생득적인 특성이나 유전적인 소질이 아니라 학습할 수 있는 하나의 성취라고 보는 것이다.

(3) 상황적 접근

상황적 접근에 의하면 리더십을 결정짓는 것은 리더의 특성이나 행동뿐만 아니라 추종자의 태도와 능력, 그리고 리더십이 발휘되는 조직내외의 상황들이다. 상황적 접근은 리더의 권위와 재량, 과제의 본질과 추종자의 능력과 동기, 리더에 대한 환경의 요구와 같은 상황적 요구의 중요성을 강조한다.

① 유관성 모형(= 상황 부합이론)

㉠ 리더십의 효율성은 지도자의 인적 특성과 집단의 상황적 조건에 의존한다.

㉡ 지도자의 인적 특성은 지도자의 추종자들을 동기화시키는 방법을 의미한다. 지도자가 추종자를 동기화시키는 방법에는 '인간관계 중심 방법'과 '과제 중심 방법'이 있다.

과제 지향 리더	업무를 분담하는 것과 같이 과제를 잘 수행하는 데 주로 관심을 가지며, 지도자의 영향력이 대단히 크거나 작은 극단적인 상황에서 가장 효과적이다.
관계 지향 리더	분위기를 좋게 만드는 것처럼 대인 관계에 관심을 가지며, 지도자의 권력과 영향력이 중간 정도인 상황에서 가장 효과적이다.

지도자와 구성원의 관계	• 지도자와 구성원 간의 개인적 인간관계 정도를 말하는 것으로, 구성원이 지도자를 좋아하면 지도자가 영향력을 행사하기 용이해진다. • 이 요인이 상황적 호의성을 결정하는 데 가장 중요한 요인이다.
과제 구조	• 과제의 목표, 목표 성취 절차 등의 명확한 정도를 말한다. • 집단이 수행하는 과제가 조직적일수록 지도자가 영향력을 행사하기 쉬워진다.
지도자의 직위 권력	• 보상과 처벌에 대한 지도자의 통제, 집단 구성원들에 대한 권위 정도, 조직이 부여하는 지지도에 따라 결정된다. • 지도자의 지위가 크면 클수록 상황은 점점 더 유리해진다는 것으로, 세 가지 요인 중 가장 중요성이 적은 요인이다.

㉢ 과제 지향적 지도자는 상황적 호의성이 가장 좋거나 가장 나쁠 때 최상의 리더십을 발휘하고, 인간관계 지향적 지도자는 중간 정도의 호의성 상황에서 지도력이 가장 효율적임을 알 수 있다.

㉣ 집단-과제 상황은 호의성의 정도에 따라 달라지고 지도자들은 과제 인간 지향성 연속체를 따라 다양할 것이며, 적정한 호의성 상황과 일치하는 리더십 유형을 갖는 지도자가 가장 효율적인 지도자가 될 수 있다. 이때 지도자와 구성원과의 관계, 과제의 구조, 지도자의 직위권력이 중시된다.

ⓐ 지도자와 구성원과의 관계: 집단성원이 지도자를 수용하는 정도

ⓑ 과제의 구조: 과제의 명료성

ⓒ 직위권력: 지도자가 성원들에게 행사하는 힘(지도자의 보상, 처벌, 봉급, 고용, 평가 및 과제 분배에 대한 통제력)

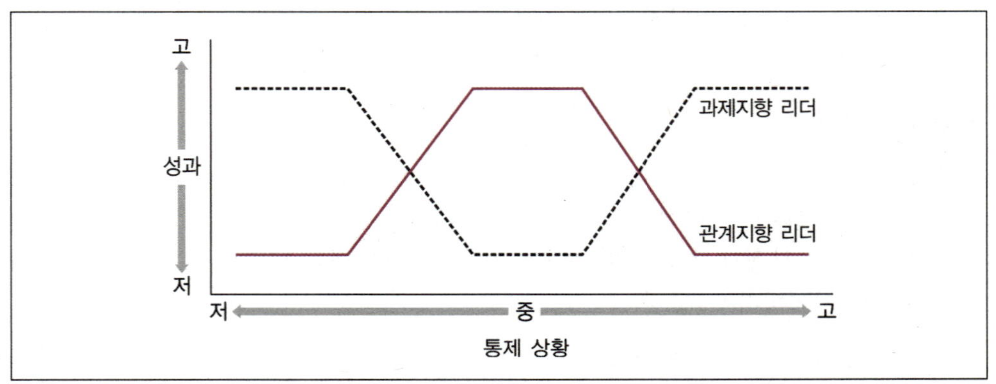

상황 부합에 따른 과제 지향 리더와 관계 지향 리더의 영향력(Fiedler)

ⓜ 피들러의 상황적합이론을 살펴보면, 1번 상황은 리더와 구성원 간의 관계가 좋고 과업 구조가 구조적이며, 지위권력이 강하기 때문에 가장 호의적인 리더가 될 수 있다. 반면, 8번 상황에서는 리더와 구성원 간의 관계가 나쁘고, 과업구조는 비구조적이며 리더의 지위권력이 약하기 때문에 가장 비호의적인 리더가 될 수 있다.

상황적합이론(Fiedler)

호의성	호의적			중간			비호의적	
리더와 구성원 관계	좋음				나쁨			
과업 구조	구조적		비구조적		구조적		비구조적	
지위 권력	강함	약함	강함	약함	강함	약함	강함	약함
상황	1	2	3	4	5	6	7	8

ⓑ LPC점수(최저선호동료척도점수)와 유관모형의 관계

ⓐ **LPC점수가 낮은 지도자**: 매우 호의적이거나 비호의적인 상황에서 가장 효과적 → 과제지향리더

ⓑ **LPC점수가 높은 지도자**: 중간 정도의 호의적 상황에서 가장 효과적 → 관계지향리더

② 상황적 리더십 이론(Hersey 등)

㉠ 리더십은 지도자의 과제 행동과 인간관계 행동, 그리고 종속자의 성숙 수준에 의해 결정된다.

㉡ 리더십의 효율성은 성원의 성숙 수준과 리더 행동의 조화에 달려있다. 성원들의 성숙 수준은 직무 성숙과 심리적 성숙의 두 가지 요소를 포함한다.

ⓐ **직무 성숙**: 목표를 세우고 실현할 수 있는 능력, 자발성과 책임을 질 수 있는 능력, 교육수준과 경험

ⓑ **심리적 성숙**: 성원의 자신감과 자존심

㉢ 성원의 성숙도가 최저 수준에서 적정 수준까지 증가함에 따라 리더는 관계행동을 증가시키고 과업행동은 감소시켜 나가야 한다.

㉣ 성원의 성숙도가 적정수준을 넘어 더 증가하면 리더는 과업행동을 감소시키면서 동시에 관계행동도 감소시켜나가야 한다.

③ 경로-목표 이론

㉠ 지도자의 가장 중요한 기능은 성원과 과업의 특성을 고려하여 성원들에게 일을 수행해 나갈 수 있도록 동기를 유발하고 가치 있는 보상을 제시함으로써 만족스러운 심리 상태를 만드는 일이다.

㉡ 리더가 이러한 기능을 달성하기 위하여 취할 수 있는 행동유형은 지시형 리더십, 지원적 리더십, 참여적 리더십, 성취 지향적 리더십이다.

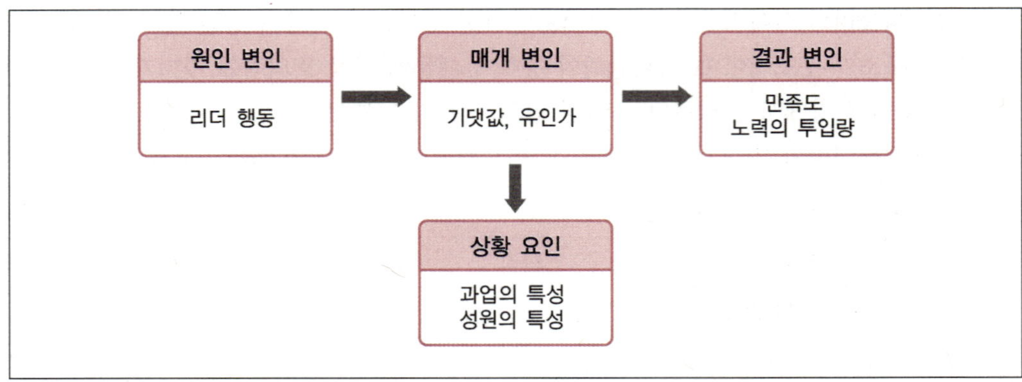

경로-목표 이론에 포함된 변인들 간의 인과 관계

④ 스포츠 리더십 다차원 이론

㉠ 리더의 효율성은 특정 상황에서 코치에게 요구되는 규정된 행동, 코치가 실제로 행하는 행동, 선수들이 좋아하는 행동의 일치 여부에 달려 있다.

㉡ 세 가지 리더 행동이 모두 일치할 때 리더십의 효율성은 극대화된다. 그러나 상반될 때는 원하는 결과를 얻을 수 없다.

㉢ 세 가지 리더 행동은 각각 처한 상황과 코치의 특성, 그리고 선수들의 특성이라는 선행 조건에 달려 있다.

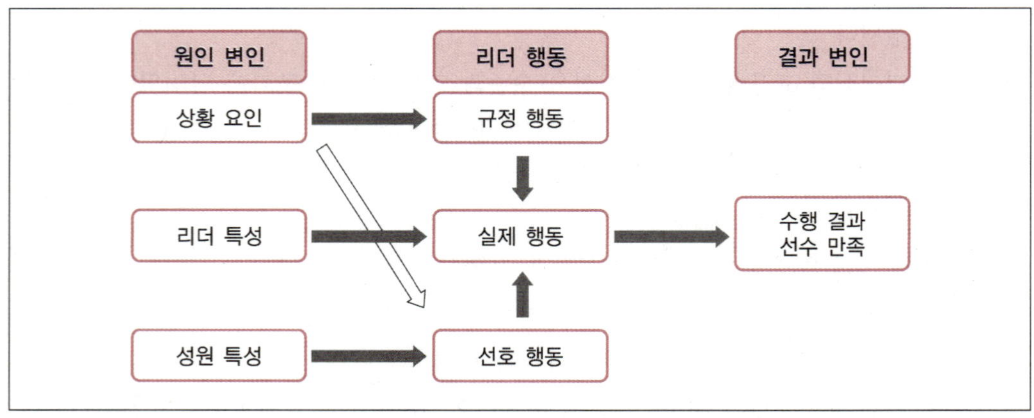

다차원 리더십 모형(Chelladurai)

지도자 행동의 일치 여부에 따른 결과

리더의 행동			결과
규정된 행동	실제 행동	선호하는 행동	
+	+	+	이상적(성과 및 만족)
−	−	−	자유 방임(성과 및 만족: 불확실)
+	−	+	리더 추방
−	+	+	만족(성과 불확실)

2. 상황 행동론

(1) McGregor의 X-Y이론

① McGregor는 지도자는 그들의 부하에 대하여 X이론 또는 Y이론 가정을 가지고 있다고 제시했다.

X이론	Y이론
• 평범한 사람들은 선천적으로 일을 싫어하고 자신이 할 수 있는 일이라도 회피하려고 한다. • 많은 사람들은 강요당하고, 통제당하고, 지도를 받고, 처벌로서 위협받아야 조직의 목표달성을 위하여 충분한 노력을 기울인다. • 평범한 사람들은 지시받는 것을 더 좋아하고 책임회피를 원하며 상대적으로 야망이 적은 반면에 무엇보다도 안전하기를 바란다. • 많은 사람들은 조직의 문제를 해결할 만한 창조성이 없다.	• 일을 할 때 육체적이며 정신적인 노력을 기울이는 것은 놀이나 휴식처럼 자연스러운 것이다. • 외적 통제와 처벌의 위협은 조직의 목표를 달성하게 하는 유일한 수단이 아니다. 사람들은 적절하게 동기유발만 되면 매사에 자율적이며 창조적이다. 인간은 자신에게 부여된 목표 영역 내에서 자아지도와 자기통제를 경험하게 될 것이다. • 목표달성은 성취감과 더불어 보상의 기능(예 자아에 대한 만족, 욕구의 자아실현 등)을 한다. • 인간은 적당한 조건하에서 수용하는 것뿐 아니라 책임감을 느끼는 것도 배운다. • 조직의 과제해결을 위한 고도의 상상력, 현명함, 창조성 등이 대중들에 있다.

② X유형의 지도자는 부하 직원들이 게으르고 빈둥빈둥 놀며, 책임을 회피하고 외재적으로 동기화되며, 자아 통제를 할 수 없고 최소의 노력으로 많은 것을 얻으려고 한다고 생각한다.

③ Y유형의 지도자는 부하 직원들이 내재적으로 동기화 되어 있고 자아 통제를 할 수 있으며, 책임감을 가지고 완벽한 인생의 승리자이며, 사심 없이 조직에 헌신하여 조직을 돌아가게 하는 발전기와 같다고 생각한다.

④ X유형의 관리자는 세상을 보는 견해가 제한되어 있기 때문에 리더십 유형이 권위적이고, Y유형의 관리자는 온정적, 상담적, 참여적 유형의 관리자가 많을 수 있다.

⑤ X이론과 전제적 리더십, 생산성 지향적, 과업 지향적, 지시적이라는 용어는 같은 차원이고, Y이론과 민주적 리더십, 종업원 지향적, 배려성, 인간관계 지향적, 지지적의 용어를 같은 차원으로 볼 수 있다.

(2) 상황이론(생활주기론)

① 상황이론은 구성원의 성숙도에 따라 리더십이 결정된다는 이론으로서 두 가지 형태의 리더십, 즉 인간관계 행동과 과제 행동을 강조한다.

② 구성원의 성숙도란 높지만 달성 가능한 목표를 설정할 수 있는 역량이며(성취동기), 책임, 교육(경험)을 받을 수 있는 의지와 능력으로 정의된다. 따라서 개인의 성격과 능력이 성숙 수준을 결정하는 데 상호작용한다.

③ 지도자 유형(부모)은 개별 구성원(자식)의 성숙도와 곡선적인 관계로 변화한다. 개인이 미성숙했을 때 지도자의 유형은 높은 과제 행동과 낮은 인간관계 행동으로 나타나며, 성숙함에 따라 지도자는 높은 과제 행동과 높은 인간관계 행동을 보이고 있다. 마지막으로 완전히 성숙하면 지도자의 인간관계 행동과 과제 행동이 모두 최소로 감소하고 있다.

④ 운동 능력 성숙도는 초・중등학교 시절에는 과제 행동이 높고 인간관계 행동이 낮은 형태(Q1), 중・고등학교 시절에는 과제 행동이 높고 인간관계 행동도 높은 형태(Q2), 대학 수준에서는 인간관계가 높고 과제 행동이 낮은 코치(Q3), 또 완숙한 프로 선수들인 경우는 인간관계나 과제 행동이 모두 감소된 형태의 코치(Q4)가 적정하다.

㉠ '지시형'은 높은 과업행동과 낮은 인간관계를 나타내며, 이러한 유형의 리더는 과정을 완성할 수 있도록 명확한 지시를 내린다(Q1).

㉡ '설득형'은 과업과 인간관계 양쪽에서 모두 높게 나타난다. 리더는 자신의 의사를 설명하고 전달하며, 구성원들은 과업에 대해 질문하며 명확한 답변을 얻을 수 있는 기회를 가진다(Q2).

㉢ '참여형'은 낮은 과업행동과 높은 인간관계를 보인다. 리더는 구성원들과 아이디어를 나누고, 격려하며 의사결정을 용이하게 한다(Q3).

㉣ '위임형'은 과업과 인간관계에서 모두 낮은 결과를 보인다. 이러한 리더는 결정에 대한 책임감과 성취가 구성원들에게 돌아가기 때문에 지시나 지지를 해주는 경우가 거의 없다(Q4).

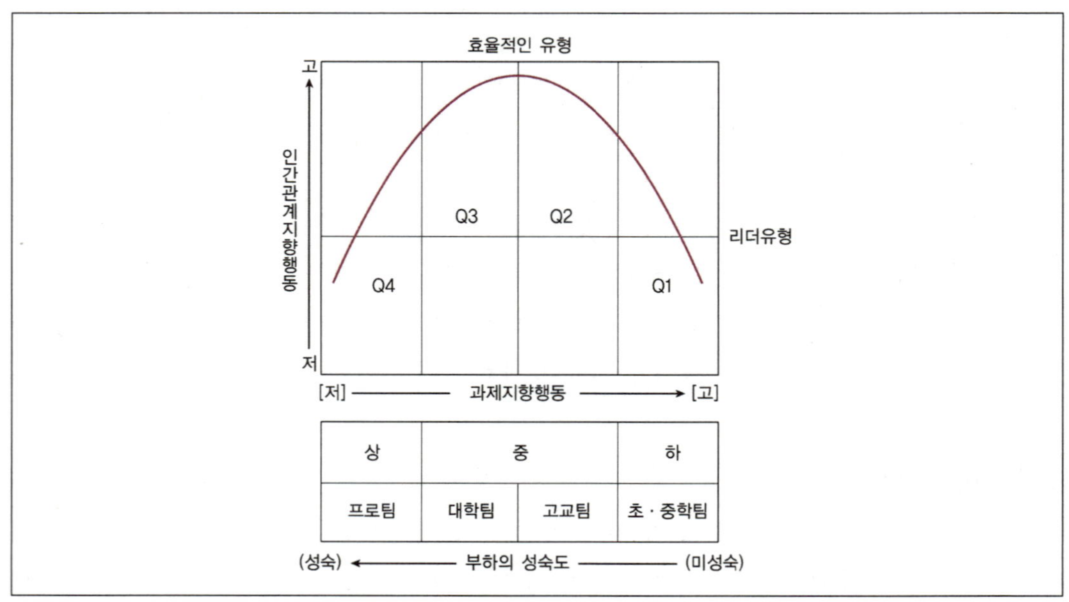

선수의 운동수행을 결정하는 요인(Hersey & Blanchard)

(3) 경로-목표 이론

① 이 이론은 Fiedler의 연구와 대조를 이루는 것으로, Fiedler의 이론이 지도자의 동기 지향성과 상황 호의성에 초점을 두는 데 반해, 종속자의 요구, 목표와 그들의 상황에 중점을 둔다.

② 이 이론의 기본 가정은 종속자(개별 구성원)는 조직이 부여하는 보상과 조직이 가지고 있는 환경과 직선적인 지향성을 갖는다는 것이다.

③ 종속자가 직접 보상(목표)을 지향하기 때문에 지도자의 기능은 코칭, 안내, 후원, 보상 등을 제공하는 목표 달성의 길잡이, 촉진자 역할을 하는 것이며, 이것이 수행을 효과적으로 증진, 성취시켜 개인적 만족감을 증대시키는 데 기여한다는 관점이다.

④ 리더십에 대한 경로-목표 이론의 관점은 동기의 기대 이론에 기초하고 있다고 볼 수 있다.

⑤ 경로-목표 이론의 두 번째 전제는 이 동기적 기능을 효과적으로 달성하도록 유도하는 최적의 지도자 행동은 지도자가 운영하는 상황의 산물로 이루어진다는 것이다.

⑥ House는 최적의 지도자 행동에 영향을 미치는 상황적 변수를 두 종류로 제안하였다.

㉠ 종속자의 특성

㉡ 종속자가 자신의 과제를 성공적으로 수행하여 욕구를 만족시키기 위해서 극복해야 할 환경적 요구와 압력

⑦ 마지막 전제 조건은 운동선수와 직접 관련이 있는 것으로 과제가 변화하는 상황에서 지도자가 상호 의존적이며 명확하고 대인 지향적인 행동을 하는 것은 집단 구성원들 사이의 응집력, 팀 노력, 사회적 지지, 친선 등을 증가하도록 한다는 것이다.

(4) 규범적 의사결정 모형

① 이 접근법은 지도자가 종속자를 의사결정 과정에 어느 정도 참여시키는가 하는 지도자의 행동 측면에서만 관심을 갖는 것이 특징이다.

② 이 모형의 기본 가정은 가장 적절한 의사결정 방법은 상황의 특성에 의거하여 변화한다는 것이다.

③ Vroom과 Yetton은 의사결정 방법을 i) 지도자가 독단적으로 결정하는 권위주의적 방법, ii) 지도자가 결정은 내리지만 후에 집단적 협의를 통해 결정을 내리고 그 다음 지도자가 이 집단 결정을 실행하는 방법으로 대별하였으며, 의사결정 유형을 알아보기 위해 8개의 문제 일람표를 제작하였다.

④ 이 이론에 의하면 지도자는 구성원을 의사결정 과정에 참여시키는 정도에 따라 의사 결정 방법을 개별적 또는 집단적 상황에 맞추어서 5가지로 유형화하였다.

권위 1형(autocratic 1)	리더가 자기의 정보 자료를 활용하여 단독적으로 의사결정을 한다.
권위 2형(autocratic 2)	리더가 자기가 필요로 하는 정보 자료를 구성원으로부터 요청하여 단독으로 의사결정을 한다.

상담 1형(consultative 1)	문제를 구성원들과 개별적으로 논의한 후 리더가 단독으로 의사결정을 한다.
상담 2형(consultative 2)	문제를 구성원들과 공동으로 논의한 후 리더가 단독으로 의사결정을 한다.
집단 2형(group 2)	문제를 구성원들과 공동으로 논의하여 집단 전체의 합의를 얻고, 리더는 합의된 의사결정을 그대로 집행할 용의를 갖고 있다.

⑤ Vroom은 의사결정의 효율성은 3가지 차원, 즉 의사결정의 질적인 면, 구성원에 의한 의사결정의 수용, 의사결정을 하는 데 요구되어지는 시간에 따라 결정된다고 하였다. 이는 지도자 행동은 문제의 특성에 따라 달라진다는 것을 의미한다.

⑥ 다섯 개의 의사결정 유형의 질을 유지하기 위해서는 7가지 원칙에 유의해야 한다.

㉠ 지도자의 정보의 원칙

㉡ 목표 조화성 원칙

㉢ 비구조화된 문제 원칙

㉣ 수용 원칙

㉤ 갈등의 원칙

㉥ 공정성 원칙

㉦ 수용 우선 순위의 원칙

⑦ 의사결정 모형을 운동 경기 상황에 적용한 것을 코칭 규범적 의사결정 모형이라고 하는데 Chelladurai는 운동 경기 맥락에서 의사결정 유형을 세 가지로 분류하고, 운동 경기 상황에 적절하다고 판단되는 7가지 요인의 문제를 제작하였다.

㉠ 의사 결정의 3가지 유형

권위적 형태	코치가 독단적으로 결정
참여 형태	집단의 의사결정에 코치가 하나의 구성원으로 참여
위임 형태	코치가 집단의 특정한 구성원이나 다수에게 의사결정을 하도록 위임하는 형태

㉡ 7가지 요인

시간 압박	팀 구성원들과 협의할 수 있는 활용 시간의 제약 정도를 의미한다.
의사결정의 질	결과와 가장 중요하게 접착된 것으로 어떤 문제는 최적의 대안(국가 대표 선발)이 선정되어야 하는 반면에 어떤 문제들은 가용한 대안 중 어떤 것을 택하더라도(유니폼 유형) 무방하다.
코치의 관련 정보	코치가 경기 전략, 선수 선정 등의 결정을 하는 데 가장 적절한 정보원을 끌어내야 하므로 코치가 가지고 있는 정보 또는 지식은 어떤 의사결정 유형이 선택될 것인가에 영향을 미친다. 따라서 코치는 경기 전략과 선수 선정 등의 문제에서 가장 적절한 정보원에 의존해야 한다.
문제의 복잡성	어떤 문제들은(공격, 수비 전략을 짤 때) 여러 가지 요인들을 고려하고, 일련의 단계를 거치는 사고 과정을 필요로 한다. 이는 상황이 복잡해짐에 따라 좋은 결정을 할 수 있다.

승인 요구	의사결정을 효율적으로 실행하는 데 있어 집단 구성원이 지도자의 의사결정을 받아들여 지도자의 의견을 승인할 가능성을 의미한다.
코치의 힘	힘은 보상적, 강제적, 합법적, 준거적, 전문적 힘으로 나누어 볼 수 있는데 이는 종속자들의 결정을 인정하는 정도를 의미한다.
집단 통합성	팀 내에서의 구성원들 간의 인간관계의 질, 능력과 경험면에서의 동질성을 포괄하는 개념이다.

ⓒ 전체적으로 보면 코치의 정보 수준이 높으면 권위적 유형을, 결정 수용의 중요성이 높으면 보다 참여적 유형을, 그리고 의사결정의 질과 문제의 복잡성이 모두 높으면 독단적 유형을 선호하였다. 또 의사결정의 질이 높고 집단 통합성이 낮으면 참여적 유형의 선호가 극히 낮았다.

(5) 다차원 리더십 모형

① Chelladurai는 코치의 행동이 선수의 만족도와 성취도에 어떠한 영향력을 미치느냐는 문제를 규명하려는 시도로 스포츠 상황에 적합한 다차원 리더십 모형을 개발하였다.

② 이 모형에서는 선수의 만족도와 수행은 세 가지 유형의 지도자 행동, 즉 규정된 지도자 행동, 선수나 팀이 선호하는 지도자 행동, 실제 지도자 행동에 의하여 결정된다고 본다. 또한 이러한 세 가지 행동을 결정짓는 선행 조건을 상황의 특성, 지도자의 특성, 구성원의 특성으로 간주한다.

③ 스포츠 조직은 현존하는 집단 규범, 팀의 크기, 요구되는 조직 수준, 코치의 행동 통제와 같은 상황적 변수의 작용 정도에 따라 달라진다고 하였다.

㉠ 예를 들어, 조직의 목표가 명확하면 할수록 조직은 관료적이 되고 과제는 점점 조직적이 되며, 조직 규범이 상세할수록 코치 행동을 규정하는 정도가 커진다고 제안하고 있다.

㉡ 만약 코치의 행동이 이러한 상황적 매개 변수들의 결과로 대부분 규정되어 있다면(적응 행동) 이 처방만 따르면 되기 때문에 지도 과정이 매우 용이해진다.

ⓒ 반면 임의적(반응적) 행동이 많이 요구되는 곳에서는 선수들이 변하고 때때로 선호도가 갈등 현상을 보이기 때문에 환경이 매우 불리해지게 된다.

④ 상황적 요인들이 코치의 행동에 영향을 주기 때문에 코치 자신의 성격과 능력은 코치의 실제 행동을 결정하는 주요 요인이 된다. 결국 리더십이 다차원의 요소에 의해 이루어진다는 이 모형은 선수가 무엇을 선호하고 코치가 어떻게 반응하고 행동하는가 하는 것은 상호간의 기대뿐만 아니라 상황적 요구 또는 제약과 일치한다는 점을 강조하고 있다.

3. 상호작용 영향력 이론

(1) 사회적 교환 이론

① Hollander는 리더십은 상황적 변인과 종속자 특성 그리고 지도자 특성과의 조화를 서로 이룬다는 것을 의미한다고 주장했다.

② 지도자의 행동은 상황과 종속자 그리고 지도자의 구성을 포함하는 변인들로만 이해되어질 수 있다.

③ 종속자의 특성이나 기대와 지도자의 특성, 기대, 행동 사이에 서로 상호관계가 있고, 이러한 상호관계가 어떤 상황적 요인들과 함께 포함되는 것을 의미한다.

④ 이 이론은 지도자와 종속자 사이의 교환에 중점을 둔다. Hollander는 지도자가 구성원들에게 혜택을 제공하고 그들로부터 또한 혜택을 받는다고 인식했다.

⑵ 수직적 한쌍 연결 모형

① 이 이론은 리더와 종속자, 1대 1의 교환 관계를 그 기본으로 하고 있다. 지도자와 종속자는 한 쌍이라고 불리어지는 두 사람 집단을 형성하는데 서로 조직 계층이 다르기 때문에 수직적 한 쌍이라고 부른다.

② 지도자와 집단 사이의 관계보다는 지도자와 개인 종속자 사이의 관계를 강조했다.

③ 교환 관계에서 대체로 두 가지의 리더와 종속자 집단이 같은 단위 부서 내에 형성된다고 한다. 즉 내부 집단과 외부 집단으로 분류된다.

㉠ 내부 집단의 종속자는 지도자와 가깝게 지내고 의견도 서로 주고받으며, 지도자는 공식적인 권위에서 나오는 힘을 거의 사용하지 않고 구성원들을 다룬다.

㉡ 외부 집단은 종속자가 지도자와 멀리 지낸다. 그리하여 리더-종속자간의 교환 관계를 이루지 못하여 리더로부터 냉대를 받는다. 리더와 종속자간의 협상의 폭이 적어서 이들에게는 감독권, 즉 권력만을 활용하고 동기 부여를 행사하지 않는 관계가 이루어진다.

④ 스포츠 상황에서의 상호작용 영향력 이론은 대부분 코치와 선수와의 관계가 연구됐다. 코치와 선수 사이의 인간관계를 조사해야 하는데 대부분의 연구는 코치와 선수의 상호작용을 무시했다. 둘의 관계를 측정할 때 Schuts가 만든 기본적 인간관계 지향-행동 질문지를 사용했다.

㉠ Schuts에 의하면 인간관계 욕구는 3가지 중요한 차원인 감정, 통제, 포함 안에서 나타난다고 했다.

㉡ 사람들은 이러한 3가지 행동을 타인을 향해 표현하려는 행동과 타인으로부터 받으려는 욕구를 가지고 있다.

㉢ 만약 한 사람이 표현하는 행동이 무엇을 받기를 원하는 다른 사람의 행동과 일치한다면 조화성은 존재한다.

㉣ 인간관계가 좋지 않은 한 쌍과 인간관계가 좋은 한 쌍은 감정, 통제, 포함이 다르다는 가설에서 포함 행동이 코치와 선수와의 조화성에 가장 크게 영향을 미치는 요인으로 나타났다.

㉤ 포함 행동이란 타인과 친하려고 하는 욕구나 타인이 자기와 친하려고 하는 욕구를 말하는데, 포함 행동이 없으면, 즉 타인과 상호 관계가 없으면 통제나 감정 행동은 일어날 수가 없다고 주장했다.

4. 인지적 접근 이론

(1) 인지적 접근 이론은 이미 일어난 행동을 나중에 왜 그러한 행동 결과가 일어났는가를 생각함으로써 행동 원인을 설명하려는 귀인 이론에 근거한다.

(2) 지도자나 종속자의 행동은 복잡한 인지 과정을 거쳐 결정되기 때문에 인지적 사고는 행동을 이끈다고 볼 수 있다.

(3) 귀인 이론은 객관적인 사실로서보다는 상황에 대한 개인의 인지로서 리더십은 존재한다고 제시했다. 지도자는 종속자의 행동의 원인을 지도자의 귀인에 의해 판단한다. 귀인은 개인의 견해에 의해 그 대상이 행위자인가 관찰자인가, 행위가 성공인가 실패인가, 행위가 의도적인 것인가 우발적인가에 따라 영향을 받는다.

(4) 리더십의 귀인 이론에서는 지도자들이 기본적으로 정보의 처리자라는 전제에서 출발한다. 리더는 자신의 리더 행동의 인과적 설명에 대한 이론을 형성하게 되는데, 이 과정은 종속자의 행동이 리더 행동의 원인이 되고 이 리더의 인지 결과에 따라 리더의 행동이 나온다는 것이다.

(5) 인과적 귀인은 내재적 귀인(적은 노력, 적은 몰입, 능력 부족 등)과 외재적 귀인(불충분한 장비, 불공평한 작업 기간, 구성원의 질병 등)의 두 가지로 분류된다.

① 예를 들면, 실패의 원인이 구성원들의 영향력 밖에 있는 장비가 불충분하다던가, 과업의 양이 많다던가, 인원이 부족하다던가 하는 이유로 성과를 올리지 못했을 때, 즉 외부적인 요인에 과오가 있다면 리더의 행동은 상황을 개선하는 방향으로 나가게 될 것이다.

② 내부적인 요인으로 귀인이 되면 리더 행동의 초점은 구성원 지향적으로 일어날 것이다.

(6) 지도자나 종속자는 성공했을 때는 보통 내재적 귀인을 하고 실패했을 때는 외재적 귀인을 한다. 이런 특성을 자아 편견이라고 하는데, 자아 편견은 자아 중심주의적 성격에 기준을 두는 경향이 있는데 이는 성공했을 때에는 자기 탓으로 돌리고 실패했을 때는 책임을 회피하고 잘못을 남에게 전가시킴으로써 자존심을 보호한다는 것이다.

① 이러한 행동의 원인을 내적으로 지각하느냐 외적 요인으로 지각하느냐 하는 것은 앞으로의 행동에 영향을 미칠 뿐만 아니라 감정에 영향을 미친다고 보았다.

② 지도자의 일이 잘 되었을 때 그 원인이 자신의 능력이나 노력(내적)이라고 판단했다면, 그 성공이 환경적 요인(외적)에 기인되었다고 느낄 때보다 더 큰 자부심과 성취감을 느끼며 과제에 더 적극적으로 임한다.

(7) 지도자가 종속자의 수행이 나쁜 것의 원인을 능력 부족이라고 생각할 때보다 노력 부족이라고 생각할 때가 부정적 평가를 하게 된다.

① 능력이 없는 종속자가 일을 잘못했을 경우에는 그 잘못을 내적 요인으로 돌리는 경향이 많다. 이런 사람한테는 적절한 노력이나 연습으로 도달할 수 있는 적당한 성취 목표를 위해 노력할 수 있도록 격려해야 한다.

② 효율적인 지도자는 자신이 바라는 방향으로 가기 위해 종속자의 행동에 대한 귀인을 조절해야 한다.

5. 리더십을 중재하는 상황적 요인

(1) 물리적, 지리적 요인들

집단 내에서 가장 중심적인 위치를 차지하는 개인들이 지도자로서 가장 빈번하게 선택된다는 것은 거의 보편적으로 입증된 결과이다.

① 중심 위치에 있는 사람들이 집단 상호작용과 의사소통에서 핵심적인 역할을 하기 때문에 집단 내의 의사소통은 중심 위치를 통하여 여과되는 경향이 있다.

② 가시성으로서 다른 위치에 있는 사람들이 중심 위치를 볼 수 있는 정도가 커질수록 그것에 귀속되는 지위가 점점 커진다는 것이다.

③ Chelladurai는 지리적 인접성과 과제라는 두 차원으로 구성된 모델을 제시하였다.

㉠ **지리적 인접성**: 특정 위치가 과제를 성취하기 위하여 진행 중인 동작에 대한 정보를 제공해줄 수 있는 정도를 일컫는 관찰력과 운동장에서 특정 위치에 있는 사람을 다른 위치에 있는 사람들이 주시할 수 있는 정도를 의미하는 가시성이 결합된 특성을 갖는다.

㉡ **과제**: 다양한 스포츠 위치에 특유한 과제 상호작용이 특성을 구체화한 것이다. 어떤 위치는 매우 상호 의존적인데 반해, 또 다른 위치는 매우 독립적이다. 예 하키의 골키퍼와 포워드의 대비

(2) 스트레스

① 상황에 따라 받는 스트레스 정도는 지도자가 선택하는 의사결정 유형과 유력한 지도자 행동 유형에 영향을 미친다.

② 스트레스는 집단 간 경쟁이나 위협 등의 외적인 요인이나 집단 내의 갈등, 수행 무능력 등의 내적 요인에 의해 발생할 수 있다.

③ Korten에 의하면 스트레스 조건에서 집단은 권위적 유형의 리더십을 갈구하여 받아들이게 되며, 스트레스가 없을 때는 민주적 유형의 리더십이 지배적으로 출현한다고 하였다.

6. 리더십 연구

(1) Chelladurai

다차원 리더십 모형을 검증하기 위해서 스포츠 리더십 척도(Leadership Scale for Sports, LSS)가 개발되었다(Chelladurai 등). 이 척도는 40문항, 5가지의 리더행동(5요인) 즉, '훈련과 지도', '민주적 행동', '권위적 행동', '사회적지지', '긍정적 피드백'으로 구성되어 있다. 스포츠 리더십 척도는 선수가 선호하는 리더행동, 선수가 지각하는 지도자의 리더행동, 지도자 자신이 생각하는 리더행동 등을 측정한다.

훈련과 지도	강도 높은 훈련과 선수의 기량과 수행 향상에 목적을 둔 리더의 행동이다. 따라서 리더는 선수에게 기술이나 시합 전략을 중점적으로 지도하고, 선수들 사이의 노력을 조정하는 등의 역할을 한다.
민주적 행동 (의사결정 스타일)	민주적 행동 스타일을 갖고 있는 지도자는 팀 목표 설정, 훈련 방법, 시합전략과 전술에 관한 결정을 내릴 때 선수들의 참여를 극대화시킨다.
권위적 행동 (의사결정 스타일)	권위적 행동 스타일의 지도자는 단독적으로 의사결정하고 리더의 권위를 강조한다. 따라서 선수들의 의견을 반영하는 것은 힘들다.
사회적지지 (동기 중점)	사회적 지지 성향이 높은 리더는 개개인 선수들의 복지에 관심을 갖고 선수들과 따뜻한 대인관계를 형성하려는 데 중점을 둔다. 선수들의 수행과 상관없이 운동 상황 이외의 상황에서도 선수들을 배려한다는 점이 긍정적 피드백과 구별된다.
긍정적 피드백 (동기 중점)	긍정적 피드백 성향이 높은 리더는 선수의 수행이 좋을 경우에 칭찬을 한다. 긍정적인 피드백은 수행결과에 따라 제공되며 운동 상황을 벗어나지 않는다. 사회적 지지가 대개 운동 이외의 상황에서도 나타나는 것과 대조를 이룬다.

(2) Lipman-Blumen

삶의 모든 단면을 통합하려는 인식과 그런 의도로 통합적 리더십을 개념 정리하였다. 통합적 리더십은 대규모 네트워크를 통해 일을 수행하고, 선수들을 새롭고 덜 권위적인 방법으로 이끌며, 다른 목적을 가진 지도자라도 협력해서 일을 잘한다. 또한 자신의 비전을 설명하기 위해 극적인 행동이나 상징을 사용할 줄 알며, 권력과 경쟁심을 적절히 활용한다. 그리고 자신의 이익보다는 여러 사람들의 이익에 더 많은 관심을 가지는 것을 의미한다.

자기지향적 리더십	• 모든 수행을 자신의 관점에서 생각하는 유형이다. • 자기 지향적 리더십 소유자는 어떤 일이 주어졌을 때, 자기 스스로 할 수 있다고 믿고 과업이나 상황에 정면 대응을 한다. 자아비판적인 태도로 목적을 달성하는데 있어 실행과 완벽함에 관심을 가진다. • 개인주의와 독립성을 중요하게 생각한다. • 자기 지향적 리더십에는 실력형, 경쟁형, 권력형이 있다.
관계지향적 리더십	• 다른 사람들과의 관계를 중시하는 리더십의 형태이다. • 자기 자신보다는 다른 사람이 목적을 달성하는 것을 도와주는 것에서 보람을 찾는다. • 관계 지향적 리더십에는 협력형, 헌신형, 성원형이 있다.
도구지향적 리더십	• 미래 지향적인 리더십으로 목적 달성을 위해 주위의 환경을 도구로 이용한다. 즉 자기 자신을 활용하거나, 타인과의 관계, 상황 그리고 자원 등을 도구로 이용한다. • 도구 지향적 리더십에는 자신이 가진 자원을 모두 활용하여 다른 사람들 자신에게 끌어들이는 설득형, 일을 맡았을 때 그 일에 적합한 사람을 먼저 찾아내는 사교형, 그리고 리더로부터 위임을 받아 자부심을 가지고 일을 수행하며 충성심을 발휘하는 위임형이 있다.

(3) Bass

Bass는 Burns의 이론을 토대로 또 다른 변환적 리더십을 제안하였는데, 변환적 리더란 부하들에게 과업과 중요성을 인식시키고 개인의 이익보다 조직과 팀의 이익을 우선하도록 하며 더욱 상위의 욕구를 활성화시킴으로써 부하들에게 동기를 부여하고 변화를 가져오는 역할을 한다. Bass는 변환적 리더십의 구성요소로서 카리스마, 지적 자극, 개별적 배려의 세 가지 요소를 제안하였다.

카리스마	리더가 부하들에게 강한 정서와 리더에 대한 일체감을 유발함으로써 영향력을 발휘하는 과정
지적 자극	리더가 부하들에게 문제에 대한 인식을 증가시키고 새로운 시각으로 문제를 바라볼 수 있도록 영향력을 발휘하는 과정
개별적 배려	리더가 부하들을 지원하고 격려하며 발전적 경험을 제공하는 활동

변혁적 리더십(transformational leadership)의 주요 요인으로는 크게 4가지로 구분할 수 있다.

- 이상적 영향력(idealized influence): 롤모델이 되어 자신이 말한 것을 지키고, 윤리적, 도덕적으로도 모범을 보인다. 팀과 선수를 최우선적으로 생각하며 바른 행동으로 팀과 선수로부터 신뢰와 존경을 받는다.
- 영감적 동기부여(inspirational motivation): 구성원들에게 미래지향적인 비전을 제시함으로써 영감을 불어넣고 동기를 향상시킨다. 구성원들이 쉽게 이해하고 명확한 목적의식을 가지고 따를 수 있도록 설득력 있게 호소한다.
- 지적 자극(intellectual stimulation): 혁신적이고 창의적으로 생각함으로써 문제해결을 할 수 있도록 적극 지지한다. 구성원 각자의 생각, 가치, 신념 등의 자기발전을 지지하고 시행착오를 통한 지속적인 배움을 추구하도록 돕는다.
- 개별화된 배려(individualized consideration): 구성원들의 개별적인 관심사, 필요, 욕구 등에 관심을 쏟는다. 개방적인 의사소통을 유지하고 구성원들의 어려움에 공감을 표현한다.

진성리더십(authentic leadership)은 리더의 진정성을 강조한다. 리더의 진정성은 자기인식, 자기수용과 진정성 있는 행동과 관계에서 비롯된다(Gardener, Avolio, Luthans 등). 진성리더는 자기성찰과 자기인식을 통해서 진정성을 오랜 기간 동안 발전시켜 나간다. 뿐만 아니라 진성리더는 리더와 구성원 사이에 진정성 있는 관계를 발전시키며, 구성원들의 발전을 도모한다. 진정리더십은 긍정적 자기개발을 이루면서 구성원들과 함께 일하는 리더로서, 긍정적인 심리수용력과 긍정적인 윤리 분위기를 증진시키는 리더행동의 패턴이다(Walumbwa, Avolio, Gardner 등). Walumbwa 등은 4가지 요인이 포함된 진성리더십 측정 척도(Authentic Leadership Questionnaire, ALQ)를 개발하였는데, 이 척도에 포함되어 있는 진성리더십의 4가지 요인은 다음과 같다.

- 자아인식(self-awareness): 지속적인 자기 성찰을 통해서 자신에 대한 이해와 도덕적 함양을 높이고 품성을 형성한다.
- 내면화된 도덕적 시각(internalized moral perspective): 자신이 가지고 있는 윤리성을 토대로 외부의 압력이나 변화에 순응하지 않고 자기조절을 내재화한다.
- 균형 잡힌 정보처리(balanced processing): 의사결정을 위해서 모든 관련 정보를 분석하고 구성원의 상이한 의견도 수렴하고 객관적으로 판단한다.
- 관계적 투명성(relational transparency): 진정한 자신을 드러내고, 부적절한 감정을 최소화하되 구성원들과 솔직한 생각과 감정을 공유한다.

(4) 다양한 리더십의 유형

① 카리스마적 리더십(Charismatic Leadership)

㉠ 카리스마적 리더십은 권위의 정당성을 확보하기 위한 방안으로 독일의 사회학자 막스 베버(Max Weber)에 의해서 제시되었다(Weber, 1947).

㉡ 이 이론은 1970년대 중반까지는 거시적이고 추상적인 차원에서 주로 역사학자와 사회학자, 그리고 정치학자들에 의해 연구되었다. 조직 내에서 일상적이고 미시적 관점에서 리더십을 설명하는 데 사용하기 시작한 것은 1970년대 중반 이후이다.

㉢ 카리스마적 리더십은 변혁적 리더십의 하위차원으로 분류되어 사용하기도 하지만, 카리스마적 요소의 특징을 모두 포함하는 것은 아니기 때문에 일반적으로 '모범적 행동', '비전제시 행동', '집단정체성 강조 행동', '기대 및 신뢰표현 행동' 등 4가지 차원을 사용하여 설명하고 있다(Bass, Shamir 등).

㉣ 카리스마적 리더십은 Max Weber에 이어 하우스(House)에 의해 이론적인 토대가 형성되었다. Max Weber가 카리스마를 천부적인 자질에 중점을 두고 설명한 데 반해, House는 카리스마가 관찰 가능한 리더의 특성과 행동으로 형성된다고 하였다. 즉, 카리스마와 비(非)카리스마를 구별할 수 있는 관찰 가능한 특성과 행동이 존재하며, 카리스마적 리더는 그러한 특성과 행동에 기초해서 구성원들에게 리더십을 발휘하게 된다는 것이다(House).

㉤ House의 카리스마적 리더십이론은 카리스마적 리더가 일반 사람들과 어떻게 다르며, 어떤 행동 방식이 카리스마적 리더십을 발휘하게 하는지를 잘 보여준다.

ⓐ House에 의하면, 리더의 카리스마적 특성과 행동은 여러 측면에서 구성원들에게 직접적인 영향을 미치게 되는데, 먼저 구성원들은 카리스마적 리더가 지닌 신념을 신뢰하여 리더와 구성원들의 신념이 서로 유사해지게 된다.

ⓑ 그리고 구성원들 사이에서 리더에 대한 무조건적인 수용과 자발적인 복종이 일어나며, 구성원들은 리더가 제시한 목표가 달성될 수 있다는 자신감을 가지고 리더의 목표추구에 대한 초점이 맞춰지게 된다.

ⓒ 이러한 과정에 의해 구성원들의 성과가 향상되는 결과를 도출하게 된다.

㉥ 이어 콘거(Conger)와 카눈거(Kanungo)는 카리스마적 리더십을 귀인이론 관점에서 설명하였다. 이는 카리스마적 리더십이 리더가 지닌 고유한 특성이라기보다 구성원들이 리더의 행위를 카리스마적이라고 인식하고 인정하는 행위를 의미한다.

ⓐ 이 이론에서 대부분의 사람들은 현상에 불만을 표출하고, 이상적인 비전을 제시하며, 변화를 주도하는 리더를 카리스마적이라고 평가한다고 설명하고 있다.

ⓑ Conger와 Kanungo의 이론은 리더가 정해진 행동을 보이면 카리스마적이라고 평가받게 된다는 것으로 Weber의 관점과 달리, 카리스마적 리더십은 후천적인 노력에 의해서도 개발될 수 있다는 점을 강조한다.

ⓢ 카리스마적 리더는 자신이 유능한 리더라는 이미지를 심어주기 위해 인상관리를 하지만, 이것이 지나치면 구성원들의 충성심을 이끌어내지 못할 수 있다. 카리스마적 리더십은 리더의 강력한 영향력에 기초하므로 구성원들에 대한 관심과 배려가 부족한 점이 있는데, 이러한 점은 구성원들과의 지속적인 협력관계를 방해하는 요인으로 작용할 수도 있다. 카리스마적 리더 중에는 조직의 목표보다 개인적 야망을 우선시하는 경우가 있는데, 이는 구성원들을 목표달성을 위한 수단으로 이용하는 경우라고 할 수 있다(Weber).

② 코칭 리더십(Coaching Leadership)

㉠ 코칭 리더십은 개인차원에서 학습 및 성장, 역량개발을 목적으로 하며, 조직차원에서는 관리자가 직원에게 업무추진 방법, 조직목표, 피드백, 격려를 통하여 개인의 능력을 극대화하도록 돕는 과정으로 정의할 수 있다(Heslin 등).

㉡ 코칭 리더십은 리더와 구성원의 관계형성에 기반하고 있으며, 리더와 구성원이 수평적 관계에서 신뢰가 바탕이 되고, 리더가 영향력을 행사하는 원천으로 구성원의 자발성에 초점을 두고 있다.

㉢ 오스(Orth) 등은 코칭 리더십이 구성원들의 성과와 능력을 향상시키기 위해 구성원 스스로 기회를 얻을 수 있도록 돕는 지속적이며 실제적인 과정이라고 하였으며, 휘트모어(Whitmore) 역시 구성원 스스로 자신에 대한 가능성을 탐색함으로써 잠재능력을 향상시킬 수 있을 것이라고 하였다.

㉣ 코칭 리더는 역할과 업무를 명확히 파악하는 반면, 구성원들에게 의견과 실제 실행을 요구한다. 따라서 리더에게 결정권은 있지만, 의사소통 방식은 쌍방향이다.

㉤ 코칭 리더는 구성원들의 동기부여를 위해 직접적으로 대하며, 격려와 열정을 불어넣어준다. 따라서, 코칭 리더십은 대체로 연륜이 있으며, 수용적인 구성원들에게 가장 효과적인 방식이라고 할 수 있다.

코칭(Coaching)

• **코칭의 유래**: '코칭'이라는 용어는 원래 영국의 작은 마을인 'Kocs'에서 유래되었다. 15-16세기에 이 마을에서 코치(Coach)라고 불리는 대형 마차를 만드는 것이 유명했다. 이 코치는 많은 사람들이 한 장소에서 다른 장소로 이동할 수 있도록 도와주었으며, 이것이 나중에 '코칭'이라는 개념으로 발전하게 되었다.

19세기에 이르러, 코칭은 교육 분야에서 사용되기 시작했다. 이때의 '코칭'은 학생들이 시험을 통과하거나 학업 목표를 달성할 수 있도록 도와주는 개인 지도의 의미로 사용되었다(Stelter).

20세기에 들어서는 코칭이 스포츠 분야로 확장되었으며, 팀 또는 개인 선수가 능력을 향상시키고 목표를 달성할 수 있도록 도와주는 역할을 의미하게 되었다.

결국, '코칭'이라는 단어의 기원은 사람들을 한 장소에서 다른 장소로 안내하는 '코치'라는 대형 마차에서 비롯된 것으로, 이는 오늘날 코칭의 핵심 개념인 '가이드'와 '도움'을 제공하는 것과 일치한다(Whitmore).

• **코칭과 티칭(Teaching)의 차이**: '코칭'과 '티칭'은 모두 학습자의 발전을 위해 중요한 역할을 하지만 두 개념 사이에는 명확한 차이점이 있다. 이러한 차이점들은 코칭과 티칭이 각기 다른 상황과 목표에 더 적합하다는 것을 의미한다. 코칭의 경우, 학습자 중심의 성향이 강하고 장기적인 발전에 더 도움을 주는 방법이다(Knight).

티칭		코칭
• 교사 중심적 • 교사는 지식을 전달하고, 학습자는 그 지식을 수용한다.	방향성	• 학습자 중심적 • 학습자가 자신의 목표를 세우고, 코치는 그 목표를 달성하는 데 필요한 기술과 전략 개발에 도움을 준다.
• 교사가 학습자에게 어떤 지식이나 기술을 배워야 하는지 정한다.	목표 설정	• 학습자가 개인적 혹은 직업적인 목표를 설정한다. • 코치는 학습자가 목표를 달성하는 데 도움을 준다.
• 교사는 전문가로서 지식을 가르치는 역할을 한다. • 학습자는 교사의 지식을 받아들이는 역할을 한다.	관계	• 코치와 학습자가 파트너십을 형성하며, 함께 학습하고 성장한다.
• 주로 짧은 기간 동안 특정 주제에 대한 지식이나 기술을 전달하는 데 초점을 맞춘다.	지속성	• 학습자의 개인적인 발전과 성장을 지원하는 장기적인 과정이다.

③ 서번트 리더십(Servant Leadership)

㉠ 그린리프(Greenleaf)는 '다른 사람의 요구에 귀를 기울이는 하인이 결국은 모두를 이끄는 리더가 된다.'라는 것에 초점을 맞추고 인간 존중을 바탕으로 구성원들이 잠재력을 발휘할 수 있도록 앞에서 이끌어주는 리더십을 서번트 리더십이라고 하였다.

㉡ 서번트 리더십은 리더가 문제 해결을 위해 구성원들을 섬기는 것이며, 구성원들의 의견과 건의사항에 대해 관심을 기울임과 동시에 이들의 성장을 매우 중요하게 생각한다. 이를 통해 조직 구성원들 사이에는 깊은 신뢰가 형성된다.

㉢ 서번트 리더십은 구성원들의 성장욕구를 탐색하고 해결하기 위해 노력하며, 조직의 전반적인 목표를 향한 지원을 강화하여 조직과 과업을 하나의 틀로 통합하는 리더십 행위이다.

㉣ 서번트 리더의 특성(Greenleaf, Russell & Stone, Sims, Spears).

ⓐ **인내**: 직원들의 존엄성을 존중하면서 감정을 앞세우지 말고 올바른 방식으로 직원들의 잘못된 부분을 짚어주기

ⓑ **친절**: 인간의 내면에는 인정받고자 하는 욕구가 숨어 있으므로 친절은 이러한 인간의 욕구를 충족시킬 수 있는 중요한 속성

ⓒ **겸손**: 타인의 가치를 인정하고 스스로를 부각시키기 위해 애쓰지 않음

ⓓ **존중**: 상대방에게 존중을 표현하는 가장 효과적인 방법은 사람들에게 어느 정도의 책임을 위임함으로써 그들의 성장과 자기계발을 돕는 것

ⓔ **무욕**: 타인을 위해 봉사하고 희생해야 하며, 자신이 기대와 욕구보다 타인들의 최선을 추구하겠다는 의지

ⓕ **용서**: 그릇된 행동이 낳은 결과를 당사자들과 충분히 이야기하면서 적대감을 조금씩 극복하는 과정

ⓖ **정직**: 속이지 않는 것, 신뢰를 형성하는 가장 큰 요인

ⓗ **헌신**: 구성원들이 올바른 행동을 하는 데 걸림돌이 되는 것들을 제거해주겠다는 단호한 결의

ⓘ **타인의 욕구 충족**: 'Need'의 개념으로써 '인간의 진정한 행복을 위해 요구되는 물질적 또는 심리적 요구 조건

ⓙ **권위**: 자신의 개인적 영향력을 통해 타인이 자신의 의도대로 기꺼이 행동하도록 하는 기술, 권위는 타인의 욕구를 충족시키기 위한 '봉사'와 '희생'의 정신으로부터 형성

④ 거래적 리더십(Transactional Leadership)

㉠ 거래적 리더십은 리더십을 단일선상의 연속체로 설명한 바스(Bass)의 연구에서 제시된 구성요소 중 하나로, 리더가 상황에 따른 보상에 기초하여 구성원들에게 영향력을 행사하는 것으로 정의할 수 있다. 즉, 리더가 행동, 보상, 인센티브를 사용하여 구성원들로부터 바람직한 행동을 하도록 만드는 과정이며, 이 과정은 리더와 구성원 간의 교환이나 거래관계에 기초한다.

㉡ Bass는 거래적 리더십의 요인으로 '업적에 따른 보상'과 '예외관리'를 제시하였다. 일반적으로 업적에 따른 보상이 긍정적 강화를 돕는 반면, 예외관리는 부정적 강화를 부추기게 된다.

ⓐ '업적에 따른 보상'은 목표를 달성한 경우 리더가 인센티브나 보상을 제공함으로써 구성원들의 동기유발을 촉진하는 것을 의미한다. 다만, 그 과정에서 리더는 완수해야 하는 과업을 명확히 제시하고, 과업이 완수된 경우 제공되는 보상에 대해 구성원들과 합의해야 한다.

ⓑ '예외관리'는 예외적 사건이 발생한 경우 리더가 개입하는 것으로, 적극적(능동적) 예외관리와 소극적(수동적) 예외관리로 이루어진다. 적극적 예외관리는 구성원들의 실수나 규칙위반을 철저히 확인하여 문제가 발생하지 않도록 사전에 점검하는 리더의 행동이며, 소극적 예외관리는 업무표준에 미달하거나 문제가 표면화된 경우에만 개입하는 리더 행동을 의미한다.

ⓒ Burns와 Bass에 의해 체계적으로 연구되고 이론적으로 확립된 변혁적, 거래적 리더십 이론은 리더에 대한 구성원의 인식과 함께 리더와 구성원의 상호관계도 리더십 개념에 포함시킴으로써 구성원의 역할을 비중 있게 다루고 있다.

ⓓ 거래적 리더십은 부하의 성과와 보상의 가치를 교환하는데 기초한 것으로, 반대 차원에는 높은 이상과 도덕적 가치에 의해 변화를 추구하는 변혁적 리더십이 있다고 할 수 있으며, 두 리더십은 상반된 관계가 아니라 목표달성에 서로 필요한 보완적 관계이다.

ⓔ 변혁적 리더십은 거래적 리더십을 대체하는 리더십의 방법이라기보다는 거래적 리더십의 긍정적인 효과를 추가하는 상호보완적인 것으로 개념화할 수 있다.

7. 효과적인 리더십의 요인

Martens는 여러 관점에서 리더십 이론을 종합하여 효과적인 리더십을 위한 4가지 구성요인을 제시하였다.

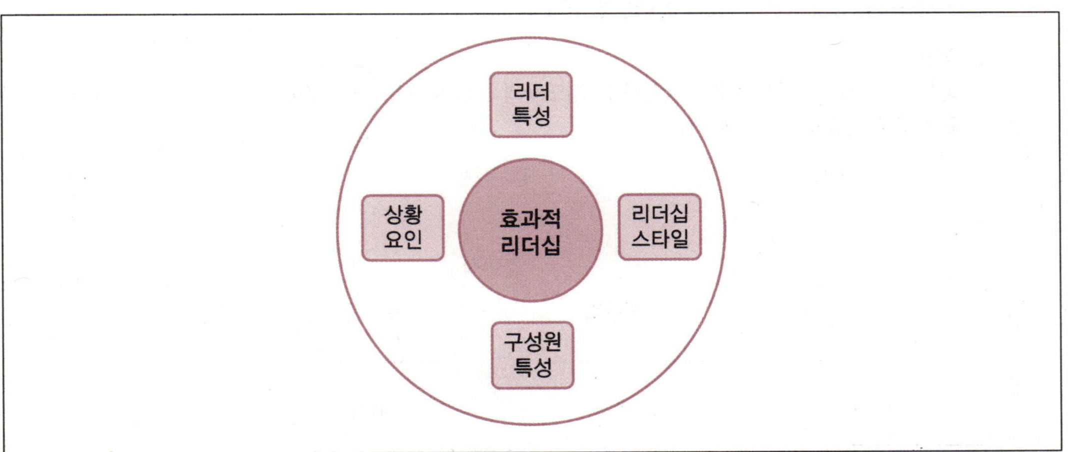

효과적인 리더십을 위한 4가지 구성요인(Martens)

(1) 리더 특성

① Martens는 훌륭한 리더가 가지고 있는 공통적인 특성으로 높은 지능, 적극성, 높은 수준의 자신감, 설득력, 융통성, 내적동기, 높은 성공 성취동기, 내적 통제 능력, 낙관성 등을 제시하였다.

② 다양한 스포츠 상황에서 이러한 요인들이 어떠한 역할과 효과를 가지고 있는지는 분명히 파악하기란 쉽지 않다. 또한 이런 훌륭한 리더의 공통적인 특성들은 필요조건일 뿐 충분조건은 아니다. 그렇기 때문에 이러한 개인적 특성을 모두 가지고 있다 하더라도 반드시 훌륭한 리더가 되는 것은 아니다. 즉, 팀의 상황이나 팀의 구성원, 구성원의 리더 선호도 등에 따라 달라질 수 있다.

VICTORY 모형(스포츠 지도자에게 필수적으로 요구되는 7가지 특성)

요인	설명
비전	지도자가 명확한 비전을 제시하여, 지도자와 선수가 목표를 공유하는 것
분석	지도자가 항상 분석하고 학습하며, 팀 구성원의 역할을 명확히 정의하는 것
배려	팀의 성취수준이 높아지도록 선수 개개인을 사려 깊게 배려해 주는 것
신뢰	리더십의 가장 근본이 되는 것으로 선수의 신뢰와 존경
직관력	축적된 경험을 바탕으로 상황을 정확하게 판단하는 지도자의 능력
결단력	주변을 의식하지 않고, 기로의 순간에 과감한 판단력으로 팀을 이끄는 추진력
승부욕	팀 구성원 사이의 이길 수 있다 또는 해낼 수 있다는 신념과 분위기

1. 특징

- 연습 상황: 비전, 분석, 배려 등의 요인으로 팀을 운영한다.
- 경기 상황: 직관력, 결단력, 승부욕 등의 요인으로 경기를 성공적으로 이끌어야 한다.
- 지도자와 선수 사이: 신뢰가 바탕을 이루고 있다.

2. 적용

이성적 측면과 감성적 측면에서 필요한 지도자의 자질을 구분하고 있어, 감성과 이성의 조화를 이룬 스포츠 지도자들의 상을 제시하고 있다.

VICTORY 모형의 7가지 리더십 요인

(2) 리더십 스타일

① 리더십 스타일은 다차원 리더십 척도에서 분류하는 5가지 중 크게 민주적 스타일과 권위적 스타일로 구분할 수 있다.

㉠ 민주적 스타일은 선수 중심적이며, 협동적이고 의사결정권을 공유하는 관계 지향적인 형태이다.

㉡ 권위적 스타일은 승리 중심적이고 구조적이며, 일방적인 명령을 선호하는 과제 지향적이다.

② 비록 두 가지 스타일은 이분법적으로 나누기도 하지만 대부분의 리더는 두 가지 리더십 특성을 모두 갖고 있다.

③ 바람직한 리더십 스타일은 이 두 가지 유형의 리더십 스타일을 융합하여 유연성 있게 상황에 맞게 변환할 수 있어야 한다.

④ 따라서 이상적인 리더십 스타일은 구성원의 특성이나 상황요인 등을 고려하여 적절한 리더십을 발휘하는 것이라 할 수 있다.

(3) 상황 요인

① 리더는 구체적인 상황이나 환경을 조화롭게 받아들이고 민첩하게 대처할 수 있어야 한다.

② 리더십에 영향을 미치는 상황 요인은 스포츠 유형, 팀의 규모, 팀의 목표, 시간 제약, 지도자의 수, 팀의 전통 등이 있다.

㉠ 팀 스포츠 상황에서는 개인 스포츠 상황보다 조직적인 역할이 필요하기 때문에 더 많은 지시적 행동이 요구된다.

㉡ 팀 구성원이 많을 경우와 시간이 부족한 상황에서도 민주적 유형보다는 권위적 유형이 적합하다 할 수 있다.

㉢ 장기간 우수한 성적을 낸 전통 있는 팀에게는 새로운 리더십 유형을 적용하는 것은 무의미하다.

③ 리더는 효과적인 리더십을 위해 개인과 팀, 스포츠 유형, 기술 수준, 팀의 크기 등의 상황 요인을 고려하여 리더십을 발휘해야 한다.

(4) 구성원 특성

① 리더가 성원에게 영향력을 행사하는 것처럼 성원도 리더에게 영향을 미친다. 효과적인 리더십 구성요인에 영향을 미치는 구성원의 특성으로는 성별, 연령, 성격, 기술 수준, 경력 등이 있다.

② 일반적으로 기술 수준이 높은 선수, 팀 목표 의식이 높은 선수들은 관계 지향적인 리더를 선호하며, 여자선수들은 남자선수들에 비해 민주적인 유형의 리더를 선호한다.

8. 팔로워십(Followership)

(1) 팔로워의 개념과 의미

① 팔로워십은 'Follazionhan'(돕다, 후원하다, 공헌하다)의 어원에서 비롯되었으며, 흔히 리더십과 비교 개념으로 사용된다.

② 팔로워십에 대한 개념은 1933년 폴레트(Follet)에 의해 제시되었는데, 리더-구성원의 관계가 독특하면서도 상호의존적이며, 이를 역동적인 측면에서 제시하였다. 또한, 리더와 구성원 간의 관계는 지배나 통제, 복종의 관계보다는 상호관계를 통하여 팀이나 조직이 직면한 어떤 상황을 해결하고 풀어 갈 수 있도록 상호 간의 영향력을 발휘하는 중요한 관계라고 주장하였다.

③ 켈리(Kelley)는 리더십이 조직유효성의 중요한 결정요인이라는 기존의 고정관념을 비판하면서, 팔로워십이라는 새로운 개념을 제시하였다. 리더십 과정에서 리더가 팔로워에게 발휘하는 영향력을 리더십이라 할 때, 팔로워가 발휘하는 영향력은 팔로워십이 된다는 것이며, 조직이나 팀의 성공에 중요하게 작용하는 결정요인이 리더가 아니라 팔로워라고 하였다.

④ Kelley는 팔로워십이 리더십의 하위요소가 아닌 독립적인 요소라고 하였다. 즉, 팔로워는 리더나 조직에 의존하는 수동적인 존재가 아니라 리더를 보좌하는 1차적인 보조자로서 실질적인 업무를 수행하고 리더와 조직의 성공을 좌우하는 사람이라는 것이다.

⑤ Kelley의 팔로워에 대한 연구는 샬레프(Chaleff)의 용감한 팔로워라는 의미로 발전하였다. 그가 제시하는 용감한 팔로워는 리더를 잘 뒷받침하면서 리더의 행동이나 정책이 조직의 목적을 위태롭게 한다면, 이에 대해 적극적으로 이의를 제기할 수 있는 사람이라고 하였다(Chaleff).

⑥ 리더십이 리더가 구성원에게 영향력을 행사하는 과정이라면, 팔로워십은 구성원으로서 바람직한 특성과 행동을 의미한다. 일반적으로 건강한 구성원은 리더가 바람직한 리더십을 발휘하도록 유도하고 지원해야 하며, 리더에 대한 동의뿐만 아니라 건전한 비판도 함께해야 한다.

⑦ 최근 들어, 팔로워십에 대한 개념은 점차 다양한 방향으로 인식되고 있다. 팔로워는 주어진 임무를 수행함에 있어서 개인에 따라 다양한 차이를 나타내며, 이러한 다양성은 팔로워들의 업무 특성과 리더와의 관계에도 크게 영향을 미치는 것으로 볼 수 있다. 이러한 영향은 개개인의 성과뿐만 아니라 조직이나 팀의 성과에도 영향을 미칠 수 있는 것이다.

㉠ 켈리(Kelley)는 팔로워의 중요성을 강조하며, 팔로워는 나뭇잎과 같아서 나무의 잎 부분인 동시에 나무 전체를 구성하는 것처럼 조직이나 팀 전체의 정신, 목적, 방향을 구체화하는 것이라고 정의하였다.

㉡ 뷸러(Buhler)는 실제 현장에서의 팀이나 조직은 좋은 리더보다 좋은 팔로워를 더욱 필요로 한다고 하였다. 여기에서 말하는 좋은 팔로워는 충성스러운 업무 수행자이며, 조직이나 팀의 미래를 위해서 이를 변화시키는 사람들이 팔로워라고 주장하였다.

㉢ 유클(Yukl)은 팔로워들이 리더와 동료들에게 코칭과 충고를 해주고, 잘못된 결정에 도전하며, 정확한 정보를 제공함으로써 리더십을 향상시키는 중요한 역할을 할 수 있다고 하였다.

(2) 팔로워십의 유형

① 팔로워십은 리더십과 팔로워십을 분리하여 독립적인 요소로 보는 관점과 리더십과 팔로워십 간의 상호관계를 파악하고자 하는 관점에서 연구되어 왔다. 독립적 관점에서 팔로워십을 연구한 대표적인 학자는 켈리(Kelley)이며, 팔로워십을 리더십의 하위요소가 아닌 독립적인 요소로서 팔로워의 역할을 강조하였다.

② 켈리는 자신의 연구를 통하여 팔로워들이 가지고 있는 2가지 큰 특징을 발견하였다.

㉠ 첫 번째 특징은 독립적이고 비판적인 사고이다.

ⓐ 최고의 팔로워는 스스로 생각하고, 건설적인 비판을 하며, 자기 나름의 개성이 있고, 혁신적이며 창조적인 개인들로 묘사된다.

ⓑ 최악의 팔로워는 할 일을 지시받아야 하고, 스스로 알아서는 할 수 있는 일이 없다.

ⓒ 그 중간에는 전형적인 팔로워가 있는데, 전형적인 팔로워는 지시를 받으며, 리더나 집단에 저항하지 않는 사람들이다.

㉡ 두 번째 특징은 팔로워로서의 능동적인 참여다.

ⓐ 최고의 팔로워는 솔선수범하고 주인의식을 가지고 있으며, 적극적으로 참여하고 자발적이며, 맡은 일 이상을 한다.

ⓑ 최악의 팔로워는 수동적이고 게으르며, 늘 재촉과 감독을 받는 과정에서 책임을 회피한다.

ⓒ 전형적인 팔로워는 해야 할 일을 지시받는 뒤에는 감독 없이 일을 마치며, 자기 앞가림만을 위해 변명을 늘어놓고, 시류에 편승해 행동한다.

③ 팔로워십은 스스로 생각하는 것과 동시에 팔로워 역할을 받아들이는 것과 같은 서로 모순된 면을 내포하고 있는 것처럼 보인다. 켈리는 이러한 2가지 특징이 서로 균형을 이룰 때, 모범형 팔로워가 될 수 있다고 하였다.

④ Kelley는 팔로워의 행동성향과 사고성향을 기준으로 5가지 팔로워십 유형을 제시하였다. 즉, 팔로워의 행동성향이 '수동적인가, 적극적인가', 사고성향이 '독립적 · 비판적인가, 의존적 · 무비판적인가'를 기준으로 '소외형', '순응형', '실무형', '수동형', '모범형' 팔로워로 구분하였다.

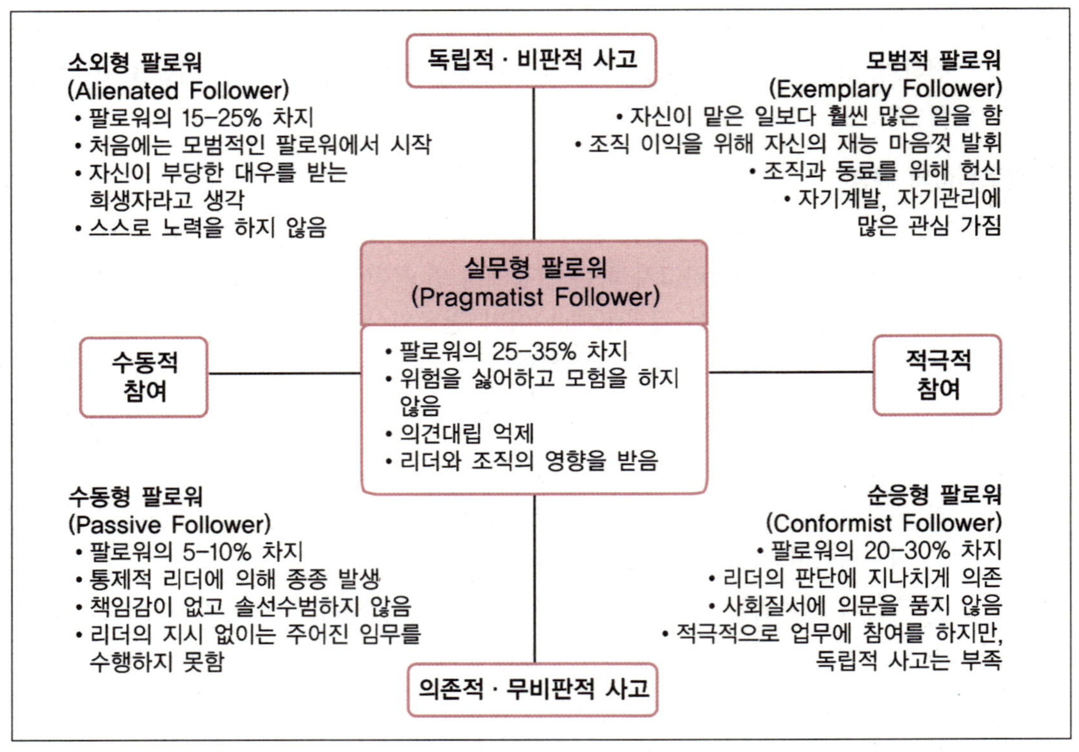
독립적 · 비판적 사고
소외형 팔로워
(Alienated Follower)
• 팔로워의 15-25% 차지
• 처음에는 모범적인 팔로워에서 시작
• 자신이 부당한 대우를 받는 희생자라고 생각
• 스스로 노력을 하지 않음
모범적 팔로워
(Exemplary Follower)
• 자신이 맡은 일보다 훨씬 많은 일을 함
• 조직 이익을 위해 자신의 재능 마음껏 발휘
• 조직과 동료를 위해 헌신
• 자기계발, 자기관리에 많은 관심 가짐
실무형 팔로워
(Pragmatist Follower)
• 팔로워의 25-35% 차지
• 위험을 싫어하고 모험을 하지 않음
• 의견대립 억제
• 리더와 조직의 영향을 받음
수동적 참여
적극적 참여
수동형 팔로워
(Passive Follower)
• 팔로워의 5-10% 차지
• 통제적 리더에 의해 종종 발생
• 책임감이 없고 솔선수범하지 않음
• 리더의 지시 없이는 주어진 임무를 수행하지 못함
순응형 팔로워
(Conformist Follower)
• 팔로워의 20-30% 차지
• 리더의 판단에 지나치게 의존
• 사회질서에 의문을 품지 않음
• 적극적으로 업무에 참여를 하지만, 독립적 사고는 부족
의존적 · 무비판적 사고

kelley의 팔로워십 유형

(3) 팔로워의 역량

① 효과적인 팔로워는 자동으로 만들어지는 것이 아니라 훌륭한 리더가 되는 것과 같은 수련이 필요하다.

② 팔로워십에서 전문가주의는 리더십의 전문가주의만큼 중요한데, 효과적인 팔로워십은 자신의 훈련정도가 높으며, 잠재적으로는 리더들이다. 팔로워십은 사람이 아니라 역할이라고 할 수 있는데, 이는 리더들 역시 팔로워들이기 때문이다(Banutu-Gomez).

③ Kelley는 효과적인 팔로워는 리더와 조직에서 가장 중요하다고 주장하면서, 효과적인 팔로워십의 4가지 특성으로 '자기관리 및 자율책임', '조직과 목적, 원칙, 자신 이외의 사람들에 대한 몰입', '자기개발 능력', '정직과 신뢰를 바탕으로 한 용기'를 제시하였다.

④ 길버트(Gilbert)와 하이드(Hyde)는 효과적인 팔로워들의 특성으로 상급자와의 파트너십, 직무에 대한 몰입과 전념, 기술적 능력(업무수행), 유머감각, 신뢰도, 타인과의 긍정적인 업무 관계, 의사 표현, 품행 등의 8가지를 제시하였다.

⑤ 런딘(Lundin)과 런캐스터(Lancaster)는 효과적인 팔로워가 되게 하는 요인으로 인격, 주인의식, 융통성, 자기관리 등을 제시하였다.

5 응집력

1. 스포츠에서 팀과 개인의 수행

(1) Steiner의 집단 생산성 모형

① Steiner는 팀에 소속한 개인이 갖고 있는 능력과 팀이 어떤 성과를 나타내는지에 관한 이론을 제시하였다.

② Steiner 모델의 공식

집단의 실제 생산성 = 잠재적 생산성 - 과정 손실

㉠ **잠재적 생산성**: 팀의 성원들이 갖고 있는 실력을 최대로 발휘했을 때 이룰 수 있는 최상의 결과로 주어진 과제를 달성하는 데 필요한 자원(지식, 기술, 능력)의 양에 의해 결정된다.

㉡ **과정 손실**: 조정 손실과 동기 손실 등 2가지 이유로 발생한다.

ⓐ 조정 손실은 구성원 사이에 타이밍이 맞지 않거나 잘못된 전략 때문에 팀의 잠재적 생산성에 나쁜 영향을 미치는 것을 말한다.

ⓑ 동기 손실은 코치와 선수 등 팀 구성원이 자신의 최대 노력을 기울이지 않을 때 생기는 손실을 의미한다.

③ Steiner의 이론에서 팀의 성적이 가장 좋은 경우는 다음과 같다.

㉠ 과정 손실이 동일한 상태라면 필요한 자원을 더 많이 갖추고 있어야 팀의 수행이 높아진다.

㉡ 자원의 양이 같다면 과정 손실이 적을수록 팀의 수행이 좋아진다.

㉢ 자원의 양이 많고 과정 손실이 더 적을 때 팀의 수행이 좋아진다.

④ 축구, 배구, 농구 등과 같이 선수들 사이에 협동이 중요한 역할을 하는 상호작용 종목에서는 조정 손실이 팀의 수행에 큰 영향을 미친다.

⑤ 수영, 육상, 체조 등과 같은 공행 종목에서는 선수들 사이의 상호작용이나 협동이 그다지 요구되지 않기 때문에 이들 종목에서는 동기 손실을 막는 데 중점을 두어야 한다.

(2) 집단 크기가 응집력에 영향을 주는 효과

① Widmeyer의 연구(3명, 6명, 9명으로 구성된 팀의 농구 시합)를 보면, 집단의 크기에 따라 승률과 응집력에 차이가 있고, 팀에 대한 느낌도 달라짐을 알 수 있다.

㉠ 팀의 크기 면에서 중간인 6명으로 구성된 팀이 사회 응집력과 승률에서 가장 높은 점수를 보였다.

㉡ 가장 숫자가 많은 9인 팀은 팀의 목표에 대한 일치된 견해가 부족해서 과제 응집력이 낮았고, 사회 응집력도 낮은 편이었다.

ⓒ 3인으로 구성된 가장 소규모 팀의 경우 과제 응집력이 가장 높았지만, 승률은 좋지 않은 것으로 나타났다.

② Carron의 스포츠 센터를 이용하는 고객을 대상으로 수강반의 크기가 출석률과 어떤 관계가 있고, 고객은 어떻게 느끼는지에 관한 연구 결과이다.

㉠ 소형반과 대형반이 출석률이 가장 높았다.

㉡ 소형반과 대형반의 수강생이 중형반에 비해 더 좋은 반응을 나타냈다.

㉢ 강사 만족도와 강좌 만족도는 반의 크기가 커질수록 직선적으로 감소하는 경향을 보인다.

㉣ 집단의 크기가 작을수록 더 좋은 것 같다.

(3) 링겔만 효과(Ringelmann effect)

① 혼자일 때보다 집단에 속해 있을 때 더 게을러지는 현상을 사회적 태만 현상이라 한다.

② 링겔만 효과는 모일수록 책임감이 분산되는 현상으로 '나 하나 쯤이야' 심리인 것이다. 특히 집단의 잠재 능력에 비해 실제 능력이 줄어드는 이유는 각자의 동기가 줄어들기 때문이었다. 즉 동기가 감소하는 사회적 태만 현상이 나타난 것이다.

③ 링겔만 효과의 유래와 특징

㉠ **링겔만(Maximilien Ringelmann)의 줄다리기 실험에서 유래**
링겔만은 독일의 근로자들에게 자신이 할 수 있는 최대의 힘으로 줄을 당기라고 한 뒤, 당긴 힘을 측정하는 실험을 진행하였다. 혼자서 당길 때보다 집단의 수를 늘릴수록 1인이 줄을 당기는 힘의 크기가 줄어드는 것을 나타났다. 이 현상을 처음 연구한 링겔만의 이름을 따서 '링겔만 효과'라고 지칭하게 되었다.

㉡ **나 하나쯤이야 하는 생각이 개인별 집단 공헌도를 저하**
집단의 크기가 커질수록 그룹 구성원의 동기가 저하된다는 사회적 태만 현상과 유사하다(Kerr & Bruun). 다수라는 익명성 뒤에 숨은 집단구성원 개개인이 "나 하나쯤이야."라는 생각으로 자기 역량 발휘에 충실하지 않을 경우 도덕적 해이가 발생할 가능성이 높다는 것이다.

㉢ **생산량을 늘릴수록 생산성이 점점 하락하는 규모의 불경제와 흡사**
링겔만 효과는 경제학적 개념인 '규모의 불경제'(Diseconomies of Scale)와 매우 흡사하다. 생산량(규모)을 늘릴수록 생산성이 점점 더 하락하고, 반대로 평균생산비(생산단가)는 점점 더 오른다는 것이다. 그 대표적 이유는 자원이 한정된 현실 세계에서 생산요소가 동질적이지 않다는 사실에서 찾아볼 수 있다.

㉣ **링겔만 효과가 나타나는 2가지 이유(원인)**

ⓐ 첫 번째 원인은 협업에 참여하는 구성원 개인의 '성취도 부족'이다. 이는 명확한 목표설정이나 구성원 개인별 목표기여도에 대한 보상체계 강화, 무임승차 방지 등으로 해결할 수 있다.

ⓑ 두 번째 원인은 집단구성원별 역할에 대한 효과적인 '조율 부족'이다. 화려한 스타플레이어로 구성된 팀도 서로 팀워크가 부족하면 패배할 수 있다. 일반적으로 다양성보다 단일가치를 추구하는 집단일수록 '팀워크'의 중요성은 높아진다.

ⓜ 시너지 효과(Synergy Effect)
링겔만 효과의 반대말은 '시너지 효과'이다. 이는 전체적 효과에 기여하는 개별 기능의 공동작용과 협동에 기인하는 종합효과, 상승효과를 말한다.

④ 사회적 태만 현상의 발생 원인(Harkins 등의 사회적 태만 현상을 설명하는 전략)

㉠ 할당 전략 : 혼자일 때 더 잘하기 위해 여럿이 모이면 힘을 절약한다는 것이다. 그 이유는 단독 상황에서 잘하는 것이 개인에게 더 중요하기 때문이다.

㉡ 최소화 전략 : 가능한 힘을 아껴서 목표를 달성하려는 성취동기가 있다는 것이다. 집단 상황에서는 개인의 책임이 줄어들기 때문에 개인은 태만해지기 쉽다.

㉢ 무임 승차 전략 : 남들의 노력에 편승해서 공짜로 혜택을 받기 위해 자신의 노력을 줄인다는 것이다.

㉣ 반무임 승차 전략 : 열심히 노력을 하지 않는 사람들이 무임 승차를 하는 것을 원하지 않기 때문에 자신도 노력을 하지 않는다는 것이다.

- 링겔만 효과(Ringelmann effect) : 집단 구성원 숫자가 많아질수록 집단에 속한 개인의 수행이 감소하는 현상
- 사회적 태만(Social loafing) : 집단 속에서 개인이 동기가 낮아져 100% 이하로 노력하는 현상

2. 사회적 태만의 극복 방안(Gould & Weinberg의 집단 상황에서 개인의 동기수준이 감소된 사회적 태만을 줄이기 위한 4가지 전략)

(1) 개인 노력의 확인

사회적 태만은 개인 노력의 확인과 평가에 따라 달라진다. 팀 속에서 개인이 얼마만큼의 노력을 했는지 확인할 수 있다면, 개개 선수는 더 이상 익명으로 남을 수 없기 때문에 사회적 태만이 줄어든다.

(2) 사회적 태만 허용 상황의 규정

훈련 중에 선수의 태만을 어느 정도 허용하는 강약을 조절하는 훈련을 통해 사회적 태만을 막고 최상의 팀 전략을 유지할 수 있다.

(3) 선수와 대화하기

개개 선수들이 태만한 행동을 보이는 수많은 이유를 알기 위해 선수와 대화를 나눌 필요가 있다.

(4) 개인의 공헌 강조하기

각자가 팀에서 어떤 책임이 있고, 팀을 위해 무슨 일을 할 수 있는지를 생각할 수 있는 기회를 자주 마련해 주어야 한다.

사회적 태만을 극복하기 위해 필요한 전략(Weinberg & Gould)
• 개인의 노력 확인 • 개인의 공헌 강조 • 사회적 태만 허용상황 규정 • 선수와 대화 • 소집단 구성하기 • 포지션 변경 • 긍정적으로 귀인하기

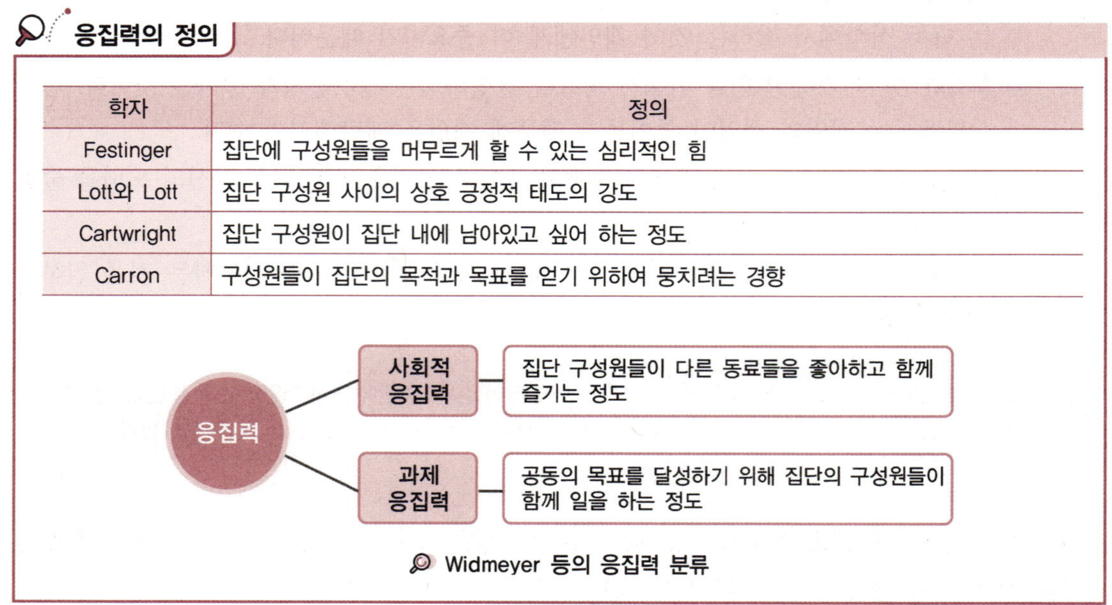

응집력의 정의

학자	정의
Festinger	집단에 구성원들을 머무르게 할 수 있는 심리적인 힘
Lott와 Lott	집단 구성원 사이의 상호 긍정적 태도의 강도
Cartwright	집단 구성원이 집단 내에 남아있고 싶어 하는 정도
Carron	구성원들이 집단의 목적과 목표를 얻기 위하여 뭉치려는 경향

Widmeyer 등의 응집력 분류

3. 집단 응집력 이론

(1) 응집력의 의미

① 집단의 성원을 집단에 머무르도록 작용하는 힘들의 총합이다.

② 응집력의 개념은 다음과 같은 몇 가지 특징을 함축하고 있다.

㉠ 응집력은 다차원적인 개념이다. 다차원적이라 함은 팀 성원을 한 데 묶어주는 요인이 다양하다는 뜻이다.

㉡ 응집력은 역동적인 것이다. 응집력은 시간에 따라 어느 정도 변화하며, 팀의 발전 단계에 따라 응집력에 영향을 미치는 요인이 달라진다.

㉢ 응집력은 수단적인 것이다. 스포츠 팀도 나름대로의 목표가 있으며, 사교적인 모임이라도 집단 형성의 배경에는 유대 강화와 같은 수단적인 목표가 있기 때문에, 응집력의 특징인 수단성은 집단이 형성되는 동기가 된다.

㉣ 응집력은 정서적 측면이 포함된다. 군대, 직장, 프로 스포츠 팀과 같이 지극히 과제 지향적인 집단에서도 성원들 사이의 상호 작용과 의사소통의 결과로 대인관계 응집력이 나타나게 된다.

(2) 응집력의 결정 요인과 결과

응집력은 상황 요인, 개인 요인, 리더십 요인, 팀 요인에 의해 결정된다. 과제 측면과 사회 측면은 집단의 구성원이 어떤 이유 때문에 집단에 머무르려고 하는가를 구분하는 것이다. 과제 측면은 집단의 과제나 목표를 달성하기 위해 집단에서 활동하는 것을 의미한다. 사회 측면은 집단의 과제 달성보다는 사회적인 유대 관계가 큰 목적이 된다. 따라서 응집력은 4가지의 차원으로 나누어질 수 있다. 이들 각각의 차원은 독립적으로 또는 통합적으로 팀의 성원을 단결시키는 역할을 한다.

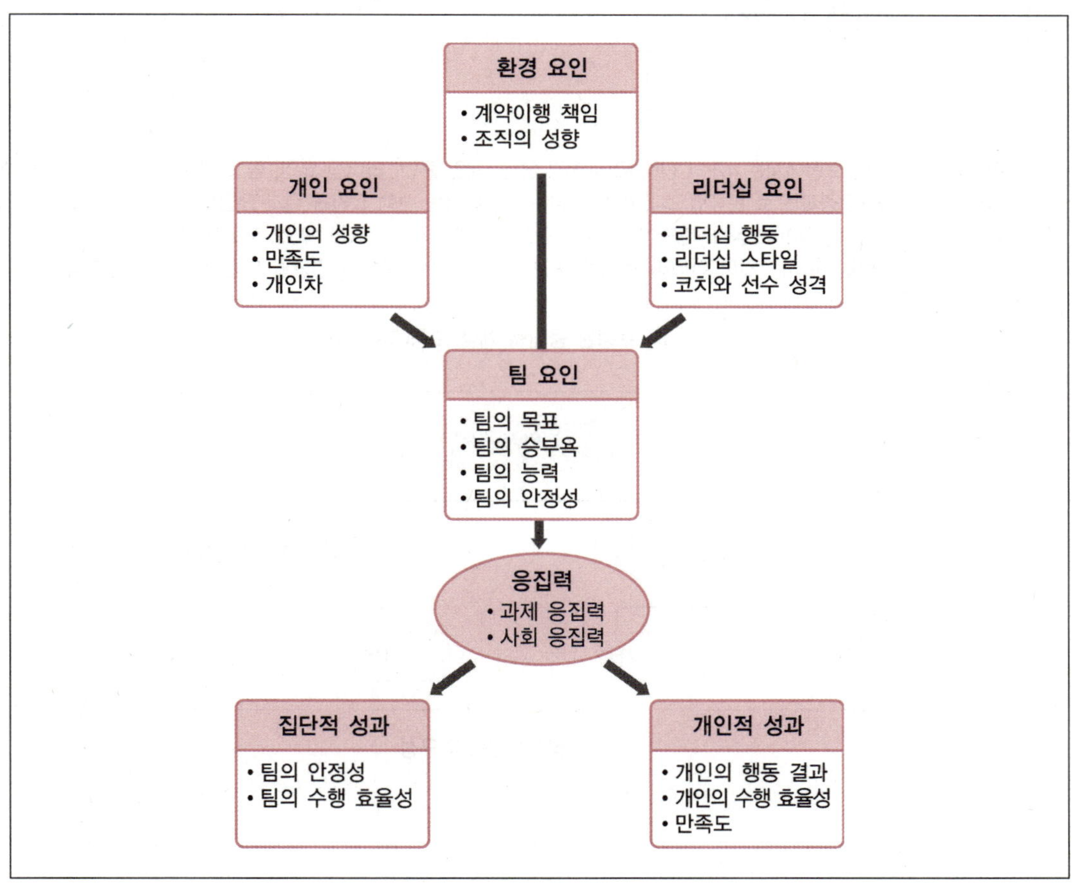

응집력 개념 모형(Carron)

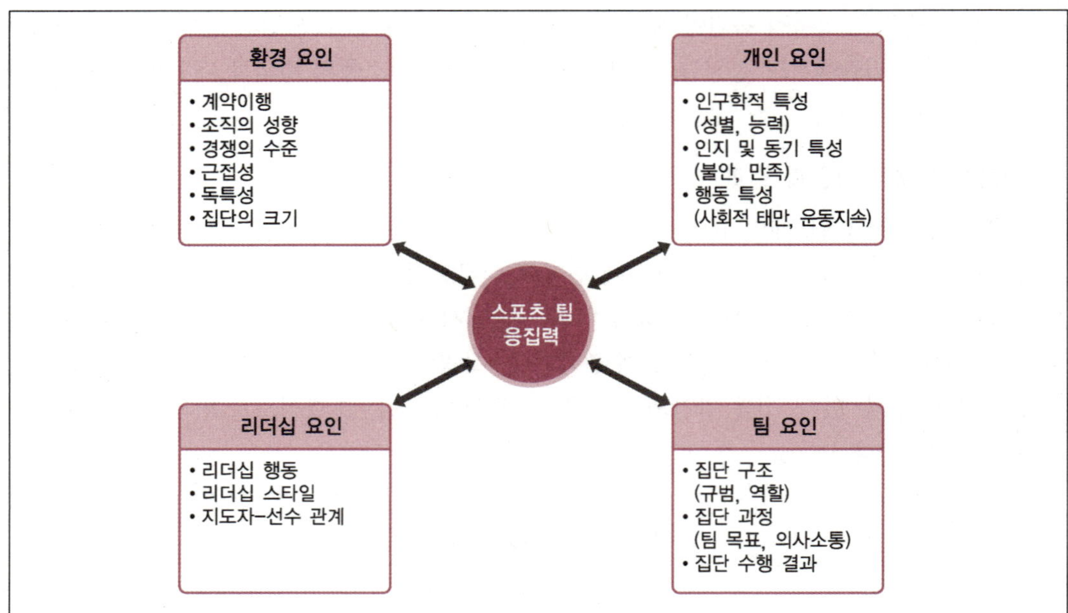

초기 응집력 개념 모형에서는 4개의 선행 요인(환경 요인, 개인 요인, 리더십 요인, 팀 요인)과 2개의 결과 요인(집단적 성과, 개인적 성과)으로 분류했으나, 이후 수정된 모형에서는 선행 요인과 결과 요인의 분류를 없애고, 요인들과 응집력 간에 역동적이며 상호작용적인 관계를 강조했다(Carron & Eys). 이는 지도자-선수 관계가 응집력에 일방적으로 영향을 미치는 것이 아니라 응집력 또한 지도자-선수 관계에 영향을 미친다는 것을 말한다.

수정된 응집력 개념 모형(Carron)

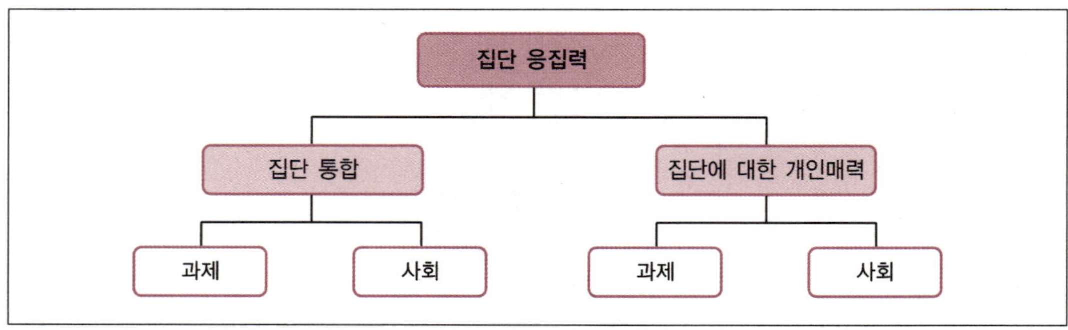

집단응집력의 구성

집단생활 차원과 집단목표 차원의 관계

집단생활 / 집단목표	팀에 대한 선수의 지각	
	개인적 매력	집단 통합
과제	과제완성 욕구를 만족시키기 위한 팀에 대한 유대감	과제완성 욕구를 만족시키기 위한 전체로서 팀의 유대감
사회	사회적 욕구를 만족시키기 위한 팀 성원에 대한 유대감	사회적 욕구를 만족시키기 위한 전체로서 팀의 유대감

차원	집단환경질문지(GEQ)
집단에 대한 개인매력-과제차원	• 나는 우리 팀의 연습량에 대해 불만이다. • 나는 우리 팀의 승부욕에 대해 불만이다. • 우리 팀은 나의 개인기를 향상시킬 충분한 기회를 안 준다. • 나는 우리 팀의 플레이 스타일을 좋아한다.
집단에 대한 개인매력-사회차원	• 나는 우리 팀 선수들이 어울려서 놀 때 끼고 싶지 않다. • 나는 시즌이 끝나도 우리 팀 선수들이 그립지 않을 것 같다. • 나는 절친한 친구가 우리 팀에 있다. • 나는 우리 팀 동료보다는 다른 친구들이 좋다. • 우리 팀은 내가 속한 가장 중요한 단체 중의 하나이다.
집단통합-과제차원	• 우리 팀은 팀 목표를 달성하기 위해 일치단결한다. • 시합에서 지거나 잘못하면 선수 전체가 책임을 지는 편이다. • 우리 팀 선수들은 팀의 목표에 대해 의견을 달리한다. • 연습 중에 한 명이 실수하면, 선수 전원이 도와주려고 한다. • 우리 팀 선수들은 다른 사람이 맡은 책임에 대해 자유롭게 말하지 않는 편이다.
집단통합-사회차원	• 우리 팀 선수들은 같이 어울리는 것보다 각자 노는 것을 좋아한다. • 우리 팀 선수들은 함께 어울리는 경우가 거의 없다. • 우리 팀은 시합이나 연습이 없는 기간에도 함께 어울릴 것이다. • 연습이나 게임이 끝나면 우리 팀 선수들은 같이 어울리지 않는다.

팀의 응집력을 향상시키기 위한 방안
• 팀의 정체감을 발전시킨다. • 집단의 구조를 명확하게 한다. • 실현가능한 구체적 목표를 세운다. • 원활한 의사소통이 이루어지도록 한다. • 팀 동기를 높인다.

(3) Cartwright의 집단 응집력의 이론적 모형

① 집단의 응집력에 대하여 가장 포괄적인 관계를 도식화하여 제시하였다.

② 이 모형의 특징은 집단 응집력의 원인과 결과를 연관시켜 설득력 있게 설명하고 있다는 점이다.

③ Cartwright의 집단 응집력 이론적 모형

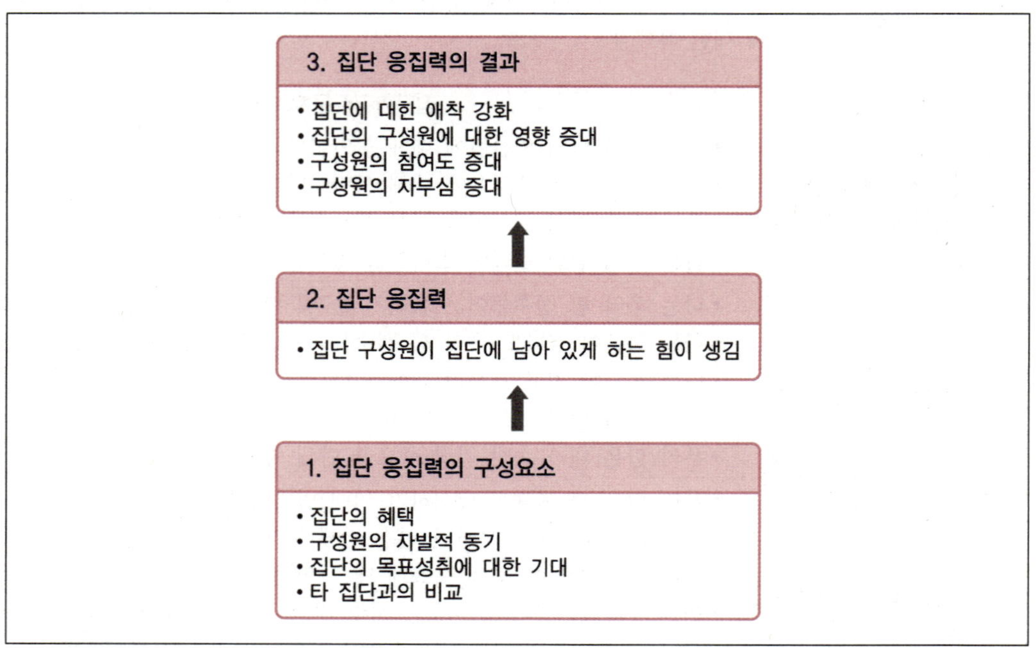

(4) Carron의 스포츠 팀 응집력의 개념적 체계

① Carron은 스포츠 팀에서 응집력의 선행 조건과 응집의 결과를 구체화한 개념적 모델을 발전시켰다.

② Carron의 개념적 체계는 스포츠 팀에서 응집력의 역할을 분명히 밝히고 연구의 틀을 제공하는데 기여하였다.

③ Carron이 제시한 4가지 선행 조건은 환경적, 개인적, 리더십, 팀 요인으로 구성된다.

㉠ 환경적 요인은 가장 보편적이고 간접적인 요인들이며, 어린이의 야구 프로그램에서 경기 시간을 구체적으로 명시한 NCAA의 선수 모집 규칙과 같은 계약이나 법규 등이 이에 포함된다.

㉡ 개인적 요인들은 팀 구성원들의 개인적 특성들이고, 리더십 요인은 코치 행동을 일컫는다.

㉢ 환경적, 개인적, 리더십 요인들은 모두 가장 구체적인 선행 조건인 팀 요인들에 기여한다.

㉣ 팀 요인들은 집단 과제의 특성, 규범, 안정성과 같은 집단 자체의 특성이 포함되어 있다.

ⓜ Carron은 이러한 모든 요인들이 응집력에 기여하며 정적인 특성이라기보다는 동적인 과정으로 설명하고 있다.

④ 응집력은 최소한 두 차원으로 분화된다. 팀 목표와 수행 목표에 헌신하는 힘인 과제 응집력과 우정, 친화, 사회, 정서적 고무와 같은 대인간의 관심사를 지칭하는 사회적 응집력으로 분화하였다.

응집력의 측정

- 집단 구성원의 대인간 인력을 측정하는 방법으로 집단 구성원간의 우정의 정도를 반영하며, 따라서 인력이 강하면 강할수록 그 집단은 응집력이 강해진다.
- 집단 전체로서 매력의 정도를 측정하는 방법으로 집단 구성원간의 우정에 초점을 맞추기보다는 구성원들이 집단에 대해 갖는 매력에 초점을 둔다.
- 개인이 집단 속에 남아 있으려는 의욕을 측정하는 방법이다.
- 집단에 대한 친밀감 또는 동일시 정도를 측정하는 방법으로 소속감의 정도를 측정한다.
- 이상에서 측정되는 여러 요인을 적절한 비율로 모두 측정한 후 그들의 점수를 이용하여 응집력의 정도를 나타내는 합성 지수를 사용하는 방법이다. 실제로 스포츠 현장에서 쓰이는 표준화된 집단 응집력의 측정 도구는 이 방법을 사용한다[측정 도구: 스포츠 응집력 설문지(SCQ), 다차원 스포츠 응집력 질문지(MSCI), 집단 환경 질문지(GEQ), 팀응집력 질문지(TCQ) 등].

교우도(sociogram)

- 질문지는 팀의 전반적인 응집력 수준을 간편하게 알 수 있지만, 팀 내에 구성원 중에서 누가 같이 어울리고 누가 서로 싫어하는지를 알기는 힘들다.
- 팀 내에 파벌이 형성되어 있는지, 어떤 선수들끼리 서로 좋아하는지 등의 관계 특성을 알고자 할 때에는 질문지보다는 교우도가 더 적합하다.
- 교우도는 응집력 중에서 사회 응집력을 측정하는 도구로서 이를 통해 구성원들 사이의 대인관계를 다각도로 파악할 수 있다.
- 교우도를 이용하면 파벌의 존재 여부, 집단 내에서 교우 관계, 고립된 구성원의 존재 여부, 집단에 대한 매력 정도 등에 관한 정보를 파악할 수 있다.
- 교우도를 만들기 위해서는 같이 연습하고 싶은 선수 3명, 그리고 같이 연습하고 싶지 않은 선수 3명의 이름을 적게 하면 된다. 선수들의 응답에 대해서는 비밀을 보장해주는 것이 중요하고, 솔직하게 답변하는 분위기를 만들어 주는 것도 중요하다.

4. 응집력과 수행의 관계

(1) 스포츠 종목에 따른 과제 응집력 요구 수준

집단 분류	상호 협력 집단	상호 협력 – 상호 반응 집단	상호 반응 집단
상호 의존성	낮은 단계	중간 단계	높은 단계
종목	공행 종목 양궁, 골프, 레슬링, 육상(필드), 사격, 스키, 스키점프, 볼링	공행–상호작용 종목 미식축구, 조정, 줄다리기, 육상(트랙), 야구/소프트볼, 피겨스케이팅, 수영(계주)	상호작용 종목 농구, 필드하키, 아이스하키, 럭비, 축구, 핸드볼, 배구
집단 응집력의 필요 정도	낮음	중간	높음

(2) 응집력에 영향을 미치는 심리적 요인

① 팀의 응집력은 개인의 만족도에 영향을 미친다.

② 응집력이 높은 팀은 동조와 응종(외부 압력이나 명령에 복종하는 행동) 수준이 높다.

③ 팀의 안정성이 높을수록 응집력이 강하다.

④ 응집력은 역할 수용 및 역할 명료성과 관계가 있다.

(3) 건강 운동 상황에서 집단 응집력을 향상시키는 방안(Carron & Eys, Loughead & Bloom)

요인	사례
독특성	팀 명칭 만들기, 팀 티셔츠 만들기, 팀 포스터나 슬로건 붙이기
개인 위치	체력 수준에 따른 수영장 레인 구분, 실력에 따라 동작 바꿔주기, 위치 선택권을 부여하기
집단 규범	구성원 상호 간 자기 소개, 운동 파트너 역할 해주기, 팀 목표 설정하기
개인 공헌	2~3인이 그날의 목표 정하도록 부탁하기, 신입 회원 도와주기
상호작용	서로 소개하고 파트너와 함께 운동하기, 옆 사람에게 자신을 소개하기

5. 팀 구축(team building)

(1) 팀 구축의 개념과 중요성

① 팀 구축이란 팀 과정 혹은 팀 상승효과에 긍정적인 영향을 미침으로써 팀 경기력을 향상시키는 팀 개입이다.

② 팀 구축은 과정상의 개입이며, 과정 개입이란 개인과 집단이 그들의 행동과 관계에 도움을 주는데 초점을 둔 활동이며, 특히 팀 구축은 팀 과정을 향상시키고 개인 및 팀의 성향을 증대하여 과제와 관련된 작업 구조를 수정하는데 초점을 둔다.

③ Hanson과 Lubin은 팀 내의 문제점을 해결하고 모든 팀 구성원의 자원을 최대화할 수 있는 팀의 환경을 만드는 노력이라고 정의하였다.

④ 팀 구축은 효과적인 팀워크가 부족하거나 수행의 향상을 방해하는 장애물이 존재하는 팀에게 특히 필요하다.

(2) **팀 구축 모형**(Prapavessis, Carron & Spink)

① 선행변인, 과정변인, 결과변인으로 구성되어 있다.

㉠ **선행변인**: 팀의 환경(근접성, 독특성 등), 팀의 구조적 변인(팀의 규범, 리더십, 역할의 명확성)

㉡ **과정변인**: 협동, 희생, 목표, 상호작용 및 의사소통 등과 같은 팀의 과정

㉢ **결과변인**: 팀의 응집력(과제, 사회응집력)

② 팀의 환경과 팀의 구조는 팀의 과정에 영향을 미치며, 팀의 과정은 팀의 응집력에 영향을 미친다.

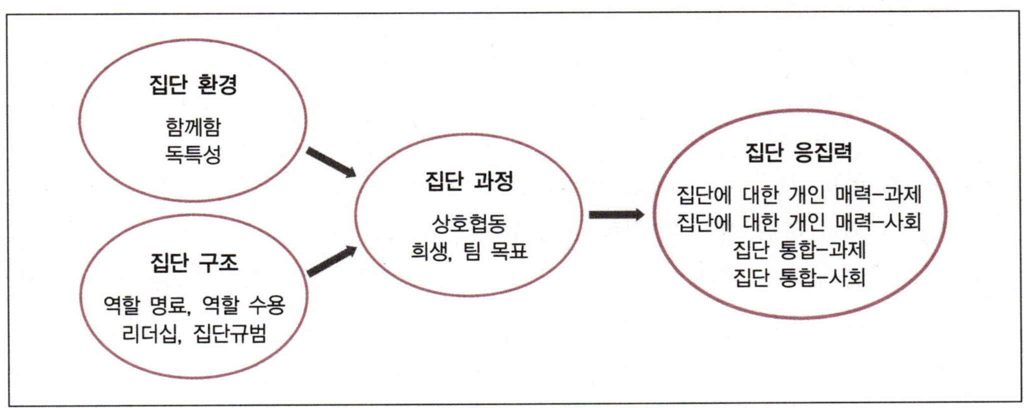

팀 구축 프로그램 적용을 위한 개념 모형(Prapavessis, Carron, Spink)

③ 팀 구축 모형의 장점

㉠ 복잡한 개념을 단순화하고 더욱 이해가 쉽게 만들어 코치와의 의사소통에 긍정적인 영향

㉡ 팀 구축과 관련된 다양한 요인 간의 관계를 강조

㉢ 가능한 한 팀 구축 개입 프로그램을 쉽게 구별

④ 조직심리학에서의 팀 구축 전략

㉠ 목표 설정

ⓐ 팀은 하나의 목표를 추구한다. 따라서 팀 구성원들에게 집단의 목표를 분명히 알려 줄 때, 팀은 더욱 효과적으로 기능한다.

ⓑ 만약 팀의 전체적인 목표가 없다면, 팀의 사명과 비전에 대한 목록을 개발해야 한다. 팀의 전체적인 목표가 명료해지면, 목표를 달성하기 위해 완수해야 할 과제들을 명백히 설정해야 한다.

ⓒ 일반적으로 목표가 명시되고 그 목표에 도달하는 진척사항이 정기적으로 피드백되면, 집단은 더 효과적으로 기능하게 된다.

㉡ 역할 규정

ⓐ 팀 구성원들이 자신의 역할에 요구되는 사항들을 이해하면, 팀은 더욱 효율적으로 목표를 향해 전진할 수 있다.

ⓑ 팀이 목표를 향해 나아가는 동안 성원들은 자신의 역할에 대해 스트레스를 받을 수 있다. 이것은 구성원의 책임이 애매하거나, 자신의 역할과 관련된 의무에 대해 다른 동료들이 오해할 때 생길 수 있다. 따라서 집단 구성원들의 역할과 책임에 대해 명백히 규정하는 것이 중요하다.

㉢ 대인 과정 분석

ⓐ 팀 구성원들은 동료들의 노력과 자신의 노력을 통합하는 방법을 배워야 한다.

ⓑ 구성원들은 집단의 의사소통과 의사결정 절차, 권력의 원천, 비공식적 규범, 성원 간의 여러 갈등 등을 이해해야 한다.

㉣ 응집력 구축

ⓐ 대부분의 팀 스포츠에서는 팀원 전체가 하나가 되어 수행을 할 때까지 꾸준히 훈련을 해야 하며, 개인적 성취에서 팀의 성공으로 목표가 변화되어야 한다. 따라서 코치는 팀 정신을 촉진시킬 수 있는 상황을 만들어내야 한다.

ⓑ 또한, 선수들로 하여금 집단의 목표를 세우도록 격려하고, 팀의 약점을 찾아내 수정해야 하며, 팀 구성원들이 협력하고 통합되도록 이끌어야 한다.

ⓒ 팀 구축은 대인신뢰, 협동, 집단정체감의 발달을 고취시킴으로써 집단의 사기를 강화해야 한다.

⑤ 스포츠 환경에서 팀 빌딩 프로그램의 기본 원칙(Prepavessis 등)

범주	요인	전략
집단 환경	함께함(togetherness)	구성원들이 물리적으로 서로 밀접한 접근성을 지닐 때 응집력이 향상된다(동료와 함께 카풀해서 훈련장에 출근).
	독특성	다른 팀과 구별된다고 느끼는 생각이 팀 응집력 향상에 기여한다(팀 로고가 새겨진 유니폼 제공, 팀의 방향성 공유, 팀의 역사와 전통 강조).
집단 구조	역할 명료성과 역할 수용	응집력은 팀 내에서 구성원들이 역할을 명료하게 이해하고, 역할을 수용하고 만족할 때 향상된다(구체적으로 개인 포지션과 역할에 관한 주간 회의).
	리더십	주장의 행동은 팀의 과제 및 사회응집력에 영향을 미치며, 참여적 코칭 리더십 스타일은 응집력 향상에 기여한다(팀의 주장과 부주장과 팀 관련 사안에 대해 대책회의).
	집단 규범	집단규범은 변화에 대해 보수적이며, 집단의 사회 및 업무 규범에 대한 준수는 응집력 향상에 기여한다(집단 규범 준수를 위한 공통적인 인식과 헌신 요구).

집단 과정	상호협동	상호협동은 개인주의 및 경쟁적 행동보다 팀 또는 개인의 수행력에 더 긍정적인 영향을 미치며, 응집력 향상에 기여한다(동료 간에 기술적·전술적 조언 장려).
	개인 희생	지위가 높은 구성원의 희생은 응집력 향상에 기여한다(팀의 주장이나 베테랑이 신입 선수가 팀에 잘 적응할 수 있도록 도움).
	목표와 목적	집단목표는 개인목표보다 팀 성공에 강하게 영향을 미치며, 목표설정 시 구성원의 참여가 응집력 향상에 기여한다(팀 과정, 수행력, 결과 목표 설정을 위한 팀 전체 주간 회의).

6. 팀워크(Teamwork)

① 팀 응집력과 유사한 개념인 팀워크는 팀으로서 함께 일하는 협력행위 또는 공동작업으로 정의되며, 팀으로서 또는 공동사건에 대해 집단구성원들이 함께 행동하는 협력적·상호작용적 노력으로 이해할 수 있다(Murphy). 이러한 팀워크의 개념적 정의 속에는 팀이나 팀원의 매력이나 결속력과 같은 추상적 의미보다는 과정을 위한 노력 또는 행위를 나타내는 구체적 의미가 있다.

② 팀에서 팀워크가 실제로 발휘되기 위해서는 팀 성과에 긍정적인 시너지를 창출하게 해주는 수행과 관련된 팀 활성화 측면이 중요하다고 할 수 있다.

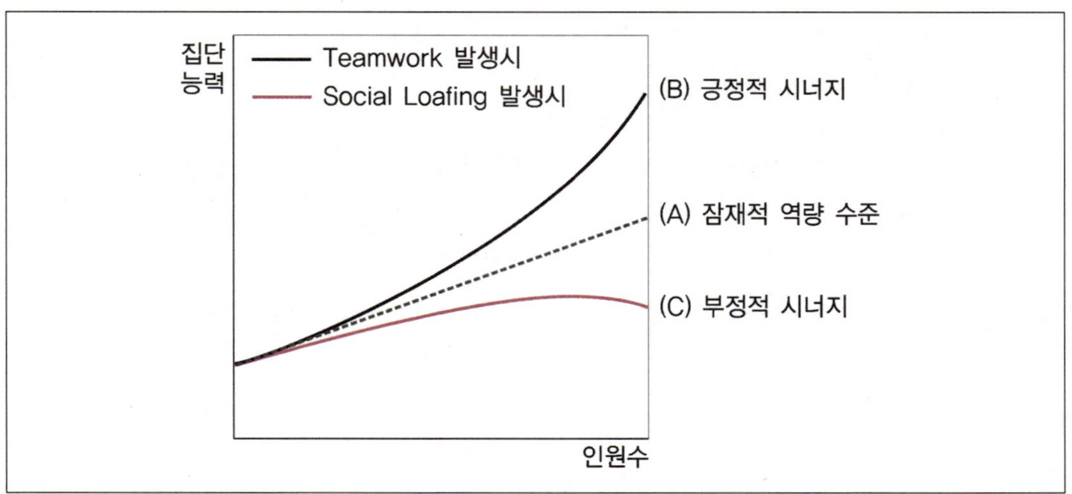

팀 시너지 효과

③ 위의 <그래프>에서 (A)는 각 개인의 능력이 단순 합산된 잠재적인 팀의 역량 수준이며, (B)는 팀워크를 통해 (A) 수준 이상으로 역량이 나타난 경우이고, (C)는 부정적 시너지로 각 개인의 능력이 단순 합산된 수준에도 미치지 못한 경우이다. 따라서, 팀워크는 구성원들 간의 협력적 응집성이 팀 성과에 긍정적으로 작용하도록 수행과 관련된 팀 활성화가 필요하며, 이를 위해 팀 역할이 강조된다.

④ 톰슨(Thompsom)은 성공적인 팀 성과를 얻기 위한 '팀워크 통합모델'에서, '팀 환경', '필수 조건', '팀 성과'를 3가지 핵심 요소라고 제시하였다.

㉠ 팀 환경은 팀이 속한 더 큰 조직 환경과 내부기능 측면에서 팀 디자인과 팀 문화를 말한다.

ⓐ 조직 환경은 수평적 또는 계층적인 조직의 기본구조로 정보, 교육, 보상체계를 포함한다.

ⓑ 팀 디자인 리더십 스타일, 의사전달 방법, 팀원의 기능적 역할, 팀원 훈련, 팀 구성 등과 같이 관찰이 가능한 팀의 구조를 말한다.

ⓒ 팀 문화는 팀워크가 가능하도록 팀원들이 공유하는 집합적 개념으로 팀원들의 수용 가능한 행동방식, 그리고 규범을 들 수 있다.

㉡ 팀 성공을 위한 필수조건으로 팀원은 직무에 필요한 적절한 지식과 기술을 지녀야 한다. 또한, 직무완수를 위한 충분한 동기부여와 노력이 있어야 하며, 팀원 간의 행동과 의사소통에서 조화를 이루어야 한다.

㉢ 팀 성과지표는 생산성, 응집력, 학습, 융합 등 4가지 기준을 근거로 하며, 이를 통해 팀 성과를 평가하게 된다.

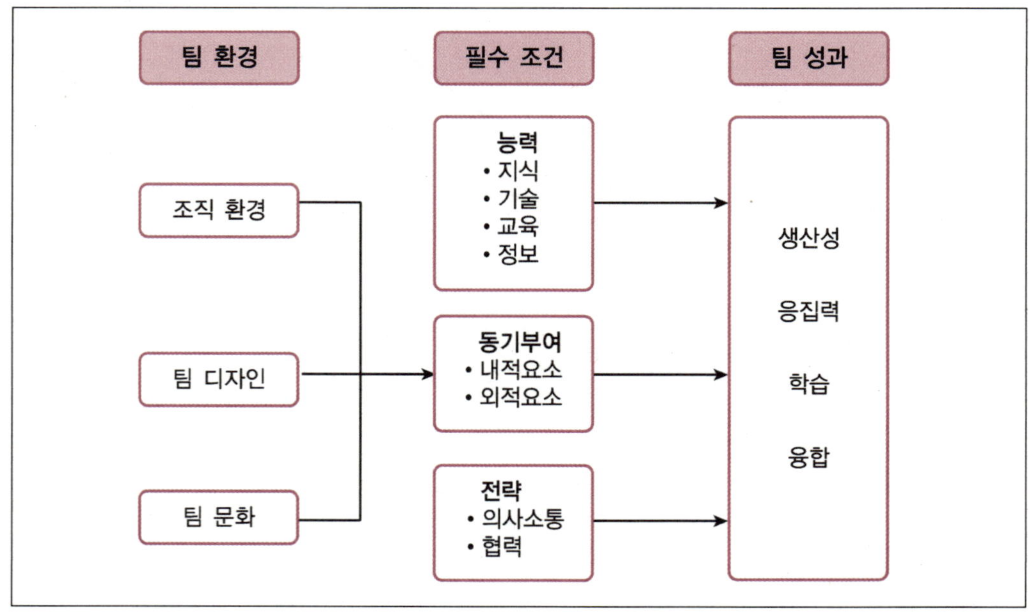

팀워크에 관한 통합 모형(Thompson)

6 공격성과 도덕성

1. 공격성

(1) 공격성의 개념

일반적으로 공격성이란 다른 사람이나 사물에 대해 파괴나 상해를 목적으로 의도적으로 행하여지는 행동, 또는 거칠게 표현되는 정서 반응 혹은 성향으로 정의할 수 있다. 공격행위는 '상처나 고통을 주는 것을 목표로 한 행위'이다.

(2) 공격행위의 종류

① 적대적 공격행위
해를 입힐 의도, 해를 입힐 목적, 분노

② 도구적 공격행위
해를 입힐 의도, 승리할 목적, 분노 없음

③ 주장적 행위(순행적 공격)
해를 입힐 의도 없음, 합법적 행위, 비상한 노력과 에너지

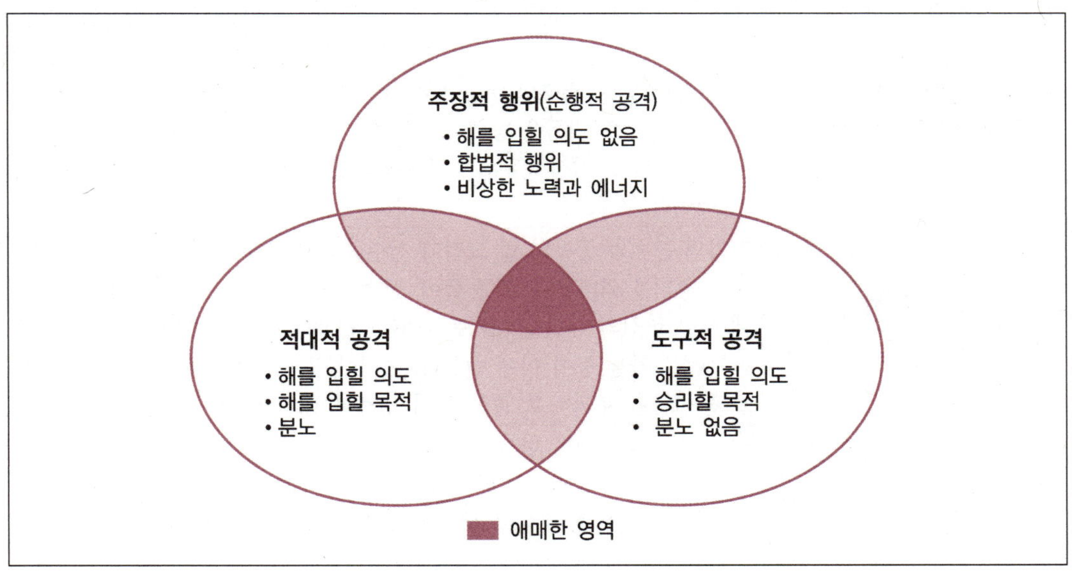

적대적 공격, 도구적 공격, 주장적 행위의 구분

공격성의 2가지 형태(Baron)	
적대적 공격성	• 자신이나 다른 사람을 육체적으로나 혹은 정신적으로 해칠 수 있는 외부로 표현된 신체적, 언어적 행위를 말한다. • 적대적 공격의 일차적인 보상은 공격의 대상에게 가해지는 고통이나 상처 등이다. 즉, 공격 그 자체가 수단이기보다 목적인 것이다. • 적대적 공격은 주로 상대의 자극에 대한 반응으로 발생하기 때문에 분노가 수반된다.
수단적 공격성	• 상대를 해치려는 의도가 있다는 점에서 적대적 공격과 같으나 공격적 행동을 통해 얻으려는 근본적인 목적이 승리, 돈, 칭찬과 같은 보상을 획득하려는 것이기에 분명한 차이가 있다. • 수단적 공격의 일차적인 보상은 금전, 승리 및 칭찬 등이다. 즉, 외부적인 승리, 명예 획득 등의 목표를 달성하기 위한 수단으로 공격적 행동을 행하게 되는 것이다. • 자신이나 자신의 팀의 승리나 이익을 위해 상대선수에게 공격적인 행위를 하기 때문에 분노를 수반하지 않는다.

스포츠 폭력의 유형(Mike Smith)	
격렬한 신체접촉 (brutal body contact)	특정 스포츠에서 흔히 발생하는 신체적 활동으로 선수들 사이에서는 스포츠 참가의 일부로 받아들여지고 있다. 충돌, 가격, 태클, 방해, 부딪힘 그리고 그 외의 다른 부상을 유발할 수 있는 형태의 강한 신체적 접촉이 그 예이다.
경계 폭력 (borderline violence)	경기의 규칙에는 위반되지만 스포츠 윤리의 규범에 부합하며 유용한 경기전략으로서 대부분의 선수들과 코치들에게 받아들여지는 폭력이다. 야구에서의 빈볼성 투구, 축구와 농구에서 팔꿈치나 무릎의 사용, 중장거리 육상선수가 다른 선수의 리듬을 방해하기 위해 행하는 전술적 신체 충돌, 아이스하키에서의 주먹질, 미식축구에서 쿼터백의 갈비뼈를 팔뚝으로 가격하는 것 등이 그 예이다.
유사 범죄 폭력 (quasi-criminal violence)	경기의 규범과 공공의 법 그리고 선수들 사이의 비공식적 규범을 함께 위반하는 행위를 의미한다. 예를 들어, 선수의 신체를 위험에 빠뜨리고 경기 자체에 대한 헌신의 규범을 어기는 비열한 플레이, 레이트 히트, 불시의 공격, 플래그런트 파울 등이 이에 속한다. 이러한 유형의 폭력을 행사한 선수에게는 보통 벌금을 부과하고 출장 정지 징계를 내리게 된다.
범죄 폭력 (criminal violence)	범죄 폭력은 명백히 법을 위반하는 행위로서, 이유를 불문하고 비난을 받게 되고 범죄로 기소된다. 경기 후 그리고 경기 중에 발생한 사전에 계획되어 죽거나 불구에 이를 정도의 심각한 폭행 등이 범죄 폭력에 해당된다.

(3) 공격성 이론

① 생물학적 본능 이론

㉠ 본능적으로 분출되어 나오는 공격 에너지가 공격 행동을 일으킨다는 것이다.

㉡ 이 이론에 의하면 스포츠는 공격 에너지를 사회가 인정하는 방법으로 분출하는 밸브 역할을 한다고 한다(Lorenz).

㉢ 본능 이론의 최대 결점은 공격적인 행동을 나타낸 결과로 공격성이 감소되기보다는 오히려 공격성이 증가된다는 연구결과들이 많다는 것이다.

② 좌절-공격 가설

㉠ 좌절-공격 가설은 공격 행동이 미래의 공격적인 행동을 감소시킨다는 점에서 본능 이론과 유사하며, 공격행위는 언제나 좌절의 결과로 일어나고 좌절은 언제나 공격 행위를 초래한다고 가정한다.

㉡ 목표를 추구하는 행위가 방해를 받을 때 경험하는 좌절이 공격 행동을 일으킨다. 이때 공격 행위가 성공하면 청정효과가 있고, 실패하면 보다 큰 좌절을 경험함으로써 공격 욕구를 증가시킨다는 것이다.

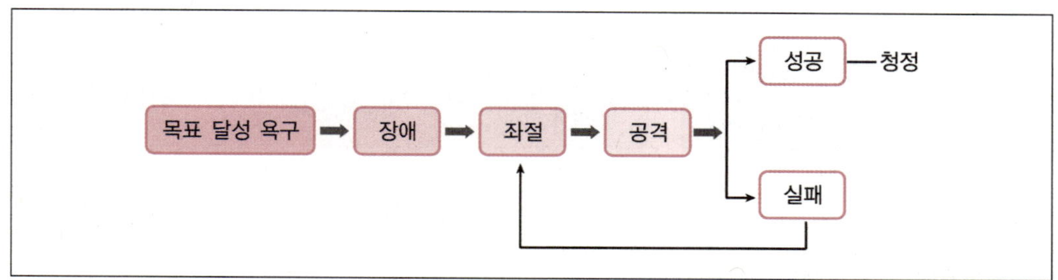

좌절-공격 가설

㉢ 그러나 Dollard가 주장하는 바와 같이 좌절만이 반드시 공격의 원인이 될 수 있고, 좌절이 반드시 공격 행위를 일으키는 것도 아니다.

ⓐ 예컨대 권태로움이나 고통도 공격 행위를 일으킬 수 있고, 좌절한 사람이 공격 행위를 하지 않고 냉담해지거나 포기하거나 우울증에 빠지는 경우도 있다.

ⓑ 이에 따라 좌절-공격 가설은, 좌절이란 공격 행위를 유발하는 여러 자극 중 하나이며, 공격 행위 또한 좌절을 일으키는 여러 가지 반응 중 하나라는 것을 인정하고 좌절-공격 가설을 수정하였다.

ⓒ 수정된 좌절-공격 가설에 의하면 좌절은 공격 행위를 준비시킴으로써 공격 행위가 일어날 가능성을 높인다. 그리고 공격 행위는 좌절을 경험할 때 일어날 가능성이 가장 큰 지배적인 반응이다.

③ 사회학습 이론

㉠ Bandura는 공격적 행동을 포함한 인간의 모든 행동은 모방과 보상에 의해 학습되어 진다고 보고 있다. 그는 인간의 공격적 행동을 생득적인 것이 아닌 학습의 결과로 보고 있다.

㉡ 공격 행위를 환경 속에서 관찰과 강화에 의하여 학습한 것으로 설명한다.

㉢ 개인이 다른 사람의 공격 행위를 관찰하면 이를 모방하는 경향이 있다.

㉣ 더구나 그 행위가 벌을 받지 않고 보상을 받으면 공격 행위는 강화되어 유사한 상황에서 공격 행위를 할 가능성이 커진다.

④ 단서 촉발 이론

㉠ 공격 행위는 내적인 욕구와 학습의 결과로 일어난다. 즉 목표를 성취하려는 행동이 방해받을 때 내적 욕구는 억압을 받으며 이로 인해 좌절을 느끼고 분노를 경험한다.

㉡ 그러나 분노는 곧바로 공격행위를 일으키는 것이 아니라 단지 공격 행위를 준비시킨다.

㉢ 분노가 공격 행위를 일으키느냐 아니면 다른 행동으로 표출되느냐는 상황적 단서에 의해 좌우된다. 상황적 단서가 공격적 행위를 연상시키면 좌절은 공격 행위로 이어지고, 다른 행위를 연상시키면 그 행위가 일어난다는 것이다.

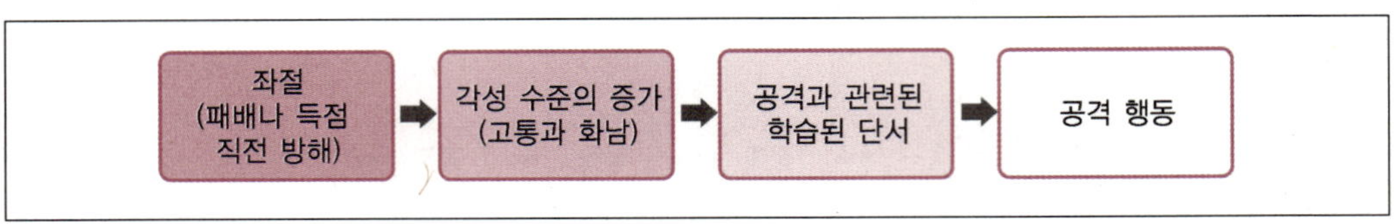

단서 촉발 이론

(4) 스포츠와 공격 행동

① 스포츠 수행과 공격 행동

㉠ 공격 행위는 상대방을 공격하는 데 주의를 집중하도록 하기 때문에 과제로부터 주의를 분산시킨다.

㉡ 공격 행위는 분노나 적개심을 동반하기 때문에 이로 인하여 증가된 각성이 주의의 폭을 지나치게 좁혀 수행을 방해한다.

② 공격 행동의 원인

㉠ **종목의 특성**: 배구나 탁구와 같이 신체적인 접촉이 일어나지 않는 종목은 일반적으로 공격 행동이 많이 나타나지 않으며, 단정적 행동일 가능성이 높다. 그러나 축구, 아이스하키와 같이 신체적인 접촉이 많은 종목은 공격 행동이 자주 일어나며, 적대적 공격과 수단적 공격이 더 많이 사용된다.

㉡ **스코어 차이**: 경기가 팽팽한 접전일 때 공격 행위는 감소하나, 스코어 차이가 많이 날 때는 공격 행위가 증가한다. 경기가 접전일 때 선수들은 공격 행위로 인한 벌칙을 최대한 피하려 하는 경향이 있다. 그리고 스코어 차이가 많이 날 때는 승리한 팀보다는 진 팀이 승리에 대한 좌절감으로 공격 행위를 많이 하는 경향이 있다.

㉢ **초청 경기와 방문 경기**: 상대를 초청하여 경기를 벌일 때보다 상대 팀의 구장을 방문하여 원정 경기를 벌일 때 공격 행위가 더 많이 일어난다. 방문 경기를 할 때 선수들은 상대방뿐 아니라 관중과도 싸워야 하기 때문에 더 민감하게 반응하는 것이다.

㉣ **팀의 순위**: 팀의 순위도 공격 행위와 관련이 있다. 하위 리그에 있는 팀이 상위 리그에 있는 팀보다 공격 행위를 더 많이 한다. 특히 하위 리그에 떨어질 위기에 있는 팀들이 공격 행위를 더 많이 하는 경향이 있다.

ⓜ 경기의 시점: 공격 행위는 시합의 초반보다는 경기가 진행됨에 따라 더 많이 일어난다.

ⓑ 경력과 경기 수준: 경력이 많고 경기 수준이 많을수록 난폭한 공격 행동을 더 많이 한다. 이것은 두 가지 관점으로 해석할 수 있다. 첫째는, 공격적 행동이 스포츠에 참여하는 동안 사회화 과정을 통하여 학습된 것이라는 해석이다. 둘째는, 공격적인 성향이 많은 사람만이 스포츠 경쟁에 살아남을 수 있다는 해석이다. 경력과 경기 수준이 높을수록 공격 행위가 증가하고 있다는 사실은 경력이 쌓여감에 따라 선수들이 페어플레이의 의미를 잃어버리고, 반면에 팀에 최대한의 이익을 줄 수 있는 방향으로 노력해야 하다는 가치관이 내면화된 결과이다.

2. 도덕성

(1) 도덕성의 이론

① 정신분석 이론

도덕성이 발달되어 가는 과정을 자아와의 동일화 과정을 통하여 개인의 초자아 속에 분화적인 규범과 가치가 내면화되는 것으로 본다.

② 사회학습 이론

개인의 도덕성은 사회적 규범을 내면화함으로써 발달하는데, 내면화 과정이 부모와의 동일화 과정을 통하여 이루어지는 것이 아니라, 모델링과 강화에 의하여 이루어진다고 본다.

③ 인지발달 이론(구성주의)

개인을 환경에 의하여 형성된 규범을 받아들이는 수동적 존재로 보지 않고, 환경과의 상호작용을 통하여 자신의 도덕적 철학을 확립해가는 능동적 존재로 본다.

(2) Piaget의 도덕 발달 단계

① 도덕전 단계

규칙 모방의 단계

② 타율적 또는 사실적 도덕성의 단계

정해진 규칙은 수정할 수 없으며, 항상 지켜져야 하는 절대적인 것으로 봄

③ 자율적 또는 상대적 도덕성의 단계

규칙은 절대적인 것이 아니며 서로 합의하면 변경될 수 있는 것

(3) Kohlberg의 도덕 발달 이론

① 수준 Ⅰ: 전인습적 도덕 추리

㉠ 단계 1: 처벌과 복종 지향

㉡ 단계 2: 수단적 쾌락주의

② 수준 Ⅱ: 인습적 도덕 추리

㉠ 단계 3: 착한 사람 지향

㉡ 단계 4: 법과 질서 지향

③ 수준 Ⅲ: 후인습적 도덕 추리

㉠ 단계 5: 사회계약 및 법률적 지향

㉡ 단계 6: 보편적, 윤리적 원리 원칙 지향

(4) 도덕성 발달을 위한 교수 전략

① 선수들에게 상황에 맞게 스포츠맨십을 설명해 준다.

② 스포츠맨다운 행동은 강화하고 격려하며, 공격적인 행동은 벌을 준다.

③ 필름을 통하여 프로경기나 국가대표 선수들의 모범적인 경기를 관람시킨다.

④ 필요한 때 도덕적으로 적절한 행동에 대하여 설명해 준다.

⑤ 실제적으로 부딪치는 도덕적인 곤경 상황에 대하여 토론하고 행동을 선택하게 한다.

⑥ 격한 상황에서 자신의 감정을 자제할 때 격려해 준다.

⑦ 코치나 경기 임원은 선수들의 적개심을 부추길 수 있는 언동을 피한다.

7 강화와 처벌

강화는 어떤 행동이 나타난 다음에 자극을 제시해 줌으로써 미래에 그 반응이 나타날 확률을 높여 주는 것을 가리키며, 처벌은 어떤 행동이 나타날 확률을 감소시키는 자극을 말한다.

1. 강화

(1) 긍정적 강화의 방법

① 효과적인 강화물 선택

㉠ 가장 바라는 강화물을 확인해야 한다.

㉡ 사회형 강화물이 실제 스포츠 현장에서는 가장 널리 이용된다.

② 바람직한 행동을 찾아 강화

결과보다는 수행 과정에 관심을 갖고 강화를 주어야 한다.

③ 강화의 빈도는 초보자에게는 자주, 숙련자에게는 간헐적

초기 단계에서는 강화를 자주 해주고 후기 단계에서 강화의 빈도를 줄이면 최상의 동기와 수행에 이르게 할 수 있다.

④ 강화의 시점은 바람직한 반응 직후
모든 조건이 동일하다고 가정할 때 강화는 가능한 바람직한 반응이 나타난 직후에 줄 때 그 효과가 크다.

⑤ 결과 지식에 대해 제공해 주어야 한다.
피드백으로서의 역할에 해당되며 정보 기능, 강화 기능, 동기유발 기능을 한다.

(2) **강화물의 유형**(Weinberg & Gould)

사회형	• 얼굴 표정: 미소 짓기, 고개 끄덕이기, 윙크하기 • 신체 접촉: 등 두들겨주기, 악수하기, 껴안아주기 • 개인 칭찬: 잘했다, 훌륭했다, 자랑스럽다 등의 칭찬하기 • 기술 칭찬: 구체적 기술(던지기 폼, 백핸드 등)을 칭찬하기 • 손짓, 몸짓: 박수치기, 엄지 들어주기, 만세, 주먹 불끈 쥐기
활동형	자유 연습 시간, 연습 게임, 코치 역할 대신하기, 시범 보이기, 포지션 바꿔서 연습하기, 주장직, 포지션 리더 등
물질형	트로피, 유니폼, 장려금(보너스), 상장, 완장 등
특별행사형	스포츠 영화 감상, 스포츠 시설 견학, 단체 회식, 시합 관람, 프로팀 연습 훈련 참관, 선배 선수 초대 행사 등

2. 처벌

(1) **처벌의 부정적 영향**

① 체벌을 포함한 처벌은 선수들에게 실패 공포를 불러일으킨다.

② 처벌 위주의 지도는 기능 향상을 오히려 방해할 수 있다.

③ 처벌의 효과는 예측 가능성이 낮다.

(2) **처벌 지침**(Weinberg & Gould)

① 동일한 규칙을 위반했을 시에는 누구라도 동일하게 처벌하여 일관성을 지킨다.

② 연습 중에 실수한 것에 대해서는 처벌하지 않는다.

③ 개인적인 감정으로 처벌하지 않는다.

④ 신체활동을 처벌로 사용하지 않는다.

⑤ 처벌이 보상의 일종이나 관심을 끄는 데 사용되지 않도록 주의한다.

⑥ 규칙 위반에 관한 처벌 규정을 만들 때, 선수들의 의견을 반영한다.

⑦ 처벌이 필요한 선수에게 처벌의 이유를 확실하게 설명한다.

⑧ 전체 선수들 앞에서 개개인 선수를 처벌하여 창피를 주지 않는다.

⑨ 처벌을 자주하는 것은 좋지 않지만, 처벌이 불가피할 시에는 단호하게 처벌한다.

⑩ 개인적인 잘못을 집단 전체의 잘못으로 돌리지 않는다.

⑪ 나이를 고려해서 처벌을 내린다.

⑫ 사람이 아니라 행동을 처벌한다. 즉, 미워서 처벌하는 것이 아니라 행동 변화를 위해서 처벌을 한다는 점을 강조한다.

(3) 처벌의 제한적인 효과

처벌의 효과적인 사용을 위해서는 다음 사항들을 참고해야 한다(Weinberg & Gould).

① 도덕적인 이유를 바탕으로 조건부적인 처벌은 부정행위나 범법행위를 방지하는 데 적합하다.

② 잘못된 행동을 보이는 선수들을 처벌함으로써 팀 내 다른 선수들에게 행동에는 책임감이 따른다는 생각을 심어준다.

③ 부적절한 행동을 처벌함으로써 팀 내 다른 선수들에게 팀 규율을 어기면 똑같은 처벌을 받는다는 교훈을 준다.

강화와 처벌의 구분 예
• 연습할 때 실수를 많이 해서 운동장 돌기를 했다. → 정적 처벌 • 팀 전체가 분발한 결과로 연습 후에 운동장 뛰는 것을 안 했다. → 부적 강화 • 멋진 다이빙 캐치를 해내자 박수를 치고 "잘했다"고 말한다. → 정적 강화 • 팀의 훈련 규칙을 위반한 선수를 연습시간 내내 벤치에 앉혀둔다. → 부적 처벌 • 연습과 이전 시합에서 두드러진 활약을 한 선수를 주장으로 임명한다. → 정적 강화 • 선수가 잘못하면 눈살을 찌푸리고, 잘 하면 미소를 지어준다. → 정적 처벌, 정적 강화

3. 코칭 행동

(1) 긍정적 강화

긍정적 강화는 선수가 바람직한 수행을 하거나 바람직한 행동을 보였을 때 코치가 보여주는 긍정적인 반응으로 선수의 행동을 강화하는 기능을 한다.

(2) 무강화

무강화는 선수가 바람직한 행동을 한 것을 보고도 코치가 이에 대해 강화나 격려를 해주지 않는 경우를 말한다.

(3) 실수 관련 격려

선수가 실수를 했을 때 격려해 주면 실수 관련 격려에 해당된다.

(4) 실수 관련 기술 지도

실수한 선수에게 어떻게 그 동작을 정확하게 할 수 있는지 설명해 주거나 시범을 보여주면 실수 관련 기술 지도가 된다.

(5) 처벌

처벌은 선수가 바람직하지 못한 행동, 즉 실수를 했을 경우 코치가 보여주는 부정적인 반응을 의미한다.

(6) 처벌적 실수 관련 기술 지도

실수 관련 기술 지도와 처벌이 동시에 일어난 경우 처벌적 실수 관련 기술 지도라 한다.

(7) 실수 무시

선수나 팀이 실수를 한 경우에 긍정적이건 부정적이건 코치가 아무런 반응을 보이지 않을 경우 실수 무시가 된다.

(8) 통제 유지

선수들이 장난을 할 경우 질서를 유지하고 주의를 환기시키기 위한 코치의 반응이 통제 유지이다.

(9) 일반적 기술 지도

코치가 보이는 자발 행동으로 해당 종목과 관련된 기술과 전략에 관한 지도나 설명을 해주는 것을 일반적 기술 지도라 한다.

(10) 일반적 격려

실수와 관계없이 미래 지향적으로 주어지는 격려를 의미한다.

(11) 조직

타격 순서, 후보 선수, 포지션 등을 선수에게 재확인시켜 주는 것처럼 게임과 직접 관련이 없는 행정적인 행동을 말한다.

(12) 일반적 의사 소통

게임 상황이나 팀의 활동과는 관계없는 선수와의 상호 작용을 일반적 의사 소통이라 한다.

코칭행동의 평가

1. 코칭행동평가체계의 코칭행동 분류

분류	정의
CLASS 1. 반응적인 행동	
수행 목표 달성에 대한 반응	
강화	훌륭한 경기 또는 많은 노력에 대해 언어적 또는 비언어적으로 제공하는 긍정적이고 보상이 되는 반응
무강화	훌륭한 수행에 반응하지 않음
실수에 대한 반응	
실수에 대한 격려	실수에 대해 선수에게 주어지는 격려
실수에 대한 기술지도	실수를 수정하는 방법을 선수에게 지도하거나 시범을 보임
처벌	실수에 대해 언어적 또는 비언어적으로 표시하는 부정적인 반응
처벌적인 기술지도	실수에 대해 처벌적이고 적대적인 방식으로 가해지는 기술적 지도
실수를 무시함	실수에 대해 반응하지 않음
나쁜 행동에 대한 반응	
통제를 유지함	팀 멤버 사이의 질서를 회복시키거나 유지하려는 반응

CLASS 2. 자발적인 행동	
경기와 관련 있는 행동	
일반적인 기술지도	(실수에 따른 것이 아닌)해당 스포츠의 기술과 전략에 대한 자발적인 지도
일반적인 격려	(실수에 따른 것이 아닌)자발적인 격려
조직과 관리	의무와 책임, 포지션 등을 부여함으로써 경기에 대한 활동 범위를 설정하는 행동
경기와 무관한 행동	
일반적인 의사소통	경기와 무관한 사항에 관한 상호 작용

2. 코칭행동평가체계 활용

코칭행동평가체계를 이용하여 코칭활동을 평가할 때에는 코칭활동수준(Activity Level, AL), 강화일관성(Reinforcement Consistency, RC), 실수에 대한 반응(Reaction to Mistake, RM) 등의 지표(index)를 계산할 수 있다. Smith 등와 연구진(1977)은 안내서, 시청각 자료 활용, 기록, 코딩 등 코칭행동 관찰자의 훈련을 권장하며, 관찰자 간 신뢰도(interrater reliability)의 중요성을 강조하였다. 관찰자 A와 관찰자 B가 동일한 장면을 관찰했음에도 불구하고 그 기록이 다르다면 관찰자의 신뢰도는 입증할 수 없기 때문이다. 코칭행동평가체계를 이용한 구체적인 코칭행동 평가 방법은 다음과 같다.

$$\text{코칭활동수준(AL)} = \frac{\text{전체행동} - (\text{무강화} + \text{실수무시})}{\text{전체 관찰시간(분)}}$$

코칭활동수준은 전체 관찰시간(분)에서 관찰된 전체 행동의 빈도(무강화와 실수무시는 제외)의 비율을 말한다. 예를 들어, 60분간의 연습시간에 무강화와 실수무시를 제외하고 총 120회의 코칭행동이 관찰되었다면 코칭활동수준은 120/60 = 2.0이 된다.

$$\text{강화일관성(RC)} = \frac{\text{긍정적 강화}}{\text{긍정적 강화} + \text{무강화}}$$

강화일관성이란 긍정적 강화를 해 주어야 할 때에 긍정적 강화를 얼마나 일관되게 실시하는가의 정도를 말한다. 즉, 긍정적 강화의 빈도를 긍정적 강화와 무강화 빈도의 합으로 나눈 값을 말한다. 값이 1에 가까울수록 강화일관성이 높다.

실수에 대한 반응(RM) = 실수관련 격려, 실수관련 기술지도, 처벌, 처벌적 실수 관련 기술지도,
실수 무시 등이 실수에 대한 전체반응에서 차지하는 비율

실수에 대한 전체 반응에서 실수관련 격려, 실수관련 기술지도, 처벌, 처벌적 실수관련 기술지도, 실수무시 등의 범주가 차지하는 비율을 파악할 수 있다. 이를 통해서 지도자가 실수에 대한 코칭행동을 파악할 수 있다.

8 관중 효과

1. 사회적 촉진의 개념

타인의 존재가 과제 수행에 미치는 효과를 관중 효과 또는 사회적 촉진이라고 한다. 즉, 과제 수행 결과에 영향을 미치는 외적 요인 중의 하나인 관중의 존재가 수행 결과에 정적 혹은 부적인 영향을 미치는 힘을 사회적 촉진효과라고 한다.

2. 사회적 촉진이론

(1) 단순 존재 가설(Zajonc)

① 타인이 존재할 때 수행자는 그들이 자신에게 어떤 반응을 기대할지 모르기 때문에 경계반응이 자극되어 각성 수준이 오르며 이것이 우세 반응을 일으키도록 한다는 것이다.

② 타인의 존재를 욕구 수준을 상승시키는 요인으로 본다.

③ 단순 존재 가설의 요약

㉠ 타인의 존재는 각성을 증가시킨다.

㉡ 각성은 우세 반응을 일으킨다.

㉢ 우세 반응이 바른 것이면 수행은 향상된다.

㉣ 우세 반응이 틀린 것이면 수행은 손상된다.

㉤ 힘과 스피드를 요구하는 단순과제는 수행이 향상되고, 정확성을 요하거나 복잡한 과제는 수행이 손상된다.

㉥ 초심자의 수행은 손상되나 숙련자의 수행은 향상된다.

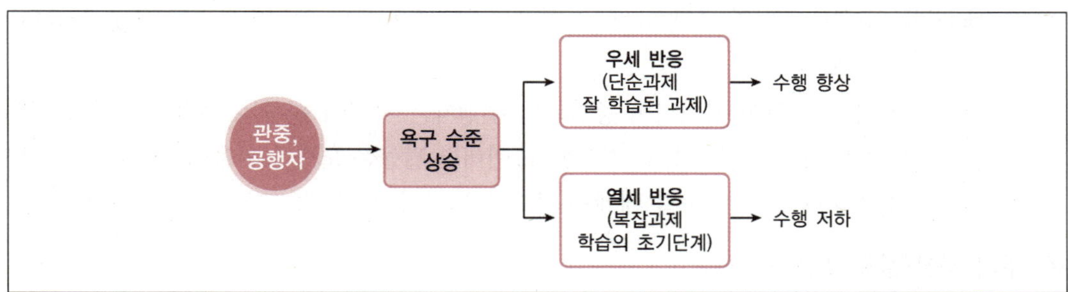

Zajonc의 단순 존재 가설

(2) 평가 우려 가설(Cottrell)

① Cottrell은 Zajonc가 제시한 각성 반응은 선천적으로 타고난 반응이기 때문에 타인이 단지 물리적으로 존재하기만 하여도 사람은 각성 반응을 일으킬 수 있다고 한 개념에 이의를 제기하여 단순한 타인의 존재는 수행자의 각성을 일으키지 못한다고 주장했다.

② 타인이 수행자의 각성을 일으키기 위해서는 두 가지 조건이 만족되어야 한다.

㉠ 수행자가 자신을 지켜보는 타인이 자신의 수행을 비판적으로 평가할 수 있는 능력이 있는 것을 알아야 한다.

㉡ 수행자는 이러한 타인들의 평가가 자신에게 긍정적 혹은 부정적 영향을 주었던 학습경험이 있어야 한다. 즉, 수행자는 타인의 평가를 받았던 과거의 경험으로 인하여 평가적 관중에게 높은 각성반응을 한다.

③ Cottrell은 자신을 바라보는 타인의 '전문성' 그리고 수행자 개인의 타인 지각 경험이 중요하며, 타인의 전문성을 높이 평가할 경우 욕구가 상승하여 단순과제일 경우 수행이 향상하지만 복잡과제일 경우 수행은 저하되고, 반대로 전문성을 낮게 평가할 경우 단순과제일 경우 수행이 저하되고 복잡과제일 경우 수행이 향상된다고 주장했다.

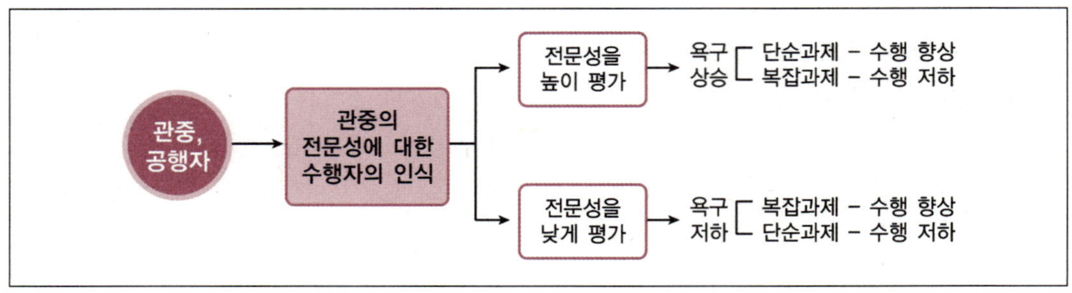

Cottrell의 평가 우려 가설

(3) 자아 이론

① 사회적 촉진의 효과를 관중의 존재가 '자의식'을 일으키기 때문이라고 설명한다.

② Bond에 의하면 타인이 존재할 때, 수행자는 타인으로부터 인정받으려는 욕구가 증대되어 동기가 촉진된다.

③ 타인의 존재로 인하여 자의식이 증진되면 수행자는 자신이 원하는 수행 수준과 실제 수행 수준간의 불일치로 인한 갈등을 경험한다. 이러한 갈등은 노력을 기울이도록 하지만 과제가 자신의 능력보다 높은 수준일 때에는 과다한 노력이 곧 수행의 향상으로 나타나지 않는다.

(4) 주의 분산/갈등 이론

① Sanders와 Baron에 따르면, 과제수행 중 타인의 존재는 수행자의 주의를 분산시키며, 이러한 주의분산은 한편으로는 주어진 과제에 대한 주의집중을 방해하지만, 다른 한편으로는 주의분산이 유기체로 하여금 더 많은 노력으로 이를 극복할 수 있도록 수행자의 추동 수준을 증가시킨다는 것이다.

② 단순과제 수행 시 이러한 간섭효과는 추동 증가에 의해 생기는 향상에 비해 대수롭지 않은 것으로서 결과적으로 수행이 촉진된다. 그러나 복잡한 과제를 수행할 때에는 추동의 증가가 주의분산의 효과를 상쇄시키기에 충분하지 못하기 때문에 수행이 저하된다.

3. 관중의 존재와 스포츠 수행

관중은 언어적, 시각적, 감정적으로 선수들과 상호작용한다. 관중이 선수들의 수행에 얼마나 큰 영향을 미치느냐는 선수, 팀, 관중의 특성에 따라 다르다. 관중의 존재와 스포츠 수행의 중재 요인은 다음과 같다.

(1) 선수의 특성

선수의 기술 수준, 선수의 동기(개인의 과시동기와 자의식)

① 선수의 기술 수준

높은 선수는 향상, 낮은 선수는 훼손

② 선수의 동기 수준(과시동기와 자의식)

높은 선수는 향상, 낮은 선수는 훼손

(2) 팀의 특성

팀 성원의 수, 선수의 팀 내 중요성, 팀의 응집력

① 팀의 크기

규모가 큰 팀이 작은 팀보다 영향이 작다.

② 종목의 구조

의존 스포츠가 독립 스포츠보다 영향이 작다.

③ 응집력

응집력이 강할수록 영향이 작다.

(3) 관중의 특성

홈 경기의 지점(관중의 지원), 관중의 기대, 관중의 크기

① 홈 경기

홈팀에 동기 부여, 원정팀의 수행 손상

② 홈 관중의 기대

위기에서 유리, 결승에서 불리

③ 관중의 크기

홈팀에 대하여 심리적 압력으로 작용

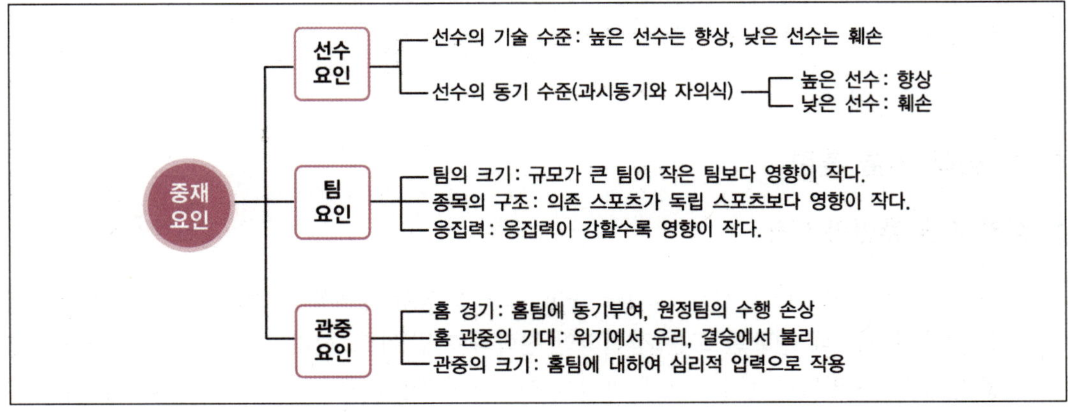

스포츠경기에서 관중효과를 중재하는 요인

관중

- 관중이란 '구경하는 무리'를 말하고, 스포츠 관중이란 '선수들의 스포츠 수행 과정을 지켜보는 무리'를 말한다.
- 관중은 존재적 특성에 따라 선수들에게 전혀 물리적 영향을 미치지 않고 단순한 임석(presence)에 그치는 수동적 관중과 물리적 영향을 주는 상호작용적 관중으로 구분된다.
- 수동적 관중은 순수하게 방관하듯 존재하는 관중집단과 선수와 상호작용을 전혀 하지 않고 독립적으로 같은 활동을 하는 공행적 관중으로 구분된다. 서로 아무런 상호작용 없이 같은 시간, 같은 장소의 헬스클럽에서 트레드밀 위를 달리는 사람들은 서로 공행적인 관중이 된다. 상호작용적 관중은 경쟁적으로 공행하는 관중과 사회적 강화를 주는 관중으로 구분된다(Carron).
- 경쟁적 공행 관중이란 양궁이나 사격, 골프에서와 같이 선수들이 자신의 경기를 진행하면서 동시에 상대 선수의 경기 장면을 지켜보는 관중의 역할도 되는 것을 의미하며, 사회적 강화 관중이란 우리가 흔히 상상할 수 있는 관중이며, 격려, 야유 등을 하거나 감독이나 코치와 같이 경기에 관한 주문과 작전지시 등을 하는 관전 집단을 의미한다.

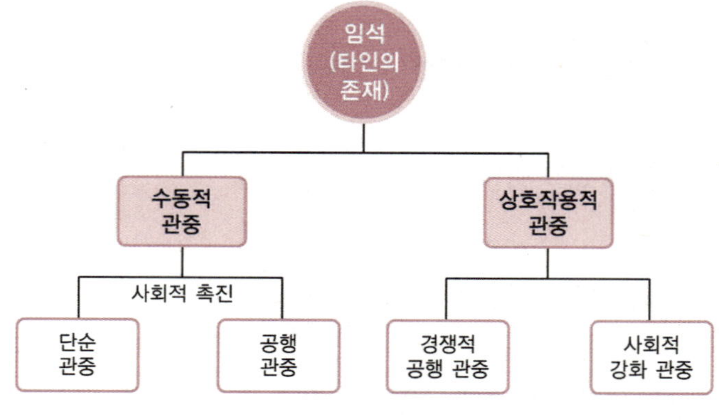

관중의 유형

- 스포츠심리학 영역에서 관심의 대상이 되는 것은 경쟁적 공행 관중이나 사회적 강화 관중의 효과가 아니라 수동적 관중의 단순 관중과 공행 관중이 갖는 효과이다. 그 이유는 선수와의 상호작용이 없는 단순한 존재로서의 관중이 선수가 펼치는 경기에 어떤 정도이건 영향을 미친다고 한다면 그 나머지 경쟁적 공행 관중이나 사회적 강화 관중의 경우에는 말할 필요도 없이 그 효과가 인정되기 때문이다. 따라서 수동적 관중(단순 관중, 공행 관중)으로 발생하는 관중 효과를 사회적 촉진이라 한다.

9 심리 기술 훈련

1. 심리 기술 훈련의 이해

심리 기술이란 '생각과 감정의 조절을 통해 스포츠 상황에서 겪는 스트레스를 극복하고 경기력을 극대화하는 데 필요한 모든 정신적인 전략과 기법'이고, 심리 기술 훈련이란 '최상의 경기력을 발휘할 수 있도록 선수들에게 이러한 자기조절적인 기술을 습득하도록 도움을 주는 훈련 과정'이다.

(1) 심리 기술 훈련

① 심리 기술(psychological skill)이란 '생각과 감정의 조절을 통해 스포츠 상황에서 겪는 스트레스를 극복하고 경기력을 극대화하는 데 필요한 모든 정신적인 전략과 기법'이라고 정의할 수 있다.

② Vealey는 심리 기술 훈련(psychological skill training)을 "수행을 향상시키고 긍정적인 태도로 시합에 임하는 데 도움이 되는 정신 기술(mental skill)을 가르쳐주거나 향상시켜 주기 위해 개발된 기법이나 전략"이라고 정의한다.

③ 심리 기술이란 개념은 다른 유사 개념과 중복되어 개념상 혼란을 초래하기도 한다. 우선 심리 기술이란 용어는 Martens가 정립한 심리 기술 훈련 모형의 영향을 받아 주로 미국과 캐나다의 학자들이 사용하고 있다. 이와 유사한 용어로는 정신 훈련(mental training), 정신 연습(mental practice), 이미지 트레이닝(image training), 정신력 훈련(mental toughness training), 정신 기술 훈련(mental skills training), 심리적 준비(psychological preparation), 정신적 시연(mental rehearsal), 대처 전략(coping strategy), 인간 잠재력 훈련(human potential training) 등 매우 다양하다.

(2) 심리 기술의 구성 요인

① Martens의 심리 기술 훈련에 포함시켜야 할 기본적인 심리 기술

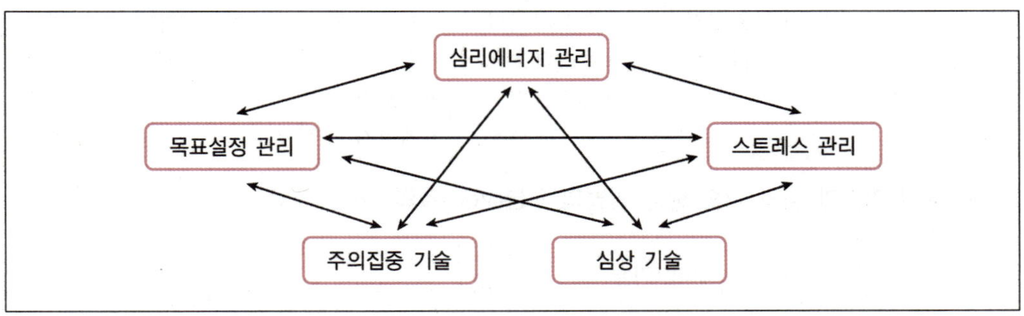

심리 기술의 상호 유기적 관계(Martens)

㉠ 스트레스 관리(stress management)

㉡ 심리 에너지 관리(psychic energy management)

㉢ 심상 기술(imagery skills)

㉣ 목표 설정 기술(goal setting skills)

㉤ 주의 집중 기술(attentional skills)

② Vealey의 심리 기술 및 심리 기술 훈련

㉠ 4개의 심리 기술 훈련방법 : 심상, 신체 이완, 사고 조절, 목표 설정

㉡ 8개의 심리 기술 : 주의 조절, 각성 조절, 자신감, 의지·동기, 대인 관계 기술, 라이프 스타일 관리, 자각(self-awareness), 자아 존중감(self-esteem)

③ Hardy의 심리 기술

㉠ 목표 설정

㉡ 심상과 심리적 시연

㉢ 이완

㉣ 자화(self-talk)

자기 대화를 조절하는 방법
• 사고 정지 • 부정적인 생각을 긍정적으로 바꾸기 • 불합리하고 왜곡된 생각을 인식으로 바꾸기

주요 심리 기술 요인					
Tuko & Tosi (1976)	Harris & Harris(1984)	Unestahl (1986)	Suinn (1986 / 1989)	Martens (1987)	Missoum & Minard(1990)
• 근육이완 • 호흡조절 • 주의집중 • 정신적 시연 • 신체적 시연	• 이완 • 집중력 • 심상 • 독백 • 자아사고 • 목표설정 • 의사소통	• 심신이완 • 자기최면 • 활성화 • 주의집중 • 목표설정 • 목표공식화 • 문제해결 • 태도훈련	• 이완 훈련 • 스트레스 관리 • 긍정적 사고 조절 • 자아조절 • 정신적 시연 • 집중력 • 에너지 조절	• 심상 • 심리에너지 관리 • 스트레스 관리 • 주의집중 • 목표설정	• 시각화 • 목표설정 • 상황접근 • 전환 • 감응 • 대응관계 • 전략, 자아상

④ 심리 기술과 심리 기술 향상 방법의 구분(Vealey의 2차원 분류)

심리 기술	기초 기술	• 의지 • 자아 존중감	• 자각 • 자신감
	수행 기술	• 최적 신체적 각성 • 최적 주의 집중	• 최적 정신적 각성
	촉진 기술	• 대인 관계 기술	• 라이프스타일 관리
심리 기술 향상 방법	기초 방법	• 신체 훈련	• 교육
	심리 기술 훈련 방법	• 목표 설정 • 신체 이완	• 심상 • 사고 조절

심리기술 구성요인

Vealey는 균형 잡힌 심리기술훈련 프로그램에 포함되어야 할 심리기술을 기본 기술, 수행 기술, 개인성장 기술, 팀 기술의 4가지 영역으로 분류하였다.

심리기술	세부요인	설명
기본 기술	성취욕구	힘들고 어려운 일을 극복해내려는 강한 욕망
	자기의식	최고 수행 시 나타나는 자신의 생각과 감정파악
	건설적인 생각	과거 경험을 토대로 새로운 것을 개발하는 사고과정
	자신감	어떠한 것을 할 수 있다는 믿음
수행 기술	지각-인지 기술	생각하는 기술
	주의집중	집중력을 유지
	에너지 관리	자신의 에너지를 관리
개인성장 기술	정체성 달성	자기 정체성을 명확하게 하는 것
	대인관계 유능감	타인과 효과적인 상호작용이 가능하다고 믿음
팀 기술	리더십	타인이 팀의 성공을 위해 생각하고 행동하도록 만드는 개인의 능력이나 팀의 사회 심리적 환경
	의사소통	팀의 성공과 선수의 복지를 촉진하는 팀 내의 대인관계 상호작용
	응집력	팀의 목표를 달성하기 위해 서로 일치단결하는 것
	팀 자신감	팀원 모두가 느끼는 팀의 강점에 대한 믿음

- 기본 기술(foundation skills)은 기본적이고 필수적인 자질을 나타낸다. 기본 기술은 4가지로 구성되어 있는데, 가치 있는 성취를 위해 방해요인을 극복하려는 강력한 욕망을 나타내는 성취욕구가 첫째 자질이다. 둘째는, 자기의식으로 변화를 위한 노력을 하기 전에 자신이 문제 행동에 대해 분명하게 인식하는 것을 의미한다. 특히 최고수행을 발휘했을 때의 생각이나 감정을 스스로 알고 있어야 한다. 자신의 수행에 대한 상태를 인식하는 좋은 방법은 일지를 기록하는 것이다. 기본 기술의 세 번째와 네 번째는 건설적인 생각과 자신감이다. 둘은 스포츠나 신체활동과 관련된 수행뿐만 아니라 스포츠 이외의 행동에서도 매우 중요한 역할을 한다(Bandura).
- 수행 기술(performance skills)에는 널리 알려진 심리기술 3가지(지각-인지 기술, 주의집중, 에너지 관리)가 포함된다. 선수들이 3가지의 수행 기술을 습득한 후, 실제 수행에 접목시키면 최고의 성과를 얻을 가능성이 높아진다.
- 개인성장 기술(personal development skills)은 개인의 성장을 나타내는 중요한 발달의 지표가 되는 정신적 기술로 자기개념의 명확성, 웰빙(well-being)의 느낌, 다른 사람과의 상호작용을 통해 높은 수준의 심리적 기능을 유지하게 만들어 준다(Vealey). Vealey는 정체성 달성과 대인관계 유능감을 개인성장 기술로 제시하였다. 선수에게 라이프스킬(life skills)과 관련된 내용을 전달하는 것은 개인성장 기술에 초점을 둔 심리기술 훈련 중재의 예가 될 수 있다.
- 심리기술의 마지막 구성요인은 효과적인 팀 환경을 만들어 주고, 팀 성공에 전반적인 도움을 줄 수 있는 팀 기술(team skills)이다. 팀 기술에는 리더십, 의사소통, 응집력, 팀 자신감이 포함된다.

(3) 심리 기술 훈련의 단계

심리 기술 훈련의 단계는 선수의 요구에 따라 여러 단계로 구분될 수 있지만 교육 단계 → 습득 단계 → 연습 단계의 3단계를 거치는 것이 일반적이다.

① 교육 단계

㉠ 심리 기술 훈련에 대한 오리엔테이션 단계이다.

㉡ 이 단계에서 심리 기술이 왜 중요한지에 중점을 둔다. 심리 기술이 어떻게 수행을 향상시키는가에 대해서 유명 선수들의 사례를 들어 설명해 주면 좋다.

② 습득 단계

㉠ 여러 심리 기술을 실제로 배우는 단계이다.

㉡ 이 단계에서는 구체적인 심리 기술을 익히는 방법을 배우고 개인의 특수한 요구에 맞게 고쳐간다. 예를 들어, 불안조절 기법의 하나로 부정적인 생각이 들 때 이를 긍정적인 생각으로 대체하는 방법을 배울 수 있다.

③ 연습 단계

㉠ 배운 심리 기술을 반복 연습을 통해 자동화시키는 단계이다.

㉡ 훈련 일지를 기록하면서 심리 기술 훈련의 빈도와 효과에 대해 메모하는 것이 좋다. 이러한 기록을 통해 선수는 어떤 상황에서 불안을 겪었으며, 그 때 가장 효과적인 기법이 무엇이었는지를 파악할 수 있다.

(4) 심리 기술 훈련의 제반 유의점

심리 기술 훈련 프로그램을 체계적으로 실천하기란 쉽지 않다. 다음과 같은 사항을 유념하면 심리 기술 훈련 프로그램의 효과를 극대화할 수 있다.

① 목표를 설정하고 일지를 적는다.

㉠ 정신 기술 훈련의 일일·주간·월간 목표를 설정하고, 일지를 적는 것만으로도 훈련의 효과가 높아진다.

㉡ 목표 설정과 일지 기록은 특히 개인의 요구에 적합한 프로그램이 되도록 보완하는데 도움이 된다.

② 심리 기술 훈련에 대한 확신을 갖게 해준다.

㉠ 선수들은 기존의 훈련 방식과 생각을 바꾸는 것을 주저한다. 특히 나이가 든 선수일수록 새로운 방법에 대한 저항이 강하다.

㉡ 선수에게 심리 기술 훈련은 경기력을 향상시키는 데 반드시 도움이 된다는 점을 숙지시켜 주어야 한다.

③ 융통성, 개별성을 강조한다.

㉠ 단체로 심리 기술 훈련을 실시할 경우 융통성과 개별성을 강조해야 한다.

㉡ 선수들의 심리 기술에 대한 선호도와 숙달도는 천차만별이다. 가능하면 여러 심리 기술을 시험해 볼 수 있는 충분한 시간을 준다.

㉢ 모든 선수들에게 똑같은 식으로 하도록 강요하지 말고 선수 각자에 맞도록 기법들을 변형시키거나 조합해서 쓰도록 도와준다.

④ 일상생활에도 적용하도록 권장한다.

㉠ 스포츠에서 수행을 향상시킬 목적으로 배운 심리 기술은 일상생활에도 적용할 수 있다.

㉡ 심리 기술의 효과는 선수 생활을 그만 둔 후에도 오랫동안 지속된다. 따라서 선수 시절 배운 심리 기술을 이용하면 사회생활의 여러 문제를 해결하는 데 도움이 된다.

심리 기술 훈련(PST)

1. PST 3단계

PST는 일반적으로 교육, 습득, 실습의 3단계로 진행되며, 각 단계의 특징은 다음과 같다(Weinberg & Gould).

- 교육단계(education phase) : 교육단계에서는 심리기술훈련이 얼마나 중요하며, 경기력에 어떠한 영향을 미치는지 알려준다. 교육단계는 최소 1시간에서 수 시간으로 설정할 수 있는데, 심리기술 향상의 중요성을 전달하는 것이 핵심이다. 예를 들어, 각성조절을 다룰 때에는 불안의 원인과 각성과 수행의 관계 등에 대해 설명을 한다. 선수들은 자신에게 맞는 최적의 각성수준을 찾는 방법을 배우고, 수행을 저하시킬 수 있는 과도한 긴장감이나 불안감을 긍정적 에너지로 바꿔야 하는 이유도 알게 된다.
- 습득단계(acquisition phase) : 습득단계에서는 다양한 심리기술을 배우기 위한 전략과 심리기법에 중점을 둔다. 각성조절 기술을 개발할 때 스트레스가 많이 발생되는 상황에서 나타나는 부정적인 자기암시를 확인하고 이를 대체하는 긍정적 자기암시가 무엇인지 찾아보는 과정이 포함될 수 있다. 습득단계에서는 개인의 독특한 요구나 능력에 맞는 구체적인 전략을 찾아 적절하게 구성하는 것이 필요하다(Seabourne). 인지불안이 너무 높아서 문제가 될 수 있을 때는 생각 패턴을 바꿔주는 인지기반 전략이 필요하다(Meichenbaum). 반면 근육의 긴장과 같은 신체불안으로 문제를 경험하면 점진이완(Jacobson)과 같은 신체적 이완 기술을 선택할 수 있다. 이처럼 습득단계에서는 선수의 고유한 문제에 맞는 심리기술 전략을 개발하는 것이 중요하다.
- 실습단계 : 실습단계(practice phase)에서는 연습과 실제 경기에 심리기술을 사용하는 것을 숙달한다. 실습단계의 목표는 3가지이다.
  - 과학습을 통한 자동화
  - 수행과 심리기술의 체계적인 통합
  - 실제 경기에 대비한 심리기술 시뮬레이션

각성조절 기술을 향상시킬 때 선수는 이완과 인지 대처기술을 숙달하고 난 다음 실습단계를 시작한다. 이완과 대처기술이 필요한 가상의 경쟁상황을 구성하여 실제 경기를 준비하듯 자신의 각성 관리 전략을 통합적으로 시험해 본다. 선수가 연습과 경기에서 실제 사용한 각성 제어 전략의 빈도와 인지된 효과를 일지에 기록하는 것이 좋다.

PST 프로그램을 설계할 때는 다음의 주제를 중심으로 선수 개인의 성향이나 경험, 경쟁상황에서 발생되는 여러 문제점 등을 고려하는 것이 바람직하다(Weinberg & Gould).

- 각성 조절
- 자신감 향상
- 주의집중 기술(자기암시, 멘탈플랜)
- 심상(정신적 준비)
- 동기와 전념(목표설정)
- 부상 대처

2. 자기조절 5단계

어떤 목적을 달성하기 위해 자신의 행동을 관리하는 과정을 자기조절(self-regulation)이라 한다. 이러한 과정에는 목표설정, 행동계획, 행동관찰, 행동평가가 포함된다(Kirschenbaum). 지도자나 스포츠심리 전문가의 도움 없이 선수 스스로 자신의 심리상태와 행동을 조절할 수 있는 것은 심리기술훈련에서도 중요하다. Kirschenbaum은 자기조절을 5단계로 구분했다(Weinberg & Williams).

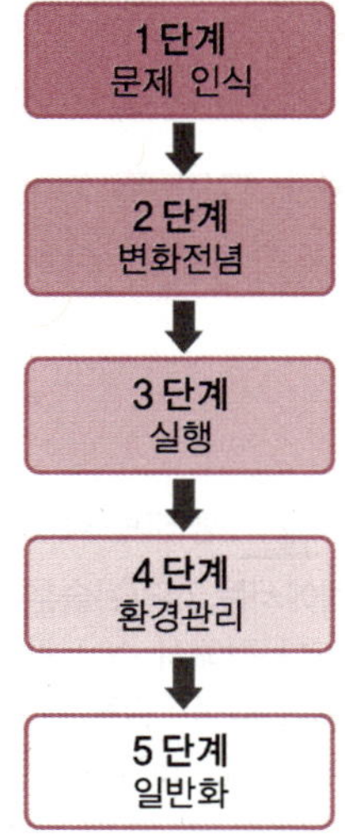

Kirschenbaum의 자기조절 5단계

- 1단계는 문제인식(problem identification)으로 자신의 종목에서 향상이 필요한 사항이 무엇인지를 발견하는 단계이다. 결정적인 순간에 부정적인 생각으로 인해 집중력이 떨어졌다고 스스로 인식할 수도 있다. 문제를 인식할 때는 개방적인 태도로 조언을 구한다. 이러한 인식이 있어야만 향상의 길로 진행한다.
- 2단계는 자신의 수행에 방해가 되는 문제를 해결하기 위해 변화에 전념하는 변화전념(commitment to change)이다. 이 단계에서는 세부 계획 세우기와 목표설정을 한다. 문제 해결을 위해 규칙적으로 심리기술을 연습하는 것을 예로 들 수 있다.
- 3단계는 자기조절에서 가장 중요한 단계로 실행(excution)이다. 이 단계에서는 문제를 겪는 상황에서 효과적으로 대처하는 전략을 숙달한다. 예컨대, 압박감이 큰 상황에서도 정확하게 샷을 하는 방법을 익히면서 자기를 평가하고 자기를 관찰하며, 적절한 기대감을 형성할 수 있다. 자신의 경기장면을 녹화한 후, 중요한 샷 순간에 불안수준이 어느 정도인지 체크한다. 방해 요인이 생기더라도 포기하지 않고 끝까지 노력하는 것이 중요한 단계이다.
- 4단계는 이후 자신의 문제를 야기하는 외적인 환경들(지도자, 관중, 팀원 등)을 관리하기 위한 환경관리(environmental management)이다. 이를 위해 스포츠심리상담사와 정기적으로 만나거나(사회적 지지의 극대화) 편안하게 휴식을 취할 수 있는 공간을 마련할 수도 있다.
- 5단계는 노력을 지속하고 새로운 조건과 환경으로 행동을 확장시키는 일반화(generalization)이다. 압박감이 큰 상황을 극복하는 심리기술을 시험이나 면접과 같은 다른 상황에도 적용시켜 불안감에 대처할 수 있다. 일반화 단계는 오랜 시간에 걸쳐 지속적이며 체계적인 연습을 해야 하므로 도달하기가 쉽지 않다.

2. 목표설정

(1) 목표의 개념

① 목표는 내용과 강도의 속성을 갖고 있다.

② 목표의 내용은 달성하고자 하는 목적이나 결과를 의미한다.

③ 목표의 강도란 목표를 달성하기 위해 얼마나 많은 노력과 시간을 투자하는가를 의미한다.

④ 타율을 3할대로 올린다거나, 자유투 성공률을 50%에서 70%로 향상시킨다는 것은 목표의 내용에 해당하며, 이러한 목표를 달성하기 위해 투자하는 노력과 시간의 양은 목표의 강도를 의미한다.

(2) 목표의 유형

① 목표는 주관적 목표와 객관적 목표로 나눌 수 있다.

㉠ **주관적 목표**: 최선을 다했거나 재미있었다는 것과 같이 개인에 따라 다르게 해석될 수 있는 목표를 말한다.

㉡ **객관적 목표**: 목표의 개념과 같이 구체적인 시간제한 내에서 구체적인 수행 기준에 도달하는 것과 같은 것으로 볼 수 있다.

② 목표를 결과 목표와 수행 목표로 분류하기도 한다.

㉠ **결과 목표**: 시합에서 승리를 한다거나 올림픽에서 메달을 획득하는 것 또는 상대보다 몇 점을 더 획득하겠다는 것과 같이 시합의 결과에 중점을 둔 목표를 말한다. 결과 목표는 달성 여부가 자신의 능력뿐만 아니라 자신이 통제할 수 없는 외적 요인에 의해 좌우된다.

㉡ **수행 목표**: 과정 목표라고도 하는데 자기 자신의 과거 수행과 비교하여 달성하고자 하는 기준이나 목표를 의미한다. 결과 목표는 상대와 비교한 것인 반면 수행 목표는 자신의 수행이 기준이 된다는 차이가 있다. 따라서 수행 목표는 상당 수준까지 자신이 통제할 수 있고 융통성이 있다.

- 결과 목표: 승리와 같은 경쟁의 결과에 초점을 맞추는 것
- 수행 목표: 과거 자신의 수행과 비교한 진보에 초점을 맞추는 것

목표의 유형

목표는 주관적 목표(subjective goal)와 객관적 목표(objective goal)로 나누기도 하고, 결과 목표(outcome goal), 수행 목표(performance goal), 과정 목표(process goal)로 분류하기도 한다(Martens, Weinberg & Gould).

주관적 목표	'최선을 다 하겠다', '재미있게 하겠다' 같은 목표가 주관적 목표이다. 객관적이지 않아 개인마다 다르게 해석할 가능성이 높다.
객관적 목표	'3개월 이내에 체중을 5kg 감량하겠다', '다음 시합에서 1초 단축한다'와 같이 구체적인 수치나 객관적인 기준을 설정한 목표이다.
결과 목표	'경기에서 승리를 한다', '대회에서 우승 혹은 메달을 획득하겠다'와 같이 시합의 결과에 중점을 둔 목표를 말한다. 달성 여부가 자신의 능력뿐만 아니라 자신이 통제할 수 없는 요인(예 상대의 기량 대진표)의 영향을 많이 받는다. 생애 최고의 시합을 하고도 승리라는 결과 목표를 달성하지 못할 수도 있다.
수행 목표	자신의 수행에 대한 목표를 달성하는데 중점을 두는 목표로 달성의 기준점이 자신의 과거 기록이 되는 경우가 많다. 수행 목표는 결과 목표와 달리 자신이 통제가능하고 유연하게 적용할 수 있다. '농구에서 자유투 성공률을 70%에서 80%로 높이겠다'와 같은 목표는 수행 목표가 될 수 있다. '80%에서 75%로 낮추는 것'도 가능해 융통성이 있는 목표이다. 수행 목표는 타인의 영향을 거의 받지 않고 자신의 노력에 따라 달성이 가능하다.
과정 목표	동작을 잘 수행하기 위해서 핵심적으로 필요한 행동에 중점을 두는 목표이다. '수영에서 자유형 동작 시 팔의 스트로크를 끝까지 유지하기', '농구에서 레이업 슛을 할 때 자신의 점프 최고점에서 공을 놓기' 등은 과정 목표이다. 과정 목표는 자기효능감과 자신감을 높이고 인지 불안을 낮추는데 도움이 된다(Kingston & Hardy).

(3) **목표 설정의 효과**(Martens)

① 목표는 수행을 향상시킨다.

② 목표는 연습의 질을 높인다.

③ 목표는 무엇을 달성할 것인지를 명확하게 해준다.

④ 목표는 도전감을 주므로 훈련의 지루함을 덜어준다.

⑤ 목표는 달성하고자 하는 내적 동기를 높인다.

⑥ 목표는 긍지, 만족감 및 자신감을 향상시킨다.

목표 설정이 수행에 영향을 미치는 4단계 과정(Locke & Latham)
1. 목표는 수행해야 할 과제의 핵심 요소에 주의를 집중시킨다. 2. 목표는 수행자로 하여금 노력을 하게 만든다. 3. 목표는 수행자의 노력을 지속시킨다. 4. 목표는 새로운 학습 전략을 개발하도록 해준다.

(4) **목표 설정의 10대 원리**(Weinberg & Gould)

① 구체적인 목표를 설정하라.

② 어려우면서도 실현 가능한 목표를 설정하라.

③ 장기 목표와 아울러 단기 목표도 설정하라.

④ 수행 목표를 설정하라.

⑤ 긍정적인 목표를 설정하라.

⑥ 목표를 기록하라.

⑦ 목표 달성을 위한 전략을 개발하라.

⑧ 참가자의 성격을 고려하라.

⑨ 목표 달성을 위한 지원책을 마련하라.

⑩ 목표 달성 여부를 평가하라.

목표설정의 원칙(Weinberg & Gould)

- 구체적인 목표를 설정하기
- 현실적이면서도 도전적인 목표를 설정하기
- 단기목표와 장기목표 모두 설정하기
- 연습목표와 경기목표를 모두 설정하기
- 목표를 기록하기
- 목표달성을 위한 전략을 개발하기
- 과정목표, 수행목표, 결과목표의 우선순위를 정하기
- 긍정적 목표를 설정하기
- 개인목표와 팀 목표를 모두 설정하기
- 목표달성을 위한 지원책을 마련하기
- 목표를 평가하기

SSMART 원칙

목표설정 원칙들을 기반으로 목표설정 원칙을 기억하기 쉽게 SMART 목표설정을 제안한 학자도 있다(Smith). SMART는 목표설정 5가지 원칙의 첫 글자를 따서 만든 것으로 스포츠와 타 분야에도 널리 알려져 있다. SSMART 원칙은 S(Self-determined)가 포함되며, SMARTER는 SMART 원칙에 E(Evaluate)와 R(Revise)이 추가된 원칙이다.

- Self-determined : 스스로 결정한 목표가 내적동기를 높인다.
- Specific : 목표는 정확히 무엇을 해야 하는지 나타나야 한다.
- Measurable : 목표는 측정이 가능하게 세워야 한다.
- Action oriented : 목표는 행동실천 전략을 포함해야 한다.
- Realistic : 현실적으로 달성할 수 있는 목표를 세워야 한다.
- Time based : 목표달성 기한을 정해놓아야 한다.
- Evaluate : 피드백을 반영해서 목표를 조정한다.
- Revise : 목표를 달성하면 새로운 목표를 설정한다.

(5) 목표 설정에서 흔히 발생하는 문제

① 목표 달성의 진도를 파악하지 못한 경우

② 구체적이며 측정 가능한 목표를 설정하지 못한 경우

③ 너무 많은 목표를 설정하는 경우

④ 수행 목표를 설정하지 못한 경우

(6) 목표 설정 프로그램(Weinberg & Gould)

① 준비 단계

㉠ 단체로 목표 설정 훈련을 실시하는 경우 지도자는 상당 시간을 투자하여 목표 설정에 관한 사전 준비를 해야 한다.

㉡ 개인별 또는 팀별 목표를 설정할 때에는 선수의 잠재 능력, 신념, 연습 시간 등을 고려해야 한다.

㉢ 선수가 설정한 목표를 어떻게 달성할 것인가에 관한 전략을 마련한다.

㉣ 좋은 목표는 그 자체로 완전하지 않기 때문에 반드시 이를 어떻게 달성할 것인가에 관한 구체적이며, 실천 가능한 전략이 수립되어야 한다.

② 교육 단계

㉠ 지도자가 팀의 목표와 개개 선수들의 요구에 대한 파악을 끝내면 팀 전체를 대상으로 한 목표 설정 오리엔테이션을 해준다.

㉡ 오리엔테이션 시간에 자신의 목표를 모두 설정하기는 쉽지 않다. 따라서 선수나 학생들에게는 자신의 목표에 대해 생각해 볼 수 있도록 시간적 여유를 준다.

㉢ 목표 설정 훈련을 처음 실시하는 경우에는 한 번에 하나의 목표만을 설정하고 여기에 집중해야 한다.

③ 평가 단계

㉠ 목표를 설정하고 실천에 옮기기 시작하면 목표의 달성 여부를 주기적으로 평가해 주어야 한다. 목표 설정에서 흔히 범하는 오류 중의 하나는 목표의 달성 여부를 평가하지 않는 것이다.

㉡ 목표 달성의 진도를 평가하는 과정에서 목표가 너무 쉽거나 너무 어려운 것으로 밝혀지면 도전감을 줄 수 있도록 목표를 수정해야 한다.

Burton의 인지이론

Burton의 인지이론은 스포츠 상황에만 적용되는 전문 이론으로 선수의 목표가 불안, 동기, 자신감과 밀접하게 연결되어 있다고 본다. 특히, 스포츠에서 '결과목표'와 '과정목표'를 세웠을 때 수행에 미치는 영향을 불안, 동기, 자신감과 연계시켜 예측하는 것이 특징이다.

- 결과목표에만 집중하면 원하는 미래에 대한 비현실적인 기대로 인해 자신감이 떨어지고 인지불안이 높아질 수 있고, 이로 인해 노력을 덜 하게 만들고 결국에는 수행 저하로 이어진다.
- 수행목표에 집중하면 선수가 목표를 통제할 수 있고 융통적으로 조절할 수 있어 시합 결과에 대해 현실적인 기대를 하게 도와준다. 수행목표는 자신감, 인지불안, 동기 측면에서 적절한 수준을 유지할 수 있어 궁극적으로 수행을 향상시킨다.

목표성향의 영향

- Burton과 Naylor는 선수가 갖고 있는 목표성향(goal orientation)과 지각된 능력의 조합에 따라 3가지 목표 유형이 결정된다는 이론을 제안했다. 이 주장의 핵심은 목표성향(성공을 정의하는 기준)과 지각된 능력에 따라 세우는 목표유형이 달라지며, 그에 따라 목표가 수행에 주는 효과에도 차이가 있다는 것이다.

수행성향 (performance orieniation)	학습(얼마나 배웠는가)과 자기향상을 토대로 성공을 정의하면서 지각된 능력이 높은 선수가 갖는 목표이다. 목표설정에 따른 수행향상의 효과가 가장 높을 것이다.
성공성향 (success orientation)	사회적 비교와 승리를 근거로 성공을 정의하면서 지각된 능력이 높은 선수가 갖는 목표이다. 목표설정에 따른 수행향상의 효과가 중간 정도일 것이다.
실패성향 (failure orientation)	사회적 비교와 승리를 근거로 성공을 정의하면서 지각된 능력감이 낮은 선수가 갖는 목표이다. 목표설정에 따른 수행 향상의 효과가 약간 나타날 것이다.

- 선수가 어떤 목표유형을 갖고 있느냐에 따라 목표설정의 효과에 차이가 난다는 이론으로, 자기향상을 중시하고 지각된 능력을 높이 평가하는 선수(수행성향)에게 목표설정의 효과가 가장 잘 나타나며, 남과 비교하면서 능력감이 낮은 선수(실패성향)에게는 목표설정의 효과가 약하다는 예상이 가능하다.

3. 심상

(1) 개념

① 심상은 기억 속에 있는 감각 경험을 회상해 내어 외적인 자극 없이 내적으로 수행하는 과정이다.

② 많은 선수들이 수행 직전에 자신의 머리 속으로 평소 잘 되었던 자신의 모습을 상상하며 수행을 한다. 이러한 심상이 운동 기능 향상에 많은 도움을 준다.

③ 심상은 근육 조직의 활동을 일으키며 실제 신체적 경쟁에 준비할 수 있도록 해준다.

④ 심상이 운동 수행에 있어 향상을 가져오기 위한 매개 변인은 심상의 지향, 과제를 개념화시킬 수 있는 개인의 능력, 개인의 기술 수준이다.

㉠ **심상의 지향**: 내적 심상과 외적 심상이 있다. 심상의 내적 심상이냐 외적 심상이냐에 따라 그 효과가 달리 나타난다. 내적 심상은 자신의 입장에서 어떤 것을 보거나 느끼는 것이고, 외적 심상은 관찰자의 입장에서 자신을 보는 것이다. 따라서 운동 종목의 특성에 따라 심상 지향의 효과가 달리 나타날 수 있다.

㉡ **과제를 개념화시킬 수 있는 개인의 능력**: 선명도와 조절력이 높아야 한다. 심상을 통해 자신의 수행에 도움을 줄 수 있는 성공적인 상을 뚜렷하게 떠올릴 수 있도록 해야 한다. 골프 선수의 경우 홀 컵에 공을 넣을 수 있다는 확신과 심상을 갖지 못하고 계속 빗나가는 것을 상상한다면 안 좋은 수행 결과가 나오게 된다.

㉢ **개인의 기술 수준**: 기술 수준이 높을수록 심상 효과가 크다. 심상의 효과는 초보적인 선수의 경우보다 경험이 많은 선수에게 그 효과가 나타난다. 초보자의 경우 경험이 적기 때문에 과제를 시각화하기 어렵고 그로 인해 심상 시연의 효과는 그만큼 반감된다.

심상(imagery)의 개념

- 심상이란 모든 감각을 동원하여 마음속으로 어떠한 경험을 떠올리거나 새로 만드는 것이다(Vealey & Walter). 우리는 어떠한 것을 실제로 경험하지 않고도 머릿속으로 그 이미지를 떠올려 상상할 수 있다. 심상을 이용해서 움직임을 느끼며, 냄새나 맛과 소리까지도 마음속으로 떠올릴 수 있다. 심상은 의식이 있는 상태에서 어떠한 목표를 가지고 이루어지기 때문에 잠을 잘 때 꾸는 꿈과는 다르다.
- 심상과 유사한 의미에는 정신연습(mental practice), 심리연습, 이미지트레이닝(image taining), 정신훈련(mental training), 정신적 리허설(mental rehearsal), 시각화(visualization) 등이 있는데, 우리나라 선수들은 주로 이미지트레이닝이란 용어에 익숙해 있다.
- 심상은 다른 심리기법과 복합적으로 활용되기도 하는데 대표적인 예가 시각운동 행동시연(visuomotor behavioral rehearsal, VMBR)이다(Suinn). VMBR은 심상의 효과를 높이기 위해서 심상에 들어가기 전에 이완(relaxation)을 하기 때문에 복합적 심리기법이라 할 수 있다.

(2) 심상의 특징

① 회상과 창조

㉠ 심상을 통해서 어떤 이미지의 회상과 창조가 가능하다.

㉡ 심상을 이용하면 전혀 새로운 경험의 창조도 가능하다.

② 여러 감각의 동원

㉠ 심상은 오감(시각, 청각, 촉각, 미각, 후각)과 운동 감각을 동원해야 한다.

㉡ 여러 감각을 동원하면 선명한 이미지를 만드는 데 도움이 된다.

㉢ 심상 훈련을 할 때 여러 감각과 더불어 선수가 겪는 정서 상태도 중요하게 고려되어야 한다.

③ 외부 자극과 심상

㉠ 심상은 외부에서 자극이 주어지지 않아도 마음속에서 이루어지는 감각적 체험이다.

㉡ 심상에 몰입했을 때 우리의 뇌는 마음속으로 떠올린 장면을 실제 경험이라고 간주하기 때문에 심상의 다양한 효과를 기대할 수 있다.

(3) 심상의 사용 목적

① 기술의 학습과 연습

특정 동작을 심상으로 연습한다.

② 전략의 학습과 연습

가상적 상대를 설정하고 수비나 공격 전략을 상상 속에서 연습한다.

③ 어려운 문제의 해결

문제 상황을 머릿속에 떠올리고 그 해결 방안을 심상한다.

④ 심리적 기술의 연습

심리적 기술을 연습할 때 심상 기법을 활용하여 이완한다.

⑤ 집중력의 향상

심상으로 과제의 어느 부분에 집중해야 할 것인지를 떠올림으로써 과제 관련 정보에 주의를 집중한다.

⑥ 자신감의 향상

자신이 성공적으로 수행하는 장면을 떠올리거나 상대방의 예상되는 전략에 대한 대안을 심상을 통하여 구상한다.

⑦ 부상의 회복

심상을 통하여 통증에 대한 지각을 완화시키고 병상에 누워서도 기능이나 전략을 연습한다.

⑧ 각성반응의 조절

심상을 통하여 성공적으로 수행하는 모습을 떠올림으로써 대처 방안을 구상하고 과제에 집중함으로써 불안과 긴장을 조절한다.

(4) 심상의 유형

① 내적 심상

㉠ 내적 심상(= 운동학적 심상)은 심상자가 심상을 할 때 자신의 신체가 직접적으로 운동을 수행하는 것처럼 느끼는 것이다.

㉡ 자신의 관점에서 동작의 수행 장면을 상상하는 것이다. 따라서 심상을 하는 동안에는 실제로 그 동작을 할 때 자신의 눈에 비친 모습만을 보게 된다. 시선이 이동하면 심상도 계속적으로 변하게 된다.

② 외적 심상

㉠ 외적 심상은 비디오에 찍힌 자신의 모습을 보는 것과 같이, 자신이 성공적으로 수행하는 모습을 관찰자의 시점에서 상상해 보는 것이다.

㉡ 외적 심상은 동작이 끝난 후에 녹화 테이프를 틀어서 자신의 모습을 보는 것과 같다. 외적 심상을 이용하면 수행하는 동작을 외부 관찰자 시점에서 보게 되므로 운동 감각을 느끼는 데는 큰 도움이 안 된다. 내적 심상을 할 때 실제 동작을 수행할 때의 느낌인 운동 감각을 더 많이 얻는다는 이점이 있다.

내적심상 (internal imagery)	자신의 관점에서 동작의 수행 장면을 상상하는 것이다. 내적심상을 하는 동안 떠오르는 이미지는 이마에 카메라를 달아 찍은 모습과 유사하다. 실제로 그 동작을 할 때 자신의 눈에 비친 모습을 보게 되고, 시선을 따라 심상도 계속 변한다.
외적심상 (external imagery)	외부의 관찰자 시점에서 상상하는 것이다. 자신의 동작을 다른 사람이 폰으로 찍어 녹화된 영상을 보는 것과 같다. 외적심상은 수행하는 동작을 외부 관찰자 시점에서 상상하기 때문에 내적심상에 비해 운동 감각을 생생하게 느끼는데 한계가 있다.

(5) 심상의 선명도와 조절력

① 선명도

㉠ 심상을 할 때 마음속의 이미지는 실제 이미지와 같을수록 좋다.

㉡ 심상의 선명도가 높으려면 모든 감각이 동원되어야 한다. 경기장 시설물, 체육관 바닥의 종류, 관중과의 거리 등 주변 환경을 최대한 자세하게 떠올리는 것이 좋다.

㉢ 시합에서 실제로 느끼게 되는 불안감, 좌절감, 흥분, 분노 등과 같은 감정도 모두 떠올린다.

㉣ 선명도가 약한 사람은 심상을 이용하여 자신의 주변에 있는 장소나 물건부터 상상하고 점차 경기 장면으로 옮겨간다.

㉤ 선명도는 훈련을 통해 발달시킬 수 있다.

② 조절력

㉠ 심상을 할 때 선명한 이미지를 떠올려야 하며, 그 이미지를 원하는 대로 조절할 수 있어야 한다. 선명한 이미지를 떠올릴 수 있지만 그것이 실수하는 장면이라면 도움이 안 된다.

㉡ 이미지를 원하는 대로 바꿀 수 있는 능력이 조절력이다. 골프공이 물속에 떨어지는 장면, 테니스에서 연속적인 더블 폴트 장면, 높이뛰기 바를 건드리는 장면, 철봉을 놓치는 장면이 반복적으로 상상되면 조절력에 문제가 있는 것이다.

㉢ 이미지를 조절할 수 있어야만 실수하는 장면이 아니라 자신이 원하는 올바른 이미지를 상상할 수 있다.

선명도 (vividness)	심상의 선명도가 높으려면 모든 감각을 동원해야 한다. 경기장의 시설물, 체육관 바닥의 종류, 관중과의 거리 등과 같이 주변 환경을 최대한 자세히 떠올리는 것이 좋고, 시합에서 느껴지는 긴장감, 압박감, 흥분 등의 감정도 모두 떠올리는 것이 좋다. 마음속의 이미지와 실제 이미지가 거의 같을수록 좋다. 선명도가 약한 사람은 자신의 주변에 있는 장소나 물건부터 상상하고 점차 경기장면으로 옮겨가는 방식으로 훈련을 한다.
조절력 (controllability)	이미지를 원하는 대로 바꿀 수 있는 능력이 조절력이다. 심상을 할 때에는 선명한 이미지를 떠올려 그 이미지를 원하는 대로 조절할 수 있어야 한다. 골프공을 물에 빠뜨리는 장면, 연속 더블 폴트 장면, 바를 건드리는 장면과 같이 실수 장면이 반복되면 조절력에 문제가 있는 것이다. 이미지를 조절할 수 있어야 자신이 원하는 올바른 이미지로 상상할 수 있는데 선명도와 마찬가지로 조절력도 훈련을 통해 점차 향상시킬 수 있다.

(6) 심상 훈련 프로그램의 개발 단계

① 교육 단계
심상 훈련에 관한 오리엔테이션

② 측정 단계
선수의 심상 능력의 측정

③ 습득 단계
선명도, 조절력, 감각 지각 능력 향상

④ 연습 단계
선수의 요구에 따라 체계적 연습

⑤ 수정 단계
심리 훈련 프로그램의 평가 및 보완

(7) 심상의 활용을 위한 지침

심상 훈련은 선수의 요구와 주변 환경을 고려하여 실천하기 쉽도록 계획한다. 시간이 많이 걸리거나 복잡한 프로그램은 선수들이 실행에 옮기기가 힘들다. 무엇보다 중요한 점은 선수의 일상 훈련 일정에 심상 훈련을 포함시키는 것이다. 다음과 같은 심상 훈련 지침을 따르면 훈련 프로그램을 성공적으로 실천하는 데 도움이 된다.

① 정규적으로 심상훈련을 한다.

② 생생한 심상을 하기 위하여 모든 감각기관을 동원한다.

③ 성공적인 수행을 떠올리도록 심상을 조절한다.

④ 내적 심상과 외적 심상을 모두 조절한다.

⑤ 이완하여 심상을 촉진시킨다.

⑥ 심상을 통하여 대처전략을 개발한다.

⑦ 연습할 때는 물론이고 시합할 때에도 심상을 활용한다.

⑧ 심상의 질을 향상시키기 위하여 비디오테이프나 오디오테이프를 활용한다.

⑨ 심상의 질을 향상시키기 위하여 운동학적인 단서를 활용한다.

⑩ 역동적인 운동학적 심상을 한다.

⑪ 심상은 실제로 행할 때의 속도로 한다.

⑫ 심상일지를 기록한다.

(8) 심상의 효과를 설명하는 이론

① 심리 신경근 이론

㉠ 심상을 하는 동안에 뇌와 근육에는 실제 동작을 할 때와 매우 유사한 전기 자극이 발생한다. 심상을 하면 실제 동작을 하는 것과 똑같은 순서로 근육에 자극이 전달되어 근육의 운동기억을 강화시켜 준다.

㉡ 심상을 통해서 어떤 동작을 수행하는 데 필요한 근육과 신경을 훈련시키는 것이 가능해진다. 부상으로 인해 재활훈련을 하는 선수의 경우 실제 훈련이 어려운 경우가 많다. 이러한 상황에서 심상을 통하여 운동수행을 훈련한다면 실제의 근육의 움직임은 훈련할 수 없지만, 신경과 근육의 기억을 훈련시킬 수 있다.

② 상징 학습 이론

㉠ 심상은 운동의 패턴을 이해하는 데 필요한 코딩 체계의 역할을 한다는 것이다. 심상은 어떤 동작을 뇌에 부호로 만들어 그 동작을 잘 이해하게 만들거나 자동화시키는 역할을 한다.

㉡ 운동과제(예 역도 들기)보다는 인지적인 부호화를 필요로 하는 인지과제(예 농구 전술구상)를 대상으로 할 때 심상의 효과가 더 좋다는 연구결과가 이 이론을 지지한다. 예를 들어, 기계체조선수는 평균대 수행 루틴과 관련된 공간적 요인을 심상을 통하여 훈련할 수 있다. 즉, 심상을 통하여 선수들이 마음속 청사진(기술 수행을 위해 활용되는 머릿속의 기호)을 강화하게 하여 기술을 더욱 자동적으로 수행하게 할 수 있다는 의미이다.

③ 심리생리적 정보처리 이론(생물 정보 이론)

㉠ 심상은 기능적으로 조직되어 뇌의 장기 기억에 저장되어 있는 구체적인 전제라고 한다. 이 전제에는 자극 전제와 반응 전제 두 가지 형태가 있다.

ⓐ 자극 전제는 무엇을 상상할 것인지에 관한 내용을 설명해 주는 것이다.

예 게임 종료 몇 초를 남겨두고 자유투하는 것을 상상하면, 손에 닿는 공의 느낌, 바스켓의 모습, 그리고 관중의 소리는 자극 전제에 해당된다.

ⓑ 반응 전제는 심상의 결과로 일어나는 반응을 나타내는 것이다.

예 슈팅 동작 시의 팔의 긴장감, 호흡수의 증가, 불안감, 바스켓 속으로 빨려 들어가는 공의 모습 등은 반응 전제에 해당된다.

㉡ 이 이론에 따르면 심상훈련을 할 때 가능한 많은 반응 전제들을 포함시키는 것이 좋다. 심상은 특정 상황(예 실내 수영장, 결승전)뿐만 아니라 그 상황에 대한 행동 반응(예 팔에 힘주는 동작, 페이스대로 달리는 것), 심리 반응(예 자신감을 느끼는 것), 생리 반응(예 활력이 넘치는 것) 등을 포함시켜야 한다. 이러한 반응을 포함시키면 심상의 이미지는 선명해지고 그 결과 몸에 심리 생리적 변화가 생겨 수행 향상에 도움이 된다.

㉢ 심상이 운동수행에 도움이 되기 위해서는 심상을 할 때 반응 전제를 일으켜 이를 수정하고 향상시키고 강화하는 것이 중요하다. 심상을 통해 특정 자극 상황으로 인한 반응의 특징을 반복적으로 측정하고, 이러한 반응을 수정하여 기술을 실행하는 데 완전하게 조절할 수 있으면 운동수행을 향상시킬 수 있다.

심상 훈련에서 자극전제와 반응전제	
생물정보이론에 따르면 심상이란 뇌에 저장된 기능적으로 조직화된 전제(propositon)이며, 심상은 2가지 전제로 구성된다. 자극전제는 상상해야 할 상황의 조건 특성들을 의미하며, 반응전제는 특정 상황에서 심리적, 행동적, 생리적 반응을 말한다. 자극전제보다는 반응전제의 상상이 더 중요하며, 반응전제는 몸의 반응뿐만 아니라 감정반응까지 가능한 다양하게 동원해야만 심상의 효과가 높아진다. 물론 자극전제와 반응전제를 모두 포함시키는 상상을 해야만 선명도가 높아진다.	자극전제(stimulus proposition) • 어떤 복장을 하고 있는가? • 바람이나 기온, 습도는 어떤가? • 눈에 비치는 주변 사람들의 모습은? • 코스 또는 체육관 환경은? 반응전제(response proposition) • 동작 시작 시점의 여러 근육의 느낌은? • 심장과 호흡은 어떠한가? • 종아리, 허벅지 등 근육의 긴장감은? • 위기 상황에서 느끼는 감정과 행동은?

④ 심리기술향상 가설

㉠ 심상은 심리기술을 발달시키는 역할을 한다는 주장이다. 즉, 선수들은 심상을 이용하여 불안과 각성을 조절하고 자신감을 향상시키는 등 여러 심리기술을 발달시킬 수 있다.

㉡ 심상은 여러 심리기술을 효과적으로 배울 수 있는 도구이다.

심리신경근 이론	• 이 이론에 의하면 '심상을 하는 동안에 뇌와 근육에는 실제로 동작을 할 때와 매우 유사한 전기 자극이 발생한다고 한다'고 한다. 이 사실은 Jacobson에 의해 최초 검증되었다. 그는 팔을 굽히는 동작을 상상하면 팔의 굴근에 미세한 수축이 발생한다는 것을 발견했다. Suinn도 스키선수를 대상으로 활강동작을 상상하게 하여 이 사실을 확인했다. 상상하는 동안 발생한 근육의 전기적 활동은 실제 동작을 할 때와 유사한 패턴으로 나타났고, 코스의 각 구간 중에서 턴을 하거나 굴곡지점을 지나는 순간에 근수축이 가장 높게 나타났다. • 심상을 하면 실제 동작을 하는 것과 똑같은 순서로 근육에 자극이 전달되어 '근육의 운동 기억'을 강화시켜준다고 본다. 따라서 심상을 하는 동안에 실제 동작을 그대로 닮은 아주 미세한 수준의 근육활동이 발생한다는 것이 이 이론의 핵심 설명이다. 이 이론에 의하면 테니스 서브 동작을 마음속으로 상상만 해도 실제와 동일한 근육과 신경경로를 발달시킬 수 있다. 심상을 통해서 어떤 동작을 수행하는 데 필요한 근육과 신경을 훈련시키는 것이 가능한 이유가 여기에 있다.
상징학습 이론	• 사켓(Sackett)에 의해 제안된 이 이론에 의하면 심상은 운동의 패턴을 이해하는 데 필요한 코딩체계의 역할을 하며, 동작을 뇌에 부호로 만들어 그 동작을 잘 이해하도록 만들고, 자동화시키는 역할을 한다. 즉, 동작을 배우기 위해서는 동작을 수행하는 데 필요한 것들을 잘 알고, 동작에 대한 '청사진'이 있어야 동작을 잘 수행할 수 있다. 체조선수가 동작을 상상하면 '머릿속의 청사진'이 뚜렷하게 만들어져 동작의 순서와 방법이 숙달되고 능숙해지는 데 도움이 된다. 이와 관련하여 심상을 할 때 동작을 정신적으로 부호화시키도록 했을 때 운동 수행이 향상되었다는 여러 연구들도 있다. • 역기를 드는 것과 같이 인지적 요소가 거의 없는 운동과제보다는 바둑을 두는 것과 작전을 구상하는 것과 같이 인지적 요소가 많은 인지과제를 대상으로 할 때 심상의 효과가 더 좋다는 연구결과가 상징학습이론을 뒷받침하고 있다.

생물정보 이론	• 가장 최근에 심상의 효과를 설명하는 이론으로 심상에 대해 심리생리적인 접근이 등장했다. Lang은 심상 또는 이미지는 기능적으로 조직되어 뇌의 장기기억에 저장되어 있는 구체적인 전제라고 말했다. 여기에는 상상해야 할 상황의 조건인 자극전제와 심상의 결과로 일어나는 반응을 나타내는 반응전제가 있다. • 배구에서 서브 전에 관중석의 관중, 상대 코트의 모습, 네트의 위치, 들고 있는 공을 상상하면 자극전제에 해당한다. 서브 루틴을 시작할 때 공을 튀기는 느낌, 몸 전체의 리듬감, 그리고 서브 성공에 대한 부담감과 근육의 긴장감은 반응전제에 포함된다. Lang은 심상에서 반응전제가 핵심이라고 주장한다. 즉, 심상에 여러 반응전제들을 포함시켜 수정하고 강화시키는 것이 중요하다. • 하지만 이미지를 떠올릴 때 자극전제와 반응전제를 모두 떠올려야 선명도가 높아진다. 특정 상황(예 실내 수영장, 결승전)뿐만 아니라 그 상황에 대한 행동 반응(예 팔에 힘주는 동작, 페이스대로 달리는 것), 심리 반응(예 자신감을 느끼는 것), 생리 반응(예 활력이 넘치는 것) 등 여러 반응을 포함시키면 이미지가 더욱 선명해지고 이로 인해 심리생리적 변화가 생겨 수행향상에 도움이 된다.
트리플 코드 이론	• 트리플 코드 이론(Triple Code Theory)은 이미지 활용과 수행 간의 관계를 설명하는 것으로 '이미지 자체', '신체적 변화', '이미지의 의미'라는 세 가지 구성 요소로 구성된다(Ahsen). • '이미지 자체'는 외부 세계를 나타내며, 수행하는 장소나 트랙, 코스 등을 의미하며, '신체적 변화'나 생리적 변화는 이미지의 활성화로 인해 발생하는데 심박수의 증가나 땀 등이 여기에 해당된다. '이미지의 의미'는 개인마다 고유한데, 이는 개인의 두려움과 역사를 반영하며, '이미지의 의미'를 이해하는 것은 선수가 이미지를 더욱 최적화된 방법으로 활용하기 위해서 중요하다. • 일반적으로 '이미지 자체', '신체적 변화', '이미지의 의미'는 선수가 가지는 이미지를 통합하게 된다. 구체적으로, '이미지 자체'는 모든 감각의 특성을 가지고 있으며, 실제 세계인 것처럼 이미지와 상호작용할 수 있다. '신체적 변화'는 요구되는 것에 대해 인식하게 되었을 때 발생하며, '이미지의 의미'는 선수가 어떻게 운동기술을 수행해야 하는지 이해하는 방식이다. 각 이미지는 중요한 의미를 가지며, 특정 의미는 각 개인에게 다른 의미를 가지게 할 수도 있다.
심리기술향상 가설	• 심리기술향상 가설(Weinberg & Gould)은 심상이 심리기술 습득 및 향상에 중요한 역할을 한다는 주장이다. 이 가설에 따르면, 심상을 통해 자신의 심리적 반응을 더욱 잘 이해하고 통제할 수 있게 되며, 이는 결국 심리기술 향상에 도움이 된다는 것이다. • 심상은 우리가 자신의 감정이나 스트레스 반응에 대한 이해를 가능하게 한다. 자신이 두려움이나 불안을 느낄 가능성이 있는 상황을 상상함으로써 이러한 상황에 대한 이해를 높이고, 감정을 효과적으로 관리하는 방법을 배울 수 있다. 불안은 낮추고 대처하는 방법을 배우는 스트레스접종 훈련이나 스트레스관리 훈련프로그램에는 심상이 핵심적인 과정으로 포함되어 있다.

(9) 심상의 측정과 활용모형

① 심상 측정 도구

㉠ Hall 등은 심상의 내용을 측정할 수 있는 스포츠심상 질문지(Sport Imagery Questionnaire, SIQ)를 개발하였는데 여기에는 5개 유형이 포함되어 있다.

ⓐ 동기적 세부적 심상(MS, 목표지향적 반응: 특정 목표나 특정 동기)

ⓑ 동기적 일반적-숙달 심상(MG-M, 숙달: 어려운 상황에 대처하고 숙달하는 것)

ⓒ 동기적 일반적-각성 심상(MG-A, 각성: 정서적 집중, 불안컨트롤, 자신감 관리)

ⓓ 인지적 세부적 심상(CS, 기술: 여러 기술을 향상, 유지시키는 목적의 심상)

ⓔ 인지적 일반적 심상(CG, 전략: 인지계획, 인지전략과 관련된 것)

㉡ SIQ는 스포츠심상을 동기적-인지적 차원, 세부적-일반적 차원으로 구분하였다.

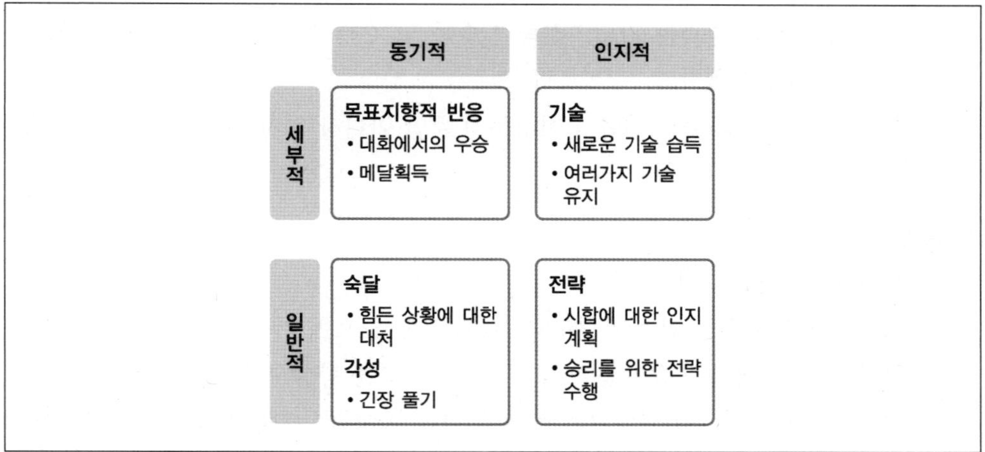

Hall의 SIQ에 포함된 5개 요인

ⓐ 목표지향적 반응과 숙달 및 각성과 관련된 심상은 '동기적' 수준이며, 기술이나 전략의 내용을 심상으로 떠올리면 '인지' 수준이다.

ⓑ 세부적-일반적 차원은 심상의 내용의 구체성에 따라 구분된다.

ⓒ 동기적 수준에서 특정대회에서의 우승이나 메달획득은 '세부적' 수준이며, 긴장풀기와 같은 심상은 '일반적' 수준으로 분류된다.

ⓓ 인지적 수준에서도 특정기술이나 여러 기술을 유지하기 위한 심상은 '세부적' 수준, 시합상황에 대한 인지계획이나 전략은 '일반적' 수준으로 분류한다.

ⓔ 동기적 · 일반적 심상은 '숙달'과 '각성' 2개 요인이 포함된다는 것이 특이하다.

② 심상 활용 모형

㉠ Martin과 Mortiz, Hall은 스포츠에서 심상활용에 대한 가이드라인을 제공하는 모형을 제시하였다. 이 모형에서는 스포츠상황(sport situation), 심상 유형(imagery type), 심상 능력(imagery ability)이 심상의 결과에 영향을 미친다.

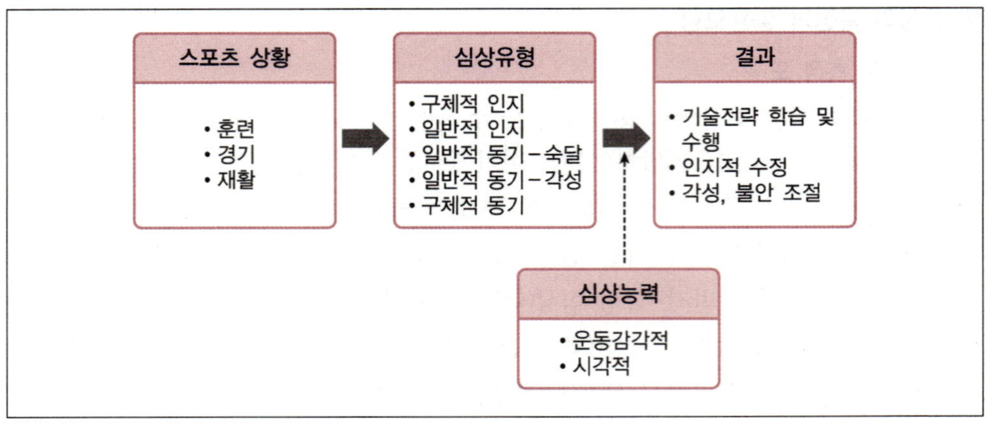

스포츠 심상활용 모형

ⓑ 심상활용의 결과는 기술・전략의 습득 및 수행향상, 인지적인 조정, 각성과 불안의 조절로 구분하였다.

ⓒ 심상은 신체기술과 전략의 향상목적 뿐만 아니라 인지기술과 정서조절에도 효과적으로 사용됨을 알 수 있다.

(10) 심상의 활용

① 심상의 활용목적

심상은 운동선수의 집중력, 자신감, 감정통제, 스포츠 기술 및 전략 습득과 연습, 통증이나 부상에 대한 대처와 같이 신체적・정신적 능력을 향상시키기 위해 사용될 수 있기 때문에 심리기법 또는 심리전략이라고도 한다. Weinberg와 Gould가 제안한 심상을 활용하는 대표적인 목적은 다음과 같다.

㉠ **집중력 향상**: 심상을 통해 성공 장면을 상상하고. 특정 상황에서 어떻게 해야 하는지를 떠올리면 집중력을 높일 수 있다.

ⓑ **동기강화**: 심상은 동기유발에도 도움이 된다. 시합에서 자신이 금메달을 따는 장면을 상상하는 심상은 동기를 높인다.

ⓒ **자신감 구축**: 강한 자신감을 가지고 있는 선수는 낮은 자신감을 가지고 있는 선수에 비해 숙달심상(예 도전적인 상황에서 집중할 수 있는 이미지)과 각성 심상(예 시합의 짜릿함을 상상해보기)을 더 많이 하는 것으로 나타났다.

ⓓ **감정통제**: 무기력해져 목표의식이 없을 때 심상으로 각성수준을 높일 수도 있고, 반대로 너무 불안할 때 심상으로 각성을 낮출 수도 있다.

ⓔ **스포츠기술 습득, 연습 및 교정**: 운동선수들은 심상을 통해 연습한 기술을 미세하게 조정할 수 있고, 문제점을 찾아내서 수정전략을 세울 수 있다.

ⓕ **전략 습득 및 연습**: 심상을 통해 선수들은 경기에 대한 새로운 전략을 개발하거나 습득할 수 있으며, 상대에 대한 대처전략을 검토할 수 있다.

Ⓢ **시합대비**: 심상은 시합을 준비하는 과정에서 자주 사용된다. 선수는 시합할 장소를 떠올려보거나, 자신의 수행 전 루틴을 떠올려 집중력을 높일 수 있다.

ⓞ **통증과 부상에 대한 대처**: 심상은 통증완화와 부상회복을 위해서도 사용된다. 심상으로 부상부위에 대한 회복속도를 높이고, 기술 퇴보를 막을 수도 있다.

ⓧ **문제해결**: 자신의 수행을 떠올려 문제를 파악하고, 과거 성공적인 동작을 했을 때와 비교할 수도 있다.

② 심상훈련의 절차

심상훈련은 4단계로 구성된 심상교육 프로그램을 활용할 수 있다(Vealey & Forlenza). 운동선수를 대상으로 심상훈련을 실시할 때에는 개인차를 존중하고, 개인의 요구에 맞게 조정하는 것이 중요하다.

㉠ **1단계 – 심상이해 및 교육**: 심상에 대한 이해도를 높이고 어떤 효과가 있는지 교육하는 단계이다. 심상으로 성공적인 성과를 얻기 위해서는 실천이 필요하다. 심상으로 신체연습을 대체할 수는 없으며 신체연습과 병행해야 한다.

㉡ **2단계 – 심상기술 평가 및 향상**: 개인마다 심상기술과 스타일은 다르다. 개인의 심상기술을 평가하면 심상기술에 대한 인식수준이 높아지고, 적절한 훈련전략을 수립할 수 있다.

㉢ **3단계 – 심상의 사용**: 기본훈련에서는 선명도와 조절력, 감각인식을 강조한다. 선명도는 어린 시절 친구와의 놀이를 떠올리는 것과 같이 간단한 훈련으로 시작하여 점점 더 선명하고 생생한 이미지를 떠올리도록 점진적으로 수준을 높인다. 달리기 장면을 떠올리며 속도를 높이거나 낮추는 훈련을 통해 조절력을 배운다. 마지막으로 수행에 영향을 주는 생각과 감정을 인식하는 감각인식 훈련을 한다.

㉣ **4단계 – 심상의 평가, 조정 및 개선**: 심상기술이 향상되면 기술이나 작전 연습, 에러 수정, 감정 컨트롤 연습, 자신감 기르기 등의 목적으로 심상훈련을 할 수 있다. 이 단계에서는 심상교육에 대한 목표달성 여부와 함께 개선 이 필요한 부분을 평가한다.

③ 효과적인 심상을 위한 가이드라인

Gould와 연구진은 심상의 효과를 높일 수 있도록 심상훈련의 가이드라인을 다음과 같이 제시한다.

㉠ 다른 심리기술과 마찬가지로 심상훈련도 꾸준하게 해야 한다.

㉡ 모든 감각을 동원하여 심상의 선명도를 높인다.

㉢ 조절력을 높이는 훈련을 지속한다.

㉣ 내적관점과 외적관점 모두를 사용한 심상을 한다.

㉤ 이완으로 심상의 효과를 촉진시킨다. 이완이 결합된 심상은 심상만 실시하는 것보다 더 효과적이다.

㉥ 심상을 통한 대처전략을 개발한다. 심상을 통해 자신의 부족한 부분을 대처하는 전략이나 기술을 개발한다.

ⓢ 시합 뿐 아니라 연습에서도 심상을 사용한다. 연습상황에서 심상을 사용하는 것은 연습을 더 재미있고 효과적으로 만든다.

ⓞ 멀티미디어(영상, 음성 파일)를 활용하여 심상능력을 향상시킨다.

ⓙ 트리거(trigger)나 단서어(cue)를 사용하여 심상의 질을 높인다. 트리거와 단서어가 집중에 도움이 되듯이 심상에도 효과적이다.

ⓒ 운동감각적 심상이 중요하다. 운동감각이 살아있는 심상을 하면 실제 동작의 느낌을 되살리는데 도움이 된다.

ⓚ 심상은 실제수행과 동일한 실제시간(real time)으로 실시한다. 슬로 모션이나 빠른 동작의 심상은 심상훈련 과정에서 해볼 수는 있지만 대부분의 심상은 실제시간과 실제 속도로 한다.

ⓣ 심상 일지를 적는다. 일지를 기록하면 단서어를 기억하고, 훈련 프로그램의 진도 관리에 도움이 된다.

ⓟ 참가자의 수준(연령)을 고려한 심상프로그램을 개발한다.

4. 각성-불안 조절 기법

(1) 바이오 피드백

① 감지 장치를 이용하여 인체의 자율 신경계의 반응을 조절하는 기법이다.

② 근육의 긴장이나 심장의 활동에 관한 정보는 알 수 없기 때문에 특수한 감지 장치를 이용하여 신호를 증폭시키게 된다.

③ 감지 장치를 통해서 알 수 있는 생리적 반응은 근육의 활동, 피부 온도, 심박수, 호흡수, 뇌파 등이다.

④ 학생이 모니터를 보면서 고요한 장면, 긍정적 상상 등을 통해 스스로 그래프의 크기를 낮추는 방법이다.

(2) 점진적 이완

① 이완이란 산소 섭취량, 심박수, 호흡수, 근육의 활동 등은 감소하고 피부의 저항과 뇌의 알파파 활동은 증가하는 현상이다.

② 스포츠 상황에서 가장 보편적으로 사용되고 있는 이완 기법은 점진 이완으로 Jacobson에 의해 처음 개발되었다.

③ 차례로 한 근육씩 순서대로 몸 전체의 근육을 이완시키는 절차를 따른다.

④ 점진 이완을 할 때에는 4가지 사항을 염두에 두어야 한다(Weinberg & Gould).

ⓖ 조용한 장소여야 한다.

ⓝ 편안한 자세를 취해야 한다.

ⓒ 정신적 도구를 갖는다.

ⓓ 수동적 태도를 갖는다.

⑤ 점진적 이완의 궁극적인 목표는 짧은 시간 내에 자신의 몸을 완전히 이완시키는 것이다.

⑥ 점진적 이완을 처음 시작할 때는 매회 20~30분의 시간이 필요하지만, 연습을 계속함에 따라 시간이 점점 줄어들며, 반복 연습을 통해 점진적 이완법을 숙달시키면 '이완' 또는 '편안히'라는 키워드 하나만으로도 몇 초 이내에 이완시킬 수 있게 된다.

(3) 자생 훈련

① 독일의 Schultz에 의해 개발되어 주로 유럽에서 널리 사용되고 있다.

② 신체 부위의 따뜻함과 무거움을 느끼게 해주는 일련의 동작으로 구성되어 있다.

③ 자생 훈련은 근육에서 대조되는 두 가지 느낌을 느낀다는 점에서 점진 이완과 유사하지만 스스로 최면을 유도한다는 점에서 점진 이완과는 구별된다.

> 1단계: 무거움 훈련 ⇨ 2단계: 따뜻함 훈련 ⇨ 3단계: 심박수 훈련 ⇨ 4단계: 호흡수 훈련 ⇨ 5단계: 복부의 따뜻함 ⇨ 6단계: 이마의 차가움

(4) 체계적 둔감화

① 불안이나 스트레스를 유발시키는 자극에 대해 불안 반응 대신에 이완 반응을 보임으로써 불안이나 스트레스에 대해 점차적으로 둔감해지도록 하는 훈련이다. 체계적 둔감을 사용하기 위해서는 이완 기법을 사전에 익혀두어야 한다.

② Wolpe가 개발한 행동 요법으로 공포나 불안에 대한 민감도를 줄여주는 기법이다. 환자는 불안을 느끼는 상황의 목록을 만들고, 가장 적은 불안을 유발하는 상황에서 시작하여 점진적으로 더 불안스러운 상황으로 나아가면서 이완기법을 사용한다. 상담자는 3단계 과정을 거쳐 환자의 불안감을 감소시키고 상황에 대한 공포를 이겨내게 도움을 준다(Wolpe).

㉠ 1단계: 이완기법 학습

ⓐ 상담사는 환자에게 깊은 호흡, 점진적 근육 이완 등과 같은 이완기법을 가르친다.

ⓑ 환자는 이완기법을 통해 편안하고 안정적인 상태를 유지하는 방법을 배운다.

㉡ 2단계: 불안 위계 목록 작성

ⓐ 환자와 상담사는 환자가 불안을 느끼는 상황들의 목록을 작성한다.

ⓑ 가장 적게 불안을 느끼는 상황에서부터 가장 많이 불안을 느끼는 상황까지 순차적으로 나열한다.

㉢ 3단계: 점진적 노출

ⓐ 환자에게 이완기법을 사용하면서 동시에 불안 위계의 가장 낮은 단계에서 시작하여 점진적으로 불안을 느끼는 상황에 대처하며, 이를 환자가 각 상황에 대해 충분히 편안해질 때까지 반복한다.

ⓑ 위 과정을 거치면서 환자는 이전에 불안을 느꼈던 상황에 대해 점차적으로 덜 불안해지게 된다.

③ 구체적인 실천 방법

㉠ 먼저 긴장감을 일으키는 요소를 모두 적는다. 이때 불안을 유발하는 상황을 상상하는 순서는 위협을 가장 적게 느끼는 상황에서부터 시작하여 가장 위협적인 상황으로 옮겨가는 것이 바람직하다.

㉡ 각 단계별 편안해지는 수준에 도달했을 경우에만 다음 단계로 진행하고, 어느 한 단계에서 더 강한 긴장을 경험하면 긴장 상태 회복을 위해 그 이전의 상태로 되돌려 진행하기도 한다.

㉢ 불안 유발 자극과 불안 반응의 관계가 완전히 소거될 때까지 이러한 절차를 반복하여 실시한다.

㉣ 이러한 단계에 따라 긴장을 완화시키는 방법을 실행하면 걱정의 위계 끝부분의 공포 반응도 점차 줄어든다.

(5) 자기주도 이완 기법

① 자기주도 이완기법(Self-Directed Relaxation)은 횡격막 호흡을 하는 동안 네 개의 주요 근육 조직을 이완하는 점진적 근육 이완법(Progressive Muscle Relaxation)을 축약한 것이다. 자기주도 이완기법은 선수들이 근육에 초점을 두고 이완하게 하며, 느낌에 따라 반응하도록 한다.

② 자기주도 이완기법의 예(Pineschi & Di Pietro)

자기주도 이완기법을 통하여 네 가지 각 근육근(견갑부, 상지/두부, 경부/흉부, 요부, 복부/둔부, 하지)을 차례대로 이완할 수 있다.

㉠ 준비단계

ⓐ 시작 전에, 우선 편안한 위치에 자리 잡고 눈을 감는다.

ⓑ 코를 통하여 숨을 깊이 들이마시고, 횡격막의 움직임을 느끼면서 흉부를 완전히 열어주고, 잠시 호흡을 멈춘 후에 입으로 천천히 내쉰다.

ⓒ 호흡을 천천히 깊고 일정하게 유지하고, 흡기와 호기의 시간을 거의 같게 한다.

이 호흡은 긴장과 불안을 감소시키고 산소 수치를 안정시키며, 환기해준다. 간단한 과정에 집중하여 모든 긴장을 해소하고 더 깊고 완전한 이완에 이를 수 있다.

ⓛ 실제단계

ⓐ 호흡을 통해 두부와 경부의 각 근섬유들을 완전히 늘려주어 긴장을 풀고 이완되도록 한다. 안면과 경부 근육들의 긴장을 풀어 줌으로써 긴장과 불안을 해소하고, 호흡을 진정시키며 산소를 환기하여 호흡마다 더 깊은 이완을 할 수 있다. 호흡에 집중하여 안면과 경부의 근육들을 더 깊이 이완하는 데 도움을 줄 수 있게 하고, 그 근육들이 이전보다 얼마나 잘 이완되었는지 느끼고 비교해본다. 이 기법의 효율성을 강화하기 위해 심상을 사용하는 방법도 고려해 본다.

ⓑ 안면과 경부의 이완은 견갑부와 상지까지 내려오게 할 수 있다. 긴장이 서서히 해소되어 더 많은 근섬유들이 이완되는 것을 심상하여, 견갑부와 상지로 내려오면서 이완하도록 한다. 흡기로 이완과 산소 수치의 안정을 도모하고, 호기로 신체로부터 긴장과 불안을 서서히 내보는 데 집중한다. 이완의 느낌을 확인하고, 이전의 상태와 비교하여 호흡을 더 깊고 주기적으로 계속하면 견갑부와 상지의 모든 근육을 더 깊게 이완시킬 수 있다.

ⓒ 견갑부와 상지까지 내려온 이완은 호흡을 통해 흉부와 요부, 복부까지 확장할 수 있다. 호흡에 집중하여 산소를 환기하고, 긴장과 불안을 배출하여 흉부와 요부, 복부의 이완을 유도하며 남아있는 긴장을 해소하도록 한다.

ⓓ 호흡을 느리고 깊게, 주기적으로 유지하여 상체에서 둔부와 하지로 이완이 내려오도록 한다. 호흡에 집중하여 산소를 환기하고, 긴장과 불안을 내보내어 이완을 촉진할 수 있다. 이 과정에서도 이완의 느낌을 확인하고 이전 상태와 비교하여 더 깊게 이완될 수 있도록 한다.

각 주요 근육군이 모두 이완되면, 처음으로 돌아가서 아직 긴장되어 있는 근육들을 확인하고, 완전히 이완 되도록 한다. 두부와 경부부터 시작하여 둔부와 하지까지 긴장한 근육들을 호흡을 통하여 이완시킨다. 긴장이 남아있는 근육들을 이완시키기 위해 중요한 것은 호흡 조절과 의식적인 노력을 지속하는 것이다. 전신이 모두 이완되면 정신적으로 차분함, 평화로움, 편안함을 느끼도록 한다.

(6) 호흡 조절

① 호흡은 이완을 달성하기 위한 한 방법이며, 시합 상황에서 불안과 긴장을 낮출 뿐만 아니라 혈액 중에 산소의 양을 증가시켜 수행을 향상시킬 수 있는 방법이다.

② 호흡 조절의 유형에는 횡격막 호흡, 크게 내쉬기, 리듬 호흡, 1:2 비율 호흡, 주의 집중 호흡 등이 있다.

유형	연습법
횡격막 호흡	숨을 들이 쉴 때 횡격막을 아래로 끌어내려 복부를 불룩하게 만들어 폐에 공간을 만들어 준다. 폐에 만들어진 공간을 세 개의 층으로 분리시켰다고 상상하고 아래층에서부터 위로 공기를 채워나간다. 복부가 아래로 내려가고 횡격막이 올라가면서 숨을 내쉰다. 이때 어깨와 가슴이 아래로 내려오면서 공기를 밖으로 내보낸다. 마지막으로 복부를 등 쪽으로 더 당겨 폐에 남은 공기를 모두 배출시킨다. 이러한 절차를 하루에 30~40회 실시한다.
크게 내쉬기	천천히 숨을 들이마신 다음 10초 동안 그대로 멈춘다. 이 때 목과 가슴에서 긴장을 느껴 본다. 입으로 숨을 내쉬면서 흉곽의 긴장도 함께 내보낸다. 숨을 일부러 들이마시려고 하지 말고 저절로 공기가 들어오게 한다. 다시 숨을 멈추고 폐에 있는 공기를 강제로 밖으로 보내듯이 숨을 내쉰다. 숨을 들이마시고 내쉴 때에 느껴지는 고요함에 집중한다.
리듬 호흡	4박자로 숨을 들이 쉬고, 4박자 동안 숨을 멈춘 다음, 4박자에 맞춰 숨을 내쉰다. 그리고 4박자를 쉬고 나서 같은 절차를 반복한다. 박자를 바꿔서 호흡 리듬을 변화시켜 본다.
1:2 비율 호흡	숨을 크게 들이 마신 다음 크게 내쉰다. 이번에는 4박자에 맞추어 숨을 들이 마시고, 숨을 내쉴 때는 8박자로 한다. 8박자로 내쉬기가 너무 벅차면 다음번에는 더 깊이 들이 마시고 더 천천히 내쉰다. 크게 들이 마시고 크게 내쉬는 느낌을 지각하도록 한다. 들이 마시기와 내쉬기의 비율을 5:10, 6:12로 바꾸어 본다.
주의 집중 호흡	호흡 리듬에 모든 주의를 집중시킨다. 만약 숨을 들이 마시고 내쉬는 사이에 잡념이 떠오르면 다음 호흡을 할 때에는 다시 호흡에만 주의를 집중시켜 잡념이 사라지도록 한다. 호흡을 반복함에 따라 점점 이완이 된다고 상상한다. 이 기법은 잡념을 없애는 데 효과적인 방법이다.

호흡 조절의 절차(Gould & Weinberg)

1. 흡기
   코를 통해 깊게 그리고 천천히 들이마시며, 횡격막 아래로 내려가는지에 집중한다. 천천히 복식호흡을 한 다음 가슴의 가운데와 윗부분에 공기가 차서 퍼지도록 한다. 흡기 시 배를 충분히 바깥쪽으로 내민다. 흡기는 약 5초간 지속한다.
2. 호기
   입을 통해 천천히 내 쉰다. 팔과 어깨의 근육들이 이완됨을 느낀다. 내쉬면서 이완됨에 따라, 중심이 견고하여 바닥이 잘 고정되어 있음을 느낀다. 다리는 이완되었지만 단단하게 느껴진다. 호기는 약 7초간 지속한다.

(7) 인지 재구성

① 부정적인 생각을 긍정적인 생각으로 대체하는 방법과 관련된 인지적인 기법이다.

② 자기가 걱정하고 있는 것이 과연 자신이 통제할 수 있는가를 인식한 다음 자신이 통제할 수 있는 것에 대해서만 신경을 쓰고 그렇지 못한 것은 걱정을 하지 않는 것이 인지재구성의 원리이다.

③ 이 방법은 선수 자신이 마음속으로 시합에 대비하여 준비하는 심리적인 과정으로서 부적절한 믿음을 버리고 합리적 생각 및 자기 진술로 대처함으로써 불안을 감소시키고 자신감을 증대시키는 방법이다.

④ 인지 재구성의 장점은 시합 불안이 처음부터 제어될 수 있다는 점, 임상 심리의 많은 연구에서 보는 효과가 강한 점, 기저의 생각을 바꾸는 것으로 시합 불안을 일으키는 여러 가지 상황에 근본적으로 대처할 수 있는 점뿐만 아니라 시합에 대해 합리적인 생각을 갖도록 하는 접근으로 스포츠 참가자의 경쟁교육에 큰 의미가 있을 수 있다는 것이다.

(8) 사고 정지

① Martens에 의해 연구된 사고 정지 기법은 부정적인 생각이 들었을 때 의식적으로 '정지'라고 외쳐 그것을 떨치는 방법이다. 부정적인 생각 대신 긍정적이고 건설적인 생각으로 대체하여 그 효과를 얻을 수 있다.

② 부정적인 생각으로 인해 불안이나 긴장이 높아질 경우 사고 정지를 이용한다. 부정적 생각을 정지시킨 다음 긍정적인 생각으로 대치한다.

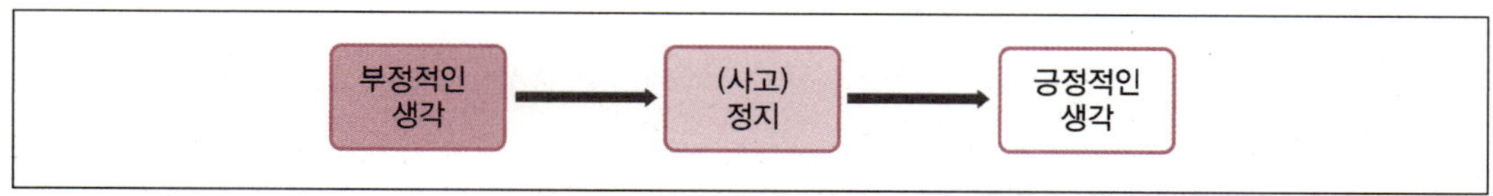

사고 정지 방법

매칭가설

- 인지불안은 정신적인 이완으로, 신체불안은 신체적 이완으로 해결하는 것이 효과적이라는 주장이 '매칭가설'이다. McGrath가 개발한 스트레스 모형과 유사한 접근방식으로 여러 연구에서 확인되었다(Maynard 등). 신체불안이 과도하게 높아 낮춰야 한다면 신체이완 기법(점진근육이완)이 인지적 사고기법(긍정적 사고 조절)보다 더 효과적이다.
- 최근의 연구결과들을 종합해보면 인지불안으로 어려움을 겪는 사람들은 인지완화기법을 사용하고, 신체불안으로 어려움을 겪는 사람들은 신체 이완기법을 사용하는 것이 효과적이라 할 수 있다. 하지만 신체적 이완기법이 인지불안의 감소를 가져오기도 하며, 인지적 이완기법이 신체 불안의 감소를 유도한다는 '크로스오버 효과'도 발견되었다. 불안의 유형을 특정하기 어려운 상황이라면 여러 기법을 병행하여 사용한다.
- 한편 사회적 지지도 불안을 조절하는 좋은 방법이 될 수 있다(Rees & Hardy). 시합에 대한 압박감으로 어려움을 겪는다면 정서적지지가 도움이 된다. 적절한 지지는 시합에 임하는 선수의 불안관리에 도움이 된다.

(9) 각성 촉진 기법

① 신체 활동

신체 활동을 통해서 각성 수준을 높일 수 있다. 운동은 심박수와 혈액 공급을 증가시키므로 각성이 촉진된다.

② 키워드 사용

심리적인 상태가 어떤지에 따라 신체 상태가 영향을 받을 수 있다. 강한 상대를 만나면 심리적으로 위축되어 무기력하거나 쉽게 포기하는 경우가 발생하는데, 이런 경우에 대비하여 평소 활력이 생길 수 있는 단어를 자주 생각하고, 자신에게 가장 힘을 불러일으키는 단어를 찾아 중요한 상황에 사용할 수 있도록 해야 한다.

③ 음악 듣기

음악은 신체적, 정신적, 그리고 영적 상태를 조화롭게 해 여러 가지 질병들을 치유한다는 주장이 있다.

④ 심상 이용

심상은 마음속으로 이미지를 그리는 것을 말한다. 심상은 구체적일수록 더욱 효과를 발휘하게 되는데, 부정적인 생각이 아닌 긍정적이고 활력 있는 심상을 통해 각성을 올릴 수 있다.

⑤ 감정 전환

심상처럼 감정 전환 역시 마음을 조절하는 것이다. 실망이나 무력감 같은 부정적인 마음을 수행에 도움이 되는 방향으로 또한 자신의 노력에 따라 개선될 수 있는 것에 대한 상상을 통해 긍정적인 쪽으로 감정을 변화시킬 수 있다.

⑽ 자화

① 자화의 종류

㉠ **긍정적 자화**: 자신감과 자긍심을 강화하여 수행에 긍정적인 영향을 미친다.

㉡ **부정적 자화**: 불안을 증가시키고 정서적 안정을 깨므로 수행이 손상되고, 자신감을 잃게 된다. 심하면 슬럼프가 오게 된다.

② 자화의 사용 목적

㉠ 나쁜 습관의 교정

㉡ 주의의 집중

㉢ 각성의 조절

㉣ 자신감 향상

㉤ 참여 동기를 높이기 위해 사용

③ 부정적 자화를 바꾸기 위한 방법

㉠ **사고 정지**: 바람직하지 못한 생각이 일어날 때 이를 방해하는 제동장치나 단서를 활용한다.

예 부정적 생각이 떠오를 때 자신에게 "그만"이라고 외침

㉡ 부정적 사고를 긍정적 사고로 전환

예 "나는 이 코치가 정말 싫어"라는 부정적 자화를 "나는 이 코치를 좋아하지는 않지만 많은 것을 배울 수 있어"라는 긍정적 자화로 바꿈

㉢ 반격: 부정적 자화를 사실적이고 이성적 사고를 통하여 공격하는 내적 과정이다. 부정적인 자화를 없애고 긍정적인 자화를 받아들이도록 하는 가장 좋은 방법이다.

예 높은 각성을 경험할 때 "아이구 숨막혀"라는 자화를 "시합이 중요하기 때문에 흥분하고 있는 거야"라는 자화로 바꿈

㉣ 재구성: 세상을 보는 관점을 바꾸는 것이다.

예 자신이 감당할 수 없는 강한 선수와 경기를 앞두고 "질게 뻔하다"라는 부정적 자화를 "이번이야말로 나의 기술을 발휘할 수 있는 기회다"라는 긍정적 자화로 바꾸는 것

참고 불안감소 복합기법

스트레스, 불안을 감소시키는 목적으로 개발된 복합기법으로 VMBR, 스트레스관리 훈련, 스트레스 접종 훈련 등이 있다. 이들 기법은 단계로 구성되어 있고 여러 대처기술을 사용하는 것이 특징이다.

1. VMBR

시각운동 행동시연(visuomotor behavior rehearsal, VMBR)은 이완과 심상을 복합적으로 사용하여 스트레스를 낮추고 자기개념을 향상시킬 목적으로 개발된 기법이다(Suinn). VMBR은 2개의 구성요소로 이루어진다.

- 이완: 심상의 선명도를 높이고 집중 방해요인을 줄이기 위한 목적으로 이완 연습을 실시한다. 몸과 마음을 하나로 연결시키고 근긴장을 낮춘다
- 심상: 성공 수행의 장면을 상상할 수 있고, 스트레스를 유발시키는 에러에 대해 정신적으로 대비하기 위해 본인에게 맞는 방식으로 심상을 한다.

VMBR은 스트레스와 불안을 컨트롤하는 데 도움이 되는 복합기법으로, 심상의 효과를 높이기 위해 이완을 먼저 실시하는 것이 특징이다. 이완 단계에서의 호흡심상은 실제 수행과 유사한 느낌이 들도록 해야 하고 자신이 수행자가 되는 1인칭 시점으로 한다. 부상 회복, 자신감 고취, 주의집중 훈련이 필요한 사람에게 적용하기에 적합한 기법이다. 중요한 시합을 앞둔 테니스 선수가 편하게 앉아 음악을 들은 후에 이전의 성공적인 수행 장면을 담은 비디오를 보고 있다면 VMBR에 근거한 심리훈련이다. 기술향상, 에러분석과 에러수정, 다가오는 시합대비를 위한 목적으로 자주 사용된다.

2. 인지적-감정적 스트레스관리 훈련

Smith의 인지적-감정적 스트레스관리 훈련(SMT)은 인지적 기법과 신체적 이완을 사용하는 통합적 대처 반응을 훈련시키는 매우 포괄적인 스트레스관리 기법이다. 이 훈련은 Smith의 스트레스 모형에 기초를 두고 있는데 스트레스는 먼저 외적 상황(situation)에서 시작한다. 이어서 모형에는 상황에 대한 정신적 평가(mental appraisal)와 생리적 반응(physiological response), 실제 행동(behavior)을 설명한다. 정신적 평가와 생리적 반응은 서로 영향을 주고, 이어서 실제 행동에 영향을 준다. 스트레스 관리는 외적 상황을 포함해서 모형의 어디에서도 진행될 수 있다.

SMT는 인지재구성 훈련, 이완기술훈련의 중재가 포함된다. 인지재구성 훈련은 정신적 평가에 작용하고, 이완기술훈련은 생리적 반응에 영향을 준다. 즉, 스트레스의 인지적 측면은 인지적 중재기법을 활용하고, 신체적 측면에는 신체적 이완기법을 적용하고 있어 포괄적인 프로그램이다. 인지적 중재기법으로는 인지재구성과 자기암시를, 이완기술로는 점진이완과 호흡을 적용할 수 있다. Smith의 SMT에서 핵심은 통합적 대처반응(intergrated coping response)으로 인지재구성과 이완을 통합한 수준의 대처반응 기술을 갖추는 것이다. SMT는 일반적으로 다음 단계로 진행된다.

- 처치전 평가(pretreatment assessment): 개인에 맞는 프로그램이 설계될 수 있도록 스트레스 유발 상황, 개인 반응, 스트레스의 영향을 파악한다.
- 처치근거 설명(treatment rationale): 훈련 프로그램은 심리치료가 아니라 교육적 목적이며, 자기주도적으로 노력하는 것이 중요함을 강조한다.
- 기술습득(skill acquisition): 이완과 인지적 기법을 모두 습득하여 통합적 대처반응을 개발하는 것이다. 근육이완훈련, 비합리적 생각에 대한 인지재구성을 습득한다.

- 기술리허설(skill rehearsal) : 의도적으로 스트레스를 유발시켜 습득한 대처기술을 활용하여 각성을 낮추는 연습을 한다. 이 과정은 체계적 둔감화와 유사하다.
- 훈련 후 평가(posttraining evaluation) : 여러 측정 도구를 사용해서 훈련 프로그램의 효과를 평가한다.

3. 스트레스 접종 훈련

스트레스 접종 훈련(Stress Inoculation Training, SIT)은 스트레스가 점차 증가하는 상황에 노출시켜 여러 대처기술을 적용하여 특정 스트레스에 대한 내성이나 면역력을 높이는 훈련이다(Meichenbaum, 1985). 스트레스에 대처하기 위한 목적으로 개발된 다면적 인지행동요법이다. 훈련은 다음의 3단계로 구성되는데 스트레스에 대한 대처기술을 향상시키는 것을 목적으로 한다. 단계적 접근을 하며 여러 대처기술을 사용하는 것이 특징이다.

- SIT의 개념화 단계 : 스트레스에 따른 반응과 스트레스 대처 기법(긍정적 부정적 자기암시, 심상 등)에 대한 인식을 높일 수 있도록 대화 형식으로 교육하는 단계
- SIT의 기술습득 단계 : 스트레스 상황에서도 호흡 조절, 이완, 부정적 생각 중단, 성공장면 심상, 긍정적 자기암시 등의 스트레스 대처기술을 배우는 단계
- SIT의 적용 단계 : 접종이 실제로 이루어지는 단계. 스트레스 수준을 점차 증가시키면서 배운 대처기술을 적용하는 연습을 하는 단계

5. 주의 집중

주의는 개인이 감각에 의하여 유도된 자극의 의식을 유지하고 통제하는 인지적 과정이다.

(1) 주의(attention)의 의미

Morgan은 주의가 크게 선택성, 배분성, 경계성의 의미를 내포하고 있다고 하였다.

① 선택성

㉠ 주의의 선택성은 특정 대상에 정신의 초점을 맞추고 또 다른 대상에 그 초점을 옮길 수 있는 능력, 즉 집중과 집중전환을 의미한다.

㉡ 예를 들어, 양궁선수들이 시합상황에서 관중들의 소음 때문에 경기에 집중할 수 없으나 소음을 차단하고 과녁에 정신적 초점을 맞추는 경우를 말한다. 즉, 필요한 곳에 정신력을 모으는 것을 주의의 선택성이라고 할 수 있다.

② 배분성

㉠ 주의의 배분성은 어떤 상황조건에서 개개인의 정신적 능력을 동시 다발적인 대상들에게 효과적으로 배분하는 능력을 의미한다.

㉡ 예를 들어, 유도선수가 도복을 팔로 잡아당기면서 지속적으로 상대방의 발목을 차는 상황들이 주의의 배분성이다.

㉢ 하지만 이처럼 동시에 여러 곳에 주의를 효과적으로 배분하기 위해서는 수없이 많은 반복 연습과 노력을 기울이는 것이 중요하다.

③ 경계성

㉠ 주의가 내포하고 있는 의미 중 가장 중요 기능이라고 할 수 있는 주의의 경계성이란 자신도 모르는 순간에 순간적으로 발생하는 상황에 적절히 효과적으로 반응하는 것을 의미한다.

㉡ 예를 들어, 축구 골키퍼가 상대의 기습 슛을 방어하기 위해 준비 또는 경계를 늦추지 않고 집중하는 것을 의미한다. 즉, 선수들은 상대의 기습적 공격이나 역습에 순간적으로 적절히 방어하기 위해 준비나 경계의 자세를 취할 수 있도록 노력해야 할 것이다.

(2) 주의 이론

① 인간의 정보처리 이론

㉠ 감각등록기에 등록된 정보는 매우 짧은 시간 동안 머무르며 후속처리를 위해 선택되지 않으면 영원히 사라진다.

㉡ 단기기억은 우리가 즉각적으로 기억해 낼 수 있는 정보, 환경에서 들어온 정보를 망각하지 않기 위해서 암송하는데 그치지 않고 장기기억 속에 들어있는 정보를 끌어내어(인출) 새로 들어온 정보를 평가하고 그것과 비교하기도 한다.

㉢ 장기기억은 인출된 정보를 단기기억에서 새로 들어온 정보와 비교, 평가되어 대체되기도 하고, 재조직되기도 하며, 강화되기도 한다. 장기기억은 현재 사용되지는 않지만 기억 속에 저장되어 있는 모든 정보를 말한다.

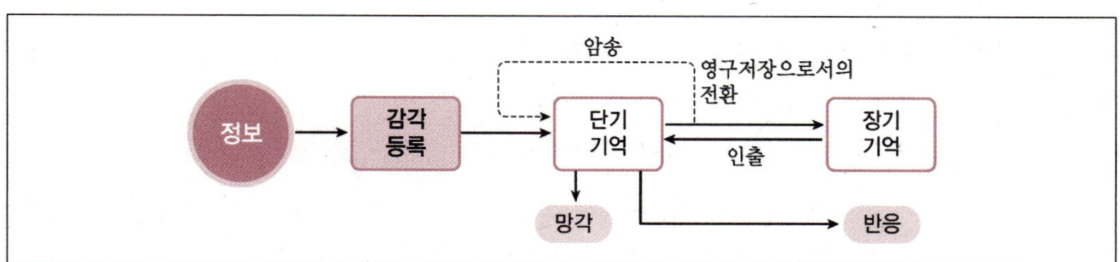

인간의 정보 처리 모형

② 주의의 여과기 모형

㉠ 인간의 정보처리체계는 그 용량이 고정되어 있어서 환경에서 들어오는 자극 모두를 한꺼번에 처리할 수 없기 때문에 체계 내에 있는 병목이나 여과기가 필요한 만큼의 정보를 들여보낸다고 가정한다.

㉡ 동시에 처리할 수 있는 용량에는 한계가 있기 때문이다.

③ 주의의 용량 모형

㉠ 주의의 용량이론은 한 번에 둘 이상의 일을 처리할 수 있는 주의의 배분 능력에 관심을 기울이는 것으로 주의의 배분능력은 동시에 두 가지 이상의 과제에 주의를 배분하여 성공적으로 수행할 수 있는 능력이다.

㉡ 한 가지 이상의 일을 한꺼번에 수행하는 것은 어렵지만 습관화되면 두 가지나 세 가지 일도 무리 없이 수행하는 것이 가능하다(James).

㉢ 주의를 두 가지 이상의 과제에 효과적으로 배분할 수 있느냐 없느냐 하는 것은 연습의 양과 수행 할 과제들이 요구하는 주의가 얼마나 상이한 감각기관을 필요로 하느냐에 달려있다(Eysenck & Keane).

(3) Nideffer의 주의 스타일 이론

① Nideffer의 주의 스타일 이론의 가정

㉠ 사람들은 여러 스포츠 상황에서 나름대로 선호하는 주의 스타일이나 성향을 가지고 있다.

㉡ 서로 다른 스포츠 기능은 서로 다른 주의 스타일을 요구한다.

㉢ 선수가 스포츠 행동을 효율적으로 할 수 있느냐는 그가 선호하는 주의 스타일이 특정 스포츠에서 필요한 주의 스타일과 어느 정도 일치하느냐에 달려 있다는 것이다.

㉣ 주의는 각성에 의하여 체계적인 영향을 받는다.

② 범위와 방향

주의를 두 가지 차원인 범위와 방향에서 정의

㉠ **범위-광의성(광의/협의)**: 선수가 주어진 시간 내에 주의하여야 되는 정보의 양으로 개념화된다.

㉡ **방향-방향성(내적/외적)**: 선수가 자신의 사고 및 감정에 주의할지 아니면 주변에 전개되는 것에 주의할지에 관한 것이다.

구분	범위와 방향
넓은 주의	사람으로 하여금 동시에 여러 가지 사건을 인지하게 한다. 넓은 주의는 특히 스포츠에서 중요한데, 선수들이 빠르게 변화하는 상황을 깨닫고 민감해야 하기 때문이다. 농구에서 빠른 돌파를 이끄는 포인트 가드와 공을 짧게 차며 몰고 가는 축구 선수들이 그 예이다.
좁은 주의	골프 선수가 퍼팅할 때나 야구 선수가 야구공을 타격할 때처럼 한 둘의 단서에만 반응할 때 일어난다.
외적 주의	야구에서 볼이나 하키에서 퍽, 테니스의 더블 매치와 같은 경기에서 상대의 움직임 등과 같은 외부의 대상에 주의를 기울인다.
내적 주의	시범 없이 코치가 경기를 설명할 때, 높이뛰기 선수가 도움닫기를 시작할 때, 볼링 선수가 볼을 던지기 위해 나아갈 때 등의 상황에서 자신의 생각과 감정을 내부로 돌리는 형태이다.

(4) 주의 집중의 유형과 전환

① 주의 집중의 유형

㉠ 광의-외적: 상황의 재빠른 평가

예 순간적으로 패스할 곳을 찾는 축구의 링커

㉡ 광의-내적: 분석과 계획

예 작전 계획을 수립하는 코치

㉢ 협의-내적: 수행에 대한 정신적 연습 및 정서 조절

예 시합 전에 마음속으로 기술을 연습하는 선수

㉣ 협의-외적: 하나 또는 두 개의 단서에 전적으로 주의 집중

예 과녁을 조준하는 양궁선수

② 주의 집중 전환

㉠ 광의-외적: 골프 선수는 볼을 치기 전에 바람의 방향, 홀과의 거리, 벙커의 위치, 나무나 숲 등의 외적 환경을 평가해야 한다.

㉡ 광의-내적: 평가가 끝난 후, 그는 과거의 기억 속에 저장된 다양한 샷의 경험을 회상하고 현재의 상태와 수집된 외적 정보들을 분석하여 이에 알맞은 골프 클럽을 선택하고 어떻게 칠 것인지를 결정해야 한다.

㉢ 협의-내적: 스윙에 대한 계획이 다 설정되면, 자신의 긴장 수준을 탐지하고, 완벽한 샷의 상을 머리속에 그리거나, 연습 스윙 과정에서 심호흡을 할 수 있다.

㉣ 협의-외적: 효과적인 스윙을 위해서 그는 다른 내적인 생각이나 단서에 주의를 기울이지 않고 단지 볼에만 주의를 집중해야 할 것이다.

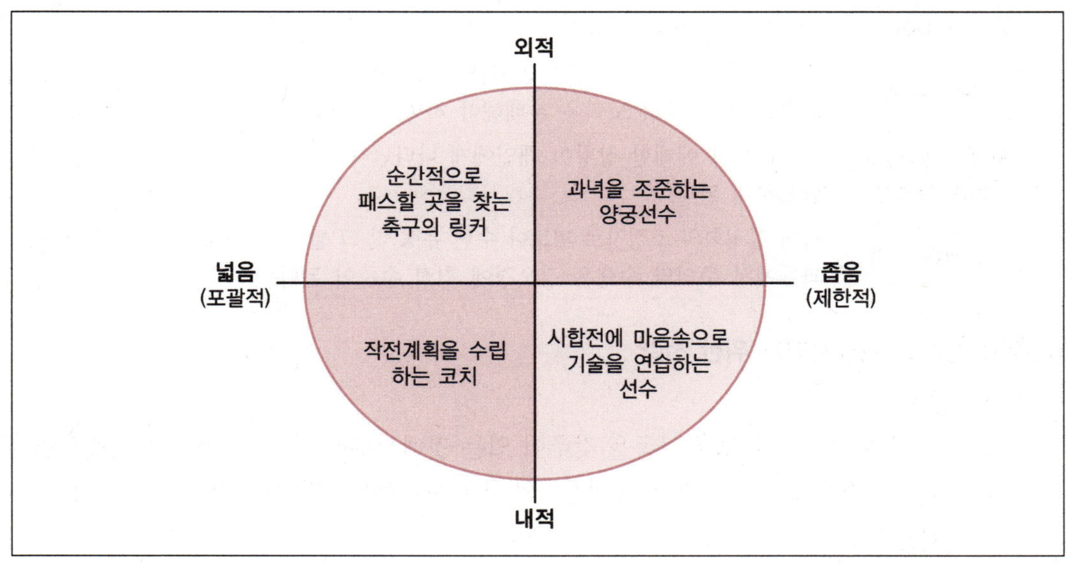

주위의 폭과 방향

일반적으로 압박감을 느끼는 상황에서 다음과 같은 세 가지의 주의 집중 형태가 나타난다.

1. 변화된 환경적 요구에 반응할 때 그에 적절한 주의력을 선택 적용할 가능성이 적어짐에 따라 정신적 유연성이 감소한다.
2. 압박감이 증대됨에 따라 주의를 집중할 수 있는 시야가 좁아진다. 이 경우는 특히 계속적으로 주의를 집중시키려고 서두름에 따라 가중한 심리적 부담을 수반한다.
3. 신체적 징후가 발생함에 따라 주의력은 내적으로 집중된다. 이 경우 선수는 자신이 성취할 운동 과제와 관련된 단서들에 대해 주의가 산만하게 되고 결과적으로 실수를 유발하게 된다.

※ 주의 집중의 문제점

- 과거 수행에 대한 주의
- 미래 수행에 주의
- 많은 단서에 주의
- 신체 감각의 과잉 분석

(5) 주의에 영향을 미치는 변인

시각적 특성	선수들은 물체에 대해 눈이 습관적으로 움직이거나 적응하는 방법이 모두 다르다. 이러한 개인차는 야구에서 투수로부터 날아오는 볼을 얼마나 빨리 지각하느냐 하는 문제 등으로 주의에 영향을 준다.
각성-활성화 수준	개인의 습관적인 각성 수준 및 각성-활성화 수준을 조절하거나 유지시키는 능력은 장·단기간의 주의에 영향을 미친다. 예를 들어, 단시간에 적정 수행 수준이 요구되는 경기의 선수는 단기간의 주의가 필요하며, 이러한 선수는 장기적 주의의 유지에는 효과적이지 못하다.
성격 특성	외향적인 사람이 단기간의 주의 집중에 유리하며 내성적인 사람은 장기간의 주의를 요구하는 과제에 효과적인 주의를 발휘한다.
성 차이	남성과 여성의 주의 유형에 차이가 있다.
학습 수준	기능이 우수한 선수는 주의 분배를 효과적으로 할 수 있는 반면, 기능 수준이 낮은 선수는 자주 주의 노력을 분배해야 하며, 그 결과 수행에 지장을 받는다.
자극의 애매함과 예측 가능성	지각적으로 애매한 상황이 개인에게 나타난다면, 주의는 분산되거나 주의 부담이 발생하게 된다.
그 날의 시간	각성 활성화의 조정자로 피로나 수면 유형 및 그 날의 시간 등을 들 수 있다. 복잡한 과제에서 주의와 수행은 정오경에 최적 수준이 된다.

(6) 주의 집중을 향상시키기 위한 전략

① 모의훈련

모의훈련은 경기를 위해 유니폼을 갖추어 입는 것에서부터 경기 중 행하는 의례적인 절차와 경기의 진행에 이르기까지 실제경기와 똑같은 상황을 만들어 연습하는 것이다.

② 과정지향 목표

과정지향 목표는 경기결과보다는 자신의 수행에 관련된 목표이기 때문에 스스로 통제가 가능, 따라서 당면하고 있는 과제를 해결하는데 주의를 집중하도록 돕는다.

③ 기능의 과학습

연습이 한 가지 이상의 수행을 동시에 할 수 있도록 주의의 배분 기술을 향상시킨다는 것이다. 과학습은 선수로 하여금 기능을 자동적으로 처리하도록 함으로써 한정된 주의용량으로 더 많은 것을 처리할 수 있게 한다.

④ 주의 집중 훈련 프로그램

스트룹 훈련이나 격자판 훈련과 같은 각종 프로그램을 사용하여 주의 집중을 향상시킨다.

⑤ 신뢰훈련

동작을 의식적으로 수행하려는 생각을 없애버리면 동작이 자동적으로 이루어진다는 것에 대한 신뢰를 기르기 위한 것으로 주의를 집중하는 데 있어서 자신의 기술에 대한 신뢰가 중요하다.

⑥ 주의 연합과 분리 전략

운동수행 중 자신의 신체 내부 정보(호흡, 심장박동, 근육의 느낌)에 집중하면 주의 연합(association, 내적주의집중)이라 하고, 신체 외부 정보(음악, 주변 환경)에 집중하면 주의 분리(dissociation, 외적주의집중)라 한다.

㉠ 주의의 연합 전략 : 내적인 변화에 주의를 기울이는 방법

㉡ 주의의 분리 전략 : 주의를 과거의 즐거웠던 일을 생각하거나 변화하는 생각에 주의를 기울이는 방법

- 선수의 경험에 따라
  - 익숙한 과제 : 주의의 연합 전략
  - 새로운 과제 : 주의의 분리 전략
- 정서적 요인에 따라
  - 달리기를 싫어하는 사람 : 주의의 분리 전략
  - 달리기 선수 : 주의의 연합 전략

(7) 주의와 연습

① '통제적 처리'는 주로 초보자에게서 많이 나타나는 현상으로 주의 측면에서 많은 노력을 필요로 하는 처리 과정이다. 의식적인 주의를 기울이기 때문에 하나의 과제만을 수행할 때 적합하고, 신중하고 느리게 처리된다.

② '자동적 처리'는 잘 학습된 기술을 수행할 때 주로 나타나며 무의식적이고 빠르게 진행되며 많은 노력이 필요 없는 처리 과정이다. 여러 과제를 동시에 수행해야 할 때 적합하다.

③ 수행 향상을 위해선 '통제적 처리'에서 '자동적 처리'로 전환시키는 것이 중요하다.

Haberlandt의 자동적 처리의 특성
무의식적임, 용이함, 적은 정신적 노력의 소모, 몇 가지 기능의 동시 수행

(8) 주의 집중과 스포츠 수행

스포츠 경기에서 주의의 집중이라는 것은 경기가 진행되는 동안 여러 가지 혼란 자극에 주의가 흩어지지 않고 끊임없이 변화하는 상황에서 장시간 동안 경계성을 늦추지 않는 것을 말한다. Etzel의 주의 집중 요소는 다음과 같다.

① 용량(에너지의 총량)
주어진 스포츠 상황에서 과제와 관련된 정보를 처리하는 데 요구되는 정신적 에너지양

② 지속성(집중 시간)
경계성이라고 알려진 특성으로 오랫동안 주의를 집중할 수 있는 능력

③ 융통성(전환 능력)
수행자가 주의의 범위와 초점을 정하기도 하고 또 전환시킬 수 있는 능력

④ 선택성(분석 능력)
정보의 분석적 처리 능력

①, ② ⇨ 에너지의 소비
③, ④ ⇨ 경기를 읽는 시야

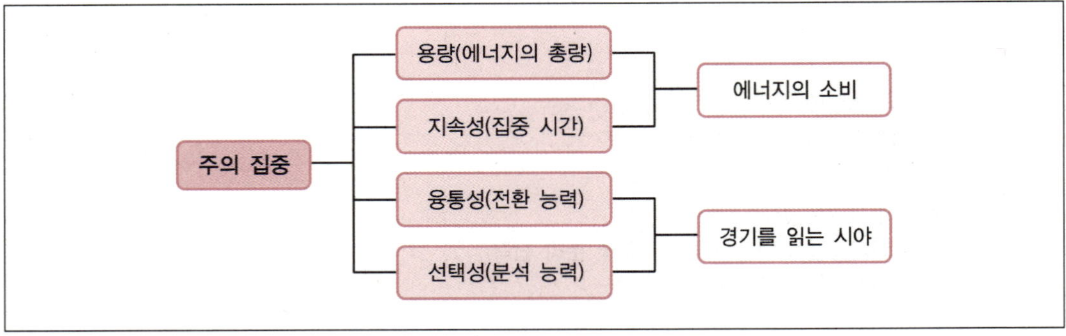

스포츠 주의집중의 요소(Etzel)

집중력의 상실(주의산만) : 주의가 의도하는 목표를 벗어나는 정신적 경험

- 산만요인
  - 외적요인 : 소음, 온도, 상대의 전략, 유니폼
  - 내적요인 : 정서, 불안, 과도한 동기, 피로

(9) 주의 집중의 측정

① 주의 집중 측정법으로 TAIS(test of attentional and interpersonal style), 정신 물리학적 방법(뇌전도 검사법, 심박수 검사법, 과제 잠재력 검사법) 등이 있다. 이 중 TAIS가 대표적으로 사용된다.

② Nideffer가 개발한 TAIS는 두 개의 독립적 차원인 주의의 폭과 방향에 대한 6개의 하위 영역으로 분류되어 있으며, 각 하위 영역에 12개의 질문을 둔 총 72개의 항목으로 구성되어 있다.

③ TAIS의 측정내용 및 해석

척도	약칭	해석
광의-외적 (Board External attentional focus)	BET	이 척도에서 점수가 높은 선수일수록 외부 자극들을 효과적으로 다룰 수 있다. 이러한 선수들은 항상 자신의 주변에서 일어나는 일을 잘 안다.
외적-과부하 (Overloaded by External stimulus)	OET	이 척도에서 점수가 높은 선수일수록 지나치게 외적 자극에 치중하여 혼란을 일으켜 실수를 많이 일으키게 된다. 이러한 선수는 필요할 때, 주의를 집중하기 어렵다.
광의-내적 (Board Internal attentional focus)	BIT	이 척도에서 점수가 높은 선수일수록 필요할 때 한 번에 여러 가지 일들을 생각할 수 있다. 이러한 선수들은 결과를 예측하거나 앞일을 계획함에 있어 분석적이며 사려가 깊은 사람들이다.
내적-과부하 (Overloaded by Internal stimulus)	OIT	이 척도에서 점수가 높은 선수일수록 한 번에 너무 많은 일들을 계획함에 있어 분석적이며 사려가 깊은 사람들이다.
효과적 주의집중 (Narrow attentional focus)	NAR	이 척도에서 점수가 높은 선수일수록 주의 집중이 필요한 상황에서 효과적으로 주의를 좁힐 수 있다. 이러한 선수들은 한 사람, 한 가지 일 또는 한 가지 생각에 집중할 수 있으며, 다른 일을 하기 전에 현재의 일을 마무리하는 데 뛰어나다.
주의 확산 실패 (Reduced attentional focus)	RED	이 척도에서 점수가 높은 선수일수록 만성적으로 주의가 좁아져 있다. 이러한 선수들은 폭넓은 주의를 지녀야 할 때, 그렇게 하지 못함으로써 실수를 한다.

④ 이 검사 도구를 통해 선수가 지니고 있는 효율적인 주의 집중 스타일(BET, BIT, NAR)과 비효율적인 주의 집중 스타일(OET, OIT, RED)을 측정할 수 있다. 주의 집중을 잘하는 선수는 연속되는 W형의 프로파일을 보이며, 주의 집중력이 약한 선수는 연속되는 M형의 프로파일을 보인다.

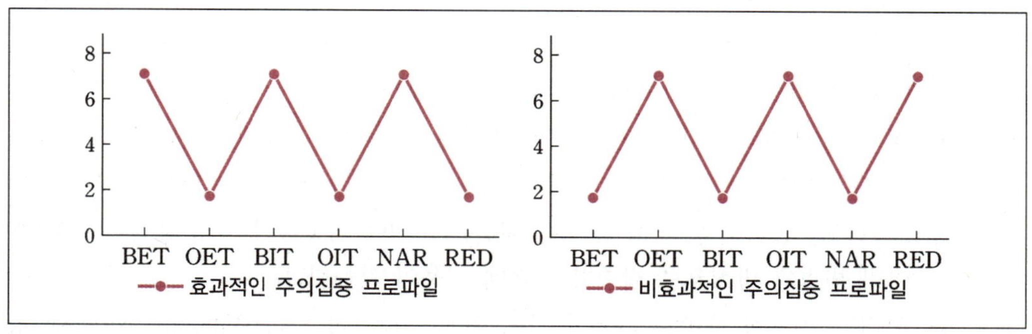

새로운 주의집중 기법 - 마음챙김(mindfulness)

- '마음챙김'은 동양적인 특성을 지니면서도 서양에서 사회 각 분야의 전문가들 사이에서 유행하는 정신수련법으로 수동적, 현재에 집중, 비평가적 태도를 취하는 것이 특징이다. 지나가버린 실수에 집중하거나 미래의 걱정에 집중하지 않고 지금 이 순간 있는 그대로 집중한다.
- Nideffer의 주의 모형에 있는 특정 유형으로 주의가 집중되지도 않으며, 주의 집중을 위해 정보를 처리하지도 않는다. 매 순간 떠오르는 것을 비평가적으로 있는 그대로 받아들인다. 과거는 현재 집중을 방해하고, 미래는 불안을 야기하므로 순간마다 변하는 현재를 있는 그대로 집중하는 것이 중요하다.

시선고정 현상

시선고정(quiet eye, QE)이란 동작이 발생되는 마지막 순간 시선이 고정되는 현상으로 4가지의 특징을 가지고 있다(Vickers). Vickers는 안구추적(eye tracking) 기술을 사용하여 농구선수의 자유투 상황에서의 시선고정을 확인하였는데, 이후 다양한 종목의 엘리트 선수들을 대상으로 여러 연구에서도 입증되었다. Quiet Eye은 숙련된 선수가 최고의 집중 상태일 때 나타난다.

- 마지막 움직임 발생 직전에 시작된다.
- 수행 공간에서 주요 단서(위치나 목표)에 시선을 고정한다.
- 초보자에 비해 엘리트선수의 지속 시간이 더 길다.
- 기술의 마지막 실행에 앞서 최적의 집중을 필요로 할 때 시선이 머물러 있다.

⑽ 집중력 향상 전략

Nideffer의 4가지 주의유형 분류는 집중력 훈련에서 이론적 토대가 되고 있다. 주의집중의 향상을 위해 개발된 방법은 주의제어훈련(ACT), 외부통제전략, 내부통제전략, 재집중계획, 자기암시, 주의집중 향상법 등이 있다. 외부통제전략, 내부통제전략, 재집중계획은 경쟁적인 스포츠 상황에 적용할 목적으로 개발되었지만 스포츠 이외의 상황 속 주의집중 문제의 해결에도 적용이 가능하다.

① 주의제어훈련 ACT

㉠ 주의유형에 관한 모형을 제안한 Nideffer는 체계화된 주의집중 훈련법인 주의제어훈련(attentional control taining, ACT)을 개발했다.

㉡ ACT는 개인의 주의력 강점과 약점, 종목에서 주의요구, 각성과 행동에 영향을 주는 상황 및 개인 특성, 어려움을 겪는 상황을 분석해서 중재 프로그램을 만드는 절차로 진행된다.

㉢ ACT에는 근육이완, 심호흡, 호흡 내쉬는 느낌에 집중하기 등의 방법이 포함되어 있어 여러 변형된 방식으로 집중력 훈련에 적용이 가능하다.

㉣ ACT를 적용할 때에는 다음과 같은 원칙을 따라야 한다(Williams, Nideffer 등).

ⓐ 최소 4가지 주의유형에 집중하는 방법을 숙달한다.

ⓑ 종목에 따라 주의요구가 달라지므로 변화하는 상황에 대처하도록 주의유형을 전환시킬 수 있어야 한다.

ⓒ 평균적인 사람이라면 최적의 조건에서는 상황 속 다양한 요구에 맞춰 주의 집중하는 것이 가능하다.

ⓓ 주의능력에는 개인차가 존재한다. 개인마다 주의력의 강점과 약점이 있고, 성격적으로 타고난 주의 특성과 훈련으로 향상시킬 수 있는 주의 특성이 있다. 각성이 증가하면 개인이 습관으로 갖고 있는 주의유형이 나타나며 이를 토대로 행동을 예측할 수 있다.

ⓔ 수행을 결정하는 2요인은 개인의 습관화된 주의유형의 적절성과 특정 상황에서의 자신감 수준이다.

ⓕ 생리적 각성이 지나치게 높아지면 주의 폭이 좁아지고 내적으로 집중하게 되며 수행이 통제할 수 없을 정도로 나빠지는 초킹(choking)이 발생한다. 초킹이 생기면 지각이 변동되어 시간이 빨리 가는 것으로 느껴져 서두르게 되고, 길항근이 굳어지면서 타이밍과 협응이 방해를 받는다.

ⓖ 생리적 각성을 조절하면 주의집중도 달라진다. 따라서 생리적 각성을 체계적으로 조절하면 집중을 어느 정도 제어할 수 있다.

ⓗ 주의초점을 조절하면 생리적 각성을 바꿀 수 있다. 따라서 집중을 체계적으로 조절하면 각성(근 긴장 수준, 심박수, 호흡수)을 어느 정도 제어할 수 있다.

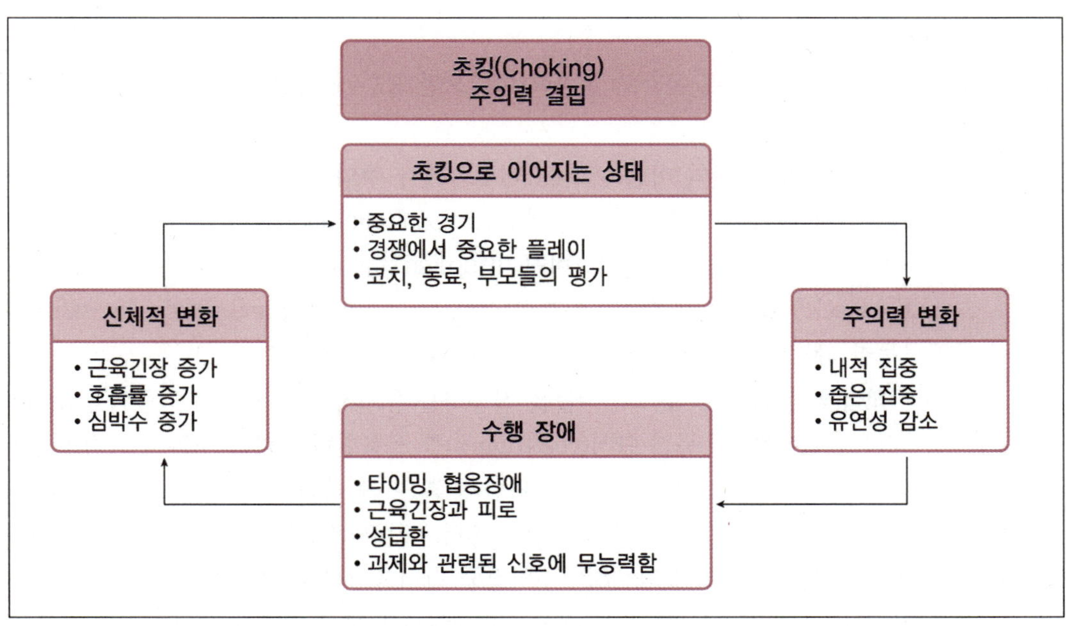

초킹 과정(Weinberg & Gould, 2023)

② 외부통제전략

㉠ Williams 등은 주의집중 훈련을 '외부통제' 전략과 '내부통제' 전략으로 분류했다.

㉡ 외부통제전략은 시합에서만 느끼는 외부의 자극에 반복적으로 노출되는 훈련을 통해 외부 방해요인의 영향을 최소화시키는 것을 목적으로 한다. 실제 시합에서 체험하는 외부자극에 대한 대처플랜(coping plan)을 반복 숙달하는데 파블로프의 조건화와 원리가 같다.

㉢ 외부통제전략에는 드레스리허설(dress rehearsal), 시뮬레이션시합리허설(rehearsal of simulated competition experiences), 멘탈리허설(mental rehearsal)이 있다.

ⓐ 드레스리허설: 음악이나 의상, 안내방송, 조명 등을 실제 시합과 유사하게 조성하여 훈련을 진행한다. 시합과 연습을 비교해서 달라지는 자극의 수가 많을수록 경기력이 저하되므로 달라지는 자극의 수를 줄이는 것이 중요하다.

ⓑ 시뮬레이션시합리허설: 실제 시합장에서의 입장부터 마무리까지 전체 루틴을 미리 경험한다. 이때 시합장의 다른 시합에서 들려오는 소리, 관중의 함성 상대 팬의 야유 등을 크게 틀어 놓는다. 실제 시합자극에 익숙해져 수행에 방해가 되지 않게 하는 것이 목적이다.

ⓒ 멘탈리허설: 실제 동작을 하지 않고 머릿속에서 시합 장면을 떠올려 집중하는 것을 연습한다. 심상, 시각화, 이미지트레이닝 등의 용어로도 불리는 멘탈리허설은 선수들이 가장 보편적으로 사용하는 인지전략이다.

③ 내부통제전략

㉠ 시합 중에 잠깐의 순간이라도 집중력을 잃으면 불안과 걱정이 생기고, 이로 인해 집중은 더 악화된다.

㉡ 내부통제전략은 자신의 마음속 혹은 머릿속에서 주의를 방해하는 요인들을 통제하는 집중력 유지 전략으로 주의집중 단서(attentional cue and trigger), 센터링(centering), 틱톡(tic-toc), 실패를 성공으로 바꾸기(turning failure into success), 바이오피드백(biofeedback), 집중과 재집중기술 향상(increasing focusing and refocusing skill), 수행프로토콜 개발(developing performance protocol)이 있다.

ⓐ 주의집중 단서: 많은 운동선수들은 집중력을 유지하거나, 떨어진 집중력을 회복하기 위하여 언어적・운동적 단서(cue/trigger)를 사용한다. 주의단서는 부정적인 것보다는 긍정적인 것, 과거가 아닌 현재(현재 혹은 곧 나타날 순간)나 과정에 집중하게 만들어주는 것을 찾아 사용하는 것이 좋다. 예를 들어, 서브 리턴을 준비하는 선수는 '스텝' 혹은 '편안하게'와 같은 주의집중 단서를 사용할 수 있다.

ⓑ 센터링: 센터링은 신체 중심(배꼽 뒤쪽 부분)에 모든 집중을 모으는 방법으로 평온감을 느낄 수 있게 도와준다. 센터링을 통해 신체나 정신, 감정을 제어할 수 있고, 집중과 관련 있는 단서에 집중할 수 있기 때문에 집중을 필요로 하는 활동 전 준비단계에서 사용하는 것이 좋다. 신체 중심에 주의를 집중하고 동작 직전에 호흡을 조정하여 이완된 상태 또는 적절한 신체 느낌으로 동작을 개시한다.

ⓒ **틱톡**: 틱(지금 해야 할 필요가 없는)은 과거의 실수와 같이 경기와 무관한 생각들이며, 톡(지금 당장 필요한 행동)은 자신이 행동을 촉진하는 단서로 정의 내린다. 시계의 똑딱똑딱 소리에 비유한 것으로 시합 중 '틱'과 같은 생각이 들 때 빠르게 '톡'으로 전환하는 방법이다.

ⓓ **실패를 성공으로 바꾸기**: 실수를 하면 집중력을 잃어버리는 경우가 많다. 이 문제를 해결하기 위해선 실패를 성공으로 이끌도록 유도해 주는 것이 필요하다. 실패 후 즉시 성공 수행 장면을 떠올리는 심상을 실시하는 것이 좋다.

ⓔ **바이오피드백**: 바이오피드백은 생각이 신체에 어떠한 영향을 미치는가를 보여주기 위해 사용한다. 또한 자신의 이완과정이나 스트레스를 받는 순간의 신체적 정보를 시각적으로 확인하는 데 도움을 줄 수 있다.

ⓕ **집중과 재집중기술 향상**: 집중력이 떨어질 때 마음챙김(mindfulness), 원 포인팅(one pointing), 격자연습(grid exercise, 0부터 99까지 숫자가 무선으로 배열된 표), 컴퓨터 앱 등을 활용해 집중력을 회복하는 것을 말한다. 원포인팅은 집중방해 생각이 들 때 사진, 공, 라켓으로 집중을 옮기는 방법이다.

ⓖ **수행프로토콜(루틴) 개발**: Williams 등은 운동선수가 일정한 수행 절차에 집중을 연결하면 이상적인 수행을 발휘할 수 있다고 하였다. 선수들은 몸풀기나 훈련 상황 혹은 시합 중 특정한 상황에 대한 루틴을 개발할 수 있다. 루틴을 일관되게 실행하면 집중력도 향상되기 때문에 수행에 도움이 된다.

④ 재집중계획

㉠ 위기가 닥치면 어떻게 할 것인가를 예상해둔 매뉴얼을 비상계획(contingency plan)이라 한다. 스포츠 상황에서는 이런 비상계획을 재집중계획(refocusing plan)이라고 한다. 예상치 못한 일로 집중이 흐트러졌을 때 집중을 바로 잡기 위한 계획인 것이다.

㉡ 재집중계획은 위기가 닥치거나 예상하지 못한 사건이 일어났을 때 진가를 발휘한다. 시합 중에 일어날 수 있는 집중 방해 요인에 대해 어떻게 대처할 것인지를 미리 계획한 것으로 비상계획, 플랜 B의 역할을 한다.

㉢ 스포츠 세계에서는 예상하지 못한 일들이 승부를 가르는 중요한 요소로 작용하기도 한다. 시합을 위해 많은 노력을 투자해서 시합을 준비하고도 예상치 못한 일이 발생되어 집중이 흐트러질 수도 있다. 따라서 중요한 일을 앞두고 있다면 갑자기 닥칠 수 있는 상황에 대한 대비책을 마련해 두어야 한다.

㉣ 집중을 위한 계획도 중요하지만 집중이 흔들렸을 때 집중을 리커버리하는 계획도 필요한 것이다. 우수선수는 집중계획과 함께 재집중계획을 준비해 두고 훈련으로 숙달한다.

⑤ 자기암시

㉠ 자기암시(self-talk)란 자기 자신과 나누는 내면의 대화로 개인이 생각을 할 때마다(소리 내어 직접 이야기하거나 소리 없이 생각할 때) 나타나기도 하며, 생각이나 믿음을 의식적으로 떠올리기 위한 방법으로 사용된다.

ⓛ 자신이 원하는 동작을 만들거나 자신의 동작에 집중하는 수단으로 자기암시를 사용하는데, Williams와 Zinsser, Bunker는 자기암시의 목적을 다음과 같이 제시하였다.

ⓐ **주의제어**: 자기암시를 통해 집중력이 떨어지는 것을 예방할 수 있다. 자기암시는 지금 당장 자신이 해야 하는 것을 떠올리게 만들어 준다.

ⓑ **노력통제**: 자기암시는 에너지나 주의집중을 지속적으로 유지하는데 도움을 준다.

ⓒ **기술습득과 수행**: 자기암시는 운동 수행에서 중요한 측면을 기억하거나, 집중할 때 사용된다. 새로운 기술을 습득하거나 수행을 향상시킬 때 도움이 된다.

ⓓ **나쁜 습관교정**: 나쁜 습관을 바꾸기 위해서는 의도적으로 이전의 자동화된 동작을 제어하고 새로운 움직임에 주의를 기울일 때 자기암시를 사용한다.

ⓔ **정서와 분위기 전환**: "할 수 있다". "더 빨리", "전진"과 같은 정서적 단서는 떨어진 분위기를 높여주며, 수행의 강화를 가져올 수 있다. 이를 통해 선수들의 인지불안은 감소되고, 자신의 수행을 촉진적으로 해석할 수 있게 된다.

ⓕ **자기효능감 향상**: 긍정적 자기암시는 선수들의 자기효능감 기대를 높인다. 특히 재활 상황에서 실시하는 자기암시는 신체의 치유능력과 실질적 치유과정에 집중하도록 유도하며, 자기암시를 통해 형성된 자기효능감 인식은 운동을 시작하고 유지하는데 도움이 된다.

ⓒ 자기암시를 효과적으로 사용하기 위해서는 자기암시의 효과를 인식하고 있어야 하며, 자신의 자기암시 방법이 올바른지 아닌지를 판단할 수 있어야 한다. 만약 올바르지 않은 자기암시를 사용하고 있다면 사고정지(thought stopping), 부정적 사고를 긍정적으로 바꾸기, 반격하기(countering), 관점바꾸기(reframing) 등의 기법들을 숙달해야 한다.

⑥ 주의집중 향상법

㉠ 집중력 향상을 위해서는 무엇에 집중할지를 빠르게 판단하는 능력을 향상시켜주는 것 또한 중요하다.

ⓛ 선수 자신이 처한 상황에 맞게 집중유형(방향, 폭)을 빠르게 전환하는 능력을 훈련할 수 있도록 Gauron은 자각확대(expanding awareness) 프로그램을 개발하였다. 훈련 방법은 다음과 같다.

ⓐ **협역외적 훈련**: 시야에 들어온 특정한 것에 집중하는 훈련이다. 배구공에 숫자를 적은 후 리시브를 하는 선수가 숫자 맞추기, 야구공에 색을 칠한 후 특정한 색의 공만 타격하기를 예로 들 수 있다.

ⓑ **광역외적 훈련**: 시야에 들어온 많은 정보를 기억하는 훈련법이다. 축구연습에서 지도자가 호루라기를 불면 선수들은 즉시 눈을 감는다. 한 명의 선수가 공의 위치를 말하거나 상대편 선수의 움직임을 설명하는 방법으로 적용할 수 있다.

ⓒ **협역외적에서 광역외적으로의 전환 훈련**: 넓은 시야 속에서도 자신의 주요 집중 포인트를 놓치지 않게 하는 훈련이다. 양팔을 앞으로 뻗어 10cm 정도의 간격으로 엄지 손가락을 세운다. 자신의 주요 집중 포인트를 최대한 자세하게 바라본다. 천천히 팔

을 벌려 엄지손가락의 간격을 넓히면서 자신의 주요 포인트, 엄지손가락, 그리고 엄지손가락 사이의 모든 것을 관찰한다. 카메라 줌 인-아웃 기능을 예로 들어 설명하면 도움이 된다.

ⓓ **협역내적 훈련**: 자신의 내부에 집중을 모으는 방법이다. 자신의 들숨과 날숨 상황에서 공기의 흐름 느껴보기, 특정 근육만을 긴장시킨 후 이완되어 있는 다른 근육들과의 긴장도 차이 느끼기. 여러 가지 떠오르는 생각이나 느낌들 속에서 평정심 유지하기와 같은 방법을 사용한다.

ⓔ **광역내적 훈련**: 지도자에게 도움이 되며, 스트레스로 인해 어려움을 겪는 선수를 지도할 때 사용하면 좋다. 스트레스로 인해 어려움을 겪는 선수가 확인되면 먼저 그 선수의 정신적 강점과 약점을 빠르게 찾아낸다. 이후 스트레스가 적은 환경에서 훈련을 할 수 있도록 유도한다.

ⓕ **협역내적에서 광역내적으로의 전환 훈련**: 의자에 몸이 닿는 부분, 서있을 때 발바닥이 바닥에 닿는 느낌을 한 번에 하나씩 잠시 느껴보고 각각의 느낌에 명칭을 부여한다(협역내적), 그 다음 이 느낌을 동시에 모두 느껴본다. 이미 개별 느낌은 생각하지 않고 전체적으로 느끼는 것이 중요하다(광역내적).

6. 자신감

(1) 자신감의 정의

① 성공에 대한 확신(Weinberg & Gould)

② 자신이 원하는 결과를 성공적으로 해낼 수 있다는 믿음, 자신에게 주어진 과제에 대해 성공할 수 있다는 믿음과 목표를 이룰 수 있다는 믿음(Feltz)

③ 자기효능감(Bandura)

④ 결과기대(Rotter)

⑤ 수행을 성공적으로 이끌어 낼 수 있는 자신의 능력에 대한 믿음(Vealey)

(2) 자신감 이론

- Bandura – 자기효능감
- Harter – 유능성
- Rotter – 결과기대

① 자기효능감 이론

㉠ 자기효능감(self-efficacy)은 개인이 일정한 상황에서 특정한 결과를 산출해 내는 데 요구되는 일련의 조치를 조직하고 실행해 낼 수 있다는 자기 능력에 대한 믿음이다.

㉡ 자기효능감의 특징

ⓐ 일정한 시점에서 특정한 과제에 대하여 가지는 자신감, 즉 상태 자신감을 나타낸다.

ⓑ 과제를 성취하는 과정에 따르는 인지적, 행동적 과정까지도 포함한다.

ⓒ 자신감의 '수준', '강도', '일반성'의 세 차원에서 개념화하여 자신감을 수량화 할 수 있도록 하였고, 이로 인하여 자신감에 대한 경험적 연구가 가능하게 되었다.

- 수준(level) : 수행을 해야 하는 과제나 과제의 수를 의미하며 기술 구성 요소에서 낮은 수준부터 높은 수준까지 여러 과제를 고려한다. 배드민턴에서 자기가 통제할 수 있는 서브가 가장 낮은 수준이라면 네트 앞 푸싱처리를 과감하고 정확하게 공격하는 것은 가장 높은 수준의 기술이라 할 수 있다.
- 강도(strength) : 각 수준을 성공적으로 수행할 수 있다는 확실성을 의미하는 것으로 대체로 100%를 기준으로 측정한다. 배드민턴에서 서브의 성공 확실성은 90%이고, 네트 앞 푸싱처리의 성공 확실성은 50%라고 할 수 있다.
- 일반성(generality) : 효능감을 갖는 영역(domain)이 몇 개인가를 의미한다. 체조의 경우 마루운동의 효능감은 평균대, 이단평행봉의 효능감으로 일반화가 가능하다.

자기효능감이란 특정한 상황에서 과제를 잘 해낼 수 있다는 성공에 대한 개인의 믿음이다. 그 과제를 해결하기 위해 필요한 지식을 상황에 맞게 이끌어 내고 행동으로 옮기는 과정에서 자신의 능력에 대해 지각하여 해낼 수 있다는 믿음으로 전환하게 된다. 이 때 자신의 효능감에 의해 지난 일에 대한 회상을 하고 평가하며 새롭게 조직하여 수행 능력을 도출해 낼 수 있다(Bandura).

② 유능성 동기이론

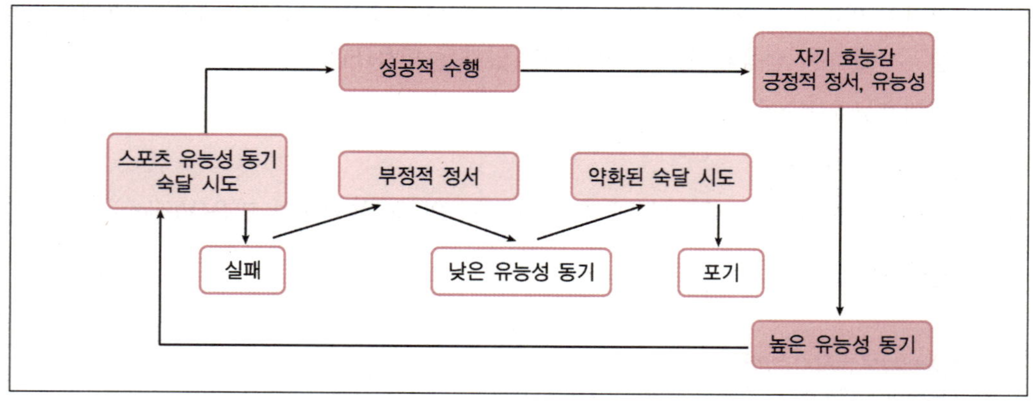

Harter의 유능성 동기이론 모형

㉠ 유능성(competency)은 자신의 능력에 대한 판단으로서 자신감과 매우 유사한 개념이다(Harter).

㉡ 숙달 행동의 시도에서 성공하면 기쁨과 같은 긍정적 정서를 경험하고, 이로 인하여 능력 동기가 유지되고 향상되어 유능성 동기는 강화되고 과제에 더 많은 노력을 기울인다. 반면 실패하면 부정적 정서를 경험하고 자신에 대해 실망하고 유능성 동기가 약화되어 과제를 포기한다. 이처럼 유능성은 후속되는 행동을 결정하는 가장 중요한 요인이다.

ⓒ 유능성 동기의 3요소

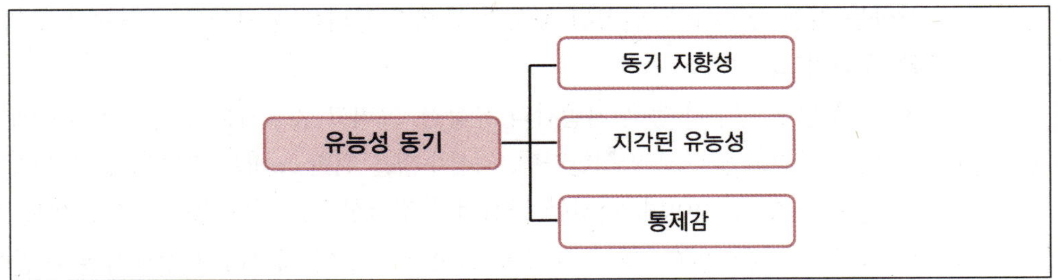

유능성 동기의 요소

ⓐ **동기 지향성**: 특정한 과제에 대한 개인의 심리적 태도로서 과제에 얼마나 흥미를 느끼고 과제 수행을 얼마나 즐기느냐에 관한 문제이다. 이것은 해결해야 할 과제에 대해 가치 있는 것으로 인식하는 정도를 나타낸다. 즉, 특정한 과제를 성취하려는 의지와 강도라고 말할 수 있다.

ⓑ **지각된 유능성**: 특정 과제에 관련된 자신의 능력에 대한 자기존중감의 정도이다. 자신이 과제에 얼마나 정통하고 있으며 이에 대하여 얼마나 자기존중감을 느끼느냐에 관한 것이다.

ⓒ **통제감**: 개인이 특정한 성취 영역에서 자신의 성공과 실패에 대하여 인식하고 있는 책임감의 정도이다. 이것은 과제를 수행하고 난 후 그 과제의 성취에 대한 자신의 책임(공헌도)이 크다고 판단하면 유능감이 강화된다는 것이다.

ⓓ 유능감 동기이론은 선수들의 통제력 인식(기술을 배우고 수행할 수 있는지에 대한 통제력)이 자존감, 역량 평가와 함께 작용하여 동기부여에 영향을 미친다고 주장한다. 하터(Harter)는 사람들이 가치 있거나 유능하다고 느낄수록 동기화가 잘되며, 이러한 감정이 동기부여의 주요 결정요인이라고 하였다.

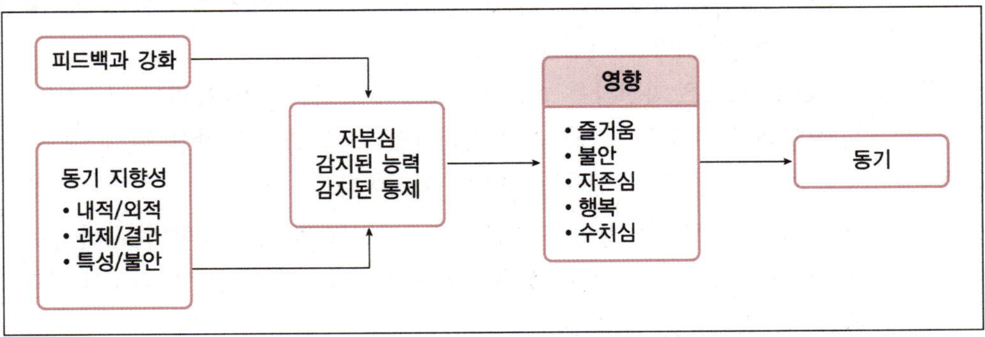

유능감 동기이론(Gill, 2000)

ⓔ 위의 <모형>에서 보는 바와 같이, 이러한 감정들은 동기부여에 직접적으로 영향을 미친다기보다는 정서적 또는 감정적 상태(예 즐거움, 불안, 자존심, 수치심)에 영향을 미치게 되며, 이러한 흐름을 통해 결국 동기부여에 영향을 미친다고 설명하고 있다.

ⓑ 유능감 동기이론에서 자신의 능력은 영역(예 학문, 신체, 사회)에 따라 다르다는 것을 인식하는 것이 중요하다. 인식된 능력과 통제력 강화는 동기이론 측면에서 주의해서 봐야 할 요인이다.

ⓐ 어린 농구 선수가 높은 자존감과 유능감, 그리고 농구기술의 학습과 성과에 대한 통제력을 가지고 있다고 인식한다면, 최상수행을 위한 노력은 즐거움과 자부심, 행복을 높일 수가 있을 것이며, 이러한 긍정적인 정서상태를 통해 동기수준을 높일 수가 있다.

ⓑ 하지만, 낮은 자존감과 무능감을 느끼는 선수의 경우라면 수행하는 순간에 불안감, 수치심, 슬픔과 같은 부정적인 정서적 반응이 나타날 것이며, 이러한 감정들은 동기수준의 저하로 연결될 것이다.

③ 스포츠 자신감

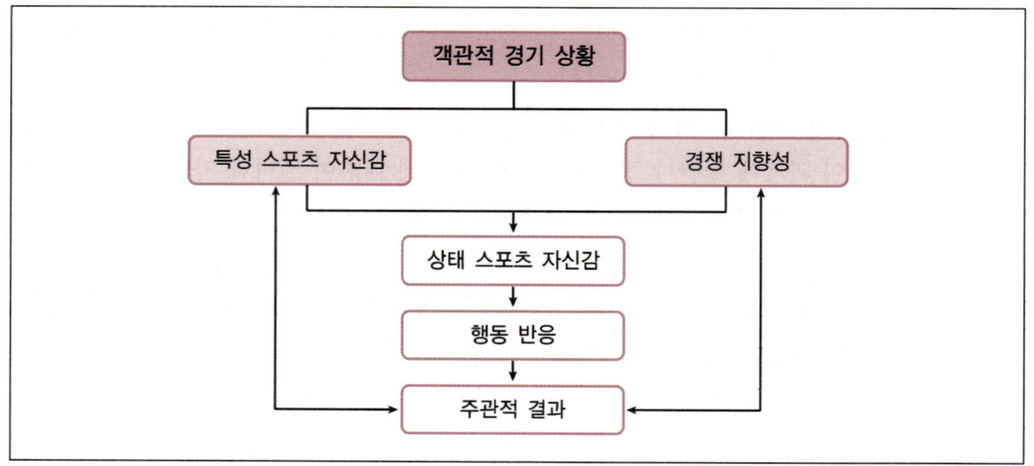

Vealey의 스포츠 자신감의 개념 모형

㉠ Vealey는 스포츠 상황에서 자신감과 성취 동기가 어떤 관계가 있는가를 설명하기 위해 스포츠 자신감이라는 가설을 제안했다.

㉡ Vealey는 스포츠 자신감을 개인이 스포츠에서 갖는 그의 능력이 성공적일 것이라는 확실성에 대한 신념 또는 정도라고 정의하였다. 즉, 스포츠 자신감은 스포츠 경쟁에서 성공할 수 있는 능력이 있다는 개인의 확신이다.

㉢ 스포츠라는 객관적인 상황은 특성 스포츠 자신감과 경쟁 성향의 두 가지로 이루어지며, 이 두 가지 요소가 결합하여 상태 스포츠 자신감으로 나타나며 이것이 결과적으로 행동 반응, 즉 경기력을 결정한다.

㉣ 경기력의 결과는 선수에게 주관적인 결과를 주게 된다. 주관적인 결과의 종류에는 만족감이나 불만족감, 성공이나 실패, 또는 결과에 대한 원인 분석 등으로 나타난다.

㉤ 한 종목의 스포츠를 잘 수행하는 선수는 많은 자신감을 갖게 되고, 이 자신감은 다른 스포츠 상황을 수행하는 데에도 긍정적인 영향을 미친다는 것을 나타내 주고 있다.

ⓑ 스포츠 자신감은 스포츠 경쟁에서 성공할 수 있는 능력이 있다는 개인의 확신으로, Vealey는 자신감의 개념에 스포츠 경쟁에서 목표를 성취하려는 경향을 나타내는 경쟁 지향성을 포함시켜서 스포츠 자신감을 개념화하였다.

ⓢ 스포츠 자신감은 소질적인 성질의 특성 스포츠 자신감과 상황적인 성질의 상태 스포츠 자신감의 두 가지 구성개념으로 분류된다.

ⓐ **특성 스포츠 자신감**: 개인이 스포츠에서 갖는 그의 능력이 성공적일 것이라는 확실성에 대한 신념 또는 정도

ⓑ **상태 스포츠 자신감**: 개인이 스포츠 상황에서 어떤 특정한 순간에 갖는 그의 능력이 성공적일 것이라는 확실성에 대한 신념 또는 정도

ⓞ 경쟁지향성은 자신의 목표 달성이 자신의 수행능력과 성공을 불러일으킨다는 믿음의 정도를 나타낸다. 경쟁지향성은 개인이 스포츠 수행 시 개인의 수준에 따라 성공과정과 결과 어느 편에 목적을 두느냐에 관한 지향성을 말한다. 스포츠 자신감은 경쟁지향성을 포함하고 있다는 점에서 자기효능감과 유능성 동기와는 다르다.

ⓐ **경쟁 수행 지향성**: 자신의 능력과 관련하여 수행목표를 잘 성취하고자 하는 경쟁지향성을 의미한다.

ⓑ **경쟁 결과 지향성**: 경쟁에서 이기거나 경쟁자보다 높은 위치에 서고자 하는 경향성을 의미한다.

ⓩ 스포츠 자신감은 성격 특성 성향의 자신감과 스포츠의 경쟁지향성 상태가 결합되면 또 다른 형태의 상태 스포츠 자신감이 형성되어 명백한 행동 반응을 예언하게 된다.

Vealey의 스포츠자신감

Vealey의 스포츠자신감모형은 기본적으로 스포츠자신감의 원천 3개 영역, 스포츠자신감, ABC삼각형으로 구성된다.

- 스포츠자신감의 원천인 3개 영역은 성취(achievement), 자기조절(self-regulation), 사회적 분위기(social climate)이다.
  - 연습으로 기술을 향상시키고 시합에서 성과를 내야 한다(성취).
  - 필요한 과제에 집중하고 자부심을 가져야 한다(자기조절).
  - 주변 사람들로부터 믿음과 인정을 받고 좋은 지도자와 다른 선수로부터 배우며, 여러 훈련 환경과 조건도 자신에게 맞아야 한다(사회적 분위기).
- Vealey는 스포츠자신감을 특성스포츠자신감과 상태스포츠자신감으로 구분했다.
- ABC삼각형은 감정(affect), 행동(behavior), 인지(cognition)가 이 모형에 모두 포함됨을 의미한다. 영역은 선수의 자신감 수준을 결정하며, 자신감 수준은 다시 A(불안, 몰입 등), B(노력, 인내 등), C(의사결정, 귀인 등)와 수행에 영향을 준다. Vealey의 스포츠자신감모형에는 심리학에서 다루는 ABC가 모두 포함되어 있다.

④ 다차원스포츠자신감 모형

㉠ 스포츠자신감 모델(Vealey, 1986)

ⓐ 빌리는 스포츠 상황에서 나타나는 목표성취 행동을 예측하여 일관성 있는 스포츠자신감을 설명하기 위해 개인의 인지적 평가에 기초한 '반두라의 자기효능감 이론'과 '하터의 유능성 동기이론', '니콜스의 성취목표이론'을 종합하였다.

ⓑ 빌리는 스포츠에서 성공은 개인마다 인지하는 의미가 다르게 적용된다는 것을 감안하여 자신감의 토대가 되는 목표를 구체적으로 측정하는 것이 필요하다고 생각하였으며, 개인의 목표성취 경향인 경쟁지향성 개념을 스포츠자신감 모델에 포함시켰다.

ⓒ 스포츠자신감은 개념적으로 어떠한 것을 할 수 있다거나 경기에서 이길 수 있다 혹은 경기를 잘할 수 있다는 등에 대한 자신의 느낌으로 자신감의 정도는 현재 경기수준에 대한 가장 좋은 예측 수단으로 자신의 느낌이나 믿음 정도가 된다. 이에 반해, 자기효능감(Self-Efficacy)은 특정한 수행과 관련한 기술을 구체적으로 수행할 수 있다는 믿음을 의미한다.

ⓓ 따라서 스포츠자신감은 자기효능감을 포함하는 보다 큰 개념이라 할 수 있으며, 선수의 경기력에 영향을 주어 경기 결과를 결정짓는 개인의 심리특성이라는 관점에서 일반적인 자신감과 구분하였다. 빌리는 선수들이 현장에서 능동적으로 인지하는 자신감을 특성자신감과 상태자신감으로 수치화할 수 있는 개념화된 스포츠자신감 모델을 제시했다(Vealey).

㉡ 특성자신감은 개인이 스포츠에서 성공할 수 있는 능력을 소유하고 있는 일반적인 지각이라고 할 수 있으며, 상태자신감은 특정 시점에서 발생하는 과제에 대한 지각이다. 1998년 Vealey 등은 스포츠자신감의 근원을 알 수 있는 척도(Source of Sport-confidence Questionnaire)를 개발하였고, 이후 기존 척도(1998)의 문제점을 보완하기 위해 다차원스포츠자신감척도(Multidimensional Sport-confidence Inventory)가 개발되었다(Vealey & Knight, 2002).

㉢ 초기 스포츠자신감 관련 연구는 단일차원의 구성개념으로 자신감을 개념화함으로써 운동선수의 자신감 유형을 하나로만 설명하였다. 하지만, 자신감은 다양한 유형이 존재할 수 있다는 반두라(Bandura, 1997)의 주장에 따라 빌리(Vealey)와 나이트(Kight)는 다차원적인 측면에서 선수들이 중요하게 생각하는 자신감 유형을 연구하게 되었으며, 다차원스포츠자신감 모형을 개발하기에 이르렀다(Vealey & Knight, 2002).

㉣ 다차원스포츠자신감 모형은 기존의 스포츠자신감 모형(1986, 1998)과 비교하였을 때 자기효능감이나 자신감은 상황에 따른 과제요구에 의해 다양하게 나타난다는 반두라(Bandura, 1997)의 자기효능감 이론과 부합되었으며, 경쟁적인 스포츠상황에서 선수들이 중요하게 판단하는 "인지효율 스포츠자신감(Sport-Confidence about Cognitive Efficiency)", "신체기술과 훈련 스포츠자신감(Sport-Confidence about Physical Skills and Training)", "회복탄력성 스포츠자신감(Sport-Confidence about Resilience)"의 3가지 유형으로 설명하였다.

ⓐ "인지효율 스포츠자신감"은 시합에 참가한 선수가 최상의 수행을 위해 주의집중을 하고 효율적인 결정을 내릴 수 있는 자신의 신념이나 확신 정도를 말한다.

ⓑ "신체기술과 훈련 스포츠자신감"은 선수가 성공적인 수행을 하는 데 필요한 신체적 기술을 발휘할 수 있는 능력에 대한 자신의 신념이나 확신 정도를 의미한다.

ⓒ "회복탄력성 스포츠자신감"은 경기상황에서 실수를 하더라도 과제에 대한 집중과 회복탄력성을 보이는 과정에서 얻어지는 자신에 대한 믿음으로 경기에 수반된 여러 문제들을 극복할 수 있다는 자신의 신념이나 확신 정도를 의미한다.

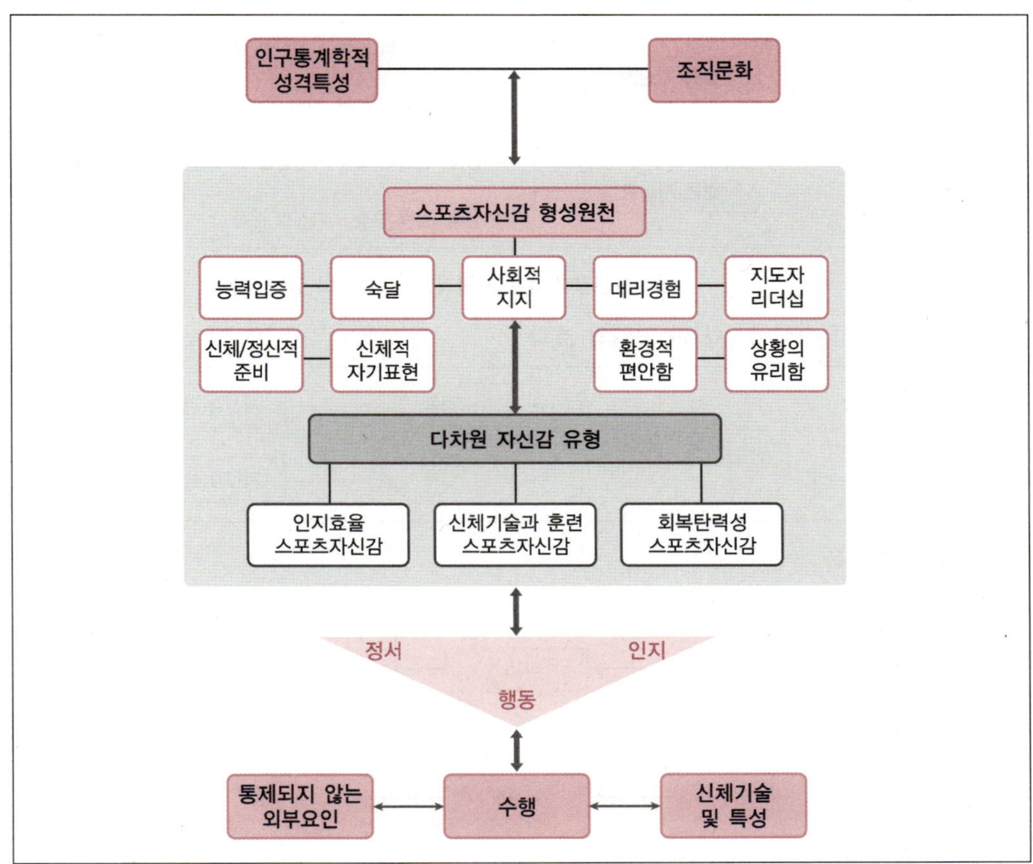

다차원스포츠자신감 모형(Vealey & Chase, 2008)

(3) **자신감의 작용 과정**(Bandura의 심리적 과정)

① 인지적 과정

목표 설정, 여러 가지 사태를 예측하는 일이다.

② 동기적 과정

자신의 과거 행위를 검토하는 일이나 성과를 예측하고 목표를 세우는 일을 스스로에게 동기를 부여하는 일이다.

③ 정서적 과정

자신의 능력을 믿는 사람들은 행동 결과가 가져올 긍정적인 결과를 떠올리는 데 비해 의심하는 사람들은 불길한 생각을 떠올리고 높은 불안을 경험한다.

④ 선택 과정

자신감은 어떤 행동을 해야 하고 그 행동을 얼마나 오래 지속할 수 있는가를 결정하는 데 중요한 역할을 한다.

(4) 자신감 정보원

① 성공 경험

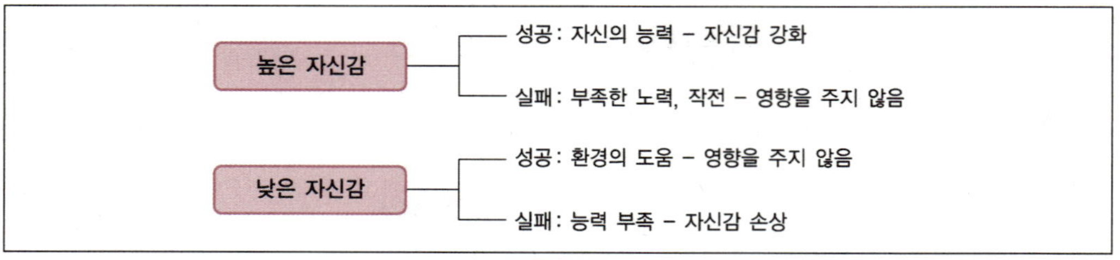

자신감이 높은 사람과 낮은 사람의 귀인 형태

② 대리 경험 : 속성이 유사한 모델의 효과

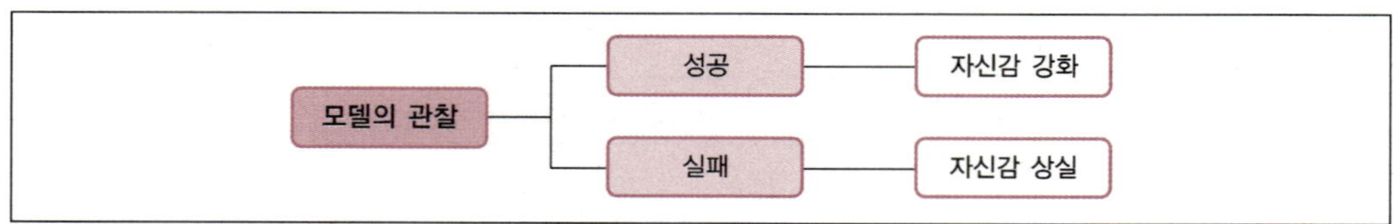

③ 사회적 설득

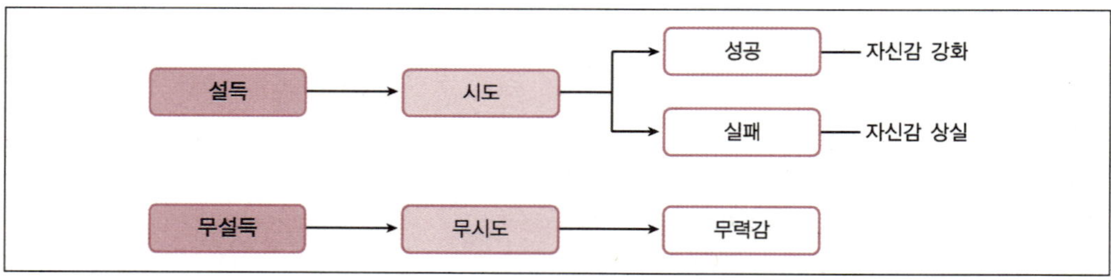

설득의 효과

④ 생리적 - 정서적 각성

(5) 과도한 자신감

① 자신감 부족은 자신의 능력에 대한 의심으로부터 출발하여 불안과 부적절한 단서에 집중을 유발시켜, 결국에는 부정적인 운동수행 결과를 가져오지만, 동기 유지 및 과도한 자신감에 빠지지 않도록 도와준다.

② 과도한 자신감은 자신감의 부정적인 영향으로 자신의 능력에 대한 믿음이 현실과 차이가 있을 때 나타나는 현상이다. 다시 말하면 자신의 능력치를 과대평가하여 연습, 훈련과 같은 준비과정을 소홀히 하게 되고 결국에는 운동수행에 부정적인 결과를 초래하게 된다. 따라서 과도한 자신감은 실패한 자신감으로서 코치는 자신의 선수가 과도한 자신감에 빠지는 일이 없도록 해야 한다.

(6) 자신감의 미신

Vealey는 자신감에 대해 잘못된 오해에서 오는 4가지 미신을 소개하였다.

① 과도한 세레모니를 자기 확신에 찬 자신감으로 여기는 경우다.

㉠ 이런 행위는 불확실한 심리를 표현하는 하나의 쇼맨십과 같은 것으로 오히려 실패에 대한 두려움을 가져다준다. 또 과도한 세레모니 행동은 선수의 성격, 대인관계, 사회성에 의해 거만함으로 보여질 수 있다.

㉡ 자신감을 가장한 과도한 세레모니는 선수의 감정조절과 자기 인지에 영향을 주며, 자신감 향상에 걸림돌이 된다.

② 승리만이 자신감 향상을 가져온다는 생각이다.

㉠ 승리는 그 누구도 조작할 수 없는 결과물이지 자신의 통제 하에 조작가능하다고 생각해서는 안 된다. 물론 승리는 자신감 향상에 중요한 요소이지만, 스포츠에서는 승리 이외에도 많은 요소들이 자신감에 영향을 준다.

㉡ 예를 들어 개인적 목표를 이루었을 때, 힘든 기술을 습득했을 때 혹은 몰입 상태에서 최고 수행을 했을 경우 성공경험들이 자기 확신으로 이어져 높은 자신감을 가질 수 있도록 해 준다.

③ 실수를 자신감의 적으로 생각하는 경우다.

㉠ 오히려 자신에 찬 선수들이 더 많은 실수를 범하는데, 이는 실수에 대한 두려움이 없기 때문이다. 반면 자신감이 부족한 선수들은 기술 습득에 초점을 맞추어 연습을 많이 하는데, 실수의 원인을 기술 부족에서 오는 것으로 생각하기 때문이다.

㉡ 따라서 반복되는 실수나 실패를 두려워하지 말고, 그 과정을 통해서 배우는 긍정적 경험과 눈에 보이지 않는 심리적 향상에 더 큰 의미를 두어야 한다.

④ 우수선수는 절대로 자신감이 변하지 않고 언제나 높은 자신감을 유지한다는 생각이다.

㉠ 우수 선수들의 자신감도 변할 수 있는데, 우수 선수일지라도 자신의 능력을 저평가하거나 혹은 이전 성공경험에 대한 기대감 속에서 생각지도 못한 충격적인 패배를 극복하지 못했기 때문이다.

㉡ 코치들은 선수 자신의 능력을 저평가하지 않도록 주의하고, 모든 훈련을 실전과 같이 조성하여 각 상황에 효율적으로 대처하는 훈련이 필요하다.

피그말리온 효과(Pygmalion Effect)

그리스 신화에 나오는 조각가 피그말리온의 이름에서 유래한 것으로 사람은 자신보다 다른 사람으로부터 기대받는 모습대로 행동하게 된다는 심리학 용어이다. 그리스 신화에 나오는 키프로스 섬의 왕 피그말리온(Pygmalion)은 상아로 만든 여인상을 진심으로 사랑하게 되며, 여신(女神) 아프로디테(로마 신화의 비너스)는 그의 사랑에 감동하여 여인상에게 생명을 주었다. 이처럼 타인의 기대나 관심으로 인하여 능률이 오르거나 결과가 좋아지는 현상을 우리는 피그말리온 효과라고 한다.

로젠탈 효과(Rosenthal Effect)

피그말리온 효과와 마찬가지로 타인이 나를 존중하고 나에게 기대하는 것이 있으면 기대에 부응하는 쪽으로 변하려고 노력하여 그렇게 된다는 것을 의미한다. 1968년 하버드대학교 사회심리학과 교수인 로버트 로젠탈(Robert Rosenthal)과 미국에서 20년 이상 초등학교 교장을 지낸 레노어 제이콥슨(Lenore Jacobson)은 미국 샌프란시스코의 한 초등학교에서 전교생을 대상으로 지능검사를 한 후 검사 결과에 상관없이 무작위로 한 반에서 20% 정도의 학생을 뽑았다. 그 학생들의 명단을 교사에게 주면서 '지적 능력이나 학업 성취의 향상 가능성이 높은 학생들'이라고 믿게 하였다. 8개월 후 이전과 같은 지능검사를 다시 실시하였는데, 그 결과 명단에 속한 학생들은 다른 학생들보다 평균 점수가 높게 나왔다. 그뿐만 아니라 학교 성적도 크게 향상되었다. 명단에 오른 학생들에 대한 교사의 기대와 격려가 중요한 요인이었다. 이렇듯 피그말리온 효과, 로젠탈 효과, 자기 충족적 예언은 같은 의미로 인식되고 있다.

(7) 자기지각

① 자기지각(self-perception)이란 본인 스스로 자기를 어떻게 규정하는가를 말한다. 자기지각은 자신에 관한 것과 함께 학업이나 스포츠와 같은 특별한 성취영역에서 자신의 기술, 능력에 대한 생각, 태도, 느낌 등을 포함한다. 자기체계(self-system)라는 개념도 자기지각과 유사하다. 자기개념, 자기존중감(자존감), 자신감, 자기효능감 등 관련 개념을 포괄적으로 나타내기 위해 사용되기도 한다. 운동도식, 운동정체성, 선수정체성은 스포츠 상황에서 고유하게 적용되는 자기지각 개념이다.

② 자기지각과 관련된 개념 중에서 자기개념과 자기존중감이 널리 알려져 있다.

㉠ 자기개념(self-concept)이란 자신에 대한 기술적인 측면(descriptive aspect)에서의 전반적인 지각이다. 여기서 기술적이라는 것은 '좋다 또는 나쁘다'의 판단이 들어가 있지 않고 있는 그대로를 의미한다. '나는 인정이 많다', '나는 재능이 있다', '글쓰기는 장점이지만 농구는 약점이다'와 같은 표현은 자기개념을 나타낸다.

㉡ 자기존중감(self-esteem)은 자신에 대한 평가적 측면(evaluative aspect)을 말하는 것으로 긍정적 또는 부정적일 수 있다. '나는 가치가 있다', '나는 쓸모 없는 사람이다'와 같은 인식은 자기존중감에 해당한다. 자기존중감(self-esteem)이 높은 사람은 불안이 낮고, 낙관적이며, 적응성과 삶의 만족 및 스트레스 적응성이 높은 것으로 알려져 있다. 반면 자기존중감이 낮으면 우울증, 자살충동, 섭식장애, 범죄 등과 관련성이 높아진다.

③ 운동도식(exercise schema)은 규칙적으로 운동을 실천하고 있는 사람이 자신의 운동에 대해 갖고 있는 신념이다.

㉠ 운동도식은 꾸준하게 운동을 실천하는 사람에게서 더 명확하게 나타난다. 강한 운동도식을 소유한 사람일수록 운동 빈도가 높고, 더 다양한 활동을 선호하며, 주당 3회 이상 운동실천 의지를 보인다.

㉡ 운동도식 집단은 비운동도식 집단에 비해 운동 계획과 운동 방해요인 극복 전략을 더 자주 세우며, 운동관련 행동을 더 많이 하고, 운동으로 칼로리를 더 많이 소비하며, 몸매가 더 탄탄하다고 생각한다(Gill, Williams, & Reifsteck).

④ 운동정체성(exercise identity)이란 자기 정체성에서 운동을 내면화시킨 정도라 할 수 있다.

㉠ 사람은 자신의 정체성과 일치하는 행동을 더 자주한다. 총체적 자기개념에서 운동정체성이 큰 비중을 차지하는 사람이라면 운동에 대한 자기효능감이 더 높고, 운동도 더 많이 실천한다.

㉡ 운동정체성은 시간에 따라 변화될 수 있으며 운동을 꾸준하게 할수록 운동정체성이 더 분명해진다. 또 운동정체성이 더 분명할수록 미래에 운동을 더 할 것이라는 예측도 가능하다.

㉢ 운동정체성은 Anderson과 Cychosz가 개발한 운동정체성 척도(Exercise Identity Scale)로 측정이 가능하다.

각 문항에 대해 여러분이 생각하는 정도를 전혀 아니다(1) 또는 아주 그렇다(7)의 척도에 표시해 주세요.

	전혀 아니다						아주 그렇다
1. 나는 운동 실천자라고 생각한다.	1	2	3	4	5	6	7
2. 남에게 나를 소개할 때 내 운동에 대해 말한다.	1	2	3	4	5	6	7
3. 나는 운동과 관련된 여러 목표가 있다.	1	2	3	4	5	6	7
4. 운동은 나의 자기개념에서 중요한 요인이다.	1	2	3	4	5	6	7
5. 나는 기분이 좋아지려면 운동을 할 필요가 있다.	1	2	3	4	5	6	7
6. 남들은 나를 운동하는 사람이라고 생각한다.	1	2	3	4	5	6	7
7. 나에게 운동은 운동하는 것 이상을 의미한다.	1	2	3	4	5	6	7
8. 운동을 중단하게 된다면 상실감이 클 것이다.	1	2	3	4	5	6	7
9. 운동은 내가 자주 생각하는 것이다.	1	2	3	4	5	6	7

운동정체성 척도 문항(Anderson과 Cychosz)

㉣ 운동정체성 개념은 자기결정이론의 틀에서 분석되기도 했다. 이 연구를 보면 운동정체성이 높으면 운동을 스스로 결정하며, 스스로를 운동실천자로 여기며, 자기결정의 참가동기를 갖고 있고 운동을 더 자주하는 것으로 밝혀졌다(Springer, Lamborn, & Pollard).

⑤ 선수정체성(athletic identity)은 어떤 사람이 운동선수로서의 역할에 일치하는 정도 또는 그 역할에 대해 다른 사람으로부터 인정을 바라는 정도이다(Brewer, Van Raalte, & Linder).

㉠ Brewer 등이 선수 정체성 측정척도(AIMS, Athletic Identity Measurement Scale)를 개발함에 따라 선수정체성 연구가 많아지게 된다. 이들은 선수정체성을 사회적 정체성, 배타성, 부정적 감정의 3요인을 포함한 다차원 개념으로 규정하였다.

선수정체성 구성 요인(Brewer 등)

요인 이름	정의
사회적 정체성(social identity)	운동선수로서의 역할을 동일시하는 정도
배타성(exclusivity)	정체성을 스포츠 상황에만 전적으로 의존하는 정도
부정적 감정(negative affectivity)	훈련 또는 시합을 못할 때의 부정적 정서 반응

㉡ 선수정체성이 높은 것은 장점과 단점의 양면을 지니고 있어 '헤라클레스의 근육' 또는 '아킬레스의 건'으로 부르기도 한다.

(8) 자기효능감

① 자기효능감은 자신의 능력으로 특정 과제를 성공적으로 해결할 수 있다는 신념이나 기대감을 말한다.

② 자기효능감은 성격특성인 자신감(self-confidence), 자신에 대한 전반적인 믿음인 자기존중감(self-esteem)과는 구분한다. 자기효능감의 특징은 다음과 같다.

㉠ 개인의 기술과 상황을 고려할 때 그 상황에서 얼마나 잘 대처할 것인가에 대한 주관적 판단

㉡ 상황을 고려하는 개념이므로 '능력'(ability)과는 같은 개념이 아님

㉢ 구체적인 과제를 성공시킬 수 있다는 믿음 예 나는 자유투에 자신 있다.

㉣ 매우 불안정할 수 있어 상황에 따라 변동되기 쉬움

㉤ 자기효능감은 수행과 결과를 예측하는 강력한 요인임

㉥ 효능감의 반대는 의심(doubt)임

③ Bandura는 자기효능감은 행동을 예측하는 매우 강력한 요인이라고 주장한다. 예를 들어, 팔굽혀펴기를 30회 할 수 있다는 생각은 자기효능감이다. 팔굽혀펴기에 대한 자기효능감이 높으면 실제로 30회 팔굽혀펴기를 할 수 있을 것으로 예상된다. 반대로 수영으로 50미터 가는 것에 대한 자기효능감이 낮다면 수영장에서 실제로도 수영을 잘하지 못할 것으로 예측할 수 있다.

④ 스포츠 상황에서 수행을 성공하기 위해서는 자기효능감을 높이는 것이 중요한 문제가 되므로 자기효능감 이론이 스포츠 훈련에 널리 적용되어 왔다. 자기효능감을 효능기대(efficacy expectation)라고도 한다.

⑤ Bandura는 자기효능감과 함께 결과기대(outcome expectation)라는 개념을 도입했다. 결과기대는 어떤 행동이 특정 '결과'를 가져올 것이라는 개인의 예상을 말한다.

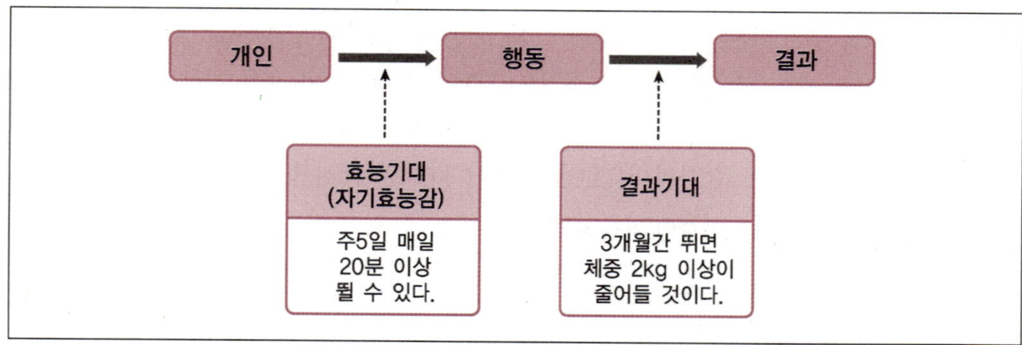

효능기대(자기효능감)와 결과기대의 구분

⑥ 자기효능감과 결과기대는 독립적인 기능을 하며 특정 행동의 시작과 지속을 결정한다. 어떤 행동이 시작되고, 목표 지향적이 되며, 장기간에 걸쳐 그 행동이 지속되기 위해서는 2개의 기대 모두가 상당히 높은 상태가 유지되어야 한다.

⑦ 자기효능감과 결과기대는 높고 낮음의 조합에 따라 다양한 결과가 나올 수 있다. 일례로 어떤 과제를 하는 것에 대해 자기효능감이 낮고, 결과기대가 부정적일 때는 관심이 없고 행동을 시도조차 안한다.

	결과기대 낮음	결과기대 높음
자기효능감 높음	사회운동 항의, 불만 환경변화	자신있는 적절한 행동 높은 인지적 참여
자기효능감 낮음	무관심 물러남 중도포기	자기비하 우울

자기효능감과 결과기대의 조합에 다른 영향(Bandura)

⑧ 자기효능감과 결과기대는 그 조합에 따라 행동에 영향을 주고, 정서나 감정에도 영향을 준다.

⑨ 자기효능감은 실제 수행을 강력하게 예측할 수 있다. 자기효능감이 높은 사람은 도전, 노력, 끈기를 보인다. 반면 낮은 사람은 과제를 회피하거나 포기하고 걱정과 우울감이 높다.

⑩ 자기효능감 이론에 따르면 수행을 잘하기 위해서 지도자, 부모 선수들이 사용하는 각종 훈련이나 전략은 선수의 자기효능감을 높이는데 도움이 되어야 한다.

⑪ 자기효능감이 영향을 주는 영역은 다음과 같다.

㉠ 과제의 선택(접근 또는 회피)

㉡ 노력과 인내

㉢ 생각과 의사결정

㉣ 정서반응(스트레스, 불안)

⑫ Bandura에 따르면 과제의 선택, 노력 수준, 지속 수준을 결정하는 핵심 요인은 효능감 기대이다. 효능감 기대란 결과를 얻기 위해 요구되는 행동을 성공적으로 수행할 수 있다는 신념이다(예 체력이 길러지도록 주당 5일씩 운동을 실천할 수 있겠다). 효능감 기대는 다음과 같은 4가지의 원천(정보)에 의해서 길러진다.

㉠ 수행성취

㉡ 간접경험

㉢ 언어적 설득

㉣ 정서적, 생리적 상태

자기효능감을 높이는 모델링

모델링(modeling)이란 모델을 관찰함으로써 나타나는 행동적, 인지적, 정의적 변화를 의미한다. 특히 모델링은 과제 수행에 대한 자기효능감을 높이는데 효과가 높아 코칭과 트레이닝에 적용하기에 좋다. 최근 영상 활용 기기가 널리 보급되면서 모델링을 적용하기가 편해졌다.

- 셀프모델링(self-modeling)
  자신의 바람직한 행동만을 비디오 영상으로 편집해서 반복 관찰하는 방법이다. 셀프모델링에서는 보통보다 더 잘하는 수행 장면을 관찰해야 한다. 자신이 주인공이 되는 성공 장면이나 베스트 장면만을 편집해서 봐야 한다. 셀프모델링은 자기효능감을 향상시켜 수행을 높인다(McCullagh & Weiss).

셀프모델링의 유형	
긍정적 셀프리뷰 (positive self-review)	긍정적 셀프리뷰는 지금까지의 여러 수행 중에서 베스트 장면만을 모은 일종의 하이라이트 비디오이다.
피드포워드 (feedforward)	피드포워드는 해당 기술을 숙달시킨 상태에서 특정 상황 시 그 기술을 성공적으로 수행해야 할 때 특정 상황의 환경을 편집으로 재구성해서 자신이 수행을 잘 하는 영상을 관찰하는 방법이다.

- 대처모델(coping model)
  학습모델(learning model)이라고도 하는데 두려움이 생기는 어려운 상황에서 처음에는 부정적인 생각을 하거나 실수를 하지만 반복연습을 통해 점차적으로 잘 배워나가는 장면이 담겨진다. 대처모델은 아동이 수영을 처음 배우거나 기타 위협적인 상황을 극복하고 학습할 때 효과적이다.
- 숙달모델(mastery model)
  처음부터 바로 성공적인 수행을 보여주는 모델이다. 대처모델은 처음에는 어려움을 겪으면서 점차 성공하지만, 숙달모델은 바로 성공한다는 점이 다르다. 숙달모델에 비해 대처모델이 아동의 수영기술 자기효능감에 더 강한 효과를 준다는 연구가 있다.
- 커버트모델링(covert modeling)
  커버트(covert)는 '은밀한'이라는 뜻이며, 커버트모델링에서 모델은 실제로 존재하지 않는다. 가상의 모델이 성공적으로 수행하는 장면을 상상한 후에 자신이 그 수행을 성공시키는 장면을 상상하는 방법이다. 이미지트레이닝의 요소가 많이 포함된 기법이다. 커버트모델링이 레슬링 선수의 자기효능감을 높이는데 효과적이었다는 사례연구가 있다.

(9) 집단효능감

① Bandura는 집단 구성원들 사이에서 과제를 성공시킬 수 있다는 공유된 믿음인 집단효능감(collective efficacy) 또는 팀효능감(team efficacy) 개념을 제안했다.

㉠ 집단효능감은 구성원 개인이 갖고 있는 자원을 협응적으로 사용하는 것과 관련된다.

㉡ 집단효능감은 팀의 역경 인내 능력, 팀의 목표 수준, 팀의 정서 상태, 팀의 노력 투입 수준, 팀의 미래 동기, 기대되는 팀 성과를 결정하는 핵심 요인으로 본다(Bandura).

② 팀원 사이에 협력적 노력이 덜 요구되는 레슬링과 같은 종목에서 집단효능감을 평가한다면 '개별 선수가 갖고 있는 각자의 자기효능감을 합치는 것'(개별 선수가 갖고 있는 개인의 자기효능감의 합계로 집단효능감을 평가)으로도 충분하다. 하지만 축구처럼 선수들 사이에 협력적 노력이 많이 요구된다면 '팀의 능력에 대해 개별 선수가 갖고 있는 믿음'의 합계로 집단효능감을 평가하는 것이 적절하다.

③ 집단효능감은 자기효능감의 합계와 같지 않을 수 있다. 상호의존성이 매우 높은 과제를 수행하는 상황에서 개별 선수의 자기효능감만을 단순하게 합치는 것은 적절하지 않다(Meyers & Feltz).

㉠ 특히 축구와 같이 협력과 조율이 많이 요구되는 종목에서 개별 선수의 자기효능감이 높다고 저절로 집단효능감이 높지 않을 수 있다. 선수 개인의 자신감은 좋은데 팀 전체로서는 믿음이 안 가는 경우가 여기에 해당된다.

㉡ 반대로 선수 각자의 기량은 미흡해도 팀으로 뭉치면 강해지는 팀도 있다.

④ 시합 전에 측정한 집단효능감과 수행의 관계는 여러 종목에서 이루어졌는데, 미식축구, 하키, 배구, 농구와 같은 상호의존적인 종목과 단체 근지구력 과제를 대상으로 이루어진 연구 결과 집단효능감은 팀 수행에 기여하는 것으로 밝혀졌다.

⑤ 집단효능감의 원천도 자기효능감의 원천과 유사하다. 수행 성취, 간접 체험, 언어적 설득, 정서적 생리적 상태가 집단효능감을 높이는 원천으로 작용한다.

㉠ 자기 팀이 반복해서 승리하는 것을 팀원이 함께 체험하면 집단효능감이 높아진다(수행 성취).

㉡ 상태 팀이 패하는 경기를 지켜보면 상대에 대한 집단효능감이 향상된다(간접 체험).

㉢ 지도자의 언어적 설득과 리더십도 집단효능감에 영향을 미친다(언어적 설득).

㉣ 우호적 또는 적대적 관중의 함성 등과 같은 요인도 집단효능감에 영향을 줄 수 있다(정서적, 생리적 상태).

⑥ Bandura, Gallucci, McAuley 등에 의하면, 집단효능감에 영향을 주는 요인으로는 과거 수행, 언어적 설득, 대리 경험, 리더십, 집단 응집력, 집단 규모 등이 있으며, 이들 중 과거 수행이 가장 큰 영향을 미치는 것으로 알려져 있다.

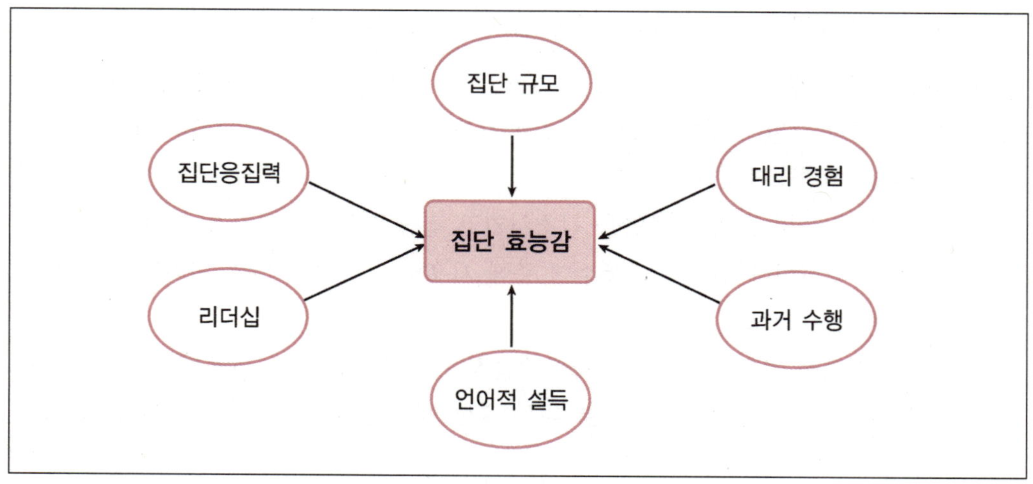

집단효능감의 선행 변인

7. 수행 루틴

(1) 수행 루틴의 개념과 필요성

① 개념
루틴(routine)이란 선수들이 최상의 운동수행을 발휘하는 데 필요한 이상적인 상태를 갖추기 위한 자신만의 고유한 동작이나 절차를 말한다(Weinberg & Gould). 즉, 선수들이 일정하게 수행하는 습관화된 동작을 의미한다(김병준).

② 루틴의 중요성(루틴이 필요한 이유)
㉠ 선수들이 부적절한 내적, 외적 방해로 인해 정신이 산만해질 때 운동과 무관한 것을 차단시켜 준다.
㉡ 다음 수행에서 상기하여야 할 과정을 촉진시키고 다음 상황에 대한 친근감을 제공한다.
㉢ 수행에 앞서 사전에 설정된 수행과정을 제공함으로써 일관된 수행을 도와준다.

③ 선수들은 자신만의 독특한 습관을 자신도 모르는 사이에 정하고 이를 시합에서도 습관적으로 사용하는데 이것은 완벽한 루틴의 한 부분으로서 계획된 심상의 순서, 각성 조절의 단서, 혹은 다른 인지전략을 거쳐야 한다.

④ 일관성 있게 주의집중을 하고, 성공적인 수행을 위하여 사고방식을 강화시켜 줄 수 있는 일련의 과정을 개발하여 이를 습관화하는 것이 필요하다.

⑤ 루틴을 지킬 수만 있다면 시합의 심리적 불안감을 극복하고 경기에만 집중하는 데 큰 도움이 된다.

⑥ 경기 전 선수에게 필요한 사고와 행동의 이상적인 과정을 상기시켜 줄 수 있으며, 자신의 마음을 완전히 집중시켜 시합 중에 발생하는 잡념을 제거해 준다.

⑦ 루틴은 최고의 수행을 할 수 있는 좋은 기회를 만들어 주는 요인이 된다.
㉠ "프리샷 루틴 = 불안 감소 × 집중력 증대"가 될 수 있다. 습관화된 행동의 중요성은 훌륭한 선수들이 습관화된 행동을 개발하고 이를 철저히 따른다는 사실에서 출발한다.
㉡ 루틴의 주된 효과는 불안을 감소시키고 집중력을 증대시키는 것이다.
㉢ 수행 루틴이란 선수가 운동수행 중에 사용하는 모든 루틴을 의미하며, 인지적 요인과 행동적 요인으로 구성된다.
ⓐ 인지적 요인은 정신적 이완, 기술적 단서, 심상, 인지 재구성, 긍정적 생각, 자신감 유지, 주의집중, 자기 진술, 의사 결정 과정 등과 같이 수행에 필요한 인지가 요구되는 요인들로 구성된다.
ⓑ 행동적 요인은 신체적 이완, 기술수행에 필요한 동작 등과 같이 수행에 필요한 행동이 요구되는 요인들로 구성된다.

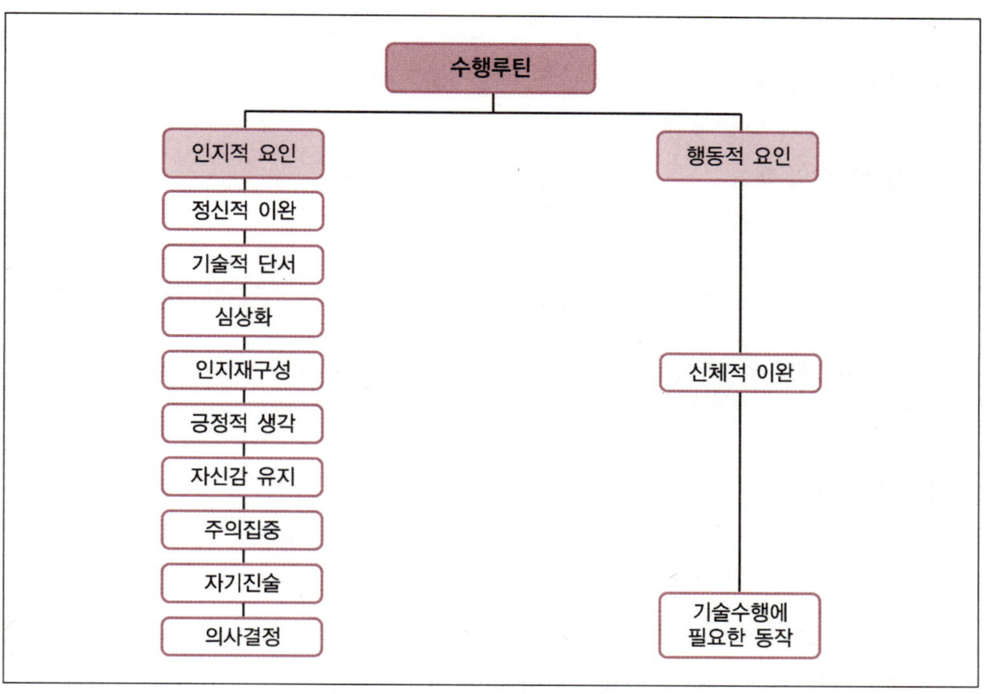

수행루틴의 하위요인(Cohn, Rotella & Lioyd)

(2) 인지 전략 – 주의 집중

① 선수들이 사용하는 인지 전략에는 여러 가지 종류가 있다. 그 중에 주의 집중은 '개인의 내부나 외부에서 발생하는 환경 정보가 감각계에 수용될 때 의식을 통제하는 과정'으로 정의되며 스포츠 상황에서 매우 중요한 심리기술이다. 다양한 주의 집중 기술을 연습함으로써 집중력을 향상시킬 수 있고 결과적으로 경기력을 향상시켜 최상 수행을 이룰 수 있기 때문이다.

② 인간의 정보처리 능력은 제한되어 있어서 운동수행에서는 수행에 관련된 단서에만 주의를 집중하는 능력이 중요하다는 것을 알 수 있다.

③ 시합 상황에서 느낄 수 있는 외적, 내적 자극은 분리된 몇 개념으로 볼 수도 있지만, 실제로는 끊임없는 상호작용이 일어나고 있다. 사실 거의 모든 사건은 선수의 인지적, 정서적 변화를 초래한다.

④ 집중력은 주어진 과제에 주의초점을 유지하는 능력이고, 따라서 부적절한 외적, 내적 자극에 방해를 받거나 영향을 받아서는 안 되기 때문에 선수들은 시합 중 주의 집중을 유지하기 위한 루틴을 개발하여 실천하거나 자신만의 단서어를 사용하는 등의 다양한 노력을 한다.

(3) 인지 루틴과 행동 루틴

① 가변적인 시합 상황에서 선수들은 순간 대처 능력과 심리적인 동요를 다스릴 수 있는 훈련이 꼭 필요하다. 선수들의 대처전략 중에서도 내적인 정보처리과정을 인지전략이라고 한다.

② 스포츠에 참여하는 모든 사람들은 자신만의 인지전략을 가지고 가변적인 시합 상황에 대처한다.

③ 인지루틴의 핵심
사고체계의 일관성 유지

④ 행동루틴의 핵심
행동체계의 일관성 유지

- 인지적 전략이란 가변적인 시합 상황에서 순간 대처 능력과 심리적 동요를 다스리는 사고체계의 일관성을 유지하는 것을 말한다.
- 행동적 전략이란 가변적인 시합 상황에서 순간 대처 능력과 심리적 동요를 다스리는 행동체계의 일관성을 유지하는 것을 말한다.

(4) 루틴의 효과

① 다양한 스포츠 종목에서 수행 루틴이 존재하고, 주의 집중 루틴이 선수의 수행을 향상시킬 수 있다.

② 루틴의 주된 효과는 불안을 감소시키고 집중력을 증대시키는 것이다. 집중에 방해되는 여러 가지 외부자극들의 영향으로 정신이 산만해지는 것을 방지하고, 집중력을 유지하여 일관된 수행을 할 수 있도록 한다.

루틴의 효과(Taylor)	
준비	선수가 최상 수행을 할 수 있도록 신체, 심리, 기술 및 전략, 장비 등에 대하여 완벽한 준비를 할 수 있도록 한다.
조절력	선수 스스로 조절 가능한 것에만 최대화·최상화 할 수 있도록 하여 스트레스, 에너지소모 등을 저하시키며, 시합 집중력을 강화시킨다.
적응력	예측 불가능한 여러 환경에 유연하고 긍정적으로 대처할 수 있도록 하여 최고의 수행을 유지할 수 있도록 한다.
자각	외부반응에 대해 더 나은 반응을 하도록 수행에 대한 통찰력을 높여준다.
통합 능력	심리, 신체, 기술을 통합하여 신체적 통찰력을 강화하고, 긴장을 감소시키며, 집중력을 증대시켜 효과적인 기술 수행이 가능하도록 한다.

(5) 루틴 적용 시 고려해야 할 사항(Vealey)

① 자신이 원하는 신체적, 정신적 느낌을 창조하라.

㉠ 대부분의 수행 전 루틴은 깊은 호흡을 포함한다. 깊은 호흡은 이완하기 위한 가장 효율적인 방법이며, 수행을 준비하는 데 있어 우리의 몸에 다시 활력을 불어넣어 준다.

㉡ 골프 스윙동작에서 선수는 "강하고 평온한" 느낌을 가질 수 있는 신체 및 심리적 상태를 만들어야 한다. 이러한 느낌은 느슨하고, 활기차며, 스프링 같이 강하고 폭발적인 느낌을 포함한다. 또한, 이러한 정신적 자극은 고요함, 집중, 강함, 자신감 등의 심리상태와 더불어 마치 긴장이 풀어지는 느낌을 가지게 해준다.

② 자신만의 리듬을 개발하라.

㉠ 루틴은 부드럽고, 자동화된 수행을 이끌 수 있도록 자신에게 맞는 리듬으로 개발되어야 한다.

㉡ 테니스, 배구, 농구, 골프, 야구, 소프트볼 등에서는 수행 전 프리샷 바운싱이 이에 해당된다.

③ 수행을 위한 리허설을 하라.

㉠ 최상수행을 위한 루틴은 리허설을 포함한다. 이러한 리허설은 선수의 심리적 · 신체적 리허설 모두를 의미한다.

㉡ 자신의 수행을 사전에 완벽하게 보고 느끼는 것은 효과적인 방법이다.

④ 자신만의 "단서 고정화"를 사용하는 루틴을 하라.

㉠ 선수들은 최상수행에 필요한 초점이 하나로 고정된 초점단서를 가지고 있어야 한다. 골프에서는 이것을 스윙 심상으로 부르며, 농구의 자유투를 위한 루틴은 림에 단서가 사용된다.

㉡ 선수는 목표의 중앙에 시각적 초첨을 맞추어 고정시킨다. 이러한 고정된 단서를 사용하는 루틴은 경기와 무관한 다른 외부자극에 대해 반응하지 않도록 하여 자동적인 수행이 발현되도록 도와준다.

(6) 루틴의 유형

① 경기 전 루틴

㉠ 경기 전에 선수들이 하는 모든 것은 성공적인 경기를 위한 준비와 관련되어야 한다. 경기 전 루틴은 선수들이 경기에서 최상수행을 할 수 있게 충분한 준비를 하는 데 도움이 되도록 만들어져야 한다. 이러한 루틴은 경기를 위한 적합한 마음가짐을 갖게 하고, 마음과 몸을 서로 돕게 한다. 이는 훈련에서 습득한 신체적 · 기술적 · 전술적 · 심리적 기술을 경기에서도 충분히 활용할 수 있게 한다.

㉡ 경기 전 루틴은 신체적 · 기술적 · 전술적 · 심리적 요인, 장비, 팀 등 운동수행과 관련된 모든 요인을 포함하며, 경기 전 루틴은 이 각각의 요인을 준비하는 특정 전략이 된다. 경기 전 루틴은 광범위하게 신체적이고 기술적인 준비운동, 필수적인 전술에 대한 재검토, 장비의 준비, 팀 동료와의 대화, 심리적 준비 등을 포함한다. 여기에서 심리적 준비는 목표설정, 긍정적인 혼잣말, 불안(각성) 조절, 집중, 심상 등을 포함한다.

㉢ 올림픽과 같은 중요한 경기를 준비할 때 루틴을 활용한다. 경기에 대한 준비를 강화하는 것뿐만 아니라 경기 전 루틴은 안정성, 편안함, 조절감을 느끼게 하여 경기의 스트레스에 긍정적으로 반응하게 한다.

㉣ 이상적인 경기 전 루틴은 선수 개개인마다 차이가 있지만, 공통적인 요인은 있다. 각각의 선수들은 자신의 루틴을 어떠한 요인들로 어떻게 구성할지 결정해야 한다. 선수 개개인에게 적합하고 효과적인 루틴을 개발하기 위해서는 장시간이 소요된다.

ⓐ 경기 전 루틴을 개발하기 위한 첫 번째 단계로 경기 전에 완전하게 준비해야 할 모든 것들의 목록을 만들어본다. 공통적인 요인은 식사, 경기 전술 재점검, 준비운동, 장비 점검, 동료와의 대화(팀 스포츠의 경우) 등이다. 그 외에는 선수 개인별로 다른 요인들인데 화장실 가기, 경기 유니폼으로 갈아입기, 경기 심상하기 등이다.

ⓑ 경기 전 해야 할 것들에 대한 목록이 만들어지면, 그 후 어떤 순서대로 목록에 있는 것들을 해야 할지 결정한다. 또한 루틴의 각 단계를 수행할 수 있는 장소를 생각해야 한다. 만일, 경기 전에 혼자 있는 것을 좋아하는 선수는 경기 전에 혼자 시간을 보낼 수 있는 조용한 공간이 있는지 알아봐야 한다.

ⓒ 마지막으로 경기 전 루틴을 수행하기 위한 시간을 정한다. 즉, 경기 전 준비가 충분히 되기 위해 경기 전 루틴에 소요되는 시간을 알아야 한다. 경기 전 루틴을 수행하기 위해 경기장에 경기 시작 얼마 전에 도착해야 충분히 경기 전 루틴을 할 수 있는지 고려해야 한다.

ⓜ 경기 전 루틴을 개발하고 난 후에는 실제 경기에서 시도해본다. 아주 중요한 경기가 아닌 시범 경기에서 먼저 활용해 본다. 루틴의 구성 요인 중 효과가 있는 것도 있고, 없는 것도 있으므로, 이러한 시도를 통하여 자신을 편안하게 하고, 경기를 가장 효과적으로 준비하게 하는 루틴의 구성요소를 찾는 과정을 거치는 것이 필수적이다. 이러한 수정·보완을 거쳐 만들어진 루틴을 항상 활용해야 그 효과를 발휘하게 된다.

② 수행 간 루틴

㉠ 골프, 다이빙, 레슬링 등과 같은 종목은 경기 시간이 연속적으로 이어지지 않는데, 이런 종목에서는 운동수행 간의 시간이 경기력의 유지 여부를 결정한다.

㉡ 운동 수행 간 선수가 생각하고 느끼는 것이 경기력에 영향을 미치는데, 수행 중간중간에 경기에서의 모든 수행에 대해 조절할 수 있어야 한다.

㉢ 우수 선수들은 경기 중에 하는 모든 운동수행에 대해 미리 준비하고, 경기 시간 전반에 걸쳐 일관적인 경기력을 보인다. 경기 중 운동수행에 준비가 덜 되어 우왕좌왕하다가 상대 선수에게 점수를 내주는 일이 없다는 의미이다.

㉣ 수행 간 루틴에 고려되어야 할 사항은 다음과 같다(Taylor).

ⓐ 휴식(rest)

- 운동수행을 마치고 난 직후에는 천천히 심호흡하면서 근육을 풀어주어야 한다. 장시간 운동수행을 하다 보면 호흡이 딸리거나 피로를 느낄 수 있기 때문에 이를 풀어주는 것이 매우 중요하다.
- 이전 운동수행으로부터의 회복은 장시간 지속되는 경기에서 다음 운동수행을 준비할 수 있게 한다. 심호흡과 이완은 선수가 자신에게 집중하는 데 도움이 되고, 다음 라운드를 준비할 수 있게 한다.

ⓑ 재정비(regroup)

- 수행 간 루틴을 하면서 운동수행 간의 감정을 확인한다. 특히, 경기력이 좋지 않거나 경기의 아주 중요한 국면에 접어들 때, 운동선수들은 흥분, 혼란, 분노, 우울 등의 다양한 감정을 느끼게 된다.
- 재편성은 선수들이 자신의 감정에 대한 영향력을 자각하고 감정이 부정적인 영향을 미치려고 하면 감정을 조절하여 다음 운동수행을 저하시키기보다는 향상시키는 데 도움이 되게 한다.
- 실수를 하거나 경기력이 좋지 않아서 혼란, 분노, 실망 등 부정적인 감정을 느끼면, 그 후의 운동수행에 부정적인 영향을 미치는데, 이를 방지하기 위해 선수들은 재정비할 시간을 갖고 부정적인 감정들을 날려버려야 한다.
- 감정이 경기력에 미치는 영향을 이해하고 경기 중 부정적인 감정을 날려버리고 긍정적인 감정으로 전환할 수 있도록 훈련해야 한다.

ⓒ 재집중(refocus)

- 경기 중 특히 압박감이 높은 상황에서 선수들은 지난 운동수행이나 경기 결과에 주의를 기울이는데, 이는 경기력에 전혀 도움이 되지 않는다. 이런 경우 선수는 앞으로 해야 할 운동수행에 주의를 전환할 수 있어야 한다.
- 수행 간 루틴을 통해 재집중할 때 선수는 먼저 자신의 현재 상황을 평가해야 한다. 그 예로 내가 지금 어떻게 수행하고 있는지, 나의 전술은 어떠한지에 대해 평가한다. 기술과 전술 그리고 자신의 마음에 주의를 기울여야 한다. 이제 곧 시작해야 할 운동수행을 잘하기 위해 자신이 하고자 하는 것에 집중해야 한다.

③ 경기 후 루틴

㉠ 경기가 끝난 후에는 성공적인 수행 후에 안도감을 느끼거나 아쉬운 결과로 인해 실망하기도 한다. 경기에서 성공적이었던 선수들은 대부분 그 경험을 즐기려 하고 실패한 선수들은 최대한 빨리 그 경기를 마음속에서 지우려 하는데, 경기 후의 시간은 선수들이 자신의 시즌 장기목표를 성취하고 다음 경기를 준비하는 데 필수적이다.

㉡ 경기 후 루틴은 경기의 성공 여부에 관계없이 경기 경험으로부터 성장할 기회를 준다.

㉢ 경기 후 루틴은 신체적인 부분, 심리적인 부분, 장비 부분으로 구성된다.

ⓐ 먼저 경기 후 루틴에서는 선수가 자신의 신체 상태를 점검하고, 마사지를 받거나 수분이나 영양을 보충하는 신체적인 부분이 있다.

ⓑ 그런 다음 선수들은 자신의 장비를 정리하거나 정비한다.

ⓒ 마지막으로는 심리적 · 감정적인 부분으로 선수가 자신의 감정을 자각하고, 표현하고, 감정을 털어버리는 것이다(실수, 실패, 좋지 않은 경기력을 보인 후의 좌절, 분노, 슬픔 등).

㉣ 감정을 정리하고 난 후에는 이번 경기에서의 운동수행을 되돌아보고 철저하게 분석하여 강점과 약점을 확인하고 다음 경기를 준비하기 위해 자신이 노력해야 할 부분의 계획이 필요하다.

④ 미니 루틴(수행 루틴)

㉠ 운동수행에서 특정한 동작을 하기 직전의 루틴을 미니 루틴(수행 루틴)이라고 한다. 학자마다 다른 용어를 활용하지만, 우리가 흔히 아는 루틴은 미니 루틴이라 할 수 있다. 예를 들면, 양궁에서 슈팅하기 바로 전의 루틴을 '프리슈팅 루틴'이라고 하고, 골프에서 샷을 하기 바로 전의 루틴을 '프리샷 루틴'이라고 하는데, 이러한 것들을 미니 루틴이라 할 수 있다.

㉡ 농구의 자유투, 축구의 프리킥, 테니스의 서브나 리시브, 골프의 퍼팅, 야구의 배팅, 다이빙이나 단거리달리기의 출발, 체조의 동작 준비 등 특정한 기술을 수행하기 전의 준비할 시간이 있는 종목에 활용되면 효과적이다.

㉢ 미니 루틴은 시합의 규칙에서 벗어나지 않는 범위 내에서 짧으면서 간결하게 만드는 것이 좋다.

㉣ 수행 루틴에는 인지적 요인과 행동적 요인이 포함된다.

ⓐ 인지적 요인에는 정신적 이완, 기술적 단서, 심상, 인지 재구성, 긍정적 생각, 자신감 유지, 주의집중, 혼잣말, 의사 결정 등이 속한다.

ⓑ 행동적 요인은 신체적 이완이나 기술수행에 필요한 동작 등과 같이 행동이 요구되는 요인들로 구성되며 행동체계의 일관성을 유지하는 것이 수행 루틴의 핵심이라 할 수 있다.

수행 후 루틴

- 수행 전 루틴과 대비되는 수행 후 루틴(postperformance routine)을 개발하는 것 또한 매우 중요하다. 수행 후 루틴은 수행이 성공했을 때와 실패했을 때를 구분하여 개발한다. 동작을 성공한 후에 하는 세리머니가 대표적이다. 동작을 성공한 후 세리머니를 반복하게 되면 성공이라는 자극과 세리머니라는 반응이 강하게 연결되어 만족감을 높여줄 수 있으며, 선수 스스로에게 자축의 의미가 되어 타인의 축하보다 더 큰 뿌듯함을 안겨준다.
- 동작을 실패한 직후에도 루틴이 필요하다. 동작에 실패한 직후 자신을 비난하거나 자책하게 되면 집중력을 잃거나 자신감이 하락될 수 있다. 실수 직후에는 당면한 과제에 다시 집중하기 위한 목적으로 하는 습관적이고 일정한 행동인 수행 후 루틴이 필요하다.

시합 루틴

경기를 위해 시합 전날 취침하기 전부터 시합장으로 가는 동안에 하는 일정한 행동이나 다짐, 시합장에 도착하여 자신만의 일련의 절차로 몸을 풀고, 시합을 한 뒤, 시합장을 떠날 때까지 하는 일관된 자신만의 동작을 '시합 루틴'이라 한다.

(7) 루틴과 징크스

① 우리나라에서는 루틴과 징크스의 의미를 구별하지 않거나 편의에 의해서 사용하는 경우가 많다. 하지만, 루틴과 징크스는 엄연히 다른 개념으로 잘 구분해서 사용할 필요가 있다.

② 일반적으로 징크스는 부정적인 의미를 지니며, 경기나 운동수행에 직접적인 연관성이 없는 비과학적인 생각이나 행동을 습관적으로 반복하는 현상을 말한다. 시합 전에 계란을 먹지 않는다거나(상대에게 깨질 수 있으므로), 면도를 하지 않는(기를 모으기 위해) 등의 행동들은 과학적으로나 객관적으로 개연성이 떨어지는 것으로 징크스의 범주에 포함될 수 있다.

③ 징크스(Jinx)는 20세기 초반 미국 야구계에서 사용되기 시작해 널리 퍼진 단어라는 사실은 확실하지만, 그 유래에 관해서는 딱따구리의 일종인 개미핥기새(wryneck)를 지칭하는 그리스어 junx에서 비롯되었다는 설과 'Captain Jinks of the Horse Marines'라는 노래에서 시작되었다는 주장이 있다.

④ 루틴과 징크스의 비교연구를 살펴보면, 가장 눈에 띄는 내용이 '자신만의 습관화된 동작 및 절차'라는 공통점에 의해서 현장 지도자들이나 선수들이 두 개념을 혼동한다는 것이다.

⑤ 루틴과 징크스의 차이점

㉠ 접근하는 '사고나 행동의 목표'(**징크스**: 부정적인 결과를 피하고자 하는 사고와 행동, **루틴**: 최상수행을 위한 동작이나 절차), '경기・운동수행의 관련성'(**징크스**: 경기와 운동수행에 직접적인 관련성이 없음, **루틴**: 경기와 운동수행에 관련이 없는 단서들에 주의를 빼앗기는 것을 방지)과 관련해서 다르다는 것을 알 수 있다.

㉡ '훈련과정의 체계성'(**징크스**: 징크스를 위한 체계적인 훈련과정이 없음, **루틴**: 훈련 상황에서 루틴을 위한 목표설정, 계획, 관찰, 행동 평가 등 체계적인 훈련과정을 거침)과 관련해서도 분명한 차이점이 있다는 것을 알 수 있다.

⑥ 시합 날 아침에 흰 우유를 마시지 않는 이유가 "배탈이 날 것 같아서"라는 이유와 "왠지 흰색 음료를 마시면 재수가 없을 것 같아서"라는 이유가 있다면 과학적으로나 객관적 측면에서 전자는 루틴에 후자는 징크스에 해당한다고 볼 수 있다.

		징크스	루틴
공통점		습관화된 동작 및 절차	
차이점	사고와 행동의 목표	부정적인 결과를 피하고자 하는 사고와 행동	최상수행을 위한 동작이나 절차
	경기・운동수행과의 관련성	경기와 운동수행에 직접적인 관련성이 없음	경기와 운동수행에 관련 없는 단서들에 주의를 빼앗기는 것을 방지
	훈련과정의 체계성	징크스를 위한 체계적인 훈련 과정이 없음	훈련 상황에서 루틴을 위한 목표설정, 계획, 관찰, 행동 평가 등 체계적인 훈련과정을 거침

최 병 식

포스 전공체육

체육내용학 2

스포츠심리학

스포츠사회학

Chapter

02

운동 행동 심리학

02 Chapter 운동 행동 심리학

1 운동 심리학의 기초

1. 운동 심리학 소개

(1) 운동 심리학의 개념

① 스포츠 심리학이 경쟁적 스포츠를 대상으로 수행향상과 개인성장에 초점을 맞추지만, 운동 심리학은 규칙적으로 실천하는 운동에 관심을 둔다는 차이가 있다.

② 운동심리학 분야에서 자주 사용하는 용어는 신체활동, 운동, 체력, 건강 등이다.

(2) 운동의 효과

① 규칙적으로 운동을 하면 인체의 거의 모든 계통에 좋은 혜택이 주어진다. 골밀도의 발달, 근력과 근지구력의 향상, 심박출량의 증가, 폐확산 효율성 증대, 고밀도 콜레스테롤(HDL) 증가, 지방량 감소 등은 널리 알려진 효과의 일부에 지나지 않는다.

② 운동이 건강과 체력 증진에 어떤 도움을 주는가는 운동생리학과 스포츠의학 분야에서 이루어진 수많은 연구에 의해 입증되었다.

③ 운동이 건강에 주는 혜택은 '상관관계' 수준이 아니라 '인과관계' 수준에 근접해 있다는 연구 보고서가 미국의 보건총감에 의해 발표되었다.

④ 한편 유산소 운동과 근력 운동의 효과를 비교할 필요도 있다. 대체로 유산소 운동은 근력 운동에 비해 체성분, 심혈관계에 상대적으로 좋은 효과가 있다.

⑤ 근력 운동은 신체의 전반적 기능과 기초대사 측면에서 유산소 운동보다 우월하다. 하지만 당뇨병과 관계가 있는 글루코스 대사의 여러 지표에서는 두 운동방법의 효과가 비슷한 것으로 알려져 있다.

(3) 운동 가이드라인

① 권위 있는 기관에서 발표하는 운동 가이드라인은 운동 프로그램을 설계하고 실천할 때 중요한 기준이 된다. 현재 운동 가이드라인은 두 가지가 제시되어 있다.

㉠ ACSM(1978, 2000)의 운동 가이드라인과 CDC/ACSM(1995)의 공동 가이드라인이 그것이다.

㉡ 두 가이드라인의 내용과 목표가 다르기 때문에 적용 대상과 목적에 따라 어떤 가이드라인이 적합한지 결정할 필요가 있다.

② 우선 ACSM의 운동 가이드라인은 유산소 운동을 강도 높게 해야만 충족된다.

㉠ 강한 체력을 기르는 목적(예 운동능력 향상, 강한 체력 형성)에 적합한 가이드라인이다. 주로 심폐지구력의 향상을 목적으로 제정되었는데 일반인의 건강 증진 목적으로 사용되어 왔다.

㉡ 하지만 운동 강도가 비교적 높고 최소 20분 이상 연속적으로 운동을 지속해야 하는 부담 때문에 이 가이드라인을 지켜서 운동을 실천하는 사람은 그다지 많지 않다.

③ 1995년 ACSM은 CDC와 공동으로 새로운 운동 가이드라인을 발표했다.

㉠ 이 가이드라인은 강한 체력을 기르기보다는 일반인의 건강증진을 주목적으로 하고 있다. 운동의 강도를 낮추고 빈도를 늘린 것이 특징이다. 지속시간도 최소한 10분으로 낮췄다. 하루에 10분 이상의 운동을 누적해서 총 30분을 채우는 기준으로 바꿨다. 이전에 20분 이상 연속해서 운동하는 기준에 비하면 완화된 기준이다.

㉡ 운동 강도를 낮추고 운동 지속시간을 줄이면 운동 지속실천이 높아진다는 연구결과가 반영된 것이다.

㉢ 새로운 가이드라인에 따르면 일주일에 거의 날마다 빠르게 걷기 정도의 중간 강도 운동으로 하루에 10분 이상 누적해서 30분 이상이 되어야 한다.

㉣ 중간 강도의 운동은 3~6METs에 해당하는 운동이다. 빠르게 걷기, 테니스, 배드민턴 등이 여기에 해당하며 계단오르기, 집안청소, 눈 치우기, 세차 등 생활 속에서 하는 활동도 포함된다.

운동 가이드라인 비교

구분	과거 ACSM(1978) 가이드라인	CDC/ACSM(1995) 공동 가이드라인
운동 형태	유산소 운동	빠르게 걷기 강도의 모든 운동
운동 빈도	주당 3~5일	주당 4~7일(가능하면 매일)
운동 강도	강도 높은 운동(최대의 60~80%)	중간 강도(3~6METs)
운동 지속시간	20분 이상	30분 이상(10분 이상의 운동을 하루에 여러 번 누적해도 가능)

④ CDC/ACSM의 공동 가이드라인(1995)은 ACSM의 엄격한 가이드라인을 따르지 못하는 일반인이 운동을 생활 속에서 실천하도록 유도하기 위해 제시된 성격이 강하다.

㉠ 운동의 강도와 지속시간이 엄격한 가이드라인에 비해 완화되었지만 건강상의 혜택을 얻기에는 충분한 수준이다. 물론 강도와 지속시간을 더 늘리면 체력과 건강의 혜택을 추가적으로 얻을 수 있다.

㉡ 강한 체력을 기르는 것이 목적이라면 엄격한 ACSM 가이드라인을 따르고, 일반적인 건강 유지가 목적이라면 새로운 가이드라인을 따르는 것이 바람직하다.

⑤ ACSM(2000)의 최근 가이드라인에는 유산소 운동과 웨이트트레이닝을 위한 지침이 모두 포함되어 있다.

㉠ 유산소 운동을 주당 3~5일, 최대심박수의 55%~90% 또는 최대산소섭취량의 50%~85% 수준으로 한다. 하루에 20분에서 60분 지속하는데 최소 10분 이상의 운동을 누적해도 된다.

㉡ 무산소 운동 또는 저항운동(웨이트트레이닝)은 8~10가지 운동을 8~12회 반복해서 1세트 이상 한다. 주당 2일 이상 한다.

2. 신체 활동의 측정

(1) 주요 개념

운동은 운동 형태(type), 운동 빈도(frequency), 운동 강도(intensity), 운동 지속시간(duration)이라는 네 요소로 설명한다. 운동 형태를 제외한 나머지 세 요소를 줄여서 FIT라고 부르기도 하는데 F는 빈도(frequency), I는 강도(intensity), T는 지속시간(duration = time)을 의미한다.

① 운동 형태

㉠ 운동할 때 주로 사용되는 생리적 시스템에 따라 형태를 구분한다.

㉡ 달리기, 수영과 같은 유산소 운동과 웨이트트레이닝과 같은 무산소 운동을 구분한다.

② 운동 빈도

㉠ 일정 기간 운동을 몇 번이나 하는가를 나타낸다.

㉡ 특별한 정의가 없으면 1주일에 몇 회 운동하는가를 말한다.

③ 운동 강도

㉠ 휴식 상태와 비교해서 운동을 할 때 인체의 생리적 시스템에 얼마나 과부하가 초래되는가를 의미한다.

㉡ 최대심박수의 몇 %인가와 같은 상대 강도로 표시하거나 대사동등가(MET)와 같은 절대 강도로 나타낼 수 있다.

④ 운동 시간

운동이 시간적으로 얼마나 지속하는가를 나타내는 데 특별한 정의가 없으면 분 단위로 표시한다.

(2) 신체활동 강도 분류

① 절대강도(MET)

㉠ 1MET는 휴식 상태에서 소비되는 산소소비량이다.

㉡ 구체적으로 1MET는 산소 3.5㎖/kg/min으로 나타낸다.

㉢ 휴식 상태에 비해 두 배의 에너지를 소비하는 활동이라면 2METs로 표시한다.

㉣ 3METs는 휴식시의 에너지 소비량에 비해 3배를 소비하는 강도를 말한다.

㉤ MET는 운동 강도를 나타내는 개념일 뿐 지속 시간이나 빈도와는 관계가 없다.

② 상대강도(최대산소섭취량, 최대심박수)

㉠ 개인이 실제로 느끼는 강도를 말한다.

㉡ 최대산소섭취량과 최대심박수는 연령이나 체력 수준에 따라 차이가 있기 때문에 이를 기준으로 몇% 강도인가를 표시하는 방법이다.

(3) 신체활동 측정방법

① 질문지

㉠ 측정에 따른 비용이 저렴하고 응답자에 주는 부담이 낮아 가장 널리 사용되는 방법이다.

㉡ 질문지에는 자기보고식 질문지, 인터뷰식 질문지, 대리응답 질문지 등이 있다.

② 주관적 운동 강도 척도(RPE)

㉠ 운동 강도를 주관적으로 어떻게 인식하는가를 측정하는 도구로 주관적 운동강도 척도(RPE, Rating of Perceived Exertion Scale)가 있다(Borg).

㉡ 주관적 운동 강도는 "운동 중에 몸으로부터 전해오는 감각을 찾아서 해석하는 것"으로 정의된다.

㉢ 주관적 운동 강도 척도는 운동 강도의 기록과 처방 목적으로 사용할 수 있다.

㉣ 이 척도는 건강한 남자의 심박수 범위인 분당 60회에서 200회와 대응하도록 만들어졌다. 즉, 척도에 제시된 6부터 20까지의 숫자에서 자신의 운동 강도에 맞는 척도를 하나 선택한 다음 10을 곱하면 심박수를 추정할 수 있다는 이론에 근거하고 있다. 예컨대 달리기를 하면서 운동 강도를 척도의 16으로 결정을 했다면 분당 심박수를 160으로 예상할 수 있다. 통제가 잘된 실험실에서 이루어지는 점증부하 운동 상황이 아닐 경우, 척도의 수치에 10을 곱한 다음 20에서 30을 더해야 심박수와 일치한다.

㉤ 척도의 강도 형용사를 참고해서 수치를 선택한다.

㉥ RPE는 장시간 지속하는 유산소 운동의 강도를 측정하는 데 적합하다.

㉦ Borg(1970)가 개발한 것이 가장 일반적인 형태로 알려져 있다.

㉧ 대체로 RPE가 10미만이면 아주 가벼운 운동, 10~11은 가벼운 운동, 12~13은 중간 강도 운동, 14~16은 힘든 운동, 17~19는 고강도 운동, 20은 최대 운동으로 분류한다.

최초의 운동 자각도	수정된 운동 자각도
6 7 - 아주 아주 쉽다. 8 9 - 아주 쉽다. 10 11 - 대체로 쉽다. 12 13 - 약간 힘들다. 14 15 - 힘들다. 16 17 - 아주 힘들다. 18 19 - 아주 아주 힘들다. 20	0 - 전혀 없다. 0.5 - 매우 약하다. 1 - 상당히 약하다. 2 - 약하다. 3 - 보통이다. 4 - 약간 강하다. 5 - 강하다. 6 7 - 상당히 강하다. 8 9 10 - 매우 강하다.

③ 일지기록

하루에 어떤 운동을 얼마나 했는지를 일지형식으로 기록하는 방법이다.

④ 가속도계

인체의 움직임을 감지하는 가속도계라는 전자 장비를 착용하고 일상에서 일어나는 신체활동을 측정하는 방법이다.

⑤ 심박수계

심박수는 운동의 강도를 알 수 있는 직접적인 지표라 할 수 있다. 심박수계는 신체활동을 측정하는 장비로 비교적 오래 전부터 사용되어 왔다.

⑥ 보수계

만보계라고 불리는 보수계는 운동량을 객관적으로 측정하는 도구이다.

⑦ 행동관찰

신체활동을 직접 관찰하고 기록하는 방법은 시간과 노력이 많이 든다는 단점이 있지만 다른 방법이 제공하지 못하는 많은 장점이 있다.

⑧ 간접 열량측정

섭취한 산소와 배출한 이산화탄소를 측정하여 에너지소비량을 추정하는 방법이다.

⑨ 동위원소법

생화학적인 방법으로 에너지소비량을 추정하는 방법이다. 수소와 산소 동위원소를 섭취한 다음 1~2주 후에 수소와 산소 동위원소의 차이를 분석한다. 신체활동을 많이 하면 소변, 땀, 수분 발산 등으로 수소와 산소 동위원소가 몸 밖으로 배출되는 원리를 이용한 것이다.

신체활동 측정방법의 장단점 비교

방법	장점	단점
질문지	• 양적 및 질적 정보 수집 • 비용 저렴, 대규모 표본조사 가능 • 참가자에게 주는 부담 낮음 • 측정에 소요되는 시간 짧음 • 에너지소비량 추정 정보 수집가능	• 신체활동의 회상과 관련된 신뢰도, 타당도 문제 • 신체활동을 잘못 해석했을 때 내용 타당도 문제 발생
가속도계	• 신체 움직임의 객관적 지표 • 실험실 및 실제 상황에서 사용 • 운동 강도, 빈도, 지속 시간 정보 제공 • 불편하지 않음 • 자료 수집과 분석이 용이함 • 분 단위 정보 제공 • 장기간 기록 가능	• 비용문제로 다수의 참가자에게 사용하기 어려움 • 상체 움직임 등을 부정확하게 측정 • 특정 대상의 에너지소비량 추정에 필요한 공식 부족 • 장기간 자료 수집할 때 착용위치가 잘못될 수 있음
심박수계	• 생리적 매개변수 • 에너지소비량과 연관성 높음 • 실험실 및 실제 상황에서 타당도 • 30분~1시간 정도 측정할 경우 참가자에게 주는 부담 낮은 편임 • 운동 강도, 빈도, 지속 시간 설명 • 자료 수집과 분석의 편리함 • 참가자에게 교육적 정보 제공	• 비용문제로 다수에게 사용하기 어려움 • 장시간 사용하면 불편함 • 유산소 운동에만 사용 가능 • 심박수 특성과 훈련의 영향 • 심박수를 이용한 에너지소비량 추정의 최적 방법 부재
보수계	• 비용 저렴, 사용 편리 • 직장과 학교를 포함한 다양한 상황에서 사용 가능 • 동시에 많은 사람 사용 가능 • 행동의 변화 유도 가능 • 걷기 등을 객관적으로 측정	• 걷기, 달리기 등의 이동운동 이외에 측정 어려움 • 운동의 빈도, 강도 측정 불가 • 참가자에 의한 보수 조작 가능 • 걷기를 측정할 목적으로 개발됨
행동관찰	• 질적 및 양적 자료 제공 뛰어남 • 신체활동의 범주를 미리 결정 • 자료수집과 분석을 위한 소프트웨어 이용 가능	• 관찰자간 일치도 훈련 필요 • 자료수집에 시간과 노력 요구 • 관찰자를 의식한 행동 • 코딩체계 타당도 연구 부족
간접 열량측정, 동위원소법	• 측정의 정밀성 • 에너지소비량 측정 가능	• 신체활동 패턴 측정의 어려움 • 비용 과다

2 운동의 심리적 효과

1. 운동과 우울증

(1) 우울증에 대한 운동의 효과

① Morgan(1969, 1970)은 우울증 환자의 체력수준이 비교군에 비해 낮다는 사실을 밝혀냄으로서 운동이 정신건강에 중요하다는 사실을 제시하였다. 구체적으로 Morgan은 달리기를 효과가 뛰어난 약에 비유를 했다.

② 운동이 우울증을 비롯한 정신건강에 도움이 된다는 사실은 1990년대 권위 있는 기관에서 이루어진 심포지움과 보고서에 잘 드러나 있다.

③ 1992년에는 운동과 건강에 관한 국제적 합의문을 작성하기 위한 심포지움이 개최되어 운동이 우울증을 낮추는 데 효과가 있다는 결론을 제시하였다.

④ 운동훈련 연구의 결과는 다음과 같다. 운동은 우울증 환자의 우울증을 개선하는 데 매우 효과적이라는 것이다. 우울증 환자에게 운동훈련을 시키면 우울증이 개선된다. 웨이트트레이닝과 유산소 운동 모두 유사한 효과가 있다. 운동훈련은 심리요법의 효과와 유사한 수준이다. 약물은 투약 초기에 우울증 개선의 효과가 뛰어나다. 하지만 장기적으로 우울증 회복을 기대한다면 운동이 약물보다 더 좋은 대안이 될 수 있다.

㉠ 유산소 운동과 웨이트트레이닝 비교: 우울증 진단을 받은 여성을 대상으로 유산소 운동과 웨이트트레이닝의 효과를 비교한 결과 두 운동 모두 우울증 감소에 효과가 있었다. 40명 환자는 달리기와 웨이트트레이닝 집단에 할당되어 8주간 운동을 하였다. 두 운동 집단 모두 대기환자에 비해 우울증 감소 효과가 있었다. 운동 방법에 따른 차이는 발견되지 않았다.

㉡ 운동과 심리요법 비교: 달리기, 심리요법, 달리기와 심리요법 병행 조건에서 10주간 실험을 한 결과 세 집단 모두 우울증이 크게 낮아졌다. 집단 간 차이는 없는 것으로 나타나 운동의 우울증 개선 효과는 심리요법의 효과와 유사한 수준임이 밝혀졌다.

㉢ 운동과 약물 비교: Babyak 등(2000)은 운동, 우울증 약, 운동과 약의 병행 효과를 비교한 실험을 하였다. 약물이 초기 효과가 가장 좋았다. 하지만 실험 후반에는 운동의 효과와 약물의 효과가 비슷해졌다. 특히 실험 6개월이 지난 후에는 운동을 했던 환자가 약물 투여를 받은 환자에 비해 우울증 완치 비율이 더 높고, 우울증 재발 비율을 낮은 것으로 밝혀졌다.

(2) 우울증에 대한 운동의 효과 메커니즘

운동이 우울증에 어떻게 도움이 되는가는 메커니즘 하나보다는 여럿을 복합하는 것이 더 바람직할 것이다. 운동과 우울증을 설명하는 메커니즘의 대부분은 운동과 불안을 설명할 때도 그대로 적용된다.

① 인류학적 가설

㉠ 인간은 유전적으로 신체활동을 활발하게 하도록 만들어졌으며, 이러한 유전적 특성에 반하여 운동을 안 할 경우 건강상 우울증을 포함한 여러 문제가 생긴다는 가설이다(Matinsen).

㉡ 인간은 유전적으로 신체활동을 하도록 설계되어 있기 때문에 운동을 안 하면 건강에 이상이 생긴다는 것이 인류학적 가설의 핵심이다.

② 모노아민 가설

㉠ 운동이 우울증에 좋은 효과가 있는 이유는 세로토닌, 노르에피네프린, 도파민과 같은 뇌의 신경전달물질의 변화 때문이라는 가설이다.

㉡ 세 가지 신경전달 물질을 모노아민이라 부르며 감정의 조절과 밀접한 관련이 있는 것으로 알려져 있다.

ⓐ **도파민**: 원활한 움직임과 실행 및 조절, 기분과 동기부여, 의욕, 기억, 정서 조절 등에 관여한다.

ⓑ **세로토닌**: 기분과 감정조절, 수면, 식욕, 인지 기능(학습, 기억, 집중), 운동 능력, 통증 등에 관여한다.

ⓒ **노르에피네프린과 에피네프린**: 심혈관 조절, 대사 조절, 신경 및 호르몬, 스트레스에 대한 대응, 기분 조절 등에 관여한다.

㉢ 운동을 하면 신경전달물질의 분비, 뉴런에서의 수용이 촉진되어 신경의 의사소통을 촉진시킨다는 것이다.

㉣ 인간을 대상으로 한 가설의 검증이 어렵기 때문에 동물 연구로 가설을 검증한 연구가 이루어졌다.

③ 엔돌핀 가설

㉠ 스트레스(운동도 스트레스의 일종임)를 받으면 엔돌핀 분비가 촉진된다. 엔돌핀은 뉴런에서 정보 전달을 가능하게 만드는 물질로 모르핀과 유사한 역할을 한다. 엔돌핀(endorphin)이란 용어도 자연적(endogenous) 모르핀(morphine)이란 뜻에서 왔다.

㉡ 엔돌핀은 통증을 감소시켜주는 체내 물질이며, 운동으로 엔돌핀이 분비되면 좋은 기분이 느껴진다.

㉢ 운동으로 우울증이 감소되었다면 기분을 좋게 하는 엔돌핀의 분비 때문으로 본다.

④ 사회적 상호작용 가설

㉠ 운동이 우울증에 효과가 있는 이유는 운동을 통해 다른 사람과 상호작용을 할 수 있는 기회가 생기기 때문이라는 가설이다.

㉡ 하지만 혼자서 운동을 해도 우울증이 개선되는 것으로 나타나 이 가설로 설명하기 어렵다는 한계가 있다.

⑤ 기분전환 가설

㉠ 운동을 하는 동안에는 일상생활과 일에 대한 스트레스로부터 벗어날 수 있으며, 이러한 기분전환 때문에 우울증이 개선된다는 가설이다.

㉡ 운동뿐만 아니라 명상, 이완, 조용한 휴식 등도 운동과 마찬가지로 '타임아웃' 효과가 있다.

⑥ 뇌유래신경영양인자 가설

㉠ 뇌유래신경영양인자(Brain-Derived Neurotrophic Factor; BDNF)는 신경세포에서 분비되는 일종의 단백질인데 신경의 성장과 생존 그리고 시냅스(synapse)의 기능 조절을 담당한다.

㉡ Fair & Rethorst의 연구에 따르면, 우울증을 겪고 있는 환자들은 정상인보다 BDNF의 수준이 낮을 뿐만 아니라, BDNF의 수준이 낮을수록 우울증의 증상도 심각한 것으로 나타났다.

㉢ 또한, 항우울증 약물을 사용하거나 운동할 경우 BDNF는 증가하는 것으로 나타나 BDNF가 우울증과 밀접한 관련이 있다는 사실이 밝혀졌다(Szuhany 등).

⑦ 엔도카나비노이드

㉠ 엔도카나비노이드(endocannabinoid: eCB) 시스템은 시냅스의 흥분성과 신경전달 물질의 분비를 조절하는 신경조절 네트워크다(Brellenthin 등).

㉡ eCB는 운동 강도에 따라 분비되는 방식(intensity-dependent)을 가지며, 불안 및 우울 감소, 에너지 또는 활력 증가와 같은 운동과 관련된 심리적 변화에 영향을 미치는 것으로 제안되고 있다.

㉢ 실제로, 임상적으로 우울증을 앓고 있는 사람들은 eCB 수치가 낮은 경향이 있으며, 이 수치는 현재 우울증이 얼마나 오래 지속되고 있는지와도 관련이 있다고 보고되었다(Hill 등).

㉣ Raichlen 등에 따르면, eCB 시스템은 유산소 운동과 관련된 보상(reward)과도 연결되어 있는 증거가 존재한다. 따라서, eCB는 운동에 참여하게 하는 신경생물학적 동기 요인으로 작용할 수 있다.

㉤ 현재 일부 연구는 eCB 시스템이 운동을 통한 우울증 완화에 작용하는 잠재적 메커니즘일 수 있다는 가능성을 제시하고 있으나 현재로서는 제한적인 초기 연구 결과만이 이를 뒷받침하고 있는 상황이다.

⑧ 심리사회적 가설

㉠ 기대 가설

ⓐ 사람들은 운동을 하면 기분이 좋아진다는 기대를 갖고 있다.

ⓑ 운동 후에 우울증이 감소하는 이유는 운동이 주는 실제적 효과 때문이라기보다는 기분이 좋아질 것이라는 기대가 작용했기 때문이라는 설명이다.

ⓒ 이 가설에 따르면 운동은 실제로 효과가 있기보다는 효과가 있다는 믿음 때문에 효과가 나타나는 위약 효과(placebo effect)로 본다.

㉡ 주의효과 가설

ⓐ 운동 프로그램을 시작하면 운동 지도자나 트레이너와 일대일 접촉을 유지한다.

ⓑ 다른 사람으로부터 받는 긍정적인 주의로 자신의 가치가 강화되고 자신이 중요한 인물이라는 생각을 갖게 되기 때문에 우울증이 개선된다는 설명이다.

㉢ 자아상 개선 가설

ⓐ 운동을 지속하면 근육이 발달하고, 외모에 대한 생각이 좋아진다.

ⓑ 신체적 자기개념이 좋아지고 자아존중감이 개선되므로 정신건강이 좋아진다는 설명이다.

㉣ 자신감(통제감) 가설

ⓐ 우울증이 있는 사람은 무력감을 느낀다. 운동을 실천하면 자신의 삶의 일부 활동인 운동에 대해서 통제감을 느끼게 된다.

ⓑ 운동에 대해 통제력을 느끼면 삶의 다른 영역으로 확대되고 궁극적으로 희망이 생기게 된다는 설명이다.

2. 운동과 불안 및 스트레스

(1) 불안증의 유형

① 공황장애(panic disorder)

㉠ 특별한 원인이나 예고가 없이 갑작스런 공포를 느끼는 일이 반복되는 증상이다.

㉡ 가슴 통증, 땀, 심박수 증가, 어지럼증, 숨 가쁨, 복부 불쾌감, 죽음 공포, 감정과 행동의 조절 실패 공포 등의 증상이 나타난다.

㉢ 남자보다 여자가 약 2배 더 자주 경험한다.

② 광장 공포증(agoraphobia)

㉠ 탈출이 어렵다고 생각되는 장소에 있을 때 두려움을 느끼는 것을 말한다.

㉡ 집 밖으로 혼자 나가기, 자동차나 비행기로 여행하기, 혼잡한 곳에 가기 등을 회피한다.

㉢ 여자가 남자보다 2배 정도 흔하다.

③ 단순 공포증(simple phobia)

㉠ 거미를 두려워하거나 높은 장소에 가는 것을 피하는 것처럼 특별한 것을 두려워하거나 피하는 증상이다.

㉡ 가족의 영향, 관찰 경험 등이 원인이다.

④ 사회적 불안장애(social anxiety disorder)

㉠ 사회적 공포라고 불리는 것으로 타인의 평가를 지나치게 두려워하는 증상이다.

㉡ 사람들 앞에서 자신이 평가 받는 것에 대해 지나치게 걱정하고 불안감을 느낀다.

㉢ 불안한 상황이 일어나기 며칠 전부터 불안이 시작되기도 한다.

㉣ 여자에게 흔하다.

⑤ 강박장애(obsessive-compulsive disorder)

㉠ 원하지 않은 생각, 충동, 이미지, 행동이 반복적으로 일어나며 이로 인한 불안감을 줄이기 위해 특정한 행동을 반복하는 증상을 보인다.

㉡ 통제를 못하기 때문에 충동에 의해 행동한다.

㉢ 강박적으로 기도를 하거나 손을 자주 씻는 행동을 예로 들 수 있다.

⑥ 일반화된 불안장애(generalized anxiety disorder)

㉠ 근긴장, 집중력 감소, 불면, 초초 등의 증상과 함께 6개월 이상 불안이 지속되는 것을 말한다.

㉡ 남자보다 여자에게서 2배 더 많이 발생한다.

⑦ 외상후 스트레스장애(post-traumatic stress disorder)

㉠ 전투, 사고, 폭행, 강력사건 목격과 같은 심각한 외상을 당한 후에 불안과 행동의 문제가 1개월 이상 지속되는 것을 말한다.

㉡ 일반화된 불안, 과도한 각성, 기억 유발 상황 피하기, 반복적인 생각 등의 증상이 나타난다.

(2) 운동의 불안 감소 효과

① 유산소 운동

㉠ Petruzzello 등의 메타분석에서 가장 핵심적인 결과는 운동은 불안을 감소시키는 효과가 있으며, 그 효과는 유산소 운동에만 해당한다는 사실이다. 유산소 운동으로 걷기, 달리기, 수영, 자전거타기, 에어로빅 등이 가능한데 이들 종목의 불안 감소 효과는 서로 유사한 것으로 밝혀졌다.

㉡ 일회성 운동을 하면 상태불안의 감소 효과가 나타났고, 장기간의 운동 후에는 특성불안의 감소 효과가 있었다. 장기간 운동의 특성불안 감소의 효과크기는 0.34, 유산소 운동은 0.36으로 나타났다. 운동의 특성불안 감소 효과는 작거나 중간 정도라고 볼 수 있다.

㉢ 불안의 측정 방법이 무엇인가에 관계없이 불안 감소 효과가 발견되었다. 즉 질문지를 사용한 연구뿐만 아니라 EMG, 심박수, 혈압, EEG 등 생리적 지표를 사용한 연구에서도 불안 감소 효과가 나타났다는 결론이 내려졌다.

② 무산소 운동

㉠ 유산소 운동이 불안 해소에 도움이 되는 것과는 달리 무산소 운동이나 저항 운동(웨이트트레이닝)은 불안을 약간 높인다는 결론이 내려졌다(Petruzzello). 운동이 우울증을 개선하고 불안을 낮추는 데 도움이 된다는 결론에 비교하면 특이한 결과라 할 수 있다.

㉡ 구체적으로 무산소 운동의 특성불안 감소의 효과크기는 -0.16이었다. 무산소 운동이 불안 감소에 도움이 되지 않는다는 사실을 다른 연구자들에 의해서도 발견되었다. 특히 고강도 무산소 운동은 불안을 낮추는 데 도움이 안 된다는 결과가 지배적이며, 저강도일 때에는 불안 감소 효과가 지연되는 현상이 발견되기도 하였다.

㉢ 즉, 웨이트트레이닝과 같은 무산소 운동은 불안 문제에 대한 좋은 대안이 아닐 가능성이 높다. 특히 고강도 운동은 피하는 것이 좋겠다. 저강도일 때에도 불안 감소 효과가 즉시 나타나지 않고 상당 시간 지연된다는 사실도 지금까지의 연구 결과에서 얻을 수 있는 중요한 정보이다.

③ 일회성 운동의 효과

㉠ 상태불안 감소 효과가 얼마나 오래 지속되는가도 어느 정도 밝혀졌다. 대체로 일회성 운동에 따른 불안 감소는 2시간~4시간 정도 지속된다(Lox). 즉 일성 운동은 일시적으로 불안을 낮추며 일정 시간이 지나면 불안이 운동 이전의 수준으로 높아진다는 것이다.

㉡ 이러한 일회성 운동의 일시적 불안 감소 효과는 생리적 측면에서도 관찰할 수 있다. 여러 연구에서 일회성 운동 후에는 운동 전에 비해 혈압이 낮아지는 현상이 발견되었다. 혈압 감소가 불안 감소와 밀접한 관련이 있을 것이라는 추정이 가능하다.

④ 운동 기간의 효과

㉠ Petruzzello 등의 메타분석 결과 운동기간이 비교적 짧으면 운동의 효과는 낮았다(4주~6주 효과크기 0.14, 7주~9주 효과크기 0.17). 하지만 16주 이상 운동을 지속하면 특성불안 감소의 효과크기가 0.90으로 높아졌다.

㉡ 특성불안은 성격적인 불안으로 쉽게 바뀌지 않기 때문에 변화시키기 위해서는 장기간에 걸쳐 꾸준한 운동을 할 필요가 있음을 시사하는 결과이다.

⑤ 다른 요법과의 비교

㉠ 운동의 불안 감소 효과를 명상, 약물요법, 편안한 휴식 등과 비교할 때 효과가 비슷한 수준이거나 장점이 많은 것으로 나타났다.

㉡ Bahrke와 Morgan은 트레드밀 운동, 명상, 잡지 읽기의 조건이 상태불안에 미치는 효과를 분석하였다. 세 조건 모두 상태불안을 낮추는데 효과가 있었다. 운동은 명상이나 독서만큼 불안 감소에 도움이 된다는 것이다.

㉢ 운동(15분간 최대심박수의 67% 강도)은 EMG로 측정한 근 긴장을 낮추는 효과가 약물이나 위약 조건보다 뛰어나다는 연구도 있다(DeVries & Adams).

(3) 운동의 불안 작용 메커니즘

① 열발생 가설(발열 가설)

㉠ 열발생 가설은 사우나 등 체온을 높이는 요법이 이완 효과가 있는 것처럼 운동을 하면 체온이 상승하게 되기 때문에 불안 감소의 심리적인 효과가 있다고 설명한다. 즉, 운동으로 체온이 높아진 것이 중요한 역할을 한다는 것이다(Koltyu).

㉡ 운동으로 체온이 높아졌다는 정보가 뇌에 도달되면 뇌에서는 근육을 이완시키는 반응을 유발하게 된다. 근육 이완에 대한 정보가 다시 뇌로 전달되면 이완감 또는 불안 감소로 인식된다는 것이다.

② 생리적 강인함 가설

㉠ 운동이 상태불안과 특성불안을 감소시키는 이유를 심리·생리적 측면에서 설명한다. 이 가설의 핵심은 스트레스(운동을 하는 것도 스트레스로 간주)에 자주 노출되면 대처능력이 좋아지고 정서적으로 안정되기 때문에 불안이 낮아진다는 것이다(Dienstbier, Lox 등).

㉡ 즉, 운동과 같은 스트레스를 규칙적으로 체험하면 교감신경계의 각성이 줄어드는 효과가 생기기 때문에 생리적으로 강인해진다.

㉢ 생리적으로 강인한 사람은 위협이나 도전에 직면하면 교감신경계 반응이 아주 빠르고 강하다. 에피네프린과 카테콜라민이 빠르고 다량으로 분비되어 위협에 대비한다.

㉣ 하지만 이러한 재빠른 각성 반응은 스트레스가 사라지면 빠른 속도로 정상 수준으로 돌아온다. 분비된 카테콜라민도 상당히 빠르게 사라진다.

㉤ 즉, 운동으로 생리적 강인함을 갖고 있으면 스트레스에 빠르게 반응하고 스트레스가 사라지면 정상 상태로 신속하게 회복된다는 것이다. 스트레스가 사라진 후에도 계속해서 스트레스에 대한 반응이 지속되는 것과는 대조가 된다.

③ 주의 전환/타임 아웃 가설

㉠ 주의 전환/타임 아웃 가설(distraction/time-out hypothesis)은 운동으로 인한 불안 감소 효과가 스트레스 요인에 대한 주의를 분산시키는 데 기인한다고 설명한다(Bahrke & Morgan).

㉡ 스트레스를 받고 불안하거나 우울한 사람은 운동을 통해 걱정과 근심에서 벗어나 잠시나마 휴식을 취할 수 있다. 이러한 주의 전환 효과는 운동이 단순히 신체적 건강을 증진시키는 것을 넘어 심리적인 휴식과 회복의 기회를 제공함을 의미한다.

㉢ 나아가 주의 전환/타임 아웃 가설은 단순히 운동에만 해당하는 것이 아니라, 주의를 전환하거나 환기할 수 있는 몇 가지 활동들(예 명상, 책 읽기, 조용한 휴식)에서도 동일한 효과가 발생할 수 있다.

④ 핵심 정서 가설

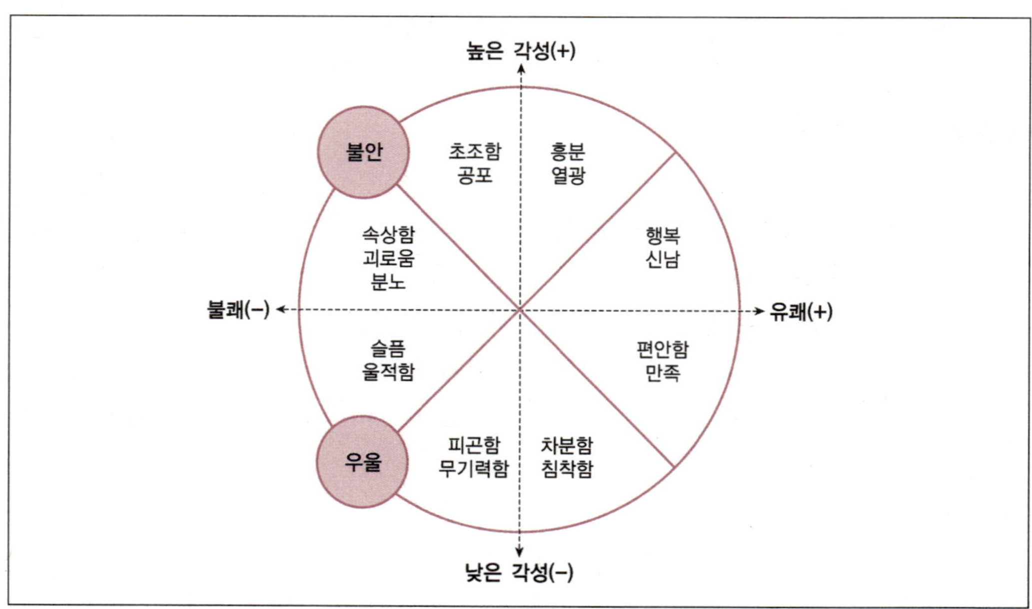

핵심 정서 가설과 불안 및 우울의 위치

㉠ 핵심 정서 가설(core affect hypothesis)은 운동의 불안 감소 효과가 신체활동을 통한 정서적 변화와 관계가 있다고 설명한다(Ekkekakis 등).

㉡ 여기서 핵심 정서란, 정서 상태(유쾌 또는 불쾌)와 각성 수준(높은 각성 또는 낮은 각성) 두 차원이 결합하여 나타나는 신경생리학적 개념을 의미한다.

㉢ 네 가지 요소를 포함하는 두 차원에 따라 핵심 정서는 다음과 같이 구분할 수 있다.

ⓐ 유쾌 – 높은 각성: 흥분, 열광, 신남, 행복

ⓑ 불쾌 – 높은 각성: 긴장, 속상함, 스트레스, 분노, 공포, 불안

ⓒ 유쾌 – 낮은 각성: 차분한, 침착함, 편안함, 만족

ⓓ 불쾌 – 낮은 각성: 슬픔, 피로, 무기력, 울적함, 우울

㉣ 불쾌 – 낮은 각성(예 피로, 무기력, 우울) 상태는 우울증으로 나타날 수 있고, 불쾌-높은 각성(예 긴장, 불안, 초조) 상태는 불안과 관련된 문제로 나타난다. 우울과 불안은 정서 상태보다 각성 수준 차이에 기인한다는 점을 알 수 있다.

㉤ 여러 연구에 따르면 운동은 유쾌-높은 각성 상태(예 흥분, 신남)를 증가시키는 효과가 있다(Reed & Buck). 일부 연구에서는 운동이 유쾌-낮은 각성 상태(예 평온, 이완)를 증가시키는 효과도 보고되었다(Kanning & Schlicht).

㉥ 지속적인 운동은 정서적 유쾌함을 증가시키고 각성 수준을 높이는 방식으로 핵심 정서를 변화시킬 가능성이 높다. 이러한 효과는 불안 증상이나 불안장애를 가진 사람들의 정서 변화를 도모함으로써 불안 극복에 도움이 될 수 있다.

(4) 운동과 스트레스

① 스트레스의 개념

㉠ 학문적인 의미에서 스트레스는 '예측 또는 통제가 불가능한 어떠한 자극과 환경적 요구가 인간의 자연스러운 조절 능력을 초과하는 상황'을 의미한다(Koolhaas 등). 이러한 능력 초과 현상 때문에 우리의 몸과 정신이 '불균형한 상태 혹은 항상성(homeostasis)이 무너진 상태'가 되면 스트레스라고 말한다(Chrousos & Gold).

㉡ 스트레스는 우리가 살면서 경험하는 사건과 난관을 마주할 때 나타나는 반응 과정이다. 이러한 난관은 스트레스원(stressors)이라고 부르며, 외재적 요인(예 신체적인 위협 등)과 내재적 요인(예 중요한 면접의 압박 등)으로 구분할 수 있다.

㉢ 스트레스원은 흔히 부정적인 것(distress)으로 여겨지지만(예 시험, 이혼, 마감일 등), 긍정적인 경우(eustress)도 있을 수 있다(예 결혼, 졸업, 승진 등). 즉, 스트레스원은 좋은 것과 좋지 않은 것 두 가지의 특성을 모두 지닐 수 있다.

유스트레스와 디스트레스

Selye는 스트레스를 유스트레스(eustress)와 디스트레스(distress)로 구분한다.
- 유스트레스는 긍정적 스트레스로 익사이팅한 체험과 도전감을 주는 활동을 할 때 경험한다.
- 디스트레스는 부정적인 스트레스로 스트레스가 아주 없거나 지나치게 많을 때 발생한다.
- 우리가 흔히 말하는 스트레스는 보통 디스트레스를 의미한다.
- 유스트레스는 생활의 활력소가 되며 성취 활동의 에너지가 될 수 있다.
- 스트레스 지각에는 개인차가 크기 때문에 암벽 등반과 같은 모험 활동은 사람에 따라 유스트레스가 되기도 하고 디스트레스가 될 수도 있다.

② 스트레스의 배경

Hans Selye 실험을 통해 동물들이 여러 불편한 조건(스트레스)에 노출되었을 때 위궤양, 확장된 부신, 위축된 면역 조직과 같은 생리학적 변화를 보인다는 사실을 발견했다. 특히, 동물들이 서로 다른 스트레스 요인에 노출되더라도 그들의 생리적 반응은 유사하게 나타났으며, 장기간 스트레스에 노출된 경우 결국 질병에 걸릴 가능성이 높아졌다. 이러한 초기 관찰을 바탕으로 Selye는 세 가지 단계로 구성된 범적응 증후군(General Adaptation Syndrome; GAS) 개념을 제안하였다.

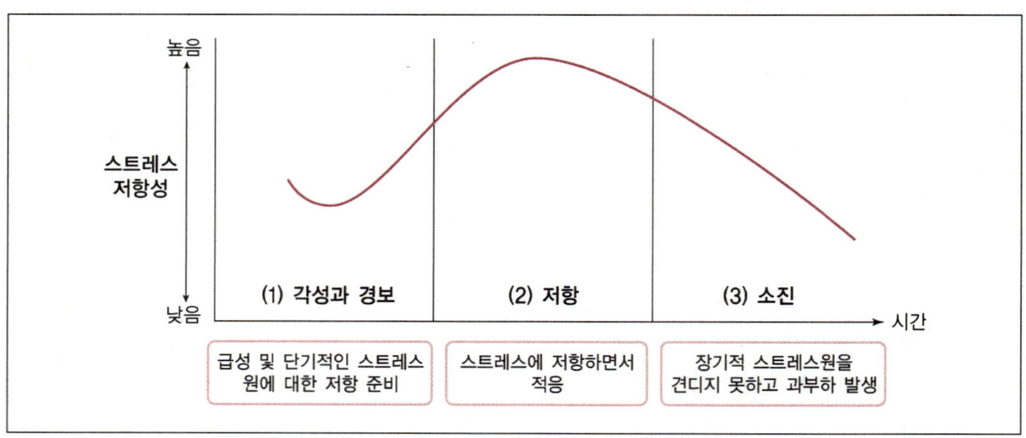

범적응 증후군의 3단계(Cunanan 등 2018)

㉠ 각성과 경보 단계

급성 또는 단기간의 스트레스원(예 부상의 위협, 어려운 상황, 잠재적인 손실 등)에 직면했을 때, 신체는 초기 단계에서 각성 및 경고 반응을 나타낸다. 이는 도전-회피 반응으로 이어지며, 단기적인 생리적 적응을 통해 신체가 위기에 대처하도록 돕는다. 이 초기 반응은 불안, 과민성, 취약성과 같은 심리적 반응을 동반하며, 일반적으로 스트레스의 원인이 해소되면 신체는 다시 안정적인 상태로 회복된다.

㉡ 저항 단계

스트레스가 지속되면 신체는 저항기(resistance stage)에 접어들며, 이 단계에서는 압박감, 걱정, 냉소주의, 수면 장애 등의 증상이 나타날 수 있다.

ⓒ 소진 단계

만약 스트레스 요인이 장기간 지속되거나 만성화되면, 신체는 소진기(exhaustion stage)에 도달하게 되며, 이로 인해 신체적·정신적 과부하가 발생한다. Selye는 이를 '피로기(fatigue stage)'로 설명하며, 지속적인 압박감이 결국 신체적 피로 및 심리적 장애(예 불안과 우울증) 등으로 이어질 수 있다.

범적응 증후군(Selye)

구분	명칭	특징
1단계	경고단계	• 저항력 감소 • 스트레스 원에 대한 즉각적인 반응 • 스트레스 원이 매우 강력하다면 죽음에까지 이름(심각한 화상이나 극단적인 온도)
2단계	저항단계	• 중간단계로, 1단계의 증상은 거의 사라짐 • 스트레스에 적응할 수 없을 경우, 저항력은 평균 이상으로 상승함
3단계	소진단계	• 만성적이고, 누적된 스트레스 효과 • 스트레스 원에 대한 적응력은 한정됨 • 동일한 스트레스 원에 지속적으로 노출된다면, 신체는 결국 소진된 상태에 이름 • 경고단계의 징후들이 다시 나타나지만, 이 상태에서는 그러한 징후들에 대한 회복이 어렵고, 결국 사망에 이름 • 만성적 스트레스의 심각성이 부각

③ 스트레스를 유발하는 요인

㉠ 생물학적 원인

약물 과다 사용(예 알코올, 약 등), 영양적 과다(예 카페인, 음식, 설탕 등) 등

㉡ 심리학적 원인

완벽주의, 강박관념, 충동성, 통제 욕구, 노이로제(신경증) 등

ⓒ 대인관계의 원인

사회성 부족, 수줍음, 불안감, 외로움, 환경적 압박 등

④ 스트레스와 심리 및 생리적 반응의 관계

㉠ 스트레스와 심리적 반응

ⓐ 심리적 스트레스 반응은 스트레스 요인을 인지하는 순간부터 시작된다. Lazarus와 Folkman(1984)의 스트레스에 대한 인지평가 이론(cognitive appraisal theory)에 따르면, 개인은 어떤 자극이나 상황을 1차 평가(primary appraisal)에서 위협(threat), 손실(loss), 혹은 도전(challenge)으로 해석한다. 그리고 이어지는 2차 평가(secondary appraisal)를 통해 자신이 그 상황에 적절히 대처할 수 있는 능력이나 자원을 갖추고 있는지를 판단한다.

ⓑ 이러한 인지적 과정은 각 개인이 타고난 성격이나 회복탄력성(resilience), 과거의 경험, 사회적 지지에 따라 크게 달라지며, 결과적으로 스트레스에 대한 심리적, 인지적, 행동적 반응으로 이어진다.

- **정서적 반응**: 불안, 분노, 슬픔, 무력감, 초조함 등 다양한 감정이 나타날 수 있다. 예를 들어, 대학 입시를 앞둔 고등학생은 성적 부담으로 인해 긴장감과 두려움을 동시에 경험할 수 있다.
- **인지적 반응**: 집중력 저하, 부정적 사고, 미래에 대한 비관적 기대 등이 포함된다. 이는 문제 해결 능력의 저하로 이어지며, 중요한 결정 상황에서 회피 행동을 유발할 수 있다.
- **행동적 반응**: 스트레스에 대한 행동 반응은 개인차가 크다. 일부는 과도한 식사나 음주, 흡연 등의 회피적 대처 행동을 보이는 반면, 어떤 이들은 운동, 명상, 대화와 같은 적극적 대처 전략을 사용하기도 한다.

ⓛ 스트레스와 생리적 반응

ⓐ 교감신경계 활성화

스트레스 자극이 감지되면 뇌의 편도체(amygdala)가 반응하고, 이는 시상하부를 통해 교감신경계를 자극하게 된다. 그리고 교감신경계는 아드레날린과 노르아드레날린을 분비시킨다. 이 호르몬들은 심박수 증가, 혈압 상승, 호흡 증가, 동공 확대, 근육 긴장 등 생존에 필요한 '도전-회피' 반응을 유발한다. 예를 들어, 갑작스럽게 위협적인 상황에 직면했을 때 즉각적으로 나타난다.

ⓑ HPA 축 활성화

'HPA 축'은 스트레스에 반응하여 시상하부, 뇌하수체, 부신이 순차적으로 활성화되며 코르티솔과 같은 스트레스 호르몬을 분비하는 신경내분비 체계를 말한다. 스트레스 요인에 대처하는 일련의 과정에서 결과적으로 코르티솔(cortisol)이 방출된다. 코르티솔은 포도당을 생성하고 면역 반응을 조절하는 등 에너지 재분배를 통해 장기적인 생리적 적응을 가능하게 하지만, 지속적인 분비는 면역 억제, 체중 증가, 기억력 저하, 우울 증상과 같은 부작용을 유발할 수 있다(McEwen).

ⓒ 스트레스 해석과 신체·심리적 반응의 상호작용

ⓐ 스트레스에 대한 심리적 반응과 신체적 반응은 사실 상호작용한다. 다수의 연구는 스트레스에 대한 개인의 인지적 평가가 신체적 반응을 주도한다고 보고한다.

ⓑ 동일한 스트레스 상황이라 하더라도 이를 위협(threat)으로 인식하고 부정적인 결과를 예측하는 사람은, 보다 큰 심리적 고통과 생리적 부담을 경험할 가능성이 높다. 이는 반복적이고 지속적인 생리적 각성 상태를 유발하여 결국 면역 기능 저하, 심혈관계 질환, 그리고 정신건강 악화로 이어질 수 있다.

ⓒ 반대로, 스트레스를 삶의 도전으로 해석하거나, 자신이 충분히 대처할 수 있다고 믿는 사람들은 스트레스 요인에 더 유연하게 대응할 수 있으며, 실제로 건강과 관련된 부정적 결과를 경험할 가능성이 낮다.

ⓓ 이러한 해석 차이는 개인의 자기효능감, 회복탄력성, 사회적 지지 수준 등에 의해 영향을 받을 수 있으며, 교육적·상담적 개입을 통해 개선될 수 있다.

ⓔ 결국, 스트레스 상황을 바라보는 개인의 인지적 틀은 단순한 심리적 태도를 넘어, 건강과 생존에 실질적인 영향을 미치는 중요한 변수로 작용한다. 따라서 스트레스 관리 교육이나 심리 개입 프로그램은 스트레스 자체를 줄이는 것뿐만 아니라, 스트레스에 대한 인식을 재구성하고, 해석의 유연성을 키우는 전략에 중점을 둘 필요가 있다.

㉣ 스트레스 반응과 항상성

ⓐ 스트레스 반응을 다룰 때 항상성이라는 개념은 매우 중요하다. 항상성이란, 외부 환경이 변화하더라도 신체 내부의 상태를 일정하게 유지하려는 생리적 조절 능력을 의미한다.

ⓑ 항상성이라는 용어는 1939년 미국의 생리학자 Walter Cannon에 의해 처음 제안되었으며, 이는 19세기 프랑스 생리학자 Claude Bernard가 주장한 '내부 환경의 안정성'(milieu intérieur)이라는 개념에서 발전한 것이다.

ⓒ Cannon은 다양한 생리 체계들이 조화를 이루며 안정적인 상태를 유지하는 과정을 '항상성'이라 정의했고, 이 개념은 이후 스트레스 연구의 중요한 기반이 되었다.

ⓓ 현대 생리학에서는 항상성을 체온, 혈당, 혈압, 체액의 pH 등 생존에 필수적인 생리 지표들이 일정한 범위 내에서 조절되는 능력으로 보다 구체화하고 있다(McEwen & Wingfield).

ⓔ 스트레스는 신체의 균형을 깨뜨리는 자극이고, 항상성은 그 균형을 되찾기 위한 인체의 생리적 노력이라고 할 수 있다. 우리가 건강을 유지하려면 스트레스 상황에서도 항상성이 잘 작동하도록 관리하는 것이 매우 중요하다.

⑤ 운동과 스트레스의 메커니즘

㉠ 심혈관 체력과 스트레스

ⓐ 스트레스에 관한 운동 효과의 메커니즘을 밝힌 연구는 많은 동물 연구를 통해 밝혀졌고, 현재도 계속해서 새로운 사실들이 밝혀지고 있다(Dishman & Jackson, 2000).

ⓑ 유산소 체력이 높은 사람이 그렇지 않은 사람보다 스트레스 내성이 더 높을까? 이 질문에 대한 답을 찾기 위해 Crews와 Landers(1987)는 메타분석 연구를 수행하였다. 이들의 연구는 다양한 스트레스 반응 지표(HR, 수축기 및 이완기 혈압, 자기보고, 카테콜아민)를 사용한 여러 연구들을 종합하여 분석하였다. 분석 결과, 측정 지표에 관계없이 신체적으로 더 건강한 사람일수록 스트레스 반응이 현저히 작게 나타난다고 결론지었다.

ⓒ Spalding 등(2004)은 6주간(주 3~5회) 유산소 운동, 근력 운동, 혹은 운동을 하지 않는 대조군(기존 활동 유지)에 참여한 참가자들의 심리사회적 스트레스에 대한 심혈관 반응 변화를 조사하였다. 참가자들은 세 그룹 중 하나에 무작위로 배정되어 6주간 지정된 운동 또는 비운동 기간을 보낸 후, 동일한 측정을 반복하였다. 그 결과 유산소 운동 그룹에서 스트레스 상황뿐만 아니라 안정 시와 스트레스 회복 시에도 심혈관 활동이 감소함을 보여주었으며, 이는 운동하지 않은 대조군과 비교했을 때 더욱 두드러졌다. 또한, 심박수와 수축기 혈압 역시 유산소 운동 그룹이 근력 운동 그룹과 대조군에 비해 유의하게 낮았다.

ⓓ 일부 학자들은 유산소 체력과 스트레스의 관계가 아직 명확하지 않다고 주장하기도 한다. 예를 들어, Buckworth와 Dishman(2002)은 지금까지의 연구들이 운동이나 높은 심폐체력이 심리사회적 스트레스 반응을 줄인다는 근거를 충분히 제공하지 못하고 있다고 주장하였다. 또한, 운동 후 교감신경 반응이 감소한다는 일부 연구 결과도 존재하지만, 이는 모든 참여자가 동일한 절대강도(예 고정된 운동량)로 운동했을 때만 나타나는 현상이며, 상대강도(예 개인의 체력, 연령, 성별에 따라 조정된 운동강도)에 따라 운동했을 경우에는 운동 전후 교감신경 반응의 차이가 거의 없다고 지적했다.

ⓔ 하지만 이러한 비판에도 불구하고, 많은 연구는 유산소 체력이 심리사회적 스트레스에 대해 완충 효과를 제공할 가능성을 시사하고 있다. 예를 들어, Boutcher 등(1998)은 횡단면 연구와 종단 연구를 다수 수행하며, 심혈관 체력이 스트레스 반응과 손상을 보호할 수 있다는 증거를 제시한 바 있다.

ⓛ 생리적 강인함 모델

ⓐ 운동과 스트레스에 관한 연구는 아직 많은 부분이 밝혀져야 하지만, 운동이 어떻게 스트레스 반응을 완화하고 결과적으로 질병 위험을 낮출 수 있는지에 대한 이론적 설명은 존재한다. 그중 하나가 생리적 강인함(physiological toughness) 모델이다(Dienstbier).

ⓑ 이 모델은 스트레스 자극에 대한 반응뿐 아니라 스트레스로부터의 회복 과정까지 설명할 수 있는 심리생리학적 틀을 제공한다.

ⓒ 이 모델에 따르면, 간헐적이고 반복적인 긍정적 스트레스 노출(예 규칙적인 운동)은 특정한 신경내분비 반응의 변화를 통해 개인의 심리적 대처능력과 정서적 안정성(예 스트레스 및 불안 감소)을 향상시킨다.

ⓓ 규칙적인 스트레스 경험은 다음과 같은 생리적 변화를 초래할 수 있다.

- 중추신경계에서의 카테콜아민 분비 능력 증가
- 말초에서의 기저 카테콜아민 수치 감소
- 스트레스 자극에 대한 더 크고 빠른 카테콜아민 반응성, 스트레스 종료 후 빠른 회복
- HPA 축의 반응 지연 또는 감소(즉, 코르티솔 분비가 더 적게 나타남)

ⓔ 결과적으로, 이러한 생리적 적응은 개인이 스트레스 상황에서 보다 효과적으로 대처하고, 더 빠르게 회복할 수 있도록 돕는다. 이는 운동이 단순히 스트레스를 줄이는데 그치지 않고, 스트레스에 강인한 생리적 기반을 형성하는 데 중요한 역할을 할 수 있음을 시사한다.

ⓕ 생리적 강인함 모델에서 가장 주목할 점은 이 모델이 심리적 해석(인지적 평가)과 생리적 반응 사이의 상호작용을 명확히 예측한다는 점이다. 이 모형은 개인이 스트레스 상황을 '도전'으로 인식할 경우, 코르티솔보다는 카테콜아민의 분비가 더 두드러지게 나타나며, 이에 따라 활력감이나 에너지 충만감을 느낄 가능성이 높다고 본다. 이러한 도전적 평가는 상황에 대한 통제감이나 성공에 대한 기대에서 비롯된다. 반대로 스트레스 자극을 '위협'으로 인식할 경우, 카테콜아민보다 코르티솔 분비가 증가하고, 이는 긴장감, 불안, 실패에 대한 예감 등 부정적인 정서 반응으로 이어진다고 설명한다.

스트레스 해석에 따른 반응 실험 연구

Jamieson 등(2012)은 참가자들에게 스트레스 과제를 수행하도록 지시했다. 한 그룹은 스트레스가 몸에 해롭지 않다고 재해석하도록 지도하고, 다른 그룹은 스트레스 자극을 무시하게 하였으며, 통제 집단은 별다른 개입을 하지 않았다. 그 결과, 재해석을 시도한 참가자들은 심박출량(심장 효율성)이 더 높고, 말초 저항(혈관 수축 정도)이 더 낮은(즉, 더 큰 혈관 확장 반응) 양상을 보였다. 반면, 스트레스를 무시하도록 한 그룹은 통제 집단과 유사한 반응을 보였다. 이 연구는 스트레스를 어떻게 해석하느냐에 따라 실제 생리적 반응이 달라진다는 점을 명확히 보여주며, '생리적 강인함 모델'의 이론적 타당성을 뒷받침하는 중요한 사례로 평가할 수 있다.

ⓒ 스트레스 반응성과 회복

ⓐ 운동 관련 스트레스 메커니즘에서 반응성(reactivity)과 회복(recovery)의 차이는 최근 들어 점점 더 중요하게 다루어지고 있다(Forcier, Jackson & Dishman).

ⓑ 연구자들은 스트레스 반응의 크기 못지않게 스트레스로부터 얼마나 빨리 회복하느냐가 건강과 적응에 중요한 영향을 미칠 수 있다고 주장한다(Levinsohn & Ross). 이러한 관점은 최근 심리학과 운동과학 분야에서 주목받고 있는 회복탄력성과도 밀접한 관련이 있다.

ⓒ Sinyor 등(1983)의 연구에서, 운동을 하는 남성과 운동을 하지 않는 남성 간의 스트레스 자극에 대한 반응성과 회복력을 비교하기 위해 참여자들은 약 17분 동안 진행되는 스트레스 유발 과제를 수행하였다. 연구 결과, 운동을 하는 참가자들은 스트레스 직후 및 회복 초기 10분 동안 심박수 반응이 유의하게 낮았고, 주관적으로 보고한 스트레스 수준도 낮았다. 또한, 스트레스 자극 중 노르에피네프린 수치가 더 빠르게 정점에 도달한 후, 비교적 빨리 기저 수준으로 회복되는 반응을 보였다.

ⓓ Panaite 등(2015)은 스트레스 관련 생리적 활성화 이후 회복까지 걸리는 시간의 길이가, 스트레스 반응의 강도보다 심혈관 질환 위험을 더 잘 예측할 수 있다고 주장하였다. 그들은 느린 회복이 향후 심혈관계 문제 및 전체 사망률 증가와 관련이 있을 수 있다고 덧붙였다.

ⓔ 결론적으로, 스트레스 반응성뿐만 아니라 스트레스 회복력의 구분은 향후 연구에서 더욱 집중적으로 다루어야 할 중요한 영역이며, 이는 운동과 체력이 스트레스에 미치는 영향을 이해하는 데 중요한 시사점을 제공한다(Linden 등).

㉣ 스트레스와 면역 그리고 운동의 효과

ⓐ 스트레스 반응은 면역 기능에도 강력한 영향을 미칠 수 있다. Fleshner는 스트레스 자극이 면역 조절 기능을 가진다고 주장하였다. 즉, 스트레스는 면역 기능을 억제(immunosuppression)하거나 면역 기능을 강화(immunopotentiation)할 수도 있다는 것이다.

ⓑ 최근에는 스트레스 상황에서 나타나는 염증 반응과 그에 대한 운동의 조절 효과에 대한 관심도 커지고 있다. 염증 반응은 심혈관 질환과 같은 만성 질환의 주요 기전으로 작용한다(Hamer & Steptoe). 체력 수준이 높을수록 스트레스로 인한 염증 반응이 감소하는 경향이 있다. 이는 스트레스 상황에서 부교감 신경계의 조절 기능이 더 잘 작동하고 있다는 것을 의미하며, 운동과 체력이 스트레스 반응의 생리적 측면에 긍정적 영향을 미칠 수 있음을 보여주는 중요한 결과이다.

ⓒ 면역 기능과 염증 반응을 중심으로 한 연구는 신체활동, 체력 수준, 스트레스 반응 간의 관계를 보다 정밀하게 규명할 수 있는 가능성을 제공하고 있다.

운동이 스트레스에 대한 반응성을 낮추고 회복력을 높이는 이유(Carron)

① **교감신경계의 적응**: 운동을 규칙적으로 하는 것은 스트레스에 반복적으로 노출되는 것과 마찬가지이며, 반복 운동은 교감신경계의 적응을 유발한다는 것이다.

② **자기효능감 향상**: 운동 목표를 성공적으로 달성하면 삶의 일부를 통제할 수 있다는 자신감(자기효능감)이 좋아진다. 이러한 자신감은 삶의 다른 측면에도 파급효과가 있으며 스트레스 극복에 도움을 준다.

③ **체력의 향상**: 운동의 스트레스 감소 효과는 향상된 체력 때문이라는 설명이다. 체력이 좋아지면 스트레스 요인을 극복할 수 있다는 믿음이 높아져 스트레스를 보다 효율적으로 관리한다는 것이다.

수면에 대한 운동의 효과 메커니즘	
조명 노출 효과	자연 환경에서 빛이 어두우면 우울증을 유발시키고 수면을 방해한다. 밝은 빛은 우울증을 낮추고 수면에 도움이 되는데 야외에서 운동을 하는 동안에 실내에 비해 훨씬 밝은 빛에 노출되기 때문에 수면에 도움이 된다는 설명이다.
불안감소 효과	불안이 높으면 수면이 방해를 받는데 운동은 불안을 몇 시간 동안 감소시키는 효과가 있다. 따라서 운동을 하면 불안이 낮아져 수면에 도움이 된다고 본다. 규칙적으로 운동을 하면 우울증이 낮아지기 때문에 수면에 도움이 된다고 설명한다.
생활리듬 변화 효과	24시간 주기의 생활리듬이 바뀌면 수면이 방해를 받을 수 있다. 주야 교대 근무를 하거나 시차가 다른 곳으로 여행을 할 때 취침과 기상의 리듬이 깨지게 된다. 이런 생활리듬을 바꾸면 수면에 도움이 될 수 있는데 운동은 24시간 주기의 생활리듬을 바꾸는 데 상당한 도움이 된다고 한다.
생화학적 효과	운동을 하면 아데노신의 분비가 촉진된다. 아데노신은 혈관을 팽창시키는 역할을 하는 것으로 알려져 있는데, 수면 조절에도 중요한 역할을 한다. 카페인을 섭취하면 수면이 방해되는 것도 카페인이 아데노신의 신경 전달을 막기 때문이다.

3. 운동과 정서

(1) 운동과 정서의 관계

① 운동 전후의 정서 변화

㉠ 운동과 정서의 관계에 관한 초창기의 연구는 기분상태검사지(POMS)를 사용하였다. 대체로 운동을 하면 긍정적 기분상태가 높아지고, 부정적 기분상태는 감소하는 경향이 발견된다.

㉡ POMS를 사용한 연구를 종합한 리뷰에서도 운동과 활력 사이에는 긍정적인 관계, 운동과 긴장, 분노, 혼동, 피로 요인 사이에는 부정적인 관계가 있다는 결론이 내려졌다. 이러한 결론은 Morgan이 제안한 빙산형 프로파일과도 유사성이 높다.

㉢ 운동을 한 후에 에너지가 생겨나는 느낌(원기회복, 활력감)을 체험했다는 것을 입증한 연구가 많다. 운동 그 자체는 에너지를 소모하는 것임에도 불구하고 운동이 끝나면 오히려 에너지가 생겨나는 느낌이 든다는 것이다. Lox 등은 이러한 현상에 대해 운동의 "역설적 효과"라는 표현을 사용하였다.

㉣ 피곤이 느껴지는 오후에 소파에서 쉬기보다는 운동을 하고 나면 운동 전과 비교해서 활력의 느낌이 크게 달라지는 것을 체험할 수 있다. 짧게는 10분~120분간의 걷기가 에너지 수준을 높이고 긴장을 감소하는 효과가 있다(Thayler).

㉤ 운동 강도가 긍정적인 정서 체험에 어떤 영향을 주는가를 알아본 연구에 따르면 대체로 중간 강도의 운동은 긍정적 정서를 높이는 효과가 있다. 중간 강도의 운동은 부정적 정서에는 영향을 주지 않거나 감소시키는 경향을 보인다.

개념	특징	표현
정서 (emotion)	• 정서를 일으키는 특정 생각, 사건이 있다. • 유지 기간이 짧고, 초점이 좁다.	기쁨, 슬픔, 놀람, 화, 사랑, 공포
느낌 (feeling)	• 드러나거나 감출 수 있는 주관적 체험 • 몸의 감각, 인지적 평가, 실제, 가상 반응	통증, 피로의 느낌, 성취의 느낌, 공을 만지는 느낌
기분 (mood)	• 정서보다 유지 기간이 길다. • 특별한 원인이 없이 유발될 수 있다.	긴장, 활력, 화, 피로
감정 (affect)	• 좋음-나쁨, 유쾌-불쾌 등 가치가 개입된다. • 인지과정이 없이 유발된다(원초적이다).	활력, 에너지, 이완, 열의(이상 긍정), 우울, 긴장, 분노, 피로(이상 부정)

② 운동 중의 정서 변화

㉠ 운동이 끝나면 활력수준이 높아지고 긍정적 정서를 체험한다는 것은 여러 연구에서 나온 공통적인 결과이다. 운동 중에 체험하는 정서가 어떨 것인가에 대해서도 최근에 관심을 기울이기 시작했다. 운동 중에 긍정적인 정서를 체험한다면 운동을 규칙적으로 실천하는데 도움이 되겠지만 부정적 정서를 체험한다면 중도포기의 가능성도 예상해 볼 수 있다.

ⓛ 단일 문항 또는 간편한 형식으로 제작된 도구가 개발되면서 운동 중의 감정을 반복 측정하는 것도 가능해졌다. 특히 운동 강도를 달리했을 때 운동 중에 어떤 느낌을 체험하는가도 밝혀지고 있다. 대체로 운동 강도가 높아지면 긍정적 정서의 체험이 줄어든다는 결과가 많다.

ⓒ 운동 강도가 높으면 운동 중의 정서가 나빠지며, 회복 시점이 지난 후에는 다시 좋아진다. 운동 강도가 높으면 운동 중에 일시적으로 부정적인 정서체험을 하는 것이다.

ⓔ 종합하면 운동 강도가 높아짐에 따라 운동 중의 정서는 부정적으로 변하는 것을 알 수 있다. 중간강도의 운동이 가장 효과가 좋다. 중간강도의 운동과 고강도 운동은 운동 '후'의 감정 상태는 유사할지 모르지만 운동 '중'에는 큰 차이가 생길 수 있다. 운동 후에 좋은 기분이 들더라도 운동 중에 느꼈던 나쁜 기분은 운동 동기 측면에서 나쁜 영향을 줄 수 있다. 트레이너가 고객의 운동 지속 실천을 목적으로 한다면 운동 강도에 따라 운동 중의 감정이 달라질 수 있다는 사실에 신경을 써야 할 것이다.

(2) 운동과 정서변화 메커니즘

① 엔돌핀 가설

㉠ 운동 중과 후에 분비가 늘어난 베타 엔돌핀으로 인하여 정서가 개선된다는 가설이다.

ⓛ 엔돌핀은 뇌와 뇌하수체 등에서 분비되는데 통증을 낮추고 행복감을 유발하는 효과가 있다.

ⓒ 엔돌핀 때문에 '런너스 하이'(runner's high) 현상을 경험한다는 주장도 있다.

② 모노아민 가설

㉠ 운동을 하면 세로토닌, 노르에피네프린, 도파민과 같은 신경전달물질에 변화가 생겨 정서가 개선된다는 설명이다.

ⓛ 세 가지 신경전달물질은 감정, 정서, 기분의 조절과 밀접한 관계가 있다고 본다.

③ 심폐계 체력 가설

㉠ 운동을 하면 심폐계 체력이 좋아지며, 이로 인해 심리적 혜택이 생긴다는 설명이다.

ⓛ 하지만 심폐계 체력 향상과 직접적인 관련이 적은 웨이트 트레이닝도 정서에 도움이 되는 것으로 나타나 완벽한 설명력을 가지지는 못했다.

④ 뇌변화 가설

㉠ 운동이 대뇌피질에 있는 혈관의 밀도를 높이고 뇌혈관의 확산거리를 향상시켜 전반적인 뇌 구조의 변화를 가져온다고 본다.

ⓛ 운동 중에 뇌의 혈류량이 큰 폭으로 향상되는 것도 심리적, 인지적 혜택의 원인으로 설명한다.

⑤ 기분전환 가설

㉠ 운동 중에는 운동에 집중하여 일상생활에서의 번잡함을 잊기 때문에 정서적 건강에 도움이 된다는 가설이다.

㉡ 운동의 신체적, 생리적 변화보다는 일상의 걱정으로부터 벗어나 자신만의 집중과 휴식 시간을 가지는 기회가 중요하다는 설명이다.

㉢ 하지만 운동은 독서, 조용한 휴식과 같은 기분 전환 활동에 비해 정서적 효과가 오래 지속되는 특징이 있다.

⑥ 숙달 가설

㉠ 운동을 수행했을 때 느끼는 성취감이 자기효능감(self-efficacy)을 높이고, 긍정적인 정서변화를 촉진한다고 본다.

㉡ 운동을 통해 얻어진 자신감과 환경에 대한 통제감은 삶의 다른 영역으로 일반화된다고 본다.

㉢ 일회성 운동으로 자신감과 성공 경험이 누적되면 장기적으로 행복감도 높아진다.

㉣ 운동 후 자기효능감 및 긍정정서의 증가와 함께 우울감이 유의하게 감소했다는 연구결과들이 있다(White & Kendrick).

⑦ 기대 가설

㉠ 운동을 하면 기분이 좋아질 것이라는 기대 때문에 운동 후에 기분이 좋아진다는 가설이다.

㉡ 운동의 실체적 효과라기보다는 위약 효과(placebo effect)를 강조한다.

⑧ 사회적 상호작용 가설

㉠ 운동을 하면서 타인과의 상호작용이 많아지기 때문에 정서적 효과가 발생한다는 가설이다.

㉡ 사회적 상호작용은 운동 참가 이유이기도 하지만 소속감과 즐거움을 높여주는 요소이기도 하다.

㉢ 사회적 상호작용은 경력 운동자보다는 초보 운동자에게 중요한 역할을 한다.

(3) 운동과 정서 연구 시 고려사항

운동과 정서 간의 관계를 설명하기 위해 다양한 생리적, 심리적, 사회적 메커니즘이 제시되고 있지만, 일관된 결과는 제시되지 않았다. 효과적인 운동처방 및 운동지속을 높이기 위해서는, 운동이 정서에 영향을 미치는 과정을 명확하게 설명할 수 있는 이론적 기반이 필요하다. 이에 대해 Ekkekakis 등은 연구 수행 시 고려해야 할 5가지 사항을 제시하였다.

① 인지적 요인

자기효능감, 자율성, 주의전환 등은 운동 중 정서반응에 영향을 미치는 요인으로 주목받고 있다. 특히, 주의전환을 통해 운동 중 긍정적인 정서를 유지할 수 있음이 밝혀졌다. 무산소 역치(VT)보다 10% 높은 강도로 달리는 중에도, 음악과 뮤직비디오 함께 제공하면 긍정적인 정서가 유지된다는 결과가 보고되었다(Hutchinson 등). 이는 운동강도에 따라 인지전략의 효과가 달라진다고 설명하는 Dual-Mode 이론의 핵심 개념과도 일치한다.

② 생리학적 요인 탐색

엔돌핀 수용체 활성화 등을 예로 들 수 있다. 카페인 섭취가 운동 중 긍정적인 정서를 유지하는데 도움이 된다는 연구결과가 제시되었다(Backhouse 등). 운동 중 카페인 섭취는 운동의 즐거움을 높이고, 통증을 줄이며, 운동에 대한 노력의 정도를 낮게 인식하는 것으로 나타났다(Glaister & Gissane, Schubert 등).

③ 운동강도에 따른 신체 내부 감각과 인지요인 간의 상호작용

Dual-Mode 이론에 따르면, 저강도 운동에서는 인지요인이 정서반응에 상대적으로 큰 영향을 미치지만, 운동강도가 증가함에 따라 신체 내부 감각(예 체온, 호흡, 근육 피로 등)의 영향이 더 커진다. 예를 들어, 무산소 역치 근처에서는 시각·청각 자극이 정서에 긍정적인 영향을 미쳤지만, 고강도에서는 그 효과가 점차 감소하였다(Hutchinson 등).

④ 개인차 요인

동일한 운동 자극이라도 개인의 성격, 유전적 특성, 운동 선호 등에 따라 정서반응은 달라질 수 있다. 특히 유전적 요인의 역할은 아직 충분히 밝혀지지 않았으나, 일부 연구에서는 운동강도에 대한 선호 및 인내가 유전적으로 결정될 수 있으며, 이러한 유전적 특성이 고강도 운동에 대한 내성을 높이는 데 기여할 수 있다고 보았다(de Geus & de Moor). 운동강도선호 및 인내 질문지(PRETIE-Q)에서 강도인내 점수가 높은 사람은 고강도 운동의 불쾌함을 더 잘 견딜 수 있으며, 이는 개인의 유전적 특성이 반영된 결과일 수 있다.

⑤ 운동경험

초기 운동 경험의 기억이 긍정적이냐 부정적이냐에 따라 장기적인 운동행동이 달라질 수 있다는 연구결과가 있다(Ladwig 등). 특히 '운동 후 느낀 감정을 어떻게 기억하느냐' 또는 '운동 중 가장 좋았던/나빴던 순간을 어떻게 기억하느냐'에 대한 연구가 주목받고 있다. Zenko 등의 연구에서는 운동강도를 점진적으로 높이거나 낮출 때 정서 반응과 정서 기억이 달라졌으며, 점진적으로 낮추는 조건에서 더 긍정적인 기억과 향후 운동을 예측할 수 있는 정서가 확인되었다.

Dual-mode 이론

- Dual-mode 이론은 운동강도에 따라 운동 중 정서반응이 달라지는 이유를 설명하는 이론이다. Ekkekakis(2004)가 제안하였으며, 운동 중 인지적 요인과 신체 내부감각이 상호작용하여 정서반응을 나타난다고 보았다. 인지적 요인에는 동기나 자기효능감 등이 포함되며, 저강도 또는 중강도 운동 시 주로 작용한다. 신체 내부 감각은 심박수, 피로감, 젖산 증가 등으로 고강도 운동 시 정서반응에 영향을 미친다.
- 이 이론에 따르면 저강도 운동 시에는 인지적 요인이 관여하며 운동 중 긍정적인 정서 반응이 나타난다. 중강도 운동 시에는 개인차가 있으며, 고강도 운동 시에는 신체 내부 감각이 관여하여 부정적인 정서반응이 나타날 가능성이 높다고 보았다. 운동 중 긍정적인 정서의 경험은 운동지속을 높일 수 있다. 따라서 개인별로 운동강도를 고려하여 제시해야 할 필요성이 있다.

"정서와 신체반응" 관련 가설들

정서와 신체반응을 설명하는 가설에는 제임스-랑게(James-Lange)설, 캐논-바드(Cannon-Bard)설, 그리고 샥터-싱어(Schachter-Singer)의 2요인 이론(Two-Factor Theory)이 있다.

① 제임스-랑게설(James-Lange Theory)

- 제임스-랑게설은 19세기 심리학자 윌리엄 제임스(William James)와 칼 랑게(Carl Lange)에 의해 제안된 정서이론으로, 이들은 인간의 정서가 신체의 생리적 반응에 의해 유발된다고 주장하였다. 상식적으로 우리는 슬퍼서 울고, 무서워서 떠는 것과 같이 의식적인 지각이 있고 나서 정서가 나타난다고 생각한다. 하지만, 이들은 울어서 슬프고, 웃으니까 기쁘다와 같이 정서는 신체반응 이후에 오는 것으로 설명하고 있다.
- 이 가설은 신체와 정서의 유기적 관계에 대해 최초로 밝힌 가설로서 분노조절이나 긴장완화와 같은 다양한 정서조절과 이완훈련에 효과적으로 활용되었으며, 신체변화나 행동을 통한 정서의 변화를 가져옴으로써 긍정정서를 유발할 수 있다고 하였다.
- 이후 연구자들은 정서경험을 모두 설명할 수 있을 만큼 자율신경계가 많지 않다는 점, 특정 정서마다 나타나야 하는 독특한 신체변화를 설명하지 못한다는 점, 심장의 두근거림과 근육의 긴장 없이는 정서경험이 절대 있을 수 없다는 점, 정서경험은 세상 속의 사물이나 사건에 대한 우리의 생리적 반응의 결과라는 점 등을 들어 제임스-랑게설이 한계가 있음을 지적하였다.

② 캐논-바드설(Cannon-Bard Theory)

- 캐논-바드설은 심리학자 월터 캐논(Walter Cannon)과 필립 바드(Philip Bard)에 의해 제안된 정서이론이다. 이 이론은 제임스-랑게설이 제안하는 '신체반응이 먼저 발생하고, 그 다음에 정서가 발생한다'는 순서에 반박하는 이론이다. 캐논-바드설에 따르면, 인간은 특정 상황에서 정서와 신체반응이 동시에 발생한다고 주장하며, 특히 자극과 반응 사이에서 중추신경계의 역할을 중요시 하고 있다.
- 캐논-바드설에 따르면, 우리가 공포를 느끼는 상황에서는 심장이 빠르게 뛰는 등의 신체반응이 나타남과 동시에 공포감도 같이 느끼게 된다. 이 두 가지 반응은 동시에 발생하며, 둘 사이에는 직접적인 인과관계가 없다는 것이 캐논-바드설의 주장이다. 캐논-바드설에서는 다음과 같이 제임스-랑게설을 비판하고 있다.
  - 자율신경계는 정서경험의 신속한 발현을 설명하기에는 천천히 반응한다.
    (당황했을 때 얼굴이나 귀가 빨개지는 시간은 15-30초임)
  - 온도가 높을 때(비정서적 자극) 부끄러운 감정에서 나타나는 반응(땀, 얼굴홍조 등)이 있지만 감정을 느끼지는 않는다.
  - 자율신경계를 차단해도 정서가 경험된다(시상하부가 정서를 매개하는데 중요한 역할).
    (척수가 절단된 환자는 마비가 되었음에도 불구하고 감정을 느끼는 능력은 그대로임)
- 이 이론은 감정과 신체반응이 서로 독립적이고 동시에 발생한다는 점에서 제임스-랑게설과는 차별화되며, 정서의 복잡성과 다양성을 더욱 잘 설명한다는 장점이 있다. 하지만, 정서의 발생과정에 대한 명확한 메커니즘이 제시되지 않았다는 한계점이 존재한다.

③ 샥터-싱어(Schachter-Singer)의 2요인 이론(Two-Factor Theory)

- 샥터-싱어의 2요인 이론(Two-Factor Theory)은 심리학자 스탠리 샥터(Stanley Schachter)와 제롬 싱어(Jerome Singer)에 의해 제안된 정서이론이다. 이 이론에서 정서는 신체반응과 그 반응에 대한 인지적 해석의 결합으로 발생한다고 주장한다.
- 2요인 이론에 따르면, 우리가 특정 상황에 처했을 때 먼저 신체적인 반응(예 심장 박동 수 증가, 과호흡 등)을 경험하게 되고, 이때 우리가 해당 반응에 대해 인지적으로 어떻게 해석하는지에 따라서 경험하는 감정은 달라진다는 것이다.

- 예를 들어, 누군가가 당신 앞에서 무서운 이야기를 하면 당신의 심장은 빠르게 뛰기 시작할 수 있다. 이 경우에 당신은 심장이 빠르게 뛰는 것과 같은 신체반응에 대해 인지하고 해석함으로써 두려움이라는 감정을 느끼게 될 것이다. 반면, 같은 신체반응이 좋아하는 가수의 콘서트를 보면서 발생했다면 해당 신체반응은 인지적으로 흥분이나 기쁨으로 해석될 수 있다.
- 2요인 이론은 같은 신체적 반응이라도 상황에 따라 그 해석이 달라지기 때문에 우리가 느끼는 정서가 달라질 수 있다고 설명한다. 이는 정서의 발생이 단순히 신체반응에만 의존하는 것이 아니라 우리의 인지적 평가에 의해서도 크게 영향을 받는다는 점을 강조하였다.

빙산형 프로파일과 런너스 하이

1. 빙산형 프로파일

- Morgan은 엘리트 선수의 심리 프로파일을 설명하면서 POMS의 긍정적 요인은 일반인 평균보다 높으며, 부정적인 요인은 평균 이하라는 정신건강 모형을 제시하였다.
- 활력이 평균(T점수로 50)보다 높고 나머지 긴장, 우울, 분노, 피로, 혼동 등 부정적 기분은 평균 이하에 위치한다. 점 5개를 선으로 연결하면 빙산과 닮은 모습을 띠기 때문에 빙산형 프로파일이라고 부른다.

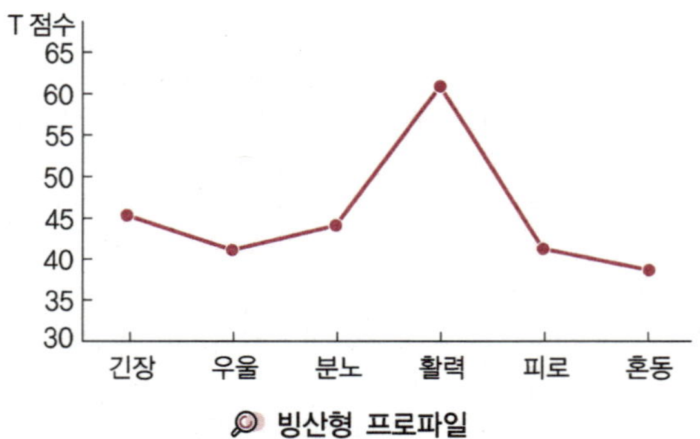

빙산형 프로파일

- 운동선수의 심리 상태가 건강함을 나타내는 지표이다.
- 운동선수의 훈련 기간이 길어지고 훈련 강도가 높아지면 빙산형 프로파일은 모습이 바뀐다. 과도한 훈련으로 인하여 활력 점수가 줄고 나머지 5개 부정적 기분이 상승하게 된다. 꼭대기가 편평해 지거나 심하면 역 빙산형 프로파일이 될 수도 있다.

2. 런너스 하이(runner's high)

- 운동 중에 예상치 않게 체험하는 행복감, 편안함, 완벽한 리듬감, 저절로 되는 듯한 느낌, 시간과 공간 감각의 초월, 희열감과 같은 아주 독특한 느낌을 '런너스 하이'라 부른다. Sachs는 '런너스 하이'란 달리기를 하는 동안에 겪는 행복감으로 웰빙의 느낌이 높아지고, 자연에 대한 감상이 높아지며, 시간과 공간 감각의 초월 현상을 체험하는 것으로 정의했다.
- '런너스 하이'는 매우 긍정적인 심리상태로 이 순간에는 행복감, 이완감, 저절로 되는 듯한 느낌이 든다. 개념적으로 최고 수행(peak performance), 몰입(flow)과도 관련성이 높다. 달리기를 즐기는 사람들이 자주 체험하기 때문에 '런너스 하이'라고 부르지만 다른 운동에서도 느낄 수 있는 현상이다.
- '런너스 하이' 현상이 언제 일어날 것인가를 예상하기는 어렵지만 도움이 되는 조건이 있다. 주변에 방해요인이 적어야 하고, 습도가 낮고 날씨가 쾌적해야 하며, 최소 30분 정도 편안하게 달리기를 하는 것이 그것이다. 런너스 하이는 기분 좋은 체험이기 때문에 운동의 내적동기를 높이는 역할을 한다고 볼 수 있다.

(4) 운동 중독(운동 의존성)

① 정의

㉠ 운동 중독이란 통제하기 어려울 정도의 과도한 운동을 하는 것으로 운동의 욕구가 충족되지 않았을 때 신체적, 심리적 금단증상이 나타나는 것을 말한다. 운동 실천자의 약 9%가 운동 중독에 빠져 있다는 보고가 있다. 또 운동 실천자의 40% 정도는 운동 중독은 아니지만 증상을 경험했으며, 41%는 아무런 증상이 나타나지 않았다. 유사 용어로 운동 의존, 과도한 운동, 강박적 운동, 부정적 운동, 의무적 운동 등이 있다.

㉡ 운동 중독의 정의는 정신장애 진단 및 통계 메뉴얼(DSM-IV)의 약물 중독의 기준을 받아들이고 있다. 구체적으로 7가지 중독 항목 중에서 3개 이상에 해당되면 중독으로 판정한다.

운동중독의 기준

항목	내용
내성	• 원하는 효과를 달성하기 위해 운동량을 높이려 한다. • 동일한 운동량으로 계속 운동을 하면 운동 효과가 줄어든다.
금단	• 운동을 못하면 불안, 피로 등 금단증상이 생긴다. • 운동을 하면 금단 증상이 해소된다.
의도 효과	• 의도한 것 이상으로 운동을 오래한다.
통제 상실	• 운동을 줄이려고 계속 노력하지만 안 된다.
시간	• 운동에 지나치게 많은 시간을 소비한다.
갈등	• 운동 때문에 다른 일(사회생활, 가족, 직장 일)을 포기한다.
지속	• 신체적, 심리적 문제(부상 등)를 알고도 운동을 계속한다.

㉢ 운동 중독을 일차와 이차로 구분하기도 한다.

ⓐ 일차 운동 중독은 운동 그 자체에 중독되는 것을 말한다. 이차 운동 중독은 체성분 조절을 목적으로 운동을 강제적으로 하는 것이다.

ⓑ 일차 운동 중독에서는 운동에 지나치게 몰두한 결과 체성분이 변화되고 다이어트 습관이 달라진다. 반면 이차 운동 중독은 체성분 변화와 다이어트가 주목적이고 운동은 수단으로 이용된다는 차이가 있다.

② 증상

㉠ 운동 중독의 중요한 특징 중의 하나는 금단 증상이다.

㉡ 운동 금단 증상은 운동박탈감이라고도 하는데 운동을 하지 못하는 기간에 체험하는 심리적, 생리적 증상을 의미한다.

㉢ 계획했던 운동을 못하게 되면 죄책감, 우울, 짜증, 초조, 긴장, 스트레스, 불안, 활력감 저하 등의 정서 체험을 하는데 운동 중독자가 비중독자에 비해 그 증상이 심하다.

㉣ 운동 중독자가 경험하는 증상은 정서적, 인지적, 신체적 측면으로 구분한다.

ⓐ **정서적 증상**: 불안, 우울, 짜증, 분노, 적대감, 긴장, 죄책감, 좌절, 자기존중감 감소

ⓑ **인지적 증상**: 혼란, 집중력 감소

ⓒ **신체적 증상**: 무기력감, 수면장애, 근육통, 피로, 위장 장애, 전신의 활력 저하

㉤ 매일 달리기를 하는 사람들을 대상으로 화, 수, 목요일에 운동을 중단시킨 실험(Mondin 등) 결과는 운동박탈이 정서에 어떤 영향을 주는지 잘 보여준다. 이 연구에서 운동을 못한 날에는 기분이 나빠지고 상태불안이 높아졌다. 운동을 다시 한 금요일에는 기분과 상태불안이 개선되는 효과가 나타났다. 운동의 박탈이 기분을 부정적으로 바꾼다는 결론이 가능하다.

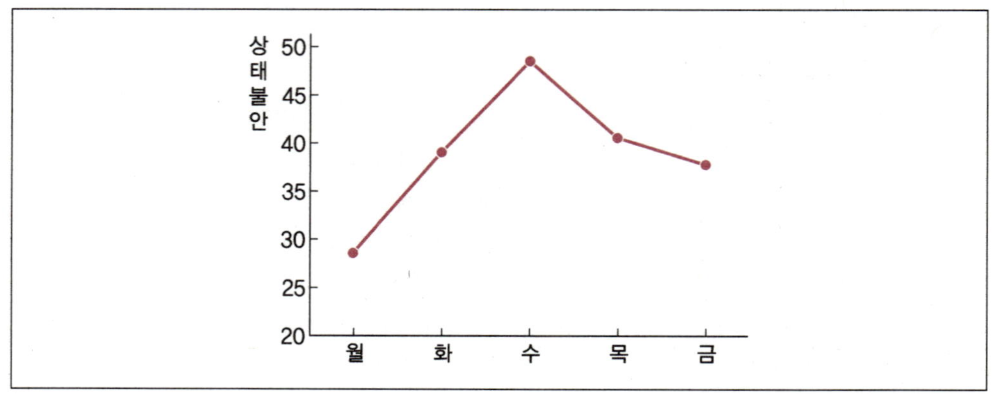

운동박탈과 상태불안의 변화

③ 운동 중독 가설

㉠ 성격특성 가설

ⓐ 운동 중독에 쉽게 걸리는 성격 특성이 존재한다는 가설이다.

ⓑ 운동 중독과 관련이 있는 성격특성으로 완벽주의, 강박증, 특성불안, 외향성이 알려져 있다. 이들 요인과 운동 중독은 긍정적인 상관관계가 존재한다.

ⓒ 이런 성격 특성을 가진 사람이 운동 중독에 쉽게 걸린다는 설명이다.

㉡ 정서조절 가설

ⓐ 운동은 긍정적 정서 상태를 가져오지만 운동을 중단하면 부정적 정서 상태가 야기된다는 사실에 근거한 가설이다.

ⓑ 운동은 기분 상태를 개선하고 불안과 우울을 낮추는 효과가 있다는 것은 잘 알려져 있다.

ⓒ 운동을 하면 정서가 좋아지고 안 하면 나빠지기 때문에 나빠진 정서를 좋게 하기 위하여 운동에 빠져든다는 설명이다.

ⓓ 운동박탈과 관련된 정서 변화를 설명하기에 적합하다.

ⓒ 엔돌핀 가설

ⓐ 운동에 중독되는 이유를 생리적 요인으로 설명하는 가설이다.

ⓑ 구체적으로 운동은 스트레스이기 때문에 운동을 하면 우리 몸에는 스트레스 상황에서 분비되는 엔돌핀이 분비된다.

ⓒ 엔돌핀은 통증을 줄이고 행복감을 느끼게 해주는데 운동에 중독되는 것은 우리 몸이 엔돌핀에 중독되기 때문이란 설명이다.

ⓓ 운동을 하면 엔돌핀이 분비되고, 우리 몸은 엔돌핀이 분비되기를 희망하기 때문에 운동 강도를 높여서 엔돌핀 분비를 높이는 악순환이 반복된다는 것이다.

ⓔ 교감신경계 각성 가설

ⓐ 운동을 꾸준히 하면 교감신경계가 적응을 하는 효과가 나타난다.

ⓑ 같은 운동 강도에 대해 교감신경계의 반응이 낮아져(카테콜라민의 반응이 약해짐) 동일한 운동 강도에 대해서 낮은 수준의 각성을 경험한다. 운동 자극이 줄어 운동을 한 느낌이 약해진다는 뜻이다.

ⓒ 이로 인해 운동량을 높이려는 욕구가 생기며, 훈련의 효과로 다시 교감신경계가 적응을 하게 된다.

ⓓ 운동으로 카테콜라민이 줄고, 부정적인 정서를 체험하면 다시 훈련 강도를 높이는 과정이 반복되면서 운동에 중독된다는 설명이다.

운동중독자의 정서 변화

하단의 그림은 마라톤 클럽의 운동중독자의 운동 전, 중, 후 정서변화 양상을 2차원 원형모형으로 제시한 것이다. 운동중독자는 운동 중에 힘이 들어도 유쾌함을 느끼는 반면, 일반 운동자는 불쾌함을 많이 경험하였다. 이는 운동중독의 메커니즘인 '정서조절(감정조절)' 가설을 지지하는 결과이다.

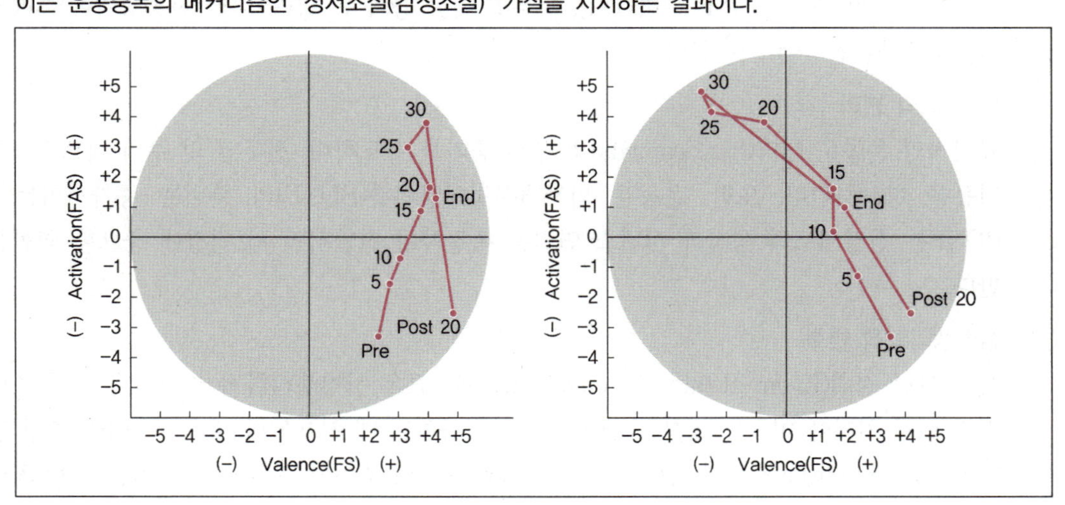

운동중독자(좌)와 일반운동자(우)의 정서변화 2차원 원형모형

4. 운동과 성격

(1) 운동과 성격변화

운동실천에 따라 성격 변화가 일어날 수 있는 근거로 다음 3가지 변화를 들 수 있다(Dienstbier).

① 생리적 변화

㉠ 운동을 꾸준히 하면 신체 변화가 일어난다는 점은 널리 알려져 있다.

㉡ 운동으로 자율신경계에 적응이 일어나고 심폐계 체력이 좋아지는 등 신체적 변화가 나타나면 성격 변화로 이어진다고 보는 견해가 1960년대부터 이어져 왔다.

② 신체인식의 변화

㉠ 운동으로 체중 및 체지방의 변화, 활력감의 증대와 같은 효과가 나타나면 신체 이미지가 개선된다. 신체 이미지가 개선되면 자기개념도 긍정적으로 바뀐다.

㉡ 이 과정을 통해 운동이 성격 변화에 영향을 준다는 설명이다.

③ 대인관계와 생활양식의 변화

㉠ 스포츠 센터에 등록하고 새로운 사람을 만나면서 일상생활에 변화가 온다. 또 운동으로 체력이 향상되면 생활의 범위가 넓어져 만나는 사람도 많아진다.

㉡ 운동이 삶에 새로운 환경과 변화를 유발시키며, 이로 인하여 성격도 달라진다고 본다.

(2) 운동과 인지기능

노화로 인한 뇌 구조와 기능의 변화는 기억력, 주의력, 실행 기능 등 다양한 인지 능력의 저하와 관련되어 있으며, 이러한 손상을 완화하거나 예방하는 전략으로 운동이 주목받고 있다. 운동은 해마의 부피 증가, BDNF 분비 촉진, 전두엽 기능 강화 등 생리학적·신경생리학적 메커니즘을 통해 뇌 건강에 기여한다.

① 뇌 구조의 변화

규칙적인 운동은 해마(hippocampus)의 부피 증가를 유도하며, 전두엽 및 주의 네트워크의 기능을 향상시킨다. 또한, 운동은 뇌유래신경영양인자(BDNF)의 분비를 증가시키는데, BDNF는 신경세포의 성장과 시냅스 연결을 촉진하여 전반적인 뇌 건강에 중요한 역할을 한다.

② 심리생리학적 변화

사건 관련 전위(Event-Related Potential; ERP)와 같은 신경생리학적 측정이 운동이 주의력과 인지 처리에 미치는 영향을 객관적으로 평가하는 데 사용된다. 운동 후 ERP 측정 결과에서는 잠복기(latency)의 단축과 진폭(amplitude)의 증가가 관찰되는데, 이는 정보 처리가 더 빠르고 효율적으로 이루어지고 있음을 의미한다(Hillman 등).

③ 선택적 향상 가설

운동이 뇌의 전반적인 기능을 개선하는 것이 아닌, 특정 기능을 담당하는 부위를 선택적으로 향상시킨다는 가설이다. 노화로 인해 손상되기 쉬운 전두엽 기반 실행기능을 포함한 인지기능을 효과적으로 향상시킨다고 본다.

④ 심혈관 적합성 가설

인지기능 향상을 위해서는 심폐지구력이 좋아져야 한다는 가설이다. 하지만, 이에 대한 실증적 증거는 혼재되어 있다(Etnier 등).

⑤ 뇌혈관 예비력 가설

운동이 휴식 상태에서 뇌혈류를 증가시키고 자극에 대한 반응성을 높여 인지기능에 긍정적인 영향을 준다고 설명한다(Kayes & Hatfield).

(3) 성격 5요인 이론

성격 5요인 이론(Costa & McCrae)은 기존의 여러 성격 이론과 다양한 성격 검사를 통합하여 만들어졌다. 성격 차원을 가장 적은 수로 효율적으로 설명하는 것으로 받아들여지고 있다. 빅파이브(Big 5)이론이라고도 하며, 특성 관점에 따라 성격은 5요인으로 구성된다고 본다. 이들 5요인으로 개인의 정서, 대인관계, 경험, 태도, 동기 등을 설명할 수 있다고 가정한다.

① 정서적 불안정성

Eysenk의 이론에 포함된 정서적 불안정성과 유사한 개념이다. 신경증이라고도 하며 불안, 적대감, 우울, 자의식, 충동성, 심약성 등의 하위요인으로 구성되어 있다. 스트레스를 받으면 자율신경계 반응이 높아지고 스트레스가 없어져도 지속되는 특징과 관련이 높다.

② 외향성

더 많은 자극을 주는 자극을 찾는 경향을 보인다. 도전, 모험을 추구하기를 좋아하는 성향을 말한다. Eysenk의 이론에도 포함된 요인이다. 온정, 사교성, 주장, 활동성, 자극 추구성, 긍정적 정서 등의 요인으로 구성된다.

③ 개방성

새로운 아이디어가 주어지면 여기에 적응하고, 새로운 환경에 맞도록 행동을 변화시키려는 경향을 의미한다. 상상, 심미성, 감정・행동・사고・가치에 대한 개방성 요인이 포함된다.

④ 호감성

다른 사람과 잘 어울리는 성향을 말한다. 신뢰성, 솔직성, 이타성, 순응성, 겸손, 동정심 등의 요인이 들어 있다.

⑤ 성실성

개인이 집중하고 있는 목표를 달성하기 위해서 스스로 얼마나 절제하는가를 말한다. 단호하며 의지가 강하고 임무를 반드시 완수하는 것으로 정의한다. 유능감, 충실성, 성취욕구, 자기규제, 신중성 등이 하위요인이다.

5. 운동과 자기존중감

(1) 개념 구분

자기존중감은 자기개념과 밀접한 관계가 있다. 자기효능감, 자신감도 자기존중감이나 자기개념과 관련은 있지만 개념적으로 차이가 있다.

① 자기개념(self-concept)

㉠ 자신에 대해 스스로 어떻게 인식하는가를 의미한다. 학업, 대인관계, 정서, 신체 등 여러 하위영역에 대한 평가가 종합적으로 반영된 결과로 생겨난다.

㉡ 나는 외향적인 사람이다, 운동을 좋아하는 사람이다 등은 자기개념의 표현이다.

② 자기존중감(self-esteem)

㉠ 자기 자신에 대해 얼마나 가치를 부여하는가를 말한다.

㉡ 자기개념에 좋고 나쁨, 즉 가치가 반영된 개념으로, 자기 자신이 얼마나 가치 있는 사람인가에 관한 종합적인 평가이다.

㉢ 자기개념과 자기존중은 모두 학업, 대인관계, 정서, 신체, 종교 등 삶의 전 영역에 걸쳐 포괄적인 영향을 받아 생겨나는 총체적인 개념이다. 자기가치(self-worth)라고도 한다.

③ 자신감(self-confidence)

㉠ 자신감과 자기효능감 모두 특정 상황이나 활동을 할 때 성공적인 수행에 대한 스스로의 판단을 말한다.

㉡ 자신감은 자기효능감보다 개념적으로 포괄적이다. 즉, 스포츠에 대한 자신감, 요리에 대한 자신감, 컴퓨터에 대한 자신감 등 특정 영역에서 얼마나 자신이 있는가에 대한 스스로의 평가를 말한다.

㉢ 스포츠에 대한 자신감은 높지만 요리 자신감은 낮은 사람을 예로 들 수 있다.

④ 자기효능감(self-efficacy)

㉠ 자기효능감은 매우 구체적인 과제를 성공적으로 수행할 수 있다는 느낌이다.

㉡ 자신감이 일반적인 상황에 적용되는 개념이라면 자기효능감은 구체적인 과제 수준에 적용되는 개념이라는 차이가 있다.

㉢ 농구에서 슈팅은 아주 자신 있는데 수비기술에는 자신이 없다면 자기효능감을 말한다.

자기고양(自己高揚) 가설

자기존중감은 심리적 행복감, 정신건강과 밀접한 관련이 있을 뿐만 아니라 행동의 방향을 결정하는 역할을 한다. 자기고양(self-enhancement) 가설에 따르면 사람들은 유능감을 느낄 것으로 예상되는 행동을 한다. 즉, 사람들은 성공할 것으로 예상되고, 자기에 대한 느낌이 고양되는 활동을 선택한다는 것이다. 인라인 스케이팅에는 자신이 없지만 수영에는 자신이 있다면 이성 친구와 함께 수영장에 갈 가능성이 높다. 어떤 행동을 할 것인가에 대한 결정을 내릴 때 자기개념의 고양이 예상되는가가 중요한 변수로 작용하는 것이다.

(2) 이론의 발전

운동과 자기존중감을 다룬 연구는 일반심리학의 자기개념, 자기존중감 이론을 토대로 발전해 왔다. 1970년대 이후로 자기개념은 다차원 위계 구조로 간주되고 있다. 다차원이라 함은 자기개념을 구성하는 하위 영역(학업, 대인관계, 정서, 신체 등)이 다양하다는 의미이고, 위계적 구조는 쉽게 변하지 않는 일반적인 개념이 상위에 위치하고 쉽게 변하면서 구체적인 수준의 개념이 하위에 배치되는 것을 말한다.

① 다차원 위계 구조

㉠ Shavelson 등이 제안한 자기개념 이론 모형이 대표적인 다차원 위계 구조이다. 모형의 맨 위에 총체적 자기개념이 있고 아래로 내려갈수록 구체적인 상황이 제시되어 마치 피라미드와 같은 모습이다. 위쪽에 위치한 개념은 아래에 위치한 개념의 영향을 받기 때문에 위계적인 구조를 띠고 있다. 따라서 상위 개념이 달라지기 위해서는 하위 개념에서 먼저 변화가 나타나야 한다.

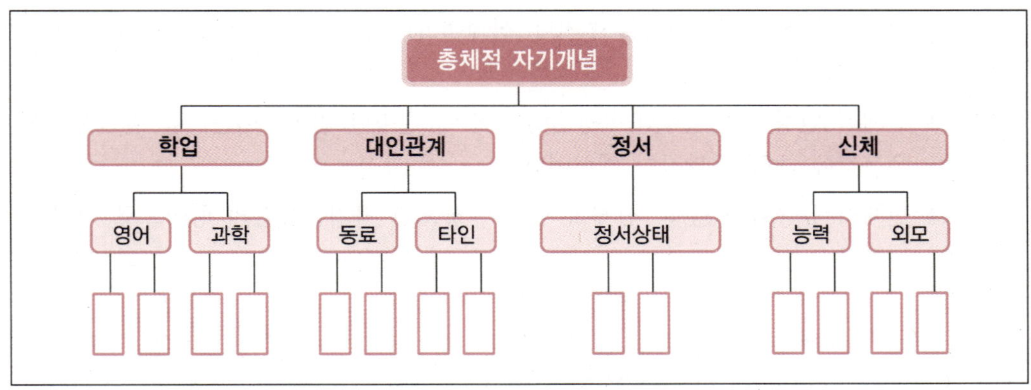

자기개념의 다차원 위계 구조(Shavelson 등)

㉡ 총체적 자기개념은 학업, 대인관계, 정서, 신체적 영역의 자기개념 수준에 따라 영향을 받는 다차원이면서 위계적인 구조로 구성되어 있다.

ⓐ 학업 자기개념은 영어, 과학 등 여러 교과목에 대한 스스로의 평가가 영향을 주게 된다.

ⓑ 신체적 자기개념은 신체의 능력과 외모에 대한 평가에 의해 결정된다고 본다.

㉢ 총체적 자기개념은 문화의 영향을 강하게 받는다.

ⓐ 외모와 체력을 중시하는 사회라면 학업보다는 신체적 자기개념이 총체적 자기개념에 중요한 영향을 미친다.

ⓑ 가족관계와 대인관계를 중시하는 사회 분위기에서는 신체보다는 대인관계가 더 중요하게 고려될 것이다.

② 운동과 자기존중감 모형

㉠ Sonstroem과 Morgan은 Shavelson 등의 자기개념 모형을 토대로 운동을 통해 자기존중감이 어떻게 변화되는가를 위계적 형태로 보여주는 모형을 제안하였다.

㉡ 모형에서 수평축은 운동 중재 전에 1차 측정을 하고 중재 후에 필요한 회수만큼 측정이 이루어짐을 나타내고, 세로축은 자기개념의 구체적인 속성이 아래에, 일반적인 개념이 위에 위치하는 위계성을 의미한다. 자기존중감이 바뀌려면 모형의 하단부터 변화가 있어야 한다.

㉢ 벤치프레스의 반복 훈련으로 무게가 늘어나면 벤치프레스에 대해 자신감을 갖게 된다(자기효능감). 좋아진 자기효능감은 벤치프레스뿐만 아니라 다른 신체활동(예 무거운 짐 나르기 등)에도 긍정적인 영향을 끼칠 수 있다. 그 결과 신체활동 전반에 대해 자신감을 갖게 되는 효과가 생긴다(신체적 유능감 향상).

㉣ 신체적 유능감의 향상은 자기존중감의 향상으로 이어진다. 이때 신체적 유능감은 자기존중감에 직접적인 영향을 주거나, 신체적 인정(physical acceptance)을 통해 간접적 영향을 줄 수 있다.

㉤ 신체적 인정이란 신체적 유능감을 자신이 얼마나 받아들이는가를 말한다. 즉, 신체적 유능감에 대한 주관적인 해석이다.

㉥ 신체적 유능감이 높고, 신체적 인정이 좋으면 자기존중감의 향상으로 이어진다.

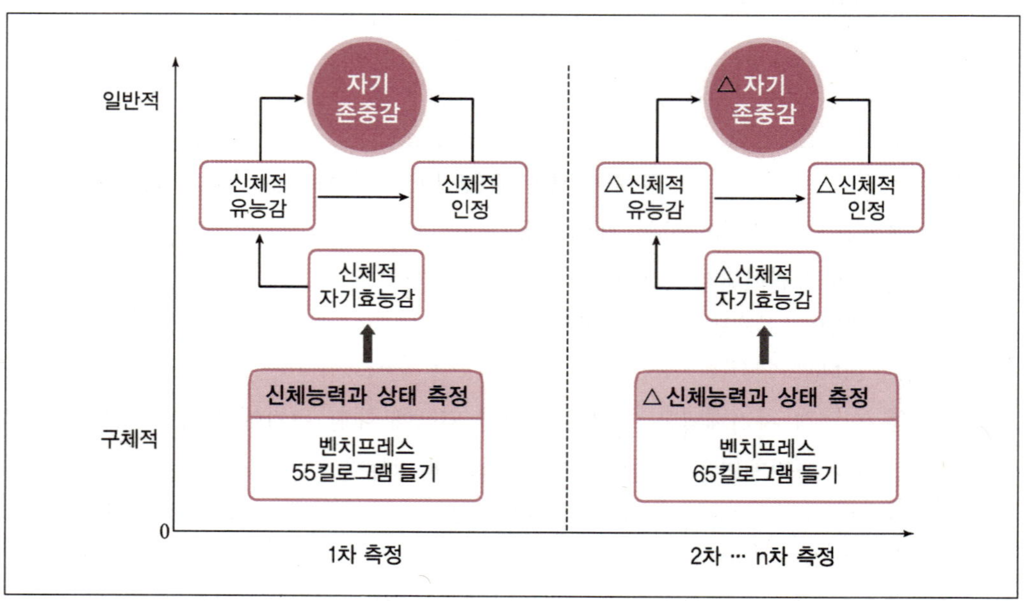

운동과 자기존중감 모형(Sonstroem & Morgan)

⑶ 측정 도구

① 단일차원 자기존중감

㉠ 자기존중감을 측정하는 도구로 가장 자주 쓰인 것은 Rosenberg 자기존중감 척도로 자기존중감을 단일차원으로 간주하고 제작되었으며 10문항으로 구성되어 있다. 또한, Coopersmith가 개발한 자기존중감 질문지도 단일차원 도구로 널리 알려져 있는데, 이 도구는 원래 아동용으로 개발됐지만 성인용으로도 응용되었다.

㉡ 자기존중감의 개념이 다차원 위계구조로 확립되면서 측정도구도 단일차원 도구에서 다차원 도구로 바뀌게 된다. Shavelson 등이 자기개념을 다차원적이며 위계적 도구로 제시하면서 측정 도구도 새롭게 개발되었다.

② PSPP

㉠ Fox와 Corbin에 의해 개발된 PSPP(Physical Self-Perception Profile)는 신체적 자기개념을 전문적으로 측정하는 다차원 도구로 신체적 자기개념을 다차원적이며 위계적으로 측정하도록 구성되어 있다.

㉡ 이론적으로 Harter와 Shavelson 등의 모형의 영향을 받았으며, 문헌 분석과 면담을 통해 신체적 자기개념을 구성하는 하위 요인을 찾아냈다.

㉢ PSPP에는 스포츠 유능감, 신체 매력(외모), 신체적 컨디션, 신체적 힘(근력, 체력) 요인과 신체적 자기존중감(신체적 자기가치)이 포함되어 있다. 4개의 신체적 자기가치 요인은 신체의 상태와 능력을 잘 대표하는 것으로 평가된다.

ⓐ '스포츠 유능감'은 운동과 스포츠 상황에서의 능력과 자신감을 의미한다.

ⓑ '신체 매력'은 외모에 대한 매력을 인식하고 이를 유지하는 능력이다.

ⓒ '신체적 컨디션'은 체력에 대한 인식과 운동을 지속할 수 있는 능력이다.

ⓓ '신체적 힘'은 근력, 근육 발달 등 근력이 요구되는 상황에서의 자신감을 뜻한다.

㉣ 신체적 자기존중감은 4개의 신체적 자기개념의 종합적인 영향을 받는 상위 개념이다. 신체적 컨디션이란 개념은 추후 지구력으로 바뀌 사용되었다.

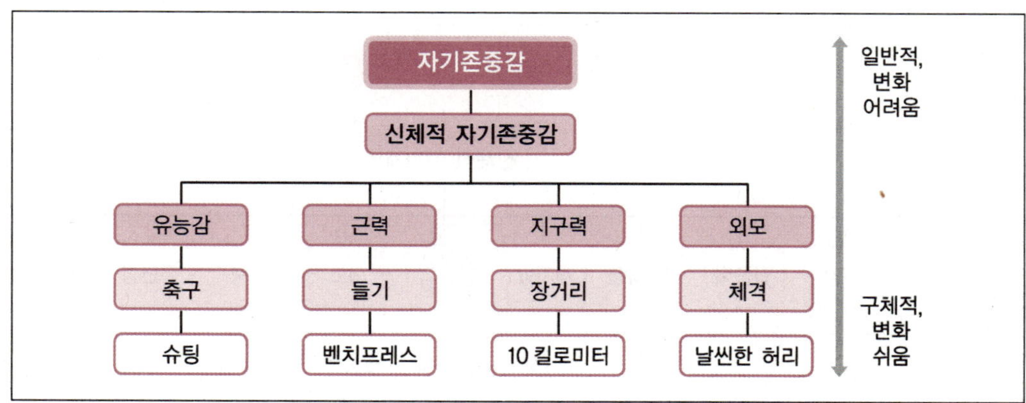

PSPP의 개념 구조(Fox)

ⓜ 국내에서 유진과 소호성에 의해 한국판이 개발되었다. PSPP는 응답 형식이 익숙하지 않기 때문에 아동이나 노인을 대상으로 사용할 때 주의해야 한다. 리커트 형식이 아니라 대조가 되는 두 문장 중에서 하나를 먼저 선택하고 그 문장에 대해 자신에게 해당되는 정도를 두 단계 중에서 택일하는 형식이다.

한국판 PSPP 샘플 문항

스포츠 유능감, 매력적인 몸매, 체력, 신체적 컨디션 등 4개 요인을 측정하도록 구성되어 있다. 척도는 일반적인 리커트 형식이 아닌 4단계 선택형이라는 점이 독특하다.

내가 바로 그렇다	어느 정도 나도 그렇다			내가 바로 그렇다	어느 정도 나도 그렇다
□	□			□	□
1. 어떤 사람은 스포츠를 잘 못한다		그러나	어떤 사람은 스포츠를 잘 한다		
2. 어떤 사람은 신체적 컨디션과 건강에 자신감이 없다		그러나	어떤 사람은 신체적 컨디션과 건강에 자신감을 지니고 있다		
3. 어떤 사람은 멋있는 몸매를 지니고 있다		그러나	어떤 사람은 멋있는 몸매를 지니고 있지 않다		
4. 어떤 사람은 신체적으로 강하다		그러나	어떤 사람은 신체가 강하지 못하다		

③ PSDQ

㉠ PSDQ(Physical Self-Description Questionnaire)는 Shavelsone 등의 자기개념 모형에 따라 Marsh 등이 개발한 신체적 자기개념 측정도구이다.

㉡ 총 70문항으로 구성되어 있으며, 9개 요인(건강, 협응력, 신체활동, 체지방, 스포츠 유능감, 외모, 근력, 유연성, 지구력)으로 신체적 자기개념을 측정한다.

㉢ 신체 전반에 관한 요인(신체적 자기개념)과 자기존중감 요인도 포함되어 있어 모두 11개 요인으로 구성된다.

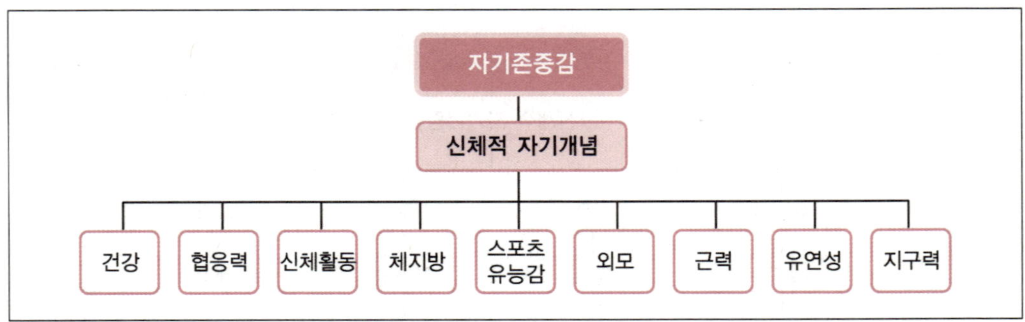

PSDQ의 개념 구조

㉣ 9개의 하위 요인으로 신체의 상태와 능력을 측정하기 때문에 PSPP에 비해 구체성과 포괄성이 높다는 장점이 있고, 상위 개념인 신체적 자기개념과 자기존중감 요인도 포함되어 별도의 도구를 사용하지 않아도 된다.

㉤ PSDQ 한국판(김병준)은 40문항으로 구성되어 있고 협응력 요인을 제외한 10개 요인으로 구성되어 있다. 6점 척도(1점 : 전혀 아니다, 6점 : 매우 그렇다)에 응답하는 형식으로 구성되어 있다.

한국판 PSDQ 샘플 문항

스포츠유능감, 체지방(날씬함), 외모, 건강, 신체활동, 자기존중감, 유연성, 지구력, 근력, 신체전반 등 10개 요인을 측정하도록 구성되어 있다. 신체전반은 신체적 자기개념의 하위 요인을 대표하는 개념이며, 자기존중감은 신체적 자기개념보다 상위 개념이다.

전혀 아니다		아닌 편이다	그런 편이다		매우 그렇다
1	2	3	4	5	6

1. 나는 또래 친구들보다 운동을 더 잘한다.
2. 나는 살이 많이 찐 편이다.
3. 내 얼굴은 잘 생겼다.
4. 나는 병원이나 약국에 갈 정도로 자주 아프다.
5. 일주일에 3~4회, 30분 이상 숨이 찰 정도로 운동한다.
6. 나는 인생이 실패자인 것 같다.
7. 나는 내 몸을 여러 방향으로 잘 구부릴 수 있다.
8. 나는 먼 거리를 지치지 않고 달릴 수 있을 것 같다.
9. 나는 내 또래에 비해 힘이 센 편이다.
10. 내 자신과 내 체력에 대해 자부심을 느낀다.

㉥ PSDQ와 PSPP는 응답형식과 요인의 수에서 차이를 보인다. 하지만 외모, 스포츠 유능감, 근력, 지구력은 공통적으로 포함되어 있다.

㉦ PSDQ는 척도 개발의 과정을 체계적으로 거치면서 다양한 측면에서 타당도의 증거가 확보되어 있다. 실측 체력 점수와의 관계(준거 타당도), 다른 도구와의 상관관계(수렴 타당도, 판별 타당도) 등을 통해 구인 타당도의 증거가 제시되어 있다.

④ 신체 이미지

㉠ 자신의 신체 이미지에 대한 인식은 자기존중감에서 중요한 역할을 한다.

㉡ 신체 이미지를 측정하는 방법에는 실루엣과 사진이용법, 컴퓨터를 이용한 이미지생성법, 질문법 등이 있다.

㉢ 가장 오래된 질문지법으로 신체의 각 부위의 이미지와 기능에 대해 만족 또는 불만족을 측정하는 방법이 있다(Secord & Jourard).

㉣ Rowe 등에 의해 개발된 신체 자기이미지 질문지(BSIQ)는 신체 이미지를 다차원으로 측정한다. 이 질문지는 모두 9개 요인(건강과 체력 영향, 이상적 이미지에 투자, 몸치장 관심, 키 불만, 부정적 정서, 사회적 의존성, 전반적 외모 평가, 건강과 체력 평가, 체지방 평가)으로 구성되어 있다.

신체 이미지와 사회적 체형불안

- 신체 이미지(Body Image)는 신체적 자기개념과 밀접하게 연관된 개념이다. 신체적 자기개념이 단순히 신체의 외모와 능력에 대한 판단을 담고 있다면, 신체 이미지는 자신의 신체적 외모와 이를 통해 겪는 다면적인 심리적 경험을 반영한다(Cash).
- 신체 이미지는 지각 · 인지 · 정서 · 행동적 차원에서 구성된다. 마르고 키가 크다 등 자신의 모습을 생각하는 것은 지각적 차원, 자신의 매력을 아는 인지적 차원, 외모와 몸에 대한 긍정 또는 부정의 감정을 경험하는 정서적 차원, 이러한 생각들을 반영하여 옷을 입거나 활동에 참여하는 것은 행동적 차원에 해당된다.
- 신체 이미지는 자기 인식에 기반한 주관적인 개념이지만, 동시에 타인의 인식과 평가에도 영향을 받는다. 신체 이미지가 부정적인 경우에는 불안, 우울, 식이장애, 낮은 자기존중감 등을 겪을 가능성이 높다. 또한, 타인에게 긍정적인 신체 이미지를 주고 싶지만 부정적인 평가가 예상될 때 사회적 체형불안(Social Physique Anxiety)을 경험할 수 있다.
- 타인에 의해 자신의 체형이 평가받고 있다는 느낌 때문에 발생하는 불안이 사회적 체형불안이다. 12문항으로 구성된 사회적 신체불안 척도(Social Physique Anxiety Scale)로 측정할 수 있으며(Hart 등), 대중 앞에서 자신의 신체가 평가받는다는 사실에 지나치게 민감하게 반응하는 정도를 알아본다.

(4) 운동을 통한 자기개념과 자기존중감 향상을 설명하는 메커니즘

① 자기효능감 향상설

㉠ Sonstroem과 Morgan(1989)이 제안한 운동과 자기존중감의 관계에 관한 위계적 모형에 근거를 둔 가설이다.

㉡ 신체능력과 상태는 객관적 변화에 따른 것이며, 나머지 상위개념은 주관적 평가에 해당된다.

㉢ 이 모형에 따르면 규칙적으로 운동을 하면 세부 운동 과제에 대한 자기효능감이 크게 좋아진다. 향상된 자기효능감은 신체적 자기개념에 영향을 주고, 신체적 자기개념은 궁극적으로 총체적 자기존중감에 영향을 주며 위계적으로 변화한다.

㉣ 과제 수행에 대한 자신감이 자아존중감 변화를 이끌어내는 핵심 역할을 한다는 설명이다.

② 신체 이미지 향상설

㉠ 자신의 신체에 대한 생각과 느낌인 신체 이미지는 신체에 관한 자기개념이자 자기존중감이라 할 수 있다.

㉡ 신체에 대한 만족감은 자기에 대한 만족감으로 이어지기 때문에 신체 이미지 만족은 중요한 역할을 한다.

ⓒ 일반적으로 체력의 향상은 신체 이미지 개선에 영향을 주지 못하며, 자기효능감과 신체적 자기개념의 향상은 긍정적 영향을 준다.

ⓓ 특히, 신체조성(body composition)은 신체 이미지 향상 메커니즘으로 연구되어 왔는데, 최근 체중감소가 없어도 신체 이미지가 개선된 사례가 밝혀지며 체중과 체력 자체보다 인식이 중요하다는 의견이 모이고 있다.

ⓔ 신체 이미지 개선 효과는 신체적 자기존중감으로 이어지며, 신체적 자기존중감은 자기존중감 형성에 중요한 역할을 한다.

ⓕ 이 가설은 신체 이미지를 중시하는 사람의 자기존중감 변화를 설명하는 데 적합하다.

③ 자기도식 변화설

ⓐ 자기도식(self-schemata)가설은 운동 상황에서 형성되는 자신의 정체성으로 자기존중감의 향상을 설명한다.

ⓑ 교회를 오래 다니면 자신을 교인이라 여기듯이 운동을 꾸준히 하면 자신을 운동실천자로 규정한다.

ⓒ 이러한 자기도식의 변화로 인해 신체적 자기개념, 그리고 전반적 자기존중감이 향상된다는 설명이다.

④ 자결성 향상설

ⓐ 자결성(self-determination)은 자신에게 중요한 의미가 있는 행동을 자신의 통제 하에 성공적으로 수행하려는 욕구를 말한다.

ⓑ 이 가설은 행동을 자신이 통제하는가의 느낌(자결성)이 자기존중감의 변화에 핵심적인 역할을 한다고 설명한다. 통제감이 높으면 자기존중감이 좋아지고 통제감을 느끼지 못하면 자기존중감이 감소하는 관계가 있다.

ⓒ 마라톤, 웨이트 트레이닝 등 운동 목표를 달성하면 자결성에 대한 평가가 좋아진다.

ⓓ 운동을 통해 길러진 자결성은 신체적 자기개념을 향상시키며, 신체적 자기개념의 향상은 전반적 자기존중감 향상으로 이어질 것으로 예상한다.

3 운동실천 이론

1. 건강신념 모형

(1) 건강신념 모형(health belief model)은 건강에 대한 개인의 신념이 어떤 과정을 거쳐 건강행동을 유발하는지를 설명할 수 있다.

① 이 이론은 1950년대에 공중보건 분야에서 활동한 사회심리학자들이 제안하면서 시작됐다(Hochbaum). 당시에는 일부 사람들이 예방접종이나 건강검진과 같은 질병예방 행동을 잘 하지 않는 이유를 설명하기 위한 이론으로 개발되었다.

② 이후 질병 증상에 대해 사람들이 어떻게 반응하는지 연구하면서 확장되었고(Kirscht, 1974), 특히 질병을 진단 받았을 때 의료 지침을 따르는 사람들의 행동(Becker, 1974)을 조사하기 위해 사용되었다.

③ 이 모형은 공중보건 문제에 대응하면서 실용적으로 점차 발전하며 오늘날까지 다양한 연구에서 활용되고 있다.

(2) 건강신념 모형의 구성

① <모형>에 제시된 바와 같이 예방 목적의 건강행동의 실천 여부는 누구나 질병에 걸릴 수 있고 한 번 걸리면 위험하다는 인식에 의해 결정된다. 또한, 건강행동을 실천했을 때 예상되는 긍정적인 혜택이 어느 정도인가에 대한 생각도 영향을 미친다.

② 개인 배경(연령, 성별 등)과 개인의 사회 심리적 변인(성격, 동기)도 질병 발생의 가능성(susceptibility)과 심각성(severity)의 인식, 그리고 예방행동의 혜택과 방해요인의 인식에 영향을 준다.

③ 언론의 보도, 타인의 조언, 주변에서 질병을 목격하는 것도 단서 역할을 한다.

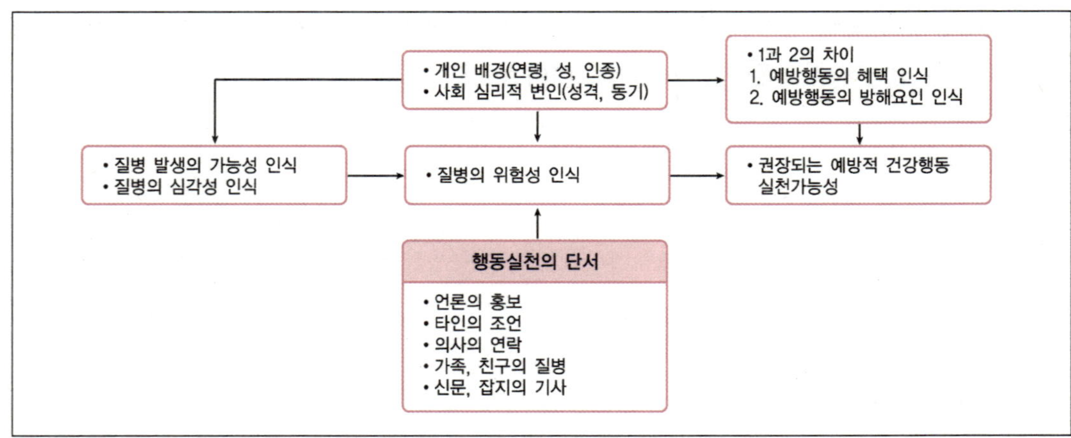

건강신념 모형(Becker & Maiman)

④ 건강신념 모형에서 다루는 핵심 개념

㉠ 질병 발생의 가능성 인식

운동을 하지 않으면 건강에 문제(관상동맥 질환, 비만, 고혈압 등)가 생길 수 있다는 인식을 의미한다. 예를 들어, 정기적으로 운동을 하던 직장인이 업무 증가로 인해 운동을 몇 주째 하지 못하는 상황이라면 건강이 나빠질 수 있다고 우려할 것이다. 이 직장인은 자신이 질병에 걸릴지도 모른다는 가능성을 인식하게 되고 위험을 느낀다.

㉡ 질병의 심각성 인식

질병에 한 번 걸리면 삶의 질에 심각한 영향을 준다는 인식을 의미한다. 이는 질병에 감염되거나 이를 치료하지 않을 경우 나타나는 심각한 의료 및 임상적 결과(예 사망, 장애, 극심한 통증 등)와 사회적 결과(예 질병으로 인한 업무 방해, 가정의 위태로움 등)에 대한 평가를 포함한다.

㉢ 혜택 인식

운동을 실천하면 건강상 혜택이 따른다는 인식을 말한다. 질병 발생의 가능성과 질병에 대한 심각성을 인식하더라도 예방행동이 실천되기 위해서는 운동이 자신에게 어떠한 도움을 줄 수 있는지 인식해야 한다. 만약 운동이 질병 예방에 충분한 혜택을 준다고 인식하지 못한다면 질병 발생의 가능성과 심각성을 인식하더라도 권장된 운동행동을 실천하지 않을 것이다.

㉣ 방해요인 인식

운동실천에 방해가 되는 요인을 인식하는 것이다. 개인은 질병에 대한 운동의 예방적 효과가 주는 혜택을 인식하면서도 동시에 방해요인들도 고려하는 '혜택-손실(혜택에서 손실을 빼는 것)' 분석을 무의식적으로 수행한다. 예컨대, 어떤 여성은 필라테스 참여가 자신의 건강에 도움(혜택 인식)이 된다고 인식하면서도, 금전적으로 부담이 되거나 접근성이 떨어진다고 생각할 수 있다.

㉤ 행동실천 단서

행동의 실천을 촉발하는 여러 요인을 의미한다. 예를 들어, TV 건강 프로그램이나 뉴스에서 제공하는 건강 관련 정보는 행동 실천의 동기를 부여할 수 있다. 또한 가족이나 가까운 친구의 갑작스러운 질병은 운동의 필요성에 대한 인식을 높일 수 있다. 행동실천 단서의 개념은 초기 모형에서 제시되었으나, 실증적 연구는 부족하다. 행동을 유발하는 메커니즘으로서 매력적인 개념이지만 설명력에서는 한계가 있다.

(3) 건강신념 모형의 발전

① 건강신념 모형을 이용한 연구가 축적되면서 이론도 함께 발전했다. 연구자들은 모형을 조금씩 수정하거나 새로운 요인을 추가하기도 했다. 대표적으로 Rosenstock, Strecher와 Becker(1988)는 사회인지이론(social learning theory)과 건강신념 모형의 결합을 시도하였고 자기효능감이라는 개념을 건강신념 모형에 추가했다.

② 이후 Skinner, Tiro와 Champion(2015)은 건강신념 모형을 정리하여 설명력을 높였다. Skinner 등이 제안한 모형은 크게 조절 요인, 개인의 신념, 그리고 행위 실천이라는 과정을 거친다. 이 세 가지 과정에는 기존 모형에서 다루는 개념이 대부분 포함되지만 개념들 간의 연결에 대한 설명은 약간 다르다.

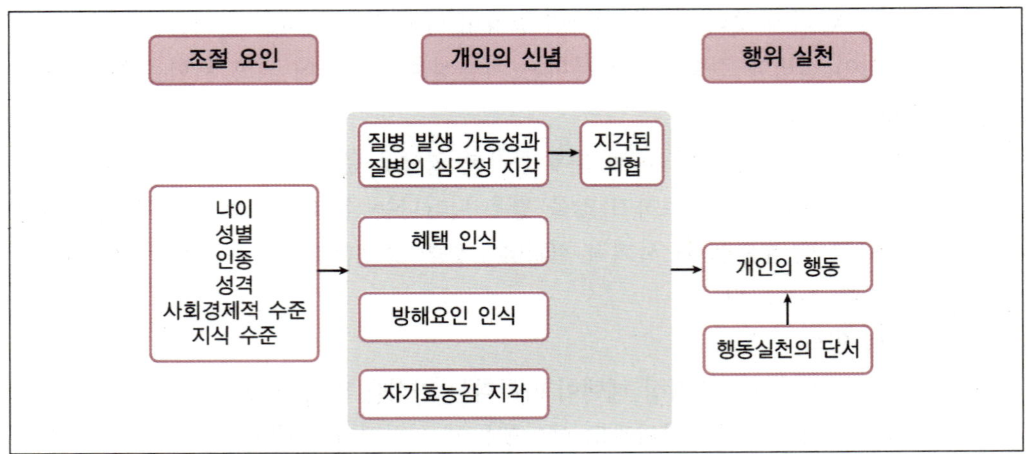

발전된 건강신념 모형(Skinner 등)

㉠ 조절 요인에는 기존 모형에서 다루던 개인 배경과 사회 심리적 변인이 포함된다. 이러한 조절 요인은 질병에 대한 개인의 신념에 영향을 미친다.

㉡ 개인의 신념은 질병 발생 가능성과 질병의 심각성 지각, 혜택 인식, 방해요인 인식과 같은 기존 모형의 개념들이 포함된다. 나아가, 발전된 모형은 개인의 신념 과정에 자기효능감 지각을 포함한다.

ⓐ 질병 발생 가능성과 질병의 심각성 지각은 건강에 대한 위협을 인식하는 것에 영향을 미친다.

ⓑ 자기효능감은 원하는 결과물을 얻기 위해 실천하는 행동을 성공적으로 해낼 수 있다는 믿음과 기대를 말한다(Bandura). 자기효능감에는 결과 기대라는 개념이 존재하는데, 이는 특정한 행동이 특정한 결과로 이어질 것이라는 개인의 추측을 나타낸다. 즉, 건강신념 모형에서 자기효능감은 건강에 대한 자신의 어떠한 행동이 기대하는 결과로 이어질 수 있다는 예측을 의미한다. 높은 자기효능감 지각은 건강 관련 행동에 대한 기대감을 높이게 되고 방해요인을 극복할 능력이 있다고 느끼게 만듦으로써 행위 실천 가능성을 높일 수 있다(Rosenstock 등).

㉢ 발전된 모형의 마지막 과정은 행위 실천이다. 앞선 두 과정을 거쳐 개인은 건강과 관련된 행동을 실천한다. 이때 행동을 유발하는 행동실천 단서가 존재하고 이는 기존 모형의 개념과 동일하다.

2. 자극 – 반응 이론

(1) 건강행동 및 운동심리학 분야에서 자극 – 반응 이론(Stimulus-Response Theory ; SRT)은 사람들이 건강행동이나 운동과 같은 새로운 행동을 어떻게 배우는지(학습)에 대한 설명을 제공한다(Skinner, 1953).

(2) 자극 – 반응 이론을 지지하는 학자들은 학습의 결과가 행동을 유발하는 생리적 욕구를 감소시키는 사건(이를 강화라고 부름)으로부터 발생한다고 믿는다. 쉽게 말해 어떤 행동의 빈도는 그 행동의 결과 혹은 강화에 의해 결정된다는 것이다.

(3) 자극 – 반응 이론의 논리는 행동주의 학자뿐만 아니라 여러 분야에 광범위하게 받아들여지고 있다. Skinner는 어떤 행동이 발생하고 곧바로 제공되는 강화가 일시적이고 단순하더라도 행동의 빈도를 높이기에는 충분하다고 주장했다. 이 관점에서는 행동을 설명하는 데 추론(reasoning)이나 사고(thinking)와 같은 복잡한 개념을 필요로 하지 않는다. 단지 행동과 그에 따른 보상 간의 관계에 초점을 둔다.

(4) 자극 – 반응 이론은 어떠한 행동을 뒤따르는 반응과 이러한 반응들이 미래 행동에 미치는 영향에 관심을 둔다. 여기서 말하는 자극은 크게 4가지로, 자극 – 반응 이론에서는 '정적 강화', '부적 강화', '처벌', '소거'라고 부른다. 이 4가지 반응(자극 – 반응 이론의 핵심 요인)은 미래에 그 행동이 다시 발생할 가능성에 영향을 미친다.

① 정적 강화(positive reinforcement)

㉠ 정적 강화는 특정한 행동이 긍정적인 결과를 만들어 냄으로써 그 행동의 변화(행동 빈도 증가)에 영향을 주는 것이다. 예를 들어, 학업 스트레스를 겪고 있는 어떤 학생이 달리기를 해서 땀을 흘렸더니 기분이 나아지는 것을 경험하면, 이후 이 학생은 공부하는 시간을 쪼개어 주기적으로 달리기를 실천한다. 달리기가 기분을 좋게 만드는 정적 강화를 경험한 것이다. 이처럼 개인의 좋은 감정을 불러일으키고 특정 행동을 강화하는 것을 가리켜 정적 강화물(positive reinforcer)이라고 한다.

㉡ 운동 맥락에서 정적 강화물은 개인의 운동실천 가능성을 높이는 내적 혹은 외적 보상으로 작용한다. 자극-반응 이론에 따르면, 운동 후에 정적 강화를 받을 때 더 자주 운동에 참여할 가능성이 커진다.

ⓐ 내적 강화물(intrinsic reinforcer)은 자기 자신에서 비롯된 보상으로 운동이 끝날 때 성취감을 느끼거나 운동과 함께 따라오는 육체적 및 정서적인 안녕감을 포함한다.

ⓑ 외적 강화물(extrinsic reinforcer)은 다른 사람들이나 외부에서 오는 보상으로 운동 참여에 대한 사은품을 받는 것, 다른 사람의 칭찬을 받는 것 등이 대표적이다.

행동주의 이론

- 행동주의 이론은 행동에 중점을 둔 학습 이론으로, 행동을 외부 환경과의 상호작용에서 비롯된 반응으로 설명한다. 이 이론은 주로 Skinner에 의해 발전되었고 고전적 조건화와 조작적 조건화 원리에 기반을 두고 있다.
- 행동주의는 외부 자극에 따라 행동이 어떻게 형성되고 변화하는지를 탐구하며, 행동에 대한 적절한 강화가 학습을 촉진한다고 주장한다. 이러한 강화는 원하는 행동 빈도를 높이고 부적절한 행동의 빈도를 감소시킨다. 행동주의는 주로 실제 행동과 그 결과에 초점을 맞추어 학습과 행동 변화를 이해하는 데 도움을 줄 수 있다.
- 운동심리학에서 행동주의 이론은 건강 관련 행동이나 운동이라는 행동을 어떻게 강화하고 그 빈도를 높일 수 있는지에 대한 단서를 제공한다.

② 부적 강화(negative reinforcement)

㉠ 부적 강화는 어떤 행동이 발생한 뒤에 불쾌한 자극이 사라지거나 감소함으로써 그 행동의 변화(빈도)에 영향을 주는 것이다. 즉, 부정적인 자극을 피하거나 제거함으로써 기대하는 행동을 증가시키는 과정이다.

㉡ 운동 환경에서의 예를 살펴보자. 관절염이 있는 남성이 30분씩 자전거를 타는 습관을 통해 무릎 통증이 크게 줄어든다고 느꼈다면, '무릎의 통증 감소'가 부적 강화물로 작용하는 것이다. 즉, 무릎의 통증(불쾌한 자극)이 사라지고, 앞으로도 자전거를 계속 타게 되는 것이다(행동 빈도 증가). 이때 이 남성은 자전거를 탈 때 정적 강화물도 얻을 수 있고, 두 가지 강화물의 조합은 미래 행동 빈도를 더 크게 높일 수 있다.

③ 처벌(punishment)

㉠ 처벌은 일반적으로 특정 행동 이후에 불쾌하거나 불편한 자극이 제공되어 그 행동의 미래 발생 가능성이 줄어드는 것이다. 앞서 부적 강화에서 언급했던 남성이 자전거 타기 이후에 무릎에 더 큰 통증을 느낀다면, 아마도 그는 가까운 미래에 자전거 타기를 멈출 것이다. 이 상황에서 '무릎의 통증'은 운동빈도를 감소시키는 처벌로 간주할 수 있다.

㉡ 일반적으로 고통이나 통증은 모든 사람들에게 처벌로 인식될 수 있다. 그러나 어떤 사람들은 보통의 사람들이 크게 개의치 않는 문제를 처벌로 인식하기도 한다. 예를 들어, 누군가는 땀을 흘리는 것이 불쾌하다고 생각해 운동을 꺼린다. 이들에게는 땀이 처벌과 같은 자극이 되어 운동실천 빈도를 낮추는 것이다. 이처럼 처벌은 반드시 모든 사람에게 해당하는 보편적 기준이 있는 것이 아니라 개인마다 차이가 있을 수 있다.

④ 소거(extinction)

㉠ 소거는 특정 행동 이후에 강화 자극이 제거되어 해당 행동의 미래 발생 가능성이 감소하는 것을 말한다. 소거의 원칙에 따르면, 사람들은 운동에서 이전에 받았던 강화물을 더 이상 얻지 못할 때(예 체중 감량, 신체적 및 심리적 향상, 통증 감소) 운동행동이 줄어든다.

㉡ 대표적으로 유소년 스포츠 환경을 생각할 수 있다. 유소년 스포츠 참여자들은 처음에 스티커, 상품, 사은품 등과 같은 보상을 얻기 위해 프로그램에 참여하지만, 이러한 보상물이 없어지면 금세 싫증을 느끼거나 중도 탈락한다.

구분	개념
정적 강화	특정 행동이 긍정적인 결과를 만들어 냄으로써 행동 빈도 증가
부적 강화	특정 행동 뒤에 불쾌한 자극이 감소/제거됨으로써 행동 빈도 증가
처벌	특정 행동 이후에 불쾌한 자극이 발생하여 그 행동의 미래 발생 가능성이 줄어드는 것
소거	특정 행동 이후에 강화 자극이 제거되어 그 행동의 미래 발생 가능성이 줄어드는 것

효과적인 강화

• 효과적인 강화 조건

정적 강화와 부적 강화 모두 사람들이 자신의 행동과 강화의 결과 간의 관계를 쉽게 인식할 수 있을 때 효과가 극대화된다. 따라서 강화는 운동 후에 최대한 자주 그리고 즉각적으로 전달될 때 가장 효과적이다. 이는 운동 후 자주 그리고 즉시 발생하는 결과(예 **만족감, 통증 변화**)가 가끔 발생하거나 오랜 운동 기간 이후에 누적되는 결과(예 **체지방률의 변화, 심폐지구력 변화**)보다 운동행동에 미치는 영향이 더 크다는 것을 의미한다.

• 발달 장애인들의 신체활동 촉진을 위한 강화물과 효과

Rotta 등이 발달 장애를 가진 사람들의 운동 참여 지속을 위한 강화 전략 연구 19편을 분석한 결과, 토큰(token) 강화(예 **상점 포인트, 카드 등**)가 가장 많이 사용되고 있었고, 그 외에도 목표 제공, 먹을 것, 시청각 요소, 언어적 요소 등이 사용되었다. 총 142명 중 약 91%의 참여자들에게 이러한 강화물이 효과가 있는 것으로 확인되었다. 그러나 강화를 중단한 이후의 결과까지 보고한 3편의 연구에 따르면, 참여자 8명 중 7명은 과거의 상태로 다시 돌아갔다. 강화는 꾸준히 그리고 전략적으로 제공되어야 함을 알 수 있다.

3. 합리적행동 이론

(1) 합리적행동 이론은 원래 투표참가를 설명하기 위한 목적으로 개발된 것으로 개인의 의사결정 측면에서 행동을 예측하는 이론이다.

(2) 투표참가는 개인의 의도와 직접적으로 관련이 있으며, 의도는 태도와 주관적 규범에 의해 형성된다.

① 태도란 어떤 행동의 실천에 대해 개인이 갖고 있는 긍정적 또는 부정적 생각을 말한다. 행동을 실천했을 때 어떤 결과가 나올 것인가에 대한 생각, 그리고 결과의 좋고 나쁨에 대한 평가가 태도에 영향을 준다. 투표참가가 의미 있는 일이라고 생각하면 투표참가에 긍정적 태도를 갖고 있는 것이다.

② 주관적 규범이란 어떤 행동을 하는 데 사회적 압력을 얼마나 받는가를 의미한다. 주요 타자의 기대에 대해 어떻게 생각하는지, 그리고 타인의 기대에 부응하려는 동기가 얼마나 되는가에 의해 주관적 규범이 영향을 받는다. 가족이나 직장동료의 투표참가를 의식할수록 주관적 규범이 높아지는 것이다. 주관적 규범이 높아지면 의도도 높아진다고 본다.

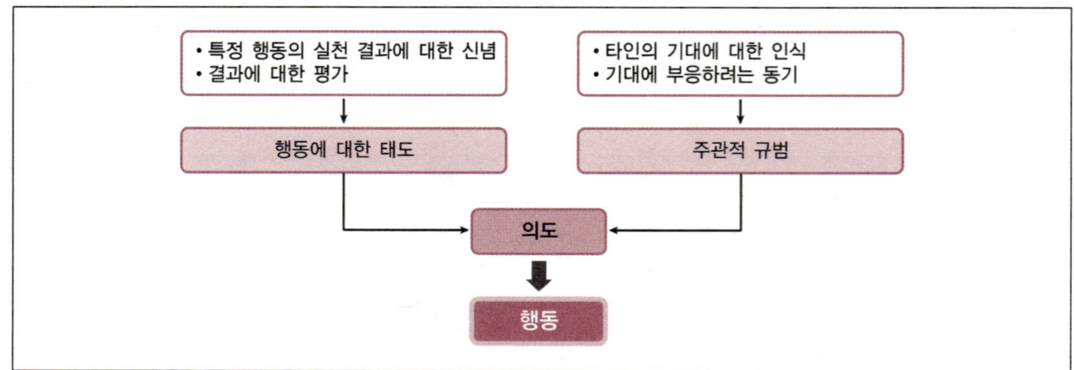

합리적행동 이론(Ajzen & Fishbein)

(3) 합리적행동 이론은 행동을 예측하는 단 하나의 변인이 개인의 의도라고 본다. 의도대로 행동이 이루어진다면 이 이론의 설명력이 매우 높을 것이다. 하지만 운동을 하겠다는 의도는 있지만 실제로 운동을 실천하지 않는 사람이 많다. 의도는 투표참가처럼 단기간에 끝나는 일회성 행동을 예측하기에는 좋은 변수이다. 그러나 20분에서 몇 시간 정도 지속해야 하고 또 몇 개월 이상 꾸준하게 실천해야 하는 운동을 설명하기에는 어려움이 있다.

(4) **합리적행동 이론이 운동 실천에 주는 시사점**

① 운동 실천의 측면에서 의도는 희망 사항에 불과할 가능성이 높다. 의도는 행동을 취하기까지 남은 시간이 짧을 때 예측력이 크다. 오랜 시간이 지난 후에 일어나는 행동이나 반복적인 행동에는 중요한 역할을 하지 못한다.

② 의도의 강도를 높이면 운동 실천의 예측력도 높아진다. 의도의 강도를 높이기 위해서는 운동 실천에 대한 긍정적 태도를 갖는 것이 중요하다. 운동이 주는 다양한 혜택을 인식하면 도움이 된다. 운동을 하도록 주위에서 지지를 해주는 것도 효과가 있다.

4. 계획행동 이론

(1) 합리적행동 이론은 운동처럼 꾸준히 반복해서 하는 행동을 예측하는 데 한계가 있었다. 의도 이외에 행동의 실천에 영향을 주는 요인을 추가할 필요성 때문에 합리적행동 이론을 보완한 계획행동 이론이 나왔다.

(2) 계획행동 이론은 합리적행동 이론의 주요 개념에 행동통제 인식이라는 개념이 추가되었다.

① 행동통제 인식은 개념적으로 자기효능감과 유사한 것으로 어떤 행동에 대해 개인이 얼마나 통제감을 느끼는가를 말한다.

② 운동은 의도만으로 실천하기 힘들다는 사실을 고려할 때 행동통제 인식의 역할은 중요할 수 있다. 운동을 방해하는 여러 요소(직장일, 가사, 날씨, 시설, 시간 등)에도 불구하고 운동을 실천할 수 있다고 생각하면 이런 외적 이유에 의해 통제를 받는 사람에 비해 운동을 실천할 가능성이 훨씬 높아질 것이다.

(3) 운동을 하겠다는 의도는 태도, 주관적 규범, 행동통제 인식에 의해 형성된다.

① 태도와 주관적 규범은 행동에 간접적인 영향을 주지만, 행동통제 인식은 의도뿐만 아니라 행동에 직접 영향을 준다고 본다.

② 따라서 합리적행동 이론은 행동을 예측하는 요인으로 의도만을 고려했지만 계획행동 이론에서는 행동통제 인식이 추가된 것이다.

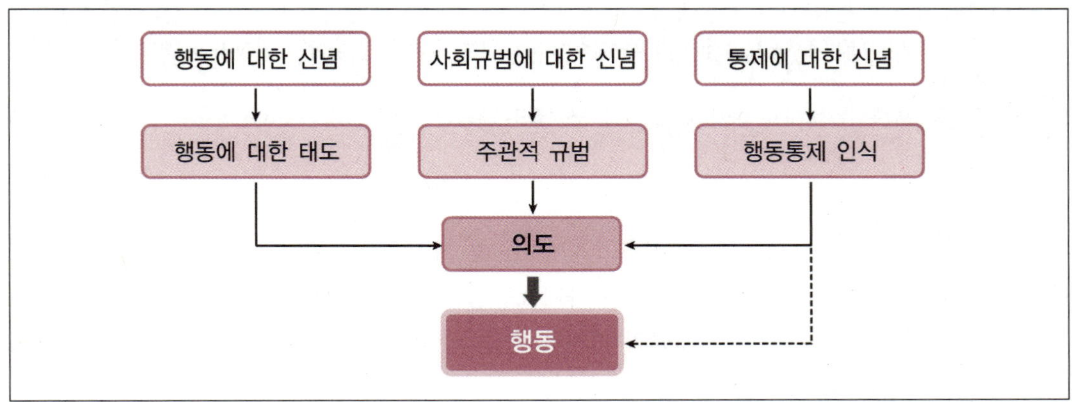

계획행동 이론(Ajzen, Lox 등)

(4) 계획행동 이론에서 행동통제 인식은 운동을 하겠다는 의도에 영향을 주기도 하지만 행동의 실천 여부에 직접 영향을 준다.

① 따라서 운동실천을 촉진하기 위해 행동통제 인식을 높이는 전략을 적용할 수 있다.

② 운동 방해요인을 극복하고 자신이 계획한 운동을 통제할 수 있다는 생각은 운동 지속실천에 꼭 필요한 것이다.

(5) **계획행동 이론이 운동 동기유발에 주는 시사점**

① 트레이너가 운동 프로그램을 계획할 때 회원의 의견을 반영하면 회원의 행동통제 인식이 높아진다.

② 운동 방해요인을 효과적으로 극복할 수 있도록 운동 일정을 세운다. 직장 시작 전, 점심시간, 일과 후에 운동을 하는 것도 행동통제 인식을 높이는 데 도움이 된다.

③ 날씨나 시설의 제약을 덜 받도록 조치를 취한다. 날씨에 맞게 입을 수 있는 적절한 운동복을 구입하고 운동 장비를 구입하면 날씨에 구애받지 않고 운동할 수 있다.

④ 하루의 일정에 운동을 공식적으로 포함시키는 것도 행동통제 인식을 높이는 데 좋다. 포스트잇 사용, 다이어리에 적기, 휴대전화 알람 설정 등의 방법도 고려한다.

합리적행동 이론과 계획행동 이론 비교

- 대체로 계획행동 이론이 합리적행동 이론에 비해 운동 행동을 예측하는 데 좋다는 결론이 가능하다.
  - 계획행동 이론이 합리적행동 이론보다 운동 행동을 더 잘 예측한다. 행동통제 인식이 의도에 비해 운동 행동을 설명하는 데 더 적합하기 때문으로 추정된다. 행동통제 인식이 행동에 주는 영향은 의도와 주관적 규범을 먼저 고려하더라도 추가적인 설명력을 갖고 있다.
  - 태도는 의도를 예측하는 일관성이 높다. 하지만 주관적 규범은 의도의 예측 변인으로 일관성이 낮다.
- 계획행동 이론은 합리적행동 이론에 비해 운동 행동을 비교적 잘 설명하지만 여전히 약점을 갖고 있다.
  - 의도와 행동 사이에 시간 간격이 클 때 예측력이 낮다는 점이다. 행동통제 인식이 이를 보완하는 역할을 한다.
  - 주관적 규범은 '압력'으로 여겨지므로 보다 긍정적인 개념인 '사회적 지지'로 바꾸는 것이 바람직해 보인다.

5. 자기효능감 이론

(1) Bandura가 제안한 자기효능감 이론은 자기효능감으로 행동을 예측할 수 있다고 주장한다. 자기효능감이란 특정 상황에서 개인이 가진 능력을 고려할 때 주어진 과제를 성공적으로 달성할 수 있다는 생각을 말한다.

(2) 자신감이 좀 더 일반적인 상황에서 성공에 대한 믿음이라면, 자기효능감은 특정 상황에서 느끼는 자신감이라 할 수 있다.

예 웨이트트레이닝을 잘한다고 생각하는 사람이 있다면 웨이트트레이닝에 대한 자신감이 높다고 할 수 있다. 그런데 다른 동작에 비해 풀다운에 자신이 없다면 이 동작에 대한 자기효능감이 낮은 것이다.

(3) 자기효능감 이론에 따르면 자기효능감은 과거의 수행, 간접 경험, 언어적 설득, 신체와 정서 상태에 의해 결정된다.

① 자기효능감의 4가지 원천은 왼쪽으로 갈수록 영향력이 강하다.

② 즉 과거의 수행 경험은 간접 경험이나 언어적 설득에 비해 자기효능감에 주는 영향이 더 크다.

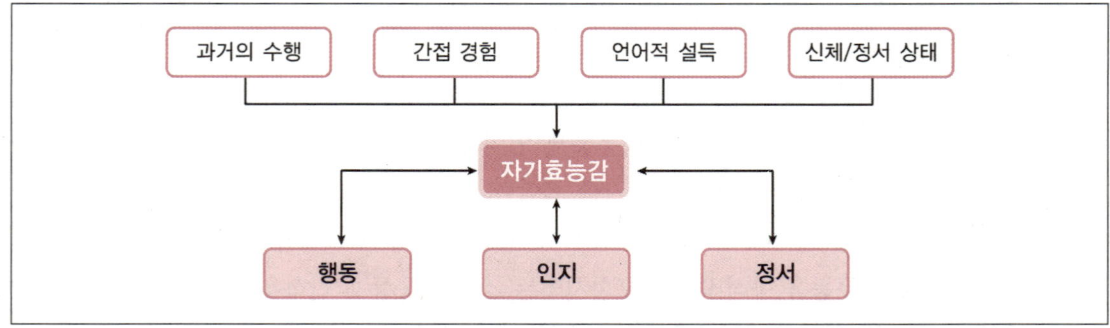

자기효능감 이론

(4) 자기효능감은 행동, 인지, 정서와 양방향 화살표로 연결되어 있다.

① 자기효능감이 높아지면 행동 실천으로 이어지며, 행동은 다시 자기효능감을 강화시키는 관계를 의미한다.

② 인지와 정서도 마찬가지이다.

③ 자기효능감이 높아지면 대체로 긍정적인 생각을 갖게 되고 자부심과 같은 긍정적인 느낌을 갖는다. 이러한 인지와 정서 체험도 다시 자기효능감에 영향을 준다.

(5) 자기효능감 이론은 행동, 인지, 정서를 모두 포함하는 이론인 것이다.

(6) **자기효능감의 정보원**

① 과거의 수행

㉠ 과거의 수행이란 과거에 유사한 상황에서 성공한 정도를 어떻게 인식하는가를 말한다.

㉡ 성취경험이라고도 하는데 자기효능감을 결정하는 가장 중요한 요인이다. 예컨대 마라톤에 대한 자기효능감은 과거의 달리기 경험, 대회 참가 경험 등이 그 원천이 된다.

㉢ 과거의 상황과 현재의 상황이 유사할수록 영향력이 강해진다.

② 간접 경험

㉠ 간접 경험이란 다른 사람이 하는 행동을 관찰하는 것을 말한다.

㉡ 관찰 대상을 모델이라고 하며, 관찰에 의한 간접 경험을 모델링이라 부르기도 한다.

㉢ 간접 경험이 자기효능감에 주는 영향력을 극대화시키려면 모델과 관찰자 사이의 유사성이 높아야 한다. 모델은 관찰자와 유사할수록 좋기 때문에 전문가(교사, 지도자)보다는 동료의 시범이 더 효과적일 수도 있다.

㉣ 최근에 자신이 모델이 되도록 비디오를 편집해서 관찰하는 자기모델링이 자기효능감과 수행 향상에 도움이 된다는 연구가 보고 되었다.

㉤ 아동에게 수영을 지도하기에 앞서 동료 모델의 성공 장면을 보여주거나, 자신이 직접 모델이 되는 장면을 담은 비디오를 보여주는 것은 지도법에서 고려해야 할 사항이다.

㉥ 심상이나 이미지트레이닝도 간접 경험의 한 형태로 볼 수 있다.

③ 언어적 설득

㉠ 언어적 설득이란 자기효능감을 높이기 위해 사용하는 언어적, 비언어적 전략을 통칭하는 개념이다.

㉡ 주변에서 잘 할 수 있다고 격려해 주면 자신감이 생기게 된다.

㉢ 언어적 설득은 해당 분야의 전문가나 주요타자(배우자, 의사, 트레이너 등)가 해줄 때 효과가 크다.

④ 신체와 정서 상태

㉠ 신체와 정서 상태도 자기효능감에 영향을 준다. 신체 상태로 심박수 증가, 손의 땀, 몸의 긴장 등을 들 수 있다. 운동 중에 느끼는 통증과 피로감도 신체 상태에 해당한다.

㉡ 이러한 정보는 어떻게 해석하느냐에 따라 자기효능감을 낮출 수도 있고 높일 수도 있다.

㉢ 개인이 느끼는 감정도 자기효능감에 영향을 준다. 운동을 하면서 긍정적 정서(재미, 성취감)를 체험했다면 자기효능감이 좋아지겠지만 부정적 정서(실망감, 당황감)는 자기효능감에 나쁜 영향을 주게 된다.

(7) 자기효능감 측정

① 운동심리학에서 참여자의 자기효능감을 측정하는 것은 동기와 행동을 예측하기 위해 매우 중요하기 때문에 상당수의 자기효능감 측정 도구가 개발되고 사용되어 왔다. 그중에서 전통적이면서도 폭넓게 받아들여지는 측정 방식으로는 Bandura(1977)가 제안한 내용으로 자기효능감을 측정할 때는 보통 세 가지 차원 즉, 자기효능감의 강도(self-efficacy strength), 도전 수준(level of challenge), 그리고 일반성(generality)이 중요하게 고려된다.

㉠ 강도

자기효능감에서 '강도'는 특정 과제를 성공적으로 수행할 수 있다는 개인의 신념이 얼마나 강한지를 평가하는 지표

㉡ 도전 수준

과제를 다양한 난이도에서 성공적으로 수행할 수 있는지에 대한 자기효능감을 측정하는 지표(예 다양한 거리, 시간, 강도의 달리기를 성공적으로 완주할 수 있는지에 대한 신념을 평가)

㉢ 일반성

특정 과제에 대한 자기효능감이 다른 활동으로 얼마나 일반화되는지를 나타내는 지표지만, 이 요소는 운동심리학 연구에서 자주 활용되지는 않음(예 고정식 자전거에서의 스프린트 인터벌 트레이닝에 대한 자기효능감은 일반적으로 로드 자전거에서의 스프린트 인터벌이나 트레드밀에서의 달리기로 일반화될 수 있지만, 수영이나 웨이트 트레이닝과 같이 매우 다른 활동으로는 일반화되기 어려움)

② 과제 자기효능감의 측정

㉠ 어떠한 특정 과제에 대한 자기효능감(task self-efficacy)을 측정하는 방식은 가장 보편적으로 활용된다.

㉡ 이 측정 방식은 세 가지 측정요소 중 자기효능감의 강도와 도전 수준을 반영한다.

③ 자기조절 효능감의 측정

㉠ 운동은 매우 복합적인 행동이기 때문에, 운동심리학자들은 운동을 시작하고 유지하기 위해 필요한 다양한 개별 행동에 대한 자기효능감을 구분하고 측정하는 것이 유용하다고 본다.

㉡ 과제 자기효능감은 특정 운동을 수행할 수 있다고 느끼는 것이다. 그러나 단순히 이것만으로는 대부분의 사람들이 실제로 운동 프로그램을 시작하고 지속하는 것을 설명하지 못한다.

㉢ 따라서 운동과 관련된 다른 행동들에 대한 자기효능감을 살펴봐야 한다. 예를 들어, 운동에 대한 장애물이나 어려움을 극복하는 방해/대처 자기효능감(coping 또는 barriers self-efficacy), 운동을 자신의 일정이나 루틴에 포함시키는 스케줄링 자기효능감(scheduling self-efficacy) 등이 대표적이다. 이러한 운동 관련 행동에 관한 개념들은 일반적으로 자기조절 효능감(self-regulatory efficacy)의 하위 구성요소로 불린다.

㉣ 운동 맥락에서 적용되어온 자기효능감의 확장된 개념으로 대리효능감(proxy efficacy)과 타인효능감(other-efficacy)이 있으며 이 개념은 상호 대인 관계적 형태에서 나타나는 자기효능감에 초점을 둔다.

ⓐ 대리효능감은 개인이 다른 사람이 자신의 과업 수행을 돕거나 성공적으로 이끌 수 있다고 믿는 정도를 의미한다. 운동 맥락에서 이러한 역할을 수행하는 대표적인 예로는 개인 트레이너, 물리치료사, 체육 교사, 운동 그룹 멤버 등이 있다.

ⓑ 타인효능감은 다른 사람이 특정 과제를 수행할 수 있다는 개인의 신념을 의미한다. 예를 들어, 물리치료사 관점에서, 환자 스스로가 가정에서 운동 프로그램을 준수할 수 있다고 믿는 것이 이에 해당한다.

6. 자결성 이론

(1) 자결성 이론은 외적 보상이 내적동기에 어떤 영향을 미치는가를 규명하는 연구에 기원을 두고 있다.

① 외적 보상을 받았을 때 보상이 유능감에 관한 정보를 주지만 통제의 정보를 줄 수도 있다.

② 유능감 정보는 내적동기를 높이지만 통제의 느낌은 자결성을 떨어뜨려 내적동기를 낮추는 역할을 한다.

(2) 자결성은 자신이 얼마나 통제를 하는가의 정도 또는 자기 스스로 독립적인 행동을 하는 것을 말한다.

(3) 자결성 이론의 3가지 전제

① 사람들은 누구나 자결성(자율성, 독립적 행동)의 욕구가 있다.

② 사람들은 누구나 유능감을 보여주려는 욕구가 있다.

③ 사람들은 누구나 관계성(대인 관계)의 욕구가 있다.

자결성 높다 ↑ ↓ 자결성 낮다	내적 동기	감각체험	운동을 할 때 즐거운 감각 그 자체를 맛보기 위한 동기를 말한다. 연관된 개념으로 미적 체험, 몰입 체험, 감각 추구 등을 들 수 있다.
		과제성취	과제를 달성하여 어떤 만족감을 느끼는 것이 목적인 경우를 말한다.
		지식습득	어떤 활동에 대해 무엇인가 새로운 것을 배우는 것이 즐겁기 때문에 그 활동을 하는 것을 말한다.
	외적 동기	확인규제	개인적으로 설정한 목표 때문에 행동을 실천하는 것을 말한다. 확인규제가 운동의 동기라면 순수한 즐거움이 아니라 건강증진, 외모 개선 등과 같은 운동 외적 결과를 목표로 한다.
		의무감 규제	자기 스스로 압력을 느껴서 행동하는 것을 의미한다. 운동을 안 하면 죄책감이 느껴지기 때문에 운동을 한다면 여기에 해당한다.
		외적규제	외적 보상을 받거나 처벌을 피하기 위해 행동하는 것을 말한다. 외부의 압력 때문에 운동을 하거나 보상을 바라고 운동을 하면 외적 규제가 작용하는 것이다.
	무동기	무동기	동기가 없는 상태, 즉 행동을 하려는 의도가 없는 상태이다. 운동 상황에서 무동기란 운동을 실천할 능력이 없다고 생각하거나 운동에 가치를 전혀 두지 않는 것을 의미한다.

(4) 자결성은 내적동기에서 가장 높고 무동기 쪽으로 갈수록 낮아진다. 자결성이 높은 동기는 자결성이 낮은 동기에 비해 여러 측면에서 바람직한 결과를 가져오는 것으로 알려졌다.

자결성 이론의 주요 연구 사례

- 자결성을 운동의 변화단계 모형과 연계시킨 연구에서 변화의 단계가 높을수록 자결성 수준이 높은 것으로 밝혀졌다. 즉 무관심 단계에 비해 실천단계, 유지단계로 갈수록 자결성이 더 높았다. 자결성이 높으면 운동을 지속적으로 실천하지만 낮으면 중도에 포기할 가능성이 높음을 시사하는 결과이다.
- 운동하는 남학생과 여학생이 내적동기, 외적동기, 무동기에서 성차가 있다는 결과도 보고되었다. 여학생이 남학생에 비해 지식습득, 감각체험, 과제성취의 내적동기가 높았고, 의무감규제와 확인규제도 더 높았다. 여학생이 남학생에 비해 자결성이 높은 쪽의 동기를 자주 언급한 것이다.

이론의 적용

- 자결성 이론은 운동하는 개인에게 상당히 중요한 메시지를 전하고 있다. 자결성이 높은 운동 동기(운동 자체의 즐거움)의 소유자가 자결성이 낮은 동기(체중 조절)의 소유자에 비해 운동 지속실천의 가능성이 높다고 예상할 수 있다. 따라서 즐거움을 체험할 수 있도록 운동 환경을 설계한다면 내적동기를 높이고, 궁극적으로 프로그램에 지속 참여하는 효과도 기대된다.
- 운동 프로그램에 대한 통제감과 자율성을 높일 수 있도록 운동 프로그램 설계에 회원의 의견을 반영하는 것도 내적동기를 높이는데 중요하다. 목표 달성의 성공감을 자주 느끼도록 프로그램을 설계하는 것도 내적동기와 연관된다. 쉬운 운동에서 어려운 운동으로 단계적으로 진행하도록 운동 프로그램을 설계해야 성취감과 만족감을 느끼는데 도움이 될 것이다.

4가지 유형의 외적동기의 4가지 유형(Deci & Ryan, 1985)

- 외적규제(external regulation)는 자기결정 수준이 가장 낮은 동기로 보상을 얻기 위한 목적, 처벌을 피하려는 목적, 외적 요구를 충족시키기 위한 목적일 때 나타난다. 예 지도자가 시키니까 혼나지 않으려고 훈련함
- 내사규제(introjected regulation, '의무감규제'라고도 함)는 죄책감이나 창피함을 피하기 위한 목적, 자기 가치를 높이려는 목적으로 행동하는 것을 말한다. 예 훈련을 빠지면 죄책감을 느끼므로 빠지지 않음
- 확인규제(identified regulation)는 개인적으로 중요하다고 생각되는 혜택을 확인 또는 인식하기 때문에 하는 행동이다. 예 체중 조절이 중요하기 때문에 훈련에 빠지지 않음
- 통합규제(integrated regulation)는 외적동기 중에서 자기결정성이 가장 높은 동기로 스포츠 참가에 대해 갈등이 없는 상태로 자신이 갖고 있는 가치와 자신에 대한 생각이 스포츠와 일치할 때 나타난다. 예 선수로서 훈련을 하는 것은 당연함

여기서 외적규제와 내사규제는 비 자기결정적 규제스타일 또는 통제적 규제 스타일이라고 하고, 확인규제와 통합규제는 자기결정적 규제스타일 또는 자율적 규제스타일이라고 간주한다(Deci & Ryan).

무동기	통제적 외적동기		자율적 외적동기		내적동기
	외적규제	내사규제	확인규제	통합규제	

자기결정 낮음 → 자기결정 높음

자기결정 연속체와 동기 유형

(5) 자기결정성 이론의 배경과 개념

① 자기결정성 이론(Self-Determination Theory; SDT)을 정립한 학자는 Deci와 Ryan으로, Ajzen이 계획행동 이론을 발표한 같은 해에 자결성 이론에 대한 기초 연구를 발표하였다(Deci & Ryan, 1985).

② 동기의 강도(즉, 의도)가 행동의 핵심 결정 요인이라고 가정한 Ajzen과는 달리, Deci와 Ryan은 개인 동기의 질(quality) 또는 유형(type)이 특정 행동에 참여할지를 결정하는 데 핵심적인 역할을 한다고 제안하였다. 이러한 다양한 유형의 동기와 외부적 또는 내부적으로 조절되는 동기의 정도는 자결성 이론의 핵심이다.

③ 다른 사회인지이론들(예 자기효능감 이론, 계획행동 이론 등)과 SDT의 중요한 차이점은 SDT가 인간의 성격과 동기 부여 행동의 모든 측면을 설명하는 것을 목표로 하는 거시적 이론(macro-theory)이라는 점이다. 기본적으로, SDT는 성격이나 동기의 서로 다른 측면들을 다루는 6개의 미니 이론들(mini-theories)로 구성되어 있다.

④ 운동심리학 영역에서는 운동 및 기타 신체활동적 맥락에서 관련성이 있는 것으로 밝혀진 자결성 이론의 세 가지 핵심 개념에 초점을 맞출 필요가 있다(Teixeira 등). SDT의 세 가지 개념에는 동기 유형, 기본심리욕구, 그리고 사회적 맥락이 있다.

(6) 동기 유형

자기결정성 이론에 따르면, 동기 유형은 크게 무동기, 외적동기, 내적동기로 구분될 수 있다. 운동의 맥락에서 외적동기는 보상 획득, 근육 과시, 친구 사귀기 등 어떤 결과를 달성하기 위해 운동하는 동기이며, 내적동기는 활동 자체가 본질적으로 만족스럽기 때문에 운동에 대한 동기가 부여되는 형태로 정의된다. 자결성 이론에서는 동기 유형을 규제(조절) 유형으로 구분하여 6가지 개념으로 세분화한다. 동기 유형과 규제 스타일은 각 동기가 외부의 힘(보상 등)과 내부의 힘(만족감 등)에 의해 얼마나 통제되거나 규제되는지에 따라 배열된다. 연속체의 왼쪽에 있는 규제 스타일은 외적 통제를 더 많이 받으며, 오른쪽으로 갈수록 더 많은 내부적 자율성을 반영하는 동기가 된다.

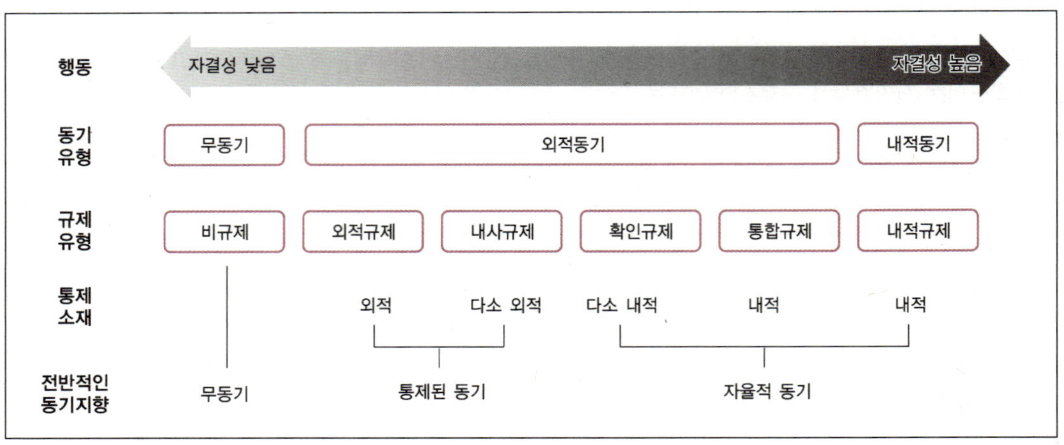

자결성 이론의 동기 연속체(Deci & Ryan 2000)

① 무동기(amotivation)

㉠ 무동기는 개인이 운동에 참여하려는 동기나 의도 자체가 전혀 없는 상태를 의미한다. 이러한 사람들은 운동을 해야 할 이유를 생각하지 않거나, 운동을 하지 않아야 할 이유에 대해서도 고민하지 않는다.

㉡ 내적 동기나 외적 동기가 모두 없기 때문에, 무동기는 비규제(non-regulated)된 동기의 형태로 간주된다. 무동기 상태의 사람들은 운동을 전혀 하지 않거나, 왜 운동을 하는지 모른 채 마지못해 움직이기만 하는 경우가 많다.

㉢ 예를 들어, 운동을 강제로 하거나, 운동이 지루하고 의미 없는 일로 느껴질 때, 사람은 무동기를 가지게 된다. 이러한 상태는 운동에 대한 흥미나 목표의 결여에서 비롯되며, 자아존중감 저하나 우울 증상과 관련이 있을 수 있다.

② 외적규제(external regulation)

㉠ 외적규제는 운동 참여자가 외부에서 주어지는 보상이나 처벌을 피하기 위해 운동하는 형태의 외적동기다.

㉡ 이 유형의 동기는 외부의 영향에 의해 결정되며, 참여자는 보상을 받기 위해 또는 불이익을 피하기 위해 행동을 한다.

ⓒ 예를 들어, 1개월 안에 다이어트 5kg을 성공하면 회원 등록비를 무료로 해준다는 체육관의 프로모션 행사가 대표적이다. 보상의 형태는 물질적인 것일 수도 있고, 사회적 인정이나 칭찬 등도 포함될 수 있다.

ⓓ 외적규제는 참여자가 외부의 인식이나 평가에 의존하게 되므로, 그들이 운동을 지속할 동기부여가 외부의 영향에 많이 의존하게 된다. 이러한 동기 부여는 지속적인 외부 자극이 없으면 약화될 수 있기 때문에, 외적규제는 지속적인 운동 참여로 이어지기 어려운 경우가 많다.

③ 내사규제(introjected regulation)

ⓐ 내사규제(의무감규제)는 죄책감, 불안, 외모에 대한 불만족 등을 피하기 위해 운동하는 경우로 의무감규제라고도 한다.

ⓑ 이 단계에서는 어느 정도 외부의 영향을 받지만, 개인의 내적인 감정에 의해 동기 부여가 이루어진다.

ⓒ 이 외적동기 유형은 개인이 자신에게 요구하는 기준에 맞추기 위해 행동을 조정하는 형태로 자존감을 유지하거나 사회적 압박을 피하기 위한 동기 부여이다.

ⓓ 예를 들어, 누군가가 자신의 외모나 체중에 대해 불안감을 느껴 체중 감량을 위해 운동을 하는 경우가 이에 해당한다. 이는 외부의 보상보다는 자신에 대한 평가와 감정의 변화를 중심으로 이루어지므로, 개인의 내적 갈등을 해소하는 데 중요한 역할을 한다. 그러나 이러한 동기는 여전히 외부의 기대와 관련이 있기 때문에, 장기적으로 지속하기 어려운 측면이 있을 수 있다.

④ 확인규제(identified regulation)

ⓐ 확인규제는 개인이 운동을 하는 이유를 개인적인 가치나 목표와 일치시키면서, 그 자체로 운동이 중요하고 의미 있다는 인식을 통해 동기가 부여되는 형태이다.

ⓑ 이 형태에서의 외적동기는 사람들에게 운동의 이점이 개인적으로 중요한 것으로 인식되며, 예를 들어 심혈관 질환 예방이나 체력 향상 등을 목표로 운동하는 경우가 해당된다.

ⓒ 확인규제를 따르는 사람들은 운동이 그들의 삶에서 중요한 의미를 가지며, 이를 통해 얻는 혜택이 개인적인 목표와 일치한다고 느낀다.

ⓓ 이 동기 유형은 비교적 높은 수준의 자율성을 제공하며, 운동 참여자가 목표에 대해 책임감을 가지고 행동하게 한다. 또한, 운동의 목적이 개인적인 가치를 반영하기 때문에 비교적 장기적으로 지속될 수 있다.

⑤ 통합규제(integrated regulation)

ⓐ 통합규제는 운동 참여자가 자신의 목표와 가치가 자신이 하는 행동과 일치한다고 느낄 때 발생하는 동기 부여이다.

ⓑ 이 외적동기 유형은 자아의 일부로 운동을 받아들이며, 운동이 개인의 삶에서 중요한 부분으로 내면화되어 있다.

ⓒ 예를 들어, '나는 달리기 선수이며, 이것이 내가 하는 일이야'라고 말하는 사람은 운동이 그들의 자아와 정체성의 핵심적인 부분이라고 인식하고 있다. 이는 통합 규제를 따르는 사람에게 나타나는 대표적인 특징이다. 이들은 외부의 보상이나 압박에 의해 운동을 실천하는 것이 아니라, 자신의 내적인 요구와 자아 인식에 따른다.

ⓓ 이러한 유형의 동기는 매우 내면화된 형태이기 때문에, 개인이 운동을 지속할 가능성이 매우 높다. 이 동기는 자아와 일치하는 목표를 통해 개인의 자율성과 통제감을 증대시키는 데 중요한 역할을 한다.

⑥ 내적규제(intrinsic regulation)

㉠ 이 단계는 동기 연속체에서 가장 오른쪽에 위치해 있으며 내적동기에 해당한다. 내적규제은 가장 자율적인 형태의 동기 부여로, 운동 자체가 본질적으로 즐겁고 만족스럽기 때문에 운동에 동기 부여가 이루어지는 규제 유형이다.

㉡ 내적동기는 운동이 그 자체로 흥미롭고 도전적이며 즐거운 활동으로 인식되기 때문에 외부의 보상이나 평가와 관계없이 지속된다.

ⓒ 예를 들어, 어떤 사람이 단순히 달리기를 즐기기 위해 매일 운동을 한다면, 이는 내적규제에 해당한다. 내적동기는 자율성과 자긍심을 크게 증대시키며, 운동하는 사람에게 지속적인 만족과 즐거움을 제공한다. 특히 이들에게는 운동이 자기 성장과 자아실현의 중요한 부분으로 여겨지기 때문에 내적규제는 가장 이상적인 동기 부여라고 볼 수 있다.

ⓓ 연구에 따르면 내재적 동기를 가진 사람들은 운동에 더 많은 시간을 할애하고, 운동 프로그램을 더 잘 유지하는 경향이 있다.

자기결정성 이론의 6가지 규제 특성

동기 종류	규제 유형	정의 및 특징	조절 방식	운동지속 가능성
무동기	비규제	• 운동에 대한 동기와 의도가 전혀 없음 • 운동의 가치나 이유를 인식하지 못함	비조절	매우 낮음
외적동기	외적 규제	• 보상이나 처벌 회피 등 외부 요인에 의해 운동 • 외부 통제에 의존	외적 조절	낮음
	내사 규제	• 죄책감, 불안, 자존감 유지 등 내면의 압박에 의해 운동 • 외부 기대를 내면화했으나 완전한 자율성은 아님	부분 내면화	낮음-보통
	확인 규제	• 운동이 개인적 목표와 가치에 중요하다고 인식함 • 목적 중심의 운동 참여	내면화	보통-높음
	통합 규제	• 운동이 자아와 삶의 일부로 통합됨 • 자아 정체성과 일치하는 목표를 위해 운동	고도의 내면화	높음
내적동기	내적 규제	• 운동 자체에서 즐거움과 만족감을 느끼며 운동함 • 순수한 자율적 동기	자율적	매우 높음

(7) 기본심리욕구

자기결정성 이론에서는 세 가지 기본심리욕구(Basic Psychological Needs; BPN)가 충족된다면, 내적동기가 높아진다고 본다. 이 욕구들은 상호작용을 하며 인간의 내적동기를 형성하고 유지한다. 또한 이 욕구를 충족하는 환경을 조정하는 것이 스포츠 팀뿐만 아니라 다양한 조직에서 장기적인 성과와 행복을 높일 수 있다.

① 자율성(autonomy)

㉠ 자율성은 개인이 자신의 행동을 스스로 선택하고 조절하며, 외부의 강요가 아닌 내적인 동기에 따라 행동하려는 욕구를 말한다. 자율성이 충족되면 사람은 더욱 주체적으로 행동하고, 지속적인 동기를 유지하며, 심리적 웰빙도 향상된다.

㉡ 예를 들어, 트레이너가 운동 계획을 일방적으로 지시하기보다는 참가자가 자신의 목표와 선호에 따라 운동 방식이나 일정을 선택할 수 있도록 돕는 경우가 있다. 이러한 방식은 참가자의 내적동기를 강화시키고, 장기적으로 운동을 지속할 가능성을 높인다.

② 유능성(competence)

㉠ 유능성은 개인이 환경 내에서 효과적으로 행동하고 과제를 성공적으로 수행하며, 스스로 유능하다고 느끼고자 하는 욕구를 의미한다. 이 욕구가 충족될 때 사람은 더 높은 동기를 가지며, 도전을 즐기고 성취감을 경험할 가능성이 높아진다.

㉡ 예를 들면, 초보 러너가 점진적으로 훈련 강도를 높이며 5km 마라톤을 완주했을 때 자신감을 얻고 이후 지속적인 운동 참여로 이어지는 경우를 들 수 있다. 이처럼 운동 경험을 통해 개인이 자신의 신체적 능력을 인식하고 성취감을 느낄 수 있도록 지원하는 것은 내적동기를 촉진하는 데 핵심적인 요소가 된다.

③ 관계성(relatedness)

㉠ 관계성은 타인과 정서적으로 연결되고 소속감을 느끼는 욕구를 의미한다.

㉡ 인간은 기본적으로 사회적 존재로서 인정받고 싶어하며, 타인과의 유대감을 느끼는 것은 심리적 안정과 만족에 큰 영향을 미친다. 반면, 관계성이 부족하거나 단절되면 외로움과 무력감을 느끼며 이는 동기 저하로 이어질 수 있다.

㉢ 관계성은 단순한 친목 활동을 넘어 신뢰와 상호 지지를 기반으로 한다. 가령, 운동선수가 경기 중 팀 동료나 코치로부터 격려와 지지를 받을 때 관계성이 충족될 수 있다.

(8) 사회적 맥락

① 자기결정성 이론에 따르면, 세 가지 기본심리욕구의 충족은 사회적 맥락, 즉 운동이 이루어지는 사회적 환경의 특성과 밀접한 관련이 있다. 예를 들어, 체육 수업(사회적 맥락)에서 과제를 학생이 선택할 수 있도록 하고(자율성), 학생이 활동을 성공시킬 기회를 제공하며(유능성), 학생의 관점을 인정하는(관계성) 교사에 의해 세 가지 욕구가 충족될 수 있다.

② Teixeira 등이 제시한 <모델>은 사회적 맥락, 기본심리욕구의 충족, 다양한 유형의 동기부여가 어떻게 운동행동에 영향을 미치는지 보여준다.

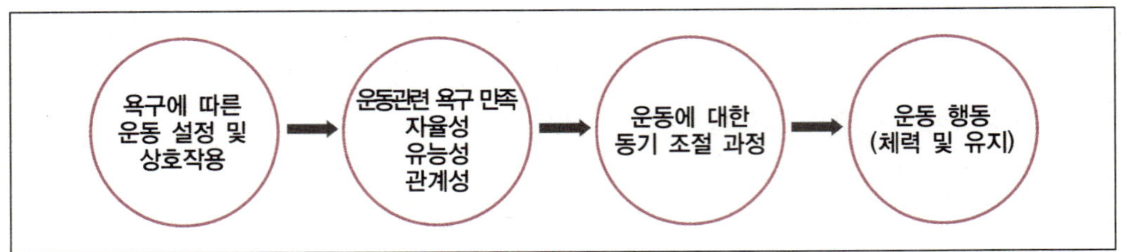

운동행동에 영향을 미치는 사회적 맥락 과정(Texeira 등 2012)

7. 변화단계 이론

(1) 단계의 개념

① 단계 이론에서는 행동이 변화되는 과정을 비선형적으로 본다. 즉 원인과 결과가 직선적으로 나타나기보다는 역동적이며 불안정한 상태를 보인다는 것이다.

② 단계 이론의 특징은 사람들의 행동을 몇 개의 단계로 구분한다는 데 있다.

㉠ 같은 단계에 속한 사람들끼리는 유사한 특성을 지니고, 다른 단계에 속한 사람과는 특성에서 차이가 있다고 본다. 또 한 단계에서 다른 단계로 옮겨가기 위해서는 반드시 정해진 과제를 달성해야 한다는 특징도 있다.

㉡ 단계는 상위로 높아질 수도 있지만 정체 또는 퇴보도 가능하다. 예컨대 운동에 무관심한 사람이 운동에 관심을 보이는 단계로 진전하지만 평생 그 단계에만 머무를 수도 있다는 것이다. 따라서 단계는 진전, 후퇴, 정체, 순환 등의 다양한 양상을 보일 수 있다.

③ 단계의 개념은 운동실천을 위한 중재전략을 적용할 때 상당한 도움이 된다.

㉠ 같은 단계에 속해 있는 사람들은 다른 단계에 속한 사람과는 구분이 되는 특성을 공유하고 있기 때문이다.

㉡ 유사한 특성을 소유한 사람을 찾아서 이들에게 필요한 정보를 제시하면 상위 단계로의 진전이 훨씬 수월해질 수 있다.

④ 단계 개념을 중시하는 여러 이론 중에서 범이론 모형이 운동심리학에 자주 적용되었는데 변화단계 이론으로 보다 잘 알려져 있다.

행동변화의 단계

- 단계 이론은 목표 행동에 도달하기 위해서는 몇 가지 단계를 거쳐야 한다고 본다. 단계는 시간개념을 띠고 있어 하위 단계에서 출발해서 상위 단계로 진행하게 된다. 인접 단계와는 개념적으로 분명히 구분되며 인접한 상위 단계로 넘어가기 위해서는 시간과 노력(동기)의 투자가 요구된다. 한 단계에서 오래 기간 머무를 수도 있고, 그 단계에서 더 이상 진행하지 못하기도 한다. 또 하위 단계로 퇴보할 수도 있으며 다시 상위 단계로 향상될 수도 있다고 가정한다.

• 변화단계의 진행 패턴의 예
 - 향상형 : 가 → 나 → 다 → 라
 - 퇴보형 : 가 → 나 → 다 → 나 → 가
 - 순환형 : 가 → 나 → 가 → 나 → 가

(2) 행동 변화의 단계

① 변화단계 이론은 Prochaska와 동료 연구진이 금연행동을 연구하는 과정에서 개발하였다. 범이론 모형이라고도 불리는 이유는 행동 변화에 관한 여러 이론과 모형을 통합적으로 적용시켰기 때문이다. 금연이나 운동과 같은 행동의 변화는 마음먹은 순간에 실천되는 것이 아니라 여러 단계를 거치면서 점진적으로 변화한다는 개념이 이 이론의 핵심이다.

② 변화단계 이론에 따르면 행동의 변화는 상당한 기간 동안 여러 단계를 거치면서 일어난다. 운동을 전혀 하지 않았던 사람이 운동을 생활화하기까지는 여러 단계를 거쳐야 하는데 각 단계에서는 진전, 정체, 퇴보, 순환이 일어날 수 있다.

③ 일반적으로 변화단계 이론에서는 행동 변화 과정을 크게 무관심, 관심, 준비, 실천, 유지를 포함한 5단계로 구분한다. 이전 단계로의 퇴보 가능성이 없는 최종 단계로 종결(termination)이 있지만 운동 환경에는 잘 적용하지 않는다. 또한 각 단계에서 악화 또는 재발이 발생하면 변화는 이전 단계로 퇴보한다(Prochaska & Velicer).

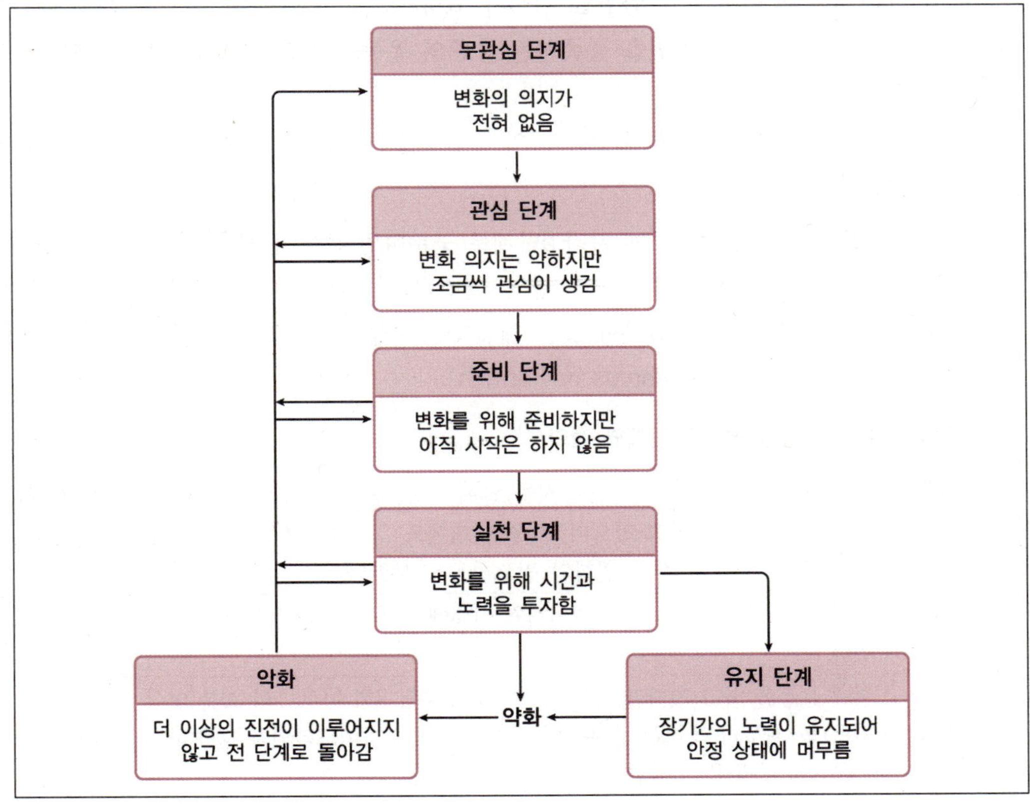

변화단계 모형

㉠ 무관심(precontemplation): 가까운 미래에 변화할 의도가 없으며 자신의 행동이 문제가 있다는 사실을 알지 못한다.

㉡ 관심(contemplation): 자신의 행동이 문제가 있다는 것을 인식하기 시작하고, 변화하는 것의 장단점을 살펴보기 시작한다.

㉢ 준비(preparation): 당장 행동을 취할 의도가 있으며 행동 변화를 향한 작은 단계를 밟기 시작한다.

㉣ 실천(action): 문제 행동을 수정하거나 건강한 변화를 위해 적극적인 행동을 실천한다.

㉤ 유지(maintenance): 최소 6개월 동안 행동을 유지할 수 있었고 악화(재발)를 방지하기 위해 노력한다.

④ 행동을 5단계로 구분한 것은 운동에 대한 심리적 준비도에 기초하고 있다.

㉠ 무관심단계에 속한 사람은 운동 실천의 가치를 인식하지 못한다.

㉡ 관심단계에 속한 사람은 운동에 따른 혜택과 손실을 반반 정도로 예상하지만 여전히 운동에 참여하지는 않는다.

㉢ 준비단계에 속한 사람은 운동의 혜택을 더 크게 인식한다. 또한 집 근처 체육관을 찾아보거나 필요한 용품을 사는 것과 같은 행동을 취하며, 1개월 이내에 가이드라인을 충족하는 수준으로 운동을 실천할 의지가 있다.

㉣ 실천단계는 가이드라인을 충족하는 수준의 운동을 하고 있지만 아직 6개월이 되지는 않았다.

㉤ 유지단계는 중간강도의 운동을 거의 매일 30분 이상씩 6개월 이상 실천하는 것으로 정의한다.

⑤ 운동 실천의 심리적 준비도에 따라 5단계로 구분하면 운동 실천을 위한 다양한 중재전략을 적용하는 데 매우 효과적이다. 즉, 운동 실천과 미실천이라는 이분법보다 심리적 단계를 세분화하고 있어 개인의 단계에 맞는 개별화된 운동 실천 중재전략을 개발하고 적용할 수 있는 장점을 갖고 있다(Marcus & Forsyth).

운동 상황에 적용한 변화의 단계와 정의

단계	세부 정의	의사결정 균형
무관심	현재 운동을 하지 않고 있으며 6개월 이내에도 운동을 시작할 의도가 없다. 운동과 관련된 행동 변화의 필요성을 거부한다.	혜택 < 손실
관심	현재 운동을 하지 않고 있지만 6개월 이내에 운동을 시작할 의도를 갖고 있다.	혜택 ≤ 손실
준비	현재 운동을 하고 있지만 가이드라인(대개 주당 3회 이상, 1회 20분 이상 기준)을 채우지 못하는 수준이다. 30일 이내에 가이드라인을 충족하는 수준으로 운동을 시작할 생각이 있다.	혜택 > 손실

실천	가이드라인을 충족하는 수준의 운동을 해 왔는데 아직 6개월 미만이다. 운동 동기가 충분하고 운동에 투자도 많이 했다. 운동으로 인한 손실보다는 혜택을 더 많이 인식한다. 가장 불안정한 단계로 하위단계로 내려갈 위험성이 가장 높다.	혜택 > 손실
유지	가이드라인을 충족하는 수준의 운동을 6개월 이상 해 왔다. 운동이 안정상태에 접어들었으며 하위 단계로 내려갈 가능성이 낮다.	혜택 > 손실

(3) 자기효능감, 의사결정 균형, 변화 과정

변화단계 이론에 의하면 행동을 변화시키는 데 자기효능감, 의사결정 균형, 변화과정의 세 요인이 영향을 준다고 가정한다.

① 자기효능감

㉠ Bandura의 자기효능감 이론에 포함된 개념과 동일하다. 여러 이론에서 중요한 개념을 통합하는 과정에 자기효능감이 포함된 것으로 볼 수 있다.

㉡ 자기효능감은 무관심단계일 때 가장 낮으며 유지단계에서 가장 높다.

㉢ 즉, 가장 낮은 무관심단계에서 한 단계씩 높아짐에 따라 자기효능감도 비례해서 직선적으로 높아지는 경향을 보인다.

② 의사결정 균형

㉠ 원하는 행동을 했을 때 기대되는 혜택(pros)과 손실(cons)을 평가하는 것을 말한다.

㉡ 운동을 했을 때 얻는 혜택과 손실에 대한 생각은 운동 시작과 지속에 영향을 준다.

㉢ 단계가 높아짐에 따라 혜택 인식은 증가하는 반면 손실 인식은 감소하는 경향을 보인다(Janis & Mann).

㉣ 무관심단계와 관심단계에서는 혜택보다 손실을 더 많이 인식하고, 준비단계에서는 혜택과 손실을 비슷한 수준으로 평가한다. 실천단계와 유지단계에서는 의사결정 균형의 중요성이 이전에 비해 낮아진다.

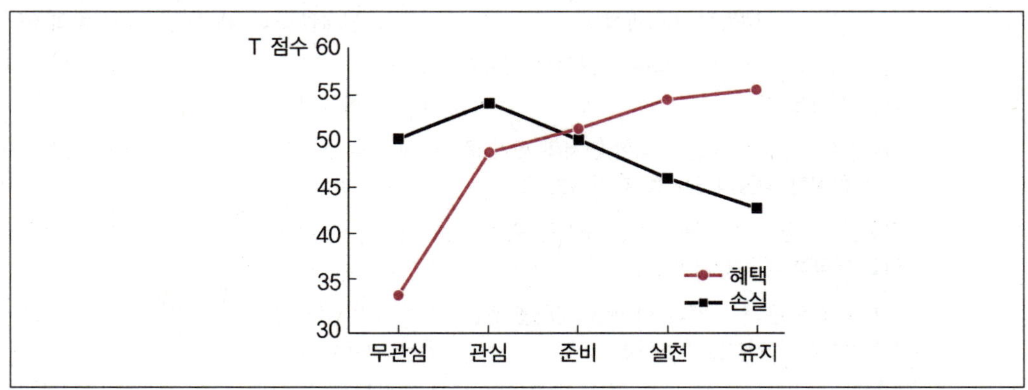

변화단계 이론에서 의사결정 균형

㉤ 무관심단계에서는 혜택보다 손실에 대한 인식이 훨씬 크다. 그러다가 관심단계에 접어들게 되면 혜택과 손실의 격차는 크게 줄어들게 되지만 여전히 손실에 대한 인식이 더 크게 작용한다. 준비단계로 올라가게 되면 혜택과 손실에 대한 인식은 역전되지만 비슷한 수준이다. 실천단계가 되면 혜택과 손실의 격차는 조금 더 벌어지고, 유지단계에서는 완전히 역전되어 혜택이 손실에 대한 인식보다 매우 크다.

③ 변화 과정

㉠ 변화 과정이란 한 단계에서 다른 단계로 이동하기 위해 사용하는 전략으로 인지 과정(체험적 과정)과 행동 과정(행동적 과정)으로 구분한다.

㉡ 인지 과정: 운동에 대한 개인의 태도, 생각, 느낌을 바꾸는 과정으로 변화를 위해 필요한 정보를 얻는 과정이다. 운동을 시작하기 위해 필요한 정보를 얻는 과정이다. 운동에 관한 자료를 제공하거나 운동을 시작한 사람의 예를 설명해 주는 등의 활동은 인지 과정에 해당한다.

인지적 변화과정 5가지(Weinberg & Gould)

인지적 변화과정	신체활동에 적용하는 처치전략의 예
의식 고양	신체활동에 대해 생각, 관련 서적 및 정보를 읽도록 권장함
극적 완화	신체활동을 하지 않는 것이 건강에 매우 좋지 않다는 것을 일깨워 주는 것
자기 재평가	신체적으로 활동적인 생활습관이 이롭다는 점을 이해하게 함
환경 재평가	운동을 하지 않는 것이 주변 사람들에게 어떤 영향을 미치는지를 인식하게 함
사회적 해방	활발한 신체활동을 할 기회의 자각을 증가시키는 것

㉢ 행동 과정: 변화를 유도하기 위해 행동 측면에서 새로운 시도가 이루어지는 것을 말한다. 운동복을 눈에 잘 띄는 곳에 걸어 두거나 TV시청 충동을 막을 목적으로 리모컨의 배터리를 빼는 행동을 생각해 볼 수 있다.

행동적 변화과정 5가지(Weinberg & Gould)

행동적 변화과정	신체활동에 적용하는 처치전략의 예
반대 조건화: 부정적인 행동을 긍정적 행동으로 대체하는 것	피곤하거나 과도한 스트레스를 겪고 있을 때 신체활동을 하도록 격려하는 것
자극조절: 부정적 행동에 대한 단서의 제거 또는 바람직한 행동의 단서를 추가하는 것	언제라도 신체활동을 할 수 있도록 운동화나 운동복 등을 준비해 두는 것
강화관리: 긍정적 행동에 대한 보상은 증가시키고 부정적 행동에 대한 보상은 감소시키는 것	규칙적으로 신체활동에 참여했을 때 자신을 칭찬하거나 보상하는 것
지지적 조력 관계: 바람직한 행동 변화를 위한 사회적지지의 기반을 찾는 것	활동적인 생활습관을 유지하는 데 도움을 줄 수 있는 가족이나 친구를 구하는 것
자기해방: 사회적 규범들이 올바른 행동 변화를 지지하고 있다는 것을 인식시키는 것	신체활동을 꾸준히 할 수 있도록 결심하거나 계획을 세우는 것

(4) 변화단계별 중재 전략

① 무관심단계

㉠ 무관심단계에 속한 사람은 운동으로 얻는 혜택보다는 손실을 더 크게 생각한다.

㉡ 운동에 따른 혜택에 관한 정보를 제공해주는 것이 가장 좋은 전략이다.

ⓐ 소책자, 비디오, 상담 등을 통해 운동 혜택에 관한 정보를 제공해 준다.

ⓑ 혜택과 손실을 기록한 목록을 신중하게 평가하는 과정을 통해 운동에 대한 태도 변화를 유도하는 것도 권장된다.

② 관심단계

㉠ 아직도 운동 혜택을 100% 확신하지 못하는 단계이다.

㉡ 운동을 했을 때 자신에게 어떤 이득이 오는지에 대해 좀 더 구체적으로 생각하게 한다.

㉢ 운동이 좋다는 것은 알고 있지만 실천을 못한다면 해결책을 찾아야 한다.

ⓐ 하루 일과에 운동 시간을 포함시킨다.

ⓑ 자신이 과거에 잘 했거나 즐거움을 느꼈던 운동을 생각해 보고 시도를 한다.

ⓒ 운동에 도움을 줄 수 있는 사람 한두 명으로부터 조언을 구한다.

③ 준비단계

㉠ 운동을 할 준비가 되어 있지만 제대로 못할 것이라는 생각에 자기효능감이 낮다.

㉡ 따라서 자기효능감을 높여주는 전략과 운동을 시작하도록 실질적인 도움을 준다.

ⓐ 헬스클럽 회비 마련해 주기, 하루 일과를 조정하기, 운동 장소 미리 결정해 두기 등의 전략이 필요하다.

ⓑ 운동 동반자 구하기, 운동 목표 설정하고 달성 방법 계획하기 등도 도움이 된다.

④ 실천단계

㉠ 이 단계에 속한 사람은 이미 운동을 실천해 오고 있다. 이전의 단계로 후퇴하지 않도록 조심해야 하는 단계이다.

㉡ 운동 실천을 방해하는 요인을 극복하는 방법을 제시한다.

ⓐ 목표 설정, 운동 계약 등의 기법도 도움이 된다.

ⓑ 스스로 격려하기, 연간 계획 수립하기, 주변의 지지 얻기 등의 전략을 고려한다.

⑤ 유지단계

㉠ 이 단계에 속하면 6개월 이상 꾸준히 운동을 해 왔다.

㉡ 이전의 하위 단계로 내려가지 않도록 하는데 중점을 두어야 한다.

㉢ 운동을 못하게 되는 상황이 무엇인가를 미리 파악하여 대비하는 전략이 도움이 된다. 일정을 조정하여 운동 시간을 확보하기, 자신감과 웰빙 느낌 높이기, 다른 사람에게 운동 멘토 역할 하기 등이 유지단계에 필요한 전략이다.

변화단계에 따른 운동 중재전략

변화단계	운동 중재전략
무관심	• 운동 및 건강 정보를 제공하여 의식 고취 • 개인 건강 위험에 대한 피드백과 교육 제공 • 운동에 따른 혜택과 손실에 대한 평가 제공
관심	• 운동의 긍정적 효과와 부정적 요소에 대한 재평가 유도 • 동기부여를 위한 인터뷰 또는 소그룹 상담 실시
준비	• 실현 가능한 목표 설정 및 실행 계획 작성 • 환경 재구성(예 운동시설 안내, 시간 관리 전략, 동료 구하기)
실천	• 지속적인 동기부여 및 행동 모니터링 • 사회적 지원(운동 동호회, 코치 활용) 및 긍정적 보상 및 강화 제공 • 운동 방해요인 탐색 및 대책 마련
유지	• 장기 목표 설정 및 자기효능감 강화 • 재발(악화) 방지 전략 마련 • 정기적 피드백과 사회적 지지 제공

(5) 이론의 한계

① 변화단계 이론은 주로 개인이 속한 단계에 따른 차이를 '설명'하기에 적합하고, 운동실천을 '예측'하는 데는 한계가 있다.

② 단계가 퇴보되는 사람도 있는데 퇴보가 언제 왜 일어나는가를 설명하지 못한다는 단점이 있다.

③ 개인의 단계에 맞는 전략이 과연 무엇인가에 대해서 충분한 검토가 이루어지지 못했다.

④ 변화단계, 변화과정의 개념을 측정하는 도구에 대한 타당도가 아직 충분히 입증되지 않았다는 점도 약점으로 자주 지적되고 있다.

8. 사회생태학 이론

(1) 통합 이론으로서의 사회생태학 이론

① 운동실천을 설명하는 지금까지의 이론(변화단계 이론 포함)은 운동 실천이 '개인'의 생각과 감정에 의해 결정되는 것으로 보고 있다. 개인 차원에 해당하는 요소가 운동 실천을 결정하는데 핵심적인 역할을 한다는 것이다.

② 반면 사회생태학 이론에서는 개인 차원의 요소는 행동에 영향을 주는 여러 수준의 영향 중 하나라고 본다.

③ 사회생태학 이론은 개인 차원의 역할도 물론 중요하지만 물리적 환경, 지역사회, 정부 등 다른 차원의 요인도 고려해야 한다고 본다.

④ 사회생태학 이론은 건강 행동을 설명하고 예측하기 위해 여러 이론을 끌어 오기 때문에 통합 이론에 해당한다.

⑤ 개인 차원, 지역사회 차원, 정부 차원에서 행동 변화를 설명하거나 예측하기 위해 기존에 제시된 여러 이론을 동원할 수 있다.

⑥ 일례로 개인 차원에서 운동을 하지 않는 이유를 설명하기 위해 자기효능감 이론을 이용할 수 있다. 동시에 상위 수준의 이론으로 개인이 운동을 실천하지 못한 이유를 설명한다.

⑦ 주변에 쉽게 접할 수 있는 운동 시설이 부족하다면 이는 개인 차원의 문제라기보다는 지역사회, 정부 차원의 이론으로 해결책을 찾는다.

⑧ 주민이 좀 더 안전하고 손쉽게 접근할 수 있는 환경을 만들어 운동 실천율을 높이고자 한다면 사회생태학 이론이 적용된 사례로 볼 수 있다.

(2) 배경과 개념

① 신체활동에 관한 사회생태학 모델(social ecological model)은 Bronfenbrenner의 연구를 토대로 발전하였다. 그는 1970년대와 1980년대에 인간 발달을 설명하기 위한 사회생태학 이론을 소개하고 발전시켰다.

② 해당 이론에 따르면, 개인(아동)의 성장과 발달은 단지 개인의 심리적·생물학적 구성뿐만 아니라, 그 사람이 살아가는 물리적, 사회적, 정치적, 경제적 환경의 영향을 받는다.

③ 이러한 이론적 틀을 토대로 운동에 관한 사회생태학 모델을 살펴보면, 개인요인(예 연령, 체력, 자기효능감, 동기 조절)은 운동행동에 영향을 미치는 여러 수준 중 하나에 불과하다고 본다(Sallis 등).

④ 사회생태학 모델은 개인요인 외에도 물리적 환경, 지역사회, 정부 등 행동에 영향을 미치는 다양한 요인이 존재한다는 것을 강조한다(Bauman, McLeroy, Sallis 등).

⑤ 사회생태학 모델은 여러 연구에서 신체활동의 상관요인(correlates) 및 결정요인(determinants)을 체계화하기 위한 수단으로 제안되었다(Bauman, Sallis 등).

㉠ 상관요인은 운동행동과 연관성을 가지는 요인을 의미한다. 그러나 상관요인은 운동행동에 직접적인 영향을 미치지는 않는다. 예를 들어, 한 학생이 소유한 운동화의 개수가 운동에 소비하는 시간과 상관관계가 있을 수 있으나, 더 많은 운동화가 학생의 운동행동을 증가시키지는 않는다.

㉡ 반면, 결정요인은 운동과 상관관계가 있을 뿐만 아니라 운동에 직접적인 영향을 미치는 요인이다. 예를 들어, 한 학생이 피트니스 센터를 이용할 때 많은 돈을 가지고 있다면 운동을 자주 하겠지만, 돈이 적을 때는 운동 횟수가 줄어든다. 돈은 학생의 운동행동에 대한 상관요인이자 결정요인으로 작용한다.

(3) 사회생태학 모델의 신체활동 적용

신체활동에 대한 사회생태학적 모델을 보면, 서로 영향을 주고받는 여러 개의 수준을 포함하며 개인, 신체활동 영역, 대인 관계, 물리적 환경, 정책으로 총 5개의 수준으로 구분된다.

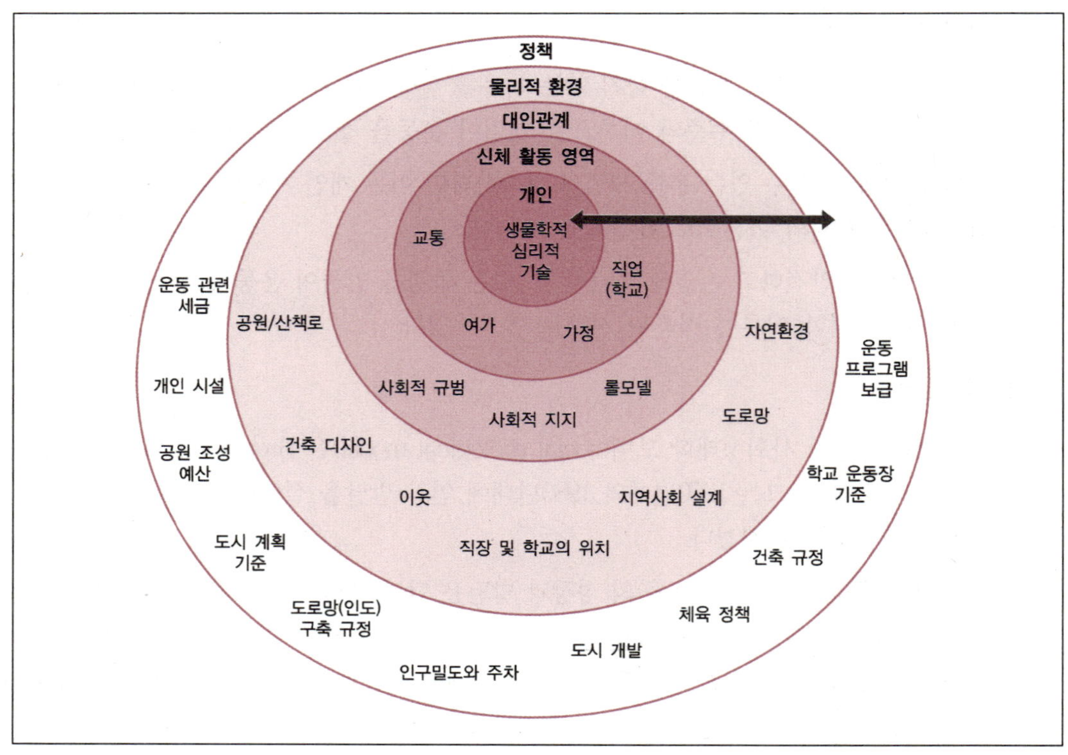

신체활동에 적용한 사회생태학 모델

① 개인

이 모델의 핵심에는 운동에 잠재적으로 영향을 미치는 개인 수준의 생물학적(예 개인의 심혈관 건강), 심리적(예 운동에 관한 동기 수준), 기술(예 자전거 타기 기술) 관련 요인들이 있다.

② 신체활동 영역

신체적으로 운동 또는 활동할 수 있는 생활 영역을 나타내는 4가지 영역이 포함된다. 여가, 교통, 직업(학교 포함), 가정으로 구분되며, 서로 다른 유형의 활동으로 구성된다(예 요가, 스피닝과 같은 운동은 여가 영역). 따라서 신체활동과 관련된 상관요인을 고려할 때는 특정 영역 및 유형의 활동들을 함께 살펴봐야 한다.

③ 대인관계

집단과 개인 간의 상호작용과 관계를 포함한다. 예를 들어, 배우자나 함께 운동에 참여하는 사람들로부터 운동에 대한 사회적 지지를 얼마나 받는지를 의미한다. 또한 이 수준은 더 넓은 사회·문화적 영향을 다루며, 특히 사회적 규범을 강조한다. 지인들이 운동하는 것을 응원하거나, 신체활동을 중요시하는 집단에 속해 있다면 개인의 신체활동 행동에 영향을 미칠 수 있다.

④ 물리적 환경

물리적 환경 수준은 인공적으로 조성된 환경과 자연환경 모두를 포함한다. 인공환경은 사람들이 생활하고, 일하고, 여가를 즐기는 인간이 만든 공간이다. 건물, 공원, 이웃, 도시 및 도로와 교통 시스템과 같은 인프라를 예로 들 수 있다. 자연환경은 등산로나 강가와 같은 자연적으로 존재하는 자원을 포함한다. 사회생태학적 모델의 맥락에서, 인공환경과 자연환경은 신체활동이 이루어질 수 있는 장소를 의미하며, 해당 장소의 특성이 신체활동 참여에 영향을 미칠 수 있다.

⑤ 정책

정책은 신체활동에 영향을 미칠 수 있는 규칙, 규제, 관행을 의미한다. 인공 환경을 변화시키거나, 운동에 대한 직접적인 보상을 제공하거나, 국가 차원의 신체활동 지침을 개발하는 등의 다양한 방법으로 신체활동 영역 모두에 영향을 미칠 수 있다. 반면, 어떤 정책은 특정 영역에만 적용되기도 한다. 예를 들어, 매일 체육수업을 제공하도록 하는 정책이나, 지하철에 자전거 반입을 허용하는 교통정책 등이 있다.

살을 빼면 정부에서 금으로 보상하는 중동 국가

과거 중동 국가의 비만율은 심각한 사회적 문제로 대두되었다. 사우디아라비아의 경우 전체 인구 3명 중 1명이 비만에 해당할 정도다. 이에 따라 비만과 관련이 있는 당뇨병 환자들도 급증하였다. 다수의 중동 국가들은 비만으로 인한 사회문제를 해결하기 위해 적극적인 정책들을 시행하였다. 대표적으로 아랍에미리트 정부는 살을 빼는 양과 비례하여 금으로 보상하는 비만 대책 프로그램을 시작한 바 있다. 최소 2kg 이상을 감량할 때 kg당 1g의 금을 제공하였고, 받을 수 있는 금의 양에는 제한을 두지 않았다. 사회생태학적 관점에서 이와 같은 정책은 개인의 운동 참여를 직접적으로 변화시킬 수 있는 요소에 해당한다.

(4) 운동과 사회적 영향

① 사회생태학 이론은 개인의 신체활동과 관련되는 포괄적이고 광범위한 요소들을 다룬다는 특징이 있다. 그러나 지나치게 많은 요소를 고려하기엔 한계가 있다. 이에 따라 운동심리학자들은 개인과 집단이 다른 사람들의 운동행동에 어떻게 사회적 영향(social influence)을 미치는지 이해하는 데 초점을 둔다.

② 사회적 영향이란 개인의 행동, 태도 또는 신념의 변화를 유도하는 실제적 또는 잠재적 영향을 의미한다(Alcock, Carment, & Sadava). 신체활동 영역에서 사회적 영향의 유형은 무엇인지, 그것이 어떻게 적용되는지, 그리고 누가 그러한 영향을 미치는지를 이해하는 것은 매우 유용하다. 이러한 이해는 운동 참여를 증가시키기 위한 중재 방안을 개발하는 데 도움을 줄 수 있다.

③ 다음의 사례를 살펴봄으로써 사회적 영향을 보다 쉽게 이해할 수 있다. 이 사례와 같이 개인과 집단은 우리가 운동에 대해 어떻게 생각하고 느끼는지 뿐만 아니라 실제 운동행동에도 영향을 미칠 수 있다. 이러한 영향은 긍정적일 수도 있고(예 친구의 테니스 제안) 반대로 부정적일 수도 있다(예 댄스 강사의 지적).

예 한 여성은 앞으로의 건강한 삶을 위해 정기적인 운동을 시작하기로 마음먹는다. 조사 끝에 댄스 수업에 참여하기로 결정하고 등록했다. 그런데 댄스 강사는 이 여성의 수준을 고려하지 않고 자꾸 실수를 지적했다. 불편함을 느낀 그녀는 댄스 수업을 중단하고 혼자서 웨이트 트레이닝을 시작했지만, 큰 재미를 느끼지 못했다. 그렇게 운동을 포기하려던 찰나에 친한 친구가 함께 테니스를 배우자고 제안한다. 그녀와 친구는 테니스에 푹 빠졌고 기술이 향상되면서 자신감도 늘었다. 이제 그녀와 친구는 지역 생활체육 대회에 나갈 계획까지 마련하고 있다.

④ 사회적 지지(social support)의 개념

㉠ 일반적으로 사회적 지지란 다른 사람으로부터 받는 편안한 느낌, 사랑받고 있다는 인식, 도움이나 정보를 받는 것을 말한다. '사회적 지지'는 과정(process)으로 보는 관점과 연결망(network)을 중시하는 관점이 있다.

㉡ 사회적 지지를 과정으로 보는 관점은 지지를 인식하기까지 몇 단계를 위계적으로 거쳐야 한다고 본다. 사회적 통합이 첫 단계이며, 지지연결망, 지지분위기, 지지의 제공과 지지의 수혜를 거쳐 지지의 인식에 이른다(Laireiter & Baumann).

ⓐ **사회적 통합**: 개인이 집단(가족, 교회, 지역사회 모임 등)에 소속되어 활동하는가를 의미한다. 소속이 되어야만 사회적 지지의 자원을 얻을 수 있다.

ⓑ **지지연결망**: 기능적 관점에서 개인이 갖고 있는 연결망을 말한다. 필요할 때 연락해서 도움을 얻을 수 있는 대상이 많을수록 지지연결망이 좋은 것이다.

ⓒ **지지분위기**: 연결망에서 관계의 수준을 말한다. 소속한 집단에 따라 갈등, 응집력 수준이 다를 수 있는데 이들 요인이 지지분위기를 좌우한다. 응집력이 높을수록 지지를 받을 가능성이 높은 대상으로 인식한다.

ⓓ **지지의 제공과 지지의 수혜**: 사회적 지지를 제공하는 것과 받는 것을 말한다. 지지의 제공자가 도움을 주면 수혜자가 받는 교환이 일어난다.

ⓔ **지지의 인식**: 사회적 지지를 어떻게 보는가, 즉 사회적 지지에 대한 개인의 평가를 말한다.

㉢ 사회 연결망의 크기로 사회적 지지를 정의할 수 있다. 사회 연결망이란 지지를 얻는 대상(가족, 친구, 지도자, 직장 동료, 회원 등)이 얼마나 되는가를 의미한다. 양적인 측정이기 때문에 얻는 지지의 내용이나 유형을 파악하기 어렵다는 단점이 있다.

⑤ 사회적 지지(social support)의 유형

사회적 지지는 운동 환경에서 가장 자주 연구되는 사회적 영향 유형 중 하나이다. 사회적 지지라는 용어는 개인이 다른 사람들로부터 받는 심리적 위안, 배려, 도움, 그리고 정보를 의미한다. 운동심리학자들은 사회적 지지가 운동 및 기타 신체활동 행동에 미치는 영향에 대해 큰 관심을 두고 있다. 학자들마다 정의하는 개념은 다양하지만, 일반적으로 사회적 지지는 크게 도구적 지지, 정서적 지지, 정보적 지지, 그리고 평가적 지지로 구분된다(Heaney & Israel).

㉠ 도구적 지지(instrumental support)

개인이 운동 목표를 달성할 수 있도록 도와주는 실질적이고 구체적인 도움을 제공하는 것이다. 예를 들어, 자녀가 운동할 수 있도록 체육관 등록 비용을 내주는 것, 배우자가 운동에 참여할 수 있도록 집안일을 돕는 것 등이 있다.

㉡ 정서적 지지(emotional support)

격려, 배려, 공감, 그리고 관심을 표현하는 것을 통해 이루어진다. 운동하는 사람의 노력을 칭찬하거나 더 열심히 하도록 격려하거나, 다쳤을 때 공감하는 것이 포함된다.

㉢ 정보적 지지(informational support)

운동 방법에 대한 지시, 조언, 또는 제안을 제공하는 것이다. 전문가의 공식적 정보뿐만 아니라, 가족이나 친구와 운동 경험을 공유하고 팁을 주고받는 것도 포함된다.

㉣ 평가적 지지(appraisal support)

자기 생각, 감정, 문제, 그리고 경험을 확인하거나 진행 상황을 평가하는 데 사용할 수 있는 정보의 제공을 의미한다. 예컨대, 심장 질환과 같은 질환을 가진 사람들은 자신과 비슷한 사람들과 운동함으로써 공감대를 형성할 수 있다. 이러한 공감대는 운동지속 참여에 중요하다.

사회적 지지의 유형(Wills & Shinar)

유형	내용
도구적 지지	유형의 실질적인 지지를 제공하는 것을 말한다. 웨이트트레이닝을 할 때 보조 역할, 운동 장소까지 태워다 주기, 베이비 시터 역할하기 등이 예가 된다.
정서적 지지	다른 사람을 격려하고 걱정하는 과정에서 생긴다. 노력에 대해 칭찬과 격려를 해주고 어려움을 호소할 때 같이 걱정해 주는 것이 대표적인 사례이다. 불안을 낮추고 자기존중감을 지켜주는 효과가 있는 지지의 유형이다.
정보적 지지	운동 방법에 대해 안내와 조언을 하고 진행 상황에 관한 피드백을 제시해주는 것을 말한다. 대개 운동 지도자나 트레이너로부터 정보적 지지를 받지만 가족, 친구, 동료 등으로부터 받을 수도 있다.
동반자 지지	운동할 때 동반자 역할을 하는 사람이 있는가의 여부를 말한다. 친구, 가족, 회원과 함께 운동을 한다면 동반자 지지를 받는 것이다. 피로와 지루함을 줄일 수 있고, 운동 재미가 더 커지기 때문에 지속실천에 도움이 된다.
비교확인 지지	다른 사람과의 비교를 통해 자신의 생각, 감정, 문제, 체험 등이 정상적이라는 확인을 하는 것이다. 자신과 유사한 특성을 가진 사람과 같이 운동을 하거나 관찰을 통해 얻을 수 있는 지지의 유형이다. 비만인 사람이나 재활 운동을 할 때 비슷한 사람과 함께 하면 비교확인 지지를 얻기가 쉽다.

⑥ 사회적 지지의 측정과 평가

㉠ 아래에 제시된 척도는 신체활동에 대한 정보적 및 정서적 사회적 지지를 측정하기 위해 개발된 척도의 예이다. 이 척도는 주변의 다양한 인물로부터 받은 지지의 정도를 측정한다(Chogahara). 이 척도를 이용하여 특정한 타인(예 가족)으로부터 받은 지지가 또 다른 타인(예 친구)으로부터 받은 지지보다 더 중요한지를 조사할 수 있다.

㉡ 최근 운동이나 정기적 신체활동에 참여할 때, 주변 인물들의 행동을 떠올려 본다. 이후 아래 문항을 읽고 빈칸에 점수를 작성한다. 4점 리커르트 척도로 '매우 자주'(4점), '자주'(3점), '가끔'(2점), '전혀 없음'(1점)으로 평가한다. 또한 전문가는 운동코치, 트레이너, 혹은 상담사 등을 의미한다.

운동에 대한 사회적 지지 척도 예시표

문항	부모	친구	전문가
1. 운동 기술 숙달에 대해 칭찬한 적이 있는가?			
2. 운동 수준이 뛰어나다고 칭찬한 적이 있는가?			
3. 운동을 잘 수행했다고 인정한 적이 있는가?			
4. 운동에서의 다재다능함을 존중해 준 적이 있는가?			
5. 운동 기술에 대해 자랑스럽다고 말한 적이 있는가?			
[정서적 지지]의 합계 점수 :			
6. 운동이 건강에 주는 효과에 대해 알려준 적이 있는가?			
7. 건강을 위해 운동이 왜 중요한지 설명한 적이 있는가?			
8. 운동을 통해 건강 목표를 어떻게 달성할 수 있는지 명확히 해준 적이 있는가?			
9. 건강을 위해 적절한 운동프로그램이나 시설을 추천한 적이 있는가?			
10. 건강을 위해 필요한 운동의 양이나 강도에 대해 설명한 적이 있는가?			
[정보적 지지]의 합계 점수 :			

⑦ 사회적 지지와 운동의 관계

㉠ 대부분의 연구는 주변 인물들의 사회적 지지가 신체활동 참여와 통계적으로도 유의미한 관계가 존재한다는 것을 확인하였다. 예로, Laird 등은 청소년기 여학생들의 사회적 지지와 신체활동 간의 관계를 분석한 89개의 연구를 종합적으로 분석하였다. 이 연구에서는 부모, 친구, 그리고 교사가 제공하는 사회적 지지가 운동 참여와 어떠한 관계가 있는지를 밝히는 데 목적이 있었다. 메타분석한 결과, 부모와 친구로부터 더 많은 지지를 받는 여학생들이 운동에 참여할 가능성이 더 높았으며 이는 청소년기 여학생들의 특성을 고려한 타당한 결과라고 볼 수 있다.

㉡ 한편, 일부 연구는 사회적 지지를 제공하는 인물들이 아니라 사회적 지지의 종류에 초점을 두기도 했다. 이러한 연구들에 따르면, 가장 효과적인 사회적 지지 유형은 운동하는 사람이 특정 시점에서 필요로 하는 것이 무엇인지에 따라 달라진다(Kouvonen 등). 대표적인 예로, 어린이는 운동에 참여할 수 있도록 교통편을 제공받는 물질적 지원이 중요할 수 있는 반면, 성인은 운동을 시작하는 방법에 대한 정보적 지지가 중요할 수 있다. 이러한 점에서, 운동을 촉진하기 위해서는 개인의 신체적·심리적 상태뿐만 아니라 연령과 발달 수준에 맞는 맞춤형 사회적 지지가 제공될 필요가 있다.

(5) **사회생태학 이론의 실제적 활용**(운동 참여에 대한 사회생태학 이론의 시사점)

① 운동하는 사람들은 자신이 필요로 하는 사회적 지지 유형을 고려해야 한다.

예 운동 중에 정서적 지지(예 피트니스 트레이너의 격려)가 필요한지, 또는 물질적 지지(예 가족의 실질적인 도움)가 필요한지를 파악하는 것이 중요하다. 이후, 이러한 지원을 제공해 줄 수 있는 사람을 주변에서 찾아야 한다. 일부 사람들은 타인에게 도움을 요청하는 데 어려움을 겪을 수 있다. 이는 거절당할 것에 대한 두려움 때문이거나, 상대방에게 부담을 주고 싶지 않기 때문일 수 있다. 이러한 경우, 건강 습관을 변화시키고자 하는 동반자(예 운동을 함께 시작하거나 금연을 원하는 사람)를 찾도록 권장할 수 있다. 자신이 상대방을 돕고 있다는 사실은 오히려 상대에게 도움을 요청하는 데 대한 심리적 부담을 줄여줄 수 있기 때문이다.

② 사회적 영향을 미치는 위치에 있는 사람들은 운동을 장려하고 촉진하기 위한 모든 기회를 활용해야 한다. 그들의 말과 행동은 다른 사람들의 운동행동에 강력한 영향을 미칠 수 있기 때문이다.

예 의료인은 자신의 환자와 신체활동에 대해 구체적으로 논의해야 한다. 피트니스 강사, 체육 교사는 자신이 지도하는 사람들이 운동성과를 긍정적으로 인식할 수 있는 기회를 마련해야 한다. 물론, 운동을 장려하는 것과 압박을 가하는 것 사이에서 적절한 균형을 유지하는 것이 중요하다. 또한 부정적인 사회적 영향을 미치지 않도록 노력해야 한다. 과도한 지적, 죄책감 부여 등의 부정적인 사회적 영향은 운동을 아예 포기하게 만들 수 있다.

③ 지도자는 신체활동 환경의 사회적 측면을 개선하기 위해 여러 가지 전략을 적용할 수 있다.

예 체육 교사는 수업에서 변혁적 리더십 행동을 사용할 수 있으며, 운동 강사는 사회적 지지와 자율성을 보장하는 지도 스타일을 실천할 수 있다. 이를 위해 지도법 세미나에 참석하거나, 다른 사람들(예 회원, 고객, 동료)로부터 피드백을 받거나, 자신의 운동 수업을 기록하고 검토할 수 있다. 또한, 팀 빌딩 전략을 사용하여 응집력이 높은 집단을 만들 수 있다. 이러한 전략들을 사용함으로써 집단의 운동 환경을 더욱 편안하게 만들고 구성원들이 꾸준히 참여할 수 있도록 도울 수 있다.

변화단계 이론과 사회생태학 이론

1. 변화단계 이론

- 변화단계 이론은 운동행동을 5개 단계로 구분하는 것이 특징이다.
- 개인이 속한 단계를 파악하면 해당 단계에 가장 적합한 중재전략을 적용할 수 있다.
- 여러 이론에 포함된 개념을 통합적으로 고려하기 때문에 운동을 보다 잘 설명할 수 있다는 장점도 있다.
- 변화 단계 맞춤형 중재전략에 관한 지금까지의 연구 결과는 긍정적이다.

2. 사회생태학 이론

- 사회생태학 이론은 통합의 수준이 한 단계 더 발전한 것이라 할 수 있다. 즉, 이론만의 통합 차원을 넘어 개인, 지역사회, 국가 수준에서 연구와 중재를 목표로 한다는 특징을 가진다.
- 운동을 시작하거나 꾸준히 실천하는 것은 개인의 생각과 감정의 영향을 받는다.
- 운동과 관련된 환경이나 정책은 개인 수준을 넘는 것으로 개인의 운동에 영향을 준다.
- 사회생태학 이론은 개인 차원의 요인과 개인 수준을 넘는 상위 차원의 요인을 모두 고려하기 때문에 운동 실천에 대한 설명을 보다 잘 할 수 있다.

4 운동실천 중재전략

1. 이론에 근거한 중재전략

(1) 혜택인식

① 건강신념 모형, 합리적행동, 계획행동 이론은 운동실천으로 기대되는 혜택을 어떻게 인식하는가의 문제가 공통적으로 포함되어 있다.

② 행동의 결과로 주어지는 이득을 어떻게 인식하는가가 행동실천에 중요한 영향을 미친다.

③ 운동이 주는 혜택은 매우 광범위하기 때문에 자신 또는 회원(고객)에게 의미 있는 혜택이 무엇인가를 구체적으로 인식할 필요가 있다.

④ 운동 지도자, 트레이너, 체육교사 등 운동 프로그램을 설계하는 위치에 있는 전문 인력은 고객이 추구하는 혜택이 무엇인가를 파악하고 여기에 부응하도록 운동 프로그램을 설계할 필요가 있다.

㉠ 체중과 몸매를 중시하는 사람에게는 이 목적을 달성할 수 있도록 운동을 설계해 준다.

㉡ 체력과 근력을 향상시키는 혜택을 기대하는 사람에게는 근력훈련 운동을 설계하는 것이 바람직하다.

운동 실천으로 예상되는 혜택

건강과 체력 증진	심폐지구력, 근력 및 근지구력, 유연성 등을 향상시키고, 체력을 향상시키고 질병 치료, 활력증가, 수면 패턴 개선, 통증이나 피로감을 감소시킨다.
외모와 체형 개선	체지방을 감소시키는 장기간의 유산소 운동과 근육량을 증가시키는 웨이트트레이닝을 통해 이상적인 체형을 만들 수 있다. 외모와 체형의 개선은 신체 이미지, 신체적 자기존중감 등을 높이는 효과가 있다.
정신적 · 정서적 건강 향상	운동은 부정적인 정신 · 정서적 상태(외모자신감 부족, 의기소침)를 감소시키고, 긍정적인 반응(자부심, 긍정적인 기분)을 증가시킨다.
대인관계 개선	운동실천 과정에서 새로운 사람을 만날 수 있기 때문에 대인관계가 좋아진다. 중년 이후에 대인관계의 기회가 많지 않다는 점을 고려하면 운동이 중요한 역할을 한다.

⑤ 운동실천을 통해 이러한 혜택이 주어진다는 사실을 어떻게 홍보하는가도 중요한 문제이다. 운동 혜택에 관한 정보는 대중매체, 신문, 잡지, 팜플렛, 대화 등을 통해서 얻을 수 있다.

⑥ 개인이 처한 상황과 특성에 맞도록 운동이 주는 혜택을 선택해서 제공하는 것도 의미가 있다.

㉠ 노인에게는 아이와 함께 놀이를 하는 신체활동이 어떤 혜택을 주는지가 의미가 있다.

㉡ 비만인이라면 운동을 통해 체중감량을 할 때 어떤 혜택이 따라오는지를 설명해 주어야 설득력이 높아진다.

(2) 방해요인 극복

운동실천의 방해요인을 어떻게 인식하는가가 운동실천에 영향을 준다. 방해요인에 대한 인식은 객관적인 방해가 존재하기도 하지만 주관적 평가의 속성이 강하기 때문에 방해요인을 극복하기 위한 전략이 필요하다. 방해요인이란 개인이 운동하는 것을 막는 것들을 말하는 것으로, 실제 방해요인(예를 들면 휠체어를 사용하는 사람이 접근할 수 없는 운동시설)과 인식된 방해요인(시간부족)으로 구분한다.

① 실제 방해요인

실제 방해요인에는 편리성(접근성), 환경적, 생태적 요인, 신체적 제약 등이 포함된다.

㉠ 편리성은 운동 장소로의 접근 용이성과 운동 시설 및 장비 부족 등을 의미한다. 이용하기 곤란한 교통수단, 운동시설의 부족, 위치적 불편, 장비 부족 등은 사람들의 규칙적인 운동을 방해하는 보편적인 요인들이다. 하지만 운동시설의 편리성에 대한 인식은 이러한 시설의 실제 근접도와 상관이 없다는 연구 결과가 있다. 즉 운동시설까지의 거리가 가깝기 때문에 시설이 편리하다는 인식이 보장되는 것은 아니다. 시설 탓으로 운동실천을 미루기보다는 시간과 장소를 미리 결정하고 실제로 운동을 실천하는 것이 중요하다.

㉡ 지리적 위치, 기후, 이웃환경 등의 환경적 요인은 운동실천의 실제 방해요인으로 작용한다. 비와 눈뿐만 아니라 좋지 않은 기후는 사람들의 실외활동을 제한시킨다. 집 근처에 조명이 설치된 산책로가 있다면 밤 시간대에도 많은 사람이 운동하러 오게 될 것이다. 반면 주변이 좋은 시설이 있더라도 접근로가 확보되지 않으면 이용에 제약이 따르기 마련이다.

㉢ 부상, 질병, 피로 등의 신체적 제약도 방해요인으로 작용한다. 질병이 있거나 부상을 당했다면 운동하기가 곤란하다. 반면 운동은 여러 질병(암, 관절염, 당뇨병, 과체중 등)을 예방하고 개선하는 방법 중의 하나로 인정받고 있다.

② 인식된 방해요인

인식된 방해요인은 효율적인 전략을 사용하여 해결할 수 있다.

㉠ 인식된 방해요인 중의 하나는 시간 부족이다. 대부분의 사람들은 운동할 시간이 부족해서 운동을 못한다고 말한다. 하지만 방해요인에 대한 연구를 보면 운동에 대한 방해요인으로 시간부족을 언급한 사람들은 그렇지 않은 사람에 비해 오히려 일주일에 더 많은 시간을 운동에 투자하는 것으로 나타났다. 규칙적으로 운동하는 사람은 시간관리 전략을 사용하고 있으며 생활 속에서 운동에 우선순위를 두고 있음을 의미한다.

방해요인이 시간부족일 경우의 해결 전략
• 하루 계획에 운동시간을 정하고 매일 같은 시간에 운동하기 이러한 행동은 운동을 일상생활의 한 부분으로 인식하는 데 도움이 된다. 매일 운동 시간을 계획하는 번거로움을 줄여 운동을 지속하도록 해준다. • 운동시간을 방해하는 일들(기말시험, 휴가, 주기적인 업무부담)의 처리방법 배우기 스트레스 상황에 처하면 운동을 건너뛰고 일만 하는 삶으로 돌아가게 된다. 스트레스가 예상되면 자신에게 도움이 되는 방식으로 미리 대책을 강구해야 한다. • 운동을 사치가 아닌 우선적으로 해야 할일로 만들기 개인이 실행하여야 할 운동량과 운동을 계속하도록 도와주는 긍정적인 보상 약속을 명확하게 기술한 계약서를 작성하는 것도 좋다.

㉡ 지루함과 흥미부족은 많은 사람들이 언급하는 운동 참여 방해요인 중의 하나이다. 운동은 무미건조한 힘든 활동이라고 생각하는 사람들은 다른 형태의 여가 활동에 참여함으로써 지루함과 흥미부족 문제를 극복할 수 있다.

방해요인이 지루함과 흥미 부족일 경우의 해결 전략
• 다양한 즐거운 형태의 활동에 참여하기 한 가지 형태의 운동만을 처방하는 프로그램보다는 다양한 운동 형태를 허용하는 프로그램에 참여할 때 중도 포기율이 낮아지고 운동 시간에 즐거움을 더 느낀다는 사실이 증명되었다. • 음악 맞춰 운동하기 초보자뿐만 아니라 운동 경험이 있는 사람도 운동하는 동안 다른 생각에 사로잡힐 수 있다. 음악을 듣는 것, TV를 보는 것은 운동의 지루함과 피로를 잊는 대표적인 방법이다. 음악의 종류, 빠르기, 볼륨에 따라 운동 중의 행동과 생리적 반응이 영향을 받는다. • 단체로 운동하기 사람들과 어울려서 격려하며 단체로 하는 운동은 운동 재미를 높이고 운동 의도도 증가시키는 효과가 있다. 혼자서 운동하는 것보다 주변에 누가 있으면 동기가 유발되고 지루함이 줄어든다. • 의욕적인 지도자와 함께 운동하기 운동지도자의 의욕적 지도도 회원의 동기 유발과 노력투입에 영향을 준다. 운동지도자가 운동 지속실천에 결정적인 역할을 한다.

(3) 자기효능감 향상

운동 지속실천을 유도하는 전략으로의 자기효능감을 향상시키는 방법이 적용되어 왔다.

① 과거 수행경험

자기효능감을 높이는 데 가장 중요한 요소이다. 성공체험을 높이기 위해서 쉬운 과제에서 어려운 과제로 점점 강도를 높여나갈 필요가 있다. 특히 초보자에게는 자신의 능력에 맞는 운동 집단에 소속되어서 성취감을 느끼게 해야 한다.

② 간접 경험

다양한 방법으로 시범을 보여주는 것이 자기효능감을 높이는 좋은 방법이다. 특히 운동 수행자와 유사한 사람이 시범을 보이는 것이 효과적이다. 기술 시범뿐만 아니라 문제해결 관련 시범(잘못된 것을 바로잡는 과정을 보여준 시범)도 자기효능감을 높이는 데 좋다.

③ 언어적 설득

주위 사람들의 긍정적인 격려와 지지는 자기효능감을 높여준다. 칭찬은 그 자리에서 즉시 매우 구체적으로 해주는 것이 효과적이다.

④ 신체/정서 상태

초보자는 운동 중에 일어나는 신체 반응(예 호흡수와 심박수 증가, 땀, 근육의 느낌)에 대해 불쾌감이나 불안감을 느낀다. 신체 반응에 대한 부정적인 감정은 운동 흥미를 낮추고 지속실천을 방해한다. 이러한 느낌은 정상적인 운동 반응이므로 긍정적으로 해석하도록 지도자가 도와주어야 한다.

2. 행동수정 전략

(1) 의사결정 단서

① 행동의 실천 여부를 결정하는 과정을 시작하게 하는 자극을 의사결정 단서라 하고, 실제 행동을 결정하는 단서를 행동 단서라 부른다. 유사 개념으로 프롬프트(prompt)라고도 하는데 계획한 행동을 잊지 않고 실천하도록 기억을 떠올려주는 단서를 말한다.

㉠ 집에 돌아왔을 때 운동화를 확실하게 볼 수 있도록 현관에 운동화를 두고 출근하면 퇴근해서 운동을 하게 될 가능성이 높아진다.

㉡ 운동화가 행동을 하도록 결정을 하는 중요한 단서의 역할을 한 것이다.

② 의사결정 단서의 대표적인 연구로 Brownell 등이 공공장소에서 사람들의 계단 사용을 권장하기 위해 포스터를 게시한 사례를 들 수 있다.

㉠ 연구자들은 15일 동안 계단과 에스컬레이터가 함께 설치된 공공장소에 의사결정 단서를 설치하였다.

㉡ 의사결정 단서는 건강한 심장은 계단을 뛰어오르고 건강하지 못한 심장은 에스컬레이터를 타는 그림이 그려진 포스터였다.

㉢ 포스터가 설치된 기간 동안 에스컬레이터 대신 계단을 이용한 사람이 11.6%에서 18.3%로 증가하였다. 포스터를 제거한 한 달 후에도 계단 이용자 수(15.6%)가 거의 비슷하였다. 하지만 포스터가 제거된 석 달 후부터는 계단 이용자가 11.9%로 예전 수준으로 되돌아갔다.

③ 운동실천에 도움이 되기 위해서는 운동 아닌 다른 행동을 유도하는 단서를 제거하는 노력을 기울여야 한다. 집으로 일거리를 가져오는 행동은 운동 대신 일을 하도록 유도하는 단서가 될 것이다. 퇴근길에 운동을 하고 오거나 일거리를 사무실에 두고 오는 전략을 사용하는 것이 보다 바람직하다.

(2) 출석상황 게시

① 출석 상황과 운동 수행 정도를 공공장소에 게시하면 운동프로그램 참여자의 동기를 유발시키는 효과가 있다.

② 운동수행 관련 정보는 운동 참여자가 보기 좋도록 그래프나 차트로 만들면 더 효과적이다.

(3) 보상 제공

출석에 대한 보상을 제공하면 출석 행동이 강화되는 효과가 있다.

① 5주간의 조깅 프로그램에 등록한 회원을 대상으로 출석을 기준으로 두 가지 보상을 제공한 연구가 있다. 하나는 참석에 대한 사례로 주당 1달러를 상금으로 제공했고, 다른 하나는 상품을 탈 수 있는 복권을 주었다. 이 두 가지 중재전략을 사용한 결과 출석률이 64%까지 향상되었다. 보상방법을 사용하지 않은 통제집단의 출석률은 40%에 머물렀다.

② 물질적 보상이 회원의 출석을 높이는데 즉각적인 효과가 있음을 알 수 있다.

(4) 피드백 제공

① 운동 참여자에게 피드백을 제공하는 것은 운동 기능 향상과 동기부여 측면에서 매우 중요하다.

② 운동에 참여하는 사람에게 개별적으로 피드백을 제공하는 것이 집단으로 피드백을 제공하는 것보다 운동프로그램의 참여율이 더 높았다.

③ 개별 피드백을 제공받은 사람이 운동지속 기간도 프로그램이 끝난 후 더 지속되었다.

(5) 행동 대처전략

① 운동을 중단해야 하는 상황에서 운동지속실천을 위한 행동 대처전략을 개발하는 것이 중요하다. 예를 들어, 휴가기간에 수영장이나 체육관이 있는 숙소를 예약하거나 휴가 일정에 자전거 타기 등의 신체활동을 포함하는 것은 운동중단을 예방하는 데 효과적이다.

② 운동실천에 대한 자극조건을 개발하거나, 겨울철 추위로 인해 운동에 소홀하게 될 것을 예방하기 위해 쇼핑몰에서 걷기 등의 계획을 세우는 것은 운동실천의 공백을 막아줄 수 있다. 운동을 방해하는 요인들에 대한 대처전략을 세우게 되면 운동에 대한 자기효능감이 상승할 수 있고, 행동에 대한 통제력을 높이는 데 도움을 줄 수 있다.

(6) 운동실천 모니터링

① 자신의 운동행동을 기록하는 것은 운동실천에 도움을 준다. 운동빈도, 유형, 지속 시간, 강도뿐 아니라 매일의 기분이나 체중 변화와 같은 운동결과를 모니터링할 수도 있다.

② 운동일지는 운동태도를 스스로 모니터링하고 운동 진도에 따라 체력 향상 정도를 시각적으로 보여주는 효과가 있으며, 규칙적으로 운동일지를 작성하면 운동 수행의 향상도를 한눈에 알아볼 수 있어 자기효능감을 평가하는 데 중요한 정보로 활용될 수 있다.

3. 인지 전략

(1) 목표설정

① 운동실천을 성공적으로 이끌어 갈 수 있는 방법으로 목표 설정을 들 수 있으며, 목표를 설정하기 위한 대표적인 방법으로는 SMART 원칙이 있다.

㉠ SMART 목표설정법에 따르면 목표는 구체적(specific)이고 측정가능해야 하며(measurable), 성취가능(attainable) 하도록 세워야 한다(Locke & Latham).

㉡ 또한, 도전적이면서 현실적(realistic)이어야 하며, 달성 기한(time-based)을 정해야 한다(Locke & Latham).

② 목표 설정과 함께 목표를 달성하기 위해 취해야 할 행동(목표 달성 전략)을 구체적으로 정해두는 것도 중요하다.

③ 운동 참여자는 장기 목표를 단기 목표와 중간 점검이 가능한 초단기 목표로 세분화시켜야 한다. 장기 목표를 세분화하면 참여 동기를 유지하는 효과가 있다.

(2) 행동계획과 실행의도

① 많은 사람들이 운동을 하고자 하는 의도를 가지고 있음에도 불구하고 운동행동을 이끌어내는 행동계획을 세우지 못하는 경우가 많다. 예를 들어, 새해를 맞이하여 올해는 열심히 운동을 하겠다고 다짐하는 사람은 많지만 구체적으로 어떻게 운동을 할지 계획을 세우는 경우는 거의 없다.

② 행동계획을 세우는 것이 중요한데 행동계획은 언제, 어디서, 어떻게 운동을 할 것인가를 구체적으로 포함시켜 작성해야 한다.

③ 실행의도를 만드는 것 또한 중요하다. 예를 들어, '월, 수, 금 저녁 7시에 알람을 맞춰놓고 알람이 울리면 체육관에 간다'와 같이 행동을 실행하게끔 만들어주는 자신만의 신호를 만드는 것은 운동행동을 유발하는 데 도움을 줄 수 있다.

(3) 운동계약

① 운동실천에 관한 의사결정 과정에 참여할 기회가 주어지면 운동실천에 대한 책임감이 증대된다(Meichenbaum & Turk).

② 트레이너, 운동처방사가 운동프로그램을 작성하거나 처방할 때 회원의 의견을 반영한다면 그렇지 않을 때에 비해 운동지속실천의 가능성이 높아진다.

③ 지도자와 회원 사이에 운동 계약서를 작성하는 것도 회원이 의사결정에 참여하는 과정으로 계약을 통해 사람들의 동기가 유발될 수 있다.

(4) 자기암시(self-talk)

① 자기암시는 운동실천을 방해하는 상황을 극복하거나 자신감을 높이고 각성을 조절하여 운동을 실천하려는 노력에 집중하도록 만들어 줄 수 있다.

② 중요한 업무를 마무리하지 못해 운동을 하지 못하는 상황에서 '운동에 빠지지 않고 실천해야 지금 보다 더 많은 에너지를 얻을 수 있다'와 같은 자기암시를 한다면 시간 내에 업무가 마무리될 수 있도록 집중력이 향상될 수 있다.

(5) 시각화(visualization)

① 시각화는 이미지트레이닝, 정신훈련, 멘탈리허설과 같은 의미로 사용되기도 하는데 마음(머리)속으로 이미지를 떠올리고 그때의 감각이나 경험을 느끼는 것을 말한다.

㉠ 너무 피곤해서 운동을 하지 못할 것 같다는 생각이 들 때 체육관에서 운동을 하고 있는 자신의 모습을 떠올리고 운동 이후 활력이나 상쾌함을 느끼는 자신의 모습을 상상하는 것은 운동행동을 유발하는 데 도움을 줄 수 있다.

㉡ 운동에 대한 더 많은 동기부여를 위해 계획대로 운동을 했을 때 변한 자신의 모습을 떠올리는 것도 운동실천을 위한 좋은 시도라고 말할 수 있다.

② 이처럼 인지전략을 사용하는 사람은 운동에 대한 자기효능감이 높아질 뿐 아니라 운동중단의 가능성이 낮아진다(Stetson 등).

(6) 인지재구성(cognitive restructuring)

① 인지재구성이란 비합리적이거나 부적응적인 생각 패턴을 찾아내서 중지시키는 방법을 말한다.

② 운동에 대한 의지가 많음에도 불구하고 운동을 하지 못하는 상황으로 인해 운동을 중단하게 될 경우 허탈감이 발생할 가능성은 높아진다. 이때 사람들은 운동이 중단되었다는 것에 절망감을 느낄 수 있지만 이러한 상황이 운동을 하다보면 자연스럽게 발생하는 상황이라고 인식하게끔 도와주는 것이 필요하다.

③ 가령, '하루도 빠지지 않고 매일 운동한다.'와 같은 기존에 계획한 운동 목표에 대해 '지난번 빠진 운동만큼 다음 운동에 횟수나 시간을 추가한다.'와 같이 계획을 보충하도록 유도하면 자신이 통제할 수 없는 상황에 대한 극복 능력이 향상될 뿐 아니라 운동에 대한 자기효능감을 높이는 데 도움을 줄 수 있다.

(7) 주의연합(association)과 주의분리(dissociation)

① 운동 중에 주의를 어디에 기울이느냐가 운동실천에 중요한 변인이다. 근육, 심장, 호흡 등 신체 내부로부터의 피드백 정보에 주의를 기울이면 '주의연합'이라고 하고, 주변 경관을 구경하거나 음악을 듣는 것처럼 외부환경에 주의를 기울이는 것을 '주의분리'라고 한다.

② 주의분리가 주의연합보다 운동 중의 피로감과 통증을 덜 느끼게 하는 효과가 있다. 운동을 할 때 음악을 듣거나 즐거운 장면을 감상하는 것은 피로감을 덜 느끼게 하는 주의집중 방법으로 활용 가능하다. 나아가 외적집중은 운동지속실천에도 긍정적인 영향을 준다.

③ 주의분리와 주의연합을 비교한 연구에서 주의분리를 실시한 사람들이 주의연합을 실시한 사람들보다 출석률이 더 높았다. 3개월 후에도 운동을 지속하는 비율은 87%대 37%로 주의분리를 실시한 사람들이 더 높았다. 6개월 후에도 역시 동일한 경향을 보였다(67%대 43%).

④ 운동 중에 몸에서 나타나는 반응보다는 외부의 환경에 신경 쓰는 것이 피로감을 줄이는 데 더욱 효과적이다. 실내에서 운동을 하는 경우, 특히 헬스클럽에서 운동하는 사람들이 주의분리에 신경 쓸 수 있도록 창 쪽에 운동기구를 설치하거나 적절한 음악 감상이나 좋은 화면을 감상할 수 있는 기구를 설치할 필요가 있다.

4. 내적동기 전략

(1) 즐거움 체험

① 운동 중에 즐거움 체험을 얼마나 하는가는 운동지속과 밀접한 관련이 있다. 운동의 객관적인 지표, 즉 강도, 지속시간, 빈도에만 관심을 기울일 것이 아니라 운동 중의 정서 체험에도 신경을 써야 한다는 것이다.

② 또 운동의 결과만을 강조하고 과정을 소홀히 한다면 중도 포기의 가능성도 높아진다.

③ 운동프로그램의 지속실천을 목표로 한다면 즐거움을 체험하도록 운동을 지도해야 한다. 고강도 운동보다는 중강도 운동을 하는 것도 즐거움을 체험할 수 있는 전략의 하나이다.

④ 운동에 임하는 마음가짐도 중요하다. 운동하는 동안 운동 과정 그 자체에 집중할 때 일상생활의 번잡함을 잊고 시간과 공간을 벗어난 자유로움을 체험할 가능성이 높아진다.

⑤ 운동의 목표를 재미 그 자체에 두는 것도 운동지속실천의 측면에서 보면 매우 중요한 전략이다.

(2) 몰입 체험

① 몰입(flow)은 어떤 활동에 몰두할 때 일어나는 최적의 심리적 현상을 말하는 것으로 연습이나 게임을 하는 중 동작을 하는 데 아무런 힘이 들지 않고 시간의 흐름을 느끼지도 못하는 상태에서 몸과 마음이 하나가 되는 상태를 말한다.

② 정기적으로 운동을 해 온 사람들은 이러한 몰입 상태를 여러 차례 경험하곤 한다. 운동의 수준이 높을수록 몰입을 경험할 확률이 높다. 운동 초보자도 자신의 기술수준과 과제의 난이도가 일치하면 몰입을 체험할 수도 있다.

③ 몰입 체험은 강력한 동기유발의 힘을 갖고 있다. 힘이 들지도 않고 몸과 마음이 빨려 들어간 듯한 상태에서 운동하는 몰입의 경험은 그 자체로도 즐거운 것이다.

④ 몰입 체험을 촉진시키는 것으로 알려진 다음과 같은 조건도 신중하게 고려한다.

㉠ 운동에 대한 의욕이 있어야 한다.

㉡ 약간 어렵지만 노력하면 달성 가능한 목표를 세운다.

㉢ 실수는 잊고 지금 해야 할 동작에만 집중한다.

㉣ 꾸준한 노력으로 체력에 대한 자신감을 기른다.

㉤ 사소한 것일지라도 지금 하고 있는 것을 즐기려고 노력한다.

㉥ 지도자, 회원, 동반자와의 대화로 좋은 분위기를 만든다.

㉦ 자신에 대한 회의를 버리고 목표성취에 대한 자신감을 갖는다.

㉧ 몸 컨디션과 동작의 느낌이 좋다고 스스로 다짐한다.

최 병 식

포스 전공체육

체육내용학 2

스포츠심리학

스포츠사회학

Chapter

03

운동학습 및 제어

03 Chapter 운동학습 및 제어

1 운동학습 및 제어의 기초 내용

1. 피드백의 분류

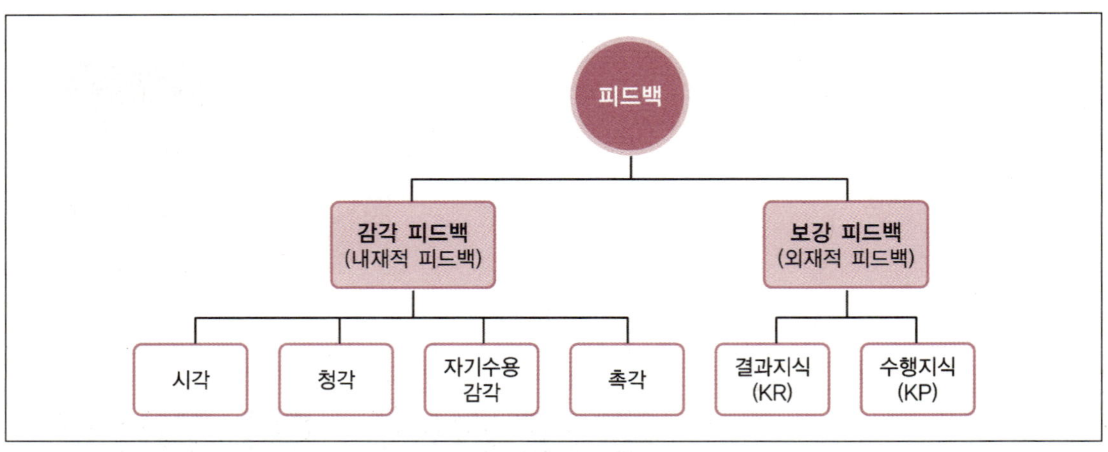

피드백의 분류

(1) 내재적 피드백

① 고유 피드백, 감각 피드백이라고도 불린다.

② 동작생성의 자연적인 결과로 발생되는 정보이며 시각, 고유수용기, 청각 그리고 촉각 등을 통하여 운동수행 전 혹은 수행 중에 내재적 피드백이 활용된다.

감각 피드백(sensory feedback, instrinsic feedback)은 학습자 내부의 감각체계로부터 제공되고, 보강 피드백(augmented feedback, extrinsic feedback)은 학습자의 외부로부터 제공된다.

(2) 외재적 피드백

① 보강적 피드백 또는 고무적 피드백(enhanced feedback)이라고도 불린다.

② 감각 피드백 정보에 보충적으로 사용되는 또는 보강해 주는 피드백이다.

③ 외재적 피드백을 주는 시기, 지연시간, 언어적 · 비언어적 방법 등을 통해 분류할 수 있다.

㉠ **시기적 분류**: 운동 중에 주는 동시적 피드백, 운동 후에 주는 종말적 피드백

㉡ **지연시간에 따른 분류**: 운동 직후 바로 주는 즉시적 피드백, 운동 후 시간을 지연시켜서 주는 지연적 피드백

㉢ 언어적·비언어적 분류: 언어적 피드백, 비언어적 피드백

㉣ 동작의 모음에 따른 분류: 각 동작마다 주는 단독적 피드백, 동작을 종합해서 주는 누가적 피드백

④ 외재적 피드백의 특별한 형태

㉠ 요약 피드백(summary feedback)

㉡ 평균 피드백(average feedback)

㉢ 수용 범위 피드백(bandwidth feedback)

㉣ 자기 통제 피드백(self-controlled feedback)

보강 피드백의 3가지 중요한 특징

- 언어·비언어의 형태로 제공된다.
- 움직임이 진행되는 동안이나 완료된 후에 제공된다.
- 움직임의 결과나 움직임 유형 자체에 대한 정보를 제공한다.

보강 피드백의 정보 내용에 따른 분류

1. 수행지식(Knowledge of performance: KP)
   동작의 유형에 대한 정보를 학습자에게 제공하는 것으로, 운동학적 피드백이라고 한다. 이는 수행자에게 운동 동작의 폼에 대한 질적인 정보를 제공하며, 교사나 치료사들이 주로 사용하는 피드백의 방법이다.
2. 결과지식(Knowledge of result: KR)
   수행지식과는 달리 움직임의 결과에 대한 정보를 제공한다. 수행결과에 대한 정보는 결과지식을 통해 제공될 수 있다.

	결과지식(KR)	수행지식(KP)
공통점	언어와 시각으로 제공, 움직임 종료 후 제공	
차이점	환경적 목적 관점에서의 결과에 대한 정보	움직임 생성과 움직임 패턴에 관한 정보
	내재적 피드백과 중복되어 사용	내재적 피드백과 구별하여 사용
	실험실 상황에서 유용하게 사용	실제 경기 과제에서 유용하게 사용

보강 피드백의 정보 특성에 따른 분류(Newell)

1. 처방 정보
   이미 완료된 움직임의 운동학적 정보를 학습자에게 제공하는 것을 말한다. 즉 과제의 요구를 성취하기 위해서 이루어진 신체 요소간의 협응에 대한 구체적인 정보를 제시하는 것으로, 이러한 정보는 운동기술의 특성과 수행자의 기술 수준에 따라 다르게 사용하여야 한다.
2. 정보 피드백
   학습자가 수행한 역동적인 움직임의 이전 상태 또는 현재 상태에 대한 정보를 제공하는 것으로 움직임의 연속성이나 완료된 움직임에 대한 정보와 관련이 있다. 이러한 정보 피드백은 3가지로 구분된다.
   - 동시적 피드백: 현재 진행되고 있는 움직임 상태에 대한 정보를 제공

• 종료 피드백: 동작이 완료된 후 그 움직임의 특성과 연속성에 대한 정보를 제공
• 지연 피드백: delay feedback

3. 전환 정보
운동동작의 새로운 형태를 습득하는 데 필요한 정보다. 전환 정보는 학습 과정에서 일어나는 협응의 변화와 움직임 제어에 직접적으로 관련이 있기 때문에 운동 동작의 새로운 형태를 습득하고자 할 때 매우 유용하다.

2. 다양한 피드백의 분류

피드백의 종류	기능과 고려할 점	예시
프로그램 피드백	학습자가 움직임 패턴에 관련된 기본적인 학습 정보를 발달시키는 데 도움을 준다. 이는 초보자나 경험이 많지 않은 학습자에게 유용한 피드백 정보이다.	"팔보다 손을 더 빠르게 움직여라" 배트 스윙 시, 빠른 팔목 움직임의 중요성을 제공한다.
매개변수 피드백	학습자가 움직임 패턴에 관련된 기본적인 학습 정보를 적용하는 데 도움을 준다. 이는 유경험자에게 유용한 피드백 정보이다.	"빠르게 스윙하라" 힘을 얼마나 더 발현해야 하는가를 제공한다.
시각 피드백	학습자에게 그들의 시각적 서술을 제공한다. 이는 유경험자에게 유용한 피드백 정보이며, 초보자에게 제공할 때는 시각적 피드백과 함께 추가적인 언어 정보를 주어야 한다.	배트 스윙의 비디오테이프 자료를 여러 각도에서 보여준다.
기술 피드백 (Descriptive)	학습자의 동작 특성 요소에 초점을 맞추어 정보를 제공한다. 이는 유경험자에게 유용한 정보이다.	"너의 스윙은 너무 뻣뻣하다" 동작의 관찰적 특징을 제공한다.
처방 피드백 (Prescriptive)	학습자에게 구체적인 수정, 대치 동작을 제안한다. 이는 초보자나 경험이 많지 않은 학습자에게 유용한 피드백 정보이다.	"손을 편안히 하고 더 빨리 움직여라" 관찰된 동작의 오류를 수정하고 교정하는 정보를 제공한다.

3. 피드백의 기능

(1) 피드백의 정보 기능

① 동작 유형에 대한 정보를 제공한다.

② 학습의 이해도를 높일 수 있다.

③ 운동의 수정을 위한 기초 자료를 제공한다.

(2) 피드백의 안내 기능

① 학습자가 어떠한 과제에 대해 목표점을 향해 수행할 때에 동작 혹은 오차를 수정할 수 있도록 학습자에게 제공되는 피드백의 제시 형태가 정확한 동작에로의 안내 또는 교도해 주는 것을 의미한다.

② 학습자가 어느 정도로 정확한 동작을 실현할 수 있도록 목표점으로 안내를 한다는 것을 의미한다.

③ 안내가설

㉠ 안내가 수행에 긍정적인 영향을 미치기도 하지만 지속적인 학습효과는 기대할 수 없다.

㉡ 학습자에게 안내 정보에 의존하는 성향을 제공하기 때문에 학습자 스스로가 처리해야 하는 인지적 정보처리 능력을 저하시켜 수행에 방해 작용을 할 수도 있다.

가이던스 가설(guidance hypothesis)

보강피드백은 학습자의 동작이 움직임의 목표에서 크게 벗어나지 않고 유지되도록 돕는데, 학습자로 하여금 발생된 오류를 신속히 수정하게 함으로써 목표에 가까운 바른 수행을 가능하게 한다. 그러나 학습자들이 이런 보강피드백에 의존하게 된다는 문제점이 제기되었고, 이로부터 '가이던스 가설'이 나왔다(Salmoni, Schmidt, & Walter). '가이던스 가설'에서는 목표에 맞도록 움직임을 조절하기 위해 본인의 내재적피드백 정보 대신 보강피드백을 사용하게 되는 문제가 발생한다고 설명한다. 만약, 학습자가 스스로 동작을 수행하는 능력을 발달시키지 못하면, 피드백이 더 이상 주어지지 않는 파지검사기간에서의 수행이 현저하게 저하될 것이다.

(3) 피드백의 강화 기능

① 동작 후에 제공된 피드백이 미래의 유사한 환경에서 해당 동작이 일어날 수 있는 기회를 증가시킬 수 있다.

② 효과의 법칙

하나의 자극에 대한 동작이 기쁨 또는 보상이 뒤따르게 되면 동일한 자극이 또다시 나타날 때 그 동작은 반복되는 경향이 있는 반면에 불쾌함이나 벌이 뒤따르게 되면 그 동작의 반복경향성은 줄어든다.

③ 간헐적 강화

매시행마다 피드백을 제공하는 것보다 피드백을 가끔씩 제공하는 간헐적 강화가 일반적으로 학습에 더욱 효과적이다.

- 점감화(fading) : 훈련 시 학습자가 적절한 행동을 달성할 때 강화의 양과 빈도를 점진적으로 감소시키면 일반적으로 후에 강화가 완전히 제거되었을 때 수행을 향상시키게 된다.

(4) 피드백의 동기유발 기능

① 지친 학습자가 과제를 계속해서 참아내며 더욱 노력을 할 수 있도록 학습자의 동기를 유발시킨다.

② 피드백은 공개적으로 제공할 때 더욱 효과적이다.

(5) 피드백의 의존생성 기능

학습자가 운동의 목표를 달성하기 위하여 스스로 정보를 처리하기보다는 피드백을 이용하면서 피드백에 의존하게 된다.

(6) 피드백의 주의집중 기능

오차정보를 정확히 받은 학습자는 다음에 수행할 때 주의를 더욱 집중하게 된다.

(7) 피드백의 피드포워드 기능

자동화된 일련의 동작이 연속적으로 이루어질 때 피드백된 정보가 다음에 연결될 동작을 실시하도록(이전 정보 이용)하는 피드포워드 기능을 한다.

피드백을 제공할 때 운동학습적 고려사항		
• 피드백의 제공수단	• 피드백 제시의 전후간격	• 피드백의 빈도수
• 결과지식의 정밀성	• 수용범위	

4. 연습법에 관련한 요인들에 대한 고려

(1) 시범의 숙련도와 학습과의 관계

① 학습자에 따라 숙련된 수행자의 시범은 폼의 질적 변화를 위한 단서 사용을 촉진시키며, 초보자의 시범은 오류 탐지 능력을 향상시킨다.

② 연령과 체격 수준이 학습자와 유사한 또래 동료의 시범은 자신감을 향상시켜 학습과 참가동기에 긍정적 영향을 준다.

(2) 연습계획을 위한 목표 설정의 유의점

① 목표는 학습자가 성취 가능한 수준으로 설정되어야 한다.

② 제시되는 목표는 명확해야 한다(장기적인 목표와 구체적이며 단기적인 목표의 동시 제시).

(3) 전습법과 분습법

① 영향요인

㉠ 운동기술의 성질

㉡ 학습자의 능력

㉢ 연습의 조직

② 분습법의 종류

㉠ **단순법(단순화)**: 과제 수행의 특징을 조정하여 전체 과제를 단순하게 하여 부분적으로 연습하는 방법

㉡ **분류법(부분화)**: 한 운동과제를 두 가지 혹은 그 이상으로 나누어 동시에 연습을 하거나 각 부분을 따로 떼어내어 연습을 하는 방법

㉢ **분절법(분절화)**: 전체기술을 시간 및 공간적 영역으로 분할하여 연습하는 방법

ⓐ **순수 분습**: 각 부분에서 따로 설정된 기준에 따라 연습하고 전체 기술을 수행하기 위해 종합하는 방법

ⓑ **점진적 분습**: 첫째 한 부분을 습득하고, 첫 번째와 두 번째 부분을 합치고, 첫 번째와 두 번째를 동시에 연습하는 방법으로 전체 기술이 완전히 수행될 때까지 하는 방법

(4) 맥락 간섭

① 여러 가지 과제를 함께 학습하거나 연습을 할 때 기능적 간섭의 정도를 의미한다.

② 구획연습에서는 간섭이 적게 일어나고 무선연습에서는 상대적으로 간섭이 많이 일어난다.

③ 맥락간섭효과가 낮은 구획연습은 무선연습에 비해 연습 수행에 효과가 높고, 맥락간섭효과가 높은 무선연습은 파지와 전이에 효과적이다.

④ 맥락간섭의 영향 요인

㉠ 연습계획

㉡ 파지계획

㉢ 피험자 특성

㉣ 과제의 특성

(5) 가이던스 기법

① 가이던스 기법은 신체적, 언어적, 또는 시각적인 방법을 사용하여 학습자의 운동 수행에 직접적으로 도움을 제공하는 것이다.

② 가이던스의 목적

㉠ 학습자의 오류를 줄여준다.

㉡ 위험한 동작에 대한 두려움을 없애주며, 부상을 예방한다.

(6) 운동기술의 보유와 전이

① 보유할 수 있는 정보의 양과 시간에 따른 기억의 형태

㉠ 감각기억

ⓐ 감각기억은 환경으로부터 들어온 자극이 처리될 때까지 여러 가지 감각시스템을 사용하여 정보를 잠시 유지하는 정보저장고다.

ⓑ 감각시스템을 통해서 들어온 정보는 병렬적으로 처리되며, 아주 짧은 시간 동안에 많은 양의 정보가 감각기억에 저장된다.

ⓒ 대부분의 정보가 저장된 직후 잊혀지며, 새로운 정보가 유입되면 쉽게 손실된다.

㉡ 단기기억

ⓐ 단기기억은 감각기억을 통해 들어온 정보를 처리하는 동안 정보를 유지하는 정보저장고다.

ⓑ 감각기억보다 다소 긴 시간 동안 정보를 보유할 수 있는 단기기억은 감각시스템으로부터 유입된 모든 정보를 처리할 수 없기 때문에 선택적으로 필요한 정보만을 선택하여 처리한다.

ⓒ 성인의 경우 10~20초 정도까지만 정보를 저장할 수 있고, 처리할 수 있는 정보의 수는 5~9개 정도이다.

㉢ 장기기억

ⓐ 단기기억에서 저장된 정보는 다양한 인지적인 처리 과정을 거쳐서 영구적인 정보저장 장소인 장기기억에 저장된다.

ⓑ 장기기억의 기억 용량은 제한이 없으며, 수많은 훈련과 연습을 통하여 언제든지 필요할 때마다 장기기억에 저장된 정보를 사용할 수 있게 된다.

ⓒ 우리가 일반적으로 가지고 있는 지식이나 학습을 통하여 축적된 사실, 의미들은 모두 장기기억에 저장되어 있다.

② 정적 전이의 영향 요인

㉠ 운동기술요소의 유사성: 운동기술의 요소나 수행 상황이 유사할수록 학습의 전이가 정적으로 발생한다.

㉡ 처리과정의 유사성: 연습조건과 전이조건 간의 인지 처리 활동이 유사할수록 정적 전이가 발생한다.

(7) 저장되는 정보의 유형에 따른 기억의 형태

① 터빙(Tulving)의 분류

㉠ 일화적 기억: 개인이 경험한 사건에 대하여 그 일이 언제 어떻게 발생하였는지를 구체적으로 영상과 같은 형태로 보유하는 것을 말한다.

㉡ 절차적 기억: 수행하는 운동 과제가 어떤 순서나 절차에 의해서 진행될 때 사용할 수 있는 정보를 저장한다.

㉢ 어의적 기억: 일반적이고 체계적인 지식을 보유하는 것을 의미한다.

② 앤더슨(Anderson)의 분류

㉠ 명제적 기억: 운동 상황에서 무엇을 해야 하는지에 대한 정보를 포함하고 있다. 이러한 정보에는 경기의 규칙, 특정 상황에서 구사해야 하는 운동기술의 하위 요소 등이 포함된다.

㉡ 절차적 기억: 어떠한 순서로 움직임을 수행해야 하는지에 대한 정보를 담고 있다.

5. 운동정확성

(1) 결정요인

① 신체요소의 참여 수준

운동기술을 구성하고 있는 신체요소의 수가 많을수록 발현되는 동작의 형태가 다양하게 나타나기 때문에 동작의 일관성이 떨어지기 쉽다. 이때 정확한 운동수행을 위해서는 보다 많은 노력이 요구된다.

② 인지적 요구 수준

운동의 과제가 복잡하여 인지적 부담이 많을 경우에는 목표를 수행하는 데에 어려움을 겪을 뿐 아니라 수행의 정확성이 떨어지게 된다. 이러한 인지적 부담은 신체요소의 참여 정도와 요구되는 운동 속도에 따라 많은 영향을 받게 된다.

③ 요구되는 운동 속도

일반적으로 운동의 속도가 빨라지게 되면 운동의 정확성이 감소하게 된다.

(2) 운동예측

① 수용기 예측

추적이 가능한 자극의 도착에 대한 예측을 뜻하며, 자극의 속도와 방향에 대한 정보가 매우 중요한 변인으로 작용한다.

② 지각 예측

자극을 추적할 수 없는 외적인 현상에 대한 예측을 뜻하며, 자극이 나타나는 조건이나 형태를 판단하는 데에 중요한 역할을 한다.

③ 효과기 예측

자신의 움직임을 언제, 어떻게 실행할 것인가를 결정하는 과정에서 나타나며, 숙련된 운동수행에 중요한 역할을 한다.

6. 신체운동발달의 원리

(1) 발달에는 일정한 순서가 있다.

(2) 발달에는 방향성(두부 → 미부, 중심 → 말초, 전체활동 → 특수활동, 대근활동 → 소근활동)이 있다.

(3) 발달은 연속적이며 점진적인 과정을 보인다.

(4) 발달의 속도는 일정하지 않다.

(5) 신체 속성에 따라 운동발달의 패턴은 달라진다.

(6) 발달은 변용성이 있다.

(7) 발달의 속도와 정도는 개인차가 있다.

(8) 발달은 분화와 결합의 과정이다.

(9) 발달의 모든 측면은 서로 관련성이 있다.

(10) 발달은 개체와 환경과의 상호작용에 의해서 결정된다.

2 운동 기술의 이해

1. 운동 기술의 분류

(1) 대근 운동 기술과 소근 운동 기술

① 분류 기준

대부분의 운동기술을 구분하기 위한 가장 일반적인 기준으로 기술을 수행하기 위하여 동원되는 근육의 크기를 들 수 있다(기술 수행에 필요한 근육의 크기).

② 분류

㉠ 대근운동기술: 신체의 대근육군을 사용하여 운동을 주도하는 큰 동작의 운동 기술을 말하는데, 대부분의 스포츠 운동기술은 대근운동기술로 볼 수 있다.

㉡ 소근운동기술: 매우 세밀한 운동 기술에 필요한 소근육을 동원하여 신체 각 분절이 정확한 움직임의 수행을 일으키기 위하여 제한된 영역 내에서 작용하는 것을 말한다.

(2) 환경 대상 운동과 신체 운동

① 분류 기준

환경(과제)과 개인의 일관성과 역동성에 따라 분류될 수 있다.

② 분류

구분		외적 환경 조건	
		정지 상태	움직임 상태
신체 조건	정지 상태	유형 Ⅰ • 골프 티샷 • 궁도 활쏘기	유형 Ⅱ • 야구의 타격 • 움직이는 물체 사격
	움직임 상태	유형 Ⅲ • 농구의 레이업 슛 • 테니스 서브	유형 Ⅳ • 축구의 러닝 패스 • 배구의 스파이크

③ Fitts의 분류

㉠ 분류 기준: 자극의 성질과 기능의 수행 전 운동 조건의 결정에 의해 분류될 수 있다(자기 페이스와 외부 페이스의 연속선에서 구분).

ⓛ 분류

ⓐ 신체(정지), 대상(고정) : 양궁

ⓑ 신체(운동), 대상(고정) : 축구의 킥오프

ⓒ 신체(정지), 대상(운동) : 야구의 타격

ⓓ 신체(운동), 대상(운동) : 테니스 포핸드 스트로크

(3) 폐쇄 운동 기술과 개방 운동 기술

① 분류 기준

운동을 수행하는 동안 환경을 예측할 수 있는 정도에 따라 폐쇄운동기술과 개방운동기술로 분류할 수 있다(환경의 안정성과 예측 가능성).

② 분류

구분	폐쇄운동기술	개방운동기술
정의	기능의 수행을 둘러싼 환경적 조건이 변하지 않는다.	변화하는 환경적 조건에서 기능을 수행한다.
환경의 예측 가능성	예측 가능(정적)	예측 불가(동적)
자기 통제의 가능성	통제 가능	통제 불가능, 빠른 지각력에 의존 불가피
동작의 형태	통제된 정확한 기술	빠르고 적응성 있는 동작
해당 기술	육상, 수영, 궁도, 체조의 기술	구기 및 투기의 대부분 기술
예시	테니스의 서브, 배구의 서브, 농구의 자유투	테니스 포핸드, 농구의 레이업, 축구의 드리블, 야구의 수비
훈련의 주안점	동작 패턴의 반복 훈련	외부 상황 조건에 적응할 수 있는 적응력, 동작 반응의 유연성
기술 향상의 준거	정확하고 일관성 있는 동작 패턴	여러 상황에 대처할 수 있는 다양하고 정확한 동작 패턴

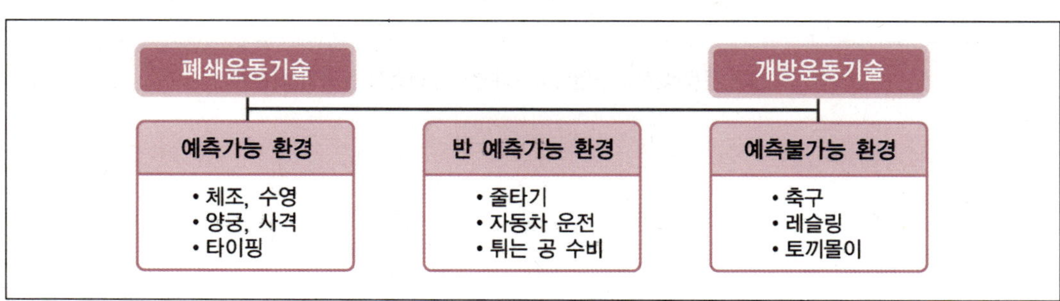

운동행동을 위한 폐쇄 및 개방 운동기술의 연속성

(4) 연속적 운동기술과 불연속적 운동기술

① 분류 기준

움직임의 연속성에 따라서 분류할 수 있다. 연속성의 정도는 수행동작 사이에 중지 상태가 일어나는지의 여부와 수행동작의 시간적 길이에 따라 결정된다(움직임의 연속성).

② 분류

㉠ **불연속적 운동기술**: 동작의 지속 시간이 짧고 운동의 시작과 끝이 명확한 것을 말한다.

예 던지기, 받기, 차기 등

㉡ **계열적 운동기술**: 불연속적 운동기술이 연속적으로 연결되어 하나의 운동기술로 표현되는 것으로 더 큰 단위의 단일 요소로 결합되어진 것을 말한다.

예 체조의 연기, 야구의 수비기술 등

㉢ **연속적 운동기술**: 어떤 특정한 움직임이 계속 반복되어 운동의 시작과 끝을 구분할 수 없는 운동기술을 말한다.

예 수영, 사이클, 달리기 등

③ 특징

㉠ 연속적 기능이나 과제는 파지가 거의 무한적이다.

㉡ 반면에 불연속적 과제나 기능은 상실률이 급격하다.

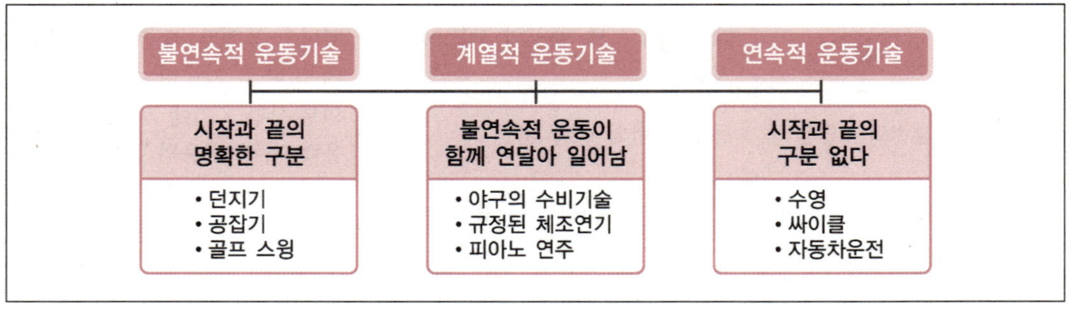

운동행동의 불연속적 – 계열적 – 연속적 운동기술 분류

(5) Gentile의 이차원 분류

① 분류 기준

Gentile은 운동기술을 환경적 맥락과 동작의 기능에 따라서 16가지로 분류하였다.

② 분류

			동작의 기능			
			신체이동 없음		신체이동	
			물체조작 없음	물체조작	물체조작 없음	물체조작
환경적 맥락	안정상태 조절조건	동작간 가변성 없음	제자리에서 균형 잡기	농구 자유투하기	계단 오르기	책 들고 계단 오르기
		동작간 가변성 있음	수화로 대화하기	타이핑하기	평균대 위에서 체조기술 연기하기	리듬체조에서 곤봉 연기하기
	운동상태 조절조건	동작간 가변성 없음	움직이는 버스 안에서 균형 잡기	같은 속도로 던져지는 야구공 받기	움직이는 버스 안에서 걸어가기	물이 든 컵을 들고 일정한 속도로 걷기
		동작간 가변성 있음	트레드밀 위에서 장애물 피하기	자동차 운전하기	축구경기에서 드리블하는 선수 수비하기	수비자를 따돌리며 드리블해 나가기

1. 환경적 맥락은 조절 조건과 동작간 가변성으로 구성된다.
   - 조절 조건: 움직임에 영향을 주는 환경의 특성을 말하는 것으로, 운동기술을 성공적으로 수행하기 위해 수행자가 고려해야 하는 환경적 특징을 의미한다. 이러한 조절 조건은 환경적 상황이 변하지 않는 안정상태와 환경적 상황이 변화하는 운동상태로 구분되며, 이는 폐쇄·개방 운동기술의 구분으로 각각 적용해 볼 수 있다.
   - 동작간 가변성: 수행하는 동안 나타나는 동작의 가변성 여부를 의미하는 것으로, "있다" 또는 "없다"로 구분된다. 예를 들어, 아스팔트 바닥을 걸어갈 때에는 스텝간의 차이가 없으므로 동작간의 가변성은 없으나, 빙판 위를 걸을 때에는 넘어지지 않기 위하여 스텝간의 다른 특성을 보이게 되므로 이러한 경우에는 동작간의 가변성이 나타난다.
2. 동작의 기능은 주어진 운동기술이 신체의 움직임을 포함하는지 또는 다른 물체를 조작하는 것을 포함하는지에 따라서 신체이동과 물체조작으로 구분된다.
   - 신체이동: 양궁이나 사격과 같은 운동기술은 신체의 위치가 변하지 않는 반면에, 달리기나 수영 그리고 구기종목과 같은 대부분의 운동기술에서는 신체의 위치가 계속적으로 변한다.
   - 물체조작: 야구와 테니스 등은 볼과 배트 또는 라켓과 같은 도구를 사용하지만 마라톤이나 맨손체조와 같은 운동기술은 어떤 물체도 조작하지 않는다.

운동 기술

- **운동기술의 개념**: 운동기술은 반드시 목적을 가져야 하며, 신체 또는 사지의 수의적인 움직임을 포함해야 한다.
  - 기술과 관련된 동작이 특정한 목적을 가져야 하며 반드시 수의적인 운동이어야 한다.
  - 행동의 목적을 달성하기 위하여 신체 또는 사지의 움직임이 반드시 있어야 한다.
- **운동기술의 정의**
  - Guthrie는 최소한의 시간과 에너지를 소비하여 최대의 확실성을 갖고 목표를 달성할 수 있는 능력이라고 정의하였다.
  - Johnson은 운동기술을 속도, 정확성, 폼, 적응성의 다양한 차원으로 보았으며, 어느 한 차원만으로는 기술의 속성을 충분히 설명할 수 없다는 것을 제시하였다. 운동행동에서 나타나는 기술을 설명하기 위해서는 속도, 정확성, 자세, 적응력 등의 변인들이 고려되어야 하며 숙련자라고 불릴 정도가 되려면 이러한 변인들이 충분히 발달되어야 한다고 하였다.

2. 운동 행동 연구의 이론적 기초

(1) 반사 이론

① 반사 이론은 외부로부터 제시되는 자극에 의해서 운동 행동이 생성된다는 이론으로, 움직임의 결과에 관심을 갖는 행동주의적 접근에서 비롯되었다.

② 반사 이론은 이론적 설명이 너무 단순하여 다양한 목표 지향적인 동작뿐만 아니라 환경의 변화에 따른 인간의 능동적인 행동의 변화에 대한 설명에 제한이 있고, 모든 움직임에 감각적 피드백이 반드시 필요하다고 주장하였으나 여러 연구를 통해 감각적 피드백이 없어도 운동이 발생할 수 있다는 결과를 얻게 되었다.

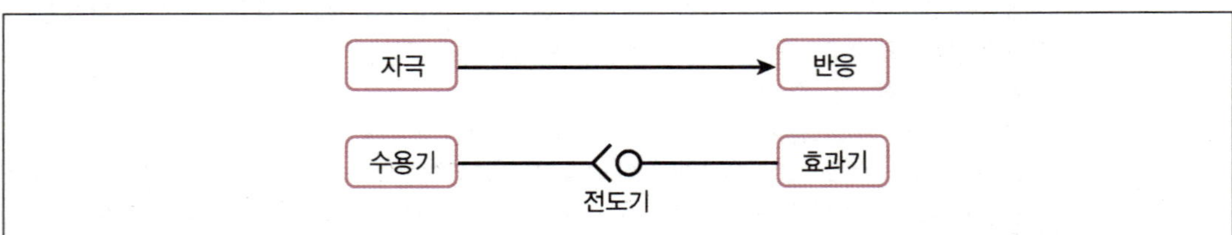

반사의 기본 구조

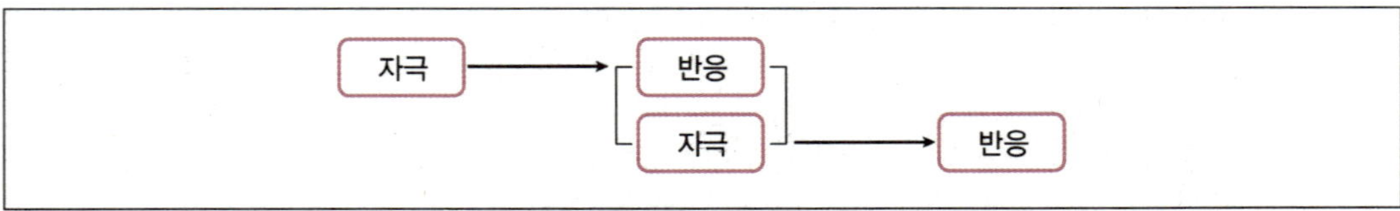

행동을 위한 반사의 연결

(2) 정보 처리 이론

정보 처리적 접근에서는 운동 행동이 생성되는 과정을 중시하여, 인간을 환경 정보에 대한 능동적인 정보처리자로 간주한다.

① 폐쇄 회로 이론

㉠ 기억 체계에 저장되어 있는 동작에 대한 참조 준거와 실제 동작간의 오류에 대한 피드백 정보를 활용하여 운동 행동이 조절된다는 것이다.

㉡ 피드백을 통해 동작을 수정하여 새로운 움직임이 나타날 때까지 걸리는 많은 정보 처리 시간으로 인하여 빠른 운동을 설명하지 못하는 제한점이 제기되었다.

② 개방 회로 이론

㉠ 상위의 대뇌피질에 저장되어 있는 동작에 대한 프로그램에 의해서 인간의 모든 운동 행동이 생성된다는 것이다.

㉡ 피드백을 통한 조절과정이 불필요하며 폐쇄 회로 이론으로는 설명하지 못하였던 매우 빠른 움직임을 설명할 수 있게 되었다.

㉢ 인간이 수없이 많은 움직임을 수행할 수 있는 능력을 지녔음을 고려할 때, 각각의 움직임에 대한 프로그램을 모두 기억할 때 필요한 저장 용량에 대하여 의문을 갖게 되었다.

㉣ 인간이 이전에 전혀 경험해보지 못한 움직임을 기억 속에 프로그램이 존재하지 않음에도 불구하고 수행할 수 있는 것에 대하여 설명하지 못하는 한계점을 안고 있다.

③ 도식 이론

㉠ 폐쇄 회로 이론의 피드백과 개방 회로 이론의 운동 프로그램의 개념을 통합하여 운동행동의 원리를 설명한다.

㉡ 도식 이론은 빠른 움직임은 개방 회로 이론으로, 느린 움직임은 폐쇄 회로 이론으로 설명하고자 하는 것이다.

㉢ 도식 이론에서는 현재 수행하고자 하는 운동과 유사한 과거의 운동 결과를 근거로 하여 새로운 운동을 계획하는 회상 도식과 피드백 정보를 통하여 잘못된 동작을 평가하고 수정하는 재인 도식 등 두 가지의 기억 상태를 가정하고 있다.

㉣ 회상 도식은 빠른 움직임을, 재인 도식은 느린 움직임을 조절하기 위하여 동원된다.

㉤ 도식 이론도 맥락에 따른 중력의 변화, 근육의 피로 등과 같이 환경과 동작 시스템이 갖게 되는 변화요소를 고려하지 못하고 있어 복잡한 인간의 운동행동을 설명하기에는 많은 문제점을 가지고 있다는 지적이 제기되고 있다.

(3) 다이나믹 시스템 이론

① 다이나믹 시스템 이론은 유기체·환경·과제의 상호 작용 속에서 자기조직의 원리와 비선형성의 원리에 의해서 인간의 운동이 생성되고 변화한다는 것이다.

② 운동 프로그램에 근거한 이론은 수많은 자유도를 갖는 인간의 복잡한 운동을 인간의 기억 표상만으로는 모두 설명될 수 없다는 문제가 제기되었다.

③ 자유도와 관련된 문제는 Bernstein에 의해서 제기되었으며, 이를 기점으로 하여 새로운 관점인 다이나믹 시스템 이론이 나타나기 시작하였다.

④ Bernstein은 신체적인 역학적 특성과 신체에 작용하는 내・외적인 힘을 고려하여 인간의 운동 체계를 설명하고자 하였다.

⑤ Bernstein은 중추적으로 전달되는 동일한 명령이 다른 움직임을 생성하거나(맥락 조건 가변성), 다른 명령이 같은 움직임을 생성하게 하는 현상(운동 등가)이 발생한다고 하였다.

⑥ 다이나믹 시스템 이론에서는 인간 운동시스템이 자체적으로 가지고 있는 신체적 특성을 매우 중요시 여긴다. 또한 이와 같은 신체 자체에서 발생하는 많은 요인과 함께 운동이 일어나는 환경의 중요성을 강조하고 있다. 즉 환경으로부터 제공되는 수많은 정보가 운동을 일으키고 변화시키는 데에 결정적인 역할을 한다는 것이다.

⑦ Newell은 환경, 유기체, 과제를 인간의 운동 행동을 제한하는 요소로 간주하고, 이러한 제한 요소간의 상호 작용 속에서 인간은 적절한 운동을 생성하게 된다고 하였다. 제한 요소의 영향을 받는 인간의 운동은 두 가지의 원리에 의해서 생성되고 변화한다. 하나는 자기조직의 원리이며, 다른 하나는 비선형성의 원리이다.

㉠ **자기조직(self-organization)의 원리**: 인간 행동이 생성되는 원리를 설명하기 위한 것으로, 세 가지의 제한 요소의 상호 작용의 결과가 특정한 조건에 부합될 때 인간의 운동은 저절로 발생한다는 것이다.

㉡ **비선형성(nonlinearity)의 원리**: 운동의 변화가 선형적인 경향을 보이지 않는다는 것을 의미한다.

⑧ 인간의 운동은 제한 요소의 상호 작용에 의해서 영향을 받기 때문에 이러한 제한 요소의 변화에 따라서 새로운 조건에 적합한 운동의 형태로 갑작스럽게 전환되는 상변이(phase transition) 현상이 발생하게 된다.

㉠ 상변이 현상은 안정성의 개념과 매우 밀접한 관련이 있는데, 제한 요소의 변화는 운동 유형의 안정성에 영향을 주게 된다.

㉡ 만약 현재의 행동 유형으로 제한 요소의 상황에 적응하지 못하면 그 행동 유형은 매우 불안정해지고, 더 나아가 행동 유형에 변화, 즉 상변이 현상이 발생하게 되는 것이다.

⑨ 다이나믹 시스템 이론은 기존의 운동제어 이론과는 전혀 다른 관점에서 인간의 운동을 관찰하고자 한다. 이론적인 관점의 차이는 3가지로 요약해 볼 수 있다.

㉠ 인간 운동의 생성과 변화는 운동 프로그램과 같은 기억 표상의 구조를 필요로 하지 않고 자기 조직의 원리와 비선형성의 원리를 따른다는 것이다.

㉡ 안정성과 상변이 개념의 사용이다. 기존의 이론에서는 인간 운동의 갑작스런 변화를 설명하지 못하고 있다. 그러나 다이나믹 시스템 이론에서는 상변이의 개념을 사용하여 이러한 갑작스런 운동 유형의 변화를 논리적으로 설명하고 있다.

㉢ 환경의 중요성을 강조했다는 점이다. 환경은 단지 인간의 운동이 일어나는 장소로 존재하는 것이 아니라 인간 운동에 매우 중요한 정보원으로 작용한다는 것이다.

⑩ 최근 들어서 다이나믹 시스템 이론은 신경 체계의 조절을 고려하지 않고 유기체와 환경의 물리적 체계의 상호 관계만을 강조한 점이 문제점으로 지적되고 있다.

⑷ 생태학적 이론

① 생태학적 이론은 환경정보에 대한 지각과 운동 동작의 관계를 강조한 것으로, 환경 정보는 그 자체에 의미가 있기 때문에 어떠한 인지적 과정을 거치지 않고도 동작을 일으킬 수 있다는 것이다.

② Bernstein의 문제 제기 이후 발전한 다이나믹 시스템 이론과 함께 인간의 운동 행동에 새롭게 접근하려는 이론적 관점인 생태학적 접근이 생태심리학에 근거하여 나타났다.

③ 생태심리학에서는 유기체와 생태계를 하나의 단위로 분석하기 위하여 환경과 그 환경 속에서 움직이고자 하는 수행자, 그리고 과제 사이의 관계를 강조한다.

④ 수행자는 과제를 지각하고 그가 속한 환경적 특성에 따라 움직임을 일으킨다는 것이다. 따라서 동일한 과제도 상황적 차이에 의해 다르게 수행된다고 보기 때문에 생태학적 관점에서의 연구는 환경의 맥락을 중시하고 실험실의 상황에서 탈피하여 실제 상황으로 적용하는 것을 중요시한다.

⑤ 이러한 접근은 자세유지와 이동운동 그리고 캐칭과 배팅처럼 시각의 기능이 중요한 운동수행의 원리를 설명하는 데에 있어서 매우 유용하며, 운동제어에 있어서 시각의 역할을 규명하는 데 크게 기여하고 있다.

⑥ Gibson은 유용한 정보를 탐색하는 과정을 지각이라고 간주하고, 정보를 탐색하는 과정 속에서 드러난 정보의 의미가 일차적으로 어떤 행동의 유용성을 제시한다고 주장한다. 즉 수행자는 그 자신과 물체, 그리고 수행자가 처한 특정한 환경사이의 독특한 관계 속에서 동작에 대한 직접적인 지각이 이루어지고 이에 따라 그 동작을 수행하게 된다는 것이다.

⑦ 이와 같이 생태학적 관점에서는 움직임에 필요한 정보가 환경과 물체에서 반사된 빛을 통해서 인지적인 처리과정을 거치지 않고도 직접 전달된다고 가정한다.

⑧ 불변적인 특성의 지각은 물체나 유기체 자신이 움직일 때, 망막상에 맺히는 상의 각도가 일정하게 변화하기 때문에 가능하다.

⑨ 생태학적 관점에서는 유기체가 움직임을 수행하는 과정에서 지각과 동작을 서로 분리시켜 설명할 수 없는 유기적인 관계로 보고 있다. 즉 수행자는 지각의 과정을 통해 움직이기 위해 필요한 의미 있는 정보를 수집하여 동작을 수행하며, 움직임이 일어나는 동안 시시각각 변화하는 환경 정보를 지각함으로써 동작을 계속적으로 수행할 수 있다는 것이다(Turvey).

3 정보 처리와 운동 수행

1. 정보 처리 접근

(1) 정보 처리 단계

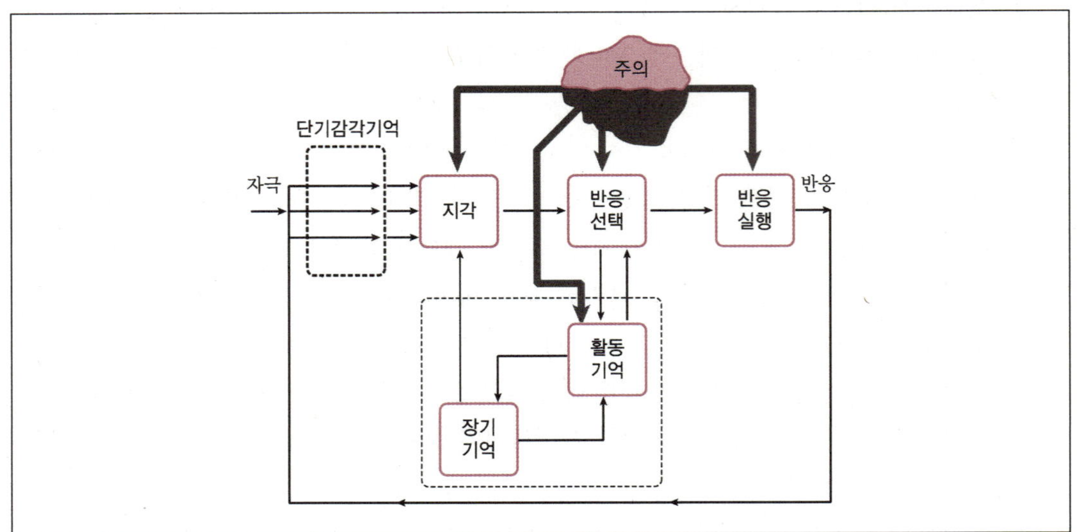

인간의 정보 처리 모형

① 감각 · 지각 단계(자극확인단계)

㉠ 감각 · 지각 단계는 정보를 받아들여 그 정보의 내용을 분석하여 의미를 부여하는 과정이다.

㉡ 인간은 운동 수행에 필요한 정보를 시각, 청각, 촉각 등과 같은 다양한 감각 기관을 통해서 받아들인다.

㉢ 감각 · 지각 단계에서 반응 시간은 자극의 명확성과 강도의 영향을 받는다.

㉣ 감각 · 지각 단계의 기능

ⓐ 환경의 정보 자극에 대한 탐지 기능

- 자극의 명확성 정도나 강도에 의해서 영향을 받는다.
- 시끄러운 상황에서보다 소음이 없는 곳에서 부를 때 소리에 대한 반응 시간은 짧아지게 된다. 또한 부르는 목소리가 클수록 반응 시간이 더 빨라진다.

ⓑ 유형에 대한 인식 기능

- 인간은 어떤 자극을 받았을 때 자극의 특징이나 특정한 유형을 추출할 수 있다.
- 스포츠 상황에서 유형의 인식은 학습 과정과 매우 밀접한 관련이 있으며, 운동기술의 수준에 따라서 환경 정보를 포착하여 지각하는 능력이 다르다.

② 반응 선택 단계

㉠ 반응 선택 단계는 자극에 대한 확인이 완료된 후 그 자극에 대하여 어떻게 반응해야 할지를 결정하는 단계다.

㉡ 감각·지각 단계에서 제공되는 많은 정보를 활용하여 반응을 결정하는 단계로, 의사결정과 직접적인 관련이 있다. 따라서 이전의 기억에 의해서 많은 영향을 받게 된다.

㉢ 반응 선택 단계에서 자극과 반응간의 관계에 따라서 그 처리 속도가 결정된다. 즉, 다양한 자극에 대하여 수행해야 할 반응의 수가 많아서 선택해야 하는 대안수가 많을수록, 그리고 자극과 반응간의 적합성이 약할수록 그 처리 과정 속도는 늦어지게 된다.

㉣ 이러한 현상은 많은 연습을 통해 극복할 수 있다.

③ 반응 실행 단계

㉠ 반응 실행 단계는 실제로 움직임을 생성하기 위하여 운동 체계를 조직하는 단계이다.

㉡ 이 단계에서 형성된 동작에 대한 계획은 수행에 필요한 근육으로 전달되어 적정한 힘과 타이밍으로 효율적인 움직임을 수행할 수 있도록 한다.

㉢ 반응 실행 단계와 실제 반응은 구별해야 한다.

예 야구에서 타자가 투구된 공을 스윙을 할 것인지를 결정하고(반응 선택 단계), 만약 스윙하기로 결정하였다면 다양한 형태의 스윙의 궤적을 형성하기 위하여 스윙 동작에 대한 계획을 수립한(반응 실행 단계) 이후에 스윙을 실제로 하게(실제 반응)되는 것이다.

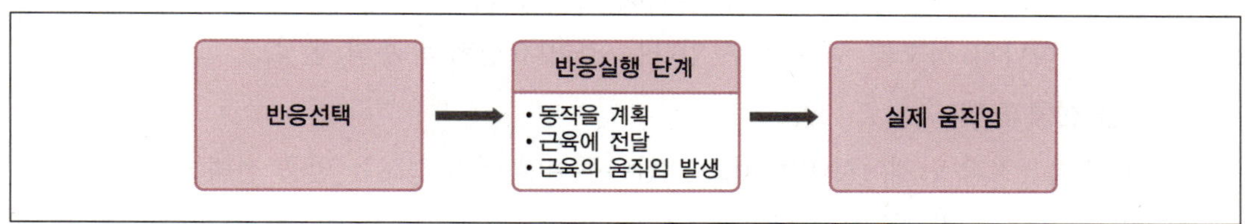

(2) 정보 처리 단계별 정보 처리 능력

① 감각·지각 단계

감각·지각 단계에서는 환경으로부터의 많은 정보가 인간의 감각 시스템을 통해 유입되어 병렬적으로 동시에 처리될 수 있는 것으로 알려져 있다. 이와 같은 현상은 스트룹 효과와 칵테일 파티 현상을 통하여 알 수 있다.

㉠ 스트룹 효과(stroop effect)

ⓐ Keele은 적색, 황색, 녹색, 청색 등의 네 가지 색의 자극을 제시하고, 각 자극에 해당하는 버튼을 눌렀을 때에 걸리는 선택 반응 시간을 측정하였다.

ⓑ 첫 번째 조건에서는 ±나 √와 같이 색깔과 관계없는 네 가지 기호에 네 가지 색을 각각 칠해서 제시하였다. 반면에 두 번째 조건에서는 색의 이름 위에 네 가지 색을 칠해서 제시하였는데 이때 'RED'라는 글자에는 녹색을 칠하는 것과 같이 칠해진 색과 색의 이름이 일치하지 않도록 하였고, 반응은 제시되는 색깔에 해당하는 버튼을 누르도록 하였다. 그 결과 두 번째 조건에서의 반응 시간이 첫 번째 조건에서보다 느린 것으로 나타났다.

ⓒ 이러한 결과는 감각·지각 단계에서 제시되는 색과 색의 이름을 나타내는 단어의 의미가 병렬적으로 동시에 처리되며, 두 자극이 일치할 경우 자극 간에 간섭이 발생하지 않아 빠른 처리가 가능하다는 것을 알 수 있다.

ⓓ 또한 두 자극이 일치하지 않을 경우 반응시간이 늦어지는 것은 다음 단계인 반응 선택 단계에서 두 자극 간에 간섭이 발생하기 때문이라고 볼 수 있다(자극 간 간섭 현상).

㉡ 칵테일 파티(cocktail party) 현상

ⓐ Cherry는 칵테일 파티와 같이 시끄러운 음악이 흐르고 사람들의 대화로 매우 소란스러운 가운데에서도 어떻게 자신이 듣고자 하는 대화에 아무런 문제없이 참여할 수 있는지에 의문을 갖고 이러한 현상을 설명하기 위해 두 가지의 다른 내용을 담은 연설문을 각각 양쪽 귀에 들려주는 실험을 실시하였다.

ⓑ 주된 연설문과 부차적인 연설문을 왼쪽 귀와 오른쪽 귀에 동시에 들려주고 주된 연설문에 대해서는 한 낱말씩 크게 따라 하도록 하였다.

ⓒ 그 결과 부차적인 연설문에 대해서는 그 연설문의 내용에 대하여 정확하게 대답하지 못하였다.

ⓓ 이것은 양쪽 귀로 전달되는 두 가지의 청각 정보가 감각·지각단계에서는 주의 역량과 상관없이 병렬적으로 동시에 처리되지만, 주의를 기울임에 따라서 선택적으로 하나의 정보를 무시할 수 있다는 것이다(선택적 주의 현상).

② 반응 선택 단계

㉠ 감각·지각 단계에서 병렬적으로 받아들여진 여러 정보는 반응 선택 단계에서 많은 간섭 현상이 발생하게 된다.

㉡ 학습의 초기 단계에서는 반응을 순차적으로 처리하는 통제적 처리 과정이 나타난다. 정보에 대한 통제적 처리는 그 처리 속도가 느리고 주의가 많이 요구되기 때문에 상대적으로 많은 노력이 필요하다. 또한 각각의 정보를 처리하여 반응하는 것이 순차적으로 이루어지는 특징을 갖는다.

㉢ 초보자가 필요한 정보를 의식적으로 처리하는 것과는 달리, 숙련자일수록 의식적인 노력 없이 많은 정보를 동시에 처리할 수 있는 능력을 가지고 있다. 이러한 과정을 자동적 처리라고 한다. 자동적 처리 과정은 비교적 정보처리 속도가 빠르고 의식적인 노력이 필요하지 않아 주의가 요구되지 않는다. 또한 두 가지 이상의 정보를 병렬적으로 처리할 수 있는 능력을 갖고 있기 때문에 과제 간 간섭이 발생하지 않는다.

㉣ 많은 연습을 통해 특정한 자극에 대한 행동적 단위를 형성함으로써 자동화된 운동 수행을 할 수 있다.

통제적 처리	자동적 처리
• 정보처리 속도가 느리다. • 주의가 요구된다. • 계열적 • 자발적	• 정보처리 속도가 빠르다. • 주의가 요구되지 않는다. • 병렬적 • 비자발적

③ 반응 실행 단계

㉠ 근육에 전달되는 운동명령은 계열적으로 처리되는 특성이 있다. 정보처리 과정에는 상황에 따라 병목현상이 발생하여 하나의 자극에 대한 반응 실행이 완료되기 전까지는 다음 자극에 대한 반응실행이 이루어질 수 없다.

㉡ 자극 간 시간차가 짧으면 두 번째의 자극이 제시되었을 때 첫 번째 자극에 대한 반응 실행이 진행 중에 있으므로 두 번째 자극에 대한 반응 실행이 지연된다. 이것을 심리적 불응기라 한다.

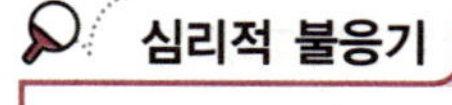

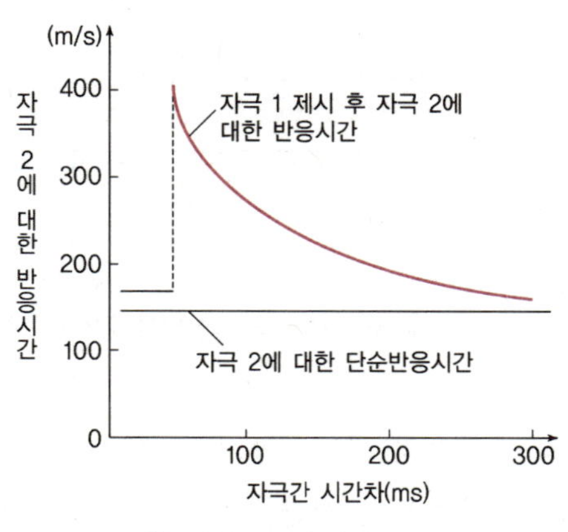

심리적 불응기의 효과

- 반응 실행 단계에서 나타나는 반응의 지연 현상
- 두 개의 연속된 자극 간 시간 차이가 약 60ms일 때, 두 번째 자극에 대한 반응 시간이 현저하게 길어지는 현상

심리적 불응기와 페인트 동작

공격자의 1차적인 슛 동작(1차 자극: 페인트 동작)에 대하여 수비자가 반응을 하기 때문에 바로 연속적으로 수행되는 공격자의 슛 동작(2차 자극: 슛)에 대한 2차 반응이 느려지게 된다. 페인트 동작을 효과적으로 사용하기 위해서는 다음과 같은 사항을 명심해야 한다.

- 1차 자극인 페인트 동작이 수비자가 판단하기에 실제로 슛을 하는 것으로 착각할 수 있을 정도로 실제 슛 동작과 유사해야 한다. 그래야만 수비자가 속을 것이다.
- 페인팅 동작과 실제 슛 사이의 적절한 시간차를 유지해야 한다. 대부분의 연구에 의하면 60ms에서 100ms 정도의 시간차이를 갖는 것이 가장 오랜 반응 지연을 유발할 수 있다고 한다. 만약 이 시간보다 길어진다면, 수비자가 실제 슛 동작에 대하여 정상적인 반응을 보여 페인팅 동작의 의미가 없어지게 될 것이다.
- 페인팅의 사용 빈도를 랜덤으로 하여 수비자가 예측하기 어렵도록 해야 한다. 매번 페인팅 동작을 사용한다면 수비자가 페인팅에 속지 않을 수도 있다.

(3) 반응 시간과 운동 행동의 관계

반응 시간은 자극을 처리하는 데 소요되는 시간으로, 의사결정의 속도와 효율성을 나타낸다. 반응 시간은 자극이 제시되는 순간부터 그 자극에 대한 반응이 시작되는 순간까지 소요된 시간을 말하며, 이는 외부로부터 들어오는 다양한 자극에 대하여 대뇌의 처리과정에 필요한 시간을 반영한다. 정보 처리 접근은 기본적으로 각각의 정보 처리 단계(감각・지각, 반응 선택, 반응 실행)에서 정보가 처리되기 위해서는 시간이 소요된다는 것을 가정하며, 각 정보 처리 단계에서 소요되는 시간이 누적되어 반응 시간으로 나타나게 된다. 따라서 하나 혹은 둘 이상의 단계에서 소요되는 시간이 길어지면, 반응 시간은 자동적으로 길어지는 것이다.

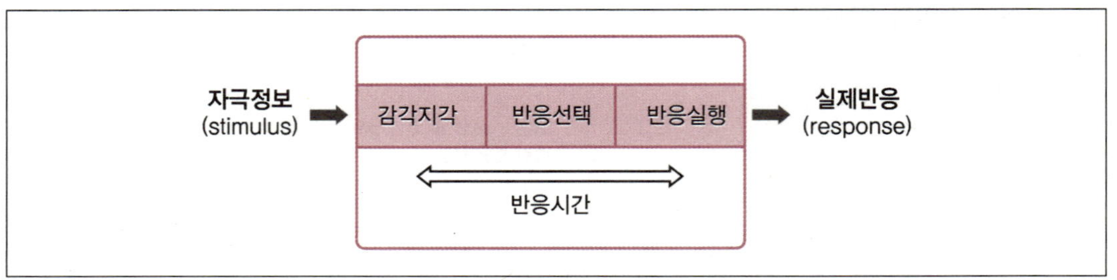

정보처리 과정과 반응시간의 관계

① 선택 반응 시간의 연구

선택 반응 시간은 자극 반응의 대안수와 자극-반응간의 적합성에 따라서 영향을 받는다.

㉠ 자극 반응의 대안수: 선택 반응 시간은 반응해야 할 선택 대안수가 증가할수록 길어진다.

자극-반응의 대안수가 증가함에 따라서 선택 반응 시간이 증가하는 현상은 Hick의 법칙에서 기초적인 정보를 얻을 수 있다. Hick와 Hyman은 선택 반응 시간과 자극 반응 대안수의 대수 간에 선형적인 관계가 있음을 발견하였다. 이러한 관계를 Hick의 법칙이라고 한다. Hick의 법칙은 자극 반응 대안수의 로그함수적 변화와 같은 비율로 선택 반응 시간이 증가한다는 것을 의미한다.

$$선택\ 반응\ 시간 = a + b[\log_2(N)]$$

(N: 자극반응의 대안수, a, b: 상수)

자극-반응 대안수와 선택반응시간의 관계

자극-반응 대안수 [Number(N)]	선택 반응 시간 [$\log_2(N)$]
1	0
2	1
4	2
8	3
16	4
32	5

㉡ **자극 반응의 적합성**: 자극 반응 부합성이란 자극과 그 자극에 따른 반응이 자연스러운 방식으로 연결되어 있는 정도를 말한다. 자극과 반응의 적합성이 높을수록 반응 시간은 감소하게 된다.

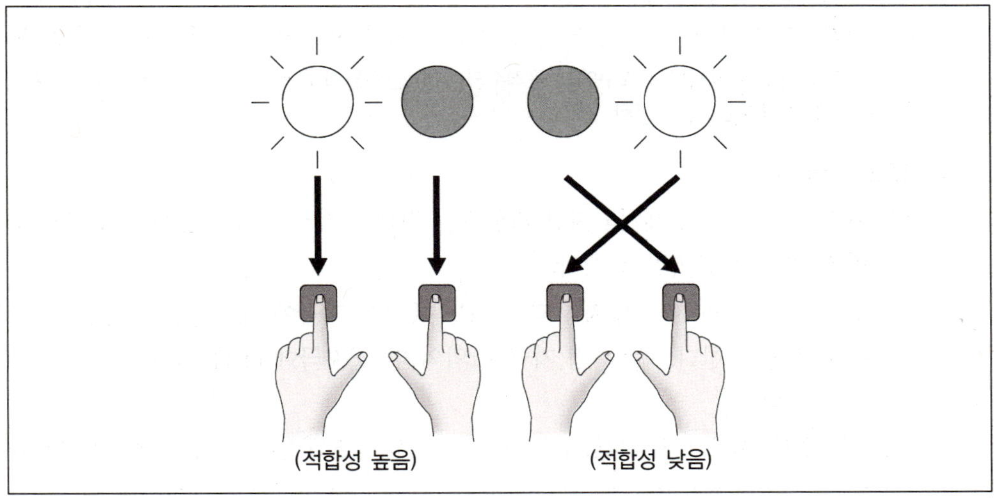

자극-반응 적합성

② 이중 자극 연구

이중 자극의 연구는 연속적으로 두 개의 자극을 제시하고 각각의 자극에 대하여 모두 반응하도록 하였을 때 나타나는 반응 시간의 지연 현상을 규명하는 것이다.

㉠ 심리적 불응기: 농구에서 페인팅 동작 등에서 쉽게 볼 수 있는 것으로, 먼저 제시된 자극에 대한 반응을 수행하고 있을 때 또 다른 자극을 제시할 경우, 두 번째 자극에 대한 반응 시간이 느려지는 현상을 심리적 불응기라고 한다.

㉡ 집단화: 자극간 시간차가 40ms 이하로 매우 짧은 경우에는 첫 번째 자극과 두 번째 자극을 하나의 자극으로 간주하게 되어 심리적 불응기 현상이 나타나지 않는데 이러한 현상을 집단화(grouping)라고 한다.

2. 주의와 운동 수행

(1) 반응 시간

반응 시간(reaction time)이란 인간이 주어진 자극을 분석하고 자극이 요구하는 반응을 선택 및 결정하며 목적을 달성할 수 있는 반응을 계획 및 조직하는 데 필요로 하는 시간을 말한다.

① 단순 반응 시간

㉠ 사전에 지정된 한 가지 자극에 대하여 미리 예정된 하나의 동작을 수행하는 데 소요되는 시간을 의미한다.

㉡ 단순 반응 시간을 줄이기 위해서는 반응 시간의 구성 요인 중 정보 처리 시간보다는 신경의 자극 전달 속도, 근육의 활성화 시간 등의 축소에 중점을 두어야 한다.

예 100m 달리기에서 출발 신호에 따라서 출발하는 상황

② 선택 반응 시간

㉠ 별도의 반응을 필요로 하는 자극수가 여러 개인 경우 수행에 소요되는 시간을 의미한다.

㉡ 선택 반응 시간을 줄이기 위해서는 반응 시간의 구성 요인 중 중추 신경계의 정보 처리 시간, 즉 자극 확인과 반응 선택, 반응 계획 등에 사용되는 시간에 중점을 두어야 한다.

예 테니스의 리시브나 축구에서 공격수가 수비 선수들의 움직임에 따라 각각 다른 동료 공격 선수에게 패스하려고 하는 상황

③ 변별 반응 시간

㉠ 여러 개의 자극이 제시되지만 피험자는 정해진 자극이 제시될 때만 반응을 하는데 이를 변별 반응 시간이라고 한다.

㉡ 두 가지 이상의 자극이 제시되고 어느 특정한 자극에 대해서만 반응할 때 측정되는 반응 시간을 말한다. 즉, 특정 자극 이외의 다른 자극에 대해서는 아무런 반응을 하지 않는 것이다.

예 야구경기에서 타자가 다양하게 투구되는 구질의 공 중에서 직구가 들어왔을 경우에 타격을 하는 상황

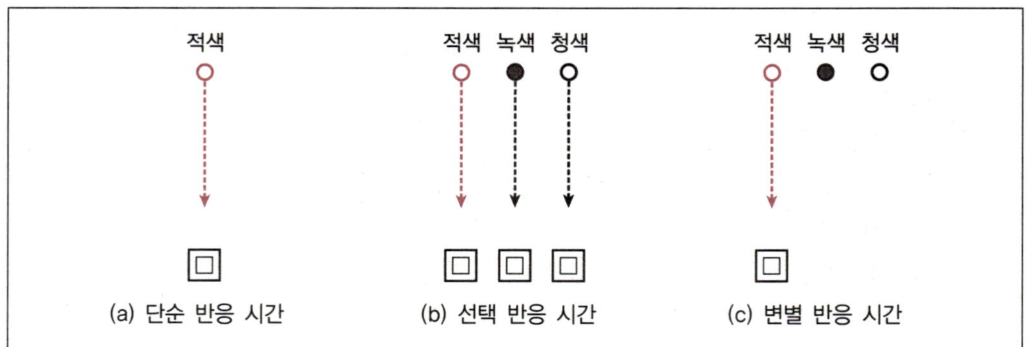

(a): 하나의 불빛 자극이 들어왔을 때 검지로 하나의 버튼을 누르는 과제
(b): 적색 · 녹색 · 청색 불빛이 제시되는 경우, 각각의 자극에 대한 서로 다른 세 가지의 반응 버튼을 누르는 과제
(c): 적색 · 녹색 · 청색의 세 가지 불빛 자극 중 청색 불빛이 제시되었을 경우에만 검지로 버튼을 누르는 과제

반응시간의 종류

(2) 반응 시간의 요인

① 각성 수준

㉠ **욕구 이론**: 각성 수준이 높을수록 반응 시간이 짧아지고 운동 수행의 효과 역시 높아진다.

㉡ **적정 수준 이론**: 각성 수준이 너무 높거나 낮으면 반응 시간은 길어지고 운동 수행의 효과도 떨어진다.

㉢ 근육수가 많으면 높은 각성 수준이, 그리고 근육의 수가 적으면 낮은 각성 수준이 최대의 운동 수행에 좋다.

예 낮은 각성: 양궁, 사격, 중간 각성: 유도, 레슬링, 높은 각성: 역도

② 자극-반응 선택수

㉠ 자극-반응 선택수가 증가할수록 반응 시간은 증가한다.

㉡ 단순 반응 시간, 변별 반응 시간, 선택 반응 시간은 반응 시간이 점차 증가한다. 선택 반응 시간은 자극과 반응을 선택해야 하는 경우의 수가 많아질수록 점점 더 길어지게 된다.

㉢ 선택 반응 시간은 자극과 선택 가능의 수가 늘어남에 따라 반응 시간이 거의 직선적으로 증가함을 의미한다.

㉣ 공격하는 선수의 경우 구사할 수 있는 기술의 수를 늘려서 수비하는 선수로 하여금 정보를 처리하는 데 어렵도록 해야 하며 반대로 수비하는 선수는 공격자의 특기나 버릇을 미리 파악하여 자신이 처리해야 할 정보의 수를 줄임으로써 선택 반응 시간을 단축시켜야 한다.

③ 자극의 예측성

㉠ 자극의 예측성이 높아질수록 반응 시간은 짧아진다.

㉡ 투수가 어떤 구질의 공을 던질 것인가, 배구에서 상대팀이 어떤 공격 유형을 펼칠 것인가를 예측하는 데 있어서 예측이 가능할 경우에는 거기에 대응하는 기술의 수행이 예측을 하지 않을 때보다 효과적인 이득을 볼 수 있다.

㉢ 예측이 빗나갈 경우 예측을 하지 않을 때보다 더 비효율적인 수행을 할 가능성이 많아진다.

④ 반응의 복잡성

복잡한 운동은 그것을 위하여 저장해야 할 정보의 양이 더 많기 때문에 단순한 동작에 비하여 계획하는 데 더 많은 시간이 소요되어 반응 시간이 증가한다.

⑤ 연습

운동 반응을 준비하는 시간의 양, 즉 반응 시간을 감소시키는 가장 효과적인 수단 중의 하나는 반응 시간을 단축시키기 위한 연습을 반복하는 것이다.

(3) 주의의 특징

① 주의는 제한적이다.

㉠ 인간은 제한된 시간 내에 수행할 수 있는 일은 한계가 있다.

㉡ 이러한 특성을 인간이 정보를 받아들여 한 번에 동시적으로 처리할 수 있는 능력에는 한계가 있다는 사실과 관련이 있다.

② 주의는 선택적이다.

㉠ 주의에는 시간적인 순서, 즉 계열성이 있다는 것이다.

㉡ 시간이 흘러감에 따라서 주의는 여러 가지 다른 활동으로 전환될 수 있으며, 이러한 전환을 통하여 처리되는 정보를 변화시키거나 통합시킬 수 있게 된다.

㉢ 주의의 선택은 주로 의도적으로 이루어지고, 의도적인 선택이란 자신이 필요하지 않다고 생각하는 정보를 배제하고 수행을 위한 적절한 정보만을 선택하는 것을 말한다.

③ 주의는 각성과 관련이 있다.

㉠ 주의를 쉽게 표현하면 정신을 차리고 환경 정보에 대하여 예민하게 의식적인 활동을 갖는 상태이다.

㉡ 따라서 우리가 일반적으로 경각 상태 또는 경계 상태라고 말할 수 있는 각성과 매우 관련이 깊다.

④ 주의와 의식

㉠ 주의는 의식적인 작용과 밀접한 관계가 있다.

㉡ 주의의 개념을 자각할 수 있는 의식적인 활동으로만 적용시키는 것은 바람직하지 않다.

㉢ 자동화된 운동 수행이라 할지라도 주의는 필요하다.

⑤ 주의의 초점

㉠ Nideffer는 주의의 초점을 폭과 방향의 두 가지 측면에서 설명하고자 하였다.

㉡ 주의의 폭은 주의를 얼마나 넓게 혹은 좁은 범위에 맞추는지와 관련이 있다.

예 축구 경기에서 공격수가 전체적으로 경기 상황을 보면서 자기편 선수를 찾아 패스하려고 할 때에는 주의의 폭을 넓게 가져야 한다. 그러나 페널티킥 상황에서는 가능한 공과 목표 지점으로 주의의 폭을 좁혀야 보다 좋은 결과를 기대할 수 있다.

㉢ 주의의 방향은 외적 형태와 내적 형태로 구분할 수 있다. 외적인 형태는 환경적인 요소에 주의의 초점을 맞추는 것이고, 내적인 형태는 생각이나 느낌, 또는 신체 감각과 같은 내적인 요소에 주의의 초점을 맞추는 것을 말한다.

⑥ 주의의 평가

㉠ 제한된 주의 역량을 조사하기 위하여 가장 일반적으로 사용되는 실험 기법은 이중 과제 절차이다.

㉡ 이중 과제 절차는 일차 과제를 계속적으로 수행하면서 또 다른 이차 과제를 동시에 수행하도록 하는데, 여기서 중요한 것은 수행자가 얼마나 일차 과제의 수행력을 유지할 수 있는가 하는 문제이다.

㉢ 이차 과제가 비교적 쉬운 경우에는 두 과제를 동시에 수행하는 것에 어려움이 없지만, 이차 과제가 어려울수록 두 과제를 동시에 수행하는 데에 어려움이 있는데, 이것은 주의의 역량에 한계가 있다는 사실을 입증해 주는 것이다.

(4) 주의 이론

① 단일통로 이론

㉠ 1950년대에 들어서 인간은 정보 처리를 위한 체제가 단일 통로로 구성되어 있다고 간주하고, 따라서 두 가지 이상의 일을 동시에 수행하는 것은 불가능하다는 주장이 대두되었다. 이러한 입장을 단일통로 이론 또는 필터 이론이라고 한다.

㉡ 단일통로 이론에서는 한 번에 한 가지 일만 수행할 수 있으며, 한 가지 일에 대한 처리가 완전히 끝난 후에야 다음 일을 처리할 수 있다고 주장한다. 즉, 인간의 정보 처리 체계가 그 기능을 수행하기 위해서는 각 단계별로 정보 처리를 위한 시간이 필요하며 한 번에 제한된 수의 기능만을 수행할 수 있다는 것이다.

㉢ 이 이론에서는 인간의 정보처리 체계가 병목과 같은 구조로 되어 있어 단 하나의 정보만을 통과시키는 과정이 있다고 가정한다. 따라서 이러한 병목이 정보처리 과정 중 언제 발생하는지에 대하여 많은 학자들이 관심을 가졌다.

㉣ 감각·지각, 반응 선택, 반응 실행 단계 각각에서 병목 현상이 발생한다고 주장한다. 단일통로 이론은 병목 현상이 발생하기 이전까지는 많은 자극이 병렬적으로 주의의 요구 없이 처리될 수 있으며, 병목을 통과하게 되면서 단지 하나의 자극만이 처리된다고 보고 있다.

ⓐ Welford와 Broadbent는 정보처리의 세 단계 중 환경으로부터 정보를 감지하는 감각·지각 단계에서 병목 현상이 발생한다고 주장하였다(a, b).

ⓑ Deutsch와 Deutsch, 그리고 Norman은 반응 선택 단계에서 병목 현상이 발생한다고 주장하였다(c).

ⓒ Keele는 반응 실행 단계에서 병목 현상이 발생한다고 주장하였다(d).

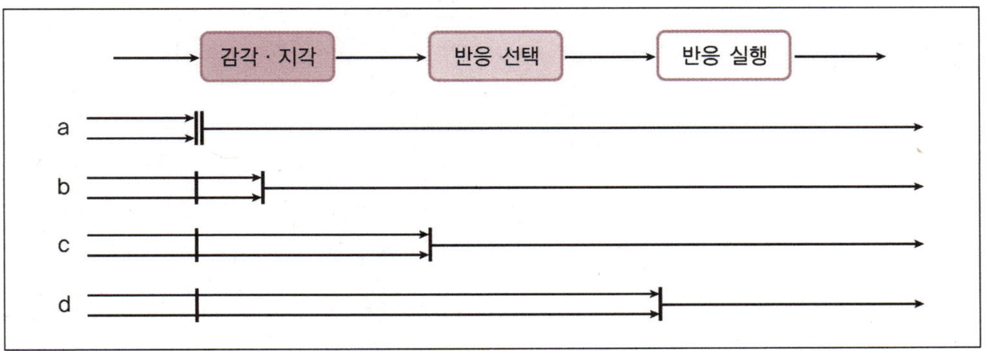

정보처리 단계에서의 주의의 활용

㉤ 단일통로 이론은 심리적 불응기에 관한 연구의 기본적인 배경이 된다. 즉 심리적 불응기는 연속되는 자극에 대하여 두 자극이 동시에 처리되는 것이 아니라 순차적으로 하나씩 정보가 처리되는 현상을 뒷받침하고 있다.

② 제한역량 이론

제한역량 이론은 제한 역량을 초과하지 않는 한 두 개 이상의 과제를 동시에 수행할 수 있다고 주장한다.

㉠ **중추자원역량 이론**: 중추자원역량 이론에서는 모든 인간 활동이 자원에 대하여 경쟁하는데 이러한 자원은 중추적으로 저장되어 있다는 것이다. 중추자원역량 이론은 고정역량 이론과 가변역량 이론으로 구분할 수 있다.

ⓐ **고정역량 이론**: 총체적인 주의 역량이 정해져 있다.

ⓑ **가변역량 이론**: 주의 역량의 한계가 가변적이다. 각성 수준이 높거나 낮은 경우에는 주의 역량이 감소하고, 적정 각성 수준에서 주의 역량이 증가한다.

Kahneman의 주의 모델

- 가변역량 이론을 발전시킨 Kahneman은 주의의 한계 역량을 고정된 것으로 간주해서는 안 되며, 개인, 수행 과제, 그리고 상황에 따라 주의 역량이 결정된다고 주장하였다. 즉, 동시에 두 과제를 수행하는 것이 어려운 경우에는 더 많은 주의 역량을 활용할 수 있다는 것이다. 또한 모든 처리 단계에서 최대 역량을 넘어서지 않는 범위 내에서는 정보의 병렬적인 처리가 가능하다고 하였다.

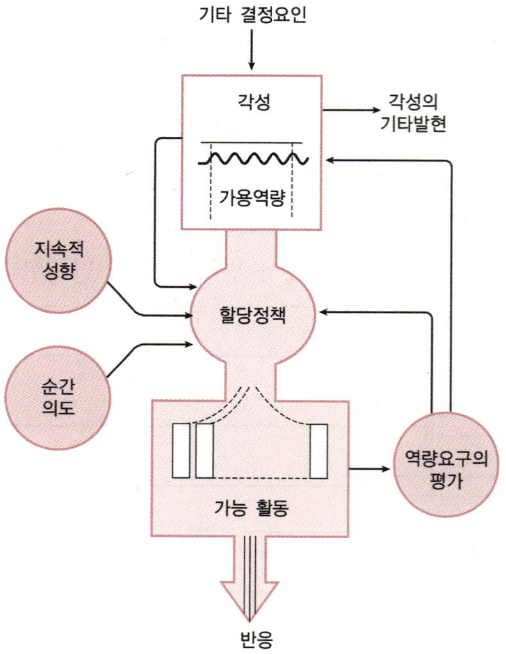

- Kahneman의 주의 모델에서 맨 위의 사각형은 중추적으로 저장된 유용한 자원을 의미하여, 물결 모양은 이러한 주의 역량의 제한이 유동적이라는 것을 말한다. 이러한 주의 역량은 각성 수준에 따라서 주의 역량의 변화와 깊은 관련이 있다. 각성 수준이 매우 높거나 낮은 각성 수준에서는 주의 역량이 감소하며, 적정 각성 수준에서는 주의 역량이 증가하게 된다.
- 이와 같은 주의 역량을 가지고 어떤 과제를 수행하기 위해 주의를 기울일 수 있는 정도는 다음과 같이 세 가지 자원에 의하여 영향을 받는다.
  ① 지속적 성향: 이는 갑작스런 소음이나 시끄러운 상황에서 불려지는 자신의 이름에 대하여 무의식적으로 반응하게 되는 주의의 기본 규칙이다. 이러한 상황에서는 무의식적으로 주의가 전환된다.
  ② 순간 의도: 개인이 특정한 상황에 주의를 할당하기 위해서는 특정한 의도가 있게 마련이다. 이러한 의도는 스스로 하거나 누군가로부터 의도하도록 유도 받을 수도 있다. 이와 같이 순간적인 의도가 주의 할당에 영향을 미친다.
  ③ 역량요구의 평가: 이는 과제마다 주의 요구량이 다르기 때문에 동시에 과제를 수행할 수 있는지 그렇지 않은지를 개인이 평가해야 한다.

㉡ 다중자원 이론

ⓐ 인간이 제한된 역량을 가진 존재로서 단 하나의 중추적 정보 체제를 가지고 있는 것이 아니라, 몇 개의 여러 정보 체제를 가진다는 것이다.

ⓑ 수행하는 기술에 따라서 각각 다른 주의 자원을 갖는다는 것이다. 따라서 동시에 수행해야 하는 두 가지의 과제가 서로 다른 자원을 포함할 때보다 공통적인 자원을 공유할 때에 수행이 더 어려워진다는 것이다.

Wickens의 다중자원 이론 모델

- 가장 널리 알려진 다중자원 이론은 Wickens에 의하여 주장되었다. Wickens에 따르면 정보를 처리하기 위한 자원은 3가지 형태로 존재한다고 하였다.
  ① 시각이나 청각과 같은 정보의 입·출력 양식
  ② 지각, 기억, 반응과 같은 정보 처리의 단계
  ③ 언어적 또는 공간적으로 이루어지는 정보 처리의 부호화
- 두 가지 이상의 과제를 동시에 수행할 수 있는지는 과제가 공통적인 자원을 요구하는지 또는 다른 자원을 요구하는지에 따라서 결정된다. 예를 들어, 양손으로 동시에 각각 다른 과제를 수행하는 것은 손으로 수행하는 과제와 말하는 과제를 동시에 수행하는 것보다 어렵다. 이는 동시에 각각의 손을 사용하는 과제가 동일한 자원을 활용하기 때문이다.

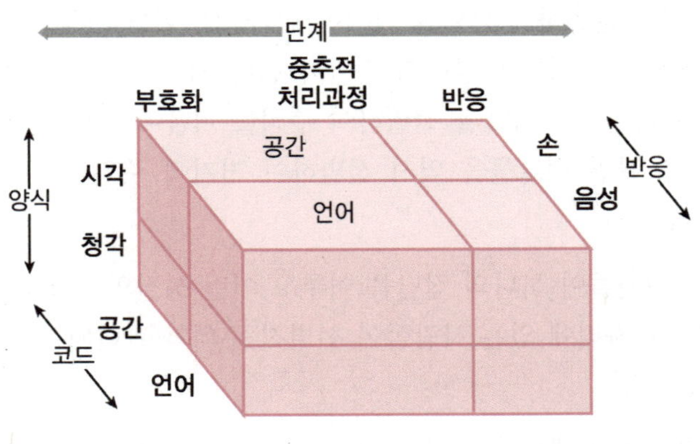

③ 주의 요구와 연습

㉠ 연습에 의하여 운동 기술의 수준이 향상됨에 따라서 수행자가 정보를 처리하는 방법이 달라지게 된다.

㉡ Fitts의 자동화 단계는 인지, 연합 단계를 거친 선수가 지속적인 연습을 계속함으로써 그 과제를 수행하는 데 필요한 주의의 요구가 줄어든다는 것을 의미한다.

㉢ 수많은 연습을 통하여 선수는 동작을 제어하는 방법이 피드백을 근거로 해서 정보를 처리하는 폐쇄회로 제어 기제에서 운동 프로그램이 중심인 개방회로 기제의 방법으로 달라지게 된다.

④ 운동 기술의 자동화

㉠ 연습이 진행됨에 따라서 운동 기술을 수행할 때의 주의의 요구가 변화한다는 사실은 결론적으로 운동 기술은 연습에 따라서 자동적 수행이 가능하다는 것을 의미한다.

㉡ 자동화란 약간의 주의만으로도 자극에 대한 반응을 떠올릴 수 있고 실행할 수 있는 지식과 절차로 이어지는 기술의 중요한 요소이다. 운동 기술의 자동화는 연습을 통해서 획득이 가능하다.

㉢ 군집화는 전체를 구성하고 있는 부분적 요소들이 연습에 의하여 자동화가 이루어지는 것을 말한다.

(5) 선별적 주의

인간이 정보를 처리하는 과정의 둘째 단계는 의사 결정 단계이며 의사 결정 단계는 자극 확인, 반응 선택, 반응 계획의 구체적인 과정으로 이루어진다. 연습에 의하여 인간이 정보를 처리하는 시간은 달라지며 의사를 결정하는 데 소요되는 시간, 즉 반응 시간 역시 많은 요인들에 의하여 영향을 받는다. 자극 확인 단계는 그 다음의 반응을 선택하는 데 매우 중요한 근거가 되므로, 상대 선수로부터 오는 시각, 청각, 동작 감각 등의 자극을 순간적으로 정확하게 파악하는 일이 중요하다. 수행자는 운동 기술 수행에 도움을 줄 수 있는 자극과 관중의 야유나 소음 등 그렇지 못한 것을 분별하는 능력을 가져야 한다. 즉, 어느 자극에는 주의를 기울여야 하고 또 어떤 자극들에게는 주의를 할당하지 말아야 한다. 테니스에서 서브를 받기 위한 선수는 환경으로부터 오는 적절한 자극들을 선별하여 주의를 기울여야 할 뿐만 아니라 자신이 정보 처리 체제 안에 있는 관련 정보들을 역시 선별하여 거기에 주의를 기울여야 한다.

① 칵테일 파티 현상

㉠ 소수의 인원들이 하나의 집단을 이루고 이런 성질의 소집단이 여러 개 산재해 있는 환경에서 그 자리에 있는 사람들이 선별적 주의와 관련되는 경험을 기초로 하여 나온 용어이다.

㉡ 선택적 주의에 대한 관심의 초점은 운동 제어 체제에 의해 적절한 반응의 특성이 선택되고 응용이 가능하도록, 환경으로부터 나오는 적합한 정보들을 선별하는 데 있다.

② 선별적 주의와 교수 · 학습

㉠ 인간은 경쟁이 되는 많은 단서들 가운데에 단 한 가지 단서를 선별하여 주의를 기울일 수 있는 능력을 갖고 있다. 따라서 교사들은 학습자들로 하여금 부적절한 다수의 단서들을 연습에 의해 차단시킬 수 있도록 해야 하고, 적절한 단서에 주의를 집중하도록 해야 한다.

㉡ 각성과 관련이 있기 때문에 중간 정도의 각성 수준에서 상황에 적합한 주의 집중과 전환을 할 수 있도록 해야 한다.

㉢ 학습자는 특정 상황에서 자신에게 가장 의미 있는 단서들에 주의를 기울인다.

㉣ 주의의 분산을 일으키는 주요 원인은 무의미하거나 부적절한 자극에 부여하는 의미성과 관계가 있다. 이것은 가르치는 사람이 가장 적절하고 유의적이라고 일러 준 단서에 선수들이 정신을 집중하여 충분히 연습해야 함을 의미한다.

(6) 주의의 측정과 유형

① 주의의 측정

㉠ 운동 기술의 수행에 많은 영향을 주는 주의를 측정하는 데는 세 가지의 주요 방법이 있다(주의와 관련되는 행동의 평가, 생리적 지표, 자기 보고의 방법).

㉡ 행동의 평가는 반응 시간을 측정하는 것이다.

㉢ 생리적 지표는 각성 수준을 나타내는데 이 각성 수준은 주의의 정도와 밀접한 관련이 있다.

㉣ 자기 보고식은 성격의 한 특성으로서 주의를 기울이는 경향을 측정하는 방법이다.

② 주의의 차원

㉠ 주의의 폭(광의/협의)

㉡ 주의의 방향(내적/외적)

③ 주의의 유형

㉠ 광의 - 외적 유형 : 상황에 따른 재빠른 평가

㉡ 광의 - 내적 유형 : 분석 및 계획

㉢ 협의 - 내적 유형 : 정신적 연습 및 정서의 조절

㉣ 협의 - 외적 유형 : 하나 또는 두 개의 단서에 적절히 주의 집중

(7) 주의와 심리적 요인의 관계

① 각성과 운동 수행

㉠ 역U가설과 최적 수행 지역 이론의 2가지 문제점

ⓐ 운동 수행과 불안 수준간의 관계를 단지 일차원적으로 설명하고 있다.

ⓑ 운동 수행과 불안 수준이 항상 선형적인 관계에 있는 것이 아니라는 점을 고려하지 못했다는 것이다.

㉡ 카타스트로피 이론의 장단점

ⓐ 장점 : 생리적 각성과 인지 불안의 상호작용을 운동 수행력과 결부시켰다는 점과 불안의 두 요소와 운동 수행력의 관계가 불안 수준에 따라서 비선형적인 변화를 보일 수 있다는 점을 논리적으로 설명하였다는 점에서 이전의 이론보다는 실제 스포츠 상황을 잘 설명할 수 있다.

ⓑ 단점 : 이론적인 설명이 복잡하여 운동선수들에게 적용시키기 다소 어렵다는 문제점을 안고 있다.

ⓒ **전환 이론의 장점**: 개인의 각성 상태에 대한 해석을 중요시하기 때문에 개인차를 이해하는 데에도 많은 기여를 하였다.

② 주의와 각성

㉠ **단서 유용 가설**: 단서유용 가설은 최적의 수행을 위해 부적절한 단서를 배제하고 유용한 단서를 수용하는 적절한 주의와 각성 수준을 가정한다.

낮은 각성	주의 영역이 지나치게 넓다.	필요하지 않은 단서를 받아들인다.
적정 각성	주의 영역이 적절하다.	부적절한 단서는 배제하고 적절한 단서만을 받아들인다.
높은 각성	주의 영역이 지나치게 좁다.	운동 수행에 필요한 많은 단서를 놓칠 수 있는 가능성이 높다.

㉡ **지각 협소화**: 각성 수준이 증가함에 따라서 주의를 기울일 수 있는 폭이 점차 좁아지는 현상을 말한다.

ⓒ **주의의 혼란**: 지각 협소화와 함께 각성이 높아짐에 따라서 나타나는 현상으로, 순간 순간 너무 많은 단서들로 주의를 전환시키는 것을 말한다.

(8) 주의와 시각 탐색

① 시각 탐색

㉠ 시각으로 받아들이는 정보는 운동을 수행하기 전에 동작을 준비하는 과정이나 운동 수행 중의 상황이나 동작에 대한 빠른 의사결정을 위해서는 매우 중요하게 여겨지고 있다.

㉡ 시각 정보는 시각 탐색이라는 과정을 통하여 받아들이게 된다. 시각 탐색이란 운동 수행 환경에서의 적절한 단서에 시각적 주의를 기울이는 과정을 말한다.

ⓒ 운동 수행 이전의 준비 단계에서도 시각 탐색 과정이 나타나게 된다. 테니스경기에서 상대 선수가 서브를 넣으려고 할 때 리시버는 상대 선수의 자세에서 공이 어떤 방향으로 오게 될지를 미리 예측할 수 있다. 이러한 예측은 시각 탐색 과정을 통해서 이루어진다.

㉣ 시각 탐색의 유형은 많은 요인에 의해서 영향을 받게 되는데 그중에서 경험에 의한 영향은 절대적이다. 따라서 기술 수준에 따라서 사용되는 시각 탐색 전략에는 분명한 차이가 발생하게 된다.

② 시각 탐색을 위한 안구의 움직임

㉠ 대부분의 운동 기술은 환경의 빠른 변화와 대처할 수 있는 능력이 요구되며 이러한 정보는 주로 시각에 의하여 받아들여진다.

㉡ 안구 움직임과 각 움직임 사이에 존재하는 안구의 고정이 어우러져 하나의 시각 탐색 유형을 형성하게 된다.

ⓒ 시각 탐색에 사용되는 안구의 움직임은 크게 네 가지 형태로 나타나게 된다.

ⓐ **빠른 움직임**: 이는 수행자가 관심을 가지고 있는 위치의 상(image)을 순간적으로 안구의 속오목(fovea)으로 이동시키는 것으로, 의식적인 작용을 필요로 하지는 않지만 수의적으로 이루어지는 움직임이다.

ⓑ **부드러운 추적 움직임**: 이는 움직이거나 정지해 있는 목표 지점에 안구를 계속적으로 고정시키는 것으로, 이는 목표물의 움직이는 속도와 안구의 움직임 속도를 일치시키는 움직임이다. 느린 추적 움직임은 빠른 움직임과는 달리 제시되는 외부의 목표물이 없으면 의도적으로 발생할 수 없다.

ⓒ **전정 안구 반사**: 이는 머리의 회전에 대한 안구의 움직임이다.

ⓓ **빠른 움직임과 추적 움직임이 적절하게 조화를 이루는 움직임**: 이는 움직이는 기차에서 창문 밖에 지나가는 어느 특정한 물체를 계속 보다가 다른 물체로 시선을 움직이고자 할 때 발생한다.

4 운동의 속도와 정확성

1. 운동 정확성의 개념

(1) 정확성과 일관성의 개념

대부분의 스포츠 동작에서는 주어진 목표 수행을 성취하기 위하여 사지간의 긴밀한 협응을 통한 정확하고 세련된 운동 수행이 요구된다.

① 운동 정확성은 과제의 특성과 환경적 요구에 적합한 신체 움직임을 만들어냈는가 하는 문제와 관련된 것으로, 대부분의 경우 운동 수행이 끝난 후에 수행의 결과를 측정하여 판단하게 된다.

② 운동 정확성은 일반적으로 절대오차(AE)와 항상오차(CE)로 표현되는 목표 수행과 실제 수행 결과와의 차이뿐만 아니라, 가변오차(VE)로 표현되는 운동수행의 일관성을 포함하는 넓은 의미로 사용된다.

③ 운동 수행의 일관성과 관련이 있는 운동 정확성은 환경이 변하더라도 의도한 운동 수행을 할 수 있는 폼의 안정성 측면에서도 살펴볼 수 있다.

④ 운동 수행의 정확성은 수행의 일관성과 안정성의 측면에서 살펴볼 수 있으며, 이는 운동 기술의 수준을 가늠할 수 있는 요소로 수행력과 밀접한 관련이 있다.

⑤ 운동 정확성이 높다는 것은 운동 수행의 결과가 지속적으로 일정한 수준을 유지하며 환경 또는 과제의 특성이 변하더라도 안정적인 운동 수행을 할 수 있는 것으로 볼 수 있다.

(2) 운동 정확성 결정 요인

① 신체 요소의 참여 수준

㉠ 동작의 난이도는 동작을 구성하는 신체요소의 수에 따라 결정된다. 복잡한 동작은 단순한 동작에 비해 참여하는 신체요소의 수가 많고, 각 신체요소의 움직임을 제어하는데 더 많은 노력을 필요로 한다.

㉡ 골프 드라이버샷의 경우 퍼팅에 비해 동작의 난이도가 높다고 할 수 있다. 일반적으로 운동 수행의 정확성을 높이기 위해서는 동작을 구성하는 각 신체요소의 움직임이 매시행마다 일관성 있게 이루어져야 한다.

㉢ 운동 기술을 구성하고 있는 신체요소의 수가 많을수록 각 신체요소 움직임의 일관성을 유지하기 어려워지기 때문에 동작의 일관성이 떨어지기 쉽다.

② 인지적 요구 수준

㉠ 운동의 과제가 복잡하여 인지적 요구 수준이 높은 경우에는 목표를 수행하는 데에 어려움을 겪을 뿐 아니라 수행의 정확성이 떨어지게 된다.

㉡ 운동 상황 예는 수행 과제의 목표 영역이 지나치게 작거나 표적을 찾는 데 지각적으로 탐색하기가 어려운 경우를 들 수 있다.

ⓐ 농구 경기에서 자유투를 할 때보다 상대방의 수비수가 방해를 하는 동안 슛을 해야 하는 경우가 더 많은 인지적 요구로 인해 운동의 정확성이 감소하게 된다.

ⓑ 이러한 인지적 요구 수준과 운동 정확성 관계는 신체요소의 참여 정도와 요구되는 운동 속도에 따라 다양하게 변화한다.

③ 운동 속도

㉠ 일반적으로 운동 속도가 빨라지게 되면 운동의 정확성이 감소하는데, 이러한 관계를 속도-정확성 상쇄로 표현한다.

㉡ 운동의 정확성을 시간적 차원과 공간적 차원으로 나누어서 생각하면 운동 속도와 운동 정확성의 관계가 다르게 나타날 수도 있다.

오차 점수

목표점수와 실제수행점수 간의 차이를 나타내며, 수행 결과의 정확성과 일관성을 평가하기 위해 사용된다.

1. 1차원과제에서의 오차 점수

- 절대오차: 매 시행에 있어서의 목표점수와 실제점수 간의 절대적인 차이를 말하는 것으로, 여러 번의 시행에서 얻은 결과의 평균값으로 나타낸다. 따라서 절대오차는 목표점수와 실제수행점수 간 차이의 절대적인 크기에 대한 정보만을 제공한다. 이러한 절대오차는 정확성과 관련된 일반적인 지표로 활용되고 있다.

$$\text{절대오차(AE)} = \Sigma \mid x_i - T \mid / n$$

(x_i : $_i$ 시행에서의 점수, T: 목표점수, n : 총 시행수)

- 항상오차: 목표점수와 실제점수 간의 차이를 방향성을 고려하여 나타낸 점수다. 항상오차점수도 일반적으로 여러 번의 시행에서 나온 결과의 오차를 평균값으로 산출하여 사용한다. 이러한 항상오차는 절대오차와는 달리 실제점수가 목표점수보다 높은지 아니면 낮은지에 대한 정보를 제공할 수 있다.

$$\text{항상오차(CE)} = \Sigma(x_i - T)/n$$

(x_i : $_i$ 시행에서의 점수, T: 목표점수, n : 총 시행수)

- 가변오차: 매 시행에서 기록된 항상오차의 표준편차로, 수행의 일관성을 나타내는 지표다. 가변오차는 매 시행에 대한 수행자의 항상오차의 표준편차로 구하거나, 원점수의 표준편차를 계산하여 산출한다.

$$\text{가변오차(VE)} = \sqrt{\Sigma(x_i - M)^2/n}$$

(x_i : $_i$ 시행에서의 점수, M: 평균수행점수, n : 총 시행수)

- 전체오차: 항상오차와 가변오차점수의 제곱합으로, 목표점수에 대해 실제수행이 분포되어 있는 정도를 나타내준다. 이는 총 가변성이라고도 하며, 목표수행에 대하여 모든 실제수행 결과가 분포되어 있는 정도를 나타내어 목표를 성공적으로 달성하였는지에 대한 정보를 제공한다.

$$\text{전체오차(E)} = \sqrt{CE^2 + VE^2} = \sqrt{\Sigma(x_i - T)^2/n}$$

(x_i : $_i$ 시행에서의 점수, T: 목표점수, n : 총 시행수)

2. 2차원과제에서의 오차 점수
- 공간 정확성 측정: 반경오차, 평균반경오차
- 수행의 일관성 측정: 이원변량 가변오차

2. 운동수행의 정확성 관련 이론

(1) 정보처리 용량의 한계

① Woodworth는 인간의 조준(aiming) 움직임이 시각 피드백에 의존하지 않고 목표 지점으로 움직이는 단계와 시각 피드백 정보를 사용하여 사지를 목표 지점으로 도달하도록 동작을 조절하는 단계로 구성되어 있다고 가정하였다.

② 이 연구에서 눈을 감은 조건에서 속도의 변화가 정확성에 영향을 거의 주지 않았으나 눈을 뜬 조건에서는 움직임 속도가 점점 빨라짐에 따라 정확성이 급격하게 감소하는 것을 보였다.

③ 이러한 시각적 정보처리와 관련된 연구에서 Fitts는 두 목표 지점을 철필로 가능한 빠르고 정확하게 왕복하는 과제를 사용하여, 움직인 거리와 목표물의 크기, 그리고 운동시간의 관계를 수학적으로 공식화하였다.

$$MT = a + b \cdot \log_2(\frac{2D}{W})$$

(MT: 운동시간, D: 움직인 거리, W: 목표물의 크기, a, b : 상수)

④ 목표물 간의 거리와 목표물의 크기의 관계($\log_2 \frac{2D}{W}$)를 난이도 지수라고 하며, 이러한 난이도 지수가 증가하는 것은 과제 수행에 필요한 정보의 양이 많아지는 것을 의미한다.

⑤ 목표물의 크기가 작거나, 움직이는 거리가 길어질수록 난이도 지수가 증가하여 운동시간이 길어진다. 이는 곧 운동의 정확성이 많이 요구하는 과제일수록 운동의 수행 속도가 느려지는 것을 뜻한다.

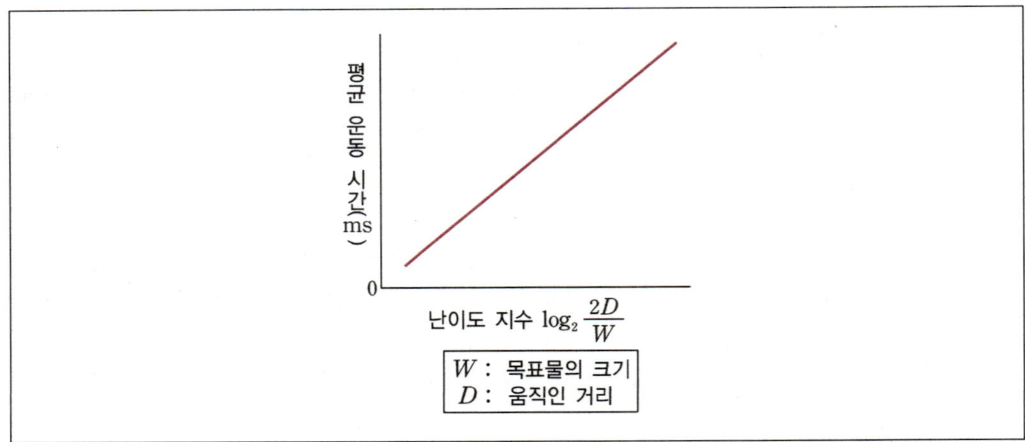

⑥ 운동수행의 정확성을 향상시키기 위해서는 운동 속도를 줄여야 한다.

예 페널티킥을 수행하는 축구선수가 빠른 속도로 공을 찬다면 원하는 목표지점에서 벗어난 곳으로 공이 날아갈 가능성이 있지만, 선수가 천천히 공을 찬다면 원하는 목표지점으로 정확하게 공을 보낼 수 있다.

⑦ Fitts의 법칙은 인간의 움직임을 정보처리의 원리를 바탕으로 일반화하였다는 점에서 인정받고 있다. 또한 속도-정확성 상쇄에 대한 이론적 근거를 마련하였다.

(2) 피드백에 의한 수정

① 피드백 체계에 근거하여 운동행동을 설명하는 이론들은 피드백 정보의 활용 여부에 따라서 운동의 정확성이 결정된다고 주장한다.

② Crossman 등은 Fitts의 법칙에서 나타난 속도와 정확성 상쇄 현상을 설명하기 위해 피드백 체계의 오류 수정 과정에 근거한 반복수정 모델을 제시하였다.

③ 반복수정 모델은 단순한 움직임이 불연속적인 하위움직임으로 구성되어 있으며, 각각의 하위움직임은 피드백 정보에 의하여 조절된다고 주장한다.

④ 반복수정 모델에 따르면 전체 움직임을 구성하고 있는 각각의 하위움직임은 총 이동 거리에 대하여 항상 일정한 비율로 나타난다.

㉠ 예를 들어, 총 이동 거리에 대해 70%의 비율로 하위움직임이 구성된다면, 처음에는 전체 움직임의 70%에 해당하는 거리만큼 움직임이 나타나고, 나머지 30% 거리의 70%에 해당하는 21%의 하위움직임이 뒤이어 나타난다는 것이다.

㉡ 따라서 두 번째 하위움직임까지의 총 운동거리는 첫 번째 운동거리의 70%와 두 번째 하위움직임 21%의 합인 수행목표 거리의 91%가 된다.

㉢ 이와 같이 수행 목표 거리의 70%, 91%, 97.3,%, 99.19%, 99.76%에 해당하는 거리만큼 이동하는 하위움직임이 발생하게 된다.

㉣ 이러한 움직임은 목표지점까지 남은 거리가 목표지점 넓이의 절반 이하일 경우 멈추게 된다.

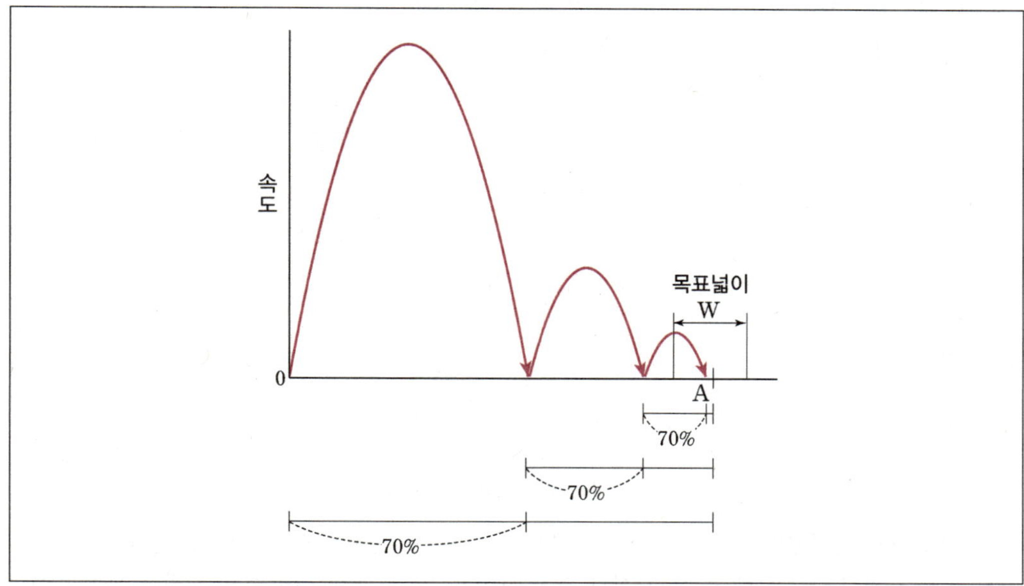

Crossman과 Goodeve의 반복수정 모델

⑤ 반복수정 모델은 각각의 하위움직임에 소요되는 시간이 동일하다는 것을 가정하고 있으며, 하위움직임의 수는 난이도 지수[$\log_2(\frac{2D}{W})$]에 따라 결정되고 전체 운동시간도 이에 따라 달라진다고 설명한다.

⑥ 반복수정 모델은 다음과 같은 문제점을 안고 있다.

㉠ 모든 움직임이 항상 불연속적인 하위움직임으로 구성되지 않는다는 것이다.

㉡ 또한 이러한 하위움직임이 발견된다 하더라도, 각각의 하위움직임은 전체 운동거리에 대하여 항상 일정한 비율의 거리만큼 이동하는 것은 아니며, 하위움직임의 소요시간도 항상 일정하지 않다는 것이다.

(3) 임펄스 가변성 이론

① 임펄스 가변성 이론은 피드백 체계의 작용을 근거로 운동행동을 설명하는 경우 빠른 움직임의 운동 정확성에 대한 설명이 부족한 것을 보완하고자 하였다.

② Schmidt 등은 반복수정 모델과 같이 피드백 체계의 작용이 나타나지 않는 빠른 운동 상황에서는 작용한 힘의 절대적인 크기가 운동의 정확성을 결정한다고 보고 있다.

③ 임펄스란 단위시간에 작용한 힘의 양을 의미하며, 근육 수축을 통하여 생성된 힘이 사지를 움직이는데 사용된 양으로 정의할 수 있다.

④ 임펄스는 동작이 지속되는 시간과 생성된 힘의 크기에 따라 결정되며, 사지의 움직임은 단위시간에 작용한 힘에 의해 조절된다. 이처럼 임펄스가 사지의 움직임을 비롯한 인간 운동의 형태를 결정하고, 임펄스 가변성에 따라서 움직임의 정확성이 변한다는 것이다.

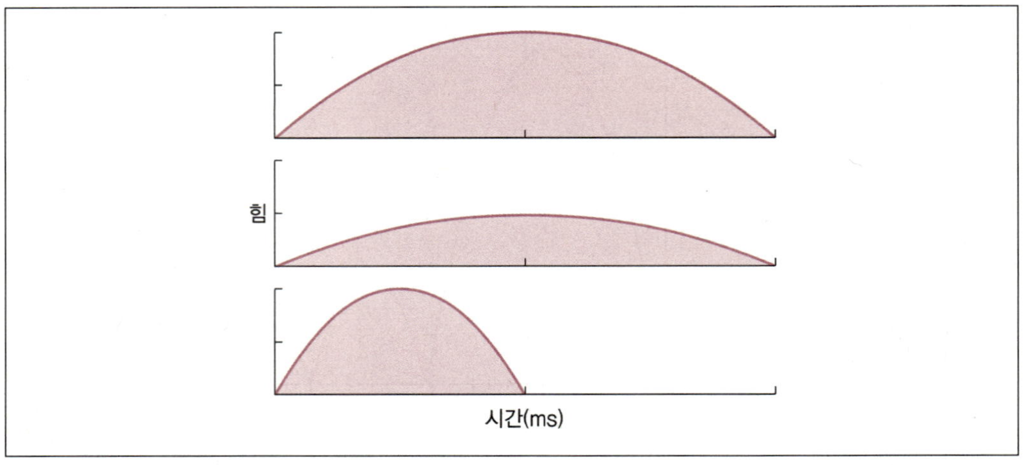

임펄스의 다양한 형태

⑤ Schmidt는 일반화된 운동 프로그램의 특정한 매개변수에 의해서 인간의 운동이 결정된다고 하였다. 즉, 상대적 힘과 상대적 타이밍 등과 같은 불변매개변수와 전체적인 힘의 크기, 임펄스 시간 등과 같은 가변매개변수에 의하여 근육의 수축활동이 조절되고 움직임이 발생한다는 것이다.

⑥ 이 이론은 시각 피드백이 사용되지 않는 매우 빠른 동작을 설명하는 데 적용되고 있다. Schmidt 등은 시작 지점으로부터 10cm와 30cm 사이에 위치한 목표 지점으로 200ms 이내에 빠르게 이동하는 과제를 사용하여 임펄스 가변성 이론을 증명하고자 하였다.

㉠ 이 실험에서 팔 끝 점의 공간 가변성을 측정한 결과, 속도가 빠른 움직임을 생성하기 위해서는 큰 힘이 필요하며, 사용된 힘의 크기가 클수록 팔의 끝 점이 도달하는 위치의 공간 가변성이 커지는 것을 발견하였다.

㉡ 또한 피험자에게 빠르고 정확하게 움직이라는 요구를 하였을 때에도 사용되는 힘이 커질수록 그 힘의 가변성이 커지는 현상을 발견하였다.

⑦ 이렇게 증가하는 힘의 가변성은 움직임의 정확성을 감소시킨다. 움직임의 최종 위치의 공간 가변성을 의미하는 W_e는 운동 속도($\frac{D}{MT}$)가 빨라질수록 커지게 되고, 공간가변성(W_e)이 커진다는 것은 곧 운동 정확성이 감소한다는 것을 의미한다.

$$W_e = a + b \cdot (\frac{D}{MT})$$

(W_e : 끝점의 표준편차, D: 운동거리, MT: 운동시간, a, b : 상수)

⑧ 이러한 현상은 힘 가변성과 시간 가변성의 복합적인 작용으로 발생한다. 힘 가변성은 발현된 힘의 크기에 따라서 결정되며, 시간 가변성은 발현된 힘이 지속되는 시간의 길이에 따라서 좌우된다. 즉, 시간 가변성과 힘 가변성이 임펄스 가변성을 결정하며 이렇게 결정된 임펄스 가변성이 운동의 정확성을 좌우한다.

⑨ 임펄스 가변성 이론은 근육 수축의 정도가 임펄스를 형성하여 운동 정확성을 설명할 수 있다는 접근으로 운동제어 이론을 한 차원 높이는 데에 기여하였으나, 이 이론의 기본 가정에서의 문제와 운동 프로그램에 의한 운동 조절의 제한성 때문에 그 설명력에 한계를 보이고 있다.

03

(4) 최적 하위분절운동 모델

① Meyer 등의 최적 하위분절 모델에서는 가능한 빠르게 목표지점에 도달해야 하는 과제를 수행하기 위해 최대한 빨리 움직일 때 목표지점까지의 움직임이 정확하게 이루어지면 움직임이 끝나게 된다고 제시하였다.

② 그러나 만약 움직임이 목표지점에 도달하지 않았다면, 또 다른 두 번째 움직임이 필요하고, 두 번째 움직임이 목표지점에 정확하게 도달하였는지에 따라서 이후의 하위움직임이 연속해서 나타난다고 주장한다.

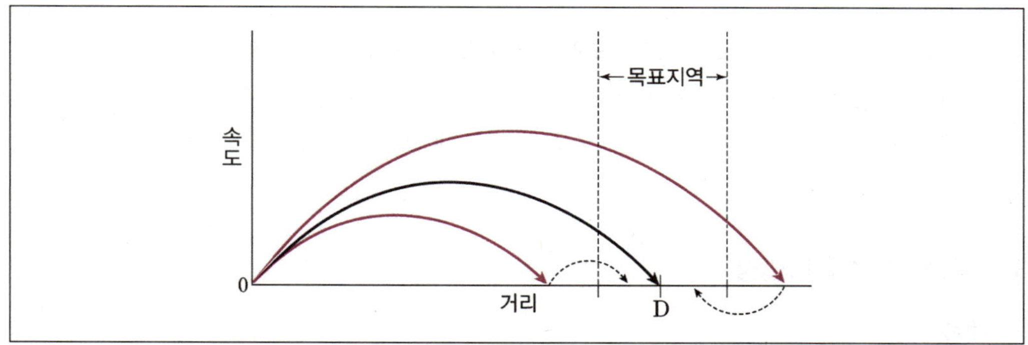

최적 하위분절운동 모델

③ 이때 목표지점에 도달하는 움직임의 공간 가변성은 목표지점까지의 거리가 증가하거나 운동시간이 짧을 경우 커지며, 짧은 거리의 목표지점까지 천천히 움직일 경우에는 가변성이 감소하여 공간 정확성이 증가한다고 언급하였다.

④ Meyer 등은 이러한 관계를 구체적으로 제시하기 위하여 하위움직임의 수, 목표물까지의 거리, 그리고 운동 시간 간의 관계를 다음과 같은 공식으로 나타내었다. 목표물까지의 거리와 목표물의 넓이의 관계($\frac{D}{W}$)가 전체 운동시간에 미치는 영향은 하위움직임의 수에 따라 다양하게 변화하는 것을 알 수 있다.

$$T = a + b \cdot n(\frac{D}{W})^{1/n}$$

(T: 전체 운동시간, D: 목표물까지의 거리, W: 목표의 넓이, n: 하위움직임의 수, a, b: 상수)

⑤ 하위움직임의 수(n)가 1인 경우에는 전체 운동시간이 $\frac{D}{W}$의 증가에 따라 급격하게 증가하고 하위움직임의 수가 증가할수록 전체 운동시간의 증가량은 완만한 기울기로 증가하게 된다. 결국 하위움직임의 수가 무한대에 가까워지면, 전체 운동 시간은 $\frac{D}{W}$와 로그함수적 관계를 나타내며, 이는 Fitts의 법칙과 유사하다.

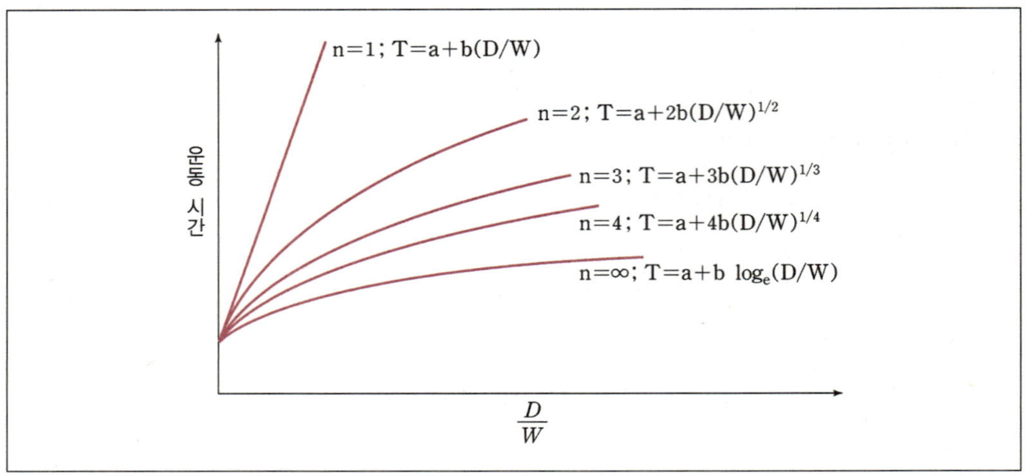

목표물까지의 거리, 넓이와 운동시간의 관계

⑥ Meyer 등은 Fitts의 법칙을 최적 하위분절운동 모델의 특수한 경우로 보았으며, 하위움직임의 수를 측정할 수 있다면 전체 운동시간, 목표물까지의 거리와 목표물의 넓이를 추정할 수 있다고 주장하였다.

3. 스포츠 수행의 타이밍

(1) 예측

① 빠르게 날아오는 공을 정확하게 타격하는 운동 수행의 경우, 타자들은 자신의 스윙 속도를 최대로 하여 정확한 시간에 날아오는 공을 타격해야 한다.

② 타이밍은 역동적인 환경 속에서 요구되는 정확한 운동기술의 수행 능력과 관련이 있다. 외부 환경에서 제시되는 현상의 예측과 움직임의 시작을 결정하는 데 관여하는 지각과 운동 제어 기전은 타이밍에 많은 영향을 준다.

③ 타이밍 과제의 수행은 복잡한 정보 처리 과정이 관여하는 움직임 탐색, 자극 속도의 예상, 자극에 대한 일치된 동작을 수행하기 위한 지각 시스템과 동작 시스템간의 통합을 통해 이루어지며, 연령, 기술수준, 성별, 자극의 속도 그리고 지각수준에 따라 예측 수행력이 달라질 수 있다.

④ 움직이는 자극에 대한 탐색과 예측력에 크게 좌우되는 타이밍은 모든 운동 기술에 매우 중요한 역할을 하고 있다. 예측은 환경적인 자극에 대하여 운동반응을 동시에 일어나게 하거나 움직임의 시작을 제어하는 데 관여하여 타이밍에 중요한 영향을 준다.

⑤ 타이밍 과제의 수행에 있어 자극에 대한 사전 정보는 수용기 예측과 지각 예측을 통해 얻을 수 있으며, 예측 능력은 지각 시스템 작용에 따른 지각 능력의 차이에 의해 다양한 형태로 나타난다. 특히 자극의 형태, 속도, 방향과 제시 조건은 수용기 예측과 지각 예측을 통한 사전 정보의 획득과 처리에 영향을 미치게 된다.

⑥ 또한, 수용기 예측과 지각 예측이 정확하여도 자신의 움직임의 시작과 실행을 정확하게 예측할 수 없다면 수행에 많은 오류가 나타난다.

(2) 타이밍의 측정

① 야구의 타격처럼 움직이는 물체에 신체를 적응시키는 경우, 예측, 물체의 시각적 추적, 그리고 여기에 적합한 신체의 움직임이 타이밍을 결정하는 요소가 된다.

② 골프공을 치는 경우, 고정된 물체를 타격하기 때문에 자신의 신체 협응의 결과로 나타나는 전체적인 템포가 타이밍의 의미를 갖는다. 이때 목표 시간에 얼마나 근접한 수행을 일관성 있게 하느냐에 따라 시간 정확성 또는 타이밍 정확성으로 표현할 수 있다.

③ 타이밍 정확성에 중요한 절대적인 요인은 해당 동작에 소요된 시간이다. 운동에 관여하는 시간이 길수록 타이밍 오차는 점차 둔화되는 형태로 증가하게 된다. 따라서 스포츠 종목의 특성에 따라 운동 시간을 적절히 줄이는 것이 타이밍 향상에 매우 중요하다.

④ 특히, 공간적으로 움직임이 한정되어 있는 경우에는 스윙 폼에 문제가 되지 않는다면 스윙 속도를 빠르게 하는 것이 스윙 시간을 단축시켜 타이밍을 향상시킬 수 있는 지름길이다.

Poulton의 예측의 세 가지 형태

1. 수용기 예측
   추적이 가능한 자극에 대한 예측을 뜻하며, 자극의 속도와 방향에 대한 정보가 매우 중요한 변인으로 사용된다.
2. 지각 예측
   자극을 추적할 수 없는 외적인 현상에 대한 예측을 뜻하며, 자극이 나타나는 조건이나 형태를 판단하는 데에 중요한 역할을 한다. 예를 들면, 야구 경기에서 주자가 도루를 시도할 때 주자는 투수의 볼 배합 유형을 분석하거나 투수의 투구 동작에 대한 지각 정보를 통해 도루를 시도할 것인지를 결정하게 된다.
3. 효과기 예측
   자신의 움직임을 언제, 어떻게 실행할 것인가를 결정하는 과정에서 나타나며 숙련된 운동 수행에 중요한 역할을 한다.

타이밍 수행은 이와 같은 세 가지 형태의 예측과 밀접한 관련이 있으며 다양한 환경 조건 속에서 발생하는 자극의 움직임에 대한 예측과 자신의 움직임에 대한 예측이 함께 이루어질 때 정확한 운동 수행을 할 수가 있다.

(3) 타이밍 전략

① 스포츠 수행에서 정확한 타이밍 능력을 발휘하기 위해서는 정보 처리 시간을 확보할 필요가 있다. 즉, 정보를 처리하는 시간이 충분하다면 정확한 운동 수행을 할 수 있지만 정보 처리 시간이 부족하면 운동 수행의 정확성이 감소하게 된다.

예 야구에서 타자가 투수의 공을 오랫동안 탐색할 수 있다면 구질을 정확하게 파악하여 자신 있게 스윙할 수 있는 가능성이 높아진다.

② 타자는 스윙 속도를 향상시킴으로써 투수가 던진 공을 보다 오랫동안 탐색하고 예측할 수 있으며, 날아오는 공을 맞추기 위한 타이밍 수행 능력을 향상시킬 수 있다. 또한 타자는 정확한 스윙 동작을 일관성 있게 수행하여 동작의 안정성을 높임으로써 타격의 정확성을 향상시킬 수 있다.

③ 야구 선수들의 경우 타율을 높이기 위해 다양한 구질의 볼에 적응하는 타격 훈련도 중요하지만 타이밍을 향상시키기 위한 스윙 시간의 단축이 절대적으로 중요한 부분을 차지한다. 스윙 시간을 단축시키기 위해서는 단순한 근력 훈련보다는 스윙 속도를 빠르게 할 수 있는 관련 신체 부위의 근력을 강화시키고 스윙에 영향을 주는 전신의 협응력을 향상시키는 것이 필요하다.

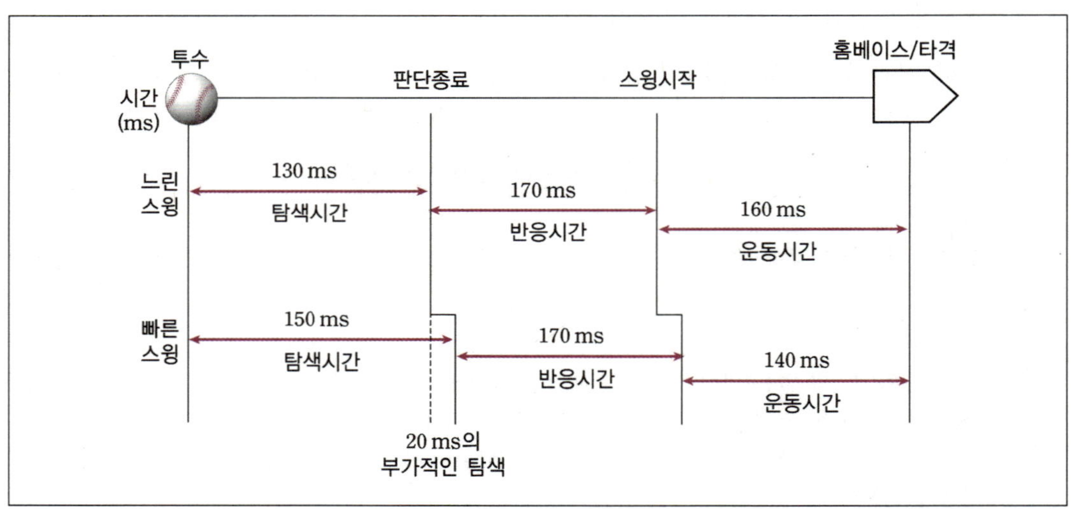

타자의 스윙 속도와 정보처리 시간의 관계

5 운동의 협응

1. 협응의 개념과 문제

(1) 협응의 개념

① 수행하고자 하는 동작의 목적에 따라서 형성되는 신체와 사지의 상대적인 움직임 형태를 협응(coordination)이라고 한다(Turvey).

② 협응은 수행목표를 달성하기 위하여 신경·근육·관절·분절 등의 다양한 신체 요소가 효과적이고 공동적으로 작용하는 것을 의미한다.

③ 협응은 다음과 같은 두 가지의 개념을 포함하고 있다.

㉠ 협응은 신체 또는 사지의 움직임 형태를 포함하며 이러한 움직임 형태의 효율적인 측면을 중요시한다.

㉡ 협응은 환경의 영향을 많이 받는다. 즉, 환경 조건은 신체 또는 사지를 어떤 특정한 방식으로 움직이도록 하여 행동의 목표를 성취할 수 있도록 한다.

④ 협응은 공동으로 작용하는 신경과 근육 등의 위치에 따라서 사지 내 협응과 사지 간 협응으로 구분할 수 있으며, 이러한 협응 형태에서 나타나는 움직임의 리듬에 따라서 절대 협응과 상대 협응으로 구분할 수 있다.

⑤ 사지 내 협응과 사지 간 협응

㉠ 사지 내 협응

ⓐ 하나의 사지, 즉 한쪽 팔 또는 다리가 효과적으로 움직이기 위해 나타나는 여러 관절과 근육의 공동적인 기능을 말한다.

ⓑ 하나의 사지 내에서 일어나는 관절이나 근육들의 상호 움직임에 대한 위상을 나타낸다.

㉡ 사지 간 협응

ⓐ 두 개 이상의 사지 간에 나타나는 기능적인 공동 작용을 말한다.

ⓑ 두 개 또는 그 이상의 사지가 각각 어떠한 시·공간적인 운동 형태를 유지할 수 있는가 하는 문제와 관련이 있다.

⑥ 절대 협응과 상대 협응

㉠ 절대 협응: 동일한 주기로 움직이고 이들 간의 안정된 위상 관계가 유지되는 상태를 말한다.

㉡ 상대 협응: 두 개의 연합된 움직임이 일치하지 않아 그 위상 관계가 항상 변하는 것을 의미한다.

(2) 협응의 주요 문제

Bernstein은 인간의 운동 행동에 대한 전통적인 연구의 문제점으로 자유도 문제와 맥락 조건 가변성 문제를 제시하였다.

① 자유도 문제

운동이 복잡해짐에 따라서 증가하는 수많은 운동 요소를 어떻게 통제하여 효율적인 운동 동작을 생성할 수 있는가 하는 문제이다.

② 맥락 조건 가변성 문제

근육의 수축 활동과 운동의 결과가 반드시 일치하는 것은 아니며 상황에 따라서 변한다.

③ 자유도의 문제

㉠ 자유도란 시스템의 독립적인 구성 요인의 수를 나타내는 것으로, 기하학적인 구속 없이 시스템의 위치를 표현하는 데에 요구되는 최소한의 운동학적 좌표의 수로 정의할 수 있다. 쉽게 표현하면 시스템이 움직일 수 있는 가능성의 수라 할 수 있다.

㉡ 다양한 형태의 동작으로 같은 결과를 생성할 수 있는 능력을 운동 등가라고 한다. 즉, 다른 근육군을 사용하여 같은 움직임을 수행할 수 있는 능력을 운동 등가라고 한다.

ⓐ 신체의 움직임이 필요한 대부분의 운동 과제는 다양한 방법으로 그 과제의 목적을 달성할 수 있다.

ⓑ 예를 들어, 무거운 짐을 들고 방안으로 들어가 전등을 켜고자 할 때, 손을 사용할 수가 없으므로 등 또는 팔꿈치와 같은 신체의 여러 부위를 사용하여 전등 스위치를 켤 수 있다.

ⓒ 이와 같이 이러한 능력은 운동 시스템에 존재하는 수많은 자유도에 의해서 가능하다.

㉢ 인간의 경우 근육이나 신경과 같은 매우 미시적인 수준에서의 자유도의 수는 거의 계산이 불가능하기 때문에 일반적으로 관절 수준에서 자유도 수를 계산하게 된다.

④ 맥락 조건 가변성의 문제

㉠ 맥락 조건의 가변성은 동일한 근육 활동이 발생하여도 그 운동의 결과는 달라질 수 있다는 것으로 조건의 가변성에 따라서 운동의 결과에 영향을 준다는 것이다.

㉡ 맥락 조건의 가변성은 운동 프로그램으로는 설명할 수 없는 현상으로 크게 해부학적, 역학적, 생리학적 요인에서 오는 원인으로 설명할 수 있다.

ⓐ 해부학적 요인에 따른 가변성

- 대흉근의 작용을 예로 들어보면, 팔의 위치가 어깨 높이보다 낮은 위치에서는 대흉근의 수축 활동이 팔을 몸 쪽으로 모으는 역할을 한다(a). 그러나 어깨 관절보다 높은 위치에서는 대흉근의 같은 수축 활동이 팔을 몸으로부터 멀어지도록 밖으로 벌리는 역할을 한다(b).
- 몸의 측면에서 팔을 위에서 아래로 천천히 내리는 경우에는 어깨에 있는 어깨 세모근이 작용한다(c). 그러나 팔에 저항을 주거나 매우 빠르게 아래로 내릴 때에는 넓은 등근이 그 움직임에 매우 중요한 역할을 하게 된다(d).
- 이와 같이 동일한 근육의 수축 활동이라 하더라도 사지의 최초 위치에 따라서 그 움직임의 결과가 달라질 수 있고 비록 같은 움직임이라 하더라도 움직임의 속도에 따라서 사용되는 근육이 달라지게 된다.

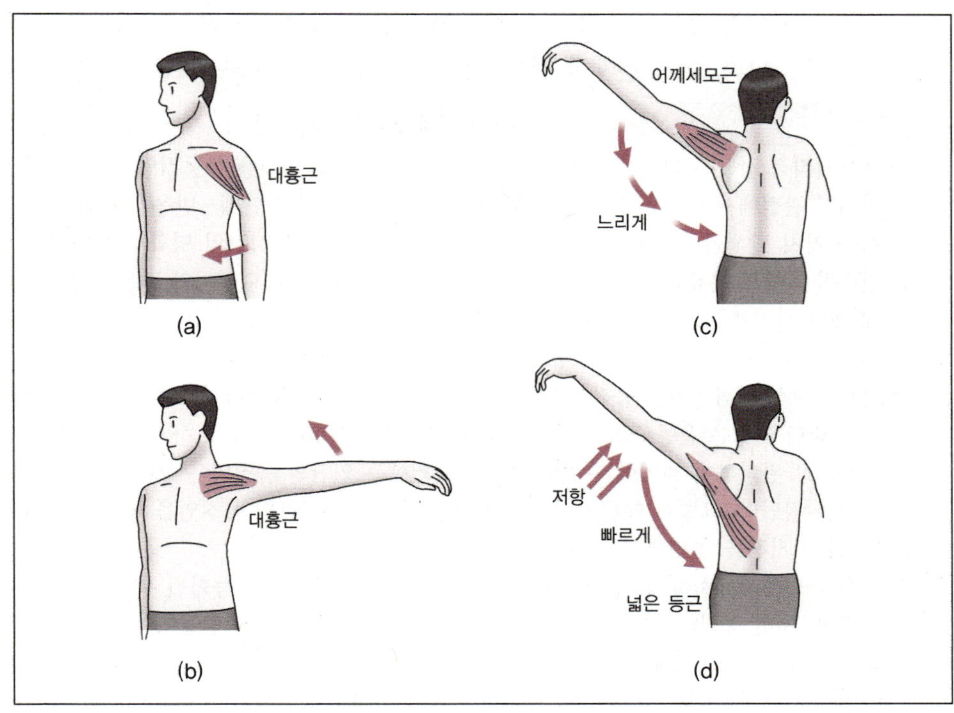

해부학적 요인에 따른 맥락조건 가변성

ⓑ 역학적 요인에 따른 가변성

- 팔과 다리와 같이 여러 관절의 결합으로 이루어진 신체 부위에서는 한 관절에서의 변화가 다른 관절에 영향을 주어 또 다른 변화를 야기한다.
- 사지에서 생성되는 힘은 근육의 수축 활동에 의해서만 발생되는 것이 아니라 중력과 같은 환경이나 주관절 주변의 신체 분절에 의한 힘에 의해서도 발생하게 된다.
- 이러한 힘은 근육에 의해서 생성되지 않는 힘으로 간주된다.

ⓒ 생리학적인 요인에 따른 가변성

- 중추적인 명령은 특정 신경에 의해 근육으로 전달되고, 이에 따라 근육의 수축이 발생한다. 그러나 인체의 신경시스템은 그 특성상 중추에서부터 근육까지 명령을 전혀 수정하지 않고 전달하지 않는다.
- 이러한 현상은 척수의 역할에서 알 수 있는데, 척수는 뇌에서 받은 명령을 단순히 전달하는 역할만을 수행하지 않는다. 척수 내부에는 사이신경세포라 불리는 많은 신경물질이 있고, 이러한 사이신경은 척수의 분절 내와 분절 간의 다른 사이신경과 연결되어 있다. 이와 같이 사이신경의 수평적, 수직적 연결은 신경신호의 전달 과정에 많은 영향을 미친다.
- 운동 신경의 활동이 척수의 많은 부분으로부터 영향을 받기 때문에 중추로부터 전달된 명령은 여러 단계의 수정을 거치게 된다.

• 이와 같이 척수와 뇌는 하나가 다른 하나에 일방적으로 명령을 내리는 관계가 아니라, 어떤 문제를 같이 해결하고자 하는 협력자와 같은 역할을 수행하게 된다.

정보처리적 관점에서의 협응

• 정보처리적 접근은 인간 행동의 기전을 설명하기 위하여 인간을 능동적인 정보처리자로 가정하였다. 이러한 관점에서 인간의 움직임은 감각지각 단계 - 반응선택 단계 - 반응실행 단계와 같은 일련의 순서를 거쳐 발생한다. 이러한 움직임은 움직임 발생과 종료 시점의 명확성에 따라 불연속적 과제와 연속적 과제로 분류할 수 있다. 과제의 특성상 골프스윙 혹은 던지기와 같은 불연속적 과제는 움직임에 대한 사전계획이 동작 발현에 있어 중요한 요소로 작용하며, 걷기나 운전하기와 같은 연속적 과제는 사전계획보다는 피드백, 오류 감지, 또는 오류 수정이 중요하게 작용한다.

• 정보처리적 관점에서는 동작이 각기 다른 근육과 사지의 계열적이거나 병렬적 협응을 통해 발현되며 이러한 과정은 운동 프로그램에 의해 제어된다고 설명하고 있다. 하지만 동작이 어떤 하나의 프로그램으로 완벽하게 제어될 수 있다고 설명하기에는 인간의 움직임은 상대적으로 연속적이고 복잡한 성격을 지닌다. 그렇기 때문에 정보처리적 관점에서는 인간의 움직임을 동작의 단위로 나누어 복잡한 협응 기전을 설명하고 있다.

• 동작의 단위(units of action)란 다양한 동작에서 반복적으로 기능화될 수 있는 운동 행동의 조각을 뜻하며, 매번 동작이 발현될 때마다 같은 움직임을 필수적으로 만들어 낼 수 있다. 이러한 동작의 단위가 연속적으로 구성될 경우 인간은 매우 복잡하고 연속적인 움직임을 발현할 수 있다. 이때 동작이 발현되기 위해서는 반드시 그 이전의 동작이 완전히 종료되어야만 가능하며, 그 동작 하나 하나의 단위는 불변하는 상대적 타이밍을 갖게 된다. 예를 들면, 운전의 경우 클러치를 밟고 기어를 변속하고 가속 페달을 밟을 때 이 모든 과정은 각각의 동작 단위들로 연결되어 있으며, 이러한 동작 단위들이 연결되어 운전이라는 복잡하고 계열적인 움직임이 생성된다.

• 모든 움직임의 발생이 뇌와 같은 중추적인 영역에서 시작되어 하향 전달된다는 정보처리적 관점은 인간의 움직임을 컴퓨터에 비유하여 인간 움직임 생성에 대한 새로운 연구 방법을 제시했다. 그러나 운동시스템은 인간의 신체가 지니는 무한한 자유도 외에도 환경의 변화에 대한 미세한 적응이라는 문제까지 해결해야 한다. 이러한 문제를 해결하기 위해서는 무수히 많은 자유도의 조합에 대응하는 개별적인 운동 프로그램을 보유하고 있어야 하며, 환경의 변화에 대응하여 즉각적으로 프로그램을 변경, 저장, 처리할 수 있는 메커니즘을 보유하고 있어야 한다. 하지만 인간의 정보처리 능력이 가지는 한계로 인해 위에서 말한 것과 같은 문제를 해결하는 데 결정적인 제한점(저장문제)을 드러내고 있다.

2. 다이나믹 관점에서의 운동 협응

(1) 협응 원리

인간의 협응은 자기 조직의 원리와 비선형성의 원리에 의해서 생성되고 변화한다. 인간 협응은 다양한 제한 요소에 의하여 영향을 받게 된다.

① 협응의 제한 요소

㉠ 협응에 있어서의 제한 요소는 운동수행에 필요한 자유도의 수를 줄여준다.

㉡ Newell은 이러한 제한 요소를 유기체, 환경, 과제의 세 가지로 제시하고 있다.

유기체 (organism)	• 인간 개인이 가지고 있는 다양한 특성으로, 여기에는 키, 몸무게, 신체형태 등과 같은 물리적인 특성뿐만 아니라 인지적 · 정서적 · 심리적인 특성도 모두 포함된다. • 예를 들어, 수행자의 신체적인 조건이나 심리적인 불안 상태는 운동 기술을 수행하는 데 제한 요소로 작용하게 된다.
환경 (environment)	• 수행자의 물리적 또는 사회 · 문화적 환경을 포함한다. • 같은 걷기라 하더라도, 달에서 걷는 것과 지구에서 걷는 것은 그 걷기 동작 형태가 매우 다르다.
과제 (task)	• 수행자가 수행하고자 하는 과제 그 자체의 특성이 움직임 형태에 많은 제한을 가한다. • 100m 달리기와 멀리뛰기의 도움닫기에서 사용되는 달리기는 그 동작 형태에 있어서 차이가 있을 뿐만 아니라 그 동작을 연습하는 과정도 다르다.

• 인간 협응은 유기체 · 환경 · 과제의 특성에 따라 절대적인 영향을 받는다.
• 인간 협응의 생성은 자기 조직의 원리를 따르고, 협응의 변화는 비선형성의 원리를 따른다.

② 자기 조직의 원리

㉠ 다이나믹 시스템 이론에서는 대뇌피질의 기전뿐만 아니라 신경학, 생물학, 골격근 등과 같은 다차원적인 하위 시스템의 상호작용의 결과가 인간의 운동을 제어한다고 하면서 이때 어떤 하위 시스템도 다른 하나보다 우선되는 것이 아니라고 주장하고 있다.

㉡ 자기 조직의 개념은 물리 세계 내에서 나타나는 현상으로, 현 세계에서 발생하는 모든 자연 현상은 그 자체가 프로그램화되어 있는 것이 아니라 어느 조건이 적합해지면 특정한 현상이 저절로 발생하는 것을 말한다.

㉢ 수행자의 신체적 심리적 특성, 환경적인 특성, 수행하는 과제 특성의 상호작용으로 인하여 어떤 상황이 조건화되면 특정한 사지 움직임 유형이 저절로 나타난다는 것이다. 즉, 인간의 운동 협응은 환경적인 특성과 사지의 역학적 특성의 상호 관계 속에서 형성된다는 것이 자기 조직 원리의 주요 내용이다.

③ 비선형성 원리

㉠ 비선형성 원리는 시간에 따른 협응 변화가 선형적인 경향을 보이지 않는다는 것을 말한다.

㉡ 질서 변수는 움직임의 유형과 특성을 묘사하기 위한 수단으로 사용되기 때문에 어떤 동작 유형을 정확하게 규명하기 위해서는 그 동작의 질서 변수를 찾아내는 것이 중요하다.

ⓐ 상대적 위상은 보행이나 손가락 움직임과 같은 주기적이고 리드믹한 움직임에 있어서의 질서 변수로 간주하고 있다.

ⓑ 반면 불연속적인 움직임에서는 평형점과 근육의 강직성과 같은 변인이 질서 변수로 활용되기도 한다.

㉢ 제어 변수는 질서 변수를 변화시키는 원인이 되는 것으로, 상황의 특성에 따라서 자유롭게 변할 수 있으며 속도나 들어 올리는 무게와 같은 변인이 이에 포함된다.

㉣ 질서 변수는 제어 변수의 체계적인 변화에 의하여 영향을 받는다.

(2) 협응 구조의 형성과 변화

① 협응 구조

㉠ 협응 구조는 하나의 기능적인 단위로 작용하는 여러 관절에 걸쳐 있는 근육의 집합체로, 자기 조직의 원리에 따라서 형성된다.

㉡ 운동 제어의 기본 단위가 되는 이러한 협응 구조는 개별적인 근육들이 모여 형성된 근육군이 하나의 기능적 단위가 되어 운동을 조절할 수 있고, 따라서 수많은 운동 역학적 자유도를 하나의 단위로 조절함으로써 유기체가 원하는 원활한 동작을 가능하게 해준다는 점에서 자기 조직의 원리를 따른다고 할 수 있다.

㉢ 협응 구조는 유기체 내에 존재하는 많은 자율적인 변인들 간의 상호 결합으로 이루어진다. 인간의 근육과 관절은 서로 연결되어 있기 때문에 근육의 움직임은 관절의 반응을 변화시키고 반대로 관절의 변화는 근육의 움직임을 변화시키게 된다.

② 안정성과 협응 구조의 변화

㉠ 협응 구조의 안정성이란 생물학적 시스템의 협응 형태에 있어서 필수적인 요인으로, 외부로부터 어떤 물리적 방해 작용이 가해질지라도 자신의 동작 형태를 유지하려는 저항력을 말한다.

㉡ 안정성은 협응 형태의 변화에 영향을 주는 매우 중요한 요인이며, 환경과 과제와 같은 인간의 운동에 영향을 주는 제한 요소의 변화가 안정성에 영향을 준다.

㉢ 협응 구조의 안정성의 변화로 인하여 협응 구조의 형태에 변화가 발생하는 현상을 상변이 현상이라고 한다. 상변이 현상은 제어 변수의 체계적인 변화에 따라 발생하는 협응 구조의 불연속적인 변화로, 안정성의 손실에 의하여 발생한다.

㉣ 상변이 현상은 제어 변수가 특정 임계점에 가까워짐에 따라 협응 구조가 안정 상태에서 불안정 상태로 변하고, 특정 임계점에 도달한 순간에 다시 협응 구조가 안정 상태로 이르게 되어 새로운 협응 구조 형태가 나타나게 되는 것이다. 이렇게 안정성의 변화로 인하여 상변이 현상이 발생하면, 동원된 자유도의 수가 줄어들고, 최소한의 질서 변수에 의해서 그 동작의 다이나믹 특성을 설명할 수 있게 된다.

㉤ 어트랙터 상태는 협응의 가변성이 최소한으로 나타나는 안정성을 유지할 뿐만 아니라 에너지를 가장 효율적으로 사용하는 상태를 말한다. 이는 선호하는 협응 형태로 움직이는 것이 그렇지 않은 움직임보다 에너지 소모가 적다는 것을 의미한다.

폼(Form)과 협응 구조: 형성과 변화

폼은 운동 동작을 가장 효율적으로 수행하기 위해서 동원되는 모든 신체 구성 요인이 잘 협응되어 외적으로 나타난 상태라고 할 수 있다. 운동 기술을 학습한다는 것은 그 동작에 적합한 협응 구조를 형성해 가는 과정이라고도 할 수 있다.

③ 안정성 측정

㉠ 안정성의 변화에 의하여 협응 구조의 형태가 변하는 과정은 실제 운동학습 상황에서 새로운 형태의 폼을 갖추어 가는 과정으로 적용해 볼 수 있다. 즉, 운동 수행과 관련된 많은 정보를 받아 들여 새로운 운동 상황에 적응하는 과정에서 협응 구조가 불안정해지지만, 점차 연습을 함에 따라서 이러한 협응 형태의 불안정성이 줄어들고, 더 나아가서는 변화한 환경에 완전히 적응하는 새로운 협응 구조를 형성하게 되는 것이다.

㉡ 협응 구조의 형성 및 변화와 밀접한 관련이 있는 안정성은 다음과 같은 두 가지 방법으로 측정할 수 있다.

ⓐ **임계 요동의 측정**: 임계 요동이란 시스템의 변이가 일어나는 임계점에 접근함에 따라 요동의 증폭이 점점 증가되어 변이가 일어나는 임계점 바로 직전에 가장 커지는 현상을 말한다.

ⓑ 이완 시간의 측정

- 시스템의 시·공간적 형태가 갖는 안정성을 알아보는 것이다.
- 이완 시간이란 시스템에 물리적 방해 작용을 가하여 시·공간적 형태를 흐트러뜨릴 때 시스템이 원래의 형태로 되돌아오는 데 걸리는 시간을 말한다.
- 안정 상태에서처럼 시스템의 안정성이 크면 클수록 시스템의 이완 시간은 짧아지며, 더 빨리 자신의 동작 형태로 되돌아온다.
- 따라서 시·공간적 형태가 변이를 이루는 임계점 바로 직전에서 이완 시간은 가장 커지게 되는데, 그것을 임계 속도라 한다.

운동 기술 학습에서의 여분의 자유도 활용

운동기술의 학습과정에서 자유도의 문제를 다음과 같이 두 가지 단계로 접근하고 있다.

- **학습 초기**: 학습 초기에는 동작을 수행하는 유기체와 과제 및 환경의 특성에 따른 제한 요소를 잘 연결시켜 운동을 수행할 때 작용하는 자유도의 수를 최대한 줄이는 것이 바람직하다.
- **학습 후기**: 반면에 기술 수준이 점차로 향상됨에 따라서 보다 부드럽고 힘 있는 운동 수행력을 발휘하기 위하여 서로 묶여 있던 자유도를 풀어 더 많은 자유도를 활용할 수 있어야 한다.

이와 같이 학습 후기에 사용하는 많은 자유도를 여분의 자유도라고 한다. 여분의 자유도란 운동과제에 관련된 협응 요소 중에서 실제 동작에 활용되지 못하던 요소들을 의미한다. 이러한 여분의 자유도는 신체 내에서 작용하는 요인뿐만 아니라 중력이나 반발력 등과 같은 외부의 요인을 활용할 수 있는 것도 포함한다. 따라서 여분의 자유도 활용은 연습에 의하여 변하는 협응 형태의 변화에 매우 중요한 영향을 미친다. Bernstein은 운동기술 학습의 본질적인 목표는 이러한 여분의 자유도를 숙련되게 활용하는 것이라 하였다. 또한 협응은 역학적인 여분의 자유도를 제어할 수 있는 능력을 갖추는 것이라고 주장하였다.

6 시지각과 운동 수행

1. 시각 정보와 지각

(1) 시각 정보

① 시각과 시각 정보

㉠ 시각은 삼차원 환경 속에서 움직이는 물체에 대한 상을 구성하는 역할을 한다.

㉡ 시각을 통해 전달되는 정보는 크게 두 가지 역할을 수행한다(Goodale & Humphrey).

ⓐ 시각은 환경을 인식하고 신체 모델을 형성한다. 즉, 환경 속에 있는 물체나 사건을 인식하고 그 상호 관계를 이해하도록 하는 기능을 한다. 이와 같은 정보는 과거의 지식이나 경험의 영향을 많이 받는다.

ⓑ 시각은 무엇인가를 인식하는 기능만을 하는 것이 아니라 받아들인 정보가 직접 운동을 발현시키는 기능을 한다. 즉, 시각정보 자체가 적절한 운동행동을 유발한다는 것이다.

② 광학

㉠ 모든 사물과 환경은 빛을 반사하며 3차원 공간을 통하여 전달되는 이러한 빛을 통해서 우리에게 인식된다.

㉡ 빛은 크게 방사빛과 환경빛으로 분류할 수 있다(Gibson).

ⓐ **방사빛**: 하나의 광원(light source)으로부터 발생하거나 반사되어 나오는 빛을 의미하며, 우리에게 물체를 볼 수 있게 한다.

ⓑ **환경빛**: 관찰점을 둘러싸고 있으면서 모든 방향으로부터 한 점으로 모이는 빛을 말하는 것으로, 물체와 환경의 특성에 따라서 각각 다른 빛의 구조를 가지게 된다. 따라서 환경빛은 환경의 특성에 대한 정보를 포함하고 있으며, 이처럼 특정한 구조를 가진 환경빛을 환경적 광학 배열이라고 한다.

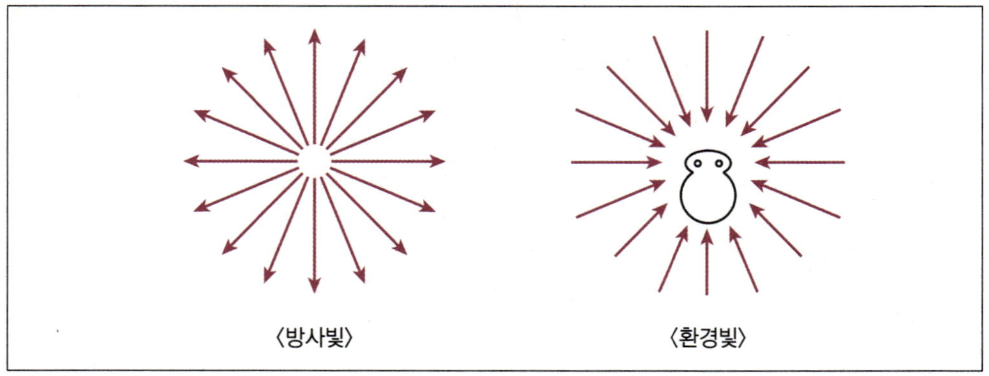

〈방사빛〉 〈환경빛〉

ⓒ 광학의 유형은 다시 광학적 흐름과 망막의 흐름으로 구분된다(Gibson & Cornsweet).

ⓐ **광학적 흐름**: 관찰자와는 상관없이 일어나는 광학 배열 구조의 일시적인 변화로, 빛이 눈으로 도달하기 전에 관찰 지점을 둘러싼 빛의 강도 유형을 말한다.

ⓑ **망막의 흐름**: 관찰자의 망막에서 일어나는 빛 유형의 변화를 말한다.

ⓔ 광학적 흐름의 변화는 움직임에 대한 정보를 지각하는 데에 절대적인 역할을 한다. 따라서 환경적 광학 배열의 흐름에 따라서 이동 운동 상태를 인식하게 된다. 즉, 흐름이 발생하면 동적인 상태를, 흐름이 없으면 정적인 상태를 의미한다.

타우(tau)
• 광학적 변수(optical variable)인 타우는 망막 이미지의 크기를 이미지 크기의 변화율로 나눈 값으로 정의되므로, 접촉이 일어나기까지 남은 시간에 비례하게 된다. • 망막에 맺힌 접근하고 있는 물체의 상(망막 이미지)은 물체가 가까워질수록 커지고, 그 상의 크기의 증가속도는 다가오는 물체의 속도가 증가될수록 빨라진다. • 망막에서 물체의 상이 점점 빠르게 커지고 있다면 물체와 접촉할 때까지 남은 시간이 짧아지고 있다는 것을 말한다.

ⓜ 광학적 흐름의 변화를 통해 인간은 안정성과 평형성, 환경 내에서의 운동 속도, 환경 내에서 물체와 관련된 운동 방향, 수행자와 관련된 물체의 운동, 수행자와 물체가 접촉할 때까지의 시간 등과 같은 움직임에 필요한 결정적인 정보를 얻게 된다.

③ 접촉 시간 정보

ⓐ 다가오는 물체의 광학적 흐름의 형태는 그 물체가 눈에 도달하기까지의 남은 시간을 알려줌으로써 수행자의 동작을 발현시키는 주요 원인이 된다.

ⓛ 시간 정보는 환경에서 수행자가 움직이거나 물체가 움직일 때 그 물체와 수행자의 상호 움직임 관계를 말해준다. 즉, 수행자와 물체 사이의 거리에 대한 정보가 아니라 물체에 대한 접촉시간 정보를 상호 움직임으로 인식하도록 하는 것이다.

ⓒ 이러한 접촉시간 정보를 Lee는 타우(tau)의 개념으로 설명하고 있다. 타우는 망막에 투영되는 상의 크기를 크기의 변화율로 나누어 얻을 수 있다.

$$\text{타우(Tau)} = \frac{\text{망막에 맺힌 상의 크기}}{\text{상의 크기의 변화율}}$$

ⓔ 그러나 실제로 망막에 맺힌 상의 크기와 그 변화율을 직접 측정할 수 없기 때문에 타우와 관련된 연구에서는 물체와 수행자까지의 거리를 사용하여 타우를 추정한다.

(2) 시각 정보의 지각 과정

① 눈으로 들어온 빛은 망막 위에 물체의 상을 형성하고 빛에너지는 망막 속의 수용기라 불리는 세포에 의해 전기에너지 형태의 전기 신호로 전환된다.

ⓐ 이러한 전기 신호는 신경을 따라서 뇌의 시각 수용 영역에 도달한 후에 시각 수용 영역과 그 밖의 다른 영역 내에 있는 신경에 의해서 처리되거나 분석된다.

㉡ 이와 같은 과정을 거치게 되면 우리는 비로소 그 물체를 지각할 수 있게 된다.

② 지각의 처리 과정은 수용기를 자극시키는 정보와 과거 경험으로부터 이미 지니고 있는 정보 사이의 상호작용 속에서 이루어진다.

㉠ 따라서 지각 시스템은 물리적 환경 속성, 신경계 내에서 전기적 활동, 지각자의 사전 경험과 지식에 관련된 세 가지 유형의 정보를 포함하는 특정한 단서로부터 환경 속에서 일어나고 있는 사건을 이해하는 것이다.

㉡ 이러한 과정은 생리학적인 수준뿐만 아니라 사고와 같은 인지적 과정도 포함한다.

(3) 지각과 두 가지 시각시스템

시각 정보는 눈의 망막에서부터 두 가지의 경로를 따라 뇌의 다른 장소로 전달되며 이러한 두 가지 경로를 통한 각각의 정보는 행동을 조절하는 데 서로 다르게 이용된다. 이러한 두 가지의 시각시스템은 초점시와 환경시이다.

① 초점시

㉠ 중추시라고도 하며 망막의 속오목에서 시각 정보를 받아들이며, 시각적 정밀성이 뛰어나기 때문에 주로 시야 중심에 위치한 물체의 확인에 중요한 역할을 한다.

㉡ 이러한 물체의 탐지는 의식적 사고를 필요로 하기 때문에 주시각겉질에 이르는 시각 통로가 초점시를 담당하는 것으로 알려져 있다.

② 환경시

㉠ 말초시는 망막 전체에서 시각 정보를 감지하며, 공간 내 물체의 정보를 제공함과 동시에 신체 주변의 공간을 탐지하는 데에 중요한 역할을 담당한다.

㉡ 또한 약한 조명 아래에서도 물체를 식별할 수 있기 때문에 특히 야간 활동에 주된 역할을 한다. 이러한 환경시는 중뇌로 연결되는 시각 통로가 관여하는 것으로 알려져 있다.

2. 간접 지각과 직접 지각

(1) 간접 지각

① 간접 지각에서는 지각을 움직임과 그 움직임이 일어나는 환경 맥락에 대한 내적인 지식 구조를 토대로 형성된 개념적인 활동이라고 규정한다.

② 지각 단계에서 환경 정보를 부호화하고 기억 속에 저장된 중추 표상과 비교하는 과정이 요구된다. 즉, 환경으로부터 수용되는 정보가 내적인 추론 과정을 거치기 전까지는 의미 있는 정보로 지각되지 못한다고 가정한다.

③ 눈을 통해 받아들이는 시각적 정보가 그 자체만으로는 의미가 없고 망막에서 받아들이는 단순한 이차원 정보를 삼차원 정보로 재구성하여 운동을 효과적으로 제어하기 위해서는 중추신경계의 처리 과정이 반드시 필요하다는 것이다.

④ 간접 접근의 연구에서는 인지적 지식 구조의 발달이 스포츠 상황에서의 수행을 향상시킨다는 전제 속에서 '소프트웨어' 요인을 강조한다. '소프트웨어' 요인은 일반적으로 정보 처리 관점의 연구에서 종속 변인으로 간주하는 반응의 정확성과 속도, 회상 능력, 예측 단서의 활용 능력 등을 말한다.

운동 행동의 운동 시스템 접근과 동작 시스템 접근	
운동 시스템 접근 (motor system approach)	인지심리학에 토대를 둔 Adams의 폐쇄회로 이론, Schmidt의 도식 이론, 그리고 운동프로그램 이론과 같이 가설적인 위계 구조를 강조하는 정보처리 관점을 운동 시스템 접근이라고 한다.
동작 시스템 접근 (action system approach)	동작 시스템 접근은 현대의 물리학과 생태심리학에서 유래된 것으로, Gibson의 생태학적 관점과 Bernstein, Turvey, Kelso 등이 제시한 다이나믹 관점을 포함한다. 동작 시스템 접근에서는 움직임의 제어가 인지적 처리 과정을 거친다기보다는 움직임에 대한 정보가 직접적으로 처리되며 인간의 역동적인 특성에 의해 자동적으로 자기 조직화되어 근육의 기능적 구조, 즉 협응 구조를 형성함으로써 중추 표상 없이도 수많은 움직임을 제어할 수 있다고 주장한다.

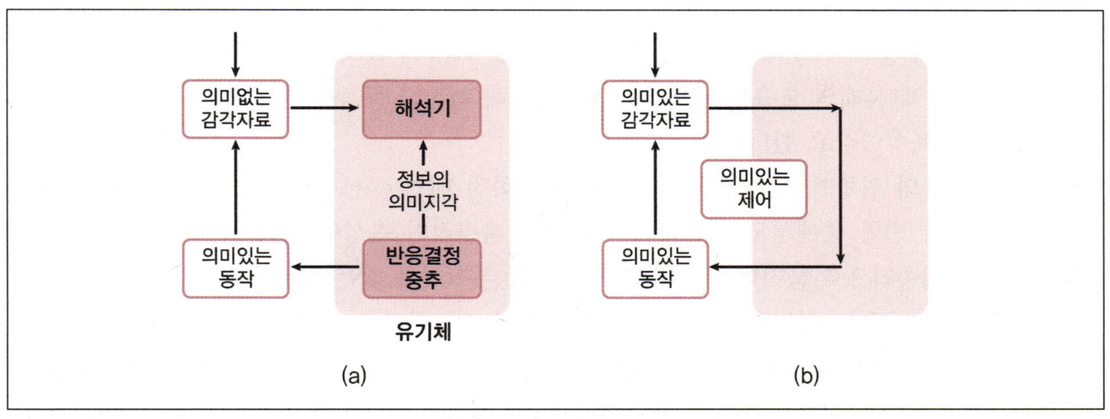

간접 지각(a)과 직접 지각(b)의 도식

(2) 직접 지각

① 직접 지각에서의 정보는 감각 체계, 특히 눈으로 들어오는 광학적 흐름의 구조적인 특성 그 자체를 의미한다.

㉠ 구체화된 광학적 배열이 수행자가 환경 속에 담겨진 사건의 배열과 특성을 직접적이고 명확하게 지각할 수 있도록 하는 풍부한 시·공간적 정보를 담고 있다.

㉡ 따라서 광학적 배열은 동작을 유도하는 데 필수적인 시각 정보를 충분히 제공한다는 것이다.

② 광학의 흐름 속에는 시간과 공간에서 탐지되는 자극의 유형이 포함되어 있기 때문에 눈을 통해서 들어오는 빛 자체가 풍부한 의미를 가지는 정보로 작용한다.

③ 광학적 배열 속에 있는 빛의 구조에 이미 구체화된 정보가 포함되어 있기 때문에 환경 정보에 대한 내적인 표상 없이도 환경에 대한 지각이 이루어진다.

④ 직접 지각은 지각과 동작이 상호 순환적이며 상호 보완적인 관계를 지니고 인과적인 처리 과정을 통해서 이루어진다는 것을 강조한다. 즉, 환경에 대한 지각은 동작을 일으키고 동작에 의해서 변화된 새로운 환경은 다시 새로운 정보로 지각되는 상호 제약의 관계 속에서 운동이 제어된다는 것이다.

⑤ 수행자와 환경의 상호관계 속에서 이루어지는 지각과 동작의 결합은 불변특성과 어포던스의 두 개념을 사용하여 설명하고 있다. 즉, 환경 정보에 대하여 지각하고 그에 따라 적절한 동작을 계속적으로 수행하기 위해서는 불변특성에 대한 어포던스가 매우 중요하며, 이러한 어포던스는 광학적 흐름을 통해서 지각할 수 있다는 것이다.

⑥ 불변 특성(Invariants)

㉠ 시각적 자극으로서 광학적 배열을 통해 수용되는 정보에는 가변적인 속성과 불변적인 속성이 있다. 여기서 광학적 배열의 가변적인 속성은 물체나 관찰자의 움직임을 나타내고 불변적 속성은 환경의 영속적인 특성을 말한다.

㉡ 지각과 동작에 있어서 중요한 의미를 지니는 자극의 속성으로 지각에 안정성을 부여하고 물체 본래의 모습을 알게 하며 이를 통해 적절한 동작을 할 수 있도록 하는 속성을 불변특성이라고 한다.

ⓐ 눈의 위치와 신체의 움직임에 따라 광학적 배열은 전체적으로 변하게 되지만 이러한 변화 중에서도 변함없이 유지되는 본질적인 속성이 있다.

ⓑ 계속적으로 움직이는 상황 속에서도 같은 크기를 갖는 물체라는 것을 인식할 수 있도록 하는 일관적인 속성이 불변특성에 해당한다.

㉢ 빛이 가지고 있는 변하지 않는 구조들은 환경 속의 물체나 장소 또는 사건들을 구체화할 뿐만 아니라 이를 통해 유기체의 활동까지도 구체화하는 역할을 한다. 따라서 불변특성은 지각과 동작의 직접적인 관련성을 설명하는 데 있어서 매우 중요한 정보로서 사용된다.

⑦ 어포던스(Affordance)

㉠ 불변특성에 대한 지각이 특정한 운동과 직접적으로 연결되고 인간의 운동이 유기체와 환경, 그리고 과제의 특성에 따라서 영향을 받는다.

㉡ 이와 같이 유기체, 환경, 과제 사이의 독특한 관계에 따라서 나타날 수 있는 운동 동작의 가능성을 어포던스라고 한다.

㉢ 사람이나 동물이 일차적으로 지각하는 것은 바로 이러한 동작의 가능성으로 다양한 환경 조건 내에서 발생하는 사건에 대하여 어떠한 동작 유형이 주어진 상황에 적절하고 가능한지를 지각하는 것이다.

㉣ Gibson은 어포던스에 대해 유기체가 일으킬 수 있는 잠재적 동작과 그가 처한 환경, 즉 그것을 일으키도록 하는 장소나 물체, 또는 사건과 같은 어떤 측면 사이의 독특한 관계라고 정의하였다.

㉤ 어포던스란 환경이 유기체에게 무엇을 제공하는가, 또는 유기체가 이러한 환경을 가지고 무엇을 할 수 있는가에 대한 가능성을 말한다. 따라서 이는 환경이 유기체에게 부여하는 행동 가능성이라고 바꾸어 말할 수 있다.

㉥ 어포던스가 자극의 '물리적 속성'뿐만 아니라 자극의 '의미'도 함께 포함하고 있기 때문에, 유기체는 환경에 대한 어포던스를 직접적으로 지각할 수 있다고 주장한다. Gibson은 이와 관련하여 지각을 '유용한 정보의 탐색'이라고 정의하면서, 어포던스가 자극의 의미를 포함하고 있으므로 관찰자에 따라 각각 다르게 받아들여질 수 있다고 하였다. 예를 들어, 어린이에게는 점프를 해야 내려올 수 있는 계단이 어른의 경우에는 걸어서 내려올 수 있는 계단으로 지각된다는 것이다.

7 운동 학습의 개념과 이론

1. 운동 학습의 정의

(1) 정보처리 관점

운동학습을 주어진 운동 과제를 수행하는 데에 필요한 운동 프로그램을 적절히 형성하여 기억체계를 도식화하고, 운동기술 수행을 향상시키기 위하여 보다 효율적인 도식으로 재구성해가는 과정이라고 보고 있다. Schmidt 등은 운동학습을 운동 과제를 수행하는 데에 필요한 개인의 능력을 결정하는 내적인 과정의 변화라고 정의하였다.

(2) 다이나믹 시스템 이론

운동학습을 주어진 운동 과제를 수행하기 위한 가장 효율적인 협응 구조를 형성하고, 환경과 주어진 과제의 특성적 변화에 대하여 적절하게 대처할 수 있는 적응성을 향상시키는 과정이라고 정의하고 있다.

(3) 생태학적 관점

연습이나 경험을 통하여 지각-운동 활동영역 내에서 과제와 환경적 요구에 일치하도록 지각과 동작 간의 협응을 향상시키는 과정이라고 보고 있다.

(4) 운동학습은 이론적 관점에 따라서 다르게 정의할 수 있지만, 공통적으로 적용되는 세 가지 특성을 가지고 있다(Magill, Schmidt 등).

① 운동학습은 숙련된 운동수행을 위한 개인 능력의 비교적 영구적인 변화를 유도하는 일련의 내적 과정이다. 이러한 특징은 신경학적인 기전에서의 변화와 관련이 있으며, 중추신경계의 변화는 신경 통로의 구조적인 변화와 신경자체의 기능적인 변화를 포함한다. 이러한 형태학적 변화를 '신경 가소성'이라 하며, 신경조직이 경험 및 학습에 대하여 자발적으로 유연성 있게 적응해 가는 과정을 의미한다.

② 운동학습은 과정 그 자체를 직접적으로 관찰할 수 없다. 따라서 보다 타당성 있는 학습의 평가 방법을 계획하고 실천하는 것이 무엇보다도 중요하다.

③ 운동학습은 연습과 경험에 의해서 나타나는 현상을 말하며, 성숙이나 동기 또는 훈련 등에 의해 일시적으로 수행이 변화하는 것을 포함하지 않는다.

(5) 다양한 관점에서 운동학습에 대한 정의와 일반적인 특성을 고려하여 다시 정리해 보면, 운동학습은 개인적 특성을 바탕으로 연습이나 경험을 통하여 과제와 환경적 변화에 부합하는 가장 효율적인 협응 동작을 형성시켜 나가는 과정이라고 정의할 수 있다.

2. 운동 기능의 학습 곡선

(1) 연습 곡선의 유형

① 볼록형(부적 가속 곡선) – 정신 작용이나 협응성이 요구되는 운동의 연습

학습 초기에는 급격한 수행력 향상을 보이지만 계속 연습을 하면서 점차 수행력의 향상 정도가 줄어드는 형태로, 부적으로 가속화되는 모양을 취한다. 이러한 전형적인 수행 곡선은 '파워 법칙(power law)'이라고 알려진 연습의 기본 원칙에 그 근거를 두고 있다(Snoddy).

② 오목형(정적 가속 곡선) – 근력의 증대가 주요한 원인이 되는 작업

정적으로 가속화되는 형태로, 학습 초기에는 수행력 향상이 느리게 전개되지만, 연습에 따라서 급속한 수행 향상을 보이는 것이다.

③ 직선형 – 기술의 난이도가 어려울수록 직선의 기울기가 낮아짐

연습에 따라서 비례적으로 수행 향상이 나타나는 선형적인 형태를 갖는다.

④ S자형(정적, 부적 가속 곡선의 혼합)

세 가지(a, b, c) 형태의 학습 양상이 혼합된 형태로 S자 모양을 보인다.

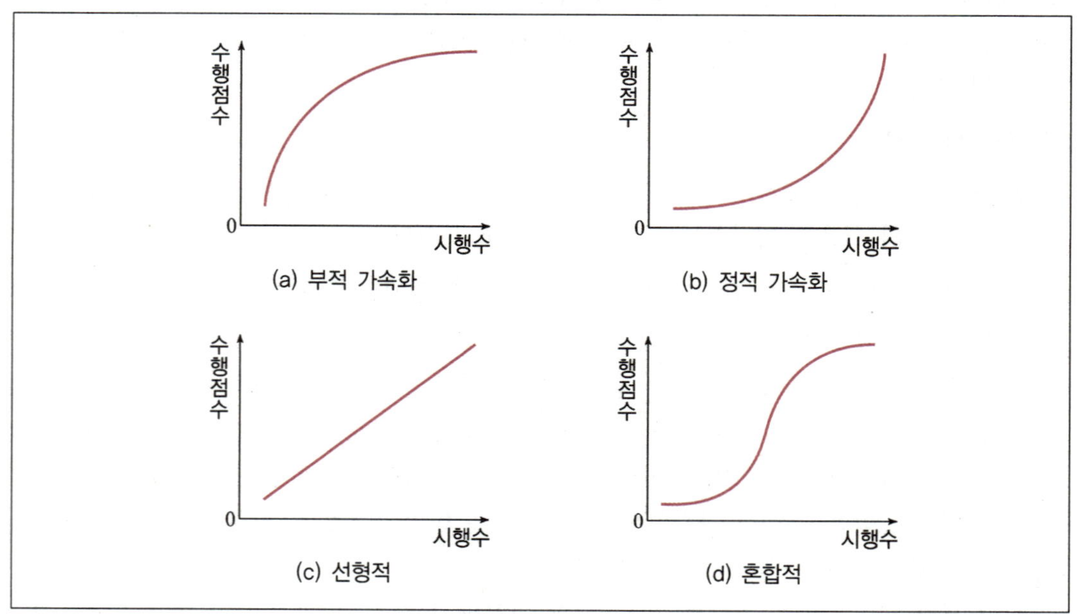

Newell, Liu, Mayer-Kress는 운동학습으로 인한 수행의 향상을 다이나믹 시스템 관점에서 설명하고자 하였다. 이들은 환경과 과제, 유기체 간의 상호작용을 통해 일어나는 학습현상은 비선형적인 변화를 가져오며, 그 결과 power 곡선 혹은 S자 곡선 형태의 변화패턴이 나타나게 된다고 하였다.

파워 법칙

1. 시간이나 연습의 시행 수에 따른 수행 결과의 변화는 일반적으로 수행 곡선의 형태를 보이게 되는 이러한 변화는 파워 법칙을 따르게 된다.
2. 연습 시행 횟수가 증가할수록 선택 반응 시간이 감소해 운동 수행력이 높게 나타난다.

공식 1: $P=a+b^x$
공식 2: $\log(P-a)=xlogb$
(P: 수행, x: 연습량, a, b: 상수)

공식 1은 전형적인 수행 곡선의 형태를 띠며, 공식 2는 x, y축을 로그 좌표로 전환한 것으로 선형적인 직선 형태의 수행 곡선이 그려지게 된다.

파워 법칙의 제한점(Newell)

- 파워 법칙은 종속 변인으로 시간을 사용하였을 경우에 전형적으로 나타나는 것으로, 다른 운동 수행 변인에 대해서는 이 법칙이 적용되지 않을 수도 있다는 것이다.
- 협응 형태의 질적인 변화는 이 법칙과 일치하지 않는다. 이는 협응 형태의 질적인 변화가 연습이 진행됨에 따라서 불연속적으로 변화하기 때문이다.
- 파워 법칙을 따르는 수행 곡선은 주로 연습의 중간 단계에서의 수행 결과에 대한 정보를 제공할 뿐, 연습 초기나 후기에서의 수행 변화에 대한 정보는 구체적으로 제공하지 못하고 있다.

Newell이 제시한 파워 법칙의 제한점에도 불구하고 이 법칙은 운동학습 현상을 가장 잘 설명할 수 있는 원리로 사용되고 있다.

(2) 고원

운동기술을 학습할 때 일시적으로 수행력이 정체되는 현상을 수행의 고원이라고 한다.

① Singer의 고원의 원인

㉠ 습관의 위계

㉡ 위계적 구조의 기능을 학습하는 과정에서 아래 단계에서 상위의 단계로 올라가는 과도기에 일어난다.

② Magill의 고원의 원인

㉠ 습관의 위계, 동기의 저하, 피로, 주의력 결핍

㉡ 상한 효과: 너무 쉬운 과제의 경우 초기에는 급격한 향상으로 보이고 이후 x축과 평행한 경우

㉢ 하한 효과: 과제가 너무 어려울 경우 수행 곡선 초반부에 x축에 평행하는 경우

원인	처치
흥미 저하, 동기 저하, 지루함	• 흥미 있는 연습 • 새로운 연습 방법을 모색 • 열성적인 연습
잘못된 단서의 이용	• 적절한 단서에 주의를 기울인다. • 결과의 지식을 제공
피로	• 상황의 인지 • 연습의 중단 혹은 다른 것의 연습
정서적 문제	• 진보의 속도를 낮춘다. • 연습의 안전성을 제공
기대 수준의 저하	학습자가 달성할 수 있는 최대의 목표를 설정할 수 있도록 도와준다.
신체적 준비 부족	학습자의 신체적 발달과 과제 요구 분석

고원 현상
• 고원 현상이 발생하는 이유는 3가지로 설명할 수 있다. 첫째, 운동기술을 습득하는 데에 있어서 하나의 동작 유형에서 다른 동작 유형으로 전환이 발생하는 시기를 바로 고원 현상이 발생하는 기간으로 간주하는 것이다. 둘째, 연습 동안 쌓인 피로나 감소된 수행 동기, 또는 주의 부족 등과 같은 심리적 원인 때문에 고원 현상이 발생한다고 보는 것이다. 셋째, 고원 현상은 수행 특성에 기인하는 것이 아니고, 측정 방법이 지니는 한계 때문에 발생한다는 것이다. • 고원 기간에 수행은 정체되지만, 학습은 진행된다고 표현할 수 있다. 운동 수행의 질적인 변화를 중요하게 다루는 다이나믹 시스템이론에서는 이러한 고원 현상을 새로운 협응 구조가 형성되는 과정이라고 설명하고 있으며, 양적 변화의 정체 속에서도 다양한 질적 변화가 계속하여 나타나고 있다고 주장한다.

(3) 슬럼프 원인별 처치

① 피로나 질병

연습의 중단이나 적절한 휴식

② 운동 감각적 정보를 제대로 처리하지 못하는 경우

선수의 운동 장면을 녹화해 피드백한다.

③ 운동 동작 패턴에 고정적인 오류가 있을 때

효과적인 동작 패턴을 연습시킨다.

④ 자신의 동작 패턴을 바꿀 때

과거의 동작 패턴과 새로운 동작 패턴을 비교하고, 새로운 운동 패턴이 충분히 고정화, 자동화 되도록 연습시킨다.

⑤ 근력이 약화되거나 협응이 잘 이루어지지 않을 때

근력 강화 트레이닝을 실시하고, 힘의 효율성을 증가시켜야 한다.

고원 현상이란 연습을 계속하는데도 선수의 기능수준이 발달하지 않고 머물러 있는 상태를 말하며, 슬럼프란 기능수준이 평소보다 오히려 퇴보된 채로 머무는 현상을 뜻한다.

3. 운동 학습의 과정

(1) 움직임의 역동성에 대한 지각

① 운동 기술의 학습 과정은 자신이 수행하게 될 운동 기술 동작을 보는 것으로부터 시작된다. 이때, 학습자는 제시되는 동작의 전체적인 움직임 형태를 보고 그 운동 기술의 특성에 대한 다양한 정보를 얻는다.

② 인간의 움직임은 시간에 따라 매우 복잡하게 변화하는 신체분절의 움직임으로 구성되어 있다. 하나의 동작은 다른 동작과 구별되는 독특한 특성을 지니고 있는데, 이러한 특성을 바탕으로 우리는 그 움직임을 정확하게 지각할 수 있다.

예 몸통과 사지의 움직임의 특성으로 달리기와 걷기 또는 공던지기와 투포환 동작을 구분할 수 있는 것이다.

③ Newell은 신체의 움직임을 다음과 같이 절대적 운동, 상대적 운동, 공통적 운동으로 구분하여, 이러한 운동 형태의 차이를 지각함으로써 각각의 기술 동작을 구별할 수 있다고 하였다.

㉠ 절대적 운동: 움직임에 동원되는 각각의 자유도의 시·공간적인 움직임

㉡ 상대적 운동: 다른 사지 분절의 움직임에 대한 특정한 사지 분절의 상대적인 움직임

㉢ 공통적 운동: 시간이나 흐름에 따라서 모든 자유도가 동원된 시스템 전체의 움직임

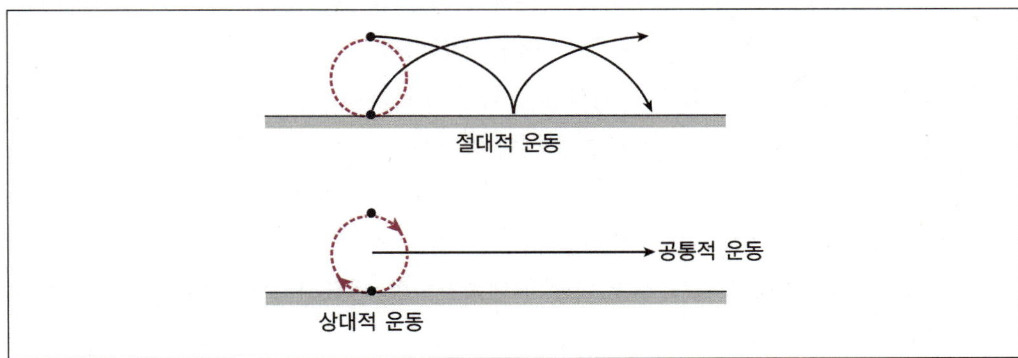

다양한 운동 형태에 대한 지각

④ 인간은 환경 속에서 일어나는 위의 세 가지의 운동 형태 중에서 상대적 운동을 가장 잘 지각할 수 있다. 따라서 어떤 운동 동작을 다른 것과 구별할 수 있는 것은 이러한 상대적 운동의 특성이 각 운동기술 동작마다 다르기 때문이다.

⑤ 반면에 절대적 운동은 크게 변하지 않기 때문에 주어진 움직임의 질적인 형태를 지속적으로 파악할 수 있게 해 준다. 이러한 현상을 지각의 불변성(항존성)이라고 한다.

(2) 움직임 구성 수준의 결정과 운동 구조의 형성

운동 동작의 협응과 기술은 그 동작에 포함되어 있는 움직임의 구성 수준에 따라서 달라지는데, 이러한 인간 동작의 구성은 크게 장력, 근육과 관절의 연결, 공간, 동작 수준으로 구분할 수 있다(Bernstein).

① **장력의 수준**
동작에 대한 자세 조절이나 균형 유지와 관련이 있다.

② **근육과 관절의 연결 수준**
사지의 근육 활동을 조절하여 사지 분절 간의 기본적인 공동 작용을 조직하게 된다. 이 수준에서 가장 큰 특징은 움직임이 안정된 형태를 유지하려고 하는 것이다.

③ **공간 수준**
환경적 요구에 대처하기 위하여 협응 형태를 변화시키는 적응성을 제공하는 것이다.

④ **동작 수준**
자유도와 관련하여 협응 형태에 대한 한계 조건을 제공하고 움직임의 구성 요인 간 순서를 결정하는 것과 관련되어 있다.

(3) 오류 수정

① 오류 수정 과정은 움직임 자체에 대한 느낌과 감각 오류를 내부적으로 어떻게 느낄 것인가에 대한 해답을 찾는 과정이다.

㉠ 따라서 환경의 다양한 변화에 적응하기 위해서는 반복적인 연습을 통하여 이러한 오류 정보를 많이 경험해 보는 것이 매우 중요하다.

㉡ 이는 직접적인 경험을 통해서만 습득할 수 있다.

② 적절한 오류 수정 과정은 자신도 모르게 발달하기도 하지만, 기술 수행에 주의를 기울임으로써 그 발달 속도를 가속화시킬 수 있다. 또한 오류 수정 과정에서는 운동 문제를 가장 효율적으로 수정하기 위한 적절한 감각 정보를 획득하는 것이 무엇보다도 중요하다.

③ 기술 수행에 필요한 오류 수정 과정이 체계화되면, 습득한 운동 기술은 비교적 영구적으로 보유할 수 있게 된다. 예 자전거 타기

㉠ 이는 운동학습 과정을 통해 감각 정보의 획득과 오류의 수정 방법을 획득하였기 때문이다.

㉡ 이러한 과정은 시범이나 언어적인 설명 등과 같은 방법으로 습득할 수 있는 것이 아니며, 학습자의 직접적인 체험이 요구된다.

(4) 자동화와 안정성 획득

① 자동화

㉠ 운동수행에 대한 의식적인 주의 없이 수행이 가능하게 되는 것을 운동수행의 자동화가 이루어졌다고 한다.

㉡ 자동화는 다른 학습 과정보다 많은 노력이 필요하며, 수행의 질적인 변화를 경험함으로써 나타난다.

㉢ 운동기술 수행의 자동화 상태에 도달하기까지는 다른 학습 과정보다 훨씬 많은 시간과 노력이 필요하다. 이러한 시간 동안 오히려 기술 수행의 퇴보 현상이 발생할 수 있기 때문에 지도자는 이 시기에 있는 학습자들에게 그들이 기술 수행의 퇴보로 인하여 좌절하지 않도록 관심을 기울여야 한다.

㉣ 이 시기에는 학습자들의 운동수행 형태에 따라 충분히 휴식을 취하게 하거나 훈련 방법의 변화를 시도하는 것도 필요하다.

② 안정성

㉠ 운동기술을 습득하는 데 가장 많은 시간이 소요되는 또 하나의 과정은 수행의 안정성을 획득하는 것이다.

㉡ 수행의 안정성은 운동의 숙련성을 평가할 수 있는 기준이 되는 것으로, 다양한 상황에서 자신이 기술 수준을 유지할 수 있는 능력을 말한다.

㉢ 환경적 또는 과제적 적응력이 많이 요구될 때 이러한 기술 수행의 안정성의 차이가 명확하게 드러나게 된다. 이와 같은 기술 수행의 안정성을 획득하기 위해서는 전환 능력(switch ability)을 갖추어야 한다.

㉣ 전환 능력은 기술 수행의 안정성에 부정적인 영향을 주는 피로나 질병, 소음이나 기후 등과 같이 운동 과제와 직접적으로 관련이 없는 내·외적 요인에 대하여 효과적으로 대처할 수 있는 능력을 말한다. 이러한 능력을 키우기 위하여 다양한 상황에 대한 가상 연습을 실시하는 것도 매우 효과적인 방법이 될 수 있다.

4. 운동 학습의 단계

(1) Fitts & Posner의 운동 학습 단계

① 인지 단계

㉠ 학습하여야 할 운동기술의 특성을 이해하고, 그 과제를 수행하기 위해 사용되는 전략을 개발하는 단계이다.

㉡ 이 단계에서는 다양한 감각 기관을 통해서 들어오는 수많은 정보를 활용하는데, 이러한 정보에는 동료나 지도자의 시범이나 언어적인 설명, 또는 연습을 통해 학습자 자신이 느끼게 되는 감각 정보 등이 포함된다.

㉢ 대부분 초보자들은 인지 단계에 해당된다. 이러한 인지 단계에서는 오류를 수정할 수 있는 능력을 아직 갖추지 못했기 때문에 운동수행에 일관성이 부족한 경우가 대부분이다.

② 연합 단계

㉠ 이 단계에서는 과제를 수행하기 위한 수행 전략을 선택하고, 잘못된 수행에 대한 적절한 해결책을 찾아나갈 수 있게 된다.

㉡ 움직임 형태가 완벽하지는 않지만 다양한 기술 요소들을 상호 연관시키고 상황에 따라서 동작의 형태를 바꾸는 방법을 깨닫기 시작한다.

㉢ 인지 단계에서보다 수행의 일관성과 수행력이 점차 향상된다.

㉣ 연합 단계에서는 과제의 요구에 따라 동작의 형태를 수정하여 적응하는 데에 초점을 두기 때문에 교사나 지도자에 의해서 제공되는 언어적 정보는 크게 도움이 되지 않는다.

③ 자동화 단계

㉠ 이 단계에서는 동작이 거의 자동적으로 이루어지기 때문에 움직임 자체에 대한 의식적인 주의가 크게 요구되지 않는다.

㉡ 상대 선수의 움직임이나 환경, 물체 등과 같은 운동기술의 다른 측면으로 주의를 전환시킬 수 있게 된다.

㉢ 운동수행에서 발생하는 오류가 매우 적고, 그 오류를 탐지하고 수정할 수 있는 능력을 가지고 있기 때문에 변화하는 환경 속에서도 자신이 수행해야 할 동작의 움직임 형태를 지속시켜 나갈 수 있다.

㉣ 자동화 단계에 있는 학습자는 지도자에 의해서 제공되는 수행에 대한 질적인 정보를 활용하여 많은 연습을 하는 것이 중요하다.

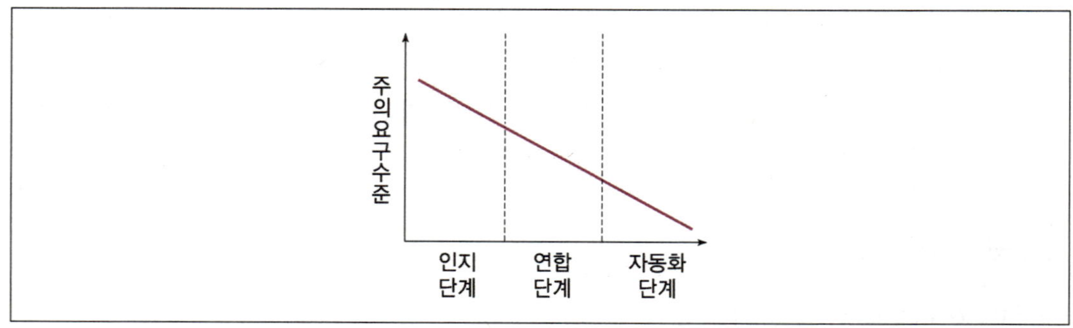

운동 학습 단계에 따른 주의 요구량

(2) Adams의 운동 학습 단계

① 언어 운동 단계

Fitts의 인지적·고정화 단계 또는 Gentile의 움직임 개념 습득 단계에 해당된다.

② 운동 단계

Fitts의 자동화 단계 그리고 Gentile의 고정화, 다양화 단계에 해당된다.

(3) Gentile의 운동 학습 단계

① 움직임의 개념 습득 단계

㉠ 개방 기술이나 폐쇄 기술에 상관없이 그 기술의 목표 달성에 불가결한 기본 동작의 유형을 개발하는 데 중점을 둔다.

㉡ 폐쇄 기술은 습관화된 반응, 개방 기술은 다양한 반응이다.

㉢ 개념이란 운동 기술의 목표를 달성하기 위해서 요구되는 적절한 움직임의 형태에 대한 이해를 의미한다.

㉣ 이 단계에서는 움직임의 형태뿐만 아니라 환경적인 특징을 구분하는 것을 학습한다. 즉, 운동 기술과 관련 있는 환경 정보와 그렇지 않은 정보를 구분해 나가는 것이다.

㉤ 두 가지 유형의 환경 조건을 각각 조절 조건과 비조절 조건이라고 하였다.

ⓐ **조절 조건**: 날아오는 공의 궤적이나 회전과 같이 운동 수행에 영향을 미치는 환경적 조건

ⓑ **비조절 조건**: 공의 색깔이나 주변 배경의 상태 등과 같이 운동 수행에 영향을 주지 않는 환경적 조건

㉥ 이 단계에서 학습자는 이러한 환경 조건을 구분하여 필요한 정보를 받아들이고, 그렇지 않은 정보는 무시할 수 있는 능력을 학습하게 된다.

② 고정화 및 다양화 단계

㉠ 폐쇄 기술은 운동 학습에 따른 고정화, 즉 일관된 수행을 만드는 것이다.

㉡ 개방 기술은 운동 학습에 따른 다양화, 즉 다양한 환경적 조건에 적응할 수 있도록 만드는 것이다.

㉢ 폐쇄 기능을 가르치는 지도자는 학습자를 연습시킬 때 가급적 경기할 때와 같은 연습조건을 마련함으로써 고정화의 과정을 확립한다.

㉣ 개방 기술을 가르칠 경우에는 연습의 조건을 다양하게 변화시켜 경기장에서 일어날 수 있는 많은 상황들을 선수들로 하여금 미리 경험하게 함으로써 개방 기술에서 매우 중요한 예측력과 새로운 상황에의 적응력을 높일 수 있도록 해야 한다.

운동 기능 수준 결정 요인(Johnson)
• **속도(스피드)**: 100m 달리기 • **정확성**: 농구의 자유투, 배구의 패스 • **폼**: 체조, 다이빙의 자세 • **적응력**: 상황에 적합한 기술을 선택하여 수행할 수 있는 능력

(4) Bernstein의 운동 학습 단계

① 자유도의 고정 단계

㉠ 학습자는 새로운 운동 기술을 학습하고자 할 때 처음에는 그 동작을 수행하는 데에 동원되는 신체의 자유도를 고정하게 된다.

㉡ 자유도를 고정한다는 것은 자유도의 수를 줄이는 것을 의미하며, 이는 크게 두 가지의 개념을 포함하고 있다.

ⓐ 운동 동작을 수행하는 데에 동원되는 모든 관절의 각도를 일정하게 유지시키는 것이다.

ⓑ 두 개 이상이 관절의 움직임을 시간적으로 제한하여 완전히 일치하여 완전히 일치된 움직임으로 나타나게 하는 것이다.

㉢ 자유도의 고정 정도는 개인에 따라 다르게 나타난다. 즉, 동작의 협응과 제어를 위해 고정하여야 할 자유도의 수와 유형이 개인에 따라 다르게 나타난다는 것이다.

㉣ 이 단계에서 자유도를 고정함으로써 운동 수행을 위하여 제어해야 할 역학적인 자유도의 수를 효과적으로 감소시켜 움직임과 관련된 수많은 요소들을 단순화시키게 된다.

㉤ 이 단계에서는 동작의 가변성이 감소하여 다양한 환경적 변화에 적절하게 대처할 수가 없다는 한계가 있다. 그러나 자유도를 최소로 고정하는 것은 과제의 목표를 달성하기 위한 동작을 형성해 가는 과정에서 학습자가 통제해야 할 요소를 최소한으로 줄일 수 있다는 측면에서 중요하다.

② 자유도의 풀림 단계

㉠ 자유도 고정 단계가 지나면, 학습자는 고정했던 자유도를 다시 풀어 사용 가능한 자유도의 수를 늘리게 된다. 이는 모든 자유도를 결합하여 동작을 위해서 필요한 하나의 기능적인 단위를 형성하기 위함이다. 이와 같은 기능적 단위를 다이나믹 시스템 이론에서는 협응 구조라고 한다.

㉡ 동작과 관련된 운동 역학적 요인과 근육의 공동 작용, 그리고 관절의 상호 움직임 등에 변화가 나타난다. 이러한 변화를 통하여 환경의 다양한 요구에 보다 쉽게 적응할 수 있는 것이다.

㉢ 학습자가 이 단계에 이르게 되면 환경과 과제의 특성에 따른 운동수행의 다양성을 이룰 수 있게 된다.

③ 반작용의 활용 단계

㉠ 운동 기술을 수행하는 데에 있어서 수행자와 환경 간의 상호작용으로 인하여 관성이나 마찰력과 같은 반작용 현상이 나타난다.

㉡ 신체의 내·외적으로 발생하는 힘을 활용하여 보다 효율적인 동작을 형성하기 위해서는 자유도의 풀림 단계보다 더 많은 여분의 자유도를 활용할 수 있어야 한다.

㉢ 반작용 현상을 이용할 수 있는 단계에 이르면 학습자는 동작과 관련된 분절에서 반작용 힘의 연결 작용이 일어나고, 이렇게 형성된 기능적 작용의 활용이 동작의 활용과 생성을 위한 노력을 줄일 수 있게 한다.

㉣ 학습자는 지각과 동작의 역동적인 순환 관계를 끊임없이 수정해 가면서 변화하는 환경 상황에 대처하여 보다 숙련된 동작을 발현할 수 있게 된다.

(5) Newell의 운동 학습 단계

① 협응 단계

㉠ 학습자가 과제의 목표를 달성하기 위하여 필요한 기본적인 협응 동작을 형성하는 과정은 협응 단계에서 나타난다.

㉡ Bernstein의 단계에서 자유도의 고정 단계와 풀림 단계를 총체적으로 표현한 것으로 이해할 수 있다.

② 제어 단계

㉠ 협응 단계에서 적절한 협응 형태가 형성되면 다양하게 변하는 환경과 과제들의 특성에 따라서 협응 형태가 달라지게 된다. 이러한 과정을 '매개변수화'라고 하는데, 이는 수행 상황의 요구에 맞게 운동학적 또는 운동역학적 수치들을 기본적인 협응 형태에 부여하는 것이다.

㉡ 이 단계에서는 움직임의 협응 형태에 이러한 '매개변수화'하는 능력을 학습하게 되는 것이다. 이러한 과정을 거치면서 운동 기술 수행의 효율성은 더욱 향상된다.

③ 기술 단계

움직임의 협응과 제어에 필요한 최적의 매개변수가 부여된 단계를 가리킨다.

학자	연도	단계
Fitts · Posner	1967	인지 단계 → 연합 단계 → 자동화 단계
Bernstein	1967	자유도 고정 단계 → 자유도 풀림 단계 → 반작용 활용 단계
Adams	1971	언어-운동 단계 → 운동 단계
Gentile	1972	움직임의 개념 습득 단계 → 고정화 및 다양화 단계
Newell	1985	협응 단계 → 제어 단계 → 기술 단계
Vereijken	1991	초보 단계 → 향상 단계 → 숙련 단계
Schmidt · Wrisberg	2000	언어-인지 단계 → 언어-운동 단계 → 자동화 단계

5. 중추적 표상과 운동 학습

(1) 피드백 정보에 근거한 운동 학습

① 움직임을 조절하는 데에 있어서 피드백 정보의 역할은 매우 중요하다. 이러한 피드백 정보는 신체 내적인 수용기로부터 제공되는 감각 피드백과 외부로부터 전달되는 보강 피드백으로 구분할 수 있다.

② 인간은 감각 정보를 근거로 하여 정확성 참조 준거와 비교함으로써 움직임의 오류를 탐지하고, 그 오류를 계속적으로 수정하면서 동작을 하게 된다.

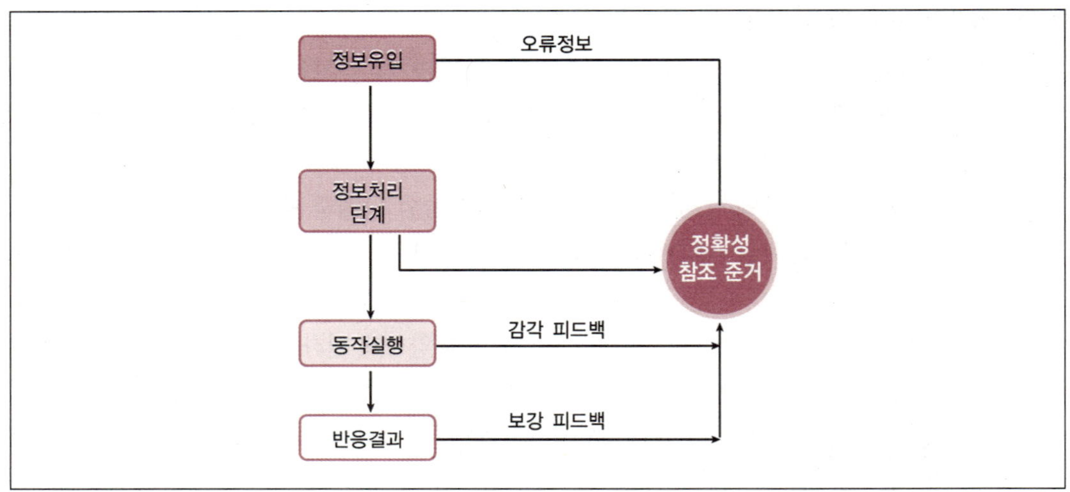

운동학습을 위한 피드백 정보와 처리 과정

③ 정확성 참조 준거란 성취되어야 할 움직임, 즉 수행의 최종 목표를 말하는 것으로, 이는 움직임을 수행하고 있는 동안이나 움직임을 수행한 후에, 실제로 발생한 움직임과 비교하여 잘못된 동작을 수정할 수 있도록 한다. 이렇게 감각 피드백의 역할을 강조하여 운동학습을 설명하려고 제시된 이론이 폐쇄 회로 이론이다.

④ 폐쇄 회로 이론에 의하면, 운동 기술의 학습은 피드백 정보를 통한 계속적인 오류 수정 과정을 통하여 이루어진다. 이때 피드백은 많은 역할을 하게 된다.

㉠ **움직임을 시작하기 전**: 운동 시스템의 초기 상태에 관한 정보를 제공한다.

㉡ **움직임이 이루어지고 있는 동안**: 동작의 정확성을 감시하는 역할, 즉 참조 준거와 현재의 움직임을 비교하는 역할을 한다.

㉢ **움직임이 끝난 후**: 동작의 결과에 대한 정확성을 판단하는 역할을 한다.

⑤ 피드백에 의한 운동 학습은 움직임의 오류를 탐지하는 능력을 지닌 기억 흔적과 지각 흔적이라는 두 가지의 기억 상태를 가정한다.

㉠ **기억 흔적**: 움직임을 시작하기 위해 사용되는 것으로 중추신경계로부터의 운동 명령에 관한 기억이다.

㉡ **지각 흔적**: 움직임이 시작된 후에 근육, 관절, 건 등의 신체 내적인 정보와 결과 지식과 같은 외적인 정보를 통해 지속적으로 오류를 탐지하고 수정하도록 하는 지각 정보에 관한 기억을 의미한다.

⑥ 폐쇄 회로 이론은 우선 외부로부터의 자극을 다양한 감각 기관을 통해서 받아들이고 세 가지의 정보 처리 단계를 거치게 된다.

㉠ 이러한 과정을 거치면서 조직된 운동 명령은 근육으로 전달되어 근육을 수축시키고, 관절의 운동으로 나타나면서 신체 움직임이 발생하게 된다.

㉡ 이러한 과정에서 근육이 활동하면서 나타나는 근력이나 근육의 길이 변화로 인한 정보, 관절이 움직이면서 나타나는 관절의 위치나 신체의 위치 변화로 인한 정보, 그리고 운동으로 인한 환경 변화에 대한 정보가 발생한다.

㉢ 이러한 정보는 정확성 참조 준거와 비교되어 다음 운동 명령을 계획하기 위한 정보로서 활용된다. 이 과정이 계속적으로 반복되면서 점차 의도하고자 하는 목표 수행에 접근해 가는 것이다.

⑦ 논리적 모순점

피드백 정보에 근거한 운동 학습에 대한 설명은 피드백 정보를 받아들이는 데에 소요되는 시간으로 인하여 빠른 움직임의 학습 현상을 설명할 수 없는 문제가 제기되었다.

03

(2) 운동 프로그램에 근거한 운동 학습

① 운동 프로그램은 운동 제어와 학습 분야에서 오랫동안 사용되어온 개념으로, 기본적으로 하나의 운동 프로그램이 하나의 반응과 1 : 1 대응 관계를 갖는 운동 명령에 의하여 운동이 조절된다는 것을 전제로 한다.

② 움직임이 발생하기 전에 그 움직임에 대한 계획이 하나의 프로그램 형태로 기억 속에 저장되고, 위계적인 순서에 따라 하위 중추로 전달되어 움직임이 실행되는 것이다.

③ 따라서 일단 운동 프로그램에 의해 내려진 명령은 운동 수행 중에 오류가 발생하여도 수정되지 않고 사전에 계획된 대로 움직임을 수행하게 되는 것이다.

④ 운동 프로그램에서는 연습에 따른 운동 기술 수행의 질적인 변화에 대하여 동작을 계획하는 프로그램 자체가 변하는 것으로 설명한다. 그러나 동작 하나하나에 대한 운동 명령만을 강조하고 인간의 오류 수정 능력에 대한 고려가 없었기 때문에 Schmidt는 운동 프로그램과 피드백 정보를 동시에 적용시켜 운동의 생성과 변화 현상을 설명하고자 하였다.

⑤ Schmidt는 반응과 단순한 관계를 갖는 운동 프로그램의 개념을 보다 융통성 있는 일반화된 운동 프로그램으로 발전시켰다. 일반화된 운동 프로그램에서는 두 개의 매개 변수에 의하여 운동 프로그램이 바뀌게 된다. 여기서 매개 변수란 특정한 환경적인 요구에 적응하기 위하여 움직임의 형태를 조절하는 데에 관여하는 것으로, 이는 불변 매개 변수와 가변 매개 변수로 구분할 수 있다.

㉠ 불변 매개 변수(invariant parameter)

ⓐ 요소의 순서(order of element) : 동작이나 반응 요소의 순서를 의미하는 것으로, 반응 생성에 선택되었거나 인출된 반응 단위들의 순서를 배열하는 과정이라고 볼 수 있다.

ⓑ 시상(phasing) : 근수축의 시간적 구조를 의미한다.

ⓒ 상대적인 힘(relative force) : 근육이 활동하는 데 필요한 전체 힘의 양을 선택된 각 근육에 적절한 비율로 분배하는 과정이라고 할 수 있다.

㉡ 가변 매개 변수(variant parameter)

ⓐ 전체 지속시간(overall duration) : 동작의 시상과는 달리 매 동작마다 일정하지 않다.

ⓑ **전체 힘**(overall force): 동원되는 근수축에 의해 발휘되는 힘의 양을 조절하는 것이다. 이는 근육의 상대적인 힘은 변하지 않지만 전체적으로 발휘되는 힘의 양은 가변적이라는 것이다.

ⓒ **근육 선택**(muscle selection): 동작 생성에 관련된 개개의 근육이 운동 프로그램에 저장되어 있지 않고 동작에 따라 다르게 선택된다는 것을 말한다.

⑥ 불변 매개 변수는 프로그램 내에 변하지 않는 상태로 존재하며 가변 매개 변수의 조합에 의해 동작의 다른 유형을 생성할 수 있다. 따라서 연습을 하게 되면 이러한 가변 매개 변수의 값이 최적화되어 보다 효율적인 운동 기술 동작으로 나타날 수 있는 것이다.

⑦ 불변 매개 변수와 가변 매개 변수의 특성을 지니는 일반화된 운동 프로그램은 도식 이론을 통하여 구체화되어, 인간의 움직임의 생성과 조절에 적절한 체계로 발전하였다.

⑧ 논리적 모순점

㉠ **저장 문제**: 저장 문제란 인간의 기억 용량에 관한 문제를 말하며, 정확성 참조 준거나 반응에 대한 운동 계획이 1:1로 저장된다는 관점은 인간 행동을 이해하는데 효과적이지 못하기 때문에 많은 비판을 받았다.

㉡ **신형 문제**: 신형 문제란 인간의 행동이 동일한 동작에서도 엄밀하게 같지 않다는 데서 기인된 문제이다. 언급한 바와 같이 정확성 참조 준거와 운동 계획은 같은 동작에서도 각각의 유형에 따라 개별적으로 생성되어 저장되어야 하기 때문에 참조 준거와 운동 계획이 어디서 연유되는지에 대하여 개방 회로와 폐쇄 회로의 이론적 근거를 제시하지 못하고 있다.

(3) 도식 이론

① 도식 이론이란 운동 정보가 추상화되고 일반화된 운동 계획이라고 정의할 수 있다. Schmidt는 일반화된 운동 계획의 개념을 운동 기능에 확장시켜 운동 기능의 학습과 수행에 관여하는 두 독립된 메커니즘으로서 회상 도식과 재인 도식을 가정하고 저장 문제와 신형 문제를 설명하였다.

② Schmidt에 의하면 도식은 규칙 형성을 통해 발달하여 네 가지 정보원, 즉 최초 조건, 반응 명세, 감각 귀결, 실제 결과로 구성된다고 주장하였다.

최초 조건	운동을 시작하기 전의 환경 상태와 자신에 대한 정보를 말한다. 즉 인간이 운동을 수행할 때 목표까지의 거리, 방향, 위치, 물체의 크기, 모양, 색채 등 환경 조건과 자세 및 사지의 위치 등 운동 수행자의 조건
반응 명세	의도하는 운동을 성취하는 데 필요한 정보, 즉 운동 속도, 힘, 동작의 크기, 공간적 특성 등 동작의 명세가 설정되는 정보
감각 귀결	구심성 정보의 복제로서 시각, 청각, 촉각, 고유 수용기, 근운동 감각 등에 의하여 반응으로부터 만들어진 정보
실제 결과	의도하였던 운동에 대한 성공이나 실패와 같은 실제 결과에 관한 정보

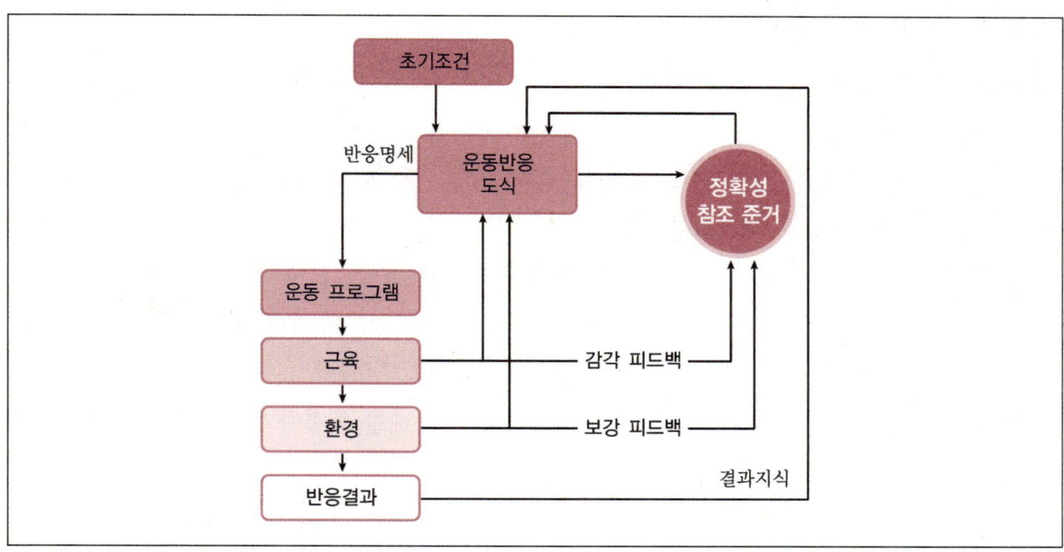

도식 이론

③ 회상 도식과 재인 도식

㉠ 회상 도식(빠른 운동 제어) : 운동에 관한 최초 조건에 기대되는 결과와 유사한 과거 실제 결과를 떠올리고, 그 때 사용했던 반응 명세에 따라 운동을 제어하는 것을 회상 도식이라 한다.

㉡ 재인 도식(느린 운동 제어) : 운동에 관한 최초 조건에 기대되는 결과와 유사한 과거 실제 결과를 떠올리고, 그 때의 감각 귀결과 비교해 운동을 제어하는 것을 재인 도식이라 한다.

④ 회상 도식과 재인 도식의 역할

㉠ 회상 도식은 송환 정보가 작용할 수 없는 빠른 운동 제어에 절대적인 역할을 한다. 200ms 이상의 느린 운동 과제에도 회상 도식이 관여하지만, 그러한 운동 과제의 경우에는 최초 운동 반응 시작과 송환 정보가 오기 전까지만 중요한 역할을 한다.

㉡ 200ms 이상의 느린 운동 과제의 제어에는 회상 도식과 재인 도식 모두 동원된다. 이상과 같이 회상 도식과 재인 도식은 일반화된 운동 계획이기 때문에 운동 패턴에 공통적으로 작용하는 운동 계획으로 간주한다.

6. 탐색 전략을 통한 운동학습

(1) 탐색 전략과 지각-운동 활동 영역

① Newell은 제한 요소와 일치하는 방식으로 지각과 동작의 협응 정도를 향상시키는 과정을 운동 학습이라고 정의하였다. 또한 새로운 운동 기술을 획득하는 과정에서 발생하는 운동 문제를 효과적으로 해결하기 위해서 그 과제에 대한 가장 적절한 지각 단서와 운동 반응을 찾아야 한다고 주장하였다. 이러한 과정을 Newell 등은 탐색 전략이라고 하였다.

② 탐색 전략이란 환경과 과제의 특성에 부합하는 지각 정보와 운동 정보의 상호 순환 체계가 형성되는 지각-운동 활동 영역을 탐색하는 과정을 말한다.

③ 학습자가 학습 과정에서 겪게 되는 다양한 운동 문제를 해결하기 위한 탐색 활동은 지각-운동 활동 영역 내에서 이루어진다.

㉠ 지각-운동 활동 영역은 지각으로부터 발생되는 정보 순환 체계와 동작으로부터 발생되는 운동 순환 체계간의 역동적인 공유 영역을 말한다.

㉡ 이는 지각과 동작에 대한 생태학적 접근의 중요한 구성 요소이다.

④ 지각과 동작의 체계는 상호 보완적인 체계로 연결되어 있기 때문에 지각 정보는 동작의 형태에 직접적인 영향을 주며, 동작은 환경으로부터 들어오는 지각 정보를 변화시킬 수 있다. 이러한 상호 연결 체계는 학습이 진행됨에 따라서 과제의 특성과 환경의 변화에 적합한 새로운 지각-동작의 결합 형태로 바뀌게 된다.

(2) 탐색 전략을 통한 협응구조의 형성

① 지각 시스템 내의 정보 흐름은 동작의 방향과 강도 등과 같은 특성들을 결정한다. 따라서 학습자는 환경으로부터 제공되는 유용한 정보들과 과제의 특성에 대한 정보를 지각하여 지각-운동 활동 영역 내에서 최적의 협응 형태를 구성하게 된다.

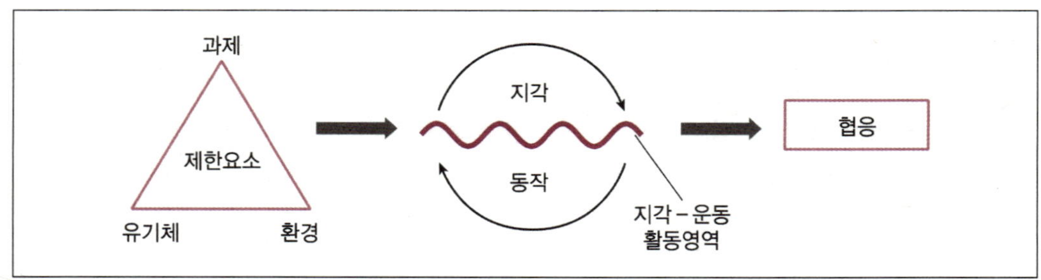

탐색 전략을 통한 협응구조의 형성 과정

② 학습자, 환경, 그리고 과제 간의 상호 보완적인 연결 체계 속에서 운동 기술의 협응과 제어가 이루어지는 것이 반복적으로 진행되면 수많은 신체 시스템 내에 존재하는 자유도를 효율적인 기능 구조로 조직함으로써 운동 기술을 학습하게 되는 것이다.

③ 운동 학습 과정에서 나타나는 운동 기술 수행의 향상은 환경의 변화에 따라서 역동적으로 변하는 지각-운동 활동 영역을 탐색하는 과정 속에서 이루어지게 된다. 즉, 지각과 동작 시스템의 고유 영역 내에서 유기체, 환경, 과제 등과 같은 요소들이 동작의 안정 상태를 유도하게 되는 것이다.

(3) 폼의 변화

① 운동 학습이 신체 체계 내의 수많은 자유도를 점진적으로 정복해 가는 과정이라고 볼 때, 학습자는 탐색 전략을 통해 효율적인 신경과 근육간의 공동 작용을 획득하고, 환경의 변화에 따라 제공되는 정보와 과제의 특성에 부합되는 운동 기술의 협응 구조를 형성하게 된다.

② 운동 기술을 학습하는 과정은 주어진 과제의 특성과 학습자의 신체 시스템 간에 존재하는 수많은 제한 요소들을 조절하는 신경과 근육들의 공동 작용을 통해 나타나는 폼의 변화 과정으로 볼 수 있다.

③ 운동 기술을 학습함에 따라 나타나는 폼의 변화는 운동의 협응에서 나타나는 가장 큰 특징이라고 할 수 있다.

④ 학습 과제의 특성에 따른 운동 기술의 질적인 측면에서, 운동기술의 학습에 따른 폼의 형태는 운동 기술 수준을 평가하기 위한 근거가 된다. 수많은 시간과 노력으로 획득된 특정한 운동 기술의 폼이 과제의 요구에 적합한 효율적인 형태를 갖출 때 스포츠 장면에서 이루고자 하는 목적을 달성할 수가 있다.

⑤ 운동 기술의 학습을 통해 과제의 특성에 적합한 최적 유형의 협응과 제어 형태를 형성하는 과정과 협응 형태의 안정성을 획득해 가는 과정을 규명해야 한다.

8 운동 기술의 연습

1. 운동 기술의 연습 계획

(1) 연습 계획을 위한 준비

새로운 운동기술을 학습하는 학습자는 수행할 운동기술과 관련된 많은 정보를 필요로 한다. 따라서 지도자는 학습자들이 관련 정보를 효과적으로 받아들일 수 있도록 적절한 교수법을 미리 계획하는 것이 중요하다. 또한 연습법을 계획하기 전에 다음과 같은 사항들을 신중하게 고려해야 한다.

① 학습자의 특성

㉠ 인지적인 능력의 차이를 고려해야 한다.

㉡ 학습자의 신체적 특성 및 발달의 차이를 고려해야 한다.

㉢ 성별에 따른 특성을 파악하고 있어야 한다.

② 시범

㉠ 시범은 학습 과제와 관련된 최적의 운동 형태를 탐색하여 유용한 지각 정보를 습득하도록 하는 데 도움이 된다.

㉡ 학습자에 따라 숙련된 수행자의 시범은 폼의 질적 변화를 위한 단서 사용을 촉진시키며, 초보자의 시범은 오류 탐지 능력을 향상시킨다.

㉢ 연령과 체격 수준이 유사한 동료들의 시범은 자신감을 향상시켜 학습과 참가 동기에 긍정적인 영향을 준다.

③ 동기 유발

㉠ 학습자가 운동 기술을 효과적으로 학습하기 위해서는 그 운동 기술 과제에 대하여 동기화가 되는 것이 매우 중요하다. 이러한 과정 중에는 학습자 스스로가 과제에 대하여 흥미를 가지고 그 중요성을 이해하도록 하는 것이 필요하다.

㉡ 학습자의 동기를 유발하기 위한 기법으로서 목표 설정을 들 수 있다. 이러한 목표 설정은 다음의 두 가지 사항을 반드시 고려하여 이루어져야 한다.

ⓐ 목표는 학습자가 성취 가능한 수준으로 설정되어야 한다. 너무 어려운 목표를 제시하면 학습자는 미리 과제에 대하여 두려움을 가지거나 심리적으로 포기하게 되고, 너무 쉬운 목표를 제시하면 운동수행에 대한 흥미를 잃게 되므로, 중간 정도의 난이도를 가지는 목표를 제시하는 것이 운동수행에 가장 도움이 된다.

ⓑ 제시되는 목표는 명확해야 한다. 명확한 목표를 설정하는 것이 목표가 없거나 모호한 목표를 제시하는 것보다 수행력의 향상에 도움이 된다. 목표의 명확성은 목표설정 기간과도 관련이 있다. 즉, 장기적인 목표만을 제시하는 것보다 구체적이고 단기적인 목표를 함께 제시하는 것이 운동학습을 촉진시킬 수 있다.

목표설정 방법

운동학습의 목표는 그 설정 방법에 따라 결과목표, 수행목표, 과정목표로 나뉜다. 결과목표는 수행 혹은 동작의 마지막 결과에 초점을 두는 목표설정 방법이고, 수행목표는 수행자의 예전 수행과 비교하여 설정하는 목표설정 방법이며, 과정목표는 움직임 발생의 질적인 면에 초점을 맞춘 목표설정 방법이다.

	결과목표	수행목표	과정목표
축구	전국 대회 우승	패널티킥 성공률 향상	상대방 공격 시에 공에 집중하기
수영	국가대표 선발	기록 0.2초 단축	발차기를 더욱 리듬감 있게 하기

④ 보강 정보

㉠ 특정한 운동 상황에서 시각적 모델과 함께 언어적으로 보강 정보를 학습자에게 제공하면 보다 효과적인 학습이 될 수 있다. 특히 동작과 관련된 중요한 단서를 언어적으로 제공하면 학습자의 정보 활용 정도가 높아지게 된다.

㉡ 보강 정보는 학습자의 수준에 따라서 적절한 양의 정보를 제공하여 학습자 스스로 단서를 찾을 수 있는 기회를 제공하는 것이 중요하다고 할 수 있다.

(2) 연습의 구성

연습 계획을 조직하는 데에 있어서 지도자는 연습 구간의 시간과 빈도, 연습 활동 유형, 연습 순서, 실제 연습에 할당된 시간 등을 고려해야 한다. 학습자에게 스스로 운동수행과 관련된 정보를 탐색하고, 그 정보를 동작 수행에 활용할 수 있는 능력을 향상시킬 수 있도록 연습 조건을 제시하는 것이 중요하다. 실제로 연습 계획을 구성할 때, 가장 먼저 생각해야 할 것이 연습의 가변성(variability)이다. 연습의 가변성은 학습자가 기술을 연습할 때 다양한 움직임과 환경 상황을 경험할 수 있도록 해주는 것이다. Schmidt는 정보처리적 관점에서 다양한 환경에서의 연습이 보다 폭넓은 운동 경험을 하게 하여 일련의 동작과 관련된 운동 프로그램을 발전시킬 수 있다고 하였다. Newell은 생태학적 관점에서 학습자가 다양한 연습 조건을 경험함으로써 환경에 대한 다양한 정보를 지각-운동 활동 영역에서 탐색하게 되어 기술 수행과 관련된 자유도 문제를 해결할 수 있는 최적의 방법을 발견할 수 있다고 하였다. 양궁과 같이 환경 자체가 안정적인 폐쇄 운동 기술인 경우에는 가변적인 연습 방법을 택하는 것보다 오히려 운동 수행에 직접적으로 영향을 주지는 않지만 실제 시합 상황에서 발생할 수 있는 조건, 즉 관중의 환호나 야유 등과 같은 상황을 가상하여 연습을 하는 것이 효과적일 수 있다.

① 구획 연습과 무선 연습

㉠ 운동 기술을 연습함에 따라 학습된 기술 동작 간에는 간섭 현상이 발생하는데, Battig는 이를 맥락 간섭 효과라고 하였다.

㉡ 맥락 간섭이란 학습해야 하는 자료와 학습 시간 중간에 개입된 사건이나 경험 사이에 발생하는 갈등으로 인하여 학습이나 기억에 방해를 받는 것을 말한다.

㉢ 맥락 간섭은 운동 수행에 부정적인 영향을 주기 때문에, 맥락 간섭이 낮은 상황에서 운동 수행의 효과가 높게 나타난다고 하였다.

㉣ Battig는 연습 수행과는 달리 운동수행의 파지와 전이에 있어서는 맥락 간섭이 높은 상황에서 그 효과가 더 높게 나타난다고 주장하였다.

㉤ 맥락 간섭 효과는 연습 계획으로 조절할 수 있으며, 그 방법으로는 구획 연습(blocked practice)과 무선 연습(random practice)이 있다.

ⓐ **구획 연습**: 학습자가 다양한 변인들을 포함하고 있는 하나의 기술을 학습하는 데 있어서 각 변인들을 나누어 각각 할당된 시간 동안 연습하는 것을 말한다.

예 한 시간 동안 배구를 연습한다고 했을 때, 처음 20분은 오버헤드 패스, 다음 20분은 언더핸드 패스, 나머지 20분은 스파이크 하는 법을 연습한다.

ⓑ **무선 연습**: 학습자가 운동 기술에 포함되는 하위 요소들을 무작위로 연습하는 것을 말한다.

예 배구에서 시간을 정해 놓고 같은 기술을 반복하여 연습하는 것이 아니라 오버헤드 패스와 언더핸드 패스, 그리고 스파이크를 무작위 순서로 연습한다.

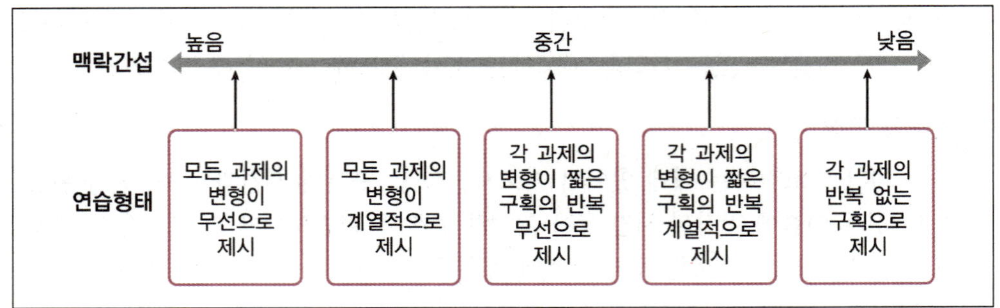

맥락 간섭의 양에 따른 연습 형태

ⓑ Lee와 Magill은 무선 연습이 구획 연습보다 획득 단계에서는 수행력이 낮았으나, 파지 단계에서는 수행력이 훨씬 높은 것으로 보아, 학습에 있어서는 무선 연습이 효과적이라고 하였다.

ⓢ 맥락 간섭이 운동 기술의 파지와 전이에 영향을 주는 정도의 차이는 학습자의 연령, 경험 수준, 지적 능력 등에 의해서 발생한다.

맥락간섭효과의 발생이유에 대한 가설	
정교화 가설	Shes와 Morgan은 운동기능학습에 대한 맥락간섭효과를 처음 입증한 실험에서 그러한 효과가 연습하는 기능의 변형들에 대한 기억표상의 정교화와 관련된다고 주장하였다. 학습자는 분단적 스케줄에 따라 연습할 때보다 무선적 연습에서 더 많고 다양한 전략들을 사용한다. 아울러 무선적 연습스케줄에서는 연습 중인 모든 기능 변형들을 작업기억(working memory)에 보유하고 있으므로, 학습자는 각 변형들이 서로 구별될 수 있도록 비교하고 대조할 수 있다. 연습 동안 이와 같은 인지적 활동에 참여함으로써 학습자는 검사과정에서 쉽게 접근할 수 있는 기능의 기억표상을 개발하게 된다.
활동계획의 재구성 가설	Lee와 Magill은 높은 맥락간섭이 학습자로 하여금 기능의 특정한 변형에 대한 다음 시기를 위해 활동계획을 재구성하도록 요구하기 때문에 학습에 이득을 준다고 제의한다. 이러한 과정은 기능의 다른 변형에 대한 연습시기들의 간섭으로 인해, 그 변형에 대한 이전 연습시기에서 개발되었던 활동계획을 학습자가 부분적으로 또는 완전히 망각하기 때문에 다시 필요해진다. 반면, 분단적 연습에 참여하는 학습자는 이전 시기에 이용하였던 것과 동일하거나, 약간 변형된 활동계획을 이용할 수 있다.

② 집중 연습과 분산 연습

㉠ 집중 연습(massed practice)과 분산 연습(distributed practice)은 연습과 휴식의 상대적인 시간의 비율에 의해 구분된다. 즉, 연습 시간이 휴식 시간보다 상대적으로 긴 경우를 집중 연습이라고 하며, 휴식 시간이 연습 시간보다 긴 경우를 분산 연습이라 한다.

㉡ 지도자는 학습자와 운동 기술의 특성, 그리고 성취하고자 하는 목표 등을 고려하여 어떠한 지도 방법을 선택할 것인지를 결정해야 한다.

ⓐ 과제 특성상 농구에서의 자유투, 야구에서의 타격, 일상생활에서의 불연속적 과제의 경우는 집중 연습이나 분산 연습 모두 효과적인 학습이 이루어질 수 있다.

ⓑ 지도자가 되도록 많은 양의 연습을 하기 원한다면 집중 연습을, 보다 질적인 연습을 원한다면 분산 연습을 선택하여 지도하는 것이 바람직하다. 특히 질적 연습을 위한 분산 연습의 선택은 중요한 시합을 앞두고 선수에게 긍정적인 심리 상태를 갖게 하는 데 효과적인 전략이 될 수 있다.

집중 연습	과제면	복잡한 것일 때, 많은 부분 동작들로 구성된 것일 때, 준비 운동을 필요로 하는 것일 때, 선수가 처음 경험하는 과제일 때
	학습자면	성숙한 사람일 때, 오랫동안 주의를 집중할 수 있는 능력을 갖추었을 때, 쉽게 권태를 느끼지 않을 때
분산 연습	과제면	단순하고 권태를 느끼게 하는 것일 때, 높은 주의 집중을 요구하는 것일 때, 반복 시 피로감을 많이 주는 것일 때
	학습자면	학습자의 미성숙이나 능력 부족일 때, 주의가 산만할 때, 주의 집중력이 약하고 쉽게 피로할 때

집중 연습이 효과적일 경우
• 새로운 기술을 습득하거나 중점적으로 행하는 연습 • 분산법의 경우에 너무 길게 휴식을 넣으면 그것 때문에 기술의 요령을 잊어버리고 휴식 후의 시행이 전혀 새로운 것이 될 경우 • 반응의 고정화를 피하고 반응의 변화를 필요로 하는 경우

분산 연습이 효과적일 경우
• 피로를 수반하는 운동의 연습 • 피로 때문에 동기 유발이 저하되는 경우 • 연습에 대한 흥미를 잃었던가 나쁜 버릇이 있어서 이를 수정할 기회를 가질 필요가 있을 때 • 휴식 중에 먼저의 연습 가운데 바르지 못했던 반응을 해소시키고자 할 때

③ 전습법과 분습법

전습법	과제면	연속적으로 연결되는 부분 동작으로 구성되어 있을 때, 운동이 단순하고, 부분적으로는 의미가 없을 때
	학습자면	장기간 주의 집중을 할 수 있을 때, 전체 동작을 기억해 낼 수 있는 능력이 있을 때, 기능이 숙달되어 있을 때
분습법	과제면	서로 독립적인 부분 동작으로 구성되어 있을 때, 기능이 매우 복잡할 때. 개별적인 기능으로 구성되어 있을 때
	학습자면	장시간 주의 집중을 할 수 없을 때, 기억 능력에 한계가 있을 때, 특정한 부분 동작 학습에 어려움이 있을 때

㉠ 지도자가 가장 어렵게 느끼는 부분 중에 하나는 학습자에게 운동 기술을 한 번에 전체적으로 다 가르칠 것인지 아니면 부분 부분으로 나누어 가르칠 것인지를 결정하는 것이다. 이러한 기준에 따라서 전습법(whole-task practice)과 분습법(part-task practice)으로 구분할 수 있다.

ⓐ **전습법**: 학습자가 운동 기술 과제를 한꺼번에 전체적으로 학습하는 방법이다.

예 축구 경기를 통해서 킥이나 패스, 헤딩 등과 같은 기술을 한꺼번에 연습하도록 하는 방법

ⓑ **분습법**: 운동 기술 요소를 몇 개의 하위 단위로 나누어 학습하는 방법이다.

예 킥이나 패스, 헤딩 등과 같은 기술에 대하여 세부적으로 연습을 먼저 하도록 하는 방법

㉡ 전습법 또는 분습법을 효과적으로 선택하기 위해서는 운동 기술의 특성과 학습자의 수행 능력을 반드시 염두에 두어야 한다.

㉢ 운동 기술의 특성은 기술의 조직화(organization)와 복잡성(complexity)으로 표현되는데, 이러한 특성의 수준은 연습 방법을 선택하기 위한 판단의 기준이 된다.

ⓐ **조직화**: 그 운동 기술을 구성하고 있는 요소 간의 관련성을 의미하는 것으로, 운동 기술을 구성하고 있는 하위 요소들의 상호 의존성이 높을 때 조직화 정도가 높다고 할 수 있다.

ⓑ **복잡성**: 과제의 정보 처리 요구의 정도와 해당 기술에 필요한 하위 요소의 수에 의해 결정된다. 요소의 수가 많고 주의가 많이 요구되는 과제는 대부분 복잡한 운동 기술에 해당된다.

㉣ 운동 기술 과제가 복잡성이 낮고 조직화 정도가 높으면 전습법으로, 과제의 복잡성이 높고 조직화 정도가 낮은 경우에는 분습법으로 연습하는 것이 효과적이다.

㉤ 학습자의 운동 수행 능력을 고려하여 전습법과 분습법을 선택해야 한다. 초보자에게는 학습 과제 중에서 의미 있는 하위 요소들을 하나씩 연습하여 나중에 전체적으로 결합시켜 나가는 방법을 택하는 것이 바람직하다.

㉥ 새로운 운동 기술을 배우기 위해서는 먼저 분습법으로 기본적인 기능을 연습하는 것이 바람직하다.

㉦ Wightman과 Lintern은 운동기술을 학습하는 데에 사용되는 분습법을 분절화, 단순화, 부분화로 구분하여 제시하였다.

<table>
<tr><td rowspan="6">분절화</td><td colspan="3">분절화는 학습할 전체 기술을 특정한 시·공간적인 영역으로 나누어 연습을 한 후 각 기술이 특정 수준에 도달하게 되면 전체 기술로 결합하여 연습하는 방법을 말한다. 이와 같은 분절화는 무용이나 체조의 마루 운동과 같이 계열적인 운동 기술을 학습할 때 사용하면 매우 효과적이다.</td></tr>
<tr><td>순수 분습법</td><td colspan="2">각 부분을 따로 연습한 후, 전체 기술을 종합적으로 연습하는 것이다.</td></tr>
<tr><td rowspan="3">점진적 분습법</td><td colspan="2">전체 운동 기술 중에 첫 번째 요소와 두 번째 요소를 각각 연습한 후, 그 두 요소를 결합하여 연습하고 나서 그 다음 요소를 다시 연습하는 과정을 거쳐서 전체 기술을 습득해 나가는 방법이다.</td></tr>
<tr><td>순행연쇄법</td><td>운동 기술의 처음 동작 요소부터 연습하는 방법이다.</td></tr>
<tr><td>역행연쇄법</td><td>운동 기술의 마지막 요소부터 연습하는 방법으로, 특히 정신적이나 신체적으로 장애가 있는 사람들에게 효과적인 연습법이다.
예 테니스의 서브를 연습하는 상황에서, 먼저 높은 타점에서 공을 맞추는 방법을 연습한 후, 팔을 어깨 뒤로 넘기는 동작, 공을 토스하는 동작 순으로 연습한다.</td></tr>
<tr><td>반복적 분습법</td><td colspan="2">첫 부분을 연습하고 난 다음에 그 부분과 거기에 후속하는 부분을 연결시켜서 하는 연습법이다.
예 골프의 스윙을 연습할 때에 맨 처음에는 올바른 그립법을 익히고 다음에는 거기에서 연장시켜서 백스윙을 연습하고 더 나아가서 탑오브 백스윙의 정확한 자세를 배우는 식이다.</td></tr>
<tr><td>단순화</td><td colspan="3">운동 기술을 수행할 때 과제 요소를 줄여 기술 수행의 난이도나 복잡성을 낮추는 방법을 말한다.
예 야구에서 타격을 연습할 때, 투수 대신에 피칭머신을 이용하면 거의 일정한 속도와 위치로 공이 날아와 공을 맞추기가 매우 쉬워진다. 또한 이를 더욱 단순화 시킨 예로 티(tee) 위에 공을 놓고 타격 연습을 하는 티 배팅을 들 수 있다.</td></tr>
<tr><td>부분화</td><td colspan="3">운동 과제에 포함되는 하위 요소를 하나 또는 둘 이상으로 분리하여 각각 연습하는 방법을 말한다. 따라서 연습 계획에 따라 수행하는 기술의 요소가 달라지게 된다.
예 테니스에서 포핸드 스트로크를 연습하고 백핸드 스트로크를 연습하거나, 배구에서 리시브, 토스, 서브 등을 구분하여 연습하는 것을 말한다.</td></tr>
</table>

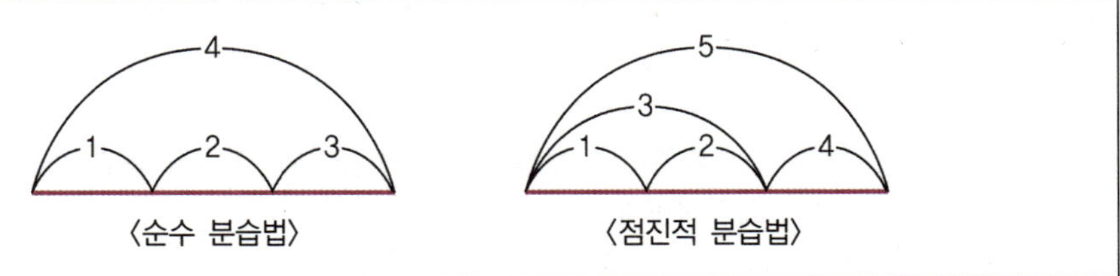

〈순수 분습법〉 〈점진적 분습법〉

전습법과 분습법	
전습법	• 동작 전체를 하나로 간주하고 전체를 반복 연습한다. • 동작을 구분하기 어려울 때 사용한다. D → D → D → D
순수 분습법	• 동작을 몇 개로 나누고 하나씩 차례대로 연습한다. • 동작을 하위 동작으로 나누어도 연결에 문제가 없을 때 사용한다. A → B → C → D
점진적 분습법	• 하위 동작을 하나씩 점진적으로 추가하면서 연습한다. • 하위 동작을 순서대로 추가하기 쉬운 과제에 좋다. A → B → A + B → C → A + B + C → D
반복적 분습법	• 하위 동작 중 첫 동작을 연습한 후 다음 동작과 합쳐서 연습한다. • 하위 동작을 하나씩 떼어내지 않고 이전 동작과 직접 결합시킨다. A → A + B → A + B + C → D
전습 후 분습법	• 전체 동작, 부분 동작, 전체 동작의 순으로 반복된다. • 전체 동작을 한 다음 필요한 부분 동작을 집중적으로 연습하기에 좋다. D → A → D → B → D → C → D

◎ 전습법 · 분습법 선택 시 고려 사항

ⓐ 연습자의 능력이 우수할수록 전습법이 유리하다.

ⓑ 연습의 시초에 있어서는 분습법이 유리하나 연습이 진행됨에 따라 전습법이 유리하다.

ⓒ 학습자가 연장자일수록 전습법이 유리하다.

ⓓ 전습법에 의한 연습의 동기 유발은 분습법에 의한 동기 유발보다 시간과 노력이 더 필요하다.

ⓔ 집중법일 경우 분습법이 유리하나 분산법일 경우에는 전습법이 유리하다.

ⓕ 기술의 복잡성이 높으나 조직성이 낮으면 분습법, 복잡성이 낮고 조직성이 높을 경우 전습법이 유리하다.

Naylor와 Briggs의 전습법 · 분습법 선택 시 고려 사항
• 과제의 복잡성 높고, 조직성 낮을 때는 분습법, 과제의 복잡성은 낮고 조직성은 높을 때 전습법을 선택해야 효과적이다. • 부분들의 상호 의존성이 높은 기술은 전습법이, 비교적 독립적인 부분들은 분습법으로 가르치는 것이 효과적이다. – 수영의 스트로크: 손, 발, 호흡 – 배구: 서브, 리시브, 토스, 스파이크

2. 연습 기법의 활용

(1) 가이던스 기법의 활용

① 가이던스(guidance)는 신체적, 언어적, 또는 시각적인 방법을 사용하여 학습자의 운동 수행에 직접적으로 도움을 제공하는 과정을 말한다.

② 운동 기술을 학습하는 데에 있어서 이러한 가이던스 기법은 크게 두 가지 목적으로 사용된다.

㉠ 학습자의 수행 오류를 줄여주기 위하여 가이던스 기법을 사용할 수 있다.

㉡ 위험한 동작에 대한 두려움을 없애주거나, 부상을 예방하는 데에 있다.

③ 가이던스는 연습할 때의 심리적 측면에서 학습자에게 매우 유용하다고 제시되고 있다. 이러한 가이던스 기법은 운동 기술의 학습 상황뿐만 아니라 재활 치료 상황에도 많이 활용될 수 있다.

④ 가이던스 기법은 운동 학습이나 재활 치료 상황에 많은 도움을 줄 수 있지만, 너무 과도하게 사용하게 되면, 학습자가 가이던스에 지나치게 의존하게 되는 현상이 발생할 수도 있다.

㉠ 대부분의 연구에서 연습을 할 때 가이던스를 제공하면 수행력에 향상을 보이지만 가이던스를 제거하면 학습자의 수행력이 감소하는 경향을 보이는 것으로 나타났다.

㉡ Schmidt와 Young은 가이던스에 대한 의존성은 학습자가 운동수행에서 발생하는 오류에 대한 정보를 경험하지 못하여 오류 탐지와 수정 능력을 향상시키지 못하기 때문이라고 지적하였다.

⑤ 가이던스 기법의 성공 여부는 가이던스를 적절한 시기에 제거하여 학습자 스스로 수행할 수 있도록 하는 것에 달려 있다. 지도자는 학습자가 어느 정도의 기술 수준에 도달하게 되면 제공하던 가이던스를 제거하여 가이던스에 대한 의존성을 미리 방지해야 한다.

(2) 정신 연습의 활용

① 신체적인 연습과 더불어 정신 연습이 운동 학습에 도움이 된다는 것은 많은 연구를 통해서 제시되어 있다.

② 운동은 정보 처리 과정에서 언어적 또는 심상적 표상을 부호화되는 단계를 거치게 된다. 이러한 단계를 거쳐 형성되는 운동 표상을 어떻게 하면 효율적으로 기억하고 인출할 수 있는가 하는 것이 정신적 과정에서 예행연습의 필요성에 대한 문제이다.

③ 정신 과정의 예행연습은 수동적인 예행연습에서 매우 적극적인 예행연습에 이르기까지 다양한 형태로 나타날 수 있다.

④ 정신 연습은 운동 과제의 운동 요소보다는 인지적인 요소에 더 많은 영향을 주며, 운동 학습의 초기와 숙달된 운동 수행에서 효과가 있다는 것을 알 수 있다.

(3) 과학습(overlearning)

① 과학습이란 수행목표에 도달하기 위하여 필요한 양 이상으로 연습을 지속하는 것이다.

② 적절한 과학습은 긍정적인 운동수행의 향상을 보일 수 있으며, 운동과제에 대한 파지 효과를 높이는 것으로 알려져 있다.

㉠ 정보처리 관점에서는 과학습을 통한 운동 프로그램의 중추 표상을 강화함으로써 운동수행의 확실성이 증가되는 것으로 설명한다.

㉡ 다이내믹 관점에서는 지속적인 연습을 통해 협응구조의 안정성이 증가되기 때문으로 해석하고 있다.

③ 과학습은 정해진 연습량을 기준으로 하여, 그 이상 수행하는 시행 횟수 혹은 전체에 대한 백분율(%)로 표현할 수 있다. 예를 들어, 농구 자유투 연습의 하루 목표량이 100번인데 실제로는 150번 연습하였다면 이때의 과학습은 50번 혹은 하루 연습량의 50%로 표현할 수 있다.

④ 과학습을 실시하면 파지검사에서 더 높은 점수를 얻는 것으로 나타났다(Schendel & Hagman). 즉, 과학습은 연습을 통하여 향상된 운동수행력을 유지하는 데 긍정적인 효과가 있으며 운동학습의 효과를 오래 지속시키는 데 도움이 된다(Driskell 등).

⑤ 하지만 추가 연습을 한다고 반드시 비례적인 효과가 생기는 것은 아니며, 과도한 과학습은 집중력을 약화시켜 학습자의 수행 능력을 떨어뜨릴 수 있다. 또, 같은 동작의 지속적인 과학습은 운동의 다양한 변화에 적응하는 능력을 감소시킬 수 있다. 그러므로 시간과 비용 효율성 측면을 고려하여 적절한 연습량을 설정하는 것이 중요하다.

9 피드백

1. 피드백의 개념

(1) 피드백의 의미

① 피드백 정보는 운동 기술 수행과 학습 과정에 필수적인 요소로서 운동 수행에 유용한 정보를 제공해 준다.

② 피드백은 목표 상태와 수행 간의 차이에 대한 정보를 되돌려서 운동 동작 자체 또는 운동수행의 결과나 평가 정보를 제공하는 것이다.

③ 피드백은 학습자 내부의 감각 체계로부터 제공되는 감각 피드백과 학습자의 외부로부터 제공되는 보강 피드백으로 나눌 수 있다.

(2) 피드백의 분류

정보 출처에 따른 분류	내재적 피드백(고유 피드백)
	외재적 피드백(고무적 피드백, 보강적 피드백)
정보 내용에 따른 분류	수행 동작에 대한 평가
	결과의 지식
	수행의 지식

① 정보 출처에 따른 분류

㉠ 내재적 피드백

ⓐ **시각적 정보**: 환경의 물리적 구조와 변화를 파악하고 사건을 예측하며, 자신이나 물체의 움직임을 파악할 수 있게 하고, 공의 비행 시간이나 도달 시간을 계산할 수 있게 한다.

ⓑ **운동 감각적 정보**: 신체 각 부위의 위치나 움직임, 개개 근육들의 장력 등에 관한 정보를 받아들일 수 있으며, 이를 통해 특별한 자세를 유지하거나 신체각 부위의 움직임을 조절할 수 있게 된다.

ⓒ 운동 기능 수준이 높아질수록(숙련자) 시각적, 운동 감각적 정보를 잘 처리하고 중요성을 판단할 수 있다.

㉡ 외재적 피드백

ⓐ 오류를 수정하기 위한 교사의 지적, 100m달리기를 한 후 기록 제시, 다이빙 심판원의 점수 게시, 경기에 대한 필름이나 녹화 테이프 재생 등과 같이 다양한 수단에 의하여 수행자에게 제시될 수 있다.

ⓑ 내재적 피드백에 비해 늦게 전달되지만 내재적 피드백을 보강시켜 준다.

② 정보 내용에 따른 분류

㉠ **수행한 동작에 대한 평가**: 학습자로 하여금 주어진 상황에서 수행한 동작이 제대로 선택되었는지 잘못 선택되었는지를 판단하게 할 수 있고, 학습자의 동기 유발에도 영향을 미친다.

㉡ **결과의 지식**: 수행한 동작이 원하는 대로 이루어졌는지에 대한 평가를 할 수 있고, 잘 이루어지지 않았을 경우 동작을 수정하는 방안까지도 파악할 수 있다.

㉢ **수행의 지식**: 학습자는 자신이 수행한 동작과 하고자 하는 동작을 비교하고 그 차이를 파악하여 효과적으로 수정해 갈 수 있다.

2. 피드백의 기능

(1) 정보 제공의 기능

피드백은 학습자에게 효율적인 운동수행에 필요한 정보를 제공해 준다. 특히 운동학습의 초기 단계에서는 운동과제에 대한 인지적 요구가 많기 때문에 많은 정보가 필요하고, 운동 기술 수준이 향상되면 학습 초기 단계만큼 정보를 요구하지 않지만 적절한 정보 제공은 운동학습에 필수적이다.

(2) 동기 유발 기능

보강 피드백은 학습자의 기술 수행을 위한 동기를 유발시켜 지속적으로 목표를 성취할 수 있도록 유도한다. 학습자가 동작을 수행한 후 동작 수행이 원하는 대로 잘 되었다는 느낌이나 '잘했어'라는 외재적 피드백을 받았을 때 학습자의 성취 욕구와 학습 의욕이 향상된다.

(3) 강화 기능

피드백은 그 정보 자체가 잘된 동작에 대해서는 칭찬의 효과가 있고 잘못된 동작에는 질책의 효과가 있다. 이러한 피드백의 강화 기능은 정적강화와 부적강화로 구분할 수 있다. 정적강화는 현재의 수행을 지속적으로 유지할 수 있도록 해주며, 부적강화는 운동수행 중에 바람직하지 않은 수행을 수정하며 이후 성공적인 수행을 이끌어 내는 역할을 한다.

(4) 주의 집중 기능

학습자의 주의를 한 곳에 집중시키는 기능을 한다. 지도자가 "바를 넘어갈 때 바와 몸의 자세를 고려해 언제 발을 차야 할지를 생각해 봐"라는 피드백을 제시하면 학습자는 이런 정보에 주의를 집중해 연습하게 된다.

(5) 의존성 기능

학습자에게 스스로 문제를 해결하는 것보다 외적인 지도에 의존하게 만들 수도 있다. 의존생성효과를 극소화하기 위하여 피드백을 조직하는 다양한 방법이 개발되어야 할 것이다.

3. 보강 피드백의 분류

(1) 수행 지식과 결과 지식

① 수행 지식(KP)

㉠ 동작의 유형에 대한 정보를 학습자에게 제공하는 것으로, 운동학적 피드백이라고도 한다.

㉡ 수행 지식은 수행자에게 질적 정보를 제공해준다.

㉢ 수행 지식은 주로 무용이나 체조, 피겨스케이팅과 같은 미적 동작을 수행하는 학습 상황에서 유용한 정보로 사용된다.

㉣ 운동학습 과정 중 초보 단계에 있는 학습자에게는 운동 수행의 결과 자체보다는 왜 그러한 결과가 나타났는지에 대해 생각하도록 유도하고, 잘못된 운동 수행의 과정을 수정할 수 있도록 수행 지식을 제공해야 한다.

② 결과 지식(KR)

㉠ 수행 지식과는 달리 움직임의 결과에 대한 정보를 포함하고 있다.

㉡ 학습자가 운동 기술을 학습하기 위해서는 자신의 운동수행 결과에 대한 정확한 정보가 필요하므로 목표와 실제 수행 간의 차이를 확인하는 것이 중요하며, 결과 지식은 움직임 목표와 수행의 차이를 학습자에게 제공함으로써 운동 기술의 수행과 학습에 도움을 줄 수 있다.

(2) Newell의 범주화

Newell은 보강 피드백이 가지고 있는 정보의 특성에 따라서 처방 정보, 정보 피드백, 전환 정보로 범주화하였다.

① 처방 정보

처방 정보는 이미 성취되고 완료된 움직임의 운동학적 정보를 말하는 것으로, 주로 언어적인 설명이나 시범을 통해서 전달된다.

② 정보 피드백

정보 피드백은 학습자가 수행한 역동적인 움직임의 이전 상태 또는 현재 상태에 대한 정보를 말한다.

③ 전환 정보

전환 정보는 적절한 협응 형태를 형성하는 지각-운동 활동 영역의 탐색을 활성화시키는 제어 변수이다.

4. 수행 지식의 제공

(1) 언어적 설명

① 수행 지식을 언어적인 설명으로 제공하기 위해서는 먼저 운동 기술에 대한 체계적인 분석이 이루어져야 한다.

② 수행 지식에는 오류 정보와 함께 오류를 수정하는 데 필요한 정보도 포함되어야 한다.

(2) 영상 자료의 활용

① 영상 매체를 이용하여 운동 수행 장면을 관찰함으로써 운동 기술과 관련된 구체적인 정보를 얻을 수 있다.

② 영상 자료를 사용하여 수행 지식을 제공하기 위해서는 학습자의 기술 수준과 언어적 단서의 제공 등을 포함하여 여러 가지 요인들을 고려해야 한다.

(3) 바이오 피드백

① 바이오 피드백은 시기적으로 적절하게 오류를 수정할 수 있도록 도와주며, 신경 손상 환자의 재활 훈련에 효과적이다.

② 바이오 피드백은 운동 기술의 수행력을 높이기 위한 방법으로서 감각 시스템을 통해 얻을 수 없는 유용한 운동학적 정보를 제공해 준다.

5. 결과 지식의 제공

(1) 결과 지식의 빈도

상대 빈도와 절대 빈도	• 상대 빈도는 전체 시행 수에 대한 결과 지식의 빈도수를 백분율로 나타낸 것이며, 절대 빈도는 결과 지식의 총 제시 수 말한다. • 결과 지식은 상대적으로 제시 빈도를 적게 하는 것이 운동 학습에 바람직하다.
점감 결과 지식	• 학습 후기로 갈수록 결과 지식의 상대 빈도를 낮추어 정보를 제공하는 것이 학습에 효과적이다. • 학습의 초기 단계에서는 학습자들의 수행력을 향상시키는 데 필요한 정보를 많이 제공하고, 학습의 후기 단계에서 결과 지식의 상대 빈도를 줄임으로써 학습자 스스로 결과 지식에 대한 정보를 탐색하도록 해야 한다.
요약 결과 지식	• 요약 결과 지식은 학습자에게 일정한 시행수가 지난 후에 정보를 요약하여 제공하는 방법이다. • 최적의 요약 결과 지식의 요약 길이는 과제의 난이도와 같은 특성과 관련이 되어 있다.
평균 결과 지식	• 평균 결과 지식을 사용함으로써 학습자의 특성을 파악하고 효율적인 정보를 제공할 수 있다. • 평균 결과 지식의 제시 방법은 교수・학습 상황에서 학습자의 행동에 대한 관찰과 학습자의 특성을 파악하고 효율적인 정보를 제공할 수 있다는 측면에서 효과적인 방법이다.

(2) 결과 지식의 정밀성

① 결과 지식의 정밀성 수준이 높아지면 학습자들이 처리해야 할 정보의 양이 많아지게 되므로, 정밀성 수준은 학습자들의 학습량을 고려하여 제공하여야 한다.

② 학습 후기로 갈수록 결과 지식을 보다 세밀하게 제공하는 것이 학습에 도움이 된다.

(3) (역)수용 범위 결과 지식

① 수용 범위 결과 지식은 수행에 오류가 있을 때 제공되는 보강 피드백의 일종으로, 수용 범위를 벗어났을 때 정보를 제공하는 방법이다. 여기에서 수용 범위란 목표 수행에 대한 오류의 범위를 말한다.

② 수용 범위 결과 지식은 학습자에게 수행 결과에 대한 정보를 제공할 뿐만 아니라 동기 유발을 강화시키는 효과가 있다.

③ 수용 범위 결과 지식은 학습자의 기술 수준과 과제 특성에 맞게 수용 범위를 설정하여 제공하면, 과제 수행의 일관성이 높아지고 효과적인 파지가 이루어질 수 있다.

④ 역수용 범위 결과 지식은 수용 범위 결과 지식과는 반대로, 수용 범위 내에서 발생한 오류에 대한 결과 지식을 제공하는 방법을 말한다.

(4) 결과 지식의 제시 시기

① 결과 지식의 지연 간격은 수행이 종료된 시점에서 결과 지식이 제시되기까지의 시간 간격을 의미하며, 결과 지식의 제시 후 지연 간격은 결과 지식을 제시한 후 다음 수행을 시작하는 순간까지의 시간 간격을 말한다.

② 결과 지식의 지연 간격이 너무 길면 이전에 수행했던 정보를 잊어버릴 우려가 있어 운동 기술의 학습에 지장을 초래할 수 있으며, 결과 지식의 지연 간격이 너무 짧으면 오류 탐색을 통한 수정 과정에 필요한 시간이 충분하지 못하기 때문에 학습에 도움이 되지 않을 수도 있다.

③ 학습자에게 오류에 대한 수정 과정을 인지적으로 처리할 수 있는 충분한 시간을 갖도록 적절한 결과 지식의 지연 간격을 결정하여야 한다.

④ 결과 지식 제시 후 지연 간격은 이전 수행에 대한 정보를 처리할 수 있는 시간을 확보하는 측면에서 그 중요성이 있다.

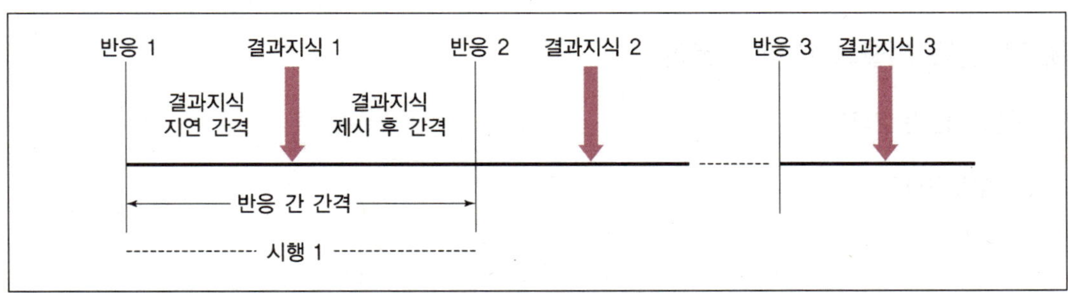

결과지식 제시 간격

(5) 자기 통제 피드백

① 학습자와 교사간의 상호적인 의사 전달 과정을 통해 인지 전략을 능동으로 수립할 수 있다.

② 자기 통제 피드백은 정보를 처리하는 학습자의 인지적 노력에 초점을 두고 있으며, 능동적인 인지적 처리 과정이 운동 기술 학습에 절대적인 영향을 미친다는 것을 전제로 하고 있다.

③ 전통적으로 제시되는 다양한 피드백의 형태와 같이 교사에 의해서 미리 결정된 피드백 정보를 제공하는 것이 아니라, 학습자가 스스로 인지 전략을 세움으로써 능동적으로 학습에 참여하게 되고, 교사는 학습자의 요구에 부합하는 정보를 제공하게 된다.

④ 이러한 피드백 제공 방법은 교사와 학습자간의 상호작용이라는 측면에서 볼 때 효율적인 피드백 제시 방법이라고 할 수 있다.

뉴로 피드백

뉴로 피드백은 뇌파를 측정하여 인지-행동에 관련된 신경활동정보를 제공하는 방법으로, 신경 피드백이라고도 한다. 뉴로 피드백은 주로 EEG를 사용하여 학습자의 신경생리적 신호를 측정하는데, 과제의 수행에 따라 달라지는 뇌의 활동을 학습자가 컴퓨터 화면을 통해 직접 관찰하는 것이다. 학습자는 변화하는 신호를 보면서 자신의 상태를 조절할 수 있는 능력을 배우게 되는데 이는 거울에 비친 자신의 모습을 보면서 표정을 연습하는 것과 비슷한 원리다. 뉴로 피드백은 비침습적이고 간단하게 뇌 활동의 빠른 변화를 감지할 수 있어 효용성이 높은 학습기법이다.

6. 피드백의 제시 원칙

(1) 피드백은 긍정적이고 정보 제공적이어야 효과적이다.

(2) 건설적으로 제시해야 효과적이다.

(3) 변화 가능한 행동에 중점을 두고 피드백 해야 효과적이다.

(4) 피드백의 내용과 제시 횟수 등을 학습자의 수준에 적절하게 조절하여 제시해야 효과적이다.

(5) 피드백은 가능한 운동 수행 후 즉시 제시해야 효과적이다.

(6) 피드백 정보에 대한 학습자의 명확한 이해 여부를 확인해야 한다.

10 운동 기술의 파지와 전이

1. 운동학습과 기억

(1) 기억의 3단계

① 지각의 단계
현재 주어진 정보가 조직화되는 단계, 즉 부호화되는 단계이다.

② 저장의 단계
정보를 단기간 혹은 반영구적으로 기억 속에 보관해 두는 단계이다. 기억의 저장 형태는 감각기억, 단기기억, 장기기억으로 구분될 수 있다.

③ 인출의 단계
저장된 기억 정보를 다시 끄집어내어 회생시키는 단계이다.

(2) 기억 체계

① 감각기억

㉠ 환경으로부터의 자극이 인간의 기억 체계로 들어오는 첫 단계는 감각 정보이다.

㉡ 감각 저장된 정보는 먼저 이전에 장기기억에 저장되었던 내적 표상과 접촉하게 되는데 이를 탐지라고 하며, 방금 들어온 정보의 내용과 비슷한 경험이 있을 경우 즉각적인 접촉이 일어나며 재인현상이 일어나 지각기제에 전달된다.

㉢ 감각저장은 인간의 행동체계에서 들어온 자극을 받아 그것을 잠시 동안 저장하고 탐지할 수 있도록 자극을 급히 지각기제로 보내거나 기억과의 접촉을 위하여 장기기억으로 보내는 역할을 한다.

㉣ 감각 등록기에 저장되는 정보들이 기억 체계 속에 머무는 시간은 수용자가 주의를 기울인다고 하더라도 약 0.5초 정도에 불과하다.

㉤ 청각적 정보는 시각적 정보보다 사라지는 시간이 더 길며 시각적 정보는 약 1/4초 이내에 감각 기억에서 지워지고 스스로 사라질 기회도 갖기 전에 새로운 정보로 대체된다.

㉥ 배구나 야구에서 주심이나 선심은 이 기억 체계의 특성을 근거로 할 때에 순간적으로 등록되는 감각 정보를 근거로 가능한 신속한 판정을 내려야 한다.

② 단기기억

㉠ 지각 기제에 있는 정보의 내용이 암송을 통하여 중추신경계에 알려져 있는 상태를 단기저장이라고 한다. 단기 저장 상태에서 중추신경은 자기의 행동을 어떻게 할 것인가를 결정하게 된다. 따라서 단기기억은 인간 행동체계에서 가장 중요한 기제이다. 일단 운동이 완료되면 반응의 결과는 감각저장과 장기저장을 통하여 단기저장으로 전달되어 오류를 수정하게 된다.

㉡ 인간의 정보 처리 체제에서 중심적인 활동을 하는 것으로서 기억 현상에서 교차로의 역할을 한다.

㉢ 단기기억은 감각 등록기의 정보들이 보다 지속적인 정보로 전환되어서 잠시 머물다가 사라지는 곳이기도 하고 이 체계를 거쳐서 더 영속적인 장기기억으로 넘어가는 곳이기도 하다.

㉣ 감각등록기에 들어온 정보들이 단기기억에 저장되기 위해서는 반드시 기억의 체제에 편리한 부호로 전환되어야 하는 부호화의 과정을 거쳐야 한다.

㉤ 단기기억에 들어온 기억들은 수용자가 그 자극들을 여러 번 시연을 하거나 주의를 기울여 신속하게 암기하지 않으면 망각하게 된다.

㉥ 단기저장의 기억구조는 인간 행동 체계 안에서 세 가지 뚜렷한 기능을 갖고 있다.

ⓐ 현재 수행자에게 중요한 정보를 일시적으로 저장하는 장소를 제공한다.

ⓑ 인간 유기체의 의사결정, 문제해결, 사고행동에 주된 역할을 한다.

ⓒ 정보를 장기저장으로 전달할 것인지를 결정하기 위하여 앞의 두 가지 기능을 통합한다.

③ 장기기억

㉠ 단기기억에 저장된 정보들은 자극의 수용자가 더 많은 주의를 기울이거나 특별한 조처를 할 때에는 장기기억으로 전환된다.

㉡ 장기기억에 저장되어 있는 정보의 양은 비교적 무제한이며 정보가 기억의 체제 속에 그대로 머무는 기간은 장기적이며 비교적 영속적이다.

㉢ 여러 가지 자극 단서들이 감각저장에 입력되어도 상황에 대한 의미가 부여된 것은 아니다. 그러므로 처리 전 정보는 과거에 저장된 유사한 표상과 기억 접촉을 위하여 장기기억으로 전달되어야 한다.

㉣ 외부 정보가 입력됨과 동시에 유기체는 발달 특성, 구조적 기능적 역량, 현재의 각성 상태, 사고, 성격 요인 그리고 개인의 인지 형태 등을 대표하는 내적 단서들을 제공한다. 장기기억에 전달된 정보는 과거의 경험과 접촉하여 유관가가 제시된다. 어떤 특정한 자극과 경험을 많이 갖게 되면 될수록 그 자극에 할당되는 유관가는 점점 커지게 된다. 즉, 매우 친숙한 항목들은 장기저장 내에서 매우 높은 유관성을 갖게 되고 지각 기제로의 접근을 촉진하게 된다. 반면에 유관가가 낮으면 재인 과정을 거쳐 지각 기제에 전달된다.

터빙(Tulving)의 기억
• 일화적 기억: 한 개인이 주관적인 시각에서 시간적 연관에 따라서 사적으로 경험하는 일들에 대한 정보로 구성된다. • 절차적 기억: 인간으로 하여금 무엇을 할 것인가?에 대하여 알 수 있게끔 하는 것과는 반대되는 것으로서 무엇인가를 '하는 방법'을 알 수 있게 하는 기억의 체계를 의미한다. • 어의적 기억: 지각적으로는 존재하지 않는 세계의 표상 상태로 특징 지어진다. 이것은 인간이 많은 경험으로부터 발전시킨 세계에 대한 일반적인 지식을 장기기억의 체제에 저장시키는 경우이다.

명제적 기억	운동 상황에서 무엇을 해야 하는지에 대한 정보를 포함하고 있다. 이러한 정보에는 경기의 규칙이나 특정한 상황에서 구사해야 하는 운동 기술의 하위 요소 등이 포함된다.
절차적 기억	Tulving이 제시한 것과 같이 어떠한 순서로 움직임을 수행해야 하는지에 대한 정보를 담고 있다.

(3) 망각 이론

기억 체계	부호화 수단	저장 조직	저장 기간	망각의 원인
감각기억	시각 또는 청각적 등록	없음	0.5초 내지 수초	쇠퇴
단기기억	시각 또는 청각적 수용	없음	20~30초	쇠퇴 또는 간섭
장기기억	의미 파악, 정교화, 시연	위계 또는 범주	비교적 영구적	쇠퇴, 간섭 또는 인출 실패

활동기억이 장기기억으로 저장되기 전에 연습이나 시연이 중단될 경우에는 일반적으로 그 기억은 시간이 경과하거나 또는 개재하는 다른 활동으로 말미암아 뇌리에서 차츰 사라지게 되는데 이것이 곧 망각이다.

① 소멸 이론(흔적 쇠퇴 이론)

㉠ 자극이 부호화의 과정을 거쳐서 기억의 체계 속에 저장되었다가 사라져 버리는 까닭은 단지 시간의 흐름 때문이라고 보는 견해를 흔적 쇠퇴 또는 소멸 이론이라고 한다.

㉡ 소멸 이론은 우리가 어떤 과제를 학습할 때 기억 흔적이 형성된다고 전제한다. 기억 흔적은 학습자가 기억하려는 정보를 시연함으로써 활성화되지 않으면 시간이 경과함에 따라 소멸된다.

㉢ 활동기억은 단지 시간이 흐르면서 거기에 수반하는 흔적의 쇠퇴(소멸)에 영향을 받아서 망각하는 것으로 본다.

㉣ 장기저장의 정보는 시간의 경과와 거기에 상호작용을 하는 간섭 활동에 주로 영향을 받는다.

② 간섭 이론

㉠ 간섭 이론은 망각이 단순히 시간의 경과뿐만 아니라 학습되는 많은 사상들이나 과제가 반응의 이전 학습과 파지 사이의 간섭에 의하여 일어난다고 본다.

㉡ 순행 간섭: 앞선 경험이 학습해야 할 과제의 기억을 간섭한다는 것을 의미한다.

ⓐ 장기저장으로 이전한 동작의 정보에서는 순행 간섭의 활동이 하는 역할이 분명해진다. 또한 사람은 정보의 적극적인 시연으로 순행 간섭의 효과를 쉽게 극복할 수 있다. 이것은 적극적인 연습에 의해서 기억상의 동작 흔적을 강화시키는 일이 가능하기 때문이다.

ⓑ 장기저장에서는 순행 간섭의 효과가 거의 무의미하다고 보아야 한다.

㉢ 역행 간섭: 회상해야 할 과제를 연습한 후와 파지 검사를 하기 전에 게재하는 간섭 활동이 기억을 방해하는 경우를 말한다.

ⓐ 간섭 활동의 양이나 종류, 난이도 등에 의해서 간섭의 효과가 달리 나타난다.

ⓑ 장기기억에 대한 역행 간섭을 대체로 인정한다.

(4) 정보의 종류와 망각

① 동작의 특성과 기억

㉠ 연속적 기술은 동작의 시작점과 끝점이 비교적 불명확하며 동작의 시종이 수행자의 임의에 의하여 크게 좌우되는 것으로서, 조깅이나 마라톤, 수영 등과 같이 같은 동작이 되풀이되는 기술이다(파지가 지속적이다).

㉡ 비연속적 기술은 골프의 스윙이나 야구의 배팅처럼 동작의 시작점과 끝점이 비교적 뚜렷하게 드러나며 그 시작과 끝이 수행자의 의지가 작용하기는 하지만 외적 자극에 타이밍을 맞추는 것이 더욱 중요한 특성을 갖고 있다(망각이 더 잘 일어난다).

㉢ 인지적 요소가 절대적인 언어 기억에 비하여 운동 기억이 더 지속적이라는 사실을 근거로 한다면 언어적 요소가 많은 절차적 기술, 즉 비연속적 기술이 연속적 기술보다 망각이 더 잘 일어난다.

② 동작의 위치와 거리

㉠ 인간은 동작에 내포된 거리, 속도, 힘, 방향, 위치 등을 청각적 또는 시각적으로 부호화시킬 수가 있으며 이런 특성들은 동작이 지니고 있는 특정의 시간적, 공간적 성질을 표상화한다.

㉡ 동작의 특성을 많이 부호화할수록 그 동작은 쉽게 상기될 수 있다.

③ 동작의 유의성

㉠ 수행자가 자신의 동작 유형을 잘 알고 어떤 물체에 잘 비유할 수 있다면 그런 동작의 상기는 그렇지 않은 동작보다 더 용이해진다.

㉡ 동작의 유의성이 많을수록 수행자는 그 동작을 보다 쉽게 상기할 수 있게 된다.

(5) 상기 전략

① 동작 유의성 제고

㉠ 동작 유의성이 어느 정도인가에 따라서 상기의 양이 달라질 수가 있다는 것은 운동 기술을 가르칠 때에 그 유의성을 높여줌으로써 배우는 사람들의 파지율을 제고할 수 있다.

㉡ 심상을 이용하여 자신의 동작 과정을 하나의 그림으로 마음속에 그려보는 연습을 통해 유의성을 높일 수 있다.

② 동작의 자율적 선택

㉠ 기준 동작의 자율적 선택은 운동 기술을 연습할 때에 기준 동작을 지도자가 직접 지정해주는 방법보다는 수행자 스스로 그것을 설정하여 연습하는 것이 더 효과적임을 의미한다.

㉡ 기준 동작을 자율적으로 선택했을 경우에 수행자가 그 동작에 쏟는 주의의 정도나 중추적 처리가 더 많이 요구되기 때문에 기억이 더 지속적으로 나타난다.

③ 기계적 반복

학습해야 할 동작을 기계처럼 반복시켰을 때에 그 동작 정보의 상기가 효과적임을 의미한다.

④ 상기 의도

㉠ 수행자가 연습을 하면서 자신의 연습 동작들이 회상 검사에서 사용되리라는 사실을 앎으로써 재현의 의도를 가지고 연습하는 상황, 즉 의도적 기억 상황이 우연적인 기억의 상황보다 상기가 더 잘된다고 주장한다.

㉡ 우연적 학습은 의도적 학습에 비하여 학습의 양이 적으며 또한 망각이 빨리 일어난다.

⑤ 군집화

㉠ 하나의 큰 단위 안에 있는 여러 작은 정보들을 집단화 또는 조직화하는 전략으로서, 복잡한 요소들을 지닌 운동 기술을 수행하는 데 필요한 많은 양의 정보를 처리할 경우에 사용하는 방법이다.

㉡ 체조의 경우 부분 연기로 나누고, 이것을 다시 더 작은 단위로 나누어 연습시키고 이 개개 동작을 하나로 묶어 자동화시킨다. 자동화가 된 작은 부분을 합쳐 더 큰 단위로 자동화를 시킨다.

(6) 연습과 검사(시합)의 맥락 효과

① 부호화 구체성의 원리(폐쇄 기술)

㉠ 연습의 맥락과 검사의 맥락에서 유사성이 많을수록 수행의 파지가 더욱 효과적이다.

㉡ 폐쇄 기술을 배우는 수행자가 검사의 조건과 같은 조건에서 연습할 때에 그 연습에 필요한 구체적인 정보를 보다 효과적으로 부호화하기 때문에 검사의 조건에서 상기가 잘 일어난다.

㉢ Gentile의 폐쇄 기능에서의 고정화 과정과 일치한다.

② 연습의 다양성 원리(개방 기술)

㉠ 개방 기술을 잘 수행하기 위해서는 연습할 때와 유사한 조건에서도 잘 적응해야 하지만 그것과는 다른 시간적, 공간적 조건의 변화를 잘 예측할 수 있어야 하고 효율적으로 대처할 수 있어야 한다.

㉡ 개방 기술에서는 연습의 다양성이 높을수록 연습과 같은 조건 또는 그것과는 생소한 검사의 조건에 적응할 수 있는 확률이 증가한다.

㉢ Gentile의 개방 기능에서 다양화 과정과 일치한다.

2. 운동 학습과 파지

(1) 파지의 개념

① 정보 처리 관점에서의 파지

㉠ 정보 처리 관점에서는 운동 기술의 파지를 기억의 부호화와 인출이라는 측면에서 설명하고 있다.

㉡ 부호화는 기억의 과정 중 감각시스템을 통해 얻은 감각 정보를 체계적으로 선택하는 과정으로, 복잡한 운동과제일수록 학습자들은 부호화에 많은 어려움을 겪게 된다. 따라서 수많은 연습을 통하여 부호화 과정이 원활하게 이루어질 때 운동 기술의 학습이 나타나게 된다.

㉢ 수많은 정보 중에서 인지적으로 처리되지 않은 정보는 인출 과정에 상당한 어려움을 겪게 되며, 단순한 과제의 경우 부호화는 쉽게 이루어지지만 일정한 시간이 지난 후에 그 정보를 인출하는 데에는 어려움을 겪을 수 있다.

㉣ 정보 처리 관점에서는 움직임과 동작에 대한 기억 표상이 운동 기술의 파지와 밀접한 관련이 있다고 보고 있다. 따라서 동작을 재생할 수 있는 능력의 상실은 표상의 재생과 인출 과정에서의 문제로 간주하게 된다.

② 다이나믹 관점에서의 파지

㉠ Bernstein은 운동 기술을 수행하는 데 필요한 필수 요소의 획득이라는 측면에서 운동 기술의 파지를 설명하였다. 즉, 운동 기술의 학습 과정에서 과제를 구성하고 있는 핵심적인 기술의 요소에 대한 학습이 이루어진 경우 시간이 경과한 뒤에도 운동 과제를 손쉽게 다시 수행할 수 있지만, 그렇지 않은 경우에는 시간이 경과함에 따라 수행력이 저하되거나 잘못된 움직임으로 나타날 수 있다고 주장하였다.

㉡ Bernstein은 운동 기술의 학습을 복잡한 자유도의 문제와 관련하여 과제와 환경, 그리고 유기체 간의 밀접한 상호관련 속에서 운동 기술 학습에 필수적인 요소의 특성을 파악하고 학습하는 과정이라고 하였다.

㉢ Newell은 운동 기술의 파지를 과제, 환경과 유기체가 갖는 제한요소에 대한 적응 과정이라는 측면에서 설명하고 있는데, 시간이 지남에 따라서 나타나는 이러한 제한요소의 변화는 곧 운동 기술의 학습에 직접적인 영향을 주게 된다고 주장하였다.

(2) 파지에 영향을 미치는 요인

① 운동 과제의 특성

운동 과제의 복잡성이나 운동 기술의 유형 등은 운동 기술의 파지와 학습에 절대적인 영향을 준다.

② 환경의 특성

환경의 제한 요소에 대한 적응 여부가 운동 기술의 파지에 영향을 준다.

③ 학습자의 특성

학습자 개개인의 특성에 따라서 운동 기술의 파지 정도에 차이가 나기 때문에, 반드시 학습자의 협응 경향에 대한 사전 지식이 필요하다.

(3) 절대파지 점수와 상대파지 점수의 측정

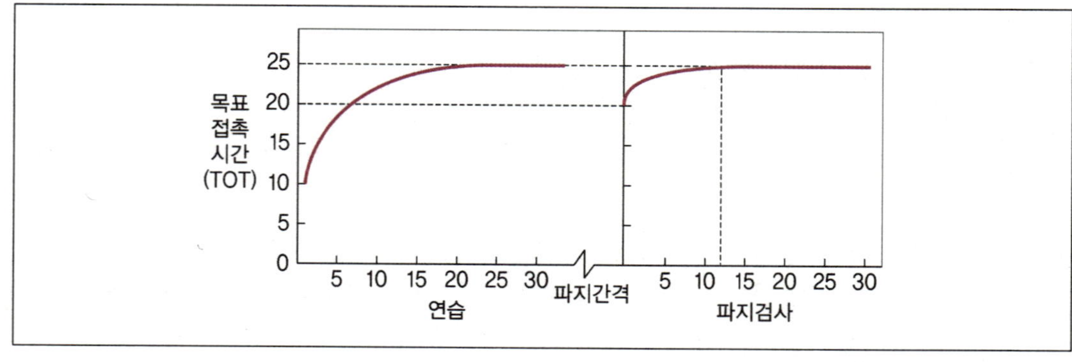

절대파지 점수와 상대파지 점수

① 절대파지 점수

연습시행이 끝나고 일정한 파지 기간이 지난 후, 실시되는 파지 검사에서 얻는 점수이다. 파지검사에서 얻는 수행 점수는 대략 20초 정도이기 때문에, 절대파지 점수는 20점이 된다.

② 상대파지 점수

㉠ 차이 점수(difference score)

ⓐ 연습시행의 마지막 시행에서 얻는 점수와 파지 기간이 지난 후 얻은 파지시행의 최초시행 점수 간의 차이다.

ⓑ 그림에서 연습시행의 마지막 시행 점수는 25초이고 파지시행의 최초시행 점수는 20초이므로 차이 점수는 5초가 된다.

㉡ 백분율 점수(percentage score)

ⓐ 연습시행 동안 나타난 수행 점수의 변화량에 대한 차이 점수의 백분율을 산출하여 얻을 수 있다.

ⓑ 연습시행 동안 수행 점수의 변화는 15초(25초 - 10초)이고, 차이 점수는 5초였으므로 백분율 점수는 5/15 × 100 = 33.3%이다.

㉢ 저장 점수(savings score)

ⓐ 파지검사에서 연습시행의 마지막 시행에서 얻는 점수에 도달하기까지 걸린 시행수로 나타낼 수 있다.

ⓑ 그림에서 연습시행의 마지막 수행 점수인 25초에 도달한 파지시행은 12시행이었다. 따라서 저장 점수는 12시행이 된다.

절대파지 점수	연습 단계에서 획득한 정보를 얼마나 많이 보유하고 있는지를 반영한다.
상대파지 점수	파지 간격에서 얼마만큼의 과제 관련 정보를 유지하거나 잃었는가를 반영한다.
저장 점수	얼마나 빠른 시간 내에 기술을 다시 회복할 수 있는가를 반영한다.

3. 운동 학습과 전이

(1) 전이의 분류

① 미치는 영향에 따른 분류

㉠ 정적 전이: 한 가지의 과제 수행이 다른 과제의 수행을 돕거나 촉진하는 경우

㉡ 부적 전이: 한 가지 과제의 수행이 다른 과제 수행을 간섭하거나 제지하는 경우

㉢ 중립적 전이: 아무런 영향을 미치지 않는 것

② 영향을 미치는 양에 따른 분류

㉠ 적극적 전이: 영향을 미치는 양이 클 경우

㉡ 소극적 전이: 영향을 미치는 양이 적을 경우

㉢ 제로 전이(영 전이): 영향을 미치는 양이 전혀 없을 때

③ 영향을 주고받는 시간적 관계에 따른 분류

㉠ 순행적 전이: 먼저 배운 과제의 수행 경험이 나중에 배우는 과제의 학습에 영향을 줄 경우

㉡ 역행적 전이: 나중에 배운 과제의 수행 경험 때문에 전에 배웠던 기능이 영향을 받을 경우

(2) 학습 전이의 유형

① Gagne – 과제의 복잡성

㉠ 수평적 전이: 훈련 과정에서 배웠던 과제와 복잡성 정도가 유사한 과제의 전이

㉡ 수직적 전이: 훈련과정에서 배웠던 과제보다 더 복잡한 과제에 전이

② Salomon & Perkins – 추상화 유무

㉠ 저도 전이: 의도적 인지 활동이 없는 전이가 자동적으로 발생

㉡ 고도 전이: 적용하는 상황 간에 추상화 활동을 통해 전이가 발생

③ Axtell, Maitlis & Yearta – 전이 시점

㉠ 단기 전이: 훈련 종료 후 단기간에 발생(훈련 이후 2주나 1개월 정도)

㉡ 장기 전이: 훈련 종료 후 6개월, 1년 정도 경과한 후에 확인

④ 근전이와 원전이

학자	구분의 특징	근전이의 개념	원전이의 개념
Clark & Voogle	지식의 차이	구체적인 형태로 특정 상황에 제한되어 사용되는 지식의 전이	전이되는 지식이 다양한 상황에서 활용되기 위해 일반적이고 광범위하게 사용
Laker	학습 상황과 전이 상황의 유사 정도	학습이 발생하던 상황과 유사한 상황에 학습을 적용	원래 학습이 발생했던 상황과 유사하지 않은 상황에 학습을 적용
Holton & Baldwin	원전이에 '학습내용의 일반화'라는 요소 포함	학습이 발생한 상황과 유사한 상황에 학습 내용을 활용	학습된 내용을 새로운 상황에서 일반화해 적용

(3) 전이에 영향을 미치는 요소

① 과제 간의 유사성

과제의 요소와 그들의 개별적인 자극과 반응 사이의 커다란 유사성은 가장 큰 전이량을 가져온다.

② 처리 과정의 유사성

연습 과제와 전이 과제의 인지적 처리 과정이 유사할수록 정적 전이가 발생한다.

③ 선행 과제에 대한 연습량

과제의 요소나 구성 성분에 대한 경험조차도 학습을 용이하게 한다.

④ 연습 방법

훈련의 방법 또는 전이의 효율성과 관계가 있다. 전습법과 점진적 분습법은 동일한 전이 효과를 나타냈으며, 순수 분습법이나 단순 전습법보다는 전이의 효율성이 유의하게 높음을 발견하였다.

(4) 정적 전이

① 운동 기술 요소의 유사성

㉠ 운동 기술의 요소나 수행 상황이 유사할수록 학습의 전이가 정적으로 발생한다.

㉡ Thorndike는 전이 효과를 설명하기 위해 동일요소 이론을 제안하였다. 운동 기술이나 운동 수행 상황의 일반적인 특성을 '요소'라는 측면에서 파악하고 특정한 운동 기술이나 운동 수행에 관여하는 동일한 요소들 간의 유사성이 높을수록 정적 전이가 발생한다고 주장하였다.

② 처리 과정의 유사성

㉠ 전이적정처리 가설은 연습 조건에서 나타나는 운동학습이나 운동수행의 인지적 과정이 전이 조건과 유사할수록 정적 전이 효과가 발생하며, 학습자들이 운동 기술의 학습이나 수행 과정에서 문제 해결 활동에 적극적으로 참여하였을 때 효과적인 전이 효과가 발생한다고 주장하였다.

㉡ 연습 조건과 전이 조건간의 인지 처리 활동이 유사할수록 정적 전이가 발생한다는 것을 가장 효율적으로 설명하는 것이 맥락간섭 효과이다. 맥락간섭이 높은 연습 조건일수록 파지검사에서 나타난 수행력이 높은 것처럼 연습 조건에서 맥락간섭을 많이 받은 집단의 전이량이 높은 것으로 나타나고 있다(Shea). 맥락간섭 효과는 전이적정처리 가설을 입증하는 중요한 실증적 자료이다.

㉢ 과제간의 유사성이 떨어질 경우에도 연습 과제와 전이 과제를 처리하는 과정이 유사한 경우 정적 전이 효과가 발생한다(Wickens).

③ 협응구조 형성과 전이

㉠ 정보처리 관점

ⓐ 정보처리 관점에서는 운동 기술의 학습 과정을 자극과 반응간에 나타나는 운동시스템의 현상이라고 가정하고 주어지는 자극에 대한 반응의 생성을 운동 기술 학습의 중요한 요소로 보았다.

ⓑ 이때 일정한 자극에 대한 반응간의 유사성이 높을수록 정적 전이 현상이 나타나며, 반대로 반응간의 유사성이 낮을수록 부적 전이 현상이 발생한다고 보았다.

㉡ 다이나믹 관점

ⓐ 다이나믹 관점에서는 운동 기술의 학습을 과제, 환경, 그리고 학습자가 갖고 있는 제한요소에 대한 적응력을 향상시키는 과정이며, 제한요소들 간의 상호 관련 속에 운동시스템의 협응구조를 형성하는 과정이라고 보았다. 따라서 학습자의 신체적 특성의 변화와 정보를 포함하고 있는 환경의 지속적인 변화 속에서 과제의 요구수준에 맞는 운동협응 형태를 형성하기 위해서는 계속적으로 협응구조의 변화가 이루어져야 하며, 운동 기술의 전이 현상 역시 끊임없이 나타난다고 할 수 있다.

ⓑ 이러한 측면에서 사지 간 움직임의 협응구조에 대한 전이 현상은 대칭 전이(symmetric transfer)와 비대칭 전이(asymmetric transfer)의 효과를 통해 연구되어 왔다. 대칭 전이는 사지의 어느 한쪽을 먼저 학습하는 것과는 상관없이 양쪽에 대한 전이 효과가 유사하게 발생하는지에 초점을 맞추며, 비대칭 전이는 한쪽 사지의 학습이 다른 쪽 사지의 운동 기술 학습에 전이 효과가 발생하는지에 관심을 갖는다.

ⓒ Turvey는 협응구조의 형성에 관여하는 구조적 처치와 계량 처치의 관계를 통해 전이 현상을 설명하고 있다. 즉, 근육군의 공동작용으로 나타나는 협응구조는 운동 기술을 수행하기 위해 어떠한 근육군을 사용할 것인가를 결정하는 구조적 처치와 선택된 근육군의 활동율을 결정하는 계량 처치를 포함하고 있다. 이때 동일한 근육군 내에서 계량 처치의 변화로 인해 부적 전이 현상이 나타난다고 보고 있다. 즉, 동일한 근육군으로 이루어지는 두 운동 기술의 수행에 관여하는 활동율이 상이할 경우 두 과제 간에는 부적 전이 현상이 나타난다는 것이다.

ⓓ Newell은 운동 기술의 전이 현상이 지각-운동 활동영역의 유사성에 따라 나타난다고 제안하였다. 즉, 지각과 동작간의 협응이 증가하면서 과제와 환경의 제한요소에 대한 적응력이 향상되고, 이를 통해 운동 기술의 학습이 이루어진다고 보았다. 이때, 지각 활동영역에서 제공되는 정보와 동작 활동영역의 동작시스템은 밀접한 관련을 가지고 있으며, 지각적 단서와 동작시스템간의 유사성이 운동 기술의 전이에 많은 영향을 미친다고 보고 있다.

(5) 부적 전이

① 부적 전이의 효과는 두 과제의 운동수행 상황에서 획득하는 지각 정보의 특성이 유사하지만, 움직임 특성이 다른 경우에 발생한다.

② 같은 자극에 대한 반응에서 움직임의 공간적 위치가 변하거나 같은 자극에 대한 반응에서 움직임의 타이밍 특성이 변할 때, 부적 전이 효과가 나타나기 쉽다. 부적 전이 현상은 인지 혼란으로 설명할 수 있다.

예 차의 기어 위치를 바꾸거나 키보드의 키 위치를 바꾸게 되면, 기어를 넣거나 키보드를 치는 손의 동적 시스템에 문제가 있는 것이 아니라 위치의 변화로 인한 인지적 혼란이 야기되어 부적 전이 효과가 발생할 수 있다.

③ 학습자들이 운동 기술의 획득 단계에서 지각-동작의 연합을 형성하는데, 지각 특성은 유사하지만, 움직임 형태가 다른 경우에는 새로운 지각-동작 연합을 재구성해야 하는 어려움이 있으며 이때 부적 전이 효과가 나타난다.

예 야구의 스윙과 골프의 스윙은 유사한 메커니즘을 갖고 있다. 하지만 야구는 방향과 관계없이 비거리를 늘리기 위해 스윙 시 무게중심의 이동이 크지만 골프의 경우는 정확도에 더 많은 비중을 두기 때문에 움직임이 제한되는 특징을 가진다.

(6) 모의훈련과 전이

① 모의훈련(simulation)은 실제 상황과 같은 연습 조건에서 운동 기술을 수행함으로써, 학습하기 전에 나타날 수 있는 다양한 형태의 수행 오류를 찾고, 실수에 따른 신체적 부상과 경제적 손실을 방지하기 위해서 많이 사용되고 있다.

② 전이의 가설에서 과제의 유사성에 근거하여, 과제와 환경 특성 간의 유사성을 고려한 모의훈련 장치를 개발해야 한다.

③ 가상현실과 스포츠

㉠ 가상현실은 인공현실이라고도 하며, 현실에 구애받지 않고 학습자가 실제 상황에서 움직이는 것과 같은 느낌이 들 수 있는 역동적인 환경과 상호작용할 수 있는 세계를 말한다.

㉡ 학습자로 하여금 실제와 같은 느낌과 움직임을 직접 체험할 수 있도록 하며, 보다 역동적인 상황을 조직함으로써 운동기술 학습에 무한한 가능성을 제공한다.

예 전자장갑을 착용하고 가상의 상대편 선수와 농구 경기를 하거나 탁구 라켓을 들고 컴퓨터에 나오는 상대방과 탁구 시합을 하는 것이 가능하다.

(7) 양측성 전이

운동 선수가 어느 한 쪽 손이나 발로 특정의 운동 기술을 발전시켰을 때, 그것이 반대편의 수족 혹은 대각선의 수족에 미치는 영향력을 의미한다. 양측성 전이의 방향은 비대칭성 전이가 더 많은 지지를 받고 있다.

① 발달된 쪽의 사지를 먼저 발달시킬 때

② 기능의 인지적 이해를 강조할 때

③ 과부하나 과잉 학습을 할 때

양측성 전이(bilateral transfer)
양측성 전이란 반대편 발이나 손으로 기술을 습득했을 경우 그 습득 결과는 후에 다른 손이나 발로 학습할 경우에도 영향을 미치게 된다는 것이다. 이 개념은 과제간(between tasks) 보다는 사지간(between limbs)에 초점을 둔 것이다.

(8) 전이의 측정

① 과제 간 전이

이전에 배운 기술의 경험이 새로운 기술의 수행에 미치는 영향을 규명하기 위해 사용된다.

집단	연습	수행
실험집단	A과제	B과제
통제집단	×	B과제

㉠ 두 집단의 B과제 수행력에 초점은 둔다. 즉, 실험집단의 경우 A과제의 수행경험이 B과제의 수행과 학습을 촉진시키는지에 관심을 갖는다. 과제 간 전이의 양은 저장 점수와 전이율을 통해 측정한다.

㉡ 저장 점수는 기준 점수에 도달한 시행 수를 통해 산출한다.

예 실험집단이 B과제를 20시행 만에 기준 점수에 도달하고, 통제집단이 30시행에 도달하였다면, 저장 점수는 10시행이 되는 것이다.

㉢ 전이율은 A과제의 수행이 B과제의 수행을 향상시킨 정도를 백분율로 나타낸 것으로, 전이율이 높을수록 A과제가 B과제의 수행과 학습에 긍정적인 영향을 미친 것을 의미한다. 다음 식에서의 모든 점수는 B과제에서의 첫 시행 점수이다.

$$\text{전이율} = \frac{\text{실험집단점수} - \text{통제집단점수}}{\text{실험집단점수} + \text{통제집단점수}} \times 100$$

② 과제 내 전이

서로 다른 연습 조건에서 수행한 후, 같은 과제에 대한 수행차를 비교하는 것이다.

집단	연습	수행
실험집단	A조건	C조건
통제집단	B조건	C조건

㉠ 과제 내 전이 설계에서는 3가지 측면에 관심을 갖는다. 첫째, 연습조건과 A와 B에서의 수행력을 비교하고, 둘째 C조건에서의 수행력을 비교한 다음, 셋째 연습 후 수행과제에서 수행력이 향상되었는지에 초점을 둔다.

㉡ 과제 내 전이의 양도 저장 점수와 전이율을 통해 측정한다.

㉢ 저장 점수는 과제 간 전이 설계에서 구하는 방법과 같다.

㉣ 전이율은 과제 간 전이 설계와 마찬가지로 백분율로 환산하며, 실험집단과 통제집단의 전이율을 따로 산출한다.

$$\text{실험집단의 전이율} = \frac{C_A - C_B}{C_A + C_B} \times 100$$

$$\text{통제집단의 전이율} = \frac{C_B - C_A}{C_A + C_B} \times 100$$

(C_A: 실험집단의 C과제 첫 시행점수, C_B: 통제집단의 C과제 첫 시행 점수)

③ 절약 점수(Savings score)

㉠ Ebbinghaus에 의해 오래 전에 사용되었고 Nelson에 의해 그 의미가 더 확대된 측정방법으로 재학습 과정에서의 "효율성"을 말한다. 즉, 파지와 전이기간 동안 초기 연습에 의해 달성되었던 숙련도에 도달하기까지 피험자에게 요구되는 시행횟수를 측정하는 것이다.

㉡ 절약점수는 지연 회상(몇 분 전에 듣거나 보았던 일 또는 행동에 대한 기억)과 즉각 회상(듣거나 보았거나 또는 행동에 대한 것을 그대로 따라할 수 있는 능력에 관한 기억)의 차이로 산출한다.

예 과제 A를 사전에 학습한 후 과제 B의 학습에 소요된 연습 시간의 양을 측정할 때 과제 B에서 100점에 도달하는 데 실험집단은 20회, 통제집단은 30회의 연습이 필요하였다면, 절약 점수는 10회라고 할 수 있다.

11 운동 능력과 숙련성

1. 운동 능력

(1) 운동 능력 이론

능력은 기술과는 달리 대부분 선천적으로 결정되는 개인의 일반적이고 안정적인 특성을 말한다.

① 일반 운동 능력 가설

일반 운동 능력 가설은 한 개인이 일반적인 하나의 운동 능력을 소유하고 있으며, 이러한 능력이 모든 운동 기술 수행에 영향을 미친다는 것이다.

② Henry의 특수성 가설

개인이 독립적인 수많은 운동 능력을 가지고 있기 때문에 하나의 특정 능력으로 다른 과제에 대한 능력을 예측할 수 없다고 주장한다.

능력은 여러 가지 기술과 과제를 수행하는 개인의 역량이다. 따라서 어떤 과제를 성공적으로 수행할 수 있는가에 대한 문제는 과제를 수행하는 데 요구되는 능력을 지니고 있는가에 따라서 크게 좌우된다. 이에 반해, 기술은 이러한 능력을 바탕으로 하여 다양한 움직임의 연속으로 이루어진 과제나 활동의 수행력을 말하는 것으로, 능력과는 달리 연습이나 경험에 의하여 변화한다.

(2) 운동 능력의 분류

① Fleishman의 분류

	능력	개념
11가지 지각-운동 능력	사지 간의 협응	두 개 이상의 사지를 동시에 효율적으로 움직일 수 있는 능력
	정확성 조절	비교적 크기가 큰 신체 부위로 빠르고 정확한 움직임을 생성할 수 있는 능력
	반응 정위	여러 가지의 반응 가능성 중에 정확한 움직임을 빠르게 선택할 수 있는 능력
	반응 시간	제시되는 하나의 자극에 대하여 빠르게 반응할 수 있는 능력
	팔 움직임의 스피드	한 지점에서 다른 지점으로 팔을 빨리 움직일 수 있는 능력
	속도 조절	사지의 움직임 속도를 조절하여 환경의 변화에 따라 정확한 타이밍을 맞출 수 있는 능력
	손의 숙련	비교적 큰 물체를 조작할 수 있는 능력
	손가락의 숙련	비교적 작은 물체를 조작할 수 있는 능력
	팔-손의 안정	팔과 손을 정확하게 한 지점에 위치시킬 수 있는 능력
	손목-손가락 속도	손가락과 손목을 빠르게 움직일 수 있는 능력
	조준	공간상에 있는 목표를 조준할 수 있는 능력

9가지 신체 효율성 능력	정적 근력	외부의 물체에 대항하여 최대로 힘을 낼 수 있는 능력
	동적 근력	반복적으로 힘을 낼 수 있는 능력
	폭발 근력	순간적으로 힘을 최대로 낼 수 있는 능력
	몸통 근력	몸통 근육이 힘을 낼 수 있는 능력
	유연성	몸통이나 등 근육을 최대로 굽히거나 펼 수 있는 능력
	동적 유연성	반복적으로 빠르게 몸통을 굽힐 수 있는 능력
	협응	여러 신체 부위를 동시에 움직일 수 있는 능력
	평형성	시각적 단서 없이 균형을 유지할 수 있는 능력
	지구력	오랫동안 운동을 지속할 수 있는 심폐의 능력

② Keele의 분류

Keele 등은 Fleishman이 분류한 운동 능력 요인 외에 네 가지 능력 요인을 추가로 제시하였다.

능력	개념
움직임 속도	빠른 속도의 움직임을 수행할 수 있는 능력
운동 타이밍	정확한 타이밍에 움직임을 나타내는 능력
지각 타이밍	움직이는 물체의 속도를 판단하는 능력
힘 조절	힘의 정도를 조절하는 능력

2. 운동 숙련

(1) 시각 차단 기법

시각 차단 기법은 수행 이전에 수행과 관련된 정보를 예측하기 위한 단서를 규명하는 방법으로 시간 차단 기법과 공간 차단 기법으로 구분되어 사용한다.

① 시간 차단 기법

㉠ 일정 시간 동안의 수행 장면에 대한 영상을 차단한 상황에서 예측 능력을 검사하는 방법이다.

㉡ 연구 목적에 따라 제시되는 영상의 화면을 일정한 시간에 차단하는 것으로, 이는 기술 수행에서 특정 시간 동안 제시되는 시각 자극이 수행 예측을 위한 중요한 정보를 담고 있다는 것을 전제로 한다.

㉢ 숙련자가 초보자보다 시각정보로부터 의미 있는 정보를 빨리 추출한다.

② 공간 차단 기법

㉠ 제시되는 정보의 특정한 공간적 부분을 차단하여 유용한 예측 단서를 확인하는데 사용된다.

ⓛ 숙련된 배드민턴 선수와 초보자들이 셔틀콕이 떨어지는 지점을 예측할 때 어떠한 단서 정보에 의존하는지를 확인하기 위하여 이 기법을 사용하여 안구 움직임을 측정하였다.

ⓒ 그 결과 숙련자는 라켓과 라켓을 든 팔의 움직임 정보를 활용하여 효과적인 예측을 한 반면, 초보자들은 라켓의 움직임에 의존하여 과제를 수행하였으나 효과적인 예측 수행을 하지 못하는 것으로 나타났다.

공간 차단 기법

(2) 안구 움직임 기록

① 안구 움직임 기록은 경기 상황에서 수행자가 어떠한 시각 정보에 주의를 기울이고 있는지를 정확하게 분석하는 방법이다.

② 안구 움직임 기록은 실제 스포츠 상황에서 적용되기 어렵고, 실제로 주의를 두고 있는 것이 무엇인지를 단정 짓기 어려우며, 운동 수행에 중요한 환경시 측정이 불가능하다는 문제점이 있다.

(3) 기억 회상 검사

① 기억 회상 검사는 숙련자와 초보자간의 형태 재인과 기억 회상의 과정을 비교하기 위해 사용된다.

② 초보자들의 경우 주어진 상황을 인식하고 처리하는 능력에 한계를 보이는 반면에 숙련자들은 대부분의 스포츠 장면에서 나타나는 상황에 대한 인식과 회상 능력이 우수하다.

최 병 식

포스 전공체육

체육내용학 2

스포츠심리학

스포츠사회학

Chapter

04

스포츠 사회학

01. 스포츠 사회학의 연구 영역
02. 스포츠 사회학의 주요 패러다임과 주요 이론
03. 스포츠와 정치
04. 스포츠와 경제
05. 스포츠와 교육
06. 스포츠와 종교
07. 스포츠와 대중매체
08. 스포츠와 사회화
09. 스포츠와 사회계층
10. 스포츠와 사회집단
11. 스포츠와 사회조직
12. 스포츠와 여성
13. 스포츠와 사회일탈
14. 스포츠와 집합행동
15. 운동 문화
16. 현대 사회에서의 체육 및 스포츠세계화
17. 스포츠의 정의 및 특성

04 Chapter 스포츠 사회학

1 스포츠 사회학의 연구 영역

1. 전문적 영역

전문적 영역은 스포츠 사회학의 학문적 연구에 연관된 과제와 방법을 살펴보는 영역이다. 스포츠 사회학의 개념, 필요성 및 연구 방법 등에 관한 학문적 적법성 연구, 그리고 사회학적 이론의 적용을 통한 스포츠의 본질적 정체를 밝히려는 연구 등이 이에 해당한다.

(1) 학문적 적법성

① 스포츠사회학 연구의 이유와 유용한 연구 방법

② 유용한 정의, 개념 및 이론의 제시

(2) 스포츠의 본질적 정체

구조기능주의이론, 갈등이론, 비판이론 및 상징적 상호작용이론 등 각종 사회학적 이론의 적용

2. 거시적 영역

거시적 영역은 대규모 사회 체계를 이루고 있는 사회 제도와 그들 간의 관계에 관한 연구를 대상으로 한다. 스포츠와 정치, 스포츠와 경제, 스포츠와 대중 매체, 스포츠와 교육, 스포츠와 실력주의, 스포츠와 성 등 주로 사회제도와 스포츠와의 관계에 초점을 둔다.

(1) 스포츠가 존속하고 있는 각 사회에 대한 스포츠의 기능

① 가치, 이데올로기 및 신념의 전달

② 스포츠와 정치의 관계

③ 참가자의 정치적 성향

④ 개인과 국가의 정치적 목적 성취를 위한 스포츠대회 및 참가의 활용

(2) 스포츠와 종교

기독교, 불교, 유교 등 각 종교의 교리와 스포츠를 통한 절정 의식의 경험

(3) 스포츠와 교육

① 학생의 성취에 대한 스포츠참가의 영향

② 대학 및 중등학교에 대한 스포츠의 영향

(4) 스포츠와 실력주의

계층이동 요인으로서의 스포츠 또는 사회적 차별에 대한 합법적 요소로서의 스포츠

(5) 스포츠와 성

스포츠 활동 참가와 운동 수행에 대한 남·여 성차의 영향

3. 미시적 영역

미시적 영역은 스포츠 현상에서 일어나는 사회관계와 소규모 사회 체계의 연구를 대상으로 한다. 소집단의 상호 작용, 지도자론, 사회화, 공격성, 비행 등이 이에 해당한다.

(1) 소집단의 상호작용

① 협동심을 가장 잘 발휘할 수 있는 인성 특성

② 소집단의 구성, 구조 및 효율성의 문제

(2) 지도자론

지도자는 특정 경기 위치로부터 배출되는가?

(3) 사회화

① 스포츠참가의 동인, 탈사회화 및 재사회화

② 스포츠참가의 결과

(4) 사기

① 승리는 사기와 어떠한 관계가 있는가?

② 높은 사기는 승리에 필수적 요소인가?

(5) 공격성

관중과 경기자의 폭력행위

(6) 비행

운동선수는 훌륭한 시민으로 육성되는가?

2 스포츠 사회학의 주요 패러다임과 주요 이론

1. 스포츠 사회학의 주요 패러다임

(1) 기능-체계 패러다임

① 기능-체계 패러다임은 관리적-관료적 패러다임과 동일한 관점을 지니는 스포츠사회학의 지배적 패러다임 중의 하나로서 사회의 하위체계들이 서로 그물처럼 연결되어 있는 것과 유사한 형태인 체계적 구조는 체계의 각 부분이 어떻게 체계의 욕구와 구성원의 욕구를 만족시키고 적절한 통합과 균형을 유지하는가에 관심을 갖는다(Lee).

② 기능-체계 패러다임은 사회체계가 당면하고 있는 적응, 공동 목표의 성취, 신념과 태도 성향의 지속성 유지, 통합, 조화와 같은 기능적 문제에 대하여 스포츠가 기여하는 바에 관심을 갖는다. 즉, 사회질서와 사회체계를 사회분석의 기본 개념으로 간주하고 그의 안정 및 유지에 있어서 스포츠가 수행하는 역할에 초점을 맞춘다.

③ 스포츠의 기능 - 체계 패러다임의 한계(간과하고 있는 3가지, Hoch)

㉠ 소수 파워 엘리트에 의한 스포츠 지배

㉡ 스포츠에서의 각종 차별 및 불평등

㉢ 스포츠제도의 존속 필요성

(2) 폭로 패러다임

① 폭로 패러다임은 기본적 가치들이 상충하는 사회적 조건, 그 가치들의 책임 소재를 밝히는 사회적 조건, 도덕적 무도함을 야기할 수 있는 사회적 조건을 체계 있게 정리하려는 사회과학적 경향을 의미한다.

② 폭로적 스포츠사회학 패러다임에서는 사회적으로 저명한 사람들의 불의를 파헤치는 것뿐만 아니라, 추문을 들춰내고 이를 사회에 고발하는 데 관심을 가진다.

예 스포츠 현장에서의 약물 복용, 대교경기의 부정선수, 스포츠 조직의 관료주의적 성향, 인종차별, 성차별 등이 주요 관심 대상이다.

③ 폭로적 스포츠사회학 패러다임은 스포츠 상황을 비판적으로 분석·조사하여 다양한 사회문제를 발견하고 이의를 제기함으로써 교육적 기능을 수행하며, 연구 방법에는 참여관찰, 민속 방법론, 사례연구, 역할 및 사례분석 등이 있다.

④ 폭로 패러다임의 한계

㉠ 연구자가 지니는 강력한 가치지향에 대한 과학적 객관성을 지키려 할 때 갈등이 발생할 가능성이 있다.

㉡ 단순히 서술적인 정리에 의해서는 체계적이고 누적된 지식의 골격을 형성하기가 어렵다.

㉢ 단지 충격적인 폭로는 가능하지만 사회문제를 해결하는 데는 실패할 가능성이 있다.

(3) 인간주의-실존 패러다임

① 인간주의-실존 패러다임은 인간의 욕구와 목표의 추구 및 성취에 기여하려는 인간중심적인 사회학으로, 폭로 패러다임과 밀접한 관계가 있다.

② 폭로적 스포츠사회학이 스포츠와 관련된 사회 문제에 대한 정리에서부터 인과 분석, 정책제시 등과 같이 특정 연구 및 실제적인 정책구현에 이르는 분석과정을 거치는 데 반하여, 인간주의-실존 스포츠사회학은 사회통제, 갈등, 착취, 타락, 퇴폐행위 등이 스포츠에 참여하는 개인과 어떻게 관련되는가에 대한 철학적 탐색에 관심을 기울인다.

③ 자유의 상실과 같은 운동선수의 생활을 침해하는 여러 제도적인 문제점에 대하여 관심을 기울일 뿐만 아니라, 스포츠 경험이 가져오는 자아실현의 잠재성 발견에도 초점을 두고 있다.

④ 인간주의-실존 패러다임의 연구방법은 스포츠 철학자들이 스포츠 경험의 본질을 밝히기 위하여 사용하고 있는 논리적이고 현상학적인 방법을 활용한다.

⑤ 인간주의-실존 스포츠사회학 패러다임의 세부 골격은 완전하다 할 수는 없으나 스포츠 세계에 참여하는 사람들의 사회적, 정서적 행복에 관심을 두고 있는 스포츠사회학자에게 유용한 시사를 제공할 수 있다는 점에서 그 의의가 있다 하겠다.

2. 스포츠 사회학의 주요 이론

(1) 구조기능주의

① 구조기능주의 이론의 기본 가정

㉠ 구조기능주의 이론은 사회를 실체로 보고 사회적 실체의 본질을 규명하는 데 관심을 갖는다. 구조기능주의 이론은 사회란 본질적으로 상호 관련되고 상호의존적인 제도로 구성되어 있으며 이들 사회제도는 전체 사회의 안정에 기여하고 있다고 간주한다.

ⓐ 사회의 항상성(균형) 유지와 존속을 위한 사회적 구성요소의 역할을 분석하는 것이 구조기능주의의 입장이다.

ⓑ 구조기능주의 이론에서는 사회를 상호 관련된 부분의 조직화된 제도로 이해하고 어떠한 사회이든지 사회구성원은 일반적으로 동일한 가치관을 지니고 있으며, 사회의 주요부분(가정, 교육, 경제, 정부, 종교, 스포츠)은 상호보완적이며 구성적 방법으로 조화를 이룬다고 가정한다.

㉡ 구조기능주의 이론은 사회를 유기체에 비유한다. 인체의 각 기관은 각기 고유의 기능을 제대로 수행함으로써 유기체를 존속시키고 그렇게 함으로써 자체의 생존도 보장받을 수 있는 것이다.

ⓐ 유기체와 마찬가지로 사회도 각기 다른 여러 부분으로 구성되어 있으며 각 부분은 전체의 존속을 위하여 필요한 각각의 독자적인 기능을 수행한다.

ⓑ 인체의 각 기관들이 몸 전체의 생리적 형평(건강 상태)을 위하여 상호의존적인 기능을 수행하듯이 사회 내부의 개별 단위 및 부분은 전체 사회의 기본 체제를 유지하는 데 필요한 기능을 수행하거나 안정을 유지시키기 위한 역할을 담당한다.

ⓒ 따라서 부분 간의 관계는 조화와 협동과 합의의 관계로 특징 지워진다.

㉢ 구조기능주의 이론의 기본 구도는 뒤르껭에서 연유한다.

ⓐ 뒤르껭은 전체로서의 사회는 부분들의 합성에 의해서 이루어진 새로운 형질의 실체이며 부분은 전체의 필요나 요구에 종속되는 피동적인 존재로 파악하였다.

ⓑ 구조기능주의 이론을 완벽한 이론체계로 발전시킨 학자는 Talcott Parsons이다.

파슨즈는 전체로서의 사회는 본질적으로 균형을 지향하려는 성향이 있는 것으로 간주하였다. 그러므로 사회 내부의 부분들은 전체 사회의 균형을 지향하는 본질적인 특성에 보조를 맞추어 평형의 유지에 기여하는 기능을 수행한다. 다시 말해서 각 부분이 수행하는 역할이 각기 다르다고 하더라도 결국은 전체 사회의 균형이라는 하나의 통합적 목적을 위한 기능(부분 기능)을 수행하고 있는 것이다. 따라서 부분 사이에 이의나 갈등이란 존재할 수 없는 것이다. 만약 부분의 존재가 더 이상 전체의 형평에 기여하지 못할 때에는 그 부분은 소멸되기 마련이다(Parsons).

㉣ 구조기능주의는 사회, 지역, 학교, 교회, 가정 혹은 스포츠와 같은 여타 사회체계의 각 부분이 체계의 전체적 활동에 어떻게 기여하는가에 가장 큰 관심을 갖는다.

㉤ 따라서 구조기능주의 이론에서는 사회생활의 각기 다른 영역이 전체 사회체계에 대한 효율적 기능이 가능하도록 작용하는 방법에 초점을 둔다.

㉥ 구조기능주의의 사회에 대한 기본 가정을 정리해보면 다음과 같다(Turner & Maryanski).

ⓐ 각 부분은 사회의 존속에 기여하며, 그로써 자신의 존속도 보장받는다.

ⓑ 부분은 상호의존하며, 한 부분의 변화는 다른 부분의 변화 역시 초래한다.

ⓒ 사회는 기본적으로 안정을 유지하고자 하며, 균형이 깨지면 회복하려는 본성을 갖고 있다.

ⓓ 사회유지와 안정에 관계되는 가치나 신념체계는 기본적으로 합의되어 있다.

ⓔ 각 부분 간에는 기능상의 차이만 있을 뿐 우열은 없다.

ⓕ 유기체의 각 부분과 마찬가지로 사회의 각 부분도 자율성을 갖고 있다.

ⓖ 사회계층은 차등적 보상의 결과로서, 더 많은 보상을 받는 사람은 그만큼 그가 다른 사람들에 비해 더 힘들고 중요한 기능을 맡고 있기 때문이다.

- 사회 구성원들이 대부분 친족이나 혈연 또는 지연 중심으로 구성된 전통사회에서는 구성원들 간의 역할 분담이 매우 낮은 수준에서 작동하는 '기계적 연대(mechanical solidarity)'의 모습이 나타나지만, 근대산업사회에서는 혈연관계보다 개인 간 계약관계가 더욱 중요하게 인식되며 구성원 간의 노동 분업이 상당히 복잡한 수준에서 이루어지는 '유기적 연대(organic solidarity)'의 모습이 강하게 나타나게 된다(Durkheim). Durkheim은 유기적인 사회적 연대성이 작동할 수 있게 만들어 주는 전제 조건으로 '집합 표상(collective representation)'을 지목하였다. '집합 표상'이란 '한 사회의 구성원들이 공유하고 있는 사유 과정, 가치와 신념'을 의미하며 이는 '집합 의식(collective consciousness)'이라고도 말한다(Durkheim).

- '집합 표상'은 함께 사회를 구성하고 있는 사람들이 서로에 대하여 가지고 있는 규범적인 기대이고, 또한 그것을 담은 도덕이다. 이러한 도덕은 보편 도덕이라기보다는 일종의 사회적 도덕에 해당되며, 이러한 사회적 도덕은 Durkheim의 관점에서 종교에 해당된다. 그 이유는 집단 속에서 각자의 이해관계에 의해 뿔뿔이 흩어져 있는 개인들을 하나로 묶어줄 수 있을 뿐만 아니라 그 자체로서 하나의 종교가 되기 때문이다. 따라서 Durkheim은 이러한 '집합 표상' 없이는 사회가 작동 되지 않는다고 강조하였다.
- 기계적 연대의 사회에서는 종교와 같은 공유된 믿음이 사회적 합의를 창출하는 역할을 했다면, 유기적 연대의 사회에서는 경제적 호혜성의 관계와 상호 의존성이 그 역할을 대신한다. 그러나 근대 사회의 변화과정은 급속하고 강력하기 때문에 주요한 사회적 문제를 발생시키는데 과거 종교에 의해 제공되던 전통적, 도덕적 통제와 기준들은 근대사회에서는 더 이상 작동하지 못한다(Giddens).

② 특징

㉠ 사회체계는 여러 부분이 상호의존적으로 연관되어 있으며 보다 큰 사회체계의 통합 또는 존속에 기여한다.

예 스포츠 상황에서 운동 팀의 경우 구단주, 감독, 코치, 선수 등이 하나의 팀을 구성하며 축구의 경우 11명의 선수는 각 포지션별로 각자의 기능과 역할, 지위를 가지고 전체체계에 통합함으로써 축구팀으로 존속하고 유지할 수 있다.

㉡ 사회체계는 본능적으로 자동조절과 균형의 기능을 갖고 있어 사회체계의 붕괴와 와해에 즉각 대처함으로 항상 균형을 되찾아 안정 상태를 유지한다고 본다.

예 팀의 성적이 계속 부진하고 랭킹이 하강할 때는 코칭스탭을 교체한다든가 우수한 선수를 스카웃한다든가, 훈련을 더욱 강화한다든가의 시정 조치가 있게 되어 원래의 상태 내지는 더 좋은 상태로 돌아가려고 하게 된다.

㉢ 사회체계의 각 요소들은 구성원이 공유하고 있는 공통된 신념과 가치관에 의해 통합되어 있다. 각 운동 팀이나 집단은 나름대로의 팀 창설 목적이나 취지가 있게 마련이며, 또 특유의 전통이나 문화를 갖고 있으며 이런 것들은 그 팀의 구성원들을 응집시키고 결속시킨다.

구조기능주의자는 4가지 요인에 의존하여 특정 사회체계가 원활하게 유지·운영된다고 가정한다(Coakley).

1. 체계 내의 구성원이 자신의 생활을 영위하는 데 있어 꼭 필요한 기본적인 가치와 규범을 학습하는 방법이 필연적으로 존재하여야 한다. 이 방법은 체계의 효과적인 운영을 지속하는 데 필수적인 것으로서 체계 구성원이 기꺼이 전수하려고 할 만큼 효과적이어야 한다. 그러나 이러한 개인의 감정, 사고, 및 행위의 과정은 어느 정도의 좌절과 긴장을 수반한다. 따라서 체계 구성원이 그들의 좌절을 무해한 방법으로 발산하는 정화를 위한 장치 또한 강구되어야 한다.
2. 체계는 사람을 결집시키고 사회관계의 망을 구축할 수 있는 다양한 사회적 기제를 지녀야 한다. 이러한 기제는 체계를 효과적이고 능률적으로 유지하기 위한 통합과 결속, 그리고 사회관계 형성을 가능하게 한다.
3. 체계 속의 인간이 그들의 생활에 있어서 중요하다고 설정한 목적을 학습할 수 있는 방법이 존재하여야 한다. 더 나아가 이러한 목적을 사회적으로 공인된 수단을 통하여 성취할 수 있는 방법과 방법 선택의 우선순위가 존재하여야 한다.
4. 사회체계는 사회질서 유지에 필요한 합의와 유대를 와해시키지 않고 외부의 사회적, 물리적 환경 변화를 조정할 수 있는 기제를 포함하여야 한다.

③ 스포츠의 사회적 기능

구조기능주의 접근에서는 사회의 각 체계는 사회 전체의 본질적 지향인 균형을 위하여 체제유지와 긴장처리, 통합, 목표성취, 적응 등의 4가지 기능을 수행하고, 4요인을 체계 요구(system needs)라 일컫는다.

㉠ 체제 유지 및 긴장처리

ⓐ 스포츠는 전체 사회의 규범과 가치를 개인에게 학습·내면화시킴으로써 구성원들을 순응시키는 다양한 기능을 수행한다.

ⓑ 경쟁적 스포츠는 참가자에게 높은 성취 욕구를 고취시킴으로써 현대사회의 생산성을 제고시키는 역할을 수행한다.

ⓒ 청소년의 성인 역할을 학습시켜 적자 생존의 경쟁적인 사회에서 살아남을 수 있도록 생활력을 육성해 준다.

ⓓ 스포츠는 경기자나 관람자에게 모두 긴장과 갈등 및 그에 따른 욕구 불만, 좌절, 그리고 공격적 충동을 무해하게 방출하여 해소시키는 계기를 마련하여 준다(감정의 정화 작용).

ⓔ 스포츠는 행동을 규제하는 가치를 넓히고 강화하며 또한 현대사회의 각종 사회문제를 해결할 수 있는 용인된 방법을 확립하는 데 유익한 하나의 사회제도라고 할 수 있다.

ⓕ 스포츠는 사회 질서를 유지하는 데 필요한 다양한 기능을 수행함으로써 체제 유지에 기여한다.

㉡ 사회 통합

ⓐ 스포츠는 개인적으로 상이한 사회 성원에게 출신 성분에 관계없이 공통적인 감정을 유발시킴으로써 사회의 통합 및 일체감을 형성시킨다.

ⓑ 사회체계가 효과적으로 기능할 수 있도록 체계를 구성하고 있는 상이한 개인들 사이의 유대성과 통일성을 유지하고 또 분열을 방지하며, 한편으로 통제하는 요소를 포함한 기능이기도 하다.

ⓒ 스포츠집단에서의 성원들 간의 유대성, 일체감, 귀속감, 단체정신 및 팀워크 등에 해당된다.

ⓓ 스포츠는 사회계층, 출신성분, 성, 교육수준, 종교가 서로 상이한 이질적인 개인으로 구성된 사회를 결속시켜 사회적 에너지를 창출하는 기능을 담당한다.

스포츠가 사회적인 결속과 집단 화합에 기여하는 이유는 다음과 같은 스포츠의 단순, 명료한 활동 특성에서 연유한다(Coakley).

- 경기의 개시와 종료가 일반 사회생활의 타 현상에 비해 단순하고 명료하다.
- 상대방의 식별이 용이하다. 유니폼을 착용하기 때문에 적의 식별이 명확하다. 그러나 현실사회는 적이 뚜렷하지 않다.

- 승리라는 명확한 목표가 존재한다. 선수는 이기기 위해서 스포츠에 참가하고 경기한다. 그러나 일상생활에서의 삶의 목표는 애매모호하거나 명확히 설정되어 있지 않은 경우가 대부분이다.
- 스포츠는 경기의 승패를 점수로 제시하여 주기 때문에 결과가 명확하다.
- 스포츠는 이와 같이 단순하고 명료한 활동이기 때문에 일반 대중이 이해하기가 용이하다.

㉢ 목표 성취

ⓐ 구조기능주의 이론은 스포츠가 사회제도 속에서 중요한 목표를 합법화시키고 재확인한다는 사실에 흥미를 가진다. 따라서 구조기능주의적 관점에서는 스포츠 경험이 일반 대중에게 전체 사회의 일반화된 목표와 가치를 내면화시키는 방법에 관심을 둔다.

ⓑ 스포츠는 사회제도의 목적을 달성하는 데 동원 가능한 수단을 합법화하고 그것을 재확인해주는 기능을 한다. 사회체계는 각자 나름대로의 목표를 설정하고 이를 성취하기 위한 능력을 갖추어야 하나의 체계로서 존속한다.

ⓒ 스포츠의 궁극적인 목적은 승리에 있으나 한편으로는 쟁취한 승리를 합법적으로 인정받을 수 있는 명예, 정직, 페어플레이, 예의범절 등을 강조하며 상대방을 공명정대하지 못한 방법으로 압도하는 것을 허용하지 않는다.

ⓓ 스포츠에서 강조하는 스포츠맨십 및 페어플레이 정신은 성취지향적 현대사회에 있어서 목표성취를 위한 합리적인 행동규범을 제시하여 준다. 즉, 스포츠와 마찬가지로 일반 사회 역시 성공을 가장 가치 있는 목표로 설정하고 있으나 이와 같은 목표성취는 타인과의 공정하고 정당한 경쟁을 통하여 이루어졌을 때에만 비로소 가치있고 의미 있는 것으로 인정된다.

ⓔ 스포츠 참가를 통하여 배양되는 스포츠맨십이나 페어플레이 정신은 스포츠와 일반 사회가 공통적으로 추구하는 목표(승리 혹은 성공)를 성취하기 위한 전제조건이 된다.

ⓕ 스포츠의 목표 성취 기능은 체제유지와 관계된다. 체제유지는 목표 성취를 보장하기 위한 사회적 기강이며 사회질서를 유지하는 기초가 된다.

ⓖ 합법적인 수단을 동원하여 목표를 달성하면 사회적으로 인정을 받으나 그렇지 않을 경우 제재를 가하여 체제를 유지하려고 한다. 질서유지의 한계 내에서만 변화가 인정되는 것이다.

㉣ 적응

ⓐ 구조기능주의적 관점에서는 스포츠가 사회 구성원에게 현실에 대한 적합한 사고, 감정, 행동양식을 학습시켜 사회성원으로서 차질 없이 생활하도록 돕는다고 주장한다.

ⓑ 사회체제가 유지 · 존속하기 위해서는 사회질서 유지의 손상 없이 외부의 사회 및 자연환경을 변화시키는 기제가 필요하다. 사회가 효과적으로 운영되기 위해서는 외부적인 사회 · 물리적 환경을 적절하게 변형하여 적응하려는 노력이 필요한데 이를 방어기제 또는 적응기제라고 한다.

ⓒ 적응기제는 군사력과 생산성의 증대를 의미하는 것으로서 스포츠는 산업사회 이전부터 생존을 위한 가치 있는 기초기능을 제공하여 왔다. 신체기능이 남보다 탁월하여야 사냥, 어획, 농경이 가능하였다.

ⓓ 산업화된 사회에 있어서도 스포츠는 전쟁 수행능력과 노동력 제고의 기능을 수행한다. 스포츠를 통한 신체단련 및 체력증진, 정신력 증강은 군사력을 강화시켜 방어기제를 충족시킬 뿐만 아니라, 생산성을 향상시킴으로써 양질의 노동력을 제고하여 준다.

ⓔ 스포츠는 격렬한 신체 활동을 통하여 체력, 정신력, 극기심 등을 배양함으로써 자연적, 사회적 환경의 도전을 극복할 수 있는 적응기제를 강화하여 사회의 존속 및 발전에 기여한다.

ⓕ 스포츠 집단에서의 경우 적응기능은 스포츠 활동에 필요한 자금, 시설, 지도자 및 선수 등 인적, 물적 자원을 갖추어야 함을 말하고, 그렇게 하여야만 스포츠 집단이나 팀으로서 존속 유지할 수 있다는 것이다.

파슨스(Parsons)의 AGIL 모형은 사회 시스템이 생존하고 발전하기 위해 수행해야 하는 네 가지 기능을 제시하였다. 이 기능은 상호 의존적이며, 하나의 기능이 제대로 작동하지 않는다면 전체 사회 시스템의 균형이 깨질 수 있다고 가정한다. 이러한 AGIL 모형에 근거하여 스포츠는 네 가지 기능을 충실히 이행함으로써 사회에 기여하고 있다고 가정할 수 있다.

1. 적응(Adaptation) : 사회구성원들로 하여금 공동체가 지향하는 사회 환경의 요구에 잘 대처할 수 있게 하는 만드는 것을 의미한다. 스포츠는 개인과 사회의 건강을 강화하는 능력을 제공한다. 규칙적인 운동과 스포츠 활동은 구성원들의 건강을 유지하고 강화하여 사람들의 삶의 질을 개선하는 역할을 담당한다.
2. 목표 달성(Goal Attainment) : 특정 사회가 지향하는 목적을 정의하고 이를 달성하기 위한 방법 및 수단을 제공함으로써 구성원들에게 동기를 부여할 뿐만 아니라 이를 성취 시 상응하는 사회적 만족감을 부여하는 것을 의미한다. 스포츠는 개인이 목표를 설정하고 달성할 수 있는 장을 제공하며 선수들은 이를 통해 자신의 능력을 발휘하고, 목표를 향해 접근하여 성취감을 얻게 된다.
3. 통합(Integration) : 사회의 구성원들의 관계를 조정하고 포함하여 사회적 결속을 유지하는 기능을 의미한다. 스포츠는 사회구성원을 결집시키고 연대감을 느끼게 함으로써 사회질서를 유지하고 사회규범을 공유하는 역할을 수행한다.
4. 잠재성(Latency) : 사회의 기본 가치와 유지를 유지하고 전승하는 기능을 의미하며 교육, 스포츠 등이 이 역할을 담당합니다. 교육 기관은 사회의 가치를 다음 세대의 분리에 전수하고, 가족은 사회화 과정을 통해 개인을 사회의 구성원으로 통합한다.

Merton의 구조기능주의

- Merton은 Parsons의 제자로서 파슨스식 구조기능주의에 큰 영향을 받은 학자다. Parsons가 구조기능주의의 총괄적인 이론 창조를 지지한 반면, Merton은 보다 제한적인 중범위 이론을 선호하였다. 즉, Merton은 구조기능주의 이론적 쟁점과 경험적인 자료 간의 밀접한 관계를 중시하는 일종의 실용주의적 수정주의를 표명하였다. 때문에 Merton이 제시한 구조기능주의이론은 21세기 사회분석은 물론 오늘날 스포츠사회학 연구를 실시하는 데에도 충분한 유용성을 지니고 있다. 그중 Merton의 기능분석틀은 정적인 사회의 분석뿐만 아니라 동적인 사회의 이해 또한 가능하게 해주는 이론으로 각광받았다.

- Merton은 기능을 행위의 결과에 따라 순기능, 역기능, 행위의 의도에 따른 명시적 기능, 잠재적 기능으로 구분할 필요가 있다고 하였다. '명시적 기능'은 의도되고, 동의되고, 기대되었던 기능임에 반해, '잠재적 기능'은 의도되지 않고, 동의되지 않고, 기대되지 않았던 기능이다.
- Merton은 사회학적 분석에서 명시적 그리고 잠재적 기능의 구분은 상당히 큰 의미를 지니고 있음을 언급하였다. 왜냐하면 특정한 제도에 의해 발생한 비의도적 결과는 사회 내부의 문제점을 감지할 수 있는 유용한 척도가 되며, 이는 사회변동 또는 사회개혁의 단초가 될 수 있기 때문이다.
- Merton의 기능분석을 사회학의 본질로 이해해야 한다고 주장한 Berger은 잠재적 역기능을 '폭로'(debunking)라 일컬었다. 사회체계의 이면을 들여다보면, 특정체계에 대한 역기능적인 결과는 대부분이 잠재적으로 구성되기 때문이다. 이 부분과 관련하여 Merton은 미국의 노예제도 사례를 통해 설명하였다. 노예제도의 명시적 기능은 남부의 경제 생산성을 증가시키는 것이었다. 하지만 흑인 중심의 방대한 빈민계층을 형성함으로써 빈부를 막론하고 남부 백인의 사회적 지위를 향상시켰으며, 이러한 계층간 심각한 불평등 문제는 남북전쟁을 촉발하는 계기가 되었다.
- 스포츠사회학자들은 Merton의 기능분석틀을 적용하여 스포츠 현상, 스포츠문화를 설명하는 데 유용한 이론적 분석틀로 활용하였다. 가령 현대인들의 스포츠 참가를 통한 건강 증진과 일상탈출이라는 명시적 기능이 결국 지나친 스포츠로의 몰입으로 인해 운동중독이라는 잠재적 역기능으로 이어져 가정생활과 사회생활에 등한시하는 현상을 초래하였다고 설명한다. 또한 노인의 스포츠 참여와 관련하여 사회 내에서 무능력한 사회적 약자라는 과거 노인의 이미지에서 벗어나 젊은 노인이라는 새로운 이미지를 각인시키는 잠재적 순기능을 수반함으로써 노인에게 있어 스포츠는 다양한 사회구성원이 함께 공유하는 장으로서 기능하고 있다.

Stevenson & Nixon은 스포츠가 사회체계 안에서 5가지 측면에서 사회적 기능을 수행한다고 가정한다.

1. 사회-정서적 기능 : 스포츠는 대중들에게 일종의 카타르시스를 제공해 줌으로써 일상에서 경험하는 긴장과 스트레스를 해소할 수 있는 기회를 부여하고, 사회에 대한 불만과 긴장을 합법적으로 해소하고 자신의 감정을 표출할 수 있는 기회를 제공함으로써 사회적 안전판 역할을 수행한다. 이러한 과정을 통해 사회 구성원들의 사회-정서적 안정을 도모한다.
2. 사회화 기능 : 스포츠는 사회에서 요구되는 주된 가치와 행동규범을 자연스럽게 익힐 수 있는 기회를 제공한다. 예컨대, 페어플레이 정신, 협동심, 충성심, 근면과 같은 가치들은 대표적인 현대 자본주의의 노동윤리인데, 스포츠에 적극적으로 참여함으로써 이러한 덕목들이 개인에게 내면화 된다.
3. 사회적 통합 혹은 사회적 연대(solidarity)의 기능 : 스포츠는 사회적 연대성이 작동할 수 있게 만들어 주는 '집합 표상'의 역할을 수행함으로써 사회 구성원 및 집단 간의 결집을 도모하여 사회체제 안정에 기여한다. 국가적 차원에서 올림픽이나 월드컵과 같은 국제 스포츠행사는 국민들로 하여금 자신의 국가 정체성을 확인하고 공유할 수 있는 기회를 제공한다. 또한, 지역사회에서는 프로스포츠와 같은 지역 구단을 통해 지역 주민으로서의 자부심과 하나 됨을 경험하게 된다. 이러한 경험의 공유는 전체 사회체계가 안정적으로 유지될 수 있는 주요 동력으로 작용하게 된다.
4. 정치적 기능 : 대중의 이목을 집중시킬 수 있는 문화적 기제로써 특정 정치적 상황에서 지배 계급의 이데올로기를 강화하는 유용한 수단으로 활용된다. 뿐만 아니라 국제 정치무대에서 스포츠는 국가의 외교적 도구로 활동되기도 한다.
5. 사회계층이동 기능 : 스포츠는 단순한 신체활동의 의미를 넘어 개인의 역량을 발휘하고 이를 인정받아 사회적 신분 상승의 기회를 제공한다. 스포츠는 신체적 탁월성을 바탕으로 타인에게 존경과 인정을 받을 수 있을 뿐만 아니라 교육적인 측면에서 스포츠는 상급학교 진학을 위한 주요 통로로 활용된다. 또한, 경제적 측면에서 스포츠는 막대한 부를 축적할 수 있는 기회를 제공함으로써 선수 개인의 사회적 지위를 높일 수 있게 만들어 준다.

④ 스포츠 사회관계에 대한 주요 결론

㉠ 스포츠는 개개 사회 구성원은 물론 전체 사회에 이익을 주는 가치 있는 이차적 사회제도이다.

㉡ 스포츠는 기본적으로 개인 및 사회적 수준에 대한 교시적 요소이다.

㉢ 스포츠는 자극제이다.

⑤ 구조기능주의 이론의 한계

㉠ 목적론적 오류와 관련된 것으로서 구조기능주의가 스포츠의 긍정적 기능을 과장하고 있다는 점이다. 스포츠의 순기능만 강조해서 설명하고 역기능적인 측면은 무시함으로써 스포츠의 가치와 규범을 변질 왜곡하거나 나아가 동기유발을 저해하여 좌절과 긴장을 생성해 낼 가능성을 간과하는 경향이 있다.

㉡ 구조기능주의적 스포츠 분석에서 스포츠장면에서 생성되는 갈등을 무시하고 있다. 구조기능주의자들은 갈등을 단지 파괴적인 것으로 그리고 일상적인 사회생활 이외의 특수 장면에서만 발생하는 것으로 간주하는 경향이 있을 뿐만 아니라(Horowitz), 전체 사회 차원에서의 합의, 안정, 통합은 과장하여 강조하는 반면 갈등, 무질서, 사회변동 등은 간과하는 경향이 있다(Cohen).

㉢ 구조기능주의적 접근의 방법론적인 측면에서 구조기능주의자들이 주장하고 있는 체계의 한 부분(하위부분)이 전체 체계에 기여하는 바를 연구할 수 있는 적절한 방법이 존재하지 않는다.

㉣ 구조기능주의 이론은 어떠한 사회에서든지 스포츠는 사람들 간의 상호작용에 의하여 창출된다는 사실을 간과하고 있다. 즉, 스포츠가 사회의 기본적인 체계 요소를 만족시키는 데 기여하는 과정의 규명에만 지나친 관심을 부여함으로써 사회의 성원이 자신과 소속 집단의 이익을 증진시키기 위하여 스스로 스포츠를 창출하고 규정한다는 가능성을 도외시한다.

㉤ 스포츠 구조기능주의적 논리에 대한 또 하나의 중요한 비판은 그것이 동어반복적이라는 사실이다. 동어반복적 논증이란 결론이 전제되어 있는 내재적 현상을 단지 밝혀주거나 또는 전제를 다시 한번 진술하는 식으로 결론에 대한 논증이 전개되는 양식을 의미한다.

(2) 갈등 이론

① 갈등 이론의 기본 가정

㉠ 갈등이론은 사회를 부와 권력, 명예와 같은 희소자원을 둘러싼 사회를 구성하고 있는 집단 간의 갈등과 경쟁의 상태로 본다. 따라서 사회는 질서 있는 평형 상태에 있는 것이 아니라 유동적이고 변화가 일어난다고 보고 이로 인해 사회는 변동 진화하게 된다는 것이다.

㉡ 사회 안에는 갈등이 항상 존재하는 것이고 사회 질서는 갈등하는 이해관심을 지닌 집단들 사이에서 한 집단이 다른 한 집단을 강제로 복종시키는 관계에서 성립하며, 이와 같은 갈등을 통하여 사회의 변동(구조의 변동)이 발생된다고 본다.

㉢ 갈등이론에서는 사회적 실체의 본질은 경쟁과 갈등의 관계로 이해되며 이익이나 권력 등 가치 있는 것을 둘러싼 개인과 개인 사이, 집단과 집단 사이의 경쟁에서 야기되는 불화나 대립이 사회의 본질적 속성이라고 주장한다.

㉣ 갈등이론의 기본 발상은 마르크스 이론에서 연유한다. 마르크스는 역사의 발전은 생산수단을 소유한 유산계급과 생산수단을 소유하지 못한 무산계급 사이에서 발생하는 투쟁의 결과로 보고 계급 간의 대립 및 갈등은 생산수단의 사적 사유제도가 존속하는 한 불가피하다고 주장한다.

㉤ 현대의 갈등이론은 사회의 본질을 갈등의 관계로 보는 점에서는 마르크스 이론에 기초하고 있으나 마르크스가 사회적 갈등의 원인을 생산수단의 소유, 비소유에 의한 이해상충에서 찾고 있는 데 반하여, 현대의 갈등론자들은 사회적 갈등의 원인을 사회적 가치의 본원적인 희소성에서 찾고 있다.

㉥ 희소가치로서의 사회적 가치는 그것을 획득하려는 욕구에 비하여 항상 부족할 뿐만 아니라, 그 양과 수가 한정되어 있기 때문에 사회의 구성원들은 누구나를 막론하고 개별적으로 혹은 집단적으로 사회적 가치를 더욱 많이 획득하기 위하여 끊임없이 경쟁하게 되는데 이로 인해 필연적으로 갈등이 생성된다는 것이다.

㉦ 갈등론자의 견해에 따르면 사회의 갈등은 정상적인 것이며 오히려 평화와 질서의 상태가 비정상적인 것으로 간주된다.

② 특징(갈등이론의 사회에 대한 기본 가정들, Shepard)

㉠ 모든 사회는 언제나 변화의 가능성을 가지고 있다. 즉, 사회변동이 일어난다.

㉡ 모든 사회는 항상 불일치와 갈등이 편재하고 있다.

㉢ 사회의 모든 구성요소는 잠정적으로 사회변화(사회의 해체와 변동)에 기여한다.

㉣ 모든 사회는 일부 사회성원이 다른 사회성원들을 강압함으로써 유지된다.

③ 스포츠와 사회갈등

㉠ 갈등이론에 의하면 자본주의 사회에 있어서 스포츠는 궁극적으로 지배계급의 이익을 증대하는 수단으로 이용됨으로써 노동자계층이 사회의 개혁지향적 변동에 관심을 갖지 못하게 저지하는 작용을 한다는 것이다.

㉡ 갈등이론의 관점에서 스포츠는 자본주의 체제에 있어서 권력과 경쟁력을 갖춘 소수 이익집단에 의하여 형성된 왜곡된 형태의 신체활동이라는 것이다(Coakley).

스포츠에 대한 갈등이론의 주장은 다음과 같은 복합적 추론과정을 통하여 요약할 수 있다.

- 모든 자본주의 체제는 점증하는 소비의 수요를 충당하기 위하여 상품의 대량생산을 통해 고도로 효율적인 노동과정의 발달을 필요로 한다.
- 이와 같은 자본주의 체제의 효능성에 부응하기 위해서는 거대한 산업관료주의의 출현이 불가피하다.
- 산업관료주의 체제 내에서 대다수의 노동자계층은 고도로 전문화되고 분업화되어 있으며 소외된 업무에 종사한다.
- 업무에 대한 통제 및 만족감의 결여로 인하여 직업에 대한 흥미를 상실한 노동자는 긴장으로부터 도피할 수 있는 긴장해소 거리를 지속적으로 추구하게 된다.
- 특정 자본주의 체제 내에서 노동자들은 소비와 대중행락을 통하여 자신의 욕구를 만족하도록 강제되고 교묘히 조종된다.
- 이와 관련하여 스포츠는 다음의 두 가지 이유에서 대중에게 인기 있는 대중위락으로 부상한다.
  - 스포츠는 팀이나 선수와 관련된 스포츠 용품이나 입장권, 혹은 상품의 선전 및 판촉을 통하여 일반대중의 소비를 조장한다(어린이 회원에게 상징이 부착되어 있는 야구 유니폼을 무료 증정하거나 저렴한 가격으로 판매하는 행위, 인기 있는 운동선수를 광고모델로 등장시켜 특정 종목의 스포츠 용품을 선전하는 행위).
  - 스포츠는 자본주의 사회의 노동 조직과 동일한 원리에 입각하여 조직된다(타인에 대한 우월성, 복종, 극기, 운동수행 목표의 성취를 통한 경쟁적 성공 등의 강조).

ⓒ 갈등주의 입장에서 볼 때 자본주의 사회에 있어서 스포츠는 일부 지배 집단에 의하여 조작되고 그들의 이익을 증대시키는 데 이용되고 있으며 권력과 자원을 소유한 이익집단은 스포츠 영웅의 창출, 스포츠 프로그램의 제공, 상품의 개발 및 판매를 통하여 대중을 교묘하게 스포츠 소비자로 전락시킬 뿐만 아니라, 운동선수의 재능과 능력의 착취를 통하여 자신의 권력과 이익을 수호하는 수단으로 활용한다는 점에서 비판을 받고 있다.

ⓔ 존 하그리브스(John Hargreaves)에 따르면 갈등론에 입각해 스포츠 현상을 다음 4가지로 이해할 수 있다.

ⓐ 첫째, 조직 스포츠는 '유연한 노동력'을 기르는 데 기여한다.

- 스포츠는 노동 계급이 자본주의적 생산방식에서 요구하는 노동규율을 받아들이도록 고무한다. 자본주의의 대표적 노동규율에는 노동과 여가 생활의 철저한 분리, 개별 생산단위 간의 유대강화, 노동에 대한 감독과 규율, 노동시간 준수 등이 있으며, 이러한 노동규율에 길들여진 노동자들은 잘못된 노동 그 자체를 거부하는 것이 아니라 그 틀에 스스로를 적응시키면서 그 틀 안에서 쟁취할 수 있는 것에 자신의 목표를 국한시키도록 길들여진다.
- 스포츠는 이러한 자본주의 노동규율을 모범적으로 준수한다. 즉, 스포츠 집단은 자본 창출의 핵심 요소인 '승리'라는 공동체의 목표를 달성하기 위해 엄격한 집단규율(노동규율)을 만들고 이를 성경(Bible)처럼 떠받든다. 이러한 규율을 무시하거나 어기는 선수는 가차 없이 퇴출당하게 된다.

ⓑ 둘째, 스포츠는 완전히 상업화되어 시장의 논리에 지배된다.

- 스포츠 이벤트와 선수들은 마치 자본주의 기업이 이용하는 상품처럼 취급된다. 이 과정에서 생산 수단을 소유한 구단주와 그렇지 못한 노동자로서의 선수라는 사회적 관계를 형성하게 되며 이는 노동 착취와 소외로 이어진다.
- 프로스포츠의 계약규정 중 선수 보류조항과 트레이드 제도는 계약의 결정권이 선수에게 있는 것이 아니라 구단주, 즉 자본가에게 있어 그들의 처분에 따라야 하는 상품과도 같은 존재임을 보여주는 단적인 예라 할 수 있다.

ⓒ 셋째, 스포츠는 자본주의 사회의 중요한 이데올로기를 표현한다.

- 스포츠는 미묘한 방식으로 사람들에게 특정한 속성 또는 명령을 주입한다. 공격적 개인주의, 무자비한 경쟁, 동등한 기회, 엘리트주의, 국수주의, 성차별주의, 민족주의 등의 속성들은 스포츠 내에서는 바람직한 것으로 간주되며 이에 대해 아무도 이의를 제기하지 않는데, 스포츠는 이러한 이데올로기를 통해 대중들로 하여금 사회변혁의 의지를 상실케 함으로써 자본주의적 가치에 순응하는 노동자를 양산한다.
- 자본주의 사회의 관람스포츠는 오락과 유흥을 제공하여 정치·경제적으로 민감한 사안으로부터 대중의 관심을 관람스포츠 쪽으로 돌림으로써 현실에 대한 문제의식을 희석시킨다. 즉, 스포츠는 기존 자본주의 체제의 유지에 위험한 요인들을 제거하는 데 일조한다.

ⓓ 넷째, 국가의 영역에서 행정은 자본가의 이해를 대변한다.

- 스포츠에 대한 국가의 개입은 모두 스포츠 참가를 자본주의 체계의 요구와 연계시키려는 시도로 간주된다.

④ 주요 관심사

㉠ 신체적 소외

ⓐ 자본주의 사회와 대부분의 사회주의 사회에 있어서 운동선수는 스포츠참가를 통하여 자신의 신체로부터 소외된다(Brohm).

ⓑ 스포츠는 사회 성원에게 표준화된 규칙과 경직된 구조를 강요함으로써 개인의 소외를 가져온다.

ⓒ 스포츠 경기에 참가하는 많은 선수들은 자신의 신체를 기록 갱신 및 승리를 위한 도구로 간주하여, 신체에 해로운 약물을 남용하는 경우가 국내 및 국제스포츠 장면에서 종종 발생한다.

ⓓ 운동선수들이 승리에 대한 지나친 집착으로 인하여 스포츠 경기에서 부상이나 상해를 당하며, 심한 경우에는 사망에 이르기까지 한다.

ⓔ 스포츠 세계에서의 운동선수 '신체소외' 현상은 자신의 신체를 이윤추구와 대중오락을 위한 도구로 간주하는 것에서 비롯된다.

1. 마르크스의 소외(Alienation)

① 마르크스(Mark)는 자본주의의 사회의 특성 때문에 인간 소외가 발생한다고 주장했다. 사적 소유와 분업, 그리고 이로 인한 계급적 사회관계는 자유로운 노동을 억압하고 왜곡함으로써 '유적 존재'(노동하는 존재 : 인간의 본질은 자유로운 의식적 활동에 있으며 이는 노동을 통해 확인할 수 있다)로서 인간이 자신의 본질을 실현하는 것을 가로막는다는 것이다.

② 소외란 인간이 만든 생산물이 인간으로부터 분리되어 자립하면서 인간에게 낯설고 대립적인 존재가 되고, 나아가 인간을 억압하여 종속시키는 힘으로 작용함으로써 인간이 주체성과 자율성을 상실하게 되는 현상이다. 유적 존재로서 인간은 노동을 통해 자아를 실현하는데, 자본주의 사회에서는 노동 소외로 인해 자아실현의 기회를 상실하고 비인간적인 삶을 살게 된다.

③ 마르크스는 소외를 4가지로 구분하여 설명하고 있다. '생산과정으로부터의 소외', '노동 생산물로부터의 소외', '유적 본질로부터의 소외', '인간의 인간으로부터의 소외'가 그것이다.

㉠ 생산수단을 소유하지 못한 노동자는 생계를 유지하기 위해 어쩔 수 없이 자본가에게 고용되어 자본가가 시키는 일을 할 수밖에 없다. 그 결과 노동은 자발적인 것이 아니라 강제적인 것이 되며 그 과정에서 행복보다는 불행을 느끼며 비인간화된다. 이로 인해 '생산과정으로부터의 소외'가 발생된다.

㉡ 이는 나아가 '노동 생산물로부터의 소외'로 이어진다. 생산물은 노동의 산물이다. 그러나 노동자는 임금을 받고 고용되기 때문에 노동 생산물을 자신이 향유하지 못하고 자본가에게 빼앗긴다. 이로 인해 자신이 생산한 생산물이 낯선 존재로 대립한다.

㉢ 이러한 두 가지 소외는 다시 '유적 본질로부터의 소외'를 발생시킨다. 노동이 신체적 욕구를 충족시키기 위해 어쩔 수 없이 해야 하는 생계수단으로 전락함으로써 인간은 자신의 노동 생산물을 상실하고 그것과 대립함으로써 노동 생산물을 통해 유적 존재로서의 자기를 의식하지 못하게 된다. 따라서 노동은 유적 본질을 실현하는 계가가 아니라 오히려 비인간화를 조장한다.

㉣ 이런 소외들은 인간이 인간과 맞서고 대립하는 '인간의 인간으로부터 소외'를 발생시킨다. 즉, 노동자와 자본가가 대립하는 적대적인 인간관계, 다시 말해 계급 관계를 형성한다.

④ 노동 소외는 분업 때문에도 발생한다. 분업은 노동생산성을 향상시키고 생산물을 풍부하게 만듦으로써 사회를 발전시키는 데 기여한 바는 사실이지만, 분업의 과정에서 노동자는 기계적인 작업을 반복함으로써 노동 소외를 겪는다. 또한 분업은 사회적 부를 증진시키는 데 기여하지만, 개인적 차원에서는 개인의 능력을 오히려 퇴화시키는 부작용을 낳는다.

2. 스포츠에서의 소외(Alienation)

① 마르크스의 이와 같은 소외 개념은 스포츠 현장에도 적용 가능하다. 특히, 스포츠의 상업화가 촉진되는 과정에서 직업선수가 증가하고 보편화되면서 스포츠 현장에도 자본주의 시대의 노동자가 겪는 노동 소외 현상이 선수들에게 그대로 투영된다.

② 마르크스의 개념에 비추었을 때 운동선수에게 발생되는 노동 소외 또한 4가지로 설명할 수 있다.

㉠ '스포츠 활동으로부터의 소외' : 이는 마르크스의 '생산 활동으로부터의 소외'에 상응하는 운동선수의 소외로써 상위수준 운동선수의 스포츠 참여를 노동자들의 노동과정에 비유해 설명한다. 노동자들이 하나의 부품처럼 작업의 전체 공정 가운데 한 부분만을 맡아 수행하는 것과 같이, 상위수준의 선수들도 고도로 전문화된 영역으로 역할이 한정된다. 또한 생산 활동에서 하나의 사람이 그 생산성에 따라 다른 사람으로 교체되어지는 것과 같이, 선수도 더 좋은 경기력을 지닌 선수로 언제든지 교체될 수 있다. 선수의 역할은 전체의 목적달성을 위한 부분에 한정되고, 팀 전체적인 경기력 제고를 위해 기계의 부품처럼 활용된다.

> ㉡ '신체로부터의 소외': 이는 마르크스가 설명하는 '생산물로부터의 소외' 개념에 상응하는 기존의 개념(신체 소외)이다. 브롬(Brohm, 1978)은 '자본주의 사회의 스포츠팀은 시장에서 경쟁하는 기업(생산 공장)과 같고, 선수는 임금노동자와 같아서 그 자신을(그의 신체를) 하나의 상품(생산물)으로 생산해낸다'고 하였다. 그런데 운동선수의 신체는 외화된 대상으로서 본질적으로 자신의 것이지만 자신의 자연적 욕망보다는 승리의 결과로 수반되는 외적인 보상에 종속되어 그 신체가 자신에게 적대적으로 대립하는 경우 '신체로부터의 소외'가 발생했다. 승패에 따른 경쟁적 보상구조 때문에 선수들이 위험을 무릅쓰고 부상 투혼 또는 지나친 체중조절 등으로 신체적 고통을 감수하는 것은 대표적인 '신체로부터의 소외'를 보여주는 사례라고 할 수 있다.
> ㉢ '유적 본질로부터의 소외': 스포츠는 즐거움과 쾌락을 추구하는 놀이라는 인간의 자연적 본성에 기반을 둔 활동이다. 스포츠는 자유와 창조성의 추구를 통해 인간존재를 풍요롭게 만든다. 그러나 소외된 스포츠 활동에 참여할 경우 인간의 유적 본질은 스포츠 활동으로부터 소외를 경험한다. 즉 마르크스가 노동에 적용했던 도식과 마찬가지로 스포츠가 생존을 위한 수단이 되거나, 외적인 보상에 종속되어 그 의미가 축소될 때 유적 존재인 인간은 스포츠로부터 소외를 경험하게 된다.
> ㉣ '인간의 인간으로부터의 소외': 이는 지도자가 독단적으로 선수의 희생을 강요하거나 선수를 기계의 소모품처럼 활용하는 경우 경험할 수 있다. 그러나 스포츠 팀에서의 인간관계 즉, 동료, 선후배, 감독, 코치와의 관계가 착취적 관계로 고정된 것만은 아니다. 이들의 관계는 노동자와 자본가의 관계와는 다르고 언제나 유동적이다.

㉡ 강제와 사회 통제

ⓐ 갈등론자들은 스포츠에서 현실적으로 나타나는 질서의 상태는 스포츠 체계의 본질적인 모습이 아니며 이는 '강제적으로 조정된 결합'에 불과할 뿐 구조기능론자들이 강조하고 있는 바와 같이 스포츠에서의 질서가 스포츠 체계 내부의 '조화로운 균형'에 의하여 이루어지는 것으로 믿는 것은 한갓 환상에 지나지 않는 것이라고 주장한다.

ⓑ 갈등론자들은 스포츠가 국민의 관심, 활동, 여가 추구 등을 국가나 지배집단이 의도하는 목적대로 용의주도하게 노선화하는 데 이용된다고 지적한다. 스포츠는 실업, 사회 정의보다는 자신이 선호하는 팀의 승리에 관심을 머무르도록 하여 정치에 대한 관심을 다른 측면으로 유도하고 그 과정에서 정치가들이 자신의 이익이나 권력을 공고히 하는 데 이용된다고 주장한다.

㉢ 상업주의

ⓐ 갈등론자는 스포츠참가가 자본가의 이익을 증진시키며 유물론적 기준에 의거하여 자신과 타인의 성공을 가늠한다는 사고를 견지한다. 즉, 스포츠의 상업주의는 프로스포츠는 물론 아마추어스포츠에까지 물질만능주의 및 승리제일주의의 오도된 가치관을 팽배시켜 단순한 위락행위에 불과하였던 스포츠를 상업적 투자의 대상으로 삼고 있다고 비판하고 있다.

ⓑ 갈등론자는 상업스포츠를 현대 산업 사회에서 강조하는 승리주의, 출세주의, 업적주의의 부산물로 평가함으로써 폭력, 부정, 도박 등 인간의 심성을 파괴하고 계층 간의 갈등을 첨예화시키는 도구로 간주한다.

ⓒ 갈등론자들은 스포츠가 경제윤리를 저해하고 정치적 무관심과 이기적인 성격 등을 조장하여 결과적으로는 사회적 안정과 균형을 저해한다고 주장하고 있다.

㉣ 국수주의 및 군국주의

ⓐ 갈등이론은 스포츠가 추상적이고 비이성적이며 유해한 맹목적 국가 자존심을 육성시킬 잠재 가능성이 있다고 주장한다.

ⓑ 갈등이론에 의하면 스포츠 경기에 참가하는 운동선수는 참가의 과정이나 경험보다는 경쟁에서의 성공 같은 성취 결과를 강조하고 있으며 참가국의 정치 지도자를 포함한 대부분의 국민이 스포츠 경기에서의 승리를 자국의 국력 및 정치력의 척도로 평가함으로써 애국심 및 국수주의적 국민의식을 조장한다고 비판한다.

ⓒ 국기(國旗)나 국가(國歌)같은 국가(國家)의 상징을 지나치게 강조하기 때문에 국제대회 출전 선수는 특정 국가의 대표단으로 간주되고 있으며 대회에서 입상한 운동선수는 개인으로서보다 그 선수의 출생국에 대하여 관심이 집중되고 있을 뿐만 아니라, 메달 수에 의하여 국력이 평가된다고 주장한다.

ⓓ 한편 국제 스포츠경기에서의 승리는 해당 국가 국민의 자긍심을 고취시키는 데 기여하기는 하나 일부 열광적인 팬의 경우에는 민족우월주의나 맹목적인 애국심과 같은 오도된 국수주의 의식을 심화시키는 역할을 하고 있다.

㉤ 성차별 및 인종 차별

ⓐ 갈등이론은 스포츠가 성역할 고정관념을 영속화할 뿐만 아니라, 남성상과 여성상에 대한 정의를 왜곡시킨다는 입장이다.

ⓑ 스포츠는 남녀 간의 능력 차이를 극명하게 드러내는 활동이기 때문에 전통적인 성역할 고정관념을 강화시켜 여성의 스포츠참여 기회를 제한하고 있을 뿐만 아니라, 스포츠에 참여하는 일탈자로 낙인을 찍어 성차별을 영속화시킨다고 비판한다.

ⓒ 갈등론자는 남성의 경우에 대하여는 스포츠나 과격한 신체활동의 추구를 당연한 것으로 인정하는 반면 여성에 대하여는 스포츠를 부적합한 성역할 활동으로 규정함으로써 여성이 운동선수로서 성공한다 하여도 비여성적이라는 사회적 고정관념에 의하여 심한 성역할 갈등을 겪게 된다고 지적한다.

ⓓ 뿐만 아니라, 대중매체에서 보도하고 있는 여성스포츠 관련 기사의 대부분도 여성 운동선수를 운동수행자로 묘사하기보다는 성적 매력의 대상이라는 측면을 강조함으로써 여성 운동선수들에 대한 왜곡된 태도를 견지하게 된다고 비판한다.

ⓔ 또한 스포츠는 인종차별을 부추기는 수단의 역할을 한다고 주장한다.

⑤ 스포츠 사회 관계에 대한 주요 결론

㉠ 스포츠는 자본주의 경제 체제의 요구에 의한 왜곡된 형태의 신체운동이다.

㉡ 스포츠는 창조적이고 표출적인 놀이 요소가 결여되어 있다.

㉢ 스포츠는 마약이다.

⑥ 갈등 이론의 한계

갈등이론이 지니고 있는 주요 문제는 일반 대중으로 하여금 스포츠가 단순히 사회에서 작용하는 경제력을 반영하고 있는 것으로 간주하도록 유도한다는 점이다.

㉠ 스포츠와 사회의 관계를 설명함에 있어서 경제적 요인 이외의 다른 가능성은 전혀 배제시키고 있다.

㉡ 스포츠가 자본주의 사회에 있어서 권력을 가진 사람에 의하여 통제되는 정도를 지나치게 강조하고 있다.

㉢ 자본주의 사회라 할지라도 스포츠참가가 개인적으로 창조적이고 표현적이며 해방감의 경험을 제공할 수 있는 가능성이 잠재한다는 사실을 간과하고 있다.

㉣ 스포츠가 일종의 마약과 같은 중독물이라는 갈등이론의 주장이 연구 조사 결과에서 지지되지 않고 있다.

존 하그리브스(John Hargreaves)에 따르면 갈등론에 입각해 스포츠 현상을 4가지로 이해할 수 있다.

1. 조직 스포츠는 '유연한 노동력'을 기르는 데 기여한다. 스포츠는 노동 계급이 자본주의적 생산방식에서 요구하는 노동 규율을 받아들이도록 고무한다. 자본주의의 대표적인 노동규율에는 노동과 여가 생활의 철저한 분리, 개별 생산단위 간의 유대강화, 노동에 대한 감독과 규율, 노동시간 준수('시간은 돈이다') 등이 있다. 이러한 노동규율에 길들여진 노동자들은 잘못된 노동 그 자체를 거부하는 것이 아니라 그 틀에 스스로를 적응시키면서 그 틀 안에서 쟁취할 수 있는 것에 자신의 목표를 국한시키도록 길들여진다. 스포츠는 이러한 자본주의 노동규율을 모범적으로 준수한다. 스포츠 집단은 자본 창출의 핵심 요소인 '승리'라는 공동체의 목표 달성을 위해 엄격한 집단규율(노동 규율)을 만들고 이를 성경(Bible)처럼 떠받든다. 이러한 규율을 무시하거나 어기는 선수는 가차 없이 퇴출당하게 된다.
2. 스포츠는 완전히 상업화되어 시장의 논리에 지배된다. 그 결과 스포츠 이벤트와 선수들은 마치 자본주의 기업이 이용하는 상품처럼 취급된다. 즉, 스포츠는 막대한 이윤을 내며 대중 소비를 위해 시장에서 팔리는 다른 모든 상품과 똑같이 생산되고 포장되어 팔린다. 이 과정에서 생산 수단을 소유한 구단주와 그렇지 못한 노동자로서의 선수라는 사회적 관계를 형성하게 되며 이는 노동 착취와 소외로 이어진다. 현재 프로스포츠의 계약규정 중 선수 보류조항과 트레이드 제도는 계약의 결정권이 선수에게 있는 것이 아니라 구단주, 즉 자본가에게 있어 그들의 처분에 따라야 하는 상품과도 같은 존재임을 보여주는 단적인 예라 할 수 있다.
3. 스포츠는 자본주의 사회의 중요한 이데올로기를 표현한다. 특히 스포츠는 미묘한 방식으로 사람들에게 특정한 속성 또는 명령을 주입한다. 공격적 개인주의, 무자비한 경쟁, 동등한 기회, 엘리트주의, 국수주의, 성차별주의, 민족주의 등이 그 예에 해당된다. 이러한 속성들은 스포츠 내에서는 바람직한 것으로 간주되며 이에 대해 아무도 이의를 제기하지 않는다. 스포츠는 이러한 이데올로기를 통해 대중들로 하여금 사회 변혁의 의지를 상실케 함으로써 자본주의적 가치에 순응하는 노동자를 양산한다. 자본주의 사회에서 발달하는 관람스포츠는 오락과 유흥을 제공하여 정치·경제적으로 민감한 사안으로부터 대중의 관심을 관람스포츠 쪽으로 돌림으로써 현실에 대한 문제의식을 희석시킨다. 즉 스포츠는 기존 자본주의 체제의 유지에 위험한 요인들을 제거하는 데 일조한다.
4. 국가의 영역에서 행정은 자본가의 이해를 대변한다. 이는 스포츠에 대한 국가의 개입은 모두 스포츠 참가를 자본주의 체계의 요구와 연계시키려는 시도로 간주된다.

(3) 비판 이론

① 비판 이론의 기본 가정

㉠ 비판이론은 마르크스주의가 경제 결정론으로 치달아 가는 데 대해 불만을 품은 프랑크푸르트 학파에 의하여 발전된 사회학적 이론으로서 주로 사회생활과 지적생활의 여러 측면에 대한 비판으로 이루어져 있다.

㉡ 비판론자는 사회의 총체성, 즉 역사적 기원과 사회 변동을 유도하는 내적 동인에 대한 비판적 분석을 통해서만 사회적 위험, 문제 및 가능성을 표출할 수 있는 사회 과학이 가능하다고 주장한다.

㉢ 비판론자는 일반적으로 반항적 사고를 선호하는 경향이 있으며 사회현상의 여러 측면을 규명하고 폭로하는 데 주요 관심이 있다. 일반적으로 비판이론이 특징으로 하고 있는 주요 비판에는 마르크스주의에 대한 비판, 실증주의 비판, 사회학 비판, 현대사회 비판, 그리고 문화 비판 등이 있다.

㉣ 비판론자는 경제 결정론자들이 경제적 영역에 분석의 초점을 두는 사실 자체를 문제 삼는 것이 아니라, 사회생활의 다른 여러 측면에 대해서도 동일하게 관심을 두어야 한다고 비판한다.

㉤ 비판이론은 실증주의가 사회적 세계를 물신화(rectification)하려 하고 있으며 이를 자연과정의 하나로 파악하려 한다는 점을 비판하고 있다.

ⓐ 실증주의는 행위의 주체를 자연의 힘에 의하여 결정되는 수동적 실체로 제한하기 때문에 행위자 자신을 제대로 파악하지 못하고 있다는 것이다.

ⓑ 따라서 실증주의는 근본적으로 보수주의적 취향을 지니며 기존 체제에 대한 도전을 불가능하게 할 뿐만 아니라, 행위자와 사회과학자를 수동적 존재로 격하시킨다고 비판하고 있다.

㉥ 비판이론은 사회학 자체를 비판한다. 사회학은 과학주의, 즉 과학적 방법 그 자체를 목적으로 여기는 경향성이 있다는 것이다. 또한 사회학이 사회를 진지하게 비판하지 않으며 현대사회의 구조를 초월하여 새로운 사회 구조를 창출해 내려는 시도를 보이지 않는다고 주장한다.

㉦ 비판이론은 현대사회의 전체 또는 그 각 구성 부문에 대하여 비판하면서 특히 도구적 합리성의 일형태인 현대적 과학기술에 대하여 그들의 관심을 집중하고 있다.

ⓐ Marcuse는 기술에 대한 비판과 관련하여 기술은 인간을 외부로부터 통제하기 위한 보다 새롭고 효율적인 방법을 발전시켜 현대사회를 전체주의로 변화시키는 또 다른 인간의 속박이라고 역설하고 있다. 텔레비전, 대중 스포츠, 섹스가 그 좋은 예이다.

ⓑ Marcuse는 현대사회에서 기술이 중립성을 지닌다는 견해를 비판하면서 기술의 발달과 함께 일차원적 사회가 도래하게 된다고 주장하고 있다. 이 일차원적 사회 속에서 개인은 사회에 대하여 비판적, 부정적으로 사고할 능력을 상실하게 된다고 지적하고 있다.

◎ 비판이론이 관심을 갖는 또 하나의 문제는 문화산업에 대한 비판이다.

ⓐ 비판이론이 문화산업에 대한 비판에 초점을 두고 있다는 사실은 그들이 경제적 토대인 사회의 하부구조보다는 상부구조에 관심이 있음을 의미한다.

ⓑ 비판론자는 두 가지 측면에서 문화산업에 대한 비판을 가하고 있다.

- 문화산업의 허구성과 관련된 것으로서 문화가 대중매체를 통하여 대량생산된 관념의 집합체로 대중에게 전파된다고 간주한다.
- 대중문화가 사회성원을 순응하게 만든다고 비판한다.

② 스포츠와 사회비판

㉠ 구조기능주의자는 스포츠에 대한 역사적, 경제적 힘의 영향력을 간과하고 있는 반면, 갈등론자는 결정론적 방법으로 스포츠에 접근하고 있다는 점에서 각기 한계를 지니고 있지만, 비판이론은 갈등이론이 지니고 있는 경제 결정주의적 한계를 탈피하는 한편, 인간의 행동 및 사회생활이 역사적, 경제적 조건에 의하여 제한된다는 사실을 인정한다.

㉡ 비판론자는 자본주의 체제 하에서 산업기술 발달 및 경제력 증진으로 인하여 창출된 사회적 자유시간과 자유의 영역이 인간 계발을 위한 여가시간으로서가 아니라, 자본의 이윤축적을 위한 상품소비의 대상으로 전환되는 경향이 있다고 비판한다.

㉢ 역사적, 경제적 힘의 중요성을 인정하면서도 그것이 발휘하는 영향력은 일반 대중이 일상생활에서 스포츠를 규정하고 경험하는 방식에 의하여 통제된다고 가정한다. 즉, 사회에 있어서 스포츠의 존재는 사회체계의 단순한 요구나 자본주의 경제의 생산적 요구 이상의 입장에서 설명되어져야 한다는 사실을 주장한다.

㉣ 스포츠가 서로 상호작용하는 사람들에 의하여 창출될 뿐만 아니라, 스포츠를 자신의 이익과 관심에 부합시키기 위하여 재원과 권력을 이용하는 사람들에 의해서도 창조된다는 사실을 인정한다.

㉤ 공유가치와 이해 · 갈등이 사회 내에 공존하고 있다는 사고에 기초하고 있으나 그와 같은 공유가치는 사회 내 다양한 집단 간의 지속적인 협의, 타협, 강제 과정에 기초하고 있기 때문에 영구적이지 않다고 주장한다.

㉥ 비판이론의 이론적 틀이 스포츠 연구에 미치는 영향과 관련하여 비판이론은 특정 이웃, 지역사회 및 전체 사회에서 스포츠가 지니는 역할에 대하여 관심의 초점을 두고 있다.

㉦ 스포츠 상황에 있어서 의사결정이 이루어지는 방법 및 그와 같은 의사결정이 상이한 권력과 자원을 소유하고 있는 상이한 사회집단들에게 영향을 미치는 과정에 대하여 관심을 갖는다.

◎ 비판이론은 스포츠는 사회를 반영하는 것 이상의 존재라고 주장한다. 스포츠는 지금까지 질서정연하고 합리적인 방법으로 발전을 이룩하지 못하였을 뿐만 아니라, 스포츠와 사회의 관계를 설명할 수 있는 단순화된 법칙조차 존재하지 않고 있다(Gruneau)고 한다.

ⓩ 그러나 어떤 사회에서나 스포츠의 구조 및 조직은 상이한 권력과 자원을 소유하고 있는 집단 내와 그 사이에서 발생하는 복합적이고 지속적인 변화 양태에 따라 다양한 모습을 형성한다(Gruneau). 스포츠가 사회구성원의 신념 및 가치 지향을 발전시키는 과정에 미치는 영향을 규명하는 데 관심을 지니고 있다(Hargreaves).

ⓩ 결국 비판론자는 스포츠가 언제, 어떠한 방법으로 전체 사회 구성원의 생활을 변화시키는가를 규명함과 동시에 스포츠의 이상적 모습을 성취할 수 있는 가능성과 아직까지 이를 성취하지 못하고 있는 이유, 그리고 앞으로 성취하기 위한 방법 등을 규명하는 데 목적을 두고 있다.

스포츠의 도구적 이성(합리성) 비판

- 비판이론가들이 비판한 자본주의 사회의 도구적 이성은 특정 목표 달성을 위해 가장 효율적인 수단을 발견하는 것으로 노동체계에서 나타나는 극명한 현상은 노동의 분화 및 분업이다. 이는 근대 스포츠에서도 명확히 나타난다. 대표적인 예로 전문화를 들 수 있다. 선수는 본래 능동적이고 창조적인 이성과 능력을 지니고 있었다. 그러나 자본주의적 생산성이라는 관점으로 봤을 때 분업화된 팀과 그렇지 못한 팀 간의 효율성에는 극명한 차이가 나타난다. 이러한 이유에서 자본주의 스포츠 또한 승리라는 목적을 달성하기 위한 효율적 수단으로서의 전문화는 필연적이다. 그 결과 야구에서 투수는 선발, 셋업맨(원 포인트 릴리프 포함), 마무리, 심지어 패전투수로 세분화 되어졌다. 미식축구는 전문화의 극단을 보여준다. 각 포지션은 매우 전문화되어 있다. 공격선수와 수비선수는 엄격히 구분되며 스페셜 팀도 전문화된 선수가 활약한다. 심지어 미식축구 선수들은 다른 포지션에 있는 팀 동료가 어떤 역할을 하는지 모르고 자기 자신에게 주어진 역할만을 수행하는 경우도 있다. 즉, 자기에게 주어진 업무만 잘하면 된다.
- 프로스포츠에서 운영하는 2군 제도, 트레이드 제도, 용병제도 또한 도구적 이성이 발현된 제도라 할 수 있다. 프로스포츠는 승리를 위해 존재하며, 선수들도 팀의 승리에 공헌할 수 있을 때 가치를 인정받는다. 그러나 선수도 사람인지라 항상 최고의 경기수행능력을 유지하기 힘들다. 이러한 상황에서 팀은 선수를 기다려주지 않는다. 2군은 1군 선수를 대체할 수 있는 자원을 길러낸다. 그리고 2군에서 적절한 선수를 찾지 못할 경우 타 팀에서 영입을 하면 된다. 특히 외국인 선수의 경우 즉시 전력감이 되지 못할 경우 바로 계약해지와 함께 새로운 선수로 교체될 수 있다. 이는 감독, 코치 또한 마찬가지다. 이들도 언제든지 대체 가능한 자원일 뿐이다.

문화산업의 하나로서 스포츠 비판

- 자본주의 문화산업에 대해 신랄히 비판하는 비판이론의 입장에서 상업화된 스포츠는 영화와 음악과 같은 대중문화와 마찬가지로 인간의 비판적 이성과 미적 진보, 그리고 인간 해방과는 거리가 먼 도구적 이성과 기술의 지배, 그리고 인간 구속과 소외를 가져오는 문화산업의 한 부류에 지나지 않는다.
- 비판이론은 상업적 관람스포츠를 주된 비판 대상으로 삼았다. 비판이론은 이러한 상업적 관람스포츠에 대해 '전체주의적 대중 집회의 모델'로 평가한다. 특히 이러한 스포츠이벤트는 대중매체와 결합하여 문화산업의 핵심콘텐츠가 되었으며 대중들에게 말초적 자극을 주고 무비판적 순응화를 야기하여 사회 현상에 대한 비판적 사고를 멈추도록 만든다고 주장한다.

③ 주요 관심사

사회의 비판적 규명을 위한 이론적 틀로서의 비판이론이 지향하는 궁극적인 목적은 사회의 변화에 있다. 따라서 다음의 4가지 측면을 규명하는데 관심을 기울인다.

㉠ 사회에 있어서 스포츠의 이상적 모습

㉡ 스포츠와 관련된 기회 및 선택이 사회 집단에 따라 상이한 정도

㉢ 스포츠가 관련된 개인이나 집단의 이익을 반영하여 변화하는 방법

㉣ 스포츠가 전체 사회의 변화를 위한 촉매제로 작용하는 측면 및 방법

④ 스포츠 사회관계에 대한 주요 결론

㉠ 스포츠는 현존하는 사회 구조를 재확인하거나 그와 반대되는 결과를 제공할 수 있는 가능성을 지니고 있다.

㉡ 스포츠는 억압이나 자유의 근원이다.

⑤ 비판 이론의 한계

비판이론은 스포츠-사회관계의 분석을 위한 구속적이고 명료하며 일관성 있는 이해의 틀을 제공하지 못하고 있다.

㉠ 비판이론에 대한 상이한 해석적 관점이다. 즉, 비판이론을 주장하는 학자마다 스포츠의 사회적 현상에 대하여 각기 상이한 분석 방법을 강조하고 있다.

㉡ 스포츠가 현행 체제의 유지를 강화하는 경우와 현행 체제를 변혁시키는 경우의 상반된 작용에 대한 구체적인 지침을 제공하지 못한다는 것이다.

㉢ 사회가 성원 간에 합의된 일상생활에 대한 정의와 의미에 기초하여 존속하고 있음에도 불구하고 일상 생활환경에서 사회성원이 실제로 경험하고 있는 현실을 무시하고 있다는 점이다(Messner). 즉, 사회제도로서의 스포츠는 특정 이익집단이나 권력 집단의 이해에 의하여 결정되고 정의되는 사회적 구성체가 아니며, 전체 사회 성원의 합의와 동의에 의하여 규정되고 이끌어져 가는 사회적 실재임을 비판이론은 간과하고 있다.

계몽(the enlightenment)

칸트는 계몽이란 인간이 미성숙함에서 벗어나는 것, 즉 '인간이 자신의 지적 능력을 자율적으로 사용할 수 있는 용기와 힘을 지니는 것'이라 정의하였다. 반면, 대표적인 비판이론가인 아도르노와 호르크하이머는 '신화와 마법의 전제로부터 인간을 해방시켜 자연을 통제하고 지배할 수 있도록 하는 이성적으로 각성된 사유 양식'이라고 계몽을 정의하였다. 또한, 계몽은 인간에게서 자연의 공포를 몰아내고 인간 자신을 주인으로 세운다는 목표를 추구해왔다. 그러나 한편으로 계몽은 파국의 씨앗을 잉태하고 있다고 주장하였다.

스포츠의 맥도날드화(McDonaldization)

미국의 사회학자 리처(Ritzer)가 제시한 개념인 '맥도날드화'란 패스트푸드 음식점의 원리가 미국 사회와 그 밖의 세계의 더욱 더 많은 부분을 지배하게 되는 과정을 의미한다. Ritzer는 맥도날드화의 특성을 '효율성', '계산가능성', '예측가능성', '통제' 등 4가지로 규정하는데, 현대 자본주의 시대의 스포츠에는 Ritzer가 제시한 맥도날드화의 특성이 내재되어 있다.

1. 오늘날 자본주의 시대 스포츠에는 규칙과 제도의 합리화를 통해 상품과 상품을 둘러싼 환경을 변화시켜 소비자의 욕구에 최대한 부응할 수 있도록 만든다. 이 과정에서 선수들은 효율성을 바탕으로 최고의 상품을 만들어내는 노동자로 거듭 태어난다.
2. 판매된 상품의 성공은 관중수나 시청률 등으로 환원되어 평가받으므로, 경기의 승리보다는 많은 관중수와 높은 시청률이 더 중요한 가치를 갖게 된다. 따라서 경기장은 대형화·등급화되고, 선수들은 수치화된 자료를 바탕으로 평가받기 때문에, 팀의 승리도 중요하지만 개인 기록은 더 중요한 가치를 갖는다.
3. 스포츠 세계화는 국가의 경계를 넘어 전 세계인들이 동일한 스포츠를 소비할 수 있도록 만든다. 즉, 미국의 스포츠 상품과 한국의 스포츠 상품은 점점 표준화되고 획일화되어져 간다. 결국, 특정 국가가 아닌 특정 팀에 대한 선호도의 차이가 생길 뿐이다.
4. 스포츠는 효율성과 계산 가능성의 범위 안에서 통제되고, 스포츠를 둘러싼 모든 환경이 기술 의존적으로 변화하게 된다. 그럼으로써 선수들과 관중들은 고도의 통제 속에 놓이게 된다.

(4) 상징적 상호작용론

① 개념

㉠ 상징적 상호작용론(미시이론)은 인간의 실체는 타자들과의 상호과정에서 구성되기 때문에 이 실체는 행위자의 입장에서 이해해야 한다는 관점으로, 구조기능주의나 실증주의적 방법론에 반기를 들면서 나타나기 시작한 인간을 중심으로 한 문제해결을 주장하는 인간주의적 방법론들과 맥락을 같이 하고 있다.

㉡ 이 방법론은 사회적 행위자를 주체로서의 기본개념으로 삼으며, 사회적 관계에서 '나'와 '너'를 모두 주체로서의 상호관계로 파악하고, 사회를 대립과 갈등의 과정이 아닌 공동체로 설명한다.

㉢ 상징적 상호작용론에서는 거대한 사회구조나 제도에 초점을 맞추는 것이 아니라, 사람들이 서로 얼굴을 맞대고 상호작용을 할 때 일어나는 커뮤니케이션을 주로 다룬다. 즉, 인간의 행위를 파악할 때에는 타자와의 커뮤니케이션을 통한 관계, 즉 사회의 관계 속에서 의미 해석과 경험을 고려해야 현실과 분리되지 않은 경험세계를 밝힐 수 있다는 것이 이유이다.

㉣ 상징적 상호작용론의 방법론적 의의는 그것이 구조기능주의나 기타 사회제도 또는 전체사회를 대상으로 하는 전망에서 흔히 보이는 바와 같이 개인을 사회에서 요구하거나 문화적으로 규정된 규범에 따라 행동하는 사회의 산물이 아니라, 자기의 주관에 따라 대상과 상황을 규정하고 거기에 의미를 부여함으로써 자기의 세계를 능동적으로 이끌어 가는 주체로 본다는 점이다.

ⓜ 또, 자신에게 미치는 결과를 예측할 능력을 가진 이른바 상징해석자임을 강조한다. 즉, 인간은 판단력이 있기 때문에 어떤 상황에서 판단력・분별력・식별력이 있다는 것이다.

ⓗ Blumer에 의하면 행위자로서의 인간은 자기가 행위를 지향하는 사물 또는 대상의 의미를 스스로에게 지적해 준다. 이때 '지적하는 일' 그 자체는 행위자 스스로가 자신 속에서 자신과 상호작용하는 내재화된 사회과정이라는 생각이 Mead의 마음과 자아개념에서 나온다.

ⓢ Blumer는 상징적 상호작용론에 대하여 세 가지 기본적인 명제를 전제로 하였다. 이러한 전제를 두고 Blumer는 인간의 행위에서 의미의 중요성, 의미의 근원, 해석에서 의미의 역할을 드러내 보이고 있다.

ⓐ 인간은 사물이 인간에 대해서 지니고 있는 의미를 바탕으로 하여 그 사물들에 대하여 행동한다.

ⓑ 사물들의 의미는 사람이 그의 동료들과 갖는 사회적 상호작용으로부터 연유되거나 그것으로부터 나온다.

ⓒ 이러한 의미들은 사람이 상대하게 되는 사물들을 다루어 나가면서 쓰는 해석 과정 속에서 처리되고 변형된다.

② 주요 내용

㉠ Mead에 따르면 언어는 인간이 자의식적 존재가 되는 것을 가능하게 한다. 언어로 인해 인간은 자신의 변별성을 자각할 수 있게 되며, 자신을 타인의 시선으로부터 객관화시켜 볼 수 있게 된다. 이 과정에서 핵심은 상징(symbol)이다.

㉡ 상징이란 어떤 것을 그것이 아닌 다른 어떤 것을 통해 나타내는 것이다.

ⓐ 어떤 사물들을 지칭하기 위해 사용하는 단어들은 사실 우리가 의미하는 바를 재현하는 상징이다. 예를 들어, '숟가락'이라는 단어는 국을 떠먹는 도구를 묘사하기 위해 사용하는 상징이다.

ⓑ 비언어적 몸짓이나 의사소통 또한 상징이다. 다른 사람에게 손을 흔들거나 무례한 행동을 하는 것은 모두 상징적 가치를 지닌다.

㉢ Mead는 인간이 상호 작용을 할 때 이미 공유된 의미와 이해에 의존하는데, 인간은 상징으로 가득찬 세계 속에서 살아가기 때문에 거의 모든 사람들 사이의 상호 작용은 상징의 교환을 통해 이루어진다고 주장한다(Giddens).

㉣ 각 개인은 일상생활에서 마주치는 사람들(타인)이나 행정관청과 같은 사회제도, 비와 바람 같은 자연환경과의 상호작용을 통해 자신을 발견하고 정체성을 형성한다. 그리고 그렇게 형성된 정체성은 다시 환경과의 상호작용에 영향을 미치면서 사회세계의 의미를 구성한다.

㉤ 구체적으로 Mead는 어린 아이들이 자신의 정체성 및 자아개념이 상징(주요 타자)과 어떻게 상호작용하며 발달하는지에 대해 3단계로 설명하고 있다.

ⓐ 첫 번째 단계는 '놀이단계'이다. 이 단계에서 어린이들은 부모나 특정 인물의 역할을 단순히 모방하거나 흉내 낸다.

ⓑ 다음으로 '게임단계'에서는 놀이를 통해 여러 사람의 역할을 동시에 이해하고 조정할 수 있는 능력이 생겨난다. 예를 들면, 운동경기에서 각 포지션의 역할을 이해하고 협력할 수 있게 된다.

ⓒ 마지막으로 '일반화된 타자 단계'에서는 개인의 역할뿐만 아니라 자신이 속한 공동체 혹은 사회 전체의 기대에 맞춰 자신의 행동을 조정할 수 있게 된다.

ⓑ 쿨리(Cooley)는 미드와 달리 거울자아(The Looking-Glass Self)라는 개념을 통해 자아 형성이 개인의 활동과 상호 작용하는 사회적 결합을 통해 형성된다는 점을 강조하며 이를 세 가지 주요 단계로 설명하고 있다.

ⓐ 첫 번째 단계는 '상상 단계'이다. 이 단계에서는 다른 사람들이 자신을 어떻게 볼지 상상한다.

ⓑ 두 번째 단계는 '평가의 단계'이다. 이 단계에서는 다른 사람들이 자신을 어떻게 평가할지에 대해 상상한다.

ⓒ 마지막 단계는 '반응 단계'이다. 이 단계에서는 상상된 평가에 따라 자신의 개념을 형성하고 그에 대한 감정적 반응을 보이게 된다.

ⓢ '자아'는 상징적 상호작용론에 있어서 매우 중요한 개념이다(Bruder). Rock은 '자아가 상징적 상호작용론의 지적인 이론 틀의 중추를 구성한다'고 주장한다. Cooley는 거울자아(looking glass self), Mead는 완전한 자아(complete self) 또는 통일된 자아(unified self), Goffman은 연극적 자아(dramatic self)를 제시했다.

③ 스포츠와 상징적 상호작용론

㉠ Cooley의 상징적 상호작용론

ⓐ Cooley는 자기 자신에 대한 사람들의 반응을 바탕으로 자신의 이미지를 형성함으로써 자아(self)를 발견할 수 있다고 언급하였다. 이러한 Cooley의 논리에 의하면, 결국 사람들은 다른 사람들이 자신을 어떻게 인식하고 판단하는지에 대하여 관심을 기울이고, 다시 다른 사람들과 상호작용하는 과정에서 자신의 이미지를 형성하게 된다.

ⓑ Cooley는 이러한 자신에 대한 이미지 형성을 거울자아(the looking glass self), 영상자아라 하였다. 즉 사람들이 스스로에 대해 가지는 이미지는 영상이나 거울의 반사와 유사하다는 의미다.

ⓒ 자아를 하나의 대상으로서 자신을 인식하고 살피는 능력으로 받아들인 Cooley의 거울자아는 "우리가 거울 속의 얼굴과 형체와 의복을 보면서 그것이 우리 자신들의 것이기 때문에 관심을 갖는 것처럼, 우리는 타인의 정신을 그려보는 상상 속에서 우리의 모습과 태도, 목표, 행동, 성격, 친구 등에 대한 생각을 가지며, 그것으로부터 다양하게 영향을 받는다."는 Cooley의 설명을 통해 쉽게 이해할 수 있다.

ⓓ Cooley의 거울자아 개념은 3가지 기본적인 구성요소로 이루어져 있다. 첫째, 우리가 다른 사람에게 어떤 모습으로 보일지를 상상한다. 둘째, 그 모습에 관해서 남들이 어떻게 판단할 것인지를 상상한다. 즉 자아상(self image)을 인식한다. 셋째, 타인의 반응과 판단에 대한 자신의 자아감정을 발전시킨다(Ritzer).

ⓔ Cooley는 자아상을 형성하는 데 있어서 '원초적 집단'(primary groups, 1차 집단)에 해당하는 사람들의 역할이 더 중요하다고 주장하였다. 가족, 또래 집단 등과 같은 '원초적 집단'의 경우, 성원들 간에 서로 사회적 상호작용을 하여 아주 친밀하고, 감정적으로 서로 강한 애착을 느끼며, 인간관계에 있어서 지속적인 상호 책임감이 강조되기 때문이다. 그렇다고 해서 '2차 집단'(secondary groups, 특정한 목적을 달성하기 위해 결성된 집단)이 자아상 형성에 전혀 관여되지 않는 것은 아니다.

ⓛ Mead의 상징적 상호작용론

ⓐ Mead는 Cooley의 거울자아 개념뿐만 아니라 자아를 발달시키는 데에 가장 중요한 것 중의 하나로 역할취득(role-taking)을 강조하였다.

ⓑ Mead에 의하면, 자아의 근본은 역할을 취득할 수 있는 능력에서 비롯되며, 이는 타인과 맺은 관계에서 발전한다. 결국 자아는 개인이 타자의 역할에 반응하거나 타인의 역할을 취득함으로써 사회관계 속에서 타인의 역할에 반응하는 자신의 모습 또는 이미지상을 발현하는 것에서 형성된다. 즉, 자아는 자기 자신을 대상으로 평가하는 능력을 의미한다.

ⓒ Mead는 자아를 아동기 발달 과정에서 해석하기 위해 놀이단계 · 게임단계 · 일반화된 타자 단계 과정에서의 역할취득으로 설명하였다(Ritzer, Turner).

■ 놀이단계(play stage)

- 놀이단계에서는 상호작용의 대상이 되는 다른 사람들의 태도를 배우며 그 가운데 특정한 사람들의 역할을 모방한다. 이 과정에서 주체인 동시에 객체가 될 수 있는 능력을 갖추게 되나 매우 제한된 역할취득을 하게 된다. 즉, 이때의 자아는 제한된 의미의 자아로서 분리된 타인의 역할에 따라 결정되는 것으로 일반적이고 조직된 자아를 형성할 수 없다.

> 아이들은 엄마나 아빠의 역할을 할 수 있으며, 이 과정에서 자신을 그들의 부모로서, 그리고 다른 특정한 개인들로 평가할 수 있는 능력을 발전시킨다. 즉 엄마의 역할과 관점을 취득하기 위해 엄마의 어조, 얼굴 표정, 말 등을 이용한다. 엄마의 역할과 아기의 역할 사이에서 이리저리 행동한다. 그러나 아직까지 스스로에 대한 보다 일반적이고 조직화된 인식을 하지는 못한다.

- 놀이단계에서는 분절된 개별적인 역할모방을 취하게 된다. 이 단계에서는 타인이 자기를 어떻게 평가하는지에 관심을 기울이며, 그로부터 반영된 평가를 통해서 자기기능을 갖는다. 이런 기능은 자기신념을 결정짓는 주요 기제가 된다(Felson).

- 놀이단계에서의 역할모방은 자기중심주의로부터 벗어날 수는 있으나, 소수 타자들의 관점만을 추측하는 능력에 불과하다. 가령 병원놀이에 대한 소꿉놀이 중 간호사 역할을 하다가도 조금 후에는 간호하고 있던 소꿉환자를 팽개치거나 막대기로 두드리는 등 일관성을 유지하지 못한다. 결국 타인의 시각을 배우는 것이나 '한정·분절된 개별적 역할 모방'에 불과하여 일반적이고 조직된 자아가 결여된다.

■ 게임단계(game stage)

- 게임단계에서는 개별적인 타자의 역할을 모방하는 놀이단계와는 달리 게임에 속한 모든 타인의 역할들을 취하게 된다. 이 단계에서 사람들은 각자의 담당 역할을 인지하고 참여하게 된다. 즉 게임 속에 존재하는 상이한 역할들을 인지하고 상호 간에 명확한 관계를 획득한다.

> 게임에서 어린 아이는 게임에 속한 모든 사람들의 역할들을 취할 준비가 되어 있어야 한다. 만약 그가 공을 잡았으면, 그는 자신의 포지션과 관련하여 각각의 포지션들이 어떻게 반응할 것인지를 알아야 한다. 따라서 그는 게임 속에서의 다른 사람의 역할을 취득해야만 한다. 이러한 역할들을 항상 동시에 의식할 필요는 없지만, 어떤 순간에는 자신의 태도 속에 3~4명의 개인들, 공을 던지는 사람, 공을 받는 사람, 달리는 사람 등을 포함하고 있어야 한다. 이러한 반응들은 자신의 구성 속에 존재해야 한다. 이후 게임에서는 타자들의 일련의 반응이 조직화되어 한 사람의 태도가 다른 사람에게 적합한 태도를 불러일으키게 된다(Mead).

- 게임단계에서는 역할을 효과적으로 수행하기 위하여 타인이 어떻게 역할을 수행하고 어떻게 관계를 갖는지를 이해하려고 한다. 즉 이 단계에서는 상대방이 무엇을 하려고 하는지를 인지하게 된다.
- 하지만 집단 내에서도 개인은 자기 자신을 특정 상황 내에서 특정 타자와의 관계 속에서만 파악한다. 따라서 게임단계에서 형성된 자아는 공동체 일원으로서의 역할을 취득하지 못하고 타인의 역할을 상징적으로만 취득하게 된다. 결국 게임단계에서는 '조직 내 타인의 역할'을 취득하게 된다.

놀이단계		게임단계		일반화된 타자 단계
한정된·분절된 개별적 역할모방	➡	조직 내 타인의 역할 취득	➡	태도공동체 구현 완전한 자아

■ 일반화된 타자 단계(generalized others)

- 일반화된 타자 단계는 '공동체의 태도 및 역할취득'을 의미한다. 이는 개별적인 타자의 역할을 취하는 것보다 한층 더 추상적인 사고나 객체화를 가능케 한다.
- 일반화된 타자 단계에서 개인은 공동체의 전반적인 관점 혹은 일반적인 신념, 가치, 규범을 취하는 것으로 일종의 양심과 같은 역할을 한다. 공동체가 개인의 활동을 일반화된 타자의 태도에 내면화시키는 것을 요구하기 때문이다.

- 이 단계에서는 공동체의 일원이 되어야 하고 공동체의 태도 및 역할에 의해 인도되어야 한다. 이를 통해 사람들은 사회적 당위성과 도덕성을 내재화하면서 규범과 가치관에 따라 스스로의 행동을 통제할 수 있게 된다.
- 결국 동일한 관점의 견지에서 행위를 유도하기 때문에 공동이해를 생산하게 된다. 즉 일반화된 타자의 역할을 취하는 것은 자아에도 필수적이지만, 조직화된 공동체의 발달에도 결정적이다.
- 일반화된 타자 단계에서 형성된 자신에 대해 가지는 안정적 태도의 발전을 Mead는 완전한 자아(통일된 자아)라고 지칭하였다.

Mead의 완전한 자아(통일된 자아)와 축구

어린아이들이 축구를 처음 접할 때, 공차기를 흉내 낸다. 그래서 축구는 공차기라는 것을 알게 된다. 그런데 왜 공차기를 하고, 누구에게 어떻게 해야 하는지 명확히 인지하지 못한다. 이리저리 방황하는 공차기를 한다. 바로 놀이 단계에서의 축구이다.
이후 점점 축구에 대해 알게 됨으로써 게임(규칙, 기술)과 포지션에 대한 역할을 알게 된다. 가령 축구에서 뛰어난 미드필더가 된다는 것은 공격수와 수비수의 역할을 명확하게 인지할 때 가능하다. 그래야 공격수의 역할(움직임)을 파악하여 도움(어시스트)을 잘 하고, 수비수의 역할(위치)를 파악하여 미드필드에서 종횡무진한다. 이것이 게임 단계에서의 축구이다.
하지만 이런 경우 역시 완전한 자아가 형성되는 것은 아니다. 여기서 축구 팀 구성원으로서 공동체의 태도 및 역할취득이 이루어질 때, Mead가 언급한 완전한 자아(통일된 자아)가 형성되는 것이다. 개인의 역량 발휘를 넘어 팀이 추구하는 것에 대한 공동체로서 태도와 역할이 내면화될 때 비로소 일반화된 타자 단계에서의 축구성원이 된다.

④ 스포츠 현상에 대한 상징적 상호작용론의 적용

㉠ 일반화된 타자

ⓐ Mead가 사회과정을 설명하면서 일반화된 타자의 획득과정을 게임이론으로서 설명하고 있다.

ⓑ 스포츠 상황에서 볼 때, 투수의 일반화된 타자 개념은 팀의 중심이고 팀을 리드하며 볼을 잘 던져야 한다. 따라서 투수가 되려는 사람이나 투수는 이러한 투수의 개념에 따라 투수의 역할을 수행하려고 한다.

㉡ 스포츠 의식

ⓐ 스포츠에서 종종 미신, 의식, 금기, 징크스, 속설 등이 선수들에게 믿어지거나 심리적으로 작용하고 있는데 이들은 상징적인 힘을 가지며 팀의 선수들에게 부가적인 자신감을 준다.

ⓑ 예를 들면, 뉴질랜드 럭비팀은 시합에 앞서 선수 전원이 전통의식을 한 후 경기에 들어가는 전통 의식을 행한다.

㉢ 팀 문화

ⓐ 개인이 어떤 팀의 구성원으로서 공유하고 학습하는 지식, 가치관, 신념, 행동, 전통 및 심지어는 유니폼의 색깔 등을 포함하는 복합적인 총체는 그 팀 특유의 문화를 가진다.

ⓑ 이와 같은 것들은 그 팀의 상징으로써 집단의 응집력이나 만족감, 우월감 등을 불러 일으키는 등 일련의 의미를 만들어 낸다.

ⓒ 예를 들면, 한국 축구대표팀이나 각 대학팀들은 전통적인 유니폼 색깔을 갖고 있다. 한편 일본의 올림픽 선수단 단복은 붉은색 상의 흰색 하의를 전통적으로 고수하고 있다.

⑤ 상징적 상호작용론의 한계

㉠ 상징적 상호작용론은 개인들의 일상적 상호작용에서부터 출발해서 사회를 설명하려고 하지만 전체 사회구조의 문제를 다루는 데까지는 나아가지 않는다.

㉡ 개인의 행위와 상호작용이 사회의 구조적인 문제들과 연계가 되어 있다는 데 관심을 두지 않기 때문에 스포츠상황에서 발생하는 차별과 불평등과 같은 문제를 적절히 설명할 수 없다.

㉢ 예컨대, 상호작용론은 개인의 정체성에 관심을 가짐에도 불구하고 성, 인종, 계급과 같은 개인 정체성이 사회에서 차별적으로 재생산된다는 사실은 다루지 않는다.

(5) 교환 이론

① 교환 이론의 개념과 주요 내용

㉠ 교환이론(Exchange Theory)은 호만스(Homans), 블라우(Blau) 등이 제시한 이론으로써 경제적 행위의 원리와 행동주의 심리학의 학습이론을 기반으로 보상(reward)과 비용(cost)의 개념으로 사회적 상호작용을 설명하고자 한다.

㉡ 교환이론(미시이론)은 인간의 행동은 언제나 '비용'에 대해 '보상'이 따르게 마련이라고 가정하고 행위자는 그의 행동에 의해 발생하는 비용에 대한 보상을 고려하여 상호작용을 한다고 가정한다.

ⓐ 보상이란 어떤 사람이 다른 사람에게 받은 것 중 가치가 있다고 생각하는 것으로 물질적인 것만을 의미하지 않으며 존경심, 타인의 인정, 감사의 마음 등도 포함된다.

ⓑ 비용은 어떤 행위에 동반되는 시간, 에너지, 금전적 손실 등을 의미한다.

㉢ 교환이론에 따르면 개인 간의 상호작용에는 서로 어느 정도의 보상과 비용이 따르기 마련인데, 대다수의 상호작용은 보상은 크게하고 비용은 최소화하려는 방향으로 전개된다.

㉣ 보상에 따른 비용은 객관적으로 주어지는 것이 아니라 상호작용을 하는 당사자들의 판단기준에 의한 주관적 평가에 의해 결정된다. 여기서 판단기준을 '비교수준'(Comparison Level : CL)이라 하는데, 상호작용의 결과가 비교수준을 넘으면 서로 만족을 하고 상호작용을 계속하게 된다.

ⓜ 또한, 지속적으로 상호작용을 할 것인가에 대한 판단은 비교수준과 다른 비교수준에 의해 결정되는데, 이를 '대안에 대한 비교수준'(Comparison Level for Alternatives : CLalt)이라 한다. CLalt는 현재의 상호작용과 다른 상호작용을 비교하여 평가하는 기준으로 사람들은 현재의 상호작용보다 더 나은 상호작용(최대의 보상과 최소의 비용)의 기회가 있다면 새로운 상호작용을 선택하게 될 가능성이 높다.

교환이론은 심리학의 '행동주의'와 경제학의 '공리주의'에 바탕을 두고 있다. 그래서 교환이론을 뒷받침하는 대전제는 '행동주의 원칙', '경제행위 원칙', '합리성 원칙', '호혜성 원칙'으로 볼 수 있다.

1. '행동주의'는 사회심리학의 한 영역으로 보상과 처벌, 이에 따른 행동의 정적·부적 강화에 대해 설명하는 이론이다. 행위자가 어떠한 행동을 했을 때 상을 준다면 행위자는 이후 비슷한 상황에서 같은 행동을 할 가능성이 높아지는데, 이를 정적 강화라 한다. 반대로 특정 행동에 대해 처벌을 가하게 되면 이후에 같은 행동을 할 가능성은 줄어들게 되는데, 이를 부적 강화라고 한다. 이처럼 행동에 따라 나타나는 결과가 다음 행동을 결정하게 된다고 설명하는 것이 행동주의이다. 교환이론에서는 '보상'이 행동을 '정적 강화'시키고, 지불해야 할 '비용'이 행동을 '부적 강화'시킨다고 설명한다.
2. 교환이론은 경제학에서 비용, 보상, 이윤의 개념을 차용하여 인간의 행동을 설명하고자 하였다. 행위자는 어떤 행동을 할지에 대해 결정할 때 비용과 보상을 예상하고 계산하여 자신에게 유리하다고 판단되는 방향으로 가고자 한다. 이때의 비용과 보상은 물질적인 것은 물론이고 심리적·정신적 만족을 포함한다. 인간의 행동에는 언제나 비용이 발생하고 이에 따른 보상이 주어지게 마련이다. 이 과정에서 인간은 가급적이면 비용을 최소로 투자하여 최대한의 이익을 얻고자 한다. 이를 '경제행위 법칙'이라 한다.
3. '합리성의 원칙'은 인간의 합리성에 대해 설명한다. 개인이 합리적으로 판단하였을 때 자신에게 가장 큰 이익을 줄 행위를 선택한다는 것인데, 보상의 가치뿐만 아니라 가능성에 대한 판단이 포함된다. 즉, 선택 가능한 행동들 중에서 보상의 가치도 높고 획득할 수 있는 가능성이 크다고 판단되는 행동을 선택함을 의미한다. 또 아무리 제공되는 보상이 크더라도 보상을 얻을 수 있는 가능성이 너무 희박하다면 차라리 보상의 가치가 그 보다 적더라도 보상을 받을 수 있는 가능성이 큰 행동을 결정한다는 것이다.
4. '호혜성 원칙'은 개인이 보상과 이득을 얻기 위해서는 스스로도 그것에 버금가는 비용과 손실을 감수해야 한다는 것이다. 교환관계에서 당사자 간의 투자와 보상이 공평하게 이루어질 때에는 서로 평등한 지위에서 관계를 유지할 수 있지만, 만약 한 사람이 다른 사람에게 받은 보상의 가치와 비슷한 가치를 상대에게 제공하지 못하게 된다면 호혜성 원칙이 깨지게 되고, 한 사람이 열등한 지위에 놓이게 되고 권력이 발생하게 된다는 것이다.

② 교환 이론의 기본 명제와 스포츠

㉠ 성공명제(Success Proposition)

ⓐ 특정 행동에 대해 자주 보상을 받을 경우, 미래에도 그 행동은 반복될 가능성이 높아진다.

ⓑ 농구에서 자유투를 얻은 선수가 특정 루틴을 통해 슛을 했을 때 득점률이 높을 경우, 다음 상황에서 같은 루틴을 반복할 가능성이 높아진다.

㉡ 자극명제(Stimulus Proposition)

ⓐ 과거에 했던 자신의 자극들이 원인이 되어 현재의 행동이 보상을 받았다면 과거의 행동과 유사한 행동을 할 가능성이 커진다.

ⓑ 야구에서 투수가 특정 타자를 대상으로 특정한 구질로 삼진을 여러 차례 잡았다면, 이 투수는 특정 타자를 다시 만났을 경우 같은 구질로 승부할 가능성이 높아진다.

ⓒ 가치명제(Value Proposition)

ⓐ 자신이 한 행동의 결과로 인해 자신에게 주어지는 가치가 크면 클수록 그 행동을 반복할 가능성이 커진다.

ⓑ 비시즌동안 열심히 준비한 결과 시즌에서 좋은 성적을 올려 연봉이 상승할 경우, 다음 시즌에도 비시즌 동안 열심히 운동에 참가할 가능성이 높아진다.

ⓔ 박탈-포만 명제(Deprivation-Satiation Proposition)

ⓐ 동등한 보상을 되풀이해서 받게 되면 그 보상의 가치를 덜 느끼게 될 가능성이 높아진다.

ⓑ 농구선수 4년 연속 MVP를 수상할 경우, 그 선수는 처음 MVP를 수상했을 때보다 MVP의 가치를 덜 느끼게 된다는 것이다.

ⓜ 공격성-승인 명제(Aggression-Approval Proposition)

ⓐ 한 사람이 자신의 행위에 대해 기대했던 보상을 받지 못하거나, 예상 못한 처벌을 받게 된다면 화를 낼 가능성이 높아져 공격적 행위를 할 가능성이 높아지며, 이러한 공격적 행위의 결과를 가치있다고 생각할 가능성이 높아진다.

ⓑ 반대로 한 사람이 자신의 행위에 대해 기대했던 보상보다 더 큰 보상을 받거나 처벌을 면한다면 같은 행위를 많이 하게 될 것이며 그 행위에 대해 가치가 있다고 생각하게 될 가능성이 높아진다.

ⓒ 축구 경기에서 심판의 오심으로 경기에서 졌을 경우 선수들은 격렬하게 심판에게 화를 내게 될 가능성이 높고 이 행위를 가치 있다고 생각하게 될 가능성이 높아진다. 반대로 축구 경기에서 경기가 잘 풀리지 않자 패스 플레이 대신 개인기를 활용해 경기 분위기를 반전시켜 감독의 칭찬과 언론의 찬사를 받았을 경우 다른 경기에서도 과감하게 개인 드리블을 중심으로 한 플레이를 할 가능성이 높아진다.

ⓗ 합리성 명제(Rationality Proposition)

ⓐ 사람들은 특정한 행동을 선택해야 하는 순간이 오게 되면 그 행동의 결과에 주어지는 보상만 고려하는 것이 아닌 보상을 받을 확률을 곱해 더 나은 쪽을 선택하게 될 가능성이 높아진다. 즉, 선택을 할 때 합리적으로 더 큰 보상을 받을 수 있는 행동을 선택하게 된다는 것이다.

ⓑ 축구경기에서 공격수가 상대방의 골문 앞에서 슛을 시도 할 수도 있지만 더 좋은 위치에 있는 선수에게 패스를 할 수도 있다. 이때 합리적 선택은 동료에게 패스하지 않고 자신이 직접 슛을 할 경우 골키퍼에게 막힐 확률이 더 높다고 판단될 경우 동료에게 패스하는 것이 합리적인 행위에 해당한다. 이 경우 동료의 골 유무와 상관없이 해당 선수는 팀을 위해 헌신한 선수로 평가받게 된다.

사회 질서에 대한 가정	
구조기능주의	사회질서는 합의, 공유 가치, 그리고 상호 연계된 하부 체계에 기초하고 있음
갈등이론	사회질서는 개인에 대한 억압, 착취 그리고 교묘한 조작에 기초하고 있음
비판이론	• 사회질서는 상호작용하는 개인이 표출하는 이해관계와 자원 배분에 의하여 창발됨 • 이와 같은 상호작용은 역사적 힘과 사회적 요건에 의하여 강요된 제약 속에서 발생함

사회 연구의 주요 관심	
구조기능주의	• 사회체계의 구조를 구성하는 기본요소 • 사회체계가 지속적으로 원만한 기능을 수행하는 방식
갈등이론	• 사회 내에서 권력이 배분되고 집행되는 방식 • 사회의 변화 양식과 그와 같은 변화를 개선할 수 있는 방법
비판이론	• 사회가 권력 관계의 변화에 지속적으로 영향을 미치는 방법 • 사회의 현실성 및 잠재성의 차이와 사회 구성원이 이상적인 사회 건설에 기여할 수 있는 역할 담당자가 되는 방법

스포츠 연구의 주요 관심	
구조기능주의	스포츠가 체제유지, 긴장처리, 통합, 목표달성과 같은 기본적 사회체계 요구에 기여하는 방법
갈등이론	• 스포츠와 소외, 강압, 사회통제, 상업주의, 국수주의 및 군국주의, 성차별 및 인종차별의 관계 • 스포츠가 권력층의 이익을 유지시키는 데 이용되는 방법
비판이론	• 스포츠의 사회적 존재 근거 및 스포츠의 정의와 조직 방식에 의하여 가장 큰 혜택을 받는 계층 • 사회발전과 변동 과정에 있어서 스포츠의 역할 • 스포츠가 현실 사회생활과 반대되는 입장을 표출하게 되는 측면

스포츠 - 사회 관계에 대한 주요 결론	
구조기능주의	• 스포츠는 개개 사회 구성원은 물론 전체 사회에 이익을 주는 가치 있는 이차적 사회 제도임 • 스포츠는 기본적으로 개인 및 사회적 수준에 대한 교시적 요소임 • **스포츠는 자극제이다.**
갈등이론	• 스포츠는 자본주의 경제체제의 요구에 의한 왜곡된 형태의 신체운동임 • 스포츠는 창조적이고 표출적인 놀이 요소가 결여되어 있음 • **스포츠는 마약이다.**
비판이론	• 스포츠는 현존하는 사회구조를 재확인하거나 그와 반대되는 결과를 제공할 수 있는 가능성을 지니고 있음 • **스포츠는 억압이나 자유의 근원이다.**

스포츠 사회학의 연구 목적	
구조기능주의	개인의 성장 및 사회질서의 유지에 대한 스포츠의 기여도를 모든 수준에서 극대화시킬 수 있는 방안의 발견
갈등이론	스포츠가 표현, 창조의 경험, 신체적 안녕의 근원이 될 수 있도록 개혁함으로써 인간주의적이고 창조적인 사회발전의 증진 도모
비판이론	• 스포츠의 이상적 모습 • 스포츠가 역사적, 경제적 요인, 그리고 집단의 자원 배분에 의하여 영향을 받는 방법 • 스포츠가 다수 사회 성원의 이익을 대변할 수 있도록 변화하는 방법과 전체 사회의 변동을 위한 촉매제로 작용하는 방법의 발견

주요 제한점	
구조기능주의	• 사회 내의 구성원에 의한 스포츠의 창출에 있어서 역사적, 경제적 요인의 영향을 간과 • 스포츠의 긍정적 영향에 대한 과정과 스포츠의 존재 및 인기가 스포츠의 긍정적 기능을 증명하고 있다고 가정함 • 사회체계 내의 내부적 차이의 가능성 및 기본적 이해 갈등을 간과함으로써 스포츠가 모든 사회체계의 부분 및 개인의 요구를 균등하게 충족시킨다고 가정
갈등이론	• 현대 스포츠의 발생 및 발달을 분석함에 있어서 역사적, 경제적 요인을 결정론적 방법으로만 다루고 있을 뿐 자본주의 사회의 다른 요인은 무시하고 있음 • 경기 · 관람 스포츠에 대하여 지나치게 초점을 두고 있으며, 모든 스포츠 참가는 권력층에 있는 엘리트에 의하여 통제된다는 사실을 과도하게 강조
비판이론	• 명료하고 구속력 있는 이해의 틀을 제공하고 있지 못함 • 각 개인의 현실적인 일상생활 경험을 거의 고려하지 못하고 있음 • 스포츠가 현상유지에 기여하거나 혹은 저해하는 경우에 대한 명료한 지침을 제공하지 못함

3 스포츠와 정치

1. 스포츠의 정치의 관계

스포츠가 고도로 체계화된 조직 스포츠로 발전된 경우 스포츠의 내재적 특성인 경쟁성, 공개성, 협동성, 비언어적 전달성 등은 국가 목적을 수행함에 있어서 훌륭한 역할을 수행하는 잠재적 기능을 지니고 있으며 경쟁 스포츠가 이루어지는 모든 현상에서 스포츠의 정치적 현상은 존재한다.

(1) 스포츠의 정치화 현상과 관련하여 스포츠의 정치적 속성(Eitzen & Sage)

① 스포츠 경기에서 거행되는 의식은 후원 기관에 대한 충성심을 상징적으로 재확인시키는 기능을 지니고 있다는 점에서 스포츠참여자는 전형적으로 특정 사회조직(학교, 직장, 지역사회, 국가 등)을 대표하며 그 조직에 대한 강한 충성심을 지니고 있다.

㉠ 특히 올림픽 경기나 국제경기에 있어서 승리는 많은 국가와 소속 시민들에게 자국의 우월성을 가늠할 수 있는 척도가 된다.

㉡ 따라서 국제경기의 결과는 상당한 정치적 의미를 지니고 있으며 이는 궁극적으로 한 나라의 군사력이나 정치・경제 체제 및 문화적 우월성을 표출하여 주는 수단이 된다.

② 스포츠와 정치의 밀접한 관계는 본질적으로 조직의 과정 자체에 존재한다.

㉠ 스포츠가 점진적으로 조직화됨에 따라 많은 스포츠 팀, 리그, 선수, 결사체 및 행정기구가 출현하게 되며 이들 집단은 각각의 특성에 따라서 불평등하게 배분된 권력을 획득한다.

㉡ 따라서 선수와 구단주 간(1981년 미국의 메이저리그 선수 파업), 경쟁리그 간(미국 프로농구의 ABA 대 NBA), 혹은 다양한 행정기구 간(아마추어 스포츠 조직 대 프로 스포츠 조직, 농구협회와 대학 농구연맹)의 권력투쟁이 존재하게 된다.

③ 스포츠와 정치의 결합은 정부기관이 개입되었을 때 명백하게 발생한다.

예 일반기업인이 스포츠기구 임원으로 관여 시 출연금에 대한 조세감면 혜택이나 프로스포츠 구단의 조세감면 혜택을 들 수 있다.

④ 스포츠 경기와 정치적 상황이 상호작용 효과를 지니고 있다는 점에서 스포츠와 정치의 밀접한 관계가 성립한다.

㉠ 스포츠가 정치에 영향을 미친 예로는 1971년 미국의 탁구팀이 구중공을 방문한 것을 계기로 하여 두 국가 간 외교 관계가 정상화된 사실을 들 수 있으며, 정치가 스포츠에 영향을 미친 예는 엘살바도르와 온두라스 간의 축구 전쟁을 들 수 있다.

㉡ 남아프리카의 인종차별 정책으로 말미암아 이에 반대하는 많은 국가들의 올림픽 불참사태와 구소련의 아프가니스탄 침공에 항의한 미국 주도의 모스크바 올림픽 불참은 소련 및 공산진영 국가의 LA올림픽 불참사태를 가져오는 결과를 초래하였다.

⑤ 스포츠와 정치의 밀접한 관계를 성립시켜 주는 마지막 요인은 스포츠의 제도적 특성에서 기인한다.

㉠ 일반적으로 스포츠는 보수적인 성향을 지니고 있기 때문에 현존하는 질서를 지지하고 유지하려는 경향이 있다.

㉡ 스포츠 경기에 수반되는 애국적인 국민 의식은 정치체제를 강화시키는 역할을 수행한다.

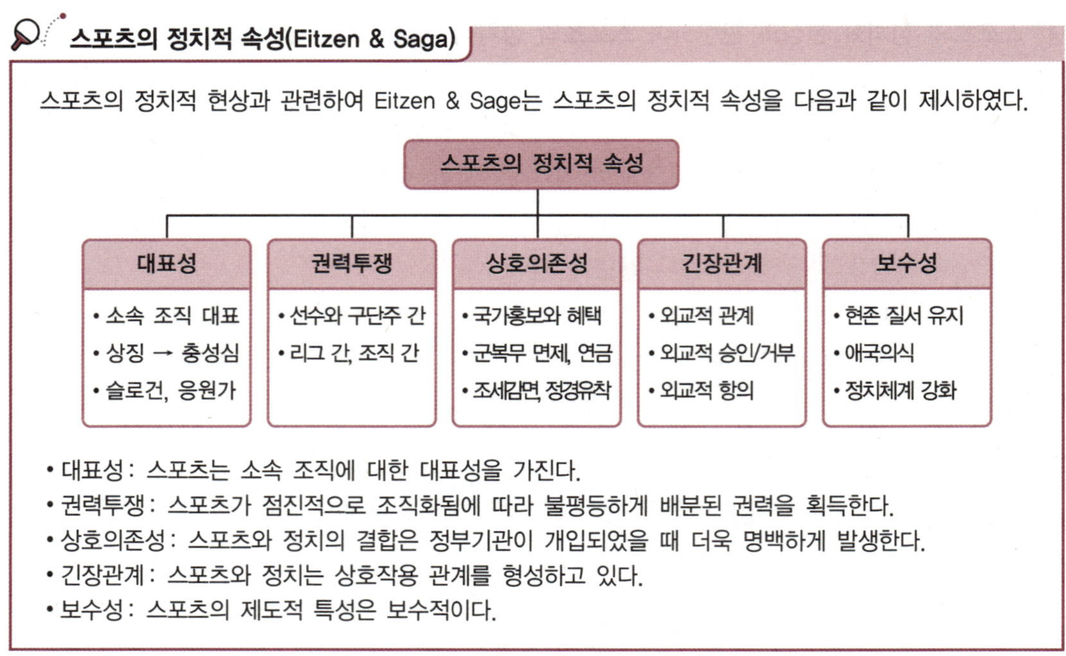

스포츠의 정치적 속성(Eitzen & Saga)

스포츠의 정치적 현상과 관련하여 Eitzen & Sage는 스포츠의 정치적 속성을 다음과 같이 제시하였다.

- 대표성: 스포츠는 소속 조직에 대한 대표성을 가진다.
- 권력투쟁: 스포츠가 점진적으로 조직화됨에 따라 불평등하게 배분된 권력을 획득한다.
- 상호의존성: 스포츠와 정치의 결합은 정부기관이 개입되었을 때 더욱 명백하게 발생한다.
- 긴장관계: 스포츠와 정치는 상호작용 관계를 형성하고 있다.
- 보수성: 스포츠의 제도적 특성은 보수적이다.

2. **스포츠와 정치 개입**(정치가 스포츠에 관여하는 이유, Houlihan)

(1) 공공질서 유지

① 정부는 스포츠 이벤트가 공공 안전과 질서를 위협할 수 있는 잠재적 위험을 줄이기 위해 다양한 규제를 실시한다.

② 예를 들어, 경기장 내 폭력 예방, 군중 통제, 그리고 교통 관리와 같은 분야에서 공공 안전을 보장하기 위한 정책을 시행한다.

(2) 공정성 보장 및 인권 보호

① 정부는 스포츠에서 성별, 인종, 장애 등에 따른 차별을 방지하기 위해 법적 및 제도적 장치를 마련한다.

② 예를 들어, 'Title IX'와 같은 법률은 교육 기관에서 성평 등을 보장하기 위해 스포츠 프로그램에 동등한 기회를 제공하도록 한다. 또한, 장애인 올림픽과 같은 이벤트를 지원함으로써 모든 사람들에게 스포츠 참여 기회를 제공한다.

(3) 건강 및 체력 유지

① 정부는 스포츠와 신체 활동이 국민 건강에 미치는 긍정적인 영향을 인정하고, 이를 장려하기 위해 다양한 프로그램을 운영한다.

② 예를 들어, 지역 사회 스포츠 시설 건립, 대중 운동 캠페인, 학교 체육 프로그램 지원 등을 통해 국민의 체력 증진과 건강 유지에 기여한다.

(4) 지역사회(커뮤니티) 또는 국가의 위상 및 권력 증진

① 국제 스포츠 이벤트 개최는 국가의 위상을 높이고 경제적 이익을 창출하는 중요한 수단으로 간주된다.

② 예를 들어, 올림픽이나 월드컵과 같은 대규모 스포츠 이벤트는 관광 수입 증가, 인프라 개발, 국가 브랜드 강화 등 다양한 긍정적 효과를 가져올 수 있다.

(5) 정체성 및 단합 촉진

① 스포츠는 지역 사회와 국가 정체성을 강화하는 데 중요한 역할을 한다.

② 국제 경기에서 국가 대표팀의 성과는 국민들에게 자부심과 결속력을 제공하며, 지역 사회 수준에서는 로컬 스포츠 팀이 커뮤니티의 결속을 다지는 역할을 한다.

(6) 지배적 가치와 이데올로기의 재생산

① 스포츠는 사회적 가치와 이데올로기를 반영하고 강화하는 도구로 사용된다.

② 정부는 스포츠를 통해 애국심, 규율, 협동심 등과 같은 가치를 홍보하며, 이는 사회통합과 안정에 기여한다.

(7) 정치 지도자와 정부에 대한 지지 증대

① 정치 지도자들은 스포츠 이벤트에 참석하거나 스포츠 관련 정책을 홍보함으로써 자신의 인기를 높이고 대중과의 유대감을 강화한다.

② 선거 시기에 특히 두드러지며, 스포츠 성공을 정치적으로 활용하는 경우가 많다.

(8) 경제 및 사회 발전 촉진

① 스포츠는 지역 경제 활성화와 사회 발전의 도구로 사용된다.

② 예를 들어, 새로운 경기장 건설이나 스포츠 이벤트 개최는 일자리 창출, 관광객 유치, 지역 상권 활성화 등에 기여할 수 있다. 또한, 스포츠 프로그램은 청소년 범죄 예방, 사회적 응집력 강화 등 다양한 사회적 혜택을 제공한다.

3. 스포츠와 정치의 결합 방법

정치가 스포츠를 이용하는 방법은 단순 혹은 복합적 형태로 활용되는데 이에는 상징, 동일화, 조작 등이 있다.

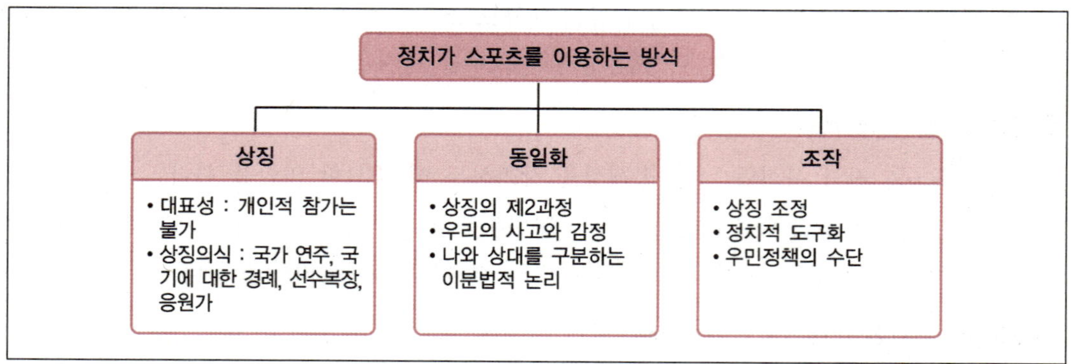

(1) 상징

① 상징이란 어떤 의미와 의의를 가지며 그 자체와는 다른 어떤 무엇을 대리하고 지칭하는 것을 의미한다.

② 상징은 개념 형성이나 지각의 체계화에 도움이 될 뿐만 아니라 사회체계를 유지하기 위하여 일정한 행동을 취할 수 있는 감정적, 합리적 애착심을 형성하는 데 도움이 된다.

③ 정치적 상징은 감정적 수단으로 이용되기 때문에 상징화된 사물이나 상태보다는 그 상징이 조성하는 감정이나 행동으로 표출된다. 따라서 상징에 대한 공감은 국민적 지지를 감성화시켜 주므로 국가와 사회의 체제유지에 기여한다.

④ 스포츠에 있어 상징적 측면은 세(勢) 과시와 의식의 요소를 포함하는데, 이를 정치가 이용할 경우 국가와 국가, 지역과 지역, 학교와 학교 간의 운동 경기는 단순히 개인이나 팀 간의 경쟁이 아닌 국가, 지역사회, 학교의 명예나 역량의 총체적 우열로 표현된다. 따라서 운동선수나 팀은 국가주의, 민족주의, 인종주의, 지역주의, 분리주의 등의 성격을 띠고 국가, 민족, 지역 사회, 조직 등으로 상징화되는 것이다.

(2) 동일화

① 동일화란 자아가 그 역할을 수행하기 원하는 타자에게 감정을 이입하거나 타자와 일체가 되어 동화하는 것으로서 타자와 자아가 혼동된 상태이다.

② 동일화는 사회적 동의성을 갖는 근거이기도 하지만 불특정 일반인의 사고를 강제나 명령 없이 '우리'의 사고, 감정을 형성함으로써 관념을 행동으로 나타내도록 하는 상징의 제2과정이라 할 수 있다.

③ 스포츠 세계에서 정치는 스포츠라는 허구의 세계를 국민들로 하여금 실제 경험하는 사회환경으로 착각하게 함으로써 스포츠에서의 승리를 국가 발전과 민족의 명예를 드높이는 애국적 행동으로 동일화시키는 것이다.

④ 스포츠가 어떤 특정인이나 팀을 영웅시함으로써 팬들로 하여금 스포츠 영웅이나 스포츠 기업, 팀, 국가와 동일화시켜 자기가 소속한 집단이나 사회 속에서 자신의 존재의의를 인식하는 것처럼 착각하게 한다.

(3) 조작

① 조작이란 행동하고자 하는 욕구가 큰 상황에서 반응을 통제하고 계속 압력을 증대시키고자 하는 목적에서 행해지는 상징 조정이다.

② 조작은 사회를 지배하는 풍토, 정치 체제, 정치 지도자의 성향에 따라 강도가 달라지는데 대개는 목적을 달성하기 위하여 수단과 방법을 가리지 않고 시도되기 때문에 윤리성과 합리성이 효율성과 수단 지향성에 매몰되기 쉽다. 특히 정치권력이 단시간 내에 목적한 효과를 얻고자 할 때에는 상징, 동일화의 방법보다는 선동적 조작을 이용한다.

③ 오늘날 스포츠는 고도화, 조직화, 대중화됨에 따라 정치적 측면에서 국가 역량의 동원, 정부에 대한 지지 또는 국가 정책이나 정치가의 실정, 비리, 부정 등을 은폐하는 수단으로 조작된다. 따라서 정치는 가정, 학교, 사회단체, 매스컴, 국가기관을 통하여 공식적, 비공식적, 명시적, 묵시적으로 국가 목적을 실현하기 위한 수단으로 스포츠를 이용하게 된다.

스포츠가 정치적 공간으로 기능하는 이유(왜 스포츠는 정치화되는가?)는 4가지 속성 즉, i) 스포츠는 집단을 대립시키며 – '대립적 속성', ii) 그 덕분에 사람과 시선을 집중시키는 한편 – '집합적 속성', iii) 사회 여러 부분에 걸쳐 있으면서도 – '교차적 속성', iv) 사회적으로 중요하지 않은 오락 쯤으로 치부되기 – '부차적 속성' 때문이다.

스포츠의 대중적 인기와 경제적 매력, 가치가 증가함에 따라 정부의 개입 역시 증가되고 있다. 스포츠에 있어 정부 관여의 성질과 범위는 공동체와 사회에 따라 다양한 양상을 보이고는 있으나, 전 세계를 막론하고 정부는 스포츠에 대해 적극적인 개입을 하고 있다. 이와 관련하여 Allison과 Houlihan은 정치의 스포츠 개입이 i) 공공질서 보호, ii) 시민들의 건강 및 체력 유지, iii) 지역사회나 국가의 명성(위신) 고취, iv) 정체성과 소속감 증진, v) 지배적인 정치 이데올로기와 관련된 가치 재생산, vi) 정치지도자와 정부에 대한 시민의 지지 증진, vii) 국가 및 지역사회의 경제발전 도모 등과 같은 목적성을 지닌다고 주장하였다.

4. 정치 수준과 스포츠

(1) 지역사회와 스포츠

지역사회 수준의 스포츠는 지역사회에 대한 향토애의 진작과 지역사회 개발 의지의 결집을 구체화하기 위하여 행해지는 스포츠 활동을 의미한다. 지역사회의 스포츠는 일정한 지역사회를 중심으로 전개되는 스포츠 활동으로서 대중의 보편적 사회 현상인 여가적이며 광의적인 의미의 스포츠 활동과 동일한 맥락에서 이해된다. 지역사회 수준에 있어서 스포츠와 정치의 상호 관련성은 교호적이며 또한 상호 간의 균등한 영향력을 반영한다.

① 지역사회 수준에 있어서 정치가 스포츠에 미치는 영향

㉠ 지역사회의 사회·정치적 환경인 인구 구성 및 인구 이동 그리고 정치적 성향은 스포츠 참여 기회의 제공 및 참여 확대의 기반을 결정한다. 즉, 활동력이 왕성한 인구의 구성비가 높고 인구 이동이 빈번하지 않으며 정치적 성향이 보수적일수록 스포츠 활동이 활발하다는 것이다.

㉡ 지역사회의 정치적 조직체인 지방 공공기관의 행정적, 재정적 지원 체계가 확고하고 지역 스포츠 관련 단체의 정치적 관심이 높을수록 지역 스포츠의 활성화와 발전이 고무된다.

㉢ 지역사회 정치 지도자의 스포츠에 대한 관심은 지역사회 스포츠 활성화에 직접적으로 영향을 미친다. 이는 지역사회 내의 학교 및 지역 연고 스포츠 팀의 창단 및 육성이 대부분 정치적 결단에 의하여 이루어지기 때문이다.

㉣ 지역사회 내의 자발적 결사체는 일반적으로 지역 이기주의의 목적 달성을 위하여 구성되지만 스포츠 관련 모임이나 결사체는 보다 순수한 동기에 의하여 이루어지기 때문에 스포츠는 지역사회의 정치적, 문화적 행사 프로그램의 중요한 구성요인으로 간주된다. 즉, 지역사회 내의 스포츠 활동은 지역주민의 지역 연대감을 강화하고 나아가서는 지역의 정치적 유대를 조성할 목적으로 행하여진다는 것이다.

② 지역사회 수준에서 스포츠가 정치에 미치는 영향

㉠ 지역사회에서 스포츠 시설의 확충 및 스포츠 활동의 확산은 궁극적으로 지역사회의 개발 및 발전에 이바지한다.

㉡ 지역사회에 있어서 스포츠는 지역주민의 자발적인 참여를 통하여 자기실현의 욕구를 충족시키기 때문에 자치능력의 향상은 물론 지역주민의 화합과 단결을 도모하여 지역주민의 사회정치적 지위를 고양시키는 데 기여한다.

(2) 국가사회와 스포츠

국가 수준에서 스포츠와 정치의 관계는 지역사회와 마찬가지로 상호 역동적으로 영향을 미친다. 즉, 스포츠와 정치는 국가 수준에 있어 각기 제도로서의 기능을 수행하는 과정에서 타 제도를 활용하는 경향이 있다.

① 국가 수준에서 정치가 스포츠에 미치는 영향

㉠ 스포츠와 직·간접적으로 관련된 법규 제정과 재정 투자를 이용하여 국민의 스포츠에 대한 참여 기회를 정치적으로 구속함으로써 권력의 균형이 스포츠보다 정치적 영역에 상대적으로 보다 많이 편재된다.

㉡ 국가 수준의 정치인은 자신의 정치적 결정에 찬동하지 않는 국민과의 개인적 접촉을 회피하려는 경향이 있으며 또한 보다 광범위한 여론의 조작을 통하여 정치적 결정에서 이들을 제외시키려 한다.

② 국가 수준에서 스포츠의 정치적 역할의 3가지 관점(Leonard)

㉠ 사회 통합을 촉진하는 기제의 역할을 수행함으로써 민족적, 종교적, 인종적 혹은 정치적 불화를 해소하고 사회적 분열을 사전 예방하는 데 기여한다.

㉡ 대중에 대한 사회 통제에 사용된다.

㉢ 스포츠가 다른 국가와의 공식외교 관계를 수립하고 국가적 위광을 획득하는 데 이용된다.

③ 스포츠와 민족주의의 관계

㉠ 스포츠는 국민을 사회화시키는 수단의 하나이다.

㉡ 스포츠 세계는 일반 사회의 다양한 가치와 규범을 일깨워 줌으로써 특정 국가의 정치체제에 대한 합법성을 지지해 준다.

㉢ 스포츠와 민족주의의 결합을 상징적으로 표출하는 스포츠 의식이나 행사는 국가에 대한 충성심과 애국심을 한층 고양시킨다. 예컨대, 국기를 국가대표 선수의 유니폼에 패착하고 국기를 앞세워 경기장에 입장하고 경기에서 승리할 경우 국기를 휘두르고 행진하며 국가 대항전의 식전·식후 행사에서 국가가 연주되고 국기가 게양된다.

㉣ 스포츠와 민족주의의 결합 양식은 스포츠뿐만 아니라, 사회 전 영역에 걸쳐서 국가 및 민족의 지배 문화의 상징물을 전달하기 위하여 시도되고 실천되는 의식의 한 형태로 일반화되고 있다.

㉤ 대부분의 국가에서는 스포츠 의식을 통하여 국민으로 하여금 국가 사회의 지배 이념과 가치에의 동조를 유도한다.

㉥ 스포츠 행사의 대부분이 국가적 상징물의 화려한 장식으로 포장되는 경우가 빈번하며 이는 국민적 일체감과 현존 국가사회 질서의 합법성을 찬양하는 민족주의적 행위의 일단이다. 충성 서약문의 암송, 국가 제창, 자국팀 응원, 국기 및 국가 상징물의 시위 등이 그 대표적 사례이다. 2002 FIFA한일월드컵축구대회 당시 붉은 악마의 응원 모습이 이의 좋은 예이다.

㉦ 대부분의 스포츠조직체와 스포츠 관리 책임자는 국가에 대한 충성심과 애국심을 강조하는 데 주저하지 않으며 또한 정치적 논쟁이 첨예화된 경우에도 국가 수준에서의 스포츠에 관한 담화는 논쟁의 갈등을 완화시켜 준다.

㉧ 국가는 선수 및 스포츠 지도자에게 선수의 약물 복용 금지와 약물 검사에 대한 수용을 선언하도록 강요하여 당면한 사회적 관심사의 하나인 약물 복용의 폐해에 관한 사회적 관심을 정치적으로 해결함으로써 국민적 합의를 도출하는 데 스포츠를 이용하기도 한다.

국가정치에서 스포츠의 기능

정권안정과 사회통합	• 스포츠는 민족적 · 종교적 · 인종적 · 정치적 불화를 해소하고 사회적 분열을 사전에 예방 • 1981년 제5공화국 정권은 올림픽 유치 활동을 국민통합 전략으로 활용
내셔널리즘의 강화	• 스포츠는 국가 내지 민족에 대한 충성심과 애국심을 한층 고양 • '한일전'은 반일감정을 스포츠를 통해 표명하고, 민족주의적 기대가 저변에 깔려있음
사회적 안전판의 수단	• 스포츠는 국민의 감정을 억제, 정화, 전이시킬 수 있는 사회적으로 용인된 통로 • IMF 경제위기 때 박찬호와 박세리 선수의 승전보는 국민들에게 용기, 긍지, 즐거움 선사
사회복지의 수단	• 스포츠는 국민의 신체적 · 정신적 건강 추구를 기본 이념으로 하고, 국민의 삶의 가치를 구현 • 영국의 'Sport for All'은 여러 나라에서 다양한 슬로건 아래 복지정책의 일환으로 전개

(3) 국제사회와 스포츠

국제 수준에 있어서 스포츠와 정치는 지역사회 및 국가 수준에 못지않게 밀접한 상호관련성을 지닌다. 그러나 국제 수준에 있어서 스포츠와 정치의 상호관계는 지역사회 및 국가 수준에서의 스포츠와 정치의 상호균형적인 영향력 행사와는 상이하다.

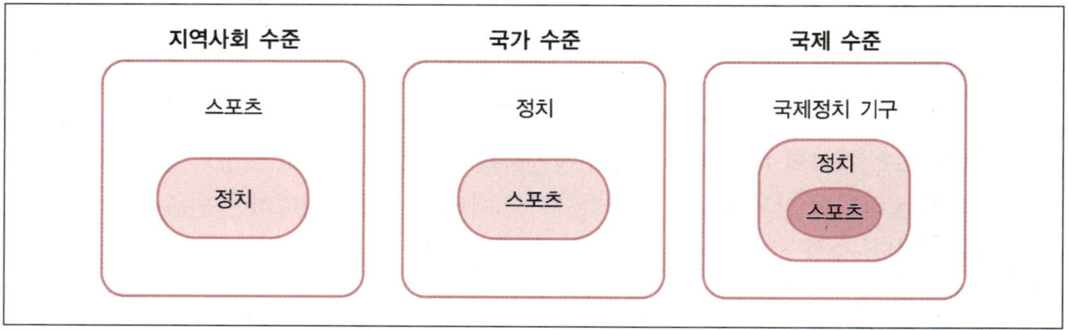

스포츠와 정치의 관계(Figler & Whitaker)

① 국제사회에 있어서 스포츠는 정치에 직접적인 영향을 미치지 못하는 반면 정치는 국제정치 기구를 통하여 스포츠에 강력한 영향을 미친다(Figler & Whitaker).

② 국제사회에 있어서 정치는 스포츠에 비하여 본질적으로 그 역할 및 기능의 측면에서 보다 우월한 위치를 차지하고 있으며 국제질서의 구조가 근본적으로 정치 관계를 통하여 유지 · 발전되기 때문에 정치가 스포츠에 보다 많은 영향력을 행사할 것으로 평가된다.

③ 국가 및 국제 수준에 있어서 스포츠와 정치가 지니는 영향력의 불균형은 스포츠에 대한 정치적 영향력을 비판하는 수많은 스포츠인의 입지를 부분적으로 시사하고 있다.

④ 국제사회에 있어서 급속히 신장된 문화 현상 중의 하나는 조직화된 스포츠이다(Sage).

⑤ 조직화된 스포츠는 국가 간의 다양한 정치적, 이데올로기적 상이점에도 불구하고 스포츠 경기에 참가한 국가 간의 친선을 도모하고 유대를 강화한다(Leonard).

⑥ 국제 수준에서 조직화된 스포츠는 스포츠와 정치의 관계를 확대·재생산하게 됨으로 스포츠에 대한 정치개입의 정도와 범위를 점증시키는 결과를 초래한다고 할 수 있다.

⑦ Pooley와 Webster에 의하면 국가는 국제 스포츠를 통하여 자국의 정치권력을 과시하려는 경향성이 있는데 정치 현상으로서의 국제 스포츠는 다음과 같은 6가지 측면에서 조망할 수 있다(Leonard).

㉠ 국제 수준의 스포츠는 정치 도구로서의 기능을 한다.

㉡ 국제 수준의 스포츠는 국내 문제를 반영하는 사회·정치적 반사경이다.

㉢ 국제 수준의 스포츠는 국가 선전의 장이다.

㉣ 국제 수준의 스포츠는 국가의 침략적 공격성의 배출구이다.

㉤ 국제 수준의 스포츠는 국가 경제력 공개의 터전이다.

㉥ 국제 수준의 스포츠는 민족주의의 진원이다.

⑧ 스포츠와 정치의 관계는 지역사회와 국가 그리고 국제사회 수준으로 발전될수록 정치적으로 상호 관련성의 정도와 범위가 확대·심화되며 영향력의 주체가 스포츠에서 정치로 이행되는 경향성이 있다.

⑨ 특히 국제화, 개방화를 지향하고 국가 간의 협력과 경쟁의 관계가 새롭게 모색되는 오늘날의 국제사회에 있어서 스포츠에 대한 정치의 영향력은 보다 조직적이고 민족주의적인 성향을 띠면서 상호 보완적이며 상대적 우위의 점유를 동시에 추구하는 양면성의 관점에서 이해되어야 한다.

5. 국제 정치와 스포츠

국제정치란 국제사회에서 일어나는 정치현상을 의미한다. 국제사회의 기본단위는 국가이다. 따라서 국제정치와 스포츠의 관계는 국가와 국가 간의 스포츠 교류 및 경쟁 상황에서 발생하는 정치현상, 즉 국제 수준에서 일어나는 스포츠의 정치현상이라 말할 수 있다.

(1) 국제관계에 있어서 스포츠의 중요성

① 특정 이익을 추구하는 국가와 동일한 이익을 목표로 설정한 국가 사이에 갈등이 생성되어 표면화될 때 국제 분규가 발생하며, 이를 해소·해결하기 위한 외교적 활동이 무위로 끝날 경우 전쟁이라는 극한의 폭력수단이 동원되기도 한다.

② 그러나 오늘날과 같이 세계 열강 간의 힘의 대결이 균형을 이루며 무력사용에 대한 견제장치가 심화되어 있는 상황에서는 전쟁이나 무력도발과 같은 극단적인 방법을 통하여 국제질서를 유지하기보다 국제적인 예술 행사나 스포츠 교류와 같은 문화적 교류를 통하여 자국의 이익을 상징적으로 추구하는 경향이 일반화되고 있다.

③ 국제관계에 있어서 스포츠의 이용은 국제 정치체제의 일부분이며 특정 정부의 의식적이고 의도적인 행위를 반영하고 있다는 점에서 체계적이라고 말할 수 있지만, 한편으로는 대중매체가 스포츠의 이용을 공표하는 상징적 내용이나 범위에 따라 국제적인 반향을 일으킬 수 있다는 점에서 비체계적이라고도 할 수 있다.

스포츠와 국제관계: 국제 스포츠의 정치적 결과에 영향을 미치는 요인

우호적 관계를 창출하는 요인	적대적 관계를 창출하는 요인
경기자가 참가의 과정 및 경험을 강조할 때	경기자가 참가의 결과 및 경쟁적 성공을 강조할 때
경기를 경기자 간의 사회적 결속 증진 및 강화의 기회로 인식할 때	경기를 경쟁자에 대한 우위 확립의 기회로 인식할 때
경기자 간의 기존 관계가 우호적일 때	경기자 간의 기존 관계가 적대적일 때
운동선수가 운동기능 발현의 측면에서 자신에 대한 정체감을 가지고 있을 때	운동선수가 국수주의적 애국심의 측면에서 자신에 대한 정체감을 가지고 있을 때
대중매체 및 관중이 개인자격의 운동선수에 초점을 맞출 때	대중매체 및 관중이 국가대표로서의 운동선수에게 초점을 맞출 때
경기의 상징적 의미를 상대편과의 화합에 둘 때	경기의 상징적 의미를 상대편과의 차별성 부각에 둘 때
국민의 기대가 주로 탁월한 운동 기량의 발현에 모아질 때	국민의 기대가 주로 메달획득에 모아질 때
승리가 운동선수에게 귀속될 때	승리가 소속 국가에 귀속될 때

(2) 국제 스포츠의 정치적 결과에 영향을 미치는 요인

① 국제 스포츠는 평화와 적대라는 두 가지 상반된 정치적 결과를 초래한다.

② 국제 스포츠경기는 국가 간의 격차를 감소시키는 데 기여하거나 혹은 국제 공동체의 양극화 현상을 강화시키는 원인이 되기도 한다.

③ 국제 스포츠경기는 국제 이해 및 우호적 관계를 창출하는 데 기여하기도 하며, 참가국 간의 불화를 야기하거나 적대감을 증대하여 분출시키는 역할을 하기도 한다.

④ 위의 표의 내용과 관련하여 그동안 국제스포츠 경기에서 보여진 일련의 정치적 결과는 우호적 관계보다는 적대적 관계를 생성하는 조건에 의하여 특징 지어지고 있는 것으로 평가할 수 있다. 즉, 국제 스포츠 경기에 참가하는 대부분의 국가는 스포츠경기를 통한 국제 친선 및 우호 증진에 목표를 두기보다 이데올로기의 선전 및 자국의 이익 추구 견지에서 의도적, 비의도적으로 이용되어져 오고 있다.

⑤ 그럼에도 불구하고 많은 경우에 있어서 국제 스포츠는 국제이해 및 우호증진에 긍정적인 기여를 하고 있다. 대표적인 예로 1970년대 초 미국과 중국 간에 거행된 탁구 경기를 들 수 있다. 이 탁구 경기는 후에 "핑퐁 외교"로 더욱 유명해진 경기이지만 이 시합의 궁극적인 목적은 경쟁에서 이기기보다는 참가의 과정 및 경험을 강조하였으며 특정 체제의 우월성이나 국력의 과시가 아닌 양국 간의 결속을 공고히 다지는 데 목적이 있었다.

(3) 국제정치에 있어서 스포츠의 이용

① 외교적 도구

국제 수준에서 스포츠를 이용하는 가장 보편적인 방법은 외교적 수단으로서 승인과 거부이다. 오늘날에는 어느 한 국가가 다른 국가와 스포츠 경기를 교류하게 되면 공식적 외교 관계가 성립되어 있지 않는 국가 간이라 할지라도 양국 및 해당 정부를 승인함을 상징하게 된다. 역으로 특정 국가와의 스포츠 교류를 거절하거나 그 나라의 운동선수에게 비자 및 여행문서 발급을 거부함으로써 스포츠 참가를 인정하지 않는 행위는 외교적 단절과 동등한 의미로 해석된다(Strenk).

② 이데올로기 및 체제 선전의 수단

국제 스포츠에서의 경쟁은 승자와 패자를 가늠하는 스포츠의 경쟁 원리에 입각하고 있다는 점에서 특정 정치 체제의 입지를 강화하기 위한 대리전적(代理戰的) 성격을 띠고 있을 뿐만 아니라, 국제 경기에서의 승리는 특정 정치 체제의 우월성을 입증하는 증거가 된다. 따라서 정치적 적대국 간의 스포츠 경기는 특정 정치체제를 대표하는 신체적 기량의 공개심판대를 제공하여 준다.

③ 국위 선양

운동선수와 국가 간의 동일시하는 착각현상은 특정 국가로 하여금 세계의 매스컴에 자연스럽게 명성을 떨칠 수 있는 기회를 제공한다. 작고 별로 알려지지 않은 약소 국가는 자국의 운동선수가 중요한 국제 스포츠경기에서 우승할 경우 하룻밤 사이에 수천만, 수십억의 텔레비전 시청자와 신문 구독자 및 투자 대상을 물색하고 있는 기업체의 사장에게 자국의 존재 및 가치에 대한 의식을 고취시킬 수 있다. 올림픽과 국제대회에서의 승리는 즉각적인 갈채와 국제적 신망 그리고 지위를 보장한다. 최소한 며칠 동안은 그 국가가 전 세계 신문의 주목의 대상이 된다.

④ 국제이해 및 평화증진

스포츠는 상호교류 및 신뢰를 증진시킴으로써 모든 인류를 한 곳으로 모을 수 있는 세계 공통어이다. 국가와 민족 그리고 문화를 초월한 스포츠 경쟁은 특정 개인으로 하여금 보다 광범위한 세계관을 형성시켜 줌으로써 자국 우월주의나 민족 중심주의와 같은 극우 집단의 배타적 적대사상을 퇴치시키는 데 기여할 뿐만 아니라, 국가 간 상호교류를 통하여 국제 이해, 친선 및 평화를 증진하는 데 긍정적인 공헌을 할 수 있다. 이러한 주장은 공격적 성향이 스포츠에 의해 화합적 성향으로 전환될 수 있으며 상이한 인종과 민족 간의 상호 교류를 통하여 잘못된 믿음과 편견을 불식할 수 있음을 시사한다. 선의의 경쟁이 협동과 결속을 유도할 수 있다는 주장이다.

⑤ 외교적 항의

특정 국가가 자국의 이익에 위배되는 조치를 취하거나, 위협을 가한 국가에 대하여 외교적 항의를 제기할 경우 극심한 외교적, 통상적, 정치적 피해를 입게 된다. 그러나 스포츠를 통하여 이와 같은 항의를 전달할 경우 직접적인 피해나 손해를 입지 않고도 외교적 목적을 달성할 수 있게 된다.

⑥ 갈등 및 전쟁의 촉매

오늘날 국제적인 스타 선수는 국가가 보유하고 있는 핵무기처럼 여겨지고 있어 국가의 중요한 외교적 정치 수단이 되고 있다. 그리하여 스포츠는 '우정으로 무장한 전쟁' 또는 '무기 없는 전쟁'으로까지 불리기도 한다. 스포츠를 통하여 의도적으로 갈등을 분출하고자 하는 정부는 거의 존재하지 않는다. 그럼에도 불구하고 갈등은 스포츠 현장에 언제나 존재하며 예기치 않게 발생한다.

국제정치에서 표현되는 스포츠의 기능 6가지 방식(Strenk)	
외교적 도구	• 외교적 거부: 남아프리카공화국은 인종차별정책(아파르트헤이트)으로 1994년까지 국제대회에서 거부당함 • 외교적 승인: 1971년 미국 탁구팀의 중공 방문, 일명 핑퐁외교
정치이념 선전	• 스포츠이벤트에서 국력을 상징적으로 드러낸다는 점에서 체제의 우월성을 근거로 활용: 나치정당의 정당성 및 우월성을 보여주기 위한 1936년 베를린올림픽 • 국제스포츠를 정치세계와 이데올로기의 힘을 시험하는 장으로 활용
국위 선양	• 스포츠에서의 승리 = 개인의 영광 = 국위선양이라는 등식 • 국제스포츠경기는 한 국가를 세계에 알리는 가장 강력한 수단: 2002년 한일월드컵 4강 신화를 통해 축구변방국가에서 축구강국으로 인식변화
국제이해와 평화증진	• 스포츠는 전 세계적으로 소통할 수 있는 만국 공통어다. • 분단국가인 우리나라에서의 남북 체육교류는 통일의 밑거름이 될 것으로 기대
외교적 항의	• 국제정치에서 스포츠는 간접적인 외교적 항의 도구로 이용. 전형적인 사례는 보이콧 선언 • 1980년 모스크바올림픽 서방국가 보이콧 선언. 이후 1984년 LA올림픽 동구권 국가 보이콧 선언
갈등 및 적대감의 표출	• 무기 없는 전쟁, 갈등과 적대감의 표출 수단으로 이용 • 1972년 뮌헨올림픽에서 아랍 테러리스트 검은 구월단이 선수촌에 침입하여 이스라엘 선수 살해 • 1972년 멕시코 월드컵 예선에서의 엘살바도르와 온두라스의 경기가 두 국가 간 축구전쟁의 촉매제가 된 사례

6. 올림픽 경기와 정치

쿠베르탱이 1896년 근대 올림픽 경기를 창시하면서 강조한 이상은 우호증진과 국제친선 및 세계평화의 실현이었다. 그러나 오늘날 대부분의 참가국은 올림픽 경기를 메달획득, 국력의 과시 및 자국의 이익을 추구하기 위한 수단으로 삼고 있다. 이와 같은 이상과 현실의 모순 및 괴리는 올림픽 경기에서의 민족주의, 상업주의 그리고 정치개입 등에 의해 노출·심화되고 있다.

(1) 올림픽 이념과 정치

① 근대 올림픽 경기는 당시 여러 가지 목적을 지니고 부활되었으나 인종, 국가, 사상, 종교, 정치, 경제를 초월하여 전 세계가 결속하고 친선을 도모함으로써 인류의 번영과 평화를 추구하려는 이념 하에 이루어지는 스포츠 제전이라 할 수 있다.

② 올림픽 헌장에는 올림픽 운동의 목적이 다음과 같이 명시되어 있다.

㉠ 아마추어 스포츠의 기본 이념인 신체적, 도덕적 자질의 발달을 도모한다.

㉡ 스포츠를 통하여 젊은이를 교육하고 상호이해와 우정을 바탕으로 보다 평화로운 세계를 구현한다.

㉢ 온 세계에 올림픽 정신을 전파하고 국제친선을 증진한다.

㉣ 4년마다 열리는 스포츠 대제전에 전 세계 선수를 결집시킨다.

③ 근대 올림픽 경기는 단순히 힘이나 기능을 겨루는 장이 아니라, 스포츠를 통하여 온 세계의 젊은이들이 상호이해와 우정을 돈독히 쌓음으로써 국제친선을 증진하고 보다 평화로운 세계를 건설하는데 그 이념이 있다.

④ 그러나 고대 올림픽의 창설 동기가 그리스와 여타 폴리스 간의 평화유지와 이민족 침략에 대비한 군사적 동맹결성 등과 같은 정치적 의도에 있었듯이 근대 올림픽도 부활 당시부터 19세기 정치·외교적 배경과 특성을 지니고 있었다. 즉, 쿠베르탱의 근대 올림픽 부활의 배경에는 독일에 대항하기 위한 프랑스 청소년의 자질향상이라는 애국적 동기 및 의도가 내재해 있었다.

⑤ 민족주의 심봉자였던 쿠베르탱은 심·신의 조화라는 그리스적 이상의 재건만이 프랑스를 패전 이전의 국제적인 강대국으로 회복시킬 수 있다고 굳게 믿었다(Toohey & Warning).

⑥ 쿠베르탱의 애국적 동기에서 출발된 올림픽 경기는 필연적으로 국기게양·국가연주·주권국가 단위별 입장 등과 같은 민족주의적 제 요소를 내포하게 되어 국가 간의 경쟁을 초래하였고 정치성을 동반하게 되었다.

⑦ 국가 간의 경쟁이 경기를 매개로 이루어지고 경기 순위와 득점에 대한 참가국 및 매스컴의 관심이 집중됨은 물론 각국의 NOC들이 자국의 위신과 명예를 추구하는 등의 여러 현상들은 올림픽 경기의 정치성을 단적으로 나타내 주고 있다(Segrave & Chu). 이와 같은 민족주의적 요소에 의해 국가권력이 개입됨에 따라 올림픽 경기대회는 필연적으로 정치화가 불가피하게 되었다.

(2) 올림픽 경기의 정치화 요인

① 민족주의의 심화

㉠ Levin은 스포츠에 있어서 민족주의에 영향을 미치는 요인을 조국애, 국가 주체성, 국가적 유일성, 국가 위신, 국가적 사명, 국가안전, 통신, 보도, 정치 및 국제관계 등 9가지 요소로 구분하였다.

㉡ 올림픽 경기에서 민족주의가 대두된 직접적 요인은 국기게양, 국가연주, 메달성적 발표, 팀스포츠의 존재 등이다. 제도적 요인이 존재하기 때문에 올림픽 경기에서 선수의 승리와 우승이 국가의 정치적, 이데올로기적 승리와 동일시되는 현상이 나타난다 하겠다.

㉢ 민족주의는 국가 간의 경쟁을 심화시키고 나아가 올림픽 경기에서의 정치화 현상을 유발하는 요인으로 간주되고 있으며 민족주의적 성향의 부산물이 곧 정치개입임을 알 수 있다.

> 민족주의는 국가를 위한 충성과 헌신을 뜻하며 자국을 타 국가보다 찬양하고 타 국가 및 타 민족 집단에 대항하여 자민족의 문화와 이익을 도모하는 데 역점을 두는 민족의식을 말한다(Segrave & Chu). 이러한 민족주의는 역사적으로 볼 때 인종, 종교, 거주지역 등과 같은 사회적 조건의 결합으로 발생한 것이다.

② 상업주의의 팽창

㉠ 올림픽 경기는 회를 거듭할수록 경제규모의 확대를 위한 수단으로 활용되어 오고 있으며 상업적 이익 추구를 위한 도구로 이용되어져 왔다(Lucas). 이와 관련하여 미국의 유명 주간지인 Newsweek지는 "미국사회에서는 올림픽을 스포츠 경기로 생각하기보다는 사회발전을 이룰 수 있는 시장이나 상품의 처리장으로 생각한다."고 지적하였다.

㉡ 고도의 상업적 이익을 위해서 스포츠를 독점하고 이를 광고 대상물로 간주하려는 상업주의 성향은 올림픽 경기를 통해서 기업가들에 의해 현실화되었다.

㉢ 올림픽대회에 있어서 상업주의가 급속하게 팽창하는 요인 중의 하나는 전파매체인 TV와 라디오의 출현 및 그 영향력이다.

㉣ 각 국가는 올림픽대회 개회식이나 시설물의 화려함과 웅대함을 주최 국가의 정치, 경제, 사회적 우월성과 동일시하여 왔다.

③ 정치권력의 강화·보상

㉠ 오늘날 세계 각국은 자국의 정치적 목적에 따라 스포츠를 이용하고 있다. 이는 곧 스포츠가 국가정책의 수단으로 활용되고 있음을 의미한다. 이렇게 각국이 스포츠를 정치화하고 있는 것은 정치적 차원에서 스포츠가 국력의 과시 및 외교수단 등의 큰 효용 가치를 지니고 있기 때문이다(Segrave & Chu).

ⓐ 정치가 스포츠를 이용하게 된 동기는 강력한 군사력의 육성, 이데올로기나 정치체제의 강화, 외교수단, 그리고 국민총화 등과의 연계성 때문이다.

ⓑ 특히 국가가 스포츠를 국제관계에 이용하려는 배경에는 스포츠가 정치체제의 강화나 외교수단 등의 목적달성을 가능케 하는 잠재력이 크기 때문이다.

㉡ 각국은 스포츠를 국가 간의 경쟁수단으로 이용함으로써 무력 충돌을 통한 현시적 국력 표현을 무력사용이 아닌 잠재적 표현 양상으로 대리 보상하여 왔다. 무력 충돌을 통해 정치적 강화와 보상을 받던 국제정치의 양상이 스포츠 경쟁의 무대를 통하여 스포츠 및 비스포츠 두 분야의 국제적 지위 향상을 동시에 추구하는 양상으로 변모된 것이다.

㉢ 올림픽 경기의 결과가 정치적으로 해석되어 정치적 권위를 대변하게 됨으로써 세계 각국은 정치권력의 강화 및 보상을 위한 수단으로 올림픽 경기를 이용하게 되었고 그 결과 올림픽 경기의 정치화를 초래하였다.

㉣ 특히 올림픽 경기에 뿌리 깊게 자리 잡고 있는 승리제일주의는 국가 및 정치 이데올로기와 밀접한 관계를 맺으면서 올림픽의 정치화를 가속화시키고 있다.

㉤ 실제로 올림픽 경기를 통한 정치권력의 강화와 보상은 다양하게 전개되어 왔다. 이와 같은 현상은 각국이 올림픽 경기에 자국의 정책을 반영시켜 자국의 이데올로기 및 정치적 이익을 추구하려는 노력 때문에 발생하는 것으로서 올림픽 경기의 정치화를 초래하고 가속화시키는 요인이 되고 있다.

(3) 올림픽 경기의 정치도구화

현대 올림픽 경기에 있어서 정치는 스포츠의 일부분으로 일상화되었기 때문에 올림픽 경기에서 정치성을 배제하기란 거의 불가능한 기정사실로 되어 버렸다(Espy). 한편 올림픽 경기에서 발생한 대부분의 정치적 사건들은 스포츠와는 무관한 국내외의 정치적 상황에 영향을 미칠 수 있는 영향력을 조성하기 위하여 스포츠를 목적 달성의 수단으로 이용한데서 기인하고 있다. 올림픽 경기에서의 정치 개입으로 인한 정치화 사례를 역사적으로 살펴보면 그 범위 및 수준이 어느 정도인가를 쉽게 알 수 있다.

① 1896년 제1회 아테네 대회는 그리스가 지중해와 에게해에서의 터키 침략정책을 국내외에 폭로하여 저지하여야겠다는 정치적 의미가 내포된 경기였다. 결국 터키는 그리스와의 적대관계로 인하여 이 대회에 불참하였다. 올림픽 경기는 제1회 대회부터 이미 정치적 의도 및 이용과 깊이 관련되었던 것이다.

② 1920년 앤트워프 대회에서는 세계대전을 일으킨 당사국인 독일, 오스트리아, 터키의 참가가 거부당했으며 구소련 역시 IOC기구 및 조직에 대한 서방국가와의 견해 차이로 초청되지 못하였다. 이러한 사건들은 올림픽 경기가 정치적 문제와 상호 밀접히 관련되어 있음을 보여주고 있다.

③ 1936년의 베를린 대회는 독일인 특유의 조직 능력 및 경기시설의 우수성과 경기 수준의 향상이라는 측면에서는 큰 성공을 거두었으나 당시 정권을 장악하고 있던 히틀러 정부에 의해서 나치의 권위와 위대성을 과시하기 위한 정치 선전의 장이 되었다. 결국 올림픽 경기가 한 국가의 이념적, 민족주의적 선전도구로 전락하게 된 것이다.

④ 1948년의 런던 대회는 제2차 세계대전 후 동유럽의 대부분을 점령하여 이들 국가를 소비에트 연방국에 병합시키려는 구소련과 이를 저지하려는 미국, 영국, 프랑스 등의 서방세력 간의 정치적 갈등의 장이 되었다(Espy).

⑤ 1952년의 헬싱키 대회는 스테이트 아마추어리즘(state amateurism)이란 문제가 제기되어 구소련을 중심으로 한 동구 공산권 국가들과 서방측이 당시 국제 정치적 냉전 상황을 배경으로 정치적 갈등을 노출하게 되었으며 특히, 구소련이 처음 참가하여 올림픽 경기가 미·소 양 진영 간의 세력 각축장으로 변모하는 계기가 되었다.

⑥ 1956년의 멜버른 대회에서는 구소련의 헝가리 침공에 대한 항의표시로 스페인, 네델란드, 스위스 등 많은 서방국가가 불참하는 사태가 발생하였다.

⑦ 1964년의 동경 대회에서는 인도네시아가 1962년 아시안 게임 개최 시 대만과 이스라엘 선수단에게 비자발급을 거부하고 이들을 초청하지 않았다는 이유로 대회참가를 거부당하였다. 이에 반발한 인도네시아는 1965년 반둥회의의 정신과 올림픽 이상을 토대로 하여 신생국의 체육발전을 도모하고 이들 국가 간의 우호관계를 공고히 하기 위해 GANEFO(Games of the New Emerging Forces: 신생국 경기대회)를 조직하였다(Espy).

⑧ 1972년의 뮌헨 대회에서는 "검은 구월단 사건"으로 국제 정치력이 개입된 유혈사태가 발생하여 올림픽 대회의 유해론이 대두되었다(Axthelm). 이 사건으로 올림픽 경기장은 국제정치의 무대 또는 국제이념의 투쟁장이 되었다. 또한 남아프리카공화국의 인종차별정책(아파르트헤이트)과 로데시아의 백인 소수 지배체제에 반대하는 아프리카 여러 나라의 대회 보이콧으로 정치적 시련을 겪게 되었다.

⑨ 1976년의 몬트리올 대회는 아프리카 국가들이 뉴질랜드 럭비팀의 남아공 원정경기에 항의하고 뉴질랜드의 올림픽 참가를 저지하기 위해 대회를 보이콧 함으로써 뮌헨 대회에 이어 또다시 정치적 시위의 장이 되었다.

⑩ 1980년의 모스크바 대회에서는 구소련의 아프카니스탄 침공에 대한 미국의 정치적 제재 및 대응책으로서 미국을 비롯한 일부 서방 국가들이 대회 참가를 보이콧 하였다. 실제로 카터 대통령은 아프카니스탄에서 구소련 군대를 철수시키기 위한 정치적 압력 수단으로서 스포츠장에서의 보이콧을 이용하였던 것이다(Coakley). 미국 국내경기연맹 중 일부는 정부의 정책에도 불구하고 대회에 참가하려 시도했으나 정부의 강력한 제지에 굴복하고 말았다. 이 대회의 보이콧은 올림픽의 이상과 이념에 큰 상처를 남겼으며 나아가 올림픽 경기의 정치도구화를 노골화한 사건으로서(Alpern) 올림픽 대회의 참가 여부가 정치적 문제해결과 직결되고 있음을 입증한 대표적 사례라 할 수 있다.

⑪ 1984년의 로스앤젤레스 대회에는 구소련과 구소련의 보이콧 주장에 동조한 공산진영 13개국이 불참하였다. 비록 구소련이 자국선수의 신변 안전을 보이콧 이유로 제기하였지만 그 이면에는 두 가지 정치적 요인이 내재해 있었다. 첫째, 1980년 모스크바 대회 보이콧에 대한 보복과 둘째, LA 올림픽 조직위원회가 상업적 이익을 도모하기 위하여 대회를 이용함으로써 올림픽 정신을 위반하고 있다는 사실을 공개하기 위한 목적 등이다(Coakley).

정치적으로 화제가 된 스포츠 메가이벤트의 사례들	
1896년 아테네 올림픽	• 근대올핌픽의 부활, 여성참가 불허 • 지중해와 에게해에서 터키의 침략정책을 저지하려는 그리스의 정치적 의도 개입
1900년 파리 올림픽	• 테니스 종목에서 여성 참가 허용
1936년 베를린 올림픽	• 나치 정권의 정치적 선전장으로 올림픽 이용 • **최초의 성화봉송 도입**: 고대 그리스와 근대 독일을 연관 지으려는 선전장관 괴벨스와 스포츠 장관 카를 디엠의 작품
1948년 모리츠 동계올림픽	• 해방 이후 우리나라 최초 올림픽 참가
1948년 런던 올림픽	• 우리나라 정부수립 이후 최초 하계올림픽 참가 • 제2차 세계대전 후 동유럽을 병합하려는 소련과 이를 저지하려는 미국, 영국, 프랑스 등 서방세력 간의 정치적 갈등의 장
1956년 멜버른 올림픽	• 소련의 헝가리 침공에 대한 항의로 스페인, 네덜란드, 스위스 등 서방국가 불참
1964년 도쿄 올림픽	• 북한철수(신금단 순수 출전자격금지 항의), 미국으로 위성중계방송 • 1962년 아시안게임 개최 시 대만과 이스라엘 선수단에 비자발급을 거부하고 초정하지 않았다는 이유로 인도네시아 참가 불허
1968년 멕시코 올림픽	• 인종차별문제를 세계에 알린 최초의 사건(미국의 스미스, 카를로스)
1972년 뮌헨 올림픽	• **검은 구월단 사건 발생**: 11명의 이스라엘 올림픽팀 선수들과 1명의 서독 경찰이 팔레스타인 무장단체인 검은 구월단에 의해 살해됨 • 남아프리카공화국의 인종차별정책과 로디지아(현 짐바브웨)의 백인 소수 지배체제에 반대하는 아프리카국들의 대회 불참
1976년 몬트리올 올림픽	• 뉴질랜드 럭비팀의 남아프리카공화국 원정경기에 항의하고 뉴질랜드의 올림픽 참가를 저지하기 위한 아프리카국들의 대회 불참 • 거액의 빚으로 기억되는 올림픽으로 채무를 갚는 데 30년 소요 • 몬트리올 올림픽 스타디움은 활용도가 낮은 애물단지(white elephant)의 전형으로 알려짐 • 우리나라 최초의 금메달(레슬링 양정모)
1980년 모스크바 올림픽	• 소련의 아프가니스탄 침공에 대한 미국의 정치적 대응으로 미국을 비롯한 서방국가들이 대회 불참

1984년 LA 올림픽	• 소련의 불참과 그에 동조한 공산진영 13개국 불참 • 가장 급진적으로 상업화 전략이 도입됐던 대회 • 여자마라톤 허용
1992년 바르셀로나 올림픽	• 도시의 이미지 향상, 균형 잡힌 예산의 활용 등으로 성공적인 대회로 평가 • 관광의 증가와 사후시설의 장기적이고 알뜰한 활용 • 손기정 이후 마라톤에서 금메달(황영조)
2000년 시드니 올림픽	• 남북 최초 공동입장, 한반도기
2004년 아테네 올림픽	• 한해 세입의 5%에 달하는 비용을 올림픽에 지출해서 그리스의 재정파탄에 상당한 기여를 한 것으로 알려짐(Szymanski) • 올림픽을 위해 지어진 경기장과 시설들이 사후에 무용하게 방치
2006년 독일 월드컵	• 장기계획과 팬 중심의 기획이 낳은 성공사례로 거론 • 월드컵 기간과 전후 외국인 관광객 수가 200만 명 가량 급증
2008년 베이징 올림픽	• 개회식 비용만 9백억 원가량을 써서 소치 동계올림픽에 의해 깨지기 전까지 가장 비싼 올림픽으로 기록 • 올림픽을 앞두고 수십 년간 지속되어 온 티베트족에 대한 중국의 억압적 정책에 대한 시위와 중국 정부의 시위 탄압
2010년 남아공 월드컵	• 한때 '아파르트헤이트'로 외면 받던 국가로서 국제적 신뢰를 확보하고자 기획 • 아프리카 국가 중 첫 번째로 메가 스포츠이벤트를 유치해서 대륙을 대표하고 국제질서에서 중간적 위치를 확보하려는 외교적 계산(Cornelissen)
2012년 런던 올림픽	• 최초로 모든 종목에서 여성의 참가 허용(복싱)
2018년 평창 동계올림픽	• 남북공동입장 및 여자아이스하키 단일팀 구성
2022년 베이징 동계올림픽	• 미국을 비롯한 주요 서방국가들의 중국 인권탄압 문제 등을 이유로 사절단을 보내지 않은 외교적 보이콧 및 서방국가 지도자들의 개막식 불참 • 베이징은 '동·하계 올림픽'을 모두 개최한 세계 유일의 도시 • 시진핑 주석의 장기 집권의 발판을 위한 포석
2022년 카타르 월드컵	• 이란의 반정부 시위와 이란 축구계의 주요 인사들과 축구국가대표팀의 반정부 시위 지지 • 카타르의 인권 문제(이주노동자 착취 및 성소수자 인권 문제)에 대한 유럽국가, 협회, 선수들의 정치적 목소리
2024년 파리 올림픽	• 최초로 남녀 참가자 수 동일

(4) 올림픽 경기의 문제점 및 개선방안

① 올림픽 경기의 문제점

아마추어리즘에 대한 논쟁 및 참가자격 논란, 올림픽 경기의 정치적 이용 및 선전무대화, 인종 및 성차별에 대한 갈등, 불공정한 심판판정, 민족주의의 심화, 상업주의 팽창, 약물복용, 경기장 폭력, 올림픽대회 개최경비 및 규모의 비대화 등을 들 수 있다.

② 올림픽 경기의 정치적 문제점에 대한 개선방안

㉠ 민족주의적 성향이 대두・심화됨으로써 정치적인 문제를 야기하고 있다. 민족주의를 심화시키는 요인은 올림픽 개・폐회식의 국가별 입장, 메달 수여식에서의 국가연주와 국기게양, 선수들의 유니폼, 그리고 올림픽선수촌의 생활방식 등에서 나타나고 있다(Lucas).

ⓐ 현재의 국가별 개・폐회식을 개선하여 선수는 국가단위가 아닌 타국 선수와 혼합대열로 입장하거나 경기 종목별로 입장한다.

ⓑ 시상식에서 국기게양과 국가연주를 폐지하고 이를 올림픽기와 올림픽가로 대치한다.

ⓒ 국가를 상징하는 유니폼의 착용을 폐지하고 이를 경기종목별로 구분한다.

ⓓ 국가별 메달 집계를 금지하고 대회 조직위원회나 매스컴은 개인별 메달 집계만을 발표하고 보도하도록 한다.

㉡ 올림픽은 그 규모와 개최경비가 비대해져서 올림픽 대회 유치에 따른 개최국의 재정부담이 과중되고 있는 실정이다.

ⓐ 올림픽 대회의 경기규모를 간소화하는 방안이 요구되는데 그 방법으로는 단체 경기를 배제하거나 그 종목 수를 줄이는 안이 있다.

ⓑ 각 종목 국제연맹에서는 우수선수나 팀의 세계랭킹이 발표되므로 이를 근거로 기량이 우수한 선수만 참가토록 규제하여 참가자 수를 제한하는 방법이 있다.

㉢ 1980년 모스크바 대회에 미국을 중심으로한 자유진영 국가가 불참한 데 대한 보복조치로 1984년 로스엔젤레스 대회에서는 소련을 비롯한 공산진영의 국가들이 대회를 보이콧 하였다. 이로 인하여 올림픽 경기는 동・서 이데올로기의 각축장이 됨으로써 그 이상과 이념에 심각한 상처를 입게 되었다.

ⓐ 성공적인 대회개최와 올림픽 경기에서의 정치성을 배제하기 위해서는 영구적인 장소나 혹은 중립적인 몇 개의 장소에 한정하여 대회를 개최하는 방안이 고려될 수 있다.

ⓑ 개발도상국을 개최지로 선정하는 방안이 함께 고려될 수 있다.

7. 정치사회화와 스포츠

(1) 정치사회화의 개념

① 정치사회화의 개념은 일반적으로 개인적 차원과 사회적 차원의 두 가지 국면에서 논의되어 오고 있다.

㉠ 개인적 차원은 개인이 특정 정치태도를 습득하는 과정에 초점을 둠으로써 시민의 정치적 태도, 가치성향과 행동유형을 습득하는 학습과정을 정치사회화로 규정하고 있다.

㉡ 사회적 차원은 정치체제의 유지와 지배계급의 통치를 옹호하기 위한 학습과정으로 간주하는 입장이다.

② Dawson 등은 개인적 차원에서 정치사회화를 규정하면서 “특정 개인이 그의 특수한 정치적 정향 즉, 정치세계에 대한 지식, 느낌, 평가를 습득하는 다양한 과정”이라고 정의하고 있다.

③ Easton과 Hess는 정치사회화를 정치공동체나 권위체와 같은 정치 대상에 대한 지식, 평가, 태도로 규정하고 있다.

④ Easton과 Dennis는 정치사회화를 개인이 정치정향과 행동적 유형을 습득하게 되는 성장과정이라고 정의하고 있으며, Langton은 사회의 여러 가지 매개체를 통하여 개인이 정치와 관련되는 정치적 성향과 행동적 유형을 학습하는 과정이라고 규정하고 있다.

⑤ Almond와 Powell은 정치문화를 정치체제의 구성원들이 갖는 정치태도와 정향 등으로 구분하고 있다. 따라서 정치문화는 특정 사회에 속하는 개인들이 소유한 정치정향 내지 정치성향의 총화라 할 수 있으며 정치사회화란 이와 같은 정치문화로의 유입과정이라고 규정할 수 있다(Almond & Coleman).

⑥ Malssialas 또한 Almond와 Coleman의 정의와 유사하게 정치문화를 정의하면서 정치태도를 정치문화의 한 양태로 간주하고 있다. 또한 그는 정치사회화를 한 개인이 정치체제의 규범과 가치를 내면화하는 과정 또는 정치적 가치가 한 세대로부터 다음 세대로 전해지는 과정이라고 정의하고 있다.

⑦ Hyman은 정치사회화를 다양한 사회적 매개체와 역할을 통하여 사회적 제지위에 부합되는 정치적, 사회적 여러 유형을 학습하는 과정이라고 정의함으로써 사회적 차원에서 규정하고 있다.

⑧ Greenstein 또한 Hyman과 비슷한 입장에서 정치사회화를 규정하면서 형식적이건 비형식적이건 간에 전 생애주기를 통하여 일어나는 명백한 학습뿐만 아니라, 정치적 행동에 영향을 주는 학습까지 포함하는 모든 정치적 학습과정을 정치사회화로 정의하였다.

⑨ 스포츠를 통한 정치사회화란 개인이 스포츠와 관련되는 여러 가지 행동적, 인지적, 정의적 참여를 통하여 정치체제의 규범과 가치를 내면화하고 정치와 관련된 태도 성향을 획득하는 학습과정이라고 규정할 수 있다.

(2) 운동선수의 정치적 태도

① 정치태도란 정치사회화 과정을 통하여 유지・변형・창조되는 최종 산물로서 사회성원이 정치대상에 대하여 선유경험으로 가지는 정치적 인식, 신념, 의식, 사고, 평가 등을 포함하는 총체적인 정치성향이라고 정의할 수 있다.

② Rehberg와 Cohen은 New York에 소재하고 있는 8개 고등학교 937명을 대상으로 교내 스포츠 활동 참가와 정치태도의 관계를 조사한 결과 다음과 같은 3가지 사실을 발견함으로써 운동선수가 일반학생에 비하여 보수적인 정치성향을 지니고 있다고 주장하였다.

㉠ 교내 체육활동에 많이 참가한 학생일수록 권위에 순응한다.

㉡ 운동선수는 비운동선수에 비하여 미국의 생활방식이 다른 어느 나라의 생활방식보다 더 우수하다고 믿는다.

㉢ 운동선수는 징병거부를 근본적으로 바람직하지 못한 생각으로 간주한다.

③ Norton은 대학생을 대상으로 실시한 운동선수와 비운동선수의 정치태도에 관한 비교 연구에서 대학운동선수가 일반학생에 비하여 보다 보수적이고 정치적 활동에 무관심할 뿐만 아니라, 비활동적이고 시민의 권리침해 및 학원소요에 대한 강경대처에도 보다 관용적이라고 주장하고 있다.

④ Eitzen과 Sage는 운동선수의 정치태도에 관한 이론적 고찰에서 운동선수가 일반학생에 비하여 정치성향이 보수적인 이유를 다음과 같이 들고 있다.

㉠ 운동선수는 자신이 속해 있는 학교나 사회의 명예를 대표하는 자격을 지니고 있다. 따라서 그들은 현존하는 체제에 의하여 이익을 받고 있기 때문에 현 체제를 비판하지 않는다.

㉡ 운동선수는 대부분의 시간과 정력을 운동에 투자하기 때문에 사회비판에 개입하거나 고려할 시간적 여유가 없다.

㉢ 운동선수는 권위에 대하여 의문을 품기보다는 맹목적으로 수용하는 데 익숙해 있기 때문에 기존 권위 및 체제에 대하여 비판하지 않는다.

㉣ 스포츠 세계에서는 혁신적인 것이 용납되지 않는다. 따라서 이념이나 행위가 비전통적인 자유분방한 선수는 그들의 코치나 감독의 눈 밖에 나서 소외당하기 때문에 보수적 성향을 지니고 있다.

⑤ 결론적으로 운동선수가 일반학생에 비하여 보수적인 가장 큰 이유는 궁극적으로 스포츠계를 장악하고 있는 세력이 보수적이라는 사실에서 기인한다. 따라서 스포츠에 참여하는 운동선수는 기존의 보수적인 지도자 및 행정가에 의하여 일관된 사고와 행동을 강요받게 되고 이에 의하여 그들의 정치적 태도 또한 보수적인 성향으로 주조(鑄造)되게 된다.

4 스포츠와 경제

산업혁명 이후 가속화된 도시화, 산업화, 자본화, 교통 및 통신의 발달 등의 요인은 인간 삶의 모습을 근본적으로 변모시켰으며 이런 변화의 물결은 현대 스포츠의 형성과 발전에 큰 영향력을 행사해 왔다. 20세기에 접어들면서 일기 시작한 급속한 경제 성장은 법인 스포츠인 프로스포츠의 출현뿐만 아니라, 우리 삶의 각 분야(대중매체, 예술, 의류 등)에서 붐을 조성하였다. 이러한 현상은 스포츠의 상품화 경향을 심화시켰으며, 기업으로 하여금 이윤 추구의 목적으로 스포츠를 상업화시키는 계기를 마련해 주었다.

1. 경제발전과 스포츠

(1) 현대 스포츠의 발전에 영향을 미친 사회적 요소

현대 스포츠의 형성과 발전에 영향을 미친 주요 사회적 요소로서는 산업화, 도시화, 교통 및 통신의 발달을 들 수 있다.

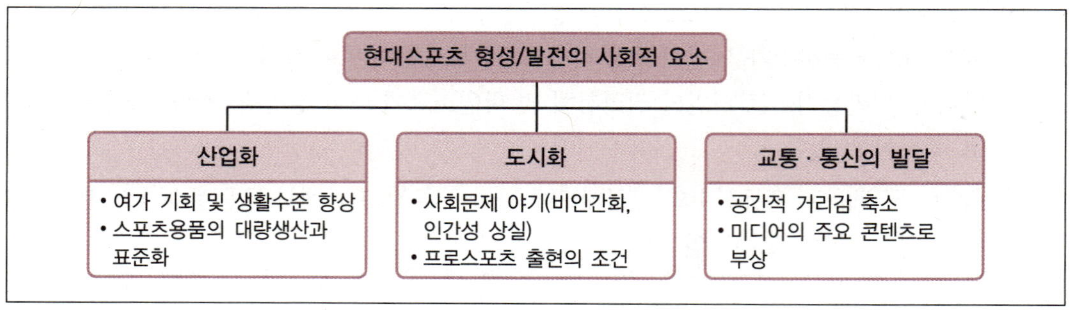

① 산업화

㉠ 18세기 중반 영국에서부터 시작된 산업화는 동력을 이용한 기계와 전문화된 노동의 분화를 통해 공장에서 제품을 대량생산하는 사회적, 기술적 발전상태를 의미한다.

㉡ 산업화로 인해 노동의 기계화가 이루어져서 여가가 창출되고 고정 임금의 지불로 수입이 증대됨으로써 생활수준이 향상되어 레크리에이션 및 스포츠에 대한 욕구가 증대됨에 따라 스포츠라는 여가제도가 사회제도로서 창출 · 정착되었다고 할 수 있다.

② 도시화

㉠ 도시화란 농촌으로부터 도시지역으로의 인구이동과 이로 인한 도시 중심부로의 과도한 인구집중현상이며 농촌지역의 생활 모습에 도시형의 생활유형과 문화유형이 유입되는 현상을 말한다.

㉡ 도시화는 상업화된 관람 스포츠에 대한 필요성을 제기한 반면, 산업화는 여가를 즐기기 위해 요구되는 전제 조건으로서 생활수준의 향상과 시간적 여유를 제공하였다고 볼 수 있다(Betts).

㉢ 일정 지역 내에 많은 인구가 거주한다는 것은 경기를 관람할 수 있는 관중 동원을 위한 토대가 마련되었다는 것을 의미하며, 이는 프로스포츠가 출현할 수 있는 결정적인 계기가 되었다고 할 수 있다.

③ 교통과 통신의 발달

㉠ 교통과 통신 분야에 있어서의 발전은 스포츠 저널리즘이 대중에게 널리 각광을 받는 데 크게 기여하였다.

㉡ 19세기에 등장한 증기기선과 철도, 20세기에 등장한 내연기관, 비행기 등은 스포츠의 발전에 커다란 기여를 한 기술적 발전이라 할 수 있다.

㉢ 1850년경에는 전신을 통해 스포츠 경기의 결과를 알리는 것이 보편화되었고, 19세기말의 전화는 팬에게 스포츠 저널리즘을 소개하는데 도움을 주었다. 매스 커뮤니케이션(mass communication)의 등장은 대중매체를 통해 공간적으로 멀리 떨어져 있는 관중에게 메시지를 송달하는 중재자가 되었고, 라디오(1920년대), 텔레비전(1940년대)은 거의 모든 스포츠와 불가분의 관계를 맺게 되었다.

㉣ 스포츠의 성장은 어느 한 가지 요인만의 결과로 인해 이루어진 것이 아니라, 여러 가지 과학기술적 발전의 영향을 받았다고 할 수 있다. 특히 텔레비전은 스포츠의 성장에 가장 큰 기여를 한 요인 중의 하나이다.

(2) 스포츠 관련 경제 활동

① 스포츠 용품 산업

스포츠 용품이란 스포츠 활동이나 경기진행에 필요한 용·기구 또는 의류 등을 뜻하며, 스포츠 용품 산업이란 체육관이나 경기장 등 일정한 체육 시설 내에서 또는 야외에서 스포츠 활동을 전개하기 위해 필요로 하는 일체의 용·기구를 생산 및 판매하는 산업으로서 구기용품, 라켓, 글러브, 체육 기자재, 코트 및 필드 용구 등이 이에 포함되며 등산, 수렵, 낚시, 캠핑, 싸이클링 및 보호장구 등과 관련된 레저 용품을 취급한다.

② 건설업

보다 많은 관중을 수용하고 각종 편의시설을 제공하기 위해 스포츠 시설의 규모가 점차 대형화되고 현대화되어 감에 따라 스포츠와 관련된 건설 산업의 비중이 커지고 있다.

③ 기념품과 매점업

관람 스포츠에 참여하는 관중의 수가 증가하고, 생활 체육의 일환으로서 각종 동호인 활동에 참가하는 회원 수가 늘어남에 따라 각종 경기장에서 판매하고 있는 상품이 다양해지고 있으며, 이것의 판매를 통한 수익 규모도 점차 증가하고 있는 추세이다.

④ 취업 기회 제공

많은 직업선수는 기본적인 급료 이외에 게임 수당과 광고 출연료를 받는다. 기업체에 사회체육 지도자로 고용되어 활동하는 사람의 수가 점차 늘어나고 있으며 각종 기업체가 증가함에 따라 스포츠를 통한 고용효과가 점차 증대되고 있다. 각종 프로스포츠가 활성화되어 감에 따라 많은 취업 기회가 제공되고 있다.

(3) 경제에 대한 스포츠의 기능

① 순기능

㉠ 스포츠 용구 판매 증가

㉡ 스포츠 용품 판매 증가

㉢ 스포츠 시설 건축 등의 산업이 각광

㉣ 스포츠 관련 분야에 대한 재정 규모 증대

㉤ 관람 스포츠에 대한 관심의 증대와 스포츠 마케팅의 활성화

② 역기능

㉠ 스포츠에서의 지나친 상업주의의 발달

㉡ 물질적 보상을 추구하는 프로스포츠의 대두로 말미암아 순수한 운동 정신인 아마추어 정신의 퇴조

2. 상업주의와 스포츠

(1) 스포츠 본질의 변화

상업주의의 발달과 관련하여 물질적 보상을 추구하는 프로스포츠의 대두로 말미암아 아마추어리즘의 변질 및 퇴조와 함께 생계유지 수단으로서의 직업 스포츠가 태동함에 따라 스포츠 본래의 고유 목적인 순수한 활동 그 자체에 만족하는 내면적 욕구 충족의 양상은 점차 퇴색하게 되었고, 스포츠의 상업화로 관중의 영향력이 높아지자 스포츠와 관련된 규칙, 제도, 과정 등이 관중 위주로 변모하게 되었다. 상업주의의 영향으로 인한 스포츠의 변화는 프로스포츠의 발전을 더욱 가속화시켰으며, 스포츠 산업, 스포츠 마케팅 등과 같은 새로운 용어의 등장과 함께 스포츠 관련 영역을 확장시키는 계기를 마련하였다.

① 아마추어리즘의 퇴조

㉠ 아마추어리즘이란 스포츠 자체를 위하여 신사적으로 경기에 임하고 스포츠를 애호하는 페어플레이 정신이며 전혀 물질적인 이익을 추구하지 않고 공명정대한 방법으로 경기 규칙을 준수하는 마음의 자세라 할 수 있다.

㉡ 행위 자체를 중시하며 내면적 성취 욕구를 추구하는 진정한 의미에서의 아마추어리즘은 시대 변천에 따른 국가주의와 상업주의의 대두, 금전적 · 물질적 이익을 추구하는 프로스포츠의 발달로 퇴조하기 시작하였으며 점차 행위의 결과를 중시하고 외면적 보상을 추구하는 생계유지 수단으로서의 스포츠 관행이 강조되기 시작하였다.

㉢ 특히, 이러한 현상은 올림픽 경기에서 조직의 비대화, 경기의 과열, 상업화의 신장, 정치의 개입 등으로 더욱 두드러지게 나타나고 있다.

ⓐ 조직의 비대화로 선수는 자신의 의도와는 달리 조직의 목적에 따라 경기에 참가하는 종속적인 존재로 전락하게 되었다.

ⓑ 과열된 경기는 행위나 과정 자체보다는 결과로서의 승리만을 추구하도록 촉구하였다.

ⓒ 상업화의 신장으로 스포츠를 취미활동이 아닌 생계유지의 수단으로 허용하게 되었다.

ⓓ 정치의 개입은 올림픽 경기를 스포츠 제전이 아닌 각국의 국력과시를 위한 정치적 도구로 전락시켰다.

② 스포츠의 직업화

㉠ 역사적으로 볼 때 운동선수가 경기를 통하여 금전적 보상을 취한 사실은 고대 그리스의 문헌에서도 나타나고 있으나 스포츠를 생계유지의 수단의 방편으로 선택하는 경향은 자본주의의 발달과 밀접한 관련을 맺고 있는 현대 산업사회에서 새롭게 대두된 고유 현상이라 할 수 있다(Leonard).

㉡ 스포츠 활동을 본업으로 삼고 있는 직업 스포츠인은 금전적 이익을 위해 스포츠에 참여하고 있으며 어떠한 형태로든 보수를 지급받는다. 그들은 보수를 지급하는 고용자의 뜻에 따르는 종업원이며 그들에게 스포츠란 즐거움이기보다는 하나의 직업일 뿐이다.

㉢ 스포츠의 직업화 현상은 운동 수행에 대한 대가로 재정적, 물질적 보상을 받으려는 의지로 표현할 수 있다. 따라서 프로스포츠는 스포츠 활동이 아니라, 경제적, 생산적 목적 아래서 행해지는 노동이라 할 수 있다.

㉣ 스포츠가 직업화되고 상업화됨으로써 하류 계층 출신의 사람이라도 강인한 체력과 고도의 신체 기능을 습득하면 스포츠를 통한 상승적 사회 이동을 성취할 수 있는 기회가 주어지고 있다.

(2) 스포츠 상업주의의 속성

① 상업 스포츠의 대두

㉠ 스포츠의 상업주의적인 성향은 다음과 같은 특성을 띠고 있다.

ⓐ 스포츠는 게임·위락보다는 입장권 수입, 텔레비전 방영권, 기업체의 홍보 및 선전 등의 사업에 관심을 갖는다.

ⓑ 프로팀 구단주는 보다 많은 이익을 위하여 끊임없이 시장 개척에 몰두한다.

ⓒ 운동선수는 팀이나 팬에 대한 봉사보다는 자신의 경제적 이익을 먼저 생각한다.

ⓓ 스포츠 행사의 재정적 후원자인 텔레비전이 경기 시간, 장소, 일정, 규칙에 대한 변경을 요구한다.

ⓔ 구단주와 운동선수, 매니저와 운동선수, 커미셔너와 매니저, 팀과 팀, 선수와 선수 사이에 금전 문제로 인한 갈등이 심화된다.

㉡ 스포츠의 상업적 영역은 크게 세 가지 범주로 구분된다(Buston).

ⓐ 스포츠 용품 제조 분야(투자에 대한 적절한 이익이 수반되는 스포츠 시설의 제공 및 장비, 의복, 신발류 등을 생산)

ⓑ 운동경기 후원 분야(기업의 PR이나 사회봉사를 증진하기 위한 수단)

ⓒ 스포츠 시설 제공 분야(종업원을 위한 복지후생의 일환)

도시화 그 자체는 상업화에 대한 충분한 전제 조건은 아니다. 도시지역에 거주하는 사람이 경기를 관전할 시간·경제적 여유 및 활동의 자유를 갖고 있어야 한다. 여유시간은 일과 관련된 요구가 줄어들 때 갖게 된다. 여유 자금은 최저 생계비용을 넘는 생활수준을 영위할 때 형성된다. 활동의 자유는 교통과 통신 분야에서 기술적 발전이 이루어질 때 가능하다. 다시 말하여, 스포츠의 상업화는 산업화에 크게 의존한다는 것이다.

② 상업주의 스포츠 출현의 일반적 사회조건

㉠ 스포츠를 단순히 돈벌이의 대상으로 인식하고 이를 실천하기 위한 상업주의 스포츠는 일정 정도 수준 이상의 경제 규모를 지닌 국가라고 해서 모두 발달되는 것은 아니다.

㉡ 상업주의 스포츠가 출현하기 위해서는 5가지 조건이 충족되어야 한다(Coakley).

ⓐ 자본주의적 시장 경제 체계: 스포츠 관련 경제적 보상체계의 발달

ⓑ 인구 밀도가 높은 대도시: 스포츠 관련 흥행 성공 가능성

ⓒ 높은 생활 수준: 생존과 상관없이 즐길 수 있는 여가와 자원 확보

ⓓ 대규모 자본: 대단위 체육시설의 유치 및 유지

ⓔ 소비와 물질적 지위 상징: 스포츠 소비촉진 요인

프로스포츠와 상업주의의 발생조건 (Coakley)	조건	내용
	산업화(시장경제의 형성)	• 자유로운 경쟁을 통한 금전적 보상 • 합리적인 가격 확보를 통한 교환 성립
	소비주체인 관중이 밀집된 지역/장소	• 상품을 소비할 수 있는 시장 확보 • 밀집된 인구는 상품을 구매할 잠재적 고객
	경제적 여유가 있는 계층	• 스포츠를 소비하고 즐길 수 있는 경제적 여유 • 자본이 풍부하고 경제가 발달한 지역에서의 성행
	막대한 양의 자본	• 막대한 자본을 통한 경기시설 운영 • 경기시설물 구축을 통한 대중 흥미 유도
	소비가 장려되는 문화 조건	• 소비와 물질적 가치를 강조하는 사회적 환경 • 스포츠와 관련된 정체성을 대변하는 소비행위

③ 상업주의와 스포츠의 변화

스포츠의 상업화는 내면적 욕구의 충족보다는 외면적 욕구의 충족을 추구함으로써 스포츠의 본질에 변화를 초래하여 세속화되었다. 상업주의의 영향으로 인해 스포츠의 구조, 내용, 조직 측면에서의 변화를 들 수 있다(Coakley). 상업주의는 스포츠의 내용과 조직에는 많은 변화를 가져 왔지만 스포츠의 실질적인 구조에 대해서는 큰 변화를 가져오지 않았다.

㉠ 스포츠의 구조

> 역사적으로 볼 때 관중의 영향에도 불구하고 스포츠는 그 기본 형식을 유지해 왔다. 스포츠 내에서의 변화는 게임의 형식을 완전히 벗어나 관중의 위락취향에 따라 새로운 형태로 변형되었다기보다는 기본적인 골격(예 규칙의 변화) 내에서 이루어졌다(Furst).

ⓐ 대부분의 경우에 있어서 상업주의는 스포츠 구조에 그렇게 큰 영향력을 미치지는 않았다.

- 올림픽 경기에서의 상업주의는 일부 종목에 대해 소폭으로 규칙의 변화를 가져왔지만 올림픽 경기의 기본구조는 그 형태를 대체로 유지하고 있다.
- 미식축구의 경우, 쿼터백을 보호하고 공격 전략에 있어 패스의 회수를 늘이고 터치다운을 하는 대신 필드골로 득점을 올리는 경우를 줄이기 위해 규칙이 변경되었지만 미식축구의 기본 구조는 변하지 않았다.

ⓑ 상업주의와 관련된 규칙의 변화는 일반적으로 다음 중 한 가지 사항을 충족시키기 위한 것이다.

- 시소게임이 예상되는 인기 종목의 결승전이 있을 때 경기시간대 조정
- 순위가 결정되는 경기 중 역전으로 전환될 때 광고시간 삽입 및 연장
- 광고 수입과 골든아워 비율을 증대하기 위해 저녁시간으로 경기시간 변경
- 결승전다운 경기가 많이 거행되도록 유명팀 대진표 조정 및 리그의 게임 순위 조정
- 많은 시청자를 확보하기 위해 시리즈 결승전을 주말에 거행하도록 유도
- 경기의 흥미를 돋우기 위해 농구의 3점슛 같은 규칙의 개정
- 스포츠 캐스터로서 경기 전문인이 아닌 연예인이나 텔레비전 탤런트 영입
- 상업목적으로 경기종료전이라도 중계 종료
- 경기 결과에 대한 흐름과 예상 및 선수의 부상 정도를 코멘트 함으로써 시청자에게 도박심리 유도

ⓒ 스포츠경기에 있어 규칙의 변화에 대한 연구 보고는 이러한 요소들의 중요성을 보여주고 있다. 그렇지만 이와 같은 변화는 지엽적인 변화이고 스포츠의 기본적인 구조에 중대한 영향을 미치지 못하였다.

- 지명타자 제도는 프로 야구에서 득점의 기회를 증가시키고 역전승과 같은 극적인 장면을 연출하기 위해 도입되었다.

- 축구의 경우 관중이 날씨로 인해 경기를 관람하지 못하거나, 일기불순으로 인한 불편함을 느끼지 않으면서 일 년 내내 경기를 관전할 수 있는 실내 축구 전용구장에 적합하도록 규칙이 변경되었다.
- 테니스 경기에서 득점 방법은 텔레비전 중계방송 일정에 맞추기 위해 변화되었다.

스포츠 규칙의 변화

상업스포츠는 관중의 흥미를 유지하기 위해 규칙을 변화시킴에 따라 스포츠의 형태를 변화시킨다. 규칙의 변화는 4가지 원칙 하에서 이루어진다.

1. **관중이 지루하지 않도록 경기 진행을 속도감 있게 한다**: 미국의 메이저 프로스포츠 종목인 농구, 미식축구, 아이스하키는 물론이고 프로 야구에서도 공수 교대시간을 빠르게 하여 경기 진행 시간을 줄이고자 노력한다. 이외에도 배구의 총 시간 제한 규칙이나 테니스의 타이브레이크 시스템 등도 이런 목적에서 도입된 것이다.
2. **경기의 득점체계를 다양하게 한다**: 농구의 3점 슛, 국내 여성 프로 배구에서 백어택의 경우 2점을 부여하는 것이 좋은 예라 할 수 있는데, 득점 체계를 다양화함에 따라 뒤지고 있는 팀은 마지막까지 일말의 희망을 지닐 수 있으며, 앞선 팀도 긴장의 끈을 풀지 못하는 박진감 넘치는 상황이 유도된다. 이는 관중의 흥미를 증대시키고자 하는 의도로 해석될 수 있다.
3. **경기 중 휴식시간을 둔다**: 이는 경기 결과를 불명확하게 하고, 광고를 할 수 있는 시간을 확보해 준다. 현재 전통적으로 경기 중 작전타임(타임아웃)이 있는 농구, 배구, 야구 등의 종목뿐만 아니라 탁구에서도 이를 도입하고 있다. 이러한 규칙의 변화는 미디어로 하여금 해당 스포츠 종목의 중계방송을 통해 보다 많은 수익을 창출할 수 있는 기회를 제공하게 된다.
4. **상업주의에 의한 규칙 변화 정도는 종목마다 차이가 있다**: 확고한 자기 기반을 지닌 스포츠의 경우는 상업주의의 요구로 인한 규칙 변화가 경기의 본질에 큰 영향을 미치지 않지만, 프로레슬링, 롤러 하키, 엑스 게임 등의 신생 스포츠는 영향을 매우 심하게 받게 된다.

상업주의와 관련된 스포츠 규칙 변화의 충족 사항(Coakley)

- 행동을 스피드하게 하기 위해
- 득점을 증가시키기 위해
- 경기의 균형을 맞추기 위해
- 극적인 요소를 극대화하기 위해
- 선수와 팀에 대한 애정을 고조시키기 위해
- 상업적인 광고를 위한 시간을 할애하기 위해

Ⓛ 스포츠의 내용

ⓐ 상업주의는 스포츠의 내용에 대단히 큰 영향을 미쳤다고 할 수 있다.

ⓑ 스포츠의 본질적 요소보다는 비본질적 요소를 중시하여 경기 자체보다 세속적인 경기 외적 사실을 중요시 하는 것을 의미한다. 다시 말해 득점이나, 승리만을 추구하게 된다는 것이다.

ⓒ 스포츠에 대한 상업주의 영향을 설명할 수 있는 예로 스포츠에 대한 내용적 측면에서 강조될 수 있는 심미적 가치와 영웅적 가치에 대한 관중의 반응이 변화되어 가는 경향을 통해 살펴 볼 수 있다.

- 심미적 가치는 선수의 동작, 재능, 노력, 탁월성에서 나타나는 아름다움에 바탕을 두고 있고, 영웅적 가치는 위험과 과감성, 스타일, 지구력, 용기 등에 바탕을 두고 있다.
- 영웅적 묘기에 대한 위락적 가치가 일반 대중에게 높이 평가되기 때문에 상업주의는 영웅적 가치에 대한 중요도를 증폭시킨다.
- 이것은 심미적 가치가 사라진다는 것이 아니라, 심미적 가치는 스포츠에 대한 지식이 풍부한 일부 사람과 관련되기 때문에 일반 대중에게는 영웅적 가치보다 덜 중시되는 경향이 있을 뿐이라는 것이다.

ⓓ 과시효과(display)에 대한 요구가 증가함에 따라 영웅적 가치에 대한 강조도 증가하게 된다.

- 피겨스케이팅에서 영웅적 가치는 관중이 점차 경기의 결과에 많은 영향을 미치는 요소가 됨에 따라 중요하게 되었다. 관중은 삼회전 점프에 박수갈채를 보내고 심판은 관중을 실망시키고 싶지 않기 때문에 관중의 호응도에 민감하게 되며 선수는 관중과 심판에게 좋은 인상을 주어 승리하기 위해서는 부상의 위험이 높은 고난도의 기술을 연기해야만 한다.

대중을 즐겁게 하고자 하는 욕구 변화(Coakley)

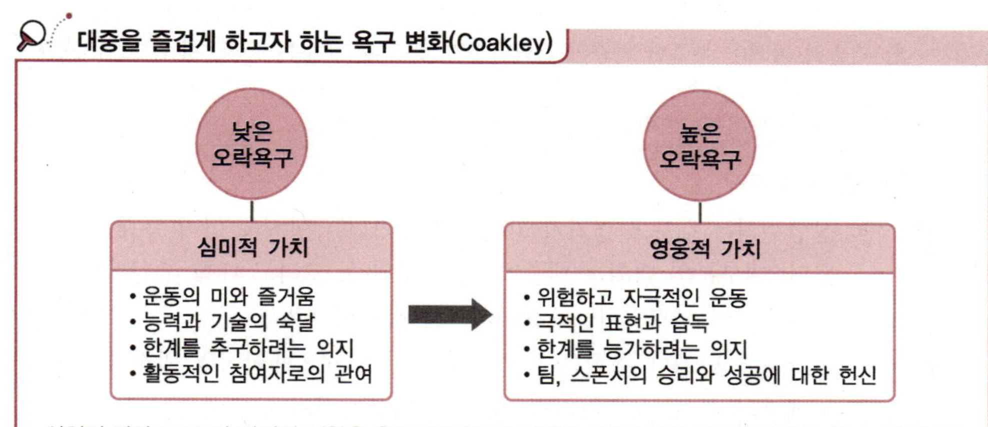

상업적 관람스포츠와 관련된 지향은 운동경기로부터 과장된 표현으로의 변화를 필요로 한다. 관중들이 심미적 행동에 의해 즐거워지기 위해서는 스포츠에 관한 전문적인 지식이 필요하다. 이러한 지식이 부족하면 관중들은 영웅적인 행동을 추구하고 그것에 초점을 맞춘다. 그 결과 선수들과 그 경기에 관련된 다른 사람들은 그들의 수행에서 영웅적인 지향을 강조한다. 여기에서 영웅적이라는 말은 정상에서 벗어나 과동조를 하거나 대중을 즐겁게 하는 사람들을 의미한다.

상업주의와 스포츠 목적의 변화

- 상업주의에 기반 한 스포츠는 스포츠를 통한 인간의 내면적 성취욕구의 충족을 추구하는 아마추어리즘보다 흥행에 입각한 프로페셔널리즘을 추구한다. 따라서 상업주의 스포츠는 그 목적을 흥행을 통한 이윤추구로 설정하게 되는데 이를 위하여 대중의 흥미를 지속적으로 유지시키고자 노력한다.
- 스포츠에서 관중의 흥미는 3가지 요인에 의해 촉발된다.
  ① 경기 결과의 불확실성이다.
  ② 대회 참가자에 대한 재정적 보상이다.
  ③ 경기에 참가한 스타의 탁월한 기량이다.

상업주의와 선수, 코치의 경기 성향 변화

스포츠의 상업화로 인한 규칙 변화보다 스포츠의 본질에 더욱 많은 영향을 미치는 요인이 선수와 코치 같은 경기 당사자의 변화이다. 관중은 일반적으로 운동기능이나 복잡한 전략보다 화려한 플레이에 더 열광한다. 관중은 선수의 부상이나 경기 중 사고의 위험성을 전혀 고려하지 않고 위험하고 과감한 플레이가 펼쳐지는 경기를 선호하는데, 이에 부응하기 위하여 선수는 기본 기술보다 스타일을 중시하게 되며, 이런 현상은 결과적으로 스포츠의 본질을 변화시키는 요인이 된다. Coakley는 이런 변화를 심미적 가치에서 영웅적 가치로의 이동이라고 언급하였는데, 스포츠에 대한 기술적 지식이 부족한 관중의 오락욕구가 낮을 때 선수는 동작, 재능, 노력, 표현력, 우월성이 강조되는 심미적 가치에 중점을 두지만, 오락욕구가 높을 때는 위험성, 과감성, 인내력, 용기 등에 비중을 두는 영웅적 가치에 중점을 두게 된다는 것이다.

㉢ 스포츠의 조직

ⓐ 상업주의는 스포츠 경기가 기획되고 조직되는 방식에 있어 중요한 영향력을 행사해 왔다. 대부분의 대회는 대중매체, 팀 구단주, 그리고 대회 후원자의 지원에 의해 개최됨으로써 구경거리(쇼, show)화된다는 것이다.

- 스포츠 단체나 조직은 스포츠에 있어서 개·폐회식의 의전을 중시한다.
- 예산의 확보, 치어리더의 연기 및 대중매체의 보도에 관심의 초점을 두고 있다.
- 경기 자체의 내면적 측면은 관심 밖으로 멀어져 있다.

ⓑ 상업 스포츠에는 선수보다 매체 관련자가 더 많이 개입되는 경향이 있다. 그러나 이러한 변화는 경기 자체에 대한 실질적인 구조에 대해서는 아무런 영향도 미치지 않았다.

ⓒ 스포츠에서 조직적 측면에 대한 변화는 단지 흥미와 재정적 이익을 창출하기 위해 만들어진 위락적 부산물에 지나지 않았다.

상업주의와 스포츠의 변화(Coakley)	
스포츠 목적	• 상업주의로 인해 현대스포츠는 문화적 가치가 아닌 교환가치를 가진 상품으로서 인식 • 현대스포츠는 순수한 활동에 대한 가치가 점차 퇴색 • 흥행에 입각한 프로페셔널리즘 추구
스포츠 내용	• 상업스포츠는 판매촉진용 문화, 선수나 팀의 이야기를 신화화하거나 이미지를 생산 • 관중들 역시 경기력이나 복잡한 전략보다는 화려한 운동수행능력에 더 열광 • 관객의 반응에 따라 스포츠는 심미적 가치 ⇨ 영웅적 가치를 더 중시
스포츠 구조	• 상업주의는 스포츠의 기본적인 구조에 중대한 영향력을 미치지는 않으나 지엽적으로 스포츠 규칙을 변화 • 농구 4쿼터제 도입, 블루 유도복, 황색 탁구공, 88서울올림픽 12시 육상 결승
스포츠 조직	• 스포츠 조직은 내면적 성격보다 경기 외적 요소에 더 많은 신경을 씀 • 관중동원의 한 수단으로 스포츠이벤트 구경거리(Show)화 하고, 치어리더 퍼포먼스, 경품 규모, 연예인의 시구, 초대 가수의 공연

④ 기업과 스포츠

㉠ 기업의 입장에서 볼 때 가장 큰 시장성을 가진 스포츠 행사는 올림픽 경기이다. 기업의 올림픽 참여 형태는 크게 두 가지로 구분할 수 있다.

ⓐ 순수 기부(patronage) : 올림픽 개최의 취지에 찬동하여 경비는 지원하지만 간섭은 하지 않는 순수한 사회 환원 행위

ⓑ 협찬(sponsorship) : 금전 혹은 물자를 제공해 주는 대신 광고, 홍보 등 기업의 이익에 연계되는 보상을 필요로 하는 영리 행위

㉡ 기업이 올림픽 경기와 같은 스포츠 행사에 적극 참여하는 이유는 다음과 같은 효과를 얻을 수 있기 때문이다.

ⓐ 홍보

ⓑ 제품 이미지

ⓒ 직접 판매 및 신제품 개발 기회

ⓓ 기업 이미지

ⓔ 기업홍보

ⓕ 무역거래 상담

ⓖ 세금감면 가능성

구분	항목	내용
스포츠 메가이벤트의 긍정적 효과	사회간접 자본시설의 확충	• 개최 도시 및 국가의 부가가치 증대 • 고용 창출 효과
	지역경제 활성화 및 국가 이미지 제고	• 전반적인 국민경제 활성화에 기여 • 지역주민의 사회적 통합 유도
	스포츠 관련 산업의 발전	• 시설, 프로그램, 운영 등 홍보 • 국가 경제 성장
	스포츠 메가이벤트의 무형적 가치	• 국가 경제 단기간 부양 • 국민 통합 및 국가이미지 제고 • 성공적 저권 업적
	시민 의식 향상	• 성숙한 시민의식 제고 • 도시 이미지 변화
스포츠 메가이벤트의 부정적 효과	경제적 손실	• 과거에 비해 상대적으로 미비한 경제효과 • 구체적 경제효과분석 비공개
	환경 오염	• 시설 건축으로 인한 환경 변화 • 환경변화로 인한 환경오염 및 교통혼잡
	사회 분열	• 시민사회 내 갈등 유발 • 또 다른 사회문제 야기

스포츠메가이벤트의 효과

3. 현대 사회와 프로스포츠

프로스포츠는 아마추어스포츠와 달리 경기 자체를 근본적으로 추구하기보다는 경기에 참여함으로써 대중의 관심이나 경기 이외의 또 다른 부수적 이익을 추구하는 스포츠다. 즉, 프로스포츠는 스포츠 행위 자체나 이에서 파생되는 즐거움과 같은 내면적 보상보다는 물질적 이익이나 금전적 대가 등과 같은 외면적 보상을 기대하는 스포츠라 할 수 있다

(1) 프로스포츠의 출현과 발전

① 프로스포츠의 출현

㉠ 프로스포츠의 역사는 고대 올림피아 제전시대까지 거슬러 올라간다. 고대 로마에 들어와서도 직업경기가 개최되기도 했으나 현대의 프로스포츠와는 그 사회적 기반에서부터 차이가 크다.

㉡ 경기에 상금제도가 최초로 도입된 것은 1714년 영국의 앤 여왕이 경마에 10기니의 상금을 걸게 한 것을 들 수 있다.

㉢ 19세기 초까지 스포츠에서의 상금은 프로페셔널리즘으로 간주되지는 않았다. 상금을 거는 것이 프로페셔널리즘으로 해석하게 된 계기는 영국의 보트와 육상 경기에서 아마추어 규칙이 제정된 이후부터이다.

㉣ 프로페셔널리즘은 18세기 영국이 산업혁명을 거쳐 자본주의 경제체제를 갖추게 되면서 비롯되었다.

ⓐ 신흥 부르주아 계급은 귀족 지주와 대등한 사회적 지위를 차지하게 되었고 막대한 부를 바탕으로 하여 이들과 함께 여러 경기에 상금을 걸고 내기에 참가하게 되었다.

ⓑ 달리기나 보트경주 등도 예외가 아니어서 상금이 붙은 경주가 페데스트리어니즘(pedestrianism)이라는 이름으로 18~19세기에 크게 유행하였다.

㉤ 프로스포츠는 20세기 초 미국에서 꽃을 피웠다고 할 수 있다. 즉, 프로야구와 프로미식축구를 중심으로 하여 각종 프로스포츠 리그가 창설되면서 관람 스포츠 시대의 막을 열게 되었다.

② 한국의 프로스포츠

㉠ 우리나라에서 공식적으로 프로스포츠의 길을 연 종목은 복싱과 레슬링이다.

ⓐ 복싱은 1912년 우리나라에 처음 소개된 이후 1935년 프로복싱 조직인 조선 권투연맹이 창설되면서 프로화되었다.

ⓑ 프로레슬링은 한국전쟁 이후 아마추어레슬링, 당수도, 합기도, 복싱 등 무술 및 스포츠 출신 선수들에 의하여 자생적으로 출범하였다.

㉡ 프로스포츠는 1950년대 후반 프로레슬링 연맹이 창설된 이후 뚜렷한 진전이 없었으나, 1982년 프로야구와 프로축구가 출범하면서부터 급속한 발전을 가져오기 시작하였다.

ⓒ 1982년 프로야구의 탄생과 함께 한국야구위원회(KBO)가 결성되면서 프로스포츠 활동은 더욱 본격화되었다. 야구는 1982년 정식으로 프로리그가 출범하였다.

ⓓ 축구는 1982년에 할레루야팀과 유공팀이 창단되었으나, 정식 프로리그를 시작한 것은 1983년이다.

ⓔ 씨름은 1983년에 프로가 태동하였다.

ⓕ 복싱은 이미 1960년에 정식으로 프로시대를 개막하였으며, 레슬링의 경우는 1960대 후반부터 1970년대 초반까지 대중의 폭발적인 인기 속에 발전하였으나 그 후 사양 추세에 접어들어 1975년 이후에는 거의 자취를 감추고 있다.

ⓖ 1990년대 들어 볼링(1996년)과 농구(1997년)가, 2000년대 들어 배구(2005년)가 프로화되었으며, 국내 프로스포츠를 주도하고 있는 것은 야구, 축구, 농구, 배구, 골프 등 5개 종목이다.

(2) 프로스포츠의 기능

① 순기능

ⓐ 프로스포츠는 복잡한 조직 사회 속에서 생활하고 있는 현대인에게 스포츠 관람을 통해 각종 스트레스를 해소하고 생활의 활력소로서의 역할을 담당하고 있다.

ⓑ 프로스포츠는 단순히 위락을 제공하는 기능을 담당하고 있을 뿐만 아니라, 대중이 동류의식을 갖도록 융합시키는 사회 통합의 기능을 담당하고 있다.

ⓒ 프로스포츠는 아마추어 선수에게는 장래에 대한 진로 개척과 함께 앞날에 대한 희망을 갖게 함으로써 선수의 사기 앙양에 도움을 주며 경기에 대한 동기를 부여하여 경기력 향상에 이바지하는 등 아마추어스포츠계의 활성화를 촉진하기도 한다.

ⓓ 프로스포츠의 출현에 따른 관련 업계의 호황과 새로운 직종의 탄생은 경제 발전 및 고용 증대에 이바지하며 스포츠 용품의 개발에도 큰 기여를 하고 있다.

ⓔ 인기 프로스포츠는 대중에게 직접 스포츠에 참여하도록 유도하는 촉매제 역할을 수행함으로써 스포츠 인구의 저변 확대 및 스포츠의 대중화에 기여하고 있다.

② 역기능

ⓐ 프로스포츠로 인한 아마추어리즘의 퇴조 및 스포츠 본질의 변화 등으로 스포츠의 순수한 정신인 아마추어리즘과 직업적 스포츠로서 프로페셔널리즘의 이원화 현상이 두드러지게 나타남과 동시에 두 스포츠조직 간의 갈등이 대두되고 있다.

ⓑ 스포츠 상업화 현상을 초래하여 스포츠를 삶의 수단적 가치를 추구하는 매개체로 전락시켰다. 이와 함께 우수한 아마추어선수가 조기에 프로스포츠로 전향함에 따라 아마추어스포츠의 경기력 저하, 과열 스카웃 경쟁의 심화, 봉급 및 처우로 인한 갈등, 인기 종목 편중으로 스포츠 종목 간의 균형적 발전을 저해하는 등 기존의 경기질서 와해와 아마추어스포츠계의 침체 현상을 유발하고 있다.

ⓒ 프로스포츠의 도박 행위가 심각한 사회문제로 대두되고 있다. 일부는 합법적으로 이루어지고 있으나 대부분의 도박은 비합법적이고 비밀스런 하위문화의 특성을 띠고 있다.

(3) 프로스포츠 상업화의 다양한 제도

① 보류(유보) 조항(reserve clause)

㉠ 프로스포츠 선수의 계약서에 팀 측에는 자동적으로 계약을 갱신하는 권리가 유보되고 선수는 계약 해제나 선수 교환이 되지 않는 한 이적하지 못한다. 주된 이유는 선수들이 자유롭게 계약을 요구할 경우 유명 선수들의 계약금이 천정부지로 솟아 구단 경영을 압박할 것이라는 우려 때문이었다.

㉡ 이 제도는 임금을 통제했을 뿐 아니라 선수들을 구단에 종속시키는 결과를 가져왔는데, 한국 프로야구의 경우 고졸신인 9년, 대졸신인은 8년 동안 보류조항으로 묶인다.

② 신인선수 드래프트(draft)

㉠ 프로스포츠에서 신인 선수를 선발하는 방식으로써 리그 내 팀 간 전력평준화를 위해 도입되었다. 한 해에 프로 계약을 원하는 모든 신인 선수를 모아놓고 미리 정해진 순서(전년도 성적의 역순)대로 돌아가면서 선수를 선발한다.

㉡ 1936년 미국 NFL에서 처음 도입된 이후 현재는 주로 미국, 한국, 일본을 중심으로 한 프로스포츠 리그에서 시행되고 있으며, 이렇게 드래프트를 통해 선발된 신인 선수들은 아무리 기량이 뛰어나더라도 리그에서 정한 최저연봉만을 받아야 한다.

ⓒ 유럽은 드래프트라는 개념이 약하고 시행하는 리그도 적어서, 이로 인해 자본력을 앞세운 특정 팀이 우수한 신인 선수를 싹쓸이 하는 경우가 종종 발생하기도 한다.

③ 트레이드(trade)

㉠ 특정 구단들끼리 합의하에 선수를 교환하는 것을 말하며, 선수를 교환하는 방식으로는 현금 트레이드와 선수 간 트레이드가 있다.

ⓐ 현금 트레이드는 현금을 주고 특정 선수를 사 오는 것으로 주로 축구에서 많이 시행되고 있는데, 이때 지불하는 돈을 이적료라 하며 선수의 가치에 따라 그 규모가 달라진다.

ⓑ 선수 간 트레이드는 선수끼리 맞바꾸는 방식이다.

㉡ 구단들은 주로 당장 혹은 미래의 팀 전력보강을 위해 트레이드를 단행한다. 또한, 구단의 재정 상황을 개선하기 위해 고액연봉 선수를 처분하거나 팀 내 불화를 일으킨 선수를 처리하는 방법으로도 트레이드를 활용하는데, 이처럼 트레이드는 선수가 시장의 상품과 같이 취급되는 대표적인 예라 할 수 있다.

④ 셀러리 캡(salary cap)

㉠ 각 팀이 선수들에게 지불할 수 있는 연봉 총액의 상한선을 가리키는 말이며, 원래 셀러리 캡의 도입 취지는 부자 구단이 선수를 독점하지 못하게 하여 리그 수준의 평준화를 위한 것으로 미국 프로농구 NBA, 미국 프로풋볼리그 NFL, 우리나라의 KBL, KOVO 등에서 적용하고 있다.

㉡ 셀러리 캡은 구단들이 심각한 재정난을 타개하기 위한 전략으로 활용되기도 한다. 특히, FA제도 도입으로 인해 재정이 열악한 구단들은 치솟는 선수들의 몸값을 감당할 수 없는 지경에 이르게 되었다고 주장하며, 이에 리그의 존폐를 언급하면서 셀러리 캡의 필요성을 강력하게 지지하고 있다.

㉢ 선수들은 셀러리 캡이라는 제도로 인해 자신의 능력과 시장가치에 반하는 연봉 계약을 강요받게 될 가능성이 높아지는데, 특히 높은 연봉의 스타선수는 그렇지 못한 선수들의 연봉을 제한하는 요인으로 작용할 수 있게 된다.

⑤ 최저연봉제와 연봉조정신청(Salary Arbitration)

㉠ 최저연봉제도는 프로야구선수들이 생계 고민 없이 운동에 전념할 수 있도록 구단이 지불해야 하는 연봉의 최하한선으로 2017년 KBO의 최저연봉은 2,700만 원이며, MLB의 최저연봉은 2017년 535,000달러, 2018년 545,000달러, 2019년 555,000달러로 올라간다.

㉡ 최소한의 선수들 권익을 보호하기 위해 도입된 최저연봉제는 신인선수와 연봉 협상력이 떨어지는 선수들에게 종종 불이익으로 작용하는데, 구단들은 FA자격을 취득하지 못한 선수들, 특히 신인급 선수들에게 최소연봉만을 지급하며 구단 운영비를 줄이고자 한다.

㉢ 이런 상황에서 연봉조정신청제도를 통해 구단과 선수가 아닌 제3자에게 구단 혹은 선수가 제시한 연봉 중 어느 쪽이 더 합리적인가를 평가받을 수 있는 기회를 얻게 되는데, KBO, MLB는 3년 차 이상의 선수들에게 그 자격이 주어지며 연봉조정신청을 했다고 해서 다 들어주는 것은 아니다.

⑥ 선수 대리인(에이전트, Agent) 제도

㉠ 스포츠 분야에서 에이전트의 의미는 좁게는 스포츠 선수를 대신해서 연봉 협상이나 광고 계약, 다른 구단으로의 이적 등에 관한 업무를 처리해주는 법정 대리인을 가리키며, 선수들의 권익 향상과 권리를 대신 행해주는 역할을 담당한다.

㉡ 오늘날 스포츠산업분야에서 에이전트의 영향력은 점점 커지고 있으며, 에이전트는 슈퍼맨처럼 선수의 컨디션 및 경기내용 뿐만 아니라 사생활까지 챙기고 있다.

㉢ 우리나라의 경우 2001년부터 축구에서 에이전트 제도가 제일 먼저 도입되어 선수들의 이적에 관여하기 시작하였고, 프로야구는 2018년부터 시행되고 있다.

㉣ 구단의 일방적인 연봉 제시안에 줄다리기를 했던 선수들은 전문적·분석적인 대리인을 내세워 보다 좋은 계약 조건을 이끌어 낼 수 있게 된 반면 연봉에 따른 선수 간 빈익빈 부익부 현상이 불가피할 것이라는 우려도 존재한다.

㉤ 연봉이 낮은 선수의 경우 연봉의 일정 금액을 지급하면서까지 대리인을 선임하기가 쉽지 않으므로, 이 때문에 연봉 격차는 더 커지고 저연봉 선수들은 박탈감을 느낄 수도 있다는 것이다.

⑦ 자유계약제도(free agent, FA)

㉠ 구단이 소속 선수와 재계약을 맺지 않으면 그 선수는 다른 구단으로 이적할 수 없어 사실상 선수 생활을 그만두어야 한다. 이러한 일방적으로 선수에게 불리한 이 제도를 개선시키기 위해 일정 기간 프로선수로 재직한 사람에게 자신의 뜻대로 구단과 협상할 권리를 주도록 한 것이 자유계약 선수제도이다.

㉡ 프로야구의 역사가 오래된 미국에서는 1976년부터, 일본에서는 1993년부터, 한국에서는 1999년에 도입했으며, 자유계약 선수가 되기 위해 재직해야 할 연한은 미국이 6년, 일본이 9년, 한국은 10년이다.

㉢ FA제도가 도입된 이후 프로야구 선수들의 몸값은 폭등했는데, 더욱이 FA자격을 취득한 선수들의 몸값은 천정부지로 치솟고 있다. 이에 대해 그룹의 지원에 의지하는 열악한 환경 속에서 폭등한 FA선수의 몸값을 지불하게 되면 프로야구는 공멸할 것이라는 주장들이 대두되기 시작했고, 이는 선수 대리인(Agent) 제도가 2018년 시행되면서 더 크게 우려의 목소리가 나오고 있다.

㉣ 드래프트(draft) 제도는 리그의 평준화를 위해 도입되었지만 선수들의 팀 선택권을 박탈한다. 그러나 FA자격을 취득한 선수에게는 자신의 의사에 따라 팀을 선택할 수 있는 권리가 주어지며, 이는 해외이적 시에도 적용된다.

⑧ 웨이버 조항(waiver rule)

㉠ 웨이버 공시는 특정 팀이 포기한 선수와의 교섭권을 다른 팀이 갖기 위해서는 영입을 원하는 팀들 간 드래프트를 거쳐야 하는 제도를 말한다.

㉡ 이 제도는 프로스포츠 구단에서 선수에 대한 권리를 포기하는 것을 의미한다. 즉 구단이 소속선수와의 계약을 일방적으로 해제하고, 일정기간 동안 다른 구단에게 해당 선수를 양도받을 의향이 있는지 공개적으로 묻는 것이다.

㉢ 해당 선수를 원하는 팀이 나타나면 원소속 구단은 무조건 선수를 보내야 하며, 다른 구단들이 원하지 않으면 그 선수는 자유계약 신분이 된다.

㉣ 많은 프로 구단들이 기량이 떨어지거나 심각한 부상을 당한 선수를 방출하는 수단으로 웨이버 제도를 이용하고 있다.

보스만 판결
1990년 벨기에 주필러 리그의 축구 선수인 보스만(Bosman)이 자신의 소속팀인 'RFC 리에주'에서 '프랑스의 됭케르크'로 이적을 하고자 했지만, 구단은 계약이 끝난 보스만에게 추가 이적료를 요구하면서 이적을 불허하였다. 이에 보스만은 자신의 사건을 토대로 FIFA의 선수들에게 불리한 이적 규정 17조에 대해 룩셈부르크에 위치한 유럽사법재판소에 소송을 내었고, 공방 끝에 1995년 12월 15일 승소하였다. 유럽사법재판소는 이 규정이 유럽 연합 회원국의 근로자들의 직업 선택의 자유를 보장한 로마 조약 39조에 위배된다고 발표하였다. 이로써 보스만을 비롯한 유럽 연합 회원국 국적을 가진 축구 선수들은 계약 만료 이후 그들이 유럽 연합 회원국의 축구 클럽에서 다른 유럽 연합 회원국의 축구 클럽으로 이적할 때, 자유로운 이적에 관한 권리를 얻게 된 것이다. 이전에는 프랑스와 스페인을 제외한 유럽의 프로축구 클럽들이 계약이 만료되었음에도 선수가 다른 클럽에 합류하는 것을 금지할 수 있었다. 이와 함께 선수는 현 소속 구단과의 계약이 6개월 이하로 남아있을 경우에도 다른 클럽과 사전 계약을 할 수 있게 되었다. '보스만룰'은 미국 메이저리그(MLB)에서 보류조항의 삭제와 자유계약선수 제도의 출현을 이끈 '커트 플러드(Curt Flood)법안'과 비교될 수 있다.

스포츠 마케팅

1. 스포츠마케팅의 정의

- 스포츠마케팅은 스포츠소비자의 요구와 필요사항에 부합되기 위해 마련된 모든 활동으로 구성된다. 스포츠마케팅은 '스포츠의 마케팅'과 '스포츠를 통한 마케팅'이라는 두 가지 개념을 포함한다.
- '스포츠의 마케팅'이란 스포츠 자체가 마케팅의 핵심제품이 되는 것이고, '스포츠를 통한 마케팅'이란 스포츠를 이용한 마케팅, 즉 스포츠라는 핵심요소가 마케팅의 핵심도구가 되기보다는 주변적인 것들이 대상이 되는 것이다.
- 스포츠를 통한 마케팅은, 예를 들어 경기장시설의 활용, 티켓판매, 스포츠경기 이외의 이벤트, 행사프로그램, 매점, 주차장 등이 그 대상이 될 수 있다. 한편 스포츠마케팅은 마케팅의 주체에 따라서 스포츠를 통한 마케팅의 주체가 기업일 때 '스포츠스폰서십'이라는 용어를 사용하기도 한다.

스포츠를 통한 마케팅의 구조	
TV중계권	대회 운영단체에 일정 금액을 내고 TV중계에 관한 모든 권한을 위임받아 다른 국가 및 지역방송사에 일정 금액을 받고 방송중계를 판매할 수 있는 권리
스폰서십	회사가 이벤트에 소요되는 전체비용 또는 상당비용을 지불하여 후원하는 행사명을 사용하거나 대회를 후원한다는 내용을 광고할 수 있는 권리
라이선싱	상표 등록된 재산권-팀이나 이벤트 명, 심벌, 로고, 시설명, 디자인, 마스코트, 닉네임, 조직과 관련된 캐릭터나 광고 슬로건을 가진 개인 또는 단체가 타인에게 로열티를 받고 그 재산권을 배타적으로 사용할 수 있도록 상업적 권리를 부여하는 계약
인도스먼트	유명한 스포츠 스타를 이용하여 기업의 커뮤니케이션 효과를 극대화하려는 일련의 광고 형태로, 선수나 팀의 이미지를 기업과 제품이미지를 향상시킬 때 활용하기 위해 선수나 팀을 후원하여 그들을 자사제품 경기 중에 착용하거나 사용하도록 하는 권리
머천다이징	특정 스포츠, 팀, 선수의 캐릭터, 로고, 마크 등의 새로운 상품화 즉, 캐릭터 상품, 기념품, 응원도구, 유니폼, 영상제작물, 서비스 등 모든 스포츠 산업에 있어서 유·무형의 것을 창출해 상품화시키는 것

2. 스포츠마케팅의 요소

- 스포츠마케팅에서 영역에 따른 세부 활동 내용은 스포츠마케팅 계획수립, 스포츠시장과 소비자 조사, 스포츠제품 개발, 마케팅 전략 수립 등이 있다. 이러한 과정은 스포츠마케팅에서 가장 기본요소라고 할 수 있는 다섯 가지 전략을 수립하는 것과 관련된다.
- 마케팅 믹스(marketing mix)는 기업이 표적시장에서 원하는 반응을 얻기 위해 사용되는 통제 가능한 마케팅변수의 집합을 의미하는 것으로, 스포츠마케팅의 효율적 수행을 위해서는 제품, 촉진, 장소 또는 유통, 가격, 홍보 등 다섯 가지 전략의 체계적인 믹스가 필요하다.

5Ps	내용
제품 (product)	스포츠와 관련된 조직에서 제공하는 용품이나 시설 등 유형의 제품과 프로그램과 서비스와 같은 무형의 제품
가격 (price)	제품이나 서비스에 화폐액으로 표시되어 그 제품이나 서비스의 효용 또는 가치를 나타내는 것으로서 구매자가 판매자에게 제품을 구입하거나 서비스를 받는 대가로서 지불하는 가치
유통 (place)	제품이나 서비스의 실질적인 제공경로 및 장소로서 스포츠용품 등을 도매상이나 소매상에게 전달하는 장소와 경기장이나 스포츠센터 등의 시설과 이와 관련한 입장권 판로와 방송네트워크를 구축하는 것
촉진 (promotion)	촉진과 관련된 사항들은 목표로 상정한 시장의 고객이 제품이나 서비스를 구매하도록 홍보·광고 등 적합한 수단을 매개로 제품에 관한 이미지나 특성을 고객들에게 전달하는 의사소통수단
홍보 (public relations)	스포츠 관련 조직이 공중으로부터 호의적인 관계를 유지하기 위해 특별한 비용 없이 홍보나 대중매체를 이용한 커뮤니케이션활동

5 스포츠와 교육

우리나라에서 학원스포츠는 1900년대 초기에 태동하였다. 스포츠가 학교 교육에 도입되어 많은 긍정적인 역할을 담당하였으나, 이에 못지않게 심각한 여러 가지 교육적인 문제를 일으키기도 하였다.

기능주의 이론에서는 학원스포츠에 대하여 교육체제를 개인의 신분상승에 필요한 기제로 이해하는 반면, 갈등이론에서는 교육체제가 사회체제의 현상유지를 위해 창안되었다고 인식한다.

1. 학교교육과 스포츠

(1) 학교스포츠의 구분

① 일반적으로 스포츠는 학교스포츠, 생활스포츠, 엘리트스포츠로 구분하는데, 그중 학교스포츠는 생활스포츠나 엘리트스포츠와 구분하여 학교교육제도 안에서 행해지는 모든 스포츠 활동을 포함하여 학교라는 울타리 안에서 이루어지는 신체 활동을 의미한다.

② 학교스포츠는 학생들이 건강한 생활을 통하여 행복감을 느끼고 이를 통해 평생 건강의 기틀을 마련하는 데 중점을 두고 있으며, 신체적, 정신적, 사회적으로 건전한 삶을 영위할 수 있게 하는 중요한 역할을 담당한다.

③ 학교스포츠는 학교라는 교육기관에서 이루어지는 신체 활동으로 교육목적과 활동내용에 따라 정규교과시간에 이루어지는 정과체육수업, 학생선수가 활동하는 운동부 중심이 되는 학원스포츠, 스포츠 활동 참여를 통해 학생들의 신체 활동을 증진시킬 수 있는 학교스포츠클럽 활동으로 분류할 수 있다.

㉠ 정과체육수업은 교육과정 안에 정규적으로 편성되어 있는 수업시간에 이루어지는 체육수업 활동을 의미한다. 정과체육의 수업 내용 및 방향성은 교육과정에 명시되어 있으며, 명시되어 있는 교육과정을 토대로 체육과 관련된 다양한 학습활동을 학생들에게 지도한다.

㉡ 학원스포츠는 교육과정 영역의 특별 활동 중 체육 클럽활동이 보다 진일보된 형태로서 전문성을 갖춘 체육지도자(감독 또는 코치)를 영입하여 대회 참가 및 입상을 목표로 운영되는 학교운동부 활동이다. 따라서 이러한 이유로 학원스포츠는 학교스포츠의 영역으로 분류되기도 하지만 엘리트스포츠의 영역으로 분류되기도 한다. 우리나라 학원스포츠의 고질적인 문제로 지적되는 승리지상주의, 인권 유린, 학습권 제한 등 다양한 문제점이 발생하고 있으며, 이를 해결하기 위하여 최저학력제, 주말리그제, 합숙소 금지 등 많은 정책적 대안이 제시되고 있다.

㉢ 학교스포츠클럽은 학교에서 동아리를 중심으로 이루어지는 스포츠 활동을 의미한다. '학교체육진흥법'에서는 학교스포츠클럽을 '체육활동에 취미를 가진 동일 학교의 학생 등으로 구성 및 운영되는 스포츠동아리'라고 정의하고 있으며, 아동 및 학생들의 신체적, 심리적, 정신적 건강을 도모하고 건강한 학교문화 형성을 목적으로 2007년부터 시행되었다. 학교스포츠클럽과 학원스포츠는 스포츠를 통해 교육적 목표를 달성한다는 공통점을 가지고 있지만, 학교스포츠클럽의 대상은 일반학생이고 학원스포츠의 대상은 학생선수라는 차이가 있다.

학교스포츠클럽의 주요 목적
• 방과 후 학교, 자율체육활동, 체육 및 스포츠 동아리를 통합하여 조직적으로 운영한다. • 운동을 통한 교육적 목적 달성 및 건강한 학교 풍토를 조성한다. • '보는 스포츠'에서 '하는 스포츠'로의 전환을 도모한다.

(2) 교육기대와 스포츠

스포츠참가를 통한 교육기대감의 상승에 대한 이러한 여러 해석을 종합해 볼 때 스포츠 참가와 교육기대감 사이에 긍정적 관계가 발생하는 이유는 다음과 같이 설명된다.

① 스포츠참가와 높은 학업수행은 선발효과와 밀접한 관계가 있다. 외국의 운동선수는 일정 수준 이상의 학업 성취도를 유지해야 선발된다.

② 운동선수는 고등학교 하위문화 내에서 지도집단(leading crowd)의 일원이기 때문에 유사한 포부수준을 지니고 있는 동료에 의해 학업성취를 자극받는다.

③ 타인으로부터 긍정적 피드백을 통해 획득된 높은 수준의 자기 평가는 포부수준에 영향을 미친다.

④ 운동선수는 일반학생 이상으로 교사나 코치로부터 교육적 충고와 격려를 많이 받는다.

⑤ 운동선수는 장학혜택을 받고 있는 경우가 많은데 이 혜택이 선수의 교육기대와 흥미를 자극한다.

스포츠참가로 인한 교육기대감의 상승 과정(Otto & Alwin)
• 스포츠에 참가함으로써 운동선수는 경기 장면이나 그 외 스포츠 관련 활동에서 유용한 대인관계의 기술을 획득한다. • 스포츠참가는 참가자의 가시성(visibility)을 제고시키고 초기의 성공에 대한 정의를 제공하는 배분 기능을 지니고 있다. • 스포츠참가는 직업 경력에 도움이 될 수 있는 인맥(interpersonal networks)과 접촉 및 정보교환의 통로를 제공하여 준다.

(3) 학업성취와 스포츠

① 우리나라의 경우 운동선수와 일반학생의 학업성취를 비교한 연구에서 현실적으로 그 귀결이 명백히 예측된다고 전제하면서 운동선수 집단 내에서 학업성취의 격차를 유발하는 요인을 조사한 결과, 사회·경제적 배경 같은 교육 투입 요인이 교사-학생 상호작용이나 학교 풍토 인지와 같은 교육과정 요인보다는 상대적으로 영향력이 더 크다는 사실을 발견한 바 있다.

② 운동선수가 일반학생에 비하여 학업성취가 좀 더 높다는 외국의 연구 결과가 거의 일반적으로 수용되기도 하고 또한 그와 상반된 결과들이 계속 논쟁의 대상이 되고 있기는 하나 이와 같은 각기 상반된 결과에 대한 명쾌한 설명은 결여되어 있는 실정이다.

③ 스포츠참가로 인한 학업성취(스포츠참가가 학과 성적에 미치는 영향)는 그 관계가 정적일 경우 대체로 다음과 같은 요인 때문인 것으로 해석된다.

㉠ 운동선수에게는 성적이 후하게 부여된다.

㉡ 스포츠에서 획득되는 가치는 학업에 전이된다.

㉢ 우수한 신체 능력은 정신수행 능력을 향상시킨다.

㉣ 운동선수는 유능한 학생이라는 위치를 지키기 위해 좋은 점수를 취득하려고 한층 열심히 공부한다.

㉤ 운동선수는 자신의 제한된 공부 시간을 보다 효율적으로 사용한다.

㉥ 운동선수는 체육 장학금을 받기 위해 성취동기가 높아진다.

㉦ 운동선수는 그들의 동료와 코치, 교사로부터 개별적으로 학습 지도나 조언을 받는다.

㉧ 운동경기로부터 획득된 명성은 운동선수에게 더 높은 자아 개념을 형성하게 하여 학업과 같은 타 분야에서의 기대감을 증대시킨다.

④ 학교 운동부가 교육적 적합성(relevance)을 잃지 않고 또한 학교교육의 연장선상에서 스포츠 프로그램이 유지된다면 스포츠는 학업성취 면에서 매우 유익한 수단이 된다.

(4) **스포츠사회화와 학교**

① 스포츠사회화 과정에 있어서 대부분의 경우 초등학교는 별로 의미 있는 역할을 담당하지 못하고 있다. 이 단계에서 이루어지는 대부분의 사회화는 가족, 이웃, 동년배 집단, 지역사회의 자생적 스포츠 집단에서 전개된다.

② 중・고등학교 수준에서의 스포츠는 청년기 하위문화의 일부가 되어 학교 경영자뿐만 아니라, 학생・학부모 등 모두에게 매우 가치로운 활동으로 인정된다.

③ 대학 수준에서의 스포츠사회화 과정은 거의 엘리트 운동선수들만이 경험한다. 이와 함께 대학에서의 운동부와 교양체육 등은 고등학교 시기와 거의 마찬가지로 일반학생을 스포츠 간접 참가자로 사회화시킨다.

④ 결론적으로 학교는 가족이나 동년배 집단과 함께 스포츠 역할의 사회화 과정에 있어서 매우 영향력 있는 기관이다. 그러나 타 사회 체계와 마찬가지로 사회화 과정 내에서 학교의 역할은 스포츠 종목, 스포츠 내에서의 역할, 성, 생애주기 등에 따라 상이하다.

(5) **학원스포츠에 대한 찬반 논의**

① 기능론적 관점은 스포츠를 통해 학생들이 사회의 일반적 중요가치를 학습함으로써 건전한 사회인으로 유형화(patterning)되어 가는 과정을 중시한다.

② 갈등론적 관점은 주로 학원스포츠에 내재되어 있는 불평등 현상에 초점을 맞춘다.

③ 그러나 이러한 시각의 차이에도 불구하고 두 관점 모두 스포츠의 가치에 대해서는 일치되는 입장을 취하고 있다. 즉, 대내경기를 통해 학생 개인은 건강이 증진되고 스포츠 역할로 사회화되며 그 결과 사회의 기본적 가치와 규범을 학습하게 된다는 점에 동의한다.

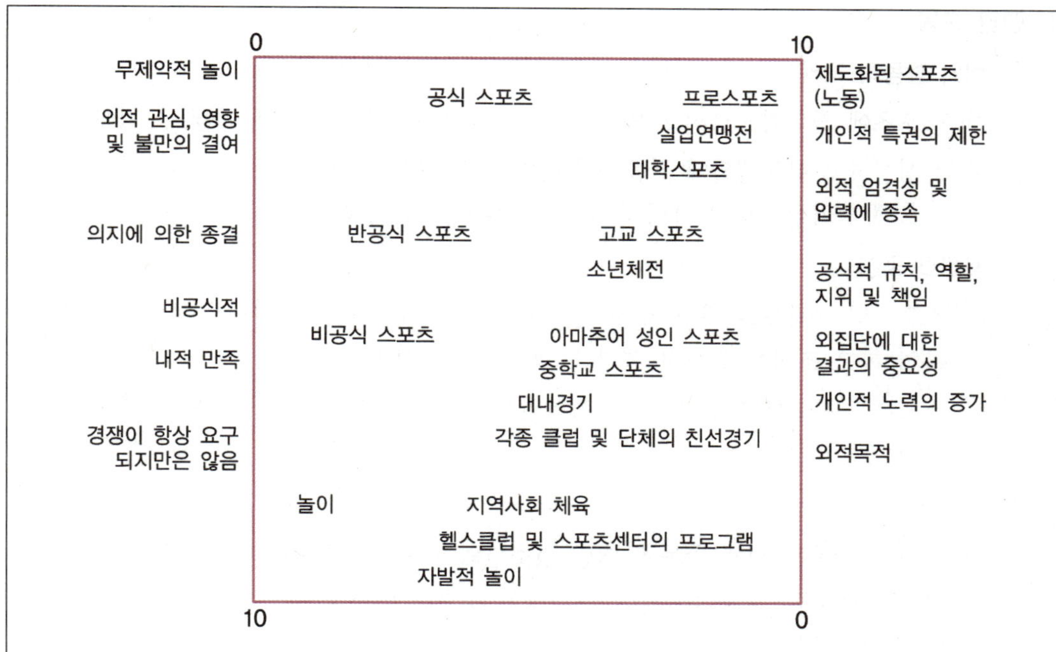

교육수준에 따른 스포츠의 특성(Snyder & Spreitzer)

2. 스포츠의 교육적 순기능

학교의 모든 교육 프로그램은 학생의 잠재력을 개발시키는 데 중점을 두고 있다. 이러한 의미에서 스포츠는 교육의 중요한 수단이 되어 학생을 최적의 상태에서 육체적, 정신적, 사회적으로 건강하게 성장시키는 역할을 담당하고 있다. 이와 아울러 애교심을 고양시켜 교내외의 통합을 촉진하고 다양한 역할 모형을 제공함으로써 사회를 선도하는 기능을 수행하고 있다.

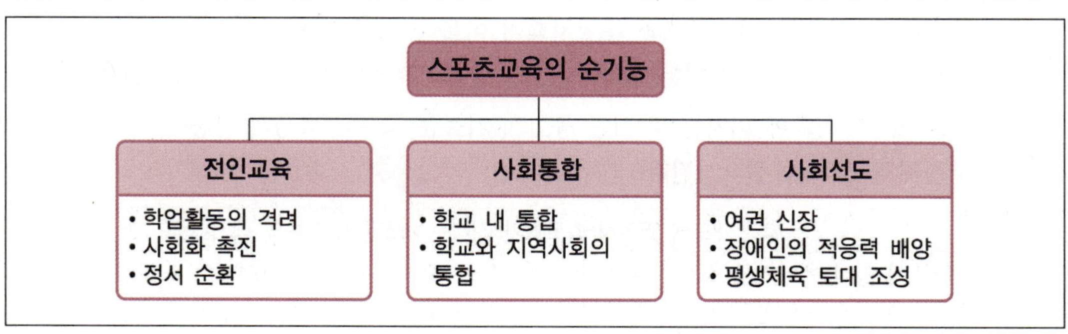

스포츠교육의 순기능

(1) 전인 교육

① 학업 활동의 격려

㉠ 스포츠에 참여함으로써 학업 활동에 충실해지거나 흥미를 유발할 수 있다.

㉡ 불성실하고 학교생활에 적응하지 못하여 퇴학이나 자퇴의 처지에 놓여있는 학생이 스포츠에 참가함으로써 학업에 충실해지는 경우도 있다.

② 사회화 촉진

㉠ 스포츠의 가장 보편적인 타당성은 스포츠가 바로 '사회화 주관자'라는 것과 사회 조직, 특히 학교 조직에 중요한 영향을 끼친다는 사실이다.

㉡ 스포츠는 목표에 대한 도전, 스포츠맨십, 팀워크와 같은 긍정적 가치를 학생에게 학습시킨다.

③ 정서 순화

㉠ 스포츠 활동은 신체 활동에 대한 청소년의 기본적 욕구를 충족시켜줌과 동시에 현대사회의 구조적, 문화적 변동으로 파생된 청소년 비행을 예방하고 치유할 수 있는 유효한 수단이 된다.

㉡ 스포츠에서 경험하게 되는 경쟁은 개인을 도덕적으로 성숙시켜 사회적으로 유용한 인간을 형성시키는 수단이 되는데, 특히 스포츠 경쟁에서의 성공감은 사회 적응력에 큰 영향을 미친다.

㉢ 스포츠 프로그램은 격렬한 신체 활동을 통하여 청소년의 근원적 경향성에 대한 안전판의 구실을 담당하기 때문에 자기 통제력을 강화하는 강점이 있다.

(2) 사회 통합

① 학교 내 통합

㉠ 스포츠는 학교에 공동 목표를 제공하여 학교를 학생의 일부분으로 또는 학생을 학교의 일부분으로 만들어 교내의 모든 사람들에게 '우리'라는 공동체 의식을 형성시킨다. 다시 말해 학교 운동부는 학교와 동일시되며 이를 통해 학교에 대한 애정과 소속감이 낮고 상이한 계층에 속해 있는 학생 및 교직원을 하나로 통합시킨다(Coleman).

㉡ 스포츠가 학교에 미치는 또 다른 통합의 기능은 교사와 학생의 갈등을 최소화하고 학교 전체의 사기를 진작시킨다.

학교 제도에 있어서 스포츠가 지니는 사회통합 기능의 메커니즘

- 학생의 잉여 에너지를 스포츠로 발산시켜 이들을 좀 더 순종적인 학생으로 조형해 간다. 스포츠는 운동선수와 일반학생 모두에게 각자의 역할에 충실케 하는 집중력을 지니고 있다. 이와 같이 스포츠는 학생에게 무엇인가 생각하여야 할 거리는 물론 실행하여야 할 과제를 부과하여, 학교 체제에 대한 비판과 바람직하지 못한 일탈행위를 방지한다.

- 학생을 스포츠에 참가시킴으로써 사회의 주요 가치를 주입시킨다. 대부분의 운동선수는 교내에서 높은 지위와 다양한 혜택을 부여 받고, 이들에 대한 특권은 스포츠참가에 대한 보상뿐만이 아닌, 전체의 모범에 대한 보상을 의미한다. 다시 말해, 조직에 충실하고 봉사하며 규칙을 준수하는 사람에게는 보상이 부여된다는 사실을 학생에게 내재화시킨다.
- 스포츠는 지역 간 그리고 학교 간의 적대 관계를 해소한다. 적대 의식이 강한 집단 간에는 운동경기가 매우 의미 있는 경쟁이 된다. 스포츠는 규칙 내에서 이러한 적대의식 속에 내재된 공격성을 합법적으로 방출시켜 긴장을 해소하고 상호이해를 증진시킨다.

② 학교와 지역사회의 통합

㉠ 학교는 스포츠를 매개로 하여 지역사회 생활의 일부가 되기도 하며 일부 지역에 존재하고 있는 학교와 주민 사이의 이해 부족이 해소되기도 한다.

㉡ 스포츠 프로그램은 모교와 동창 간을 연계시켜 주는 중요한 연결 고리가 되며 이를 통해 모교에 대한 관심과 애정이 지속적으로 유지된다.

(3) 사회 선도

① 여권 신장

㉠ 여학생에 있어서 스포츠는 여성의 스포츠참여에 대한 의식의 개선과 함께 자신의 권리를 신장시킬 수 있도록 사회 전반에 대한 관심과 기회를 증대시킨다.

㉡ 교육제도 내에서 여학생에 대한 스포츠의 영향은 다음과 같다.

ⓐ 여성의 지위를 향상시킨다. 남성의 전유물로 인식되어 오던 스포츠에서 여자 운동스타가 탄생될 뿐만 아니라, 지역사회의 우상이 되기도 한다. 이는 하나의 역할 모형이 되어 타 여학생들의 스포츠 참여로 연결되고, 남성과 동등한 지위를 획득하려는 동기를 부여한다.

ⓑ 교내의 장학 혜택에 대한 수혜가 용이해진다. 이는 하류계층 출신의 여학생이 학업을 지속할 수 있는 원동력이 된다.

ⓒ 여학생의 교육기대감을 상승시킨다. 우리나라의 경우에는 교육법과 체육 특기자 관리 지침을 근거로 하여 여자 운동선수의 신분과 진학의 기회가 보장된다.

② 장애자의 적응력 배양

㉠ 장애자의 스포츠 활동은 국민으로서 보장된 기본 권리이며 이들이 원만한 사회생활을 영위하도록 촉진하는 기능을 담당한다.

㉡ 스포츠를 통해 장애자는 소외 의식을 해소하고 신체 기능의 퇴화를 방지하며 경우에 따라서는 신체 기능을 회복시키기도 한다.

㉢ 교육적 견지에서 장애자에 대한 스포츠 활동은 3가지 측면에서 영향력을 행사한다.

ⓐ 스포츠 활동은 장애자의 신체 기능의 퇴화를 예방하고 체력을 증진시키며 심리적 위축감을 해소시켜 자신의 역할을 긍정적으로 수용하도록 인식시키고, 협동심을 함양하고 규칙을 준수시켜 사회 활동 능력 및 환경 적응 능력을 배양시킨다.

ⓑ 스포츠는 장애자가 지니고 있는 신체 활동과 기분 전환의 욕구를 다양하게 충족시켜 준다.

ⓒ 스포츠는 재활의 궁극적인 목표인 사회 통합을 촉진한다. 장애자 스포츠는 장애학생 간에는 물론 장애자, 학교 및 지역사회 간의 이해를 증진하는 교량적 역할을 수행한다.

③ 평생 체육의 조장

㉠ 교육제도 내에서의 스포츠는 이의 참가자는 물론 일반 학생에게 평생 동안 즐길 수 있는 신체 활동의 유형이나 실천 방법과 더불어 기능, 지식, 태도 등을 전수함으로써 미래의 삶을 보다 가치 있게 향유토록 돕는다.

㉡ 신체활동은 인간의 삶의 질과 기회 및 조건을 향상시켜 줄 수 있는 훌륭한 수단이 된다. 학교 졸업 후 재학 당시에 관심을 기울였던 스포츠로 재사회화됨으로써, 결국 재학 당시의 직접 혹은 간접적 스포츠 참가는 성인시기의 지속적 여가 활동 참가로 이어진다.

3. 스포츠의 교육적 역기능

현재 학원스포츠는 교내·외로부터 전폭적인 지원을 받고 있다. 그럼에도 불구하고 많은 사람들은 학원스포츠의 폐지나 개선을 요구하고 있다. 왜냐하면 학원스포츠가 교육적 방향성을 상실하였을 뿐만 아니라, 교육 목표를 저해 혹은 방해한다고 인식되고 있기 때문이다.

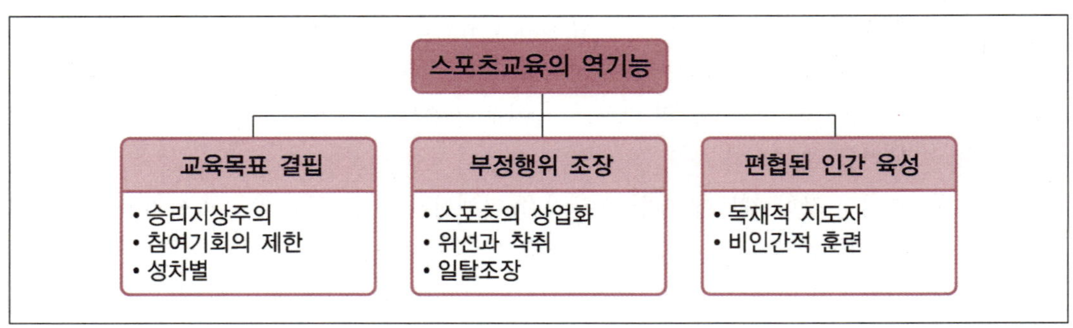

스포츠교육의 역기능

(1) 교육 목표의 결핍

① 승리 제일주의

㉠ 승리에 대한 과도한 압력은 참가보다는 승리, 즐거움보다는 노동의 형태로 스포츠의 가치를 변질시키며 과도한 훈련이나 경쟁을 유발함으로써 선수의 정신과 육체에 치명적 상해를 입히기도 한다.

㉡ 승리 지상주의적 사고는 선수 자신에 의해서가 아닌 주로 코치와 같은 지도자에 의해 형성되며 스포츠의 교육적 의미를 경시하는 학부모나 후원회에 의해서 조장되기도 한다. 이들은 '승리 쟁취'만이 교육적이라고 생각하고 있는지도 모른다.

㉢ 우리나라의 운동선수 집단과 일반학생 집단의 경기 성향 즉, 공정, 기능, 승리에 대한 경기의 가치지향성을 비교 조사한 결과, 경기의 가치에 대해 일반학생은 공정성과 기능을 중시하는데 비하여 운동선수는 승리를 상대적으로 중요시하는 것으로 나타났다.

② 참가 기회의 제한

㉠ 모든 학생에게 자신의 신체적 재능과 기능을 발달시키고 발현해 볼 수 있는 기회를 제공해야 하나 소수의 신체 및 기능 우수자에게 집중시킴으로써 엘리트 의식을 조장하고 있다.

㉡ 대부분의 운동부는 체격이나 체력이 열세한 학생의 참여를 제한하고 있고, 학교 대표팀은 한 종목에 한 팀만을 운영하고 있으며, 팀의 선수 수도 선수 등록 엔트리 수로 제한하여 구성하고 있다.

㉢ 엘리트주의와 관련된 또 하나의 문제점은 전체 학생을 위해 사용되어져야 할 학교의 체육 시설이나 재원이 운동부에 독점되고 있다는 사실이다.

㉣ 대부분의 학교에서 대내경기프로그램이 운영되지 않고 있으며 과외자율 체육활동이 활성화되지 않은 경우가 많은데 이는 입시위주의 교육풍토와 함께 시설과 재원 등이 운동부에 독점되어 있기 때문이다.

③ 성 차별

㉠ 역사적으로 학교교육에서 여성의 스포츠참여 기회는 극히 제한되어 왔다.

㉡ 일부 학교 행정가들은 남자 운동부만으로도 재정적 압박을 받고 있다는 이유 때문에 여자 운동부는 물론 남자 운동부마저 폐지시킴으로써 성 차별이 잠재된 남녀 평등을 유지한다.

㉢ 남녀 평등을 실현하고자 하는 교육 목표와는 달리 여성의 스포츠 참여에 대한 불평등은 수업 및 운동부의 구조에도 존재한다.

(2) 부정 행위의 조장

① 스포츠의 상업화

㉠ 상업화 현상은 단적으로 선수가 학교로부터 숙식비나 학비와 같은 보수를 제공받고 학교에 재정적 이익과 명성을 가져다주는 형태라고 말할 수 있다.

㉡ 프로선수는 급료를 받으며 구단의 재산을 증식시켜 주는 데 비하여 학교 운동선수는 금전이 아닌 일상생활에서의 서비스를 최소한으로 제공 받으며 학교의 재원과 명예를 높여 준다.

㉢ 학원스포츠의 상업성은 두 가지 도덕적 쟁점 즉, 학생 선수를 이용하여 학교가 경제적 이득을 취해도 되는가의 문제와 장학금으로 위장된 보수를 지급하며 선수를 착취할 수 있는가의 의문을 제기시킨다.

② 위선과 착취

㉠ 학교 경영자와 코치는 학교와 팀의 성공을 위해 선수를 육성한다는 명분하에 여러 형태의 위선을 자행한다.

㉡ 학교의 위선 사례 중 가장 일반적인 형태는 성적 위조이다. 즉, 일부 학교의 경우이기는 하나 출결 및 본래의 시험 성적과 무관하게 일정 수준의 성적이 선수에게 부여되며 대학의 경우 졸업 논문은 대필 혹은 형식적으로 통과된다.

㉢ 선수에 대한 또 하나의 전형적인 위선은 코치나 행정가가 선수에게 학생으로서의 역할을 강조하는 것이다. 그들은 선수들에게 학생의 신분, 학업, 학교생활의 충실 등을 강조하고 정상적인 학교생활을 위해 조력하지만, 이러한 조치가 선수 자신의 교육 성취를 위한 것이 아니라 이들이 운동에 전념할 수 있도록 선수자격을 유지・보장하려는 데 있는 것이다.

㉣ 대부분의 운동선수는 '제도적 무기력'을 경험한다. 이는 선수가 자신의 운동 환경을 자기 스스로 거의 통제하지 못함을 의미한다.

㉤ 일부의 경우에 운동선수는 소속 학교에 큰 금전적 이득을 가져다주고, 장학금이라는 명목으로 최저임금만을 지불받는다.

③ 일탈 조장

㉠ 입학 당시부터 비합법적으로 진학한 운동선수는 학교의 기대와 자신의 성공을 위해 최선을 다하게 된다. 일부 학교와 코치는 자신의 성공을 위해 선수의 운동 성취를 지원, 강요한다. 이는 선수가 경기장 내외에서 승리를 위한 각종 일탈 행위를 일으키게 되는 원인이 되며 결국 선수는 스포츠를 통해 살아남기 위한 경쟁의식과 부도덕한 가치관을 내재화하는 셈이 된다.

㉡ 미국의 경우 경기력 향상을 위한 대학 선수의 약물복용이 커다란 사회문제화 되고 있다. 우리나라의 경우에도 정확한 실태조사가 없었지만, 이러한 형태의 일탈이 존재하리라는 것은 어느 정도 예상할 수 있다.

(3) 편협된 인간 육성

① 독재적 코치

㉠ 코치에게 권위가 필요하기는 하나 선수의 개인적, 사회적 발달을 도모하기 위해서만 그 권위가 행사되어야 한다. 코치가 선수의 생활을 지나치게 통제하게 되면 스포츠는 교육적 적합성을 상실하게 된다.

㉡ 경기나 훈련과 무관한 자신의 도덕적 기준을 선수에게 강요할 권한을 코치는 위임받지 않고 있지만, 많은 코치들이 선수 개개인과 팀의 성공을 위해 자신에게 무조건적이고 절대적인 권한이 부여되어야 한다고 생각할 뿐만 아니라, 부여되어 있다고 믿는다.

㉢ 선수를 팀에 충성하도록 강요하고 그 결과 엄격한 통제구조로 인해 승률이 매우 높아지기도 하지만 이 때문에 선수는 독립된 성인으로 성숙하기 위한 기회가 제한되거나 박탈되며 의타심과 미성숙이 영속화된다.

② 비인간적 훈련

㉠ 많은 코치는 자신의 성공을 위해 선수를 잔인하고 무자비하게 강훈련시킨다. 이러한 과정에서 선수는 학교의 목적 달성을 위한 도구로 전락되어 인간성을 점차 상실해간다.

㉡ 선수를 비인간화 시키는 코치의 훈련태도는 4가지 유형으로 구분된다.

ⓐ 과도한 부하 예 운동장 100바퀴 돌기

ⓑ 지속적 체벌 예 신체적 체벌과 인격무시

ⓒ 공포 분위기 조성 예 심야 산중 담력 훈련

ⓓ 부상선수 훈련 강요 예 부상 완쾌 전 훈련 참가 압력

4. 스포츠육성의 주체 : 스포츠육성 거버넌스

스포츠 거버넌스란 스포츠 참여와 경력추구의 기회를 제공하는 일을 누가, 어떻게 운영할 것인가와 같은 질문과 관계되어 있다. 좁게는 누가 기회제공의 주체가 되어야 하는가, 어떻게 주체들 간의 관계를 설정할 것인가에 대한 현실적 논의에서부터, 넓게는 그렇게 설정된 스포츠 참여 기회의 제공 방식이 낳는 정책적/정치적 결과나 딜레마에 관계된 학술적 접근을 포괄한다. 스포츠의 보급과 확대, 선수육성에 관계된 모든 이들에게 이를 조직하는 거버넌스 형태를 이해하는 것은 필수적이다. "스포츠육성 거버넌스는 자원과 인력, 가치의 관계를 조직/조정함으로써 스포츠 육성의 목적, 경로, 방식을 설계하기 때문이다(Sam)." 누가 스포츠 보급을 담당하는가(국가, 시장, 자원봉사), 누구를 대상으로 하는가(어린이, 노인, 여성), 어디서 재원을 조달하며(국고, 기금, 기부금), 어떤 방식으로 조달할 것인가(보편복지, 실적 중심)와 같은 선택은 스포츠육성 거버넌스의 초기 조직방식에 의해 명시적으로, 또 암묵적으로 좌우된다.

거버넌스(governance)

- 거버넌스는 20세기 중후반에 등장한 "다양하고 새로운 통치(governing) 이론과 관행들, 그리고 그것들이 낳는 딜레마"를 지칭한다. 이때의 새로움이란, 통치에 있어 '위계'나 국가에 역할이 축소되는 대신, '시장'이나 '네트워크'에 대한 의존을 강조하게 된 경향을 이른다. 환경의 요구가 통치 관행의 변화를 초래해서 이를 설명하는 이론이 도래한 것이든, 이론의 부각에 의해 이러한 관행이 보다 널리 확산된 것이든, 오늘날 정부의 통치행위가 기존의 위계구조를 넘어 시장 및 비영리 기제와 결합되어 있고, 지역, 국가, 국제 수준의 여러 정부 및 훨씬 광범한 이해당사자를 포괄하고 있다는 데에서는 이견이 없는 것으로 보인다(Bevir).
- 스포츠 육성의 맥락에서는 위계보다 시장, 네트워크에 의존하는 요사이의 통치관행을 한정해서 거버넌스라고 정의하기보다, 여러 형태의 (혼합적) 관행으로 나타날 수 있는 통치행위 자체를 '거버넌스'라고 지칭한다. 즉, 기존의 정의가 이미 사회적으로 형성되고 있는 통치 관행의 변화를 포착한 것이라면, 그보다 더 이념형적으로 다른 환경에서 다시 통치관행이 변화할 가능성까지 포괄한다.

(1) 정부 : 위계적 관계

① 오늘날 어떤 방식으로든 스포츠의 보급과 육성에 관여하지 않는 정부는 없다. 대부분의 국가는 스포츠를 관장하는 정부 부처를 두고 있을 뿐 아니라(예 문화체육관광부), 대표성을 갖는 스포츠기구에 정부예산을 지원한다(예 대한체육회).

② 정부조직은 관료제적으로 운영되며, 관료제는 명령의 사슬에 따라 책임과 의무가 수직적으로 부과되는 위계적 관계를 그 근간으로 한다(Sam). 위계관계가 가장 극단화된 조직으로는 군대를 꼽을 수 있다. 정확한 업무분담 내에서 명령에 따라 책임을 수행하고 결과를 책임지기 때문이다.

③ 스포츠의 보급과 육성이 이처럼 강력한 수직적 관계에 의해 이루어진다면 어떠할까?

㉠ 과거 구소련이나 중국 등 주로 권위주의 체제를 가진 국가들은 이처럼 관료적 방식으로 스포츠를 육성해 왔다. '명령, 책임, 의무' 같은 용어가 주는 무게감이 암시하는 바와 같이, 국가중심의 스포츠육성은 시민들이 자유롭게 스포츠에 참여할 수 있도록 유도하는 데에 적합한 모델은 아니다.

㉡ 관료제가 제공하는 보편적인 서비스는 다양한 연령과 선호를 가진 스포츠 참여자의 요구를 충족시키기 어려울 뿐만 아니라, 스포츠참여의 결과와 효과는 관료제가 요구하는 규격화된 양적방식으로 보고하기도 어렵다.

④ 반면 국가 관료제의 위계관계는 명령과 처벌에 의해 특정 수준의 결과를 담보할 수 있다는 점에서 엘리트스포츠에서 활용되기에 적합한 통치기제로 알려져 있다. 과거 구소련이나 구동독, 중국, 한국이 국제스포츠무대에서 두 각을 드러낸 데에는 국가가 직접 나서 조기에 재능을 발굴하고, 스포츠과학자들과 연계하는 등의 관료적 조직을 구축해 두었기 때문이다(Sam).

(2) 시장 : 경쟁 관계

① 국가의 스포츠 공급기능과 별개로, 시장은 수익이 발생할 가능성이 있는 곳이라면 스포츠 주변 어디에라도 생겨날 수 있다. 하지만 명령과 복종에 주로 의지하는 '위계'관계가 아니기 때문에 어디에도 생겨날 수 있는 대신, '유한한 책임'을 지는 것이 아니라 '무한한 경쟁'을 펼쳐야 한다(Bevir).

② 가장 극단적 형태의 시장에서는 어떠한 중앙통제도 거부되며, 어떠한 공급자든 소비자의 수요를 충족시키지 못하면 도태되고 다른 경쟁자들이 그 자리를 메우게 된다(Sam).

③ 미국은 다른 분야에서 그러하듯, 스포츠 거버넌스에서도 시장형 모델을 적극적으로 채택하는 사례로 알려져 있다(Sam). 한국의 태권도 도장을 비롯한 대부분의 운동교습업 또한 시장을 통해 스포츠가 보급되는 방식이다.

④ 대부분의 국가는 정도의 차이가 있을 뿐, 부분적으로 경쟁 기제를 스포츠 거버넌스에 활용한다. 준시장적 기제로는 지역의 공공 스포츠 시설 운영권을 입찰에 붙여 위탁운영 하거나, 경기단체의 성과에 따라 지원금을 차등 지원하는 정책 등이 있다.

⑤ 시장을 통한 스포츠의 공급은 신자유주의에 대한 비판과 맞물려 부정적으로 인식되곤 한다. 생활스포츠의 보급에 시장적 기제가 활용된다면 인기 스포츠는 수익을 낳기 쉬우므로 더욱 활성화되는 반면, 수익성을 담보할 수 없는 비인기종목은 고사될 수도 있기 때문이다. 하지만 시장에서의 적절한 경쟁은 공급되는 스포츠 서비스의 수준을 향상시키기도 한다(DeLeon).

(3) 시민사회 : 호혜적, 자발적, 네트워크 관계

① 시민사회는 주로 서구에서 스포츠가 보급, 육성되는 기반이다. 자치적으로 조직되고 운영되는 스포츠클럽을 생각해보면 이해하기 쉽다.

㉠ 클럽은 주로 회원들의 회비와 지역 상인들로부터 받는 후원금으로 재정을 충당하며, 코치, 심판 및 경기 운영에 관련되는 인원은 무급의 자원봉사자들로 구성된다.

㉡ 클럽 운영은 회원과 지역 사회의 원로 등을 포함하는 위원회에 의해 민주적인 방식으로 운영되고 그 가입과 활동에 있어 직업, 종교, 인종 등 어떤 사유로든 차별을 두지 않는다.

㉢ 클럽들은 교류 가능한 범위 내에서 리그를 구성해 교류하고, 지방, 전국단위의 스포츠 경기 단체를 구성한다.

② 지역 클럽을 통한 스포츠의 보급과 육성은 정부와 같은 관료조직의 간섭으로부터 자유로우며 이윤 추구를 통해 경쟁하지 않는다는 점에서 '시민사회적'이다.

③ Sam은 중앙정부가 스포츠 분야에 대해 전문성이 부족한 경우, 또는 지역과 대상에 따라 차별화된 스포츠가 공급되어야 하는 경우 등에 지역 중심의 자발적 스포츠육성 모델이 두드러진다고 설명한다.

④ 시민사회 중심의 스포츠 보급은 그 스포츠에 참여하는 주민들이 그 과정을 자발적으로 수행한다는 점에서 '민주적 정당성'이 높다는 장점이 있다(Bevir, Crompton). 반면, 자발성을 근간으로 하는 덕에 과정의 신속성과 결과의 확실성을 담보하기 어렵다.

⑤ 시민사회 중심의 스포츠육성은 지역단위의 생활스포츠 육성에 적합한 반면, 많은 재원이 투여되고 여러 관련 주체들을 통합관리해야 하는 엘리트스포츠 육성에 취약하다.

(4) 스포츠 거버넌스의 혼종성과 정치성

① 현실에서 세 가지 스포츠육성의 주체(정부, 시장, 시민사회)와 권력활용의 방식(위계, 경쟁, 자발성)이 단독으로 활용되는 경우는 드물다. 세 가지 주체는 이해와 논의의 편의를 위해 구분지어진 것일 뿐, 현실에서 스포츠육성은 거의 두 가지 섹터 이상의 협력에 의해 작동하는 경우가 더 많다.

예 한 초등학교 스포츠팀의 운영은 학교관료제의 틀 안에서 이루어지지만(정부의 '위계'), 대기업이 후원하는 해당 종목의 협회로부터 성과에 따라 지원금을 차등지원 받기도 하고(시장의 '경쟁'), 학교 자모회와 같은 자발적인 단체로부터 식사나 간식지원을 받기도 한다(시민사회의 '자발성과 네트워크').

② 다양한 주체들이 스포츠의 보급과 육성을 위해 협력하게 될 때 주의할 점은 이들 주체들의 고유한 작동방식이 언제나 '이점'과 '난점'을 동전의 양면처럼 동시에 제시한다는 사실이다. 그러므로 거버넌스 모델을 혼합하면서 이들의 장점만을 모아 시너지 효과처럼 제시하는 것은 자칫 무책임한 일이 될 수 있다.

㉠ '정부'가 주도하는 위계적 관계는 결과를 담보하는 대신 유연성과 자발성을 기대하기 어려우며, '시장'은 경쟁력을 높이는 대신 보편적 서비스 제공을 확보하기 어렵다(Sam).

㉡ '시민사회'의 스포츠 공급 역시 자발성과 전문성을 얻을 수 있는 대신 무임승차와 조정(coordination)의 문제를 초래한다(Sam).

③ 재미를 위주로 하는 어린이 풀뿌리스포츠에 정부가 관료적 방식으로 개입할 경우, 경쟁적 시장이나 자발적 시민사회가 주도할 때보다 활력이 떨어져 활동에 참여하는 어린이들의 재미를 반감시킬 수도 있다. 반대로 전문적 인력 간의 조정이 핵심적인 엘리트스포츠를 시민사회나 시장에 맡겨 둘 경우, 속담처럼 '사공이 많아 배가 산으로 가는' 결과가 초래될 수도 있다.

④ 여러 주체가 참여하고 다양한 통치기제가 연결될 때 상기해야 하는 점은 스포츠육성 거버넌스가 "경쟁하는 이해와 가치들 사이에 어떤 것을 선택하는 동시에 다른 것을 배제하는 작업"이라는 점이다. 그런 점에서 스포츠육성 거버넌스는 누가 스포츠육성을 주도할 것이냐의 문제부터 매우 정치적인 작업이라 할 수 있다.

스포츠육성

- 스포츠육성이란 스포츠교육의 개념을 학교 바깥으로 확장할 때 사용할 수 있는 개념으로, '스포츠에 참여하고 스포츠를 경력(career)으로 추구할 기회를 제공'하는 데 관련되는 모든 과정, 정책, 관행 등을 일컫는다(Bramham et al). 즉, 스포츠육성이란 스포츠 참여와 그 지속에 관계되는 모든 일들을 포함한다고 말할 수 있다.
- **스포츠육성의 목적**

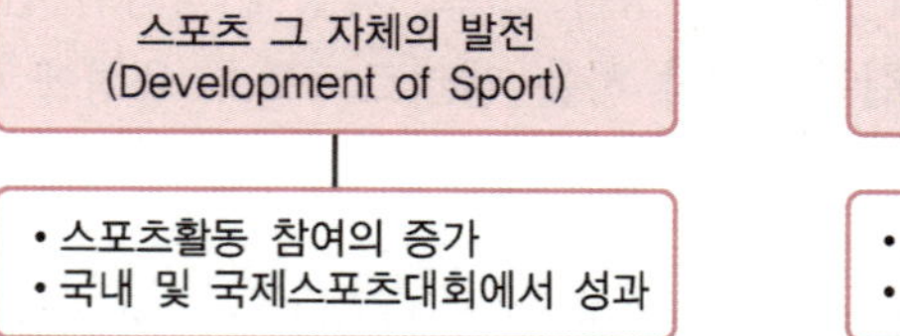

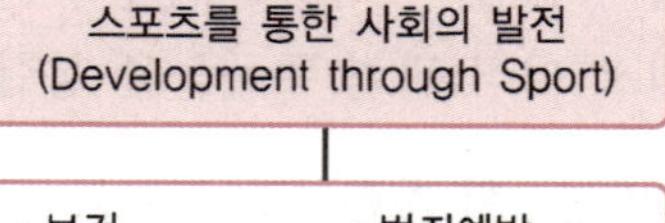

- **스포츠육성의 모델**

구분	내용
피라미드 모델	• 스포츠 참여의 기반이 확대되면 그 확대된 토양에서 기량이 좋은 선수들이 배양되고, 꼭대기에서 세계 수준의 선수가 배출된다고 가정한다(Hylton & Bramham). • 넓은 저변을 전제할 때에만 수준급의 기량이 배출된다고 본다는 점에서 생활체육의 중요성을 강조할 때 근거로 활용되는 모델이다. • 2016년 엘리트스포츠를 관장하는 대한체육회와 생활스포츠를 담당하던 국민생활체육협의회가 조직통합을 이루는 데 활용된 이론적 근거가 이 모델이었다.

낙수효과 모델	• 엘리트스포츠가 발전해서 세계적 수준의 선수들이 배출되면 그 선수들의 활약에 고무된 대중의 스포츠참여가 확대된다는 가정이다. • 저변 확대의 전제로 엘리트선수들의 활약을 강조한다는 점에서 낙수효과 모델은 엘리트스포츠에 대한 집중투자를 우선하자는 주장의 근거로 주로 활용된다.
선순환 모델	• 선순환 모델은 피라미드 모델과 낙수효과가 상호 강화되는 방식으로 연결되어 있다고 가정한다. 즉, 엘리트스포츠의 성과가 일반 시민의 스포츠 참가를 촉진하고, 그렇게 형성된 자원(pool) 속에서 다시 일류 선수가 탄생하며 국가 이미지 향상에 기여한다는 것이다(Grix & Carmichael). • 공공의 복리를 위해 재정을 투여하는 정부 입장에서 선순환 모델은 매우 유용하다. 생활스포츠와 엘리트스포츠에 대한 투자 근거를 설명하는 동시에, 그로 인해 자가증식적으로 스포츠참여와 국가이미지 향상 등의 효과를 얻을 수 있다고 설명하기 때문이다. • 현실정치에서 '선순환 모델'은 '피라미드 모델(생활체육 우선론)'과 '낙수효과(엘리트체육 우선론)'를 강조하는 두 적대적인 입장을 통합하는 효과를 갖는다. 두 가지 중 어디에서 우선순위를 두지 않으면서도 서로가 서로를 완성시키는 조건이라고 가정하기 때문이다.

- **스포츠육성 방식의 수렴**(국제 스포츠경기에서 높은 성과를 보이는 대부분의 국가가 갖는 공통점, Grix)
  - 정부주도 (올림픽 지향) 스포츠정책
  - 스포츠와 전업 선수들을 위한 정부의 예산지원
  - 재능선별을 위한 시스템
  - 코칭의 직업화
  - 선수들의 수행 향상을 위한 스포츠과학과 의학의 통합화

5. 학교체육 참여 기회의 평등

교육평등에 대해 Coleman은 허용적 평등 단계부터, 보장적 평등 단계, 과정의 평등 단계, 결과의 평등 단계로 구분하였다.

(1) 허용적 평등 단계

① 교육 기회에 대한 허용적 평등은 법이나 제도상으로 누구에게나 교육의 기회가 허용되어야 한다는 관점을 가지고 있다.

② 근대 이전의 계급사회에서는 법적 제도적으로 교육 기회가 제한적이었기 때문에 교육 기회의 평등은 실현되지 못했고, 따라서 먼저 교육평등에 대한 요구는 이러한 법적 제도적인 제약조건을 극복하고자 하는 것이었다.

③ 프랑스혁명 이후 '모든 인간은 평등하다'는 주장이 보편화되었으며, 이후 교육에 대한 접근 기회 제한을 철폐하기 위한 노력이 이어졌다. 우선 법적으로 누구나 교육받을 수 있다는 점을 허용하기 시작하였다.

④ 미국 의회가 1972년에 통과시킨 교육법 개정 Title IX 법안을 기점으로 여성의 스포츠 참여는 본격화되었다. 법안 제정 이후 스포츠에서 여성의 참여가 활발히 진행되었으며 그러한 현상은 올림픽에서도 동일한 양상을 보였다. 평등과 자유가 내재되어 있는 올림피즘은 여

성의 스포츠 확대를 정당화할 수 있는 기제로 작용하였다. 2012년 런던 올림픽을 기점으로 올림픽에서 여성이 참가할 수 없는 종목이 더 이상 존재하지 않는다는 점을 볼 때 스포츠에서 성차별적 요인이 크게 감소하였음을 알 수 있다.

⑤ 근대 스포츠 초기는 백인들만이 참여할 수 있는 그들만의 문화였다. 1954년 '브라운 대교육위원회 재판'에서 기존 미국교육에서 인종차별을 정당화하던 논리를 폐기한 것은 허용적 평등에 대한 중요한 사건이었다. 1960년대 흑인 인권운동의 성과로 미국 사회에서 다양한 인종에 따른 스포츠 참여는 꾸준히 확대되었다.

⑥ 이러한 변화를 통해 성별과 인종에 따른 스포츠 참여 기회는 법적, 제도적으로 보장되었다. 결국 허용적 평등관은 스포츠 참여에 대한 접근 기회를 막고 있었던 관행, 법, 제도 등 구조적 문제를 해결하고자 했던 교육평등에 대한 문제제기의 첫 번째 단계에 해당한다.

Title IX 법안

"미국의 어떤 사람도 연방 정부의 지원을 받는 교육과정에서 성별로 인해 제외되거나, 혜택을 거절당하거나, 차별의 대상이 되어선 안 된다."

Title IX은 1972년 미국에서 제정된 법률로써, 교육계에서 성차별을 없애기 위해 제정되었다. 미국 연방 정부의 지원을 받는 모든 교육기관들은 Title IX에 따라, 여학생들에게 남학생과 동일한 과목, 상담, 경제적 지원, 건강보험, 주거, 그리고 운동기회를 제공하여야 한다. 미국 내 대부분 고등학교, 대학교들이 미국 연방 정부의 지원을 받고 있으므로 사실상 거의 모든 학교가 이 법안을 준수해야 한다. 해당 조항 제정 이후 운동부에 참여하는 여학생들의 수가 크게 늘고 여자 스포츠 종목 전반의 저변이 크게 확대되며 미국의 여자 스포츠가 세계 최강으로 군림할 수 있는 발판을 마련하였다고 평가받았다.

(2) 보장적 평등 단계

① 보장적 평등은 학교 취학, 진학을 가로막는 사회적, 경제적, 지리적 장애를 제거해 주어 자유로운 취학, 진학이 가능하도록 해야 진정한 교육 평등이 실현될 수 있다고 주장한다.

② 현재 우리나라는 학생들의 스포츠 참여가 사회적, 경제적, 지리적 여건에 따라 제한되고 있다.

③ 2000년 이전에는 실내체육관을 보유하고 있는 우리나라 학교가 거의 없다 보니 학교에서 운영할 수 있는 스포츠 프로그램이 매우 제한적이었고, 2000년 이후에는 대부분 학교에서 실내체육관을 건축하여 실내 스포츠 프로그램을 운영할 수 있는 환경이 조성되었으나 도심의 일부 학교들은 운동장이 없거나 매우 협소하여 실외 스포츠 참여에 제한을 받고 있다.

④ 법적으로 한국의 학교운동장(체육장) 설치 기준은 학교시설·설비기준령(1969.12.4. 대통령령 4398, 8차 개정 1980.9.26. 대통령령 10031호)에 의해 정해져 있다. 협소한 운동장은 학생들의 스포츠 참여에 대한 가능성을 제한한다는 측면에서 규정에 따라 학교 운동장을 확보하는 것은 매우 중요한 사항이다.

(3) 과정의 평등 단계

① 과정의 평등은 학교가 동일한 질적 수준을 유지하여 동질적인 교육 프로그램을 학생들에게 제공해야 한다는 관점이다.

② 중학교 무시험 전형은 1969년부터 시작되었으며, 1974년부터는 서울과 부산부터 고등학교 단계의 평준화 정책이 도입되었다. 즉, 시험을 치르지 않고 누구나 진학을 희망하는 학생들은 거주지 인근의 학교에 배정을 통해 학교에 다닐 수 있게 된 것이다. 이는 학교간 여건, 시설, 교사진, 교육과정 등에서 차이를 최소화해 어떤 학교에 가더라도 균질적이고 교육을 받을 수 있도록 하겠다는 취지를 갖고 있다.

③ 우리나라 교육과정은 국가수준의 교육과정을 기반으로 하여 단위학교에서 학교의 특색에 맞게 교육과정을 재구성하는 방식으로 편성된 후, 교사 수준의 교육과정을 통해 '수업'이라는 방식으로 학생들에게 전달된다. 2015 개정 교육과정에서 체육 교과는 체육교과군으로 편성되어 초, 중, 고등학교에서 필수 과목으로 편성되어 있다. 이는 학생들이 배우는 체육 과목에 대하여 국가 수준 교육과정에서 내용과 종목의 예시를 제시하고 학교 특성에 맞게 선택하여 가르칠 수 있도록 하고 있다. 이는 우리나라 학생이라면 최소한의 배우는 내용과 수준을 정하여 가르칠 수 있도록 한 것이다.

④ 2012학년도부터 본격적으로 시행된 중학교 교육과정 내 학교스포츠클럽 수업은 정규 체육 수업을 제외하고 주당 1시간씩 추가로 수업을 편성하여 전국의 모든 중학생이 평가에 자유로운 상태에서 본인이 원하는 종목의 수업을 받을 수 있도록 하는 조치이다.

(4) 결과의 평등 단계

① 교육평등의 마지막 단계라고 할 수 있는 결과의 평등은 교육받은 결과가 동일해야 한다는 생각에서 출발한다. 한편으로 보면 불가능할 뿐만 아니라 그 자체가 역차별이라는 논란을 불러일으킬 수 있는 관점이다.

② 현실적으로 결과의 평등은 불가능하지만, 출발 단계에서부터 열악한 수준에 있는 학생들에게 상대적으로 더 지원해야만 결과적으로 나타날 차이를 줄일 수 있다는 시각이다. 때문에 이를 보상주의적 평등관이라고 부르기도 한다.

③ 학교에서 나타나는 학생들의 체력 및 운동 기능 수준의 차이는 다양한데, 학교에서는 이러한 차이를 극복하기 위하여 노력한다. 학교 현장에서는 PAPS 4, 5등급을 받은 학생들을 대상으로 건강체력교실을 개설하여 3등급 이내로 향상하는 것이 목적이다. 이는 체육 및 스포츠 상황에서 결과의 평등을 위한 노력이라고 볼 수 있다.

PAPS(physical activity promotion system, 학생건강체력평가제)

학생들의 비만과 체력 저하를 방지하고자 개발된 건강 체력관리 프로그램이다. 운동 부족으로 인한 비만, 체력 저하를 겪는 학생들이 갈수록 늘고 있는 상황에서 1951년 도입된 기존 방식의 체력검사는 현재 학생들에게 더 이상 적합하지 않다는 판단에 따라 도입됐다. 기존의 체력검사가 순발력, 스피드, 민첩성 등 운동기능 측정에 초점이 맞춰진 것이었다면 새로 도입되는 건강체력평가는 학생들의 건강도를 평가해 그 결과에 따라 운동처방을 내리기 위한 목적으로 실시된다. 이에 따르면 우선 6개(고정형)였던 필수평가의 검사 종목이 5개 부문, 12개 종목(선택형)으로 바뀐다. 각 학교는 왕복 오래달리기, 스텝, 앉아 윗몸 앞으로 굽히기, 윗몸 말아 올리기, 팔굽혀펴기 등 12개 종목에서 5개를 선택하게 된다. 이 평가결과는 교육행정정보시스템인 나이스(NEIS)에 입력돼 학생, 학부모들이 언제든지 온라인으로 조회해 볼 수 있다.

6. 스포츠 교육 정상화를 위한 다양한 노력

(1) 학교 스포츠의 이분법적 구분 해결

학교 스포츠는 '공부만 하는 일반학생, 운동만 하는 학생선수'로 구분되어 있다. 학교 운동부는 엄격한 위계중심의 권위주의, 집합문화, 획일화된 집단주의, 강요문화, 배타주의적 성격의 문화공동체로서 학교 안에서 고립된 채 생활을 하고 있으며, 이러한 '섬 문화'에서 학생선수들은 자기들끼리는 동질화되나 일반학생과는 이질화된다. '섬 문화'가 위험한 건, 다른 학생들과의 상호작용이 옅어지면서 부정적 사건의 발생 가능성을 높이기 때문이다.

① 루만(Luhmann)의 사회체계이론과 공부하는 학생선수상

㉠ 사회체계이론이란 사회 내 모든 이론들은 완벽하게 독자적으로 분리해있는 것이 아니라 기능적으로 상호의존관계를 맺고 있다는 것이다(Luhmann).

㉡ 각각의 체계는 전체 사회체계 안에서 각각의 독자성을 유지하면서도 서로가 서로에게 영향을 주고 받는 가운데 각각의 체계들은 그 영향을 능동적으로 흡수해서 자기발전의 논리를 생산한다.

㉢ 스포츠체계와 교육체계도 각각 독립되어 경계선을 가지고 있으며 각 체계가 가지고 있는 독특한 자기원리를 유지하지만, 전체 사회체계 안에서 교육체계와 스포츠체계는 서로의 영향을 서로가 주체적으로 흡수해서 자기 발전의 논리를 개발한다.

㉣ 학교 엘리트스포츠는 교육체계 내에서 작동하는 하나의 하위 사회체계이다. 루만은 사회체계이론에서 기능적 분화를 강조했는데, 모든 하위체계들은 자신의 코드를 사용하며, 독립성과 유연성을 획득해왔지만, 전체 사회체계를 위해서는 상호의존함을 피력하였다.

㉤ 교육체계는 스포츠체계의 환경으로서 작용하게 되며, 스포츠체계는 공부하는 학생선수만들 필요에 맞게 성찰적으로 받아들이며 변화 및 발전해 나간다.

㉥ 루만의 사회체계이론 관점에서 학생선수 개인의 차원을 넘어 바람직한 학교 엘리트스포츠의 정착을 위해 공부하는 학생선수상을 지향해야 함은 자명한 명제이다.

㉦ 학생선수는 선수이기 이전에 학생이다. 선수에 대한 역할만이 강조된다면, 학교엘리트스포츠는 학교의 교육목적과 동떨어지거나 정반대의 방식으로 운영되어 상업화, 직업

화됨으로써 교육보다는 경제적 이익에 더 관심을 가지게 될 것이다. 이로 인해 학생선수 간 계급이 존재하게 될 것이며, 나아가 부적절한 경쟁, 인간 소외, 정체성 혼란 등의 사회문제가 야기될 뿐만 아니라 스포츠 아마추어리즘이 타락하게 될 것이다.

② 파슨스(Parsons)의 AGIL 기능 모형과 공부하는 학생선수상

㉠ 파슨스에 따르면 모든 사회체계는 반드시 충족시켜야 하는 4가지 기본적인 기능이 있는데, 그것은 적응(Adaption), 목표달성(Goal Attainment), 통합(Intergration), 잠재적 체계유지(Latent Maintenance)이다. 소집단이든 대집단이든 어떤 사회체계이든 이 4가지 필수 기능을 반드시 충족시켜야 한다.

㉡ 사회체계가 지니는 AGIL 기능 측면에서 볼 때, 사회체계의 변화가 일어나면 스포츠체계 역시 그 사회체제 변화에 따라가야 하며, 그러한 변화를 수용하지 않으면 모든 체계가 연계되어 있기 때문에 그 사회 내에서 생존할 수 없다.

㉢ 학생선수 양성 체계는 스스로가 AGIL 기능을 모두 갖추어야만 하는데, 그것들은 단순한 인지능력, 신체능력을 의미하는 것이 아니다. 상황을 정확히 인지하고 무엇을, 어떻게, 왜 해야 하는지를 종합적으로 판단하는 능력을 필요로 한다. 이러한 능력을 키우기 위해서도 기초적인 수준의 학습능력은 반드시 필요하다.

㉣ AGIL 기능 모형을 공부하는 학생선수 만들기와 관련하여 적용하면, 우선 전체 사회체계 내에서 교육, 문화, 스포츠, 종교 등은 잠재적 체계유지 기능을 수행한다.

㉤ 잠재적 유형유지 기능을 하는 교육, 문화, 스포츠, 종교 체계 역시 AGIL 기능과 그에 합당한 체계분화를 갖추어야 한다. 이러한 기능들을 제대로 수행하기 위해서 스포츠체계는 사회체계가 의미하는 생존기술과 경제의 의미, 정부와 국가의 의미, 나아가 법률체계를 정확히 인지할 수 있는 능력을 가져야만 한다.

㉥ 스포츠 체계의 일원인 학생선수들이 운동에만 몰두하게 된다면 체계 각 영역에서 신체적 분야를 제외한 분야에서는 어떠한 능력을 갖출 수 없을 것이다. '엘리트 운동선수는 운동만 잘하면 된다'라는 사고방식에서 벗어나야 할 것이다.

③ 주문화 · 반문화와 공부하는 학생선수상

㉠ 주문화와 반문화의 개념으로 보더라도 공부하는 학생선수 만들기는 필요한 것이다.

㉡ 우리 사회에서 학생들에게 있어서 주문화(main culture)는 공부하는 문화이다. 그러나 학생선수들은 주문화에서 벗어난 반문화(counter culture)에 해당하는 생활을 하고 있다.

㉢ 학생선수들이 공부하는 문화, 즉 주문화에 적응하거나 혹은 직업생활이나 사회생활을 원만하게 하기 위해서는 주문화에 순응할 수 있는 기본 소양과 지식 및 기술이 요구된다.

㉣ 현역 시절에 아무리 훌륭한 기량을 지녔던 선수였을지라도 학생선수 시절 기본적인 교육 및 교양을 학습하지 못하면 사회에 적응하지 못하고 방황하며, 또한 과거에서 벗어나지 못한 채 제일주의 속에서 살아감에 따라 사회에서 존경받지 못하는 삶을 살아가게 된다.

㉤ 학생선수에게 있어 학업은 주문화로써 그 의미가 중요하다고 하겠다.

(2) 학생선수들의 학습권 보장을 위한 정책

① 학원스포츠 시스템에 대한 비판이 사회 각계에서 제기되면서 몇 가지 의미 있는 성과를 도출했는데, 그중 한 가지가 '공부하는 학생선수, 운동하는 일반학생' 캠페인이다.

② 이 캠페인은 교육부와 시도교육청이 주요 정책으로 채택해 이를 현실화하기 위한 관리지침을 마련하기도 했다. 특정 성적 이상을 받아야만 경기에 출전할 수 있도록 하는 '최저학력제'와 체육특기자의 수업결손을 온라인으로 보강하도록 하는 'e-school 프로그램', 학교수업이 이루어지는 평일에 경기 일정을 편성하지 않고 주말 또는 방학 기간 중에만 경기를 편성하는 '주말리그제'가 대표적인 예이다.

최저학력제

최저학력제는 초등학교 4학년부터 대학생 체육특기자에게까지 적용된다. 학기 성적이 소속 학교의 동학년 과목별 평균 성적의 50%(초), 40%(중), 30%(고) 이하면 최저학력을 충족하지 못한 것으로 판별되어 대회에 나갈 수 없다. 대학의 경우 "직전 두 학기의 평점이 2.0 미만일 경우 대회 출전이 금지된다." 초중학교의 경우 국어, 영어, 수학, 사회, 과학 등 5개 과목, 고등학교는 국어, 영어, 사회 3개 과목이 해당된다. 최저학력에 도달하지 못한 특기자는 해당 과목에 대한 기초학력 보장프로그램 및 e-school 프로그램을 통해 학교급별로 일정 시간을 이수해야 대회 참가 자격이 주어진다.

(3) 학교스포츠클럽 활성화

① 일반 학생들이 스포츠에 좀 더 적극적으로 참여하게끔 사회적 분위기를 형성하기 위하여 많은 교육전문가들과 관계자들이 노력하고 있다. 대표적으로 일반학생에게 다양한 스포츠 참여 기회의 장을 마련하기 위해 '학교스포츠클럽'이 본격적으로 시행되고 있다.

② 학교스포츠클럽 제도는 일선 학교에서 일반학생들의 스포츠 활동 참여에 있어서 자발성과 자율성을 전제로 하여 '보는 스포츠'에서 '하는 스포츠'로의 전환을 꾀하고 건강체력의 향상, 운동부 문제 및 일반학생들의 체육활동 침체를 극복할 수 있는 대안으로 제시되었다.

③ 학교스포츠클럽은 학교 정규 교육과정과 방과 후 그리고 토요 방과 후에 이루어지는 클럽 단위 스포츠 활동이다.

④ 소수의 학생을 대상으로 하는 운동부가 아닌 다수의 학생을 대상으로 하는 학교스포츠클럽은 그 성격 및 대상에 큰 차이를 가지고 있다.

㉠ 학교스포츠클럽은 '보는' 스포츠 위주의 청소년 스포츠를 '하는' 스포츠로 바꾸어 생활체육을 실천하기 위한 것으로, 학교의 모든 학생들이 자율적이고 자발적으로 결성하여 체육활동을 하는 조직이다.

㉡ 운동부는 경기력을 향상하여 국위를 선양하는 전문체육을 위해 소수의 학생을 전문체육인으로 성장시키는 활동이다.

(4) 새로운 시대에 스포츠 교육의 새로운 접근

최근 우리 사회는 미세먼지, COVID-19 팬데믹 현상 등으로 인해 스포츠 활동 참여에 많은 어려움을 겪고 있다. 이는 과거에 경험하지 못한 새로운 현상이며 앞으로 학교 교육에서 스포츠 활동은 이를 대비하여 새로운 접근이 필요한 시점이다.

① 온라인을 통한 스포츠 참여

㉠ 2020년 3월 11일 WHO의 팬데믹 선포 이후 COVID-19 여파는 전 세계적으로 정치, 경제, 사회, 문화, 그리고 교육 분야에 큰 혼란을 야기하였다.

㉡ 학교체육 현장에서는 팬데믹 초기에 많은 혼란을 겪었다. 온라인 수업 초기에 예상치 않은 상황에 대한 혼란으로 인하여 일선 체육 교사들은 온라인 수업을 받아들이고 준비 및 실행하는 과정에서 큰 어려움을 겪었다.

㉢ 체육 수업은 신체 활동을 중심으로 운영된다는 측면에서 온라인 수업에 대한 근본적인 어려움이 있다. 하지만 이를 극복하기 위하여 많은 체육 교사들을 비롯한 전문가들이 다방면으로 노력하였다.

㉣ 팬데믹 선언 이후 체육 교과 직무연수는 대부분 온라인 수업, 블랜디드 수업을 주제로 진행되었다. 온라인 수업을 성공적으로 수행한 교사들이 수업 노하우를 다른 교사들에게 전달하는 형태로 진행된 연수를 통해 성공적으로 체육 수업에도 온라인 수업과 블랜디드 수업이 자리잡을 수 있었다.

㉤ 궁극적으로 스포츠는 신체 활동을 매개체로 하기 때문에 스포츠에 직접 참여하는 것이 체육 수업의 목적을 달성하기 위해 가장 좋지만, COVID-19 상황처럼 예기치 않은 상황은 앞으로도 미리 대비해야 할 것이다.

㉥ 홈트레이닝, 가정에서 참여할 수 있는 개인 스포츠 등 비접촉식 개인 운동에 대한 수업 프로그램을 계획하여 미리 준비해놓을 필요가 있을 것이다.

② 뉴미디어를 활용한 스포츠 참여

㉠ 4차 산업혁명 시대 각종 기술 발전으로 교육 환경은 매우 빠르게 변화하고 있다. 이에 최근 학교 현장에서는 시설, 공간, 장비 등의 한계로 실제 현실 속에서 참여하기 어려운 스포츠를 교육 현장에서는 뉴미디어를 통한 신체 활동 참여에 대한 다양한 수업 방법을 시도하고 있는데, 그중 대표적인 사례로 가상현실(virtual reality, VR)을 활용한 스포츠 체험활동을 들 수 있다.

㉡ 가상현실은 교육 현장에서 공간적 혁명과 적극적이고 능동적인 학습, 실감 체험이 가능한 교육을 실현하여 학습 방식의 다양화가 가능하다.

㉢ '가상현실 스포츠실'이란 실내에 설치된 화면과 움직임을 인식하는 전방위 카메라를 통해 학생들이 화면 위 목표를 공으로 던지거나 차서 맞히기도 하고 화면 속의 동작을 따라 할 수 있는 시스템으로 시공간에 구애받지 않고 위험요소를 제거한 환경에서 안전하게 체육활동을 즐길 수 있도록 만든 공간이다.

㉣ '가상현실 스포츠실'은 운동공간 부족 문제를 해결하고, 디지털 네이티브(digital native) 학생들의 눈높이에 맞는 교육환경을 제공해 준다.

㉤ 다양한 원인으로 실외에서 수업이 어려운 경우, 불가피하게 실내에서 수업을 진행해야 하는데, 체육관을 제외한 공간에서는 일반적인 스포츠 종목으로 수업을 하기에는 어려움이 있다. 가상현실 등 뉴미디어의 활용이 더욱 필요하다.

(5) 학교스포츠의 생활스포츠로의 전환

① 우리나라 학교스포츠의 특징적 현상 중의 하나는 학창 시절 즐겼거나 학교 수업에서 자주 경험했던 스포츠 종목이 평생스포츠로 자연스럽게 연결되지 못한다는 점이다.

② 특정 체육 수업에서 교사 수준의 교육과정에서 선정되어 실시되는 구기 종목이나 체조, 육상, 뉴스포츠 등 종목들이 일반적인 생활스포츠에서는 그다지 환영받지 못하고 있다. 이는 평생체육의 관점에서 보았을 때, 학교스포츠와 생활스포츠의 단절 현상을 초래하고 있다.

③ 생활스포츠에 참여하게 되는 요인을 살펴보면, 스포츠에 대한 태도, 연령, 성별, 직업, 건강, 여가시간, 소득, 시설, 스포츠 관련 정보의 입수, 클럽 소속 유무, 운동 능력, 체력, 학교시설의 운동경험, 사회화주관자 등의 요인들이 복잡하게 작용한다(Loy & Ingham).

④ 일반적으로 학교 교육이 각 개인에 있어서 그 이후의 사회생활에서의 의식과 행동에 커다란 영향을 미치게 된다고 일컬어지고 있다. 이를 위하여 연령을 기반으로 체육교육의 목표가 다르게 설정되어야 하며, 초, 중, 고등학교에서의 체육수업이 자연스럽게 생활스포츠로 전이될 수 있도록 노력하여야 한다.

㉠ 초등학교에서는 흥미 위주의 움직임 교육, 놀이 중심 신체 활동 교육이 이루어져야 하며, 중학교에서는 다양한 스포츠를 두루 경험하고 참여하여 그중 자신에게 적합한 스포츠를 탐색하는 과정으로 체육 수업이 이루어져야 하겠다.

㉡ 초등학교와 중학교 단계에서 아직 신체적으로 미성숙하거나 운동 기능이 숙달되지 않아 완성된 형태의 스포츠 참여가 어려울 경우, 그 수준에 맞게 변형된 형태의 스포츠가 수업 내용으로 제공되어야 할 것이다.

㉢ 고등학교에서는 학교스포츠와 생활스포츠의 연계를 목적으로, 완성된 형태의 스포츠를 학생들이 선택적으로 참여하게끔 지도해야 한다. 이 시기는 학생들의 생활스포츠 참여의 기틀이 되는 결정적 시기로서, 고등학교를 졸업하면 자신이 원하지 않을 경우, 생활스포츠에 참여할 기회가 없을 수 있기 때문에 이 시기에 생활스포츠로의 전환을 위한 많은 노력을 기울여야 할 필요가 있을 것이다.

⑤ 또한, 체육수업 중 스포츠와 운동에 대한 호의적 태도를 형성하는 것이 급선무라 하겠다. 이를 위해 체육수업을 기피하거나 스포츠에 호의적이지 않은 학생들에게는 그 원인을 제거해야만 생활스포츠의 기초를 배양할 수 있고 올바른 스포츠 교육이 완성될 수 있을 것이다.

6 스포츠와 종교

1. 스포츠와 종교의 조화

스포츠가 지니는 종교적 특성으로 인해 스포츠와 종교는 과거의 대립 관계에서 탈피하여 상호 조화를 이루면서 발전하고 있다. 그러나 스포츠와 종교 사이에는 여전히 양립할 수 없는 본질적 차이가 존재하고 있다.

(1) **스포츠와 종교의 유사성**(Novak 등)

① 스포츠와 종교는 금욕주의를 강조한다.

예 긴장훈련, 극기, 반복 훈련, 인격도야 등

② 스포츠와 종교는 일상적 시간을 벗어난 특수한 시간대에 진행된다.

예 일요일 오전 예배와 월요일 저녁 프로 축구 등

③ 스포츠와 종교는 중요한 행사의 전후에 의식을 거행한다.

예 개회식과 세례, 애국가와 찬송가 등

④ 스포츠와 종교는 뛰어난 업적을 세운 영웅이나 전설 등이 존재한다.

예 스포츠 영웅은 명예의 전당에 헌정, 종교적 영웅은 성자로 명명 등

⑤ 스포츠와 종교는 공동의 모임이나 특별한 행사를 위한 건물과 장소를 소유하고 있다.

예 스포츠는 체육관과 경기장, 종교는 사원과 교회 등

⑥ 스포츠와 종교는 개인의 자기개발과 관련된 절차와 대본이 있다.

예 스포츠는 경기규칙서, 연습 작전시간, 종교는 성경책, 기도, 묵상 등

⑦ 스포츠와 종교는 구단주와 주교, 감독과 목사, 코치와 사제 등과 같이 제도화된 조직적 구조가 존재한다.

(2) **스포츠와 종교의 차이점**(Coakley)

① 현대 스포츠에서의 시합, 의식, 관중, 공간, 진행자, 조직적 구조 등은 신성함이나 초자연적인 영역과는 무관하다. 운동선수는 승리라는 목표나 상금, 상품과 같이 세속적이고 물질적인 목적을 위해 경기를 하거나 후원을 받는다.

② 스포츠는 세속적인 세계의 일부분이고 종교는 신성한 세계의 일부분이다. 세속적 영역과 관련하여 스포츠는 경쟁적이고 개인주의적인 활동인 반면, 종교는 비경쟁적이며 공동체적 활동으로 규정된다. 스포츠에서의 의식은 수단적이며 목표지향적인 반면, 종교에서는 표출적이고 과정지향적이다. 스포츠는 엄정하고 거칠은 반면, 종교는 성스럽고 순수하다.

③ 스포츠와 관련된 신념은 다양하고 범상적이며 일상적인 관심사와 관련하여 변화가 많은 반면, 종교에서의 믿음은 공유적이며 신성함과 관계되어 있다.

스포츠와 종교의 정의	
스포츠	이미 제도화되어 있고 경쟁적이며 내・외적 보상의 조화에 의해 동기 유발되는 참여자들의 신체적 활동이다.
종교	확립된 조직적 구조에 기초한 의식과 신념이 상호 관련되어 있으며 신성함과 초자연적 영역이 결합된 제도로 정의된다.

스포츠와 종교의 유사점	스포츠와 종교의 차이점	
	스포츠	종교
• 완전함에 대한 추구 • 금욕주의에 기초함 • 신체・정신・영혼의 통합 • 참가의식 • 대중・장소・진행자・인쇄물의 구조화된 상징물 • 관료적으로 조직화된 구조를 통한 관리	세속적・물질적	신성하고 초자연적
	경쟁적・개인적	비경쟁적・공동체적
	수단적・목표지향적	표출적・과정중심적
	엄정하고 거침	신비스럽고 순수함
	일상사와 관련된 다양한 신념	신성함과 관련된 공유적 믿음

2. 스포츠의 종교 이용

(1) 종교 의식과 경쟁적 스포츠는 끊임없이 상호작용하고 있으며 다양한 유형의 종교적 마술 관행이 운동 경기에서 관습적으로 행하여진다.

(2) 종교는 긴장 상황에 대처해 나갈 수 있는 주요 수단으로 간주된다. 긴장 상황은 크게 두 가지 주요 범주로 구분된다. 운동경기는 결과에 대한 많은 불확실성을 내포하고 있다는 점에서 두 번째 범주에 해당된다(Eitzen & Sage).

① 첫 번째 범주는 특정 개인이나 집단이 그들에게 있어 중요한 사람의 죽음을 경험하는 상황이 포함된다.

② 두 번째 범주는 전반적으로 비통제적이고 예측 불가능한 자연적 힘이 특정 개인이나 집단의 중요한 개인적・사회적 관심을 위협하는 상황에서 발생한다.

(3) 기도의 이용

① 기도는 운동 선수가 가장 많이 이용하고 있는 종교적 행위 중의 하나이다.

② 가장 일반적인 예로는 경쟁에서의 승리를 위한 기도를 들 수 있다.

③ 기도의 행위는 농구선수가 자유투를 던지기 전이나 할렐루야 축구팀의 시합 전 혹은 페널티킥을 막기 전의 골키퍼 등의 행동에서 찾아 볼 수 있다.

④ 1992년 바르셀로나 올림픽에 참가한 여자 핸드볼 선수는 모두 기독교 신자들로서 경기 시작 전, 득점 시, 경기 종료 후에 개인적 혹은 집단적으로 기도함으로써 승리를 기원하거나 승리에 대한 감사의 축도를 하고 있다.

(4) 마술의 이용

① 종교와 마술은 관련되어 있으며 초자연적인 힘에 의존하고 있다는 측면에서 유사하지만 이들이 추구하는 목적 사이에는 중요한 차이점이 발견된다. 종교는 지상의 초월적 존재인 신, 내세, 구원 등에 그 목적을 두고 있는 반면, 마술은 직접적이고 실질적인 목적을 추구한다.

② 종교인은 그들이 추구하는 신성한 목적에 두려움과 존경의 태도를 취하고 있으나 마술 이용자들은 실질적이며 독자적으로 선택한 목표를 위하여 초자연적인 존재를 숭배하기보다는 이용하므로 실용주의자로 간주된다. 이와 관련하여 Malinowski는 종교적 의식은 목적을 위한 수단이 아닌 목적 그 자체라고 주장하여 종교와 마술의 차이를 분명히 하고 있다.

③ 운동선수와 코치는 경기에서 행운을 유도하고 보장받기 위하여 마술에 의지함으로써 승리를 추구하는 데 걸림돌이 되는 불확실성과 위험으로부터 벗어날 수 있다고 믿는 것이다.

④ 마술은 선수가 경기상황에서 상대편 선수와 마주쳤을 때 확신감과 자신감을 지니고 경기를 수행할 수 있도록 도와주며 마음의 평정 및 정서적 안정을 유지하는 데 기여한다고 할 수 있다.

⑤ 여러 가지 마술 형태가 스포츠에서 시행되고 있으며 코치와 운동선수는 승리의 확률을 높이고 부상으로부터 자신을 보호하기 위하여 의도적, 비의도적으로 마술을 이용하고 있다.

3. 스포츠와 의사종교

경쟁적이고 조직적인 스포츠 활동에 참가하고 있는 운동선수와 코치는 자신의 기량과 역량을 최대한으로 발휘하여 스포츠에서의 승리와 성공을 추구한다. 그러나 스포츠에서의 성공은 항상 기능이나 실력으로만 결정되지 않으며 이에는 보다 복합적인 심리적, 상황적 요인이 작용한다. 따라서 선수와 코치는 가능한 한 모든 방법을 동원하여 스포츠에서 최선의 결과를 추구하려 한다.

(1) 의식(ritual)

① 의식은 특정 상황에서 초자연적 힘을 간청 또는 통제하는 표준화된 행위이다.

② 모든 선수는 성공적인 운동 수행을 위하여 중요하게 생각하는 어떠한 행위도 자유롭게 의식화할 수 있으므로 스포츠에서는 거의 무한한 의례적 관습이 존재한다.

③ 선수는 성공적인 결과에 대해 실질적인 경기 기술과 전략 외에 또 다른 그 무엇이 작용할 것이라는 생각을 갖게 되는데 대부분의 전형적인 의식은 성공적인 운동수행과 밀접한 관련을 맺고 있다.

예
- 미국의 NHL 하키선수의 경우 경기에서 승리하였을 때에는 승리한 날에 있었던 행위를 그대로 의식화하여 행하고 있다.
- 팀 스포츠의 경우 농구선수들이 시합 전 또는 시합 후에 손을 모은 뒤 화이팅을 외치거나 아이스하키 선수들이 골키퍼의 몸을 스틱으로 치는 행위 등은 행운을 바라는 의식적 관습이다.

(2) 금기(taboo)

① 금기란 집단 또는 개인이 마술적 결과에 의해서 해를 초래할 수 있는 특정 행동을 금지시키는 강력한 사회 규범이다.

② 각 스포츠마다 수많은 제도적 금기와 개인적 금기가 존재한다.

예 • 미국 야구계에는 두 가지 강력한 금기가 있는데 타자가 배트의 손잡이를 십자모양으로 흔드는 것과 투수가 투구하는 중에 무안타에 관해 이야기하는 것이다. 전자는 삼진을 당하거나 아웃되기 쉽고 후자는 행운에 마력이 걸려 무안타게임이 깨어진다고 믿고 있다. 또한 운동장의 일부를 만지는 것도 금기로 되어 있어 파울 라인을 밟지 않는 선수도 있다고 한다.

• 우리나라 복싱선수 김광선은 경기 전에 인터뷰를 하지 않으며 가족이라도 여자와는 결코 눈길을 마주치지 않는 것으로 알려져 있다.

• 레슬링의 허병호 선수는 경기 개시 100일 전부터 미역국을 먹지 않으며 시합 당일에는 반드시 새 경기화를 신는다.

(3) 주물(fetishism)

① 주물은 마술적 힘이 들어 있는 물체를 숭배하는 것으로서 이 물체를 소유하거나 이용하면 원하는 목적이 달성된다고 믿는 것이다.

② 주물로서는 토끼의 발, 영웅이나 연인의 사진, 뱃지, 동전, 특별한 번호의 유니폼 등 여러 가지가 있는데 선수나 코치가 시합에서 승리하였을 때 우연히 가지고 있었거나 사용했던 물체는 다음부터 초자연적인 힘을 지닌 주물로 선호된다.

예 프로야구의 이순철 선수는 경기장에 나갈 때 반드시 천 원짜리 세장을 뒷주머니에 넣고 나가며 김성한 선수는 타격이 호조일 때는 절대로 양말을 갈아 신지 않는다. 김성근 감독은 82년 OB시절 우승할 때 입었던 노란 팬티를 보관하고 있으며 팀이 연패에 빠졌을 때 입는다고 한다.

(4) 마법(witchcraft)

① 마법은 의식적으로 타인에게 해로움을 주려는 마술적 관습으로서 흑마술(black magic)로 알려져 있다.

② 스포츠에서는 상대 선수를 해치거나 불행을 주기 위해 사용된 초자연적 힘을 마법의 형태로 보고 있다.

예 • 아프리카의 일부 스포츠에서는 마법이 지배하고 있다. 마술사들은 럭비 경기에서 볼을 없어지게 하거나 상대방 선수들에게 마법을 걸 수 있다고 주장한다. 실제로 케냐 럭비 팀의 95%가 팀의 승리에 마법사를 동원하였으며 경기가 마법에 의한 관중 소란으로 방해를 받은 적도 있다고 한다(Hill).

• 마법이 아프리카 스포츠에만 존재하는 것이 아니다. 1975년에 인디애나 페이서스와 덴버 누겟츠 간에 거행된 ABA 결승 시합에서 페이서스는 마법사를 고용하여 누겟츠 선수들을 마법에 걸리게 하였다. 이에 대응하여 누겟츠 팀에서는 큰 솥을 가진 사악한 서부의 마녀를 불러 페이서스의 마법 효과를 감소시키게 하였던 예도 보고되고 있다(Eitzen & Sage).

7 스포츠와 대중매체

현대 사회에서 스포츠는 대중매체와 공생 관계를 형성하고 있다. 스포츠는 대중매체를 통하여 스포츠를 홍보하고 관중을 확보하는 반면, 대중매체는 스포츠의 높은 인기도를 이용한 광고료 수익으로 경제적 이익을 얻고 있다.

1. **대중매체 이론**(미디어 이론)

(1) 맥루한의 매체 이론

① 맥루한(McLuhan)의 매체 이론은 "미디어는 메시지다(The Medium is the Message)"라는 개념을 핵심 개념으로 한다. 이는 미디어가 단순한 정보전달 도구가 아니라, 전달하는 내용보다 더 중요한 영향을 미친다는 주장이다.

② McLuhan의 매체 이론의 핵심은 다음과 같다.

㉠ 미디어의 형태가 메시지의 내용보다 더 중요한 영향을 미친다.(맥루한은 미디어의 형태가 메시지의 해석과 수용에 큰 영향을 미친다고 주장했다.)

> 텔레비전은 시각적·청각적인 요소를 통해 정보를 전달하기 때문에, 이를 통해 전달되는 메시지는 다른 매체와 비교했을 때 더 즉각적이고 감정적으로 전달된다. 스포츠 텔레비전 중계는 경기의 긴박함과 역동성을 실시간으로 전달하며, 다양한 카메라 앵글과 슬로우 모션 리플레이를 통해 시청자가 경기의 중요한 순간을 더 깊이 체험할 수 있게 한다. 축구 경기에서 득점 장면은 여러 각도에서 반복 재생되며, 해설자와 분석가들이 경기 상황을 상세히 설명한다. 이러한 텔레비전의 시청 경험은 팬들이 단순히 경기 결과를 아는 것 이상으로, 경기의 흐름과 선수들의 전략을 이해하고 감정적으로 몰입하게 한다. 이는 텔레비전이라는 미디어가 단순한 정보 전달을 넘어, 시청자의 감각과 인식을 확장시키는 데 큰 역할을 한다는 것을 보여준다(Williams).

㉡ 새로운 미디어의 등장은 인간의 경험과 사회 구조를 변화시킨다.(맥루한은 새로운 미디어의 등장이 인간의 경험과 사회 구조에 중대한 변화를 초래한다고 보았다.)

> SNS의 등장은 스포츠를 경험하는 방식과 사회 구조에 큰 변화를 가져왔다. SNS는 스포츠 팬들이 경기를 실시간으로 공유하고 상호작용할 수 있는 플랫폼을 제공하여, 스포츠 경험을 더욱 몰입감 있고 사회적으로 만들었다. 팬들은 유튜브, 페이스북, 인스타그램 등을 통해 경기의 중요한 순간을 즉시 댓글로 남기거나 해시 태그를 사용해 같은 관심사를 가진 다른 팬들과 연결될 수 있다. 이는 팬 경험을 더욱 상호작용적으로 만들며, 팬들이 단순히 경기를 시청하는 것을 넘어 적극적으로 참여하게 한다. 팬들은 트위터에서 선수들과 직접 소통하거나, 인스타그램 라이브를 통해 경기 후 인터뷰를 시청하며, 페이스북 그룹에서 경기 분석에 참여할 수 있다(McIntosh 등). 또한, SNS는 지리적 제약을 넘어 전 세계의 스포츠 커뮤니티가 하나로 연결되는 것을 가능케 하였다. 이를 통해 국제적인 스포츠 커뮤니티가 형성되었으며, 다양한 문화권의 팬들이 함께 소통하고 교류할 수 있는 장을 제공하게 되었다. 예를 들어, 월드컵과 같은 글로벌 이벤트는 SNS를 통해 전 세계 팬들이 실시간으로 소통하며, 서로 다른 문화권의 팬들이 경기 결과와 관련된 대화를 나눌 수 있게 되었다(McCombs & Shaw).

㉢ 미디어 자체가 고유한 메시지를 담고 있다.(맥루한은 미디어의 형식과 특성이 인간의 상호작용과 행동을 규정한다고 주장했다.)

스마트폰과 소셜 미디어의 발명은 즉각적인 의사소통과 정보 공유를 가능하게 하여 사회적, 비즈니스적 상호작용에 큰 변화를 가져왔다. 예를 들어, 소셜 미디어 플랫폼은 대중문화와 정치적 담론에 큰 영향을 미쳤다. 유튜브와 페이스북은 정치적 토론과 사회적 운동을 실시간으로 확산시켜 대중이 즉각적으로 정치적 사건에 반응하고 참여할 수 있게 하였다. 이는 미디어가 정치적 담론의 형성과 발전에 중요한 역할을 했음을 보여준다. 최근 예로는 #MeToo 운동과 블랙 라이브즈 매터(Black Lives Matter) 운동을 들 수 있다. 이러한 운동들은 소셜 미디어를 통해 빠르게 확산되었고, 전 세계적인 사회적 변화와 인식을 이끌어냈다(Murthy, Freelon 등).

㉣ 미디어의 형태는 그 자체로 메시지를 내포하고 있다.

텔레비전은 실시간으로 정보와 감정을 전달할 수 있는 능력으로 인해, 시청자의 감각을 자극하고 몰입도를 높인다. 슬로우 모션, 리플레이, 다양한 카메라 앵글은 시청자가 경기의 중요한 순간을 더욱 생생하게 경험하게 하여, 스포츠 이벤트의 몰입감을 극대화한다. 이는 미디어의 형태가 단순한 정보전달을 넘어, 새로운 차원의 경험을 제공한다. 예를 들어, 올림픽 경기 중계는 시청자가 경기의 흥분과 감동을 실시간으로 느낄 수 있도록 하며, 다양한 기술적 요소들을 활용해 시청 경험을 극대화한다(Hutchins & Rowe).

③ 맥루한의 "미디어는 메시지다"라는 개념은 스포츠 미디어의 역할을 이해하는 데 중요한 통찰을 제공한다. 이는 미디어가 단순한 정보전달 도구가 아니라, 전달하는 내용보다 더 중요한 영향을 미친다는 그의 주장을 뒷받침한다. 스포츠 미디어는 단순히 경기 내용을 전달하는 것을 넘어, 팬들의 경험과 스포츠문화 전반에 깊이 영향을 미치며, 이를 통해 사회적, 문화적 변화를 이끌어낸다.

④ 매체의 영향력은 매체 자체가 지닌 정의성(definition), 수용자의 감각 참여성(participation), 감각 몰입성(involvement) 등에 의해서 결정된다. 즉, 매체의 영향력을 구분하는 데는 다음 두 가지 조건을 들 수 있다.

㉠ 매체 자체가 지니고 있는 정의성의 상태

㉡ 매체를 수용하는 수용자의 수용방법

⑤ 신문·잡지·라디오와 같은 매체들은 그 자체가 높은 정의성을 지니고 있기 때문에 이들은 매체 수용자에게 낮은 감각의 참여와 몰입을 요구하게 되는 반면, 텔레비전·만화·영화 같은 매체들은 이와 반대로 그 자체가 낮은 정의성을 지니고 있으므로 이를 받아들이는 매체 수용자에게 높은 감각의 참여와 몰입을 요구하게 된다.

⑥ 매체 그 자체의 정의성과 수용자의 감각 참여성, 감각 몰입성을 기준으로 하여 매체를 핫 매체(hot media)와 쿨 매체(cool media)로 구분된다. 그리하여 문자 시대에 적합한 매체는 핫 매체로 보았으며 전·후 문자시대에 적합한 매체는 쿨 매체로 분류하였다(McLuhan).

⑦ 맥루한은 매체 속에 담긴 메시지의 상태와 이를 수용하는 수용자의 감각적 태도나 감각동원 방법에 의하여 매체형태를 핫 매체와 쿨 매체로 구분하였다.

⑧ 핫 매체는 전달되는 메시지의 내용에 관계없이 전달되는 메시지 상태가 논리적이며 사전 계획적이고 직접적으로 전달되는 메시지로서 그 자체가 높은 정의성을 지니게 되므로 이를 수용하는 매체 수용자는 낮은 감각의 참여와 낮은 감각의 몰입과정을 통하여 메시지를 수용할 수 있다.
   ㉠ 신문, 잡지, 라디오, 화보 등의 핫 매체들은 메시지의 정의성이 높게 충만되어 있으므로 수용자의 감각 참여성과 몰입성이 낮게 요구되고 논리성이 높은 특징이 있다.
   ㉡ 일시적인 전달보다는 장시간을 통하여 개별적으로 수용하기에 적절한 매체의 형태를 갖추고 있어 핫 매체라 부른다.

⑨ 쿨 매체는 매체 자체가 낮은 정의성을 지니고 있기 때문에 매체 수용자들은 높은 감각의 참여와 높은 감각의 몰입과정을 통해서 전달되어지는 메시지를 수용할 수 있다.
   ㉠ 이와 같은 매체들은 전자시대에 적합한 매체로서 TV, 영화와 같이 전달되어지는 메시지 상태가 즉흥적이고 일시적이며 국면 전개가 빠르고 비논리적이기 때문에 주어지는 정보제공량은 적다.
   ㉡ 전달하려는 메시지의 내용은 충만하게 채워져 있으므로 메시지를 수용할 때 수용자의 주관이 개입하기에 적합하고 수용자의 심리적 반응효과가 크다.
   ㉢ 쿨 매체는 전달되는 메시지 형태가 일정한 방향을 이루기보다는 분산되고 확산되어 복잡한 형태로 전달되어지므로 이러한 매체를 접하는 수용자는 모든 감각을 집중시켜 받아들여야 만족스럽고 충족한 메시지를 전달받을 수 있게 된다.
   ㉣ 이러한 형태의 쿨 매체에는 TV, 비디오, 만화, 영화 등이 포함된다(McLuhan).

탄환 이론(bullet theory)
탄환 이론은 매스미디어 효과에 관한 최초의 이론으로, 수용자(대중)는 수동적인 존재로서 매우 비이성적이고 비자율적이기 때문에 매스미디어의 의도가 획일적이고 직접적으로 수용자에게 효과를 미친다는 것이다. 즉, 모든 인간은 본질적으로 유사하기 때문에 매스미디어의 메시지는 똑같이 수용자에게 전달되고, 그 반응이 똑같은 방식으로 일어나게 된다는 것이다. 이 이론에서 매스미디어는 능동적인 존재로, 수용자는 항상 매스미디어의 영향을 가감없이 받아들이는 수동적인 존재로 파악한다.

(2) **개인차 이론**(individual differences theory)

① 개인차 이론은 대중매체가 관람자(viewers)의 퍼스낼리티 특성에 호소하는 메시지를 제공한다고 주장한다. 즉, 개인의 독특한 심리적 욕구를 만족시키기 위해 대중매체를 이용한다는 것이다.

② Katz, Gurevitch & Hass는 대중매체가 해결해 주는 욕구로 4가지를 들었다.
   ㉠ 인지적 욕구(보다 많은 정보, 지식 및 이해)
   ㉡ 정의적 욕구(심미적, 감정적 경험)
   ㉢ 통합적 욕구(진실성, 신뢰성, 지위, 가족 및 친구들과의 접촉)
   ㉣ 도피적 욕구(규범적인 사회적 역할로부터의 긴장 완화 및 도피)

③ 스포츠의 경우에 있어서 대중매체는 다음의 4가지 결과를 가져다 준다(Birrell & Loy).

㉠ 인지적 욕구인 정보의 기능에 있어 대중매체는 게임의 과정에 대한 지식, 게임의 결과에 대한 지식, 그리고 경기자와 팀에 대한 통계적 지식을 제공해 준다.

㉡ 각성 또는 정의적 기능에 있어 대중매체는 흥미와 흥분을 제공해 준다.

㉢ 통합적 기능에 있어 대중매체는 타 사회집단과 친화하게 하고 다른 관중과 사회적 경험을 공유하게 하며 공동체 의식을 갖게 한다.

㉣ 도피적 기능에 있어 대중매체는 불안, 초조, 욕구불만, 좌절 등의 감정을 정화해 준다.

④ **대중매체의 욕구 충족의 순위**

㉠ 스포츠에 있어서의 인지적 욕구는 신문과 잡지에 의해 가장 잘 충족되며, 그 다음으로 TV와 라디오의 순서이다.

㉡ 통합적 욕구는 하나의 사건에 참여함으로써 가장 잘 충족되므로 직접 참가가 가장 욕구충족이 높고, 그 다음으로 TV, 라디오, 신문의 순서이다.

㉢ 정의적 욕구는 직접 참가와 TV를 통해 가장 잘 충족된다.

㉣ 도피적 욕구는 모든 형태의 대중매체에 의해 충족되지만 특히 TV의 경우에서 두드러진다.

미디어 이용을 통한 4가지 욕구 충족 비교

구분	Katz, Gurevitch & Hass(1973)	Birrell & Loy(1979)
인지적 욕구	정보, 지식, 이해 강화	스포츠에 대한 지식, 경기결과, 선수와 팀에 대한 정보 습득
정의적 욕구	심리적, 감성적 경험 제공	스포츠를 통한 흥미와 즐거움, 슬픔 등 경험
통합적 욕구	진실, 신뢰, 확신, 지위, 가족 및 친구 간의 접촉 제공	사회적 경험 공유, 우호적 관계도모, 공동체 의식 형성
도피적 욕구	개인의 규범적인 사회 역할로부터 도피, 긴장 완화	일상생활의 불안, 초조, 욕구불만, 조절 등의 감정을 해소 및 정화

(3) **이용과 충족 이론**(uses and gratification theory)

① Katz, Blumler, Gurevitch에 의해 발전되어 온 이용과 충족 이론은 사람들이 특정 요구를 충족시키기 위해 미디어를 찾는 이유와 수단을 설명한다.

② 이용과 충족 이론에 따르면, 미디어는 가용성이 높은 제품이며, 미디어 이용자는 그 제품의 소비자이다. 따라서 사람들은 자신의 특정한 욕구를 충족시키기 위해 미디어를 선택하고 사용한다(Menon, Meghana).

③ 이러한 욕구는 정보 획득, 오락, 사회적 상호작용, 개인의 정체성 강화 등 여러 가지로 분류될 수 있다.

㉠ 스포츠 팬들은 경기 결과와 관련된 최신 정보를 얻기 위해 스포츠 뉴스를 시청하거나, 자신의 팀을 응원하며 감정적 만족감을 얻기 위해 경기를 시청한다.

㉡ 소셜 미디어를 통해 다른 팬들과 상호작용하고, 같은 관심사를 가진 사람들과 소통하며 사회적 욕구를 충족시킨다.

④ 최근의 뉴미디어, 특히 SNS와 유튜브는 이용과 충족 이론의 실질적인 예를 제공한다. 유튜브의 알고리즘은 사용자가 선호하는 콘텐츠를 지속적으로 추천함으로써 자신의 욕구를 충족시킬 수 있도록 돕는다. 스포츠 팬들은 유튜브를 통해 자신이 좋아하는 팀의 하이라이트, 선수 인터뷰, 경기 분석 등을 쉽게 접근할 수 있으며, 이는 그들의 스포츠 경험을 더욱 풍부하게 만든다(Sundar, Limperos).

⑤ 이처럼 이용과 충족 이론은 스포츠 팬들이 미디어를 사용하는 방식을 잘 설명해 준다. 팬들은 경기를 시청하여 감정적 만족감을 얻고, 최신 뉴스를 통해 정보적 욕구를 충족시키며, 소셜 미디어를 통해 다른 팬들과의 상호작용을 통해 사회적 욕구를 충족시킨다(Rubin).

⑥ 이용과 충족 이론 외에도 미디어 이용자의 적극적인 역할을 강조하는 이론으로서 개인차 이론이 있다.

㉠ 두 이론 모두 미디어의 효과가 수용자에 따라 다르게 나타난다는 점에서 공통적이다.

㉡ 그러나 개인차 이론은 수용자의 심리적, 사회적 특성(예 성격, 가치관, 경험 등)이 미디어 메시지의 해석과 반응에 영향을 미친다고 주장하는 반면, 이용과 충족 이론은 사람들이 자신의 특정한 욕구를 충족시키기 위해 능동적으로 미디어를 선택하고 사용한다고 주장한다(Katz, Blumler, & Gurevitch, Zillmann & Bryant).

(4) **사회범주 이론**(social category theory)

① 사회범주 이론은 미디어가 특정 사회적 범주에 속하는 사람들에게 어떤 영향을 미치는지 설명한다.

② 사회범주 이론에 따르면, 사람들은 자신이 속한 사회적 범주(예 연령, 성별, 사회경제적 지위 등)에 따라 미디어를 다르게 수용하고 해석한다. 따라서 미디어는 특정 사회적 범주 내에서 공통된 태도와 행동을 강화하고 형성하는 역할을 한다(Katz, Blumler, & Gurevitch).

③ 이러한 범주화는 미디어 콘텐츠의 수용과 해석에 큰 영향을 미친다. 미디어 소비 패턴은 연령, 성별, 사회적 지위 등에 따라 달라지며, 이는 미디어가 사회적 범주 내에서 일관된 메시지를 전달하고 수용하게 한다(McQuail).

㉠ 젊은 세대는 최신 기술과 트렌드에 민감하여 소셜 미디어와 스트리밍 서비스를 통해 스포츠 콘텐츠를 소비하는 경향이 있다.

㉡ 나이가 많은 세대는 전통적인 텔레비전 방송을 통해 스포츠 경기를 시청하는 것을 선호할 수 있다.

④ 축구는 전 세계적으로 인기가 있지만, 특정 국가나 문화에서는 더 높은 지위를 가지기도 한다. 또한, 여성 스포츠 팬들은 남성 스포츠 팬들과는 다른 방식으로 스포츠 콘텐츠를 소비할 수 있으며, 이는 미디어가 그들에게 다르게 접근하고 콘텐츠를 제공하는 방식을 결정한다.

⑤ 이처럼 사회범주 이론은 스포츠 팬들이 미디어를 통해 어떻게 자신들의 사회적 정체성과 범주를 강화하는지를 이해하는 데 중요한 통찰을 제공한다. 미디어는 특정 사회적 범주 내에서 공통된 경험과 관점을 제공하며, 이를 통해 팬들의 소속감을 강화하고, 사회적 상호작용을 촉진한다.

(5) **사회관계 이론**(social relationships theory)

① 이 이론은 '비공식적 사회관계는 개인이 매스미디어가 제공하는 메시지에 대해 반응하는 태도를 수정하게 하는 중요한 역할을 담당한다'라는 것을 주장한다(De Fleur).

② 사람 개개인이 원하는 정보를 선택하고 해석할 때에는 주변 사람의 영향이 큰데, 그중에서 준거집단의 영향이 주축을 이루고 있다. 이에 매스미디어의 접촉양식은 중요타자와의 사회관계에 많은 영향을 받는다.

③ 또한 집단구성원들의 생활양식을 중요타자와의 상호작용에 의해서 영향을 받는 하나의 집단현상으로 간주한다면, 그러한 생활양식은 관련된 사회학적 변수에 따라 변할 수 있다(Loy, McPherson & Kenyon). 이와 관련하여 McPherson은 성인이 스포츠수용자 역할로 사회화되어 가는 과정에서 중요하게 관여되는 7가지 요인을 제시하였다.

㉠ 스포츠를 소비하는 중요타자의 수

㉡ 중요타자의 스포츠 소비 정도

㉢ 스포츠를 소비하는 중요타자와의 상호작용 정도

㉣ 스포츠에 참여하는 가족 구성원으로부터 받은 스포츠 소비에 대한 승인 정도

㉤ 부모가 즐기는 여가활동의 위계서열 중 스포츠의 중요도

㉥ 청소년기의 일차적 스포츠 참가 정도

㉦ 청소년기의 사회 환경에서 스포츠 참가의 기회

④ 매스미디어를 통한 개인의 스포츠 소비 형태는 중요타자의 가치와 소비행동에 의해 다양한 영향을 받는다고 할 수 있다(Guttman). 결국 이는 개인이 자신을 둘러싼 사회 환경과 관계를 형성하면서 이루어지는 것을 의미한다.

(6) **네트워크 사회 이론**(network society theory)

① Castells가 제시한 네트워크 사회 이론은 현대 사회가 디지털 네트워크를 통해 구성되고 운영되는 방식을 설명한다.

② 네트워크 사회 이론에 따르면, 정보와 커뮤니케이션 기술의 발전은 사회 구조와 상호작용 방식을 근본적으로 변화시켰다. 네트워크 사회에서는 개인과 조직이 디지털 네트워크를 통해 상호 연결되며, 이러한 네트워크가 사회적, 경제적, 정치적 활동의 중심이 된다(Castells).

③ 미디어는 정보 전달뿐만 아니라, 네트워크 사회를 형성하고 강화하는 다양한 방식으로 작용한다. 예를 들어, 스포츠 중계 방송은 가족과 친구들이 함께 경기를 시청하면서 상호작용할 수 있는 기회를 제공한다. 이는 단순한 정보 제공을 넘어, 사람들 간의 관계를 강화하는 중요한 사회적 활동이 된다.

④ 소셜 미디어는 네트워크 사회 이론의 현대적 예를 제공한다. 예를 들어, 페이스북과 인스타그램은 사람들이 스포츠 관련 게시물을 공유하고, 댓글을 통해 의견을 나누며, 실시간으로 경기 상황을 논의하는 플랫폼을 제공한다. 이는 사람들 간의 사회적 상호작용을 촉진하고, 새로운 사회적 관계를 형성하는 데 기여한다(Ellison, Steinfield & Lampe).

⑤ 스포츠 팬들은 소셜 미디어를 통해 선수들과 직접 소통하거나, 다른 팬들과의 관계를 강화할 수 있다. 트위터에서 선수의 최신 소식을 팔로우하거나, 인스타그램 라이브를 통해 경기 후 인터뷰를 시청하면서 팬들은 더 깊은 사회적 유대감을 형성할 수 있다. 이러한 상호작용은 팬 경험을 더욱 풍부하게 만들고, 사회적 연결을 강화하는 데 중요한 역할을 한다(Boyd & Ellison).

⑥ 네트워크 사회 이론과 사회관계 이론

㉠ 두 이론은 모두 미디어가 사람들 간의 관계와 상호작용을 촉진하는 역할을 한다는 점에서 유사하다.

㉡ 사회관계 이론은 미디어가 개인 간의 직접적인 상호작용을 강조하는 반면, 네트워크 사회 이론은 이러한 상호작용이 더 넓은 디지털 네트워크와 글로벌 구조 속에서 어떻게 작용하는지에 중점을 둔다. 네트워크 사회 이론은 디지털 미디어와 글로벌 네트워크의 형성을 강조하며, 이는 현대의 연결된 세계에서 더욱 중요한 관점을 제공한다.

⑦ 이처럼 네트워크 사회 이론은 미디어가 개인 간의 네트워크를 형성하고 유지하는 데 어떻게 기여하는지를 이해하는 데 중요한 통찰을 제공한다. 미디어는 사람들 간의 상호작용을 촉진하고, 사회적 네트워크를 강화하며, 이를 통해 개인과 사회 전반에 긍정적인 영향을 미친다.

(7) **문화규범 이론**(cultural norms theory)

① 이 이론은 대중매체가 현존의 사상이나 가치를 선택적으로 제시하며 강조한다고 주장한다. 예컨대, 다음과 같은 관념이 스포츠를 보도하는 매체를 통하여 선택적으로 주입될 수 있다는 것이다.

㉠ 스포츠 소비가 가치 있는 여가활동이다.

㉡ 노화는 신체적, 사회적 활동에의 참가를 감소시키는 것을 의미하지 않는다.

㉢ 젊은 성인 남자는 연습이나 게임이 끝난 후 맥주를 마신다.

② De Fleur는 대중매체가 다음의 세 가지 방법으로 개인의 규범 인지에 영향을 미친다고 강조한다.

㉠ 기존의 규범과 유형이 강화된다.

㉡ 새로운 사상이나 규범이 창조된다.

㉢ 기존의 규범이 바뀔 수 있고, 새로운 행동유형이 대두된다.

(8) **문화연구 이론**(cultural studies theory)

① 문화연구 이론은 미디어가 사회의 문화적 규범과 가치를 전달하고 강화하는 역할을 한다고 설명한다.

② 문화연구 이론에 따르면, 미디어는 사회 내에서 무엇이 정상적이고 바람직한 행동인지를 정의하고, 이를 통해 사회적 통합을 촉진한다. 미디어는 사회적 가치와 규범을 전달하는 강력한 도구로서 사람들의 행동과 태도를 형성하는 데 중요한 역할을 한다(Hall).

③ 문화연구 이론의 주요 관점은 다음과 같다.

㉠ 첫째, 표상(Representation)이다.

ⓐ 미디어는 현실을 있는 그대로 반영하는 것이 아니라, 특정한 방식으로 재현(representation)한다. 이러한 재현 과정에서 특정 집단이나 가치관이 우선시되거나 배제될 수 있으며, 이는 사회적 불평등을 심화시키기도 한다.

ⓑ 예를 들어, 스포츠 미디어는 특정 선수나 팀을 집중 조명함으로써 이들을 영웅시하거나, 특정 경기나 종목을 부각시키는 방식으로 특정 문화적 가치나 이데올로기를 강화할 수 있다. 특히, 텔레비전 중계는 특정 스포츠 이벤트나 선수의 이미지를 재현하면서 그들의 업적을 강조하여, 특정 가치관을 강화한다. 이는 사회적으로 중요하게 여겨지는 행동과 태도를 강화하는 역할을 한다.

㉡ 둘째, 이데올로기(Ideology)이다.

ⓐ 미디어는 특정 이데올로기를 담고 있으며, 이를 통해 사회의 지배적인 가치관을 정당화하고 유지하는 데 기여한다.

ⓑ 예를 들어, 특정 스포츠를 영웅적으로 묘사하는 것은 경쟁과 승리 지상주의와 같은 이데올로기를 강화할 수 있다. 이는 스포츠 미디어가 단순한 정보 전달을 넘어, 특정한 사회적 메시지를 전달하고, 이를 통해 수용자의 가치관과 태도에 영향을 미치는 과정을 설명한다. 올림픽이나 월드컵과 같은 글로벌 스포츠 이벤트는 국가 간 경쟁을 부각시키며, 애국심과 같은 이데올로기를 강화하는 데 기여한다.

㉢ 셋째, 헤게모니(Hegemony)이다.

ⓐ 미디어는 지배적인 집단의 이데올로기를 자연스럽고 보편적인 것으로 받아들이도록 유도하여, 사회적 합의를 형성하고 유지하는 데 기여한다. 이러한 과정을 통해 지배적인 집단은 자신의 권력을 정당화하고 사회적 통제를 강화할 수 있다.

ⓑ 예를 들어, 스포츠 미디어는 특정 국가의 우월성을 강조하거나, 특정 정치적 메시지를 전달함으로써 사회적, 정치적 권력을 공고히 하는 역할을 할 수 있다. 최근의 예로는 소셜 미디어 플랫폼에서의 #MeToo 운동과 같은 사회적 운동을 들 수 있다. 이러한 운동들은 소셜 미디어를 통해 빠르게 확산되었고, 전 세계적인 사회적 변화와 인식을 이끌어냈다(Murthy, Freelon, McIlwain, Clark).

2. 스포츠와 대중매체의 관계

(1) 스포츠가 대중매체에 미치는 영향

① 대중매체의 스포츠 의존도 증가

㉠ 스포츠는 TV, 라디오 프로그램과 신문 및 정기 간행물의 보도 내용 가운데 많은 부분을 차지하고 있기 때문에 매체의 스포츠 의존도는 날이 갈수록 증대되어 가고 있다.

㉡ 스포츠가 발전하여 대중화됨에 따라 대중매체는 각종 스포츠 관련 보도 내용을 중요하게 다루게 되고 그 양도 증가하게 되었다.

㉢ 과거에는 스포츠 기사가 부정기적으로 크게 신문에 등장할 때도 있었으나 그것은 일시적인 현상에 불과하였다. 신문에 고정적 스포츠란이 할애된 것은 경기 연맹이 조직되고 정기적으로 경기 일정이 짜여지는 등 스포츠 자체가 공식화된 이후의 일이다.

㉣ 신문의 스포츠 기사 분량 또한 다른 기사에 비해 현저히 증가하였는데 이러한 스포츠 지면의 폭발적 증가는 여가활동과 대중소비 그리고 대중매체의 발달을 함께 촉진하였다.

② 스포츠 보도의 위상 향상

㉠ TV방송국이 프로야구 하이라이트를 저녁 늦은 시간의 황금 시간대에 방영한다.

㉡ 이는 스포츠 보도를 통해 독자를 확보할 수 있기 때문이다.

㉢ 중요한 스포츠 경기의 경우 광고 수가가 매우 높으며 이로 인해 대중매체는 경제적 이익을 도모할 수 있다.

③ 방송 기술의 발달

㉠ 대중매체의 스포츠의 영향력이 커지면서 대중매체는 관중의 욕구를 충족시켜주기 위해서 다양한 보도 기법을 개발하게 되었다.

㉡ 대중매체는 클로즈업, 이중화면, 정지동작, 반복방영 등의 다양한 보도 기술을 통하여 시청자의 취향에 맞춰 경기를 편집하고 있으며 대형 스크린의 개발 및 소형 전자제품의 개발은 스포츠를 통해서 대중매체의 기술발달을 가져온 좋은 사례이다.

(2) 대중매체가 스포츠에 미치는 영향

① 스포츠의 상품화

㉠ 매스미디어는 스포츠를 정보화, 기호화 함으로써 그 교환 가치를 증대시켜 스포츠를 상품화하며 그 덕택으로 스포츠 조직은 안정된 수입을 획득하게 된다.

㉡ TV에 의해 스포츠의 인기가 크게 높아져 결과적으로 관중 동원수가 증대하고 수입이 증가하게 되었다.

② 스포츠에 대한 관심과 인기 증대

㉠ TV를 통해 적은 비용으로 스포츠를 관람할 수 있게 되었다.

㉡ 보는 스포츠(see sport)와 하는 스포츠(do sport)의 인구를 크게 증가시켰다.

③ 스포츠 룰의 변경

관람자에게 호소력을 높이고 TV 프로그램의 요구에 부응하기 위해 TV 산업은 방영되는 경기의 룰을 변경시켜 왔다.

④ 경기 스케줄의 변경

각종 국제 경기가 경기 위주의 대회 운영이 되지 못하고 TV 방영 위주로 경기 시간이 짜여지고 있다.

⑤ 스포츠 기술에 미치는 영향

경기 내용을 비디오 테이프를 이용하여 반복적으로 분석 검토하여 자기 팀이나 자신의 전술 및 기술에 이용하는 경우가 많다.

- 매스미디어가 스포츠에 미치는 긍정적인 영향은 다음과 같다(Nixon & Frey).
  1. 스포츠에 대한 긍정적인 인식을 형성케 함으로써 스포츠대중화에 기여한다.
  2. 스포츠의 경기수준 향상과 발전에 이바지한다.
  3. 스포츠를 재정적으로 지원해준다.
  4. 미디어기술의 발전으로 스포츠를 더욱 흥미진진하게 만든다.
  5. 페어플레이나 스포츠맨십의 감동적인 이야기를 다룸으로써 스포츠 선수와 팬들의 도덕적 자질 향상에 이바지한다.
  6. 스포츠의 여러 문제점을 비판하고 올바른 방향모색에 도움을 준다.
  7. 흥미와 TV의 결합을 바탕으로 새로운 스포츠 종목이 창안된다.
- 매스미디어가 스포츠를 통제하는, 즉 부정적인 영향을 미치는 내용은 다음과 같다(Nixon & Frey).
  1. 스포츠에 부당한 간섭을 한다.
  2. 스포츠를 쇠퇴시키기도 한다.
  3. 관람스포츠의 나쁜 영향을 확산시킬 수 있다.
  4. 지나친 상업주의로 스포츠의 건전한 이미지를 손상시키기도 한다.
  5. 스포츠를 미디어 중심으로 조절한다(경기시간, 경기규칙 등).

(3) 스포츠와 대중매체의 공생적 관계

① 스포츠와 매체의 관계 설정에 있어서 스포츠에 대한 대중매체의 영향을 강조하려는 경향이 있다. 이러한 영향력이 상업화된 관람스포츠의 경우에 있어서 매우 중요하다는 사실은 의문의 여지가 없다. 왜냐하면 상업화된 스포츠는 재정을 매체의 의한 소득에 의존하고 있기 때문이다(Sabo & Runfora).

② 매체에 대한 스포츠의 영향력이 미미한 것으로 생각할 수도 있다. 왜냐하면 매체는 스포츠 이상의 주요 사물을 보도하고 있기 때문이다. 그러나 최근 스포츠가 매체에 의존하는 것만큼 스포츠도 매체에 도움을 주고 있는 것으로 신문과 TV는 평가하고 있다.

③ 스포츠와 대중매체의 공생적 관계는 사회주의 국가보다 자본주의 국가에서 한층 더 뚜렷이 나타나고 있다. 스포츠와 대중매체는 자생력이 강한 별개의 사회적 영역으로 존재하고 있으나 둘 중 하나가 없을 경우에는 서로 존속하기 어렵게 될지도 모른다.

④ 스포츠와 대중매체가 현대사회에서 성공적으로 존립하기 위해서는 상호 보완과 의존적인 관계가 지속적으로 유지되어야 할 것이다.

3. 스포츠 매체(sportmedia)

스포츠 매체는 스포츠와 일반 대중매체가 결합하여 스포츠에 관한 지식이나 정보를 스포츠팬에게 간접적으로 전달하는 대중매체를 의미한다. 스포츠 매체는 그 자체의 정의성, 수용자 감각의 몰입성, 감각의 참여성 등에 의해 핫 스포츠 매체와 쿨 스포츠 매체로 구분되고 있다.

(1) 핫 스포츠 매체(hot sportmedia)

① 신문, 잡지, 라디오, 필름(사진) 등과 같은 매체

② 그 자체의 메시지가 지닌 정의성이 높다.

③ 정의성이 높기 때문에 핫 스포츠 매체를 통해 스포츠 메시지를 수용하는 스포츠팬은 낮은 감각의 참여와 낮은 감각의 몰입 상태로 스포츠를 관람하거나 간접적으로 즐길 수 있게 된다.

(2) 쿨 스포츠 매체(cool sportmedia)

① 텔레비전이나 비디오, 영화, 만화 등과 같은 매체

② 쿨 스포츠 매체는 메시지의 상태가 비논리적이고 순간적이며 사전 계획성이 미흡하므로 전달하려는 내용의 정의성(definition)이 낮다.

③ 쿨 스포츠 매체를 통해 스포츠 메시지를 수용하는 스포츠팬은 높은 감각 참여성(participation)과 높은 감각 몰입성(involvement)을 통하여 수용하고자 하는 메시지를 충분히 제공받게 된다.

4. 매스미디어의 기능

매스미디어는 현대인의 지각형태 · 사고방식 · 가치주입 · 태도형성 · 행위형태에 절대적인 영향을 미친다. 이는 대중이 매스미디어를 통해 지식과 정보를 받아들여 가치관을 형성하고 있기 때문이다. 매스미디어의 기능을 요약하자면 다음과 같다.

(1) 정보제공

① 현대인은 간접적인 경험에 의존하지 않고는 많은 지식과 정보, 사회현상을 받아들일 수 없다. 다양한 정보를 전달하는 미디어를 통해 현대인은 보다 많은 간접 경험을 할 수 있다.

② 매스미디어의 정보 제공 기능은 뉴스의 보도 기능을 떠올리면 이해하기 쉽다. 천재 지변, 전쟁, 사회 내 발생하는 갖가지 사건 사고 등의 정보를 제공함으로써 피해를 예방하거나 최소화할 수 있다.

(2) 사회화

① 매스미디어는 사람들에게 우리가 속한 사회 집단의 규범, 가치, 신념과 해당 사회, 집단에서 요구되는 태도, 행동 등이 무엇인지를 알려준다. 이는 사회적 가치, 규범 등이 다음 세대로 전수되는 것으로 매스미디어를 통해 사람들이 사회의 질서를 내면화하는 사회화 기능이다.

② 이러한 사회화는 사회가 동일한 규범을 바탕으로 결속되는 사회통합의 토대를 마련하기도 한다.

(3) 오락

① 미디어는 사람들이 즐거운 시간을 보내거나 휴식을 취하고 기분전환을 할 수 있도록 한다. 상업주의의 발달과 여가시간 증가에 따라 각종 드라마, 음악, 스포츠프로그램 등의 시장규모는 날로 커지고 있다(Lasswell).

② 하지만 미디어에서 재현되는 오락 활동은 대중들이 보다 쉽게 다양한 경험을 하게 하여 문화의 평준화를 이루어지게 하기도 한다(Lasswell).

(4) 상관조정

① 상관조정기능은 사실보도를 넘어 환경에 대한 해석을 제시함으로써 사람들의 이해를 돕고 사회에 쉽게 적응할 수 있도록 돕는 기능이다(Lasswell).

② 상관조정기능은 주로 사설, 칼럼, 해설기사를 통해 이루어지는데, 여러 사건 중에서 우선순위를 정해주는가 하면 논평을 통해 사건의 배경과 의미를 살펴봄으로써 해석과 처방까지 제시하는 '의제설정기능'도 수행한다.

스포츠미디어의 기능분류(Merton, Wright)

구분			내용
정보 제공 기능	순기능	현재적	경기일정 및 장면, 선수의 일상 전달, 대중의 관심과 욕구 충족
		잠재적	선수와 지도자, 그리고 기관의 각종 부정부패 및 비리 보도, 사회 내 평등주의 확산
	역기능	현재적	사실과 다른 과장된 보도를 통해 선수와 팀, 기관에 대한 불신 조장
		잠재적	대중의 실망과 팬의 이탈 촉진
사회 조정 기능	순기능	현재적	경기의 평가와 분석을 통한 개선점 제공, 특정 문제 지적과 중재안 제시
		잠재적	스포츠 분야의 발전과 가치 및 범위의 확대
	역기능	현재적	이슈의 특정 측면을 강조하거나 배제, 의도적인 특정 집단의 이익과 사회적 합의 추구
		잠재적	개인과 집단, 사회 내 갈등 발생 및 심화
사회화 기능	순기능	현재적	명시적 혹은 암묵적 규칙, 덕목, 불법 행위에 대한 예방과 제재, 법 등을 습득
		잠재적	보상과 처벌, 페어플레이 정신, 적자생존의 원칙, 국가정체성 확립 등을 내면화
	역기능	현재적	선수나 지도자에 대한 직업 및 성차별 인식, 남성우월주의와 같은 불평등 지배질서 유지
		잠재적	사회 내 전반적 차별 의식과 맹목적 국가주의의 강화 및 재생산
오락 기능	순기능	현재적	긴장과 스트레스 및 피로감 해소, 즐거움과 행복감 제공
		잠재적	삶의 질 향상, 심리적 안정감과 휴식 도모
	역기능	현재적	청소년 일탈과 범죄, 불법 스포츠 도박, 탈정치화 등의 사회적 문제 발생
		잠재적	사회 내 부정적 문화 형성, 불법에 대한 인식 부재, 사회적 문제 회피

게이트 키핑(gate keeping)
게이트 키핑은 미디어의 사설, 논평의 작성과 편집 과정에 주관적 시각이 반영되는 것으로, 기자나 편집자 등에 의해서 뉴스가 취사선택(取捨選擇)되는 과정을 의미한다.

5. **매체 스포츠**(mediasport)

매체를 통해 간접적으로 스포츠팬에게 전달되는 스포츠에 관한 지식이나 정보 그리고 게임 실황 등의 모든 메시지 국면을 매체 스포츠라 한다(Birrell & Loy). 매체 스포츠는 스포츠 자체가 지니고 있는 정의성과 스포츠 소비자가 수용하는 감각의 동원방법이나 태도에 의해 핫 매체 스포츠와 쿨 매체 스포츠로 구분된다.

(1) **핫 매체 스포츠**(hot mediasport)

① 핫 스포츠는 높은 정의성을 지니고 있기 때문에 이러한 스포츠를 관람하는 스포츠팬은 낮은 감각의 몰입과 낮은 감각의 참여를 통하여 운동 경기자의 낮은 행동 확산과 경기장의 낮은 공간적 확산에 의해 스포츠 메시지를 심리적 부담 없이 쉽게 수용할 수 있게 된다.

② 핫 스포츠에 해당하는 스포츠 유형은 정적 스포츠, 개인 스포츠, 기록 스포츠, 단체 스포츠 중에서 수비측과 공격측이 명확히 구분되는 스포츠이다.

③ 검도, 골프, 권투, 레슬링, 배드민턴, 볼링, 빙상, 사격, 수영, 스키, 승마, 야구, 양궁, 역도, 체조, 태권도, 펜싱 등의 핫 스포츠가 스포츠 매체를 통하여 간접적으로 전달되는 스포츠를 핫 매체 스포츠라 한다.

(2) **쿨 매체 스포츠**(cool mediasport)

① 쿨 스포츠는 쿨 스포츠가 매체를 통하여 전달되는 스포츠를 의미하는데 쿨 스포츠는 경기자의 행동 반경이나 경기장에서의 확산 정도가 높아서 스포츠 자체의 정의성이 낮다.

② 쿨 매체 스포츠 유형은 동적이고 박진감 있는 경기로서 개인 경기보다는 득점 경기 그리고 경기 진행에 있어서 수비 측과 공격 측이 구분되지 않음으로써 경기의 속도감이 높고 변화의 범위가 많은 경기로서, 그 자체의 스포츠 메시지가 낮은 정의성을 지니며 스포츠팬은 높은 감각의 몰입과 감각의 참여 형태를 통하여 스포츠를 수용하게 된다.

③ 경마, 농구, 미식축구, 배구, 아이스하키, 자동차경주, 축구, 핸드볼, 쇼트트랙 등의 쿨 스포츠가 스포츠 매체를 통하여 전달되는 스포츠를 쿨 매체 스포츠라 한다.

핫 스포츠와 쿨 스포츠의 비교

특성	핫 스포츠	쿨 스포츠
스포츠 정의성	높다	낮다
스포츠 관람자의 감각참여성	낮다	높다
스포츠 관람자의 감각몰입성	낮다	높다
경기자 행동 경로의 확산 정도	낮다	높다
경기장 공간 경로의 확산 정도	낮다	높다
경기 진행 속도	낮다	높다
경기 진행 형태	단선형	복선형
스포츠 유형	정적 스포츠 · 개인 스포츠, 기록 스포츠 · 공격과 수비가 구분된 스포츠	동적 스포츠 · 팀 스포츠, 득점 스포츠 · 공격과 수비가 구분되지 않는 스포츠
스포츠 종목	검도, 골프, 권투, 레슬링, 배드민턴, 볼링, 빙상, 사격, 수중발레, 싸이클, 스키, 스케이트, 태권도, 승마, 씨름, 야구, 양궁, 역도, 요트, 유도, 육상, 윈드서핑, 조정, 테니스, 체조, 카누, 펜싱, 수영	경마, 경륜, 경정, 농구, 럭비, 배구, 자동차경주, 미식축구, 아이스하키, 하키, 축구, 핸드볼, 쇼트트랙

6. 미디어스포츠의 효과

(1) 제한/선별 효과

① 최근에는 탄환이론 또는 피하주사이론에서 제시하는 것처럼 미디어가 개인의 감정이나 태도에 막강한 영향력을 행사한다고 보는 견해를 찾아보기 힘들다. 제2차 세계대전 이후 미디어 효과에 관한 연구는 미디어의 막강한 영향력에 의문을 제기하고 비판을 가하기 시작했다. 미디어의 효과가 직접적이고 획일적이지 않고 선별적이거나 제한적이라는 입장을 견지하면서 제한/선별 효과이론을 발전시켜 나갔다.

② 제한/선별 효과는 Klapper의 저서 『The Effects of Mass Communication』의 내용을 토대로 '첫째, 수용자의 기존 태도와 의견, 행동의 특성을 보강한다. 둘째, 미디어가 태도의 전환을 발생시키는 경우가 드물다. 셋째, 미디어는 기존의 태도를 강화하거나 약화한다. 넷째, 미디어는 의견이 정립되지 않은 논제에 대한 수용자의 태도와 의견을 형성하는 과정에 효과적이다.'로 요약될 수 있다.

③ Hovland, Janis & Kelley는 미디어의 제한/선별 효과의 요인 중 중요한 부분이 수용자의 기존 의견과 관심으로 구성된 선유경향(predispositional factors)이라고 지적하였다. 미디어에 의한 수용자의 선유경향은 특정 메시지에 대한 선택적 노출(selective exposure), 선택적 주목(selective attention), 선택적 파지(selective retention)가 이루어진다.

④ 구체적으로 미디어스포츠의 제한/선별 효과의 선택적 노출은 개인이 선호하는 특정 선수나 팀과 관련된 내용에 반하는 메시지에 선택적으로 노출하는 것으로써 특정 선수나 팀 이외의 중계 및 보도를 회피하거나 관심을 두지 않는 경우를 들 수 있다. 또한 선택적으로 노출하더라도 해당 메시지에 주목하지 않는 선택적 주목은 특정 선수나 팀 이외의 뉴스에 노출하더라고 그 뉴스에 주목하지 않는 경우이다. 마지막으로 선호하는 선수나 팀과 관련된 중계 및 보도를 오래 기억하는 선택적 파지를 통해 자신의 신념이나 태도를 강화할 수 있다. 특히, 국제 스포츠대회의 경우에는 이러한 현상을 바탕으로 민족주의 이데올로기와 결합하여 극명하게 나타난다.

제한/선별 효과(Gatekeeping Effect)는 미디어가 어떤 스포츠 이벤트를 보도할지, 어떤 내용을 강조할지를 결정함으로써 대중의 인식을 형성하는 과정을 의미한다. 미디어는 제한된 자원과 시간을 활용하여 특정 경기나 선수에 초점을 맞추고, 이를 통해 대중의 주요 관심사를 형성한다. 이러한 선별 과정은 스포츠의 인기를 높이는 데 기여한다(Shoemaker & Vos). 예를 들어, 한 국가의 주요 방송사가 올림픽 금메달리스트의 경기를 집중 보도하면, 해당 선수는 대중의 주요 관심사가 되며, 그 스포츠의 인기가 급격히 상승할 수 있다. 반면, 덜 유명한 스포츠나 선수는 미디어의 관심 밖에 놓여 상대적으로 낮은 인기를 유지할 수 있다.

(2) 의제설정 효과

① 미디어의 의제설정이론(agenda-setting theory)은 McCombs & Shaw에 의해 체계적으로 정립되었으며, 미디어가 반복적이고 지속적인 보도 등으로 수용자에게 특정한 의제의 중요성을 부각하는 기능을 지닌다고 본다. 또한 특정 집단이 중요하게 여기는 이슈가 미디어의 의제선택에 영향을 미치고, 나아가 대중의 의견에 영향을 미치는 과정을 의제설정이론의 전제로 한다(McQuail). 즉, 미디어가 특정 이슈에 대한 지속적인 반복보도를 수행함으로써 해당 의제의 사회적 관심과 요구를 부각하여 대중이 중요하게 인식하도록 만드는 효과를 뜻한다.

② 스포츠에 제한/선별 효과가 적용된 한 예로 세계야구소프트볼연맹(WBSC)이 주최하는 '2015 WBSC 프리미어 12'는 세계야구 상위 순위 12개국이 참가하는 국가대항전이지만 스포츠미디어를 통해 비중 있게 다뤘던 국가는 대한민국과 일본, 대만 정도로 야구 최강이라 할 수 있는 미국조차 중점적으로 보도를 하지 않았다. 이는 대회가 갖는 위상과 권위성이 WBC대회에 비해 떨어지는 점을 고려하여 콘텐츠로서의 중요성을 스포츠미디어의 중계 및 보도방식을 통해 확인할 수 있다. 특히, 프리미어 12 대회 결승전의 경우 공동 주최국인 일본의 스포츠미디어에서는 대한민국의 결승전을 새벽 시간 녹화중계로 방송을 하여 시청률 0.6%를 기록했던 반면, SBS가 황금시간대에 생중계한 대한민국의 결승전 시청률은 18.0%를 기록하며 높은 시청률을 기록하였다.

의제설정 효과(Agenda-Setting Effect)는 미디어가 어떤 이슈가 중요한지를 결정하여 대중의 의제 설정에 영향을 미치는 과정을 의미한다. 미디어의 집중적인 보도는 대중의 관심사를 형성하며, 특정 이슈를 주요 관심사로 부각시킨다 (McCombs & Shaw). 예를 들어, 월드컵 기간 동안 미디어는 경기 결과, 선수 인터뷰, 경기 분석 등의 내용을 집중 보도하여 대중의 관심을 축구에 집중시킨다. 이는 월드컵이 대중의 주요 관심사가 되도록 한다.

(3) 문화규범/배양효과

① 강효과이론의 대표적인 문화규범 효과와 배양효과는 미디어가 개인의 인식과 행위, 태도에 간접적인 영향을 미치나 미디어의 간접적이고 누적적인 결과를 통해 강한 효과가 나타난다는 점에서 두 효과이론은 유사하다고 볼 수 있다. 하지만 문화규범 효과는 사회규범에 초점을 두는 반면, 배양효과는 사회에 대한 개인 인식에 미치는 부분을 다룬다는 점에서 차이가 있다.

② 문화규범 효과는 De Fleur의 문화효과 이론을 근거로 설명되는 효과이다. 미디어는 사회 내 계층이나 집단, 그리고 사회적 이슈에 대한 부정적 이미지를 강화함으로써 고정관념을 확산한다. 예를 들어, 사회적 약자계층을 편견적이고 부정적으로 묘사하거나 동성애와 같은 사회적 이슈를 보도함으로써 이들 계층에 대한 우리 사회의 고정관념이 더욱 강화되거나 이성애와 같은 사회규범을 선호하게 된다. 이와 반대로 미디어는 스포츠계의 (성)폭력, 부정부패 및 비리와 관련된 문제를 다룸으로써 잘못된 규범이나 고정관념이 약화되어 새로운 규범의 확산과 인식의 전환을 선도할 수 있다.

③ 미디어의 배양효과 이론(cultivation effect theory)을 정립한 Gerbner는 TV 시청이 수용자의 현실인식에 미치는 영향을 분석한 연구를 통해 수용자는 TV에서 제시하는 내용과 유사한 의견을 형성하거나 개인이 생각하는 사회의 모습이 TV의 '세계'(the 'world' of television)와 일치한다는 연구 결과를 얻었다. 이와 같이 미디어가 수용자의 행동을 규정하는 의무, 금기, 합리성과 같은 일종의 문법을 계발해 사회적 현실에 대한 어떤 관념을 형성하는 것을 배양효과라고 하였다. 이러한 맥락에서 국내외 스포츠경기를 중계방송하는 미디어의 아나운서나 해설자의 어휘, 억양, 강세를 비롯한 편파해설에 따라 특정 선수 또는 팀에 대해 시청하는 수용자와 시청하지 않는 수용자 간 인식의 차이가 나타난다고 할 수 있다. 또한, 미디어에서 보도하는 스포츠계의 다양한 사건・사고 뉴스를 자주 접하는 수용자는 그렇지 않은 수용자에 비해 스포츠계에서 실제로 발생하는 사건・사고에 대해 미디어에서 보도하는 수준과 비슷하거나 과대평가하는 경향을 나타낸다.

문화규범 배양 효과(Cultivation Effect)는 미디어가 스포츠를 통해 특정 문화적 규범과 가치를 지속적으로 전달함으로써 대중의 인식과 태도에 영향을 미치는 과정을 의미한다. 스포츠맨십, 팀워크, 공정한 경기와 같은 가치들이 미디어를 통해 강조되며, 이는 대중의 행동과 태도에 영향을 미친다(Gerbner, Gross, Morgan, & Signorielli). 예를 들어, 미디어가 반복적으로 공정한 경기와 스포츠맨십을 강조할 때, 대중은 이를 중요한 가치로 받아들이고, 스포츠뿐만 아니라 일상생활에서도 이러한 가치들을 실천하려는 경향을 보일 수 있다.

(4) 뉴스프레임 효과

① 일반적으로 대중은 뉴스에 대해 실제 일어난 사건을 객관적이고 공정하게 보도한다고 생각하며 사실이라고 뉴스를 신뢰한다. 하지만 Tuchman은 미디어 편집국의 참여관찰 연구를 통해 뉴스 생산자인 뉴스조직이 현실의 사건을 선택・가공・편집하여 사회적 규범과 가치, 뉴스조직의 압력과 강제, 이익집단의 영향력, 편집국의 일상, 그리고 기자들의 이데올로기적・정치적 오리엔테이션에 따라 수용자에게 하나의 틀(frame)을 제공하고 있다는 사실을 밝혀냈다.

② 뉴스프레임 효과연구는 꾸준하게 수행되어 왔으며, Pan & Kosicki는 단어나 문구를 배열하는 패턴인 구문론적 구조, 기사의 이야기 구조인 대본적 구조, 일상적 주제를 뉴스에 부과하는 주제적 구조, 기자가 의도적으로 구성한 문체를 말하는 수사적 구조를 통해 뉴스의 일정한 틀을 만들어 내는 프레임 형성의 기제를 네 가지 형태로 제시하였다.

③ 뉴스프레임은 미디어가 보도하는 이슈의 특정 측면을 선별하여 강조하거나 배제함으로써 수용자를 대상으로 의도적인 해석과 평가를 유도하기 위해 뉴스의 여러 측면을 연결하는 틀 짓기(framing)이다. 미디어에 의해 짜여진 틀(frame)은 해석되어 사회 전반의 문제를 이해하고 판단하는 과정에 영향을 미침으로써 개인의 의식을 구조화하고 현실세계를 보편적 테두리 안에서 재구성하게 된다. 이러한 미디어의 프레임 효과는 미디어가 힘과 영향력을 얻게 되는 이유 중 하나가 된다.

④ 미디어의 뉴스프레임은 귀납적 접근과 연역적 접근을 통해 분류할 수 있다.

㉠ 귀납적 접근은 특정 이슈에 대한 모든 프레임을 찾는 방법으로써 가능한 많은 프레임을 탐색할 수 있는 장점이 있지만 소요되는 긴 시간에 비해 작은 표본에 의존하는 관계로 다른 표본에 적용되기에는 한계를 지니고 있다.

㉡ 연역적 접근은 특정 이슈에 대해 정형화된 체계가 반영되는 프레임이 존재한다는 점을 전제로 기존의 정형화된 프레임을 적용하여 분석하는 방법이다.

⑤ 스포츠미디어 조직에서는 내·외부적인 요인들로 인하여 특정 의제에 대해 조직별로 상반된 구조가 나타나 대중으로 하여금 사전에 대한 인식이 달라질 수 있는 기제로 작용하기도 한다. 즉, 뉴스프레임을 통해 특정 선수나 팀, 또는 다양한 이슈와 관련된 보도내용이 어떤 미디어에서는 긍정적인 보도가 다른 미디어에서는 부정적인 보도가 나타남으로써 동일한 사건이 전혀 다른 현실로 구성될 수 있는 두 가지 해석이 나타나는 것이다.

⑥ 우리는 뉴스프레임과 관련된 핵심쟁점의 배경과 원인, 그리고 보도의 함축적 의미를 복합적 관점에서 살펴보고 이해함으로써 현실을 바라보는 시각을 넓힐 필요가 있다.

뉴스 프레임 효과(Framing Effect)는 미디어가 스포츠 이벤트나 이슈를 특정한 방식으로 구성하여 전달함으로써 사건의 의미를 재구성하고, 대중이 그 사건을 어떻게 이해하고 반응할지를 결정하는 과정을 의미한다. 미디어의 프레이밍 방식에 따라 같은 사건 도 다르게 해석될 수 있다(Entman). 예를 들어, 한 스포츠 경기가 매우 거친 경기로 보도될 경우, 대중은 해당 경기를 폭력적인 경기로 인식할 수 있다. 반면, 동일한 경기가 경쟁적이고 열정적인 경기로 보도된다면, 대중은 이를 긍정적으로 받아들일 수 있다.

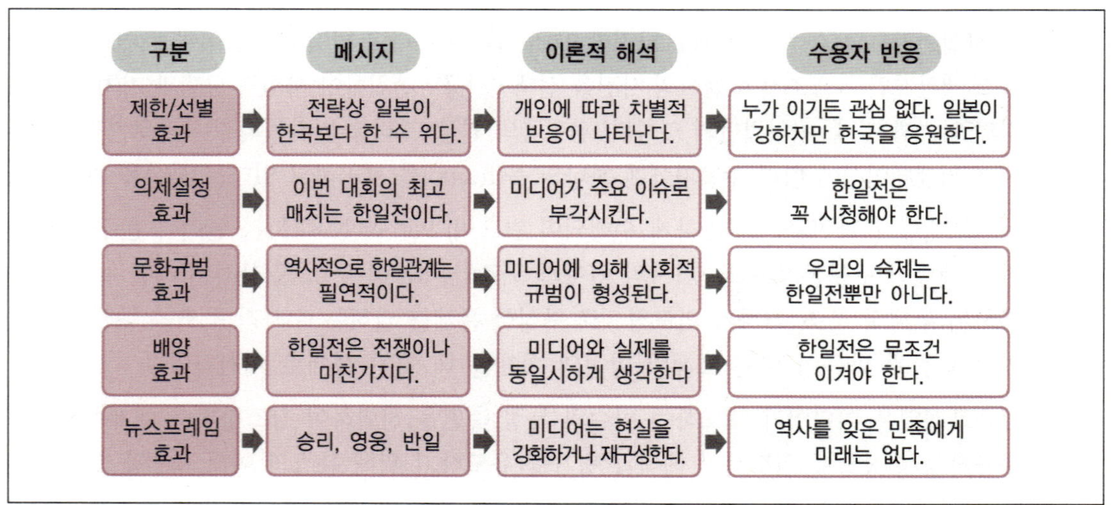

구분	메시지	이론적 해석	수용자 반응
제한/선별 효과	전략상 일본이 한국보다 한 수 위다.	개인에 따라 차별적 반응이 나타난다.	누가 이기든 관심 없다. 일본이 강하지만 한국을 응원한다.
의제설정 효과	이번 대회의 최고 매치는 한일전이다.	미디어가 주요 이슈로 부각시킨다.	한일전은 꼭 시청해야 한다.
문화규범 효과	역사적으로 한일관계는 필연적이다.	미디어에 의해 사회적 규범이 형성된다.	우리의 숙제는 한일전뿐만 아니다.
배양 효과	한일전은 전쟁이나 마찬가지다.	미디어와 실제를 동일시하게 생각한다	한일전은 무조건 이겨야 한다.
뉴스프레임 효과	승리, 영웅, 반일	미디어는 현실을 강화하거나 재구성한다.	역사를 잊은 민족에게 미래는 없다.

미디어스포츠 효과

7. 미디어스포츠의 이데올로기 전파

(1) 자본주의 이데올로기

① 미디어스포츠의 효용가치는 자본주의 체제 내에서 존재한다. 우선 자본주의가 유지·발전되기 위해서는 물질적 생산력의 증대뿐만 아니라 노동력의 재생산을 위한 안정적인 메커니즘이 필요하다. 그리고 노동력의 재생산을 위해서는 생산과정의 복합적인 체계 내에서 이용하기 적합하도록 대중을 훈련시켜야만 한다. 이는 노동력의 재생산이 단위 작업장을 벗어나 대중의 일상적 시공간 속에서도 이루어진다는 것을 의미한다.

② 노동력이 노동현장 바깥에서 재생산되는 방식은 다양한데, 광고를 통한 소비 주체 형성이 그 예라 할 수 있다. 헐리우드 영화는 다양한 볼거리와 스타를 통해 '욕망하는 기계'인 소비 주체를 만들어 낸다. 이처럼 대중문화의 각 영역은 자본주의를 유지하는데 기여하는 주체의 형성에 이바지하게 된다. 스포츠 역시 그러한 역할과 기능을 담당하게 된다.

(2) 성차별 이데올로기

① 미디어가 스포츠의 실체를 왜곡시키는 가장 명백한 분야는 스포츠분야에서 여성의 역할과 관련된 부분이다. 미디어스포츠에서 남성스포츠가 약 80%를 차지하고 있는데, 이런 경향은 여성이 신체활동에서 소극적이라는 전통적인 성차별 이데올로기를 재생산하는 경향이 있다.

② 뿐만 아니라 미디어는 여성선수에 대해 보도할 때 그 선수의 실력보다 외모를 더 부각시킨다. 따라서 실력이 출중한 여성선수보다 외모가 뛰어난 여성선수에 대해 미디어는 보다 많은 지면과 영상을 할애한다.

③ 매스미디어에서는 '차별적인 젠더담론'을 지속적으로 재생산하는데, 여기에는 몇 가지 전략이 있다.

㉠ **젠더 구분하기 전략**: 남자의 경기는 '경기'로, 여자의 경기는 '여자경기'로 명명하는 전략이다. 여자가 참가하는 스포츠는 진정한 스포츠가 아닌 열등한 그 무언가가 내재되어 있다는 것을 이야기한다.

㉡ **여자 운동선수를 성적 대상으로 명명하는 전략**: 여자 운동선수를 선수로 명명하지 않고 성적 대상, 즉 이성애적 대상으로 지칭하는 전략을 뜻한다. 어머니는 강합니다, 엄마의 투혼 등으로 대상화된다.

㉢ **여성적 특성을 강조하는 전략**: 여자는 잘 울고, 소심하며, 약하고, 아름다운 등의 형용사가 수식되는데, 덧붙여 정서적으로 불안하고 의존적이라는 식으로도 묘사된다.

㉣ **경기 외적인 측면을 강조하는 전략**: 여성 운동선수들의 외모, 전직, 개인적 삶, 가족관계 등 스포츠 수행과는 별 상관없는 부차적인 요소를 강조하는 전략이다.

(3) 성공 이데올로기

① 미디어스포츠는 승자와 패자, 최종스코어만을 강조하고 있다. 심지어 은메달은 감투상 정도의 의미로만 평가되고 동메달은 아예 거론도 되지 않는다. 이같이 결과만을 중시하고 승리자에게만 초점을 두고 보도하는 관행은 성공 이데올로기를 강조하는 전형이다.

② 스포츠에서는 협동 및 단결과 같은 공동체 지향적 가치나 운동을 하면서 느끼는 본질적 즐거움 등 다양한 가치가 존재하는데, 대다수 스포츠 보도는 경쟁에서의 승리와 개인 및 팀의 성공만을 강조하고 있다.

(4) 영웅 이데올로기

① 미디어는 대중에게 스타들이 어떤 욕망을 충족시켜 줄 것이라는 환상을 불어넣고, 화려하고 강하며, 영웅적이면서 매력이 풍부한 인물로 비춰지도록 한다. 이로 인해 많은 사람들은 스포츠선수를 보기 위해 스포츠스타를 중심으로 경기를 시청한다.

② 우수한 선수를 스포츠 영웅으로 구성하는 과정에서 미디어스포츠는 몇 가지 이데올로기를 스포츠 영웅을 통해 재현한다.

㉠ 미디어는 스포츠가 기본적으로 남성성을 추구하기 때문에 스포츠 영웅을 통해서도 남성이 우수하다는 전통적 가치를 강화시킨다.

㉡ 미디어가 선수를 평가할 때 운동능력뿐만 아니라 경제적 보상도 중요한 기준으로 삼는다. 스포츠 영웅이 누리는 금전적 보상과 인기는 신분상승을 향한 강한 동기로 작용한다.

㉢ 미디어는 스포츠 영웅을 통해 개인의 성공을 국가의 성공과 발전으로 상징화함으로서 민족의식, 동포애, 애국심, 민족정체성을 고취시킨다.

㉣ 미디어는 최고 스타의 연봉이나 사생활에만 관심을 집중함으로서 '최고가 제일'이라는 엘리트주의를 부추긴다. 이는 권력이나 부가 소수에게 집중되는 자본주의 사회의 현실을 정당화하며, 다수가 소수의 엘리트를 위해 존재한다는 것을 상식으로 만든다.

(5) 소비 이데올로기

① 소비에 대한 강조는 대부분의 미디어 스포츠보도에서 명백하게 나타난다.

② TV 타임아웃은 전 세계를 막론하고 종목과 관계없이 하나의 표준이 되었고, 미디어스포츠는 스포츠를 중계할 때, '이 경기는 ○○기업의 후원으로 방송됩니다'라고 상기시킨다. 미디어스포츠는 다양한 방식을 통해 소비주의를 부각시킨다.

보편적 접근권(Universal Access)

보편적 접근권이란 국민들의 관심이 높은 스포츠나 운동경기, 문화 행사 등에 대해 시청자들이 무료 혹은 저렴한 비용으로 즐길 수 있는 권리를 말한다. 정부의 보편적 접근권에 대한 법제화에도 불구하고 스포츠 중계방송 독점에 대한 논란은 끊이지 않고 있다.

8. 스포츠 저널리즘 유형

(1) 옐로 저널리즘(Yellow Journalism)

대중의 본능을 자극하고 호기심에 호소하는 흥미 위주의 보도를 말한다. 옐로 저널리즘 혹은 황색 저널리즘은 1890년대 뉴욕의 두 신문사의 경쟁에서 비롯된 과열된 보도 형태를 지칭하는 표현으로 처음 사용되었다. 일반적으로 옐로 저널리즘은 상업적인 목적으로 쓰인 자극적인 기사를 지칭하며, 최근 인터넷 기사를 언급할 때 자주 등장하는 '낚시성 기사'도 일종의 옐로 저널리즘에 해당한다.

(2) 블랙 저널리즘(Black Journalism)

공개되지 않은 이면적 사실을 벗기는 저널리즘으로, 개인이나 집단의 약점을 이용하여 이를 발표 · 보도하겠다고 위협하거나 보도해서 특정한 이익을 얻을 것을 목적으로 한다.

(3) 퍼블릭 저널리즘(Public Journalism)

취재원을 다양화함으로써 여론의 민주화를 선도하고, 언론인 스스로 지역사회 일원으로 행동하며, 시민들이 공동 관심사에 직접 참여하도록 주선해 주는 저널리즘을 말한다.

(4) 뉴 저널리즘(New Journalism)

1960년대 이후 새롭게 등장한 보도 및 기사 작성의 스타일로, 기존 저널리즘이 취해왔던 속보성 · 객관성의 관념을 거부하고 소설 작가의 기법을 적용하여 사건과 상황에 대한 표현을 독자에게 실감나게 전달하고자 하는 특징을 갖고 있다.

(5) 포토 저널리즘(Photo Journalism)

보도의 대상이 되는 사실이나 시사적인 문제를 사진기술로 표현하고 보도하는 저널리즘을 말한다.

(6) 비디오 저널리즘(Video Journalism)

한 주제하에 프로듀서 한 명이 6mm 디지털 카메라를 들고 현장을 누비며 촬영하고 편집까지 맡는 1인 제작시스템을 말한다. 카메라가 작기 때문에 현장 기동성이 뛰어난데, 1990년대 중후반부터 VJ를 통한 방송사의 외주제작이 활발해지면서 많이 등장했다.

(7) PD 저널리즘(PD Journalism)

PD들이 취재하고 구성하는 취재보도 프로그램으로, 기자가 사실을 보도하는데 반해 PD는 사실 이면에 숨겨진 진실을 보도한다는데 초점을 두고 있다. 'PD 수첩', '추적 60분' 등이 대표적인 PD 저널리즘 프로그램이다.

엠바고(Embargo)

저널리즘에서 엠바고란 취재원과 합의를 통해 보도 시점을 조정하는 것을 말한다. 스페인어로 '상선의 출항 금지'를 뜻하는 'embargar'에서 기원한 단어로, 일반적으로 저널리즘에서 사용되는 용어이다. '엠바고'는 충분한 취재 시간 확보를 통해 미디어 보도의 정확성을 향상시킨다는 긍정적 측면을 가지고 있지만, 언론을 통제하는 기능으로 악용되어 국민의 알 권리를 침해한다는 부정적 측면도 가지고 있다.

8 스포츠와 사회화

스포츠는 특정 사회가 소유하고 있는 신념, 가치, 규범 등을 소속 사회 성원에게 학습하도록 하여 내면화시킴으로써 사회체계의 안정에 기여하는 체제유지 기능이 있다. 스포츠의 고유기능은 구체적으로 사회화 과정을 통하여 이룩된다. 스포츠 활동에 있어서 사회화 과정에 관한 문제는 크게 스포츠로의 사회화, 스포츠를 통한 사회화 및 탈사회화, 재사회화의 관점에서 접근한다. 첫째, 스포츠로의 사회화는 다양한 개인적 특성을 지니고 있는 사회 성원에게 스포츠에 대한 흥미를 유발시켜 각 개인이 다양한 스포츠 역할에 참가하도록 영향을 미치는 주관자의 문제이다. 둘째, 스포츠를 통한 사회화는 기본적으로 스포츠 활동의 참가에 의한 결과나 성과에 대한 관심으로서 스포츠 활동을 통하여 특정 사회에서의 생존과 성공에 필요한 자질을 습득하는 과정에서 형성되는 가치나 태도의 학습에 관한 문제이다. 셋째, 탈사회화는 스포츠 활동에 참가하던 개인의 중도탈락이나 선수 생활로부터의 은퇴에 관한 문제이다. 넷째, 재사회화는 스포츠로부터 탈사회화하여 스포츠 참가를 중단하였던 개인이 어떤 계기를 통하여 다시 스포츠로 복귀하여 참가하는 과정의 문제이다. 네 가지 관점에서 볼 때 스포츠사회화는 일차로 스포츠 활동의 참가가 전제되며 그 뒤에 이의 경험을 통한 사회화가 계기된다는 점에서 상호 밀접한 연계성을 지니고 있다. 그러나 일단 스포츠에 참가하여 활동하던 개인은 언젠가는 스포츠를 중단하고 스포츠로부터 이탈하게 된다.

1. 스포츠 사회화의 개념

(1) 사회화

① 사회화를 사회학적 관점에서 보면 집단규범을 내재화하는 것이며, 심리학적 입장에서는 자아를 형성시켜 나가면서 인간의 기본적인 욕구를 길들이는 과정이라 할 수 있고, 인류학적 관점으로는 문화를 전달하고 특정 생활방식에 적응하게 하는 과정이라 볼 수 있다. 일반적으로 사회화는 가치, 태도, 규범의 전달 측면과 인성발달 측면의 두 관점에서 이해되며 이는 일생을 통한 전 과정에 걸쳐서 일어나는 것이 특징이다.

② 사회화를 문화적, 사회적, 심리적 차원의 세 가지 관점으로 본 경우

㉠ 문화 동질화 과정으로서의 사회화 : 인간이 태어날 때 가지고 있는 백지 상태가 특정 문화에 젖어들어 동질화되어 가는 과정이다.

㉡ 역할 훈련 과정으로서의 사회화 : 개인이 사회의 한 유능한 구성원으로서 사회적으로 규정되어 있는 역할을 성공적으로 담당하게 되는 과정을 말한다.

㉢ 충동의 통제 능력 형성 과정으로서의 사회화 : 프로이드 등은 인간이 타고난 이기적이고 충동적인 본능이 사회 생활을 통해서 규범적으로 규제되어 가다가 차츰차츰 스스로가 자기의 욕구를 통제할 수 있는 분별력이 생기는 과정을 사회화 과정으로 보았다.

③ 사회화란 생물학적인 유기체에 지나지 않는 인간이 소속 집단에 적응하기 위해 사회제도, 지식, 규범 등을 타인과의 상호작용을 통하여 취득하는 과정이라고 정의할 수 있다.

(2) 스포츠 사회화

① 스포츠사회화란 스포츠라는 소사회에서 개인이 스포츠를 통하여 집단 성원이 공통적으로 가지고 있는 가치관, 신념, 태도 등을 집단 내의 다른 성원과의 상호작용을 통하여 자신의 지위에 상응하도록 습득하는 과정이다(Kenyon & McPherson).

② 개인이 스포츠 활동에 참여함으로써 사회집단의 구성원이 되며 특정 사회가 지니는 문화를 체득하고 자신의 특성을 발휘하는 과정이다(Leonard).

③ 스포츠사회화 개념은 크게 스포츠로의 사회화, 스포츠를 통한 사회화, 탈사회화, 재사회화로 구분할 수 있다.

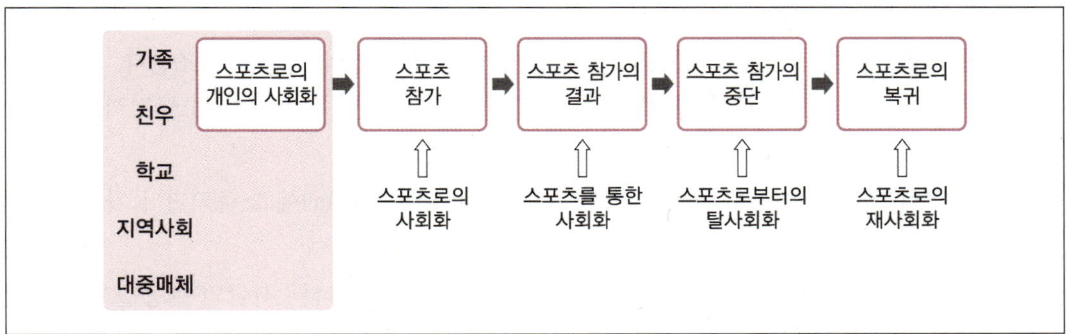

스포츠사회화의 모형

스포츠로의 사회화란 스포츠에 참가하는 그 자체를 말한다. 스포츠는 사회구성원 모두가 균등하게 경험하는 것이 아니기 때문에 일차적으로 스포츠에의 참여가 전제되어야 한다. 즉, 사회 내의 개인은 수많은 사회화 자극 가운데서 개인의 특성이나 시대의 변화에 따라 선별적인 경험을 하게 된다는 것이다. 개인에게 가장 큰 영향력을 미치는 객체를 중요타자 혹은 준거집단이라고 하는데 이들의 태도, 가치관, 행동은 개인의 태도, 가치관, 행동의 형성에 결정적인 영향을 미친다.

스포츠를 통한 사회화란 하나의 사회제도인 스포츠 장면에서 학습된 기능, 특성, 가치, 태도, 지식 및 성향 등이 다른 사회현상으로 전이 또는 일반화되는 과정이라 할 수 있다. 스포츠에 참가함으로써 페어플레이, 스포츠맨십, 용기, 성취성, 공정성, 바람직한 시민의식 등과 같은 인성특성 또는 도덕적 성향이 함양된다는 것이 전통적이고 일반적인 관념이었다. 그러나 최근의 연구에서는 이에 대한 반증의 결과를 제시하기도 한다. 그 한 예로서 Webb은 학생들의 스포츠 경험이 증대될수록 전문적인 기능이나 승리의 즐거움이 페어플레이 정신보다 더 강조된다고 보고하고 있다. 이는 학생들이 스포츠를 통해 현대사회가 추구하고 있는 업적지향 혹은 성취지향의 영향을 강하게 받고 있는 데에 기인하는 것으로 해석된다. 이와 같은 관점에서 볼 때 스포츠 참가는 반드시 긍정적인 결과만을 가져오는 것은 아니다.

스포츠에서의 탈사회화란 스포츠에 참가하여 활동을 지속하던 개인이 여러 요인에 의하여 스포츠를 중단하거나 탈락 및 은퇴하게 되는 경우를 말한다.

스포츠로의 재사회화란 스포츠로부터 탈사회화하여 스포츠참가를 중단하고 있던 개인이 어떤 계기로 인해 다시 스포츠에 복귀하여 재참가하게 되는 현상을 말한다.

2. 스포츠 사회화의 이론

대부분의 사회학습(사회화)은 관찰, 모방, 역할수행, 중요타자와의 상호작용에 의하여 이루어진다. 또한 개인의 사회화 학습형태는 성, 사회계층, 생활형태, 인종특성, 지역사회 특성, 사회화 주관자에 대한 노출 시기 등에 따라서 매우 다양하다.

(1) 사회 학습 이론

① 사회학습이론은 개인이 어떻게 사회적 행동을 습득하고 수행하는가를 밝히려는 이론으로서 스포츠 역할의 학습을 이해하는 데 적용하는 접근방법은 강화 · 코칭 · 관찰학습의 세 가지 개념이다(Leonard).

㉠ **강화**: 사회적 역할의 습득과 수행에 있어서 상과 벌의 역할을 강조한다. 행동이 벌에 의하여 부정적으로 강화되면 행동이 억제되고, 행동이 상에 의하여 긍정적으로 강화되면 그 행동이 지속적으로 유발된다.

㉡ **코칭**: 피사회화자(socializee)가 사회화 주관자(socializer)에 노출되거나 가르침을 받는 학습을 말한다.

㉢ **관찰 학습**: 개인이 과제를 학습하고 수행하는 행위는 다른 사람의 행동을 관찰한 결과와 유사하게 행동한다는 견해이다. 특수한 사회적 역할을 포함한 대부분의 사회적 행동은 관찰된 행동을 즉각적으로 재현하는 것이 아니고 중요 타자의 행동을 관찰하고 모방하여 자신의 것으로 내면화한 다음 적절한 시기에 이를 행동으로 나타낸다(Bandura & Walters).

② **스포츠 활동자(수요자)의 역할학습에 관련된 사회화 과정의 세 가지 요소**

㉠ **개인적 특성**: 성별, 연령, 출생서열, 사회경제적 지위 등과 같은 특성으로서 스포츠 참여나 역할 학습에 영향을 미친다.

㉡ **중요 타자(준거 집단)**: 가족, 동료, 코치, 교사 등으로 이들의 태도, 가치관, 행동이 개인의 태도, 가치관 그리고 행동을 형성하는 데 결정적인 역할을 담당하게 된다.

㉢ **사회화 상황**: 스포츠 집단의 구조, 개인의 지위, 참여의 자발성, 사회화 관계의 본질성 등으로서 스포츠 역할학습에 의미 있는 변인으로 작용한다고 볼 수 있다.

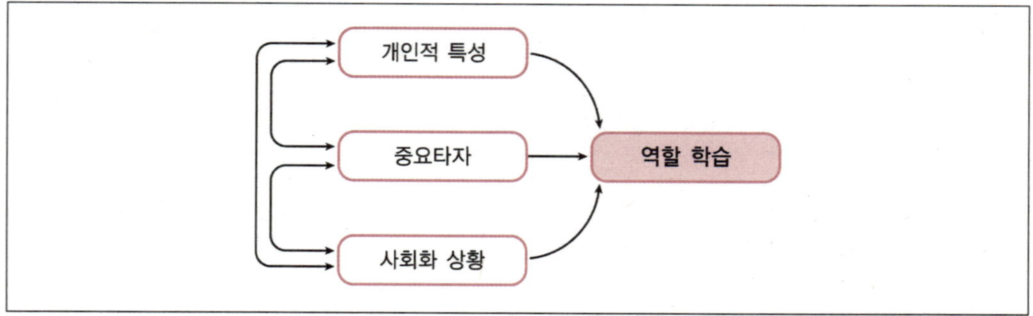

사회화 과정의 3요소(Kenyon & McPherson)

(2) 역할 이론

① 역할이론은 사회를 하나의 무대로 보고 개인을 무대 속의 배우로 비유하여 사회 속에서 각 개인은 자기 자신이 처해 있는 정확한 상황을 스스로 배우게 되며 타인과의 상호 작용을 통하여 자신의 연기를 완전하게 수행하려고 시도함으로써 사회화 과정이 진행된다고 주장한다.

② 역할이론은 한 개인이 일정 사회구조 속에서 사회적 지위를 유지하기 위한 역할기대 또는 행동양식을 획득하는 과정을 설명하는 이론이다(Sarbin & Allen). 실제로 사회체계가 유지되려면 각 개인은 제도화된 사회적 역할을 충족시키기 위해서 존재한다고 볼 수 있다.

③ 역할이론은 개인이 사회과정을 통하여 소속 집단의 기능적 구성원으로 적응해 가는 기전을 설명하려는 이론으로서 특수한 태도, 의견 및 경향성을 지닌 특정 인간관계에 대한 설명을 하려는 것이 아니다.

④ 역할이론은 아동이 공통된 상징성(common symbols)을 지니고 사회에 태어나서 사회적 지위를 인식하게 됨으로써 행동유형을 정립하며 아동이 사회적 요소를 학습하는 것은 타인을 통해서 가능하다고 가정하고 있다.

⑤ 역할이론의 관점에서 볼 때 학습 과정이란 사회체계 내에서 확립된 지위를 차지하고 있는 성원(중요 타자, 준거 집단, 역할 모형)에 의해 수행되는 사회화 주관자의 역할과 피사회화자(역할 학습을 받고 있는 자)의 역할간의 상호 작용 및 모방의 과정을 의미한다고 볼 수 있다.

(3) 준거 집단 이론

① 준거집단이론은 사회화 과정을 이해하려는 데 도움이 되는 제3의 영역으로서 역할이론과 같이 과정을 중요시하고 있다.

② 준거집단이론에 따르면 인간은 스스로 어떤 집단이나 타인에게 적응하고 이들의 행동, 태도, 감정 등을 자신의 행동, 태도, 감정의 형성을 위한 중요한 판단 기준이 되는 준거의 척도로 삼는다는 것이다.

③ 사회화 과정에 있어서 준거집단의 중요성은 규범집단, 비교집단, 청중집단 등 사회화주관자로서의 다양한 기능을 지니고 있는 준거집단의 개념을 제시한 Kemper에 의하여 강조되어졌다.

④ 준거집단이론은 사회적 협동이나 분열이 일반적으로 특수한 인지적 행위를 수반한다고 주장한다.

⑤ 하나의 준거집단이 그 구성원의 태도형성에 영향을 미치는 정도는 구성원이 그 집단과 어느 정도 동일시되느냐에 달려 있다고 보는 것이다.

3가지 준거 집단의 개념(Kemper)	
규범 집단 (normative group)	가족 등에서 볼 수 있는 바와 같이 규범을 설정하고 가치관을 형성시킴으로써 개인에게 행동의 지침을 제공한다.
비교 집단 (comparison group)	특정 역할 수행의 기술적 의미를 제시하여 주는 역할 모형을 의미한다.
청중 집단 (audience group)	특정 개인의 특별한 주목은 받지 않으나 그들의 가치와 태도에 부합되게 행동하려는 집단으로서 또래(peers)가 이에 속한다.

3. 스포츠로의 사회화

스포츠 활동에 있어서 사회화 과정은 일차로 스포츠 활동의 참가를 전제로 한다. 스포츠란 사회성원 모두가 일정하게 의무적으로 경험하는 것이 아니라 개인에 따라 특수한 상황하에서 일부의 사람들만이 참가가 이루어지기 때문에 스포츠에서의 사회화는 일차적으로 스포츠 활동에 개입할 것을 전제로 하여 성립하는 것이다. 스포츠로의 사회화는 사회 성원에게 스포츠에 대한 흥미를 유발시킴으로써 스포츠에 참가하도록 작용하는 사회화 담당자나 기관의 영향에 의하여 이루어진다. 이들의 태도, 가치관, 행동은 개인의 태도, 가치관, 행동의 형성에 결정적인 영향을 미치고 있다.

(1) 스포츠 개입

스포츠로의 사회화는 어린 시절부터 시작되어 청년기까지 계속되며 경우에 따라서는 성인시기에까지 이를 수 있다. 이러한 사회화 과정은 스포츠참여의 경험에 의하여 긍정적 혹은 부정적 영향을 받아 스포츠에 대한 개입수준을 증가시키거나 감소시키게 된다. 스포츠에 대한 개입이 이루어진 사람은 스포츠에 참가하는 것이 중요하다는 사실을 인정하게 되며 스포츠 활동의 참가에 대한 동기가 지속되는 것으로 볼 수 있다.

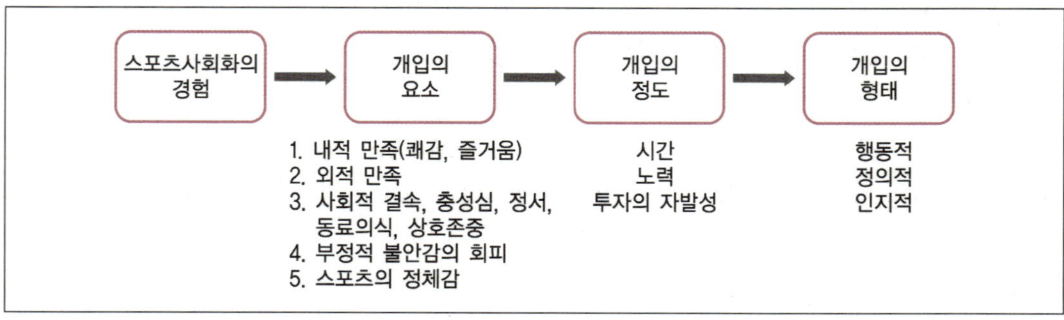

스포츠 개입의 과정(Snyder & Spreitzer)

① 스포츠 활동에 대한 개입을 유지하고 증진시키는 요소는 다음과 같다(Snyder & Spreitzer).

㉠ **본질적 즐거움**: 스포츠 활동을 통하여 얻을 수 있는 본질적 즐거움이다. 자신의 한계에 지속적으로 도전하여 이를 극복함으로써 스포츠 활동 자체의 즐거움을 경험할 수 있다.

㉡ **외적 보상에 대한 기대**: 승리, 금전, 건강 등과 같은 외적 보상에 대한 기대이다. 이러한 외적 보상에 의한 스포츠 개입은 운동 수행 능력이 뛰어난 참가자에게 해당되는 요소이다.

㉢ **중요타자로부터 인정을 받게 될 때 일어나는 만족감**: 참가 성원의 요청과 그들과의 관계를 증진하기 위하여 요청을 수용하게 되면 스포츠에의 개입이 이루어질 수 있다.

㉣ **개인의 정체감을 위협하는 부정적 제재(지위의 상실, 불명예, 당혹감 등)로부터의 회피**: 특수 상황에 처한 사람들은 스포츠에 참여하지 않으면 제재를 받기 때문에 스포츠에 개입하는 경우가 있을 수 있다.

㉤ **개인의 정체의식**: 개인이 참여하는 스포츠에 대한 역할의 분담은 다른 사람들과의 사회적 상호작용을 통하여 증진된다. 스포츠에 대한 정체의식을 갖춘 사람은 이를 지속시키기 위하여 운동기능의 유지를 원한다.

스포츠에 대한 개입에 영향을 주는 요소(Snyder & Spreitzer)	
스포츠의 본질적 즐거움	스포츠 활동 자체를 즐기려는 마음가짐으로 스포츠에 참여하는 개인은 스포츠 활동 참여를 통해 즐거움을 느낄 수 있다.
외적 보상	일반적으로 생활체육 참여자보다 전문적으로 스포츠에 참여하는 엘리트 선수 혹은 프로선수에게서 발견할 수 있는 스포츠 개입 요소이다.
다른 주체로부터의 인정을 통한 만족감	스포츠 참여를 통해 얻을 수 있는 사회적 인정은 스포츠 개입을 촉진하는 요소가 된다. 스포츠에서의 성공을 통해 개인은 사회적인 지위를 얻을 수 있으며, 때로는 스포츠에서의 성취가 일상생활에서 사회적 자본을 형성하는데 긍정적으로 영향을 미치기도 한다.
개인의 정체성 유지를 위한 부정적 요소로부터 회피	특수한 상황에 처한 개인은 스포츠에 참여함으로써 자신이 마주하고 있는 다양한 어려움에 대해 회피하고자 한다. 또한, 과도한 경우에는 스포츠에 참여하지 않는 행위로 인해 받을 수 있는 불이익을 피하기 위해 스포츠에 개입하는 경우도 발생할 수 있다.
스포츠 의존적 정체성	스포츠에 참여하는 다른 사람과의 상호작용을 통해 형성된 정체의식을 가진 개인은 이와 같은 사회적 관계를 지속하기 위해 스포츠에 지속적으로 참여하게 된다.

② 스포츠로의 사회화는 스포츠에 대한 개입이 진전함에 따라 일어나게 되는데 이와 같은 개입요소에 의하여 스포츠에 대한 참여 형태(직접참여 · 간접참여), 참여 수준(비형식적 참여 · 비조직적 참여 · 형식적 참여 · 조직적 참여), 경기성향(아마추어 성향 · 프로 성향) 등이 결정된다. 스포츠에 대한 개입의 수준은 개인이 스포츠에 투자하는 시간과 돈 그리고 에너지의 양을 결정하게 된다.

(2) 스포츠 사회화에 기여하는 요인

① 스포츠 참가의 요인 분석 결과(Kenyon & Grogg)

㉠ 부모, 형제, 자매, 친척, 이성 친구, 학교코치 등과 같은 주관자의 영향이 컸으며 이들 중 가장 중요한 사회화 주관자는 부모였다. 특히 부모의 영향은 고등학교나 대학 시기에 더욱 크다.

㉡ 고등학교 이전 시기에는 참가한 운동종목에 따라 주관자의 영향이 다르게 나타난다.

② 스포츠 참가에 기여하는 사회학적 변인(Kenyon & McPherson)

㉠ 남아의 경우 높은 사회·경제적 계층 출신 여부(상위 계층 출신의 참가가 높음)

㉡ 성취동기가 높은 기업가인 아버지의 유무(성공적인 기업가를 아버지로 둔 자녀가 높음)

㉢ 어린 시절에 민주적·관용적이며 온화하거나 독립심을 강조하는 부모 밑에서 양육되었고 부모가 스포츠 참가를 격려할 경우

㉣ 스포츠에 참가하고 있는 친구의 유무(스포츠에 참가하는 친구를 둔 경우 높음)

(3) 스포츠 사회화의 주관자

스포츠 참가와 스포츠 역할학습의 과정에서 각 개인에게 지대한 영향을 미치는 객체를 중요타자 혹은 준거집단이라 한다. 이들의 감정, 사고, 태도, 행동은 개인의 태도, 가치관의 형성 등에 중요한 영향을 미친다(Leonard). 선택적 경험인 스포츠로의 사회화 과정에서 중요타자, 혹은 준거집단의 중요성과 영향력은 생애의 주기에 따라 달라지며 이로 인한 결과 또한 상당한 개인차를 유발한다. 스포츠 사회화란 결국 특정의 기능, 특질, 가치 등에 의해 스포츠 역할이 수행되는 과정이므로 이를 전달해 주는 실체가 존재해야 한다. 이러한 실체는 개인, 집단, 조직 등으로 구성되는데 피사회화자를 스포츠에 개입하여 참가하도록 장려, 지도, 강화한다. 이를 사회화 주관자라 하며 이들 주관자의 영향을 생애 주기별로 살펴보면 다음과 같다.

① 가족(부모, 형제자매)

㉠ 원초적인 사회화와 더불어 일생을 통해 가장 중요한 영향력을 담당하는 주관자는 가족이다. 스포츠 역할과 기능의 획득은 부모, 형제의 직접적인 지도와 그들의 역할모형에 대한 모방의 결과이다.

㉡ Kenyon과 McPherson은 스포츠 참가에 영향을 미치는 사회학적 변인으로서 사회·경제적 지위를 들고 있다. 즉, 사회·경제적 지위가 높은 가정과 높은 성취지향의 사업가인 부친을 둔 가정의 자녀가 스포츠 참가도 높다는 사실을 밝히고 있다.

㉢ 가정은 가족 상호간에 경제적, 정서적 지원을 제공해 줄 뿐만 아니라 가치, 지식, 행동유형의 내면화에 관한 역할모형 및 스포츠 참가의 기회를 제공해 준다. 그리하여 현대 산업사회에 있어서 교육, 종교, 정치, 경제, 자원봉사단체, 대중매체 같은 요소들이 가족의 전통적인 기능을 약화시키고 있음에도 불구하고, 가족은 어린이에게 있어서는 아직도 가장 중요한 사회화 주관자로 인식되고 있다(Loy, McPherson & Kenyon).

② 동료집단

㉠ 동료집단이란 같은 관심을 지니는 동년배의 집단을 의미한다. 아동은 성장해 감에 따라 가정 밖의 친구와 더욱 많은 접촉을 갖게 된다.

㉡ 동료집단은 취학 전 아동에 있어 빈번히 사회화의 주관자가 되며 가족 또는 학교에서 학습한 가치 또는 행동양식, 기능, 관념 등을 강화하거나 거부한다. 아동기의 동료집단은 평등한 관계, 혈연관계에 대한 경험을 제공하며 어린이가 부모나 다른 권위적인 인물로부터 독립할 수 있도록 도와주고 핵가족 내에서는 경험할 수 없는 태도, 가치의 경험을 접할 수 있게 한다(Loy, McPherson & Kenyon).

㉢ 청소년기에 있어서 동료집단은 사회화 과정에 있어서 가끔 가족의 역할을 상실하게 하며 리더십에 대한 능력을 시험해 볼 수 있는 기회를 제공한다.

㉣ 장년기의 동료집단은 주로 직장의 동료들로 구성되며 이때에는 스포츠에 관한 흥미와 가치가 다소 감소되는 경향이 있다.

㉤ 여성의 경우 가족이 유년기의 중요한 사회화의 주관자이나 성장해감에 따라 그 영향이 차츰 감소한다. 또한 여성동료가 생애의 전단계를 통하여 중요한 사회화의 주관자로 작용한다(Greendorfer).

③ 학교

㉠ 학교는 가족이나 동료집단과 함께 영향력 있는 스포츠사회화의 주관자이며, 아동들에게 처음 접하는 공식적인 체육 활동의 장소가 된다.

㉡ 학교체육은 지식과 기능, 도덕적 규범이나 가치체계를 함양시킬 뿐만 아니라, 정규체육인 교과체육과 교내·외의 경기 프로그램을 통해 많은 청소년들에게 스포츠사회화의 경험을 제공해 주고 있다.

㉢ 청소년들은 학교의 다양한 체육 프로그램으로부터 그들의 체력을 향상시키고 스포츠 기능을 학습하고, 사회가 요구하는 가치관을 수용하며, 이에 따른 인격 형성을 하게 된다.

④ 지역사회

㉠ 지역사회의 스포츠 프로그램을 제공해 주는 자생 스포츠 조직은 참가의 정도와 목적이 다를 뿐 이미 생활전반에 걸쳐 폭넓게 친숙해져 있다.

㉡ 자생단체를 통한 스포츠사회화가 이루어진 경우 참가자의 일반적 특성은 다음의 5가지를 들 수 있다(Smith & Freedman, Tomeh).

ⓐ 사회·경제적 지위가 높을수록 조직적인 프로그램에 한층 더 참가율이 높으며 지도력을 발휘할 수 있는 지위를 점유하고 있다.

ⓑ 연령이 증가할수록 참가도가 높아진다.

ⓒ 남자가 여자보다 적극적으로 참가한다.

ⓓ 인종에 따라 다르다. 즉, 흑인은 동일한 사회계층 출신의 백인보다 참가도가 높다.

ⓔ 역할모형의 유용성에 따라 다르다. 즉, 부모나 친구가 참가하는 경우, 참가율이 높아진다.

㉢ 자생단체에의 참여는 사회로부터의 인정, 예언력, 통찰력, 행복, 안정추구 등의 만족감과 관련이 있는데 특히 아동에게 있어서 자생단체는 다음과 같은 이유 때문에 중요한 스포츠의 사회제도로서 작용한다.

ⓐ 자생단체를 통해 스포츠 역할을 학습할 수 있는 기회가 제공된다.

ⓑ 자생단체는 역할모형으로서 코치를 제공한다. 즉, 코치는 아동의 잠재능력 계발과 스포츠 참가를 직접적으로 격려한다.

ⓒ 대부분의 부모는 자녀들로 하여금 지역사회의 스포츠 프로그램에 하나 이상 참가하도록 강력히 권장하고 있다.

㉣ 지역사회는 주민으로 거주하고 있는 개인에게 어린이 야구・조기 축구・테니스 클럽, 군・읍・구・동민 체육대회 등을 통하여 스포츠에 참가할 기회를 제공한다.

⑤ 대중매체

㉠ 대중매체는 매체를 접하는 아동, 청소년은 물론이거니와 나아가서는 성인에 이르기까지 스포츠와 친숙해질 수 있는 기회를 제공하며 행동적 경쟁에 대한 역할모형으로서 스포츠 역할을 창출한다(Kenyon & McPherson, Loy & Ingham, Sage).

㉡ 대중매체를 통하여 사회성원은 스포츠에 친숙해지고 역할모형을 담당하는 스포츠 영웅에 노출된다.

㉢ 스포츠로의 사회화를 촉진하는 대중매체의 역할은 점차 다른 어느 주관자나 주관기관에 비해 강화될 것으로 예상된다.

스포츠사회화는 주관자가 바뀔 때마다 이전과는 다른 구실의 기대를 내포하게 됨에 따라 스포츠 참가자는 매번 일련의 재사회화 과정을 거쳐야 한다. 부모, 코치, 학교가 기대하는 스포츠 역할 등을 배우기 위해서는 경우에 따라서 이전에 배운 내용(작전이나 기술)을 잊어버려야 하는 탈사회화의 과정과 앞으로 다가올 새로운 사회화의 주관자가 무엇을 기대할 것이고 무엇을 탈사회화 해야 할지를 예상하고 미리 준비하는 예기사회화(anticipatory socialization)의 과정을 함께 포함하고 있는 것이다.

(4) 스포츠 참가에 기여하는 요인

① 부모, 형제, 자매, 친구, 교사, 코치 등에 의해 참가한 스포츠는 그들이 어린 시절에 경험한 스포츠 양식에 따라 다르게 나타나고 있지만 매스컴의 발달에 따라 이들의 스포츠 향유가 시대적・대중적 분위기를 따르기도 한다.

② 성인 스포츠에 상관이 있는 요인으로는 부모의 스포츠에 대한 관심, 스포츠 참여에 대한 장려, 청소년기의 공식 스포츠에의 참여, 운동 능력의 자아 인지, 배우자의 스포츠에의 참여 등을 들 수 있다.

사회적 상황에 영향을 주는 스포츠 관련 법

법은 제도 및 정책의 근거로 활용되는 우리 사회의 공식화된 규칙이다. 따라서 어떤 법이 시행되고 있는지에 따라서 스포츠사회화의 환경은 매우 다르게 나타날 수 있다. 스포츠와 관련하여 제정되고 시행되고 있는 법들은 스포츠 참여에 큰 영향을 미친다.

법 (제정년도)	주요 내용
국민체육진흥법 (1962)	• 국민체육진흥하여 국민의 체력을 증진하고, 체육활동으로 국민들의 연대감을 높임 • 공정한 스포츠 정신으로 체육인의 인권을 보호하고 국민의 행복과 자긍심을 높여 건강한 공동체의 실현에 이바지
체육시설의 설치 · 이용에 관한 법률 (1989)	• 체육시설의 설치 · 이용 장려 • 체육시설업의 건전한 발전 도모 • 체육시설에 대한 안전 및 운영에 관련된 사항 명시
학교체육진흥법 (2013)	• 학생의 체육활동 강화 및 학교운동부 육성 • 학교스포츠클럽 및 학교운동부 운영 • 학교 체육시설 설치 및 체육프로그램의 운영 • 학교체육진흥원 및 학교체육진흥위원회의 운영
스포츠기본법 (2021)	• 국민의 스포츠권을 법으로 명시 • 스포츠에 관한 국민의 권리와 국가 및 지방자치단체의 책임을 정함 • 국가스포츠정책위원회의 운영
스포츠클럽법 (2021)	• 스포츠클럽의 지원과 진흥에 필요한 사항을 규정 • 지정스포츠클럽을 통한 우수선수 발굴 및 육성 지원 • 지정스포츠클럽에 대한 행 · 재정적 지원
체육인 복지법 (2021)	• 체육인 복지를 위한 제도적 기반을 마련 • 체육유공자에 대한 지정 및 보상 • 체육인복지서비스지원시스템을 구축 · 운영

4. 스포츠를 통한 사회화

스포츠를 통한 사회화는 기본적으로 스포츠 활동 참가에 의한 결과나 성과로서 스포츠 활동의 경험을 통하여 특정 사회에서의 생존과 성공에 필요한 자질을 습득하는 과정에서 형성되는 가치나 태도 및 행동의 학습에 관한 문제이다.

(1) 스포츠와 태도 형성

① 스포츠 역할의 경험

㉠ 참가의 형태: Kenyon은 스포츠 참가의 형태를 인간의 외면적, 내면적 행동차원과 관련이 있다고 주장하며 참가 내용의 특성에 따라 행동적 참가, 인지적 참가, 정의적 참가로 구분하고 스포츠 참가의 역할에 의해 참가자, 생산자, 소비자로 세분하고 있다.

ⓐ 행동적 참가

- 일차적 참가: 신체 활동을 수단으로 하는 게임이나 스포츠에 참가하는 경기자 자신에 의한 활동을 말한다.

  예 승자, 패자, 주전선수, 후보선수, 슈퍼스타 등
- 이차적 참가: 선수로서의 참가가 아닌 그 이외에 스포츠 생산과 소비과정에 포함되는 참가 형태이다.

생산자	직접 생산자	스포츠 경기에서 선수의 역할은 수행하지는 않지만 게임의 결과에 직접적으로 영향을 미치는 지도자(감독·코치), 조정자(판정자·조정관·심판), 건강 관리원(의사·트레이너·간호사) 등과 같은 역할을 담당하는 사람들이다.
	간접 생산자	실제로 스포츠 상황에 참가는 하지만 그 활동이 경기 결과에 직접적인 영향을 미치지 않는 기업가(구단주·프로모터·스포츠 용품 생산자), 기술요원(방송원·기자·계시원), 서비스요원(경기장 관리원·선전원·경비원) 등과 같은 역할을 담당하는 사람들이다.
소비자	직접 소비자	관중으로, 경기 현장에 입장한 팬은 직접 관람자이다.
	간접 소비자	매스컴이나 대화를 통해 스포츠와 관계를 맺고 있는 팬은 간접 관람자이다.

Leonard의 참가 형태

Leonard는 스포츠 내에서 사회적 지위를 구분하기 위한 참가 형태를 일차적 참가와 이차적 참가로 나누고, 각각 직접 참가와 간접 참가로 세분하였다. 일차적 참가의 직접 참가는 경기자이며, 간접 참가는 경기상황에서 선수 이외의 역할을 담당하는 참가자이다. 이차적 참가는 일차적 참가로 인정되지 않는 여타 활동의 범주에 속하는 사람들로서 직접 참가(간접 생산자)와 간접 참가(소비자)로 나뉜다. 여기서 팬은 일차적 참가자가 형성한 분위기에 직접 참가하는 현장 관중으로부터 대중매체를 통하여 간접적으로 스포츠를 소비하는 신문이나 잡지의 스포츠란 애독자까지를 포함하며 관리자와는 달리 역할에 있어서 인지적, 정의적 차원의 높은 참가 수준을 필요로 한다.

ⓑ 인지적 참가

- 학교, 사회 기관, 매스컴, 대화 등을 통해 스포츠에 관한 정보를 수용함으로써 이루어지는 참가이다.
- 정보에는 스포츠 역사, 규칙, 기술, 전술, 선수, 팀, 경기 전적 등에 관한 지식이 있다.
- 최근 IT의 발전으로 인해 인지적 참가는 폭 넓고 다양한 모습으로 그 범주가 확대되어 가고 있다.
- 스포츠 참가자의 역할에 대한 학습이나 실전도 역할 수행자의 인지적 체계의 특성에 따라 달라지며 개인이 참가하는 스포츠 상황에 따라 달라진다.

ⓒ 정의적 참가

- 실제 스포츠 상황에 참가하지는 않지만 간접적이나마 어떤 특정 선수나 팀 또는 경기상황에 대하여 감정적 태도 성향을 표출하는 참가라 할 수 있다.
- 열광적 스포츠 팬이 이의 좋은 예이다.

참가 내용에 따른 스포츠 참가 유형(Kenyon)

구분	설명	비고
행동적 참가	사람들이 스포츠라는 맥락과 관련된 다양한 지위와 규범을 이행함으로써 스포츠에 실질적으로 참가하는 형태	생활체육 동호인, 선수 감독, 심판, 해설자
인지적 참가	스포츠 활동에 대한 정보를 얻는 것. 스포츠와 관련된 사건이나 운동선수의 생활, 그리고 팀이나 개인의 기록 등을 학교, 사회기관, 미디어를 통해 획득하는 형태	스포츠 정보 검색
정의적 참가	실제 스포츠 상황에 참가하지는 않지만 간접적으로 특정 선수나 팀 또는 경기상황에 대해 감성적 성향을 표출하는 행동	사인볼 수집 특정 스포츠 물품 애착 댓글/SNS커뮤니티 활동

ⓛ **참가의 정도와 유형**: 참가의 빈도, 기간, 강도의 배합 정도는 특정 스포츠 상황에 대한 각 개인의 개별적 참가 정도의 지표로 간주될 수 있다. 따라서 모든 사람이 동일한 정도의 빈도, 기간, 강도를 가지고 스포츠에 참가하지 않기 때문에 스포츠 참가의 유형 또한 다양하게 달라진다.

참가의 정도	
빈도	참가 빈도는 특정 개인이 스포츠 활동에 직접 참가하고 있는 횟수를 의미하며 일반적으로 스포츠 활동에 얼마나 자주 참가하고 있는가를 주·월 단위로 파악함으로써 측정이 가능하다.
기간	참가 기간은 특정 개인이 스포츠 활동에 참가한 시기와 경과 정도를 나타내며 특정 종목의 스포츠 활동에 얼마나 오랫동안 참가하였는가를 조사하는 것으로 측정할 수 있다.
강도	특정 개인이 스포츠에 직접참가, 개입 또는 몰입하는 정도로 정의되며, 스포츠 참가의 역할이나 지위를 알아보거나 일회 스포츠 활동에 소비하는 시간 또는 참가한 경험이 있는 종목의 수를 알아보는 것으로 측정할 수 있다.

<table>
<tr><th colspan="3">참가의 유형(참가정도에 따른 스포츠 참가 유형, Kenyon & Schutz)</th></tr>
<tr><td colspan="2">일상적 참가</td><td>스포츠 활동에 정규적으로 참가하고 활동이 개인의 생활과 잘 조화를 이루고 있는 상태이다.</td></tr>
<tr><td colspan="2">주기적 참가</td><td>일정 간격을 유지하면서 스포츠에 지속적으로 참가하는 상태이다.</td></tr>
<tr><td rowspan="2">일탈적 참가</td><td>일차적 일탈 참가</td><td>일반적으로 중년층에서 대표적으로 나타나는 현상으로서 자신의 직업을 등한시하거나 포기하고 골프나 테니스와 같은 스포츠 활동 참가에 모든 시간을 소비하는 상태이다.</td></tr>
<tr><td>이차적 일탈 참가</td><td>단순히 기분 전환을 위한 스포츠관람의 차원을 넘어 경기 결과에 거액의 내기를 걸고 도박을 할 정도로 스포츠 관람을 탐닉하는 상태를 의미한다.</td></tr>
<tr><td colspan="2">참가 중단 또는 비참가</td><td>일탈적 참가와는 달리 스포츠에의 모든 참가를 혐오하며 스포츠 역할에 전혀 참가하지 않거나 과거 스포츠 활동에 참가했더라도 기회의 제한, 관심의 부족, 스포츠로 인한 불쾌한 경험 때문에 현재는 참가하지 않고 있는 상태를 말한다.</td></tr>
</table>

ⓒ 참가의 수준: 스포츠 참가의 수준은 조직적 스포츠 참가와 비조직적 스포츠 참가로 나눌 수 있다. 이 두 가지 참가의 특징은 스포츠 자체의 활동범위와 조직의 복잡성에 따라 구분된다. 조직적 스포츠 참가자는 경기에 있어 가장 중요한 요소로서 기능과 승리를 강조하는 반면 비조직적 스포츠의 참가자들은 공정성을 강조한다.

참가의 수준	
조직적 스포츠 참가	조직적 스포츠는 역할학습이나 수행결과에 초점을 두고 스포츠 경험을 제공하는 구조적으로 안정된 활동이다. 조직적 게임의 참가자는 활동 그 자체 및 개인적 관련성에 흥미를 기본적으로 갖지만 보다 중요한 것은 경기결과와 개인 및 팀의 효율성에 보다 큰 관심을 갖는다(Coakley).
비조직적 스포츠 참가	비조직적 스포츠는 활동 자체에 만족을 얻기 위한 자율적인 활동으로서 구성원들의 참가도는 자유의사, 시간, 시설, 장소, 경제적 여유 등에 따라 달라지며 무엇보다도 구성원의 상호작용을 강조한다.

Coakley는 조직적 스포츠와 비조직적 스포츠의 결정적 차이점은 성원 결합의 안정성 여부에 있는데 비조직적 스포츠가 불안정한 반면 조직적 스포츠는 구조적 조직체와 관료적 제도하에서 선수, 지도자, 시설, 재정 등을 충분히 확보하고 각 구성원의 역할분화를 강조하면서 개인 간의 상호작용을 상대적 하위개념으로 설정하여 비교적 지속적이며 안정된 체제를 구축한다고 주장하였다.

스포츠 역할의 사회화 역할 점유자가 특정 역할로 사회화되기 위한 4단계의 경험(Thorton & Nardi)	
예상의 단계	• 역할에 대한 열망 속에서 아직도 확실한 지위나 역할은 부여되어 있지 않으나 고정관념에 의한 역할 기대를 갖는 단계이다. • 현실의 불완전한 개념 형성의 단계로서 단지 표면적으로 뚜렷이 나타나는 일부분만을 알거나 인식한다. • 예를 들어, 프로선수의 역할에 대하여 어린이나 청소년은 직업의 불안정성, 과로, 부상, 타의에 의한 은퇴, 선수 생활의 단명 등은 거의 인식하지 못한다.
공식적 단계	• 개인이 일정 사회적 역할을 담당하고 지위를 점유하게 되며 정선수, 후보선수, 주장 등으로 참가하면서 자신의 능력과 행동에 관련되는 공식적이고 형식적인 기대를 경험하게 되는 단계이다. • 중요타자와 역할 수행자 간에 일치의 정도가 높아 스포츠 역할에 동조하게 되는 것이 특징이다.
비공식적 단계	• 각 개인 간의 상호 작용을 통해 전이되는 역할의 태도적, 인지적 특성이 포함되는 비공식적 또는 비형식적 기대가 존재하는 단계이다. • 직업선수가 경험하는 이러한 학습의 대부분은 식당, 숙소, 탈의실 같은 경기장 이외의 선수들이 모이는 장소에서 주로 발생한다. • 각 개인은 자신의 과거 경험과 미래의 목표에 적합한 역할을 생각하기 시작하고 자기 형편에 걸맞는 역할을 수행하기 시작한다.
개인적인 단계	• 자기 나름대로 역할에 관한 경험이나 자신의 역할에 대한 기대를 스스로 부가할 수도 있다. 따라서 이 단계에서는 그들 자신의 성격 특성에 따라 자신의 역할 기대와 개념을 수정할 줄도 알게 된다. • 자신에 대한 타인의 기대감에 영향력을 행사할 수 있게 되며 역할과 자신의 정체감을 일치시키게 된다.

스포츠 참가 동기에 영향을 주는 세 가지 요인(Wohl & Pudelkiewicz).
1. 사회 · 경제적 지위 2. 다양한 사회화 주관자의 권위와 위광 3. 참가 기회의 인지적 구조

② 스포츠와 가치

㉠ 가치의 반영 및 전달 체계로서의 스포츠

ⓐ 스포츠가 사회적 상황, 신념, 규범, 가치, 태도, 심미감, 인지적 경험 등을 내면화시킴으로써 전체 사회의 지배적 가치를 전달하는 사회제도의 역할을 한다.

ⓑ 스포츠 경기는 성공 · 경쟁 등을 통하여 일상생활에 적합한 가치와 태도를 학습시켜 전체 사회의 정치 · 사회 · 문화적 가치체계를 상징적으로 표현하는 역할을 수행하는 사회문화적 제도이다.

ⓒ 스포츠는 모든 사람에게 실제의 현실 사회가 어떤 것이라는 존재 의의를 용이하게 이해할 수 있도록 사회를 조명해 줄 뿐만 아니라, 각 개인에게 역할 및 과업을 요구하고 또한 허용된 제도적 한계 내에서 목표를 향한 노력이 가능하다는 점에서 전체 사회의 지배적 가치를 반영하고 전달해 주는 축소판이라고 할 수 있다(Ulrich).

㉡ 스포츠와 가치의 사회화

ⓐ 사회화란 한 개인이 특정 사회체계에 참여하여 그 사회체계가 공유하고 있는 지배적인 가치, 태도, 규범 등을 학습하고 내면화함으로써 인성을 발달시켜 나아가는 과정이다.

ⓑ 스포츠는 일반사회의 적절한 가치, 태도, 규범, 행동양식을 명시적 또는 묵시적인 방법을 통하여 일상생활의 맥락 속으로 유도하는 가장 효율적인 사회제도라 할 수 있다.

ⓒ 일반적으로 가치란 특정상황의 규범적 기대를 반영하고 있는 것으로서 바람직한 것에 대한 사회적 평가기준이라고 정의할 수 있다(Snyder & Spreitzer).

ⓓ 현대사회에서 스포츠는 복잡하고 다원화되어 있는 사회의 가치를 전체 사회 구성원에게 효율적으로 전달하는 유형화된 제도로서 발전하여 왔다.

ⓔ 학교에서 스포츠가 정당화되고 조직화된 놀이체계로서 발전할 수 있었던 것은 스포츠가 전체 사회의 가치를 전달하는 사회화 기능을 수행하는 잠재력을 지니고 있기 때문이다.

ⓕ Webb은 현대 사회의 기본이 되는 지배 이념으로서 공정, 기능, 승리의 세 가치를 제시하면서 스포츠와 경제 구조는 기본적으로 일반 사회와 공통된 주요 가치를 공유하고 있을 뿐만 아니라, 이에 더하여 스포츠 경험은 성인의 경제・정치 참여에 필요 불가결한 요소인 적절한 태도와 신념을 제공해 주는 가치 있는 역할을 담당한다고 주장하였다.

ⓖ 현대사회에 있어서 스포츠는 특정 사회 내의 확신적 가치를 그대로 표현하는 수단을 제공해 줌으로써 사회구성원으로 하여금 일반 사회제도의 복잡하고도 역동적인 기능을 용이하게 이해할 수 있도록 학습의 도움을 주며 더 나아가 현대사회의 급속한 사회 변동에 능동적으로 대처할 수 있는 사회적 경험과 훈련의 기회를 제공해 주고 있다.

③ 스포츠와 태도

㉠ 태도의 개념

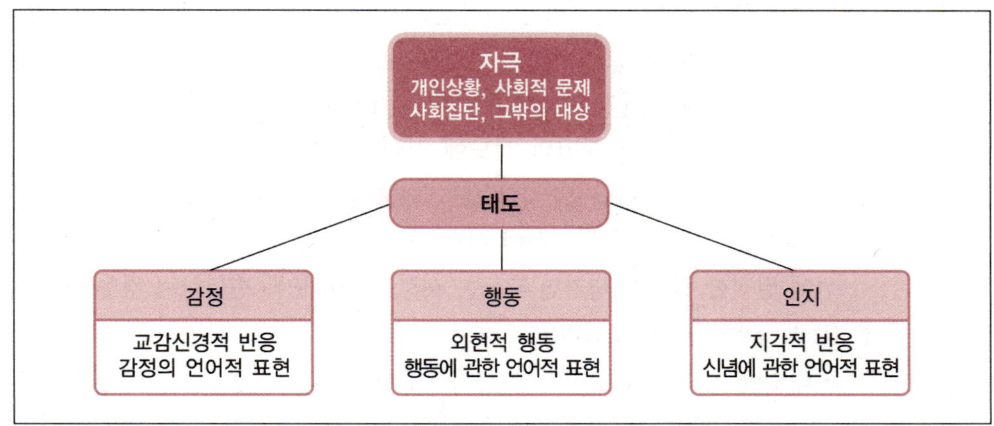

태도의 구성요소(Rosenberg & Hovland)

ⓐ 태도는 그 구성내용에 따라 인지적 요소, 정의적 요소, 행동적 요소의 3가지 측면을 갖는다.

ⓑ 태도란 경험을 통해서 형성되는 대상에 대한 마음가짐이며 개인의 사고와 행동을 결정하는 경향성이라고 할 수 있다.

ⓒ 개인의 행동에 대하여 지시적 역동적 영향을 미치는 태도는 감정, 인지, 행동의 세 가지 요소로 구성되어 있어 직접적으로 관찰할 수는 없지만 언어적 표현이나 외면적 행동을 통하여 간접적으로 추정할 수 있는 가설적 구성개념이라고 할 수 있다.

㉡ 태도변화의 이론

ⓐ Heider의 균형이론

- 인간의 심리적 세계에서 생긴 불균형이 내적 긴장을 유발하고 새로운 균형으로 회복된다는 이론이다.
- 타인에 대한 긍정적 혹은 부정적 감정을 갖고 있는 태도의 대상에 대한 감정의 균형을 유지하려는 성향을 말한다.
- Heider는 POX 모델을 이용하여 균형상태와 불균형상태를 설명하고 있는데, 특정인(P)과 타인에 대한 특정인의 인식(O) 그리고 어떤 대상(X) 간의 관계가 균형을 유지하느냐의 여부에 따라 태도의 변화가 생긴다고 주장한다.

ⓑ Newcomb의 ABX이론

- 어떤 사람(A)의 대상(X)에 대한 태도는 타인(B)의 대상(X)에 대한 태도에 의해 영향을 받아 ABX가 비대칭인 경우는 긴장을 일으키며 그것을 대칭상태로 바꾸려는 의사전달 작용이 발생하여 태도변화가 일어난다고 설명하고 있다.

- 스포츠에 대한 태도에 있어서 A는 승리지향주의이고 B는 레크리에이션 지향주의라는 서로 다른 스포츠에 대한 지향성을 가질 경우 이들 사이가 원만하게 어울리려면 대칭상태로 바꾸려는 의사전달과 어느 한쪽의 가치관이나 태도의 변화가 필요하다는 것이다.
- 대칭으로 향한 긴장은 A와 B 사이의 태도의 상위지각 정도, 의사전달, 대상(X)의 중요성, A와 B의 개입의 정도에 따라 달라진다고 가정하였다.

ⓒ Osgood & Tannenbaum의 적합이론: 태도변화의 방향과 강도에 대한 균형을 설명하는 것으로서 두 대상에 대하여 서로 다른 태도가 형성되어 있는 경우에도 이들 대상 간에 밀접한 관계가 생기면 태도는 서로 적합하도록 변화하는 경향이 있다는 것이다.

ⓓ Festinger의 인지부조화이론

- 태도란 사람들의 조직적인 심리구조의 일부를 이루고 있는 것인데 사람들은 이 구조를 유지하는 과정에서 부조화를 기피하고 조화를 추구한다는 것이다.
- 태도는 외관적인 행동과의 일관성을 유지하기 위하여 변화될 것이라는 것이다.
- 예를 들면, 프로야구 팬은 자기가 좋아하는 팀의 승패에 따라 자신의 심적 상태가 좋아지기도 하고 나빠지기도 하는데, 승리하였을 경우에는 라디오, TV, 신문 등에서 여러 가지 정보를 얻음으로써 외적인 조화를 추구하는 반면, 패하였을 경우에는 가능한 모든 정보를 기피함으로써 내적 부조화를 극복하려는 경향이 있다는 것이다.

㉢ 스포츠를 통한 태도 형성의 기제

ⓐ 태도 형성의 원리(Allport): 통합, 분화, 외상경험(trauma), 모방

ⓑ 태도 형성의 요인(Krech & Crutchfield & Ballachey): 욕구, 정보에의 접촉, 집단, 퍼스낼리티

ⓒ Kelmen은 태도 변화의 과정을 동의, 동일시, 내면화로 설명하고 있다.

- 동의는 영향자의 긍정적, 부정적 강화로 인하여 일어난다.
- 동일시는 영향자와의 만족스러운 관계를 통하여 일어난다.
- 내면화는 자기 가치와 일치함으로써 일어난다.

스포츠를 통한 태도 형성의 6가지 요인(松田)	
방어 기제의 약화	• 어느 대상에 대한 일관된 태도는 자아의 안정이 지속적으로 지켜지는 것을 뜻하며 외부로부터 자아의 안정에 대한 자극을 받을 경우에는 여러 가지 방어기제가 무의식적으로 강화된다. • 스포츠 장면은 활동 그 자체에 목적이 있고, 기분전환의 기능이 있으며, 레크리에이션으로서의 역할을 지니기 때문에 스포츠 활동을 통하여 일상생활에서의 긴장으로부터 해방되어 인간관계가 원만해지고 명랑한 분위기가 조성되어 자아의 방어기제가 약화되므로 태도 변화의 가능성이 높아진다.

모방	• 부모, 교사, 코치, 동료선수 등의 태도를 의식적 혹은 무의식적으로 모방할 수 있다. • 의식적 모방은 우수한 선수들의 기능이나 행동을 흉내 내거나 존경하는 지도자의 태도나 행동을 의도적으로 모방하여 자신 속으로 내면화하는 경우이다. • 무의식적 모방은 부모, 교사, 코치 등이 자신에게 기대하고 있는 태도나 행동 등을 무의식적으로 수용하는 경우와 자신의 결점이나 약점을 보완하기 위하여 자신보다 뛰어난 선수나 코치의 태도, 행동을 자신의 것과 동일시하여 무의식적으로 모방하는 경우이다.
입장의 전환	• 자신이 처한 입장이 변하게 되어 태도가 형성되고 변화될 수 있다. • 일반적으로 우리들의 행동에는 자기중심적 입장과 상대방을 초월한 집단적 입장 등을 지니게 되는데 보통 자기 자신의 입장에서 생각하게 된다. • 스포츠 상황에서는 자신과 상대방의 공통되는 입장이나 집단의 입장이 강조되므로 자기중심의 입장에서 사고하는 것이 습관화된 사람은 태도의 전환을 강요받게 되어서 상대방과 공통된 입장에서 혹은 집단의 차원에서 생각하고 행동하는 태도가 형성되거나 그러한 방향으로 변화할 수 있다.
조건에의 부합	• 태도는 다양한 경험의 반복에 의하여 고정화되거나 강한 정서적 경험을 통하여 형성되어질 수 있다. • 운동경기 시 실패한 경험이 많은 사람은 운동 경기 수행에 대한 불안이나 긴장을 강하게 나타낼 수 있으며, 수영하다 익사위험을 경험한 사람은 수영에 대하여 불안을 느끼게 될 것이다. 따라서 이를 극복하기 위해 노력하거나 포기하는 태도를 취하게 된다.
동조 행동	• 스포츠 집단에는 전통이나 관습 등 집단으로서의 행동규범이 존재하는데 선수는 이러한 행동규범에 동조하는 경향이 생겨 집단적 태도가 형성되고 행동 규범이 습관화될 수 있다. • 만약 규범에서 이탈된 행동을 하게 되면 동료들은 그의 행동 규범이 자신의 규범을 위협하는 것이 되기 때문에 동료들은 그의 행동규범에 자기의 행동규범을 일치시키려 하거나 반대로 배척하려 할 것이다. 이와 같이 구체적인 압력이 작용하지 않더라도 강한 사회적 압력을 느껴 동료들의 행동에 보조를 맞추어 행동이 이루어질 수 있다.
역할 행동	• 사람은 자기가 소속하고 있는 집단이 기대하는 행동을 취하는 경향이 있으며 집단 내에서의 지위와 역할이 변함에 따라 그에 상응하는 태도나 행동을 취하는 경향이 있다. • 예를 들면, 운동기능이 뛰어나지 못하여 팀의 활동에 소극적인 태도를 지녔던 사람이 운동 기능이 향상된 뒤에는 팀의 활동에 적극적으로 나서고 지도적인 태도를 취하는 경우가 역할행동에 의한 태도의 변화로 볼 수 있다.

(2) 스포츠 사회화와 경기 성향

① 공정(fairness), 기능(skill), 승리(victory)

스포츠에 참가하는 개인의 경기에 대한 가치 성향은 공정(fair play)을 강조하는 성향과 기능(skill) 및 승리(victory)를 강조하는 성향으로 구분된다(Webb).

㉠ 공정(fair play) 성향

ⓐ 경쟁적 활동으로서의 스포츠가 성립되기 위한 기본적 조건이며 스포츠맨십과 공평을 최고의 가치로 수용하는 참가자의 태도를 말한다.

ⓑ 페어플레이는 어떠한 희생을 무릅쓰고서라도 승리를 쟁취하여야 한다는 사고방식에 대한 단호한 거부이다.

ⓒ 페어플레이는 성문화된 규칙뿐만 아니라 불문율적인 관습까지도 엄정하게 지켜야 함을 의미한다. 나아가 이는 순수한 스포츠의 본질이며 경기의 결과를 초월하여 경기를 행하는 가치의 표출인 것이다. 즉, 페어플레이는 스포츠 참가자의 책임과 의무를 전제한 평등하고 공정한 처사이다.

ⓓ 페어플레이는 스포츠맨십의 구성요소로서 정정당당하게 경기하는 태도를 의미하여 승리를 위한 비겁한 행위나 책략을 배격함으로써 상대방에게 유감없이 자신의 실력을 발휘하여 후회 없이 경쟁한다는 가치태도의 체계를 포함한다.

ⓔ 공정과 규칙의 준수를 본질로 하는 페어플레이 정신을 강조하는 참가자의 가치 태도를 아마추어리즘이라 하며 이를 놀이성향(play orientation)이라고 규정하기도 한다.

ⓛ 기능(skill) 성향

ⓐ 기능은 스포츠 참가의 목적 그 자체뿐만 아니라 목적에 대한 수단으로도 여겨지는 이중적 특성이 있다.

ⓑ 공정성 측면에서 기능의 발휘는 목적 그 자체가 되며 이는 경쟁에 있어 수단이 되는 과정을 결과보다도 중시하는 입장이다. 이러한 경쟁의 과정은 능력을 최대로 발휘하고 공정하게 경쟁하는 것이며 경쟁의 결과보다 과정에 더 가치를 두는 것을 의미한다.

ⓒ 승리(victory) 성향

ⓐ 스포츠 활동은 과정보다 경쟁의 산물인 승리 또는 성공의 획득이 한층 더 중요시될 수 있다. 이 경우 숙련된 개인의 능력이나 자질은 성공을 위한 필수 요소가 되며 이는 경쟁적 산물의 일부로서 목적을 위한 수단이 된다.

ⓑ Edwards는 현대 스포츠의 주요 가치지향은 경쟁을 통한 승리와 성공이며 참가자의 주요 관심사 또한 승리라고 주장하였다.

ⓒ 현대사회에 있어서 일상생활이나 스포츠 장면에서의 승리는 매우 중요한 공통적 가치이다. 승리는 경쟁의 본질이며 궁극적 가치로 인식될 뿐만 아니라, 성공에 대한 판정의 기준이 된다.

ⓓ 스포츠에 있어 페어플레이나 스포츠맨십보다는 승리나 성공을 중요한 가치로 수용하는 참가자의 태도를 승리주의 또는 프로페셔널리즘이라 하며 이를 전문 성향(professional orientation)이라고도 한다.

스포츠맨십	스포츠를 하는 사람들이 지켜야 하는 규칙과 태도를 의미하며, 스포츠의 바람직한 이상형을 언급한 윤리 강령이다. 스포츠맨십의 특징은 용기와 도전, 성실과 인내, 예의이다.
페어플레이	정정당당하고 깨끗하게 경기에 임함으로써 승리에 대한 집착보다는 상대방에 대한 배려를 앞세우는 것을 말한다. 이것을 강조하는 참가자의 가치태도를 아마추어리즘이라 하며, 이를 놀이성향이라고 한다.
아마추어리즘	상업적 영리를 목적으로 경기를 하는 것이 아니라, 즐기면서 순수하게 스포츠를 애호하는 정신 자세를 강조하는 태도이다.

② 참가 지향과 업적 지향

㉠ 참가 지향적 성향

ⓐ 스포츠가 지니고 있는 본래의 가치를 추구하고 공명정대하게 경기하는 참가자의 태도를 의미한다. 즉, 순수한 참가동기에 의해서 스포츠를 즐기고 상대방과 정정당당하게 경쟁하며 경쟁의 결과로서 얻어지는 물질적 · 경제적 이익이나 보수보다는 참가 자체에 의미를 부여하는 것이다.

ⓑ 이는 쿠베르탱이 경기에 있어서 중요한 것은 승리하는 데 있는 것이 아니라 참가하는 데 있으며 인생에 있어서 소중한 것은 성공하는 데 있는 것이 아니라 최선을 다하는 데 있다고 주장한 올림픽 선언에 잘 표현되어 있다.

㉡ 업적 지향적 성향

ⓐ 현대의 스포츠 활동은 개인의 공정성과 스포츠의 규칙을 통한 사회규범의 습득 이상으로 승리 지향적인 성공을 강조한다. 즉, 스포츠 참가에 있어서 자신의 탁월성과 기량을 최고로 발휘하여 승리를 쟁취하려는 성취성향이 강하다.

ⓑ 성공을 목표한 동기에 의하여 이루어지는 개인의 스포츠 참가는 상대방과의 경쟁에서 탁월성을 발휘함으로써 궁극적으로 승리를 추구하려는 성취 지향적 성향을 보이게 된다.

③ 아마추어리즘과 프로페셔널리즘

㉠ 아마추어리즘

ⓐ 경기 자체에서 파생되는 즐거움과 자극을 수용하면서 경기에 참가하는 스포츠를 아마추어라 한다.

ⓑ 아마추어 성향은 스포츠 참가자가 개인의 즐거움을 위해서 경기 활동에 참가하는 가치성향으로서 사회적 상호작용, 심신의 건전한 발달, 자기표현 등을 추구하려는 태도이다. 이때 즐거움을 위하여 참가한다는 것은 내적, 자기목적적이며 자발적인 동기에서 계기된다. 이와 같은 가치는 스포츠에 있어서 외적 보상을 기대하지 않고 행위 그 자체를 애호하는 내적 측면을 의미한다.

㉡ 프로페셔널리즘

ⓐ 경기에 참가함으로써 대중의 관심을 끌려 하거나 또 다른 이익(금전, 보수)을 추구하는 스포츠를 프로페셔널이라 한다.

ⓑ 조직적이고 수준 높은 스포츠 참가는 흥미, 사회적 상호작용, 자기표현과 같은 내적 성향을 약화시키고 재화나 외적 보상을 위한 승리의 욕구와 같은 외적 성향인 전문 지향적 성향을 강화시킨다.

스포츠에 내재되어 있는 가치성향(Webb)

구분	공정을 강조하는 성향	기능 및 승리를 강조하는 성향
특징 및 의미	• 스포츠맨십(sportsmanship)과 공평을 최고의 가치로 수용 • 페어플레이 강조 • 현대사회에서 성문화된 규칙뿐만 아니라 불문율적인 관습(mores)까지도 잘 준수해야 함	• 경쟁의 산물인 승리 또는 성공의 획득을 중시 • 숙련된 개인의 능력이나 자질 강조 • 승리=경쟁의 본질=궁극적 가치=성공에 대한 판정의 기준 • 현대사회에서 일상생활이나 스포츠 장면에서의 승리는 공통된 가치임을 강조
참가자 가치 태도	• 아마추어리즘(amateurism) • 놀이성향(Play orientation)	• 프로페셔널리즘(professionalism) • 전문성향(professional orientation)

(3) 스포츠를 통한 사회화에 있어서 전이의 일반적 특성

Snyder에 의하면 스포츠 활동과 같은 특수한 맥락이나 상황에서 학습된 태도나 행동은 가정생활이나 업무와 같은 일상적 상황으로는 전이되지 않는다고 주장하고 있다. 그리고 행동의 전이는 단지 환경이 유사할 경우에 한해서 일어난다고 결론짓고 있다. 그리하여 인간은 사회적 영향을 자동적으로 수용하지 않기 때문에 사회화 경험에는 다음과 같은 결정적인 다섯 가지 변인이 작용한다는 사실을 제시하였다.

① 참여의 정도

㉠ 참여의 정도, 즉 빈도, 강도, 지속성 등이 결정적이다.

㉡ 조직적인 스포츠 팀의 주장이나 선수와 정과 체육 시간에 스포츠에 참여하는 학생과는 그 참여 정도의 차이가 전이의 차이를 가져온다고 할 수 있다.

㉢ 상이한 참가에 대한 구속력이 다양하기 때문에 역할의 특수성이나 전이성은 참여의 정도에 따라 다르게 영향을 받을 것이 예상된다.

② 참여의 자발성 여부

㉠ 참여가 자발적인 경우가 비자발적인 경우보다 크게 전이된다.

㉡ 자유 의지에 의한 선택이 일반 역할의 학습에 의의가 있는 것으로 평가되나 사회심리학의 일각에서는 강제적 추종도 유익한 결과를 가져온다는 논란이 제기되고 있다.

③ 사회화 관계의 본질성

㉠ 사회적 상호작용의 인간관계가 수단적이냐 표현적이냐에 따라 사회화의 결과가 상이해진다.

㉡ 수단적 관계는 감정의 유대감 없이 이루어지기 때문에 스포츠가 수단 그 자체가 된다. 하지만 스포츠 참가를 통하여 인간관계가 형성되었을 때 그 사람을 존경하고 이해하는 태도를 갖게 된다면 인간관계의 본질인 목적성을 갖게 된다.

④ 사회화의 위신과 위력

사회화에 있어서 위광과 위력 그리고 영향력이 있는 사람은 그렇지 못한 사람보다 사회화에 한층 더 큰 영향을 미치게 된다.

⑤ 참가의 개인적 또는 사회적 특성

㉠ 스포츠에 있어서는 참가자의 기능이 중요할 뿐만 아니라, 그에 못지않게 기능의 인지 역시 중요하다.

㉡ 자아인지는 현재와 미래행동의 동인이 되기 때문에 각자가 기능의 정의를 어떻게 내리느냐의 문제는 각자의 실제 기능 수준 못지않게 중요하다.

㉢ 참가자의 사회적 특성 즉, 그들의 사회계층, 인종, 그리고 출신성분, 민족성은 현재의 참가와 미래의 역할전이에 대한 적응에 깊이 관여하고 있다.

스포츠 옹호론자들은 스포츠 참가를 통해 내면화되는 여러 가지 이익들이 일상생활에 전이됨을 강조하면서 스포츠 참가의 중요성을 대변해 왔다. 그러나 Snyder는 인간은 사회적 영향을 수동적으로 수용하지 않기 때문에 스포츠 활동과 같은 특수한 맥락에서 학습된 태도나 가치는 일상적으로는 전이되지 않으며, 스포츠를 통한 사회화의 전이는 다음의 5가지 변인에 의해 좌우됨을 피력하였다.

1. 참여의 정도, 즉 빈도・기간・강도 등이 결정한다. 운동선수는 일반인에 비해 참여 정도가 강하기 때문에 스포츠를 통한 사회화의 전이가 많이 발생한다.
2. 참가의 자발성이다(자발적 VS 비자발적). 일반적으로 자발적인 스포츠 참가가 스포츠 활동을 통해 습득한 가치 및 행동양식을 일상생활로 전이하는 데 효과적으로 평가되고 있다.
3. 스포츠 조직 내의 사회적 관계이다(표현적 관계 VS 수단적 관계). 프로팀과 스포츠 동호인집단의 인간관계는 많은 차이가 있다. 스포츠 조직 내의 사회적 관계가 금전적 보상과 같은 외적 보상체계를 우선되는 집단과 자아실현 및 자기성취에 기초한 내적 보상체계가 중요한 스포츠의 사회적 관계에 따라 스포츠사회화의 내용은 많은 차이가 있다.
4. 사회화 주관자의 위신과 위력이다. 사회화에 있어서 위신과 영향력 있는 사람은 그렇지 못한 사람보다 사회화에 더 큰 영향을 미친다.
5. 참가자의 개인적 및 사회적 특성이다. 개인적 특성은 개인의 성향, 태도 같은 심리적 요인을 말하며 사회적 특성은 성, 연령, 인종, 사회계층, 주거지역 등의 요인을 말한다. 이는 스포츠로의 사회화뿐 아니라 스포츠를 통한 사회화에도 직접적인 영향을 미친다.

5. 스포츠로부터의 탈사회화

스포츠에 참가하여 활동을 지속해 오던 개인이 스포츠에 대한 흥미나 의미 상실, 부상 및 여러 가지 개인 사정, 그리고 은퇴 등으로 인해 자의 또는 타의로 더 이상 스포츠 참가를 지속할 수 없는 상황에 직면하면 스포츠 참가를 중단하게 되는데 이를 스포츠로부터의 탈사회화라 한다.

(1) 운동선수의 탈사회화

① 생의 주기 가운데 특정 단계에 이르면, 즉 나이가 들면 스포츠에 참가하던 개인은 필연적으로 경쟁적 운동경기에서 이탈하게 되는데 이를 탈사회화라 한다.

② 대부분의 운동선수에 있어 스포츠로부터의 탈락은 큰 부상이나 팀으로부터의 해임과 같이 예기치 않게 갑자기 그리고 본의 아니게 일어난다. 자의건 타의건 스포츠로부터의 이탈은 전 연령층에 걸쳐 일어나며 그 이유도 다양하다.

③ 이와 같은 스포츠 활동으로부터의 전환에 따른 반응이나 현실생활에의 적응은 이탈이 임의적이고 계획적이어서 새로운 분야의 활동 기회에 대한 만족이나 기대감을 갖게 되는 경우로부터 과정이 타의적이고 예기치 않게 갑자기 일어나서 심리적 스트레스나 적응문제의 애로를 겪게 되는 경우 등 폭 넓게 일어난다.

④ 여러 상황 하에서 스포츠 활동으로부터 이탈하여 타 분야 활동에 적응하려면 다음과 같은 사회 인구학적 요인에 영향을 받아 이루어진다(McPherson, Curtis & Loy).

㉠ **환경 변인**: 성, 연령, 계층 및 교육 정도

㉡ **취업 변인**: 채용 가능한 잠재적 노동력 보유 여부에 의한 스포츠 이외의 취업 기회

㉢ **정서 변인**: 스포츠가 개인의 자아정체 중심부에서 차지한 정도

㉣ **역할 사회화 변인**: 스포츠 이외의 선택 가능한 타 역할에 대한 사전계획이나 사회화의 정도

㉤ **인간관계 변인**: 스포츠로부터 탈사회화하는 데 대한 가족이나 친우로부터의 지원체계

(2) 프로선수의 은퇴

① 강제은퇴의 부담을 안고 있는 프로선수는 통상 새로운 생활양식, 새 이미지나 정체의식, 새로운 사회적 정체감 및 경제적 지위의 상실 가능성 등과 같은 신변 문제를 극복할 수 있는 일반사회로의 복귀를 위한 적응 기간을 필요로 한다.

② 대부분의 프로선수는 종국에 가서 새로운 상황에 적응하고 자신의 교육 수준이나 능력 수준에 걸맞는 직업에 순응하게 된다.

③ 대부분의 프로선수는 은퇴한 다음 정상적인 성인생활로 복귀하기를 원한다. 왜냐하면 선수 자신은 빈번한 여행, 중압감, 고독감, 좌절감 등으로 선수생활에 만족을 느끼지 못하기 때문에 은퇴하여 평상 생활의 영위를 갈망하기 때문이다(McPherson, Curtis, & Loy).

(3) 스포츠에서의 탈사회화

스포츠에서의 탈사회화(스포츠로부터의 탈사회화)란 스포츠 참가 중지로 인해 더 이상 스포츠 사회화가 이루어지지 않는 상태를 뜻한다. 이러한 스포츠 참가 중지는 비조직적 스포츠와 조직적 스포츠에 따라 상이한 양상을 보이고 있다.

① 비조직적 스포츠에서의 탈사회화

㉠ 일반 대중의 경우, 신체적 한계를 비롯하여 여러 가지 스포츠로의 제약 요소에 의해 스포츠에 참가할 수 없는 경우를 제외하고는 스포츠로부터의 탈사회화를 명확히 규정하는 것은 쉽지 않다.

ⓛ 스포츠로부터의 탈사회화에 관여하는 제약적인 요소는 스포츠가 여가선용의 한 수단이 된다는 차원에서 여가제약(leisure constraints)의 맥락에서 이해할 필요가 있다. 여가제약에 대한 이론적 모형은 학자마다 약간의 차이를 보이고 있으나, 통상적으로 여가활동을 제한하는 힘으로 정의된다(Jackson).

ⓒ 여가제약은 여가의 참여와 즐거움을 억제 또는 방해하는 것으로 연구자들이 가정하거나 개인들이 지각하는 요인으로 볼 수 있다. 이와 관련하여 Crawford & Godbey는 여가제약의 구성요소로 대인적 제약, 내재적 제약, 구조적 제약으로 설명하면서, 여가 제약은 여가에 대한 참여나 즐거움을 방해하는 요인으로 여가 중단과 밀접한 관련이 있음을 지적하였다. 그래서 Crawford & Godbey는 여가활동에 지속적으로 참여하기 위해서는 여가 제약을 어떻게 해결하느냐가 중대한 쟁점임을 강조하였다.

ⓐ '대인적 제약'은 사람들 간의 이해관계나 상호작용의 결과를 의미한다. 특정 여가활동에 대한 공동의 선호에 영향을 미치는 인간 상호 간의 산물, 혹은 가족 및 배우자 간의 상호작용 결과에서 비롯되는 제약을 포함한다.

ⓑ '내재적 제약'은 여가선호와 상호작용하는 개인의 심리상태들과 태도를 포함한다. 스트레스, 우울, 불안, 탈진, 자신의 능력에 대한 지각, 다양한 여가활동에 대한 이용성과 적절성에 대한 주관적 평가이다.

ⓒ '구조적 제약'은 재정적 자원, 시간과 기회의 문제, 서비스 문제, 계절, 기후 등의 환경적 · 구조적 상황에 따른 제약을 의미한다. 이러한 구조적 제약은 개인의 사회적 특권, 계층이나 사회 경제적 지위와 높은 연관이 있다. 따라서 스포츠로부터의 탈사회화에 있어 구조적 제약은 중요한 원인으로 작용한다.

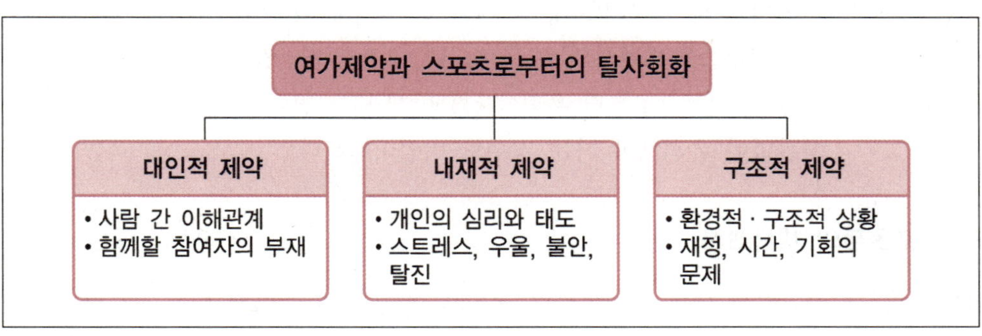

② 조직적 스포츠에서의 탈사회화

조직적 스포츠에 참여하는 전문 운동선수의 경우는 사회적 지위, 즉 신분과 관련되어 탈사회화가 발생한다. 반면 대중들의 탈사회화는 여가활동의 일시적 중단의 의미가 강하다. 전문 운동선수의 스포츠로부터의 탈사회화는 대개 운동선수들이 그들의 정체성을 재정의함에 따라 발생하며, 비자발적 은퇴와 자발적 은퇴로 나뉜다.

㉠ 자발적 은퇴

ⓐ 자발적 은퇴란 본인의 자발적 의사에 의해 결정되는 은퇴를 말하는데, 이는 운동선수의 교육 수준, 현재와 미래의 재정적 상황, 새로운 직업에 대한 기회, 신체능력의 저하 등에 의해 영향을 받는다.

ⓑ 자발적 은퇴를 결심한 운동선수들은 대개 선수 생활에 대해 회의를 느끼거나 경기력이 현저히 저하되었다고 지각할 경우, 새로운 직업에 대한 기회가 주어질 경우 등의 이유로 스포츠 삶의 중단을 선언한다.

ⓒ 다른 직업분야와 달리 승패나 경기력이 생업 유지에 직접적으로 관여됨과 동시에 선수로서의 명맥이 짧으며 예기치 못한 상황이 다른 사회 부문보다 빈번하게 발생된다.

ⓓ 문제는 운동선수들의 직업 환경이 매우 불안정해 자발적 은퇴 역시 예기치 않게 발생할 수 있다는 점이다. 이에 스포츠 세계에서는 선수들의 준비 없는 은퇴가 사회문제시되고 있음을 쉽게 접할 수 있다.

> 단지 소수의 전직 선수들만이 자신의 운동과 관련된 명성으로 돈을 벌 수 있다. 나머지는 일반인들과 같이 기회를 찾아야 하고 노동을 해야 한다. 그러한 기회는 자격조건, 경험, 인적 네트워크, 그리고 약간의 운 등에 따라 다양하게 나타난다. 때때로 전직 운동선수는 자신의 스포츠 경력이 끝난 후 생계의 어려움을 겪기도 한다(Coakley).

㉡ 비자발적 은퇴

ⓐ 일반적으로 운동선수의 은퇴는 큰 부상이나 팀으로부터의 방출과 같은 예기치 않은 상황에서 본의 아니게 발생한다.

ⓑ 본인의 의사와 관계없이, 즉 어쩔 수 없이 은퇴해야 하는 경우는 대개 예기치 않은 큰 부상, 스포츠에서의 부진, 팀 내 입지 저하, 연령 증가 등을 들 수 있다.

ⓒ 구단 및 감독으로부터 은퇴를 강요받게 되는 빌미를 제공함으로써 본인의 의사와는 상관없이 은퇴해야 하는 경우도 비일비재하다.

6. 스포츠로의 재사회화

(1) 스포츠에 참가하여 활동을 지속하던 개인은 일정 연령의 단계에 이르면 필연적으로 스포츠 참가를 중단하고 스포츠로부터 이탈하게 된다. 이렇게 스포츠 참가를 중단하고 스포츠의 장으로부터 이탈해 있던 비참가자가 새롭게 흥미를 느끼는 종목이나 포지션 및 타 지역에서 다시 스포츠 활동을 재개하게 되는 경우가 발생하는데 이를 스포츠로의 재사회화라 한다.

(2) 재사회화가 이루어지면 참가자는 새로운 상황이나 환경에 적응하기 위하여 과거와 다른 생소한 스포츠 기술이나 기능 및 가치관을 습득하는 스포츠로의 사회화 과정을 다시 밟게 된다.

① 프로야구에서 투수로 활동하던 중, 부상으로 인해 더 이상 투수로 활동하지 못하고 타자나 외야수 등 타 포지션으로 전향하여 새로운 야구 인생을 다시 시작하는 경우가 이에 해당된다.

② 선수 지위로부터 은퇴하여 사회에서 타 직종에 취업하여 사회생활에 전념하던 엘리트축구 선수가 생활체육 동호인 축구선수로 복귀하여 또다시 선수생활을 재개하는 경우도 스포츠로의 재사회화라 할 수 있다.

9 스포츠와 사회계층

스포츠는 일정 정도의 사회적 관행을 반영하는 사회제도의 일부분이라는 점에서 전체 사회의 지배적인 불평등 현상이 스포츠 체계에서도 발견된다. 여타의 사회제도와 마찬가지로 스포츠 또한 현존하는 사회적 불평등 구조를 반영하고 있으며 어느 측면에서는 그와 같은 불평등 구조를 보다 강화시키는 역할을 수행하고 있다. 사회적 불평등은 스포츠의 구조는 물론 참가자, 지도자, 관중의 스포츠 형태에 의미 있는 영향력을 행사하여 왔다. 이는 사회적 불평등이 전체 사회에서 뿐만 아니라, 스포츠 영역에서도 중요한 논제가 되고 있음을 의미한다.

1. 스포츠계층의 개념

(1) 사회계층

① 사람들은 사회의 위계구조에서 차지하는 그들의 위치에 따라 각각 불평등한 물질적 · 정신적 배분을 받게 되며 이러한 희소가치의 배분에 있어서 불평등의 제도화 현상이 곧 사회계층이다.

② 사회계층 현상은 일반적으로 계층과 계급의 두 가지 상이한 개념을 포함하고 있다.

㉠ 계층(stratum)은 사회적 지위의 상하에 따른 범주의 층으로 정의되며 인위적이고 조작적이며 분류적인 개념으로 규정된다.

㉡ 계급(class)은 상호지배 및 복종관계를 지니고 있는 실체로서의 사회집단으로 정의되며 하나의 사회적 실재로 파악된다.

계층과 계급의 차이점
• 계급은 실체가 뚜렷한 성격의 개념임에 반하여 계층은 분류적, 조작적 구성물에 불과하다. • 계급구조는 절대적, 대립적 관계를 전제하는 것임에 반하여 계층 구조는 일정한 수직적 차원에 따르는 연속적 상하의 구조를 전제한다. • 계급 성원 간에는 그들의 의식을 묶는 집합의식이 존재하지만 계층 성원 간에는 집합의식이 없다. • 기능주의의 주요 관심은 계층에 있고 갈등주의의 주요 관심은 계급에 있다. • 기능주의에서의 계층은 유기적으로 통합되어진 사회를 전제하나 갈등주의에서의 계급은 상반된 이해로 분열되어진 사회를 전제한다. • 기능주의에서의 계층은 색출적, 조작적, 명목적인 개념에 지나지 않지만 갈등주의에서의 계급은 실재하는 성격의 것이다. • 기능주의가 제시하는 통합된 사회구조의 모델은 실재적인 것임에 반하여 갈등주의가 제시하는 계급사회의 모델은 명목론적인 것이다.

<table>
<tr><td>Marx의 계급</td><td colspan="5">마르크스는 생산수단을 소유한 자본가 계급이 생산수단을 가지지 않은 노동자 계급을 끊임없이 억압하고 착취하는 형태의 모순적 계층 구조를 계급이라고 불렀고, 경제를 사회의 토대로서 중요하게 생각했다.</td></tr>
<tr><td>Weber의 계층</td><td colspan="5">사람들이 소유한 재화 뿐 아니라 시장에서의 지위, 파벌에 따라 계층이 규정된다고 베버는 주장한다. 마르크스가 강조한 경제적 요인에 지위(주거, 의복, 말투, 직업 등에 의해 형성되는 사회적 명예나 위신의 차이)와 파벌(종교, 정당 등 공동의 배경이나 목적, 이해관계를 갖고 함께 행동하는 집단)이란 두 가지 요인을 추가한 것이다.</td></tr>
<tr><td rowspan="4">Bourdieu의 계급</td><td colspan="5">부르디외는 사회의 계층구조를 파악하기 위해 마르크스가 강조했던 경제자본 이외에 베버가 말한 위신, 지위, 파벌 등을 활용하여 문화자본과 사회자본을 추가하였고, 이 세 가지 자본의 총량에 따라 사회계급이 나누어진다고 주장한다.

Bourdieu의 자본 구분</td></tr>
<tr><td rowspan="2">경제자본</td><td colspan="3">문화자본</td><td rowspan="2">사회자본</td></tr>
<tr><td>체화된 문화자본</td><td>객관화된 문화자본</td><td>제도화된 문화자본</td></tr>
<tr><td>화폐나 소유권의 제도화된 형태로 즉각 전환 가능한 자본</td><td>어학, 스포츠 등 오랫동안 지속되는 정신과 신체의 성향 형태로 존재</td><td>책, 그림, 사전, 악기, 기계 등과 같은 문화 상품의 형태로 존재</td><td>자격증, 졸업장 등 교육적 성취의 형태로 객관화된 문화자본</td><td>혈연, 학연 등 지속적인 네트워크 혹은 상호 면식이나 인정이 제도화된 관계</td></tr>
</table>

아비투스(habitus)
몸에 각인된 행동거지, 생각하고 말하고 행동하는 방식과 같이 학습된 기질 즉, 특정한 환경에 의해 형성된 성향이나 사고, 인지, 판단과 행동 체계를 의미하는 것으로, 계급 구성원들의 문화적 상징이나 행동 특성을 나타내는 개념이다.

Bourdieu는 사회 속에서 사람들이 획득하고자 하는 자본에 대해 돈을 의미하는 '경제자본', 학위와 자격증과 같은 '문화자본', 학연 · 지연 · 혈연과 같은 인적 네트워크를 의미하는 '사회자본', 그리고 명예 · 신용 · 평판과 같은 '상징자본'으로 구분한다.

(2) 스포츠계층

① 스포츠계층이란 스포츠 내의 사회적 불평등이라 불리는 보다 보편화된 현상의 하위형태로서 사회의 희소가치가 스포츠제도 내의 성원 사이에 불균등하게 배분되어 구조화되고 제도화된 체계를 이루고 있는 현상으로 규정할 수 있다.

② 스포츠계층이란 기본적으로 스포츠라는 특정 사회제도 내에서 개인의 사회적, 문화적, 생물학적 특성에 따라 권력, 부, 사회적 평가, 심리적 만족 등이 특정 집단이나 개인 및 종목에 차별적으로 배분되어 상호서열의 위계적 체계를 이루고 있는 현상을 의미한다.

2. 스포츠계층의 이론

스포츠에 있어서 사회적 불평등은 그 형성·유지·변동의 세 차원에 걸쳐서 차별적인 사회적 평가와 규범이 개입되는 제도적인 특성의 사회적 현상이다.

(1) 기능주의 이론

① 기능주의이론은 아담 스미스에서 시작하여 사회진화론자로 그 흐름이 이어져 내려가는 보수주의적 불평등관에 기초를 두고 있다. 즉, 구조화된 불평등 현상으로서의 사회계층은 사회와 인간의 본질에서 유래하는 자연발생적 현상인 것으로 불평등 제도의 생성 이유를 설명하는 관점인데 사회발달과 함께 이루어지기 마련인 사회분화 및 분화된 각 부분에 대한 차별적인 평가의 상호작용에 의하여 사회계층 현상이 발생한다고 보는 관점이다.

② 기능주의 계층이론의 대표적 학자인 Davis와 Moore에 의하면 사회계층은 모든 사회적 역할이 한 사회나 집단 내에서 동등하게 중요하지 않기 때문에 능력이나 기능적 중요도 및 위광에 따라 차별적으로 보수를 부여함으로써 사회에서 필요한 자리를 충원할 수 있도록 사회성원을 동기 유발시키는 장치라고 주장한다. 즉, 한 사회 내에서 차지하고 있는 지위가 높거나 희소할수록 다른 위치보다 기능적으로 중요하기 때문에 위광이나 부와 같은 보수에 의하여 재능 있는 사람을 그런 자리에 유인할 수 있다고 강조한다.

③ Allardt는 스포츠의 개인적 기능과 관련하여 선수에게 사회적 상승이동의 수단을 제공하는 사회적 장치로 스포츠를 간주함으로써 기능주의적 계층이론의 관점을 피력하고 있다.

④ 기능주의적 계층이론의 관점으로부터 유도되는 스포츠의 사회계층 현상은 다음과 같이 요약할 수 있다(Gruneau).

㉠ 스포츠에 있어서 사회계층은 일반사회에서 중요하게 여기는 가치체계를 반영하고 있으며 이는 사회통합과 체제유지의 기능을 수행한다.

㉡ 스포츠는 일반사회의 계층 구조를 강화하여 주는 기능이 있다. 스포츠의 보상체계는 사회의 보상체계와 같이 차별적 보상체계의 필요성을 강조한다. 경쟁적 스포츠에서 강조되는 보상의 희소성은 성공을 더욱 가치 있는 사회적 덕목으로 제시함으로써 가장 유능하고 자격 있는 사람의 참여를 유도하는 역할을 수행한다.

㉢ 스포츠참여는 사회적 상승이동을 위한 수단이 된다. 스포츠에 있어서 탁월함은 즉각적인 보상과 지속적이고 보다 많은 위광을 제공하여 준다.

(2) 갈등 이론

① 스포츠계층은 스포츠체계의 안정과 유지에 기여한다는 기능주의적 계층이론가의 주장에 반대해서 갈등이론가들은 스포츠계층은 스포츠 내에서 한 이익집단이 다른 이익집단을 지배하고 착취하는 과정에서 생겨나며 권력을 지닌 사람들이 그들의 영향력을 계속해서 유지·증대시키려고 노력하기 때문에 지속된다고 주장한다.

② 갈등이론적 관점에서 볼 때 스포츠 내에는 갈등이 항상 존재하며 스포츠계층 또한 권력, 위광, 부, 특권이 불평등하게 배분되어있기 때문에 생성된다고 주장한다.

③ 갈등론적 사회계층이론의 관점에서 볼 때 스포츠는 자본가의 이익을 위한 도구나 착취 혹은 현상유지를 위한 수단이 된다.

④ 스포츠 내에 있어서 갈등론적 사회계층 현상과 관련된 대표적인 예로서 인종차별을 들 수 있다. 미국에서 인종문제와 관련하여 흑인은 뚜렷한 생리적, 생물학적 열등성이나 신체적 기량의 열등성이 없음에도 불구하고 스포츠 세계에서 흑인이 차별을 받는 이유는 백인 사회 전체 특히 스포츠 관련 행정기관의 인종적 이데올로기를 반영한 결과라고 볼 수 있다.

⑤ Gruneau는 갈등이론을 스포츠 체계에 적용하여 조직화된 스포츠와 운동경기의 특성 및 기능, 그리고 내적 구조는 지배계급이 통제하는 사회적 경제구조와 지배계급에 속하는 엘리트 간의 상호이해를 통하여 결정된다고 주장하면서 다양한 차원의 스포츠 조직이 선수나 팬의 이익을 위해서라기보다는 오히려 준행정기관과 그들의 자본주의적 이익을 위하여 통제된다고 주장하였다.

⑥ 갈등론적 계층론자들이 주장하는 스포츠 사회계층 현상은 다음과 같이 요약할 수 있다.

㉠ 스포츠는 권력집단의 대중통제를 위한 수단으로 이용된다.

㉡ 스포츠는 불평등한 사회적 배분구조를 반영하고 있으며 이를 강화시킨다.

㉢ 스포츠는 일반대중에게 자본가 계급의 이데올로기를 주입시키며 자본가의 이익을 위한 도구나 착취 수단이 된다.

㉣ 스포츠는 개인 간의 소외를 조장한다.

3. 스포츠계층의 형성 과정

스포츠에 있어서 사회적 불평등은 그 형성, 유지, 변동의 여러 차원에 걸쳐서 차별적인 사회적 평가와 규범이 개입되는 사회적·제도적 성격의 것이다. Tumin은 사회 불평등 현상의 구조화 과정, 즉 사회계층 형성 과정을 지위의 분화, 서열화, 평가, 보수 부여 등으로 설명하였다.

(1) 지위의 분화

① 선수, 감독, 구단주와 같은 사회적 지위들의 각기 특정한 역할(일련의 책임과 권리)이 할당되어짐으로써 타 지위와 구별되는 과정을 의미한다.

② 지위의 분화는 ㉠ 업무가 분명히 한정되고, ㉡ 역할에 대한 권한과 책임이 명확히 구분되며, ㉢ 그러한 지위를 담당할 충분한 인재가 모집되고 훈련받을 수 있는 효과적인 구조가 존재하여야 할 뿐만 아니라, ㉣ 각 개인이 성실하게 임무를 수행할 수 있도록 유도할 수 있고 그들이 임무에 태만하거나 최저한도의 임무 수행으로부터 이탈하지 않도록 보수를 포함한 상벌을 지니게 될 때 가장 효율적으로 기능을 발휘할 수 있다.

(2) 지위의 서열화

① 지위가 각 개인의 역할에 따라 분화되고 나면 그러한 지위의 상호비교가 가능하게 된다.

② 비교의 한 방법으로 서열화를 들 수 있는데, Tumin은 세 가지 기준에 의하여 역할 비교 및 서열 형성이 가능하다고 주장하였다.

㉠ **개인적 특성**: 특정 역할을 효과적으로 수행하기 위해서는 역할을 담당해야 할 개인이 지녀야 하는 지식, 용모, 체력 등과 같은 개인적 특성에 의해 서열이 형성될 수 있다.

예 축구에서 우수한 링커가 되기 위해서는 지식, 스피드, 근력뿐만 아니라, 경기 상황의 흐름을 잘 파악하고 주변에 대한 훌륭한 통찰력을 지니고 있어야 한다.

㉡ **숙련된 기능이나 능력**: 역할을 효율적으로 수행하기 위해서는 특정 역할 수행에 필요하다고 생각되는 숙련된 기능이나 능력에 의해 서열이 정해질 수 있다.

예 축구에서 링커가 자신의 역할을 효과적으로 수행하려면 빠르고 정확하게 수비노선을 읽을 수 있는 능력과 상대편 선수를 공략할 수 있는 완벽한 패싱 기술을 지니고 있어야 한다.

㉢ **역할의 사회적 기능**: 역할의 수행이 개인이나 사회 전체에 미치는 영향과 효과에 의하여 서열이 정해질 수 있다.

예 스포츠 팀의 주장은 그들이 지니고 있는 리더십 능력과 그들의 행위가 팀의 승리에 미치는 영향에 의하여 평가를 받는다. 또한 선수는 개성 있는 우수 운동기량을 과시함으로써 팬이나 관람자를 열광케 하는 정도에 의해서 평가를 받는다.

③ 서열화의 중요한 목적은 적소에 배치할 적재를 찾는 일을 용이하게 하는 데 있다. 즉, 요구되는 기능 수준이나 재능 정도 또는 필요로 하는 경기위치에 따라 임무를 세분화함으로써 노동력을 합리적으로 발견해 내고 배치하며 효율적으로 훈련 및 관리하는 일이 가능하게 되기 때문이다.

④ 스포츠에서 개인이 지니고 있는 기량이나 재능의 정도 또는 그에게 부여된 역할을 수행할 수 있는 능력을 정확히 측정하는 것은 기술적인 면에서 다소 어려움이 있을 수 있지만, 이론상으로는 비록 서열상의 높낮이나 그 폭에 있어서 다소간의 변동이 있다 하더라도 Tumin이 제시한 세 가지 기준에 의거하여 각 지위를 서열화하는 것이 가능하게 된다.

(3) 평가

① 평가는 가치나 유용성의 정도에 따라 상이한 각 위치에 지위를 적절하게 배열하는 문제와 관련되어 있다.

② 평가 기준의 등급은 어떠한 지위가 우수한가 혹은 열등한가, 좋은가 아니면 나쁜가, 특색이 있는가 또는 없는가, 호의적인 여론을 불러일으킬 수 있는가 혹은 없는가에 따라 결정된다.

③ 평가는 사회적 가치의 도덕적 판단과 관련되어 있으며 스포츠에서는 흔히 연령, 성, 민족집단, 사회계급을 대표하는 사회범주 사이에 "불쾌한 차별"이 존재하는 원인이 된다.

④ 평가적 판단의 요소는 크게 위광(prestige), 호감(preferability), 인기(popularity) 등 3가지로 구성된다.

㉠ 위광이란 주로 명예를 가리키며 공경 받는 행위로서 지위의 위계가 잘 확립된 상태에서 더욱 분명하게 나타난다. 예컨대, 스포츠제도에 있어서 주장보다는 코치나 감독에게, 코치나 감독보다는 구단주에게 더 많은 경의를 표하며 존경을 나타내는 경우를 들 수 있다.

㉡ 호감이란 특정 역할(예 야구의 투수)이나 역할 모형(예 MVP나 스포츠 영웅)에 대한 이상적인 선택을 가리키며 이와 같은 태도는 "나는 커서 유명한 투수가 되겠다"든지 "나도 'A'선수처럼 유명한 선수가 되었으면 좋겠다" 또는 "'A'선수에게 사인을 받고 싶다" 등의 말에 잘 나타나 있다. 이러한 경우 가치 판단은 현실적인 가능성과 사회적 안락이 동시에 적절히 고려되어진다. 한편 호감에 의한 지위의 평가와 위광에 의한 평가는 상당한 차이를 보일 수 있다. 가령, 사람들은 유명한 축구 선수나 감독에게 높은 위광을 부여하면서도 특정 야구선수나 농구선수에게 강한 개인적 호감을 나타내기도 한다. 결국 호감과 위광은 평가자가 서열화된 기준을 가지고 있거나 가질 수 있을 때에만 상호 일치할 수 있다.

위광과 호감에 따른 평가 가능성

위광	호감
높다	높다
높다	낮다
낮다	높다
낮다	낮다

㉢ 인기는 스포츠에서 특정 지위나 선수 혹은 감독이 상당한 정도로 대중의 주목을 받거나 명성을 얻고 있는 정도를 일컫는다. 예컨대, 프로 축구의 최우수 선수나 득점왕, 프로야구의 MVP나 홈런왕, 타격왕 등과 같은 선수는 다른 선수보다 인기도가 높으며 기자단 투표나 팬들의 인기투표에서 많은 지지를 받는다.

⑤ 이러한 여러 가지의 평가 차원이 항상 높은 상관관계를 갖는 것은 아니다. 예컨대, 우리나라의 경우 프로선수들이 직업범주로서는 높은 위광을 받고 있지 않는 반면 호감도에 있어서는 일반적으로 높은 평가를 받고 있으며 인기도 또한 상당히 높은 대중적 지지를 받고 있다는 것이다.

(4) 보수 부여

① 스포츠계층이 형성되는 네 번째 과정은 보수가 부여되는 과정이다. 즉, 분화되고 서열화되어 있으며 평가되어진 각 지위에 대하여 생활하는데 필요한 여러 가지 좋은 자원이 배분되는 과정이다.

② 사회체계 내에서 지위의 분화가 형성된 후 서열화되어 사회적으로 평가가 부여되면, 평가되어진 지위에 대하여 차별적 보상에 의한 보수 부여가 결정된다.

③ 보수는 일반적으로 다음 세 가지로 구분될 수 있다.

㉠ 선수나 감독의 봉급이나 상금, 혹은 상품 등과 같이 재화나 용역에 관한 권리 또는 책임을 의미하는 재산

㉡ 주장의 팀 대표 권한(불만족스러운 판정에 대한 항의, 주장회의 참석 등)이나 감독의 선수 선발 및 경기용품 구입 권한 등과 같이 자신의 목적을 타인의 반대에도 불구하고 실현시킬 수 있는 능력

㉢ 명성이나 인기 등과 같이 비물질적 보수로서, 만족 또는 행복이나 기쁨을 가져오는 타인으로부터의 반응

④ 스포츠계층은 모든 사람이 갖고 싶어 하는 희소한 가치를 지닌 보수와 관련을 갖게 된다. 왜냐하면 계층이란 갖고 싶어 하는 보수의 불평등한 배분과 깊이 관련되어 있기 때문이다.

⑤ 보수 부여의 과정은 스포츠 내에서 한 개인이 차지하고 있는 지위나 기능적 중요도 및 팀 공헌도 등과 같은 특성들의 수준이 높을수록 그만큼 금전(수입), 권력, 심리적 만족과 같은 보수 또한 크다는 사실과 관련되어 있다. 일례로 프로 야구에 있어서 최우수 선수, 타율왕, 타점왕, 홈런왕 등과 같이 기능적으로 우수한 선수나 팀의 성공에 기여한 선수들에게는 보다 많은 보수와 위광이 부여된다는 것이다.

스포츠계층의 형성과정(Tumin)		
지위의 분화	• 지위의 분업 • 역할의 분업	• 선수, 코치, 트레이너, 감독, 구단주와 같은 사회적 지위에 대하여 각기 특정한 역할이 부여됨
서열화	• 개인적 특징 • 숙련된 기능이나 능력 • 영향력의 결과	• 뛰어난 운동신경과 능력뿐만 아니라 탁월한 개인적 특성을 갖추고 있어야 함 • 특정 스포츠 영역에서 요구되는 운동 기술에 대한 숙련된 특출한 기량 발휘 • 스포츠 팀 구성원으로서 자신의 능력이 팀의 승리에 미치는 영향력이 커야 함
평가	• 사회적 위신 • 개인적 호감 • 사회적 인기	• 주장보다는 코치나 감독에게, 코치나 감독보다는 구단주에게 더 높은 경의를 표함 • 특정 선수를 선망의 대상으로 생각하거나 팬으로서 특정 선수를 좋아하는 것 • MVP와 올스타전 선발로 선정된다는 것은 기자단 투표와 팬들의 인기투표에 의한 것
보수부여	• 물질적(금전적) 보상 • 사회적 명예 • 권력	• 사회체계가 사회적 분화가 되고 서열화 되어 사회적으로 평가가 부여되면, 평가되어진 지위에 대하여 차별적 보상이 결정

4. 스포츠계층의 특성

스포츠계층은 다양한 사회적 차원을 수반하는 복합적이고 다면적인 사회문화적 현상이다. Tumin은 사회계층의 특성을 사회성, 고래성, 보편성, 다양성, 영향성 등 다섯 가지 측면에서 제시하였다.

(1) 스포츠계층의 사회성

① 스포츠계층이 사회적이라는 의미는 그것이 단순히 생물학적인 불평등에 의해서만 설명되지 않는 보다 광범위하고 다양한 사회문화적 현상을 나타내는 것으로서 스포츠계층 체계가 항상 사회의 다른 측면과 관련을 맺고 있음을 의미한다.

② 체력, 지능, 연령, 성 등의 차이가 스포츠에서의 지위나 층을 구분하는 기반이 될 수 있으나 그러한 차이만으로는 어떤 지위가 다른 지위보다 권력이나 재산 그리고 위광을 더 많이 소유하게 되는 이유에 대하여는 충분하게 설명할 수 없다.

③ 스포츠에 있어서 특정 개인이 지니고 있는 생물학적 특성은 스포츠제도 내의 구성원이 공유하고 있는 신념이나 태도, 가치와 관련하여 그 생물학적 특성이 사회적으로 인정받고 중요성을 부여 받을 때 비로소 사회적인 우열의 양상과 관계를 맺게 된다.

④ 어떤 운동선수가 승진하여 감독의 지위를 점유하는 것은 육체적 경쟁에 의해서가 아니라, 그가 가진 운동경력, 훈련, 기능, 개성, 인격 등의 정도와 함께 그 팀에서 요구하는 사회적 특성을 그가 소유하고 있기 때문이다.

⑤ 이처럼 스포츠제도 내에서 권력이나 부를 타인에 비하여 더욱 많이 향유하는 데에 어떤 사람이 가장 적합하며 자격이 있는가의 문제는 생물학적 특성뿐만 아니라, 복합적인 사회·문화적 여건에 의하여 결정된다.

⑥ 스포츠계층의 사회적 측면이란 스포츠라는 공동체 내에서 보수가 배분되는 방법이 스포츠 내의 규범이나 관행에 의해 결정된다는 사실을 의미한다.

⑦ 스포츠제도 내에는 연봉계약이나 신인선수 모집 시 보수체계에 관한 규범과 관행이 존재하며 이에 의하여 스포츠 조직 내에 불평등한 사회적 구조가 존재하게 된다.

⑧ 스포츠조직 내에서 하위 계층서열을 차지하고 있는 많은 사람들이 자신의 권리와 이익을 박탈당하고 있으면서도 규정에 순응한다. 이처럼 하위 계층서열에 속하는 사람의 집단이 스포츠조직 내에서 갖가지 불평등한 차별대우를 받으면서도 그러한 규범에 수긍하는 것은 일단 형성된 규범의 힘과 지속성을 입증하는 것이며 또한 지배집단은 규정을 강화시키는 데 필요한 통제권을 소유하고 있음을 증명하는 것이다.

(2) 스포츠계층의 고래성(역사성)

① 스포츠에 있어서 사회계층에 따른 참여와 관람의 불평등은 스포츠가 사회적 가치와 태도를 반영하고 있는 사회제도의 일부라는 측면에서 일반사회의 불평등 역사와 그 맥락을 같이 해오고 있다.

② 역사적으로 스포츠참여 유형은 사냥, 테니스, 골프, 크리켓 등과 같이 경제적, 시간적 여유가 풍부한 상류계층이 즐기던 엘리트 스포츠와 레슬링, 권투 등과 같이 하류계층이나 천민이 주로 참여하는 대중 스포츠로 이분할 수 있다.

③ 현대 스포츠의 제도화된 불평등은 귀속성에 의해 특징지을 수 있으며 다음과 같은 특징을 지니고 있다.

㉠ 운동선수의 지위는 특정 사회와 시대에 따라 다양하게 변화하며 특정 스포츠 역할 수행의 기회는 일정 사회계급의 구성원과 밀접한 관계가 있다.

예 고대 그리스와 로마시대 및 오늘날의 동구 사회주의 국가의 운동선수는 높은 지위와 사회적 위광이 부여된 반면, 그리스-로마시대의 후기와 19세기 초 중국의 운동선수는 상대적으로 낮은 지위를 지니고 있었다.

㉡ 중세에 발생한 현상으로서 특정 스포츠를 처음 시작한 상류 지배계급은 그 스포츠가 하류계층이나 대중에 의하여 관심을 끌게 되면 그 스포츠를 더 이상 즐기지 않는다. 실제로 특정 스포츠에 하류계층이 지배적으로 참가하게 되면 그 스포츠는 급속도로 빠르게 프로스포츠로 발전하게 된다.

㉢ 상이한 계층 및 민족 간 스포츠 경기의 교류 금지를 들 수 있는데 1880년대 후반까지만 해도 영국에서의 노동자 계급의 축구 클럽은 중·상류계급의 축구 클럽과 경기교류가 금지되었으며 남아프리카 공화국은 1970년대까지 흑인, 유색인, 백인 간의 스포츠 경기 교류가 법적으로 허용되지 않았다.

(3) 스포츠계층의 보편성(편재성)

① 계층의 보편성 또는 편재성이란 어느 곳에서나 존재한다는 의미로서 스포츠계층 또한 어느 곳에서나 존재하고 어디에서든지 발견할 수 있는 일반적인 사회문화적 현상이라는 것이다.

② 스포츠 종목 간 편재성

야구, 농구, 축구, 배구, 씨름 등과 같은 일부 스포츠는 인기 스포츠로 취급받고 있는 반면 체조, 육상, 럭비, 하키, 역도, 사이클, 국궁 등과 같은 스포츠는 비인기 종목으로 인식되고 있다.

③ 스포츠 종목 내 편재성

태권도와 유도의 경우 띠를 매개로 단이나 급의 층(stratum)을 형성하고 있으며, 권투의 경우에는 체급에 따라 위광수준이나 수입이 계층화된다. 야구의 투수가 외야수보다 기능적으로 중요시 여겨지며, 축구의 공격수가 수비수보다 중요한 위치로 평가된다.

④ 일부 운동경기는 성적순에 따라 상징적인 보상을 부여한다(올림픽경기의 금 · 은 · 동메달 수여).

⑤ 계급 없는 사회로 알려져 있는 공산국가에 있어서도 스포츠계층이 존재하였는데, 예컨대 구소련의 스포츠체제를 살펴보면 국제 경기나 올림픽경기에서 우수한 성적을 거둔 운동선수는 가장 최고의 지위인 '스포츠 명예 대가'의 칭호를 부여받고 있으며 이러한 지위를 획득한 운동선수는 유형적이든 무형적이든 구소련 정부로부터 막대한 보상을 받은 경우이다(Leonard).

(4) 스포츠계층의 다양성

① 스포츠에 있어서의 불평등 정도는 이론상으로 권력, 재산, 위광이 모든 사람에게 동등한 양으로 분배되어 있는 경우와 능력이나 재능에 따라 이 모든 것이 전혀 불평등하게 분배되어 있는 경우의 양극으로 생각할 수 있다.

② 스포츠에 있어서 사회적 불평등의 양분법적 논리는 이론적으로는 가능하나 실제 상황에서 발생하는 스포츠에서의 불평등은 이론적 양극단의 한쪽 끝에 속하는 것은 아니다.

③ 일반적으로 사회계층은 카스트, 신분제도, 계급의 세 가지 주요 형태가 있다.

㉠ 카스트(caste)

ⓐ 카스트는 완전히 폐쇄된 사회집합체나 거의 폐쇄된 사회 집합체를 의미하는 것으로서 전통적인 믿음 특히 종교에 의하여 차별적 특권이 지켜지는 엄격한 계층체계이다.

ⓑ 수평 이동은 가능하나 수직 이동은 전혀 불가능한 스포츠에 있어서 카스트의 형태로는 미국에서의 흑인을 들 수 있는데 1900년 초까지만 해도 미국에서 흑인은 권투를 제외한 프로스포츠에 참가가 불가능했다.

㉡ 신분제도(estate)

ⓐ 신분제도는 중세 유럽에서 발견되는 법률적으로 성문화되고 토지관계에 기초를 둔 계층체계로서 신분 내의 서열에 따라 권리와 특권 그리고 책임을 지니는 계층의 한 형태이다.

ⓑ 최소한의 상하 이동만이 허용되는 신분제도의 일례로 중세의 봉건제도를 들 수 있으며 한국의 반상제도가 이에 속하는데 스포츠조직에서의 지위도 사회계층의 준신분제도라 할 수 있다. 즉, 운동선수, 코치, 감독, 구단주, 행정사 무원 모두가 분명한 역할과 지위를 지니고 있으며 각기 타인과 업무체계에 대한 확실한 책임을 지니고 있다.

㉢ 계급(class)

ⓐ 계급이란 현대 산업사회에서 발견할 수 있는 대표적인 계층체계로서 직업, 수입, 거주지, 종교, 사회적 평판 등과 같은 사회경제적 요인과 관련된 지위 역할을 기초로 한 불평등 제도이다.

ⓑ 계급에 입각한 사회에서는 개인의 지위나 생활에 대한 배당이 성취적이며 부가적으로 상류계층으로의 사회이동이 가능하다.

ⓒ 오늘날의 스포츠는 훈련과 능력의 정도에 따라 개인의 성공 여부가 결정되고 사회적 상승이동이 가능하다는 점에서 현대 사회의 계급에 입각한 실력본위의 사회제도로 평가된다.

(5) **스포츠계층의 영향성**

① 스포츠 제도에 있어서 권력, 재산, 평가 및 심리적 만족의 불평등에 의하여 나타나는 결과는 크게 생활기회와 생활양식의 변화를 들 수 있다.

㉠ **생활기회**: 특정 개인이 기대할 수 있는 수명이나 삶의 본질과 관련된 정신적·육체적 건강, 배우자 선택, 교육·직업선택, 사회적·지리적 이동 같은 것으로서 유아 사망률, 수명, 육체적 질환, 정신적 질환, 결혼, 이혼 등에 관한 비율과 빈도를 가리킨다. 생활기회는 자발적 의지가 아닌 비인격적으로 결정되는 경향이 강하다.

㉡ **생활양식**: 특정 개인의 생활방식으로서 언어·의상의 기품, 주거의 유형과 양식, 여가활동의 유형 및 빈도 선택, 친교 및 사회적 유대의 유형, 물리적·상징적 보상의 추구 같은 취미, 조직적 융화, 사교적 행위, 여가 추구, 향유할 수 있는 문화 품목, 직업 등의 종류를 포함하고 있다. 생활양식은 개인의 기호, 취미, 가치에 따라 차이를 나타낸다.

② 생활기회 및 생활양식의 차이는 기본적으로 사회적 배경이 비슷한 사람끼리 교류하기 때문에 차이가 발생한다는 점에서 스포츠계층과 밀접히 관련되어 있다(Snyder & Spreitzer).

③ 스포츠 역할과 선호도는 사회계층에 의하여 영향을 받으며 여가활동의 사회계층적 차이에 따라 스포츠의 구체적 형태와 의미가 상이하게 나타난다.

㉠ 사회계층별 선호스포츠 유형에서 참가스포츠 선호는 상류층, 중류층, 하류층 순으로 나타난다. 상류층이 하류층에 비해 참가스포츠 선호도가 높은 것은 역사성, 경제성 및 시간적 여유에서 기인한다.

㉡ 관람스포츠의 선호는 하류층, 중류층, 상류층의 순으로 나타난다. 스포츠 관람이 참가에 비하여 장비구입·시설이용의 비용과 시간이 적기 때문에 경제적 여유나 여가시간이 풍부하지 못한 하류층은 관람을 선호한다.

④ 상류층은 테니스, 골프, 수영과 같이 경제적 여유를 전제로 하는 개인스포츠에 가장 많은 참가율을 보이고 있으며, 하류층은 축구, 야구, 복싱, 씨름 등과 같이 단체스포츠 및 투기스포츠의 참가율이 높고, 중류계층은 참가스포츠에 있어서 별다른 계층적 특성이 나타나지 않는다.

⑤ 상류층이 개인스포츠에 많이 참가하는 이유는 경제적 요인, 사회화, 소비 특성, 직업 특성에 기인한다.

㉠ 경제적인 측면과 관련하여 개인스포츠(골프, 스키 등)는 하류층이 즐기기에는 너무 과중한 비용이 든다.

㉡ 체계적인 스포츠사회화 과정과 관련하여 상류층에는 골프, 수영, 스키 등과 같은 특정 종목을 강조하는 생활관습의 분위기가 형성되어 있어서 그러한 환경에서 성장한 상류층 자녀들은 스포츠사회화 과정에서 자연스럽게 이들 종목을 숙달하고 즐거움을 경험한다.

㉢ 과시 소비와 관련하여 상류층은 자신들이 값비싸고 사치스러운 활동을 능히 감당할 수 있다는 인상을 주위사람에게 인식시키기 위하여 개인스포츠에 많이 참가한다. 노동으로부터 벗어나 금전과 시간을 스포츠에 소비함으로써 자신의 부와 재력을 과시하기 위한 수단으로 이용한다는 것이다(Veblen).

㉣ 직업 특성과 관련하여 일과가 불규칙한 상류층은 소수 인원이 즐길 수 있는 개인스포츠에 보다 적합하다.

스포츠계층의 특성(Tumin)	
사회성	스포츠계층은 태생적이지 않다. 특정 시대의 스포츠계층은 그 시대의 사회문화적 여건에 의해 사회적으로 구성되는 것이다.
고래성	스포츠사회계층은 현재에 국한된 현상이 아니라 역사발전 과정을 거치며, 변천해 온 것이다. 즉, 시대적 부침에 의해 형성된다.
보편성	사회계층은 모든 곳에 편재되어 있다. 스포츠계층 또한 어느 곳에서나 존재하는데, 현대스포츠에서 계층화는 종목 간, 종목 내에서 쉽게 발견된다.
다양성	오늘날 전 세계적으로 카스트제도, 신분제도, 계급제도 등 다양한 계층 구조에 의해 계층의 성격이 주어진다. 스포츠계층 역시 카스트제도, 신분제도, 계급제도 등 다양한 계층의 성격이 존재한다.
영향성	사회의 이면을 보면, 계층에 따라 생활기회, 생활양식이 다른 양상으로 전개된다. 그래서 계층은 스포츠 참여의 성향에 영향을 미친다.

베블렌(Veblen)의 과시적 소비와 모방 효과

- Veblen은 생산노동에서 면제되고 예술, 오락, 스포츠 등 비생산적 일만을 탐닉하는 사람들을 "유한계급(여가계급, leisure class)"이라고 불렀다. 인간에게 부와 권력은 단순히 소유하는 것만으로는 부족하고 존경을 받으려면 부와 권력을 증거로써 제시해야 하는데, 이들 여가계급은 '과시적 여가'와 '과시적 소비'란 낭비를 통해 부와 지위를 전시한다.
- 유한계급은 스포츠 자체의 즐거움이 아니라 그 스포츠를 즐김으로써 자신이 시간적·경제적 여유가 충분한 사람이라는 점을 알리는 데서 즐거움을 찾는다. 그렇다면 낭비는 어떤 효용이 있을까. 베블렌은 과시적 여가와 과시적 소비 같은 낭비의 효용성은 명성에 있다고 얘기한다. 과시적 여가는 시간과 노력의 낭비이고, 과시적 소비는 재화의 낭비이다. 두 가지 모두 부를 과시하는 방법으로 명성의 수단이자 체면을 유지하는 데 방법으로써 유용하다.
- 중산층의 모방적 소비행태를 과시적 소비라 착각하는 경우가 있다. 가령, 유행하는 값비싼 등산복을 모두 따라 소비하는 형태를 들 수 있다. 그러나 과시적 소비는 유한계급에 속한 것이다. 중산층의 소비양식은 과시하고 싶은 심리가 있다고 하더라도 누군가를 따라하는 모방 효과(Bandwagon Effect)에 가깝다.

베블런(Veblen)의 유한계급

- 베블런에게 계급은 두 가지이다. 생산을 위해 노동에 모든 것을 쏟아붓는 '노동계급'과 여가를 즐기며 소비하는 '유한계급'이다. 여기서 유한이란 생산에 임하지 않는 시간의 소비를 뜻한다.
- 베블런 계급이론의 계급적 관계는 얼핏 마르크스의 그것과 유사해 보이지만 차이가 있다. 마르크스는 자본가와 노동자가 서로 갈등적 관계이면서도 서로를 필요로 하는 관계로 보았으나, 베블런은 유한계급을 생산 영역에서 완전히 분리되어 자본주의 사회에서 기생하는 존재로 보았다. 그들은 노는 계급으로 자신들의 한가로움을 과시하고 시간과 재화의 낭비를 의도적으로 연출하는 과시적 소비를 통해 인정받으려 한다는 특성을 보인다. 그래서 우리는 현대사회에서 발생하는 비합리적인 소비를 가리켜 '베블런 효과'라고 말한다.
- '베블런 효과'는 가격이 상승하면 오히려 수요가 증가하는 현상, 즉 특정 상품이 비싸면 비쌀수록 잘 팔리는 현상을 일컫는다. 명품브랜드가 상품의 가격을 올렸더니 사람들이 줄을 섰다는 이야기가 그것이다. 결혼 시즌을 맞아 샤넬, 구찌 등의 주요 명품브랜드가 계속해서 가격 인상을 발표하는 것에는 이유가 있는 것이다.

베블런 효과

Veblen은 자신의 저서 「유한계급론」에서 유한계급에 속하는 사람들이 사회적으로 존경을 얻고 유지하기 위해 자신이 가진 부와 권력을 다른 사람들의 눈에 보여주고자 한다고 주장했다. 물질만능주의 비판과 더불어 상류층 사람들이 자신의 성공을 과시하고, 허영심을 만족시키기 위해 사치를 일삼는다고 지적했다. 이 현상은 계급의 구분이 모호해진 현대사회에서 누가 더 잘 사는지 알 수 없기 때문에 사람들은 더욱 자신을 알리려고 과시적 소비를 한다는 것이다. 베블런 효과는 상류층에 의해 이루어지는 소비 행태를 의미하며, 가격이 오르는 데도 수요가 줄어들지 않고, 오히려 증가하는 현상을 말한다. 이러한 효과가 스포츠에서는 금전과 시간을 낭비하는 종목을 통해 다른 계층과 확연히 구별짓는 것으로 나타난다.

5. 스포츠와 사회 이동

현대사회에서 스포츠가 지니고 있는 기능에 대한 가장 보편적인 믿음 중의 하나는 스포츠참가가 사회계층을 상승시키는 수단이 된다는 점이다.

(1) 사회이동의 유형

사회이동이란 넓은 의미에서 볼 때 집단 또는 개인의 사회적 변화를 총칭한다. 사회이동의 가장 일반적인 분류는 이동의 방향을 기준으로 하여 식별하는 것으로서 수직 이동과 수평 이동이 있다(Sorokin). 또한 사회이동을 시간적 간격의 관점에서 구분하면 세대 간 이동과 세대 내 이동으로 구분할 수 있다. 그리고 사회이동의 주체가 개인인가 집단인가에 따라 개인 이동과 집단 이동으로 구분할 수 있다.

① 수직 이동

수직적 사회이동은 계층구조 내에서 집단 또는 개인이 지녔던 종전의 지위 즉, 종전의 계층적 지위에 대한 상하 변화를 가리킨다. 이에는 또한 계층적 지위가 상승되는 경우와 하강되는 경우의 두 가지 방향이 있을 수 있다. 전자를 상승이동, 후자를 하향이동이라 부른다.

이를테면 스포츠 팀에서 후보 선수로 있다가 주전선수가 된다든지 또는 선수에서 코치나 감독으로 승진 이동하는 것은 상승이동이고 그 반대의 경우는 하향이동이다.

㉠ 상향적 이동에 기여하는 조건

ⓐ 대학을 졸업하거나 운동 과정 중에 가치 있는 것을 배웠을 때

ⓑ 그들의 성장·발달 과정 중에 사회적, 물질적, 정서적으로 일관된 지지를 가족으로부터 받을 때

ⓒ 영향력 있고 도움을 줄 수 있는 사람과 유대를 가졌을 때

㉡ 하향적 이동에 기여하는 조건

ⓐ 스포츠 참가가 교육적 성취를 제한했을 때

ⓑ 스포츠 외의 것에 대해 성장·발달 과정 중에 가족들로부터 지지를 받지 못했을 때

ⓒ 스포츠 외의 다른 세계를 알지 못할 때

② 수평 이동

㉠ 수평 이동은 계층적 지위의 변화가 없는 이동이다.

㉡ 이는 동일하게 평가되는 지위 말하자면, 일종의 단순한 자리바꿈이다.

㉢ A팀의 주전선수로 있다가 비슷한 수준에 있는 B팀에 A팀과 동일한 수준의 대우를 받고 이동하는 경우가 이에 해당한다.

③ 세대 간 이동

㉠ 세대간이동은 같은 가족 내에서 한 세대로부터 다음 세대로 이어지는 과정에서 발생하는 사회경제적 지위의 변화를 말한다.

㉡ 이는 대개 특정 시점에서 부모의 교육적, 직업적, 수입적 성취와 성장한 자녀의 동일한 세 가지 요인에 대한 같은 시기의 성취도를 비교하여 측정된다(Coakley).

㉢ 어떤 운동선수가 자신의 부모보다 수입이 더 많고 직업위광이나 교육수준이 더 높다면 그는 조직적 스포츠 참가를 통하여 사회계층이 상승이동하였다고 할 수 있다.

④ 세대 내 이동

㉠ 세대내이동은 한 개인의 생애주기를 통하여 발생하는 사회·경제적 지위의 변화를 의미하는 것으로서 흔히 경력이동(career mobility)이라고도 한다.

㉡ 20세에 프로팀에 처음 입단했을 때 후보이던 선수가 45세에 코치나 감독이 되었다면 세대내 상승이동이 발생하였다고 할 수 있다.

⑤ 개인 이동

㉠ 개인이동은 개인의 능력과 노력에 의하여 사회적 상승의 기회가 실현되는 경우를 의미하는 것으로서 스포츠를 통한 사회이동의 대부분이 이 범주에 속한다.

㉡ 스포츠는 실력본위의 사회이동 체계로서 개인의 운동수행 능력이나 노력 여하에 따라 사회적 상승이동의 기회가 폭넓게 제공된다.

⑥ 집단 이동

㉠ 집단적 이동은 유사한 조건을 갖추고 있는 집단이 어떤 촉매적 계기를 통하여 집합적으로 이동하는 현상을 말한다.

㉡ 가장의 사회적 이동이 곧 가족의 이동과 동일시되는 경우가 집단이동의 한 예이다.

㉢ 스포츠 영역에서는 1980년대 들어 프로 스포츠가 태동함에 따라 그동안 낮은 사회계층적 지위를 점유하고 있던 것으로 인식되던 운동선수의 지위가 전반적으로 높게 평가되게 된 것은 집단이동의 결과라 할 수 있다.

경선이동과 후원이동
계층이동에 미치는 인간관계를 기준으로 타인과의 경쟁을 통해 이루어지는 계층이동을 경선이동, 타인의 도움으로 인해 이루어지는 계층이동을 후원이동으로 구분하기도 한다. 예를 들어, 2군에 소속된 프로선수가 열심히 기술을 연마해서 1군으로 올라갔다면 경선이동이라 볼 수 있고, 은퇴한 선수가 현역 시절의 명성 및 후광을 활용해 좋은 직장을 구했다면 후원이동의 사례라 볼 수 있다.

사회이동 유형		
사회이동 방향	수평이동	동일한 위치에 있는 직업 간 이동
	수직이동	사회적 위신이나 평가에서 차이가 있는 직업 간 이동
이동의 시간적 거리	세대내이동	한 개인의 생애를 통해 발생하는 사회이동(경력이동)
	세대간이동	한 세대에서 다음 세대로 이어지는 과정에서 발생하는 사회이동
이동의 주체	개인이동	개인의 능력과 노력에 입각한 사회이동
	집단이동	소속 집단이 어떤 촉매적 계기를 통하여 집합적으로 이동하는 것
계층이동에 미치는 인간관계	경쟁(경선)이동	타인과의 경쟁을 통한 사회이동
	후원이동	타인의 도움에 의한 사회이동

Otto와 Alwin(1977)은 스포츠 참가와 사회이동의 관계는 다음 세 가지 요인에 의하여 결정된다고 결론짓고 있다.

1. 운동경기 참가는 원만한 대인관계 기술을 익히도록 한다.
2. 운동경기는 참가자의 현시성 또는 가시성(visibility)을 제고시키고 초기의 성공에 대한 의미(success definition)를 부여하는 배분 기능을 지니고 있다.
3. 운동경기는 직업경력에 도움이 될 수 있는 인맥(interpersonal networks)과 대인 접촉 그리고 정보교환 통로를 제공하여 준다.

(2) 사회이동 기제로서의 스포츠

① 스포츠에 있어서 사회적 상승이동은 두 가지 요인에 의하여 영향을 받는다.

㉠ 첫째는 사회적 상황을 반영하고 있는 것으로서 특정한 사회적 환경에 있어서 가능한 역할의 양적 증가는 상승이동을 유발한다.

㉡ 두 번째 요인은 개인적 상황과 관련된 것으로서 특정 개인이 자신의 자아를 실현시키기 위하여 부단한 노력을 기울인 결과로 상승이동이 창출된다.

② 일반적으로 스포츠 참가가 사회적 상승이동을 촉진하는 매개체 역할을 한다는 주장은 다음의 네 가지 요인에 의하여 설명할 수 있다(Loy, Leonard).

㉠ 어린 시절부터 조직적인 스포츠에 참가하게 되면 최소한의 교육을 받고서도 프로스포츠와 같은 전문 직종에 입문할 수 있는 신체적 기량 및 능력이 고도로 발달된다.

㉡ 조직적인 스포츠 참가는 직접적이든 간접적이든 교육적 성취도를 향상시킨다.

㉢ 조직적인 스포츠 참가는 다양한 형태의 직업적 후원을 받을 수 있는 기회를 제공한다.

㉣ 스포츠 참가는 일반 직업영역에서 가치 있게 여겨지는 태도 및 행동양식의 발달을 유도하여 사회적 상승이동을 촉진하는 수단이 된다.

참고 [부르디외의 구별짓기] 취향은 계급이 된다: 자본 · 아비투스 · 장

부르디외는 1930년 프랑스 남서부 피레네 지방에 있는 당겡에서 태어났다. 아버지는 유대인으로서 지방의 우체국 공무원이었고, 가정은 농촌의 서민적 정통이 깊게 배어 있는 소부르주아 집안이었다. 그 당시 계급(층) 차별이 심했던 프랑스에서 부르디외는 하층민의 배경을 가지면서 많은 차별을 경험했고 이는 추후 그의 이론적 사유에 절대적인 영향을 미쳤다. 프랑스 남서부 농촌 출신인 Bourdieu는 파리의 고등사범학교에 진학하면서 사투리 때문에 놀림과 차별을 받았다. 상류층 집안이 대부분이었던 동기생들을 통해 경험한 문화적, 정서적 이질감은 그의 주요 사상의 근간을 형성했다. 그의 이론은 자본 · 아비투스 · 장의 개념을 토대로 빈부격차 외에도 정서와 취미의 격차가 계급갈등의 원인이 될 수 있음을, 그리고 지배계급이 특정 장(공간) 안의 아비투스를 매개로 '상징적 폭력'을 행사하고 자신들의 지배질서를 유지하고 있음을 보여준다.

1. 자본(capital)

① 부르디외는 사회 속에서 사람들이 획득하고자 하는 자본을 4가지로 구분한다.

㉠ 경제자본: 우리가 흔히 말하는 자본으로 건물, 땅, 자동차, 돈 등을 의미한다.

㉡ 문화자본: 주로 교육과 훈련에 의해 얻어지는 것으로 외국어 능력, 문화 인식, 학력, 자격증 등을 의미한다.

㉢ 사회자본: 인맥 같은 것이다. 학연 · 지연 · 혈연과 같은 인적 네트워크를 의미한다.

㉣ 상징자본: 상징자본은 위의 세 자본이 합쳐져 형성되며 명예 · 신용 · 평판 등을 의미한다.

② 부르디외에 따르면, 각각의 자본들은 상대적으로 자율적인 가치를 지니고 있다. 물론 경제자본의 중요성을 간과할 수는 없지만 그렇다고 해서 마르크스와 같이 경제자본이 다른 모든 자본을 절대적으로 지배한다는 식의 주장에 대해서는 동의하지 않는다.

구분		내용
경제자본		화폐나 소유권의 제도화된 형태로 즉각 전환 가능한 자본
문화자본	체화된 문화자본	어학, 스포츠 등 지속되는 정신과 신체의 성향 형태
	객관화된 문화자본	그림, 책, 악기, 기계 등과 같은 문화상품의 형태로 존재
	제도화된 문화자본	자격증, 졸업장 등 교육적 성취 형태의 자본
사회자본		혈연, 학연 등 지속적인 네트워크 혹은 상호 면식이나 인정이 제도화된 관계
상징자본		경제·문화·사회자본을 정당한 것으로 변형시키는 자본 신용, 명예, 평판, 위신, 인정, 유명세 등으로 경제자본, 문화자본, 사회자본이 합쳐져 형성된 자본

2. 아비투스(habitus)
   ① 아비투스는 부르디외가 아리스토텔레스의 습관 개념에서 차용했듯, 한 개인이 가지는 취향 또는 관습을 통틀어 일컫는 말이다.
   ② 우리가 일상에서 보이는 습관들이 모두 아비투스라 할 수 있으며, 이것은 사회적 지위, 교육 수준, 사회계층 등에 따라 개인 안에 내면화되어 있다.
   ③ 특정 계급이 가지는 동질적 성향이 아비투스인 것이다. 대기업 총수와 일용직 노동자는 다른 아비투스를 가지게 된다. 누군가는 고급 와인을 마시고, 오페라와 클래식을 즐기지만, 누군가는 소주를 마시고 조기축구와 트로트를 즐기는 것이다.
   ④ 아비투스는 내가 속한 집단에 의해 형성된 성향, 사고, 인지 등의 행동체계를 의미하는 것으로 계급을 재생산한다.
   ⑤ 집단 내 동일한 아비투스를 가지고 있을 때 그들은 연대하지만, 또 한편으로 다른 아비투스를 가진 집단에 대해서는 배타적 성향을 띠는 것이다. '그들과 우리는 달라'라는 생각이다.
   ⑥ 상류층 사람들은 다른 층의 사람들과 자신들을 '구별'지으려 한다. 부르디외는 이를 '구별짓기(dstinction)'라 불렀다. 여기서 중요한 핵심은 지배계급이 아비투스를 매개로 피지배 계급에 '상징적 폭력'을 행사하고, 그 '상징적 폭력'을 통해 지배를 정당화하고 지배질서를 유지한다는 사실이다(Cushion & Jones).
   ⑦ 지배계급의 아비투스는 보편적인 것, 우월한 것, 고상한 것, 더 아름다운 것으로 드러내고 피지배계급의 취향과 습관은 저열하고, 추하며, 열등한 것으로 인식하도록 만드는 것이다.

3. 장(field)
   ① 어떤 (문화)자본도 그 행위자가 속한 사회, 장의 역사적 사회적 맥락을 떠나서 정의되거나 이해될 수 없다.
   ② 현대사회는 다수의 분화된 장들로 이루어져 있다. 과학장, 예술장, 정치장, 경제장, 학문장 등이 있고, 이 장들은 각각의 통용되는 자본이 유형화되어 있다. 가령, 경제장보다 학문장에서는 문화적 자본이나 지식, 자격증 등이 더욱 가치 있는 것이 된다.
   ③ 모든 집단이 그러하듯 그곳에는 투쟁하는 개인들이 존재한다. 이들은 그들이 속한 장 안에서 자신들의 위치를 공고히 하거나 개선하기 위해 '상징투쟁'을 벌이고 있는 것이다. 여기서 핵심은 개인의 행위가 전적으로 자신의 의지에 따른 것이 아니라 장의 내부 논리에 따라 이루어진다는 점이다. 한 사람의 행위는 그 사람이 속해 있는 사회적 장을 대변한다는 의미다. 이는 부르디외 장 개념의 핵심으로 장이 아비투스와 자본과 긴밀하게 연결되어 있음을 보여준다.
   ④ 즉, 사회 내에서 일정한 공간(집단)이 존재하고, 그 장에는 다양한 자본 중 지대적인 가치로 인식되고 통용되는 자본이 유형화되어 있으며, 이는 결국 그 장의 아비투스를 결정하는 요소로 작용하게 된다. 그리고 아비투스를 체화한 사람은 그곳에 머물며 새로 들어온 사람들에게 아비투스를 체화하도록 강제하고 이것이 순환하며 시간이 흘러 그 장의 아비투스를 견고하게 만드는 것이다.

10 스포츠와 사회집단

1. 스포츠집단의 개념

스포츠집단은 특정 스포츠 종목을 매개로 스포츠 팀의 공동 목표와 개인적 과업을 성취하기 위하여 직접적이고 지속적인 상호 작용을 유지・발전시키는 기능집단으로서 성원 간의 상호 의존적 관계를 통하여 경기의 참가와 승리, 운동 수행 능력의 향상 그리고 스포츠 활동을 통한 즐거움을 추구하는 집단이라 할 수 있다.

2. 스포츠집단의 이해

(1) **스포츠집단의 특성**(Landers & Crum)

① 과업수행을 위한 집합 행동

② 집단 성원으로서의 일체감(동류 의식)

③ 집단 존재의 당위성에 대한 외부의 인정

④ 집단 성원에게 영향을 미치는 규칙, 규범, 가치에의 동조

⑤ 사회적으로 연계된 역할 및 지위 체계

⑥ 집단을 유지 발전시키기 위한 노력(응집력)

⑦ 집단 성원간의 일치된 동질감

(2) **스포츠집단의 과제**

① 스포츠집단 과제의 특성(Hackman & Oldham)

스포츠집단 과제의 특성은 집단의 목표 설정에 직접적인 영향을 미치는 과제의 표준화와 집단에 대한 성원 및 집단 자체의 포부 수준 그리고 기능 다양성, 과제 정체성, 과제 중요성, 자율성, 피드백 등에 의하여 결정된다.

㉠ 기능 다양성(skill variety)

ⓐ 집단 구성원 각자가 집단 과제를 효율적으로 수행하기 위하여 동원하는 다양한 활동, 재능, 기능 등을 말한다.

ⓑ 개인 혼영 경기에 참가한 수영선수는 한 가지 영법만을 사용하는 종목 경기에 참가한 선수보다 한층 더 다양한 활동을 수행하며 미식축구에서 공격 라인맨은 패스 플레이와 러닝 플레이를 다 함께 수행하는 다른 라인맨에 비하여 재능과 기능을 발달시킬 수 있는 기회가 적다.

㉡ 과제 정체성(task identity)

ⓐ 집단 구성원 개인이 시종일관 총체적이고 일관된 과제 수행에 참여할 기회를 갖는 정도를 의미한다.

ⓑ 팀 내에서 개인이 각기 다른 과제를 수행하는 팀 스포츠는 개인의 과제 정체성이 확고한 개인 스포츠보다 과제 정체성이 낮으며 육상경기의 경우 릴레이 경기보다 단거리 경기가 상대적으로 높은 과제 정체성을 보인다.

㉢ 과제 중요성(task significance)

ⓐ 집단 구성원 개인이 자신의 활동에 대하여 느끼는 중요성의 정도를 의미한다.

ⓑ 팀 스포츠에서 후보 선수는 자신이 주전선수에 비견할 역할을 수행할 수 있음을 인식함으로써 부여된 과제를 완벽하게 수행할 수 있다. 특히 육상이나 수영에서 계주경기는 낮은 수준의 기능 다양성과 과제 정체성을 보이지만 과제 중요성의 수준은 높다.

㉣ 자율성(autonomy)

ⓐ 집단 구성원 각 개인이 규칙 및 규정의 통제 없이 독립적이고 자유롭게 활동할 수 있는 정도를 의미한다.

ⓑ 자율성의 증가는 개인에게 과제 수행 결과의 성공과 실패에 대한 개인적 의무감을 부여하기 때문에 개인은 과제 수행에 대한 책임감을 강하게 느낀다.

㉤ 피드백(feedback)

ⓐ 과제수행을 통하여 성원 개인에게 제공되는 과제 수행 효율성에 관한 직접적이고 실증적인 정보를 의미한다.

ⓑ 코치나 팀 동료로부터 얻어지는 것이 아니라, 활동 그 자체에 대한 수행으로부터 얻어진다.

② 스포츠집단 과제의 유형

㉠ 운동수행 중에 있어서 선수와 과제의 상호의존도에 따른 스포츠활동 유형(Carron & Chelladurai)

ⓐ **독립스포츠**: 집단 과정을 위한 활동의 조정이 전혀 요구되지 않는 볼링, 양궁, 사격과 같은 스포츠를 말한다.

ⓑ **공동작업적 의존스포츠**: 성원 각자가 동시에 똑같은 과제를 수행하는 조정과 같은 스포츠를 말한다.

ⓒ **반동-전향적스포츠**: 개인의 활동이 연속성의 성격을 띠고 행해지는 야구에서의 투수와 포수 혹은 배구에서의 세터와 스파이커 등에게 요구되는 과제를 수행하는 스포츠를 말한다.

ⓓ **상호작용적 의존스포츠**: 성원이 집단 효율성의 향상을 위하여 상호간에 의존적 관계를 유지하는 스포츠로서 단체 구기경기가 이에 속한다.

㉡ Steiner는 스포츠집단 과제의 유형을 3가지 문제에 근거하여 포괄적으로 분류하였다.

ⓐ **과제의 분할 여부**: 어떠한 과제는 분할이 가능한 반면 다른 과제는 일체적 속성을 띠기 때문에 분할될 수 없다는 것이다. 즉, 계주 경기의 과제는 분할 수행되는 반면 조정 경기의 과제는 일원적으로 수행된다.

ⓑ **집단 수행 결과의 측정기준이 질적인가 혹은 양적인가 하는 문제:** 피겨스케이팅과 체조는 질적인 측면이 측정의 기준이 되는 반면 역도와 육상경기의 운동수행 결과는 양적인 기준에 의하여 측정된다.

ⓒ **개인의 집단 활동에의 투입과 집단과제 수행 결과의 관련성:** 이에 기초한 과제의 유형으로는 가산과제, 보상과제, 개인해결 분리과제, 집단해결 분리과제, 단일 결합과제, 분할가능 결합과제 등이 있다.

(3) 스포츠집단의 규모

① 스포츠집단 규모와 집단과제 유형

㉠ 가산과제

ⓐ 집단규모의 증대는 집단 효율성을 증가시키는데 레슬링 경기의 단체 경기 성적이 이에 해당한다.

ⓑ 스포츠 집단 구성원의 개인적 운동수행능력이 스포츠 집단의 운동수행 능력으로 합산되어 산출되는 것으로서 레슬링, 체조, 육상경기에서 개인의 경기 결과가 팀 성적으로 종합 산출되는 것을 의미한다.

㉡ 보상과제

ⓐ 보상과제의 집단 규모와 집단효율성의 관계는 가산과제와 동일하며 체조경기의 배심원 집단이 이에 해당된다.

ⓑ 개인적인 경기성적을 평균하여 팀의 성적이 산출되는 과제로서 체조, 다이빙, 피겨스케이팅과 같이 여러 번의 운동 수행 성적을 총합적으로 평균하거나 또는 최고점과 최하점을 제외한 성적의 평균치에 의하여 평가되는 과제를 의미한다.

㉢ 개인해결 분리과제

ⓐ 집단과제는 능력 있는 한 개인에 의하여 충분히 수행되며 집단 규모가 증대함에 따라 반드시 집단 효율성이 증가하는 것은 아니다. 예컨대, 야구 경기에서 개인 타율이 과제 수행능력을 충분히 반영하지만 팀의 효율성에 반드시 긍정적인 결정적 영향을 미치지는 않는다.

ⓑ 집단 과제를 수행하는 과정에서 야기된 문제는 반드시 해결되어야 하며 문제의 해결은 옳든 그르든 간에 성원의 집약된 의견으로부터 개진됨을 전제로 하는 것으로서 야구경기에서와 같이 성원 각자가 자신의 타율에 관심을 가지고 이를 바탕으로 수행되는 팀의 과제가 이에 해당된다.

㉣ 집단해결 분리과제

ⓐ 한 개인의 활동으로 집단 과제는 충분히 수행되며 또한 집단의 규모가 커질수록 집단 효율성에 보다 광범위한 영향을 미친다. 예를 들면, 대표선수나 올스타 팀의 선수를 선발할 경우 이에 관여하는 코치와 감독의 수가 많을수록 효율적이다.

ⓑ 집단에서 제기된 문제를 집단에 의하여 해결하려는 과제를 의미하는 것으로서 대표 선수를 선발하는 데 있어서 선수선발위원회나 강화위원회 혹은 이사회 등에 의하여 수행되는 과제가 이에 해당한다.

㉤ 단일 결합과제

ⓐ 집단의 규모가 증대할수록 집단 효율성의 감소를 가져오는데 등산 팀의 경우가 이에 해당한다.

ⓑ 개인의 역할 조화가 불가능한 과제로서 집단 내에서 가장 부진한 성원에 의하여 집단의 수행 능력이 평가되는 유형의 과제를 의미한다. 예컨대, 가장 늦게 도착한 선수를 기준으로 순위를 결정하는 등반 경기가 이에 해당된다.

㉥ 분할가능 결합과제

ⓐ 집단 규모의 크기는 집단 구성원이 자신에게 부과된 역할을 적절히 수행한다면 집단 효율성과 정적인 상관을 유지하는데 대부분의 스포츠가 이에 해당한다.

ⓑ 모든 성원의 총체적 노력에 의하여 성공적으로 수행되지만 분할이 가능한 과제를 의미하며 이러한 과제는 스포츠 현장에서 전형적으로 나타난다. 예컨대, 배구경기의 일부 선수가 세터나 스파이커로 선정되고 축구 및 농구경기에서 특정 선수의 운동 능력을 최대한 활용하기 위하여 특수한 전략이 마련된다.

② 스포츠집단 규모와 집단과제 수행

스포츠집단의 규모는 집단의 과제 수행과 일반적으로 정적인 관계를 유지하지만 집단과제의 목표 및 과제 유형에 따라 불규칙적인 관련성을 갖는다.

(4) 스포츠집단의 활동영역

① 스포츠팀의 활동영역의 물리적 구조와 시설 설치는 선수와 팬의 상호작용에 영향을 미치기도 한다.

② 집단 활동영역은 물리적 영역 이상의 소유 권한 인식을 표출케 하며 집단 사기 및 개인적 만족감, 통제, 표식 및 상징물, 지위 등과 상호 관련성이 있다.

통제 수준에 따른 집단의 활동영역의 유형(Altman)

활동영역 유형	집단통제 수준	집단에 의한 통제기간	스포츠
일차적 활동영역	통제가 강력하고 직접적이며 다른 집단의 접근을 제한하고 적극적으로 방어한다.	장기적이고 영구적이며 소유권과 관련짓는다.	프로팀의 탈의실이나 경기장
이차적 활동영역	적정수준의 통제를 유지하며 활동영역을 집단의 전유물로 여기고 관습적인 소유 의식을 지닌다.	단기적이고 일시적이다.	두 팀 이상이 공유하는 연습장, 탈의실 혹은 경기장 등의 경기 관련 시설

공공 활동영역	통제 수준이 약하며 활동영역을 사용할 경우에만 통제권을 행사하고 미사용 시에는 통제권을 포기한다.	최소한의 기간에 국한되며 거의 통제하지 않는다.	공공 테니스 코트, 자유시간대의 대학 실내체육관 및 공공경기장

③ 일차적 활동영역은 개인이나 집단이 독점적으로 점유하고 다른 집단이나 개인에게 자신의 영역임을 분명히 인식시키며 점유자에 의하여 거의 영구적으로 통제되는 점유자의 생활중심 영역이다. 이러한 예는 대학 및 프로 축구팀이나 야구팀이 자기 팀의 운동장, 연습장, 웨이트 트레이닝장 등에 대한 일반인이나 타 학생 또는 다른 팀의 사용 제한에서 찾을 수 있다.

④ 이차적 활동영역은 개인이나 집단이 일차적 영역보다 다소 낮은 수준의 통제와 소유권을 행사하는 영역을 의미하며 여러 종목의 팀을 소유한 대학 및 고등학교에서 모든 팀들이 탈의실, 체육관, 운동장 시설을 함께 사용하는 것이 이에 해당된다. 만약 여러 팀이 동일한 시간에 공유시설을 사용하려면 활동구역의 경계선을 임시 설정할 수 있는데 이러한 경우 활동영역의 침해에 대한 문제가 발생한다. 예컨대, 아이스하키, 미식축구, 하키에서 센터라인은 흔히 경기 전의 준비운동을 위하여 두 팀의 활동 영역을 제한하는 경계선으로 간주되며 어떠한 경우에도 상대 팀의 영역에 사전 예고 없이 진입해서는 안 된다.

⑤ 공공 활동영역은 활동영역에 대한 통제가 일시적이며 불특정 다수가 자유롭게 출입하고 점유권을 행사할 수 있는 영역으로서 교내의 실내 체육관이나 공용테니스장에서 출입 순위에 따라 조건 없이 체육관과 테니스 코트를 사용하거나 각기 상이한 시간에 입장한 다른 집단과 함께 동시에 사용할 수 있는 활동영역을 의미한다.

3. 스포츠와 집단 구성

(1) 집단 구성의 정의

① 집단 구성은 집단을 형성하는 구성원의 다양한 특성을 의미하며 집단 구조와 밀접한 관련성을 지닌다.

② 집단 구조가 구성원 간의 비교적 고정적이고 유형화된 상호관계를 의미한다면 집단 구성은 구성원의 개인적 특성에 의하여 규정되는 집단의 특성 또는 동질 집단의 성원이 갖는 총체적인 특성을 의미한다(McGrath).

③ 집단 구성이란 집단을 구성하고 있는 성원의 개인적 특성의 총합이자 그러한 특성의 총합에 의하여 표출되는 특성이라고 할 수 있다. 그리고 스포츠 집단 구성은 스포츠 집단 효율성과 관련지어 팀 성원이 지니고 있는 일반적, 특이적 특성을 의미한다.

(2) 스포츠집단 구성원의 특성

스포츠집단 구성원의 특성은 일반적으로 구성원이 지니는 가장 높은 빈도의 특성으로 이해되며 이를 집단 성원의 최빈 특성이라 한다. 스포츠집단 구성원의 개인적 특성은 일반적으로 신체적, 사회적, 성격적 특성 등으로 분류된다.

① **신체적 특성**

㉠ 스포츠에 있어서 경쟁은 신체적 능력을 바탕으로 이루어지기 때문에 개인의 신체적 특성은 스포츠 상황에서 중요한 의미를 지닌다.

㉡ 스포츠 집단에 있어서 신체적 최빈 특성은 특정 스포츠에서 발견되는 체형과 체격을 통하여 제시된다.

ⓐ 남녀를 불문하고 운동선수는 비운동선수에 비하여 중배엽형의 체형을 지니고 있는 것으로 나타났다.

ⓑ 종목에 따라 중배엽형 분포가 상이하게 나타나지만 일반적으로 신체적 접촉 빈도가 빈번한 투기 종목의 남자 선수가 특히 높은 빈도의 중배엽형을 보인다.

㉢ 신체적 특성의 유형은 운동수행 뿐만 아니라, 행동 및 체질의 다양한 유형 그리고 사회적 이미지와도 밀접한 관계가 있다. 특히 체격과 체질은 심리적 상황의 상이에도 불구하고 개인에게 행동자극에 더욱 많은 영향을 미치는 요인으로 작용하기 때문에 활동적 체형과 중배엽형의 상관관계는 매우 높다.

㉣ Sheldon은 자극 욕구 수준이 높은 중배엽형의 신체적 특성을 지닌 사람의 퍼스낼리티를 다음과 같이 열거하고 있다.

ⓐ 신체적 모험을 선호한다.

ⓑ 운동에 대한 욕구와 즐거움이 강하다.

ⓒ 위험하고 확률적인 활동을 즐긴다.

ⓓ 신체적 호전성이 높다.

ⓔ 경쟁적이고 공격적이다.

ⓕ 고통에 대한 인내력이 강하다.

ⓖ 적극적으로 의사를 표시한다.

ⓗ 불화가 발생하면 신체적 행동이 앞선다.

ⓘ 신경질적인 반응을 보이지 않는다.

ⓙ 목표에 대하여 활동지향적이다.

② **사회적 특성**

㉠ 스포츠집단 구성원의 특성은 연령, 인종, 성, 사회경제적 지위 등과 같은 사회적 정체감, 즉 사회적 특성에 따라 특징지어진다.

㉡ 스포츠집단 구성원의 출생서열은 스포츠집단의 구성을 분석하는 데 있어서 중요한 변인으로 여겨지며 스포츠집단 구성원의 사회적 특성을 가늠할 수 있는 지표이기도 하다.

㉢ 출생서열은 사회심리학적 요인과 밀접한 관계를 지닌다. 장자는 차자보다 두려움을 많이 느끼며 고통에 대한 인내력이 부족하고 위험한 상황에 대한 극복의지가 약하다.

㉣ 스포츠참여와 출생서열의 관계를 살펴보면 차자가 장자보다 스포츠에 대한 선호도가 높으며 여성의 경우에도 차녀가 장녀보다 높은 수준의 스포츠참여도를 보인다(Landers).

③ 성격 특성

㉠ 대부분의 사람은 스포츠집단 구성원 개인의 성격특성과 스포츠 참가는 매우 밀접한 관계가 있는 것으로 여긴다. 즉, 개인의 성격특성이 스포츠 참가에 어떠한 형태로든 묵시적, 현시적으로 영향을 미친다.

㉡ 스포츠에 적극적으로 참여하는 사람은 신체적 접촉, 대인간 경쟁, 고통, 모험 감수, 사회적 상호작용, 빠른 속도 등과 같은 자극을 통해 욕구를 충족하는 반면 스포츠에 소극적으로 참여하는 사람은 자극 욕구 수준이 낮거나 관전자의 입장에서 대리 참여가 가능한 스포츠를 선호한다.

4. 스포츠집단의 유형

(1) 분류기준에 따른 유형

① 공식집단

스포츠의 조직적 관리와 운영을 위해 관료적 성격을 띤 스포츠 관련 경기단체 및 스포츠 관련 행정 조직 등을 의미한다. 집단 유지의 기간에 따라 선수선발 위원회와 같은 한시적 공식집단과 집단내부보다는 집단 외부의 환경에 적극적으로 대응하는 각종 스포츠 팀과 같은 영속적 공식집단으로 구분한다.

② 비공식집단

스포츠를 매개로 하여 집단 구성원간의 자발적 참여와 정서적 상호 유대를 바탕으로 형성된 자생 스포츠 동호인 집단을 의미한다.

③ 학교의 체육학습 집단

학교 교육과정의 일부인 체육 교과학습을 위하여 체육교사에 의하여 수행되는 스포츠 활동 집단을 의미한다.

④ 학교 및 직장의 스포츠 대표팀

학교 및 직장에 있어서 구성원의 인화와 조직의 결속 그리고 조직의 대외 홍보를 위하여 결성된 스포츠집단을 의미한다.

⑤ 직장 및 지역사회의 스포츠 동호인 클럽

생활체육에 대한 개인적, 사회적 욕구를 충족하기 위하여 자발적이고 비공식적으로 형성된 스포츠집단을 의미한다.

⑥ 프로스포츠 팀

스포츠를 생업의 수단으로 여기는 선수 및 지도자와 스포츠의 대중문화적 가치를 이윤 추구의 수단으로 활용하는 프로스포츠 구단주에 의하여 구성된 스포츠집단을 의미한다.

(2) 집단 과제의 성격에 따른 유형

① 스포츠집단은 과제 요건, 구성원 자원, 집단 과정 등에 의하여 특징 지워지는 집단 과제에 따라 다양한 유형으로 구분된다.

㉠ **과제 요건**: 경기를 수행하는 데 근본적으로 요구되는 경기 규칙이나 경기 진행 방식과 같은 실제 규정을 의미한다.

㉡ **구성원 자원**: 스포츠 집단 성원이 개별적으로 소유하고 있는 스포츠에 대한 기능, 능력, 지식 등을 의미한다.

㉢ **집단 과정**: 집단의 효율적인 운동수행 능력을 위하여 체계화된 성원 간의 상호작용을 말한다.

② 집단 과제에 따른 스포츠 집단의 유형은 집단 과정과 조화성의 정도에 따라 동시성 팀 스포츠와 연속성 팀 스포츠로 구분된다.

㉠ **동시성 팀 스포츠**: 줄다리기와 같이 성원의 운동능력 발현이 동시에 요구되는 스포츠집단을 말한다.

㉡ **연속성 팀 스포츠**: 체조 및 볼링 경기와 같이 성원 개인의 운동수행 능력이 총체적으로 평가되는 스포츠집단을 말한다.

㉢ 팀의 목표 달성을 위하여 성원에게 다양한 하부 과제를 요구하는 농구와 같은 단체 구기 종목의 팀 스포츠는 동시적 과제와 연속적 과제를 함께 수행하는 복합적 특성이 있다.

5. 스포츠집단의 분류와 형성 원인

스포츠집단은 집단의 공식성에 따라 공식집단과 비공식집단, 생애주기에 따라 단계별 스포츠집단, 결합의지와 친밀성에 따라 1차 집단과 2차 집단 등으로 구분된다. 또한, 공식집단은 조직의 공식적 구조설계를 통해 형성되며, 비공식집단은 참여자의 개인적 욕구와 집단 내의 역학적 관계를 통해 형성된다.

(1) 공식 및 비공식 집단

집단을 공식집단과 비공식집단으로 나누는 것은 집단의 형성원인과 집단의 기능에 나타나는 상대적 차이에 따른 분류이다.

① 공식집단(formal group)은 조직의 공식적인 목표추구를 맡기기 위해 조직이 만든 집단이며 높은 수준의 조직 구성을 지닌다. 전문 스포츠 팀, 스포츠 유관 경기단체, 행정조직 등이 공식집단에 속하며 이들은 수직적 상하관계에 의해 운영된다. 공식집단은 조직이 공식적으로 인정하고 지지하며 조직의 목표나 임무는 비교적 명확하게 규정되어 있다. 공식집단은 존속기간을 기준으로 지속 집단과 잠정 집단으로 나누어 볼 수 있으며, 위계질서를 기준으로 명령 집단과 과업 집단으로 분류할 수 있다(Randall).

지속 집단 (permanent formal group)	조직 내의 상설위원회, 참모집단 등 일정한 존속시한이 명시되어 있지 않은 공식적 집단
잠정 집단 (temporary formal group)	특정한 과제의 처리를 위해 시한부로 만든 집단
명령 집단 (command group)	대한체육회, 국민체육진흥 공단 등 상관과 부하 사이의 상명하복의 관계가 공식적으로 설정되어 있는 집단
과업 집단 (task group)	스포츠혁신위원회와 같이 특정한 과업의 수행을 위해 다양한 관심과 전문성을 지닌 사람들이 모인 집단

② 비공식집단(informal group)은 사람들이 개인적 욕구충족을 위해 자발적으로 구성하는 집단이다. 사람들 간 여러 가지 비공식적인 관계를 맺게 되고 그러한 비공식적인 관계가 일정한 형태를 갖추게 되면 비공식집단으로 발전하게 된다. 특히 스포츠를 매개로 집단 구성원 간의 자발적 참여와 정서적 유대에 기반을 두어 형성된 자생적 스포츠 집단을 비공식집단이라 한다. 스포츠에서 비공식집단은 참가와 참가 중단이 비교적 자유로운 임의적 성격을 가지며 수평적인 인간관계를 토대로 시작하지만 조직의 효율적 운영을 위해 어느 정도의 조직 구조를 지니기도 한다. 비공식적 집단은 지위, 소속, 장소를 기준으로 수평적 집단, 수직적 집단, 혼합적 집단으로 구분할 수 있다.

수평적 집단 (horizontal group)	기수 모임, 동기 모임 등 조직 내의 지위가 대체로 같은 사람들이 모여 구성하는 집단
수직적 집단 (vertical group)	직장 내 스포츠 동아리 등 같은 계통의 직업에 종사하지만 계급은 서로 다른 사람들이 모여서 구성하는 집단
혼합적 집단 (mixed group)	지역 테니스 클럽, 배드민턴 클럽 등 직업, 지위, 소속 등이 서로 다른 사람들로 구성된 집단

(2) 단계별 스포츠 집단

생애주기란 사람의 생애를 개인이나 가족의 생활에서 발생하는 커다란 변화를 기준으로 하여 일정한 단계로 구분한 과정을 의미한다. 스포츠 집단은 이러한 생애주기에 따라 학교체육 학습 집단, 학교 및 직장의 아마추어 스포츠 팀, 생활체육동호인 집단, 프로스포츠 팀으로 구분할 수 있다.

① 학교체육 학습 집단은 한명의 교사와 다수의 학생들로 이루어진 집단으로 비교적 단순한 형태를 지니고 있다.

② 학교 및 직장의 아마추어 스포츠 팀은 구성원의 건강, 단합, 화합, 홍보 등을 위해 만들어진 스포츠 집단이다. 별도의 조직을 통해 팀이 지원 받기도 하며, 학교나 직장 내외의 다양한 조직과 관계를 맺고 있다.

③ 생활체육동호인 집단은 대표적인 비공식 집단으로서 어린이로부터 고령층에 이르기까지 인간의 전 생애에 걸친 대상이 집단의 구성원이 된다. 생활체육동호인 집단의 주목적은 신체활동의 부족, 자기표현의 기회 상실, 인간관계 단절, 스트레스 등과 관련하여 신체활동을 통하여 체력을 단련하고 삶의 질을 향상시키는데 있다.

④ 프로스포츠 팀은 생업의 수단으로 스포츠에 참여하는 구성원과 수익을 창출하여 이윤을 얻고자 하는 구단주의 이해관계에 의해 조직되었으며, 목적을 달성하기 위해 높은 수준의 조직체계를 지닌 구조화된 집단이다.

(3) 1차 및 2차 집단

Cooley, Luthans은 구성원의 접촉 방식에 따라 사회 집단을 1차 집단과 2차 집단으로 구분하였다.

① 원초적 집단이라고도 불리는 1차 집단은 구성원 간의 대면적 접촉과 친밀함을 기반으로 결합되어 전인격적 관계가 주를 이룬다. 1차 집단은 개인의 인성이나 가치관을 형성하는 데 근본적인 영향을 미친다. 직접적인 대면 접촉, 친밀감, 집단의 소규모성, 관계의 지속성 등이 1차 집단 형성의 기본 조건이 되며, 도덕, 관습 등 비공식적 통제가 이루어진다. 생활체육 동호인, 학교스포츠클럽, 공공스포츠클럽 등 대부분의 스포츠 집단은 1차 집단의 성격을 나타낸다.

② 2차 집단은 집단 구성원 간의 간접적 접촉과 특정한 목적 달성을 위한 수단적인 만남을 바탕으로 인위적으로 결합되고, 구성원들의 극히 부분적 관계로 이루어진 집단을 의미한다. 이 집단은 사회화 효과가 2차적일 뿐만 아니라 1차 집단보다 나중에 발달된 인위적 집단이다. 학교 운동부, 스포츠 관련 협회, 기관, 연맹 등 관계가 수단적이고 형식적인 집단이 2차 집단에 포함된다.

(4) 스포츠 집단의 형성 원인

Marvin은 집단 형성의 원인 중 참여의 이유를 6가지로 설명한다.

① 욕구 충족

자발적으로 스포츠 집단에 참여하는 가장 핵심적인 이유는 참여자가 자신의 특정한 욕구를 충족시킬 수 있다고 생각하기 때문이다. 집단에 참여함으로써 개인이 충족시키려는 욕구는 건강욕구, 안전욕구, 애정적 욕구, 긍지욕구 등 다양한 형태로 나타난다.

② 개인 간의 인력 또는 매력

참여자들 간 대인적으로 서로 매력을 느끼고 이끌리는 관계가 형성되면 그들이 함께 집단에 참여하고 집단 형성에 가담할 가능성이 높아지게 된다. 개인 간의 인력을 형성하는 요인으로는 장소적 근접성, 교호작용, 매력적인 외모, 교호작용 하는 참여자의 유사성, 다른 참여자의 능력에 대한 지각 등을 예로 들 수 있다.

③ 집단의 활동

개인은 집단 구성원들이 하고 있는 활동에 매력을 느껴 집단에 참여할 수 있다. 집단의 목표가 긍정적일 경우 집단의 활동 자체가 그 집단의 매력을 결정하게 되는 주요 원인이 될 수 있다. 예를 들어, 테니스를 별로 즐기지 않는 사람도 테니스 동호인끼리의 여러 가지 사교적 활동이 마음에 들어 테니스 동호회에 가담할 수 있다.

④ 집단의 목표

집단의 목표는 집단 형성에 매우 중요한 역할을 담당한다. 대부분의 경우 집단의 목표에 찬성하는 사람들이 집단 형성에 참여하기 때문이다. 동일한 종목의 스포츠 동호회라 하더라도 어떠한 집단은 단순히 건강과 스트레스 해소가 목표일 수 있고, 어떠한 집단은 경쟁과 승리를 목표로 할 수 있다.

⑤ 집단구성원으로서의 자격

집단구성원으로서의 자격 또는 집단에 참여하여 구성원이 된다는 이유만으로 집단에 참여하기도 한다. 사람들은 특정한 집단에 참여함으로써 귀속감을 느끼고 사회적으로 지지를 얻으려는 욕구를 가지고 있기 때문이다.

⑥ 집단참여의 수단적 가치

사람들은 집단에 참여함으로써 집단 밖에서 어떠한 목적을 달성하려 할 때가 있다. 예를 들어, 특정한 동호회에 가입함으로써 관련 운동 장비를 저렴하게 구입할 수 있다든지, 정치적 홍보를 위해 다수의 동호회에 동시에 가입하는 것은 집단의 목표가 아닌 집단 밖의 다른 목표에 이끌리고 있기 때문이다.

스포츠 집단의 형성 원인

스포츠 집단은 스포츠계에서 소정의 목표를 달성하기 위해 모인 집단으로 학생, 선수, 일반인 등 모든 사회 집단에서 형성될 수 있고 각 스포츠 집단의 스포츠 참여의 수준도 다양하다. 스포츠 집단이 하나의 '집단'으로 형성되기 위해서는 집단의 목표설정, 참여 구성원의 결집, 임무 및 역할의 설정이 이루어져야 한다. 먼저, 집단이 형성되기 위해서는 다양한 원인(요인)이 필요한데, Marvin E. Shaw는 집단의 형성 원인을 6가지로 설명하였다. Shaw는 이러한 원인들이 복합적으로 작용하여 사람들이 집단을 형성하고, 집단 내에서의 상호작용을 통해 집단의 구조와 기능이 발전한다고 설명하고 있다.

1. 공통의 목표(Common Goals)이다. 집단은 공통의 목표를 공유하는 사람들이 모일 때 형성된다. 사람들은 특정한 목표를 달성하기 위해 서로 협력할 필요성을 느끼고 집단을 형성한다.
2. 상호 의존성(Interdependence)이다. 집단 구성원들은 서로의 행동에 영향을 미치고, 이러한 상호 의존성은 집단 형성을 촉진합니다. 각 구성원이 자신의 역할을 다하고 다른 구성원들의 역할을 지원함으로써 집단은 기능할 수 있습니다.
3. 사회적 상호 작용(Social Interaction)이다. 사람들이 상호 작용하는 과정에서 자연스럽게 집단이 형성된다. 빈번한 상호작용은 사람들 간의 유대감을 강화하고, 집단을 형성하고 유지하는 데 중요한 역할을 한다.
4. 규범과 가치(Norms and Values)이다. 공통의 규범과 가치를 공유하는 사람들 사이에서 집단이 형성될 가능성이 크다. 이러한 규범과 가치는 집단의 행동을 지배하고, 구성원들이 집단의 일원으로서 일체감을 느끼게 한다.
5. 동질성(Homogeneity)이다. 유사한 배경, 관심사, 또는 특성을 가진 사람들끼리 집단이 형성되는 경향이 있다. 동질성은 집단 내의 의사소통을 원활하게 하고, 구성원들 간의 유대감을 높인다.
6. 외부 압력(External Pressure)이다. 외부의 압력이나 위협으로 인해 사람들이 집단을 형성하기도 합니다. 외부의 위협으로부터 자신을 보호하거나 집단의 목표를 달성하기 위해 사람들이 뭉치게 된다.

6. 스포츠집단의 발달 과정

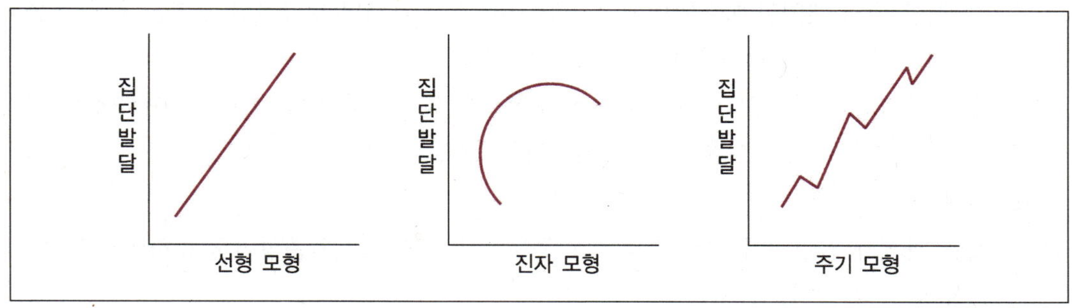

집단 발달 모형(Carron)

(1) 선형 모형

선형 모형에 의하면 집단의 발달은 진보적 변화에 따라 직선적으로 이루어진다. 집단 변화의 각 단계에서 문제가 제기되고 해결됨으로써 지속적인 집단 발달이 이루어진다. 다섯 단계는 첫째, 각 단계가 순차적 연속성을 지니고 둘째, 집단의 성격과 유형에 따라 각 단계에서 요구되는 경과기간이 각기 다르며 셋째, 집단의 생산성을 기대하려면 다섯 단계를 단계적으로 거쳐야 하는 등의 특성을 지닌다.

① 형성 단계

㉠ 집단 성원이 상호 친밀감을 유지하고 집단의 과제를 명료하게 인식하는 단계로서 집단이 지향하는 방향을 설정하는 단계이다.

㉡ 교내 및 대교 농구 경기에 출전할 팀을 구성하려면 성원 간의 친밀감뿐만 아니라, 성원 각 개인의 농구 경기 기능과 경기 운영 능력 그리고 공격 및 방어담당 역할에 대한 결정이 우선되어야 한다.

② 격동 단계

㉠ 집단 내의 의견이 상충하여 긴장과 갈등이 야기되기 때문에 지도자에 대한 저항과 과제 자체에 대한 의문이 제기되는 단계이다.

㉡ 스포츠 집단에 있어서 격동 단계는 공격 및 방어체제의 형태, 경기상황에서의 의사 결정권자 그리고 경기 위치에 따른 역할 등을 결정하는데 있어서 다양한 의견이 제시・반영되는 단계이다.

③ 규범화 단계

㉠ 격동 단계를 거치면서 집단의 사회관계를 확립하고 과제의 생산성을 극대화하기 위하여 집단의 규범과 역할이 정형화되는 단계이다.

㉡ 규범화 단계를 통하여 스포츠 집단에 있어서 선수 개인의 과제 지향적 역할과 사회정서적 역할이 결정되며 나아가 집단 목표에 대한 응집력과 집중력이 생성된다.

④ 수행 단계

㉠ 집단 내의 대인관계가 안정되고 집단 에너지가 과제의 성공적인 수행을 위해 집중되며 높은 수준의 과제 수행을 지향하는 단계이다.

㉡ 수행 단계에서 스포츠 집단의 모든 구성원은 팀 성공을 달성하기 위하여 자신의 위치와 지위에 적합한 역할을 명확히 인식하고 만족스럽게 수행한다.

⑤ 해체 단계

집단 과제가 완성되어 성원의 의무가 종료되고 성원간의 의존성이 감소하여 집단 해체의 가능성이 상존하는 단계이다.

Tuckman의 시계적 단계 이론	
형성 단계	구성원 상호 간의 호감이나 우애에 의해 정보를 전달하고 성원 상호 간의 관계와 집단 상황에 대해 적응해 가는 단계
격동 단계	구성원은 타인에 대한 불만과 구성원 간의 경쟁 그리고 절차에 대한 의견 차이로 갈등을 겪게 되는데 이러한 갈등 상황의 해결책을 모색하는 단계
규범화 단계	응집력과 조화성이 증가하고 역할 및 상호 관계 체계가 확립되면서 집단의 구조적 요소와 행동에 대하여 동조하는 단계
수행 단계	집단이 통일체로서 과제 성취와 생산성을 강조하고 높은 수준의 과제 수행을 지향하는 단계
해체 단계	집단 구성원의 의무가 종식되고 성원 간의 의존 관계가 감소하며 과제가 성취되어 집단 목표가 완성됨으로써 집단 구조가 붕괴되는 단계

(2) 진자 모형

① 집단의 형성 및 발달 과정이 선형적으로 이루어지지 않는다고 주장하고 집단의 발달 과정에 있어서 대인 관계의 변화를 중시한다.

② 집단 발달의 모든 과정은 안정되고 만족스러운 상황에서 이루어지는 것이 아니라, 특정 과정에서 집단 내의 갈등, 긴장, 불만족이 발생하여 집단 응집력의 부침 과정을 겪으면서 집단 발달의 변화가 진자의 형태를 띤다는 것이다.

③ 스포츠 집단은 진자 모형을 설명하기에 적합한 실증적 자료를 제공하는 경우가 많다.

④ Schutz는 모든 집단의 발달 과정은 세 가지 요구 수준에서 발생하는 집단 내 대인 간의 관계성에 의하여 불규칙적으로 이루어진다고 주장한다.

㉠ 성원으로의 포섭

㉡ 집단의 위계 질서를 위한 통제

㉢ 성원 간의 정서적 유대

⑤ Schutz의 진자 모형은 선형 모형과 유사하지만 집단이 존속하는 동안 세 가지 문제가 반복적으로 재발함으로써 집단 발달의 또 다른 주기를 형성한다는 점에서 선형 모형과는 다르다.

(3) 주기 모형

① 집단 발달에 있어서 성원은 심리적으로 집단의 해체 또는 휴식기의 준비를 전제로 한다는 이론이다.

② 생애주기 모형은 상담과 심리요법 및 임상적 상황 등에 근거를 둔 것으로서 비교적 짧은 기간에 형성된 집단에 적용되는 이론이다.

③ 주기 모형이 적용되는 기간에는 성원 간의 친밀감, 의존성, 친화력 등이 향상되지만 집단의 존재 가치가 상실되면서 집단의 해체 또는 휴식이 주요 관심사로 대두된다.

④ 집단의 해체 시기가 가까워지면 집단을 유지하거나 집단에 활력을 재충전하려는 다양한 활동이 증가된다. 특히 주기 모형은 스포츠 집단에서 그 예를 찾기 쉬운데 학교 대표팀은 일반적으로 15~20게임을 마친 후, 성인 아마추어 스포츠팀과 프로스포츠팀은 일정 시즌이 종료되면 팀 해체나 휴식의 문제가 제기되며 다음 경기시즌이 재개되면서 또 다른 형태의 주기적 발달을 경험하게 된다.

⑤ 주기 모형의 다섯 단계(Garland, Kolodney, & Jones)

㉠ **입회(가입전)**: 개인이 집단에 가입할 가능성을 탐색한다.

㉡ **권력 및 통제**: 집단성원이 집단 내의 관계를 규정하고 공식화하며 평가한다.

㉢ **친밀감**: 대인관계가 심화되고 협력 및 공유의식이 강화된다.

㉣ **차별화**: 응집력이 향상되고 집단 내 다른 성원과의 개별화가 강화된다.

㉤ **종료-해체**: 사회적 상호작용과 의사전달이 집단의 유지에 집중됨으로써 이전의 집단 활동에 대한 추억 및 평가가 회상된다.

7. 스포츠와 집단구조

스포츠에 있어 집단구조는 일반적인 집단구조가 지니는 공동목표와 규범 그리고 대인관계, 지위관계, 상호작용 등을 공유한다(Leonard). 즉, 스포츠는 소집단의 일종으로서 집단 구성원을 가지며 스포츠집단의 공통 목표인 승리쟁취를 목적으로 하고 있으며 이를 달성하기 위해 구성원의 지위와 역할 그리고 이를 규제하는 규범 및 지속적인 상호작용 등을 수반한다는 점에서 집단구조의 성격을 갖는다 하겠다. 이러한 스포츠 집단의 구조적 요인은 구성원의 위치, 지위, 역할, 규범, 지도자 행동유형, 집단 응집력 등으로 구성된다(Landers).

(1) 스포츠집단 내 위치

① 집단 내 위치는 개인이 집단에서 존재하는 공간적 자리를 의미하며 스포츠에 있어서 집단 내 위치는 센터, 가드 혹은 공격수, 수비수 등을 말한다.

② 집단 내 위치는 집단에 중요한 영향을 미치며 특히 위치의 구심성은 팀의 주장이나 중심적 선수 혹은 팀 지도자로 선정될 가능성을 예측하는 준거가 된다. 구심성은 전체 집단에서의 지리적 위치만을 의미하는 것이 아니라, 집단 내 상호작용의 체계가 중심적으로 행해지는 위치까지도 포함한다.

③ 실질적으로 지배적 위치를 점유하려면 특정 위치를 차지하는 개인이 더욱 강력한 지배성향을 띠고 집단 내에서 더욱 가치 있는 존재가 되어야 할 뿐만 아니라, 더욱 높은 지위와 위광을 지녀야 한다.

(2) **스포츠집단 내 지위**

① 개인은 한 집단에 소속되어 성원과의 상호작용을 통해 역할의 분담을 수행함으로써 특정 위치와 지위를 차지하게 되는데 지위는 집단 성원 간의 상호작용에 영향을 주는 신념, 지각, 평가에 의해 결정된다(Carron).

② 지위라는 용어는 일반적으로 권위, 권력, 사회적 영향, 중요성 등과 더불어 사용되는데 이들은 지위와 단순히 동의어로 사용될 뿐만 아니라, 지위 분화와 관련되어 집단구조의 중요 요인으로 여겨지기도 한다.

③ 권위는 지배적 위계를 의미하며 지위와 관련 지위 집단에 따라 상이한 양상을 보인다. 스포츠 팀 내에서 권위적 위치를 차지하는 선수는 다른 선수보다 높은 지위를 점유하며 높은 지위에 있는 선수는 일반적으로 권위적 위치에 선정된다.

④ 권력은 타인에게 영향력을 행사하려 하거나 실제 행하는 능력이며 지위로부터 생성되고 지위에 기여하는 등 지위와 상호유기적 관계를 갖는다(Wrong).

⑤ 사회적 영향력은 개인적 지위특성에서 비롯되는데 개인적 특성은 집단 내 지위분화과정에서 특정지위 특성과 확산지위 특성으로 범주화된다.

㉠ 특정지위 특성은 개인이 집단에 기여하는 기능 · 능력 · 전문성 등을 의미한다.

㉡ 확산지위 특성은 과업수행 능력에 관한 기대와 신념 그리고 지각 발달에 기여하는 특성을 의미한다.

㉢ 이 같은 특정지위와 확산지위의 특성에서 비롯된 개인의 구체적 행동이 사회적 영향력을 결정하게 되므로 이들 특성은 개인의 지위 보상에 기여하게 된다.

⑥ 상황적 요소 또한 지위와 밀접한 관련을 맺는다(Brown). 상황적 요소는 공간적 위치와 상징으로 설명된다.

㉠ 공간적 위치는 지위의 우월성을 암시하는 준거로서 지위의 위계를 의미한다.

㉡ 상징은 팀의 유니폼, 휘장, 명칭, 우승기 등의 상징물로서 지위 부여를 목적으로 하지만 주위상황과 시간에 따라 지위와의 관련성이 증감한다.

⑦ 집단 내 지위는 사회적 가치를 수반하고 권한 행사의 기반인 계급적 성향을 띠면서 구성원 간의 상호작용 정도, 기간, 그리고 수행활동과 밀접한 관계를 갖는다. 따라서 집단 내 지위의 차이는 각각 상이한 권력과 권위를 가져오며 이는 집단 과제를 수행하는 특정 구성원에 대한 기대로부터 기인하는 지위 조직화 과정을 통해 결정된다.

⑧ 조직적이고 안정적인 스포츠 팀에서 다양한 지위를 점유하는 선수의 스포츠 활동을 분석한 결과 선수의 지위가 높을수록 그 선수의 활동은 동료에 의해 과대평가 받는 반면 지위가 낮을수록 과소평가 받는 경향이 있다.

⑨ 스포츠팀 내의 지위는 일반적으로 주장, 부주장, 주전선수, 후보선수로 분화된다.

⑩ 모든 집단 내 지위는 집단 기능이나 발전과정에서 필연적으로 수반되는 집단 구조의 기본요소라 할 수 있다(Carron). 집단 내 지위분화는 지위서열의 준거가 되며 특히 목적 달성을 강조하는 집단일수록 집단 내 지위 분화는 심화된다.

⑪ 팀 성공에 몰입해 있는 스포츠 집단에서의 지위분화는 더욱 가속화되며 스포츠팀 내 지위분화는 스포츠 팀의 발전에 어떠한 형태로든 영향을 미친다.

(3) 스포츠집단에서의 역할

① 스포츠집단 역할의 의미

㉠ 역할이란 집단 내에서 상이한 위치를 차지하고 있는 구성원에게 요구되고 기대되며 예측되는 행동이다.

㉡ 집단은 개인에게 부여된 역할이 원만하게 수행되지 못하거나 집단 내 역할 행동에 동조하지 않을 경우 집단 이탈로 간주하여 해당 개인을 제재한다.

㉢ 스포츠집단에 있어서 역할은 스포츠집단이 추구하는 팀 효율성을 유지 향상시키고 개인의 집단 내 행동범주를 규정함으로써 집단 내 상호작용을 활성화시키고 집단구조를 발전시키는 데 그 의미가 있다.

㉣ Carron은 팀 효율성을 향상시키려면 개인의 역할이 집단 내에서 명확히 규정되고 수용되어야 할 뿐만 아니라 이를 토대로 역할 행동이 수행되어야 한다고 주장한다.

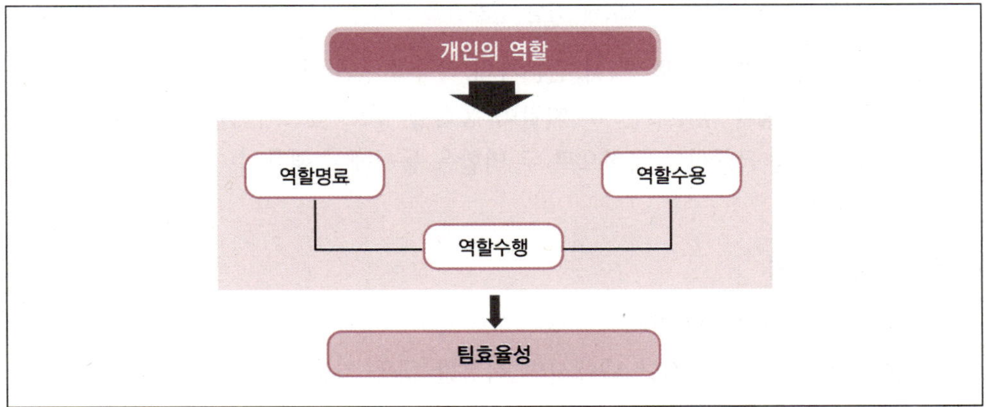

역할명료 · 역할수용 · 역할수행 간의 순환관계(Carron)

ⓐ **역할명료**: 선수가 자신의 책임을 명확하게 이해함을 의미한다.

ⓑ **역할수용**: 자신의 책임에 대한 만족감을 의미한다.

ⓒ **역할수행**: 명확한 역할을 만족스럽게 행동으로 실행함을 의미한다.

② 스포츠집단에서의 역할 분화

㉠ 스포츠집단에 있어서 역할은 공식적 역할과 비공식적 역할로 범주화된다(Carron).

ⓐ 공식적 역할은 감독, 주장과 같은 지위와 관련된 리더십 형태의 역할과 배구에서의 세터, 스파이커, 축구에서의 공격수, 수비수 농구에서의 가드, 센터 등과 같은 위치에 따른 운동수행 형태의 역할 등을 의미한다.

ⓑ 비공식적 역할은 구성원간의 상호작용의 결과에 의하여 결정되며 이러한 역할수행자는 팀의 화합과 단결을 조성하고 조정하는 데 기여한다.

㉡ 스포츠집단에 있어서 역할 분화는 역할 행동 유형 분류에 따라 과제 전문가와 사회-정서적 전문가로 나뉜다(Carron).

㉢ 집단 내에서의 역할 행동은 일반적으로 활동, 과업 능력, 호감 등의 형태로 분류되며 이러한 행동 유형이 집단 내에서 개인의 역할 수행에 미치는 상대적 영향력에 따라 과제 전문가와 사회-정서적 전문가로 분화된다(Bales).

㉣ 과제 전문가와 사회-정서 전문가의 역할을 구체적으로 열거하면 다음과 같다(Forsyth).

ⓐ **과제 전문가의 역할**: 선도자, 정보수집가, 정보교정자, 정보제공자, 의견수집가, 의견제공자, 조정자, 방향제시자, 평가 및 비평가, 활동유발자, 절차전문가, 기록원

ⓑ **사회-정서 전문가의 역할**: 격려자, 중재자, 타협자, 촉진자, 기준설정자, 논평자, 추종자

과제 전문가	• 과제수행 과정에서 긴장과 스트레스를 생성한다. • 집단의 목표성취에 초점을 두고 집단성원에 영향력을 행사하여 집단 성공의 도구적·수단적 역할을 수행한다.
사회-정서 전문가	• 집단의 해체를 억제하는데 관심이 있다. • 집단의 조화와 통합에 관심을 갖고 성원의 긴장과 스트레스를 해소시켜줌으로써 집단 일체감을 진작시키는 역할을 수행한다.

㉤ 과제 전문가와 사회-정서 전문가의 역할은 동시에 양립될 수 없으나 개인이 두 역할을 함께 수행할 경우에는 두 역할이 통합될 수도 있으며 집단은 궁극적으로 집단활동의 효율성을 극대화할 목적으로 두 역할을 동시에 수행할 수 있는 유형의 리더를 요구한다(Lewis).

(4) 스포츠집단 규범

① 집단규범의 특성(Forsyth)

㉠ **기술성**: 규범은 집단 내에서의 적절한 행동 기준을 제시한다.

㉡ **평가성**: 규범은 가치 우위의 특징을 지닌 행동에 우선권을 부여한다.

㉢ **비공식성**: 규범은 집단에 의해 공식적으로 적용되는 것이 아니라, 집단합의가 완성됨에 따라 서서히 변화되고 확립된다.

㉣ 비강제성: 규범은 논란의 여지없이 당연한 것으로 여겨지지만 규범이 지켜지지 않을 경우에는 중대한 문제가 발생한다.

㉤ 신축성: 비교적 낮은 수준의 일탈은 일반적으로 묵인한다.

㉥ 내면성: 규범은 집단 구성원에 의해 내면화되며 집단 애착은 규제에의 순응에 대한 두려움보다는 창출된 만족감으로부터 기인한다.

㉦ 안정성: 규범은 시간의 흐름에 따라 서서히 발전하며 다양한 형태로의 변화를 거부한다.

② 스포츠집단 규범의 유형

㉠ 규정 규범

ⓐ 집단 구성원에게 적절하다고 여겨지는 행동 유형만을 구체적으로 제시하여 집단 활동의 생산성을 높이기 위한 규범이다.

ⓑ 긍정적 태도를 지니고 스포츠에 참가하도록 유도하여 스포츠에 심취할 수 있는 기회를 제공하는데 기여한다.

㉡ 금지 규범

ⓐ 적절치 못하다고 여겨지는 행동 유형만을 강조하며 집단 구성원에게 행동 지침을 부여하여 이에 따르도록 하고 이를 어길 경우에는 일단의 제재를 가한다.

ⓑ 팀 성공을 위한 공정한 경쟁을 보장하고 경기규칙에 대한 규범적 기대와 태도를 강화함으로써 스포츠 경기 상황에서 야기될지도 모르는 불공정한 경쟁을 예방하고 팀 구성원 간의 위계 질서를 유지토록 한다.

㉢ 허용 규범

ⓐ 특정 행동을 요구하지 않지만 이미 실천된 행동을 허용하는 유형의 규범이다.

ⓑ 허용규범은 이기적 이익 원리에 기초하는데 예를 들어 규범을 파기한 행동이 이익을 가져다주거나 상대팀에게 결정적 손해를 가져다준다면 이를 허용한다.

ⓒ 스포츠에서 이 규범은 주로 심판의 판정을 통해 실례를 찾아 볼 수 있는데 야구에 있어서 심판의 스트라이크 존 설정, 축구경기에서의 어드밴티지 룰 적용의 한계가 대표적 사례이다.

㉣ 선호 규범

ⓐ 공식적으로 용인되지 않으나 집단 구성원이 바람직스럽다고 평가하여 선호하는 행동 유형의 규범이다.

ⓑ 스포츠 경기에서 반칙은 빈번히 일어나며 선수는 반칙에 대한 제재를 모면하기 위해 심판의 존재를 무시하려 하지만 원만한 경기진행과 상대방의 반칙에 대한 반대급부를 기대하려는 이기적 계산에 따라 이를 인정한다.

③ 스포츠집단 규범의 기능

㉠ 집단규범은 스포츠집단 성원의 적절한 행동유형을 규정하고 묵시적으로 규정 위반 한계를 설정함으로써 정보제공과 통합기능을 수행한다.

㉡ 집단규범은 구성원의 집단에 대한 통찰력을 제고시키는 데 기여하며 새로운 성원에게 그들이 집단에서 준수해야 할 행동과 사고나 감정 표출 및 태도의 기준을 제공한다는 측면에서 정보제공의 기능을 수행한다.

㉢ 집단규범의 통합기능은 집단규범을 이해하고 수용하는 구성원은 집단에의 소속감을 지니고 집단 활동에 몰두하지만 그렇지 않을 경우에는 집단으로부터 격리된다.

8. 스포츠집단과 응집성

집단의 성과나 업적을 분석할 경우 집단 구성원 간의 관계 혹은 상호작용의 정도는 매우 중요한 요인으로 고려된다. 따라서 집단의 단결력 혹은 일체감, 단체정신 등으로 표현되는 집단의 응집성에 대한 이해는 스포츠집단의 수행과 효율성을 증진시키는 데 필수적이다.

(1) 스포츠집단의 응집성

① 응집성이란 일반적으로 집단의 특징인 단결이나 단체정신, 일체감, 팀워크 등의 다양한 용어를 포괄하는 개념으로 사용되고 있다.

② 응집성을 최초로 개념화한 Lewin은 응집성이란 집단 구성원 개인에 작용하는 심리적 힘으로 규정하였다. 심리적 힘은 구성원을 집단 속으로 끌어들이는 힘과 구성원으로 하여금 집단을 이탈하지 못하게 붙잡아두는 힘으로 정의된다.

③ 집단의 응집성을 측정하는 차원은 다음과 같다.

㉠ 과제 응집: 집단 구성원의 목표달성과 과제성취에 대한 협력 정도를 의미한다.

㉡ 사회적 응집: 집단 구성원의 호감도와 상호관계 정도를 반영한다.

④ 이 같은 개념은 집단통합의 정도를 반영하는 구성원의 친밀감 인지와 다른 팀 구성원과의 유사성을 동시에 측정하려는 것이다.

⑤ 개인의 집단에 대한 매력은 개인을 집단에 머무르게 작용하는 동기의 상호작용을 반영하는데 팀 구성원에 대한 느낌, 구성원 간의 상호작용 특성 그리고 팀 구성원이 팀과 일체감을 갖는 정도를 측정한다.

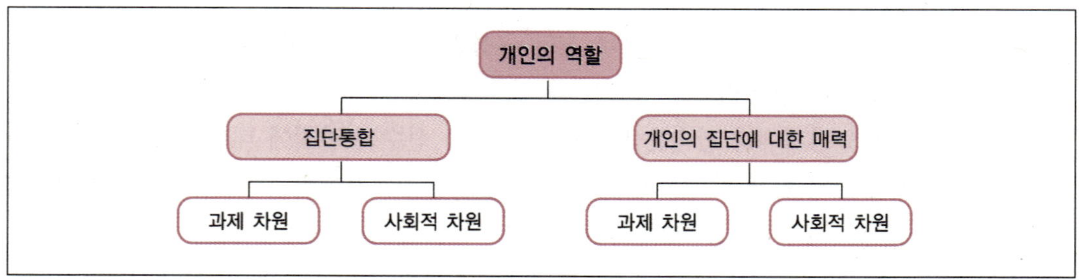

집단 응집성의 개념적 모형

⑥ 이상의 측정차원을 요약하면 다음과 같다.

㉠ 집단 통합: 과제 차원의 집단 통합, 사회적 차원의 집단 통합

㉡ 개인의 집단에 대한 매력: 과제 차원의 매력, 사회적 차원의 매력

(2) 스포츠집단 응집성의 구성요인

① 상황적 요인

응집성에 영향을 미치는 가장 일반적인 요인은 상황을 설명하는 환경 변인이다. 환경 변인은 조직의 지향성과 지리적 요인, 그리고 집단의 크기 등이다.

㉠ 조직의 지향성은 조직의 목표나 조직이 목표를 달성하기 위하여 강구하는 책략 그리고 구성원의 성, 연령, 성숙 정도에 따라 달라진다. 리틀야구와 프로야구는 조직의 지향성 차이를 설명할 수 있는 좋은 예이다.

㉡ 신체적, 기능적 근접성과 같은 지리적 요인 역시 집단 응집성에 영향을 미친다. 예컨대, 팀 구성원의 운동수행 위치나 락커의 위치가 가까울수록 인간관계는 더욱 밀착되는데 이는 과제나 사회에 대하여 의사소통을 하거나 접촉할 수 있는 기회가 증가하기 때문이다.

㉢ 집단 규모는 응집성과 복잡하게 관련되어 있다.

ⓐ 집단이 크면 클수록 집단과제를 완수하는데 필요한 자원을 많이 보유하게 된다. 그러나 집단이 커지면 구성원 간의 의사소통이 감소되어 팀 활동 시 협응성이 저하되는 동시에 모든 구성원이 동일하게 유능해질 수 있는 기회가 적어진다.

ⓑ 집단이 작을수록 과제응집은 커지는 반면 수행에 있어서는 유능한 자원이 그만큼 감소하여 중간 정도 크기의 집단에 비하여 비효율적이다.

ⓒ 사회적 응집차원에서의 효율성은 중간 정도 크기의 집단이 가장 높다고 할 수 있다.

② 개인적 요인

㉠ 집단 구성원의 특성으로는 개인의 성격과 사회 경제적 배경, 그리고 인구 통계학적 배경을 들 수 있다. 일반적으로 응집성은 집단 성원의 성격과 사회적 배경이 비슷할수록 증가한다.

㉡ 집단 구성원의 태도나 신념 그리고 동기 역시 집단 응집에 영향을 미치는 요인으로 고려되는데 집단 형성 단계에서 구성원의 태도나 신념이 유사할 경우 시간이 경과함에 따라 구성원은 보다 유사한 태도와 신념을 지니게 되어 결과적으로 집단 응집성은 증가한다.

㉢ 구성원의 성은 집단 응집성 발달과 관련된 또 다른 개인적 특성이다. 본질적으로 남성과 여성의 경쟁적 스포츠에 대한 지향성은 차이가 있는데 남성은 보다 경쟁지향적이고 승리지향적인 반면 여성은 경쟁보다는 놀이지향적이며 동료나 상대와의 상호작용을 통한 게임을 더욱 선호한다. 따라서 남자는 과제응집성이 강한 반면 여성은 사회적 응집성이 강하다.

㉣ 집단이 수행하는 과제나 성과에 대한 집단 구성원 개인의 만족은 집단 응집에 영향을 미친다. Martens와 Peterson은 구성원의 만족과 응집 그리고 과제수행 간에 순환적 관계가 있다고 주장하고 있다. 즉, 집단의 응집이 높으면 팀 효율성이 향상되고 구성원의 만족감이 충족되어 집단 응집성이 증가된다는 것이다.

③ 팀 요인

팀 요인에는 팀 성공 여부와 과제의 특성 그리고 팀의 안정성 등이 포함된다.

㉠ 팀의 지속적인 성공은 집단의 결속을 증가시키며 집단의 과제와 사회적 응집에 긍정적 영향을 미친다.

㉡ 집단이 수행하는 과제의 특성 역시 집단 응집에 영향을 미친다. 응집이란 단적으로 과제와 사회적 차원의 결속을 의미하는데 특히 집단의 협응이 요구되는 스포츠에서 이러한 구성원 간의 결속은 수행 결과에 결정적인 영향을 미친다.

㉢ 집단 구성원이 집단에 머무르는 경향을 나타내는 집단 안정성 또한 집단 응집에 영향을 미치는 팀 요인이다.

④ 리더십 요인

리더십 유형과 리더십 행동을 포함한다.

(3) 스포츠집단 응집성의 영향

스포츠집단의 응집성은 스포츠집단의 과제수행 능력과 팀 효율성을 증진시키는 필수 요인이다. 집단 응집성은 사회적 차원과 과제적 차원으로 구조화되어 있으며 집단 구성원의 집단에 대한 애착과 집단 귀속력을 생성·유지시키는 총체적인 힘이다. 특히 스포츠집단에 있어서 응집성은 팀의 과제수행과 안정성 그리고 팀 구성원의 결속력을 유지하는 데 중요한 영향을 미친다고 할 수 있다.

① 집단 응집성과 운동수행의 관계

㉠ 집단 응집성과 운동수행 간의 관계를 연구한 결과는 집단 응집성이 높으면 운동수행이 향상된다는 일반적인 신념을 일관되게 지지하지 못하고 있다.

㉡ 즉, 정적인 상관과 부적인 상관이 동시에 보고되고 있다.

② 집단 응집성과 팀 안정성의 관계

㉠ 일반적으로 높은 응집성을 보유한 스포츠집단은 보다 안정적이다.

㉡ 응집성이 높은 집단의 구성원은 응집성이 낮은 집단의 구성원에 비하여 과제와 사회적 응집 정도가 모두 높았으며 자신의 집단이 외적 압력을 극복하는 능력이 강하다고 지각하였다.

③ 집단 응집성이 집단 구성원에 미치는 영향

㉠ 응집성이 자기-존중감이나 신뢰감 및 변화에 대한 수용성 등과 같은 다양한 심리적 상태에 긍정적인 영향을 미친다고 제시하고 있으며 특히 Grand과 Carron는 응집성이 집단 구성원의 불안을 감소시키는 데 기여한다고 보고하고 있다.

ⓛ 집단의 구조가 공식화될수록 집단 구성원의 결속은 강화된다. 집단의 응집이 강할수록 구성원의 역할 명료와 역할 수용성 그리고 역할수행은 증진된다.

ⓒ 응집성이 강한 집단은 구성원에게 집단규범에 따르도록 한층 강한 압력을 가하기 때문에 응집성이 높은 집단에서는 집단 규범에 대한 구성원의 동조가 더욱 잘 이루어진다.

ⓔ 응집성이 강한 팀의 구성원은 응집성이 약한 팀의 구성원에 비하여 한층 만족감이 큰 것으로 알려져 있다.

응집성에 영향을 미치는 요인(Marvin)	
활동의 배합	임무수행활동과 집단형성 활동이 활발하고 집단구성원의 만족만을 추구하는 활동을 최소화할 때 응집성은 커지게 된다.
지위와 신망	집단이 주변의 다른 집단에 비해 높은 지위를 누리며 누구나 집단에 속하기를 바라는 경우 그러한 집단의 응집성은 강해진다.
규모	집단의 규모도 응집성을 결정하는데 영향을 미친다. 대규모의 집단보다 집단의 규모가 작은 경우 응집성이 높아지는 경우가 있다.
동질성 · 이질성	집단의 동질성은 원칙적으로 응집성에 긍정적인 영향을 미친다. 하지만 예외적으로 이질성이 응집성을 높이는 경우도 있기 때문에 이를 잘 구분해야 한다.
의사전달	집단 내에서 의사전달이 원활하면 응집성이 높아지며, 역으로 응집성이 높아지면 의사전달이 촉진된다.
업무 및 훈련	업무 및 훈련이 구성원들의 상호의존적인 노력을 요구하게 되면 응집성을 강화할 수 있다.
대외관계	다른 집단들로부터 압력을 받거나 고립되어 있을 때, 그리고 위기의 순간이 닥쳤을 때 집단의 응집성이 강화되는 경향이 있다.
승 · 패의 경험	집단 구성원이 협력을 통해 목표성취에 성공하면 집단의 응집성이 강해지고 그 반대의 경우 응집성이 약화되는 경향이 있다.
규범순응도	집단규범에 대한 순응도가 높을수록 응집성은 강화되고, 역으로 응집성이 강화되면 집단규범에 대한 순응도가 높아진다.
구성원 간의 신뢰	구성원들이 서로 믿고 의지할 때, 그리고 상호 간의 능력을 신뢰하고 존중할 때 응집성이 강화된다.
자율성	집단 구성원의 일정한 자유를 보장하면 응집성 강화에 긍정적인 영향을 미칠 수 있다. 하지만 지나친 자율성은 오히려 역효과를 초래하기도 한다.

9. 스포츠집단의 경쟁과 협동

(1) 스포츠집단에서의 경쟁과 협동의 본질

① 스포츠에 있어서 경쟁과 협동은 본질적으로 집단 과제 수행에 수반되는 역동적 요인으로서 집단 간 혹은 집단 내의 상호작용에 영향을 미친다.

② 경쟁과 협동은 집단 내와 집단 간에 모두 존재하는데 이의 본질은 4가지 관점에서 설명된다(Carron).

㉠ 대부분의 팀 스포츠 상황에서 관찰될 수 있는 것으로서 각 집단 간에는 경쟁을 하면서 집단 내에서는 협동을 중시한다.

㉡ 스포츠의 경쟁 상황에서는 드물게 나타나지만 경기규칙위원회나 상벌위원회 등과 같이 경기 규칙이나 선수 자격 규정 및 심사 회의 상황에서 집단 간 및 집단 내의 협동이 강조된다.

㉢ 팀의 성공은 물론 개인의 성공에 집착함으로써 집단 간 및 집단 내에서 경쟁을 중시한다.

㉣ 특수한 집단 상황으로서 집단 간에는 서로 경쟁을 하는 동시에 집단 내에서는 경쟁과 협동이 요구되는 상황이다.

협동적 사회상황	• 비영합가설(nonzero-sum) 조건으로 설명된다. • 보상의 균등 분배를 전제로 하며 개인적 이익이 집단 구성원 모두의 이익에 기여하는 상황을 의미한다. 예 프로스포츠에 있어서 개인의 탁월한 운동 수행 능력으로 쟁취한 승리에 따른 팀의 보너스가 모든 팀 성원에게 균등하게 분배되는 것이다.
경쟁적 사회상황	• 영합가설(zero-sum) 조건으로 설명된다. • 상대적 기여에 기초한 보상의 불균등한 분배를 전제로 하며 개인적 이익이 집단 성원의 이익으로 균등하게 분배될 잠재 가능성이 희박함을 의미한다.

(2) 경쟁과 협동의 행동적 결과

스포츠집단에서의 행동은 일반적으로 집단 내 협동과 집단 간 경쟁으로 특징 지워진다. 특히 내집단과 외집단의 분리 경향이 강화될수록 행동 유형과의 관련성은 밀접해진다. 협동과 경쟁의 행동은 사회적 범주화, 평가 편견, 외집단에 대한 거부감, 집단 응집성, 리더십 유형 등의 다섯 가지 형태로 나타난다(Carron).

① 사회적 범주화

내집단의 성원 및 내집단을 외집단의 성원 및 외집단과 차별화함으로써 집단 간의 경쟁을 진작시키고 집단 내의 협동을 정형화하려는 경향을 의미한다.

② 평가 편견

내집단의 외집단에 대한 경쟁 상황에서 강력하게 나타나기 때문에 외집단이나 외집단 성원에 대하여 배타적인 행동을 보이며 자기 집단의 성공이나 능력을 과신함을 의미한다. 그리고 경쟁 상황에 있는 집단 성원은 외집단 성원의 동기 및 의도와 능력 수준을 왜곡하는 경향이 있다.

③ 외집단에 대한 거부감

평가적 편견과 밀접한 관련을 갖는다. 협동지향적 집단은 외집단과 경쟁할 경우에 내집단의 대인호감 정도와 호감사례가 높아지며 다른 집단과의 차별성을 확대 부각시켜 집단 간의 동류의식이 감소되거나 소멸된다.

④ 집단 응집성

집단 간 경쟁 시 집단 내의 협동은 집단 응집력의 발달에 영향을 미치며 경쟁 초기단계에서는 모든 집단이 비슷한 수준의 응집력을 나타내지만 경쟁 후기단계에 이르면 팀 성공 및 실패에 따라 응집력의 수준이 달라진다. 일반적으로 스포츠에 있어서 팀 성공은 집단 응집력을 강화시키는 반면, 팀 실패는 응집력을 약화시킨다.

⑤ 리더십 유형

리더십 유형에 있어서 협동지향적 집단은 의사결정에 참여하려는 경향이 있으나 경쟁이 심화되면 집단 전체를 좀 더 억압적으로 장악하려는 리더십 유형을 나타낸다.

(3) 경쟁과 협동의 운동수행적 결과

① 협동 상황에서는 개인에 의한 이득은 집단 성원 모두의 이득에 기여하는 반면 경쟁 상황에서는 개인에 의한 이득이 다른 집단 성원의 이득에 기여할 수 있는 잠재적 가능성이 감소된다.

② Cotton과 Cook이 조사한 과제의 상호의존성과 과제 복합성 그리고 집단 규모에 따른 경쟁과 협동의 수행효율성에 대한 연구 결과는 다음과 같다.

㉠ 협동은 농구와 같은 팀 스포츠 즉, 상호의존성이 높은 과제수행에서 보다 효율적인 반면 경쟁은 양궁과 같이 독립적인 과제에서 효율적이다.

㉡ 농구, 배드민턴, 유도, 배구와 같이 복합성을 띤 과제이기 때문에 반복적인 연습과 훈련을 필요로 하는 과제수행의 경우에는 경쟁적 상황이 보다 효율적인 운동수행 결과를 보이고 있다.

③ 스포츠집단은 사회집단의 독특한 유형으로서 특히 소집단의 전형적인 형태인데 자발적인 참여와 지속적 상호작용을 특징으로 하는 과제 지향의 기능집단이다.

④ 스포츠집단에 있어서 경쟁은 스포츠 기능의 학습 및 운동수행에 긍정적인 영향을 미치는 요인으로 간주되었으나 스포츠에서 수행되는 과제의 상호의존성 및 복합성 그리고 스포츠 집단 규모의 비대화로 인하여 경쟁보다는 협동을 선호하는 경향이 증대되고 있다.

11 스포츠와 사회조직

스포츠조직이란 스포츠 활동에서 나타나는 상호작용의 구조화된 과정이며 스포츠조직체란 일정 공동목표 달성을 위해서 스포츠 활동을 매개로 하여 조직망을 형성하고 있는 집단을 의미한다고 볼 수 있다. 스포츠사회학에서는 스포츠조직을 설명하는 데 있어 팀의 개념을 도입하고 있다. 팀을 스포츠영역의 가장 기본적인 조직의 단위로 정의하고 있다는 것이다. 스포츠조직은 조직의 구성요소인 소속감, 성원간의 상호작용 등과 같은 조건을 충족하고 있기 때문에 조직체에 속한다고 볼 수 있다. 따라서 스포츠조직이란 스포츠 활동을 매개로 하여 이루어지는 조직체라고 할 수 있다.

1. 스포츠조직의 특성

(1) 관료주의

① 조직에서 각 지위는 조직 성원에게 요구되는 일련의 규칙과 규정으로 전문화되어 있다. 예를 들어, 선수는 감독을 해고할 수 없지만 구단주는 감독을 해고할 수 있다. 한편 감독은 타순뿐만 아니라, 각 위치에 기용할 선수를 결정할 수 있다.

② 관료주의적 구조는 해고, 트레이드, 방출 등에 대한 일련의 의사결정이 조직의 이익을 위하여 이루어진다는 점에서 비인격적이라고 할 수 있다.

③ 스포츠 조직의 관료주의적 성향으로는 다음과 같은 것이 있다.

㉠ 각 경기 위치에 대한 역할을 규정하고 지위의 위계 서열 간에 명령 체계를 확실히 하는 노동의 분화

㉡ 운영의 합리화와 조직의 목적을 완수케 하는 지위 및 지위 간의 비인격적 관계

㉢ 특정인이나 환경에 관계없이 규칙의 비인간적 적용

㉣ 특정한 개인을 교체할 수 있는 임무의 일반화

④ 아마추어스포츠조직(KSC, KOC)과 프로스포츠조직(KBO, KBA) 등은 스포츠체계에서 찾아볼 수 있는 대표적인 관료주의적 구조이다.

(2) 기록성

① 스포츠조직은 타 분야의 조직과 달리 일반적으로 개인 선수와 팀, 승률, 조직 운영비와 급료 등에 대한 광범위한 기록과 통계 자료를 보유하고 있다.

② 이러한 공개적이고 정확한 자료는 두 가지 측면에서 그 의의를 찾아볼 수 있다.

㉠ 스포츠 기록은 다른 조직 형태에서는 쉽게 나타나지 않는 조직 효율성과 사회이동과 같은 중요한 사회과정에 대한 신뢰할 만하고 적절한 측정 수단을 제공한다.

㉡ 스포츠 기록은 연대기적(chronological) 측면에서 오랜 기간에 걸쳐 명멸되어온 유사한 특성을 갖고 있는 여러 형태의 조직에 대한 비교의 수단으로 제공되므로 이들 조직에 대한 연대기적 성격을 보다 쉽게 분석할 수 있게 한다.

(3) 구조적 안정성

① 스포츠 조직은 타 조직에 비해 구조적 안정성을 갖고 있다.

② 조직 간의 비교 연구를 하는데 있어 표준화된 자료를 갖고 있는 대규모 조직이 필요하기 때문에 스포츠조직의 이러한 구조적 안정성은 조직에 대한 연구를 수행할 경우 상당히 높은 활용성을 지니게 된다.

스포츠 조직의 구조적 특성	
관료주의적 권위구조	• 스포츠 조직은 다른 조직에 비해 관료주의적 성격이 강한 구조를 지닌다. – **수직적 명령체계**: 위계 서열 간의 명령체계를 확실히 하는 노동 분화를 의미한다. – **비인격적 관계**: 규정에 따른 합리적인 사무처리를 의미한다. – **임무의 일반화**: 특정인을 상시교체 할 수 있는 임무체계를 의미한다.
기록과 통계	• 스포츠 조직은 일반 사회조직과는 차별되는 특성을 지니는데 선수, 팀, 승률, 성적, 급여 등 다양하고 광범위한 기록과 통계를 기반으로 운영된다. 그 이유는 다음과 같다. – 조직의 우수성 및 효율성의 정확한 측정을 위한 기본 자료가 기록과 통계이기 때문이다. 프로팀의 승률, 관중규모, 시청률, 재정 등은 팀의 성공 여부를 측정하여 평가하는 중요한 자료로 활용된다. – 기록과 통계가 축적되면 다른 유사 조직과 직·간접적인 비교를 할 수 있기 때문이다. 다년간 리그의 기록과 통계가 축적되면 이를 통해 조직의 특성, 변화추이, 발전 방향 등을 명확히 알 수 있게 된다.
구조적 안정성	• 일반 사회조직은 조직의 목표를 달성하기 위해 수시로 조직 구조를 개편하고 변화시키지만, 스포츠 조직은 상대적으로 안정적인 구조를 지니고 있으며 큰 변화가 일어나지 않는 특징을 가진다. 예 프로팀은 구단주, 사장, 단장, 감독, 코치, 트레이너, 선수, 후보선수 등 대부분 유사한 역할체계를 지니고 있는데 이는 프로스포츠의 초창기부터 큰 변화 없이 현재까지 이어져 오고 있으며, 전 세계적으로도 유사한 형태를 나타낸다.

2. 스포츠조직의 유형과 수준

(1) 스포츠조직의 유형(Blau & Scott)

'누가 조직의 주 수혜자인가'를 분류 변수로 하여 Blau와 Scott는 스포츠조직의 유형을 구분하고 있다.

① 호혜 조직

㉠ 호혜 조직은 자발적으로 결성된 조직으로서 4가지 조직 유형 중 가장 대표적인 것이라고 할 수 있다.

㉡ 호혜 조직은 공동의 목적이나 이해관계를 갖고 있는 한 무리의 사람들 혹은 소수 집단이 결집해서 그들의 이익이나 목적을 실현하기 위해 함께 행동하는 과정에서 형성된다.

㉢ 호혜 조직에서는 조직의 성원이 주 수혜자가 된다. 즉, 스포츠조직에 가입되어 있는 모든 성원이 그 조직의 주 수혜자라는 것이다.

㉣ 이 조직에서는 누가 혜택을 많이 받고 적게 받는 것이 처음부터 결정되어 있지 않고 조직성원 누구에게나 그 혜택이 공평하게 돌아가게 된다.

㉤ 스포츠 동호인 집단 또는 자생 스포츠 집단이 이에 속한다.

② 사업 조직

㉠ 사업 조직에서는 조직의 소유자나 경영자가 주 수혜자이다.

㉡ 특정한 조직을 처음 만들어 조직의 소유권자가 된 사람이라든지 혹은 뛰어난 경영 수완이나 탁월한 관리 능력에 의해 그 조직의 경영권을 위임받은 사람이 조직의 주 수혜자가 되는 것이다.

㉢ 사설 스포츠센터 등 상업스포츠 주체나 프로스포츠 팀이 이에 속한다.

③ 봉사 조직

㉠ 봉사 조직에서는 조직의 이용자가 주 수혜자이다.

㉡ 이용자는 조직과 직접 접촉하는 일반 대중으로서 대개는 조직 밖에서 정기적 또는 직접적으로 조직과 접촉해서 조직을 이용하고 있는 사람들이다.

㉢ 이용자는 특정 기간 동안 해당 조직 내에서 조직의 기존 성원과는 다른 차원에서 조직 성원을 구성할 수 있으며 반대로 전혀 조직 성원을 구성할 수 없는 경우도 있다.

㉣ 각 스포츠종목별 연맹이나 협회, YMCA, 사회체육센터 등과 같이 이용자에게 스포츠 프로그램 및 관련 용품을 저렴하게 제공해 주는 공공 스포츠 단체나 기관이 이에 속한다.

④ 공익 조직

㉠ 공익 조직에서는 불특정 다수의 일반 대중이 주 수혜자이다.

㉡ 일반 대중은 일반 국민을 포함하여 사회성원 전체를 의미한다.

㉢ 일반 대중은 해당 조직에 직접 접촉을 하거나 하지 않거나에 관계없이 조직의 혜택을 직접·간접적으로 모두 독점하는 경우이다.

㉣ 정부의 일반 관료 조직은 말할 것도 없고 경찰서, 소방서, 군대 등은 사회 성원으로 인정된 모든 사람들에게 골고루 혜택을 베풀기 위해서 만들어진 조직이다.

㉤ 이러한 조직은 목적 그 자체가 사회 전체를 수혜 대상으로 하여 존치되었고 이들 조직의 구조 역시 전체 성원의 수혜를 목표로 하여 구성된 것이며 그 구조의 구성 또한 일반 사회 성원에 의하여 이루어진 것이다. 따라서 이들 조직의 존립 이유는 특정 국가 조직의 존재 이유와 같은 것이다.

㉥ 스포츠체계에서는 문화관광부 체육국, 국민체육진흥관리공단, 한국사회체육진흥회, 국민생활체육협의회, 대한체육회, KOC, KBO 등이 공익조직으로 간주될 수 있다.

주수혜자	조직 유형	스포츠 조직
성원	호혜 조직	스포츠 클럽
소유주	사업 조직	프로스포츠 구단
이용자	봉사 조직	공공 스포츠단체나 기관
대중	공익 조직	KOC, 대한체육회

(2) 스포츠조직의 수준

① Broom & Selznick의 조직 수준 분류

㉠ 개인적 수준

ⓐ 가장 초보적인 사회 결속으로서 두 사람 사이에 일정 종류의 상호 관계가 성립할 때 존재하는 사회적 관계를 의미한다.

ⓑ 스포츠장면에서의 선수와 코치, 팬과 선수, 감독과 구단주의 상호관계 등이 이에 속한다.

㉡ 집단적 수준

ⓐ 집단과 집단 간에 상호 작용이 성립할 때 존재하는 사회적 관계를 의미한다.

ⓑ 구단(노조-경영진)의 문제를 다루는 KBO에서와 같이 집단 간의 상호작용을 의미한다.

㉢ 사회적 수준

ⓐ 가장 추상적 수준으로 전체 사회 내에서 사회관계의 구조를 의미하는 수준이다. 가장 포괄적인 사회적 수준에서 스포츠는 스포츠라는 맥락 하에서 인간의 활동을 조직하고 제공하며 규제하는 조직체의 총체로서 구성된 사회제도이다.

ⓑ 스포츠 용품 제조업자, 아마추어와 프로스포츠 통괄기구, 스포츠클럽, 운동팀, 라디오, 텔레비전 방송매체 등이 이에 속한다.

② Caplow의 사회조직 수준 분류

㉠ 기본적 수준

ⓐ 참가자 사이의 직접적인 일대일 대면이 가능한 수준의 스포츠조직을 의미한다. 명백한 위계적 서열이 정해져 있지 않으므로 공식적인 대표가 존재하지 않는다는 것이 특징이다.

ⓑ 비공식적으로 조직된 동네 골목 축구팀이나 어린이 야구팀 및 자생적 동호인 팀 그리고 자생적 스포츠 팀 등이 이 수준에 해당된다.

㉡ 전문적 수준

ⓐ 행정적 지휘 능력 하에서 수행할 권위를 특정인에게 부여하고 있는 수준의 조직을 의미한다. 구성원 상호 간의 일대일 동시대면은 힘들 정도의 규모이지만 이와 동시에 구성원 상호 간에 서로 잘 알 정도로 작은 규모이다.

ⓑ 등록된 지역 사회 또는 직장 체육동호인 팀이나 학교 운동부가 이에 속하며 코치나 감독 및 팀의 주장 등이 행정력을 발휘한다.

㉢ 관리적 수준

ⓐ 구성원 모두를 알기에는 그 규모가 크지만 조직의 모든 성원은 그 조직의 행정적 지도자 한두 명 정도는 알고 있는 수준의 조직을 의미한다.

ⓑ 프로스포츠 팀이 이에 해당한다.

㉣ 법인적 수준

ⓐ 관료주의적 구조의 일반적 특성에 의해 특징지어지는 수준의 조직을 의미한다.

ⓑ 아마추어스포츠연맹, 프로스포츠연맹, 대한체육회, 대한올림픽위원회, 국민생활 체육협의회, 국민체육진흥관리공단, 국기원 등이 이에 속한다.

조직문화의 기능(Smirich & Morgan)	
정체성 제공	조직문화는 조직구성원들에게 그들이 일반적으로 공유하는 특정한 동질성인 정체성을 제공한다. 조직문화는 강약, 긍정·부정과 관계없이 조직 전체에 큰 영향을 끼치며, 그 결과에 따라 조직의 성공과 실패가 결정되기도 한다.
집단적 몰입	조직문화는 조직구성원들의 집단적 몰입을 가져온다. 조직문화가 강한 조직에서는 구성원들의 몰입도가 더욱 높게 나타난다.
조직 체계의 안정성	조직문화는 조직 체계의 안정성을 높이는 기능을 담당한다. 강력한 조직문화는 조직의 안정성을 높인다.
행동 형성	조직문화는 조직구성원들의 행동을 형성한다. 조직문화가 구성원들의 학습 도구로서의 기능을 담당한다.

조직문화의 구성요소 7S 모형(Peters & Waterman)	
공유가치 (shared values)	공유가치는 7S 중에서 가장 중요한 요소로서 구성원들이 공통적으로 소유하는 가치관과 이념, 전통가치와 조직의 기본적인 목적 등을 포함한다. 이는 다른 조직문화에 지배적인 영향을 미침으로써 조직문화 형성에 가장 중요한 역할을 담당한다.
전략 (strategy)	전략은 조직의 중장기적인 목적과 계획, 그리고 이를 달성하기 위한 배분패턴을 포괄하는 개념이다. 전략은 조직의 목적과 이념을 바탕으로 조직체 운영에 장기적인 방향성을 제시함으로써 다른 조직문화 구성요소에 많은 영향을 미친다.
구조 (structure)	구조는 조직에서 전략을 수립할 때 기본이 되는 틀이다. 조직구조, 권한관계, 방침규정, 직무설계 등 조직 구성원들의 역할과 그들 간의 상호관계를 조율하는 공식요소를 포함한다. 즉, 구조는 관리시스템과 함께 구성원들의 일상적인 업무 수행과 그들의 행동에 많은 영향을 준다.
관리시스템 (system)	관리시스템은 조직체 관리의 의사결정과 일상 운영의 틀이 된다. 이러한 관리시스템은 조직의 공유가치, 목적달성에 적합한 보상제도, 각 분야의 관리제도와 절차를 포함한다.
구성원 (staff)	조직문화는 조직에 속해있는 조직 구성원의 행동을 통하여 실제화된다. 구성원은 인력 구성뿐만 아니라 구성원의 능력과 전문성, 가치관과 신념, 욕구와 동기, 지각과 태도, 행동 패턴을 포함하는 개념이다. 구성원들의 가치관과 행동은 조직의 공유가치에 의하여 많은 영향을 받고, 인력구성과 전문성은 조직의 전략과 깊은 연관을 가진다.

기술 (skill)	기술은 각종 기계, 장치, 컴퓨터 등 하드웨어는 물론 이를 사용하는 소프트웨어 기술을 포함한다. 뿐만 아니라 구성원들에 대한 동기부여와 행동강화, 갈등관리와 변화관리, 목표 관리와 예산관리 등 조직 관리에 적용되는 관리기술도 포함된다.
리더십 스타일 (style)	리더십 스타일은 전반적인 조직관리 스타일로서 구성원의 행동을 조정할 뿐만 아니라 구성원 간의 상호관계, 그리고 조직분위기에 직접적인 영향을 미친다. 조직체의 개방적 · 참여적 · 온정적 · 유기적 성격 등은 관리 및 리더십 스타일로부터 큰 영향을 받으면서 조직체의 기본 성격이 형성되어 간다.

스포츠에서의 조직문화는 일반적인 조직문화와 그 틀을 함께 하지만, 스포츠 조직 자체가 다른 조직과 구분이 되는 몇 가지 특징은 다음과 같다(Slack & Parent).	
이야기 및 신화 (stories/myths)	스포츠 조직 중 특히 스포츠 팀에는 팀의 창단 및 전성기에 대한 이야기와 신화가 존재한다. 우리나라 프로야구에서 양팀 선발 투수가 15이닝 동안 무려 200개가 넘는 공을 던지며 완투를 기록한 선동렬과 최동원의 맞대결, 오른손잡이이나 투구는 왼손으로 하는 소년가장 류현진, 대한민국 여자 핸드볼의 올림픽 2연패를 다룬 우생순 등은 스포츠 조직에 있어 어려움과 위기를 극복한 이야기와 신화의 예를 보여준다. 이러한 이야기화 신화는 구성원들에게 무엇을 하고, 무엇을 하지 말아야 하는지에 대한 기준을 제시해 준다.
상징 (symbols)	스포츠 조직을 상징하는 대표적인 것으로 로고와 마스코트를 들 수 있다. 빠른 속도와 날카로운 이미지를 상징하는 나이키, 날렵한 세 개의 선으로 전 세계를 주름잡는 아디다스, 동물이 역동적으로 뛰는 모습을 담은 아디다스의 형제 기업 퓨마 등의 로고는 스포츠 조직 문화를 형성하는 데 일조하고 있다. 또한 프로 구단을 상징하는 독특한 관중 응원 문화, 치어 리딩 문화 등도 스포츠 조직에 대한 상징의 예라 할 수 있다.
조직의 구호 (slogan)	슬로건이라고도 하는 스포츠 조직의 구호 또한 조직문화를 형성하는 데 기여한다. 특히 스포츠 조직의 구호는 대상 집단을 향한 단일화된 메시지를 전달하여 조직에 대한 이미지 형성에 큰 영향을 미친다. '더 빨리, 더 높이, 더 멀리'를 외치며 순수한 아마추어 정신을 강조하는 IOC, 'Don't try this at home, school and anywhere'이라는 위험 문구를 구호로 외치며 역설적으로 프로레슬링의 사실성을 강조하는 프로레슬링 조직 WWE 등은 이러한 구호를 통해 조직문화를 형성한 예로 볼 수 있다.
행사 및 의식 (event/ritual)	행사 및 의식과 같은 요소 또한 스포츠 조직문화를 형성하는 데 기여한다. 뉴질랜드의 럭비 대표팀 올블랙스(All Blacks)가 경기 시작 전 마오리 족 전통 HAKA를 추며 승리를 기원하는 행위, 미국 메이저리그에서 신인 신고식으로 우수꽝스러운 복장을 입고 장기 자랑을 하는 루키 헤이징(Rookie Hazing) 등은 행사 및 의식의 대표적인 사례이다.

3. 스포츠조직의 구성 요소

(1) 사회적 지위

① 귀속적 지위

본인의 의사와 관계없이 태생적으로 갖게 되는 지위를 말한다.

예 성, 나이, 인종, 신장, 체중, 기초체력, 운동소질, 출생서열 등

② 성취 지위

개인의 노력을 통해 획득된 지위를 말한다. 즉, 성취 지위는 개인의 의지에 따라 획득되는 것이다.

(2) 사회적 역할

사회는 역할의 체계로 구성되어 있다고 볼 수 있다. 역할(role)이란 어떤 과업 수행자가 이행하도록 되어 있는 활동의 묶이자 다른 역할 수행자로부터 그의 기여를 통해 부여받게 되어 있는 보상을 말한다. 즉, 역할이란 역할 수행자의 권리이자 의무라고 할 수 있다. 사회적 역할이란 사회적 지위를 점유하고 있는 성원에게 기대되고, 요구되며, 예상되는 행동을 의미하는 것이다. 역할은 보다 큰 사회 혹은 사회 내 소집단의 기대치인 사회적 기준에 의해 통제되는데 그 기준은 지위 수행자의 권리와 의무를 포함하고 있다.

① 역할군

㉠ 개인에게 부과되는 지위 점유와 역할 수행이 중복되어 겹치게 되는 상태를 역할군(role set)이라고 한다.

㉡ 사회생활을 통해 각 개인은 많은 역할을 수행함과 동시에 많은 지위를 점유하고 있다.

㉢ 프로 선수들은 선수임과 동시에 아버지-어머니, 남편-아내, 아들-딸 등의 여러 지위를 가질 수 있다. 이들 각 지위에는 다른 지위와의 상호 작용에 영향을 주는 사회적 기준이 있다.

② 역할 긴장과 역할 갈등

㉠ 역할 수행에 있어 각 개인은 그 역할 수행자에게 요구되고 기대되는 양립 불가능한 가치지향으로부터 일어나는 압력과 긴장을 받게 되는데 이러한 현상을 역할 긴장(role strain)이라고 한다.

ⓐ 여러 가지 역할을 수행하기 위하여 행동할 때 우리는 각기 다른 역할의 기대치나 같은 역할도 그 기대치가 일치하지 않는 경우가 발생하여 곤경에 처하게 되는 경우가 흔하다.

ⓑ 예를 들어, 감독은 한편으로는 팀을 관리하여야 하므로 의사 결정을 주도하고 규칙에 대한 존엄성을 지시하고 선수들을 훈련시킨다. 한편 감독은 선수의 일상생활을 돌보아야 하기 때문에 선수의 개인적 또는 집단적 욕구와 특성에 민감하도록 기대되어 진다.

ⓒ 역할 긴장은 한 운동선수가 농구팀에서 센터의 역할이 어떻게 수행되어야 하는가에 대해 헤드코치, 부코치, 동료, 그리고 스포츠기자 등과 같은 여러 사람으로부터의 기대에 부응하려고 할 경우에도 나타난다.

㉡ 한 사람이 차지하고 있는 두 가지 이상의 지위 때문에 성격상 상치되는 역할이 동시에 기대되는 경우에 나타나는 현상을 역할 갈등(role conflict)이라 한다.

ⓐ 역할 갈등은 동시에 한 가지 이상의 역할을 담당할 때 직면하게 되는 문제와 관련이 있다.

ⓑ 예를 들어, 동시에 대학생과 대학 운동선수가 되려고 할 경우 역할 갈등이 발생하게 되는데 이것은 두 가지 역할과 관련된 기대를 동시에 수용할 만한 능력적 자질에 한계가 있기 때문이다.

(3) 사회적 규범

규범은 사람들 사이에 존재하는 합의와 공동의 이해를 의미한다. 규범은 사회적으로 용인 받고 있는 행동으로 간주할 수 있다. 조직 성원에게 요구되고 있는 사회규범에는 규정규범, 금지규범, 허용규범, 선호규범 등이 있다.

① 규정규범(prescribed norm)

규정규범은 사회체계의 모든 성원에게 요구되는 공동의 행위 유형을 의미한다. 예를 들어, 모든 팀 성원은 매일 연습에 참가해야 하는 것 등이다.

② 금지규범(proscribed norm)

금지규범은 사회체계의 성원에게 표현상 금지된 행위 유형을 의미한다. 예컨대, 선수는 비의료적인 이유로 약물을 사용해서는 안 된다는 것 등이다.

③ 허용규범(permissive norm)

허용규범은 팀 전체에 대하여 바람직하지 않기 때문에 따를 것이 요구되지 않지만 잠정적으로 허용되는 행동을 의미한다. 예를 들어, 선수들은 팀 버스가 아닌 자신의 차로 연습장에 가는 것이 바람직한 것은 아니나 이를 제재하는 것도 무리이다.

④ 선호규범(preference norm)

선호규범이란 요구되지는 않으나 바람직한 것으로 평가되어 규범 평가자에게 선호되는 행동 유형을 의미한다. 예를 들어, 코치는 선수에게 머리를 짧게 깎으라고 요구하지는 않으나 선수들이 짧은 머리를 하고 있는 것을 좋아한다.

공식규범 (formal norm)	규정규범과 금지규범은 매우 명백한 성향을 보이고 때로는 행동의 공식적 규칙으로 기록되기 때문에 공식규범이라 한다. 스포츠에 있어서는 경기규칙이나 대회규정 같은 것이 이에 속한다.
비공식규범 (informal norm)	허용규범과 선호규범은 은밀히 작용하기 때문에 비공식규범이라 한다. 여기에는 스포츠맨십과 페어플레이 및 경기매너 등과 같은 경기장면에 있어서 비성문화된 도덕률이 포함된다.

4. 스포츠조직과 리더십

리더십이란 개인이 조직의 목적과 개인의 목적을 모두 만족시키기 위하여 다른 사람의 동기화를 촉진시키고 영향력을 행사하는 과정이라 할 수 있다.

(1) 리더십 이론

① 보편적 특성이론

㉠ 지도자 행동에 대한 초기의 관심은 조직의 성공을 완수한 지도자의 개인적 특성에 집중되었다. 보편적 특성이론에 의하면 지도력은 지도자의 안정된 성격 특성으로부터 비롯된다는 위인론 및 성격론에 의하여 설명된다.

㉡ 위인론은 지도자로서의 탁월한 능력을 지닌 소수의 위인이 행하는 과업수행 행동을 이상적인 지도자 행동이라고 주장한다.

㉢ 성격론은 성공적인 지도자의 성격은 비효율적인 지도자 및 추종자의 성격과는 다르다고 주장한다.

㉣ 지금까지 밝혀진 보편적 특성이론에 대한 지지도는 매우 낮지만 상황적 행동이론을 통하여 지도자의 성격 특성이 지도력 효율성에 중요한 영향을 미친다는 사실이 수용되고 있는 것은 보편적 특성이론의 가치라 할 수 있다.

② 일반적 행동이론

지도자의 행동이론은 지도자의 행동이 성원의 만족감과 팀 성공을 진작시켜야 한다는 가정에서 출발한다.

㉠ **Ohio 주립대학 연구**: Ohio 주립대학의 연구는 1940년대 말부터 시작되었으며 지도자 행동의 독립적 차원을 입증하려는 목적에서 시도되었다. 지도자로서의 보편적 성격 특성을 강조한 특성이론과 구별되는 이 연구의 핵심은 효과적인 리더십의 행동차원이 밝혀지면 모든 사람이 훌륭한 지도자로 훈련될 수 있는 지도자 행동의 준거를 마련할 수 있다는 것이다.

㉡ **Michigan 대학 연구**: Michigan 대학의 연구도 성공적인 지도자가 보편적으로 나타내는 행동을 입증하는데 주력하였으며 연구의 핵심은 지도자 행동, 집단과정, 성원의 만족감, 수행결과 사이의 상호작용에 관한 분석이었다. 성원 지향성 지도자는 인간상호관계를 중시한 반면 생산 지향성 지도자는 기술적 측면과 과제를 중시하였으나 성공적인 지도자는 두 가지 성향을 모두 균등하게 지닌 것으로 밝혀졌다.

③ 상황적 특성이론

상황적 특성이론은 과거의 특성이론이나 행동이론과는 달리 효과적인 리더십의 행동적 특성을 상황적 요인과 관련시킨 이론이다. 상황적 특성이론은 Fiedler의 유관이론(contingency theory)으로 대표된다.

Fiedler의 유관이론

1. Fiedler의 유관이론은 최초로 지도자의 특성과 상황적 변인을 동시에 고려한 연구로서 지도자의 유효성은 지도자와 성원 간의 상호작용 형태 및 과제상황에 대한 지도자의 선호도에 따라 좌우된다는 사실을 밝혀냈다. 또한 지도자의 상황 선호도를 결정하는 3가지 상황변인으로서 지도자와 성원의 관계, 과제의 구조, 지도자의 권한 등을 제시하였다.
2. 지도자와 성원의 상황적 요인은 지도자와 성원의 개인적 인간관계에 기초하기 때문에 지도자와 성원의 관계는 매우 중요한 의미를 지닌다. 지도자와 성원의 관계가 원만할수록 지도자에 대한 존경심과 신뢰감이 구축되어 지도자가 집단에 대한 성원의 협조와 노력을 구하기 용이하다는 것이다.
3. 두 번째 상황적 요인은 과제의 구조로서 과제가 보다 구조화되고 과제목표 및 절차가 전문화될수록 지도자의 영향력 발휘가 용이하며 또한 과제의 구조화된 절차로 인하여 성원의 수행력을 측정하기가 용이하다.
4. 세 번째 상황적 요인은 지도자의 권한으로서 지도자가 지니는 채용, 해고, 승진, 봉급 인상에 대한 권한에 관한 내용을 의미한다.
5. 지도자와 성원의 관계가 긍정적이고 과제가 구조화되어 있으며 지위 권력이 강화될수록 성원에 대한 지도자의 영향력은 신장된다.
6. Fiedler는 공동작업 최소선호척도(LPC척도 : The least preferred co-worker scale)를 개발하여 공동 작업자로서의 최소선호도를 측정하여 성원의 기본적 동기유발 목적을 검사하는 질문지를 고안하였다.
7. LPC척도에 의하면 LPC점수가 높은 사람은 성공적인 인간관계를 통하여 최대의 만족감을 갖는 반면 낮은 점수의 사람은 성공적인 작업수행으로부터 만족감을 충족한다.

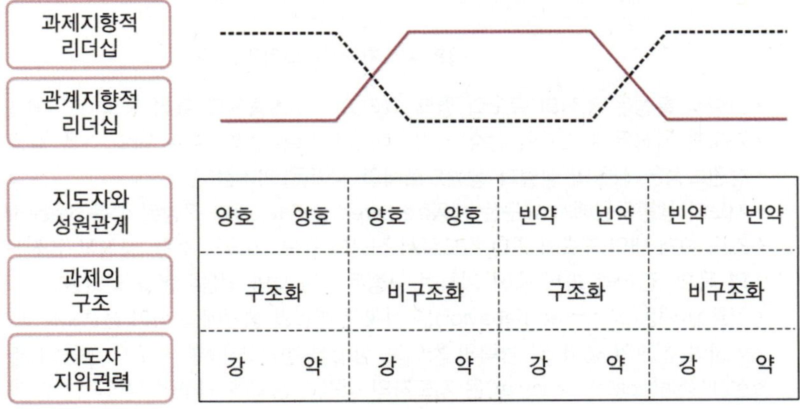

Fiedler의 리더십 유관모형

8. 이 모형에 의하면 과제지향적 지도자는 성원과의 극단적인 우호적 관계 정도에 관계없이 리더십을 발휘하는 반면 관계지향적 지도자는 중간 정도의 우호상태에서 리더십을 잘 발휘한다.
9. 지도자와 성원의 관계가 양호하고 과제가 구조화되어 있으며 지도자의 권력이 아주 강하거나 아주 약하면 과제지향적 지도자의 행동은 효율적인 반면 지도자와 성원의 관계가 빈약한 상황에서 구조화된 과제를 수행할 경우에는 관계지향적 지도자의 행동이 효율적이다.
10. 즉, 과제지향적 유형은 우호적인 리더십 상황과 비우호적 리더십 상황에서 가장 효율적이며 관계지향적 유형은 중간 정도의 우호적인 리더십 상황에서 더욱 효율적이다.
11. 따라서 지도자는 상황의 선호도에 따라 적절한 행동을 선택하는 유관적인 접근을 시도하여야 한다.

④ 상황적 행동이론

상황적 행동이론은 특이한 지도자의 행동이 특정한 상황에서 매우 효율적이라는 가정에서 출발한다. Chelladurai는 리더십 다차원 모형(multidimensional model of leadership)을 개발하여 상황적 행동이론을 뒷받침하고 있다.

Chelladurai의 리더십 다차원 모형

1. 다차원 모형에 의하면 지도자 행동은 선수의 만족감과 효율적인 수행력을 수반하며 지도자 행동에 있어서 수행력과 만족감이 중요한 요인으로 검증되었다.
2. 집단의 효율성과 만족감에 영향을 미치는 요인은 다양하나 지도자 행동과 함께 3가지 측면에서 살펴볼 수 있다.
3. 선수가 선호하는 행동 및 상황에 의하여 요구된 행동 그리고 지도자의 실제 행동 등이 경기수행능력과 만족감에 영향을 미친다. 다차원 모형에서 지도자 행동을 유발하는 선행요건은 상황적 특성과 지도자의 특성 그리고 성원의 특성을 들고 있다.

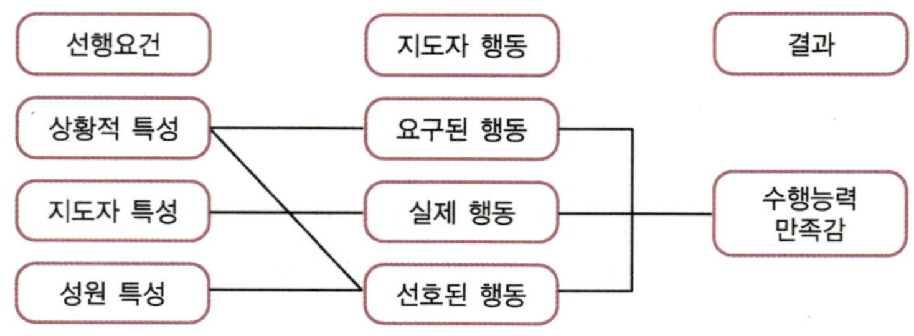

지도자 행동 다차원 모형

- 상황적 특성은 조직의 규모와 형태 그리고 스포츠종목의 특성 등의 요인에 의하여 결정된다.
- 지도자 특성은 지도자의 선수 경력, 지도자 경력, 연령, 지도 팀의 승률 등을 의미한다.
- 성원특성은 성원의 성별과 성원으로서의 경력을 의미한다.
- 지도자 행동차원에서 요구된 행동(required behavior)과 규정된 행동(prescribed behavior)은 조직 체계 내의 지표에 관한 것으로서 집단의 규모, 기술의 수준, 공식적 구조, 규범적 권력, 조직의 목표, 집단의 과제 등에 의하여 규정된 지도자의 행동유형을 의미한다.
- 선호된 행동(preferred behavior)은 상황적 변인과 성원에 의하여 선호되는 지도자의 행동을 의미하며 성원의 성격 및 능력의 차이는 상황적 변인에 따른 지도자 행동에 영향을 미친다.
- 실제 행동(actual behavior)은 지도자의 성격과 능력에 의하여 직접적인 영향을 받으나 요구된 행동과 선호된 행동 등은 간접적인 영향을 받는다.

4. 지도자의 실제적 행동은 적응 행동과 반응 행동의 두 가지 형태로 나뉘어진다.
   - 적응 행동은 집단의 성격이 동질적인 경우에 지도자가 상황에 따라 투여하는 행동이다.
   - 반응 행동은 집단의 성격이 이질적인 경우에 지도자가 성원의 욕구에 직면하여 표출하는 임의적 행동이다.

리더십의 정의
• 리더십은 조직의 행동을 지시, 안내, 촉진하는 지도자와 지도자의 제안을 수용하는 추종자 간의 상호 병렬관계이다(Hollander). • 리더십은 특정한 사람이 지닌 자질이 아니라, 합법적인 영향력을 행사하는 과정이다(Grimes). • 리더십은 조직 목표를 성취하기 위하여 조직 성원을 동기화시킴으로써 더욱 많은 에너지를 창출하도록 유도하는 것을 포함한다(Katz & Kahn). • 리더십은 조직 공통의 목표 성취를 위한 지도자와 구성원 간의 협동적인 상호작용이다(Pigors). • 리더십은 다른 사람과의 상호작용을 통하여 문제를 해결하고 문제 해결의 구조에 참여하는 행동이다(Gibb).

리더십의 구성요소(Hersey & Kenneth)	
영향의 과정	리더십은 개인이나 집단의 활동에 영향을 미치는 과정이다. 따라서 리더십은 영향력이 불균등하게 배분되어 있는 사람들 사이에서 일어나는 과정이라 할 수 있다.
추종자와의 관계	리더십은 리더의 행동이 주도하지만 리더의 행동은 고립적인 것이 아니다. 리더는 추종자와의 관계 속에서만 존재할 수 있다. 추종자가 없는 리더는 일반적으로 이야기하는 리더가 아니다.
기능적 · 상황적 연관성	리더의 기능은 리더와 추종자가 소속해 있는 집단과 조직의 분화된 여러 기능 가운데 하나이기 때문에 다른 기능들과 복잡한 관계를 맺고 있다. 이러한 기능적 연관성뿐만 아니라 그 밖의 상황적 변수들도 리더십에 영향을 미친다.
목표 지향성	리더십은 목표지향적이다. 리더십은 특정한 목표의 달성을 위해 정진하는 과정이다.
공식적 · 비공식적 리더십	리더십에는 공식적인 자리에서 추종자를 이끄는 리더십과 사적인 자리에서 추종자를 이끄는 비공식적 리더십이 있다.

(2) 리더십 행동

① 리더십 행동의 범주(Halpin & Winer)

㉠ 배려(consideration): 지도자 기능 수행 중에 있어서 부하에 대한 돌봄의 정도

㉡ 구조주도(initiating structure): 지도자가 자신과 부하 혹은 동료 집단 성원 간의 상호 관계를 조직하고 규정하는 정도

㉢ 생산성 강조(production emphasis): 지도자가 과업수행을 강조하기 위하여 행하는 행동의 총체

㉣ 사교성(social awareness): 지도자가 집단성원과의 상호작용에 있어서 사회적으로 인정받는 개인이 될 것을 강조하는 정도

② 지도자의 유형

㉠ 도구적 지도자 대 표출적 지도자

ⓐ 조직 내에서 지도자의 기능은 크게 도구적 측면과 표출적 측면으로 구분할 수 있다. 만약 공식적 지도자가 두 가지 기능을 함께 수행하지 못한다면 비공식적 지도자가 이러한 기능을 대리 수행하게 된다.

ⓑ 특히 복잡한 과업집단에서는 둘 이상의 공식적 지도자가 각각 두 가지 기능 중 어느 하나를 이행하여야 한다. 예컨대, 대학 농구팀에 있어서 코치는 팀의 과제를 지시하고 조정하는 기능을 담당하는 반면 주무는 팀 성원 사이의 조화와 사기를 유지·증진시키는 기능을 담당한다.

ⓒ 이와 같이 두 가지 유형의 지도자가 출현하는 주된 원인은 지도자 간의 기능에 대한 역할갈등이 존재하기 때문이다. 예컨대, 어느 한 지도자가 조직 과제를 수행하는 과정에서 이미 형성된 조직성원과의 친밀감으로 인하여 성원의 모든 요구를 수용할 수 없기 때문이다.

㉡ 권위주의적 지도자 대 민주적 지도자

ⓐ 스포츠 조직의 지도자는 권위주의적 지도자와 민주적 지도자로 구분할 수 있다. 권위주의적 지도자는 민주적 지도자보다 한층 절대적인 권력을 행사하며 독단적으로 조직의 정책을 결정할 뿐만 아니라, 성원의 대리인으로서 행동하거나 상벌을 집행하기 때문에 집단의 모든 성원은 모든 측면에서 지도자에게 예속된다.

ⓑ 민주적 지도자는 권위주의적 지도자와 동등한 수준의 권한을 행사하지만 조직 활동에서는 성원의 참여를 최대한 적극적으로 유도하며 조직 문제를 민주적인 절차에 따라 해결한다는 점에서 다르다. 민주적 지도자는 조직 내의 긴장 및 갈등을 줄이고 권한 및 지위 차별화에 의한 위계 서열적 조직 구조를 지양하기 위하여 책임을 분산하고 성원 간 상호작용을 강화하려 한다.

5. 스포츠조직의 지도자 충원

(1) 스포츠조직의 지도자 개념

① 일반적으로 조직에서 지도자 행위는 특성, 지도양식, 상황이라는 3가지 관점에서 접근할 수 있다.

㉠ 조직의 지도자 행위에 대한 첫 번째 접근 방식은 물리적 요소, 제도적 요소, 인성변수, 그리고 특정한 기술과 능력을 포함하는 지도자의 지배적인 특성 등을 들 수 있다. 지도자의 특성은 체질·판단·기술·능력 등을 포함하는 총체적인 퍼스낼리티를 의미한다. Stogdill은 이러한 지도자의 특성으로서 독창성, 사교성, 판단, 적극성, 유머, 협동성, 명랑성, 체력 등을 들고 있다.

㉡ 두 번째 접근 방식은 조직 내에서 지도자가 민주적인 방법으로 조직을 운영하는가 혹은 독재적인 방법으로 운영하는가 등과 같은 지도양식에 주안점을 둔다. 이러한 지도자의 지도양식에 따라 비효율적이고 구성원의 불평이 많은 자유방임형 조직, 생산성은 높으나 구성원들이 저항적이고 불평이 많은 독재형 조직, 그리고 성원의 사기가 높고 적응력이 강하고 생산성이 높은 민주형 조직 등으로 범주화된다.

㉢ 세 번째 접근 방식은 지도자와 특정 상황의 관련성을 강조한다. 이러한 조직 내의 상황에는 대인 간 상호관계의 구조, 조직 특성, 조직을 둘러싸고 있는 문화적 환경, 그리고 조직이 당면한 물리적 상황과 임무 등이 포함된다.

② 이상의 3가지 접근 방식을 통하여 Fiedler는 그의 유관모형에서 상황, 집단임무, 지도자, 집단의 특성 등을 변수로 하여 지도자를 과제 지향형과 관계 지향형으로 구분하고 있다.

③ Shaw는 지도자는 복잡한 상호작용의 과정과 영향을 중시하며 조직에서의 리더십 발현과 기능은 조직의 개인적, 물리적, 사회적, 문화적 환경에 의해 결정된다고 설명하고 있다.

④ 스포츠조직에 있어서 리더십의 발현과 기능은 주로 스포츠조직의 구성, 구조, 임무에 의해 결정된다고 할 수 있다.

(2) 스포츠조직의 지도자 충원 이론

① 구조론

팀 스포츠에 있어서 경기 위치의 구조적 측면과 관련된 네 가지 주요 요소로는 공간적 구심성, 상호작용률, 과업 의존도, 기술 수준 등을 들 수 있다(Loy).

㉠ 공간적 구심성

ⓐ 야구, 농구, 축구 등의 종목에서 경기 위치의 분포 형태는 매우 다양하고 이질적이지만 각 종목의 지도자는 전형적으로 팀 활동의 핵심에 가까운 중심적 활동 위치에 있는 성원으로부터 충원된다. 공간적 위치에 대한 이러한 현상을 '공간적 구심성'(spatial centrality)이라 한다.

ⓑ Mulder는 이러한 공간적 구심성에 대해 "구심성이란 다른 위치와의 상호비교에서 어느 한 위치가 차지하고 있는 중요성의 정도를 나타낸다. 즉, 조직의 '성원배치 형태'에서 가장 구심적인 위치는 다른 모든 위치와 가장 가까이에 있는 위치"라고 설명하고 있다.

ⓒ 공간적 구심성은 인접성(propinquity), 관찰성(observability), 시계성(visibility) 등과 밀접한 관련성을 지닌다.

- 인접성은 타 위치의 성원과 상호작용할 수 있는 공간적 거리로서 타 위치의 성원과 공간적 거리가 가까우면 위치의 중요도는 높아지고 거리가 멀어지면 중요도는 낮아지게 된다.
- 관찰성은 타 위치의 성원 행동을 보고 듣고 예측할 수 있는 인지적, 정의적, 행동적 인지 수용의 정도와 관련이 있다.
- 시계성은 타 위치와의 사이에서 자신의 위치가 노출되는 정도를 의미한다.

ⓓ 공간적 구심성의 또 다른 중요한 측면은 팀에서 구심적 위치를 점유하고 있는 성원의 역량에 대한 정확한 평가를 내릴 수 있다는 점이다.

㉡ 상호작용률

ⓐ 미국 야구에서의 투수, 농구에서의 센터는 각기 구심적인 경기 활동 위치를 점유하고 있지만 팀 내 다른 성원과의 상호작용 수준이 낮기 때문에, 코치와 주장으로 충원되는 경우는 흔치 않다.

ⓑ 상호작용률의 중요한 점은 높은 상호작용을 일으키는 선수가 스포츠 조직의 '의사전달 구조'에 깊이 관련되어 있다는 것이다.

ⓒ 상호작용은 선호도와 긍정적으로 관련되기 때문에 높은 상호작용의 성원은 스포츠 집단의 선호도 구조에 깊이 관련된다.

ⓓ 높은 수준의 공간적 구심성과 높은 상호작용률을 지닌 경기 위치를 점유하는 성원은 집단 규범과 가치를 내재화하는 경향이 두드러지기 때문에 높은 수준의 화합을 보이게 된다.

㉢ 과업 의존도

ⓐ 스포츠조직에 있어서 경기 활동 위치와 관련된 또 하나의 중요한 구조적 특성은 과업 의존도이다.

ⓑ 특정 위치의 선수는 주로 독립적인 임무를 수행하고 다른 위치의 선수는 협력적 혹은 의존적 과업을 수행하는 한편 몇몇 선택된 위치의 선수는 의존적이고 개별적인 역할을 동시에 수행한다.

ⓒ 경기 위치별 지도자 충원의 경향성을 분석할 경우 의존적 임무를 수행하고 있는 경기 위치가 많은 비중을 차지한다.

ⓓ 높은 과업 의존도 위치에 있는 성원이 스포츠조직의 과업구조에 깊이 관련되어 있는 것이다.

ⓔ 농구의 가드는 센터 위치만큼 인기가 높지는 않지만 전반적인 경기 운영에 있어서 센터보다 많은 역할과 비중을 차지하고 있으며 축구의 링커에서도 이와 같은 점은 발견된다.

ⓕ 따라서 이들은 다른 성원에 대하여 보다 많은 영향력을 행사하고 경기에 대하여 보다 많은 전문 지식을 획득하게 된다.

㉣ 기능 수준

ⓐ 지도자로서 가장 많이 충원되는 경향을 보이는 위치 점유의 중요한 측면 중의 하나는 지도자의 위치가 일반적으로 높은 경기력을 발휘하고 있는 성원에 의해 충원된다는 점이다.

ⓑ 팀 내 다른 동료보다 높은 수준의 운동기능을 보유하고 있는 선수는 팀 내에서 높은 위광 및 사회적 위계서열을 부여 받게 되는 경향이 있다.

ⓒ 높은 수준의 운동기능을 요구하는 위치 점유자에게 주어지는 사회적 지위는 성원으로 하여금 스포츠조직의 권력구조에 개입하도록 한다.

스포츠 조직에 있어서 경기 위치의 4가지 구조적 측면은 해당 경기에서 일정 위치를 점유하는 팀 성원에게 다음의 두 가지 측면에서 복합적인 영향을 미친다.

1. 조직 성원이 지니는 높은 수준의 공간적 구심성, 과업 의존도, 기능 수준, 상호작용률 등은 자신이 소속한 팀 내의 의사전달, 선호도, 권력, 임무구조 등에 있어서 보다 깊이 개입하는 경향성이 있다.
2. 위치 배분의 결과에 의해서 조직 성원은 조직 목표에 보다 동조하고 다른 성원에 대하여 영향력을 행사한다. 또한 그는 전문적인 지식을 습득하고 관찰 범위가 넓어지며 동료 사이에서 보다 높은 사회적 위광, 서열, 지위를 점유하게 된다.

② 과정론

경기 위치의 기본적 구조와 과정은 팀 스포츠에서 지도자 충원의 인과 모형(casual process model)에 대한 핵심적인 요소이다.

㉠ 지도자 선정과 위치 배분

ⓐ 조직에 대한 잠재적 기여 능력을 보유한 선수는 일차적으로 운동능력에 따라 선발되고 가장 높은 운동능력을 보유한 선수는 공간적으로 구심적 위치를 점유하게 된다.

ⓑ 이러한 위치는 높은 수준의 과업 의존도와 높은 상호작용을 요구한다. 따라서 이러한 위치를 점유한 능력자는 팀 지도자로 발탁되는 확률이 커진다.

㉡ 역할 수행과 상호작용 결과

ⓐ 탁월한 기능을 보유한 선수는 공간적으로 구심적 위치를 점유하여 관찰성과 시계성을 증진시키고 경기 수행과 관련하여 여타 선수보다 많은 영향력을 행사하게 된다.

ⓑ 또한 높은 기능을 보유하고 있는 선수는 타 선수보다 많은 지식을 습득하고 높은 상호작용률로 인하여 집단 규범과 가치에 적극적으로 동조하게 됨으로 결과적으로 다른 선수의 호감을 받게 된다. 이와 같은 요소가 종합적으로 작용하여 그들은 팀 내에서 다른 선수에 비해 보다 높은 서열과 지위를 점유하게 된다.

㉢ 역할 수행과 지도자 능력의 평가

ⓐ 위에서 언급한 두 가지 단계와 관련하여 특정한 경기 활동의 위치를 점유하고 있는 선수는 경기 지도자로부터 관심의 대상이 된다.

ⓑ 경기 지도자는 경기장에서 선수의 수행도를 관찰하여 선수의 지도자적 자질 및 능력을 평가한다.

㉣ 지도자 선정과 충원

ⓐ 시계성, 관찰성, 그리고 세 번째 단계에서 내린 평가의 결과에 의하여 특정 선수가 잠재적인 지도자로 지목된다.

ⓑ 이 중에서 동료와 코치에 의하여 비공식적 지도자로 선정되어 최종적으로 코치와 구단에 의해 팀의 공식적 지도자로 충원된다.

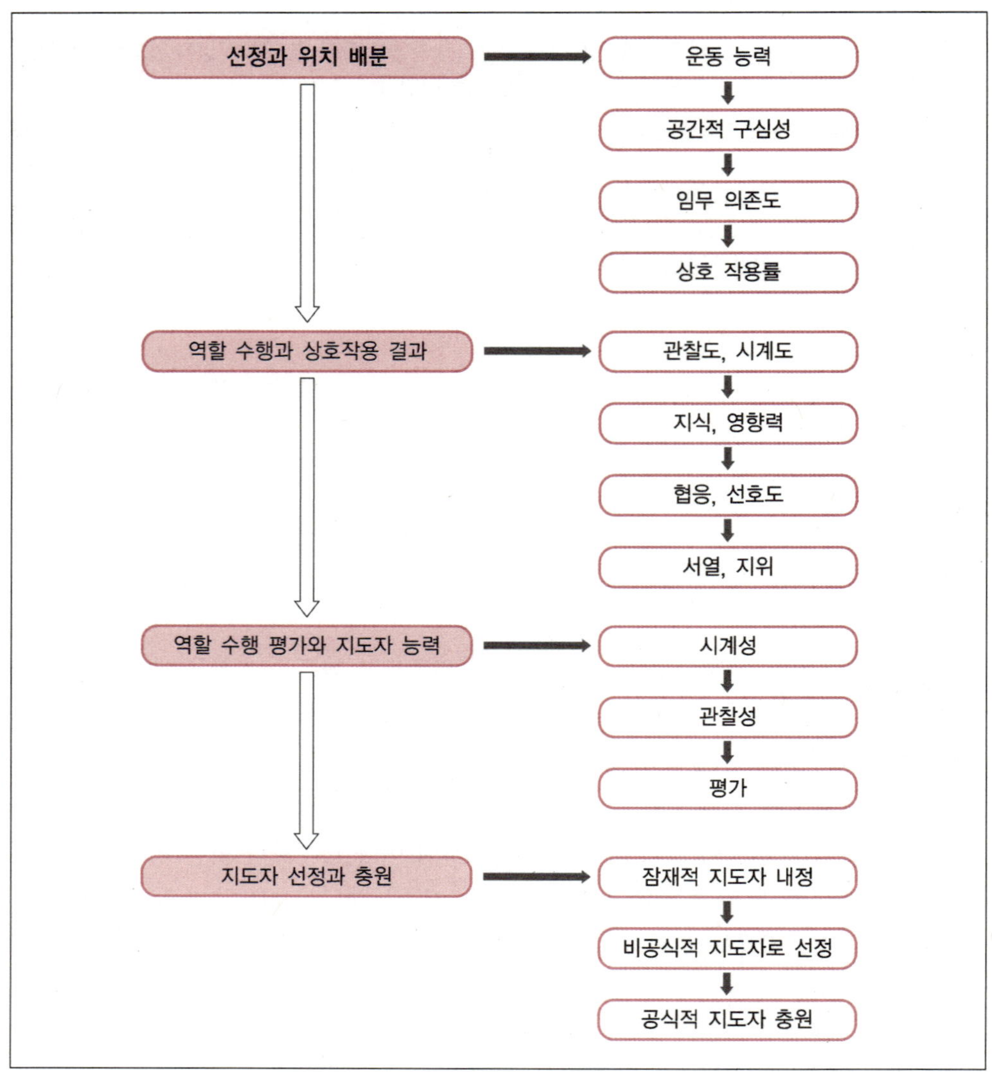

스포츠조직에서 지도자 충원의 인과 모형(Loy)

12 스포츠와 여성

최근 여권 운동의 대두와 함께 여성의 지위가 신장되고 권익이 증대하여 여성의 활동 영역이 사회 제도의 다방면에 걸쳐 확장됨에 따라 그동안 정치, 사회, 문화의 상이한 배경을 초월하여 역사적 남성의 전유물로 여겨온 스포츠에 있어서 여성의 참여기회 또한 많은 변화와 진보를 경험하기는 하였으나, 스포츠에서의 남녀 성차별은 여전히 불식되지 못하고 지속되고 있는 것이 현실이다. 여성에 대한 사회적 성역할 기대 차이로 인하여 아직도 수많은 여성들이 스포츠 제도의 각 영역에서 제약과 차별을 받고 있는데 이는 여성이 지니고 있는 스포츠에서의 잠재적 가능성을 완전히 실현하지 못하게 하는 주요 장애 요소로 잔재하고 있다.

1. 여성 스포츠의 이론적 기초

스포츠에 있어서 성차별의 특징은 여성의 스포츠참여기회 부족이나 남성 편향의 스포츠 이데올로기의 측면만이 아닌 법적, 제도적, 환경적 측면에 이르기까지 스포츠영역 전반에 걸쳐 보편적으로 존재해 있는 구조적 불평등이라 할 수 있다. 스포츠에 있어서 성차별은 하나의 제도적 차별로서 가시화되어 있을 뿐만 아니라, 남성의 우위성과 여성의 종속성이라는 사회적 신념이 스포츠 이데올로기 속에서 잠재적으로 깊이 작용하기 때문에 여성스포츠의 현재(顯在)적 차별을 강화시키고 있다. 여성스포츠를 이해하는 데에는 스포츠의 제도적 특성과 여성해방의 이념적 성향 등의 두 가지 측면이 이론적으로 고려되어야 한다. 여성 스포츠는 이 같은 이론적 고찰에 기반을 두고 다음과 같은 여섯 가지 관점에서 이해될 수 있다(Boutilier & Giovanni). 첫째, 스포츠는 가부장적 제도의 하나이다. 둘째, 성차별주의가 스포츠를 지배한다. 셋째, 여성이 변화할지라도 남성과 스포츠는 변화하지 않는다. 넷째, 여성 스포츠 연구에서 자유주의적 편견이 상존하고 있다. 다섯째, 스포츠 사회학은 성차별주의자의 지배를 받는다. 여섯째, 여성은 남성이 아니다.

(1) 자유주의적 관점

① 자유주의적 여권주의는 천부인권설에 입각하여 모든 개인은 삶, 자유 그리고 행복의 추구에 있어서 본능적인 권리를 지니는 것을 전제한다(Messner & Sabo).

② 자유주의적 관점에서 여성문제에 접근하는 사람들은 성차별은 정치, 교육, 취업 등의 측면에서 여성에게 남성과 동등한 기회가 주어지지 않는 데 있다고 보고 그러한 기회를 보장할 수 있는 법률의 제정이나 개정을 중요시한다.

③ 이들은 남녀 모두에게 동등한 사회적 기회의 실현을 위한 법제적 개혁과 함께 성차별적인 관습과 남성지배적 관념을 타파할 것을 강조한다.

④ 자유주의적 여권론자들은 성에 근거한 모든 차별을 제거하려면 현 체제 내에서 사회 구조의 개혁을 통해서만이 가능하다고 믿고 있으며 그러한 개혁은 여성에게 남성과 동등한 정치적, 법제적, 교육적 기회를 제공함으로써 가능하다고 주장한다(Boutilier & Giovanni).

⑤ 여성에 대한 균등한 사회참여기회 및 보수배분과 동등한 법적 권리를 위한 체제 내의 점진적인 변화를 강조한다.

⑥ 점진적인 체제 내의 변화에 의해 정치적, 법제적, 교육적 기회와 권리가 여성에게 주어진다면 모든 여성은 인종, 종족, 연령, 성적 선호도, 사회계급, 결혼지위 등에 상관없이 정치적, 법제적, 교육적 기회 등에 동등하게 참여할 수 있으며 자신의 재능에 대하여 동등한 평가를 받을 수 있다는 것이다.

⑦ 자유주의적 여권주의자의 궁극적인 목표는 특정 개인의 성에 관계없이 모든 사람이 자신의 능력에 따라 공정한 평가를 받음으로서 동일한 기회를 부여받는 '양성성'(androgyny)의 사회 건설에 있다.

⑧ 자유주의적 여권주의는 남녀 간의 차이가 생물학적 요인보다는 문화적 요인에서 기인한다는 가정에 기초를 두고 양성간의 관찰 가능한 차이는 생득적인 것이 아닌 사회화 및 성역할 조정(sex-role conditioning)의 결과임을 증명하는 데 관심을 기울인다. 따라서 행위에 있어서 성차별은 남녀가 지니고 있는 선천적인 차이에서가 아닌 차별적인 사회학습에서 기인한다고 주장한다.

⑨ 스포츠에 있어서 성차별에 대한 자유주의적 여권운동의 대표적인 예로는 1972년 미국의 Title IX을 들 수 있다. Title IX은 다음과 같은 사항을 전제로 하여 모든 학교체육에서 여성이 남성과 동등한 참여기회를 부여받도록 하는 데 기여하였다(Oglesby). Title IX은 여성의 스포츠 장비, 시설 및 여타 자원의 이용에 있어서 남성과 동등한 권리, 균등한 인사관리, 여성 코치 · 행정가 · 운동선수에 대한 동등한 보수부여 등과 같은 문제를 개선하는데 주안점을 두고 있다.

㉠ 모든 학생은 교육과정은 물론 경쟁적인 운동경기와 과외 활동 등에 동등하게 참여할 수 있다.

㉡ 모든 학생은 재정적 지원과 학교가 제공하는 혜택 및 편의를 합법적으로 보장 받는다.

㉢ 모든 학생은 학교 내의 체육시설을 사용할 수 있으며 기숙과 관련된 규정에서도 동등한 권리를 갖는다.

자유주의 페미니즘

- 자유주의 페미니즘은 개인의 자율성과 자아실현, 천부인권을 주장한 18세기의 자유주의의 철학을 토대로 한다(Messener & Sabo). 프랑스혁명 이후, 시민 권리의 광범위한 확장에도 불구하고 여성이 남성과 동등한 권리를 보장받지 못하는 현실에서 여성운동의 이론적 근거를 수립하고 참정권운동을 전개하며 성장했다. 이들은 젠더불평등이 남녀의 선천적 능력의 차이보다 차별적으로 제공되는 기회에서 발생한다고 보았기 때문에 정치참여 및 고용 · 교육기회의 균등, 동일노동 · 동일임금 보장, 낙태의 자유 등 제도의 개선을 통해 이를 해결하고자 했다.

- 자유주의 페미니즘은 기본적으로 개인의 능력에 따라 성취가 가능한 자유주의 경쟁 체제를 옹호하기 때문에 젠더불평등을 사회 전체의 불평등 문제와 관련된 구조적인 모순으로 이해하기보다 여성들만의 개별적인 문제로 파악했다(Giddens). 따라서 기존 체제에 순응하는 가운데 합법적 절차와 민주적 수단을 통해 점진적인 개혁을 추구했고, 관심은 여성에 대한 기회보장의 차원에 한정됐다.
- 젠더평등에 대한 자유주의 페미니즘의 공로는 20세기 초 여성의 참정권 확보에 큰 기여를 했다는 사실이다. 이를 토대로 여성들은 형식적 평등을 보장 받았으며, 여성 스스로 여성을 위한 제도를 마련할 수 있는 길을 열게 되었다. 또한 사회에서 일상적으로 행해지는 젠더불평등 관습에 이의를 제기하고 이를 개선하기 위한 입법활동을 펼쳐왔으며, 특히 여전히 남성중심의 가부장 질서가 굳건한 제3세계 국가에서는 젠더평등에 대한 의식을 확산시키는 데 기여하고 있다.
- 하지만 이들이 성취한 법과 제도의 개선은 형식적 평등에 불과할 뿐 실질적 평등을 가져온 것은 아니라는 점에서 한계를 갖는다. 일부 지배층 여성에게만 혜택이 돌아갔을 뿐 대다수의 여성은 여전히 공공연한 차별구조를 경험하고 있기 때문이다. 이에 대해 맑스주의 페미니스트들은 여성들의 박탈감에만 초점을 맞춘 나머지 사회에 만연한 체계적 억압에 무관심하기 때문이라고 지적한다. 관련된 여타 불평등의 문제에는 눈감고 이를 야기하는 경쟁적 체제를 옹호하기 때문에 젠더불평등 문제 역시 근본적으로 해결할 수 없는 한계를 갖는다는 것이다.
- 스포츠사회학에서 자유주의 페미니즘은 주로 여성에 대한 균등한 기회부여를 요구해왔다. 그 대표적인 사례가 1972년 발효된 미국의 Title IX이다. Title IX은 미국의 민권법 제9장으로, 모든 학교체육에서 여성이 남성과 동등한 권리를 갖도록 보장함으로써 많은 여성들의 스포츠 참여기회를 확대하는데 기여했다(Oglesby). 이 조항은 적어도 스포츠에 참여하기 원하는 여성들이 기회가 없어 좌절하게 되는 일이 발생하지 않도록 유도했다.
- 그런 점에서 자유주의 페미니즘의 제도개선 운동은 스포츠분야에서 젠더불평등 문제해결에 큰 역할을 했다고 평가된다. 제도개선이 불러온 의식개혁의 효과를 통해 여성의 참여를 증진시켰기 때문이다. 또한 남성스포츠와 동등한 물적 조건을 마련해줌으로써 여성스포츠의 양적 성장에 기여하기도 했다.

(2) 마르크스주의적 관점

① 마르크스주의는 자본주의 사회에서 인간의 자유와 평등은 생산수단과 부의 소유 여부에 의해 제약되기 때문에 자본주의 사회구조의 근본적인 변혁 없이는 그 체제 내부의 사회문제는 해결될 수 없다고 본다.

② 자본주의 사회에서 법적인 평등권과 시민으로서 누릴 수 있는 자유는 자본가 계급의 이해를 실현하기 위한 것이며 자신의 살아있는 노동력 이외에는 다른 어떤 생존 수단도 가지고 있지 못한 생산대중에게는 형식적인 겉치레에 불과하다.

③ 마르크스주의의 관점에서 볼 때 여성문제의 원인 또한 법적, 정치적 불평등에 그치는 것이 아니라, 그보다 더 구조적이고 심층적인 성별 분업체계에 있는 것이며 여성문제를 야기시키는 성별 분업체계는 각 사회의 계급관계와 긴밀하게 결합되어 있다는 것이다.

④ 마르크스주의의 관점에 따르면 여성차별의 폐지는 전체 사회의 변혁운동과 분리된 대 남성투쟁에 의해 이루어지는 것이 아니라 생산수단의 사회화를 통한 자본주의 사회의 지배적인 사회관계의 철폐를 통해 이루어지는 것으로 간주한다.

⑤ 마르크스주의적 여권주의는 여성 억압의 기원을 사유재산의 확립으로 인한 가부장적 일부일처제 가족의 출현으로 보고 있기 때문에 여성문제의 해결에는 사유재산의 철폐로 인한 경제적 생산방식의 근본적인 변화와 함께 가족제도의 변화가 필수적이라고 본다.

⑥ 사유재산이 폐지되고 계급불평등이 소멸된 사회에서는 일부일처제 가족이 더 이상 재산상속의 수단이나 경제단위로서 기능하지 않으며 이성 간의 애정과 평등에 기반한 '진정한 일부일처제'가 정착된다는 것이다.

⑦ 마르크스주의적 여권주의자는 마르크스주의적 이념이 계급과 성의 차별 없이 스포츠에서의 성취를 고무시키기 때문에 사회주의 국가에서는 모든 선수에게 스포츠참가 기회를 개방하고 이를 조장함으로써 모든 계층 나아가 남녀 양성의 스포츠 발전을 가져오는 반면 자본주의 국가에서는 특수한 재능을 지녔거나 특권계급 출신의 선수에게만 스포츠참가와 성공의 기회가 제공되기 때문에 성차와 계급차가 없는 스포츠의 발전은 기대할 수 없다고 주장한다(Boutilier & Giovanni).

⑧ 가족이 원초적 계급의 경제단위이기 때문에 가족 내의 스포츠 환경은 계급 간, 성별 간에 제한을 받는다. 즉, 부유한 가족의 어린이는 빈곤한 가족의 자녀에 비하여 더 많은 운동경기와 운동 편의시설 및 장비 그리고 스포츠 지도자의 지도를 누릴 수 있다.

⑨ 한편 자본주의 사회의 가족 내에서 경제적 비수혜집단인 여성과 여자 어린이는 특정 스포츠에 참가할 기회를 거의 갖지 못할 뿐만 아니라 스포츠에서의 정당한 보상에 접근할 수 없는 실정이란 것이다.

⑩ 마르크스주의적 여권주의자는 자본주의 국가의 학원스포츠가 스포츠와 교육을 긴밀히 접목시켜 자본주의 사회체제를 유지하는 계급적-성차별적 편견을 강화하고 영속화시킨다고 주장한다(Boutilier & Giovanni). 예를 들면, 대부분의 학교스포츠 프로그램이 하류층 학생보다 상류 및 중류층 학생에게 그리고 여학생보다는 남학생에게 스포츠 참가와 보상의 기회를 더 많이 제공함으로써 스포츠에서의 계급·성별 간 차별을 구조화시킨다는 것이다.

맑스주의 페미니즘

- 맑스주의 페미니즘은 자본주의 사회에서 일어나는 모든 불평등과 마찬가지로 젠더문제 역시 궁극적으로 생산수단의 소유와 관련된 계급관계에서 비롯된다고 본다. 따라서 자본주의 사회구조의 근본적인 변혁 없이 젠더불평등 문제는 해결될 수 없다고 생각했다(Giddens). 이들이 보기에 자유주의 페미니즘이 확보한 법과 제도의 형식적 평등은 생계유지에 급급한 노동자계급의 여성들에게 아무런 의미가 없는 것이었다. 그들이 겪는 고통은 '단지 여성'이기 때문이 아니라, '노동자계급의 여성'이기 때문에 주어지는 것으로 생각했던 것이다.
- 맑스주의 페미니스트들은 계급관계의 변화와 함께, 계급관계 때문에 더욱 가중되는 여성의 억압을 규명하고 이를 개선하고자 했다. 이들은 자본주의 사회에서 가족의 기능이 재산상속의 수단이나 경제단위로서의 의미에 불과하다고 비판하고, 이를 이성간 애정과 평등에 기반한 관계로 재조직함으로써 여성이 전통적인 젠더역할로부터 해방될 수 있다고 주장했다. 이는 실제로 공산혁명 과정에서 젠더불평등 문제를 다루는 지침으로 작용하기도 했다. 예를 들어, 러시아 등 공산주의 국가에서는 여성들이 혁명 및 사회생산에 주체

로 참여할 수 있도록 자녀양육과 가사노동 등 전통적 여성 젠더역할을 공공영역으로 이관해 탁아소, 보육원, 세탁공장과 같은 시스템을 발달시키기도 했다.

- 맑스주의 페미니즘은 젠더불평등을 단지 여성들만의 문제가 아니라 사회 전체의 구조적 모순과 연계해서 해결하고자 했다는 점에 그 의미가 있다. 특히 자유주의 페미니즘이 공백으로 남겨두었던, 일상생활에서 계급관계에 의해 일어나는 여성에 대한 억압의 문제를 규명하고 대안을 제시함으로써 실질적인 여권의 신장에 기여했다는 평가를 받는다.
- 맑스주의 페미니즘은 자본주의 사회의 스포츠가 궁극적으로 이윤을 추구하기 때문에 경제적으로 구매력이 떨어지는 여성을 위한 제도가 되기는 어렵다고 본다. 또한 보다 많은 사회자본을 가진 남성들에 의해 스포츠가 기획·운영되는 한 여성스포츠가 존재한다 해도 단지 남성들의 소비를 촉진하기 위한 목적에 제한될 가능성이 높다고 말한다. 이를테면 여성의 스포츠 참가가 증가한다고 해도, 이는 남성 자본가와 남성소비자의 구미에 맞는 형태로 결정되기 때문에 여성은 스스로 자신을 표현하고 발산하기보다 남성의 동기와 시선에 의해 대상화되고 주변화 된다는 것이다.
- 이런 관점은 스포츠에 존재하는 가시적인 차별뿐만 아니라 경제적 동기와 소비욕망에 의해 추동되는 남성 중심의 미시권력의 비가시적이고 구조적인 차별의 기제를 드러내준다. 이를 통해 페미니스트들은 형식적 권리를 획득하는 것을 넘어 남성 중심의 시선에 저항하고, 이를 극복하기 위한 여성운동의 전략과 방식에도 관심을 갖게 되었다.

(3) 급진주의적 관점

① 급진주의적 여권론은 여성문제를 궁극적으로 여성의 생리적, 생물학적 조건에서 발생한 것이므로 이러한 생물학적 조건을 뒤바꿀 수 있는 성(性)의 혁명에 의해서만이 해결될 수 있다고 보는 관점이다.

② 여성문제의 해결은 제도적, 법률적 평등의 실현에 의해 이루어진다는 자유주의적 관점뿐만 아니라, 사유재산의 폐지와 계급대립의 소멸에 의해 이루어진다는 마르크스주의적 관점을 모두 거부하고 '성' 그 자체에 근거한 독자적 이론을 정립하여 제시하고 있다.

③ 모든 형태의 사회조직에는 사회성원의 재생산을 위하여 남성-여성-아이라는 기본적인 생식단위에 의한 '생물학적 가족'(the biological family)이 존재하고 있으므로 여성문제를 해결하기 위해서는 여성의 자연적 생리조건을 바꿀 수 있는 기술혁명과 함께 권력심리와 착취심리가 자라날 수 있는 생물학적 가족을 철폐해야 한다고 주장한다.

④ 급진적 여성해방론자들이 생물학적 가족 즉, 가부장적 가족의 대안적인 구조적 요건으로 제시한 사항들을 구체적으로 살펴보면 다음과 같다(Firestone).

㉠ 여성은 모든 가능한 방법을 동원하여 생물학적 생식의 지배로부터 해방되고 출산과 양육의 역할을 여성뿐만 아니라 남성도 담당하게 해야 한다. 피임, 인공생식, 탁아소 설치 등이 이에 해당된다.

㉡ 여성과 아동에게 마르크스주의적 여권론이 제기한 경제적 독립뿐만 아니라, 완전한 자결권을 주어야 한다.

ⓒ 남녀를 분리하거나 아동을 성인사회로부터 격리시키는 모든 사회제도들을 폐지하고 여성과 아동을 사회의 모든 영역에서 전면적으로 통합시켜야 한다.

ⓓ 모든 여성과 아동에게 성적인 자유를 허용하여야 한다.

⑤ 급진주의적 여권론은 여성문제의 원인과 해결책을 사회의 다른 모순이나 문제점과 분리시켜 생각할 뿐만 아니라, 성차별을 가부장적 가족제도 하의 성별 분업체계 모순에 의한 가장 본질적인 사회문제로 보고 있다.

⑥ 급진적 여권주의자는 남성이 지배하고 있는 스포츠와 별도로, 여성이 적극적으로 참여하여 여성 자신의 경험과 의식 및 스포츠관을 축적할 수 있는 새로운 형태의 스포츠를 창안함으로써 남녀가 공정하게 참여하고 보상받을 수 있는 '남녀동등스포츠'(co-sport)가 탄생되어야 한다고 주장한다(Boutilier & Giovanni).

⑦ 스포츠에서 남성에 예속되어 있거나 남성과 격리된 여성의 위광을 여성 자신이 스스로의 운동경기를 주관함은 물론 여성이 새롭게 인식한 공감의 토대 위에서 여성의 신체에 적합하고 여성의 특징적 가치에 부합되는 새로운 운동경기를 창안함으로써 스포츠에서 여성의 위광을 확보할 수 있다는 것이다(Boutilier & Giovanni).

⑧ 돌차기, 그네타기, 널뛰기 등과 같은 전통적인 여성경기를 지속적으로 활성화시키고 학교체육 프로그램에 레크리에이션 종목으로서 수중발레와 리듬체조를 포함시키며 나아가 전통적으로 남성스포츠인 보디빌딩이나 축구 및 유도 등과 같은 격렬한 경쟁 스포츠에 여성이 적극적으로 참가함으로써 여성의 정체감을 새롭게 정립할 수 있다는 것이다.

⑨ 스포츠에 있어서 성차별을 해소하기 위한 급진주의적 여권주의의 접근방법은 남녀의 동등한 스포츠 기회추구보다는 근원적인 사회관계 및 스포츠제도의 개혁 그리고 스포츠의 지배적인 가치와 목표에 대한 문제제기의 측면에서 접근한다.

⑩ 급진주의적 여권주의자는 여성에게 적합한 새로운 스포츠조직과 제도 그리고 새로운 여성스포츠의 미래를 건설하는 데 목적이 있으며 이와 같은 새로운 질서의 청사진은 스포츠에 대한 여성의 독자적인 가치관, 관심 그리고 경험에서 도출된다고 주장한다.

급진주의 페미니즘

- 급진주의 페미니즘은 60년대 말 서구에서 자유주의 페미니즘 운동이 한계에 봉착하면서 등장했다. 이들은 법적·제도적 젠더평등을 시도한 자유주의 페미니즘과 생산관계의 변혁에 의한 여성해방을 시도한 맑스주의 페미니즘을 모두 거부하고 성(sex) 그 자체에 근거한 이론을 정립함으로써 젠더불평등에 맞서고자 했다(Firestone).
- 이들은 여성에 대한 사회적 억압의 근원을 출산과 육아와 관련된 생리적 특성에서 찾았다. 생물학적 차이에 의해 형성된 성계급이 여성의 성과 출산을 통제하는 가부장제를 낳았다고 주장했다. 이들의 관점에서는 가족 역시 남성중심의 사회적 재생산을 위해 조직된 생식단위에 불과했다(Firestone). 그러므로 젠더불평등 문제의 해결을 위해서는 궁극적으로 가부장적 질서를 전복시켜야 한다고 주장했다.

- 그 구체적인 방법으로 이들은 남성으로부터의 분리주의, 동성애의 허용, 가족관계에 구애되지 않는 자유연애와 성생활을 주장하면서 서구 문화에 오랫동안 고착되어 있던 젠더관념의 해체를 시도했다(Firestone). 또한 미모와 여성성에 대한 기존의 통념을 뒤바꾸는 이미지를 생산하거나, 기존의 젠더관념을 초월하는 강한 여성, 용감한 여성들을 부각시켰는데, 스포츠는 이러한 문화운동의 좋은 소재로 활용됐다.
- 하지만 급진주의 페미니즘의 공격 대상이었던 가부장제 개념은 여성 억압의 일반화를 설명하는 데 부족하다는 한계를 갖고 있었다. 젠더불평등은 가부장제뿐만 아니라 인종, 계급, 민족 등 다양한 요인들이 개입되어 있기 때문에 이들을 고려하지 않고서 근본적인 문제 해결은 요원하다는 비판이 제기됐다. 또한 생물학적 환원주의에 빠질 위험이 있다는 경고를 받기도 했다(Giddens). 복잡한 과정을 거쳐 사회적으로 구성된 젠더불평등 현상을 남자와 여자의 단순한 신체적 차이로만 설명하기 때문에 여성의 생리적 특성을 거부하는 등의 극단적 운동으로 발전하는 것이라고 비판받았다.
- 한편, 스포츠에서 역시 신체적 차이로 인해 열등한 위치를 갖게 된다고 인식했던 급진적 페미니스트들은 남성이 지배하는 기존의 스포츠와는 별도로, 남녀가 공동으로 참여하고 공정하게 보상받을 수 있는 새로운 형태의 스포츠를 창안하자고 주장했다. 남성의 신체에 적합하도록 짜여있는 기존의 스포츠는 신체의 유능성을 남성 신체에 따라 정의하기 때문에, 여성 신체의 특수성을 고려한 스포츠를 통해 여성의 신체적 권위를 확보하고자 했다(Boutilier & Gionanni). 또한 여성이 보디빌딩, 축구, 격투기와 같은 남성 중심의 격렬한 스포츠에 적극적으로 참가함으로써 여성의 젠더정체성이 새롭게 정립될 수 있다고 생각했다. 즉, 급진주의 페미니즘은 남녀의 동등한 기회 추구보다는 대안적인 스포츠의 창안, 스포츠의 지배적인 가치와 목표에 대한 문제제기를 통해 젠더불평등 문제를 해결하고자 시도했다.

자유주의 페미니즘과 스포츠	마르크스 페미니즘과 스포츠	급진주의 페미니즘과 스포츠
• 성에 관계없이 누구나 자신의 능력에 따라 공정한 평가를 받자는 의도 • 양성성	• 여성문제를 사회 구조의 모순으로 인식하며, 계급과 성에 대한 차별 없이 스포츠 참여 기회 부여	• 여성에게 적합한 새로운 형태의 스포츠 고안 • 여성의 위상 확보

페미니즘 이론과 스포츠

(4) 사회주의적 관점

① 사회주의적 여권론은 계급차별을 강조하는 마르크스주의적 여권론을 수용하는 한편 성차별과 별개의 기반으로서의 가부장적 지배구조를 강조하는 급진주의적 여권론을 절충하여 여성문제를 이해하려는 입장이다.

② 이러한 입장에서 여성문제에 접근하는 여권론자들은 자본주의의 계급지배를 여성억압을 규정짓는 요소로 여기고 여성운동의 타도 대상이 자본가 계급이라는 마르크스주의의 기본 전제를 수용하지만, 마르크스주의 역시 다른 이론과 마찬가지로 성차별적 편견 때문에 성차별을 계급차별에 종속되는 하위문제로 인식하기 때문에 성차별의 독자적인 물리적 기반인 가부장적 지배구조와 성별 위계 체계를 설명하지 못한다고 비판한다.

③ 급진적 관점에서는 여성억압을 규정짓는 요소로서 가부장제를 강조하고 양성간의 대립을 부각시킨 점을 적극적으로 수용하지만, 가부장제 개념에 대해서는 문화적, 상부구조적 현상을 의미하는 편협한 개념이라고 비판하고 있다.

④ 급진적 이론가들이 의미하는 가부장제란 여성의 성과 출산에 대한 남성의 통제가 가능한 초역사적인 지배체제를 말하는 반면, 사회주의적 여권론자들은 성별 노동분업 체계로서의 가부장제의 의미를 강조한다. 이들에 의하면 가부장제란 성별 분업과 사유재산을 기초로 하여 남성이 여성노동력을 통제할 수 있도록 남녀 간에 또 남성 간에 위계서열이 나타나는 일련의 사회관계의 체계를 의미한다.

⑤ Mitchell은 사회주의 페미니즘 입장에서 가부장제에 처한 여성의 핵심적 억압구조를 생산, 출산, 성관계, 자녀 양육 등 4가지로 설명하면서 이들은 구조적으로 제각기 특정한 시점에서 서로 상이하게 전개된다고 언급하였다. 결과적으로 4가지의 여성 억압구조가 모두 변혁되어야만 여성해방이 달성될 수 있다는 것이다.

㉠ **생산**: 여성의 생산 참여 정도는 여성해방을 위한 전제 조건의 성숙을 의미한다. 따라서 여성이 생산노동에 참여한다는 것 자체가 가정에서 여성이 겪고 있는 억압이 완전히 철폐되는 것은 아니지만, 여성의 일할 권리는 지속적으로 확장되어야 한다.

㉡ **출산**: 부권사회(patriarchal society)에서 여성의 출산은 자녀를 낳은 어머니에게 소외감을 가져다줄 뿐만 아니라, 가정이 남성의 휴식처로써 기능할 것을 요구한다. 그러나 출산이 여성의 창조적 능력의 유일한 대안으로 간주되고, 가정이 남성의 휴식처가 될 것이라 요구되는 한 여성은 자연적인 제약 속에 묶여 있게 된다.

㉢ **성관계**: 자본주의 사회에서의 결혼관계, 즉 일부일처제의 확립은 남녀 간에 성적 역할을 동등하게 설정해 줌으로써 여성해방의 전제 조건이 될 수 있다.

㉣ **자녀양육**: 자녀양육에 있어서 여성의 출산이라는 생물학적 기능 때문에 반드시 양육을 전적으로 담당해야 하는 것은 아니다. 여성해방을 위해서나 아동의 자립을 위해서나 생물학적 어머니와 사회적 어머니가 일치되어야 할 이유가 없다는 것이다.

⑥ 경제적 억압과 가부장제의 이중적 구조에 기초한 사회주의적 여권주의는 여성의 스포츠 참가 제한이 계급과 성에 기반을 둔 편견에 근거를 두고 있기 때문에 이러한 편견은 불식되어야 한다고 주장한다.

⑦ 사회주의적 여권주의자는 오늘날 여성스포츠가 직면하고 있는 성적 편견을 타파하기 위해서는 남성뿐만 아니라, 여성에게도 스포츠에서 우애와 성취감을 고취시킬 수 있도록 국제적 비판을 활성화하며 여성에게 광범위한 스포츠참가 기회의 개방과 재정적 지원을 확대 시행하고 여성스포츠 단체의 활동을 진작시키는 등의 실질적인 제도적 뒷받침이 선행되어야 한다고 역설한다(Boutilier & Giovanni).

⑧ 사회주의적 여권주의자는 여성에게 부분적으로나마 제공된 스포츠참가의 기회와 경험을 여성스포츠의 전통을 확립하기 위한 부분적 개혁으로 인식함으로써 인구의 반을 차지하는 여성의 정체를 올바르게 깨달아 스포츠에서의 여권신장을 현실적이고 확고하게 달성할 수 있는 기반을 우선적으로 조성하여야 한다고 주장한다.

사회주의 페미니즘

- 사회주의 페미니즘은 급진주의 페미니즘과 마르크스주의 페미니즘의 통찰을 통해 가부장제론 및 역사적·유물론적 접근 등을 비판적이고 발전적으로 통합하자는 문제의식에서 출발한다.
- 사회주의 페미니즘의 관점에서 급진주의 페미니즘은 여성들 내부의 계급적 차이에 대한 배려가 없으며 가부장제 개념도 비역사적으로 적용한다는 것이다. 또한, 마르크스주의 페미니즘에 대해서는 여성 억압이 부차적인 것으로 간주한다는 점을 비판한다. 사회주의 페미니즘은 계급 제도 이전의 성별 분업도 이미 여성 차별적이었으며 따라서 성별 분업이 가부장제를 낳고 유지하는 주요 기제라고 주장한다. 즉, 현재 여성의 문제는 자본주의와 가부장제의 결합을 통해 빚어진다고 보는 것이다. 따라서 사회주의 페미니즘은 자본주의와 가부장제가 어떻게 결합돼 여성 억압을 낳는지를 탐구하게 된다.
- 사회주의 페미니즘의 첫 번째 입장은 자본주의와 가부장제를 분리한 후 나중에 결합하는 방식이다. 이것이 이중체제론이다. 다른 한편으로는 자본주의와 가부장제는 별개가 아니라 하나의 체제를 구성한다고 보는 통합체제론의 입장이다. 이러한 다양한 분석들에도 불구하고 사회주의 페미니즘은 현재 여성을 억압하는 것이 자본주의적 구조와 가부장적 구조 모두라고 보는 점에서는 일치한다.
- 사회주의 변혁이 여성 해방에 도움은 되겠지만 여성 해방 자체는 아니며, 여성 해방은 가부장제와 성별 노동 분업의 철폐, 나아가 성별 자체의 철폐를 지향하는 별개의 혁명을 통해 수행되어야 한다는 것이다. 즉, 사회주의 페미니즘에서 여성은 생산, 출산, 성관계, 자녀 양육 등 네 가지의 상이한 구조에서 억압이 발생되며, 근본적으로 가부장제와 자본주의가 별개가 아니라 하나의 체계를 구성하고, 이로 인해 남녀 간의 위계질서가 만들어짐을 강조했다.
- 스포츠에서 사회주의 페미니즘은 여성의 스포츠 참가에 대한 제한을 성에 기초한 편견에서 재해석하였다. 여성 스포츠에 대한 편견을 타파하고, 여성들이 스포츠에서 성취감을 경험하고 고취할 수 있도록 해야 함을 주장한다. 즉, 여성 스포츠에 대한 재정적 지원, 다양한 스포츠에서의 참여기회 개방이 이루어져야 하며, 실질적인 제도가 선행되어야 함을 역설하였다(Boutilier & Gionanni).

(5) 남성 페미니즘

① 페미니즘에서 젠더는 여성을 주로 지칭하였으며, 여성과 여성성에 대한 젠더 불평등을 주요 의제로 삼았다.

② 남성 페미니즘은 남성도 여성처럼 하나의 젠더로 취급하면서 남성성을 여성성만큼 주요하고 신중하게 다루고 있다. 남성과 여성의 젠더는 상대적이고 사회구조에 깊숙이 스며들어 있어 남성성뿐만 아니라 남성성과 여성성의 대립관계를 주목한다. 따라서 남성성과 여성성을 분리해서 볼 수 없으며, 이 둘의 통합적인 관점에서 다루고자 한다.

③ 남성 페미니즘은 헤게모니를 잡은 남성에 관한 이론을 전개해왔다. 모든 남성이 권력적 지위를 갖는 것이 아니라 최고라고 평가 받는 조건을 갖춘 남성이 사회에서 정상의 서열에 위치하는 것이다. 남성이 여성에 대한 지배가 보편적인 양상이지만 노동계급 남성, 흑인 남성, 식민지배 하의 남성 등 종속적인 남성도 많음을 주장한다(Lober). 즉, 헤게모니를 독

점한 남성 지배층이 경제적, 교육적, 정치권력 등을 독점하고 이들은 연대를 구축하고 사회를 구축하는 다양한 측면에서 제도화된 특권을 누린다.

④ 남성 페미니즘은 여성만 종속적인 지위에 있는 것이 아니라 다른 남성도 지배 받고 있다는 사실을 부각시켰고, 여성뿐만 아니라 사회에서 배제된 남성의 지위도 향상해야 함을 강조한다.

⑤ 남성 페미니즘은 스포츠의 남성성이 강조된 문화를 비판하였다. 스포츠는 남성지배적인 문화를 강조하는 사회제도이며, 조직적인 스포츠에서 남성성을 과시할 수 있는 직접적인 현장임과 동시에 대리경쟁의 공간으로 창출된다.

⑥ 스포츠는 남성의 강한 몸을 지속적으로 보여주고, 남성적 몸의 우월성과 여성적 몸의 열등함을 대비시킨다. 특히, 미디어에서 여성 스포츠는 주변화 되고(Messner & Sabo), 남성 스포츠는 스펙타클을 제공한다. 스포츠는 남성이 여성보다 우월하다는 것을 입증하고, 남자의 우월성과 지배권을 증명하는 상징으로 기능한다(Connell).

⑦ 남성성을 강조하는 문화는 남성에게 고통을 부여하기도 한다. 특히, 스포츠 문화는 남성으로 인정받기 위해 나약함, 연약함, 두려움, 고통을 이겨내기를 강요받는다.

	관점	구체적 내용 및 해결방안
자유주의 페미니즘	모든 인간은 자유주의 사조에 입각하여 행복추구에 있어 기본적 권리를 지니고 있음을 전제	• 성 차별을 선천적 능력의 차이가 아닌 성에 근거한 차별적인 기회로 간주 • 여성해방은 기회를 보장해 줄 수 있는 정치적, 법제적, 교육적 개선을 통해 가능하다고 주장 • 기회의 평등을 위해 양성성을 주장
맑스주의 페미니즘	자본주의 사회는 생산수단의 사회화로 인해 성별 분업체계가 존재하며, 또 다른 차별을 재생산함	• 자본주의적 가부장제 계급구조가 성차별을 억압 • 자본주의 국가의 학원스포츠와 스포츠 상업화에 대한 비판적 입장을 취함으로써 철폐를 주장
급진주의 페미니즘	sex는 최초의 사회적 분화이며, 이는 억압형태를 파생. 생물학적 조건에 의한 가부장제가 여성 억압의 근원	• 성(sex)이 인류 최초의 사회적 분화이기에 성에 입각하여 성 차별을 설명 • 여성에게 적합한 스포츠를 고안함으로써(분리주의) 남녀가 공정하게 참여하고 보상 받을 수 있는 남녀동등스포츠(co-sports)가 탄생되어야 한다고 주장
사회주의 페미니즘	계급차별을 강조하는 마르크스 페미니즘 수용, 급진주의 페미니즘 절충	• 계급차별을 강조하는 맑스주의 페미니즘을 수용하면서 성차별과 별개의 기반으로 가부장적 지배구조를 강조하는 급진주의 페미니즘을 절충 • 성적 편견(sexual prejudice)의 관점에서 재해석

2. 여성의 사회적 역할과 스포츠

(1) 스포츠와 성역할 사회화

① 사회학습이론의 관점에서 볼 때 성역할과 성역할 행동은 기본적으로 동일한 양식으로 학습된다. 이에는 두 가지 중요한 기제가 포함된다. 첫째, 아동은 각기의 성에 적합한 방식으로 행동하도록 부모와 여타의 중요타자로부터 강화를 받으며 둘째, 이에 대해 부적절한 행동을 할 경우 제재를 받는다.

② 성역할 사회화과정을 통하여 스포츠는 남성에게 있어서 전통적 남성의 성역할 정의와 관련된 특성과 행동을 표현하는 수단으로 활용되어져 왔다.

③ 스포츠는 전통적인 성역할 사회화를 강화하는 기능을 수행할 뿐만 아니라, 통념적인 남성다움을 표현하여 주는 수단이 되는 것이다. 즉, 운동경기의 참가는 남성이 자신의 남성다움을 표출하는 방법이 된다. 이는 현대사회에서 요구되는 남성에 대한 새로운 관념과 관련하여 실추된 남성상을 회복하려는 대리만족의 도구로서 스포츠가 이용되고 있음을 의미한다.

④ 실제로 운동경기는 남성의 통과의례적 의미를 지니고 있으며 남성상과 여성상의 속성을 운동경기의 일반적 특성과 관련지어 볼 때 남성의 경우 운동경기와 긍정적으로 연관되는 반면에 여성은 그렇지 않음을 발견할 수 있다.

젠더의 사회화

젠더역할의 사회화는 흔히 사회학습이론의 관점에서 설명된다. 젠더역할은 다른 사람의 젠더행동이나 상황을 관찰하거나 모방한 결과 학습된다는 것이다. 이는 보상과 처벌의 기제를 통해 더욱 효과적으로 이루어진다. 남성과 여성은 어릴 때부터 주위의 태도, 기대되는 행동 양식, 주어지는 도구 및 놀이의 유형을 통해 이미 그 사회가 구축한 젠더역할을 수행하도록 사회화된다(Leonard).

(2) 스포츠와 성역할 분극화

① 성이란 인간의 심리적, 사회적 특성과는 별개의 것으로서 단지 생물학적 특성에 의하여 결정되는 반면 성역할은 인간의 심리적 특성이나 사회적 기준에 따른 성별 간의 행동기준과 밀접히 관련되어 있다. 이는 남녀의 역할 그리고 여성상과 남성상에 관한 정의가 생물학적 기준보다는 사회구조와 더욱 연계되어 있음을 의미한다.

② 성역할은 문화·심리·사회적 상호연관성 즉, 특정 사회 내에서 남성 혹은 여성으로서의 역할에 대해 일반적으로 규정된 태도와 행동양식, 인성 특성으로서 남녀를 구분시키는 특정화된 개념이라고 할 수 있다.

③ 전통적인 성역할 관념과 관련하여 현대사회에 있어서 여성은 부드럽고 섬세한 신체와 아름다운 외모에 의하여 가치를 부여받게 되며 이러한 특성은 운동경기에서 요구되는 신체적 강인함, 근력 및 순발력과는 양립 불가능한 특성으로 간주되어 왔다.

④ 성역할 기대와 관련하여 사회체계는 남성과 여성 간에 차별적인 행동양식을 고무시킨다. 예컨대, 여성은 전통적으로 사적인 영역으로서 아내, 어머니, 주부로서의 역할을 수행하는 반면 남성은 공적인 영역으로서 가장 또는 직장인이나 사회생활 및 문화생활의 창조자 역할을 수행하도록 기대되어 왔다.

⑤ 이러한 전통적 성역할 기대에 부응하여 여성상은 양육, 의존성, 감성, 협력, 수동성 등으로 특징지어진 반면 남성상은 공격성, 독립성, 이성, 활동성, 경쟁성 등을 의미하여 왔다. 남성의 특성을 적극성으로 규정한 반면 여성은 소극적인 의미로 대조시키고 있다.

⑥ 남성과 여성의 성역할 분극화는 활동영역에 있어서도 그 차이를 드러낸다. 여성이 특정 영역의 활동(교직, 간호직, 사무직)에 종사한다면, 남성은 이들 영역을 포기하거나 이들 영역 내에서 보다 지배적인 지위(교장, 의사, 경영진)를 점유하므로 남성의 위치를 지킨다. 이는 사회 내에서 전통적으로 이어져 온 남성상과 여성상의 분극화에 기인하는 것으로서 남성은 지배적이고 창조적인 반면 여성은 의존적이며 수동적인 존재로 규정하여 남녀의 성역할 구분을 영속화시킨다.

젠더의 분극화

젠더역할의 사회화 과정을 통해 남녀의 역할은 기존의 질서를 따라 확연히 구분된다. 전통적으로 남성은 공적 영역에서 가장의 중요한 역할을 수행하며, 사회생활과 문화생활의 주관자로서 기대되는 반면 여성은 사적 영역에서 아내, 어머니, 주부로서 보조자의 역할을 수행하도록 기대된다. 따라서 남성성은 공격성, 독립성, 활동성 등을 특징으로 하는 반면, 여성성은 의존성, 감성, 수동성 등에 한정된다. 이는 남녀의 직업구조에도 영향을 미치는데, 여성이 비활동적, 소극적 직업에 주로 진출하는 반면 남성은 이런 직업을 등한시하거나 이런 직종 내에서 관리직을 차지함으로써 젠더역할을 지속한다.

(3) 스포츠와 성역할 갈등

① 역할 갈등의 개념

㉠ 특정 개인이 지니는 사회적 역할은 귀속적 역할과 성취적 역할로 나뉜다. 남성과 여성의 사회적 역할은 귀속적 역할이다.

㉡ 역할 갈등은 특정 지위를 점유하고 있는 개인에게 다양한 역할 부여자로부터 상반된 요구가 주어질 때 또는 두 가지 이상의 서로 다른 역할이 갈등을 하는 경우에 발생한다.

㉢ 역할 갈등은 역할 모순과 역할 긴장이 있다.

ⓐ 역할 모순이란 특정 개인이 차지하고 있는 두 가지 이상의 지위 때문에 성격상 상치되는 구실이 동시에 기대되는 경우에 발생하는 역할 불일치 현상이다.

ⓑ 역할 긴장은 개인이 다양한 역할을 이행하는 과정에서 상이한 역할기대에 의하여 흔히 곤경에 처하게 되거나 동일한 역할수행에 있어서도 기대가 불일치하게 되는 경우에 일어나는 심리적 불안정을 말한다.

㉣ 감독은 일면 팀의 중요한 사항을 알리고 규칙에 대한 준수를 지시하고 선수를 훈련하도록 기대되나, 다른 한편으로는 선수의 요구와 특성에 민감하도록 기대되어 왔다. 이와 같은 상이한 역할기대 사이에서 발생하는 심리적 모순상태를 역할 갈등이라 한다.

② 스포츠와 성역할 갈등

㉠ 여성에 있어서 운동선수의 역할은 여성으로 하여금 두 가지 요구상황의 이행을 불가능하게 하는 갈등적이고 모순된 기대를 내포한다. 성에 적합한 규범, 가치, 태도 등이 여성과 남성의 역할을 사회적으로 구별 짓는 성역할 기대와 관련하여 스포츠에 있어서 여성은 그 역할이 배제 당하거나 보조적 역할에 한정되어 왔다. 따라서 스포츠 활동에 우연히 흥미를 느끼게 된 여성에게는 심각한 역할갈등이 야기된다.

㉡ 여자 운동선수의 역할 갈등은 참가 스포츠 유형과 밀접한 관계가 있는 것으로 나타나고 있다. 즉, 우아함, 균형, 유연성, 교치성을 요구하는 운동경기나 스포츠에 참가하는 여성은 사회적으로 용인 받는 반면 순발력, 근력, 지구력, 신체적 접촉 등을 요구하는 운동에 참가하는 여성에게는 심한 오명이 부여되고 있다.

젠더 갈등

역할갈등은 역할모순과 역할긴장을 통칭하는 개념이다. 이 둘은 모두 지위에 따라 기대되는 행동 간의 충돌을 가리키지만, 각기 다른 상황을 전제로 한다. 먼저, 역할긴장은 하나의 지위에 서로 다른 여러 가지 역할 기대들이 부과되어 갈등을 일으키는 경우로 역할 내 갈등이라고 부른다. 역할모순은 한 사람이 둘 또는 그 이상의 지위를 가지고 있을 때 이에 따른 역할들이 서로 갈등하는 경우로 역할 간 갈등이라고도 부른다. 젠더역할 갈등이 이에 해당하는데, 여성이 관리직이나 운동선수 등 전통적인 남성 지배 직종에 진출할 경우, 여성에게 기대되는 젠더역할과 그 지위가 기대하는 남성적 젠더역할이 충돌하면서 심한 역할갈등을 경험하게 된다.

3. 스포츠에서의 성차별

(1) 성차별의 개념

성차별과 관련지어 남성의 노동력과 노동생산성이 여성의 그것보다 월등히 높다는 것을 이념적 근거로 하는 성계층(gender stratification)은 구조기능주의와 갈등이론의 두 이론으로 설명되기도 한다.

① 구조기능주의자들은 성계층 현상을 사회의 생존을 위해 유익한 기능을 하는 것으로 간주한다.

㉠ 성별 분업은 자연적 법칙이기 때문에 남녀 모두 이를 인정할 때 각자의 개인적 삶의 만족을 성취할 수 있다는 것이다.

㉡ 구조기능론자들은 남성과 여성의 성향은 상호보완적이라고 주장한다.

㉢ 남성은 독립적이고 일을 수행하는 도구적인 성향이 강하며 외향성을 지니고 있는 반면 여성은 의존적이고 마음을 표출하는 표현적인 성향이 강하고 내향성을 지니고 있는데 이들은 남녀가 각기 타고난 본질적인 퍼스낼리티라는 것이다.

㉣ 결국 성계층은 남성의 사회적 역할 및 기여 그리고 여성의 출산 및 양육은 남성에 대하여는 사회의 유지·발전을 위한 책임감을 고취시키고 여성에 대하여는 남편의 내조와 자녀의 교육에 헌신할 수 있는 환경을 제공해주는 바람직한 현상이라고 주장한다.

② 갈등론자들은 사회의 모든 불평등 현상과 마찬가지로 성계층 현상 역시 생산수단과 생산력에 대한 차별적 접근과 보상에 그 원인이 있으며 남성의 경제력 장악에서 기인한다고 주장한다.

㉠ 생산수단과 생산력의 소유에 의한 경제력의 차이는 성별분업과 여성에 대한 남성의 지배를 정당화시켜 주는 신념을 생성한다.

㉡ 성별 간 서열을 확정·유지시키는 강력한 기제로 작용함으로써 성계층 현상을 재강화시켜 준다는 것이다.

(2) 스포츠에서의 성차별의 사회적 근원

① 문화적 전통

㉠ 스포츠에 있어서 여성에게 부과되는 성차별의 궁극적 원천은 특정 사회의 사회문화적 상황과 편향된 그릇된 전통에서 기인한다(Eitzen & Sage).

㉡ 전통사회에 있어서 남성적인 행동과 여성적인 행동의 차이는 양성 간의 첨예화된 이질적 성향과 관련되어 있는데, 여성은 본질적으로 비공격적이며 수동적인 반면 남성은 공격적이고 능동적인 성향을 강조한다.

㉢ Kenyon은 다음과 같은 문화적 규정에 의해 여성의 스포츠 활동이 기대되어 왔다고 주장하였다.

ⓐ 사회적 경험

ⓑ 신체적 건강과 체력 증진

ⓒ 통제된 모험을 통한 긴박감 제공의 수단

ⓓ 심미적 표현 양식

ⓔ 신체적 해방

ⓕ 극기와 자기수양의 증진

㉣ 스포츠의 본질은 기량이 우수하고 공격적인 편에 승리라는 보상을 부여해 주는 것이다. 여성이 스포츠에서 훌륭하게 적응하고 이를 수행하려면 공격성이 강화되어야 하는데 전통적인 고정관념은 이를 허용하지 않는다. 따라서 여성 운동선수는 여성에 대한 사회적 규범을 깨뜨리게 되고 사회적 기대와 자기 기대 속에서 갈등을 겪게 되며 이러한 사회적 기대와 일치하지 못할 때 일탈자로 낙인이 찍히게 되는 것이다.

② 차별적 성역할 사회화

㉠ 남성과 여성의 역할 및 남성적인 행동과 여성적인 행동에 대한 성적 정의는 생물학적 사실보다는 사회적 구조에 근거를 두고 있다. 이와 같은 성역할이나 정의는 사회문화적 특성에 의하여 설정되며 출생 시부터 개인에게 학습되어 내면화된다. 또한 성적 특성 경로에 따라 타인과의 상호관계에 있어서 독자적인 성 특성에 적합하게 행동하고 반응한다.

㉡ 남녀 성별에 따라 성역할 차이에 대한 관념은 출생 직후부터 부모를 통하여 학습하게 되는데 이러한 과정을 성역할 사회화라 부른다. 즉, 일차적 사회화 주관기관의 표본인 가족집단에 의해서, 그 다음 어느 정도 성장을 하게 되면 동료집단을 통하여 성의 사회화 훈련을 의식적이건 무의식적이건 강요받게 된다.

㉢ 성역할 이념의 학습은 동료, 교사, 대중매체 등과 같은 다양한 사회·문화적 요인으로부터 연유하나 가장 초보적이고 지속적인 학습은 부모에 의하여 이루어진다.

㉣ 차별적 성역할 사회화를 경험하고 성장한 아동에게 있어서 스포츠나 과격한 신체 활동의 추구는 남성의 경우 긍정적으로 동일시되는 반면 여성에게는 부적합하고 부정적인 성역할 활동으로 규정된다.

㉤ 차별적 성역할 사회화의 결과로 인해서 스포츠에 참여하는 여성은 심한 역할 갈등을 경험하게 된다. 즉, 여성은 조직적인 스포츠에 참가하여 운동선수로서 성공한다 하여도 여성 운동선수는 비여성적이라는 여러 가지 사회적 고정관념에 의하여 바람직한 여성상을 잃게 된다는 우려 때문에 심한 갈등을 겪게 된다는 것이다.

③ 학교의 전통적 성역할 강화

㉠ 학교는 초기의 가족에서 시작된 성역할 고정관념을 강화·증폭시키는 중요한 역할을 담당한다.

㉡ 교사가 남녀 학생들에 대하여 지니는 성별에 따른 차별적 기대는 성역할 사회화를 강화시켜주고 있을 뿐만 아니라 학교의 체육교육과정 자체도 남녀 학생의 성별에 따라 각기 다르게 구성하기 때문에 남학생에게는 축구, 농구, 배구, 태권도, 씨름 등과 같이 공격적이고 활발한 신체활동을 제공하는 반면 여학생에게는 체조, 에어로빅 댄스, 무용 등과 같이 율동적이고 미적 성향을 강조하는 종목을 주로 학습시킴으로써 묵시적으로 기존의 성역할 정체를 정형화시킨다.

㉢ 학교에서 전통적 성역할을 강화하는 또 다른 기제는 성에 따라 수업과 활동을 분리시키는 것이다. 대부분의 초등학교에서 학습구성원이 모두 남학생으로만 되어 있는 학급의 경우 남성적인 활동 위주의 수업을 전개하여 나아가는 반면 여학생 학급에는 요리법, 바느질, 기타 가정생활을 학습내용으로 부과한다. 고등학교 역시 체육과 자연 과목의 경우 남성취향의 과목으로 간주하는 반면 영어와 음악, 미술은 여성 취향과목으로 간주하는 경향성이 있다. 특히 대내 체육 프로그램이나 과외자율 체육활동 프로그램은 남학생에게만 그 중요성이 강조되고 여학생에게는 거의 무시되고 있는 것이 현실이다(Eitzen & Sage).

㉣ 여성의 스포츠 참여를 저해하는 또 다른 기제는 여학생의 스포츠 참가에 따른 역할 갈등의 문제이다. 여학생이 격렬한 신체활동을 선호하거나, 경쟁적이고 조직적인 스포츠 활동에 참가한다는 것은 "여성다운 아름다움" 즉, "여성상"을 포기하는 것과 동일시되며 이와 같은 성역할 양립 불가능성은 학생과 운동선수의 다중 역할 사이에서 역할 갈등을 야기하는 중요한 원인이 되고 있다.

㉤ 학교교육이란 근본적으로 우리 사회가 지금까지 고수하여 온 기본 이데올로기나 교조(dogma)를 옹호하는 입장을 취하고 있다는 점에서 학교 교육을 통하여 스포츠의 성역할 불평등은 한층 더 심화되어 왔다고 하겠다.

④ 대중매체의 편향적 보도

㉠ 학교교육 이상으로 대중매체 역시 정형화된 성역할 이미지를 제공할 뿐만 아니라, 스포츠에 있어서 성차별을 극명하게 표출하고 있다. 즉, 대중매체가 여성에 관한 기사를 보도할 경우 여성을 성적 도구, 가사 노동자, 어머니 등으로 묘사하고 있다.

㉡ 대중매체의 보도 내용면에서도 남성에게는 인격 형성, 태도, 가치 등의 사회적 의미를 부여하는 반면 여성은 의상이나 성적 매력의 상징적 대상으로 제한하고 있다.

㉢ 결국 스포츠에 대한 각종 대중매체의 영향력은 여성의 차별적인 성역할을 영속화한다고 하겠다(Coakley).

⑤ 역할모형의 희소성

㉠ 역할모형이란 특정 역할을 수행하는 개인이나 집단이 제삼자에게 적절한 행위와 태도를 결정할 수 있도록 준거의 틀을 제공하는 기준이나 정형을 의미한다(Eitzen & Sage).

㉡ 스포츠에 있어서 남성은 아마추어 선수나 프로 선수의 동정이나 활약상을 일상적으로 항시 접할 수 있는 반면 여성은 기껏해야 여자 선수의 운동수행 결과보다는 그녀들의 용모나 화젯거리에 더 호감을 갖도록 사회구조가 짜여져 있다. 따라서 남자선수는 자신의 장래에 대한 역할 모델을 용이하게 접함으로써 자신과 역할모델을 비교하여 자신을 실체화시켜 실천력을 강화할 수 있다(Eitzen & Sage).

㉢ 이에 대하여 여자 선수는 자신의 장래에 대한 역할모델을 용이하게 접할 수 있는 기회가 남자선수에 비하여 크게 제한되어 있기 때문에 자신을 정체화시키는 데 있어 갈등을 겪게 된다.

㉣ 남성은 선수로서의 자신의 모습을 유지・강화시킬 수 있는 반면 여성은 그러한 역할모델을 제시 받을 기회가 제한되어 있기 때문에 여성의 스포츠 참가가 사회적으로 긍정적인 용인을 받지 못할 뿐만 아니라, 나아가 우수한 여자선수로서 성공을 기대하기란 어려운 일이다.

스포츠 성차별의 근원: 차별적으로 배분되는 부정적인 특성(Eitzen & Sage)

문화적 전통	• 여성은 주부, 어머니로서의 역할에 한정 • 과격한 신체활동 및 스포츠로의 참여는 비여성적인 활동
차별적 성 역할 사회화	• 부모들은 자녀에게 성에 적합한 역할을 수행하도록 사회화 • 여자아이에게 수동성, 융합성, 의존성을 요구
학교의 전통적 성 역할 강화	• 남학생 신체활동 중심 수업, 여학생 가정생활요리, 바느질 중심 수업 • 교내 체육프로그램 시 남학생에게 중요성을 강조, 여학생은 배제
대중매체의 편향적 보도	• 대중매체에서는 여성보다는 남성에게 더 많은 지면과 보도를 할애 • 여성의 보도 내용은 미모와 의상에 초점
역할모형의 희소성	• 남성선수는 프로선수의 동정이나 활약상을 역할모형으로 쉽게 설정 • 여성선수는 외모나 화젯거리에 더 호감 → 역할모형을 접할 기회 부족

4. 스포츠와 젠더

(1) 젠더 이해하기

① '젠더'(gender)라는 주제에 접근하기 위해서는 기존에 자기가 살던 문화에서 학습한 성(性) 관련 개념들에서 탈피할 필요가 있다.

② 우리는 대체로 성이 선천적으로 주어진다고 생각할 뿐 사회적으로 구성된다는 사실을 잘 인식하지 못한다.

③ 우리의 성행동 특성들을 남자 혹은 여자라서 으레 그런 거라고 당연하게 받아들이고 있는 것이다. 하지만 지역이나 민족에 따라 남녀의 역할이 조금씩 다른 것만 봐도 알 수 있듯이, 성역할이 타고나는 것은 아니다. 성역할은 교육과 기대를 통해 후천적으로 학습된다.

④ '젠더' 개념은 이렇게 사회적으로 구성되는 성을 따로 지칭함으로써 우리에게 당연한 성역할은 없다고 강변한다.

⑤ '성'이라는 용어 대신 '젠더'를 사용하는 것은 그 자체로 '사회적으로 구성된 성'을 가리킴과 동시에 '성역할을 당연하게 받아들이지 마세요', '이성(異性)의 성역할을 역지사지(易地思之) 하세요'라는 젠더연구의 기본 태도를 수용하는 의미를 갖는다.

(2) 젠더와 섹스

① 섹스(sex)는 생물학적 성, 즉 자연적으로 타고난 성을 의미한다. 따라서 내외적인 생식기관 및 생식기의 형태와 같은 해부학적 기준, 호르몬의 유형과 수준 같은 생리학적 기준, 염색체의 구조와 같은 유전학적 기준에 따라 성을 구분한다. 흔히 갓 태어난 아이를 두고 남아인지 여아인지를 묻는 경우, 생물학적 성의 개념을 사용한 것이다.

② 젠더(gender)는 심리적, 사회적, 문화적 차이를 통해 구축된 성을 의미한다. 따라서 성별 그 자체를 가리키기도 하지만 주로 성별에 따라 각기 달리 요구되는 '사회적 역할과 정체성'을 지칭한다(Giddens).

③ '남자답다'는 말에서의 남성성을 생물학적 의미에서 받아들이면 '돌출형 성기에 테스토스테론을 많이 분비하며 XY의 성염색체를 갖고 있는 사람'을 의미한다. 그리고 이는 어떤 사회문화적 차이와 특성에도 불구하고 인간이라면 공통적으로 적용되는 사실이다. 하지만 이를 젠더의 의미로 받아들이면, 남자답다는 의미는 어디서나 통용될 수 없다. 사회문화적으로 '남성성'이 다르게 구축되기 때문이다.

예 현재 한국 사회에서 많은 사람들이 '남자답다'는 말을 '건장하고 적극적이며 자신감이 넘치는 사람'을 가리키는데 사용한다면, 이는 단지 한국 사회에서 남성의 젠더를 설명해줄 뿐 보편성을 의미하지는 않는다.

④ 섹스와 젠더는 필연적인 관계가 아니다. 남성의 성(sex)을 가졌다고 해서 어떤 특정한 남성다움(gender)이 반드시 따라오는 것은 아니라는 것이다.

⑤ 남성다움과 여성다움을 나타내는 젠더는 생물학적 차이가 아니라 사회문화적 조건에 따라 결정된다.

⑥ 섹스, 즉 생물학적 성이 성별 간 차이를 나타낼 뿐 우열을 의미하지는 않는 반면 젠더는 사회적으로 구성되기 때문에 그 사회의 성계층 역학관계에 따라 우열을 의미할 수 있다. 남자와 여자를 가리킬 때 어떤 성별이 더 우월하다거나, 반대로 어떤 성별이 더 열등하다고 말하는 경우는 사회적으로 구성된 성, 즉 젠더를 가리키는 것이라고 할 수 있다.

(3) 젠더불평등의 역사

유사 이래 대부분의 사회에서 인류는 가부장제에 기초한 남성중심의 사회질서를 유지해왔다. 따라서 스포츠와 같은 신체활동 역시 대체로 남성들이 점유해왔으며, 여성들은 대개 주변적 위치에서 보조적 역할을 수행해왔다.

① 고대 그리스·로마

㉠ 그리스인들의 젠더역할은 그들이 묘사한 신들의 이미지에서 추측해볼 수 있다. 이들은 여신(女神)에게도 남신(男神)과 동등한 신격을 부여하기는 했으나, 여신을 남신보다는 열등한 존재로 인식했다.

㉡ 예를 들어, 남신들은 대체로 강건하고 지적이며 합리적인 가장으로서 그려진 반면, 여신들은 주로 신체 근력이나 운동능력이 뒤떨어진 연약한 존재로 표현됐다. 이러한 사고는 스포츠 활동의 참여에도 적용되어 고대 올림픽에서 여성은 단지 문학이나 음악경연 등의 문예활동만 참가할 수 있었고, 경기의 참가나 관람은 금지됐다(Eitzen & Sage).

㉢ 그리스의 도시국가였던 스파르타는 예외였다. 스파르타의 여성은 전사의 생산이라는 사회적 책무가 중요했기 때문에 어릴 때부터 달리기, 높이뛰기, 장대높이뛰기, 원반던지기와 같은 신체활동에 참여했다. 하지만 출산과 양육에 필요한 건강을 위해 용인되었을 뿐 여성들 자신을 위한 신체활동이 이루어진 것은 아니었다.

㉣ 고대 로마사회 역시 여성의 사회적 역할을 제한하기는 마찬가지였다. 로마는 엄격한 가부장제를 유지했는데, 활발한 신체활동이나 스포츠의 참여는 남성에게만 허용됐다. 다만, 그리스사회와 달리 전차경주나 검투사경기를 관람하거나 선수를 칭송하는 등의 행위는 허용됐다.

② 중세

㉠ 중세 초기에 기독교는 로마시대에 성행했던 스포츠경기를 금지했기 때문에 신체활동 자체가 크게 위축됐다. 여기에 여성의 신체활동이 출산과 육아에 위험하다는 의학적 견해가 더해지면서 중세의 여성은 신체활동 참가가 더욱 어려워졌다.

㉡ 16세기 말에 이르러 귀족 여성에 한해 일부 스포츠가 허용돼서, 배드민턴, 승마, 무용과 같은 신체활동에 참여가 이루어졌다. 비록 완전한 개방은 아니었지만 18세기 중엽까지 이런 상황이 지속됐다.

③ 근대

㉠ 19세기 말, 즉 빅토리아시기의 여성은 부드럽고 섬세하며 복종적인 미덕을 강요받았고, 이에 따라 여성들 스스로 격렬한 운동은 자신들에 해롭다는 관점을 수용했다. 남성들 역시 여성들의 스포츠 참여를 달가워하지 않았다. 19세기 말부터 조직화되기 시작한 스포츠들은 여성들을 배제했으며, 쿠베르탱은 여성의 올림픽 참여를 강력히 반대하기도 했다.

㉡ 20세기 들어 여성들의 스포츠 참여가 확대되기 시작했는데, 1900년 파리 올림픽부터 테니스 종목에 여성의 참여가 허용되었고, 1908년에는 피겨스케이팅 종목이 신설돼 여성의 올림픽 참여가 정식화됐다. 특히 1910년 세실리아 라이치라는 영국의 여성 골프선수는 당시 두 번의 오픈대회를 우승했던 아마추어 남성과의 대결을 승리로 장식하며 여성 참정권자들로부터 큰 갈채를 받기도 했다(Cashmore).

④ 현대

㉠ 1960년대부터 페미니즘운동의 영향으로 여성의 권리와 활동영역이 크게 확대되었다. 그에 따라 자연스럽게 여성의 스포츠 참여 역시 과거의 부정적 인식에서 벗어나기 시작했다.

㉡ 특히 서구에서는 건강 및 체력증진을 위한 여성의 스포츠참여가 증가했고, 1,070여명의 여성이 참여한 1972년 뮌헨 올림픽을 기점으로 각종 국제스포츠경기에서 여성의 참여가 두드러지기 시작했다.

(4) 젠더불평등의 실제

대다수의 사회에서 스포츠는 전통적으로 남성의 전유물로 여겨졌기 때문에 상대적으로 여성의 스포츠 참가는 제한되었다. 이에 따라 여성은 스포츠에서 소외되었는데, 이런 불평등 사례는 참여기회, 지원, 지도자의 취업 등의 분야로 분류할 수 있다.

① 참여기회의 불평등

㉠ 여성의 스포츠 참여기회의 불평등은 제도적 제한과 문화적 제한에 의해 발생한다.

㉡ 제도적 제한은 각종 스포츠 경기에서 여성이 참여할 수 있는 종목이 남성과 비교하여 제한적으로 규정되어 있는 현실을 가리킨다.

㉢ 하계올림픽 대회의 남녀 참가종목 수를 대회별로 비교해 보면 여성의 참가 종목이 남성의 종목에 비해 매우 적음을 알 수 있다. 일례로 2000년 시드니 올림픽의 여성 참가 종목은 남성종목의 약 73%에 불과하다.

하계올림픽 남녀 참가종목수 비교

년도	1908	1932	1964	1980	1984	1988	1992	1996	2000
남성종목	50	87	115	146	153	165	171	174	180
여성종목	0	14	32	50	73	86	98	108	132

㉣ 1900년 파리 올림픽부터 테니스, 세일링, 크로켓, 승마 및 골프 종목에서 여성의 참여가 허용되었고, 1904년에는 양궁이 1908년에는 동계종목으로 피겨스케이팅 종목이 신설되었다.

㉤ 1960년대부터 '페미니즘운동'의 영향으로 여성의 권리와 활동영역이 크게 확대되었다. 1984년 LA 올림픽 마라톤, 사격, 사이클, 1988년 탁구, 1992년 유도, 바이애슬론, 배드민턴, 1996년 축구와 소프트볼, 1998년 컬링과 아이스하키, 2000년 역도, 근대5종, 태권도, 철인 3종 경기, 2002년 봅슬레이, 2004년 레슬링, 2006년 럭비, 그리고 마지막으로 2012년 복싱이 올림픽 정식종목으로 채택되면서 올림픽 전 종목에서 여성의 참여가 이루어지게 되었다. 또한, 새롭게 신설되는 종목에는 반드시 여성 종목을 포함하도록 제도화하였다.

㉥ 2024년 파리 올림픽은 완전한 성평등 올림픽(Perfect Gender Equality)이란 슬로건을 전면에 내세웠고, 남녀 선수 각각 5,250명이 참가하며 완벽한 수적 균형을 달성했다. 양성평등에 있어 큰 진전을 이루었다고 평가할 수 있다.

ⓐ 32개의 정식종목 가운데 28개 종목에 남녀 같은 인원이 출전하고, 레슬링(남 192명, 여 96명)과 축구(남 288명, 여 216명)는 남자 선수가, 체조(여 206명, 남 112명)와 수영(여 722명, 남 648명)은 여자 선수가 더 많다.

ⓑ 2020년 도쿄 대회에서 남자부 8체급, 여자부 6체급으로 개최했던 복싱은 이번 대회에서 남녀 동일한 7체급으로 조정하였다.

ⓒ IOC 집행위원 15명 가운데 6명이, 107명의 IOC 위원 가운데 37명이 여성으로 구성되어 그 어느 대회보다 여성 리더십이 비중이 높다.

㉦ 엘리트 스포츠에서 여성의 직업 영역은 넓어졌지만, 여성의 스포츠 참여 불평등은 제도와 문화적 제한에 의해 여전히 발생하고 있다. 예를 들어, 사우디아라비아 여성은 2018년이 되어서야 경기장에서 축구를 관람하는 게 가능하게 되었다.

㉧ 문화적 제한은 여성의 스포츠 참가 종목에 대한 의식적 거부감에 의해 발생하는 참여기회의 불평등을 말한다. Snyder & Spreitzer는 여성이 참여하는 스포츠종목에 대한 사회문화적 시각을 다음과 같이 세 가지로 분류했다.

ⓐ **용인될 수 없는 종목**: 격투기, 신체접촉을 통해 신체적으로 상대를 굴복시키는 종목

ⓑ **용인되기 어려운 종목**: 대다수의 필드 경기, 단거리 경주, 멀리뛰기 등 체력 위주이며 소수집단에만 허용되는 종목

ⓒ **용인되는 종목**: 수영, 체조, 피겨스케이팅, 테니스 등 신체접촉이 없으며 체력보다는 미적표현이나 우아함이 강조되는 종목

㉨ 젠더역할에 대한 고정관념 때문에 여성들의 스포츠참여 기회는 특정 종목에 한정되고, 이는 다시 여성의 젠더역할을 재생산하는 악순환을 낳는다.

② 여성선수 지원의 불평등

㉠ 평등의 요구에도 불구하고 여성선수는 남성선수에 비해 인적, 물적 지원을 적게 받는다. 이는 여성의 스포츠 참여율이 저조할 뿐 아니라 여성스포츠에 대한 관람 수요가 남성에 비해 적기 때문이다.

㉡ 선수에 대한 지원이 부족하면 선수의 동기가 떨어지고, 이는 다시 스포츠에 대한 참여율을 감소시키는 요인으로 작용하기 때문에 여성선수에 대한 동일한 지원은 기회의 균등 차원에서 반드시 고려돼야 한다.

㉢ 여성선수 지원의 의미는 보다 적극적으로 해석할 필요가 있다. 단지 여성과 동일한 조건을 요구하는 것을 넘어 여성의 성적·젠더적 특성을 고려해야 한다는 것이다. 예컨대, 생리와 같은 여성의 신체적 특성이 고려된 훈련환경이 조성되어야 하고, 출산과 같이 여성에게 기대되는 사회적 역할을 수행할 수 있는 제도적 장치가 마련되어야 한다. 이러한 요소들의 고려 없이 동등한 지원만을 시행할 경우, 효율과 경쟁을 중시하는 스포츠 조직에서 여성선수의 실질적 평등은 보장받기 어렵게 된다.

③ 여성지도자 취업의 불평등

㉠ 여성스포츠의 사회적 위상이 높아지고 참가자도 늘고 있지만 오히려 여성 코치 및 행정가의 비율은 감소되고 있으며, 고위직일수록 여성지도자의 감소율은 더욱 높다.

㉡ 특히 남성팀은 물론이고 여성팀까지도 남성 지도자의 비율이 현저히 높다는 사실은 스포츠 현장과 행정분야에서 남성이 가진 지배적 위치를 반영한다.

(5) 젠더불평등의 이데올로기

젠더불평등의 이데올로기는 남녀의 불평등한 권력관계를 은폐하고 정당화하기 위한 관념체계로 과학적 지식 등을 위장해서 담론의 형태로 유포된다. 사회구성원들은 가정과 학교와 같은 사회화기관을 통해 이를 내면화하고, 신문이나 방송과 같은 대중 미디어는 이데올로기를 전달하고 재생산한다. 이러한 전 과정에서 스포츠는 젠더이데올로기의 재생산이나 전복에 관여한다.

① 젠더불평등 이데올로기의 형성 – 편견들

젠더불평등의 이데올로기는 미신이나 사회적 통념, 의학이나 생물학과 같은 과학적 지식 등을 근거로 형성된다. 문제는 이러한 담론들이 권력관계 따라 사회적으로 구성된다는 데 있다. 여성의 스포츠 참여에 대한 편견들 역시 마찬가지다. 19세기 이후 여성의 사회진출이 활발해지고, 스포츠와 같은 전통적인 남성의 영역에까지 여성들이 진출하게 되면서 사회에는 여성의 전통적 기능과 역할에 대한 요구와 우려가 만연하게 된다. 이러한 상황에서 주로 남성들에 의해 구성된 지식들은 대체로 여성들의 스포츠 참여를 억제하는 데 기여했다.

㉠ 생리학적 측면

ⓐ 과격한 신체활동이 생리적 측면에서 여성에게 해롭다는 주장이 광범위하게 제기됐다. 주로 여성의 사회적 기능이라 여겨졌던 출산과 관련된 지식을 들 수 있는데, 스포츠에 지속적으로 참여할 경우, 골반조직이 경직되고 자궁의 기능 및 형태가 손상돼 임신 가능성이 저하된다는 것이었다. 또한 여성의 생리는 고통과 스트레스를 주기 때문에 스포츠 활동에 커다란 장애가 된다고 생각했다.

⇨ 하지만 여성의 자궁은 충격을 가장 적게 받고 가장 안전하게 보호받는 부위이고, 신체활동으로 단련된 복근은 분만을 수월하게 해주고, 분만 이후 회복과 근육통에 도움을 준다는 연구결과가 제시되면서 신체활동이 여성의 임신에 부정적 영향을 미친다고 단정하기는 어렵다는 주장이 제기됐다. 또한 생리가 운동에 영향을 미치지 않기 때문에 이 기간에도 신체활동이 제한될 필요는 없다는 주장뿐 아니라 오히려 스포츠활동이 생리의 부정적 측면을 감소시킨다는 연구결과도 제시됐다. 최근에는 임산부에게도 적당한 운동이 개발되어 권장되는 실정이다.

ⓑ 남성보다 골격이 약하고 골조직이 치밀하지 못하기 때문에 골절, 탈구, 염좌와 같은 상해에 취약하다는 지적도 있다.

⇨ 하지만 여성의 경우 남성에 비해 근육질이 적고 지방층이 두꺼워 위험성이 훨씬 적다는 보고도 있다.

ⓒ 여성다움과 밀접한 관련이 있는 체형의 변형을 우려하는 지적도 있다. 스포츠 활동은 여성의 근육사용을 증가시켜서 비대해진 근육 때문에 여성적인 매력과 아름다움이 유지될 수 없다는 것이다. 이는 여성 스스로에게도 자아손상으로 이어지기 때문에 여성의 스포츠 참가를 제약하는 요인이 되어왔다.

⇨ 하지만 스포츠활동을 통해 지방의 불필요한 증대가 제어되는 다이어트 효과를

볼 수도 있고, 스포츠를 통해 가꾸어진 몸이 하나의 미적 전형이 되면서 이러한 우려는 잦아들고 있다.

ⓛ 운동수행 측면

ⓐ 여성의 운동수행 능력이 남성에 미치지 못한다는 견해를 말한다. 올림픽의 전 종목에서 남녀최고기록의 차이가 이러한 견해를 뒷받침하는 대표적 예다.

⇨ 하지만 이에 대해 스포츠사회학은 여성들에게 남성들만큼의 신체활동 경험이 제공되지 못했기 때문이라고 반박한다. 이미 남성중심적 환경으로 구성된 스포츠에서 여성의 신체능력을 동등비교 하는 것은 무리라는 주장이다. 더욱이 사격, 양궁, 피겨스케이팅, 다이빙 등 정확성과 우아함을 요구하는 종목에서는 남성과 여성의 운동수행 차이가 나타나지 않는다.

ⓑ Weiss는 남성의 운동수행 능력이 여성보다 우수할 수 있는 근거로 훈련의 조기 시작, 장기간의 훈련 시간, 효과적인 훈련 방법의 적용, 풍부한 경기 경험 등의 사회적 요인을 들어, 남성에 대한 젠더역할 기대와 그로 인해 구축된 남성중심의 스포츠 참여 환경이 후천적으로 남성들의 운동수행 능력을 발달시켰다고 주장한다.

ⓒ 이미 남성의 신체활동을 중심으로 구축된 스포츠 환경, 그 스포츠 환경에서 남성의 압도적 참여가 여성의 신체능력을 발달시킬 기회를 제한했으며, 그 이외의 종목들에서 나타나는 여성의 성취는 여성의 운동수행 능력이 결코 열등하지 않음을 보여준다고 할 수 있다.

ⓒ 사회심리학적 측면

ⓐ 여성은 스포츠에 진정한 흥미를 느끼지 못한다는 견해를 가리킨다.

⇨ 하지만 아동기 남녀의 신체활동을 비교한 연구들은 여아 역시 운동기능의 학습을 통해 성취감, 자아정체감을 경험한다고 보고한다. 여성들의 이러한 특성을 선천적인 본성이라고 볼 수는 없다는 것이다.

ⓑ 여성들이 흥미를 느끼지 못한다기보다 흥미를 억제시키는 사회기제가 있음을 암시한다. 예컨대 가정과 학교, 또래집단과의 관계를 통해 젠더사회화가 이루어지는 과정에서 얌전함, 조신함과 같이 여성에게 부과되는 젠더역할이 여성의 스포츠에 대한 열의를 저하시킬 수밖에 없다는 것이다. 최근 인식의 변화에 따라 여성의 스포츠 참여가 급증하는 사례가 이를 뒷받침해준다.

② 젠더불평등 이데올로기의 재생산 – 가정, 학교, 미디어

㉠ 가정

ⓐ 젠더역할의 학습은 출생 직후부터 가정에서 부모를 통해 이루어지는데, 이를 젠더역할 사회화라고 부른다. 부모는 아들 딸과 각기 다른 방식으로 대화하며, 옷 입히는 방식, 장난감까지도 각기 다르게 적용한다. 아이들은 이러한 부모의 기대를 충족하면서 젠더역할을 학습해나간다.

ⓑ 스포츠는 젠더역할 사회화에 있어 강력한 기능을 발휘한다. 부모는 남아에게는 과격한 신체활동 경험과 리더십, 팀웍을 경험할 수 있는 긍정적 기회로 스포츠를 권장하는 반면 여아에게는 부적합하고 부정적인 젠더역할 행동으로 규정하고 금지하기 때문이다. 따라서 이러한 젠더역할 사회화를 경험한 여성은 스포츠 참여를 두고 심한 역할갈등을 경험하게 된다.

ⓛ 학교

ⓐ 학교는 가정에서 시작된 젠더역할의 고정관념을 강화한다. 부모와 마찬가지로 교사 역시 남녀학생에 대해 차별적인 젠더역할을 기대할 뿐 아니라 교과과정도 남녀학생에 따라 각기 다르게 구성된다.

ⓑ 학교의 이러한 정책은 기존의 젠더역할을 정형화하기 때문에 체육활동에 적극적으로 참여하고자 하는 여학생들에게 심각한 역할갈등을 경험토록 한다.

ⓒ 젠더역할 사회화에 있어 학교는 기존의 젠더 이데올로기를 옹호함으로써 불평등의 재생산에 기여한다고 볼 수 있다.

③ 젠더불평등 이데올로기의 유포 – 미디어

㉠ 가정과 학교가 개인의 차별적인 젠더역할 사회화에 기여한다면, 미디어는 사회담론의 형태로 공공연히 이를 표출하고 확증한다.

ⓛ 미디어는 사람들이 각기 가정과 학교에서 자신의 젠더역할을 학습하는 과정에서 공식적으로 남녀 젠더역할의 전형을 전시함으로써 그들의 젠더사회화가 올바르다고 인정해 주고 증진시킨다. 물론 이는 남성과 여성에 대한 이원화된 묘사를 통해 이루어진다.

ⓒ 대부분의 미디어에서 여성의 이미지는 가사 노동자, 어머니, 성적 대상으로 한정된다. 이는 현실에서 취약한 위치를 반영하는 것이기도 하지만, 반대로 수용자들로 하여금 여성의 젠더역할을 몇 가지 형태로 고정시키는 효과를 갖는다. 그에 따라 남성은 물론 여성까지도 스스로의 젠더역할을 특정한 형태로 제한하게 되고, 이는 기존 젠더불평등의 지속에 기여한다(McAthur & Eisen).

ⓔ 스포츠를 보도함에 있어서도 마찬가지다. 미디어에서 남성선수는 운동능력, 내면적 가치, 사회적 성취 등의 측면에 초점을 맞추는 반면 여성선수는 미모나 의상 등 성적 매력에 한정된다(Coakley). 대체로 남성들이 스포츠 보도나 중계의 구매력을 갖고 있기 때문이다. 이런 환경에서 여성선수의 플레이는 스포츠와 운동수행 능력 그 자체로 평가되기보다 남성 대중의 욕구에 맞는 형태로 편집되고 왜곡된다.

④ 젠더불평등 이데올로기의 재생산 – 스포츠

㉠ 스포츠에서의 젠더불평등은 크게 두 가지 형태로 기존의 젠더 이데올로기를 재생산한다.

ⓐ 스포츠에 참여하거나 관람하는 대중들로 하여금 이렇게 불평등한 젠더위치를 내면화하도록 한다. 남성은 남성대로 지배적 시각을 유지하고, 여성은 여성대로 소극적 행동을 유지해서 기존의 남성 중심 사회질서가 공고히 유지되도록 한다. 이러한 태도는 단지 스포츠에 적용될 뿐 아니라 사회전반을 바라보는 시각이 된다.

ⓑ 스포츠를 통해 드러나는 젠더이미지는 여성에게 자기검열을 유도한다. 사회가 여성 스포츠에 기대하는 젠더역할은 여성 스스로 신체 능력의 한계를 보여주거나, 박진감 넘치는 승부를 연출하는 것이 아니다. 미디어는 여성선수를 대상화해서 남성들이 보고 싶은 방식으로 보여준다. 따라서 이를 수용하는 여성들은 여성을 바라보는 사회의 지배적 시각에 자신을 끼워 맞추려고 한다. 지배적 시각에 저항하기보다는 몸짱, 얼짱에 대한 열망을 키워가기 때문에 저항 이데올로기 생산의 가능성은 점차 줄어든다.

㉡ 그럼에도 불구하고 스포츠현장에는 남성의 시각을 거부하고 지배문화에 저항하면서 자신의 실력을 보여준 여성선수들이 존재해왔다. '침략자들'이라고 불리는 이들은 남성들만의 영역에 출전해 성과를 올리면서 새로운 여성젠더의 이미지를 제시하기도 했다. 그러나 이에 대해 찬사보다는 많은 저항이 잇따랐다. 남성중심의 사회질서는 금녀의 성역에 들어온 여성선수에게 동성애자라는 낙인을 찍거나 남성이 아니냐는 의혹을 던진다. 남성젠더적 성향을 보인다는 이유로 생물학적 남성의 성향을 유추하는 것이다.

㉢ 단지 새로운 젠더이미지를 제시하고 저항 이데올로기를 생산하는 것만으로는 젠더불평등 문제를 해결하는 것은 매우 어려워 보인다. 스포츠에 있어 새로운 젠더역할, 이미지의 생산은 꾸준한 제도의 개선과 함께 이루어짐으로써 점진적인 변화를 낳을 수 있을 것이다.

(6) **전망 – 여성 스포츠의 성장을 위해**

1970년대 이후 스포츠계의 가장 큰 변화 중 하나는 여성스포츠 참여의 획기적 증대이다. 이런 추세는 오늘날까지 이어져 스포츠 용품 기업이 여성을 위한 상품을 따로 개발할 정도가 되었다. 그 원인은 새로운 기회의 확대, 평등보장제도의 확립, 페미니즘 운동의 성장, 건강과 체력에 대한 인식 변화, 미디어의 관심 증가 등으로 분류할 수 있다.

① 새로운 기회의 확대

㉠ 여성의 스포츠 참여가 증가한 가장 큰 이유는 종전보다 스포츠 활동에 참가할 수 있는 기회가 확대되었기 때문이다. 스포츠 선진국인 미국은 Title IX와 같은 제도가 정착되면서 학교에서 차별 없는 스포츠교육이 이루어지고, 이들을 수용할 수 있는 여성리그가 활성화됐다. 그에 따라 일반 여성의 스포츠 참여는 물론 여성선수의 진로가 확대되었다.

㉡ 우리나라와 같은 개발도상국에서는 올림픽과 같은 국제대회에서의 선전이 중요했기 때문에 남성에 비해 상대적으로 입상 가능성이 높은 여성스포츠 종목에 국가의 전폭적인 지원이 이루어졌다. 각급학교 및 대학교, 실업팀에 많은 여성팀이 창단되었고 국가대표 수준에서는 남성과 동등한 지원이 이루어졌다. 이들 여성팀들의 선전은 간접적으로나마 여성의 자신감을 배가하고, 스포츠 참가 의욕을 증진시키는 계기가 되었다.

② 여성평등보장제도의 확립

㉠ 오늘날 여성의 사회 참여는 지역·국가 수준을 막론하고 법적·제도적 보호를 받고 있다. 이런 경향은 스포츠 영역에서도 마찬가지다. 특히 미국의 경우, 1972년에 발효된 Title IX을 통해 성, 인종과 관계없이 누구나 차별 없이 스포츠를 교육받을 수 있는 권리를 보장했다. 이후 '시민권 회복법'이 통과됨에 따라 연방정부의 재정을 지원받는 모든 조직이 개최하는 프로그램은 누구에게나 동등한 기회가 제공되도록 보장하고 있다.

㉡ 우리나라의 경우, 스포츠에 관한 남녀 불평등문제 발생 시 국가인권위원회에 진정을 낸 사례가 있다. 하지만 아직도 국민체육진흥법 등 스포츠관계 법령에 남녀평등에 관한 조항이 포함되어 있지는 않다. 국민체육진흥법이나 교육 관계 법령에 이를 포함하거나, 선언적 의미를 담기 위해 남녀고용평등법과 같이 별도 법령으로 스포츠 참여에 있어 남녀의 동등한 기회를 보장하는 방안, 학생선수 학업권과 같은 문제와 함께 '인권' 분야로 분류해 스포츠 관계 법령을 추가하는 방안도 고려해볼 수 있을 것이다.

③ 페미니즘 운동의 성장

㉠ 1960년대 신사회운동과 함께 급성장한 페미니즘 운동은 사회 전 분야에 존재하는 억압으로부터 여성을 해방하기 위해 노력해왔다. 이들은 이론의 변천, 운동노선의 분화에도 불구하고, 각 분야에서 다양한 방식으로 여성 인권 향상에 많은 기여를 했다.

㉡ 특히 남녀의 고용평등, 임신과 출산에 대한 제도화된 배려 등은 사회진출을 꺼려하던 여성들에게 자신감을 심어줬고, 스포츠와 같은 적극적인 활동에 참여할 수 있는 계기를 제공해주었다.

㉢ 또한 스포츠현장에서 벌어지는 여성에 대한 차별, 폭력은 물론 상업미디어의 여성스포츠 선수에 대한 성적 대상화에 함께 대응함으로써 여성문제의 해결 및 대중의 의식 개혁에도 많은 도움을 줬다.

④ 건강과 체력에 대한 인식 변화

㉠ 최근 건강에 대한 관심이 고조되면서 많은 여성들이 운동과 체력유지의 중요성에 대해 새롭게 인식하기 시작했다.

㉡ 운동참여 동기가 아름다움, 젊음, 날씬함의 유지라는 점에서 여전히 기존의 지배적 젠더관념에 종속되어 있다고 볼 수도 있지만, 운동을 통해 즐거움을 찾고 자아 정체성을 정립하는 여성들이 점차 늘고 있는 것 또한 사실이다.

⑤ 미디어의 관심 증가

㉠ 그동안 여성선수들은 동성 선수의 숫자도 부족한 데다, 긍정적으로 이미지화되는 경우도 드물고, 운동수행 능력이나 태도보다는 용모나 화젯거리에 더 초점이 맞춰져왔기 때문에 역할모델을 통한 정체성 형성이 매우 어려웠다.

㉡ 여성 운동선수가 자주 등장함에 따라 미디어의 보도 빈도가 크게 증가했다. 이런 변화는 이후 여성 운동선수 지망자에게 영향을 주어 여성의 스포츠 참가를 확대하는 효과를 가질 수 있다.

보이지 않는 장벽: 유리천장(glass ceiling)과 스태킹(stacking)

• Coakley는 유리천장과 스태킹 개념을 제시하며 두 계층에 공통적으로 나타나는 보이지 않는 차별을 이야기하고 있다.

1. '유리천장'은 여성들이 고위직에 도달하는 것을 막는 보이지 않는 장벽을 의미한다. 이는 명백한 법적 장벽이 아닌, 사회적, 문화적, 조직적 요인들이 복합적으로 작용한 결과이다. 유리천장은 여성들이 경력 상위로 올라가는 데 있어서의 장벽으로, 여성 리더십에 대한 편견, 경력 개발 기회 부족, 멘토링 부족 등이 포함한다.
2. '스태킹'은 인종적 고정관념에 따라 흑인 운동선수들이 특정 포지션에 집중 배치되는 현상을 의미하며, 흑인 운동선수들이 주로 특정 포지션에 배치되는 현상으로, 이 포지션들은 주로 신체적 능력이 강조되는 반면, 전략적 사고와 리더십이 요구되는 포지션에는 백인 선수들이 주로 배치된다. 이러한 현상은 단순한 우연이 아니라 인종적 고정관념과 편견에 의해 발생하며, 흑인 선수들의 다양한 능력을 제한적으로 평가하게 만든다.

• Coakley는 유리천장과 스태킹이 5가지 공통점을 갖는다고 설명하고 있다.

1. 보이지 않는 장벽이라는 것이다.
2. 구조적 차별이라는 것이다. 즉, 조직 내 문화, 정책, 관행 등이 복합적으로 작용하여 특정 계층의 사회적 진출을 제한한다는 것이다.
3. 편견과 고정관념에 기반한다는 것이다.
4. 결과의 불평등을 가져온다는 것이다. 여성의 경우 고위직에 적은 비율로 진출하게 되어 조직 내 다양성과 포용성을 저해하는 반면, 흑인의 경우 리더십 포지션이나 코치로서의 직위에 적게 진출하게 되어 팀 내 다양성과 전략성을 제한한다.
5. 사회적 영향을 받는다는 점이다. 이는 사회적 인식과 고정관념에 의해 이러한 현상이 강화되는 측면과 동시에 사회적 고정관념을 다시 강화시키는 역할을 모두 포함한다.

13 스포츠와 사회일탈

스포츠와 사회일탈은 스포츠의 긍정적 가치 평가가 지배적이기 때문에 표면적으로 서로 상반되는 개념처럼 여겨진다. 사회일탈을 규범위반행위로 규정할 경우 스포츠에는 스포츠 참가자의 역할과 행동을 질서 있게 통제해 주는 규범이 존재하기 때문에 스포츠는 구조적으로 일탈의 가능성을 내포한다고 할 수 있다.

1. 스포츠일탈의 개념

사회성원 간의 규범적 합의의 존재와 규범위반으로서의 일탈에 대한 규정은 스포츠체계에서도 마찬가지이기 때문에 스포츠일탈의 기준은 스포츠에 적용되는 규범적 체계에 의해 결정된다고 할 수 있다. 스포츠장면에서 이루어지는 모든 행동유형은 전체사회에서 바람직하다고 승인되는 가치, 규범, 법률뿐만 아니라, 스포츠 자체의 규범적 체계의 기준에 준하여 수행되며 그러한 기준에서 벗어나는 행동은 일탈로 규정된다. 스포츠일탈은 일반사회의 규범적 범주를 전제로 하여 스포츠의 규범적 기대를 벗어나는 행동으로 파악할 필요가 있다. Eitzen은 스포츠일탈을 스포츠의 규범위반이라는 시각에서 경기규칙을 위반하는 행동, 스포츠맨십과 페어플레이 정신 등 보편적 가치에서 벗어나는 행동, 비합법적으로 사람, 용구, 재산에 손해를 가하는 행동으로 규정하였다. 스포츠일탈에는 약물복용, 폭력, 부정행위, 도박, 승부조작, 의도적 과잉공격으로 인한 상해, 부정선수, 심판판정 항의, 시합거부, 선수혹사 등 다양한 규범위반 행동이 포함된다.

- '규범'은 사회 세계에서 사람들이 받아들여지는 것과 받아들여지지 않은 것을 구분하는데 사용하는 공유된 기대이다. 규범은 모든 사회 세계에 존재하며 사람들이 일탈임을 확인하기 위하여 사용하는 도덕적인 기준의 역할을 한다. '일탈'은 사람들의 생각, 특성, 또는 행동이 다른 사람들에 의해 사회에서 용인될 수 있는 정상적인 범위를 벗어난 것으로 인식될 때 발생한다.
- '공식적인 규범'이 기록된 규칙이나 법률의 형태를 지닌 공식적 기대를 뜻하는 반면, '비공식적인 규범'은 사회세계에서 사람들이 어떻게 생각하고 나타나며 행동하여야 하는지에 관한 관습이나 기록되어 있지 않은 공유된 이해를 의미한다.
- '공식적 일탈'이란 권한을 가진 사람들에 의해서 공식적 제재로서 처벌을 받게 되는 공식적 규칙과 법에 대한 위반행위를 의미하고, '비공식적 일탈'은 그것을 목격한 사람들이나 동료에 의한 비공식적인 제재로서 벌을 받게 되는, 명문화되어 있지 않은 관습 및 공유된 이해에 대한 위반행위를 의미한다.

(1) 절대주의적 접근법

① 절대주의적 접근법은 사회적 규범은 옳고 그름을 구별하고 선과 악을 나타내기 위한 어떤 불변적 기반을 구성하는 본질적 원리에 근거한다고 가정하는 관점이다.

② 이에 따르면, 모든 규범은 특정한 이상(ideals)을 대변하는 것이며, 사고나 특정 그리고 행위가 이상에서 이탈하는 경우 일탈적인 것이 된다. 또한 이상으로부터 멀리 떨어질수록, 더욱 심각한 일탈이 된다.

③ 아래 그림에서 수직선은 특정한 이상을 나타내고, 점선인 수평선은 이상에서 멀어짐에 따라 일탈의 정도가 증가하는 것을 나타낸다. 이상으로부터 특별히 멀리 떨어지는 경우 극단적 형태의 일탈이 발생하게 된다. 사람들은 이러한 유형의 일탈을 종종 괴상하다거나 악한 것으로 간주한다.

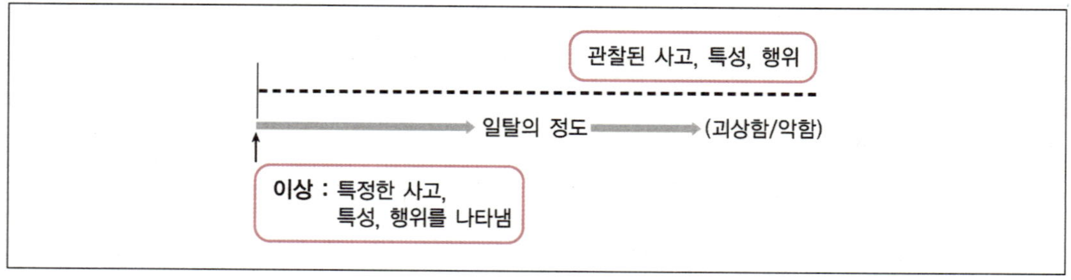

절대주의적 접근법: 사고, 특성, 행위에 대한 판단을 위하여 이상적 기준을 사용

④ 예를 들면, 코치에 대한 복종이 팀 규범인 경우 불복종은 일탈이 된다. 불복종의 정도가 크거나 자주 일어날수록 일탈은 보다 심각한 것이 된다. 그리고 절대주의자들에게 상습적이나 반복적인 일탈은 악으로 간주되거나 괴상한 성격을 지닌 것으로 간주된다.

(2) 구성주의적 접근법

① 구성주의적 접근법은 사람들이 사고, 특성, 행위가 사회에서 어떤 것이 받아들여질 수 있고 어떤 것이 받아들여질 수 없는지를 결정하기 위하여 일반적으로 사용하는 사회적으로 정해진 범주에서 벗어날 경우 일탈이 발생한다고 간주한다.

② 이 접근법은 사회학에서 문화이론, 상호작용이론, 그리고 구조이론에 근거하고 있고 다음과 같은 네 가지를 강조하고 있다.

㉠ 규범은 사람들이 서로 상호작용하면서 용인되는 사고, 특성, 행위의 범위를 결정하기 위하여 그들의 가치를 사용하는 과정에서 사회적으로 구성되는 것이다.

㉡ 일탈은 용인되는 범위의 경계에 대하여 사람들이 타협하는 과정에서 사회적으로 구성되는 것이다.

㉢ 규범적 경계와 사회적으로 용인되는 범위에 대하여 타협하는 과정은 사회 또는 사회세계에 존재하는 권력의 역학관계에 영향을 받는다.

㉣ 사회세계에서 대부분의 사고, 특성, 행위는 정상적으로 용인되는 범위에 속한다.

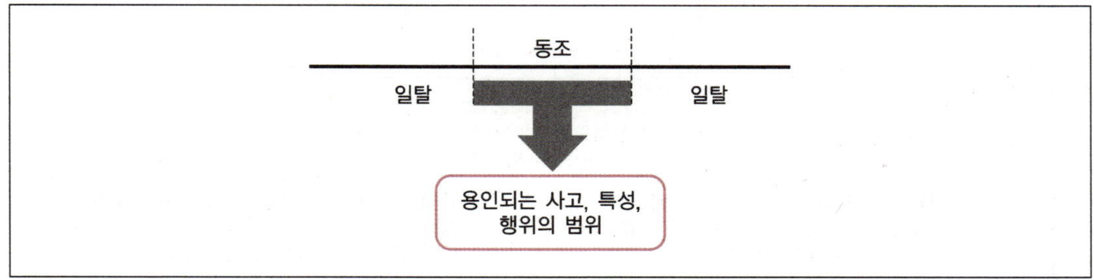

구성주의적 접근법 : 용인되는 사고, 특성, 행위의 범위를 정하기 위하여 규범적인 한계를 협상하기

③ 구성주의적 접근법에서는 양극단에 두 가지 종류의 일탈이 존재하며, 규범의 수용정도에 따라 과소동조와 과잉동조로 구분할 수 있다.

㉠ 일탈적 과소동조(deviant underconformity)

ⓐ 규범을 거부하거나 무시하는 것으로 판단되는 사고, 특성, 행위에 해당된다.

ⓑ 예를 들면, 정해진 훈련시간에 늦게 오는 행위, 관중의 야유에 화가나 야구방망이를 관중석으로 집어 던지는 행위, 경기 후 음주운전을 하는 행위 등이 포함된다. 이러한 과소동조를 할 경우 해당선수는 즉각적으로 처벌을 받게 된다.

㉡ 일탈적 과잉동조(deviant overconformity)

ⓐ 규범에 대한 무비판적인 수용과 규범수준의 한계에 대해 제대로 인식하지 못해 정상을 과도하게 넘어서는 사고, 특성, 행위가 이에 해당된다.

ⓑ 예를 들면, 큰 부상을 당했음에도 불구하고 진통제를 맞고 경기에 참가하는 행위나 팀 승리를 위해 지도자의 지시에 따라 상대팀의 주요선수에게 상해를 입히는 행위 등이 포함된다.

ⓒ 과잉동조는 일탈 행위임에도 불구하고 특정 스포츠 집단의 '기준'으로 인정될 때 선수들은 이를 일탈로 보지 않게 된다. 그 이유는 과잉동조가 운동선수로서의 정체성을 인정받고 재확인하는 과정에서 필수요소로 작용하기 때문이다.

ⓓ 과잉동조를 중단할 경우 코치와 다른 선수들은 자신들의 집단에서 탈퇴하도록 강요하면서 그 선수를 하찮은 존재로 만들고 배제시켜버리게 된다. 따라서 과잉동조가 위험하고 삶에 지장을 초래할지라도 코치로부터 인정받고 다른 선수들로부터 존경받기 위해서 지불해야 할 대가로 여겨진다.

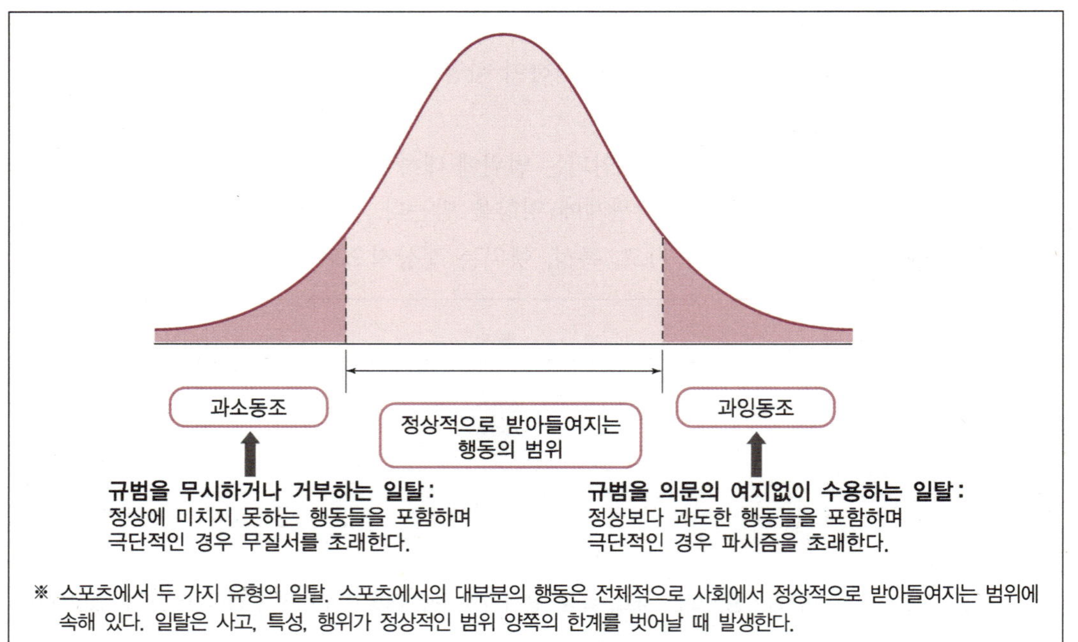
과소동조
정상적으로 받아들여지는
행동의 범위
과잉동조
규범을 무시하거나 거부하는 일탈:
정상에 미치지 못하는 행동들을 포함하며
극단적인 경우 무질서를 초래한다.
규범을 의문의 여지없이 수용하는 일탈:
정상보다 과도한 행동들을 포함하며
극단적인 경우 파시즘을 초래한다.

※ 스포츠에서 두 가지 유형의 일탈. 스포츠에서의 대부분의 행동은 전체적으로 사회에서 정상적으로 받아들여지는 범위에 속해 있다. 일탈은 사고, 특성, 행위가 정상적인 범위 양쪽의 한계를 벗어날 때 발생한다.

1. 절대주의적 접근: '규칙과 규범은 지키라고 있는 것이다.'
- 일탈에 대한 진리 중심(truth-based) 접근인 절대주의적 접근은 전통적인 구조 기능론적 관점을 반영한다. 일탈을 구분하는 가치체계 즉, 사회 구성원들의 대부분을 만족시킬 수 있는 보편적, 절대적 기준이 명확하다는 가정 하에, 개별 행동의 옳고 그름의 여부는 그 보편적 사회 기준에 근거하여 판단된다는 관점이다.
- 사회 내에 보편적으로 적용될 수 있는 윤리적 가치체계가 이미 확립되어 있으며, 스포츠에서의 규칙도 그 가치를 따라야 한다고 주장한다. 스포츠는 본질적으로 규칙에 의해서 지배를 받으며, 스포츠를 제어하는 규범은 사회의 보편적 정서에 준하는 윤리적 규준에 근거를 두고 있다. 만일 스포츠에서 규칙이나 윤리적 문제를 무시 혹은 경시한다면, 이는 스포츠의 본질을 훼손하는 것이다.
- 절대주의적 접근법을 사용하는 사람들은 기존의 규칙과 가치체계에 절대적 정당성을 부여하기 때문에 일탈을 사회 구조적 문제로 인식하기보다, 도덕적 인격과 지성 또는 분별력을 결여한 개인들의 문제로 이해하는 경향이 있다. 그에 따라 일탈을 통제하는 효과적인 방법은 규칙과 가치체계에 관한 철저한 교육, 그리고 규칙 위반자를 단속하고 처벌하는 것이라고 주장한다. 그러나 이러한 절대주의적 접근은 규칙과 사회규범이 시간에 따라 변화할 뿐 아니라 불균등한 권력관계에 따라 정해진다는 사실을 간과한다는 점에서 비판을 받는다(Coakley).

2. 상대주의적 접근 : '누가 규칙과 규범을 만드는가?'

- 일탈에 대한 상대주의적 접근은 사회 내 다른 계층, 집단 사이에 불균등한 권력관계를 가정하는 갈등론에 뿌리를 두고 있다(Coakley).
- 규칙이나 규범을 불변하는 절대적 기준으로 이해하는 절대주의자들과 달리 상대주의자들은 '누가 규칙과 규범을 정하는가', 또는 '누구의 규범과 규칙이 상식적, 정상적인 것으로 받아들여 지는가'에 집중한다. 사회 내 다양한 계층, 집단 중에서 규칙을 만들 수 있는 위치에 가까운 것은 경제적, 정치적 권력을 소유한 사람들이다. 상대주의자들은 이렇게 더 많은 권력을 가진 이들이 그들의 상식과 기준에 따라, 무엇이 옳고 그른지, 무엇이 정상적, 비정상적 행위인지 정의할 뿐 아니라 그에 따라 규칙을 만들고, 그에 어긋나는 행위나 사람들에 대해 '일탈'로 '꼬리표 붙이기'(labelling)를 한다고 주장한다(Coakley).
- 상대주의자들은 특히 스포츠 내 자본가 및 정책 결정자들의 역할에 주목한다(Coakley). 상업화된 현대 스포츠의 운영 방식에 큰 영향을 미치는 것은 구단주나 스폰서, 정치인과 같은 권력자들이기 때문이다. 이들이 보다 많은 이윤을 올리기 위해 만드는 스포츠의 구조가 선수들을 일탈에 내몰기도 한다고 말한다. 예컨대, 승부조작은 절대주의적 관점에 따르면 선수들의 윤리 의식 부재가 원인이지만, 상대주의의 관점에서 보면 수익성을 위해 더 많은 스포츠를 베팅상품으로 내놓는 정치 · 경제적 현상(스포츠의 도박화)을 그 원인으로 지적할 수도 있다.
- 스포츠 베팅을 통해 돈을 벌고 세금수익을 올리는 자본가와 정책결정자들은 승부조작을 개인의 '일탈'로 꼬리표를 붙임으로써 자신들에 대한 비판을 피해 나갈 수 있다. 그러나, 상대주의적 접근은 이론상 어떤 행위도 절대적 일탈로 규정하기 어렵다는 한계가 있다(Coakley). 또한 권력자들에 의해 짜여진 사회 구조가 개인의 일탈을 조장한다고 해도, 일탈행위를 결심하고 수행하는 것은 여전히 개인들이다. 개인들에게 주어져야 하는 일정한 책임감에도 불구하고 상대론은 개인들을 일방적 피해자로 설정하는 경향이 있다. 이런 한계 때문에 코클리와 같은 연구자들은 절대주의의 경직된 관점과 상대주의의 구조결정성을 동시에 극복할 수 있는 대안적 접근으로 구성주의를 제시한다.

3. 구성주의적 접근 : '규칙과 규범은 지속적인 협상의 대상이며, 안 따라도 문제지만 무비판적으로 따라도 문제다.'

- 구성주의적 접근은 규칙과 규범의 절대성에 동의하지 않고 권력의 구조적 불균형을 인정한다는 점에서 상대주의와 입장을 같이 하지만, 상대주의처럼 구조와 권력의 일방적 결정력을 강조하기보다 사회 내 개인들 사이에서 규칙과 규범이 지속적으로 재구성된다는 점에 주목한다. 구성주의는 사람들의 사고, 특성, 행위가 사회에서 받아들여질 수 있는 일반적인 사회적 범주에서 벗어날 경우 일탈로 간주하는데, 그 범주는 사회적으로 구성된다.
- 구성주의적 접근은 다음과 같은 4가지를 강조한다(Coakley).
  ① 규범은 사람들이 서로 상호작용하면서 용인되는 사고, 특성, 행위의 범위를 결정하기 위하여 그들의 가치를 사용하는 과정에서 사회적으로 구성된다.
  ② 일탈은 사회적으로 용인되는 범주의 경계에 대해 사람들이 타협하는 과정에서 사회적으로 구성된다. 그리고 용인되는 범주를 벗어난 사고, 특성, 행위는 일탈로 규정된다. 그러나 범주의 경계는 고정되어 있지 않으며 지속적인 협상의 대상이다.
  ③ 규범적 경계와 사회적으로 용인되는 범주에 대해 타협하는 과정은 사회에 존재하는 권력의 역학관계에 영향을 받는다. 일반적으로 권력이나 권한을 가진 사람들의 영향력이 상대적으로 크게 작용한다.
  ④ 사회세계에서 대부분의 사고, 특성, 행위는 정상적으로 용인되는 범위에 속한다. 그러나 규범을 무시하거나 거부하는 행위는 과소동조의 일탈 행위가 되며, 규범을 의문 없이 수용하는 행위는 과잉동조의 일탈 행위가 된다.

스포츠 윤리와 스포츠에서의 일탈

• 윤리는 사회세계에서 사고, 특성, 행위를 안내하고 평가하기 위하여 사용되는 서로 상호관련이 있는 일련의 규범 또는 기준을 말한다.
• 엘리트 운동선수와 코치는 파워와 경기력 중심 스포츠의 사회세계에서 태도와 행위를 가이드하고 평가하는 데 스포츠 윤리를 사용하는 것으로 나타났다.
• 스포츠 윤리는 4가지의 일반적 규범을 중심으로 구성된다(Hughes & Coakley).

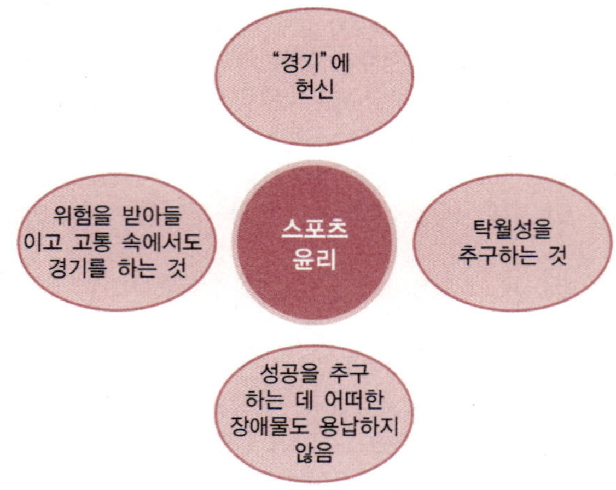

스포츠 윤리의 4가지 중심 규범

① 운동선수는 다른 어떤 것보다도 "경기"에 헌신한다. – 몰입규범
→ 이 규범은 선수가 "경기"를 사랑해야 하고 그들의 삶에서 가장 높은 우선순위에 두어야 함을 강조한다.

② 운동선수는 탁월성을 위하여 노력한다. – 구분짓기규범
→ 올림픽 모토인 "더 빠르게, 더 높게, 더 강하게"는 이 규범의 의미를 잘 나타내 준다. 운동선수들은 끊임없이 최고의 기량을 향상시키고 성취하려고 노력하여야 한다는 것이다.

③ 운동선수는 위험을 받아들이고 고통 속에서도 경기를 한다. – 인내규범
→ 이 규범에 의하면 운동선수는 경쟁적 도전으로부터 물러나지 않고 압박감, 고통, 두려움을 견뎌내야 한다는 것이다.

④ 운동선수는 스포츠에서 성공을 추구하는 데 있어서 어떠한 장애물도 용납하지 않는다. – 도전규범
→ 이 규범은 "꿈"을 강조하며 어떠한 대가를 치루더라도 꿈을 추구해야 한다는 의무를 강조한다.

2. 스포츠일탈의 특성

(1) 스포츠일탈의 기능

① 순기능

㉠ 스포츠일탈은 규범의 존재를 재확인시켜 주기 때문에 규범에의 동조를 강화시켜 준다.

예 어떤 사람이 일탈행위를 범하게 되면 나머지 사람들은 이를 보고 규범이 무엇인가를 깨닫게 되고 스스로 일탈행동을 범하지 않도록 경계하게 된다.

ⓛ 부분적인 스포츠일탈은 사회적 안전판의 역할을 한다.

예 아이스하키 경기에서 잘 알려진 "주먹다짐"(fistfight)의 경우 잠재된 공격성, 좌절, 불만을 표출시켜 줌으로써 보다 심각하고 비열한 행동을 방지하는 적응기제로 작용하기 때문에 "기능적 필수요소"로 인식되고 있다.

ⓒ 스포츠일탈이 사회에 개혁과 창의성을 가져다주는 역할을 할 수 있다.

예 1966년 보스톤 마라톤 대회에서 여성의 신분을 속이고 참가한 로베르타 깁의 경우 600명 이상 중 135등 차지하면서 완주하였다. 당시 여성마라톤 경기는 허용되지 않았기 때문에 매스컴에서 그녀의 완주를 경이로운 시각으로 다루었다. 그러나 지금은 여성의 마라톤 출전은 당연시 여겨지며 1984년 23회 로스앤젤레스 올림픽에서의 정식종목 채택되기에 이르렀다.

② 역기능

㉠ 스포츠일탈은 스포츠 체계의 질서 및 예측 가능성을 위협하고 긴장과 불안을 조성한다.

ⓛ 스포츠일탈은 스포츠 참가자의 사회화에 부정적인 영향을 미칠 수 있다.

(2) 스포츠일탈의 상대성

① 스포츠일탈은 시간에 따라서 다양하다.

예 올림푸스산의 평원에서 개최되었던 초기의 고대 올림픽 경기에서는 모든 선수가 벌거벗은 나체로 경기에 임하였다. 당시에는 그러한 행위가 당연한 것이었으나 오늘날에는 일탈행위로 규정된다.

② 스포츠일탈은 장소에 따라 다양하다.

예 인디언 종족인 주니(Zuni)족의 달리기 선수는 자신의 경쟁자를 계속적으로 능가하려고 노력하지 않는다. 이러한 그들의 행동은 그 지역사회에서는 충분히 당연하다고 용인되는 행동이 되지만, 일반적인 시각에서 그러한 행동은 일탈의 낙인이 찍힌다. 또한 뉴질랜드의 럭비풋볼 경기에서는 팔이 없는 상의를 입고 경기를 하지만, 다른 지역에서 그런 유니폼의 착용은 비정상적인 일탈 행위로 간주된다.

③ 스포츠일탈은 상황에 따라 다양하다.

예 복싱의 경우 격렬한 신체적 가격을 통해서 상대방을 완전히 격퇴시키는데 목적을 두고 있으나 골프 경기에서 그러한 행위는 일탈로 간주된다. 수영복 착용은 수영 경기에서는 바람직한 동조행위이나 테니스 경기에서는 일탈행위이다. 축구 경기에서는 관중의 소란스러운 응원이 자연스러운 행동이 되지만, 테니스 경기나 골프 경기에서는 침착하고 조용한 관전이 요구된다. 또한 서구형 투기스포츠 종목인 권투 경기에서는 상대편에 대한 예의가 그다지 중요하지 않으나 다른 격투기 예컨대, 태권도, 검도, 유도와 같은 동양 전래의 무도 스포츠 종목의 경우 상대방에 대한 예의와 존경이 요구된다.

④ 스포츠일탈을 판단하는 기준은 시간과 장소에 따라 다양하며 그러한 행동이 발생한 사회적 상황과 평가하는 사람에 따라 결정된다. 즉, 스포츠에서 어떤 행동이 일탈이며 어떤 사람이 일탈자가 되는가는 시간, 장소, 사회적 상황에 따라서 달라지게 된다. 이러한 점에서 스포츠일탈을 이해하고자 할 때에는 먼저 그러한 행위가 발생한 사회적 맥락을 고려하는 것이 매우 중요하다.

(3) 스포츠일탈의 형태

① 스포츠일탈의 행위 자체가 지니는 속성을 중심으로 살펴볼 경우 스포츠일탈의 형태는 긍정적 일탈과 부정적 일탈로 구분된다.

㉠ **긍정적 일탈**: 스포츠의 경우 KO의 무패행진을 계속하는 권투선수나 골을 한 번도 허용하지 않는 축구 골키퍼가 긍정적 일탈자에 속한다. 긍정적 스포츠일탈의 구체적인 사례를 들면 83세의 나이로 1991년 보스턴 마라톤 대회에 참가하여 5시간 42분 54초로 완주한 조니 켈리의 경우와 높이뛰기에서 뒤로 누워 등으로 바를 넘는 혁신적 동작을 창안한 포스베리(Fosbury)의 경우를 들 수 있다.

㉡ **부정적 일탈**: 반칙, 부정행위(cheating), 폭력, 약물복용, 도박, 담합, 선수 스카웃 물의와 같은 대교경기 관련 스포츠의 일탈행동 등은 부정적 스포츠일탈의 대표적인 유형이다.

② 부정적 일탈이 반규범적(counter-normative)인데 반해 긍정적 일탈은 오히려 규범지향적(pronormative)이다.

③ 긍정적 일탈이 규범지향적인데도 불구하고 일탈의 범주에 포함되는 이유는 행위의 속성이 일반적으로 적절하다고 여겨지는 관용한계를 초월하기 때문이다.

④ 긍정적 일탈행동은 일견 지나치다거나 비정상적이라는 평가를 받을 수 있다. 그러나 부정적 일탈과 같이 사회적으로 문제시되지도 않으며 오히려 사회가 지향해야 할 바람직한 행동유형으로 인정받는 경우가 대부분이다.

3. 스포츠일탈의 주요 이론

일탈은 관점에 따라 사회학적 이론, 생물학적 이론, 심리학적 이론 등으로 구분할 수 있으며, 이중에서 생물학적 이론과 심리학적 이론은 일탈의 원인을 일탈자의 생리적 특성 그리고 심리적 좌절이나 불안 등 개인적인 특성에서 접근하는 반면 사회학적 이론은 사회구조의 맥락에서 접근하고 있다.

(1) 일탈의 사회학적 이론

구조기능이론, 문화전달이론, 사회통제이론은 규범 위반의 측면에서 일탈현상을 파악하고자 하며 낙인이론은 사회적 규정의 측면에서 일탈현상을 파악하고자 한다(Liska).

① 구조기능이론

㉠ 구조기능이론은 사회구성원 간에 규범적 합의가 매우 높다는 전제하에 일탈의 초점을 규범 위반에 두고 규범 위반을 사회질서의 붕괴가 반영된 것으로 간주하는 이론이다.

㉡ Durkheim은 이러한 개념적 틀을 바탕으로 하여 일탈에 관한 사회학적 접근의 토대를 마련하였다. 그는 분업, 급격한 사회변동, 개인주의가 사회의 통제를 약화시키고 이러한 통제의 약화는 규범 위반을 일으킨다고 주장하였다. 즉, 산업화와 도시화의 결과로서 분업이 파생됨에 따라 사회구성원은 다양한 가치를 갖게 되며 그 결과로 집합의식과 사회통제력의 약화를 수반한다는 이른바 사회적 비규제론을 강조하였다.

㉢ Durkheim은 일탈을 사회적 비규제 현상으로 파악하고 그 근원으로서 이기주의와 아노미 현상을 들었다.

㉣ Durkheim의 이론적 관점은 많은 학자들에 의해 다양하게 적용되었는데 특히 주목할 만한 것은 Merton의 아노미 이론이다. Merton은 일탈에 대한 사회학적 이론을 발전시키고자 노력하였는데, 그는 Durkheim과는 달리 일탈의 원인을 사회질서의 붕괴에 두기보다는 일반적인 사회질서 내에서의 비통합(문화적 목표와 구조적 기회 간의 불일치)에 두었다.

② 사회통제이론

㉠ 사회통제이론은 구조기능이론과는 달리 왜 소수의 사람들만이 범죄를 저지를까에 대해 의문을 갖는 것이 아니라 왜 대부분의 사람들은 범죄를 저지르지 않을까라는 점에 대해 설명하고자 하는 이론이다. 즉, 무엇이 일탈을 유발하는가 하는 일탈의 동기를 강조하는 것이 아니라 왜 일탈을 하지 않는가에 대해 관심을 갖고 있다.

㉡ 사회통제이론에서는 대부분의 사람들이 범죄를 저지르지 않고 법을 준수하는 이유를 그 행동과 욕구가 내적·외적 요인에 의해서 강하게 통제되고 있기 때문이라고 보고 있다.

ⓐ 내적 통제는 사회규범의 내면화를 의미하는 것으로서 사회규범과 일치된 행동을 할 경우에는 만족감을 경험하는 반면 규범과 모순된 행동을 했을 때는 죄의식을 갖거나 자책하기 때문에 이러한 내면화된 규범이 일탈행동을 통제하게 된다.

ⓑ 외적 통제는 규범을 위반함으로써 받게 되는 사회적 처벌을 의식하는 것으로서 일탈적 동기가 행동화되는 것을 막아주는 것은 바로 이러한 기대된 사회적 보상의 상실과 사회적 처벌을 사회구성원이 예상하기 때문이라고 볼 수 있다.

㉢ 사회통제이론에 의하면 사회구성원은 일탈 동기의 결여로 인해 사회규범에 동조하는 것이 아니라 내적·외적 통제 때문에 규범에 동조한다고 볼 수 있다.

㉣ 사회통제이론에는 몇 가지 구체적인 하위이론이 있는데 가장 대표적인 이론으로는 Hirschi의 사회결속이론을 들 수 있다.

ⓐ Hirschi는 사회구성원과 관습적 사회 간의 결속에 관심을 두어, 규범위반은 관습적 사회와의 결속 부족에서 기인한다고 가정하고 이러한 결속은 애착(개인이 다른 사람이나 집단의 견해와 감정에 대해 관심을 기울이는 정도), 수용(규범준수에 따르는 사회적 보상에 대하여 사회성원이 갖는 관심의 정도), 참여(관습적인 활동에 보내는 시간과 노력의 양), 신념(사회에서 일반적으로 인정되고 있는 관습적 규범의 내면화 정도)의 네 가지 요소로 구성된다고 주장하였다.

ⓑ 이 중 애착, 수용, 참여는 외적 통제에 관련된 요소이고, 신념은 내적 통제에 관련된 요소이다. 네 가지 요소의 수준이 높거나 긍정적일수록 그 사람의 일탈 가능성은 적어진다.

③ 문화전달이론

㉠ 일탈에 대한 문화전달이론의 관점은 일탈행위는 동조행위와 마찬가지로 문화적으로 유형화된 행위라는 데 초점을 두고 사회구성원이 일탈자가 되는 것은 주위의 일탈적 문화양식을 습득하기 때문이라고 주장한다.

㉡ Shaw와 McKay는 도시의 분화과정에서 나타나는 사회해체 현상이 두드러지는 지역, 예컨대 빈곤계층의 거주 지역에서는 일탈행위를 지지하는 일련의 문화적 가치와 양식이 존재한다고 간주하여 그러한 지역의 거주자에게는 일탈이 일종의 정상적이고 보편적인 행위양식으로 인식된다고 설명하였다.

㉢ 따라서, 일탈이나 비행의 발생률이 높은 지역에서는 일탈행위가 동일 지역사회 일상생활의 전통적이고 관습적인 행동유형이 될 수 있으며 이러한 일탈적 전통은 대인적, 집단적인 접촉을 통하여 사회구성원에게 전달된다고 주장하였다.

㉣ Shaw와 McKay의 영향을 받은 Sutherland는 일탈행위가 전달되는 과정을 체계화시켜 하나의 이론으로 제시하였는데, 그에 따르면 일탈행위는 차별교제(일탈적 행동양식과 비일탈적 행동양식 간의 차별적 접촉)의 과정을 통해서 학습된다는 것이다. 예를 들면, 마약을 밀매하는 빈민촌에서 자라나는 청소년은 어릴 적부터 마약을 전달하는 심부름을 하며 경찰의 눈을 피하는 법과 거짓말하는 법을 배우게 된다는 것이다.

차별교제이론

- 차별교제이론은 한 개인이 일탈 유형과 지속적으로 교섭하면서 사회규범에 동조적인 행동 유형과는 멀어지게 될 때, 일탈자가 된다고 본다. 차별교제이론은 일탈자가 선천적으로 일탈행위 유형을 가지고 있는 것이 아니라 다른 일반 사회적 행위와 마찬가지로 다른 일탈자들로부터 일방행동을 배우는 학습화 과정을 통하여 일탈행동을 취하게 된다고 설명한다(Sutherland).
- 우리는 흔히 '나쁜 친구와 사귀면 나쁜 물이 든다'고 하는데, 나쁜 친구와의 친교가 곧 나쁜 행동을 유발시킨다고 하는 사고가 바로 차별교제이론에서 명쾌히 설명된다. 그래서 차별교제이론가들은 일탈문화에 주목하며, 범죄와 일탈은 이 일탈문화 안에서 일탈자들 간의 상호작용 속에서 이루어지는 하나의 사회과정이라고 보았다. 이 말은 곧 일탈에 이르는 기회도 다르게 구조화되어 있다는 것을 시사한다.
- 일탈행동은 다른 일탈자와의 상호작용에서 학습되며 그러한 학습은 대개의 경우, 개인과 친밀한 원초집단 또는 준거집단 내에서 이루어진다. 가령, 학교 운동부 지도자의 폭력과 관련하여 폭력을 경험하거나 목격하는 자체만으로도 폭력행위를 학습하고 모방하게 되며, 폭력의 악순환이 야기됨(Bandura)을 우리는 쉽게 접할 수 있다. 학교 운동부 지도자들은 교육의 한 방편으로 학생선수들에게 폭력을 행사하게 되고, 학생선수들 역시 운동부 위계질서와 후배 교육의 차원에서 폭력을 가하게 된다. 이러한 운동부 내의 폭력이 전승되고, 특히 폭력의 악순환 현상이 야기되는 것을 차별교제이론으로 쉽게 해석이 가능하다.

④ 낙인이론

㉠ 낙인이론은 일탈개념에 대해 사회적 규정의 측면에서 접근한다. 즉, 일탈이란 행위 자체가 갖는 본질적인 측면보다 행위가 발생하는 상황과 여건에 따라 규정되어진다고 할 때, 누가 일탈을 규정짓느냐는 문제가 제기될 수 있다고 주장한다.

㉡ 낙인이론은 일종의 갈등론적 관점에서 출발하며 일탈이란 행위 자체의 속성이 원래 나쁜 것이 아니라 남들이 일탈이라고 낙인을 찍었기 때문에 일탈이 된 것이라고 설명하고 있다.

㉢ Becker는 일탈을 사회적 규정으로 파악하면서 사회집단은 규칙을 만들고 그 규칙을 특정인에게 적용시켜 그들을 '주변인'(outsiders)으로 낙인을 찍음으로써 일탈행위를 만들어 낸다고 주장하였다. 일탈은 특정인이 저지른 행위의 본질이 아니라, 오히려 위반자에게 규칙과 제재를 적용한 결과일 뿐이라고 규정함으로써 일탈자란 단지 낙인이 성공적으로 적용된 사람이며 일탈행동이란 사람들이 그렇게 낙인찍은 행동이라는 사실을 강조하였다.

㉣ Lemert는 일탈자의 낙인이 이루어지는 과정을 일차적 일탈과 이차적 일탈의 두 개념으로 설명하고 있다.

ⓐ Lemert에 따르면 사람은 누구나 개인적 또는 상황적 이유 때문에 수시로 일탈적인 행위를 한다는 것이다. 그러나 대부분은 일시적이거나 경미한 것으로서 다른 사람의 눈에 잘 띄지 않으며 그와 같은 행동을 저지른 당사자도 자신을 일탈자라고 생각하지 않는다. 그는 이와 같은 일탈을 일차적 일탈이라 하였다.

ⓑ 그러나 일탈적 행동이 일단 발견되고 세상에 알려지면 상황은 급격히 변화하여 이제 그 개인은 일탈자로 낙인이 찍히고 다른 사람들은 그 사람을 일탈자라는 색안경을 끼고 대하기 시작한다. 결과적으로 그 사람은 낙인을 의식적이든 무의식적이든 받아들이게 되며 새로운 자아개념을 형성하고 그에 따라 행동하기 시작한다. 따라서 이 단계에서는 일탈행동이 습관화되기 쉬우며 이 경우를 이차적 일탈이라 부른다.

중화 이론

- 중화이론은 일탈이 일어나는 과정을 설명하는 이론으로, 기본적으로 일탈자와 정상인(동조자)이 다르다는 통념을 배격한다. 중화이론은 규범에 동조하는 사람이나 그것을 어기는 사람이나 근본적으로 모두 규범을 어기고 싶은 욕구를 갖고 있다는 것에 주목하였고, 다만 차이가 있다면 규범위반 행위에 대한 내적 압박(또는 양심적 압박)을 적절하게 중화시킬 수 있는 기법이 있느냐와 없느냐의 문제로 인식한다.
- 일탈행위를 중화시킬 수 있는 기술을 가진 사람은 범죄나 일탈을 저지르게 된다. 일탈행위를 정당화시키는 기술을 학습함으로써 양심의 압박을 중화시키므로 일탈행위를 보다 쉽게 취하게 되는 것이다. 중화이론은 인간을 '규범동조라는 극(極)과 규범파괴라는 또 다른 극' 사이에서 왔다갔다 표류(drift)하는 존재로 본다.
- 일탈자는 자신들이 저지른 일탈행위에 대하여 이를 정당화하는 개별적 개념을 가지고 있다. 일탈자가 일탈행위를 저지르면서도 스스로 나쁘다고 생각하는 경우가 얼마든지 있을 수 있고 반대로, 일탈행위에 대해 당위성이나 필연성을 부여하는 경우도 많다.

- Sykes와 Matza는 사회적 작용의 일부분으로서 중화작용이 나타나며, 이러한 중화 과정을 통해서 일탈을 합리화하고 일탈을 실행에 옮기게 된다는 점을 강조하였다. 즉, 일탈행위에 대해 당위성이나 정당성 또는 필연성을 부여하는 것이 중화기법(techniques of neutralization)이다. Sykes & Matza는 5가지 중화기법을 제시하였다.
  ① 책임의 부인(denial of responsibility) : 일탈행위가 자신의 책임이 아니라고 부정하는 것을 의미한다. 일탈행위를 행하고 나서 그 탓을 다른 곳으로 돌리는 것으로 자기가 저지른 행위가 떳떳하지 못하다는 것을 알고 있음을 뜻한다. 흔히 우발적이나 돌발적으로 또는 외부적인 여건으로 인해 어쩔 수 없이 일탈을 저지르게 되었다고 주장하는 것이 책임 부인의 일반적 양태이다. 가령, 우리는 술김에 한 거야. 너무 취해서 난 몰라라는 말을 변명의 여지로 쉽게 허용한다.
  ② 가해의 부인(denial of injury) : 자기가 저지른 행위의 잘못을 사소한 것으로 치부하거나 부인함으로써 일탈을 합리화하려는 것이다. 절도행위를 잠깐 사용하기 위해 빌린 것으로, 강간을 쌍방의 합의 하에 이루어진 성관계로, 미성년자 납치를 미아를 집에 돌려보내기 위한 선행 등으로 바꾸어 이야기하는 것이 가해의 부인에 대한 일반적인 예이다.
  ③ 피해자의 부인(denial of victim) : 상대방에게 피해를 주었을 경우 피해자가 당한 것은 당연하다고 합리화하는 것이다. 즉, 피해자가 피해를 자초했다거나 유혹했기 때문이라고 생각한다. 이를테면 못된 놈이기 때문에 집단 따돌림을 당해야 하며, 너무 야한 옷차림을 하고 다니므로 성폭행을 당할 수 있다고 본다.
  ④ 비난자의 비난(condemnation of condemners) : 범죄통제자에 대한 비난이라고도 하는데, 이는 경찰이나 사법기구 같은 범죄통제기구를 반도적적인 부패기구로 몰아침으로써 자기 행위를 합리화하는 기법이다. 일탈자들은 이 세상을 부정과 부패가 가득차고, 부조리가 만연한 곳으로 생각하고, 따라서 스스로가 처벌되는 것에 대해 억울하게 생각하는 경향이 있다. 이러한 관점으로 일탈자들이 비난을 가하는 대상은 바로 부정하고 부패하다고 여겨지는 사회 내의 기득권 세력이다. 즉, 일탈자를 규정짓는 주체인 사법당국, 교육당국, 정부당국에 대하여 비난함으로써 스스로 합리화, 정당화시킨다는 의미이다.
  ⑤ 높은 충성심에 의한 호소(appeal to higher loyalties) : 초기 일탈자들에게 흔히 보이는 중화기법으로, 우리 사회의 공식적인 법규범을 어긴 것은 그 규범을 거부하기 때문이 아니라 보다 긴급하고 고귀한 규범을 우선시하기 때문이라고 중화하는 기법이다. 예컨대, 미혼모가 경제적 어려움의 이유로 아기 분유를 훔치는 것, 친구와의 소중한 우정을 지키기 위해서 같이 나쁜 일을 하게 되었다 등의 변명이 이에 해당한다.

(2) 스포츠일탈의 이론

① 머튼(Merton)의 아노미(anomie) 이론

Merton의 아노미 이론은 사회질서와 변동에 대한 구조기능론적 관점에 그 이론적 근거를 두고 있다.

㉠ 개인이 사회적 규범을 완전하게 수용하고 따르려는 과정에서 이를 달성하고자 하는 문화적 목표와 사회의 제도적 수단이 조화되지 않는 어려운 점이 있다. 이 문화적 · 제도적 결함이 개인에게 긴장을 조성시키고 그 긴장의 강도가 커질 때 일탈 행위가 발생하며, 많은 규범이 동시에 인간에게 요구될 때 아노미 현상이 촉진된다.

㉡ 아노미(anomie)란 무규범 상태를 의미하나 이는 사회에 규범이 결핍되어 있는 것을 뜻하는 것이 아니라, 현대사회의 경우 규범이 너무 다양한데다 그 어느 것도 모든 성원에게 구속력이 약하고 서로 달라서 모순 · 갈등하는 상태에 놓여있다는 것이다.

㉢ Merton은 아노미를 사회질서의 붕괴라는 측면에서 설명하기보다 사회질서 내에서의 불일치(inconsistency) 즉 사회의 문화구조를 구성하는 두 가지 기본 요소인 문화적 목표(cultural goals)와 구조적 기회(structural opportunity) 간의 불일치가 사회전반으로 심화될 경우 발생하는 현상으로 보았다.

② 스포츠일탈에 대한 아노미 이론의 적용

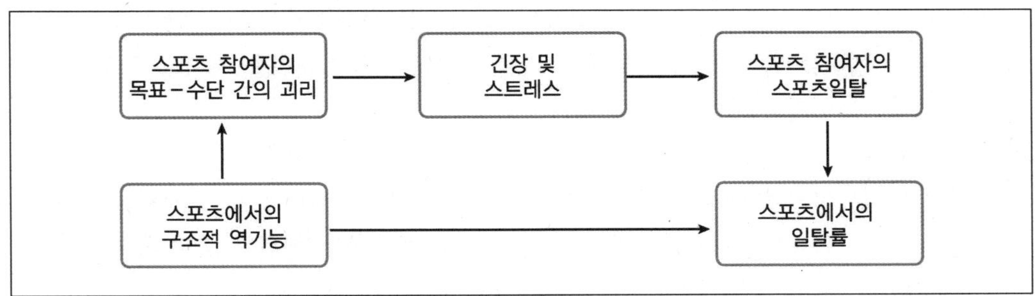

스포츠일탈에 대한 Merton의 아노미 이론의 적용

㉠ 사회일탈에 대한 Merton의 이론적 모형에서 볼 때 현대사회의 스포츠는 구조적 역기능 수준이 대단히 높은 조직체계로 규정할 수 있다. 스포츠에서 강조되는 유일한 문화적 목표는 경기에서 승리하는 것이지만 승리를 쟁취하기 위한 수단과 방법은 지극히 제한되어 있기 때문이다.

㉡ 현대사회의 스포츠는 상업화, 관료화, 조직화 그리고 승리제일주의 가치를 강조함에 따라 스포츠의 문화적 목표인 승리에 대한 사회적 압력은 대단히 높은 반면 승리에 도달하기 위한 구조적 기회는 경기규칙, 스포츠맨십, 페어플레이 정신과 같은 스포츠의 규범적 체계에 의하여 엄격히 제한되어 있기 때문에 구조적 역기능 수준이 높다고 할 수 있다.

㉢ 스포츠의 경우 다른 일상적인 사회활동과 달리 성공의 지표가 되는 승패의 구분이 명확하고 공식적으로 널리 알려지며 세인의 주목을 받고 보상이 뒤따를 뿐만 아니라, 승패의 결과마저도 예측하기 어렵기 때문에 운동선수, 코치, 감독, 트레이너 등의 성공적인 역할수행은 "경기에서 상대방을 누르고 승리하는 것"이라는 유일한 가치에 의해 활동이 평가된다.

㉣ 스포츠에서의 목표와 수단 간의 괴리는 스포츠참여자에게 성공강박에 의한 구조적 긴장을 유발하게 되고 그 강도가 점점 커짐으로써 다양한 스포츠일탈현상을 발생시키는 원인이 된다. 스포츠에서 구조적 역기능 수준이 높을수록 스포츠에서 일탈률도 증가하게 된다.

③ 스포츠의 목표-수단 괴리와 적응 모형

Merton은 목표-수단의 불일치에 의해 개인에게 주어지는 긴장을 해소하는 방법에 따라 일탈행동의 범주화를 시도하였다. Merton은 스트레스에 적응하는 방법으로 동조(conformity), 혁신(innovation), 의례주의(ritualism), 도피주의(retreatism), 반역(rebellion)의 5가지 행동모형을 들었다.

㉠ 동조

ⓐ 동조의 적응모형은 원칙적으로 일탈이 아니지만, 동조자의 행동이 목표-수단 간의 괴리에 따른 단순한 반응에 불과하기 때문에 목표와 수단 간의 괴리를 해결하려는 적극적인 행동모형으로는 볼 수 없다.

ⓑ 동조란 안정된 사회에 있어서 가장 보편적 행동 양식이며, 스포츠에서 동조란 문화적으로 규정된 성공적인 목표와 그 목표를 성취하기 위한 수단을 모두 다 수용하는 행위를 말한다. 다시 말해 승리를 추구하되 경기규칙을 지키고 정정당당히 실력으로 이긴다는 행동유형이다.

ⓒ 스포츠에 있어서 "고의가 아닌 자연발생적 규칙위반", "지연작전", "규칙이 허용하는 범위 내에서의 테크니컬 파울" 등과 같이 문화적으로 규정된 성공적인 목표와 그 목표를 성취하기 위한 수단을 모두 수용하는 행위를 말한다.

㉡ 혁신

ⓐ Merton의 관심은 혁신자에게 집중되어 있다. 혁신은 일탈행동의 가장 전형적인 형태로서 문화적 행동목표는 수용하나 이를 성취하기 위한 수단은 거부하는 적응모형을 말한다. 혁신자는 관습적 또는 합법적 기회를 통하여는 성공에 도달할 수 없기 때문에 불법적인 규범위반을 통해서라도 수단과 방법을 가리지 않고 성공하려는 사람이다(Liska).

ⓑ 혁신의 적응모형은 스포츠일탈의 가장 두드러진 형태로서 특히 행위의 질적인 측면에서 비도덕적이고 비윤리적(Leonard)인 경우가 대부분이기 때문에 심각한 사회 문제로까지 확산되는 경우가 많다.

ⓒ 현대스포츠의 경우 본래의 순수한 이상과는 달리 정치, 경제, 문화, 사회와의 결합 과정에서 많은 일탈현상을 보여주고 있다.

ⓓ 선수충원과 관련된 스카웃 물의, 약물복용, 경기장 폭력 및 난동, 담합에 의한 승부조작, 고의적인 각종 경기규칙 위반 등 다양한 스포츠일탈 현상은 스포츠의 문화적 목표인 승리에 대한 과도한 집착과 승리에 이르는 여러 가지 제도화된 수단의 거부로 인해 유발되는 긴장에 대한 혁신적 적응모형의 대표적인 예이다.

ⓔ 혁신적 형태의 스포츠일탈이 모두 사회에 대하여 역기능적인 것은 아니다. 어느 일탈은 과거의 제도에 비해 더 잘 기능하도록 정리하고 새로운 제도가 출현할 수 있는 사회적 기반을 형성해 줄 수도 있다. 그리고 스포츠참여자가 부정적 일탈행동과 그에 대한 처벌과정을 목격하도록 함으로써 일탈에 대한 경각심을 일깨워 줄 수도 있다.

ⓕ 스포츠의 장은 내재된 폭력적 성향과 공격성을 발산할 수 있는 기회를 합법적으로 제공해 줌으로써 폭력행위에 의한 사회문제를 다소나마 예방할 수 있는 기능을 지니기도 한다.

㉢ 의례주의

ⓐ 의례주의는 목표수준 약화(de-escalating)의 심리적 과정과 관련되어 있는 것인데 실현 가능한 목표만을 세움으로써 좌절과 스트레스를 감소시키는 적응모형이다.

ⓑ 문화적으로 승인된 목표의 수용은 부정하는 반면 목표에 도달하기 위한 수단과 방법은 수용하는 행동유형이다.

ⓒ 의례주의 적응 모형의 대표적인 예로는 조직 내에서 높은 지위에 더 이상 올라가지 못한다는 것을 인식하고 이러한 사실을 그대로 받아들이는 낮은 지위의 관료를 들 수 있다.

ⓓ 스포츠에서 의례주의는 승패에 집착하지 않고 참가에 의의를 두며 경기장에서 성적이 우수했느냐 저조했느냐보다는 경기를 어떻게 치렀느냐는 문제를 중요시한다. 이는 "경기에 있어서 중요한 것은 승리하는 데 있는 것이 아니라, 최선을 다하여 참가하는 데 있다"라는 쿠베르탱의 올림픽 선언에서 잘 나타나 있다. 또한 "최선을 다해서, 그리고 공정하게 그러나 아무도 다치지 않게(play hard, play fair, nobody hurt)"라는 새로운 게임(new games)의 구호(Leonard)도 의례주의적 적응모형을 잘 표현해 주고 있다.

ⓔ 스포츠일탈의 상대성을 중시한다면 현대스포츠에 있어서 의례주의자는 스포츠의 문화적 목표를 중시하지 않으므로 일탈자이다.

㉣ 도피주의

ⓐ 도피주의는 문화적으로 승인된 목표와 사회적으로 용인되는 수단을 모두 부정함으로써 스트레스에 적응하는 행동유형을 말한다.

ⓑ 도피주의자(retreatist)는 기존 사회로부터 탈피하여 혼자만의 세계를 살고 있는 사람이라 할 수 있다. 사회적 도피주의의 예로는 정신질환, 약물중독 및 알코올중독 등과 승려나 신부가 되어 사원이나 수도원으로 속세를 등지는 행위를 들 수 있다.

ⓒ 스포츠에서의 도피주의는 스포츠참가의 중단이나 포기를 의미한다. 의례주의 적응모형을 취하는 운동선수는 대부분이 종국적으로 이와 같은 도중하차의 도피주의적 적응모형을 택하게 된다.

ⓓ 스포츠참가를 그만두는 경우는 대부분 스포츠나 운동경기가 지니고 있는 비인간성, 경쟁성, 엘리트주의, 과도한 폭력, 상업주의 등에 염증을 느끼는 사람에게서 두드러진다. 또한 부정적인 스포츠 사회화를 경험하거나, 스포츠참가를 통한 정신적, 물질적 보상이 결핍될 때에도 이와 같은 도피주의 적응모형이 발생하기 쉽다.

㉤ 반역

ⓐ 종래의 목적과 수단을 모두 포기하고 새로운 방법을 가지고 목적을 달성하려는 행위이다.

ⓑ 반역은 도피주의와 같이 문화적 목표와 합법적 수단을 모두 거부함으로써 스트레스에 적응하는 행동양식으로서 제도적인 사회체계가 합법화된 목표를 추구하고 충족하는데 장애물이 된다고 여길 때 나타난다.

ⓒ 도피주의자와는 달리 반역주의자(rebel)는 새로운 목표와 수단을 주창하며 사회로부터 은둔하는 것이 아니라 적극적으로 사회의 변혁을 꾀한다.

ⓓ 스포츠에서 반역적 적응모형은 주로 사회운동의 형태로 나타나는데 그 대표적인 예로는 올림픽 개선 운동, 국민체육진흥 운동, 샤마추어 운동(shamateur movement) 등을 들 수 있다.

ⓔ 엘리트 스포츠 위주의 풍토를 배격하고 자발적으로 스포츠에 직접 참가하는 생활체육이나 국민체육으로의 전환을 꾀하는 국민체육진흥 운동과 같은 경우도 반역적 적응모형에 속한다.

ⓕ 경기장 시설이나 구성원의 능력 등과 같은 구조적 범주를 고려하여 그에 적합하도록 규칙을 변경하여 적용하는 행위나 다양한 환경조건에 적응할 수 있도록 대체용구를 사용하는 행위도 반역적 적응모형에 속한다.

Merton의 긴장해소 방법

목적	수단	해결방법
+	+	동조 → 비일탈
+	−	혁신 → 일탈
−	+	의례주의 → 일탈
−	−	도피주의 → 일탈
±	±	반역 → 일탈

(+ : 수용, − : 거부, ± : 수용과 거부)
(해결방법의 유형은 목표-수단 괴리에 대한 개인의 적응방식)

4. 스포츠일탈의 유형

(1) 약물 복용

① 약물의 종류

㉠ 회복촉진제

ⓐ 상해나 피로로부터 회복을 목적으로 사용된다.

ⓑ 회복성 약물은 의학적 진단으로 경기에 참가해서는 안 되는 선수를 경기에 참가시킬 목적으로 사용될 경우를 제외하면 그다지 문제가 되지 않는다.

예 진통제, 근육이완제, 소염제 등

㉡ 부가촉진제

ⓐ 운동기능의 항진을 위한 부가적 목적으로 사용된다.

ⓑ 운동능력을 높이기 위한 목적으로 복용하는 화학적 물질을 말하며 선수 개인의 생리적, 심리적 운동수행 능력 이상으로 기량을 향상시키려는 목적으로 사용된다.

예 아나볼릭 스테로이드, 흥분제, 마약성 진통제, 심장 이완제, 이뇨제 등

② 약물 복용의 문제점

약물 복용과 관련된 문제는 부가촉진제의 복용에 집중되어 있다. 부가촉진제 사용에 대한 문제점은 운동 수행을 위한 인위적 자극에 대한 윤리적 문제, 약물 복용으로 인해 발생할 수 있는 육체적, 정신신경적 부작용이다.

(2) 폭력

스포츠 폭력의 원인으로는 스포츠의 상업화, 스포츠 팀의 구조적 특성, 운동선수의 역할 사회화를 들 수 있다.

① 스포츠의 상업화

스포츠의 상업화와 관련된 폭력의 발생은 다음의 두 가지 측면에서 설명할 수 있다.

㉠ 스포츠가 전개되는 과정의 측면에서 보면 보다 많은 관중을 끌어들이고 관중의 인기를 얻기 위해서는 선수의 영웅적인 행동(heroic behavior)이 중요하다. 이러한 영웅적 행동이란 용기, 대담성, 과감성 등의 속성을 지니는 한편 공격이나 폭력행동과도 직접적인 관계가 있다.

㉡ 스포츠 경기가 가져다주는 결과의 측면에서 볼 때 스포츠폭력은 승리 즉, 스포츠에서의 성공이 금전적 보상을 가져다주기 때문에 스포츠의 상업화와 관계가 깊다.

② 스포츠 팀의 구조적 특성

㉠ 스포츠 팀은 코치와 감독의 억압적 통제체제 하에 놓여 있으며 그러한 팀의 억압적 구조는 선수로 하여금 경기장에서 폭력을 일으키게 하고 그러한 행위를 용인하도록 조장한다.

㉡ Sykes는 조직의 엄격하고 권위 있는 지도자에 의해 행동의 통제를 받는 집단의 성원은 그러한 구조적 특성에서 주어지는 위협요소에 직면한다고 주장하면서 네 가지의 위협요소를 예로 들어 설명하였다. 각 성원 개개인은 그러한 위협에 대처하여 스스로를 보호하고 자신의 지위를 확고히 하며 자아 존중감을 지속적으로 유지하기 위한 수단으로 폭력이나 공격적 행동을 사용하게 된다는 것이다.

스포츠 팀에서 발생하는 4가지 위협 요소와 폭력의 관계

도덕적 가치에 대한 위협	집단의 성원 의식과 성원에 대한 집단의 평가에 대해 도덕적 정당성을 부여할 경우에는 극단적인 폭력 행동이라도 지지될 뿐만 아니라, 조직이나 집단에 대한 충성의 명목으로 요구되기도 한다.
성인 지위에 대한 위협	팀에 속한 개인은 감독이나 코치의 도움을 받는 미성년으로 인식된다. 이런 상황에서 선수는 성인으로서의 지위에 대한 의구심을 갖게 되고 결국 어른임을 증명하는 수단으로 공격적이고 폭력적인 행동 유형이 나타난다.
남성다움에 대한 위협	운동선수는 남성다움을 강요받고 있는데 일반적으로 어떤 운동선수의 운동기능이 기대만큼 만족스럽지 못할 경우 코치는 그 선수의 남자다움에 대하여 의문을 제기하는 경우가 많이 있다. 특히 접촉 스포츠의 경우 공격적이고, 폭력적 행동이 남성다움을 증명하는 효과적인 수단이 된다.
개인의 적합성에 대한 위협	모든 운동선수는 지속적인 실패의 위협과 팀 성원으로서의 적합성 상실에 대처해야 한다. 공격 행동이 팀을 위한 도구적 가치로서 규정되고, 결국 폭력이 개인의 지위를 존속시키고 개인의 적합성을 성취시키는 수단이 된다.

스포츠에서의 폭력 유형(Mike Smith)	
격렬한 신체 접촉	특정 스포츠에서 흔히 발생하는 신체적 활동으로 선수들 사이에서는 스포츠 참가의 일부로 받아들여지고 있다. 충돌, 가격, 태클, 방해, 부딪힘 그리고 그 외의 다른 부상을 유발할 수 있는 형태의 강한 신체적 접촉이 그 예이다. 사회의 대부분의 사람들은 강한 신체적 접촉을 극단적인 것으로 정의하지만 이를 불법이나 범죄로 분류하지 않고, 이에 대한 처벌의 필요성을 느끼지 않는다. 코치들은 종종 이러한 형태의 폭력을 장려한다.
경계 폭력	경기의 규칙에는 위반되지만 스포츠 윤리의 규범에 부합하며 유용한 경기전략으로서 대부분의 선수들과 코치들에게 받아들여지는 폭력이다. 야구에서의 빈볼성 투구 및 벤치클리어링, 축구와 농구에서 팔꿈치나 무릎의 사용, 중장거리 육상선수가 다른 선수의 리듬을 방해하기 위해 행하는 전술적 신체 충돌, 아이스하키에서의 주먹질 등이 그 예이다. 이러한 행동들은 비록 발생의 기대가 당연시되지만 상대방의 보복적 행동을 유발한다. 이러한 폭력에 대해서는 일반적으로 공식적인 제재와 벌금이 과도하게 부과되지 않는다. 그러나 최근 제재와 처벌의 수위를 높이려는 공공의 압력이 몇몇 스포츠에서 증가하고 있다.
유사 범죄 폭력	경기의 규범과 공공의 법 그리고 선수들 사이의 비공식적 규범을 함께 위반하는 행위를 의미한다. 예를 들어, 선수의 신체를 위험에 빠뜨리고 경기 자체에 대한 헌신의 규범을 어기는 비열한 플레이, 레이트 히트, 불시의 공격, 플래그런트 파울 등이 이에 속한다. 이러한 유형의 폭력을 행사한 선수에게는 보통 벌금을 부과하고 출장정지 징계를 내리게 된다. 대부분의 선수들은 유사범죄에 해당하는 폭력을 비난하며 게임의 비공식적 규범을 부정하고 선수답지 못한 것으로 여긴다.
범죄 폭력	범죄 폭력은 명백히 법을 위반하는 행위로서, 이유를 불문하고 비난을 받게 되고 범죄로 기소된다. 경기 후 그리고 경기 중에 발생한 사전에 계획되어 죽거나 불구에 이를 정도의 심각한 폭행 등이 범죄 폭력에 해당된다. 이런 형태의 폭력은 상대적으로 드물게 발생하기는 하지만 사건의 발생 시 법적인 처벌을 받아야 한다는 주장에 힘이 실리고 있다.

③ 운동 선수의 역할 사회화

㉠ 폭력적 역할모델은 스포츠폭력의 매우 중요한 요인이 되는데 이는 폭력을 구사하는 행동이 가시적으로 두드러질 뿐만 아니라, 많은 스포츠팬들에게 존경의 대상이 되고 대중매체에서는 우호적으로 묘사되며 또한 높은 보상을 받기 때문이다.

㉡ 어린 선수들은 폭력적 역할모델이 받는 사회적 보상을 목격함으로써 그들의 모든 것을 모방하게 된다는 것이다(Berkowitz).

㉢ 청소년 운동선수는 그들의 역할 사회화 과정에서 팀동료, 친구, 부모, 코치에 의해서 폭력을 사용하도록 고무되고 지지된다.

공격(aggression)과 폭력(violence)

- 공격은 타인에게 신체적, 정신적 상해를 입히거나 타인의 재산을 파괴할 의도가 있는 모든 행동으로 정의된다. 이에 대해 폭력은 공격의 좁은 개념으로서 신체적 공격의 모든 행위 즉, 타인의 재산을 파괴하거나 타인에게 상해를 입힐 의도가 있는 신체적 공격의 한 형태로 정의된다.
- 스포츠에 있어서 폭력은 적대적 공격과 도구적 공격의 두 가지 형태로 구분될 수 있다. 양자 모두 그 의도는 타인에게 해를 입히는 것이다.
- 적대적 공격행위를 가하는 사람의 주요 목적은 타인의 부상이다. 이와 같은 유형의 공격행위는 공격자의 분노가 선행되어야 한다. 적대적 공격은 반발적 공격 또는 분노적 공격이라고도 불린다. 적대적 공격행위는 부상을 입힐 명백한 의도가 있으며 행위의 목표는 신체적 고통의 유발이다. 즉, 목표는 바로 상대에게 위해를 가하는 것이지 승리하는 것이 아니다.
  예 야구에서 투수가 자신을 화나게 만든 타자에게 안쪽 높은 공을 던지는 경우 등
- 도구적 공격의 의도 역시 상대에게 위해를 가하는 것이지만 상대의 고통을 목적으로 하는 것이 아니라 승리, 금전, 위광 등 다른 외적 보상이나 목표를 획득하는 데 있다.
  예 야구에서 투수가 스트라이크 지역의 우세를 얻기 위해 안쪽 높은 공을 던지거나 유격수에게 과감한 슬라이딩을 감행해 더블 플레이를 방해하는 행위, 농구에서 리바운드 시 팔꿈치를 크게 휘두르는 행위 등

(3) 부정행위

① 제도적 부정행위

㉠ 대부분의 경기에서 경쟁 상황을 유리하게 이끌어가기 위해 발생하는 행위로서 제도화된 속임수 행위를 말한다.

㉡ 계획적이고 이성적이며 전술적인 행동으로서 제도화된 형태를 나타내는데, 일반적으로 경기의 목표 달성을 위한 전략적 차원에서 용인되고 조장된다.

예 야유와 술책으로 상대편 경기자를 심리적 불안정 상태로 유도하는 행위, 경기에서 파울을 유도하기 위해 반칙을 당한 것처럼 가장하는 행위 등

② 일탈적 부정행위

㉠ 사회에서 용인되지 않는 행위이고 엄격한 제재를 받는 행위를 말한다.

㉡ 일탈적 부정행위가 만연할 경우 경쟁의 조건뿐만 아니라, 전체 스포츠체계의 질서가 깨어지고 스포츠의 본질에도 변화를 가져올 수 있다.

ⓒ 일탈적 부정행위에 대한 경각심을 가지고 그러한 행위가 발생할 수 있는 여지를 사전에 예방하는 것이 중요하다.

예 불법적인 경기용구의 사용, 상대편 경기용구의 훼손, 경주마의 약물투여, 담합에 의한 경기성적의 조작, 경기장 표면에 변화를 가하는 행위 등

부정행위 발생 조건(Waldron & Kowalski)
• 승리지상주의를 포함하여 승리에 대한 보상이 클 경우 • 적용되는 경기 규칙 또는 규정이 엄격한 경우(NCAA의 규정) • 경쟁의 결과가 확실하지 않을 경우 • 하류계층 출신의 경기자 비율이 높을 경우 • 산업기술이 경기의 중요 요소가 될 경우

(4) 조직적 일탈

① 조직적 일탈은 조직을 둘러싸고 있는 규범적 기대를 위반한 이유로 일탈이라는 낙인이 찍힌 조직에 의한 행동을 가리킨다.

② 일반적으로 조직적 일탈은 조직 내의 집단 규범에 의해 지지되며 어떤 의미에서는 조직 차원에서 일탈행동을 눈감아 주거나 조장되기도 한다.

③ 스포츠에서 발생하는 조직적 일탈은 주로 대교경기 프로그램에서 빈번히 발생한다. 대교경기에서 발생하는 대부분의 비윤리적 일탈행동은 그것이 기본적으로 대교경기에서의 승리라는 조직의 목적을 성취하려는 데에 기인한다는 점에서 조직적 일탈로 간주할 수 있다.

예 선수 스카웃에 따른 금품 수수, 운동선수의 학업성적 위조, 선수의 연령 위조, 부정선수 출전 등과 같이 대교경기출전 운동부에 의해 저질러지는 학칙이나 스포츠 관련 연맹과 협회 규정의 위반행위

5. 스포츠일탈의 구조적 근원(Coakley)

(1) 양립 불가능한 가치 지향

① 스포츠에서는 스포츠맨십, 페어플레이 정신, 참가에 의의를 두는 등 스포츠 참가자가 그 존엄성을 유지하기 위해 지켜야 할 행동양식이 설정되어 있다. 그러나 다른 한편으로 스포츠에 참가하는 가장 중요한 목표는 모든 수단을 동원하여 승리하는 데 있다. 이와 같은 두 가지 가치풍토는 서로 상충하는 것이기 때문에 양자를 동시에 실현시키기란 매우 어려운 일이다. 따라서 스포츠에 있어서 일탈행동이 일어나는 것은 필연적 귀결이라 할 수 있다.

② 스포츠에서 가치의 대립 현상은 임의적이거나 일시적인 현상이 아니라, 스포츠 내에 구조화되어 있는 영속적인 현상이기 때문에 스포츠참가자는 항상 승리 추구라는 현실적 목표와 승패에 집착하지 않고 공정하게 경기에 임해야 하는 도덕적 규범 간의 양립 불가능한 가치가 상호 대립하는 상황에 직면하게 된다. 결국 어떠한 가치를 지향하느냐에 따라서 스포츠참가자의 일탈 정도가 결정된다고 할 수 있다.

(2) 승리에 대한 강박 관념(가치 및 규범과 성공강박 간의 불일치)

① 승리와 성공은 공식적인 규정 시간의 이용 및 정상적인 훈련만으로는 부족하다. 따라서 현실적으로 중・고등학교 팀의 경우 승리를 위해서 규정된 연습 시간 이외의 시간을 이용하여 훈련을 수행한다.

② 가치 및 규범과 성공강박 간의 불일치로 인하여 정해진 시간 이상으로 비정상적인 훈련을 하게 되는 것이다.

③ 과도하게 승리에 집착할 경우 운동선수로서의 본분을 망각한 체 비정상적인 행위를 하는 경우도 발생한다(Huges & Coakley).

④ 승리에 대한 과도한 욕구는 비정상적인 행위를 유발하고, 스포츠에서 지켜져야 할 규칙이나 행동이 무시되는 경향이 발생한다.

(3) 경쟁적 보상 구조

① 일탈은 어떠한 형식이든 경쟁 그 자체와 관련이 있다(Coakley).

② 구체적으로 스포츠 일탈은 경쟁적 보상 구조가 클 때 발생하게 된다.

③ 경쟁적 성공에 대한 보상이 클 경우 수단과 방법을 다해서 승리를 쟁취하기 위해 규칙을 무시하는 사람이 존재하게 되는 것이다.

(4) 역할갈등

① 각 개인은 사회 속에서 다수의 지위를 점유하기 때문에 다양한 역할수행이 기대되며 이와 같이 개인에게 기대되는 다양한 역할을 동시에 충족시키려 할 때 역할갈등이 발생하게 된다.

② 운동선수는 일반 학생으로서 수업에 빠짐없이 출석하고 학급 생활을 열심히 하여 우수한 성적을 거두도록 기대되는 동시에, 운동선수로서 시합에 승리하기 위하여 열심히 연습에 참여하도록 기대된다. 이러한 양자의 역할은 서로 모순될 뿐만 아니라, 역할에 대한 기대를 동시에 충족시킬 시간적 여유가 없기 때문에 양자 간에는 역할갈등이 일탈 행동으로 분출하게 된다.

③ 역할갈등에 의한 스포츠일탈의 예로, 권투선수 알리(Ali)가 선수로서의 역할과 이슬람교도로서의 역할 간에 빈번한 역할갈등을 경험한 것을 들 수 있다. 결국 알리는 종교적 이유로 1967년 월남전 참전에 대한 징집요구에 불응하였기 때문에 법적 처벌과 WBA 세계헤비급 챔피언 타이틀을 박탈당하는 수모를 당했다.

6. 스포츠 참가와 청소년 비행

(1) 청소년 비행의 개념

① 광의의 개념으로서의 비행은 인간의 모든 반사회적 행위를 뜻하고, 협의의 개념으로서의 비행은 청소년 비행을 의미한다.

② 청소년 비행이란 일반적으로 청소년의 행위를 통제하는 법규범에 위배되는 범죄 행위 뿐만 아니라, 공공의 가치 체계를 위반하거나 도덕적으로 바람직하지 못하다고 생각되는 부도덕 행위까지를 포함하는 광범위한 개념으로 이해되고 있다.

③ 청소년 비행은 특정한 환경에서 특정한 심리적 욕구를 충족시키거나 욕구 불만을 해소하려는 심리가 작용하여 나타나는 반사회적 부정행위로 규정되고 있다.

④ 청소년 비행에 관한 학문적 논의에서 주로 사용되는 청소년 비행을 분류하는 방법은 크게 다음의 세 가지 유형으로 구분된다.

㉠ 첫째, 행동의 심각성 정도에 따라 잠재적 비행(예 일반 학생들이 흔히 저지르는 과오나 유행을 따라 행하는 행동), 비사회적 비행(예 행위의 동기가 의도성은 적지만 그 결과는 사회도덕 및 윤리 규범을 해치는 행동), 반사회적 비행(예 사회나 개인에게 직접적인 피해를 주는 심각한 문제행동) 등으로 분류하는 관점이다.

㉡ 둘째, 행동의 질적인 측면을 강조하는 유형으로서 비행을 지위 비행(예 '관람불가' 상연극장 출입, 술집·다방의 출입 등), 대인 비행(예 폭행, 패싸움, 폭력서클 가입, 흉기소지 및 사용, 금품 탈취 등), 재산 비행(예 등록금 유용, 절도, 기물파괴 등), 공공질서 비행(예 커닝, 부모·교사에 대한 반항, 무단결석, 도박, 가출 등), 은둔 비행(예 음화 및 음란비디오 관람, 이성과의 성관계, 환각제 복용 등) 등으로 구분하는 유형이다.

㉢ 셋째, 비행행동의 소속 영역에 따라 가정생활 비행(예 무단가출, 도박 등), 학교생활 비행(예 징계, 무단결석, 시험 부정행위 등), 사회생활 비행(예 음주, 흡연, 절도, 폭행, 성행위 등)으로 구분하는 유형이다.

(2) 스포츠 참가와 청소년 비행 이론

① 차별접촉이론

㉠ 운동선수는 운동부 내의 관례적 기준을 내면화하게 되며 동료들에게도 이를 따르도록 강요하기 때문에 운동선수는 비운동선수에 비하여 일탈적 행동에 보다 덜 노출된다고 볼 수 있다.

㉡ 운동선수가 이러한 운동부 집단의 관습적 규준을 내면화하고 학교에서 "선도적 집단"의 성원이나 다른 운동선수와 교제할 경우 비행행동을 범할 확률은 감소하게 된다.

㉢ 차별접촉이론의 관점에서는 스포츠참가가 관습적 행동의 수용을 촉진시키는 사회관계를 유도하기 때문에 비행의 예방과 선도에 긍정적인 영향을 미친다고 설명할 수 있다.

② 하위문화이론

㉠ 하위문화이론에서는 비행적 하위문화에서 흔히 나타나는 부정주의(negativism)와 반제도적 가치, 규범 그리고 행동이 비행에 영향을 미친다는 것이다.

㉡ 비행하위문화에서 두드러지게 나타나는 가치 중의 하나는 남성다움이며 학교사회에서의 규범적 기대와 비행집단의 직업적 열망 사이에는 관련성이 없다고 주장한다.

㉢ 따라서 비행은 학교로부터 보상의 결핍, 처벌에 대한 분개 등에 대한 반역행위의 형태로 나타나게 된다는 것이다.

㉣ 운동선수의 경우 스포츠 하위문화는 일반사회의 보편적 가치와 일치하기 때문에 스포츠 하위문화를 습득하고 그에 따라 행동하는 것은 '관습적 지향'을 의미하게 된다.

㉤ 스포츠 참가는 일반적으로 사회 성원에게 긍정적인 공공활동으로 인지되고 자기만족을 가져다주기 때문에 사회적 보상을 제공하여 주는 관습적 활동이 된다. 또한 운동경기는 힘, 기능, 근력, 경쟁성 등과 같은 남성적 특성을 사회에서 용인되는 방법으로 표현하는 제도화된 수단을 제공해 준다.

㉥ 스포츠 하위문화의 속성으로 인해 운동선수가 비행을 저지를 확률이 감소하게 되는 것이다.

③ 낙인론

㉠ 일탈행동은 종종 개인에 초점을 두고 개인 내면의 현상으로 여겨져 왔지만, 낙인론은 일탈행동을 개인의 선천적인 고유특성이 아니라 사회적으로 규정되는 것이라고 본다.

㉡ 낙인론의 핵심은 낙인이 모든 성원에게 동일하게 부여되지 않는다는 사실에 있다. 따라서 가난한 소수 집단의 행동은 중류계층 집단의 동일한 행동보다 일탈 행위로 규정되기가 쉽다.

㉢ 낙인론이 운동선수의 행동에 적용될 때 운동선수는 '착한 아이'로 규정되고 운동선수가 범한 비행행동은 단지 못된 장난쯤으로 간주된다.

㉣ 청소년 운동선수의 비행행위는 흔히 학교 당국과 경찰에 의해 관대한 처분을 받으며 공식적으로 기록되지 않는 것이 일반적 관례이다.

㉤ 비행행동으로 규정된 행위를 범한 운동선수는 경찰보호소나 법정보다는 선수를 훈련시킨 코치에게 직접 되돌려 맡겨진다. 즉, 비행을 범한 운동선수는 운동선수이기 때문에 특혜나 우대를 받으며 비행으로 간주되지 않는다.

7. 운동선수와 범죄 이론

범죄행동을 설명하려는 학문적 관점은 일반적으로 정화이론(catharsis theory)과 사회학습이론(social learning theory)으로 구분된다. 운동선수의 범죄에 대한 이들 두 이론의 설명은 폭력적 범죄행위와 관계가 깊다.

(1) 정화이론

① 정화이론은 목표에 대한 좌절감・욕구불만・공격성・난폭성 등을 범죄행동으로 표출함으로써 자신의 내부에 축적된 감정을 정화시킨다는 입장이다.

② 운동선수의 범죄행위에 대한 정화이론의 접근은 스포츠에 참여하게 되면 범죄행위를 줄일 수 있다는 점이다(Leonard).

③ 스포츠에서의 공격적 행동은 다음의 공격적 행동이나 보다 강도 높은 공격적 행동을 감소시키는 경향이 있으며 공격적 행동으로 적대감이나 좌절감을 표출한 개인은 범죄 행위를 저지를 확률이 적어진다는 것이다.

④ 스포츠는 억압된 좌절・적대감・공격성을 구조적으로 표출시켜 주는 활동이기 때문에 운동선수가 폭력적 범죄행위를 저지를 확률이 적다는 주장이다.

(2) 사회학습이론

① 사회학습이론은 범죄란 선천적인 것이 아니라, 후천적인 행동이며 사회생활과정에서 학습되는 행동으로 규정하여 개인의 사회화 과정을 중시하는 관점이다.

② 운동선수의 범죄행위에 대하여 사회학습이론은 정화이론의 설명에 반대되는 의견을 제시한다(Leonard).

③ 폭력적 행동이 보상으로 인해 긍정적으로 강화될 경우 강화가 발생한 초기의 상황 외에서도 두드러지게 나타나기 때문에 경기장 내에서 공격적으로 행동하도록 조건화된 운동선수는 경기장 밖에서도 공격적 행동에 더욱 참여하는 경향성이 있다는 주장이다.

8. 스포츠의 사회 통제적 기능

(1) Edwards의 스포츠의 기능

① 인격 형성

② 규율성

③ 경쟁성

④ 정신력・체력 증진

⑤ 전통적 종교적 신념 및 국민 정신 함양

(2) Stevenson & Nixon의 스포츠의 사회적 기능

① 사회 정서적 기능

② 사회 통합적 기능

③ 사회 통제적 기능

④ 정치적 기능

⑤ 사회 이동 기능

(3) 스포츠의 사회 통제 기능

① 스포츠는 다양한 민족적, 인종적, 종교적, 사회적 및 정치적으로 구성된 국가의 사회적 융화를 이룩하는 데 기여한다.

② 스포츠는 국민들이 지니고 있는 관심이나 활동, 여가 추구 방향을 국가가 의도하는 목적대로 용의주도하게 노선화하는 데 기여하기도 한다.

③ 스포츠는 물질주의적 사회 가치를 반영함으로써 현존하는 체제를 합법화시킬 뿐만 아니라 일반 국민에게 허위 허식을 조장하고 현상 유지에 대한 만족감을 주입함으로써 권력 집단의 대중 통제를 위한 수단으로 이용되기도 한다.

④ 스포츠는 성장기인 청소년기에 일반 성취 사회의 지배적 가치 이념을 제공하여주는 문화 주입 기능을 한다.

⑤ 현대 사회의 갈등에서 발생되는 폭력을 효과적으로 통제하는 수단이 된다.

14 스포츠와 집합행동

스포츠에서 일어나는 대부분의 관중난동은 열광적인 스포츠팬과 관중이 '집합적'으로 특정 형태의 행동에 참여한다는 점에서 집합행동(collective behavior)의 관점에서 이해되어야 한다. 집합행동은 집단행동(group behavior)과 달리 지배적인 사회체계 내에서 규범이나 가치관 또는 사회통제와 같은 조직적인 요소에 의해 제약되지 않을 뿐만 아니라, 다른 사회행동에 비해 상대적으로 예측이 거의 불가능하다는 특징을 지니고 있다.

1. 집합행동의 개념

집합행동은 광범위한 집단적 행동의 현상을 포괄하는 개념으로서 대부분의 다른 사회적 행동과 달리 비교적 일시적, 충동적, 비조직적이며 예측이 어렵다.

(1) 집합행동의 특성

① 집합행동의 형태는 매우 다양해서 흔히 군중, 폭동, 공황, 유행, 광란, 선전, 여론, 사회운동과 같은 현상들이 집합행동의 유형으로 간주된다.

② 이러한 집합행동의 다양한 형태들이 나타내는 하나의 공통된 현상은 다소 자생적으로 발생하고 발전하며 감염되듯이 확산된다는 점이다.

③ 집합행동은 제도적으로 미리 설정된 사회적 규제에 의해 발생하지 않고 자생적이며 비교적 조직이 허술하기 때문에 사회적 구조를 띠지 않을 뿐만 아니라, 예측이 어렵고 일시적이며 비합리적이고 개인적인 상호작용의 정도가 높은 사회적 행위 또는 집단행동의 유형이라 할 수 있다.

④ 스포츠에서도 에어로빅 운동, 훌라후프, 스포츠 머리, 스포츠 유니폼 스타일의 복장 등과 같은 사회적 유행과 경기장에서 소란을 피우는 열광적 관중행동 그리고 패배한 팀의 팬이 난폭한 행동을 일으키는 적대적 관중폭동과 같은 군중 행동이 흔히 나타난다.

⑤ 스포츠에서의 집합행동은 스포츠 팀에서 나타나는 단체행동이나 집단행동을 의미하는 것이 아니라, 스포츠와 관련된 특정 상황에 처한 다수의 관중이나 선수 또는 일반 대중이 공통의 자극에 충동적으로 반응할 때 일어난다.

⑥ 집합적 반응 행위는 참여자 간에 지속적인 하나의 집단으로 간주할 만한 충분한 상호작용의 과정이 없기 때문에 공유된 규범에 의해 제한되지 않는다.

⑦ 스포츠에서 일어나는 집합행동의 많은 사례에 있어서 참여자 중 소수만이 집합 행동에 직접 관련되어 있고 나머지 다수는 방관자 또는 주동자 주위에서 소리로 동조하는 존재로서 실제 상황의 주변에 머물 뿐이다(McPherson, Curtis & Loy).

집합행동에 참여하는 사람들을 통틀어 군집(Community)이라고 한다. 군집은 그 성격에 따라 공중(Public), 대중(Mass), 군중(Crowd)으로 구분된다.

1. 공중 : 공동의 관심사에 대해 의견을 같이하거나 달리하는 사람들의 집합을 의미한다. 공중은 한 장소에 밀집하여 있는 군중과는 달리 지역적으로 흩어져 있으면서 어떤 사회적 쟁점에 대하여 공동의 관심사를 가지고 있는 사람들을 총칭하는 개념이다(지역적으로 흩어져 있음, 동질적인 집단, 적극적 상호작용, 국가대표 병역 혜택 찬반 여론).
2. 대중 : 거리상으로 가까이 있지 않을 수 있지만 공통 관심사를 가진 상대적으로 많은 수의 사람들이다(Lofland). 대중 역시 궁중과는 달리 일정한 장소에 모여 있지 않고 널리 확산되어 있다. 군중은 동일한 자극에 집합적으로 반응하는 무리인 데 반하여 대중은 개별적으로 반응하는 사람이다. 또한, 대중은 공동의 관심사에 관하여 의견을 전달하는 공중과도 달리 사회적으로 매우 이질적인 집단이다(지역적으로 흩어져 있음, 이질적인 집단, 간접적 상호작용, 스포츠 유행 및 아웃도어 패션).
3. 군중 : 어떤 사건을 중심으로 공통의 이해를 가지고 일시적으로 모인 사람들의 집합이다. 군중은 거리적으로는 인접해 있으면서도, 상호작용은 최소한의 범위 내에서 일시적으로 이루어지는 것이 일반적이다(동일한 장소에 집합, 일시적인 집단, 일시적 상호작용, 스포츠관람 및 훌리건).

(2) 집합행동의 유형

① 집합행동의 유형은 다음의 두 가지 기준에 의해 분류할 수 있다(Lowry & Rankin).

㉠ 집합행동의 참여자들이 사전에 서로 알고 있고 지속적인 관계를 유지해오던 사이인가 하는 것이다.

㉡ 행동의 규범이 이전에 미리 형성된 것인가 또는 새로운 규범이 생겨나야 하는 상황인가 라는 것이다.

집합행동의 유형(Lowry & Rankin)

행동규범	사회관계	
	과거의 전례가 없는 새로운 경우	과거의 지속적 관계가 있는 경우
전례가 없는 새로운 규범 전통적 규범이 있는 경우	폭동, 소요, 공황, 약탈, 사형(私刑)	위락, 유행, 소요, 부흥회의 군중, 운동경기장의 관중

② Smelser는 집합행동을 크게 '전염'과 '적대적 분출'이라는 두 가지 특징에 의해 구분하였다. 전자에는 공황, 열광, 도락(道樂), 유행, 대중 히스테리, 광란 등이 속하고 후자로는 폭동, 소요, 사형(私刑), 폭력행위 등 공격적 폭도의 집합행동을 들 수 있다.

③ Blumer는 군중이 모이게 된 관심의 대상과 성격에 따라 군중을 우연적 군중, 인습적 군중, 표출적 군중, 능동적 군중으로 분류하였다.

㉠ 우연적 · 인습적 · 표출적 군중은 특정 상황에 있어서 능동적 군중으로 돌변하는 경우가 많다. 우연적 · 인습적 · 표출적 군중은 제도화된 사회규범에 따라 행동하기 때문에 사회학자들의 관심은 능동적 군중에 집중되었다.

㉡ 이와 관련하여 Federico는 능동적 군중이 극단적인 행동에 개입하게 되면, 폭도화되어 폭도 행동을 표출하거나 심지어 폭동으로까지 번질 수 있음을 피력하면서, 능동적 군중을 폭도의 차원에서 도피적 폭도(escape mob), 취득적 폭도(acquisitive mob), 공격적 폭도(aggressive mob), 표출적 폭도(expressive mob)로 재분류하였다.

ⓐ **도피적 폭도**: 특정 상황이나 현장에서 벗어나려고 앞을 다투어 무질서하게 행동하는 군중(예 일종의 공황상태로 공포에 질린 군중행동, 화재사고 시 무질서한 도피행위, 한꺼번에 몰려든 관중으로 인한 인명 피해, 여객선 침몰 등)

ⓑ **취득적 폭도**: 경제적 재화나 희소가치가 있는 자원을 취득하려는 군중, 약탈에 참여하는 군중(예 경제적 공황이나 전쟁, 전염병, 은행 파산 등과 같은 사태에 당황하여 목적 달성을 위해 희소가치가 있는 자원을 약탈하는 행위 등)

ⓒ **공격적 폭도**: 특정 인물, 단체, 기관, 재산 등을 상대로 공격적이고 파괴적인 행동을 취하는 군중(예 1986년 한국프로야구 경기에서 삼성이 역전 패하자 경기 후 극도로 흥분한 2000여 명의 관중들이 폭도로 돌변, 구장 밖에 세워뒀던 해태구단버스 방화난동 등)

ⓓ **표출적 폭도**: 어떤 상황에서 갑자기 일어난 감정적 흥분을 발산시키기 위해 광란 속으로 빠져든 행동(상대 선수나 심판에 대한 욕설, 오물/빈 병 투척, 시설 파괴 등)
*'표출적 폭도'는 분노에 미친 상태, '표출적 군중'은 기쁨에 미친 상태

Blumer의 군중 분류 (Blumer는 군중이 모이게 된 관심의 대상과 성격에 따라 군중을 4가지 유형으로 구분하였다.)	
우연적 군중 (casual Crowd)	우연적 군중은 사람들이 일시적으로 공통되는 대상에 주의가 끌려서 모인 군중을 말한다. 우연적 군중은 아무런 행동도 취하지 않는다는 점에서 수동적인 사람들의 모임이며, 조직화된 방식으로 상호작용하지도 않는다. 즉, 우연적 군중은 군중의 유형 중에서 가장 조직화되지 않은 군중이다. 예 스포츠의 경우에는 프로야구 한국시리즈 개막전의 티켓을 사기 위해 줄을 서서 기다리는 군중들은 우연적 군중에 속한다. 일시적으로 동시에 같은 장소에 티켓을 사기 위해 모였지만, 사람들의 상호작용은 거의 없다.
인습적 군중 (conventional crowd)	인습적 군중은 예정된 이벤트를 위해 어떤 특정의 목적을 가지고 모인 군중을 말한다. 경기를 관람하기 위해 모인 관중처럼 명확하고 상호적인 목표를 추구한다. 또한, 인습적 군중은 개인들에게 어느 정도의 관례적인 규범이나 역할이 적용되어서, 여러 가지 확립된 규칙에 따라 행동한다. 예 테니스 경기의 경우 다른 스포츠와 달리 선수들에게 방해가 되므로 플레이 중에는 조용히 해야 하며 경기 도중에 자리를 움직여서는 안 된다. 골프의 경우도 고도의 집중력이 요구되는 경기이므로 선수가 티샷 준비자세를 취하면 관중들은 조용히 해야 된다. 선수들에게 방해가 되는 사람들은 군중의 기대되는 행동유형에서 벗어나게 되어 다른 사람들에 의해 제재를 받는 경우도 있다.
표출적 군중 (expressive Crowd)	표출적 군중은 능동적 군중처럼 활기가 있고 감정적으로 흥분되어 있는 군중이지만 행동의 뚜렷한 목표가 있지는 않다. Blumer는 '춤추는 군중'이라고 표현하였고, 표출적인 군중은 일반적으로 우연적 군중이나 인습적 군중에서 비롯되어 시작하지만 감정으로 시작한다고 주장하였다. 즉, 표출적 군중은 참가자들이 모여 억눌린 감정을 표현할 수 있는 기회를 제공한다. 예 종교 축제나 카니발에서 노래하고 춤추고 기뻐하는 사람들, 경기장에서 락 콘서트처럼 응원하고 춤추고 기뻐하는 관중은 표출적 군중에 해당한다.
능동적 군중 (active crowd)	능동적 군중은 어떤 쟁점을 이루는 사건에 초점을 두고 모인 감정적으로 긴장되어 있는 사람들로서, 이러한 사건은 사람들로 하여금 분개나 노여움 혹은 행동의 욕구를 자극시킨다. 우연적 군중과 인습적 군중은 일반적으로 그들을 모이게 한 특정 이벤트나 사건에 직접 참여하지 않는 반면에 능동적 군중은 어떤 특정한 목표를 달성하기 위해 직접접인 행동에 참여한다. 때때로 격렬하고 긴장된 상황에서 군중이 모이는 것은 항상 폭도(mob)와 폭동(riot)과 같은 능동적 군중의 가능성이 있다고 할 수 있다. 예 운동경기에 모인 군중이 심판의 불공정한 판정을 둘러싸고 양쪽 팀의 관중들이 서로 싸움을 벌이게 되어 집단행동으로 나타날 때 이러한 군중은 능동적 군중이라고 할 수 있다.

군중에 의한 집합행동(Federico)

1. 수동적 군중
   수동적 관중인 관객청중(audience)의 행동은 관람, 청취하는 대상의 특성에 따라 전 음악회나 테니스 경기의 경우처럼 조용하고 질서 정연하거나 또는 록 뮤직 공연이나 대부분의 스포츠경기에서와 같이 상당히 활발한 활동일 수도 있다. 그리고 이러한 관객청중은 군중폭동을 유발할 수 있는 사회적 상황이나 여건이 발생하면 언제든지 폭도와 같은 활동적 군중으로 돌변할 가능성이 다분하다.
2. 활동적 군중
   - 공격적 폭도: 사람이나 재산을 표적으로 하여 이를 해치거나 파괴하려는 군중으로서 그 집합행동은 폭동 혹은 소요(riot), 린치(lynch), 테러 등으로 나타난다.
   - 도피 군중: 위협적인 것으로 판단되는 상황에서 이를 모면하기 위해 급히 빠져나가려는 공포에 질린 군중이다.
   - 취득 군중: 어떤 경제적 재화나 희소 자원을 얻으려는 군중이다.
   - 표출 군중: 신체적 움직임과 감정 표현의 흥분 정도가 극도로 심한 군중이다.

(3) 집합행동의 발생 여건

집합행동이 쉽게 일어나도록 상황을 조성하는 발생 여건은 크게 두 가지로 볼 수 있다(Light & Keller).

① 첫째, 구조적 유인(structural conduciveness)을 들 수 있다. 즉, 집합행동을 일으킬 수 있는 발생 여건이 사회 내에 구조적으로 이미 내재해 있을 수 있다는 것이다.

② 둘째, 예기치 않은 사태가 집합행동을 유발시킬 수 있다. 돌발적이고 기대하지 않은 상황이 사람들을 무규범(normlessness) 상태로 몰아넣게 된다.

③ 이외에도 좌절된 사회적 관심이 집합행동을 일으키게 한다.

경기장의 안전 지킴이 스튜어드(Steward)

스튜어드는 경기운영을 돕고 관중안전을 위해 경기장 규칙을 확립하는 역할을 하는 사람을 일컫는다. 유럽의 축구장에서 형광색 옷을 입고 관중통제를 담당하는 스튜어드의 모습을 본 적이 있을 것이다. 스튜어드는 경기장 안전사고 예방을 위해 유럽 평의회(Council of Europe)의 제안으로 1990년대 후반에 등장하였다. 그들의 역할은 경찰과는 차이가 있는데, 시합 전, 중, 후 경기장을 면밀히 감시, 관찰하여 사고 위험의 증후를 파악한다. 경기장에 입장하는 관중에게 좌석을 안내하고, 시합 후 퇴장하는 관중들을 통제하며 비상사태 발생 시 관중들을 신속히 대피시키는 요령에 대해서도 숙지하는 등 관중의 안전사고 전반에 대비한다. 경찰이 관중에게 위압감을 줄 수 있다는 점에서 유럽의 많은 국가가 스튜어드제를 실시하고 있다.

2. 집합행동의 이론

(1) 전염 이론

인간에게 내재된 집합심성은 감정적인 전염을 통하여 개인을 군중 속으로 몰입하게 한다. 이를 '군중의 정신적 통합법칙'이라고 하는데 한 개인이 군중 속에 포함되면 일종의 일체감이 형성되어 일상적인 사고나 감정과는 다른 방식으로 행동하게 된다.

Le Bon에 의해 제안된 전염 이론에서 집합적 행동을 일으키는 3가지 사회 심리적 메커니즘 요소는 다음과 같다.

① 피암시성

피암시성은 개인이 다른 사람의 행동에 보다 민감해지고 쉽게 영향을 받게 되며 결과적으로 비정상적인 행동을 일으키도록 하는 데 있어 촉매작용을 하는 심리적 상태를 말한다. 군중 속의 개인은 의식적인 개성을 완전히 잃고 모든 암시에 복종하게 되는데, 이때 군중은 도덕적인 책임을 집단으로 전가(책임회피, 책임분산)함으로써 감정적이게 되고 쉽게 흥분하며 이성과 판단력을 잃게 된다. 그래서 군중 속에서 개인은 자신에게 전달되는 메시지나 명령을 무비판적으로 받아들이게 된다. 결국 군중적 분위기는 일종의 최면효과를 발휘하여 개인의 합리적 판단을 흐리게 하고 책임질 수 없는 무모한 행동을 취하게끔 한다.

② 전염성(모방과 전염)

집단 내에서는 모든 감정과 행위가 전염되는데, 개인이 군중 속에 일단 휘말려들면 평소의 이성적 판단력을 상실하고 군중적 분위기에 쉽게 감염되어 군중행동에 적극 동조하는 경향을 가진다. 그래서 먼저 행동한 다른 사람의 행동을 모방하려는 성향이 표출된다.

③ 순환적 반작용

군중 속의 집합행동은 참여성원들 간의 관계를 통한 사회심리적 과정과 기제에서 비롯된다. 다시 말해 집합행동은 한 사람의 행동이 다른 사람의 행동에 대하여 자극과 반응으로써 기능하는 상호작용적 사회과정이다. 이러한 순환반응은 사람들을 모두 비슷하게 만드는 경향을 가진다.

> 전염 이론을 통하여 군중행동의 결과가 돌발적인 사건에 의해 초래되며 관중난동이 일단 시작되면 감정적인 전염에 의해 적극적인 참여자의 수가 급속히 증가하는 현상을 보다 잘 이해할 수 있다. 그러나 전염 이론은 어떤 유형의 반응과 행동이 '어떻게' 다른 사람의 행동에 영향을 미치는가는 비교적 잘 설명하고 있으나 그러한 행동 모형이 '왜' 관중난동을 유발하는가에 대하여는 명확하게 설명하지 못하고 있다. 왜냐하면 집합행동을 일으키지 않는 군중의 경우도 많이 있기 때문이다.

(2) 수렴 이론

① 전염 이론의 초점이 개인이 지닌 사고나 감정, 행동의 일시적 전이에 있는 반면, Allport에 의해 제안되고 Miller와 Dollard에 의해 확장된 수렴 이론은 사회규범이라는 허구 속에 숨겨진 개인의 실제 자아가 '익명성'과 '몰개성화'의 상황에서 표출된다는 사실에 주안점을 두고 있다.

㉠ **익명성**: 집단 속의 개인은 혼자 있을 때 억제되었던 본능적 힘을 느끼기 때문에 개인을 규제하고 있는 책임감이 완전히 소멸된다. 즉, 익명성이 보장되어 있는 군중 속에서는 평소 억제되어 있던 감성적 충동과 욕구가 쉽사리 표출된다. 이는 군중 속에서는 행동의 구속이나 제한이 사라지고, 일반적으로 방해나 처벌의 두려움 때문에 억제되는 많은 비규범적이고 반사회적인 충동에 노출될 가능성이 높아지기 때문이다.

㉡ **몰개성화**: 몰개성화는 집단 속의 몰입을 뜻한다. 그래서 몰개성화는 집단 내에서 자기 자신을 더 이상 독립적인 개인으로서 생각하지 않게 만든다. 군중 속에서 개개인들은 자신의 특성이나 개성을 잃고 획일화 · 일체화된다. 즉, 집단이 산출하는 집단주의에 의해 자의식이 저하되는 것을 의미 한다(Zimbardo).

② 실제로 수렴 이론은 사회규범에 의해 억제된 행동 욕구를 지닌 개인의 반사회적 성향을 강조한다.

③ 영국 축구의 고질적 문제로 대두되고 있는 축구 훌리가니즘(Soccer hooliganism)은 수렴 이론에 의해 비교적 잘 설명될 수 있는 집합행동의 한 예이다. 이에 가담하는 관중의 대부분은 젊은 실직자이거나 사회 · 경제적으로 혜택을 받지 못하는 소외계층인데 축구경기는 이들 불량한 관중과 비행자가 모여 위협적이고 파괴적인 행동을 표출할 수 있는 기회를 제공하고 있다.

④ 경기장에서의 폭력행동은 실제 난동자들이 지닌 평상시의 본성과 잠재적 성향에 의해 결정된다는 것이다.

폭력적 스포츠 집단행동의 7가지 범주(Spaaij)	
폭행 (assault)	신체적 상해 또는 손상을 입히려는 의도로 다른 사람이 착용한 옷이나 장비에 물리적 힘을 가하는 행위
싸움 (fighting)	신체적 상해를 입힐 의도로 또는 무모하게 신체적 힘을 적용하는 것
언어적 학대 (verbal abuse)	한 개인 또는 집단에 대한 증오 또는 심각한 경멸을 조장하는 외설적이거나 위협적인 언어 사용
경기장 난입 (pitch invasion)	스포츠 경기장에 무단 침입하여 경기를 방해하는 행위
빈병 투척 (discharge of missile)	발사체(예 병, 화염, 동전)를 경기장에 던지거나 발로 차는 행위
기물 파손 (vandalism)	공공 또는 사유 재산의 고의적 또는 악의적인 파괴
테러리즘 (terrorism)	사람을 위협하거나 사회의 근본적인 정치, 경제, 사회 구조를 불안정하게 만들 목적으로 행해지는 정치적 동기의 폭력 행위

(3) **규범 생성 이론**(발현적 규범 이론)

① 대부분의 군중은 다양한 개인의 집합이며 어떤 구성원은 단순히 타인의 특정 행동에 대해 강한 부정적 반응을 나타내는 수동적 관찰자의 입장을 취한다. 다양한 사람들로 이루어진 군중 내에서는 기대되는 행동에 대한 공유된 이해인 특정 규범이 나타나게 되는데 이로 인해 어떤 유형의 행동은 자극되는 반면 규범으로부터 이탈되는 행동은 제재를 받게 된다(Turner & Killian).

② 군중 내에 존재하는 주동자, 조심스런 가담자, 수동적 지지자, 방관자, 반대자 등과 같은 다양한 구성원 사이에서 공유된 규범, 즉 일치된 의견과 통일성이 어떻게 발생하는가를 설명하려는 이론이다.

③ 집합행동에 있어 관련 규범은 특정 사회적 상황에 대하여 독특하고 고유하게 반응하는 기대로서 구성원의 감정과 정숙 정도 그리고 수용성 등을 결정하며 몇 마디의 말이나 전체적인 분위기 혹은 한두 사람의 행동 모형이 초래하는 결과에 의해 나타날 수 있다. 또한 개인이 지속적으로 유사한 상황에 놓이지 않거나 군중이 해산될 경우 이들 관련 규범은 대개 개인의 행동에 영향을 미치지 못한다.

④ 스포츠 경기에서 규범생성이론의 예를 들면, 중요한 경기에서 처음으로 만난 팬들이 경기를 관람할 때, 처음에는 서로 다른 행동 패턴을 보일 수 있다. 그러나 경기의 진행과 함께 이들은 서로 상호작용하며 응원하는 방식, 응원가, 기념품 사용 등의 새로운 규범을 형성하게 된다. 이러한 규범은 시간이 지남에 따라 그들의 행동을 지배하게 되며, 경기 중이나 경기 후에 나타나는 집단 행동을 형성한다.

⑤ 또한, 대형 스포츠 이벤트에서 팬들이 새로운 규범을 형성하는 과정을 생각해 볼 수 있다. 월드컵 같은 국제적인 이벤트에서는 다양한 국가의 팬들이 모여 서로 다른 문화적 배경을 가지고 상호작용한다. 이 과정에서 새로운 응원방식이나 축제의 규범이 형성되어, 팬들은 이를 따르게 된다. 이러한 현상은 규범생성이론을 잘 보여준다.

발현적 규범 이론이 전염 이론이나 수렴 이론에 비해 다른 몇 가지 특성

- 군중의 구성원에게는 감정의 유발보다는 사회적 압력이 우선한다.
- 규범은 흥분한 군중뿐만 아니라, 조용한 군중에서도 나타난다.
- 집합행동이 일어나면 개인은 집합적 행동 과정의 정당성을 추구한다.
- 전염 이론에서 주장하는 행동의 과격화와는 다르게 집합행동에 대한 통제적 요소를 포함하고 있다.

(4) 부가 가치 이론

① 부가 가치 이론은 집합행동이 발생한 장소와 시간 및 양식에 대하여 설명하려는 이론이다. 이 이론이 전제하는 기본가정은 집합행동이 일어난 사회적 상황에 관련된 많은 결정인자들이 사건 발생 이전에 나타나야 한다는 것이다.

② 어떤 종류의 집합행동이 일어나자면 다양한 결정요인 또는 필요조건이 사전에 존재하게 되는데 이러한 여러 요인이 일정한 형태나 계기의 순서에 따라 순차적으로 조합을 이루어 비로소 집합행동이 발생하는 결과를 가져온다는 것이다.

부가 가치 이론에서 Smelser가 제시한 여섯 가지의 계기적 결정 요인	
구조적 요인	특정 집합행동이 일어나는 데 필요한 사회구조적·문화적 선행요건을 말한다. 즉, 인종폭동과 같은 집합행동은 인종차별이 없다면 발생하지 않는다는 것이다.
구조적 긴장	사회적 환경 속에 어떤 박탈감, 갈등, 불분명한 상황 또는 규범과 가치관 사이의 모순과 괴리가 존속할 때 구조적 긴장이 감돌고 이러한 분위기가 집합행동을 일으키게 된다는 것이다.
일반화된 신념	사람들이 사회적 상황을 판단하고 그에 입각하여 어떤 목적 지향적인 행동을 하려면 모종의 의미 체계가 확립되어야 한다. 구조적 긴장을 조성하는 근원적 요인을 파악하고 이를 해소할 수 있는 적합하고 실현 가능한 반응에 대한 신념이 필요하다는 것이다.
촉진 요인	실제 집합행동이 일어나자면 어떤 사건을 자극시키는 촉진 요인이 있어야 한다. 종종 이런 촉진 요인은 우연한 사태 유발의 원인이 될 수가 있으며 전혀 의도적이 아닐 수도 있다.
행동을 위한 참여자의 동원	앞서의 모든 조건이 선행된다 하더라도 구성원이 방관자로서 가만히 보고만 있다면 집합행동은 일어나지 않는다. 따라서 유언비어나 허위정보 등이 급속히 널리 퍼져나가고 이 기회를 이용하여 사람들을 자극하고 흥분시켜 일정 목표를 향해 집합적으로 행동하도록 유도하는 지도자가 있어야 한다.
사회통제 기제의 작용	부가 가치 이론에서는 집합행동의 원인과 과정뿐만 아니라, 그 결과도 중요시한다. 즉, 앞에서 열거한 다섯 가지의 결정요인이 모두 결합하여 생긴 집합행동의 발생력을 방지, 방해, 금지, 억제하기 위한 반발력으로 작용하는 사회통제의 기제를 강조한다. 여기에서의 사회통제란 실제로 일어났거나 이제 막 일어날 것 같은 집합행동에 대해 사회 전체가 나타내는 반응이다.

3. 스포츠 관중의 집합행동

(1) 스포츠 집합행동의 발생 요인

스포츠사회학에서 집합행동이 관심의 대상이 되는 주된 이유는 사회구성원의 특징이 획일화되어가는 대중사회에서 스포츠 집합행동이 스포츠 자체는 물론 전체 사회변동과 밀접한 상호작용적 관계를 지니면서 빈번히 발생하기 때문이다. 이처럼 스포츠 집합행동이 사회변동의 흐름 속에 자주 발생하게 되는 원인은 크게 문화적 요인, 구조적 요인, 상황적 요인에 기인한다.

문화적 변화	구조적 요인	상황적 요인
• 집단양극화 • 홈팀 vs 원정팀	• 구조적 불균형 • 지역연고제	• 관중의 규모, 밀도, 소음, 구성 • 좌석의 종류

① 문화적 요인: 스포츠 내의 적대적 분출

㉠ 스포츠는 그 자체가 명확히 아군과 적군, 즉 홈팀(home team)과 원정팀(away team)으로 구분되는 이항대립적인 문화적 성격을 띠고 있다. 이는 스포츠 집단이 일시적·우연적으로 양극화된 것이 아니라 이미 집단 양극화되어 적대적 분출(hostile outburst)이 쉽게 파생되는 구조임을 의미한다.

㉡ 여기에 국가적이든, 민족적, 지역적, 종교적, 문화적이든 정체성을 달리하는 대립적 관계로 팀이 구성되고, 그 결과 승리와 패배라는 극단적인 종결로 평가되기에 스포츠 집합행동이 빈번하게 발생한다.

㉢ 예컨대, 적대적 분출이 이미 잠재되어 있는 한국(붉은악마)과 일본(울트라 닛폰)의 축구 경기, 영국과 프랑스의 축구 경기, 과거 영·호남 간의 프로야구 경기(해태 타이거즈와 삼성 라이온즈), 고려대학교와 연세대학교 간의 스포츠 정기전(고연전/연고전) 등의 경우가 스포츠 집합행동이 보다 쉽게 발생할 수 있는 문화적 요인의 사례로 이해된다.

② 구조적 요인: 스포츠에 잠재되어 있는 구조적 불균형

㉠ 스포츠 집합행동이 빈번하게 촉발되는 대표적인 사회구조적 요인은 바로 스포츠에 잠재되어 있는 사회적 불평등으로 인한 구조적 불균형(structural disequilibrium)에 기인한다.

㉡ 예를 들어, 프로스포츠의 지역연고제는 스포츠를 통한 지역 발전과 통합이라는 순기능도 있지만, 지속적인 패배로 인한 패배의식적 지역감정 분출은 잠재적으로 인식된 지역경제 불균형 내지 지역 차별화에 대한 불만으로 표상된 집합행동으로 이해된다. 이는 지역연고제 시스템을 도입한 프로스포츠 리그에서 프로구단이 그 지역의 경제, 사회, 문화 등을 대변하는 역할도 하기 때문이다.

㉢ 스포츠 내에 잠재되어 있는 구조적 불균형은 스포츠 집합행동을 유발하는 구조적 요인으로 이해된다.

③ **상황적 요인**: 경기장의 상황

㉠ 집합행동이 발생하는 원인은 문화적, 구조적 요인이 크게 좌우한다. 하지만 그 상황이 어떻게 전개되었느냐, 즉 그 당시의 상황적 요인이 중대한 요인으로 작용되기도 한다.

㉡ 스포츠 집합행동에 있어 상황적 요인은 관중의 규모(crowd size), 관중 밀도(crowd density), 관중 소음(crowd noise), 좌석의 종류(seated type), 관중의 구성(crowd composition) 등으로 이해된다(Mann).

ⓐ '관중의 규모' 맥락에서 볼 때, 관중의 규모가 클수록 집단 속에 숨길 수 있는 익명성(ano-nymity)이 보장되고, 몰개성화(deindividuation)되기 쉽기 때문에, 무책임한 행동이 보다 쉽게 발생하며, 또한 사회적 통제 장치가 강력하게 발휘되기 어렵다. 이에 사회적 통제가 미비할 수밖에 없어 스포츠 집합행동이 보다 쉽게 발생하게 된다.

ⓑ '관중 밀도'가 높을수록 집합행동은 보다 쉽게 발생한다. 제한적이고 폐쇄적인 공간 내에 많은 관중들이 밀집하면, 극심한 혼란에 빠지고 불쾌한 감정을 쉽게 경험하고 표출하게 된다(Smith). 이러한 상황에 직면하게 되면, 무분별한 사고와 태도가 유발되어 집합행동을 경험하게 된다.

ⓒ '관중 소음'은 관중 열광을 촉발하는 근원이 된다. 즉, 자기편을 응원하는 구호와 응원가, 혹은 상대를 비난하는 고함소리는 관중을 경기에 더욱 몰입하게 만들며, 흥분 상태로 빠져들게 한다. 이에 이성적인 판단과 행동지침을 상실하게 하여 집합행동에 적극 참여・가담하도록 유도한다.

ⓓ '좌석의 종류' 차원에서 볼 때, 입석 관중은 좌석 관중보다 행동이 적극적이고, 공격적이다. 반면, 좌석 관중은 입석 관중에 비해 수동적이고 규범을 준수하는 경향이 더 강하다(Smith). 그리고 VIP좌석보다는 일반석이 관람 분위기에 더욱 민감하게 반응하기 때문에 집합행동에 가담할 가능성이 높다.

ⓔ '관중의 구성' 측면에서 보면, 동일한 장소에 집결되어 있는 관중의 구성적 특징이 열성적인 팬인지, 아니면 중립적이거나 소극적 관중 인지에 따라 집합행동은 다른 형태를 보인다. 가령 제3국가(중립적 국가)에서 스포츠경기가 있거나 특정 계층(학생, 장애인, 여성, 노인 등)만을 동원하는 스포츠경기의 경우, 스포츠 관중행동은 다르게 표출된다. 다시 말해, 같은 대중 가요 프로그램이라 할지언정, 모든 가수가 참여하는 음악캠프와 특정 가수의 콘서트에서 드러나는 집합행동은 다른 양상을 보인다.

팬덤(fandom)

팬덤은 광신자를 뜻하는 '퍼내틱(fanatic)'의 팬(fan)과 영지・나라 등을 뜻하는 접미사 덤(-dom)의 합성어이다. 특정한 인물이나 분야를 열성적으로 좋아하는 사람을 일컬어 '팬'이라고 하는데 "팬덤"이란 용어는 좁게는 '팬의식'을 의미하고, 포괄적으로는 '팬이라는 현상과 팬으로서의 의식'을 지칭하는 개념으로 사용되고 있다. 스포츠 팬덤은 자발적으로 모인 사람들이 대량으로 생산되는 스포츠의 레퍼토리 가운데에서 특정 스포츠 스타나 대상을 선택하여 자신들의 문화 속으로 수용하는 현상으로 정의할 수 있다.

(2) 스포츠 관중 행동의 유형

관중행동에 관련된 구조적, 상황적 근원을 기초로 하여 스포츠관중행동의 유형을 쟁점성 관중행동과 무쟁점 관중행동으로 분류할 수 있다(Smith).

① 쟁점성 관중행동

특정 쟁점에 결부되어 일어나는 관중행동에는 여러 가지 형태와 정도가 있다. 즉, 상대적으로 평화적인 항의에서부터 적대적인 폭력행동에 이르기까지 매우 다양하다는 것이다. 이와 같이 관중행동이 통제할 수 없는 관중난동에 이르게 하는 쟁점에는 내재된 구조적 긴장, 단서가 되는 특정 사건 및 기타의 촉발요인 등이 있다(McPherson, Curtis & Loy).

㉠ **구조적 긴장**: 대부분의 관중난동에는 이전부터 구조적으로 내재되어 온 긴장 요인이 있다. 정치적, 경제적, 사회문화적인 편견과 대립에 의해 상대 집단에 대한 적대감이 파생되며 이로 인한 긴장 상태는 스포츠 특유의 높은 집단적 연대의식과 결합하여 관중폭동의 잠재력을 증폭시킨다.

㉡ **특정 사건**: 내재된 긴장 요인과 함께 하나의 특정 사건 또는 일련의 사건들이 쟁점화되어 관중난동의 도화선으로 작용한다. 특히, 이러한 사건이 홈 팀 선수와 관련되거나 부당하다고 인식됨과 아울러 어떠한 벌칙도 주어지지 않을 때 경기장 내의 선수뿐만 아니라, 관중석의 팬에 의해 폭력행동으로 나타나게 된다.

㉢ 기타 촉발 요인

ⓐ 프로야구 경기에서 일어났던 관중난동을 분석한 Dewar는 다음과 같은 경우에 관중난동이 보다 발생가능성이 높다고 보고하고 있다.

- 관중석이 초만원일 때
- 경기가 저녁이나 야간 시간대에 열릴 때
- 시즌 후반기간일 때
- 기온이 올라갈수록
- 경기의 후반부에
- 입장료가 싼 관람석 구역에서

ⓑ 제삼자 또는 중재의 역할을 하는 사람이 한 쪽 팀을 지지하거나 또는 경비원과 경찰이 상황에 개입하였을 때 양 팀 관중 사이에서 대규모의 집단적 폭력사태가 일어날 가능성이 매우 높다.

ⓒ 또 다른 촉발요인은 경기장의 시설, 환경과 관련되어 있다. 즉, 흥분한 관중의 경기장 침입이나 빈병을 던지는 행동이 경기장시설에 의해 얼마나 잘 통제되어 있는가에 관한 것이다.

ⓓ 관중난동에 영향을 미치는 마지막 요인은 경찰을 비롯한 사회적 통제 기관의 개입 정도이다. 경기장 주변에 보호막이나 철책이 설치되어 있고 음주가 금지되며 다수의 안전 요원이 근무하고 있다면 관중 내 갈등 및 그 외의 촉발요인이 통제되거나 소멸될 수 있는 것이다.

② 무쟁점 관중행동

경기 개최지에서는 거리에서 벌어지는 축제행사에 참여하여 어느 정도 법과 질서를 어겨도 용인되는데 모든 흥분과 긴박감을 즐길 수 있도록 허용되고 있다.

㉠ 축하 행동: 중요한 스포츠경기에서 승리한 후에는 흔히 관중의 난폭한 축하 행동이 뒤따르기 쉽다.

㉡ 떼지어 몰려다니기(milling): 대규모의 스포츠 행사에서는 많은 사람들이 무리를 지어 떼로 몰려다니는 행동을 흔히 볼 수 있다. 여러 사람이 떼지어 몰려다니는 사회적 상황에 참가하는 개개인은 군중에 휩쓸리면서 흥분과 공포에 가까운 묘한 감정 상태를 경험하게 된다. 이러한 유형의 관중행동에는 비록 특정한 쟁점은 없지만 폭력적인 관중난동으로 비화될 가능성이 내포되어 있다.

스포츠 관중 행동의 유형

쟁점성 관중행동	무쟁점성 관중행동
A. 구조적 근원 1. 시위 – 정치적 이유에 의한 스포츠경기의 와해 예 남아프리카의 인종차별 정책 정치적 당파에 의해 선동되는 영국의 훌리가니즘 2. 대결 – 경기장에서 나타나는 전통적, 인종적, 계급적, 종교적, 국가적 라이벌 의식 B. 상황적 근원 1. 입장거부나 실망감 – 특정 상황에서 관중의 입장이 거부당하거나 아무런 양해 없이 선수가 출전하지 않아 지연되는 경우 2. 홈 팀의 패배 – 패배에 실망한 관중이 심판의 불리하고 부정확한 판정이나 예측하지 못한 굴욕적인 패배에 반응	A. 상황적 근원 1. 경기 후 축하 행사 – 전통적 도덕 규범이 일시적으로 상실되는 제도화된 경기 후 축하 행사는 흔히 실제 스포츠 경기 자체보다 우선시됨 – 통제의 가능성은 불명확 예 몇몇 축구 난동 사건(영국의 소도시에서 일어난 폭동) 2. 승리 후의 축제 – 사회적 통제가 거의 없는 조직화되지 않은 축제 – 통제의 가능성이 불명확하고 폭동화되는 경우

폭력적 스포츠 집합행동의 유형

Smith의 관중행동 유형

쟁점적 관중행동 (issue-oriented riots)	구조적 원인 (structural sources)	• 시위(demonstration): 원인에 대한 주의를 끌기위한 조직적인 시도 • 대결(confrontation): 전통적인 라이벌 집단간의 충돌
	상황적 원인 (situational sources)	• 입장거부(Entry): 경기가 거부당했을 때의 반응 • 패배(Defeat): 승리를 거부당했을 때의 반응
무쟁점적 관중행동 (issueless riots)	• 승리(Victory): 승리에 의한 반일상화된(semi-institutionalized) 축제, 사회적 통제가 거의 없음 • 타임아웃(time out): 일상화된(institutionalized) 축제, 사회적 통제가 거의 없음	

Mann의 FORCE 유형

유형	특징	예시
좌절 폭동 (frustration riots)	좌절의 원인으로 인식된 것에 대해 보복하려는 실망한 팬으로 인해 발생한 집합행동	비정상적으로 부당해 보이는 처벌로 스타 선수를 징계하는 결정은 폭력적인 항의를 촉발할 수 있다.
무법자 폭동 (outlawry riots)	위협적이고 파괴적인 행동에 가담할 목적으로 스포츠 경기에 모인 비행 단체에 의해 발생하는 집합행동	일부의 훌리건은 게임의 결과는 중요하지 않다. 스포츠 이벤트 자체는 언론의 주목을 받는 무대일 뿐이다. 게임은 단지 비행 그룹이 모여 파괴적인 행위를 하는 기회이다.
항의 폭동 (remonstrance riots)	정치적 또는 이념적 불만을 표현하기 위해 항의를 나타내는 집합행동	2000년 시드니 올림픽 기간 동안 호주의 원주민 지도자들은 사회적 불의에 대한 국제적 관심을 끌기 위해 폭력적인 시위를 벌일 계획이라고 경고하였다.
대립적인 폭동 (confrontational riots)	적대감과 분노의 역사를 가진 대립되는 팬 그룹과 관련된 집합행동	뉴욕 양키스와 보스턴 레드삭스간의 야구 경기는 라이벌 팀으로서 오랜 역사를 가지고 있고, 다른 경기보다 집합행동이 일어날 확률이 높다.
표현 폭동 (expressive riots)	스포츠 경기 결과에 대한 반응으로 도취감 또는 분노, 우울감을 느끼는 관중과 직접적인 관련이 있는 집합행동	1993년 10월 30일, 위스콘신대학교가 미시간대학교를 13-10으로 꺾은 후 수천 명의 축하 팬들이 풋볼경기장에 진입하면서 7명이 중상을 입었고 수십 명이 부상을 입었다.

4. 스포츠 집합행동의 실제

(1) 카니발적 집합행동

① 월드컵이나 올림픽 같은 국제스포츠이벤트는 현대적 의미의 카니발(Carnival) 축제이다. 이 기간 동안 일상을 벗어난 군중이 국가를 상징하는 색과 국기로 뒤덮인 화려하고 다채로운 '국가의상(national costume)'으로 치장하고 얼굴에는 페인팅을 한다. 평소 성스러운 국가의 상징으로 받아들여지는 국기로 옷을 만들어 몸에 두르고, 웃옷을 벗거나 얼굴에 페인트칠을 하거나, 각종 치장을 하고 마음껏 소리를 지른다.

② 근대 축구에서 '카니발' 형태의 집합행동이 처음 등장한 것은 1980년대 초 북유럽 국가의 축구응원에서였다. 스코틀랜드의 타탄 아미(Tartan Army), 덴마크의 롤리건(roligan), 노르웨이의 드릴로(drillo), 네덜란드의 오렌지(oranji) 등이 대표적인데, 이들은 국제경기에 참가하는 국가대표 팀의 원거리 응원을 마다하지 않았고 쾌활하고 화려한 응원전을 펼쳤다(Giulianotti).

③ 카니발은 나라와 지역, 역사적 시기에 따라 매우 다양하게 나타나지만, 종교적이고 규범적인 일상의 엄격한 문화와 규율을 벗어나 민중들이 다 함께 어울리고 참여하는 공간이라는 보편적 특징을 지닌다.

④ 중세 유럽의 카니발은 일상생활의 흐름을 단절하고 축제의 기간에 평소에 금기시되었던 성직자의 위선에 대한 조롱, 외설 등이 용인되는 시간이었다. 카니발을 통해서 교회의 권위를 일시적으로 전복시키고 일상에서 억압된 본능을 마음껏 해소할 수 있었다. 그러나 그것은 체제를 위협하거나 뒤집는 혁명적이라기보다 제도 내에서의 '허가된 잔치'였다. 카니발의 축제가 끝나고 나면 그들 모두 일상으로 돌아가 다시 엄격한 규범체계 속에서 자신의 삶을 영위해야 했다.

⑤ 카니발 축제는 대부분 마스크나 변장(화장으로 분장)을 하여 신분을 감추거나 기괴한 옷차림을 한 사람들이나 대형으로 만든 인형들을 앞세워 거리를 행진하는 것으로 구성되는데, 마스크와 변장은 자신의 존재를 망각하기 위해 사용한 의례적 수단이었고, 일상을 전복시키는 대표적인 뒤집기 관행으로서 카니발 축제의 가장 중요한 특징이라고 할 수 있다.

⑥ 오늘날 축구를 비롯하여 스포츠 응원이 카니발적 집합행동의 특징을 나타내는 이유는 스포츠대회가 개최되는 특정기간 동안 일상에서 벗어나 해방감을 만끽할 수 있기 때문이다. 얼굴에 페인팅을 그려 마치 카니발의 마스크나 변장처럼 자신의 존재를 망각하고 스포츠에 몰입된 자아를 표출함으로써 경기장 속 선수들과 하나가 된다. 카니발적 집합행동은 해학과 풍자가 넘치고 소란스러운 스펙터클을 연출한다. 그러나 이 모든 행동은 대회 기간이란 '허가된 잔치' 동안에 이루어지며, 대회가 끝나면 모두 일상으로 돌아가야 한다.

(2) 폭력적 집합행동

① 축하 폭동(celebratory riot)

㉠ 축하 폭동이란 주요 스포츠 이벤트에서 승리를 거둔 후 축하를 위해 모인 군중이 일으키는 집합적 폭력 사태를 말한다. 도심 한가운데 주로 대형 전광판이 설치된 곳과 같이 팬들을 위해 마련된 장소에서, 팀에 대해 강한 동일시를 느끼는 젊은 팬들의, 극적인 승리에 대한 기쁨의 광란이 폭동으로 이어지는 경우다.

㉡ 중요한 경기에서 패배한 후 일어나는 좌절 폭동(frustrated riot)도 있지만 이는 오히려 매우 드문 반면 축하 폭동은 최근 가장 위험하고 파괴적인 폭력적 집합행동으로서 가장 빈번하게 일어나고 있다(Lewis).

㉢ 축하 폭동의 원인에 대한 체계적인 이론은 아직 충분히 축적되지 않았다. 그러나 국가주의 스포츠에서의 성취에 대해 미디어의 집중보도, 대형스크린과 응원 장소 제공 등, 정치 권력이 대중의 적극적인 열광을 유도한다는 점을 상기할 필요가 있다. 국가의 성취에 대한 유도된 열광이 폭력적 집합행동의 상황적 요인을 제공한다는 것이다.

㉣ 2018 러시아월드컵에서도 프랑스가 우승하자 축하 행동이 폭동으로 전이되었다. 프랑스의 월드컵 우승은 이민자 정책에 대한 사회적 갈등의 치유와 통합의 효과 등 여러 정치적 효과를 내포했다. 그러나 우승 후 거리에 모인 수백만 명의 사람들이 프랑스의 우승에 열광하는 과정에서 100여 명의 청소년이 경찰차 위에 올라갔고, 쓰레기통을 태우고 버스 정류장 창문이 깨졌으며 30대의 차량이 뒤집혔고, 약 845대의 차량이 파손되었다.

㉤ 최근 경기장 내에서의 폭력 사건은 대부분 성공적으로 통제할 수 있지만 경기장 밖에서는 군중이 여러 곳에서 모여 있는 상황에서 산발적으로 일어나는 축하 폭동은 통제가 쉽지 않다. 경찰은 CCTV를 이용해 폭력범의 신원을 파악하고 체포할 수 있지만 체계적인 대응방안이 필요한 실정이다.

② 훌리거니즘(hooliganism)

㉠ 최근에는 흔히 찾아볼 수 없지만 1970~1980년대 지역 축구팀의 극렬 서포터즈가 라이벌 서포터즈를 상대로 조직적으로 벌였던 훌리건 폭동은 스포츠에서 일어난 가장 조직적인 폭력적 집합행동의 사례였다.

㉡ 훌리건은 원래 거리에서 싸움을 일삼는 불량배나 깡패를 지칭하는 용어로, 시합을 전후로 축구장과 그 주변에서 난동을 일삼는 무리를 지칭하는 용어로 사용되고 있다. 또한 주로 라이벌 팬끼리 벌이는 조직적이고 집단적인 폭력의 행사를 '훌리거니즘'이라고 부른다.

㉢ 잉글랜드 훌리거니즘의 역사는 1880년대로 거슬러 올라간다. 프로축구의 초창기부터 소위 '더비 매치'라 불리는 지역 라이벌전에서 극성팬들의 소요사태가 빈번히 발생하였다. 하지만 당시에는 원정응원이 흔하지 않던 시절이었기 때문에 이들의 폭력은 주로 심판이나 원정팀 선수들을 공격하는 방식이었다.

㉣ 두 번의 세계대전으로 주춤했던 축구장의 폭력은 60년대 다시 쟁점으로 떠오른다. 팬들 간에 싸움이 빈번해지고, 정규적 싸움의 형태로 고착되었고, 특히 훌리건들이 원정경기를 떠나기 시작하면서 소위 펌(firm)이란 집단이 형성되었는데, 이는 훌리건 집단 조직화의 시작을 의미한다. 악명 높은 밀월의 부시훼커스, 아스널의 구너스, 첼시의 헤드헌터, 맨체스터 유나이티드의 레드아미, 웨스트햄의 인터 시티 펌 등 모두 60년대부터 본격적 활동을 시작했다.

㉤ 60~70년대 훌리건들은 스킨헤드족이나 짧은 스포츠머리 등 공격적인 외향을 지향하였다. 이 같은 외향적 특징은 경찰 단속의 빌미가 되었기 때문에 80년대부터 소위 캐주얼 패션이란 스타일 변화를 꾀한다. 라코스테, 버버리, 랄프로렌, 팀버랜드 등 값비싼 디자이너 브랜드의 옷을 착용하기 시작한 것이다. 좋은 옷을 빼입은 멀쑥한 청년들이 축구장에만 가면 폭도로 변하는 일이 반복되었다.

㉥ 경기장 폭력이 극에 달했던 1985년 대처 수상은 전시 내각을 구성하고 훌리건과의 전쟁을 선포하였으며 각종 규제를 강화하였다. 그러나 80년대 영국 내 가장 심각한 사회문제 가운데 하나였던 훌리거니즘은 결국 헤이젤과 힐스버로우 참사와 같은 비극적 결말을 초래한다.

㉦ 폭력을 일삼는 훌리건집단이 사회적 불만이 높은 도시 빈민지역 출신이거나 소외 계층이 많을 것이라 예상하기 쉽지만, 이들은 빈번한 원정경기, 심지어 국제경기까지 쫓아다닐 정도로 어느 정도 경제적 능력을 갖추었고 사회의 주변부라기보다 주류사회와 결합한 경우가 많다고 알려져 있다.

더비 경기(Derby Match)
영국의 도시 더비에서 유래하였으며, 원래 같은 지역 연고팀들 사이에만 더비 경기(로컬 더비, local derby)라는 표현을 사용했지만, '치열한 라이벌 관계'를 뜻하는 용어로 의미가 확장되면서 한 나라를 대표하는 팀들 사이의 관계를 가리키는 '내셔널 더비(national derby)'라는 용어도 생기게 되었다.

5. 폭력적 집합행동에 대한 이론적 이해

스포츠에서의 폭력적 집합행동에 관한 연구는 60~70년대 이후 축구 훌리거니즘을 중심으로 발전해 왔다.

(1) 마르크스주의적 접근

① 마르크스주의적 관점에서 볼 때, 자본가 계급(부르주아)은 생산수단을 소유하고 이를 통제함으로써 노동계급을 착취한다. 자본주의 체계 속에서 노동자들이 선택할 수 있는 저항의 방법은 노조를 결성하여 연대하는 것이다.

② 1870년대부터 영국에서는 노동자들을 중심으로 많은 축구클럽이 창설되었다. 각지에서 흩어져 살다 일자리를 위해 도시로 모여든 노동자들에게 축구는 연대와 결속을 위한 중요한 수단이었다. 철강, 철도, 항만, 석탄 등 다양한 영국 산업 발전의 토대였던 노동자들이 축구클럽을 창설하였다.

③ 마르크스주의 관점에서 훌리거니즘을 분석한 테일러(Taylor)는 초기부터 형성된 노동자들의 조합과 축구클럽이 긴밀하게 연결되어 있다고 보았다. 이 연결고리가 축구를 전통적 남성 노동계급의 스포츠로 만들었고, 축구클럽은 그들에게 '참여민주주의의 장'이었다(Giulianotti).

④ 그러나 시간이 지나면서 클럽 경영자들은 수익사업으로서 노동계급과 축구클럽 간의 깊은 관계를 해체하기 위해 부르주아 계급을 위한 시합을 장려했다. 클럽은 기존 노동계급을 유지하기보다 새로운 현대적 관중이나 여가문화의 소비자들을 만들기 위해 노력했다. 이러한 '부르주아화'는 축구경기의 '볼거리화', 선수의 '프로화', 유럽 클럽 간 경기의 증가 같은 '국제화' 현상을 초래했다(Giulianotti).

⑤ 본질적으로 노동계급의 스포츠였던 축구는 상업화되었고, 노동계급, 특히 경기에 정기적으로 모여들었던 뿌리 깊은 팬들을 소외시켰다.

⑥ 마르크스주의는 훌리거니즘을 축구의 상업화에 대한 저항으로 보았다. 축구 훌리거니즘은 전통적 노동계급의 정체성을 대변하던 축구클럽의 해체와 축구의 상업화에 대한 반발 작용이라는 것이다.

⑦ 오늘날 많은 축구클럽들이 지역을 벗어나 국제적 명성을 지닌 팀으로 발전하였다. Taylor의 주장은 과거의 폭력적 집합행동을 설명하는 데 있어서 주요한 논거를 증명하지만, 이미 글로벌 정체성이 확립되기 시작했던 1980년대 이후의 수많은 폭력 사태를 설명하는 데는 한계가 있다. 그러나 축구클럽이 특정 계급의 정체성을 대변한다는 시각은 오늘날 유럽 축구의 열기를 설명하는 데 여전히 의미가 있다.

(2) 결합태 사회학적 접근

① 레스터학파로 대변되는 엘리아스(Elias)의 결합태 사회학 관점에 따르면, 인간은 원초적으로 야만성과 폭력성을 지녔다. 그러나 문명화 이래 사람들의 생존을 위한 과업이 전문화되고 타인의 노력에 의존하게 되면서 사람들은 점차 사회적 상호의존의 네트워크에 연결되고, 서로 기능적으로 연계되며, 개인적 관계에서 사회적, 국가적 차원까지 이어지는 상호의존적 관계를 형성하게 되었다. Elias는 이러한 상호의존적 연결 관계를 '결합태(figuration)'라고 불렀다.

② 중세 이래 서구사회, 특히 영국과 프랑스는 문명화 과정 속에 있으며, 문명화는 장기간에 걸쳐 이루어진 상호의존적 발전(경제성장, 노동분화의 확대, 국가의 조세와 폭력에 대한 독점, 사회 민주화를 포함하는)으로 인해 개인이 폭력으로부터 즐거움을 획득하는 경향을 장기적으로 감소시켰고, 대신 국가권력이 폭력을 독점적으로 통제하게 되었다(Dunning).

③ 레스터학파는 문명화된 사회에서도 훌리거니즘과 같은 집합적 폭력 사태가 왜 일어나는 것일까라는 물음에 답하기 위해 '반문명화의 역주'(decivilizing spurts)라는 개념을 도입했다(Dunning). 이 개념은 문명화 과정이 항상 직선적이고 진보적인 것이 아니라 때때로 역행할 수 있다는 이론적 틀을 제공하고, 문명화 과정 중 특정 시기에 폭력성과 비문명적 행동이 다시 부각되는 현상을 설명하는 데 사용된다.

④ Elias와 Dunning은 문명화 과정이 사회적 상호의존과 규범화의 발전을 통해 폭력성이 줄어드는 경향이 있지만, 특정한 사회적, 정치적, 경제적 상황에서 이러한 문명화 경향이 역행할 수 있음을 지적한다. 즉, 전쟁, 경제 불황, 사회적 불안정 등의 상황에서 사회적 통제가 약화되고 개인과 집단의 폭력성이 증가하는 '반문명화의 역주'가 발생할 수 있다는 것이다.

⑤ 엘리아스와 더닝은 이러한 반문명화 현상이 스포츠, 특히 축구 훌리거니즘에서 나타날 수 있다고 설명한다. 문명화된 사회에서도 특정한 조건 하에서는 야만성과 폭력성이 재현될 수 있으며, 이는 축구 경기에서 폭력적인 행동으로 나타날 수 있다는 것이다. 이러한 분석은 훌리거니즘이 단순히 사회 하층민이나 노동계급의 문제로만 볼 수 없으며, 더 복잡한 사회문화적 요인과 결부되어 있음을 시사한다.

⑥ 훌리건 집단이 사회적 불만이 높은 도시 빈민지역 출신이거나 소외 계층이라는 이들의 주장은 설득력이 떨어진다. 많은 훌리건은 빈번한 원정 경기, 심지어 국제 경기까지 쫓아다닐 정도로 어느 정도 경제적 능력을 갖추고 있으며, 사회의 주변부라기보다는 주류사회와 결합한 중상류층도 상당수 있다.

⑦ 축구팬의 폭력을 단순히 하위계급의 거친 사회화 탓으로 돌리기에는 훨씬 더 복잡한 사회문화적 메커니즘이 결부되어 있다. 훌리거니즘은 단순한 폭력 행위가 아니라, 특정 집단의 정체성과 사회적 위치를 과시하고 강화하는 수단으로 작용한다. 이는 축구 경기장에서 발생하는 폭력 사건이 단순히 스포츠 열기에서 비롯된 것이 아니라, 더 깊은 사회적, 문화적 요인과 연결되어 있음을 시사한다.

(3) 현장연구적 접근

① 민족지적 현장연구들은 축구 훌리거니즘이 전통적인 무질서의 돌출이 아니라, 독특한 팬 하위문화의 사회적 기원과 주로 지역 라이벌 팬끼리 벌이는 조직적 집단적 폭력의 행사와 연관성이 있다고 주장한다. 상황을 악화시키는 몇 가지 요소들이 추가되어 훌리거니즘을 격하게 만든다.

② 1960~1970년대의 폭력 사태는 대부분 축구장을 벗어나지 않은 상태에서 발생하였다. 젊은 팬들은 라이벌 팀의 응원석이나 골문 뒤를 점유함으로써 자신들의 진용에 대한 특권을 얻으려 했다. 물건을 집어 던지는 일도 빈번했고, 자신들의 팀이 졌을 때는 정도가 더 심해졌다. 경찰 당국과 축구 관계기관에서는 축구장 주변에 펜스를 설치하고 팬들을 골문 뒤에 가두었으며, 홈팀과 방문 팀의 관중을 서로 다른 부분에 앉도록 배치했다(Hall). 골대 뒤편

에 모였던 훌리건들을 펜스로 격리시킨 조치는 원래의 의도와는 달리 구장 밖 폭력을 부추기고 구장 밖 훌리거니즘을 격렬하게 만드는 구실을 제공했다. 또한, 이 같은 조치는 훗날 경기장의 펜스 설치가 96명이 사망하고 170명이 부상을 당한 힐스버러 참사로 이어졌다.

③ 이러한 맥락에서 현장연구들은 훌리건들이 일반 서포터들과 어떻게 자신을 구별지으면서 점차 축구장을 벗어나게 되었는지를 설명한다(Giulianotti). 대표적인 현장 연구들은 훌리거니즘이 영국의 '갱문화(gang culture)'와 '남성성 과시'라는 폭력적 하위문화의 요소들과 밀접한 관련이 있다고 주장한다.

④ Giulianotti는 "Football : A Sociology of the Global Game"에서 훌리거니즘이 단순한 무질서가 아니라, 특정 팬 집단의 사회적 기원과 관련이 있으며, 이들이 조직적 집단 폭력을 행사하는 과정을 분석한다. 이러한 팬들은 자신들의 지위를 과시하기 위해 라이벌과의 충돌을 통해 남성성을 드러내고, 갱문화를 통해 폭력성을 강화한다고 설명한다. 훌리건들의 주요 목표는 라이벌과 마주쳤을 때 자신들의 지위를 과시하는 것이다.

⑤ 이들은 비공식적 네트워크를 형성하고 자발적으로 참여하며, 서로를 구속하지 않으면서도 축구를 통해 지속적인 우정을 나눈다. 훌리건의 가장 큰 목표는 라이벌을 만났을 때 자신들의 지위를 끌어올리는 것이다. 각 훌리건은 이 목표를 위해 상대방과 대치하고, 공격하며, 몰아내고, 추격한다.

⑥ 악조건에서도 상대와 당당히 맞서고 용감하게 싸운 훌리건은 다양한 특권적 지위를 획득하거나 존경을 받게되며, 반대로 상대에게 등을 보이고 도망친 훌리건은 굴욕의 대상으로 전락한다. 이들은 명예를 중시하며, 평범한 서포터들에 대한 공격은 비난과 조롱의 대상이 된다. 이처럼 훌리거니즘의 문화적 특성은 갱문화의 남성성 과시라는 특성을 보여준다.

6. 폭력적 집합행동 통제 전략

(1) 경기장에서 선수들 간 폭력이 발생하면 관중에게 손쉽게 전염된다(전염이론). 전쟁 용어를 동원한 미디어가 적대적인 라이벌 관계를 부추기는 것도 원인이 된다. 기존의 인종적, 계급적 대립은 언제나 폭력사태의 불안요소이다. 폭력적 집합행동은 어느 한 요인이 아닌 배경요인(문화적, 구조적)과 상황요인들이 복합적으로 얽히고설켜 일어난다(Spaaij & Anderson).

(2) 폭력적 집합행동에 대한 가장 중요한 통제 전략은 사전예방이다. 이를 위해 경기장 안팎의 군중의 규모, 군중의 나이, 성별, 계층, 인종 등 군중의 인구 구성비, 경기의 중요성, 관중의 팀에 대한 충성도, 경기결과에 대한 관중의 예상 등 다양한 요인에 대한 인식이 필요하다(Coakley). 또한 미디어 데이(media day)와 같은 시합 전 공개적인 자리를 빌려 선수들이 페어플레이와 상대에 대한 존중 의사를 밝히는 것도 도움이 된다.

(3) 폭력적 집합행동을 예방할 수 있는 가장 중요한 요인은 관중의 욕구와 권리를 알고 존중하는 것이다. 무분별한 공권력이 개입, 때로는 폭력적 진압이 군중행동을 심각한 폭동으로 바뀌는 원인이기 때문에 군중에 대한 존중, 그리고 전문적 교육이 선행되어야 한다. 90년대 영국의 축구장에서 경찰이 모습을 감추고 '스튜어드'를 투입한 것도 관중을 잠재적 범죄자로 취급하지 않겠다는 의미라고 할 수 있다.

(4) 폭력적 집합행동 예방을 위한 사례로써 90년대 영국 정부의 종합대책이었던 테일러 리포트(Taylor Report)는 여러 시사점을 준다. '테일러 리포트'의 6가지 핵심제안을 살펴보면 다음과 같다.

① 관중분리를 실시했다. 경기를 주관하는 측은 각각의 서포터스 구역을 명확히 분리하여 상대편 서포터스끼리 신체적 접촉을 할 수 없게 하였다. 원정팀 팬들을 경기장의 특정지역에만 머물도록 제한하여 홈팀 팬들과 분리한 것이다. 분리는 펜스나 빈 구역, 스튜어드(Steward) 등을 통해 이루어졌다.

② 경기장과 경기장 주변의 모든 관중을 CCTV를 통해 감시하기 시작했다. 카메라를 적재적소 배치하여 경찰과 스튜어드에게 정보를 제공하고 잠재적 폭력 사태에 대한 빠른 대처를 가능하게 하였다. CCTV 증거는 주요 감시대상 출입금지의 증거 혹은 소송에 활용되었다.

③ 축구장의 전 구역을 좌석화하였다. 92년 시작된 프리미어리그의 모든 구장은 좌석을 갖추었고, 전통적인 스탠딩 응원지역인 테라스는 이제 구시대 산물이 되었다.

④ 안전펜스를 해체하였다. 안전펜스는 과거 서포터들의 경기장 난입을 방지하기 위해 설치했으나 오히려 관중들이 안전펜스 쪽으로 몰리며 압사하는 등 안전상의 문제가 대두되었고, 힐스버러 참사는 이것이 추가적 위험요소가 될 수 있음을 명백히 보여주기 때문이다.

⑤ 정보의 공유 및 협조체제 구축이다. 경찰이 모든 잠재적 훌리건들에 대한 정보를 공유하기 시작하였다. 이는 영국뿐 아니라 유럽 및 전 세계 국가들과 협조 속에 이루어지기 시작했다. 주요 국제경기가 열리면 원정팀의 경찰은 원정지역 경기장에 동행하거나 현지 경찰에 협조를 요청하는 것이 일반적인 일이 되었다. 또한 잠재적 훌리건들에 대한 출국금지조치가 이루어졌다. 영국에서는 지난 유로 2004 때 2,200여 명, 2006 독일 월드컵 때는 3천여 명이 출국 금지 조치를 당했다.

⑥ 멤버십제를 도입하였다. 이를 통해 문제의 훌리건들은 멤버십 등록이 거부되어 경기장 출입이 제한되고, 원정경기에도 따라갈 수 없도록 만들었다.

15 운동 문화

1. 운동 문화

(1) 운동 문화의 개념

① 운동 문화

신체나 운동의 문제를 해결하기 위하여 인간에 의하여 연구되고, 고안되고, 선택된 운동을 내용으로 하고, 그것을 위한 물적 용구, 그것에 관한 사상, 이론, 기술, 방법 등을 가리킨다.

② 운동 문화의 구조

㉠ **운동에 관한 관념의 체계**: 운동 문화의 존재와 가치를 정당화하는 사회적 통념과 인식을 말한다.

예 운동에 관한 사상, 가치, 이념, 아마추어리즘 및 체조의 사상 등

㉡ 운동에 관한 행동 양식의 체계

ⓐ **규범 체계**: 운동을 할 때 수반되는 제반 법칙, 관습적·도덕적 룰

예 경기 규칙, 아마추어 정신, 스포츠맨십, 페어플레이 정신, 매너 등

ⓑ **기술 체계**: 각 운동이 가지고 있는 특유의 운동 기술, 방법, 전술 등

예 축구의 발리슛, 농구의 덩크슛, 레이업 슛, 지역 방어, 수영의 접영 방법, 다이빙 기술, 배드민턴의 헤어핀 기술 동작 등

㉢ **운동에 관한 물적 사물의 체계**: 운동에 수반되는 각종 운동 시설, 용기구, 용품 등

예 수영장, 축구장, 골포스트, 라켓, 탁구공, 축구화, 운동 교재, 운동복, 경기복, 경기 용어 등

(2) 운동 문화의 기능

① 개인에 대한 기능

㉠ 신체의 성장 및 발달의 촉진

㉡ 새로운 경험에의 욕구를 충족하는 기능

㉢ 운동 본능의 욕구를 충족하는 기능

㉣ 창조적 표현에서의 욕구를 충족하는 기능

㉤ 경쟁의 즐거움을 충족하는 기능

㉥ 인간 관계의 확대 및 사교 수단으로서의 기능

㉦ 심신의 스트레스 해소 및 재충전의 기능

② 사회에 대한 기능

㉠ **사회화 기능**: 사회 생활에 필요한 행동의 규율과 양식을 배우는 기회를 제공하는 것이 운동문화이다. 운동 문화는 신체를 발달시키고 자아 인식과 가치관을 형성하고, 경쟁의 규범이나 윤리를 경쟁 사회 전반의 행동에 적용할 수 있는 개인의 사회화에 중요한 기능을 갖고 있다.

ⓛ 경제적 기능: 경제적 여건의 향상에 따라 운동 문화의 경제적 비중도 상승한다. 경제적 향상에 따라 여가의 증대를 가져오고 여가의 증대는 스포츠 시설의 증대를 가져옴으로써 운동 문화의 경제적 비중이 점차 증가하게 된다.

ⓒ 정치적 기능: 운동 문화는 분산되어 있는 일반 대중에 대하여 정치적 통합을 가져올 수 있다. 국제 경기나 올림픽 등에서 국위 선양을 위해 지나친 경쟁을 하는 역기능도 있지만 평등의 원칙 아래 공통 목표를 위해 서로 노력하고 서로 이해하며 국제 친선 및 세계 평화에 이바지하는 순기능도 있다.

2. 운동 문화의 영역

(1) 체조

① 과학적인 근거가 강하고 의학적인 입장으로부터 고안된 것이 체조이며, 자연적・본능적인 것으로부터 고안된 것이 스포츠로 발전된 것이다.

② 고대 그리스 초기의 체조는 신체 훈련이나 체육의 내용으로서의 각종 운동을 총칭하는 말이었으나, 후기에는 신체를 보다 높은 상태로 유지하기 위하여 연구된 운동이나 보건 혹은 의료를 위한 운동을 의미하는 것으로 변하였다.

③ 현대 체조의 직접적인 원천
독일 체조의 얀, 덴마크의 나흐테갈, 스웨덴의 링 등이다.

④ 오늘날의 체조

㉠ 부크(Bukh), 메젠디크(Messendick): 신체에 대한 과학에 기초를 두고, 그 합리성을 점차 발전시켜 심리학적 요소를 도입하면서, 유연하고 역동적이고 개성적인 체조를 만들었다.

ⓛ 보데(Bode)의 표현 체조, 달구르스(Dalcroze)의 리듬 체조: 인위적이고 합리적인 운동을 거부하고 자연적인 신체 자체의 생명력을 개발하는 데 체조의 의미를 인정하고 생명의 리듬을 움직임으로 표현했다.

(2) 무용

① 운동 문화와 예술 문화의 두 가지 성격을 갖고 있다.

② 시간적 공간적 예술로서 신체의 율동에 의하여 이루어진다는 의미에서 볼 때 원초적이고 종합적인 '예술의 어머니'라고 불리고 있다.

(3) 스포츠

① 까이오와(Caillois)의 플레이론
플레이의 원동력이 되는 충동이나 원망의 종류에 따라 네 가지 범주로 나눈다.

㉠ 아곤(Agon, 경쟁놀이)

ⓐ 그 분야에서 자신이 최고라는 것을 인정받고 싶은 욕구가 놀이의 원동력

ⓑ 경쟁자는 승패의 결정에 명확한 이상적 조건하에서 대항하게 된다.

ⓒ 경쟁의 대상이 되는 것은 스피드, 힘, 인내력, 기술, 기교 등이며 이 아곤의 정의가 곧 스포츠의 정의라 할 수 있다.

예 대부분의 운동

㉡ 아레아(Alea, 우연놀이)

ⓐ 우연적 운에 의존한 놀이가 원동력

ⓑ 경쟁의 대상은 확률로 나타나는 내기 등이 된다.

ⓒ 아곤과 정반대의 의미를 갖는다.

예 윷놀이, 주사위 놀이, 경마, 빙고, 카드놀이, 경륜, 슬롯머신 등

㉢ 미미크리(Mimicry, 역할놀이)

ⓐ 각종 모방 놀이나 연극과 같이 자기의 인격을 일시적으로 잃어버리고 위장하여 다른 인격으로 분장하는 것이다.

ⓑ 허구의 세계에서 노는 것이다.

예 탈춤, 병원놀이, 가면극, 모창, 가장행렬, 연극, 성대모사, 병정놀이, 서바이벌 게임 등

㉣ 이링크스(Ilinx, 몰입놀이)

ⓐ 어지러움을 추구하는 여러 가지 놀이를 기초로 한다.

ⓑ 일시적으로 지각의 안정을 파괴하고 명철한 의식을 기분 좋은 공포 상태에 도달하는 것이다.

예 스키, 등산, 회전목마, 스케이팅, 그네뛰기, 널뛰기, 카레이싱, 급류타기, 번지점프 등

놀이의 특성(Huizinga)

- Huizinga는 놀이가 인간 활동의 본질이라는 점을 '호모 루덴스(Homo Ludens)'로 정의하고 있다. 그는 인간을 놀이하는 존재로 규정하고, 인간에게 있어 놀이가 '호모 사피엔스(Homo Sapiens : 생각하는 인간)', '호모 파베르(Homo Faber : 만드는 인간)'와 더불어 제3의 기능이라고 말한다.
- 기존의 관점에 따르면 놀이는 문화의 한 요소에 지나지 않았으나, Huizinga는 이를 뒤집어 문화 자체가 놀이의 성격을 띠고 있으며, 문화를 만드는 근원이라고 보았다.
- Huizinga는 놀이의 본질을 6가지로 제시한다.
  ① **자유로운 활동** : 놀이는 강제되는 순간 그 본질을 상실한다.
  ② **분리된 활동** : 일정한 시간과 공간 내에 한정된다.
  ③ **불확정적인 활동** : 과정과 결과를 알지 못한다.
  ④ **비생산적인 활동** : 어떤 종류의 재화나 이익도 발생하지 않는다.
  ⑤ **규칙이 있는 활동** : 놀이에서만 통용되는 약속이 따른다.
  ⑥ **허구적 활동** : 현실생활과 다른 제2의 현실이다.

② 매킨토시(Mcintosh)의 스포츠론

스포츠의 본질은 자기나 상대, 그리고 물적 환경에 도전하여 자기의 탁월성을 구하는 노력의 즐거움을 추구하는 것으로, 까이오와의 아곤의 개념보다 넓은 것이다.

㉠ 경기 스포츠(skill sports) : 운동 기능의 탁월성을 이용하여 자신의 우월성을 입증하는 육상 경기 및 각종 구기 활동

㉡ 투쟁 스포츠(combat sports) : 상대방과 직접, 간접적인 투쟁을 통하여 자신의 우월성을 입증하려는 복싱, 레슬링, 유도, 검도 등의 활동

㉢ 극복 스포츠(conquest sports) : 환경이나 주어진 상황에 극복하려고 노력하는 등산, 수영, 하이킹 등의 활동

㉣ 율동적 무용 체조(eurhythmics) : 신체 활동을 통하여 인간의 이념이나 감정을 표출하고 전달하려는 무용, 리듬체조 등의 활동

③ 놀이, 게임, 스포츠의 특성 비교

놀이	게임	스포츠
1. 허구성 2. 비생산성	1. 허구성 2. 비생산성	1. 허구성 2. 비생산성
3. 자유성 4. 쾌락성	3. 분리성 4. 미확정성 5. 규칙성 6. 경쟁성	3. 분리성 4. 미확정성 5. 규칙성 6. 경쟁성
		7. 제도성 8. 신체 활동성

3. 스포츠와 가치관

(1) 문화적 가치관

① 사회 통합적 가치관

스포츠가 다양한 민족적, 종교적, 인종적, 사회적, 정치적 국민으로 구성된 국가의 사회적 융화 및 사회적 통합을 성취하는 데 기여하는 중요한 수단임을 의미

② 사회 통제적 가치관

스포츠가 국민의 관심, 활동, 여가 선용 등을 국가가 의도하는 목적대로 계획적으로 노선화하는 데 기여하는 경우를 의미

(2) 스포츠의 사회적 가치관

① 인격 형성

성실, 책임감, 건전성, 성숙, 정직성과 같은 긍정적이고 바람직한 인격 특성의 형성을 의미한다.

② 규율성

스포츠 참여는 경쟁 상황에서 규칙 준수 및 심판에 대한 복종 등을 강조함으로써 자기 훈련이나 사회 통제에 도움이 된다.

③ 경쟁

스포츠 참여는 인생의 경쟁력 본질에 대한 준비를 하게 해준다.

④ 체력

스포츠 참여는 근육을 견고하게 하며, 건강한 신체를 만들어줄 뿐만 아니라 심장 혈관 계통에 적극적인 변화를 주고 혈액속의 콜레스테롤과 트리글리세라이드를 감소시키며 칼로리의 소비를 통해 체중을 감소시키고 혈압을 내려준다.

⑤ 정신력

건전하고 적극적인 스포츠 활동의 참여는 건강한 신체 발달뿐만 아니라 정신적 싸움에 대비할 수 있는 마음의 준비를 시켜준다.

⑥ 종교성

스포츠는 경기 전 종교 행사를 통해 전통적인 종교 신념을 굳건히 한다.

⑦ 국민 정신

스포츠는 국가 간 경기를 통하여 민족 중심주의의 한 형태인 애국심을 고취시킨다.

(3) 스포츠의 체육 교육적 가치관

① Play로서 스포츠를 학습한다는 것은 스포츠의 장이 바로 사회의 축소로 생각할 수 있고 Rule은 사회의 법에 해당한다. Player는 그 속에서 자유와 노력을 자기 스스로의 책임으로 발전시키는 것을 배우는 것이다.

② 경기규칙은 법률이고, 페어플레이나 스포츠맨십은 도덕적 규범이다. 사회가 법으로만 유지되는 것보다는 도덕적 규범에 의하여 질서를 지킬 수 있다는 것이 바람직한 것과 같이 스포츠에 있어서도 경기규칙보다 페어플레이나 스포츠맨십, 매너나 에티켓이 중요하다.

③ 자유를 질서 속에서 구하는 것이 체육에 있어서의 스포츠의 가장 중요한 일이다. 이 질서는 자기의 안전을 위하여 자기 스스로가 자기에게 과하는 규칙이다.

여가(leisure)와 레크리에이션(recreation)

- 여가의 어원으로 보는 그리스의 스콜레(scole 또는 skole)라는 단어는 '자기계발'이라는 뜻으로 훗날 school이나 scola의 개념과 연관되며, 로마의 오티움(otium)은 '아무것도 하지 않는 것(doing nothing)'을 의미한다. 전자는 자기계발을 위한 적극적인 활동상태를 뜻하는 데 비하여, 후자는 소극적인 무위활동을 뜻한다.
- 여가의 기능에 관한 이론들 중에서 가장 지배적인 이론으로 평가받는 것이 여가의 3요소론(tripartite throry of leisure)이다. 듀마즈디에(Dumazedier)는 여가는 '휴식기능', '기분전환기능', '자기계발기능'으로 구성되어 있다고 보았으며, 이들의 기능을 발휘하기 위해 개인이 각자 자기의 취향에 따라 행하는 활동의 총체라 하였다.
- 레크리에이션이라는 용어는 14세기 후반에 영어에서 처음으로 "병든 사람의 재충전 또는 치료"라는 의미로 처음 사용된 것으로, 라틴어(re : 다시, creare : 만들다, 낳다)에서 기원한다. 레크리에이션은 한 사람의 몸과 마음의 기분을 상쾌하게 하는 방식으로 시간을 사용하는 것(피로를 풀고 정신적 · 육체적으로 새로운 힘을 북돋우기 위해 개인 또는 집단으로 여가를 즐기는 일)을 말한다.

16 현대 사회에서의 체육 및 스포츠세계화

1. 현대 체육 활동의 경향

(1) 체육의 생활화

현대 사회에서 체육 활동은 일상생활의 일부로 자연스럽고 즐겁게 행하고 있다.

(2) 체육의 전문화

체육 활동을 하는 인구가 많아지고 체육의 시설과 기구의 소비가 증가하면서 전문가의 필요성이 높아지고 있다.

(3) 체육의 국제화

국가 간에 각종 스포츠의 친선 경기와 정기적인 국제 스포츠 대회가 증가되고 있다. 또한 국제 경기는 국위 선양과 민간 외교의 역할도 수행하고 있다.

(4) 체육의 양극화

여가 활동 수단과 생계 수단 활동, 참여 스포츠와 관람 스포츠로 양극화되고 있다.

(5) 체육의 정보화

상대편의 기능과 전략 등에 대한 정보 싸움이 증가되고 있다.

(6) 체육의 상업화

체육 활동이 자본 증식의 수단으로 이용되고 있다.

(7) 체육의 과학화

경기력 향상을 위한 생리학적, 심리학적, 역학적 가속화와 경쟁에서의 기술의 역할이 강조되고 있다.

2. 현대 체육 활동의 역할

(1) 건강과 체력의 증진

즐거운 체육 활동을 생활화하면 몸과 마음을 건강하게 하며, 강한 체력을 유지하게 한다.

(2) 여가의 선용

건강을 증진하고 활력 있는 생활을 촉진시켜 주는 체육 활동은 여가를 선용하게 한다.

(3) 지역과 이웃 간의 대화 증진과 연대감 형성

체육 활동은 이웃과 원만한 인간관계를 유지할 수 있도록 하고, 활기찬 지역 사회의 기풍과 연대감을 형성시켜 준다.

(4) 정서의 안정

체육 활동은 정서를 안정시키고 생활에 즐거움과 활력을 불어 넣어 준다.

3. 현대 생활과 생활 체육

(1) 생활 체육의 정의

유아에서부터 노년에 이르기까지 전 생애를 통하여 자발적으로 참여하고 실천할 수 있는 신체 활동을 생활 체육이라 한다.

(2) 생활 체육의 방법

① 즐거운 마음으로 한다.

② 무리하지 않는다.

③ 승부에 집착하지 않는다.

(3) 생활 체육의 선택 방법

① 자신의 체력에 알맞은 운동을 선택한다.

② 자신이 흥미를 느끼는 운동을 선택한다.

③ 계절에 따른 운동을 실시한다.

④ 주변 시설에 적합한 행동을 한다.

(4) 생활 체육의 형태

① 유아 체육

운동 기능의 발달보다 신체의 형태적인 발달에 초점을 모은다.

② 아동 체육

기초 체력 및 기본 운동 능력을 우선적으로 길러야 한다. 운동 능력이 급속히 발달하는 시기로 성인에 비해 체력과 통제력이 부족하지만 일단 흥미와 관심을 가지면 어떤 운동 기술도 습득할 수 있으며 대부분의 성인 운동도 가능하다.

③ 청소년 체육

기초 체력과 건강 체력, 일반 운동 기능과 더 나아가 전문적인 운동 기능을 체계적으로 발달시켜야 한다.

④ 성인 체육

신체적, 정신적 긴장을 해소하고, 원만한 인간관계를 맺게 하여 즐거운 삶을 누릴 수 있는 활력소로서의 역할을 담당해야 한다.

⑤ 노인 체육

노화를 방지하기 위하여 단백질, 비타민, 무기질 등 영양소를 고루 섭취해야 하며 건강상태와 체력 정도에 따라 적절한 운동을 실시해야 한다.

⑥ 장애인 체육

체육 활동의 참여를 통하여 건강한 사람이란 것을 인식하고 적극적인 사회생활을 할 수 있도록 신체적, 정신적, 사회적 재활의 입장에서 권장되고 실시되어야 한다.

4. 스포츠세계화

(1) 스포츠세계화의 원인(추동 요인)

세계화는 다층적인 힘에 의해 만들어지고 있으며, 그 속에서의 삶 역시 하나의 관점에서 평가할 수 없을 만큼 복잡다단하다. 제국주의, 종교의 전파, 민족주의가 스포츠세계화 초기의 주된 추동 요인이었다면, 테크놀로지의 발달과 가치관의 변화는 최근의 스포츠세계화 추동 요인이라 하겠다.

① 제국주의

㉠ 근대 이후 영국을 비롯한 서구 열강들이 식민지를 건설하였다. 그리고 식민지 대상 국가의 국민들을 동화시키기 위한 목적과 도구로 스포츠를 사용하게 된다. 결국, 제국주의(imperialism)는 근대 스포츠가 특정 지역과 국가를 넘어서 다른 국가로 전파될 수 있었던 중요한 매개체가 되었다.

㉡ 영국의 스포츠로 불리는 크리켓과 럭비가 대부분 영국의 식민지였던 영국연방국가에서 인기가 있다. 또한, 영국연방국가의 올림픽으로 불리는 '커먼 웰스 게임'(Commonwealth Game)도 제국주의를 통해 영국연방국가의 통합에 기여한 측면이 있다(Dawson).

㉢ 스포츠를 통한 동화정책은 문화적 수단을 활용하여 체제의 지배를 정당화하고 강압보다 동의를 획득하는 방식으로 이루어졌다. 이러한 측면에서 제국주의 시대 스포츠의 전파를 '문화적 헤게모니'라는 개념으로 설명할 수 있다.

② 종교의 전파

㉠ 스포츠는 19세기 강건한 기독교 사상으로 인해 전 세계에 전파되었다. 19세기 기독교 선교사들은 기독교 교리를 전파하기 위해 스포츠를 적극적으로 활용하였다. 기독교 사상 속에 내재된 스포츠 정신(협동, 희생, 건강, 페어플레이) 등을 강조하기 위함이었다.

㉡ 특히, 강건한 기독교 사상(Muscular Christianity)의 영향을 받은 YMCA는 전 세계에 스포츠 보급에 결정적 기여를 하였다. 대한민국 역시 스포츠가 본격적으로 들어올 수 있었던 매개체는 선교사를 통한 전파에 있었다.

㉢ 1903년 '황성기독교 청년회'로 출발한 조선 YMCA는 조선에 근대의 문물인 농구, 야구, 배구 등을 소개하였다. 또한 최초의 종합 실내체육관을 건립하였고, 스포츠의 보급 및 저변확대를 위해 전국 규모의 대회를 매년 개최하였다.

③ 민족주의

㉠ 민족주의(nationalism)는 스포츠세계화 현상을 가장 가속화시킨 주요한 원인 중 하나이다. 스포츠는 공식적으로 국가 간의 경쟁이 허용된 영역으로 이를 통해 국가의 정체성을 확립하는 한편, 국가주의적 공동체를 대외적으로 알릴 수 있는 공식적인 기회의 의미를 갖는다.

㉡ 민족주의는 국가 이름을 대표하여 출전하는 국제 경기에서 민족의 정체성을 확인하는 과정을 의미하고, 민족 형성의 결정적 요인으로 작용한다.

㉢ 올림픽을 비롯한 국제 스포츠 대회에서 대한민국 선수의 선전은 대한민국 국민의 사기에 많은 영향력을 미친다. 민족주의를 바탕으로 국제 스포츠 대회의 전 세계적인 인기를 끌 수 있었다.

④ **테크놀로지의 발달**

㉠ '제국주의'가 스포츠세계화 현상을 일으키고, '민족주의'와 '종교의 전파'가 스포츠세계화를 가속화시켰다면, '테크놀로지의 발달'은 스포츠세계화를 지속화시킬 수 있는 결정적 역할을 하고 있다.

㉡ 교통, 통신, 미디어의 발달로 전 세계로 스포츠를 빠르게 유통시키고, 시·공간의 개념을 허물고 스포츠를 접할 수 있는 환경을 만들었다.

㉢ 미디어의 발달로 전 세계 어디서든 스포츠 중계를 볼 수 있고, 교통의 발달로 선수와 관중의 이동이 매우 유용해졌다.

(2) 스포츠세계화와 신자유주의

① 신자유주의(Neo-liberalism)는 2차대전 이후 시장의 국가 개입과 복지국가에 대한 열망으로 존재해 온 케인즈주의가 1970년대 스태그플레이션의 등장과 함께 생긴 체제로 국제적 자본주의를 고전적 자유주의의 이상의 형태로 재조직하려는 프로젝트로 정의된다(Harvey).

② 신자유주의는 단순히 경제적 측면 뿐 아니라, 스포츠, 예술을 포함하는 사회, 문화적 측면까지 침투하게 되었다.

㉠ 해외 축구리그 중 최고로 손꼽히는 영국의 프리미어리그(EPL : English Premier League)는 신자유주의 세계화 물결에 휩쓸려 전 세계 부자들의 자본이 모이는 곳이 되었다. 2003년 러시아 부호로만 아브라모비치가 첼시를 인수한 것을 시작으로, 2005년엔 미국 재벌가 글레이저 가문이 맨유를 인수하였고, 2008년 셰이크 만수르가 맨체스터 시티를 인수하면서 세계 부자들의 EPL팀 인수는 하나의 트렌드가 되어버렸다. 이유는 무엇일까? 간단하다. 자본의 논리이다. EPL의 천문학적인 중계권료는 표면적인 이유이며, 그 뒤에 숨은 자본의 논리에 전 세계 부자들이 베팅하는 격이다. 이제 자본의 힘을 빌리지 않고서는 팀 순위가 상위권에 포진하기는 매우 힘들다는 표현에 많은 의미가 함축되어 있다.

㉡ 국내로 시선을 돌려보자. 대한민국은 1992년 김영삼 정권이 출범한 이후, 신자유주의의 전개가 시작된다. 대한민국은 WTO체계 수립, OECD 가입, IMF를 통한 경제위기 극복, FTA체결 등의 이슈를 낳으면서 금융 세계화의 흐름을 통해 성장했지만, 이로 인해 나타나는 사회적 갈등과 대중 삶의 질 하락의 위기에 봉착한다. 특히, 신자유주의 시대에는 자본주의의 사회적 관계가 핵심주체로 성장하게 되고, 이는 매스미디어의 폭발적 성장에 기여하였으며, 스포츠의 시장의 변화도 이끌게 된다. 모기업에 전적으로 의존하면

서 발전한 프로 스포츠는 자본의 논리, 즉 신자유주의 시대에 꽃을 피우게 된다. 하지만 IMF 사태를 겪으면서 많은 팀이 해체되면서 선수 실업자를 양산하는 등 고난의 길도 겪게 되었다. 하지만 반대의 논리에서 보자. 최근, 스포츠 스타를 내세운 광고, 예능 프로그램이 대중의 관심을 받고 있으며, 국내 프로 팀은 열악한 상황에서도 다양한 마케팅을 통해 자본의 흐름을 쫓아가고 있다. 이러한 현상 역시 자본의 논리에 의한 과정을 나타내고 있으며, 신자유주의 시대에 스포츠가 발전할 수 있는 근거를 만들어가는 것으로 해석해 볼 수 있다.

브론 드레인(Brawn Drain)

- 두뇌 유출(Brain Drain)에서 유래한 용어로 이는 고급 두뇌인력들이 국외로 유출되는 현상을 일컫는다. Bale은 브론 드레인을 저개발 국가의 재능 있는 선수가 경제적 강국의 대학이나 프로팀에 의해 빼돌려지는 과정이라고 하였다. 여기서 Brawn은 육체노동자 즉, 운동선수이고, Drain은 하수구에 물이 빠져나가는 것인데, 선수들이 하수구에 물 빠져 나가듯 해외로 유출된다는 의미이다.
- 유럽축구의 유명 구단들은 아프리카에 현지 캠프를 차리거나 스카우터를 파견하는 방식으로 일찌감치 어린 소년들을 찾아 나서는데, 이들 중 우수 선수를 발굴하는 것이 나중에 값비싼 스타 선수를 영입하는 것보다 훨씬 저비용고효율의 방법이기 때문이다. 이는 가난한 소년들에게 돈을 벌 수 있는 기회를 제공하지만 성공하는 경우는 극소수에 불과하며, 성장기에 누려야할 다양한 권리들을 박탈한다는 우려와 장기적으로 유망주들이 모두 빠져나가 자국리그를 황폐화시킨다는 의미에서 부정적으로 사용되는 경우가 많다.

(3) 스포츠세계화와 문화제국주의

① 스포츠의 세계화에 대해 많은 학자들은 기존의 사회 단위인 민족국가의 경계를 초월하고, 궁극적으로 동질화된 전 지구적인 스포츠가 나타났다고 말한다.

② 맥과이어는 스포츠세계화를 다양성(heterogeneity)과 단일화(homogeneity) 측면에서 볼 필요가 있음을 주장한다.

③ 단일화의 입장에서는 문화제국주의 측면에서 표현한다. 특히, 문화제국주의 입장에서 스포츠세계화를 바라보는 학자들은 스포츠 '미국화'(Americanization)란 용어로 설명하거나(Jackson, Maguire, Mckay & Miller), 문화제국주의 측면이나 문화적 종속현상(Guttmann) 등으로 설명한다.

④ 오늘날 문화제국주의나 문화적 헤게모니를 표현하는 용어는 미국화(Americanization)나 맥도날드화(mcdonaldization), 코카콜라 제국화(cocacolonization) 등이 많이 사용된다. 예를 들어, '전 사회의 맥도날드화'라는 관점을 제시한다. 전 세계 모든 사람이 맥도날드 햄버거와 코카콜라를 마시는 획일화, 동질화가 진정한 세계화로 볼 수 있을까? 아님, 세계화는 전 세계가 '미국화'되고 있는 것으로 해석해야 하는가?에 대한 논쟁이 있다. 결국, 미국화가 단순히 미국문화의 세계적 전파와 지배를 의미하고, 맥도날드화가 미국 패스트푸드 식습관의 세계적 지배를 의미하지는 않는다(Ritzer).

⑤ 당연히 미국도 문화생산국이자 문화수입국이다. 즉, 문화적 지배가 결코 일방향으로 이루어질 만큼 지구촌의 문화가 단순하지 않다는 이야기다. 이 같은 용어가 의미하는 것은 다국적 기업과 자본에 의해 주도되는 전 지구적 문화 지배 현상이다.

(4) 스포츠세계화와 노동이주현상

① 타국의 노동자가 한국에 와 일을 하거나 한국인이 타국으로 넘어가 자신의 노동력을 파는 행위는 오늘날 일상이 되었다. 세계화 현상이 가속되면서 자본의 자유로운 이동 뿐 아니라 노동력 역시 자유롭게 이동할 수 있는 시대가 온 것이다. 국가, 기업이 세계화를 주도하던 시대가 지나가고 개인이 세계화에 중요한 주체로 등장하면서 국제노동이주 현상으로 나타나고 있고, 다양한 사회적 변화를 가속시키고 있다(Sassen, Ehrenreich, & Hochschild).

② 스포츠계도 예외는 아니다. 이러한 스포츠 분야의 노동이주현상은 크게 2가지로 나누어 볼 수 있다.

㉠ 국내 선수의 해외 진출과 국외 선수의 국내 영입이다. 주지하다시피, 차범근 선수의 독일 분데스리가 진출, 박찬호 선수의 미국 메이저리그(MLB : major league baseball) 진출, 박지성 선수의 영국 프리미어리그(EPL : english premier league) 진출은 국내 선수들의 해외 진출을 활성화시키는 계기가 되었다. 반대로, 국내 프로스포츠 팀은 프로스포츠 시장의 글로벌화라는 시대적 흐름에 따라 해외 선수들을 영입하여 용병제를 운영하고 있다. 국내 프로스포츠의 용병제에 대해 국내 선수들의 경쟁력 약화, 용병에 의존하는 팀 운영 등의 부정적 견해도 있다. 하지만 신자유주의 시대에서 수익 차원에서의 마케팅 활성화가 필요하다는 견해도 존재한다.

㉡ 국내 선수의 국외로의 귀화와 국외 선수의 국내로의 귀화이다. 스포츠 선수의 국적 이동은 1990년대 일본 축구 국가대표팀에 브라질 국적의 선수 귀화를 통해 국제적 관심이 모이면서 시작되었다. 2006년 토리노 동계 올림픽 3관왕의 안현수 선수가 2011년 한국 국적을 포기하고 러시아 국적을 취득한 이후 빅토르 안은 2014년 소치 동계 올림픽에서 러시아에 3개의 금메달을 안겼다. 또한, 2021년 평창 동계 올림픽 쇼트트랙 종목에서 활약했던 임효준이 중국으로 귀화를 결정한 바 있다. 이와 반대로 국외 국적의 선수가 대한민국으로 귀화한 경우도 있다. 특히, 평창 올림픽 준비 당시 루지, 바이애슬론, 아이스하키 등 한국이 취약한 종목을 중심으로 많은 귀화선수가 태극마크를 단 바 있다. 이 밖에도 농구의 이승준 선수와 배구의 후인정 선수 등도 귀화 후 대한민국 국가대표로 활약하였다. 이와 같은 국외 선수의 귀화는 많은 논쟁이 있으며, 한국 사회의 강한 민족주의가 그 중심에 있다.

스포츠 노동이주의 유형(Magee & Sugden)	
개척자 (pioneers)	• 금전적인 보상이 최고의 가치가 아님 • 이주 국가와 친밀한 관계 형성
용병 (mercenaries)	• 경제적 보상이 최고의 이주 결정 요인임 • 더 나은 경제적 보상을 위해 다시 이주할 수 있음
유목민 (nomads)	• 종목의 특성으로 인해 국가 간 이동 발생 • 개인의 취향에 의해 선택하는 경우도 흔히 발생
정착민 (settlers)	• 경제적 보상 외에 다른 요인에 의해 정착 • 보다 나은 사회적 환경이나 교육 환경에서 거주
귀향민 (returnees)	• 해외로 이주하였다가 국내로 다시 귀향 • 해외경험을 바탕으로 자국으로 복귀

(5) **스포츠세계화**(Globalization)**와 스포츠세방화**(Glocalization)

① 스포츠는 지난 100여 년간 세계화가 가장 활발히 신설한 분야 가운데 하나일 것이다. 뉴스코퍼레이션 회장인 루퍼트 머독은 이러한 스포츠세계화 현상에 있어서 큰 역할을 한 사람 중 하나이다. 그는 스포츠의 무한한 상품 가치를 발견하고 스포츠 중계권을 소유하고 독점하기 시작했다. 이미 뉴스코퍼레이션의 말뚝이 박히지 않은 곳이 없을 정도로 그 영향력은 엄청나다.

② 스포츠세계화의 아이콘이었던 마이클 조던은 인간이기 전에 최고의 부가가치를 가진 상품이었다. '나이키=조던'이라는 공식으로 얼마나 많은 사람들이 나이키 신발을 구입했는가? 클린턴 대통령은 조던이 대통령 자신보다 더 많은 일자리를 창출할 수 있는 인물이라고 공식 석상에서 말한 바 있을 정도이다.

③ 스포츠세계화에 있어서 마이클 조던은 'Globalization' 마케팅 상품이라면, 박찬호는 'Glocalization' 마케팅 상품이라고 할 수 있다.

④ 박찬호 선수의 MLB진출은 한국인의 자부심이자 기쁨이었다. 대한민국 국민들은 박찬호 선수가 LA 다저스에 입단하였을 때부터 MLB에 대한 관심을 높여왔으며, 관련 상품에 대한 매출이 급증하였다. 대한민국 국민이 언제부터 미국 프로야구 경기를 보고 MLB 모자를 쓰기 시작했던가? 대한민국 출신 MLB 스타라는 상품으로 민족주의를 국민들에게 심어주었고, 그 결과 많은 대한민국 국민들을 메이저리그 팬으로 변화해 갔다. 결국, 메이저리그 구단의 대한민국 선수 영입은 한국 시장을 점령하기 위한 마케팅 전략의 하나 즉 스포츠세방화의 의미로 해석해 볼 수 있다.

⑤ Andrews와 Ritzer는 세계화와 세방화의 개념에 대해 다음과 같이 비교하였다.

㉠ '세계화'는 다양한 지역에서 특이한 결과물을 창출하고, 세계와 지역의 균형적인 상호교류를 추구하는 이상적인 개념이다.

㉡ '세방화'는 국가와 기업, 조직 등이 제국주의적 야망을 바탕으로 전 세계에 걸쳐 자신들의 힘(power)과 영향력(influence), 그리고 수익을 추구한다는 현실적인 개념이다.

⑥ 물론 두 가지 개념 중 어느 하나가 옳다고 할 수는 없다. 일례로 맥도날드가 독특한 캐치프레이즈(Catchphrase)를 통해 전 세계 모든 사람에게 이미지를 각인시켜 세계화를 이루고 있다. 하지만 다른 한편으로 햄버거의 패티는 각 나라의 문화와 기호에 맞추어 개발한다. 국내에서 선보인 불고기 버거는 인도에서 팔지 않고 양고기와 닭고기를 사용한 버거를 판매하는 형태이다. 이러한 전략은 전형적인 세방화의 전략이라고 볼 수 있다. 이렇듯 세계화와 세방화의 개념에 비추어 볼 때, 스포츠세계화의 바람직한 모습은 사회 속에서 두 가지의 개념이 조화가 이룰 때일 것이다.

⑦ 스포츠세계화는 세계시장경제 논리와 함께 급속도로 진행되고 있다. 올림픽과 월드컵과 같은 세계적인 축제가 고부가가치 상품이 될 수 있다는 것을 발견한 많은 기업들이 고군분투하며 시장을 개척해 나가고 있다. 단순히 보고 즐기는 스포츠가 아니라 세계의 이목과 관심을 주목시키는 최고의 상품으로 자리 잡았다. 국제올림픽위원회(IOC)도 일찍이 LA올림픽 이후 TOP(The Olympic Partner Program)를 설립하여 이 움직임에 동참하고 있다. 초국적 기업들은 스포츠가 전 세계의 주목을 받기를 환영하고 있다.

⑧ 이렇듯 국경 없는 세계시장에서 정치, 경제, 문화 구분 없이 무한 경쟁과 교류가 이어지고 있다. 이미 상상을 초월할 정도의 자본이 움직이고 있으며, 미디어는 스포츠 스타를 만들어내고 스타들은 매력적인 상품이 되어 시장에 진입하고 있다. 우리는 스포츠와 관련된 모든 것, 그 상품을 구매하는 구매자이다. 그러나 독점 시장에서 시장의 정상적인 기능은 유지될 수 없다. 판매자는 끊임없이 다양한 상품으로 구매자를 현혹하고, 더 이윤이 확실한 상품을 만들어낸다. 이러한 구조는 스포츠세계화의 물결 속에서 더욱 활발히 이루어지고 있는 것이다.

Pett Ueberoth와 TOP 프로그램

70년대 이후 올림픽은 점차 대형화되었고, 개최국은 대회 운영비의 증가로 몸살을 앓게 된다. 실제로 1980년 캘거리 동계올림픽 때에는 소요된 운영비의 회수가 불가능해 결국 조직위원회의 파산이라는 사태로 이어졌다. 이때 국제올림픽위원회(IOC)가 취할 수 있는 방법은 두 가지였다. 하나는 대회의 규모를 줄이는 방법이었고, 다른 하나는 스폰서십의 형태로 민간 자본을 도입하는 일이었다. 전자는 올림픽의 축소, 후자는 올림픽이 지켜온 아마추어정신의 파기를 의미하기 때문에 매우 신중한 결정이 필요했지만, IOC는 후자를 선택했다. 이렇게 해서 훗날 올림픽 상업화의 원년이라고 일컬어지는 LA 올림픽이 시작되었다. 피터 유베로스가 위원장을 맡은 이 대회는 시민의 83%가 올림픽 개최를 반대했기 때문에 정부로부터 한 푼의 지원도 받지 않은 상태에서 3억 달러 이상의 흑자를 기록해 종례의 상식을 뒤엎은 그야말로 마술과 같은 성과를 이루어냈다. '유베로스 매직(마술)'이라고 불린 올림픽 흑자는 고액의 방송권료, 공식 스폰서와 공식 로고 및 올림픽 마크 등 스포츠의 기본상품과 파생상품의 체계적 판매가 낳은 결과이다. 이후 이를 지속적으로 유지하기 위해 탄생한 것이 TOP라는 패키지 스폰서 시스템이다. TOP 프로그램에 참여하는 기업은 스폰서료를 지불하는 대신 올림픽 후원자로 선정되어 자사의 광고와 제품광고에 올림픽 로고와 휘장을 독점적으로 사용할 수 있게 된다. 2018년 현재 TOP 프로그램(TOP IX)은 2017년 평창동계올림픽과 2020년 도쿄하계 올림픽까지 적용되는 9세대(the ninth generation of the TOP Programme)로 13개 기업이 참여하고 있다.

(6) 스포츠세계화의 논쟁

부르디외(Bourdieu)는 세계화를 강대국의 이익을 실현해주는 정치와 경제적 통합의 과정으로 설명한다. 반면, 기든스(Giddens)는 인간의 삶의 환경 자체를 변화시키는 거대하고 다층적인 통합의 과정으로 보고 있다.

① Bourdieu의 세계화: 양극화와 상징지배

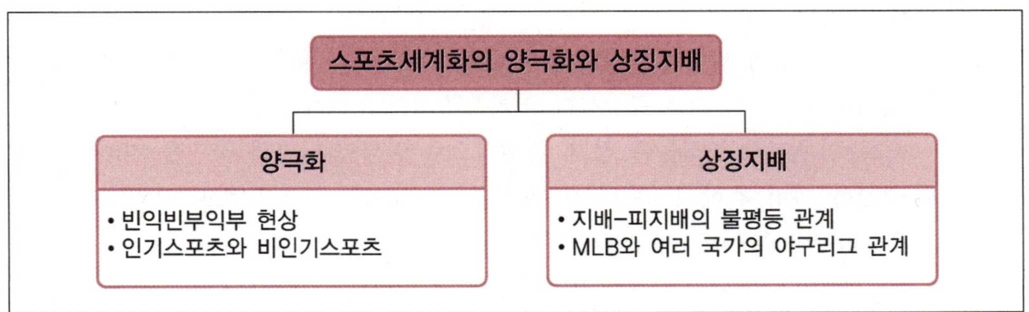

㉠ 세계화의 본격적인 시작은 1945년 2차 세계대전의 종전과 함께 시작된 미국과 소련의 양극체제가 1980년대 중반을 지나면서 약화되는 시점에서 그 출발점을 찾을 수 있다. 특히, 소련의 페레스트로이카(perestroika, 개혁)와 글라스노스트(glasnost, 개방) 정책이 추진되는 시점과 1989년 베를린 장벽이 무너지면서 미국 중심의 패권이 형성되었고, 그 속에서 연합국 중심의 조직이 생겨나면서 본격적인 세계화 현상이 나타나게 되었다.

㉡ 세계무역기구(WTO) 등의 조직들은 전 세계 국가의 경계를 허물게 되었고, 그 시기 인터넷을 통한 정보와 통신의 교류는 세계화 현상을 가속화시켰다. 하지만 이러한 세계화 시대 속에서 외부의 영향으로 인해 자국 경제와 국민의 삶이 피폐해져가는 역기능도 발생하게 되었고, 빈곤, 인권, 불법 이민, 자연 재해, 테러 등 다양한 영역에서 세계화의 부정적인 모습도 야기되었다. 부르디외는 이 지점이 세계화의 민낯이라 지적한다. 결국 현대사회의 세계화는 '왜곡된 세계화', '허울뿐인 세계화' 등으로 표현하면서 '신자유주의 세계화'(Neo-liberal globalization)로 규정한다. 미국 혹은 강대국 중심의 세계화는 보이지 않는 지배 논리로 인해 불평등을 야기하는 현상으로 해석한다는 것이다.

㉢ 신자유주의(Neo-liberalism)는 2차 대전 이후 시장의 국가 개입과 복지국가에 대한 열망으로 존재해 온 케인즈 주의가 1970년대 스태그플레이션의 등장과 함께 생긴 체제로 국제적 자본주의를 고전적 자유주의의 이상의 형태로 재조직 하려는 프로젝트로 정의된다(Harvey).

㉣ 보통 신자유주의를 언급하면 자본의 위기, 금융화, 노동의 유연성 등 주로 경제적인 분야가 1순위로 등장한다(Levy & Dumenil, Chenais 등). 하지만 신자유주의는 단순히 경제적 측면 뿐 아니라, 스포츠, 예술을 포함하는 사회, 문화적 측면까지 침투하게 되었다.

ⓜ 해외 축구리그 중 최고로 손꼽히는 영국의 프리미어리그(EPL)는 신자유주의 세계화 물결에 휩쓸려 전 세계 부자들의 자본이 모이는 곳이 되었는데, 그 이유는 무엇일까? 간단하다. 자본의 논리이다. EPL의 천문학적 중계권료는 표면적인 이유이며, 그 뒤에 숨은 자본의 논리에 전 세계 부자들이 베팅하는 격이다. 지구상 가장 우수한 선수를 끌어 모으면서 이목을 집중시킨다. 이제 자본의 힘을 빌리지 않고서는 상위권에 포진하기는 매우 힘들다는 표현에 많은 의미가 함축되어 있다.

ⓑ 이러한 스포츠 세계화 현상과 관련하여 부르디외는 현재의 세계화는 착취를 위한 세계경제의 새로운 질서로 규정한다. 신자유주의의 논리에 기반을 두어 강대국 혹은 강대국으로 이루어진 조직들은 정치, 경제적으로 열세인 나라와 국민을 지배한다는 것이다.

ⓢ 세계화 과정 속에서 나타나는 현상을 부르디외는 '양극화'와 '상징지배'로 설명한다(Bourdieu, Accardo, Balazs, & Beaud).

ⓐ 세계화 과정에서 자본의 흐름으로 인해 나타나는 빈익빈부익부 현상인 양극화가 더욱 명백히 드러난다는 것이다. 즉, 세계화가 지속될수록 소수의 부유한 사람들과 다수의 가난한 사람들로 구분된다. 양극화는 스포츠에서도 적나라하게 나타난다. 세계적으로 인기스포츠와 비인기스포츠는 그 경계가 더욱 두드러지며, 이를 소비하는 계층 역시 확연히 구분된다. 골프, 승마, 요트와 같은 종목은 상류계층과 부유국에서 보다 쉽게 참여한다. 비인기스포츠는 세계화의 흐름에 편입되지 못한 채 보다 빠르게 역행하고 있다. 또 올림픽 정식종목에 채택되느냐 그렇지 못하냐의 문제는 양극화를 가속화시킬 수 있다.

ⓑ 상징지배는 상류계급이 여타의 계급들과 구별되기 위해 실천하는 전략처럼 세계화 과정에서 지배-피지배의 불평등 관계가 드러나는 정치적 전략을 의미한다. 부르디외는 세계화 과정 속에서 지배를 받고 있으면서도 느끼지 못하게 하는 고도의 상징지배가 교묘하게 실현되고 있음을 지적하였다. 미국 메이저리그(MLB)는 매년 각 국가의 우수한 선수들을 영입하는 데 열의를 다한다. 일본, 한국, 쿠바, 도미니카공화국, 멕시코 등 자국에서 활동한 선수들 역시 MLB 그라운드에 서있는 모습을 갈망한다. 이러한 이유로 MLB는 1부 리그, 그 외 국가의 야구리그는 하부 리그라는 서열화된 등식이 성립된다. 이는 MLB가 노리고 있는 핵심적인 상징지배의 전략이다.

② Giddens의 세계화: 역식민지화와 민주주의의 민주화

스포츠세계화의 역식민화와 민주주의의 민주화

역식민화	민주주의의 민주화
• 비서구 사회와 서구 사회 간 양방향 교류 • 후진국, 개발도상국과 선진국 동반 성장	• 스포츠에 대한 접근과 포용성 • 인종 · 민족 통합, 여성 · 장애인 스포츠 성장

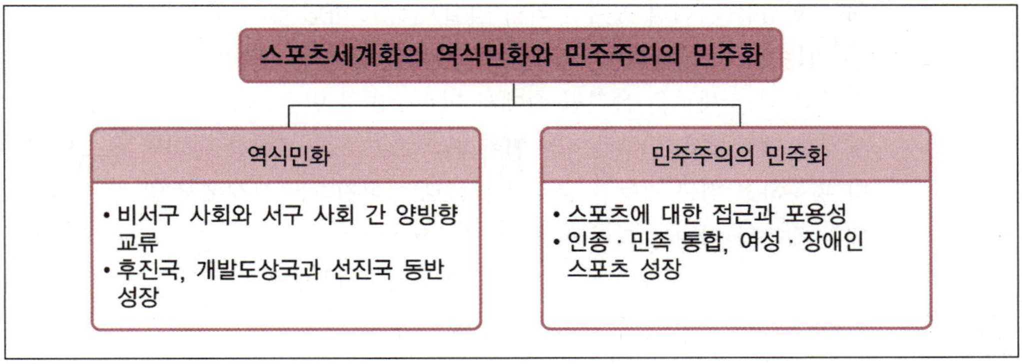

㉠ 기든스(Giddens)는 세계화를 바라볼 때 양면성을 고려해서 해석해야 한다고 주장한다. 사회 질서는 지속적으로 변화가능성을 내포하고 있기 때문에 세계화가 가지고 있는 위기 혹은 발전의 측면을 모두 고려해야 한다고 설명한다. 이때 세계화의 긍정적인 부분은 최대한 발휘하고, 부정적인 부분은 최소화하는 데 집중해야 한다고 강조하였다.

㉡ 기든스는 세계화 현상은 다양한 영역에서 복잡다단하게 나타나며, 흑백논리에 의해 설명될 수 없다고 주장한다. 세계화의 추동력을 4가지로 설명한다. 첫째, 통신의 혁명, 둘째, 소비에트 경제 블록의 붕괴, 셋째, 경제 부문의 국제적 통합, 넷째, 일상생활 상의 가치관 변화이다. 이러한 추동력에 의해 나타나는 세계화는 경제에 국한된 자본의 논리로 설명하는데 한계가 있다는 입장을 펼치며 부르디외의 논리를 반박한다.

㉢ 기든스는 세계화 과정을 '역식민지화'(reverse colonization)와 '민주주의 민주화'(democratization of democracy)란 개념으로 설명한다.

ⓐ 역식민화는 세계화 흐름이 '서구(선진국)에서 나머지 세계로 단방향'이라는 생각을 부정하는 것으로 세계화가 서구의 부국에 속하지 않는 나라에게도 실질적인 기회를 제공하고 있음을 의미한다. 즉, 지금의 세계적 경제 통합이 무조건 선진 부국들의 이익 창출에만 봉사하는 것이 아니며, 비서구 사회와 서구 사회 간 영향이 '양방향 교류'가 있음을 강조한다. 스포츠 영역에서는 비서구 국가가 서구 국가의 스포츠 발전, 인기 및 구조에 영향을 미칠 때 역식민화가 분명하게 나타난다.

• 남미, 아프리카, 아시아에서 축구와 같은 스포츠 시장에 유럽과 북미가 관심을 가지게 되고, 이를 통해 유럽 축구리그가 여러 국가의 유명 축구 선수들을 영입하면서 인기를 얻는 것은 스포츠 영역의 역식민지화를 보여준다. 이를 두고 부르디외의 상징지배 개념으로 설명할 수도 있으나, 기든스의 입장에서는 후진국, 개발도상국의 스포츠 노동력의 진출과 선진국의 스포츠 시장 동반 성장으로 해석된다.

ⓑ 기든스는 민주주의 제도가 구축되어 있기는 하지만 그것이 효과적으로 작동하지 못하는 현상을 가리켜 '민주주의의 역설'이라고 하면서 이 역설을 효과적으로 해결할 수 있는 것으로 '민주주의의 민주화'를 주창하였다. 즉, 기든스는 세계화에 따라 등장하고 있는 새로운 움직임 속에서 민주주의의 민주화를 실현할 수 있다고 보았다. 세계화 맥락에서 '민주주의의 민주화'는 스포츠를 포함한 문화적 요소의 확산이 보다 평등하고 접근 가능한 글로벌 문화로 이어진다는 사실에서 알 수 있다. 스포츠에 대한 접근과 참여는 지리적, 사회 경제적 경계를 초월하여 더욱 광범위해지고 있다. 즉, 스포츠는 더욱 포용적이고, 접근 가능하며, 다양한 사람에 걸쳐 널리 참여한다는 사실은 스포츠의 '민주주의의 민주화' 실현을 증명하고 있다.

그 사례를 설명하면 다음과 같다.

- 첫째, 스포츠를 통한 인종과 민족의 통합이다. 원래 유럽, 특히 영국에 뿌리를 둔 축구는 남미, 아프리카, 아시아 등 지역에서 엄청난 인기를 얻으며 인종과 민족을 통합하는 세계적인 현상이 되었다.
- 둘째, 여성스포츠의 성장이다. 스포츠의 민주화는 여성스포츠에 대한 인식과 지지가 높아지는 것에서 뚜렷이 나타난다. 수년에 걸쳐 스포츠에서의 성평등을 촉진하기 위한 세계의 공동 노력이 이루어져 왔으며, 그 결과 여성 운동선수의 가시성과 기회가 증가했다. FIFA 여자 월드컵과 같은 이벤트와 다양한 스포츠에서 여자 부문의 확장은 더욱 포용적이고 다양한 스포츠 환경을 보여준다고 할 수 있다.
- 셋째, 장애인스포츠의 성장이다. 패럴림픽으로 대표되는 장애인스포츠의 대표적인 스포츠이벤트 역시 장애인 선수들이 자신의 기술을 선보이고 국제 수준에서 경쟁할 수 있는 플랫폼을 제공함으로써 스포츠 민주화의 모범이 되고 있다. 패럴림픽은 포용성을 촉진하고 스포츠 영역의 신체적 능력에 대한 사회적 인식변화를 이끌어내고 있다.

17 스포츠의 정의 및 특성

1. 스포츠의 정의

'스포츠란 무엇인가'하는 물음에 대한 답을 구하는 일은 스포츠의 성격을 규정하는 문제, 즉 스포츠와 스포츠 아닌 것을 구별할 수 있는 스포츠의 특성을 규명하는 것에서 시작할 수 있다. 일반적으로 스포츠의 특성을 잘 대변해 줄 수 있는 말은 '신체활동'이다. 일부 사회학자는 스포츠가 대략 17세기 후반부터 영국 및 유럽지역에서 나타난 신체활동의 새로운 유형으로 간주하고 있다. 그러나 신체활동은 인간의 역사와 함께 하기 때문에 스포츠의 역사는 선사시대로까지 거슬러 올라갈 수도 있다. 스포츠를 정확히 규정한다는 것이 쉽지는 않지만, 많은 학자들은 스포츠가 인간의 놀이본능에서부터 파생되었다는 사실은 부인하지 못한다. 이는 스포츠가 놀이(play)에서 기원하였으며 중간 발전단계라 할 수 있는 게임(game)의 형태를 거쳐 스포츠(sports)로 발전하게 되었다는 진화론적 관점에 기초해 있다고 할 수 있다. 놀이, 게임, 스포츠의 진화적 관계는 다음과 같은 그림으로 설명할 수 있다.

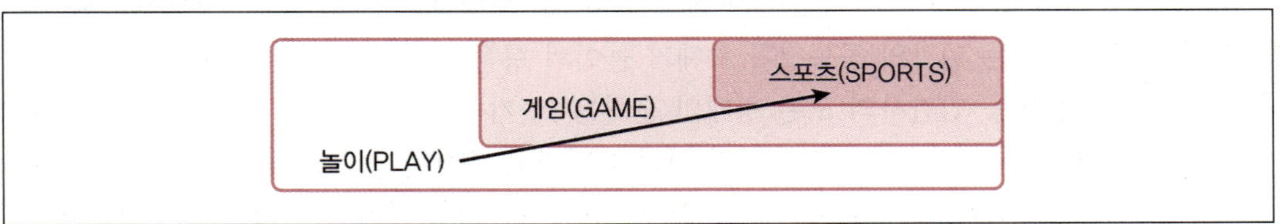

놀이, 게임, 스포츠의 진화 과정과 관계

스포츠의 진화론적 관점에 따르면, 놀이는 스포츠보다 더 광범위한 영역이다. 모든 스포츠는 놀이라고 말할 수 있지만, 모든 놀이가 스포츠라고 할 수는 없다. 스포츠를 정확히 규정하기 위해서는 놀이와 게임의 본질에 대한 이해가 필요하다.

(1) 놀이

① 놀이는 게임과 스포츠의 기초가 되는 인간의 본능적 활동으로서 단순하고 수준이 낮고 원초적이며 발달되지 못한 특징을 지닌다. 놀이는 기본적으로 일상에서 벗어나서(허구성) 즐거움을 추구하는(쾌락성) 자유로운 활동(자유성)이다.

② 놀이는 그 활동에 참가하는 사람들이 합의한 방식에 따라 이루어진다. 참가자, 환경 조건에 따라서 매우 다양한 활동방식이 가능하게 된다. 이때의 규칙은 일회적이고, 반복되지 않으며, 상황에 따라 변화될 수 있다. 규칙이 고정되어 있지 않기 때문에 매번 참가자의 합의가 필요하다.

③ 이를테면 아이들이 주로 하는 놀이 중 대표적인 것이 공놀이이다. 공놀이는 정해진 방식이 없다. 공으로 사람 맞추기, 공 주고 받기, 공 빼앗기 등 다양한 방식으로 진행될 수 있다. 규칙은 해당 놀이가 진행되는 동안 참가자 간의 합의 하에 언제든지 바뀔 수도 있으며, 때로는 규칙 자체가 없을 수도 있다.

④ 놀이하는 인간, 호모 루덴스(Homo Ludens)

㉠ 놀이의 문화적 위상은 높지 않다. 놀이는 비생산적이며, 허구적이고, 아무리 진지하게 몰입해봐야 놀이는 그저 놀이일 뿐이다. 이처럼 현대사회에서 놀이는 아직까지 주변적 활동으로 치부되는 경향이 있다.

㉡ 그런데 호이징가(Huizinga)는 그의 저서 「호모 루덴스 – Homo Ludens : 놀이하는 인간」에서 놀이가 그렇게 만만한 것이 아니라고 이야기한다. 인간의 문화가 놀이 정신에 의해 풍부해지고 때로는 그것에서 발생했다는 것이다.

㉢ Huizinga는 놀이에 내재된 창조적 인간 정신의 중요성을 강조한 것에 그치지 않고, 놀이가 문화 속에서 발생한다는 기존의 생각을 뒤집어 '문화가 놀이 속에서 놀이로서 발달한다'는 역발상을 내놓았다.

㉣ 종래에는 문화가 상위개념이고 문화 속에 놀이가 포함된 개념이었다면, 호이징가의 관점에서 볼 때 모든 문화는 사실 놀이로부터 기원한다. 그 때문에 놀이는 문화발전의 원천이요, 중심에 위치한 인류사에서 가장 높은 가치를 지닌 활동이다(Huizinga).

㉤ 호이징가는 인간의 공동생활 자체가 놀이의 형식을 지니고 있다고 했다. 법률, 지식, 철학, 예술 등 인간사의 모든 형태의 문화는 그 기원에서 놀이적 요소를 포함하며 심지어 사냥은 물론 전쟁조차도 놀이의 성격을 띤다고 주장한다. 문화란 놀이에 의해 발생하고 놀이에 의해 풍부해지는 것 즉, '문화란 곧 놀이된 것'이라는 게 그의 결론이다.

㉥ 놀이가 문화의 뿌리인 이유는 다음과 같다.

ⓐ 놀이는 무엇보다 자유로운 행동이다. 누가 하라고 해서 하는 놀이는 놀이가 아니다.

ⓑ 놀이는 일상적, 본래적 삶과 구별된다. 놀이는 단지 삶을 꾸며 주고 보충해 줄 뿐이다. 정치적 의도나 경제적 의도를 떠나 그 자체로 공동체를 유지하고 꾸며 주는 것이 문화라는 생각으로 이어진다.

ⓒ 놀이는 일정한 시간, 일정한 공간 안에서 일어난다. 여기에는 질서가 있고 질서를 유지하는 것이 곧 놀이의 규칙이다. 특히 놀이의 핵심은 규칙을 따르는 데 있고 규칙을 따른다는 것은 곧 페어플레이(Fair Play) 한다는 뜻이다. 페어플레이는 자제력과 극기, 상호 간의 신뢰를 요구한다. 이것이 없다면 놀이를 제대로 할 수 없고 놀이로서 존재하는 문화도 유지될 수 없다.

㉦ 호이징가가 인간의 놀이 정신을 통해 궁극적으로 이야기하고자 한 것은, 우리가 더욱더 자신을 세속적 삶으로부터 분리하고 스스로 창출한 자기 표출적이고 비목적적인 놀이적 질서에 복종하면 할수록 우리의 인간성을 실현하는 데 좀 더 가까워지고, 반면 이러한 질서가 특정의 도구적 목적을 향해 재구성되면 될수록 우리는 인간성의 실현으로부터 더욱 멀어진다는 것이다.

㉧ 이 같은 입장에서 호이징가는 근대의 스포츠가 놀이적 성격을 상실했다고 보았다. 근대 스포츠의 승리에 대한 추구는 스포츠의 기술적 측면에 발전을 가져왔지만, 이 같은 환

경 속에서 그 성격이 점점 더 엄격하고 세밀하게 변화하면서 순수한 놀이적 특질을 불가피하게 상실하게 되었기 때문이다.

⑤ 카이와(Caillios) : 놀이의 네 가지 측면

㉠ 비생산적인 놀이 활동을 인간사회의 중요한 사실로 부각시킨 호이징가는 놀이의 문화적 창조력을 명확히 부각시키며 놀이연구의 새로운 장을 열었다. 그러나 호이징가는 놀이 그 자체에 대한 서술과 분류에 있어서 지나치게 일반화시켰기에 구체적으로 놀이가 무엇인지 설명하지는 못했다.

㉡ 이에 카이와(Caillios)는 호이징가의 놀이론을 비판적으로 계승한 저작 「놀이와 인간(Les Jeux et Les Hommes)」을 통해 놀이를 구체적으로 구분한다. 즉, 호이징가가 인간의 놀이를 모두 똑같은 욕구에 대응하며 똑같은 심리적 태도로 표현하는 것처럼 취급하였다는 것이다. 카이와의 입장에서 볼 때 호이징가의 호모 루덴스는 문화영역에서의 놀이 정신의 창조성에 대한 탐구이지, 놀이 그 자체에 대한 연구는 아니란 것이다.

㉢ Caillios의 정의에 따르면 놀이는 다음과 같은 활동이다.

ⓐ 자유로운 활동이다.

ⓑ 처음부터 정해진 명확한 공간과 시간의 범위 내에 한정된 분리된 활동이다.

ⓒ 놀이의 전개가 결정되어 있지도 않으며, 결과가 미리 주어져 있지도 않은 확정 되어 있지 않은 활동이다.

ⓓ 어떠한 재화나 부도 만들어 내지 않는 비생산적인 활동이다.

ⓔ 약속이 따르는 규칙이 있는 활동이다.

ⓕ 허구적인 활동이다.

㉣ 카이와는 놀이가 어떻게 다른 심리적 태도를 통해 표출되는지 그 심리적 원동력을 기준으로 놀이를 네 가지 항목 즉, '아곤(경쟁)', '알레아(우연)', '미미크리(모방)', '일링스(현기증)'으로 분류하였다.

ⓐ 아곤(Agon)이란 그리스어로 '시합', '경기'를 뜻한다.

- 아이들의 공기놀이나 고무줄놀이에서부터 축구, 육상과 같은 모든 종류의 스포츠는 경쟁에서 승리하는 것이 목적이다. 이처럼 놀이의 어떤 형태들은 경쟁에서 승리함으로써 자신의 우월성을 과시하려는 심리적 욕구가 놀이행위의 원동력이다.
- 아곤을 원동력으로 하는 놀이는 개인이나 집단 간의 경쟁이란 형태를 취하며, 참가자들은 스피드, 인내력, 체력, 기억력, 재주, 솜씨 등 어떤 하나의 자질에 대한 우월성을 가리기 위해 경쟁한다.
- 현대를 살아가는 사람들에게 경쟁은 중요한 삶의 원리이다. 아곤은 능력본위 사상을 지탱하는 현대사회의 주요 작동원리이다. 그러나 지나친 그에 아곤에 대한 믿음, 곧 아곤이 지배하는 사회는 사회의 불평등을 은폐하고 그 부조리를 개인의 탓으로 돌리는 양육강식 성격을 나타낼 수 있음을 잊지 말아야 한다.

ⓑ 알레아(Alea)란 라틴어로 요행, 우연을 뜻한다.

- 가위 바위 보에서 승리하려면 그저 운이 좋아야 할 뿐 어떤 특별한 기술이 필요하지 않다. 놀이의 어떤 형태들은 운이나 우연에 결과를 맡기는 심리적 욕구가 행위의 원동력이다.
- 아곤은 자기 자신의 능력이나 자질을 통해 상황에 대한 영향력을 발휘할 수 있지만 알레아는 모든 것을 완전히 배제하고 운에 의해서만 결과가 결정되기 때문에 역설적이지만 알레아의 영향력 아래 모든 참가자는 순간적으로 완전한 평등을 경험한다.
- 포커, 블랙잭, 화투, 경마, 경륜, 스포츠복권 등 소위 도박이라 불리는 형태의 놀이는 대부분 '아곤'과 '알레아'가 결합한 형태이다. 이런 놀이는 전적으로 기술에 의존하지도 운이 좌우하지도 않는다. 화투를 잘 치려면 뒷장도 잘 맞아야 하지만 상대방의 패를 잘 읽어야 하고, 스포츠 경기의 결과를 맞히려면 전력분석이 필수적이 겠지만 경기 운도 잘 따라 줘야 한다.
- 스포츠는 실력에 의해 결과가 좌우되기도 하지만 한편으로는 '공이 둥글다'는 말처럼 그 결과는 예측 불가능하기에 스포츠는 언제나 알레아의 영향 아래 놓여있다. 우리의 삶도 마찬가지이다. 언제나 계획대로 이루어질 것으로 생각하지만 하루에도 셀 수 없이 많은 우연으로 가득한 게 현실이다. 알레아란 놀이의 특징이 우리의 삶 속에도 그대로 배태되어 있다.

ⓒ 영어로 모방, 흉내란 뜻의 미미크리(mimicry)는 그리스어 'minikos(μιμικος)'에서 유래한 말이다.

- 엄마, 아빠가 되어보는 아이들의 역할놀이에서부터 가장무도회, 연극, 드라마, 카니발 축제에 이르기까지 놀이의 어떤 형태들은 가상의 세계 속에서 타인의 위치와 역할을 모방하고 흉내 내고자 하는 욕구가 그 원동력이다.
- 우리는 가끔 돈 많은 부자, 스포츠 스타들의 삶을 상상하고 꿈꾸기도 하는데 미미크리라는 환상의 공간 속에서 이 같은 욕망은 일시적으로 실현된다.
- 현대사회의 모든 종류의 스포츠는 그 자체가 좋은 구경거리이다. 관중들은 자신이 응원하는 선수와 팀을 응원하기 위해 소리를 지르고, 열광적인 몸짓을 한다. 그리고 그 각본 없는 드라마에 몰입되어 마치 자신이 그라운드에서 뛰는 선수가 된 듯이 스스로를 동일시한다. 경기에 참여하는 선수들은 '아곤'의 경쟁을 벌이지만 관중석과 미디어를 시청하는 수많은 스포츠 팬들은 '미미크리'의 환상 속에 빠져드는 것이다.

ⓓ 일링스(Ilinx)란 그리스어로 물의 소용돌, 혹은 현기증이란 뜻이다.

- 아이들의 뺑뺑이 돌기, 미끄럼타기에서부터 청룡열차, 번지점프, 초고속 F1 레이싱, 스키에 이르기까지 놀이의 어떤 종류들은 가파른 낭떠러지에서 수직으로 떨어질 때와 같은 아찔함을 맛보려는 심리적 충동이 놀이의 원동력이다.

- 아찔한 두려움을 극복할 때 도전의 과정은 즐거움과 쾌감을 가져다준다. 이것이 음주, 알코올, 마약 등과 스포츠의 일링스가 다른 점이다.
- 일링스의 상태는 물리적 운동, 심리적인 상태, 알콜이나 마약 등 화학적 약물 작용에 의해서 유도될 수 있는데 번지점프, 스키, 패러글라이딩, 스카이점프, 자동차 레이싱 등 스포츠의 경우 주로 물리적 운동으로 인해 일링스의 세계로 초대된다. 다만 이러한 활동들은 위험을 동반하기 때문에 이를 저지할 안전장치나 준비가 필수적이다.

놀이의 요소

아곤 (agon)	신체적(스피드, 힘, 기술) 경쟁성을 기반으로 한 놀이 예 복싱, 펜싱, 축구, 사냥 등
알레아 (alea)	확률을 기반으로 한 놀이 예 카드 놀이, 주사위 놀이 등
미미크리 (mimicry)	모방성, 다른 인격으로서의 변화를 추구하는 놀이 예 가면 놀이, 연극 등
일링스 (ilinx)	어지러움을 유발하는 등, 정상적인 지각 상태를 파괴하는 놀이 예 스키, 암벽등반, 청룡열차 등

Caillois의 놀이 상황 분류

Caillois는 놀이의 상황을 규칙성과 의지성에 근거하여 아곤, 알레아, 미미크리, 일링크스의 4가지 요소로 분류하고 있다. 이러한 놀이의 4가지 요소는 서로 상이한 목적성에 의해 분류되는데, 바로 경쟁, 우연, 모의, 현기증이다.

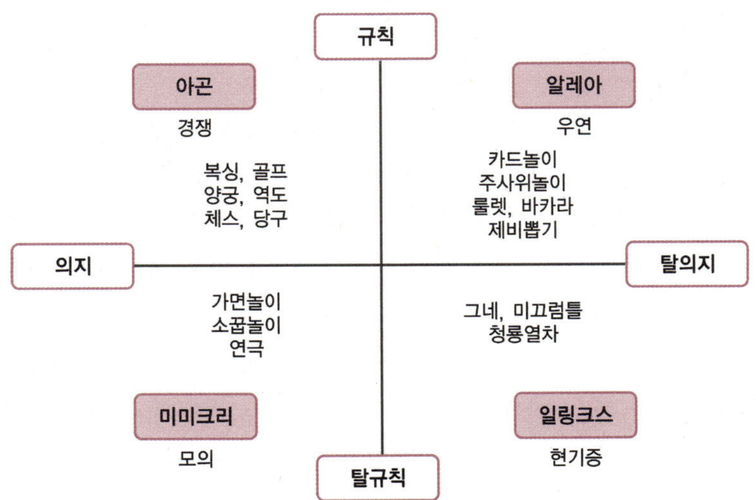

- 아곤은 규칙과 의지가 모두 있는 것으로, 특정 분야에서 개개인의 우월성을 나타내려는 욕구가 그 원동력이며, 집단 및 경기 내에서 경쟁의 형태를 취한다. 즉, 일정 한계 내에서 자기 스스로 최고의 기량을 발휘함으로써 상대적 우열을 겨루는 속성을 포함한다.
- 알레아는 규칙은 있지만 의지를 반영하지 못하는 것으로, 운이나 우연적 기대를 추구하는 확률적인 놀이로써 놀이가 전개되는 상황 내에서 우연성에 일체를 맡기는 놀이 형태이다.
- 미미크리는 의지는 있지만 규칙이 느슨한 형태를 보이는 것으로, 모의, 모방에 근거한 타인격화 놀이로써 자신의 인격을 일시적으로 망각하고 위장하여 타인의 행위를 취득하는 놀이 형태이다.
- 일링크스는 규칙과 의지가 전혀 반영되지 않는 것으로, 감각이나 지각의 안정을 파괴하고 의식 상태를 혼란에 빠뜨려 어지러움이나 짜릿한 현기증을 추구하는 놀이이다.

(2) 게임

① 게임은 놀이와 스포츠의 중간단계로 조직화되고 역할 분화가 이루어진 놀이의 발전된 형태라 할 수 있다. 또한 게임은 일정한 규칙 하에서(규칙성) 신체기능, 전술, 확률 등의 요소를 바탕으로 경쟁을 실시(경쟁성)하는 경쟁적인 놀이라 할 수 있다.

② 게임은 고정되어 있지는 않지만, 어느 정도의 지속성을 가지고 있다. 물론 시간과 장소에 따라서 상이한 활동 방식은 존재하지만, 그 게임을 구성하는 큰 틀은 유지된다. 이는 게임을 구성하는 방식 또는 틀이 그 시대와 지역의 관례로 남아 있기 때문이다. 이는 게임 활동 시 약간의 혼란을 초래할 수는 있지만, 그 게임 자체를 부정하지는 못한다.

③ 게임의 대표적인 예로는 여러 스포츠 종목을 기본으로 한 간이 게임과 카드게임, 고스톱 게임 등을 들 수 있다. 간이 게임은 주로 공간적, 기능적 제약으로 인해 정식 스포츠 종목의 규칙을 간소화하여 게임의 형태로 변형한 것을 말한다.

(3) 스포츠

① 스포츠는 게임이 한 단계 발전한 형태로서 규칙, 조직, 제도, 경쟁의 측면에서 가장 높은 수준에 있으며 다양한 신체기능의 활용이 강조된다. 한편 동일한 범주의 활동이 다른 조건 하에서 달리 해석될 가능성도 존재하는데, 친구들과의 친교를 위해서 수영을 하는 경우 놀이의 한 형태가 되겠으나 제도화된 규칙 하에서 상대방을 이기려고 노력하는 것은 스포츠로 분류된다.

② 놀이와 게임에 비하여 스포츠의 규칙은 상당히 안정된 상태를 유지한다. 이것이 가능한 배경에는 그 규칙의 훼손, 변화를 통제하는 제도 또는 기구가 존재하기 때문이다. 즉 연맹, 협회와 같은 제도, 기구가 있는 것이다. 이러한 제도화된 규칙성은 스포츠가 놀이 · 게임과 구별되는 가장 중요한 기준이 된다.

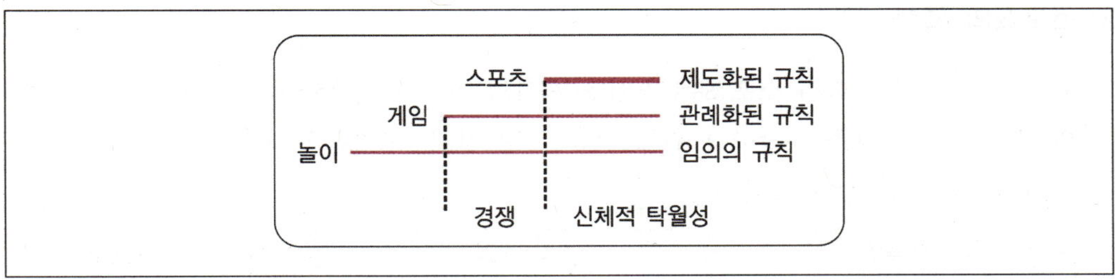

규칙의 성격 및 구분의 준거

③ Mcintosh는 스포츠의 범주를 '우월성의 추구 욕구'에 따라 경기 스포츠, 투쟁 스포츠, 극복 스포츠, 율동 스포츠로 분류하여 설명하고 있다.

스포츠의 분류

스포츠는 기준에 따라 다양하게 분류될 수 있으나, 현재까지 가장 많이 사용되는 분류는 Mcintosh의 분류로서 그는 스포츠의 범주를 '우월성의 추구 욕구'에 따라 경기, 투쟁, 극복, 율동적 무용 스포츠로 분류하여 설명하고 있다.

- 경기 스포츠(skill sports): 스포츠의 대부분을 차지하며 경기를 통하여 자신의 탁월성을 증명하고 승리를 위해 최선을 다하는 기회를 제공한다. 육상, 구기운동 등이 이에 해당된다.
- 투쟁 스포츠(combat sports): 경쟁의 목적이 상대에 대한 자신의 우월성을 입증하려는 활동이며 신체를 통한 직접적 접촉이나 도구를 통한 간접적 접촉을 위주로 이루어진다. 레슬링, 펜싱, 유도 등이 이에 해당된다.
- 극복 스포츠(conquest sports): 특정 환경이나 상황에 대한 경쟁으로 등산, 하이킹 등이 있다.
- 율동 스포츠(rhythmics sports): 신체 운동을 통해 인간의 이념이나 감정을 표현하고 전달하는 활동으로 에어로빅, 피겨 스케이팅, 리듬체조 등이 있다.

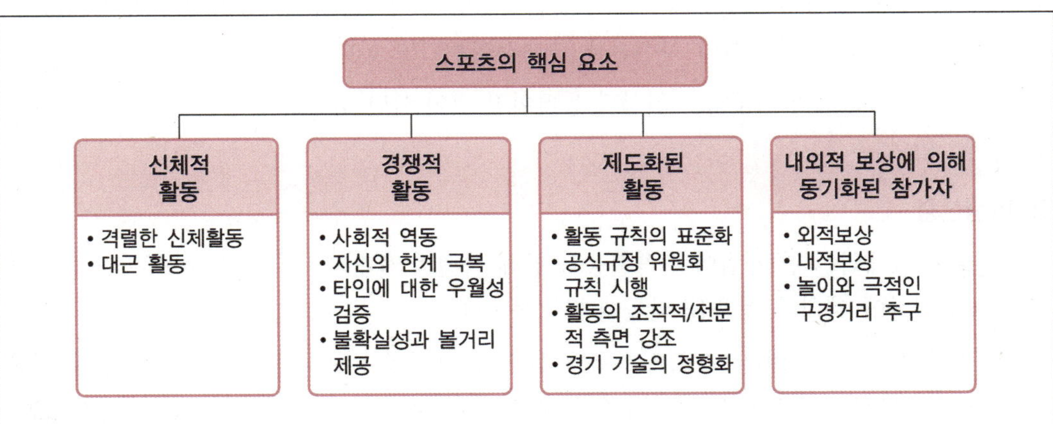

스포츠의 핵심 요소
신체적 활동
• 격렬한 신체활동
• 대근 활동
경쟁적 활동
• 사회적 역동
• 자신의 한계 극복
• 타인에 대한 우월성 검증
• 불확실성과 볼거리 제공
제도화된 활동
• 활동 규칙의 표준화
• 공식규정 위원회 규칙 시행
• 활동의 조직적/전문적 측면 강조
• 경기 기술의 정형화
내외적 보상에 의해 동기화된 참가자
• 외적보상
• 내적보상
• 놀이와 극적인 구경거리 추구

Coakley는 스포츠에서 핵심적인 요소라 할 수 있는 신체적이고, 경쟁적이며, 제도화된 활동이라는 특성들을 포함시켜 '스포츠는 내·외적 보상에 의해 동기화된 참가자들이 비교적 복잡다단한 신체기술을 사용하고, 활발한 신체적 노력을 하는 것을 포함하는 제도화된 경쟁 활동'이라고 정의하고 있다. 즉, 스포츠의 핵심적 요소는 '신체적 활동', '경쟁적 활동', '제도화된 활동', '내·외적 보상에 의해 동기화된 참가자' 등으로 설명된다.

2. 스포츠의 특성

놀이, 게임보다 진화된 스포츠는 놀이나 게임의 여러 가지 특징을 공유하면서 발전함과 동시에 자신의 정체성을 유지하기 위해 고유한 몇 가지 특징을 지니게 되었다.

놀이, 게임, 스포츠의 특성 비교

놀이	게임	스포츠
1. 허구성 2. 비생산성 3. 자유성 4. 규칙성(임의) 5. 쾌락성	1. 허구성 2. 비생산성 3. 불확실성 4. 규칙성(관례화) 5. 경쟁성 6. 신체기능, 전술, 확률	1. 허구성 2. 비생산성 3. 불확실성 4. 규칙성(제도화) 5. 경쟁성 6. 신체기능, 전술, 확률 7. 신체 움직임 및 탁월성 8. 제도화

(1) 허구성

① 스포츠에서 개인 간 또는 국가 간의 승패는 우리 일상과는 직접적 연관이 없는 허구적인 성향이 있다. 이는 마치 소설이 현실성에 의거하고 있지만, 작가의 상상에 의한 허구적인 산물이라는 사실과 매우 유사하다.

② 허구성은 우리가 살아가는 일상을 왜곡시키기도 하지만 반대로 일상에서 맛볼 수 없는 상상의 즐거움을 선사해 주기도 한다. 스포츠에서의 허구성은 후자에 해당된다.

③ 스포츠 활동 참가는 일상의 스트레스에서 해방될 수 있는 기회를 제공하며, 스포츠 경기에서의 승리는 일상에서의 자신감을 증대시켜주기도 한다.

④ 오늘날 스포츠의 허구성은 일상과 동떨어진 것이 아닌 하나로 연결된 또 다른 일상이 되기도 한다.

(2) 비생산성

① 놀이나 게임은 한 개인이 신체활동을 통해 자신의 시간과 노력을 투자하는 활동이지만 이로 인하여 재화나 상품을 만들어내지 못한다.

② 비록 스포츠 영역에서 스포츠를 통해 물질적, 금전적인 보상을 받는 프로 선수가 존재하지만 매우 극소수일 뿐만 아니라 일반적인 생활체육 활동은 물질적 생산을 목적으로 하지 않는다.

(3) 불확실성

① 동일한 팀 혹은 개인 간의 경기라고 하더라도 내용이 매번 다르고 결과가 불확실하다. 이런 특성이 스포츠 고유의 박진감과 흥분을 만들어 내고 대중이 매 경기를 호기심을 갖고 관람하는 이유가 된다.

② 불확실성은 비록 경기에 나서는 양팀의 실력이 현격한 차를 보여 경기 결과가 어느 정도 예측 가능할지라도 약팀이 승리할 수 있다는 기대감을 저버리지 못하게 만든다. 이러한 기대감은 이변을 통해 극대화된다.

③ 아무리 자신이 응원하는 팀의 중요한 경기일지라도 경기결과를 알고 난 뒤에 보는 녹화방송의 경우 흥미는 감소되는데 이는 불확실성이 저해되기 때문이다.

(4) 제도화된 규칙성

① 스포츠나 게임에서의 경쟁은 사전에 합의된 규칙에 의거해서 이루어진다.

② 규칙성으로 인해 스포츠에서의 승패는 단순한 행운이 아닌 신체기능, 전술, 확률, 기술, 경험 등의 다양한 요소에 의해 좌우된다.

③ 만약 규칙 자체가 없거나 경기할 때마다 규칙이 바뀐다면, 선수들은 승리를 위해 어떠한 기술을 준비해야 하는지 알 수 없게 된다. 이는 전술이 필요 없음을 의미한다.

④ 축구경기를 예로 들면 off side가 반칙인 경기에서의 압박 축구는 훌륭한 전술이 될 수 있지만 off side가 반칙이 아닌 경기에서는 무용지물이 될 수 있다.

⑤ 제도화된 규칙 하에서의 스포츠는 사용할 수 있는 전술의 범위를 예측 가능하게 만들어 준다. 이러한 전술은 연습 방법에서부터 개인 신체기능을 극대화할 수 있게 만들어 주며, 탁월한 신체기능은 전술의 발전에 다시 영향을 미치게 된다.

(5) 경쟁성

① 2명 혹은 그 이상의 사람들로 구성되는 집단이 동일한 목표를 달성하기 위해 다른 개인 및 집단과 대립적인 입장에 서는 행위를 경쟁이라고 하는데, 이는 상대와의 우열을 다투는 행동으로 놀이에서는 찾아보기 힘든 특성이다.

② 스포츠에서의 경쟁은 신체활동에 대한 보상의 근거가 된다. 보상에는 물질적 보상뿐만 아니라 정신적인 보상이 포함된다. 경쟁성은 승리에 대한 성취감과 자신감을 주기도 하며, 반대로 패배에 대한 좌절감을 안겨 주기도 한다.

③ 만약 스포츠에서 경쟁성이 사라진다면 이는 지루한 신체노동이나 다름없게 될 것이다. 따라서 스포츠를 즐기고자 하는 사람들은 매우 제한적이 될 것이다.

④ 스포츠에서 경쟁의 대상은 단순히 타인 혹은 다른 팀에 한정되지 않는다. 등산을 하는 사람에게 있어 경쟁 상대는 자기 자신이다. 또한 육상 경기에 참가하는 선수의 경우 경쟁 상대는 개인이 극복해야 하는 기록일 수도 있다.

(6) 신체의 움직임 및 탁월성

① 스포츠의 고유한 특성을 설명할 수 있는 대표적인 예로 스포츠는 신체의 움직임을 바탕으로 신체적 탁월성을 겨룬다는 것이다.

② 특히 신체적 탁월성은 게임과 스포츠를 구분하는 중요한 기준으로 인정받고 있다.

③ 게임의 경우 신체의 움직임이 필요한 경우가 많다. 그러나 신체의 움직임이 동반된다고 해서 모두 스포츠로 인정받을 수 있는 것은 아니다. 예를 들면 카드게임이나 그네 타기를 하기 위해서는 신체의 움직임이 필요하지만, 우리는 이들을 스포츠라고 하지 않는다.

④ 놀이나 게임과 달리 스포츠에서는 신체의 움직임이 하나의 도구가 아닌 목적으로 인식된다. 스포츠는 경쟁 상대보다 얼마나 더 유능한 신체의 움직임을 행하느냐 하는 신체적 탁월성을 겨루는 것이다. 따라서 스포츠에서 신체의 움직임은 목적이 된다.

(7) 제도화

① 제도화는 어떤 행동이나 조직이 시간과 장소에 따라 체계화되거나 표준화되는 과정으로 행동에 대한 공식적인 규칙과 조직적 구조가 나타나는 현상을 의미한다.

② Coakley는 스포츠의 제도화 과정을 다음과 같이 요약하고 있다.

㉠ **규칙의 표준화**: 개인의 차원을 넘어선 공식적인 집단에 의해 표준화된 절차 및 규정에 의해 규칙이 제정된다.

㉡ **공식 규정 위원회의 규칙 집행**: 경기를 공식적으로 인가하고 장소에 따라 상이한 기준을 적용하지 못하도록 규칙의 집행을 보장하는 기구가 존재한다.

㉢ **행동의 조직적, 합리적 측면 강조**: 규칙을 준수하면서 경쟁에서 승리하기 위해 선수 및 코치의 활동이 점차적으로 합리적으로 변화한다. 예를 들어, 경기를 대비해 팀이 전략 및 훈련 일정을 세운다든가 신발, 유니폼, 및 기타 장비가 그 활동만을 위해 개발되는 등의 추세를 의미한다.

㉣ **경기기술의 정형화**: 스포츠가 조직화, 합리화됨에 따라 전문성 증대뿐만 아니라 경기기술에도 영향을 미쳐 경기기술이 정형화된다. 예를 들어, 초창기 농구에서는 공을 두 손으로 들고 허리 아래에서 위로 던지는 언더 핸드 슛 등 여러 가지 슛 동작이 경기에 적용되었지만, 현재는 세트 슛, 점프 슛, 레이업 슛 등으로 한정되어 사용될 뿐만 아니라 각각의 슛을 사용하는 상황 역시 거의 정해져 있다. 이는 경기 경험이 축적되면서 슛에 대한 노-하우가 체계적으로 정형화되었기 때문이다.

스포츠의 어원

- 스포츠란 용어는 '뛰어놀다'는 뜻의 고대 프랑스어인 'desport'에서 유래하였다. 이것이 영국으로 건너가 'disport'로 변형되었고 이후 'sport'가 되었다. 중세 영어에서 sport는 명사적 의미와 동사적 의미가 달랐는데, 명사적으로 '여가'의 의미를, 동사적으로는 '기분을 전환하다', '즐거움을 추구하다'라는 뜻으로 사용되었다.
- 스포츠가 '신체활동을 포함한 게임'이란 뜻으로 사용된 최초의 기록은 1520년대에 등장하며, 19세기 중반에는 도박과 그것을 목적으로 열리는 이벤트란 의미로도 활용되었다. 그런 까닭에 19세기 중반의 스포츠맨(sportsman)이라고 하면 신체활동적 게임에 참여하는 사람들이란 뜻 뿐만 아니라 경주에 돈내기를 거는 갬블러를 의미하기도 했다.

• 19세기 말부터 스포츠맨이라고 하면 우리가 잘 알고 있듯이 '스포츠를 즐기는 멋진 사람'이란 의미가 부여된다. 오늘날 미국에서는 신체활동과 관련된 다양한 행위와 조직을 가리키는 일반적인 용어로 복수인 'sports'를 선호하는 경향이 뚜렷하며, 영국을 비롯한 그 외 지역에서는 스포츠의 전체제도란 의미를 강조하여 단수인 'sport'가 활용되고 있다.

3. 문명화 과정과 스포츠

놀이가 게임을 거쳐 제도화된 스포츠로 진화했다면 놀이와 게임이 어떠한 이유와 필요에 의해 스포츠로 진화하였는지 묻지 않을 수 없는데, 이에 대해 엘리아스(Elias)가 고안한 '문명화 과정'이라는 개념을 빌어 이해할 수 있다.

(1) 문명화 과정

① 엘리아스의 문명화 과정(Civilizing Process)에 대한 논의는 9세기 민족대이동이 끝나고 시작되는 유럽의 봉건화 과정에서 출발한다. 엘리아스에 따르면 유럽의 중세인들은 선과 악의 이분법에 따라 그들의 감정도 극단적으로 좋고 나쁨으로 표현되었고, 또한 감정을 즉각적으로 표출하면서 사소한 일에도 폭력을 행사하였다고 한다. 엘리아스의 '문명화 과정'은 이러한 중세인들이 세련된 매너를 갖춘 문명인으로 진화하는 과정을 추적한 것이다.

② '문명화'는 봉건제도가 완화되고 왕정이 강화되면서 근대국가의 권력이 궁정으로 집중되는 과정에서 시작된다. 지방의 영지에서 기사들을 거느리고 독립적으로 권력을 행사하던 영주들은 스스로 자신을 지킬 수 없게 되자, 궁정으로 자신의 거처를 옮겨 국왕의 가신이 되길 자처한다. 엘리아스는 이를 '궁정의 기사화'라 하였는데, 궁정의 기사화는 아무 때나 폭력을 일삼아 왔던 중세 봉건 지주들로부터 폭력의 권한을 궁정이 독점하게 되었음을 알리는 상징적 의미를 내포한다.

③ 궁정의 폭력 독점은 곧 궁정 귀족들에게 자신의 감정과 충동을 억제하지 않으면 안 되도록 강요하였고, 이로 인해 궁정 귀족들은 즉흥적인 감정과 충동을 억제하고 '문명화된' 행동을 해야만 했다. 그러나 점차 시간이 지나면서 사회적 위상의 상실이나 감소에 대한 두려움, 혐오감과 수치심의 증가 등의 이유로 인해 자기 스스로 내면적 통제에 의해 '문명화된' 행동을 하게 되었다. 이처럼 문명화 과정은 개인의 심리차원에서 '외부 강제'로부터 '자기 통제'로의 이행인 것이다.

④ 이후 18세기 후반 시민계급이 성장하는 과정에서 시민계급 상층부가 궁정사회와 교류하며 궁정 귀족들의 생활양식을 수용하면서 문명화에는 또 한 번 변화가 일어났다. 궁정의 예법은 막강한 경제력을 바탕으로 새로 궁정에 들어온 시민 계급에게 전수되었다. 졸지에 고귀한 신분이 된 과거의 장사치들은 처음엔 궁정의 예법을 모방하기에 바빴으나, 이후 권력이 증가하면서 상승된 자신의 권력에 맞는 계급의식을 형성하게 된 것이다. 이것이 보통교육을 통해 사회의 하층에 확산되고, 이로써 서구의 문명화는 완성되어 갔다.

(2) 스포츠의 문명화 과정

① 고대, 중세, 근대 스포츠의 발전과정을 '문명화 과정'의 개념으로 살펴보면 오늘날 스포츠가 어떻게 발전되어 왔는지 실마리를 찾을 수 있다. 고대 스포츠의 경우 '문명화'의 관점에서 보면 야만적이고 잔인하기 그지없다.

② 고대 그리스와 로마에서 거행되었던 전차 경주나 판크라티온과 같은 종목은 폭력성으로 얼룩져 있었다. 특히, 판크라티온은 상대의 거의 모든 부위에 대한 공격이 가능했으며, 심지어 상대가 넘어졌을 때에도 발로 차거나 짓밟는 것까지 허용될 정도였다. 복싱은 체급 구분이 없고 킥복싱처럼 손발을 무제한 사용할 수 있었다. 이처럼 고대 스포츠가 폭력적일 수밖에 없었던 이유는 당시 스포츠가 전쟁을 위한 훈육의 한 방식이었기 때문이다.

③ 중세에는 토너먼트와 사냥, 궁술, 그리고 민속 경기 등이 스포츠로 존재했는데, 토너먼트와 사냥은 귀족들에게만 허용이 되었다. 토너먼트는 서로 잡고, 싸우고 찾는 것뿐만 아니라 거짓말과 같은 것들이 포함된 매우 폭력적인 형태로 이루어졌다. 하지만 이러한 토너먼트는 12세기에서 16세기 사이에 폭력성이 점차 사라지고 야외극 형식으로 변형되어 갔다. 이러한 변화는 관객, 특히 상류계층의 여성들을 의식했기 때문이다. 축구 또한 신체적 폭력이 관습처럼 허용되었으며, 심지어 폭력성은 남성성의 표현으로 여겨지기도 하였다.

④ 한편, 엘리아스는 문명화 과정을 설명하는 가운데 중세의 여우사냥과 근대의 여우사냥의 차이에 대해 관심을 가진 바 있다. 중세의 여우사냥은 여우를 살생하는 것에 보다 목적을 둔 전쟁과 유사한 형태로 이루어졌다. 그러나 근대에 들어 여우사냥은 여우를 죽이는 것보다 여우를 추적하는 과정에서의 긴장감과 쾌감을 더 중요하게 여겼고, 때문에 중세와 달리 여우살생은 사냥개의 몫이 되었다. 이 과정에서 흥분감과 쾌락을 극대화하기 위해 근대의 여우사냥은 여우 추적을 고의적으로 어렵게 만들었다. 엘리아스는 이를 '쾌락 원천의 다양화'와 '클라이맥스(the delay of the Climax)의 지연'이라 칭하였다.

⑤ 이처럼 폭력적인 형태로 진행되어 온 많은 스포츠가 근대화와 함께 새로운 형태의 근대 스포츠로 재탄생하게 되었다. 18세기에 복싱, 경마, 크리켓 등은 폭력성이 완화된 형태로 변모하였고, 볼을 가지고 하는 게임인 축구, 럭비, 하키, 테니스와 같은 스포츠 역시 비폭력적인 형태로 진화하였다. 이와 같이 스포츠의 각 종목에서 폭력성이 배제되어 가는 과정은 스포츠가 문명화되어가는 과정으로 이해될 수 있다.

4. 근대스포츠의 특징

Guttmann은 스포츠의 역사를 개관하면서 현대 스포츠가 과거의 신체적 활동이나 게임에서 나타나지 않았던 고유의 특성을 지니고 있다고 주장했다. 그가 언급한 근대스포츠의 특징은 다음과 같다.

(1) 세속주의(secularism)

① 스포츠를 단순히 신체활동을 통한 경쟁적 행위로 규정할 경우 스포츠는 원시시대부터 존재했다고 말할 수 있다. 그러나 스포츠를 제도화된 규칙을 바탕으로 신체의 탁월성을 겨루는 행위로 다시 규정할 경우 이야기는 달라진다.

② 자료에 따르면 원시시대에도 달리기 경주를 하였는데, 이들이 달리기 경주를 한 이유는 누가 더 빨리 달리느냐를 겨루기 위해서가 아니라 풍작을 기원하기 위한 제례의식의 한 방법으로 실시되었다. 이 밖에도 많은 문헌에서 원시민족의 제례의식에 달리기, 뛰어넘기, 던지기, 레슬링, 공놀이 등과 같은 신체활동을 했다는 내용이 존재한다.

③ 현대 스포츠는 이러한 종교적 제례의식과는 거리가 멀다. 다시 말해서 현대인들은 풍년을 기원하기 위해 달리기를 하지 않는다.

④ 세속성이란 이처럼 행동이나 관습들이 종교나 종교적 믿음으로부터 분리된 성향을 의미하는데, 이는 근대스포츠의 성격과 일치한다.

⑤ Guttmann은 오히려 오늘날 스포츠는 그 자체가 세속적 종교로 변질되었기 때문에 종교가 근대스포츠에 속하게 된다고 말하고 있다. 아이에서부터 어른까지 현대인들은 스포츠영웅을 신처럼 숭배한다. 몇몇 저널리스트는 럭비가 영국 웨일즈지방 사람들의 종교라고 말하기도 하며, 미식축구가 텍사스지방 사람들의 진정한 신앙이라고 주장한다.

최근 축구 관련 동영상을 제작하여 업로드 하는 크리에이터의 경우, 실제 마라도나라는 은퇴 축구 선수의 죽음을 기리면서 자신의 몸에 마라도나 축구 선수의 얼굴을 타투로 새기는 것을 볼 수 있는데 이를 통해 현대 스포츠 영역에서는 스포츠 영웅을 자신의 종교 이상으로 숭배하고 있음을 알 수 있다.

(2) 평등성(equality)

① 근대스포츠의 두 번째 특징은 기회의 평등이다.

② 기회의 평등이란 개념은 스포츠에서 두 가지 의미를 갖는다. 첫 번째 의미는 경기에 참여할 수 있는 기회가 모든 이에게 동등하게 주어진다는 것을, 두 번째 의미는 모든 경기자들이 동등한 조건 하에서 경기에 임할 수 있다는 것을 말한다.

③ 스포츠의 역사에서 두 번째 기회의 평등이 실현된 것은 오래 전의 일이지만, 첫 번째 기회의 평등은 아직까지 완전히 실현되었다고는 볼 수 없다. 그럼에도 불구하고 근대스포츠가 기회의 평등을 기반으로 하고 있음은 부인하기 어렵다.

④ 원시사회에서는 특정 계급이나 씨족집단에 속하는 사람만이 운동경기에 참가할 수 있었다. 여기에서 개인의 운동능력은 선수선발의 주요 요인이 되지 못했다. 왜냐하면 당시의 운동경기는 오늘날처럼 승패를 가르는 것이 중요한 일이 아니었기 때문이다. 또한 경기에 참가할 수 있는 사람은 이미 사전에 신들에 의해 결정된다. 따라서 모든 사람들이 동등한 기회를 가질 필요가 전혀 없었다. 이러한 현상은 중세시대에도 계속되었다.

⑤ 중세시대의 테니스 경기는 일반 평민들에게 금지된 귀족들만의 경기였다. 테니스와 마찬가지로 영국에서 럭비는 노동자 계급을 배척했다.

⑥ 이러한 불평등은 근대사회로 넘어오면서 조금씩 누그러지기 시작하였다. 미국에서는 Jack Robinson이 1947년 Brooklyn Dodgers 유니폼을 입으면서부터 흑인선수가 프로선수로 활약할 수 있게 되었고, 미식축구에서는 1970년에 들어서 흑인선수들이 NFL에서 뛸 수 있게 되는 등 불평등은 조금씩 해소되어 갔다. 올림픽에서 여성의 출전은 1900년으로 테니스 종목에 한해 허용되었고, 1928년에는 육상종목에서도 출전이 가능해졌다.

미국 메이저리그(MLB)에서는 매년 4월 15일을 재키 로빈스(Jack Roosevely Robinson, 메이저리그 최초의 흑인 선수) 데이로 지정하여 이날 하루만큼은 모든 선수가 그의 등번호인 42번이 새겨진 유니폼을 입고 경기에 임하면서 그의 메이저리그 데뷔 일을 기념하고 또한 현대스포츠의 가장 큰 특징 중 하나인 평등성에 대한 의미를 되새기고자 한다. 이러한 재키 로빈슨의 일대기는 영화 '42'를 통해서도 제작되었으며 현대 사회에서 스포츠가 투영하는 평등의 개념을 잘 보여주는 사례라 할 수 있다.

(3) **전문화**(specialization)

① 스포츠에서 역할의 전문화는 이미 단순하게나마 그리스시대부터 존재했다. 비록 원시민족에서도 재능 있는 사람들은 레슬러로 또는 달리기 선수로 두각을 나타낼 수 있었지만, 그리스시대에 이르러서야 비로소 직업스포츠가 들어서기 시작했기 때문이다.

② 당시의 직업스포츠는 현재와 달리 물질적 보상보다 스포츠 성취에 자신의 시간과 노력을 바치는 것을 의미했다.

③ 로마시대에 들어서면서 직업스포츠는 일반화되었다. 반면 중세시대의 스포츠는 고대의 스포츠보다 덜 전문화되어 갔다.

④ 현대 축구의 초창기인 19세기 후반에는 한 팀의 선수 간에도 현재처럼 각자의 포지션이 존재하지 않았다. 이후 경기력의 향상에 따라 구성원간의 임무분담이 생겨나면서 현재와 같이 특수한 업무가 부여된 역할이 나타났다. 이에 따라 신발이나 복장과 같은 장비도 이런 특수한 활동의 요구에 걸맞게 특성화되었는데, 이와 같이 현대 스포츠에서는 다방면에 기량이 우수한 경우보다 한 분야의 전문성을 높게 평가한다.

현대의 프로야구에서는 투수, 포수, 내야수, 외야수, 불펜 투수 등의 역할이 전문화 되어 있으며 투수라는 특정 포지션 내에서도 선발투수, 중간투수, 마무리투수 등으로 전문화되어 있다. 특히 최근에는 메이저리그 템파베이 팀에서 처음 사용한 오프너투수(기존 투수 운용법에서 선발투수로 분류되던 선수가 두 번째로 등판해 3이닝 정도 이상을 투구하는 투수)의 역할까지 등장하게 되면서 스포츠에서의 전문화 현상은 더욱 두드러지게 나타나고 있다. 이는 과거 한국프로야구의 레전드인 선동열과 최동원 투수가 한 경기에서 선발로 등판하여 연장 15회까지 투구하면서 각각 232개, 209개의 투구 수를 기록했던 것과는 대조적이다.

(4) **합리화**(rationalization)

① 스포츠는 규칙에 의해 통제되는 게임에 속하기 때문에 규칙은 스포츠를 규정하는 본질적 요인이 된다.

② 선사시대의 스포츠와 근대스포츠를 구분하는 요인은 규칙의 수가 아니라 규칙의 본질이다. 특히 규칙의 기원과 위상에 있어 근대스포츠는 선사시대의 스포츠와 확연히 구분된다.

③ 놀이의 경우 참여자들은 규칙변경을 통해 놀이에서 얻을 수 있는 즐거움이 더 커진다고 생각될 경우 새로운 놀이규칙을 고안하고 옛 규칙은 폐기시킨다. 따라서 놀이 규칙의 위상은 매우 낮다.

④ 근대스포츠의 규칙은 수단과 목적 간에 논리적 관계가 존재한다는 점에서 합리적이라고 말할 수 있다. 현대스포츠는 복잡하지만 합리적으로 구성된 일련의 규칙 및 전략으로 이루어져 있다.

⑤ 이런 규칙과 전략은 선수가 추구해야 할 목표를 구체화시킬 뿐만 아니라, 훈련방법, 선수에 대한 평가, 선수의 스포츠 경험 등의 제반요소를 조절하는 역할을 한다. 이로 인해 선수들은 과거와는 달리 합리적인 방법을 통해 자신의 경기력을 극대화할 수 있다.

과거 프로야구 선수들은 정신력 강화라는 명목 아래 비시즌 기간 동계훈련에 임하면서 동물원을 찾아 호랑이와 눈싸움을 하는 훈련 혹은 얼음 계곡에 입수하여 오랜 시간을 버티는 훈련 등과 같은 비합리적인 훈련을 경험했지만 최근에는 전문 트레이너 코치를 통해 식단, 훈련 스케줄, 프로그램(근력 강화, 순발력, 지구력 등의 향상을 위한) 등에 있어서 합리적인 훈련 방법을 경험하고 있다. 뿐만 아니라 현대 스포츠에 있어서 선수들은 인체 해부학과 운동생리학, 운동 역학 등에 근거하여 부상 방지를 위한 합리적인 훈련 프로그램을 소화하게 된다.

(5) **관료화**(bureaucratization)

① 여러 스포츠관료들의 중요한 기능 가운데 하나는 지역예선 경기에서부터 올림픽대회에 이르기까지 피라미드형식으로 등급이 나누어진 경기대회를 조정하고 진행하는 것이다. 또한 스포츠관료는 규칙을 제정하고 기록을 측정하며 이를 인정하는 역할을 맡는다. 따라서 관료 없는 근대스포츠는 생각할 수조차 없게 되었다.

② 각종 스포츠 종목을 통제하는 관료집단인 단체는 지역, 국가, 국제적으로 체계적, 조직적으로 통합되어 있다. 예를 들어, 올림픽의 경우 국제기구(IOC) 국가기구(NOC) 등으로 구분되어 있다. 또한 그들은 규칙을 만들고, 경기를 조직하고, 기록을 공인하는 공식적인 작업을 수직적인 명령체계를 지닌 관료화된 조직에 기초하여 행하고 있다.

③ 이러한 스포츠관료는 고대 그리스시대와 로마시대에도 존재하였다. 그리스시대의 관료는 세속적인 역할과 종교적인 역할을 겸하던 사람이 담당하여 제한된 역할을 수행한 반면, 로마시대의 관료들은 세속적인 역할만을 담당했다. 행정업무에 재능을 지닌 로마인들은 관료 직분의 설치와 확장에 있어 그리스인들을 능가했으며 이들은 행정기구와 가입조건, 회원증서, 경기규칙 등을 갖춘 운동선수 조합을 만들고 오늘날 근대적 관료에 준하는 수준의 역할을 담당했다.

국내 프로야구를 관리하고 있는 KBO 조직의 경우도 총재, 사무총장, 총재특별보좌역, 클린베이스볼센터장, 사무차장, KBO 전문위원회(운영, 기술, 규칙, 상벌, 의무, 자문), 심판위원회, 기록위원회 등과 더불어 주식회사 KBOP(Korea Baseball, Organization, Properties)까지 설립하여 타이틀 스폰서십 선정 및 리그 공식 후원사 유치 및 관리의 업무까지도 각 부서에서 전문적으로 관리하고 있다. 뿐만 아니라 이러한 KBO 조직은 각 프로야구 구단들과 협의하여 프로야구의 활성화에 기여하게 된다. 또한 각 프로야구 구단의 경우에도, 대표이사, 단장, 전략사업팀, 운영팀, 경영지원팀, 운영지원팀 등으로 관료화되어 각 구단이 달성하고자 하는 다양한 목표 및 목적을 관료화 시스템에 의해서 추구하고 있다.

(6) **수량화**(quantification)

① 과거에는 'A가 B보다 빠르다'는 식의 상대적 기준에 의해 선수의 기량을 평가했다.

② 고대 그리스시대에는 피타고라스 등의 유명한 수학자가 존재했음에도 불구하고 스포츠 경기에 대해 수량화하려 하지 않았다. 이유는 만물의 척도는 숫자가 아니라 인간이며, 인간은 수량화의 대상이 될 수 없다고 믿었기 때문이다. 따라서 우리는 고대 올림픽경기에서 우승한 선수의 이름은 알 수 있지만 그들의 기록은 알지 못한다.

③ 현대 스포츠는 합리성이 강조되면서 선수의 우수성은 측정과 기록에 기초하여 평가된다. 즉, 한 경기자의 기록은 표준화된 도구에 의해 측정되며 이는 시간, 거리, 점수 등 측정 가능한 숫자로서 표현된다.

④ 모든 구기종목과 육상경기는 통계수치로 표현된다. 수량화의 정확성이 극도로 요구되는 근대스포츠는 오늘날 시간을 100분의 1초 또는 1,000분의 1초까지 정확히 측정해낸다. 또한 예술적 표현을 통해 경쟁하는 종목에서도 선수의 기량을 수량화하고 있다. 이렇게 측정된 미세한 시간차이는 관람자와 경기자 모두에게 매우 큰 의미를 부여한다.

2011년에 개봉한 영화 '머니볼'(Moneyball)은 미국 메이저리그(MLB)에 속해 있는 오클랜드 애슬래틱스라는 팀의 단장 빌리 빈의 실화를 다룬 영화이다. 실제 빌리 빈 단장은 좋은 선수를 육성하는데 심혈을 기울여 그들의 기량 발전에 많은 공헌을 하였으나 결국 상대적으로 부유한 구단에 선수를 빼앗기는 사례가 잦았으며 이를 방지하기 위한 방안 마련에 고민하게 된다. 그러던 중 우연한 기회에 피터 브랜드라는 경제학자와 스카우트 시스템을 바꾸기 시작하면서 철저하게 수량화되어 있는 데이터를 기초로 선수들을 모으게 된다. 그 과정에서 '출루율'이라고 하는 데이터에 집중하게 되면서 구단의 다른 구성원들의 반대에도 불구하고 출루율이 우수한 선수들을 모집하여 메이저리그 역사상 최초의 20연승을 달성하게 된다(물론 월드시리즈 진출은 실패). 현대의 스포츠는 수량화에 의해서 좌지우지 된다고 해도 과언이 아닌 듯하다.

(7) **기록추구**(record)

① 근대스포츠에서 종종 관찰할 수 있는 최고기록 수립에 대한 열망은 근대스포츠의 수량화와 밀접한 관련이 있다.

② 최고기록에 대한 관심은 고대시대에도 존재하였는데, 이들은 자신의 능력을 과시하기 위하여 최고기록에 적지 않은 관심을 기울였다. 그러나 이들에게 있어 최고기록의 개념은 없었다.

③ 근대스포츠는 기록을 세우고 이를 극복하는 것을 강조한다. 특히 최고기록은 산 자와 죽은 자 간의 경쟁도 가능하게 만든다. 이는 근대스포츠가 조건이 동일한 표준화된 경기장에서 제도화된 동일한 규칙 하에 행해지면서 시간과 장소에 상관없이 그 연속성을 인정받을 수 있게 되었기 때문에 가능해졌다.

2021년 세계 육상 경기 400M의 세계신기록은 남아프리카 공화국의 웨이드 판니커르크(Wayde van Niekerik) 선수가 2016년 리우올림픽에서 작성한 43초 03이다. 이는 1999년 세비야 세계육상선수권대회에서 미국 국적의 마이클 존슨이 기록한 세계기록을 17년 만에 갈아치운 것이다. 마이클 존슨의 기록 또한 1988년 부치 레이놀즈가 수립한 종전 기록을 11년 만에 앞당긴 기록이다. 특히, 마이클 존슨은 육상 400m 경기에서 '4P(Push-Pace-Position-Pray)'라는 전략을 통해서 400m 경기에서의 마지막 100m 구간은 어떠한 주법도 필요 없이 오로지 기도(Pray)하며 달릴 수밖에 없다고 이야기했다.

시대별 스포츠의 특징

특징	선사시대 (~BC1000)	그리스시대 (BC1000~BC100)	로마시대 (BC100~AD500)	중세시대 (500~1800)	근대스포츠
세속주의	○ & ×	○ & ×	○ & ×	○ & ×	○
평등성	×	○ & ×	○ & ×	×	○
전문화	×	○	○	×	○
합리화	×	○	○	×	○
관료화	×	○ & ×	○	×	○
수량화	×	×	○ & ×	×	○
기록추구	×	×	×	×	○

최 병 식
포스 전공체육 제1판

스포츠심리학, 스포츠사회학 체육내용학 2

초판인쇄 | 2026. 4. 10. **초판발행** | 2026. 4. 15. **편저자** | 최병식
표지디자인 | 박문각 디자인팀 **발행인** | 박 용 **발행처** | (주)박문각출판
등록 | 2015년 4월 29일 제2019-000137호
주소 | 06654 서울특별시 서초구 효령로 283 서경 B/D **팩스** | (02)584-2927
전화 | 교재 문의 (02)6466-7202, 동영상 문의 (02)6466-7201

저자와의 협의하에 인지생략

정가 47,000원

ISBN 979-11-7519-652-0
ISBN 979-11-7519-648-3(세트)